# 150 JAHRE MONTANUNIVERSITÄT LEOBEN

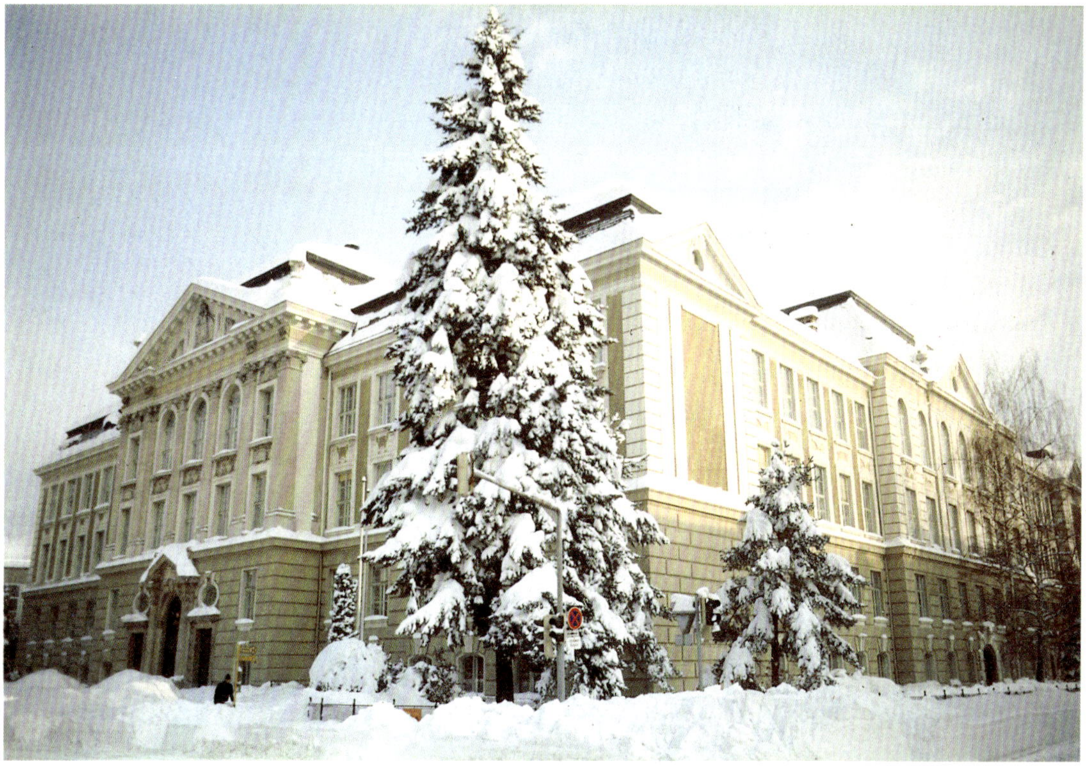

BL: 7.

HOCHSCHULE

zur Zahl 32308 / Min. d. Inn. ex 1906

vom Departement für Hochbau im
k.k. Ministerium des Innern
Wien, am 14. November 1906.

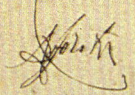

# 150 Jahre
# Montanuniversität Leoben

## 1840–1990

herausgegeben von
Friedwin Sturm

Akademische Druck- u. Verlagsanstalt
Graz/Austria 1990

Redaktion: Ao.Univ.Prof. Dipl.Ing. Dr.techn. Friedwin Sturm
Umschlagentwurf: Elisabeth Jeglitsch
Diese Festschrift wurde auf dem Papier Niklaplus 115 g der Papierfabrik
Brigl & Bergmeister Niklasdorf gedruckt
Copyright bei Montanuniversität Leoben
© Akademische Druck- und Verlagsanstalt, Graz, 1990
Printed in Austria
ISBN 3-201-01522-9

# Inhaltsverzeichnis

**GRUSSWORTE UND VORWORT**

Grußworte ............................................................................................................. 9
Vorwort des Herausgebers ................................................................................... 37

**DIE MONTANUNIVERSITÄT IN GESCHICHTE UND GEGENWART**

150 Jahre Montanuniversität Leoben. Aus ihrer Geschichte ............................... 43
Baugeschichte der Montanuniversität ................................................................. 77
Die Direktoren, Rektoren und Dekane der Montanuniversität ........................... 85
Professorenkollegium – Professorenkurie – Professorenverband ..................... 101
Der akademische Mittelbau ............................................................................... 109
Die Österreichische Hochschülerschaft ............................................................ 113
Die Verwaltung der Universität ........................................................................ 115
Statistische Daten .............................................................................................. 119
Öffentlichkeitsarbeit an der Montanuniversität ................................................ 135
Ausländerstudium .............................................................................................. 143
Postgraduate Course „Mineral Exploration" ..................................................... 151
Dienststellenausschuß der Hochschullehrer ..................................................... 155
Dienststellenausschuß der sonstigen Bediensteten an der Montanuniversität Leoben ......... 157
Gesellschaft von Freunden der Montanuniversität Leoben .............................. 161
Die Universitätsbibliothek. Bestandsentwicklung und organisatorische Veränderungen seit 1849 ... 169
Institut für Bildungsförderung und Sport – IBuS .............................................. 185

**DIE MONTANUNIVERSITÄT IN FORSCHUNG UND LEHRE**

Zum Selbstverständnis der an der Montanuniversität vertretenen Ingenieurwissenschaften ............ 203
Vom Bergkurs zum Studium der Geoingenieurwissenschaften – Zur Entwicklung
  der erdkrustenbezogenen Lehre an der Montanuniversität Leoben .............. 231
Vom Hüttenkurs zum Studium der Materialingenieurwissenschaften – Zur Entwicklung der
  Studienrichtungen Hüttenwesen, Gesteinshüttenwesen, Montanmaschinenwesen,
  Kunststofftechnik und Werkstoffwissenschaften ......................................... 245
Die Bedeutung der Grundlagenfächer für die Montanuniversität .................... 257
Mathematik an der Montanuniversität .............................................................. 265
Die Bedeutung der Mechanik in den Montanwissenschaften ........................... 269

Die Studienrichtungen der Montanuniversität

Studienrichtung Bergwesen .................................................................................................... 271
Studienrichtung Markscheidewesen ........................................................................................ 279
Studienrichtung Erdölwesen .................................................................................................... 285
Studienrichtung Hüttenwesen .................................................................................................. 293
Studienrichtung Gesteinshüttenwesen ..................................................................................... 307
Studienrichtung Montanmaschinenwesen ............................................................................... 313
Studienrichtung Kunststofftechnik .......................................................................................... 319
Studienrichtung Werkstoffwissenschaften .............................................................................. 329
Studienzweig Montangeologie ................................................................................................ 335
Angewandte Geowissenschaften ............................................................................................. 337

Universitätsinstitute und Forschungsinstitute

Institut für Allgemeinen Maschinenbau .................................................................................. 339
Institut für Aufbereitung und Veredlung ................................................................................. 345
Institut für Bergbaukunde ........................................................................................................ 351
Institut für Chemie – Allgemeine und Analytische Chemie ................................................... 363
Institut für Chemie – Physikalische Chemie ........................................................................... 369
Institut für Chemie der Kunststoffe ......................................................................................... 375
Institut für Eisenhüttenkunde .................................................................................................. 380
Institut für Elektrotechnik ........................................................................................................ 395
Institut für Fördertechnik und Konstruktionslehre ................................................................. 401
Institut für Geomechanik, Tunnelbau und Konstruktiven Tiefbau ........................................ 409
Institut für Geophysik .............................................................................................................. 415
Institut für Geowissenschaften ................................................................................................ 423
– Geologie und Lagerstättenlehre ........................................................................................... 425
– Mineralogie und Petrologie .................................................................................................. 435
– Ordinariat für Prospektion, Lagerstättenerschließung und Mineralwirtschaft ................... 440
Institut für Gesteinshüttenkunde und feuerfeste Baustoffe .................................................... 444
Institut für Gießereikunde ....................................................................................................... 450
Institut für Kunststoffverarbeitung ......................................................................................... 456
Institut für Lagerstättenphysik und -technik ........................................................................... 464
Institut für Markscheide- und Bergschadenkunde .................................................................. 468
Institut für Mathematik und Angewandte Geometrie – Angewandte Geometrie ................... 476
Institut für Mathematik und Angewandte Geometrie – Angewandte Mathematik ................ 480
Institut für Mathematik und Angewandte Geometrie – Mathematik und Mathematische Statistik ..... 484
Institut für Mechanik ............................................................................................................... 493
Institut für Metallkunde und Werkstoffprüfung ..................................................................... 500
Institut für Metallphysik und Erich-Schmid-Institut für Festkörperphysik der
    Österreichischen Akademie der Wissenschaften .............................................................. 512
Institut für Physik .................................................................................................................... 518
Institut für Technologie und Hüttenkunde der Nichteisenmetalle ......................................... 527

Institut für Tiefbohrtechnik und Erdölgewinnung ................................................................. 532
Institut für Verformungskunde und Hüttenmaschinen ........................................................... 538
Institut für Wärmetechnik, Industrieofenbau und Energiewirtschaft ..................................... 544
Institut für Werkstoffkunde und -prüfung der Kunststoffe ..................................................... 552
Institut für Wirtschafts- und Betriebswissenschaften ............................................................ 557

Forschungsinstitut für Geo-Datenerfassung und -Systemanalyse ........................................ 567
Rechenzentrum der Montanuniversität .................................................................................. 570
Außeninstitut der Montanuniversität ..................................................................................... 574

## DIE FACHGEBIETE DER MONTANUNIVERSITÄT IN GEGENWART UND ZUKUNFT

Zusammenarbeit der Montanuniversität Leoben mit der Wirtschaft in Forschung und Lehre ............ 579
Montanuniversität Leoben – durch Lehre, Forschung und Dienstleistung ein Partner der
Wirtschaft .................................................................................................................................. 595
Entwicklungstendenzen der Bergbauindustrie bis zum Jahre 2000 ...................................... 598
Erdöl und Erdgas – ein wesentlicher Energieträger auch im 21. Jahrhundert ....................... 606
Überlegungen zur Zukunft der Österreichischen Stahlindustrie ........................................... 614
Die Feuerfestindustrie – eine zukunftsorientierte Basisindustrie .......................................... 622
Maschinenbau und Verfahrenstechnik – ein Ausblick ........................................................... 630
Die Zukunft der österreichischen Kunststoff-Wirtschaft ....................................................... 634
Werkstoffe heute und morgen ................................................................................................. 640

Überlegungen zur Entwicklung der Montanuniversität ......................................................... 645

## „STUDENT SEIN" IN LEOBEN

„... Student in Leoben". Skizzen aus dem Leobener Studentenleben ................................... 651
Vereinigungen und Verbände an der Montanuniversität ....................................................... 663
Student werden in Leoben ...................................................................................................... 668

Die studentischen Verbindungen und Vereinigungen

Die Leobener Korporationen
Corps Schacht ......................................................................................................................... 671
Corps Montania ....................................................................................................................... 678
Corps Erz ................................................................................................................................. 682
Akademische Burschenschaft Cruxia ..................................................................................... 686
Akademische Burschenschaft Leder ...................................................................................... 690
Verein Deutscher Studenten zu Leoben ................................................................................. 695
Katholische Österreichische Studentenverbindung Glückauf ............................................... 699
Katholische Österreichische Studentenverbindung Kristall .................................................. 703

Sudetendeutsche akademische Landsmannschaft Zornstein .................................................................707
Akademischer Turnverein Leoben .................................................................................................712

Verband sozialistischer Student/inn/en Österreichs, Sektion Leoben ................................................716

Katholische Hochschulgemeinde Leoben ......................................................................................719

## AUS DEM LEBEN AN DER MONTANUNIVERSITÄT

Lebendige Tradition. Traditionspflege an der Montanuniversität .......................................................727
Über den Ledersprung als Ausdruck montanistischer Traditionen ...................................................749
Peter Ritter von Tunner 1809–1897. Ein eisenhüttenmännisches Lebensbild ...................................761
Die erste Bleibe der Leobener Montanlehranstalt. Zur Baugeschichte der „Alten Akademie" ............773
Die Feierlichkeiten zur Schlußsteinlegung 1910 .............................................................................781
Ehrungen und Preise .....................................................................................................................785

Montansplitter
   Abenteuer Wildwasser an der Montanuniversität ........................................................................794
   Montanenspitze ...........................................................................................................................796
   Zur Erinnerung an Josef Fuglewicz. Aufzeichnung einer Schilderung aus seinem Leben ..............797
   Montanisten dichten ....................................................................................................................802
   Akadämliches .............................................................................................................................805
   Der Bergmann verliert seinen Kopf .............................................................................................808
   Studentenbriefe aus den Jahren 1862–1864 ..............................................................................809
   Anekdoten von Hofrat Prof. Dr. Anton Bauer ...............................................................................815
   Zeichnungen und Karikaturen von Prof. Roland Mitsche .............................................................817

Autorenverzeichnis ........................................................................................................................823

# GRUSSWORTE UND VORWORT

# Grußwort des Bundespräsidenten

Der Anbruch des industriellen Zeitalters in Österreich verlangte sowohl nach höheren technischen Lehranstalten, wie auch nach einer Ausbildung speziell für Bergbau- und Hüttenkunde. Am 4. November 1840 nahm in Vordernberg in der Steiermark die von Kaiser Ferdinand I. auf Initiative Erzherzog Johanns bewilligte neue Montanlehranstalt ihre Tätigkeit auf, die sich aus dem damals bereits bestehenden Grazer Joanneum entwickelt hatte. Dieses Datum ist der Anlaß zur 150-Jahr-Feier der heutigen Montanuniversität Leoben, der früheren Leobner Bergakademie. Daß die Gründung einer solchen Hochschule, die das Gesamtgebiet, beginnend von den Rohstoffen bis zu den Werkstoffen in Forschung und Lehre betreut, im Land Steiermark erfolgte, war wohl mit dem reichen Erzvorkommen und dem dortigen Berg- und Hüttenwesen verbunden. Zu den ursprünglichen Fachgebieten kamen Ende 1960 bis Anfang 1970 im Zuge einer Differenzierung des Studienplans neue Studienrichtungen, wie Montanmaschinenwesen, Gesteinshüttenwesen, Werkstoffwissenschaften und Kunststofftechnik, in das Ausbildungsprogramm. Demzufolge studieren heute an der Montanuniversität Leoben bereits mehr Studenten in modernen Studienrichtungen, die der ehemaligen montanistischen Lehranstalt nicht mehr unmittelbar zuzuordnen sind.

Viele Mitbürger haben durch 150 Jahre hindurch an dieser Anstalt eine fachliche Ausbildung genossen, die es ihnen ermöglicht hat, nicht nur im gesamtösterreichischen sondern auch im internationalen Wirtschaftsleben zu bestehen. Persönlichkeiten der Wissenschaft und Forschung sind aus dieser Hochschule hervorgegangen und haben einmal mehr dazu beigetragen, den guten Ruf Österreichs als Land fortschrittlicher Wissenschafter zu mehren.

Als Bundespräsident unserer Republik gratuliere ich aufrichtig und herzlich zum 150-Jahr-Jubiläum der Montanuniversität Leoben und zu den hier erbrachten Leistungen in diesen 150 Jahren. Die Entwicklung der Montanuniversität Leoben ist nicht nur ein Teil der steiermärkischen, sie ist auch ein Teil der österreichischen Geschichte und hat auch all die Höhen und Tiefen dieser Geschichte im letzten Jahrhundert bis zum heutigen Tag erfahren.

Ich danke dem Professorenkollegium, daß es in Vergangenheit und Gegenwart in Wissenschaft und Lehre stets Vorbildliches geleistet hat und leistet. Die großen Erfolge dieser so bedeutenden Hohen Schule wären sonst nicht zu erklären. Ich danke aber auch allen Absolventen, daß sie sich im Leben bewährt und die Verbundenheit mit der Montanuniversität bewahrt haben.

Nehmen Sie alle meine Grüße und besten Wünsche dafür entgegen, daß sich die so überaus erfreuliche Entwicklung dieser Universität auch in Zukunft fortsetzen möge: im Interesse der steten Hochhaltung des Standards qualifizierter technischer Leistungen in unserer Republik.

FOTO M. WENZEL - JELINEK Wien.

**Dr. Kurt Waldheim**
Bundespräsident der Republik Österreich

# Einleitende Worte des Bundeskanzlers

Bundespressedienst.

Der Bergbau schuf in der Vergangenheit die materiellen Grundlagen für die Entstehung der modernen Industriegesellschaft. Die Rohstoffe, die der Mensch dem Berg in schwerer und gefährlicher Arbeit entriß, bilden bis zum heutigen Tag und wohl auch noch in absehbarer Zukunft die Voraussetzung für industrielle Produktion und damit für den Wohlstand der Völker. Im Bergbau muß man daher eine der Wurzeln unserer Kultur sehen.

Die Voraussicht der Männer, die vor mehr als 150 Jahren daran gingen, das Berg- und Hüttenwesen mit wissenschaftlichen Methoden zu erforschen und ihre Erkenntnisse an die Jugend weiterzugeben, nötigt Respekt ab. Von Anfang an war dieses Bestreben geprägt durch die Verbindung von akademischer Ausbildung und praktischer Arbeit, eine glückliche und erfolgreiche Symbiose. Der Beginn der Montanistik in der Steiermark stand so bereits unter einem guten Stern, wozu noch die Förderung und Unterstützung durch Erzherzog Johann kam, der in seiner Person und in seinem Wirken der geeignetste Mentor des ehrgeizigen Vorhabens der Gründung einer akademischen Forschungs- und Lehranstalt für das Berg- und Hüttenwesen war.

Die Entwicklung der 1840 gegründeten „Steiermärkisch-Ständischen Montanlehranstalt" zur Montanuniversität Leoben fällt zusammen mit der Entwicklung Österreichs zu einem modernen Industriestaat. Dazu hat die Montanlehranstalt in entscheidender Weise beigetragen, sowohl durch Forschung wie durch Lehre. Der Forschung ist es zu verdanken, daß Österreich in die Lage versetzt wurde, Kenntnis von seinen reichen Bodenschätzen und deren Nutzungsmöglichkeiten zu erlangen, die Lehre vermittelte der interessierten Jugend das zur Nutzung der wertvollen Rohstoffe erforderliche Wissen. Die Tradition der Montanuniversität ist daher untrennbar verbunden mit dem Aufstieg unseres Landes zu einem zeitgemäßen industriell-technischen Gemeinwesen. Es wäre dem Wirken der Montanuniversität unangemessen, würde man es auf seinen Beitrag zur technologischen Entwicklung Österreichs beschränken. Die Montanistik ist nicht nur Voraussetzung für den industriell-technischen Fortschritt, sondern sie ist auch selbst ein wichtiger Teil der Kultur, wie wir sie verstehen. Die technologischen Leistungen unseres Landes, die wesentlich mit der 150-jährigen Arbeit der Montanuniversität verknüpft sind, stehen den künstlerischen Leistungen in keiner Weise nach, für die unser Land in der ganzen Welt geschätzt wird.

Die industriell-technische Entwicklung ist seit dem Jahre 1840 nicht stehengeblieben, sie hat sich im Gegenteil mit ungeheurer Rasanz bewegt. Auch zu dieser Dynamik hat die Montanuniversität entscheidend beigetragen, wie ja überhaupt Wissenschaft nicht statisch ist, sondern nach immer neuen Grenzen strebt, um sie zu erreichen und letztlich zu überwinden. Gerade die Region der Obersteiermark ist ein Beispiel für die schwerwiegenden strukturellen Änderungen, von der eine traditionsreiche Industrie nicht zuletzt durch den technologischen Wandel betroffen wird. Folgenschwere wirtschaftspolitische und sozialpolitische Entscheidungen bringt dieser Wandel mit sich, der für die davon betroffenen Menschen und für die Politik eine ernste Herausforderung darstellt.

Das Jubiläumsjahr der Montanuniversität Leoben fällt in eine Zeit dramatischer Umgestaltungen in den Ländern Osteuropas, deren Auswirkungen auf Europa und die Welt noch gar nicht abzusehen sind. Österreich will teilhaben am geplanten europäischen Binnenmarkt. Wir haben uns auf den Weg gemacht im wachen Bewußtsein der Anforderungen, die damit für uns alle verbunden sind. Vor allem Wissenschaft und Forschung stehen vor neuen großen Aufgaben, die zu bewältigen eine lohnende Anstrengung ist.

Die Montanuniversität Leoben blickt auf eine stolze 150-jährige Geschichte zurück. Sie steht in ihrem Jubiläumsjahr vor großen Herausforderungen, die sie im Geiste ihrer Tradition bewältigen wird zum Wohle der Wirtschaft und der Menschen dieses Landes. Die Aufgaben, die vor uns liegen, sind faszinierend. Österreich wird ihnen nur gewachsen sein, wenn es seinen hohen industriell-technischen Standard wahren und weiter ausbauen kann. Das Land vertraut dabei der bewährten Kreativität der Montanuniversität Leoben in Forschung und Lehre.

In diesem Sinne gratuliere ich der Montanuniversität Leoben zu ihrem 150-jährigen Jubiläum, wünsche ihr eine gute und erfolgreiche Arbeit in der Zukunft und danke den Herausgebern und Mitarbeitern der vorliegenden Festschrift, die dazu beitragen möge, das Wirken der Montanuniversität möglichst vielen Menschen näher zu bringen.

Der Montanuniversität Leoben, ihrem akademischen Personal, ihren Mitarbeiterinnen und Mitarbeitern sowie ihren Studentinnen und Studenten ein aufrichtiges „Glückauf!"

**Dkfm. Dr. Franz Vranitzky**
Bundeskanzler der Republik Österreich

# Grußadresse des Bundesministers für Wissenschaft und Forschung

Vor 150 Jahren hat in Vordernberg die Montanuniversität als Lehranstalt der Bergbau- und Hüttenkunde ihren Anfang genommen. Wie auch bei der Gründung von anderen Lehranstalten hat sich hier Erzherzog Johann dafür eingesetzt und bewirkt, daß damit eine zukunftsweisende und auch für die heutige Zeit entsprechende Ausbildungseinrichtung geschaffen wurde. Die Entwicklung, die diese Lehranstalt seit ihrer Gründung bis heute genommen hat, wird in dieser Festschrift noch ausführlich dargestellt werden.

Aber eine Universität kann nicht alleine von ihrer Vergangenheit leben, das zeigt gerade die Montanuniversität Leoben.

Das klassische Bergbau- und Hüttenwesen hat seine ehemals große Bedeutung in der Österreichischen Wirtschaft in vielen Bereichen verloren. Trotzdem ist die Zahl der ordentlichen Hörer an dieser Universität seit 1970 gestiegen, sie hat sich seit 1970 bis 1988/89 fast verdreifacht. Es ist nämlich gelungen, einerseits die klassischen montanistischen Studienrichtungen den modernen Gegebenheiten anzupassen, andererseits das Angebot an Studienrichtungen zu erweitern.

Die Schaffung der Studienrichtungen Kunststofftechnik und Werkstoffwissenschaften im Jahr 1969 mit dem Beginn des Studienbetriebes im Studienjahr 1970/71 bewirkte nicht nur ein steigendes Interesse an einer Ausbildung an der Montanuniversität, sondern eine wissenschaftliche Befassung mit Technologien, die für einen modernen Industriestaat unerläßlich sind. Den hohen Anforderungen, die die Zukunft an Werkstoffe und Kunststoffe stellen wird, versucht die Montanuniversität Leoben bereits heute mit einer profunden Ausbildung in beiden Studien gerecht zu werden. Es freut mich ganz besonders, ausführen zu können, daß Absolventen dieser beiden Studienrichtungen von der Wirtschaft sehr begehrt werden und die Berufsaussichten überdurchschnittlich gut sind. Aber auch die klassischen montanistischen Studienrichtungen sind durch die rasante technische Entwicklung gezwungen, ihre Lehrinhalte ständig anzupassen und auch für die immer dringlicher werdenden weltweiten Probleme, wie Rohstoffmangel, Zerstörung der Umwelt, Lösungen anzubieten. In diesem Zusammenhang erweist es sich als überaus nützlich, daß die in Leoben vertretenen Wissenschaftszweige in unmittelbarer Beziehung mit der betrieblichen Praxis stehen und so Forschungsergebnisse nutzbringend Anwendung finden können.

Anläßlich des 150-jährigen Jubiläums der Montanuniversität Leoben danke ich allen akademischen Lehrern für ihren Einsatz in Lehre und Forschung sowie den Studierenden und bitte in diesem Sinne, in den nächsten 150 Jahren weiterzuarbeiten, damit so die vielfältigen Probleme, die auf uns zukommen werden, gemeistert werden können.

**Dr. Erhard Busek**
Bundesminister für Wissenschaft und Forschung

# Zum Geleit!

Die Montanuniversität Leoben hat in den 150 Jahren ihres Bestandes überaus wertvolle Arbeit nicht nur zur Nutzung heimischer Rohstoffvorkommen, sondern auch zu deren Verarbeitung zu Grund- bzw. Werkstoffen geleistet. In vorbildlicher Zusammenarbeit von Wissenschaft und Praxis konnten in reichem Maße alle sich bietenden Gegebenheiten ausgeschöpft werden und war es somit möglich, eine solide Basis für Forschung und Entwicklung zu schaffen.

Seit Gründung der steiermärkischen ständischen montanistischen Lehranstalt in Vordernberg im Jahre 1840 haben bedeutende Persönlichkeiten zukunftsweisende Arbeit im Bereich der Rohstoffgewinnung und Rohstoffverarbeitung geleistet, vor allem aber in aller Welt anerkannte Fachleute ausgebildet. Absolventen der Montanuniversität haben mitgewirkt, in vielen Ländern der Erde Österreichs Ruf auf wissenschaftlichem Sektor zu festigen und weltweit auf montanistischem Gebiet mitzugestalten; es ist gar keine Frage: Technologieexport ist auf diesem universitären Boden Jahrhunderte hindurch groß geschrieben worden.

Die richtungsweisenden Aufgaben, wie sie im Laufe der Jahre der Montanuniversität zugewiesen wurden, tragen grundsätzlich nicht nur den vielschichtigen Erfordernissen der Gegenwart, sondern auch stets jenen der überschaubaren Zukunft Rechnung. In diesem Zusammenhang sei nicht zuletzt auf die Belange des Umweltschutzes verwiesen, denen in den Lehrveranstaltungen breiter Raum eingeräumt wird, die darüber hinaus aber auch in speziellen Fachgebieten, wie etwa der Deponietechnik, in die Praxis umgesetzt werden. So sei die Montanuniversität auch weiterhin mit ein Symbol der geistigen Schaffenskraft und des technischen Könnens des österreichischen Volkes.

In der Überzeugung, daß die jubilierende Universität auch im nächsten Jahrhundert ihres Bestandes der Rolle eines Vorreiters für technischen Fortschritt im Sinne einer ökosozialen Marktwirtschaft gerecht werden wird, entbiete ich ihr als der für den österreichischen Bergbau zuständige Bundesminister ein kräftiges Glückauf!

**Dr. Wolfgang Schüssel**
Bundesminister für wirtschaftliche Angelegenheiten

FOTO HASLINGER Wien.

# Grußadresse

Der Montanuniversität Leoben fühle ich mich persönlich auf mehrfache Weise sehr eng verbunden. Zum einen bin ich selbst Absolvent der Montanuniversität, zum anderen habe ich die Ehre, als Honorarprofessor an dieser Universität zu wirken und schließlich ergeben sich zur Montanuniversität auch aufgrund meiner Funktion als Bundesminister für öffentliche Wirtschaft und Verkehr Bezugspunkte.

Darüberhinaus darf ich für mich in Anspruch nehmen, auf dem Boden der Montanuniversität Leoben eine neue Institution ins Leben gerufen zu haben, die allerdings nicht technischer, sondern eindeutig musischer Natur ist: den Hochschulchor.

Ich weiß daher die Spezifika dieser Universität, die aus der Steiermärkisch ständischen Montan-Lehranstalt Vordernberg hervorgegangen ist, im besonderen zu schätzen.

Wenn auch die Zahl der Hörer im Vergleich zu den ersten Vorlesungen von Peter Tunner bis zum heutigen Tag signifikant gestiegen ist, dürfen wir dennoch einen für das Klima und die Qualität einer akademischen Institution bedeutenden Faktor nicht außer Acht lassen:

Am zeitgenössischen österreichischen Hochschulwesen gemessen, kommt der Montanuniversität Leoben auch in der heutigen Zeit noch der Charakter einer familiären Ausbildungsstätte zu. Leoben zählt zur Zeit etwa 2.000 Hörer, denen zehn Studienrichtungen und fünfunddreißig Institute zur Verfügung stehen. Solche und auch teilweise noch wesentlich höhere Studentenzahlen werden etwa an der Universität Wien allein in einzelnen Studienrichtungen verzeichnet.

Eine weitere wohltuende Besonderheit der Montanuniversität besteht darin, daß die Studenten im Gegensatz zu modischen Massenfächern mancher Universitäten realistische Chancen auf eine einschlägige berufliche Tätigkeit wahrnehmen können. Ich meine, wir sollten gerade das Jubiläum unserer Montanuniversität auch dafür nützen, in der Öffentlichkeit wieder verstärkt die Vorteile von technischen Studienrichtungen hervorzustreichen. Aufgrund eines Wertewandels, für den ich durchaus Verständnis hege, haben viele technische Berufe in den letzten Jahrzehnten, was ihr öffentliches Ansehen anlangt, über Gebühr Schaden genommen. Die Montanuniversität Leoben vermag meines Erachtens bei der Korrektur des Zeitgeistes Vorbildwirkung zu entfalten.

Ad multos annos! Glückauf!

**Dipl.Ing. Dr.mont. Rudolf Streicher**
Bundesminister für öffentliche Wirtschaft und Verkehr

# Zum Geleit!

Die Initiative zur Gründung der heutigen Montanuniversität Leoben ging von Erzherzog Johann aus. In Peter Tunner fand er einen kongenialen „Gründungsvater". Die steirischen Stände unterstützten das Vorhaben tatkräftig.

Erzherzog Johann und Peter Tunner haben die zukunftsweisende Verbindung von Theorie und Praxis dieser Schule trotz aller Widerstände und „Besserwisserei" mit bewundernswerter Hartnäckigkeit verfolgt. Der Erfolg hat ihnen recht gegeben.

Die nunmehr 150-jährige Geschichte der Montanuniversität Leoben ist ein Wechselspiel von ständiger Anpassung an neue wissenschaftliche Erkenntnisse und deren Umsetzung in die Praxis. Dies sowohl in Forschung und Lehre, als auch bei der Ausbildung der Studenten. Darin dürfte wohl auch das Geheimnis des Ansehens und der Prosperität dieser steirischen Hohen Schule begründet liegen, deren Ruf weit über die Grenzen unseres Landes hinausreicht.

Trotz aller Schwierigkeiten und Wechselfälle in diesen 150 Jahren war die Montanuniversität stets ein Ort von imponierender intellektueller und wissenschaftlicher „Avantgarde". Mit anderen Worten: hier wurde das „Universitas semper reformanda" vorgelebt.

Deshalb steht die Montanuniversität heute, an der Schwelle zum dritten Jahrtausend und den Herausforderungen einer von technologischen Revolutionen geprägten Zeit, wohlgerüstet da. Dafür ist ihr der uneingeschränkte Dank des ganzen Landes zu zollen.

Waren die steirischen Stände tatkräftig an der Gründung jener Schule in Vordernberg beteiligt, aus der die heutige Montanuniversität Leoben hervorgegangen ist, so hat das Land Steiermark ihre Anliegen stets tatkräftig unterstützt. Insbesondere durch den Steiermärkischen Wissenschafts- und Forschungslandesfonds und die Forschungsgesellschaft Joanneum, obwohl der universitäre Bereich unserer österreichischen Verfassung gemäß in die Kompetenz des Bundes fällt.

Die Förderung von Lehre und Forschung besonders an der Montanuniversität Leoben ist unmittelbares Kapital für die Zukunft unseres Landes!

Namens des Landes Steiermark gratuliere ich daher der Montanuniversität Leoben sehr herzlich zum großen 150-Jahr-Jubiläum und wünsche ihr, ihren Professoren und Studenten für die Zukunft alles Gute und weiterhin viel Erfolg mit dem alten Bergmannsgruß, einem steirischen „Glückauf"!

**Dr. Josef Krainer**
Landeshauptmann von Steiermark

# Zum Geleit!

FOTO FÜRST Knittelfeld.

Am 4. November 1840 wurde die neu errichtete Lehranstalt des Berg- und Hüttenwesens in Vordernberg eröffnet und damit die Voraussetzung für die Entstehung und gedeihliche Entwicklung der Montanuniversität Leoben geschaffen.

Dies bietet einen bedeutenden und würdigen Anlaß, das 150-jährige Jubiläum der Montanuniversität Leoben festlich zu begehen.

Der erfolgreiche Weg, den die Montanuniversität Leoben seither zurückgelegt hat, wurde vom Anbeginn bis zum Jahre 1874 durch eine herausragende Persönlichkeit, durch den Professor für Berg- und Hüttenkunde und späteren Leiter und Direktor der Bergakademie Peter Tunner, begleitet, wobei schon bald der Ruf dieser Lehranstalt weit über die Grenzen der Monarchie hinausreichte.

Die Montanuniversität Leoben wurde aber auch im Laufe ihrer erfolgreichen geschichtlichen Entwicklung durch Rückschläge und vor allem durch die Überlegung gefährdet, daß eine einzige Montanistische Hochschule mit dem Standort in Wien ausreichen würde. Gegen diese Absicht einer Standortverlegung der damaligen Akademie hat sich aber sowohl der Steiermärkische Landtag als auch die Leobner Stadtverwaltung mit ihrer Bürgerschaft ausgesprochen. In weiterer Folge wurde schließlich im Jahre 1957 durch eine großzügige Unterstützung der Stadt Leoben eine wichtige Voraussetzung für die Erhaltung des traditionsreichen Standortes unserer Leobner Universität geschaffen.

Das Jahr 1970 brachte schließlich mit der Übergabe der mit über 100 Millionen Schilling fertiggestellten Erweiterungsbauten einschließlich des bereits im Jahre 1968 in Benützung genommenen Auditorium Maximum einen besonderen, nach außen sichtbaren Höhepunkt.

Die Stadt Leoben und mit ihr der gesamte Bezirk Leoben sind mit der Montanuniversität auf das engste verbunden.

Die Montanuniversität Leoben hat sich in Forschung und Lehre, mit ihren zahlreichen Studienrichtungen, mit den Universitäts- und Forschungsinstituten, durch ihre Zusammenarbeit mit der Industrie und Wirtschaft, sowie auch durch ihre lebendige Tradition und ihre gesellschaftlichen und kulturellen Beiträge einen Namen gemacht, der weit über die Grenzen Österreichs hinaus wirkt und damit die beste Voraussetzung für eine erfolgreiche Weiterentwicklung unserer Montanuniversität und der montanistischen Wissenschaften bietet.

Zum 150-jährigen Bestandsjubiläum der Montanuniversität Leoben und zu einem weiteren erfolgreichen Wirken in Forschung und Lehre sowie in enger Verbundenheit mit dieser Universität entbiete ich ein herzliches „Glückauf"!

**Wirkl. Hofrat Dr. Robert Kaufmann**
Bezirkshauptmann

# Grußwort des Bürgermeisters

Mit ihren 150 Jahren zählt die Montanuniversität Leoben bekanntlich zwar nicht zu den ältesten, gewiß aber zu den bedeutenden „Hohen Schulen" unseres Landes; dazu kommt, daß ihr aufgrund ihres spezifischen Ausbildungsangebotes ein außerordentlicher Rang im Kreise unserer Universitäten zukommt. Aber noch mehr: Universitäten kann man da und dort errichten und einrichten, und man wird es meist dort tun, wo sich bereits Zentren, sei es die Bundeshauptstadt oder eine Landeshauptstadt, anbieten.

Der Werdegang der Montanuniversität zeigt, daß es in diesem Fall anders war. Hier haben der steirische Erzberg und die in seinem Umfeld bereits früh angesiedelten Industriestandorte den maßgebenden Ausschlag für die Entscheidung zur Gründung gegeben, sodaß mit Recht von einer gelungenen Harmonie zwischen Forschung und Praxis gesprochen werden kann.

Diese Symbiose ist auch die Ursache dafür, daß es kaum anderswo dieses enge Miteinander zwischen Universität und Stadt, zwischen Professoren, Studenten und Bevölkerung gibt, wenn auch die Größenordnung ihren Anteil an diesem außergewöhnlichen Verhältnis hat.

FOTO RADERBAUER Leoben.

In diesen vielen Jahrzehnten des Bestandes hat es außer wenigen von außen kommenden Rückschlägen eine ständige Aufwärtsentwicklung im inneren Ausbau, aber auch in der Bedeutung nach außen gegeben.

Auch die Stadt hat an diesem Erfolg unmittelbaren Anteil: durch die Schenkung gemeindeeigener Grundstücke konnten dringend notwendige Ausbauten einschließlich dem Auditorium Maximum vorgenommen werden, durch eine weitere Verbesserung der Zusammenarbeit wurden weithin anerkannte Erfolge bei der Durchführung wissenschaftlicher Tagungen erzielt und durch die Gründung des Technologie-Transfer-Zentrums Leoben gemeinsam mit der Montanuniversität und dem Forschungszentrum Seibersdorf rasch greifende Initiativen zur Lösung wirtschaftlicher und arbeitsmarktpolitischer Probleme der obersteirischen Industrieregion gesetzt.

Die Stadtgemeinde Leoben wird auch weiterhin alle möglichen Anstrengungen unternehmen, damit die Montanuniversität Leoben ihren weltweiten Ruf erhalten kann; durch gemeinsame Bemühungen sollte es darüberhinaus gelingen, den weiteren Ausbau der Universität auf optimalen Standorten fortzuführen, um damit über die unmittelbaren Zielsetzungen des Lehrauftrages hinaus Signale für eine Sogwirkung in wirtschaftlichen Bereichen in Richtung Betriebsansiedlungen zu setzen.

Durch das innige Verhältnis der Bevölkerung zu „ihrer" Universität bin ich als Bürgermeister nicht nur legitimiert, sondern nahezu beauftragt, die Glückwünsche zum 150-jährigen Jubiläum auszusprechen, auch weiterhin den bestmöglichen Erfolg zu wünschen und den herzlichen Gruß der Stadt zu entbieten. „Glückauf"!

**Reinhold Benedek**
Bürgermeister der Stadt Leoben

# Vorwort

PHOTO SIMONIS Wien.

Namens der österreichischen Wirtschaft entbiete ich der Montanuniversität Leoben zur Feier ihres 150-jährigen Bestandes die besten Wünsche. Die Wirtschaft ist auf die Hohen Schulen im Bereich der Ausbildung ebenso wie in der Forschung in hohem Maße angewiesen und weiß die Leistungen der „Montanistischen" gebührend zu schätzen.

Die Bundeswirtschaftskammer als Dachorganisation der Handelskammerorganisation bemüht sich bei voller Respektierung der Freiheit von Wissenschaft und Forschung um eine Intensivierung der Kontakte zwischen den Hochschulen und der Wirtschaft. Die Förderung von Projekten wie „Wissenschafter in die Wirtschaft", „Wissenschafter gründen Unternehmen" oder auf dem Gebiet der kooperativen Forschung sind Beispiele dafür.

Auch die Montanuniversität Leoben steht vor der neuen Herausforderung, angesichts des europäischen Binnenmarktes und des angestrebten Beitritts Österreichs zu den Europäischen Gemeinschaften ihre internationalen Kontakte zu vertiefen und die vielfältigen Möglichkeiten für eine Teilnahme an europäischen Programmen in Forschung und Lehre zu nutzen.

Noch mehr Internationalität dieser traditionellen und gleichzeitig hochmodernen Universität und eine verstärkte Zusammenarbeit mit der gewerblichen Wirtschaft werden die Voraussetzungen für einen Innovationsprozeß mitgestalten, der die Wettbewerbsfähigkeit und den Wohlstand in Österreich auch in Zukunft sichert.

**Ing. Rudolf Sallinger**
Präsident der Bundeskammer der gewerblichen Wirtschaft

# Zum Geleit!

FOTO FISCHER Graz.

Drei Jahre vor der Gründung der Vorläuferin der Montanuniversität Leoben, 1837, hat der steirische Prinz Erzherzog Johann den „Verein zur Beförderung und Unterstützung von Industrie und Gewerbe in der Steiermark" ins Leben gerufen und damit den Vorgänger des heutigen Wirtschaftsförderungsinstituts. Zehn Jahre nachher, am 4. November 1850, erfolgte die Gründung der Handelskammer Steiermark, deren erster Präsident ebenfalls Erzherzog Johann war. Der steirische Prinz, der von Zeitgenossen als der „wahre Schutzgeist der Steiermark" bezeichnet wurde, hat also in einer Zeit ein vielfältiges Wirken entfaltet, die ebenso eine Zeit des Aufbruches und der Wende war wie die heutige. Die Montanuniversität Leoben hat in den 150 Jahren ihres Bestehens nicht nur Fachleute auf dem Gebiet des Berg- und Hüttenwesens für die ganze Welt ausgebildet, sie ist auch mit Lehre und Forschung untrennbar mit der Geschichte unserer Wirtschaft verknüpft. Unbestreitbar wollte schon Erzherzog Johann die Kooperation zwischen Wissenschaft und Wirtschaft und hat dafür in der Steiermark die Voraussetzungen geschaffen. In diesem Geiste möchte ich im Namen der Handelskammer Steiermark der Montanuniversität zu ihrem Jubiläum herzlich gratulieren und wünsche, daß sie auch in Zukunft unserer Wirtschaft neue zukunftsweisende Erkenntnisse vermitteln wird.

**Landtagsabgeordneter Ing. Hans Stoisser**
Präsident der Handelskammer Steiermark

# Einleitende Worte und Grußadresse

FOTO NORBERT NOE Wien.

Im Leben einer Hochschule sind 150 Jahre einerseits eine beachtlich lange Periode, andererseits eine relativ kurze Zeit. Lange, wenn man bedenkt, wieviel in dieser Zeit geleistet werden konnte, an wissenschaftlichem Einsatz, an persönlichem Engagement, an Auf- und Ausbauarbeiten, an Bildung und Ausbildung von Ingenieuren, die in der Industrie ausgezeichnete Berufschancen vorgefunden haben und vorfinden.

Relativ kurz, wenn man die zunehmende Bedeutung der Montanuniversität, und ich darf sagen „unserer" Montanuniversität, in Wissenschaft, Forschung und Lehre berücksichtigt, sich den Wandel von der „Steiermärkisch-Ständischen Montanlehranstalt" bis zur heutigen Montanuniversität und die Dynamik der Veränderungen in Wirtschaft und Gesellschaft, die es zu bewältigen galt, vor Augen führt. Heute ist die Universität eine international anerkannte, für Österreich nicht mehr wegzudenkende Technische Universität für das gesamte Gebiet der Rohstoff- und Werkstoffwissenschaft.

Im historischen Werdegang wurde aus der Sicht der Industrie stets das Bemühen um eine Symbiose zwischen gründlicher theoretischer und, soweit an einer Hochschule möglich, praktischer Ausbildung besonders geschätzt. Dies war und ist zweifellos einer der Gründe, daß die Absolventen im Inland und weit über unsere Landesgrenzen hinaus einen hervorragenden Ruf genießen. Neben der so wichtigen Praxisbezogenheit hat die Montanuniversität jedoch nie die Verpflichtung, sich mit gesellschaftlichen Fragen und Problemen auseinanderzusetzen, vernachlässigt. Von Anfang an wurden Forschung und Lehre so gestaltet, daß die wissenschaftliche Entwicklung ständig vorangetrieben und die Studien unter ständiger Anpassung an neue Erkenntnisse und Anforderungen ausgerichtet worden sind. Betriebsbesuche, Exkursionen, das umfassende Kennenlernen von Betrieben wurden immer als Teil des Bildungsauftrages verstanden.

Die eindrucksvolle 150-jährige Entwicklung der Montanuniversität Leoben zeigt aber auch, daß Wissen viel, aber für den Erfolg nicht alles ist. Die Montanuniversität hat sich stets den Blick für mittel- und langfristige Entwicklungen bewahrt und war erfolgreich bemüht, den Studierenden neben einer fundierten wissenschaftlichen Berufsvorbildung auch Unterstützung bei der persönlichen Entfaltung zu bieten. Für all das gebührt der Montanuniversität Leoben Lob, Dank und Anerkennung.

So danke ich als Präsident der Vereinigung Österreichischer Industrieller der Montanuniversität Leoben und allen, die an ihrem Leben Anteil genommen haben und nehmen, für ihre Arbeit – ganz besonders auch für das beispielgebende Kooperationsverhältnis zwischen Universität und Industrie – und wünsche für die Zukunft weiterhin viel Erfolg.

**Dr. Heinz Kessler**
Präsident der Vereinigung Österreichischer Industrieller

# Grußadresse

Ein herzliches „Glückauf" zuvor zum Jubiläum!

Die Industrie der Steiermark hat diesem Land von jeher einen unauslöslichen Stempel aufgedrückt und ist mit all ihren Fasern in sein Geschick verwoben. Diese unsere Industrie und hier wohl in besonderem Maß die Montan- und Hüttenindustrie war in ihrer jüngeren Entwicklung immer mehr angewiesen auf eine innige Verbindung mit Forschung und Lehre der Hohen Schulen und so auch sachlich und personell stets eng verknüpft mit der Leobener Montanuniversität.

Wenn auch die Reichweite dieser Alma mater in buchstäblichem Sinn die ganze Welt erfaßt, so haben die Leobener Absolventen doch gelernt, in hochgestimmten wie in drückend schweren Zeiten ihr Können, aber auch ihr Herz gerade für unsere heimische Industrie stets einzusetzen. Sie haben auch gelernt, zusammenzustehen, wenn es zu kämpfen gilt.

Fachliche Exzellenz wird heute für jede Hohe Schule vorausgesetzt, aber das Markenzeichen der „Montanistischen" war immer, technisches und industrielles Wirken menschlich und im Leben ganzheitlich zu begreifen.

So wünsche ich – selbst Leobener Hüttenmann in vierter Generation – der Montanuniversität nach den so rasch vergangenen 150 Jahren vor allem eine blühende Zukunft. Die steirische und die ganze österreichische Industrie braucht ihre Forscher, ihre Lehrer und ihre Schüler!

**Bergrat h.c. Dipl.Ing. Gottfried Pengg**
Präsident der Vereinigung Österreichischer Industrieller
Landesgruppe Steiermark

## Grußadresse an alle Freunde der Montanuniversität Leoben

Wenn anläßlich der Feier des 150-jährigen Bestehens der Leobener Hohen Schule deren Entwicklung von einer Montanistischen Lehranstalt zu einer Montanuniversität diese Festschrift gewidmet wird, so ist es wohl auch angebracht, in einem Beitrag einer Institution zu gedenken, die es sich vor fast 70 Jahren zur Aufgabe gestellt hat, in selbstlosem Wirken die Entwicklung der Hochschule zu unterstützen, wenn von der öffentlichen Hand die erforderlichen Mittel für Forschung und Lehre nicht in ausreichendem Maße zur Verfügung gestellt werden konnten, oder sogar das Weiterbestehen unserer Alma mater Leobiensis infrage gestellt wurde.

In den Notzeiten nach dem Ersten Weltkrieg über Anregung des damaligen Professorenkollegiums 1922 gegründet, hat sie mit ihren Mitgliedern, die sich aus dem Professorenkollegium und anderen Lehrpersonen, vielen Absolventen unserer Universität, aber auch der Berg- und Hüttenindustrie zusammenfanden, die Mitgliedsbeiträge und Spenden dazu verwendet, um immer dann helfend einzuspringen, wenn Not am Mann war. Sie bildet aber auch ein wertvolles fachliches Bindeglied zwischen Forschung und Lehre und der einschlägigen Industrie, aus der beide Partner Nutzen ziehen können. Ihnen allen sei an dieser Stelle aufrichtiger Dank gesagt.

Es sollte aber auch allen Absolventen eine Ehrenpflicht sein, der Gesellschaft von Freunden der Montanuniversität Leoben beizutreten, um damit ihren Dank abzustatten für eine auf der ganzen Welt bekannte hervorragende Ausbildung, die sie hier erhielten, und nicht zuletzt ihrer Verbundenheit mit ihrer Alma mater Leobiensis sichtbaren Ausdruck zu geben.

**tit. Ao. Univ. Prof. DDipl.Ing. Dr.mont. Dr. mont. h.c.**
**Erwin Plöckinger**
Vorsitzender der Gesellschaft von Freunden
der Montanuniversität Leoben

# Grußadresse

FOTO OASSER Graz.

Die Montanuniversität stellt sich für einen Fachfremden wie mich als eine Institution dar, die außer der Durchführung des im Studienführer beschriebenen Studienbetriebes und der einschlägigen Forschungen das geistige Zentrum eines ganzen großen und grünen Gebietes ist, in dessen Bereich der sagenumwobene Erzberg liegt. Es ist das gleiche Gebiet, in dem Erzherzog Johann durch weise Planung eine wohldurchdachte Organisation des Eisenhüttenwesens ermöglicht hat. Auf ihn geht ja dann auch die Gründung der Universität selbst zurück.

Infolge der charakteristischen Bergmannstracht, die zu feierlichen Anlässen in Erscheinung tritt, hat sich bei mir eine starke Assoziation zwischen Festlichkeit und Montanuniversität gebildet.

Das 150-Jahr-Jubiläum bietet einen besonderen Anlaß zum Feiern, und ich freue mich, als einer der steirischen Rektoren unserer Nachbaruniversität zu diesem Anlaß zu gratulieren und für die kommenden Jahre viel Erfolg und „Glückauf" zu wünschen.

**O.Univ.Prof. Dr. Thomas Kenner**
Rektor der Karl-Franzens-Universität Graz

# Grußwort

FOTO PRANGL Graz.

Die heutige Montanuniversität Leoben und die heutige Technische Universität Graz führen beide ihren Ursprung auf Lehranstalten zurück, die der Initiative von Erzherzog Johann zu verdanken sind und von den Ständen des Herzogtums Steiermark getragen wurden. Allein diese gemeinsame Wurzel des am 26. November 1811 gegründeten Joanneums in Graz und der am 4. November 1840 eröffneten Lehranstalt der Bergbau- und Hüttenkunde in Vordernberg weist auf den damals bereits bestehenden Bildungsbedarf im technischen Bereich hin, der in diesem Bildungseinrichtungen im generellen und im speziellen seine Entsprechung fand. Bereits 1814 beantragten die Kuratoren des Joanneums eine Lehrkanzel für Hüttenkunde, die erst zweieinhalb Jahrzehnte später in der Vordernberger Gründung realisiert wurde. Der Rektor der Technischen Universität Graz fühlt sich daher zurecht auch in historischer Sicht mit dem Gründungsgeschehen der Montanuniversität Leoben eng verbunden. Beide Anstalten hatten in den vielen Jahrzehnten ihres Bestehens sowohl dem exponentiell ansteigenden Wissensumfang der Naturwissenschaften zu entsprechen als auch auf die sich wandelnden Bedürfnisse der Bevölkerung zu reagieren.

Die immer stärkere Verflochtenheit einzelner Disziplinen und die Wandlung der schwerpunktmäßigen Inhalte verlangen im Zusammenhang mit einem sparsamen und wirksamen Einsatz der verfügbaren Mittel auch eine gute Koordination nicht nur innerhalb einer Universität sondern auch zwischen den Universitäten. Gestützt auf die bestehenden vielfältigen Beziehungen zwischen Universitätslehrern und Funktionären beider Universitäten werden diese Aufgaben wie bisher im direkten Kontakt am vorteilhaftesten erfüllt.

Kennzeichen der heutigen Zeit ist die Dominanz technisch geprägter Vorgänge im Alltag des Bürgers. Dies bringt neue Verpflichtungen und Aufgaben mit sich. Die Beschränkung der Zuständigkeit und Verantwortung auf den Fertigungsprozeß wertneutraler Produkte kann diesem Anspruch nicht gerecht werden. In der Wandlung zur Universität kommt aber zum Ausdruck, daß die Gesamtheit der Wirkungen und Einflüsse auf den Einzelnen und die Gemeinschaften von Menschen in umfassender Weise zu behandeln ist. Im Bemühen, diesem Anspruch zu genügen, werden vor allem die Universitäten technischer Prägung ihre Anstrengungen gemeinsam verstärken.

Mit dem noch im Jahre 1990 erwarteten Inkrafttreten einer Novelle des Bundesgesetzes über technische Studienrichtungen ist eine verstärkte Inanspruchnahme des Lehrangebotes der Montanuniversität durch Studierende der Technischen Universität Graz zu erwarten. Wohl fundiert auf den herzlichen Beziehungen, die unsere beiden Universitäten in der gemeinsamen Vergangenheit verbunden haben, gestützt auf die freundschaftlichen Bande, die viele Angehörige beider Universitäten verbinden und angesichts jener Aufgaben, die wir gemeinsam besser als getrennt bewältigen können, entbiete ich namens der Erzherzog-Johann-Universität Graz der Montanuniversität Leoben und allen ihren Angehörigen meine herzlichen

Glückwünsche zu diesem festlichen Ereignis und hege den Wunsch auf eine weitere gute Entwicklung der Montanuniversität, die Behauptung ihres hohen internationalen Ranges und die Fähigkeit, traditionell und modern zugleich, geliebte Heimstatt vieler bildungswilliger Studierender auch in Zukunft zu sein.

**O.Univ.Prof. Dr. Günther Schelling**
Rektor der Technischen Universität, Erzherzog-Johann-Universität Graz

# Grußwort

FOTO STEFAN AMSÜSS Graz.

Schulen – jeder Art und für jede Altersstufe – haben immer mit der Zukunft zu tun: dort werden die Generationen ausgebildet, die in den nächsten Jahrzehnten diese Zukunft mitgestalten werden. Dies gilt natürlich besonders für unsere „Hohen Schulen", an denen jene Kräfte heranwachsen, die das Bild unserer Gesellschaft in der Zukunft entscheidend prägen werden.

Gerade aus diesem Grunde ist es jedoch notwendig und wichtig, den Blick von Zeit zu Zeit in die Vergangenheit zurückzurichten und sich darauf zu besinnen, welche Entwicklung der Gegenwart vorangegangen ist. Geschichte, so gesehen, ist nicht ein Museum, sondern die Betrachtung eines organischen Wachstumsprozesses.

Für solch einen Rückblick sind Jahrestage wie die 150-Jahr-Feier der Montanuniversität Leoben und die Festschrift zu diesem Jubiläum ein willkommener und würdiger Anlaß, und es ist mir eine ganz besondere Freude, der Montanuniversität sehr herzlich zu gratulieren.

Die Montanuniversität und die Hochschule für Musik und darstellende Kunst in Graz sind miteinander nicht nur durch die Nachbarschaft in der Steiermark verbunden, sondern auch durch die Person und den Geist Erzherzog Johanns, des „steirischen" Prinzen. Während die „Steiermärkisch-Ständische Montanlehranstalt" auf Initiative von Erzherzog Johann gegründet wurde und von seinem naturwissenschaftlichen Interesse und seinem Weitblick zeugt, ist die Grazer Musikhochschule in dem ehemaligen Wohnhaus des Erzherzogs, dem schönen Palais Meran, untergebracht und damit sozusagen Nutznießerin der privaten Initiative des Prinzen. Auch die historischen Daten liegen eng zusammen: 1849 die Eröffnung der Lehranstalt, 1841 der Baubeginn des Palais Meran. Dies mag ein Zufall sein. Bedeutend ist jedoch die Tatsache, daß in der ersten Hälfte des 19. Jahrhunderts überall Institutionen entstanden, die der Lehre und Forschung, der Technik und der Kunst dienten und als öffentliche Schulen bald jedermann zugänglich waren, sodaß Kunst und Wissenschaft außerordentliche Impulse erhielten, ohne die die weitere Entwicklung gar nicht möglich gewesen wäre. In der Person von Erzherzog Johann verbinden sich Tradition und Innovation, Vergangenheit und Zukunft auf geradezu symbolische Weise.

Wissenschaft und Kunst sind für das geistige Leben der Menschen gleich unentbehrlich und – wenn auch auf jeweils andere Weise – gleich bedeutend. Der unerhörte Aufschwung der Naturwissenschaften und die Leistungen des rationalen Denkens stehen außer jeden Zweifel. Die Aufgabe der Kunst ist es, einen unerläßlichen Ausgleich zu diesem rationalen Denken zu bilden und gemeinsam mit der Wirtschaft die Aufgaben der Menschheit in unserer Zeit und im nun bald beginnenden 21. Jahrhundert zu bewältigen. Auf der höchsten Ebene der menschlichen Fähigkeiten verschmelzen ja logisches und künstlerisches Denken zu einer Einheit der Kreativität. Kunst und Wissenschaft müssen als gleichrangige Partner ihre Kreativität gegenseitig ergänzen und unterstützen.

In diesem Sinn einer freundschaftlichen Zusammenarbeit freut es mich besonders, daß an der Montanuniversität jährlich die sogenannten Rektorskonzerte stattfinden und daß die Grazer Musikhochschule mit dem Konzert des Hochschulorchesters anläßlich der Feier des 150. Jahrestages der Gründung der Montanuniversität Leoben ihren künstlerischen Beitrag zu den Festlichkeiten geben wird.

Meine besten Wünsche begleiten die Montanuniversität Leoben auf ihrem Weg in die Zukunft.

**O.H.Prof. Sebastian Benda**
Rektor der Hochschule für Musik und darstellende Kunst in Graz

# Grußworte

Die technische Universität Clausthal, vor wenig mehr als zwanzig Jahren noch eine Bergakademie, gratuliert ihrer Schwesterhochschule, der Montanuniversität Leoben, mit einem sehr herzlichen Glückauf zu ihrem 150-jährigen Bestehen. Bestehen, im eigentlichen Sinne des Wortes, zeitweise auch Überstehen wurde während schwieriger Perioden in der wechselhaften Geschichte der früheren Bergakademie und Montanistischen Hochschule Leoben oftmals gefordert.

Wie die montanistischen Lehranstalten in Schemnitz, Freiberg, Clausthal sowie viele andere in Europa und in der neuen Welt wurde auch die in Vordernberg-Leoben in einem Bergbau- und Hüttenrevier begründet. Alle diese montanistischen Lehranstalten dienten in ihrer Frühzeit der Heranbildung wissenschaftlich-technischer Offizianten für das überwiegend fiskalische Berg-, Hütten- und Salinenwesen. Sie nahmen meist eine Sonderstellung ein, da sie nicht den Kultus- und Unterrichtsministerien zugeordnet waren, sondern gemeinsam mit den Bergbehörden bei den Finanz-, Handels- oder Gewerbeministerien ressortierten. Damit ergaben sich starke Bindungen, aber auch Abhängigkeiten vom Bergfiskus und der Bergverwaltung sowie von der wirtschaftlichen Blüte oder vom Verfall der Bergwerks- und Hüttenproduktion.

Die zeitweiligen Kämpfe der Bergakademien Leoben und Clausthal gegen ihre Auflösung, gegen ihre Verlegung und Inkorporation in technische Hochschulen von Großstädten, fern der Berg- und Hüttenwerke, gleichen sich ungemein. Ja selbst ihre Abtrennung von den für das Berg- und Hüttenwesen zuständigen Handelsministerien in Wien und Berlin erfolgte im Sommer 1934 binnen weniger Wochen gleichzeitig. Die Zerschneidung historisch gewachsener Bindungen war schmerzlich, doch brachte der Übergang in den Ressortbereich des Unterrichtsministers auch die Chance, die beiden montanistischen Hochschulen über das traditionelle Fächerspektrum hinaus durch moderne Studiengänge und Forschungsinstitute zu ergänzen und zu erweitern.

Längst hatten sich die Ausbildungsanforderungen entscheidend geändert. Mit der in der zweiten Hälfte des 19. Jahrhunderts einsetzenden starken Industrialisierung in den europäischen Staaten und in Nordamerika war der Bedarf an Bergingenieuren, Metallurgen, Chemikern, Montangeologen und Montanwirtschaftlern für die sich rasch entwickelnden Montanindustrien in den Vordergrund getreten, wodurch an den Bergakademien die traditionelle Ausbildung des Nachwuchses für die höhere Bergbeamtenschaft und die leitenden Funktionen fiskalischer Werke ihren Vorrang einbüßte.

Die Entwicklung in den vergangenen drei Jahrzehnten hat den früheren Bergakademien tiefgreifende strukturelle Veränderungen gebracht, denn die Bedeutung des heimischen Bergbaues ist sehr stark zurückgegangen. Die Rohstoffwirtschaft ist heute international. Zum anderen haben die Entwicklung und Erzeugung neuer Werkstoffe auf der Basis lange bekannter mineralischer Rohstoffe sowie der Kunststoffe neue Technologien hervorgerufen. Automatisierung und Computerisierung sind Merkmale moderner Fertigung und des Vertriebes, Ingenieurinformatik und Informationstechniken ihre wissenschaftliche Voraussetzung.

Die Montanuniversität Leoben hat sich den gewandelten Berufsanforderungen ihrer Absolventen gestellt, hat neue Studiengänge und Ausbildungsprofile neben der Anpassung der klassischen Studienfächer an die veränderten montantechnischen und montanwirtschaftlichen Verhältnisse entwickelt. Hier ist die Kunststofftechnik als wegweisend für andere Hochschulen und mustergültig zu nennen.

Typisch für unser Jahrhundert ist die schnelle nachrichten- und verkehrstechnische Überbrückung großer Entfernung, was zu einer dichten Vernetzung internationaler Industrie- und Handelsbeziehungen in bisher nicht gekanntem Maße geführt hat. Die Schaffung großer internationaler Absatzmärkte stellt neue und höhere Anforderungen an den technisch-wissenschaftlichen Nachwuchs der Industrienationen und auch an das Ausbildungsniveau unserer Absolventen.

Die Technische Universität Clausthal wünscht der Montanuniversität Leoben eine glückliche Fortentwicklung und guten Erfolg bei den vor ihr liegenden Aufgaben über das Jahr 2000 hinaus. Sie hofft und wünscht aber auch, daß bei allem Wachstum die ausgezeichneten persönlichen Bindungen zwischen den akademischen Lehrern, Studenten und früheren Absolventen in so schöner und vorbildlicher Weise erhalten bleiben mögen, wie man sie an der Montanuniversität Leoben immer wieder beobachten kann.

Wir sind dankbar für die seit Jahrzehnten geübte wissenschaftliche Kooperation und für den kulturellen Austausch zwischen den akademischen Lehrern und Studierenden unserer beiden Hochschulen und hoffen, diesen fruchtbaren Austausch erfolgreich weiterentwickeln zu können.

Mit den besten Wünschen für eine glückliche Zukunft der Montanuniversität Leoben und den ihr verbundenen Menschen grüßen namens der Technischen Universität Clausthal ihr Rektor und Prorektor.

**Univ.Prof. Dr. H. W. Hennicke**
Rektor der Technischen Universität
Clausthal

**Univ.Prof. Dr. G. Müller**
Prorektor der Technischen Universität
Clausthal

## Liebe Studenten und Angehörige der Montanuniversität Leoben!

Foto: Bergakademie Freiberg.

Die Montanuniversität Leoben ist 150 Jahre alt und dennoch jung geblieben. Sie erneuert sich ständig durch ihre Absolventen!

Wie alle montanistischen Hochschulen der Welt hat sie Höhen und Tiefen erlebt, aber sie stellt sich den Aufgaben der Gegenwart, und sie hat sich für die Zukunft viel vorgenommen!

Dieser Jubilarin Referenz erweisen zu dürfen, das betrachte ich als eine große Ehre! Die Montanuniversität Leoben und die Bergakademie Freiberg weisen viele Gemeinsamkeiten auf. Beide Einrichtungen, und nur sie im deutschsprachigen Raum, führen noch heute den Namen auf ihren Ursprung zurück, auf den Bergbau, das Montanwesen. Beide haben für ihr Land insofern eine besondere Bedeutung, als sie eine ganze Anzahl unikaler Fachdisziplinen aufweisen. In Leoben und in Freiberg befaßt man sich in Lehre und Forschung vor allem mit den Roh- und Werkstoffen und mit damit im engen Zusammenhang stehenden Energie- und Umweltfragen. Die Montanuniversität und die Bergakademie sind eher kleine Bildungseinrichtungen, und auch die Städte sind mit 40.000 bzw. 50.000 Einwohnern nur so groß, daß die Hochschulen überall im Gemeinwesen spürbar sind. Vielleicht ist es gerade diesen vielen Gemeinsamkeiten zu verdanken, daß schon über viele Jahre enge fachliche und auch persönliche Bindungen zwischen den Angehörigen der Montanuniversität Leoben und der Bergakademie Freiberg bestehen. Bindungen, die für eine Hochschule mit speziellem Profil lebensnotwendig sind, wenn sie ihren ganz spezifischen und einzigartigen Bildungsauftrag erfüllen will.

Mit Blick auf die Entwicklung in der Welt und in unseren beiden Ländern kann man für die Montanuniversität Leoben und auch für die Bergakademie Freiberg feststellen:

Es gilt das alte Horaz-Wort: Poscimur, man braucht uns!

Man braucht die Montanindustrie, man braucht die Werkstoffe, und die Industrie braucht die Montanuniversität.

Insofern sind 150 Jahre zwar ein bedeutender Zeitabschnitt, aber kein Alter!

Für die Zukunft wünsche ich unserem Partner in Leoben: er möge wachsen, blühen und gedeihen zum Wohle der Montanindustrie und in enger Bindung mit allen montanistisch orientierten Hochschulen in der Welt.

Dazu entbiete ich im Namen aller Studenten und Angehörigen unserer Hochschule ein herzliches „Freiberger Glückauf"!

**Univ.Prof. Dr.sc.techn. Horst Gerhardt**
Rektor der Bergakademie Freiberg

# Vorwort

Foto: Bergakademie Freiberg.

Die auf eine mehr als zweihundertfünfzigjährige Vergangenheit zurückblickende montanistische Miskolcer Alma mater grüßt die 150 Jahre alte Montanuniversität Leoben in brüderlicher Verbundenheit. Die „brüderliche Verbundenheit" in unserem Grußwort bringt nicht nur den hervorragenden Charakter des Jubiläums zum Ausdruck, sondern ist durch das Zusammenleben des österreichischen und ungarischen Gebietes über mehrere Jahrhunderte hinweg mit wahrem Inhalt erfüllt.

Die enge und direkte Beziehung des österreichischen und ungarischen Montanwesens entfaltete sich nach dem Abschluß der verheerenden, über mehrere Jahrhunderte andauernden osmanisch-türkischen Kriegszüge zu Beginn des 18. Jahrhunderts.

Für den Neuaufbau des ausgeraubten Landes spielte die Neuerschließung der damaligen reichen Edel- und Buntmetallerzvorkommen eine äußerst wichtige Rolle, welche mit der umsichtig geplanten Leitung von Fachkreisen der Wiener Hofkammer in den historischen Bergbaugebieten des Landes begann.

Als ein Teil der Landesbearbeitung wurde im Jahre 1735 auf Anweisung der Wiener Hofkammer die Lehrinstitution für das Berg- und Hüttenwesen im niederungarischen Selmecbánya (Schemnitz) ins Leben gerufen, die trotz ihrer bewegten Geschichte über zweihundertfünfzig Jahre hinweg in ihrem Geist und in ihren Traditionen heute nicht nur in der Miskolcer, sondern auch in den Lehrinstitutionen auf dem Gebiet des Berg- und Hüttenwesens in Leoben und Ostrava weiterlebt.

Unsere brüderlichen Beziehungen führen auf den Geburtsort der ältesten montanistischen Alma mater der Welt, das niederungarische Selmecbánya, zurück.

Die Gründung der montanistischen Lehranstalt zu Leoben vor 150 Jahren bedeutete formell und juristisch eine Abtrennung und Separation von der Selmecer Almer mater, in Wahrheit jedoch kam es zu einer den Selmecer Geist verkörpernden, einheitlichen Ausstrahlung der österreichisch-ungarischen Bergkultur.

Vom ersten Augenblick der Gründung der Leobener Lehranstalt wurde diese vom Geist der ehemaligen Lehrer und Studenten aus Selmec erfüllt. Unter den hervorragenden Professoren der ersten Jahrzehnte begannen viele zunächst die Lehrtätigkeit in Selmec, so die Professoren ungarischer Abstammung A. Miller, weiterhin F. Sprung, F. Rochelt, J. Hauer, R. Schöffel usw.

Die Gemeinsamkeiten werden aber auch dadurch unterstrichen, daß Lehrkräfte der Leobener Lehrkanzel nach Selmec gingen, so der Freiberger Professor für Chemie R. Richter und auch E. Herrmann als der Begründer der ungarischen Fachliteratur auf dem Gebiet der Technischen Mechanik. Der Selmecer Geist wurde und wird aber in erster Linie von der Jugend des Berg- und Hüttenwesens nicht nur in den Liedern und Traditionen, sondern im Herzen getragen.

Aber die engsten brüderlichen Beziehungen werden brüchiger, wenn zwischen Kinder – Enkel sprachliche und politische Grenzen gezogen werden. So entfernten sich unsere Alma mater nach dem österreichisch-ungarischen Ausgleich von 1867 und nach dem Friedensvertrag von Versailles sowie auch in der Zeit des kalten Krieges nach dem Zweiten Weltkrieg voneinander. Aber im letzten Jahrzehnt waren wir Zeuge einer günstigen Wende: im Jahre 1982 wurden die Beziehungen der beiden Institutionen auch in Form eines Zusammenarbeitsvertrages fixiert, auf dessen Grundlage sich eine Zusammenarbeit auf den Gebieten der Lehre und Forschung auf hohem Niveau verwirklicht.

Im Jahre 1985 konnte die europäische Gemeinschaft der Berg- und Hüttenleute in Miskolc wiederum gemeinsam feiern: Man feierte und erinnerte sich an das 250-jährige Jubiläum der Hochschulausbildung auf dem Gebiet des Berg- und Hüttenwesens, und vielleicht ertönte in der Tiefe der Seele aller Teilnehmer wiederum das alte Bergmannslied, welches man über einundeinhalb Jahrhunderte hinweg als Hymne der Selmecer Akademiker sang:

>Wo ist des Bergmanns Vaterland?
>Sein Vaterland ist überall,
>So weit des Erdballs Grenze reicht,
>Wo nur das Erz in Gängen streicht,
>Wo ihm ein herzliches „Glückauf!"
>Ertönt in seinem Wanderlauf.
>Da muß es sein,
>Da muß sein Vaterland wohl sein.

**Univ.Prof. Dr. Ferenc Kovács**
Rektor der Technischen Universität für Schwerindustrie Miskolc

# Grußworte

FOTO FREISINGER Leoben.

Sehr geehrte Festgäste!

Die Montanuniversität Leoben feiert in diesem Jahr ihr 150-jähriges Jubiläum. Die Entstehung unserer Hohen Schule geht dabei auf das Gründungsjahr 1840 der steiermärkisch-ständischen berg- und hüttenmännischen Lehranstalt im Zentrum der steirischen Eisenproduktion, in Vordernberg, zurück. Sie übersiedelte in den folgenden Jahren nach Leoben und öffnete hier im Jahre 1849 ihre Pforten als einzige akademische Montanlehranstalt im deutschsprachigen Raum der österreichisch-ungarischen Monarchie. Der eigentliche geschichtliche Ursprung der Montanuniversität Leoben liegt jedoch über 250 Jahre zurück und führt auf die erste akademischen Ansprüchen genügende Ausbildungsstätte für Montanisten in der österreichisch-ungarischen Monarchie zurück, die damals im slowakischen Erzgebirge, in Schemnitz, eingerichtet wurde.

Zu den Jubiläumsfeierlichkeiten begrüße ich die Gäste und Freunde unserer Alma mater Leobiensis auf das herzlichste mit einem kräftigen bergmännischen Glückauf.

Im Laufe der 150 Jahre hat sich die Montanuniversität Leoben zu einer modernen, aber auch traditionsverbundenen technischen Universität montanistischer Prägung entwickelt. Die Studentenzahl wuchs von wenigen 10 zur Zeit ihrer Gründung auf den heutigen Stand von etwa 2000 an. Das Angebot an Studien umfaßt jetzt nicht mehr nur die klassischen montanistischen Fächer, wie Berg- und Hüttenwesen, sondern wurde in den vergangenen 25 Jahren an die heutige Zeit angepaßt. Es wurden neue attraktive Ausbildungsmöglichkeiten, wie z.B. Erdölwesen, Gesteinshüttenwesen, Montanmaschinenwesen, Kunststofftechnik und Werkstoffwissenschaften, eingerichtet, die sich eines guten Zustromes an Studenten erfreuen. Die meisten Studienrichtungen zeichnen sich durch gute Berufsaussichten der späteren Absolventen aus. Etwa 64% der Studenten studieren heute in diesen neuen Studienrichtungen. Unter den Hörern befinden sich etwa 8% Frauen, die im wesentlichen die Studienrichtungen Kunststofftechnik oder Werkstoffwissenschaften belegt haben, sowie rund 13% ausländische Staatsbürger.

Unsere Hohe Schule kann auf einen guten und praxisnahen Ausbildungsstand ihrer Absolventen hinweisen. Die Studienrichtungen entsprechen dem Bedarf der Industrie und leisten somit einen guten Beitrag zur Weiterentwicklung der industriellen Wirtschaft. Zur weiteren Verbesserung der Kooperation mit der einschlägigen Industrie diente in den vergangenen Jahren die Gründung eines Außeninstitutes der Universität und dessen Mitwirkung im Technologietransferzentrum Leoben sowie im Technologiepark Niklasdorf, die als Bindeglieder zwischen Universität und Industrie in beiden Richtungen wirken.

Die Forschung der Universität ist anwendungsorientiert und begünstigt eine gute Zusammenarbeit mit der Industrie. Solche Kontakte erlauben auch eine gute und praxisnahe Ausbildung der Studenten, wobei das Ausbildungsprofil jeweils kontinuierlich an die Bedürfnisse der Industrie angepaßt werden kann.

Für die zukünftige Entwicklung unserer Alma mater bieten sich verstärkte Forschungsaktivitäten auf dem Gesamtgebiet der Materialwissenschaften an, aber auch der zunehmende Einsatz der Mikroelektronik und Computertechnik in den Bereichen der Rohstoffgewinnung, der Rohstoffverarbeitung sowie auf den Gebieten der Konstruktion und der Fertigung oder bei der Entwicklung von Maschinen und Anlagen zu Finalprodukten, die dem Bedarf des Montanwesens entsprechen, sollen dem Trend der Zukunft folgen. Die Universität wird sich weiterhin zunehmend auch befassen müssen mit dem Einsatz anwendungsorientierter Informatik, dem Deponiewesen, dem Recycling sowie mit Fragen der Umwelttechnik.

Den Gästen und Freunden der Montanuniversität Leoben wünsche ich bei den Feierlichkeiten anläßlich des 150-jährigen Bestehens unserer Hohen Schule viel Freude und Nutzen bei der Teilnahme am wissenschaftlichen Festprogramm, bei der Besichtigung der verschiedenen Universitätseinrichtungen sowie bei der Teilnahme an den unterschiedlichen Rahmenprogrammen. Lernen Sie unsere Universität besser kennen, nutzen Sie die Jubiläumsfeierlichkeiten zur Stärkung der Kontakte mit unserer Universität, gewinnen Sie neue Freunde durch Ihre Anwesenheit bei den verschiedenen Veranstaltungen aus Anlaß unseres Jubiläums und durch die Möglichkeit intensiver fachlicher Diskussionen. Glückauf!

**O.Univ.Prof. Dipl.Ing. Dr.-Ing.**
**Klaus-Jürgen Grimmer**
Prorektor der Montanuniversität Leoben

# Zum Geleit

FOTO FREISINGER Leoben.

Die Montanuniversität hat in den 150 Jahren ihres Bestehens einen zwar wechselvollen aber letztendlich erfolgreichen Weg zurückgelegt. Das allein wäre schon Grund genug zum Feiern. Ein Jubiläum soll aber mehr sein: Nicht nur Rückschau und Besinnung auf die Wurzeln, sondern auch Standortbestimmung und Vorausschau. Unter diesem Gesichtspunkt wurde versucht, die Festschrift zu gestalten.

Aus dem Selbstverständnis des Berg- und Hüttenstandes heraus war die Montanuniversität nie ein elfenbeinerner Turm. Sie hat immer die Kontakte mit der ihr zugeordneten Industrie gepflegt und dies – lange vor der Aufforderung der Öffentlichkeit an die Universitäten, sich dem Umfeld zu öffnen – aktiv vorgelebt. Auch heute ist die Montanuniversität in einem besonderen Maße durch ihre Kooperationsfähigkeit und -willigkeit gegenüber Industrie und Wirtschaft ausgezeichnet.

Gemessen an den Studentenzahlen ist unsere Alma mater die kleinste unter den 12 österreichischen Universitäten. Wir haben diese „Kleinheit" nie als Enge empfunden, ganz im Gegenteil. Die internationalen Kontakte und fachlichen Beziehungen der Montanuniversität erstrecken sich über die ganze Welt; die Mobilität unserer Studenten ist im Vergleich zum österreichischen Durchschnitt erwähnenswert. Wohl aber hat uns die Überschaubarkeit unserer Universität, der hohe Grad an gegenseitiger Bekanntheit, das Gefühl der Zusammengehörigkeit zu einer corporate identity geführt, wie sie für alte Bergakademien beispielhaft war, im Wissen, daß dort, wo der Gemeinsinn verkümmert, eine Gesellschaft von Einsamen entsteht.

Ende der sechziger, Anfang der siebziger Jahre hat die Montanuniversität ihre Fachgebiete ausdifferenziert; neue Ausbildungswege sind entstanden, die sich in der Zwischenzeit nicht nur konsolidiert, sondern auch als sehr erfolgreich erwiesen haben. Nunmehr ist es Zeit, im Sinne unseres Gründers kreative Unruhe zu erzeugen, in joanneischem Geist die Frage nach einem neuen Aufbruch der Universität zu stellen. Dies fällt mit der erklärten Absicht des Bundesministeriums für Wissenschaft und Forschung zusammen, an den technisch ausgerichteten Universitäten zu Schwerpunktbildungen kommen zu müssen. Damit stellt sich nicht nur die Frage, wie sich die Fachgebiete der Montanuniversität entwickeln werden, sondern auch, welche Konsequenzen daraus für die Ausbildung zu ziehen sind. Da jemand, der nur seinen eigenen Worten lauscht, nichts Neues erfährt, wurden prominente externe Kollegen um einen Beitrag für diese Festschrift gebeten. Und auch ein Symposium während des Jubiläums wird dazu Szenarien entwickeln.

In der heutigen Zeit wird große Bedeutung auf Teamwork gelegt; und Zusammenarbeit war immer eine Stärke der Montanuniversität. Ihre Geschichte zeigt aber auch in ihrem ersten Professor Peter Ritter von Tunner, daß es meist Einzelpersonen sind, die letztendlich Großes bewegen und den Ruf einer Institution begründen. Die Festschrift erinnert, daß die Montanuniversität immer wieder große Persönlichkeiten und Kollegen aufzuweisen gehabt hat, die ihren Ruf auch international gefestigt haben. Wir sind stolz auf sie und empfinden es auch als Aufgabe eines Jubiläums, ihrer zu gedenken.

Für die Entwicklung einer Hohen Schule sind die Beziehungen zwischen ihr und der Bevölkerung, dem Land und der Stadt von hoher Bedeutung. Es ist eine triviale, aber angenehme Feststellung, daß das Klima zwischen der Montanuniversität und ihrem Umfeld ausgezeichnet ist und ein hoher Identifikationsgrad zwischen der Stadt Leoben und ihrer Universität vorliegt. Ich bin überzeugt, daß dieses Klima auch weiterhin zum Nutzen beider Institutionen bestehen bleiben wird.

Es ist für mich eine Freude und ich empfinde es als große Auszeichnung, bei diesem stolzen Jubiläum der Montanuniversität das Rektorsamt bekleiden zu können. In dieser Funktion richte ich einen herzlichen Gruß an unsere Nachbar- und Schwesteruniversitäten, an die Freunde der Montanuniversität im öffentlichen Leben, in der Industrie, Wirtschaft und in der Bevölkerung, aber auch an alle Angehörigen unserer Alma mater und entbiete ihnen den Gruß unserer Universität

Glückauf!

**O.Univ.Prof. Dipl.Ing. Dr.mont. Franz Jeglitsch**
Rektor der Montanuniversität Leoben

# Vorwort des Herausgebers

Das Gründungsdatum der Montanuniversität als Steiermärkisch-ständische berg- und hüttenmännische Lehranstalt in Vordernberg im Jahre 1840 war immer Anlaß zu Feierlichkeiten. Zum 25-jährigen Jubiläum trafen sich die Absolventen und überreichten dem langjährigen Professor und Direktor der st.st. Montan-Lehranstalt und der k.k. Bergakademie, Peter Ritter von Tunner, ein Album mit den Bildern von 480 Hörern (Bild 1). Die erste Festschrift entstand als Denkschrift zur fünfzigjährigen Jubelfeier der k.k. Berg-Akademie im Jahr 1890. Zu den Feierlichkeiten im Oktober 1890 wurde auch ein Lied auf Peter Tunner als Festgruß komponiert; Text von Adolf Cellini, nach der Melodie der „Lustigen Hammerschmiedg'sell'n" zu singen (Bild 2).

Die echte 100-Jahr-Feier wäre in die Zeit des Zweiten Weltkrieges gefallen und in eine Zeit, in der die Montanistische Hochschule teilweise gesperrt war. Als Ausweichtermin wurde dann im Jahr 1949 das 100-Jahr-Jubiläum der Übersiedlung der Montan-Lehranstalt nach Leoben gefeiert (Bild 3); zu diesen Feierlichkeiten wurde ebenfalls eine Festschrift herausgegeben. Das 125-Jahr-Jubiläum (Bild 4) wurde in kleinerem Rahmen gefeiert und fand seinen schriftlichen Niederschlag in Sondernummern der beiden Leobner Zeitungen und in einer kleinen Zeitschrift, die vom Notring der wissenschaftlichen Verbände Österreichs verlegt wurde.

Für die vorliegende Festschrift zum 150-jährigen Jubiläum hat Prof. G. B. Fettweis bereits im Jahr 1987 mit den ersten Überlegungen und Vorarbeiten begonnen. Im Juni 1988 wurde mir vom Universitätskollegium die Herausgabe der Festschrift übertragen und gleichzeitig unterstützend ein Redaktionskomitee zur Seite gestellt (Mitglieder: Magnifizenz Prof. Dr. F. Jeglitsch, Prof. Dr. G. B. Fettweis, Doz. Dr. Georg Walach, Universitätsdirektor DDr. A. Neuburg, Bibliotheksdirektor Dr. M. Lube und die Vorsitzenden der Österreichischen Hochschülerschaft R. Schmid und K. Neulinger). Das Redaktionskomitee hat in insgesamt fünf Sitzungen bei der Festlegung des grundsätzlichen Aufbaues und der inhaltlichen Gestaltung mitgewirkt.

In der Festschrift wird versucht, ein lebendiges Bild von der Vergangenheit, Gegenwart und Zu-

Bild 1: Titelblatt des Bilderalbums, das Peter Tunner im Jahr 1865 überreicht wurde.
Privatbesitz.     Reproduktion FOTO WILKE Leoben.

Bild 2: Festgruß zum fünfzigjährigen Jubiläum der Leobener Bergakademie.
Bericht über den Verlauf der Jubelfeier der k.k.Bergakademie in Leoben, 1890.
Universitätsbibliothek.   Reproduktion FOTO WILKE Leoben.

angesprochen worden und von den ausländischen Universitäten nur die drei, mit denen ein Kooperationsabkommen besteht.

In den einzelnen Beiträgen wird auf die Geschichte der Montanuniversität mit all ihren Höhen und Tiefen eingegangen. Die Lehre und Forschung, wie sie heute gegeben ist, wird in den Beiträgen der einzelnen Studienrichtungen sowie sämtlicher Institute und sonstiger Einrichtungen der Universität vorgestellt. Die Daten in den einzelnen Beiträgen entsprechen dem Zeitraum von Anfang 1989 bis Mai 1990, je nach dem Zeitpunkt der Erstellung des Manuskriptes.

Auf die Zusammenarbeit der Montanuniversität mit der Industrie und die zukünftige Entwicklung der kunft der Montanuniversität zu geben. Da in der heutigen Zeit Lesen allein nicht sehr gefragt ist, wurden zahlreiche Illustrationen aufgenommen, die zum Durchblättern anregen sollen. Vielleicht ist es gelungen, daß auch Außenstehende etwas vom Zusammengehörigkeitsgefühl der Leobner Absolventen mit ihrer Hochschule und Universität verspüren.

Trotz Beschränkungen sind die Grußworte etwas umfangreich ausgefallen. Stellvertretend für alle Universitäten und Forschungsinstitute, mit denen die Montanuniversität ständig zusammenarbeitet, sind nur die steirischen Universitäten und Hochschulen

Bild 3: Erinnerungsplakette an die Hundertjahrfeier 1949.
FOTO PFOHL Leoben.

Bild 4: Auswärtige Rektoren bei der 125-Jahr-Feier.

montanistischen Wissenschaften wird gesondert eingegangen, da der Praxisbezug seit den Anfängen der Montan-Lehranstalt einen wesentlichen Bestandteil von Lehre und Forschung gebildet hat. Zur Abrundung des Bildes wurden namhafte Fachvertreter aus der Industrie um Beiträge gebeten.

Zur Montanuniversität und zu Leoben gehört auch das Studentenleben, das in einem eigenen Kapitel dargestellt wird, wobei auch alle Leobner Korporationen zu Wort kommen.

Im letzten Kapitel werden einige Wesenszüge des Lebens an der Montanuniversität und in Leoben punktförmig beleuchtet, um einen Eindruck zu geben, was es bedeutet, „Leobner Montanist" zu sein.

Bei der Herstellung dieser Festschrift wurden die Vorteile moderner Textverarbeitungssysteme ausgenützt, die jedoch für die deutsche Sprache erhebliche Tücken besitzen. Da die Software durchwegs in Englisch entwickelt wird und die Übertragung ins Deutsche erst nachträglich erfolgt, besitzen diese Textverarbeitungssysteme bei den Umlauten, dem scharfen „ß" usw. ihre Eigenheiten. Die Silbentrenn-Algorithmen sind ebenfalls nicht optimal auf die deutsche Sprache abgestellt, so daß Abteilungsfehler nicht vollständig auszumerzen sind, oder es erscheinen auch – bei einem neuen Zeilenumbruch – die Abteilungsstriche mitten im Wort. Eine Folge der Computer-Textverarbeitung ist auch die vereinfachte Schreibweise der slawischen Namen, wie Pribram, Mohorovicic usw. ohne Aussprachezeichen, da es in den zur Verfügung stehenden Zeichensätzen z.B. keinen „Hatschek" gibt. Alle jene, die auf korrekte sprachliche Schreibweise großen Wert legen, mögen dies verzeihen.

Für die Mithilfe bei der Herausgabe der Festschrift danke ich allen Angestellten der Universitätsdirektion, im Sekretariat, in der Studien- und Prüfungsabteilung und in der Personalabteilung. Für viele wertvolle Anregungen danke ich Frau Dr. Lieselotte Jontes von der Universitätsbibliothek.

Ganz besonders danke ich dem Rektor, Prof. Dr. F. Jeglitsch, und dem Kollegen Prof. Dr. G. B. Fettweis für die unermüdliche Unterstützung und die zahlreichen zielführenden Diskussionen.

Friedwin Sturm

Die montanistischen Bauwerke. Kolorierte Bleistiftzeichnung von Imre Zoni, 1990.
Reproduktion FOTO WILKE Leoben.

# DIE MONTANUNIVERSITÄT IN GESCHICHTE UND GEGENWART

# 150 Jahre Montanuniversität Leoben
# Aus ihrer Geschichte

Paul W. ROTH

Am 4. November 1840 wurde in Vordernberg die von Kaiser Ferdinand I. auf Verwendung Erzherzog Johanns bewilligte und auf Kosten der Stände der Steiermark errichtete neue Lehranstalt der Bergbau- und Hüttenkunde eröffnet und diese Eröffnung auf eine würdevolle Weise gefeiert.

Das Datum der Eröffnung der Lehranstalt in Vordernberg bietet den Anlaß zur 150-Jahrfeier der Montanuniversität Leoben im Jahre 1990.

Schon damals war die Schule als höhere Lehranstalt gedacht gewesen. Peter Tunner, ihr erster Lehrer und Direktor, drückte dies in seiner Eröffnungsansprache so aus:

*„Nach meiner Überzeugung ist es für das Land ein größerer Gewinn, einen jungen Mann zum tüchtigen Oberbeamten als zehn zu geschickten Unterbeamten befähigt zu haben. Die Überzeugung stimmt mich, meinen Unterricht in der Berg- und Hüttenkunde auf die vorhergehenden aufgezählten Vorkenntnisse wie selbst an den technischen Instituten zu Wien, Prag und Graz gelehrt werden, zu basieren. Als meine Aufgabe habe ich daher zu betrachten, Sie, hochgeehrte Hörer dieser Vorlesungen, im Allgemeinen mit allen den Zweigen der Berg- und Hüttenkunde bekannt zu machen, die in Österreich vorkommen, oder darauf Bezug oder dafür Brauchbarkeit haben, und insoferne dieses unsere bemessene Zeit nicht gestattet, werde ich sie zur eigenen Ergänzung mit den geeignetsten literarischen Hilfsmitteln bekannt machen; insbesondere ist es aber meine Obliegenheit, Sie in den für Innerösterreich zu förderst für Steiermark wichtigen Zweigen der Berg- und Hüttenkunde vorzüglich im Eisenwesen praktisch auszubilden".*

Dabei betrachtet Tunner die Vordernberger Lehranstalt durchaus noch als integrierten Teil des Joanneums, aus dem sie hervorgegangen war. Das 1811 gegründete Joanneum in Graz war sehr früh als technische Lehranstalt eingerichtet worden und nahm im Rahmen des höheren technischen Ausbildungswesens einen bedeutenden Rang ein.

Blenden wir daher zurück in die Zeit der Anfänge des technischen und montanistischen Unterrichts in Mitteleuropa.

## DIE ANFÄNGE DES TECHNISCHEN UND MONTANISTISCHEN UNTERRICHTS UND DAS JOANNEUM IN GRAZ

Die Entwicklung des polytechnischen Unterrichts in der Habsburger-Monarchie begann bereits 1707 mit den Plänen zur Errichtung einer Ingenieur-Professur, die 1717 mit der Ernennung Christian Joseph Willenbergs verwirklicht wurde. Am 7. Jänner 1718 trat die Prager Ingenieurschule als ständisches Institut an die Öffentlichkeit. Sie diente als Ausbildungsstätte für das Militär- und Fortifikationswesen. Die Prager Ingenieurschule sollte zum Polytechnikum hinführen, welches seit 1798 von Franz Joseph von Gerstner betrieben, am 10. November 1806 eröffnet und im ersten Jahr von 106 Hörern frequentiert wurde.

Wie in Prag setzte der technische Unterricht in Wien ebenfalls im Bereich der militärischen Erziehung ein, und auch hier kam es 1718 zur Errichtung einer kaiserlichen Ingenieurschule. In Wien trat schließlich Johann Joseph Prechtl 1810 an die Hofkammer heran, um *„die Errichtung einer öffentlichen Lehranstalt zur Beförderung der Nationalindustrie durch Verbreitung und Popularisierung wissenschaftlicher Kenntnisse unter den gewerbefleißigen Klassen (als) ein sowohl für die Hauptstadt Wien als auch für die ganze Monarchie durchaus notwendiges Unternehmen"* vorzuschlagen. Der

Bild 1: Erzherzog Johann. Farblithographie von Josef Kriehuber, 1859. Original in der Universitätsbibliothek der Montanuniversität. Inv.Nr.: 111674.

FOTO WILKE Leoben.

Beginn der Tätigkeit des Institutes fällt allerdings erst in den März 1815. Bereits 1811 aber war das Joanneum in Graz als Museum und Technische Lehranstalt errichtet worden. Den entscheidenden Anstoß erhielt Erzherzog Johann 1801 durch den Besuch im Naturalienkabinett Karl Ehrenbert von Molls in Salzburg. Allerdings sollte Erzherzog Johanns Museum zuerst in Tirol errichtet werden. Mit seiner Hinwendung zur Steiermark änderte er aber auch seine Museumspläne. Ende 1809 wendete er sich an Franz I., um diesem den Plan zur Errichtung eines Museums am „Lyzeo zu Gratz" vorzutragen. Im Begleitschreiben wird die Förderung der „Naturgeschichte, Ökonomie, Physik, Technologie und Chemie" zur Hebung der Landeswohlfahrt betont. Neben der Aufstellung der Sammlung trat auch damals schon der Wunsch zur Errichtung eines chemischen Laboratoriums, des Botanischen Gartens und einer Lehrmittelsammlung. Im Spätherbst 1811 arbeitete Johann die „schon früher konzipierten Statuten des Museums" aus, die mit 1. Dezember 1811 publiziert wurden. Von vornherein war das Joanneum auch als Unterrichtsanstalt gedacht, wie zu sehen sein wird, auch für das Hüttenwesen.

Gleichzeitig mit der Errichtung der ersten Ingenieurschulen im frühen 18. Jahrhundert war es aber auch schon zu eigenen bergtechnischen Schulen und damit zu einer geordneten und wissenschaftlichen Ausbildung auf dem Gebiet des Berg- und Hüttenwesens gekommen.

Zwar verdanken wir dem Freiberger Arzt Rülein von Calw ein um 1500 erschienenes Bergbüchlein und dem aus dem Erzgebirge stammenden Münzmeister Lazarus Ercker bereits um die Mitte des 16. Jahrhunderts eine in der Praxis erprobte Darstellung des Berg- und Hüttenwesens seiner Zeit, zwar ist die überragende Bedeutung der Arbeiten des Joachimsthaler Arztes Georgius Agricola für die wissenschaftliche Durchdringung der Montanwissenschaft in allen ihren Zweigen bekannt – vor allem durch sein im Jahr 1556 erschienenes Hauptwerk „De re metallica libri XII" –, aber diese Schriften übten keinen besonderen Einfluß auf die bergmännische Betriebspraxis aus: Die Aus- und Heranbildung der Nachwuchskräfte für leitende Funktionen in den einzelnen Bergwerken beruhte auf reiner Empirie, beschränkte sich auf das Anlernen im Rahmen des täglichen Betriebsgeschehens, ohne theoretische Unterweisungen.

Im Bereich des alten Österreich wurden die Anlernlinge, also die späteren Anwärter auf die Beamtenlaufbahn, in den Akten als Expectanten bezeichnet, erstmals im Jahr 1632. Nach einer Hauptinstruktion der Wiener Hofkammer aus dem Jahr 1676 erhielten diese für ihre Beschäftigung eine geringe Entlohnung. Die Ausbildungszeit bis zur Erlangung eines Beamtenpostens in einem Montanbetrieb dauerte damals oft acht Jahre und länger.

In den niederungarischen Bergstädten, der heutigen Mittelslowakei, mit Schemnitz (Banská Stiavnica) als Mittelpunkt, das noch zu großer Bedeutung gelangen sollte, betrug im Jahr 1702 die Zahl der eingestellten Expectanten 17, doch hatte man mit ihnen keine besonders guten Erfahrungen gemacht.

Die fortschreitende Mechanisierung der Bergwerksbetriebe, die unter Ausnützung neuer naturwissenschaftlicher Erkenntnisse und dem Einfluß der Aufklärung vor sich ging, das Bestreben des Landesfürsten, die Bergwerke unter ökonomischen Gesichtspunkten für das Commerzium bestmöglichst auszunützen und der steigende Bedarf an Bergwerksbeamten für die immer größer werdende Anzahl ärarischer Gruben machten die Heranbildung eines auch theoretisch geschulten Nachwuchses an leitenden Beamten für die Bergwerks- und Hüttenbetriebe dringend erforderlich.

Der erste diesbezügliche Versuch wurde durch einen Erlaß Kaiser Karls VI. an die böhmische Hofkammer vom 13. Oktober 1716 eingeleitet, worin angeordnet wurde, in der nordwestböhmischen Bergwerksstadt St. Joachimsthal, seit dem 16. Jahrhundert ein Zentrum des böhmischen Silberbergbaues und Sitz einer berühmten Münzstätte, eine Ausbildungsstätte für Bergschüler einzurichten. Hauptausbildungsgegenstände waren: Bergrecht und Berggewohnheiten, Markscheidekunde, trockene und nasse Erzaufbereitung und Probierkunde. Verantwortlich für die Organisation war der oberste Berg- und Münzmeister.

Obwohl diese Art der Ausbildung im Vergleich zu früheren Zeiten eine bessere Schule für Bergoffiziere darstellte, so gab es weder einen festgelegten Lehrplan noch eine Prüfungsordnung. Wenn man als Kriterien einer Schule gemeinsam besuchte Vorträge, einen genau festgelegten Lehrplan, nach vorgeschriebenen Normen regelmäßig abgehaltene Prüfungen und ein damit betrautes Lehrpersonal ansieht, so kann von einem geordneten montanistischen Unterricht in der Habsburger Monarchie nämlich erst seit 1733 gesprochen werden. In diesem Jahr gab Kaiser Karl VI. eine für Joachimsthal bestimmte entsprechende ausführliche Instruktion heraus, die 1735 auch den Unterricht der Schemnitzer Bergschule in derselben Weise regeln sollte. 1724 war auch für das Bergrevier Schemnitz eine ähnliche Expectanten-Ausbildung angeordnet worden. Eine richtige Ausbildung beginnt aber auch hier erst mit der Errichtung der mit Hofkammer-Dekret vom 22. Juni 1735 gegründeten Bergschule, zu deren Leiter Samuel von Mikoviny berufen wurde. Das Ziel dieser zweijährigen Schule war es, theoretische und praktische Ausbildung für ärarische Bergwerksbeamte, Hüttenbeamte und leitende Beamte im Dienst der Münzen zu vermitteln. Die theoretischen Fächer Mathematik, Mechanik, Hydraulik und Markscheidekunde wurden von Mikoviny persönlich vorgetragen.

Die praktischen Fächer, wie Bergbaukunde, Erzaufbereitung, Probierkunde, Goldscheidung und Münzkunde, unterrichteten Lehrmeister, Instruenten genannt. Im zweiten Jahrgang konnten die Expectanten auch eine Spezialausbildung anstreben.

Zu Beginn der 60er Jahre des 18. Jahrhunderts traten entscheidende Änderungen in der Organisation des österreichischen Bergschulwesens ein. Im Mai 1762 legte der Registrator des böhmischen Oberst-Münz- und Bergmeisteramtes in Prag, Johann Thaddäus Anton Peithner, Maria Theresia den Entwurf eines Studienplanes für ein bergakademisches Studium an der Universität Prag vor, der vornehmlich Studien auf dem Gebiet der Physik, des Bergwesens, des Hüttenwesens und insbesondere des Bergrechts vorsah. Außerdem wurde die Schaffung einer Bibliothek, einer Mineraliensammlung, einer Modellsammlung von Bergwerksmaschinen und eines Laboratoriums angeregt. Dieser Vorschlag sowie die Notwendigkeit, das montanistische Studium den neuesten Erkenntnissen der Naturwissenschaften anzugleichen, was auch den Ideen der Aufklärung entsprach, veranlaßten Ende des Jahres 1762 intensive Beratungen der zuständigen Hofstellen. Im März 1763 wurde Peithner zum Professor für Bergwerkswissenschaften in Prag ernannt. Die Prager Lehrkanzel bestand zehn Jahre. In Schemnitz wurde 1763 die alte Bergschule nach Errichtung der neuen Lehranstalt aufgelassen. Am 13. Juni 1763 wurde in Schemnitz der aus Leiden stammende Nicolaus Josef Jacquin, ein berühmter Naturforscher, zum Professor für Mineralogie, Chemie und Metallurgie bestellt, doch nahm dieser seine Lehrtätigkeit erst am 1. September 1764 auf.

Es ist wohl unbestritten, daß die Träger des technischen Fortschrittes im Bergbau mathematisch und naturwissenschaftlich geschulte Männer gewesen sind. Die Anwendung der Mathematik im Markscheidewesen, der Chemie und Physik in der Mineralogie und Geologie führte zu einem neuen Aufschwung der Bergbauwissenschaften.

Es steht auch fest, daß der Unterricht in der neuen Lehranstalt in Schemnitz noch vor Errichtung der Bergakademie Freiberg in Sachsen, wo die Vorlesungen im Jahre 1766 aufgenommen wurden, Hochschulcharakter besaß. 1770 entstand übrigens eine Bergakademie in Berlin, 1773 eine solche in St. Petersburg. Interessant ist in diesem Zusammenhang die Absicht Maria Theresias, im Jahre 1764 im Alten Münzhaus in Graz eine Mineralogische Lehrschule einzurichten; dies scheiterte aber an der Höhe der Kosten.

Erwähnenswert scheint aber auch, daß im Rahmen des Juridischen Studiums an der Savoyischen Ritterakademie in Wien seit 1772 Montanistik und metallurgische Chemie vorgetragen wurden. Auch an der Theresianischen Ritterakademie wurde seit 1775 Montanistik gelehrt.

Die Erkenntnis, daß die höheren Montanlehranstalten zu dieser Zeit die fortgeschrittensten Stätten technisch-wissenschaftlicher Lehre waren und wichtige technische Entwicklungen im Bergbau ihre erste Anwendung fanden, war schließlich dafür ausschlaggebend, daß über den ursprünglichen Organisationsplan hinausgehend, Maria Theresia im Sinne eines Vorschlags der Hofkammer der Errichtung eines dritten Lehrstuhles an der Schemnitzer Lehranstalt und ihrer Erhebung in den Rang einer Bergakademie zustimmte. Aufgrund der Entschließung Maria Theresias vom 3. April 1770 erfolgte die Errichtung und Systemisierung der Bergakademie Schemnitz, wobei deren Organisation und Lehrpläne in allen Einzelheiten festgelegt wurden.

Daß eine gleichartige Ausbildungsstätte sieben Jahrzehnte nach Errichtung der Bergakademie Schemnitz auch für den engeren Bereich der österreichischen Alpenländer ins Leben gerufen werden konnte, war vornehmlich ein Verdienst Erzherzog Johanns von Österreich.

In der zweiten Hälfte des 18. Jahrhunderts war es zu einem großen technischen Aufschwung in Großbritannien gekommen, der vielfach das Eisenwesen betraf. Dies hatte einen wahren „Reiseboom" nach Großbritannien, dem gelobten Land, zur Folge. Auch Erzherzog Johann bereiste 1815/16 dieses Eldorado der Industriellen Revolution. Schon zuvor erkannte er die Notwendigkeit eines montanistischen Unterrichts, der sich entsprechend der Situation besonders dem Eisenwesen widmen sollte. Dies umso mehr, als sich das Steirische Eisenwesen im Niedergang befand.

Bereits in einem ersten Reorganisationsentwurf des Joanneums, den Johann von Kalchberg 1814 erarbeitete, hieß es: *„Die Errichtung einer Lehrkanzel der Mineralogie ist gewiß eine der wohltätigsten Unternehmungen des Instituts"*. Da das Erz einen so vorzüglichen Rang *„in Innerösterreich einnimmt, ist es nicht genug"*, die Hörer zu belehren, wie sie dieses Metall *„in den Streifen der Erde aufzusuchen, sondern auch, wie sie das gefundene Erz zu schmelzen, zu verarbeiten, es mit minderen Kosten, durch Vervollkommnung der Ware, zu einem höheren und leichteren Absatz zu bringen, und endlich den hierzu unentbehrlichen Brennstoff, mittels Vermehrung seiner Erzeugung und Verminderung seines Bedarfes sich für Zeit und Folgezeit zu verschaffen und genügend zu sichern haben"*.

Somit wurden die Errichtung einer „Lehrkanzel über die Behandlung des Eisens" und einer „Lehran-

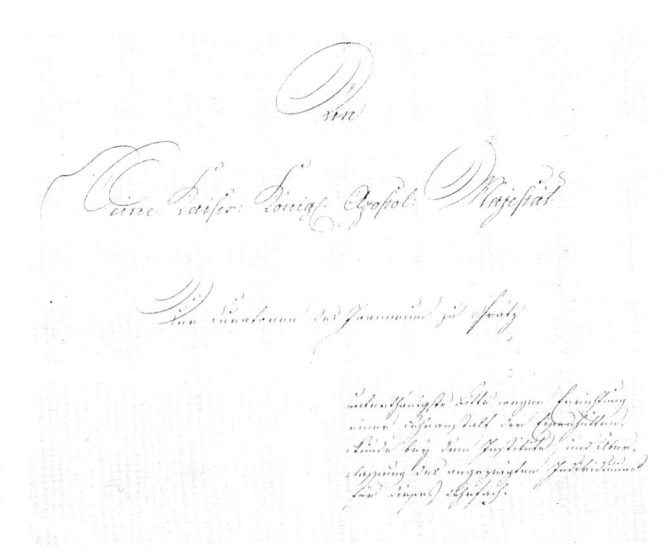

Bild 2: Eingabe der Kuratoren des Joanneums an den Kaiser 1814. Steiermärkisches Landesarchiv. Archiv Joanneum, Sch. 15, Heft 56, Nr. 458 1/2.
„AN SEINE KAISER: KÖNIGL. APOSTOL: MAJESTÄT. Die Curatoren des Joanneum zu Grätz unterthänigste Bitte wegen Errichtung einer Lehranstalt der Eisenhüttenkunde bey dem Institute, und Überlassung des angezeigten Individuums für dieses Lehrfach...
FOTO TROPPER Graz.

stalt über das Forstwesen" vorgeschlagen: Unter Einfluß Johanns richteten die Kuratoren am 16. November 1814 an den Kaiser das Gesuch um Errichtung einer Lehrkanzel der Eisenhüttenkunde. In der Begründung der Notwendigkeit einer solchen Anstalt wiesen die Kuratoren auf die schweren Folgeschäden der Napoleonischen Kriege für die steirische Eisenindustrie hin.

Als einzigen geeigneten Kandidaten schlugen sie den 1754 in Graz geborenen Direktor des Kaiserlichen Fabriksprodukten-Kabinettes in Wien, Alois Joseph Franz Xaver Beck von Widmannstätten vor, *„der sein ganzes Leben dem Studium der Technologie"* gewidmet hatte. Der Antrag der Kuratoren von 1814 fiel zunächst den politischen Ereignissen zum Opfer. Johann wandte sich im Sommer 1815 an Kalchberg, um ihm zu versichern, daß die Lehrkanzelfrage „bei dem nächsten Frieden" eingeleitet werden würde.

Bild 3: Peter Tunner. Nach einer Lithographie von Franz Eybl, 1848. Universitätsbibliothek der Montanuniversität.

FOTO WILKE Leoben.

Tatsächlich wurde die Lehrkanzel am 8. Oktober 1816 genehmigt und Widmannstätten mit dieser betraut. Widmannstätten war aber nicht bereit, nach Graz zu übersiedeln, womit die große Chance des Joanneums vertan war, bereits 1816/17 eine eigene umfassende Ausbildungsstätte für das Berg- und Hüttenwesen zu erhalten.

Der Wunsch nach einer Lehrkanzel für Hüttenkunde sollte erst 1828 Kaiser Franz vorgelegt werden, die Errichtung erfolgte schließlich am 12. März 1829. Gleichzeitig wurden die Stände aufgefordert, die Tendenz der zu errichtenden Lehrkanzel genau zu umschreiben.

Nachdem bis Dezember 1829 keine Antwort erfolgt war, berieten nun die Lehrer des Joanneums unter dem Vorsitz Johanns und legten am 24. Juni 1830 dem Ausschuß ein Beratungsergebnis vor. Da die Hüttenkunde nicht nur theoretisch, sondern auch praktisch unterrichtet werden sollte, wurde eine Übertragung der Lehrkanzel nach Vordernberg vorgeschlagen, da die dortigen Verhältnisse – eine große Zahl von Verarbeitungsbetrieben und Abbaustätten – eine im Sinne der regionalen Schwerpunktsetzung umfassende Ausbildung ermöglichten. Am 14. September 1833 richtete Johann einen Brief an die Stände, in dem er unter anderem den Auf- und Ausbau der „Lehrkanzel für Berg- und Hüttenkunde" forderte. Ausgehend von der Überlegung, daß bis zur endgültigen Fertigstellung der Lehreinrichtung in Vordernberg noch mehrere Jahre vergehen würden, schlug er vor, Peter Tunner auf die vakante Lehrkanzel zu berufen und ihm „durch Reisen in das Ausland die Vollendung seiner Bildung zu verschaffen". Die Stände stimmten diesem Vorschlag zu.

Tunner, der einer Familie entstammte, die seit Generationen mit dem Eisenwesen verbunden war, wurde 1809 in Deutschfeistritz geboren. Nachdem er sich bereits als Fünfzehnjähriger bei seinem Vater in Turrach durch Fleiß und rasche Auffassungsgabe hervorgetan hatte, holten ihn die Brüder Rosthorn auf ihr Eisenwerk in Frantschach und ermöglichten ihm 1828–30 das Studium am Polytechnischen Institut in Wien. Nach seiner Studienzeit besuchte er die Eisenwerke Salzburgs und Tirols, um die Frischmethoden zu studieren, und erlangte schließlich im Alter von 22 Jahren die Leitung des Eisenwerkes in Mauterndorf, ehe er 1832 die Verwaltung des neu erbauten fürstlichen Schwarzenbergischen Hammerwerkes in Katsch bei Murau übernahm. Hier betätigte er sich selbst als Hammermeister. Es war vielleicht diese Verbindung von akademischer Ausbildung und praktischer Arbeit, die Erzherzog Johann in dem jungen Mann den geeigneten Kandidaten für eine Professur sehen ließ.

1833 schlug er Tunner in einem Brief an die Stände vor:

„Nach meiner Überzeugung schlage ich den Peter Tunner, dermalen Fürst Schwarzenberg'scher Verweser des Hammerwerkes Katsch, zu diesem Endzwecke vor. Landeskind, vom besten moralischen Charakter, einer der vorzüglichsten Zöglinge des Polytechnischen Institutes, folglich ausgerüstet mit den erforderlichen wissenschaftlichen Kenntnissen, vollkommen erfahren in der heimischen Eisenmanipulation, da er längere Zeit als Meister auf dem Hammer arbeitete, von guter Körperbeschaffenheit, genügsam, verbindet er alle erforderlichen Eigenschaften um den Zweck zu erfüllen, welchen wir beabsichtigen müssen ..."

Die Kuratoriumssitzung vom 5. Mai 1835 war der Ernennung Tunners zum Professor für Berg- und Hüttenkunde und den noch offenen Fragen gewidmet. Für die Bildungsreise Tunners waren 10.000 Gulden vorgesehen – dieser große Betrag ergab sich aus der Tatsache, daß die Lehrkanzel 1829 gegründet worden war, das Gehalt aber bis 1835 mangels eines geeigneten Professors gespart werden konnte. Im Herbst 1835 wurde Tunner auf eine zweijährige Bildungsreise, die ihn bis Schweden und Großbritannien führte, geschickt. Inzwischen mußte neben den offenen Fragen über die Gestaltung der Unterrichtsanstalt in Vordernberg, die sich bis 1839 hinzogen, noch die Unterrichtsorganisation selbst geklärt werden. Dies geschah mit allerhöchster Entschließung vom 2. Juli 1836, die allerdings nur den „theoretischen und praktischen" Unterricht in der Eisenwerks-Manipulation am Joanneum überhaupt, und insbesondere die Lehrkanzel für Hüttenwesen behandelt. Dies ist merkwürdig, da ja die Ernennung Tunners entgegen der alten Vorstellung auf „Berg- und Hüttenkunde" lautete. Bereits 1834 erwähnte Aschauer, Professor am Joanneum, in einem Gutachten einen zweijährigen Kurs in Vordernberg, der im ersten Jahr Bergbau, Markscheidekunde und Forstwesen mit Köhlerei, im zweiten Jahr Hüttenkunde lehren sollte. Der Organisationsplan von 1836 beinhaltet tatsächlich nur die Hüttenkunde, während die Bergbaukunde weitgehend vernachlässigt wurde. Die Grundkonzeption, nämlich das dreijährige Basisstudium am Joanneum, war aber auch hier vorhanden. Damit wurde der naturwissenschaftliche

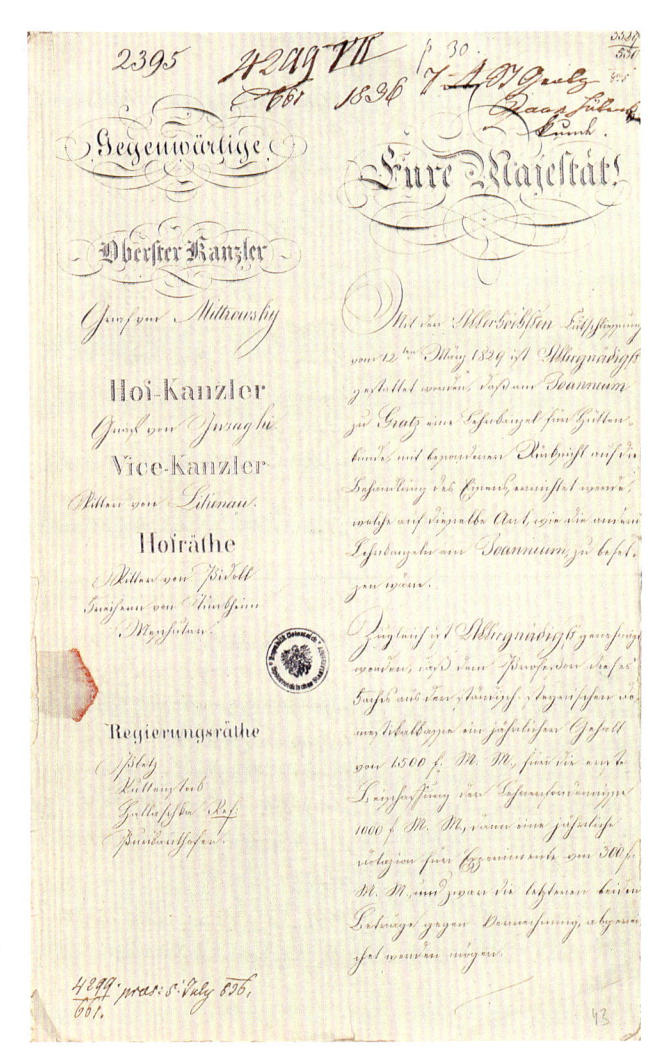

Bild 4: Die Errichtung einer Lehrkanzel der Hüttenkunde wird bekanntgegeben.
„Mit der Allerhöchsten Entschließung vom 12ten März 1829 ist Allergnädigst gestattet worden, daß am Joanneum zu Gratz eine Lehrkanzel für Hüttenkunde, mit besonderer Rücksicht auf die Behandlung des Eisens, errichtet werde...."
Österreichisches Staatsarchiv, Wien.

und technische Unterricht am Joanneum seitens der Behörden als Voraussetzung anerkannt. Absolventen des Wiener Polytechnikums aber mußten bei der Aufnahme in den Hüttenkurs die Vorkenntnisse in dem Umfang, wie sie am Joanneum gelehrt wurden, nachweisen. Eine endgültige Klärung dieser offenen Fragen brachte aber erst die Eröffnung der Lehranstalt 1840.

Bild 5: Raithaus in Vordernberg, erbaut 1839/40. Lehrgebäude der Montanlehranstalt. FOTO WILKE Leoben.

Am Ende des Jahres 1837 kehrte Tunner von seiner ersten Bildungsreise zurück. Inzwischen war beim Bau in Vordernberg noch nicht viel geschehen. Seine Anwesenheit war noch nicht erforderlich. So bereiste er von April bis Juli 1838 die ungarischen Bergstädte und von August bis Oktober Oberitalien, Tirol und Salzburg. Am 20. März 1839 befinden die Sachverständigen endlich, daß der Bauplan für die Vordernberger Lehranstalt genehmigt sei, und es konnte mit dem Bau begonnen werden. Dazu wurde das Haus Vordernberg Nr. 38 gekauft, nachdem die dazugehörige Handl'sche Schmiede 1828 erworben worden war. 1840 war das Gebäude fertiggestellt, so daß am 4. November 1840 die feierliche Eröffnung erfolgen konnte.

Der Kurator des Joanneums, Ludwig Crophius Edler v. Kaisersieg, Abt von Rein, zelebrierte ein feierliches Hochamt in der Pfarrkirche Vordernberg, worauf sich die festliche Versammlung in das Lehranstaltsgebäude begab, wo im Hörsaal die eigentliche Feier stattfand. Der große Förderer und Initiator dieser Lehranstalt, Erzherzog Johann, war nicht anwesend. Man kennt den Grund seines Fernbleibens heute nicht mehr, doch könnte man annehmen, daß mit der Vollendung dieses Werkes sein Interesse daran ein wenig in den Hintergrund trat. Im Beisein hoher Persönlichkeiten, der Schüler der Lehranstalt und auch der Bevölkerung von Vordernberg wurde Tunner in sein Amt eingeführt. Am nächsten Tag hielt Tunner seine Antrittsrede zum Thema „Ist eine montanistische Lehranstalt für Innerösterreich Bedürfnis, und wenn sie es ist, wie soll selbe organisirt seyn?" Dabei betonte er, daß die Technik sich von den empirischen Anschauungsmethoden zu einer wissenschaftlichen Behandlung durchringen müsse, denn die Quellen des Fortschrittes seien in den technischen Wissenschaften zu suchen. Diesem Ziele sollte die Lehranstalt dienen.

### DIE STEIERMÄRKISCH-STÄNDISCHE MONTAN-LEHRANSTALT VORDERNBERG (1840–1849)

Da zur Zeit der Eröffnung der Lehranstalt noch kein Lehrplan vorlag, können Tunners entsprechende Ausführungen als ein solcher verstanden werden: nach den Vorstudien sollten in Vordernberg zwei Jahre Berg- und Hüttenkunde gelehrt werden.

Hier Tunners Ausführungen:

*„Im ersten Jahre*

*a) Der technische Theil der Bergbaukunst nach eigenen Schriften; denn es existirt gegenwärtig in der ganzen bergmännischen Literatur kein entsprechendes Lehrbuch über die Bergtechnik, nachdem das seiner Zeit höchst werthvolle Buch: „Anleitung zur Bergbaukunst" von Delius, nicht mehr genügen kann, besonders wegen der unvollständigen Behandlung des Flötzbergbaues, indem gerade für die gegenwärtige Zeit der dahin zu rechnende Steinkohlenbergbau von der größten Wichtigkeit ist, und nicht minder in Betreff des zu unvollkommenen Maschinenwesens zu Delius Zeit;*

*b) die Markscheidekunst nach dem sehr practischen Buche: „Anleitung zur Markscheide-Kunst", von H. Hanstadt;*

*c) das Nothwendigste aus dem Bergrechte, im Auszuge von Dr. Tausch's Bergrecht, zweite Auflage;*

*d) die practische Verwendung so weit selbe in Vordernbergs Nähe möglich ist, wird mit dem systematischen Vortrage thunlichst gleichmäßig mit durchgeführt und im Ganzen Rücksicht genommen werden, daß gegen zwei Monate zur bergmännisch-*

geognostischen Bereisung der vorzüglichsten Bergwerksdistricte von Inneösterreich verwendet werden können.

Im zweiten Jahre

a) Der technische Theil der Hüttenkunde nach eigenen Schriften; denn obgleich wir an Karstens Metallurgie ein classisches Lehrbuch der Metallurgie besitzen, welches auch thunlichst benützt werden wird, und dessen Besitz Ihnen nicht mangeln darf, so muß ich in Berücksichtigung der inneösterreichischen Verhältnisse und der neuesten Fortschritte im Hüttenwesen dennoch so bedeutende Abweichungen vornehmen, daß mir die Abfassung eigener Schriften nothwendig wird;

b) die Probirkunst wird im metallurgischen Laboratorium practisch durchgeführt, und dabei besonders die schwedischen Eisen- und Kupfer-Proben nach Dr. Sefström und Berthiers Probirmethoden berücksichtigt werden;

c) das Notwendigste aus dem Werksrechnungswesen nach Mustern der vorzüglichsten Werksrechnungen und nach eigenen Schriften;

d) die practische Verwendung wird sich in diesem Jahre vorzüglich auf das Eisenhüttenwesen beschränken, dieser für Innerösterreichs Montanindustrie wichtigste Zweig aber um so vollständiger durchgemacht werden, wozu uns die vielen Eisenhochöfen in der nächsten und nahen Umgebung und die eigens für diesen Zweck im Baue begriffene Lehr-Frischhütte die beste Gelegenheit geben werden, und was wir hierin Vordernbergs Nähe nicht erlangen können, werden wir gleichfalls auf einer hüttenmännischen Reise auf den vorzüglichsten Anlagen Innerösterreichs kennen lernen, wozu sechs bis acht Wochen erforderlich seyn dürften, und womit wir auch den Besuch der Holzschläge und Köhlereien verbinden wollen".

Man sieht, daß Tunner seinen eigenen Weg ging: statt des einjährigen Kurses in Vordernberg, der ursprünglich nur die Eisenhüttenkunde behandeln sollte, kam es zu einer Ausdehnung auf zwei Jahre, um so auch eine vollständige bergmännische Erziehung zu gewährleisten. Auch die Betonung, soviel Berg- und Hüttenwerke wie möglich in ausgedehnten Exkursionen am Ende jedes Studienjahres zu

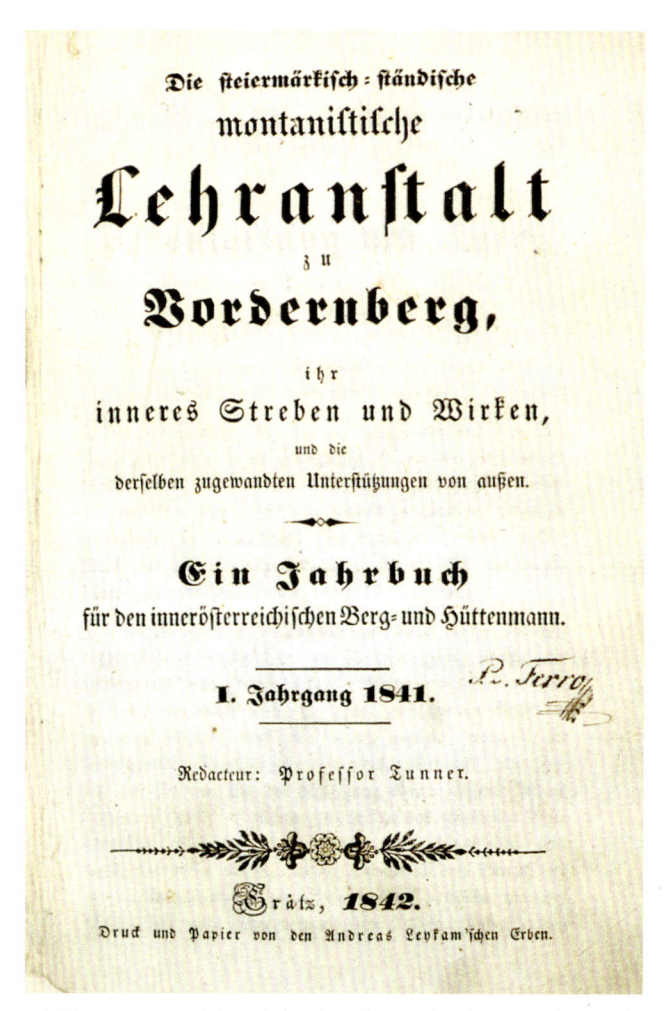

Bild 6: Erster Band des Jahrbuches der Vordernberger Lehranstalt, 1. Jahrgang 1841. Grätz 1842.     Universitätsbibliothek Leoben.

besichtigen, ist nicht zu überhören. Auch war vorgesehen, das Studium durch drei strenge Prüfungen abzuschließen und den Kandidaten das Absolutorium in Form eines Diploms zu erteilen. Dieser Studien- und Prüfungsplan wurde allerdings erst am 30. Jänner 1844 vom Kaiser bestätigt, bis dahin bedurfte es ungezählter Eingaben und Bitten Tunners, der aber unbeirrbar seinen Weg weiterging. Bereits 1843 war die Lehrfrischhütte zur praktischen Betätigung der Studenten fertiggestellt, doch mangelte es an verschiedensten Einrichtungsgegenständen: es mußte vor allem ein chemisches Laboratorium eingerichtet

Tafel 1: Neun Eleven des ersten Jahrganges 1840.

| | | |
|---|---|---|
| Drasch | Mayr | Senitza |
| Sprung | Sunko | Thunhart |
| Wudich | Peintinger | Sprinzenstein |

Aus dem Fotoalbum, das Peter Tunner zum 25. Bestehen der Lehranstalt am 4. November 1865 überreicht wurde. Privatbesitz.

FOTO WILKE Leoben.

werden, um die Probierkunst praktisch durchführen zu können. Zwar wurden 1000 fl. für das Laboratorium bewilligt, doch sah Tunner nun, daß die vom Joanneum versprochenen Bücher, die den Grundstock der Bibliothek bilden sollten, nicht eintrafen.

So verwendete Tunner 820 fl., die für die Einrichtung des Laboratoriums bestimmt waren, zum Ankauf der nötigsten Fachliteratur. Die Sammlung der verschiedensten Fabriksprodukte, die Tunner von seinen Reisen nach Hause geschickt hatte, mußte aufbewahrt und geordnet werden. Die dafür nötigen Glaskästen sollten angeschafft werden, ebenso ein Kopierapparat, um die nötigen Lernbehelfe zu vervielfältigen. Auch für seine persönlichen Bedürfnisse mußte Tunner immer wieder um Genehmigung einkommen: er will in der Professorenwohnung im Gebäude der Lehranstalt „einen Sparherd nebst Waschkeßl" aufstellen lassen; er bittet, ihm ein kleines Stückchen Grund „zur Erzeugung von Küchengewächsen, welche in Vordernberg nicht zu haben sind", einzuräumen, usw.

Die Studenten, die nicht in Vordernberg selbst beheimatet waren, lebten im „Elevenhaus", dem zur Handl'schen Schmiede gehörigen Wohnhaus, das adaptiert worden war. Sie zahlten weder Unterrichtsgeld noch ein Honorar, die Ärmeren konnten auf Ansuchen auch umsonst wohnen.

Die Vorlesungen beschränkten sich auf zwei bis drei Stunden pro Tag, der Rest war der praktischen Arbeit gewidmet. Jeden Tag wurden die Eleven außerdem zu „examinatorischen Wiederholungen" versammelt, in denen sie ihr Wissen vertiefen und Antworten auf ungeklärte Fragen bekommen konnten. Außerdem fand jede Woche eine Exkursion zu den benachbarten Werken statt, um hier das in der Theorie erworbene Wissen in Ausführung und Anwendung zu zeigen. Samstag Nachmittag mußten sich alle in der Schule versammeln und Tunner die schriftlichen und zeichnerischen Arbeiten der Woche vorlegen. Daran schloß sich eine offizielle Kneipe, an der sich auch Tunner beteiligte, mit einem „Inoffizium" ohne Zeitbemessung. Es scheint dies der Vorläufer der sogenannten Schachtabende gewesen zu sein, einem später aus Schemnitz nach Leoben übernommenen studentischen Brauch.

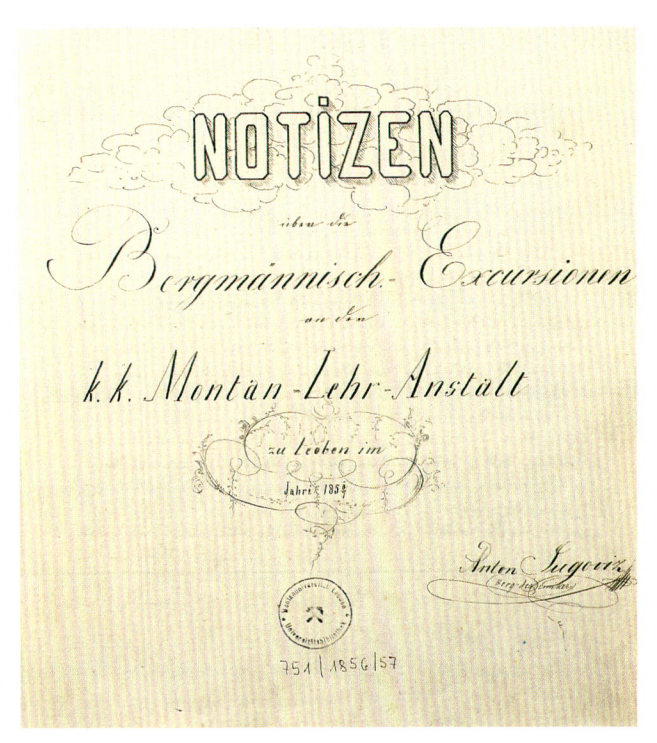

Bild 7: Exkursionsbericht des Bergeleven Anton Jugoviz aus dem Studienjahre 1856/57.
Universitätsbibliothek Leoben. Sign.: 751/1856/57.

Tunner begann das erste Studienjahr mit dem Bergkurs. Es wurden 9 ordentliche und 3 außerordentliche Bergeleven aufgenommen: Diese ersten Hörer seien namentlich genannt: Thomas Drasch aus Bleiberg, 23 Jahre alt, der seine Vorstudien am Joanneum absolvierte und bereits drei Jahre bei der Radmeister-Kommunität gearbeitet hatte; Valentin Gotthard aus Unterrohr in der Steiermark, 24 Jahre alt, der ebenfalls seine Vorstudien am Joanneum in Graz getätigt hatte; Rudolf Mayr aus Leoben, 20 Jahre alt, mit denselben Vorstudien; Joseph Senitza aus Cilli, Vorstudien am k.k. Polytechnischen Institut in Wien und bereits seit vier Jahren im Dienste des Gewerken Bonazza, der in der ganzen Steiermark Bergwerke und Hämmer besaß; Franz Sprung aus Köflach, 25 Jahre alt, der an der Universität Graz die juridischen Studien vollendet und danach die Bergakademie Schemnitz absolviert hatte; Felix Sunko aus Radkersburg, 22 Jahre alt, mit Vorstudien am Joanneum in Graz; Leopold Thunhart aus Trofaiach, 20 Jahre alt, ebenso; der Brucker Leopold Wudich, 25 Jahre alt, Absolvent der philosophischen Studien an der Universität Graz und der technischen am Joanneum; schließlich Johann Wünsch aus Graz, 24 Jahre alt, der denselben Vorstudiengang aufwies. Die außerordentlichen Hörer, „die aus Mangel der nöthigen technischen Vorkenntnisse nicht prüfungsfähig sind" und daher nur in beschränkter Anzahl aufgenommen wurden, waren der Zivilingenieur Cajetan Fahn, Dr. Carl Peintinger, der spätere Inhaber des Radwerkes I und Vorsteher der Radmeister-Kommunität, und Hermann Graf v. Sprinzenstein.

Als Peter Tunner in seiner Antrittsrede das Programm der Lehranstalt erläuterte, wies er bereits darauf hin, daß es äußerst wichtig sei, am Ende jedes Kurses mit den Zöglingen eine Bereisung der wichtigsten Bergbaue und Hütten durchzuführen. Auch wenn der Standort Vordernberg gewählt worden war, weil man hier Bergbau, Hochöfen und Hammerwerke im engen Umkreis beisammen hatte, so war doch nach Tunners Meinung ein umfassenderes Kennenlernen der vorzüglichsten Betriebe nicht nur der Steiermark zur Bildung der Studenten erforderlich. Und so plante Tunner im Juni 1841 die erste bergmännisch-geognostische Studienreise. Sie sollte die vorzüglichsten Bergbaue der Steiermark und Kärntens berühren und 49 Tage dauern. Weitere Exkursionen sollten folgen.

Ein außergewöhnliches Ereignis in diesem ersten Studienjahr war der Besuch Kaiser Ferdinands, der anläßlich des Aufenthaltes bei seinem Neffen Erzherzog Johann in Vordernberg auch die Lehranstalt besichtigte, sich alle Schüler vorstellen ließ und sich äußerst zufrieden mit den Fortschritten zeigte.

Im Studienjahr 1841/42 wurde die Hüttenkunde gelehrt. Die ordentlichen Hörer blieben dieselben. Zu den außerordentlichen kam Johann Pengg, Sohn des Hammergewerken Aegydius Pengg, hinzu. Von der Richtigkeit des – noch nicht genehmigten! – Lehrplanes und der Zweckmäßigkeit des Standortes Vordernberg zeugt der Umstand, daß alle die strengen Prüfungen bestanden und die meisten Absolven-

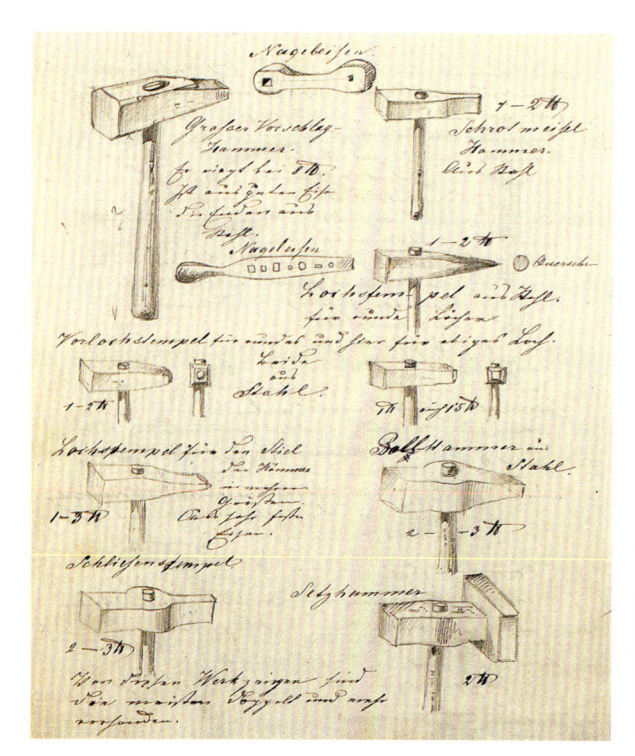

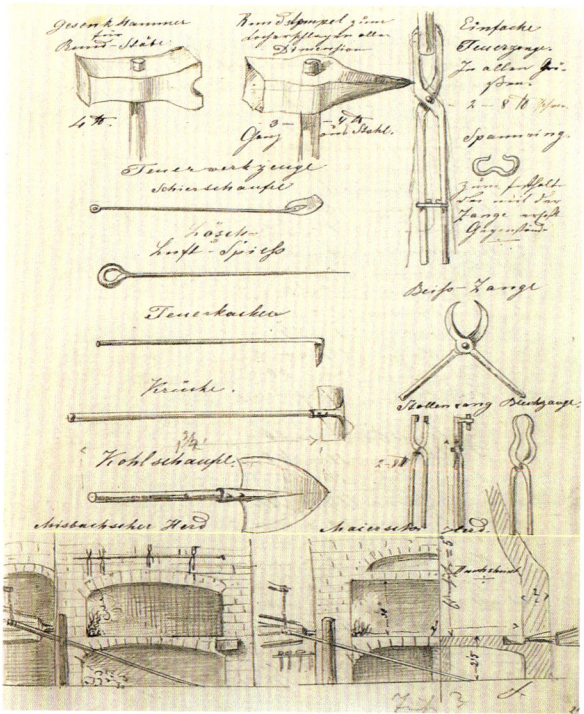

Bild 8: Aus dem Exkursionsbericht des Bergeleven Anton Jugoviz 1856/57. Skizzen der beim Schmieden angewandten Gezähe. Miesbachsche und Maiersche Bergschmiede.

FOTO WILKE Leoben.

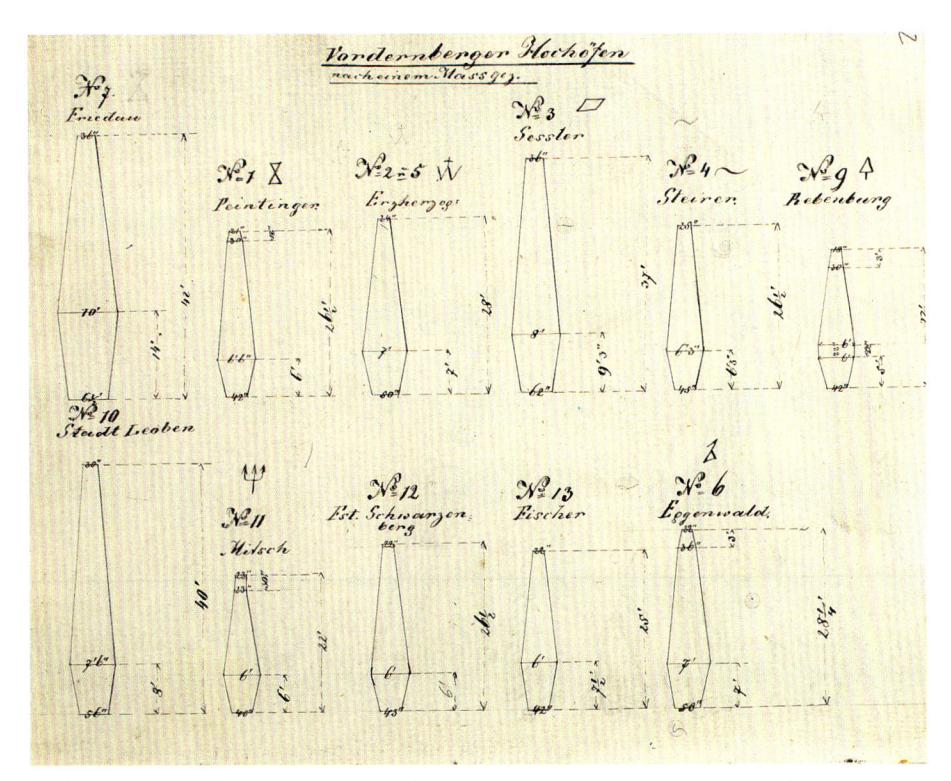

Bild 9: Vordernberger Hochöfen. Zeichnung im Exkursionsbericht des Bergeleven Anton v. Hörner aus dem Studienjahr 1854/55. Universitätsbibliothek Leoben. Sign.: 751/1854/55.
FOTO WILKE Leoben.

ten in den praktischen Dienst aufgenommen wurden.

Im Jahre 1842 erfuhr die Lehranstalt eine Erweiterung: auf der sogenannten Steinleitenwiese wurde ein eigenes Markscheidelokal gebaut, das durch die Eisenblechbedachung des Gebäudes der Lehranstalt notwendig geworden war und bereits 1843 fertiggestellt werden konnte. Es wurde nicht nur für die Zwecke der Lehranstalt errichtet, sondern sollte auch zum *"oft erwünschten Gebrauche der umliegenden Bergverwaltungen"* dienen.

Schon während des zweiten Studienjahres wurde es Tunner klar, daß er allein die vielfältigen Anforderungen, die der reibungslose Betrieb der Lehranstalt an ihn stellte, nicht bewältigen konnte, wenn nicht seine eigene Weiterbildung durch das Studium des aktuellen Schrifttums zu kurz kommen sollte. Und so bat er um die Systemisierung eines Assistentenpostens.

Die Stelle des Assistenten wurde mit Eduard Czegka definitiv besetzt. Dieser, ein gebürtiger Böhme, hatte die Studien am k.k. Polytechnischen Institut mit Auszeichnung absolviert und 1844 im Alter von 22 Jahren den Hüttenkurs in Vordernberg besucht. Auch diesen hatte er mit Auszeichnung bestanden und war 1845 in den Bergkurs eingetreten, wobei er, *"insoferne seine bereits erlangten Kenntnisse zureichend sind, dem Professor an Stelle eines Assistenten behilflich sein muß(te)"*. Die definitive Anstellung erfolgte im Studienjahr 1845/46, doch bereits 1847 war die Assistentenstelle wieder vakant. Wie schwierig es war, eine geeignete Person für diesen Posten zu finden, schilderte Tunner in einem Brief an die Kuratoren vom 1. November 1847.

Der Ruf der Lehranstalt drang bis ins ferne Ausland. 1843/44 wurden sogar 5 Ägypter als ordentliche Eleven in den Hüttenkurs aufgenommen, die alle mit einem Stipendium des Vizekönigs von Ägypten nach

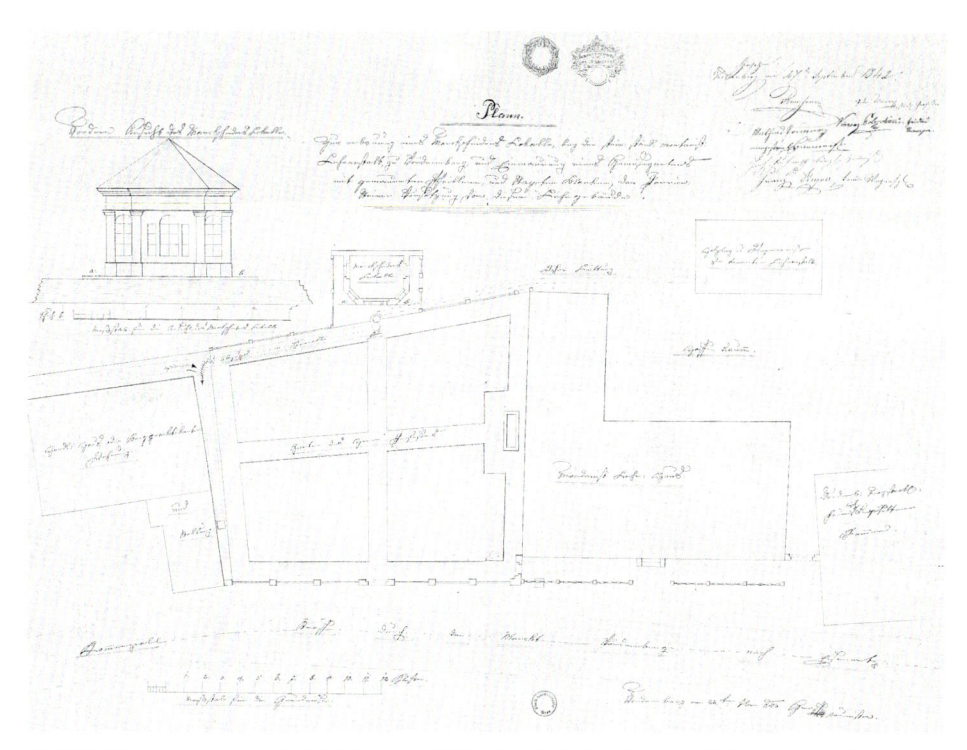

Bild 10: Plan des Markscheidelokales, 1842. Original im Steiermärkischen Landesarchiv.
FOTO TROPPER Graz.

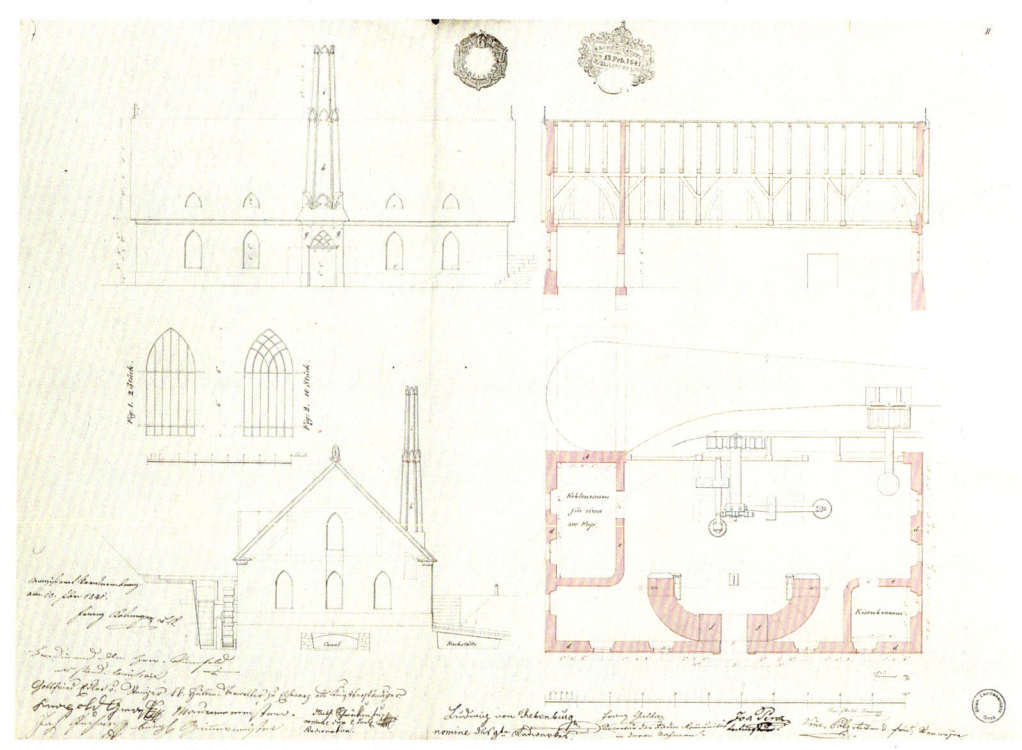

Bild 11: Plan der Lehrfrischhütte, 1841. Original im Steiermärkischen Landesarchiv.
FOTO TROPPER Graz.

Bild 12: Lehrfrischhütte in Vordernberg. Ehemals alte Hammerschmiede seit 1540 in Betrieb. Umgebaut nach Plänen Peter Tunners.

Bild 13: Zainhammer in der Lehrfrischhütte. Außerhalb der hangseitigen Holzwand das Stoßrad (Wasserrad). Reproduktion einer Photographie.
Universitätsbibliothek Leoben.

Österreich gekommen waren, ihre technischen Studien am Joanneum absolviert hatten und dann nach Vordernberg gegangen waren.

Von diesen ägyptischen Studenten mußten jedoch drei bereits Ende März die Lehranstalt „wegen auffallender Unzulänglichkeit ihrer Vorkenntnisse" wieder verlassen, wie sich der Studiendirektor, der Abt von Rein, ausdrückte.

Es kamen aber auch ausländische Studenten, die bereits andere Bergakademien mit Erfolg besucht hatten.

Obwohl Tunner eine möglichst geringe Anzahl Studierender vor allem im Hinblick auf die praktische Ausbildung angenehmer erschienen wäre, kamen mehr Lernwillige als erwünscht nach Vordernberg. Doch für viele bedeutete die Arbeit in der Frischhütte das Ende ihrer Bestrebungen, da sie diesen Anstrengungen nicht gewachsen waren. Tunner legte Wert darauf, daß sich die jungen Leute an die schwere Arbeit gewöhnten, um „*ihren Körper überhaupt zu gebrauchen und die tief wurzelnde Arbeitsscheu zu untergraben*". Hier eine Schilderung der Arbeit in der Lehrfrischhütte: „*Das Arbeitspersonal hat bestanden aus dem Professor, dem Schuldiener und den Eleven. Die Zurichtung der Feuer oder Herde wurde stets in Gegenwart und mit Hilfe der Eleven vom Professor vorgenommen, und nach erfolgter Herstellung für jede einzelne Frischmethode der erste Dachel (die erste Luppe) vom Professor selbst gemacht, während der Schuldiener das Ausschmieden unter dem Hammer besorgte. Bei den folgenden Dacheln mußten die Eleven Hand anlegen, und der Professor oder der Schuldiener, wenn er eben nicht unter dem Hammer beschäftigt war, behilflich sein, bis die einzelnen Eleven selbst so weit mit der Arbeit bekannt wurden, daß jeder ohne Beihilfe seinen Probedachel zu machen im Stande war. Bei den Arbeiten unter dem Hammer werden die Eleven in der Regel nicht verwendet, theils weil hierbei als einer rein mechanischen Fertigkeit wenig zu lernen bleibt, und theils aus dem Grunde, weil dabei eine zu große Gefahr für bedeutende Beschädigungen obwaltet*".

Neben dem hohen Anspruch und großer Strenge in Bezug auf den zu lernenden Stoff stellte Tunner auch an den guten Lebenswandel der Schüler hohe Anforderungen. Er mußte im Studienjahr 1846 drei außerordentliche Eleven „rücksichtlich des moralischen Lebenswandels" entlassen.

Tunner war ein ganz seiner Berufung hingegebener Lehrer. Der Umstand, daß zwischen ihm und den Hörern in den Anfangsjahren keine großen Altersunterschiede bestanden, auch die kleine Anzahl der Hörer ließen das Studium in Vordernberg zu einer Art Familienleben werden, in dem die gegenseitige Anteilnahme sehr rege war und sich oft durch das ganze spätere Leben hinzog. Dazu kam noch, daß auch das Haus Erzherzog Johanns in Vordernberg dem Professor und den Studierenden immer offen stand, was mit zur Förderung des geistigen, aber auch des geselligen Verkehrs in dem an Abwechslungen nicht reichen Ort Vordernberg beitrug.

Doch auch an Tunners eigene Familie sei hier gedacht. 1838 hatte Tunner Maria Zahlbruckner geheiratet, die ihm sechs Kinder schenkte, drei Mädchen und drei Buben. Diese Kinder mußten eine standesgemäße Erziehung erhalten, die ihnen in Vordernberg nicht geboten werden konnte. Daher entschloß sich Tunner 1845 um eine Erhöhung seines Gehaltes einzukommen.

Der Ruf der Lehranstalt drang in den folgenden Jahren bis über die Grenzen der Monarchie. Doch der Umstand blieb bestehen, daß zwar 1844 mit Genehmigung des Lehrplanes auch die Abhaltung strenger Prüfungen genehmigt worden war, die Zeugnisse aber erst 1847 denen der Staatsanstalten gleichgestellt wurden. Und es scheint, daß in der Praxis die Zurücksetzung weiterhin geherrscht hat, denn bei der Anstellung auf staatlichen Posten wurden die Absolventen der Bergakademie Schemnitz weiterhin bevorzugt. Den Vordernberger Absolventen blieb also nur der Weg in die Privatindustrie, doch kamen alle Studenten fast gleich nach dem Abgang aus der Anstalt in einem Betrieb unter. Wie sehr Tunner diese Zurückstellung schmerzte, geht aus einem Brief an das Kuratorium vom 10. Juni 1848 hervor, einem Zeitpunkt also, an dem die Überführung in eine staatliche Anstalt schon geplant war: „*Denn, dass die Giltigkeit der hiesigen Anstalt nie erreicht wird, davon ist der Unterzeichnete vollkommen überzeugt, und selbst die im verflossenen Jahre erst erfolgte neuerli-*

*che Entscheidung der damaligen Studien-Hofcommission rücksichtlich der Giltigkeit der Zeugnisse beweist dies, denn man hat die hiesige Lehranstalt Berg- und Hüttenschule genannt, worunter man nicht bloß in Österreich, sondern in ganz Deutschland nur jene Schulen damit versteht, an der Steiger, Schmelzmeister und dergleichen untergeordnete Individuen unterrichtet werden. Soll die Giltigkeit der Zeugnisse von Vordernberg erzielt werden, so ist die erste nothwendige Bedingung, dass die unnatürliche Stellung der hiesigen Anstalt abgeändert werde ...".*

Eine völlige Änderung sollte erst das Jahr 1848 bringen. Die nationalstaatliche Idee und das Bestreben zur Gründung einer ungarischen Staatsnation führten im Revolutionsjahr zu ernsten Auseinandersetzungen zwischen deutschen und nationalmagyarischen Studenten an der Bergakademie Schemnitz. Als sich hier ein Studentenfreikorps bildete, das den Wiener Aufständischen ein Hilfsangebot machte, kam es zu offenen Auseinandersetzungen: die deutschen Studenten hißten die deutsche Fahne, die wiederum von den Ungarn unter Mithilfe des Bergrates Jendrasek entfernt wurde, der dazu auch eine Brandrede hielt, die die deutschen Studenten beleidigte. Da ihrem Verlangen nach Widerruf nicht entsprochen wurde, verließen 133 Akademiker die Bergakademie Schemnitz und erklärten, sie zögen fort, um „lieber einer ungewissen Zukunft entgegenzusehen, als ein schmachvolles Leben hier fortzuschleppen". Diese Entwicklung stellte die Österreichische Regierung vor die Tatsache, daß nun auch weiterhin nichtungarischen Studenten die Möglichkeit zu montanistischen Studien geboten werden mußte. Es wurden zwei Orte für eine solche Bergakademie in Erwägung gezogen, Eisenerz und Pribram.

Peter Tunner erkannte klar, daß damit der Vordernberger Lehranstalt Gefahr drohte, wieder nur als niedere Lehranstalt eingestuft zu werden. In einer Eingabe vom 10. Juni 1848 stellte er fest, daß die Frage des zukünftigen Standortes einer Bergakademie auch eine Lebensfrage für die Schule in Vordernberg sei.

Tunners Anregungen fielen bei den Ständen auf fruchtbaren Boden. Nach erfolgtem Einverständnis

Bild 14: Albert Miller von Hauenfels. Büste im Hauptgebäude der Montanuniversität. FOTO WILKE, Leoben.

Erzherzog Johanns richteten sie an das Ministerium für öffentliche Arbeiten den Antrag, die Vordernberger Lehranstalt an den Staat zu übergeben, damit hier eine vollkommene Lehranstalt für die deutschen Provinzen eingerichtet werde. Am 21. September 1848 gab das Ministerium die Eröffnung einer provisorischen Montanistischen Lehranstalt in Vordernberg bekannt. Das Studienjahr 1848/49 der allgemeinen öffentlichen Lehranstalt sollte mit 1. November beginnen. Zwei Jahrgänge für Bergbaukunde und Hüttenkunde waren vorgesehen. Wie bisher sollten Bergbaukunde mit Bergmaschinenlehre, Markscheidekunst, Geognosie und Petrefaktenkunde gelehrt werden, im Hüttenkurs Hüttenkunde, Maschinenlehre und das Bergrecht. Modifiziert wurden durch die besonderen Ereignisse die Aufnahmebedingungen: ordentliche Hörer mußten die Vorstudien an der

Bergakademie Schemnitz oder an einem öffentlichen Polytechnischen Institut mit Zeugnissen belegen können. Außerordentliche Hörer konnten nur in beschränkter Zahl zugelassen werden. Diejenigen Bergakademiker, die wegen der politischen Ereignisse im Studienjahr 1847/48 die Prüfungen in Schemnitz nicht ablegen konnten, sollten diese vor einer Prüfungskommission am k.k. Montan-Museum in Wien und in Vordernberg nachtragen.

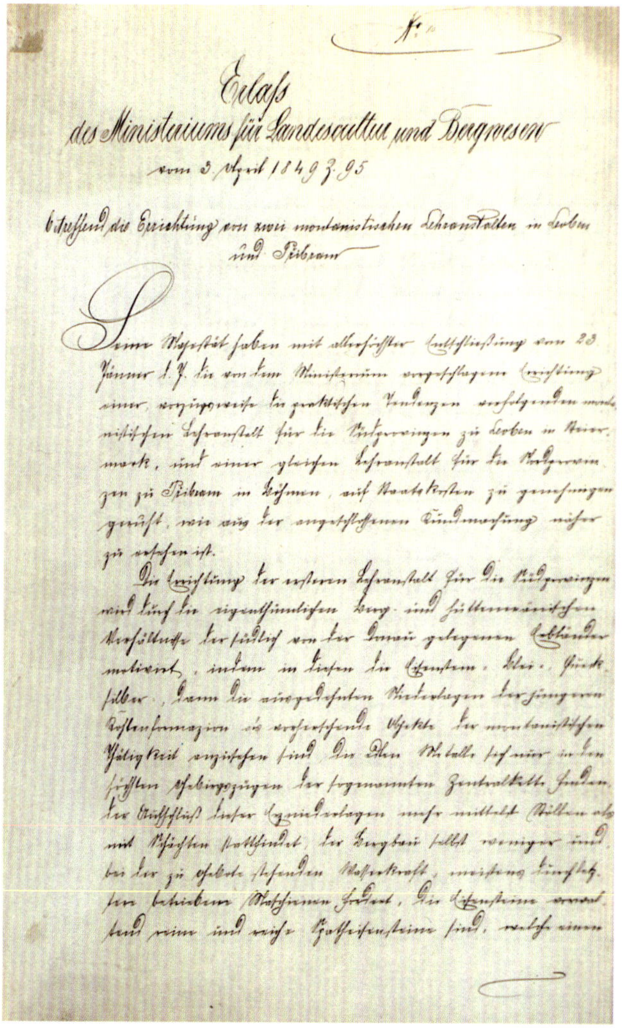
Erlaß
des Ministeriums für Landescultur und Bergwesen
vom 3. April 1849 Z. 95

betreffend die Errichtung von zwei montanistischen Lehranstalten in Leoben und Pribram

Bild 15: Erlaß des Ministeriums für Landescultur und Bergwesen vom 3. April 1849, worin die Errichtung der montanistischen Lehranstalten in Leoben und Pribram genehmigt wird.

Als Direktor und Professor für das Hüttenwesen wurde Peter Tunner eingesetzt. Ihm wurde als provisorischer Professor für den Bergkurs Albert Miller an die Seite gestellt. Dieser war 1847/48 supplierender Professor an der Lehrkanzel für Darstellende Geometrie, Zivilbaukunde und Zeichnen an der Bergakademie Schemnitz gewesen. Mit Ausbruch der Revolution fühlte er, daß er „als Deutscher und getreuer Unterthan“ Ungarn verlassen müsse, und bat im Ministerium um Verwendung diesseits der Leitha, die ihm in Vordernberg gegeben wurde.

Hatte der letzte Jahrgang im Jahre 1848 mit einer Zahl von 24 Studenten abgeschlossen, so zeigte sich im neuen Studienjahr ein Zustrom von Studenten aus Schemnitz, so daß sich nun eine Gesamtzahl von 66 Studierenden ergab. Davon meldeten sich 39 Hörer für den Berg-, 27 für den Hüttenkurs.

Obzwar durch den neuen Professor zum ersten Mal Berg- und Hüttenkunde im selben Jahr abgehalten werden konnte und sich die Studenten in diese beiden Fächer teilten, wurden die räumlichen Verhältnisse in Vordernberg ziemlich knapp.

Es lag nahe, die Schule in eine größere Stadt zu verlegen. In Betracht kam hierfür die alte Bergstadt Leoben, die auch Hochöfen in Vordernberg besaß und Sitz des k.k. Oberbergamtes war. Am 7. November 1848 gab der provisorische Landtag des Herzogtums Steiermark dem Ministerium für Öffentliche Arbeiten die endgültige Zustimmung zur unentgeltlichen Überlassung der Vordernberger Anstalt an den Staat bekannt, worin die Möglichkeit einer Verlegung aus Vodernberg bereits offengelassen wurde. Der entscheidende Absatz in diesem so wichtigen Dokument lautet: *„Der provisorische Steiermärkische Landtag hat nun diesen Gegenstand in Beratung gezogen, und in Anbetracht des für den Staat offensichtlich vorliegenden Bedürfnisses und beseelt von dem Wunsch, zum Nutzen und Frommen des Allgemeinen nach Kräften beizutragen, den Beschluß gefaßt, die Steiermärkisch-Ständische Montan-Lehranstalt samt allen dazugehörigen Gebäuden und Mitteln in Vordernberg unentgeltlich jedoch nur unter der Bedingung an den Staat abzutreten, daß die neue vollständige k.k. Montanlehranstalt jedenfalls in der Steiermark verbleibe, vorzüglich auf das* *steiermärkische Eisenwesen Bedacht nehme, und der Staatsschatz alle damit verbundenen Auslagen übernehme."*

Die Frage der endgültigen Unterbringung der Anstalt wurde dadurch entscheidend erleichtert, daß sich die Bürgerschaft der Stadt Leoben entschloß, das geräumige ehemalige Seminargebäude des Jesuitenklosters als „Neues Seminargebäude" zur unentgeltlichen Benützung zur Verfügung zu stellen. Daher erging schon am 23. Jänner 1849 die kaiserliche Entschließung, derzufolge die Errichtung einer Montanistischen Lehranstalt für die Südprovinzen in Leoben, in der Steiermark, einer gleichen Lehranstalt für die Nordprovinzen zu Pribram, in Böhmen, auf Kosten des Staates genehmigt wurde. Der Schenkungsvertrag mit den Ständen der Steiermark vom 28. Juni 1849 übertrug alle Grundstücke, Gebäude, Lehrmittel, Sammlungen und sonstigen Einrichtungen der Vordernberger Montan-Lehranstalt, die zusammen einen Wert von 80.000 Gulden darstellten, an den Staat.

Der Vertrag, der mit der Bürgerschaft der Stadt Leoben abgeschlossen wurde, überließ unter Wahrung des Eigentumsrechtes der Bürgerschaft das Neue Seminargebäude dem Ärar zur Unterbringung der k.k. Montanistischen Lehranstalt und zur unentgeltlichen ausschließlichen Benützung, so lange diese Lehranstalt in Leoben bestehen sollte.

Im gleichzeitig der Montan-Lehranstalt übergebenen Organisationsplan wurde bestimmt, daß die Vorkenntnisse an den Polytechnischen Instituten in Wien, Prag, Lemberg, oder am Joanneum in Graz erworben werden sollten, wobei eine erhebliche Reihe von Fächern, aus denen die ordentlichen Hörer Kenntnisse nachzuweisen hatten, aufgezählt wurden. Der hochschulmäßige Charakter wurde durch die ausdrückliche Betonung der Lehrfreiheit der Professoren festgelegt. Ein strenger Studien- und Prüfungsplan wurde vorgeschrieben. Den praktischen Übungen in den Berg- und Hüttenwerken wurde ein besonderer Platz im Sommersemester eingeräumt, ebenso einer alljährlichen vier- bis sechswöchigen Studienreise. Am Ende jeden Studienjahres wurde eine Schlußprüfung abgehalten und nach dem zweiten Studienjahr unter Berücksichtigung aller Prüfungsergebnisse und der Berichte über die praktischen Verwendungen und Studienreisen ein Absolutorium erteilt, das den Anspruch auf künftigen Eintritt in den Staatsdienst gab. Eine weitere Professorenstelle wurde mit der Ernennung von Franz Sprung zum Professor des Hüttenkurses am 8. Juni 1849 besetzt. Peter Tunner sollte sich nun vorwiegend seinen Aufgaben als Direktor der Anstalt widmen.

## DIE K.K. MONTAN-LEHRANSTALT LEOBEN (1849–1861)

Am 1. November 1849 konnte die k.k. Montan-Lehranstalt in Leoben mit 48 Hörern ihre Arbeit beginnen. Die hochschulmäßige Gesamtausbildung der künftigen Berg- und Hütteningenieure betrug nun einschließlich der Vorstudien mindestens sechs Jahre. Dies sollte sich in einem raschen Rückgang der Hörerzahlen auswirken! Diese sanken bereits im Studienjahr 1850/51 auf 44, worunter sich nur mehr neun ordentliche Hörer befanden. Da in Schemnitz den absolvierten Juristen 1850 die Möglichkeit des Studiums genehmigt wurde, wurde mit Ministererlaß vom 28. August 1852 ein einjähriger Vorbereitungskurs für absolvierte Juristen eingeführt. Das auf ein Jahr zusammengedrängte technische Studium bereitete allerdings den Juristen erhebliche Schwierigkeiten.

Ende August 1857 wurde schließlich auf Drängen vom Ministerium eine Enquete einberufen, die sich mit der Reform des Leobener Studienplanes zu befassen hatte. Als Ergebnis wurde zunächst provisorisch zugestanden, daß vom Studienjahr 1859/60 angefangen für Nichtjuristen ein zweijähriger Vorbereitungskurs abzuhalten wäre. Die Aufnahme in diesen sollte aufgrund der Reifeprüfung an einem Gymnasium oder einer Oberrealschule geschehen. Die erfolgreiche Zurücklegung der beiden Vorbereitungsjahrgänge sollte zur Übernahme als ordentlicher Hörer in die beiden Fachjahrgänge berechtigen. Nur für Juristen sollte es bei dem einjährigen Vorbereitungskurs bleiben. Mit dieser Änderung war nun endlich im Lehrplan, der mit Erlaß vom 6. November

1860 festgelegt wurde, in den Aufnahmebedingungen und in der Studienzeit die Gleichstellung mit der Bergakademie Schemnitz erreicht. Negativ wirkte sich nun hingegen aus, daß gleichzeitig von den bisherigen kommissionellen Abschlußprüfungen Abstand genommen wurde und nur mehr jeder Professor einzeln über den von ihm vorgetragenen Gegenstand prüfen sollte. Zur völligen Angleichung an Schemnitz bedurfte es außerdem der Verleihung des Namens einer Bergakademie, welche dann mit Kaiserlicher Entschließung vom 2. September 1861 ausgesprochen wurde. Gleichzeitig damit wurden mehrere personelle Verfügungen getroffen, so die Vergrößerung des Lehrkörpers um zwei Dozenten und zwei Assistenten. Es ist zu vermerken, daß die Eisenhüttenkunde lehrkanzelmäßig von der Hüttenkunde der übrigen Metalle getrennt wurde, wobei erstere noch immer von Peter Tunner persönlich vorgetragen wurde.

Bild 16: Reliefbüste von Franz Kupelwieser (1830–1903). Signiert A. Kratzer. Montanuniversität Leoben. FOTO WILKE Leoben.

## DIE K.K. BERGAKADEMIE (1861–1904)

Die Zahl der Hörer der Bergakademie lag in den fünf folgenden Jahren durchschnittlich bei über Hundert, wobei ein beträchtlicher Ausländeranteil zu verzeichnen war. Leider trug man sich aber im Finanzministerium mit dem Gedanken, aus Gründen der Einsparung die Vorbereitungskurse in Leoben wieder abzuschaffen. Der äußere Grund für diesen Schritt war die Änderung in den Studienplänen der Höheren Technischen Lehranstalten in Prag, Wien und Graz, die der Form nach erlaubte, die Vorbereitung für die Berg- und Hüttenmännischen Fachkurse in einer Zeit von zwei oder längstens drei Jahren an einer dieser Anstalten zu erwerben. Tatsächlich wurde mit Entschließung vom 5. Juli 1866 die Aufhebung des zweijährigen Vorbereitungskurses verfügt. Nun sollten an den Höheren Technischen Lehranstalten Kurse zusammengestellt werden, die nach Inhalt und Umfang dem aufgehobenen Leobener Vorkurs entsprechen sollten. Eine Folge aber war es, daß sich die angehenden Montanisten nun zurückhielten, denn es war offensichtlich unorganisch, nach zwei oder drei Jahren den Studienort zu wechseln und nach Leoben zu übersiedeln: Die Hörerzahlen in Leoben sanken daher zwischen 1865/66 und 1869/70 von 87 auf 16! Peter Tunner war zutiefst verstimmt. Schon in der Eröffnungsrede der 1. Versammlung innerösterreichischer Berg- und Hüttenleute 1864 in Leoben – es nahmen 365 Personen teil – sprach sich Peter Tunner gegen eine geplante Einbindung der Bergakademie in die technischen Lehranstalten aus; er betonte, daß ein Bergmann früh beginnen müsse, sich auch praktisch zu bilden, was er nicht in der Hauptstadt (!), sondern nur in der Hütte und im Bergwerk erreichen könnte. Diese heftig akklamierten Worte wurden von der Versammlung in einer eigenen Resolution bestätigt. Es war dies eine sehr frühe Tagung gewesen, hatte die erste österreichische doch erst im Mai 1858 in Wien stattgefunden.

Mit Ende des Studienjahres 1865/66 gab Tunner übrigens seine Vorlesungen über Eisenhüttenkunde auf und überließ sie Prof. Franz Kupelwieser als seinem Nachfolger. Er behielt nur die Direktion der Bergakademie bei und wendete sein Interesse öffentlichen Aufgaben zu, indem er sich als Vertreter der Stadt Leoben in den Landtag und den Reichsrat wählen ließ.

Im Jahre 1869 gingen die beiden Bergakademien zu Leoben und Pribram vom Verwaltungsbereich des Finanzministeriums in jenen des Ackerbauministeriums über, was Folgen haben sollte. In zwei Enqueten, die im April 1869 und im März 1870 in Wien abgehalten wurden, zu der Vertreter der Ministerien, der Wissenschaft und der Montanindustrie geladen waren, wurden grundsätzliche Fragen der Ausbildung der Berg- und Hütteningenieure diskutiert. Schon 1869, nach dem Wassereinbruch in Wieliczka und nach einem furchtbaren Unglück im Plauenschen Grunde, waren von mehreren Seiten Urteile aufgetaucht, welche die Schuld an derlei Unfällen dem mangelhaften Unterricht in den Bergakademien aufhalsen wollten, und das Zugrabetragen derselben als die beste Hilfe anpriesen.

Dieser den Bergakademien allgemein und insbesondere jenen in der Monarchie gemachte Vorwurf, ferner die Wahrnehmung, daß sich seit einiger Zeit der Besuch der österreichischen Bergakademie von Jahr zu Jahr verringerte, gaben im Laufe des Jahres 1869 die Veranlassung zur Erörterung der Fragen des Standes und etwaiger Mängel des höheren bergmännischen Unterrichts in Österreich, der Aufgabe der bestehenden Lehranstalten und der Zuweisung des höheren Bergwesens-Unterrichts zu den Polytechnischen Instituten. Dabei wurde auch die Gründung bloß einer Bergakademie für die deutsch-slawischen Länder Österreichs, neben der königlich-ungarischen Bergakademie in Schemnitz ins Auge gefaßt.

Als Ursache für den drastischen Rückgang der Hörerzahlen wird die erfolgte Errichtung mehrerer Bergschulen in Österreich zur Heranbildung von

Bild 17 : Die Akademie in Leoben. Kolorierter Stahlstich von Carl Reichert, um 1860. Blatt 86 aus der „Burger'schen Suite". Universitätsbibliothek Leoben. Inv.-Nr.: 111/101.

FOTO WILKE Leoben.

Steigern, Hutleuten und Aufsehern angeführt. In Böhmen waren solche zu Pribram und Karbitz, für Galizien in Wieliczka, in der Steiermark in Leoben, für Kärnten und Krain in Klagenfurt errichtet worden. Auch in Mährisch-Ostrau sollte eine Schule gegründet werden. In die Bergschulen wurden in der Regel nur die fähigsten und geschicktesten Arbeiter aufgenommen, von denen viele schon mehrere Klassen der Unter- und der Oberrealschule absolviert hatten. Viele davon traten als tüchtige Bergmänner aus der Bergschule und wurden nicht nur zu Steiger- und Aufseherdiensten, sondern – besonders in kleinen Werken – in entsprechender, zufriedenstellender Weise gegen Vergütung eines geringeren Gehaltes als Beamte verwendet.

Schließlich kristallisierte sich die Meinung heraus, daß eine einzige Montanistische Hochschule an Stelle der beiden Bergakademien genügen würde, wobei Wien als zweckmäßigster Standort ins Auge gefaßt wurde. Der Ackerbauminister sagte zu, nach Möglichkeit noch 1870 die Montanistische Hochschule in Wien zu errichten, sollte dies aber nicht durchführbar sein, für die einstweilige Wiederaufnahme der Vorbereitungsjahrgänge in Leoben Sorge zu tragen. Tatsächlich wurde mit Erlaß vom 23. Juni 1870 die vorläufige Wiedereinführung des 1866 aufgehobenen Vorbereitungskurses verfügt. Gegen die Auflassung der Leobener Akademie sprach sich der Steiermärkische Landtag unter Hinweis auf den Beschluß vom 7. November 1848 am 4. Dezember 1872 deutlich aus.

Das Ackerbauministerium versuchte nun, das Land Steiermark durch die Errichtung der Niederen Berg- und Hüttenschule in Leoben und durch die Gewährung von Stipendien für Steirer, die in Wien studieren sollten, zu entschädigen. Auch sollten dem Land Steiermark allenfalls die seinerzeit überlassenen Vordernberger Grundstücke, Gebäude und Einrichtungen rückvergütet werden.

Während sich die Verhandlungen hinzogen, kam es im Mai 1873 zum schwerwiegenden „Börsenkrach". Die Folge war, daß die Pläne zur Errichtung einer Montanistischen Hochschule, wobei auch die Hochschule für Bodenkultur in einer Art „Hochschule für Urproduktion" in neu zu errichtenden Gebäuden in Wien unterzubringen gewesen wäre, fallengelassen wurden. Daher wurde mit Kaiserlicher Entschließung vom 15. Dezember 1874 ein neues Statut für die k.k. Bergakademie in Leoben genehmigt, wobei als Zweck der Bergakademie eine gründliche theoretische und, so weit es an einer Hochschule möglich ist, auch praktische Ausbildung für das Berg- und Hüttenwesen „mit besonderer Berücksichtigung des Eisenhüttenwesens" festgelegt wurde. Drei Abteilungen sollten errichtet werden, nämlich eine für jene Wissenschaften, welche die Grundlagen der Fachstudien bildeten, so wie je eine Fachschule für Bergwesen und für Hüttenwesen. Seit 1873 konnten nämlich Bergbaukunde und Hüttenkunde lehrplanmäßig getrennt studiert werden. Der Lehrplan sah einen Zeitraum von zwei Jahren für die allgemeine Ausbildung, von je einem Jahr für jene der beiden Fachausbildungen vor. Die Aufnahme ordentlicher Hörer wurde an ein Maturazeugnis eines Obergymnasiums oder einer Oberrealschule gebunden.

Nun wurden auch die ordentlichen Professoren in Hinblick auf ihren Rang, ihre Bezüge und ihre Dienstverhältnisse den Professoren der Technischen Hochschule gleichgestellt. Aus der Mitte der Professoren wurde der Direktor auf zwei Jahre ernannt. Den ordentlichen Hörern jeder Fachschule wurde das Recht zugesprochen, sich einer Schlußprüfung aus allen oder einzelnen Gegenständen der Fachschule zu unterziehen und darüber in einem Absolutorium die Bestätigung zu erhalten. Dieses Organisationsstatut sollte bis zum Ende des Unterrichtsjahres 1894/95 in Geltung stehen. Andererseits wurde der Bergakademie das Recht, Diplom- bzw. Staatsprüfungen durchzuführen, zunächst noch nicht gewährt, womit die Gleichstellung mit den Technischen Hochschulen nicht erreicht war.

Im Juli 1874 war Peter Tunner in den bleibenden Ruhestand getreten und hatte daher die letzte Entwicklung seiner Akademie nicht mehr mitgemacht. Der Hörerstand der k.k. Bergakademie war seit der provisorischen Wiedereinführung des Vorkurses wieder auf 43 gestiegen und wuchs in den folgenden Jahren beständig, so daß 1882/83 ein Stand von 184 Hörern erreicht wurde. Dieser Tatbestand fand aber nun in Raumproblemen seinen Niederschlag. Dazu kam, daß entsprechend den neuen Bedürfnissen die Arbeit in Laboratorien immer wichtiger wurde. Daher wurde der Plan erörtert, auf das bestehende Akademiegebäude ein drittes Stockwerk aufzubauen, wozu sich aber die Bürgerschaft von Leoben nicht entschließen konnte. Schon 1876 war das dem Seminar gegenüberliegende vormalige Volksschulgebäude gemietet, im folgenden Jahr ein Erweiterungsbau zu diesem Gebäude aufgeführt worden, der 1885 bezogen werden konnte. Hier fanden die mineralogisch-geologischen und chemischen Lehrkanzeln ihre Heimstätte. Damit war die Raumfrage für einige Jahrzehnte gelöst.

Das Jahr 1890 brachte die Feier des fünfzigjährigen Bestandes seit der Eröffnung der Steiermärkisch - Ständischen Montanlehranstalt in Vordernberg. Das Kollegium bestand zu diesem Zeitpunkt aus den Professoren Franz Kupelwieser, Julius Ritter v. Hauer, Rudolf Schöffel, Franz Lorber, Franz Rochelt, Josef Gängl v. Ehrenwerth, Dr. Engelbert Kobald, Anton Bauer und Hans Höfer. Direktor war Franz Rochelt. 1675 Hörer hatten bis dahin die Schule besucht.

Der Kampf um das Recht zur Abhaltung von Staatsprüfungen (Diplomprüfungen) brachte schließlich in den folgenden Jahren den Erfolg. Durch eine Statutenänderung aufgrund der Kaiserlichen Entschließung vom 27. Dezember 1894 wurden die Staatsprüfungen, wie an den Technischen Hochschulen vorgesehen, eingeführt und zugleich an Stelle des Direktors der vom Professorenkollegium aus seiner Mitte zu wählende Rektor an die Spitze der Bergakademie gesetzt. Ein Erlaß des Ackerbauministeriums vom 18. Juni 1895 enthielt die Staatsprüfungsordnung.

Das Statut von 1894 unterschied sich von dem des Jahres 1874 allerdings nur durch die Aufnahme der Gegenstände Lagerstättenlehre, Volkswirtschaftslehre, Versicherungsmathematik, Erste Hilfeleistung und Hygiene im Lehrplan.

Die steigende Bedeutung der Elektrizität im Berg- und Hüttenwesen führte im Jahre 1903 zur Errichtung eines Ordinariates für Elektrotechnik, die wachsenden Anforderungen der Praxis an die Ausbildung der Absolventen brachten im folgenden Jahr die Errichtung einer Lehrkanzel für Baukunde und die Einführung von Sondervorlesungen aus Technischer Gasanalyse.

Den vorläufigen Abschluß fand die Entwicklung der Lehranstalt im Jahre 1904, als sie den Technischen Hochschulen angeglichen und endlich auch als Montanistische Hochschule bezeichnet wurde.

## DIE MONTANISTISCHE HOCHSCHULE (1904–1975)

Das mit Allerhöchster Entschließung vom 31. Juli 1904 genehmigte und bis zur Zusammenlegung mit der Technischen Hochschule in Graz 1934 in Geltung gestandene Statut brachte bei gleichzeitiger Auflassung der Allgemeinen Abteilung die Erstreckung der Unterrichtsdauer an jeder der beiden Fachschulen von drei auf vier und bei der Zurücklegung beider Fachkurse von vier auf fünf Jahre. Das Statut anerkannte erstmals die volle Lehr- und Lernfreiheit, sah zwei Staatsprüfungen und bei Ablegung der vorgeschriebenen strengen Prüfungen die Möglichkeit zur Erwerbung des akademischen Grades eines Doktors der montanistischen Wissenschaften vor.

Vorausblickend ist festzustellen:

Erst seit 1917 war, wie an allen Technischen Hochschulen, auch in Leoben mit der Ablegung der

Bild 18: Der Laboratoriumsbau der k.k. Bergakademie in Leoben. Architekt Prof. Johann Wiss. Montanuniversität, Institut für Chemie. Inv.-Nr.: 116/1/17. FOTO WILKE Leoben.

zwei Staatsprüfungen die Berechtigung zur Führung der gesetzlich geschützten Standesbezeichnung „Ingenieur" verbunden.

Die spätere Entwicklung hatte zwangsläufig zu einer immer weiter gehenden Trennung der Studiengänge für das Bergwesen und das Hüttenwesen geführt, sodaß vom Studienjahr 1919/20 an eine Teilung schon von den ersten Semestern des Vorbereitungslehrganges an notwendig wurde. Damit wurde die Gepflogenheit, Bergwesen und Hüttenwesen zusammen in Leoben zu studieren, zur Seltenheit. Ebenso wurde ab dem Studienjahr 1919/20 der bisher mit der Fachschule für Bergwesen vereinigte Ausbildungsgang der Markscheider von dem des Bergwesens getrennt. Das Studium wurde zunächst mit einer Gesamtstudiendauer von 6 Semestern angesetzt, jedoch vom Studienjahr 1933/34 angefangen auf 7 und ab 1936/37 auf 8 Semester erhöht und somit den Studien des Bergwesens und des Hüttenwesens gleichgestellt. Doch kehren wir zum Promotionsrecht zurück!

Das im Statut vom 31. Juli 1904 niedergelegte Promotionsrecht der Montanistischen Hochschule führte zur Promotionsordnung durch einen Erlaß vom 29. Juni 1906, in der die Erwerbung des montanistischen Doktorates an die Verfassung einer Dissertation und die Ablegung eines Rigorosums gebunden wurde. Die erste Promotion erfolgte am 26. Oktober 1909.

Der Ausbau des Studiums, auch ein stärkerer Zustrom von Studenten, die fortschreitende Wissenschaft mit ihrer vermehrten experimentellen Forschungsarbeit machten aber nun die Raumfrage zu einem immer größeren Problem. Die Lehrkanzeln für die Geodäsie und Markscheidekunde sowie für Baukunde waren bereits in gemieteten Räumen außerhalb des Hochschulbereiches, im alten Josefshof, unterzubringen.

Der Neubau eines Hochschulgebäudes wurde zwingend notwendig. Am Rande sei vermerkt, daß damals neuerlich die Verlegung der Hochschule aus Leoben diskutiert wurde. Aber die Stadt, inmitten des wichtigen Montanbezirkes, war als Standort schon zu traditionsreich. Trotz alledem war letztendlich aber die großzügige finanzielle Unterstützung des Neu-

Bild 19: Josefshof. Über dem Eingangstor sind noch Reste der Aufschrift „K. K. MONTANISTISCHE HOCHSCHULE" zu erkennen. Der Josefshof wurde 1973 abgerissen und an seiner Stelle das Erich-Schmid-Institut für Festkörperphysik der Österreichischen Akademie der Wissenschaften errichtet.

bauvorhabens durch die Stadt Leoben für die Erhaltung der Hochschule in dieser Stadt entscheidend. Die entsprechenden Verhandlungen begannen mit Vorsprachen einer vierköpfigen Abordnung des Kollegiums bei den zuständigen Ministern bereits im November 1901 und zogen sich durch Jahre hin. Im Oktober 1902 fand wegen der Unzulänglichkeit der Räume sogar ein Hörerstreik statt. Schließlich machte sich im Frühjahr 1903 die Stadt Leoben erbötig, einen Baugrund von etwa 6.000 m² neben der damaligen Landwehrkaserne zur Verfügung zu stellen. Auf Antrag des Professorenkollegiums wurde aber dann doch ein anderer Baugrund im Ausmaß von 7.503 m² gewidmet, wobei die Stadt Leoben außer dem Grundstück noch einen hohen Baukostenbeitrag von 900.000 Kronen spendete und die vorschußweise Bestreitung der gesamten Baukosten übernahm. Die Bauarbeiten begannen im März 1908, die Fertigstellung erfolgte zu Beginn des Studienjahres 1910/11: Am 22. Oktober 1910 konnte der Neubau seinen Bestimmungen übergeben werden. In den bisherigen Räumlichkeiten verblieben nur die Lehrkanzeln für Chemie, für Mineralogie und Petrographie und für Geologie und Lagerstättenlehre; das seit 1849 benutzte Seminargebäude und der Josefshof hingegen wurden den Besitzern wieder zur Verfügung gestellt. Das heute noch zentrale Gebäude der Montanuniversität reichte nun aus, wenngleich die Zahl der Hörer bis zum Studienjahr 1909/10 auf die für damals beachtliche Zahl von 389 gestiegen war. Dieser Hörerzahl stand ein Lehrkörper von 10 Professoren gegenüber.

Mit dem Ausbruch des Ersten Weltkrieges im August 1914 wurden jedoch bald der größte Teil der Studentenschaft und ein Teil des Lehrkörpers eingezogen. Ein ausgedehnter Teil des Hochschulneubaues mußte als Kriegsspital dienen. Erst im Frühjahr 1918 vergrößerten sich wieder die Hörerzahlen, als die Heeresverwaltung Studenten von der Front zur Einbringung eines Studiensemesters von je 10 Wochen Dauer beurlaubte.

Nach dem Zusammenbruch der Monarchie wurde die Hochschule bereits im Jänner 1919 eröffnet, die Hörerzahlen wuchsen entscheidend, so daß im Studienjahr 1921/22 666 Hörer in Leoben studierten, darunter viele Kriegsjahrgänge, die sich dem montanistischen Studium zuwendeten. Allerdings erwiesen sich nun die bereits angeführten Änderungen der Studienordnung als notwendig. Auch wurde der neue Lehrplan der fortschreitenden Technik durch Aufnahme neuer Unterrichtsgegenstände wiederholt angepaßt. Als Beispiele seien hier nur hervorgehoben: „Angewandte Geophysik", „Erzmikroskopie", „Tagbau- und Steinbruchbetriebslehre" für Bergleute und Markscheider, „Hüttenmännische Feuerungstechnik" und „Elektrometallurgie" für Hüttenleute, „Verbrennungskraftmaschinen" sowie „Eisen- und Eisenbetonbauten" für alle Abteilungen. Die Hauptfächer Bergbaukunde und Eisenhüttenkunde wurden entsprechend dem Anwachsen des Stoffes erweitert und unterteilt. Der Bedeutung wirtschaftlicher Fragen für den Ingenieur wurde durch Aufnahme von „Bergbaubetriebs- und Bergwirtschaftslehre" sowie „Hüttenbetriebslehre" als eigenständige Pflichtgegenstände und durch eine Dozentur für Montanbuchhaltung Rechnung getragen.

Der Wunsch der Berg- und Hüttenindustrie, die Prüfungsordnung den Anforderungen der Praxis anzupassen, wurde nach eingehenden Beratungen mit deren Vertretern erfüllt, indem im Jahr 1926 eine neue Ordnung eingeführt wurde. Nach dem Muster der deutschen Technischen Hochschulen wurde die Zulassung zur Fachprüfung an den Nachweis einer praktischen Betätigung des Hörers während der Ferialzeit geknüpft und mit den maßgebenden Berg- und Hüttenwerken Österreichs eine Vereinbarung über die Beschäftigung der Hörer gegen Entlohnung in den Ferialmonaten getroffen.

Für den Gegenstand „Aufbereitung" hat Leoben in Erkenntnis der wachsenden Bedeutung dieses Zweiges für die gesamte Rohstoffwirtschaft bereits 1929 eine selbständige Lehrkanzel errichtet, deren Aufgabenkreis außer Kohlen- und Erzaufbereitung auch die Technologie der Steine und Erden sowie die Edelmetallgewinnung umfaßte.

Mit dem Unterrichtsjahr 1933/34 aber fand die Montanistische Hochschule Leoben als selbständige Lehranstalt ihr vorläufiges Ende. Eine Verordnung des Bundespräsidenten vom 22. August 1934 schied sie aus dem Wirkungsbereich des Bundesministeriums für Handel und Verkehr aus, löste damit die Verbindung zu den Bergbehörden, die seit 1849 ununterbrochen bestanden hatte, und unterstellte sie der Zuständigkeit des Unterrichtsministeriums. Das Bundesgesetz vom 8. August 1934 erklärte die Hochschule als selbständige Anstalt für aufgelassen und vereinigte sie als „Technische und Montanistische

Bild 20: Hauptgebäude der Montanuniversität etwa um 1920.
Landesmuseum Joanneum, Abteilung Bild- und Tonarchiv. Foto Nr. PL 51183.

Hochschule Graz-Leoben" mit der Technischen Hochschule Graz. Das neu erlassene Statut vom 25. Februar 1935 sah für das Montanwesen nur mehr eine Fakultät, mit Unterabteilungen für das Berg-, Hütten- und Markscheidewesen, vor. Der Unterricht der ersten zwei Jahrgänge wurde mit Beginn des Unterrichtsjahres 1934/35 von Leoben nach Graz verlegt und jenem der Technischen Hochschule eingegliedert. Dieser in Hinblick auf die sinkenden Hörerzahlen in Graz und Leoben aus Einsparungsrücksichten unternommene Versuch einer einheitlichen, alle technischen Fachgebiete umfassenden Technischen Hochschule hat sich nicht bewährt, da sich der angestrebten Vereinheitlichung des Unterrichtes in den Eingangsfächern unüberwindliche Schwierigkeiten entgegenstellten, die örtliche Teilung den Unterrichtsbetrieb erschwerte und zu einer erheblichen Verlängerung des Studiums führte: Die Montanisten hatten nämlich die ersten vier Semester bis zur Staatsprüfung in Graz zu absolvieren, und nur die Fachausbildung der letzten vier Semester in den Unterabteilungen für Bergwesen, Hüttenwesen und Markscheidewesen wurden in Leoben absolviert. Es erwies sich allerdings als schwierig, die notwendige Vorbildung der Montanisten mit den Möglichkeiten der Grazer Technischen Hochschule zu akkordieren. Auch sank das Interesse der Hörer weiter ab, so daß 1936/37 nur mehr insgesamt 100 Hörer das Montanwesen studierten.

Das Professorenkollegium der vormaligen Montanistischen Hochschule bemühte sich aber intensiv um deren vollständige und selbständige Wiederherstellung. Bereits am 3. April 1937 waren diese Bemühungen von Erfolg gekrönt: Die Wiedererrichtung der Montanistischen Hochschule in Leoben und die Trennung von der Technischen Hochschule Graz wurden für den Beginn des Studienjahres 1937/38 verfügt. Im September 1937 fand übrigens der große Internationale Bergmannstag in Leoben statt, der alle 25 Jahre abgehalten wird, und welcher damals von mehr als 600 Montanisten aus aller Welt besucht wurde. Ein würdiger Auftakt!

Das neue Statut der Montanistischen Hochschule – mit 31. August 1937 verordnet – verblieb aber nur für kurze Zeit in Gültigkeit. Mit dem Anschluß an das Deutsche Reich wurde die Leobener Hochschule dem Reichserziehungsministerium in Berlin unterstellt, was eine Reihe von Änderungen zur Folge hatte: Bereits im Juni 1939 wurde die Promotionsordnung geändert, wobei an die Stelle des Doktors der montanistischen Wissenschaften der Doktor-Ingenieur trat. Am 15. August 1940 wurde gleichzeitig für alle Technischen Hochschulen und Bergakademien, und damit auch für die Montanistische Hochschule in Leoben, eine Neuordnung der Fakultäten, Abteilungen und Fachgebiete verfügt. Ihr folgte mit Erlaß vom 20. November 1940 eine neue Studien- und Prüfungsordnung. Dadurch wurden an der Montanistischen Hochschule je eine Fakultät für Naturwissenschaften und Ergänzungsfächer und für Berg- und Hüttenwesen errichtet. In der letzteren Fakultät wurden die Abteilungen Bergbaukunde, umfassend die Fachrichtungen Bergbaukunde und Markscheidewesen, und die Abteilung Hüttenkunde, umfassend die Fachrichtungen Eisenhüttenkunde mit Metallhüttenkunde, Gießereikunde, Verformungskunde und Metallkunde, geschaffen. Als einschneidend erwies sich auch die damit verbundene Verkürzung der Gesamtstudienzeit von 8 auf 7 Semester, die mit dem Kriegsbedarf an jungen Berg- und Hütteningenieuren begründet wurde. In einer Diplomprüfungsordnung wurde die Verbindung von Einzelprüfungen aus Teilfächern und einer Hauptprüfung vor dem Prüfungsausschuß durch eine Gesamtprüfung ersetzt. Tatsächlich wurden aber in Leoben die Einzelprüfungen noch inoffiziell beibehalten. Bei Kriegsbeginn, im September 1939, wurden der Unterrichtsbetrieb in Leoben zunächst stillgelegt und die Hörer an die Technische Hochschule in Breslau verwiesen, schon anfangs 1940 aber der Leobener Hochschule die Wiedereröffnung gestattet. Gleichzeitig wurde zur Beschleunigung des Studienganges eine Einteilung des Jahres in drei Trimester an Stelle der bisherigen zwei Semester verfügt. Mit Sommersemester 1941 wurde diese Einrichtung allerdings wieder fallengelassen.

Nach dem Kriegsende 1945 kehrte man wieder ehebaldigst zu den Grundlagen der Zeit vor dem Anschluß zurück. Eine Studien- und Prüfungsordnung wurde geschaffen, die in allen wesentlichen

Teilen auf Grundsätzen und Ordnungen der Zeit vor 1938 beruhte. Vor allem wurde wieder eine Studiendauer von 8 Semestern vorgeschrieben. Für die Hüttenleute wurden die vorzeitige Spezialisierung nach fünf Fachrichtungen rückgängig gemacht und der Studienplan so erstellt, daß jeder Student auch auf den Gebieten der Verformungskunde, Gießereikunde und Metallkunde zum Eisenhüttenmann herangebildet wurde. Für die Ausbildung zum Nichteisen-Metallhüttenmann war ein ergänzendes Studium von zwei Semestern nach Vollendung des Studiums des Eisenhüttenwesens vorgesehen. Gleichzeitig wurde auch die Promotionsordnung vom 29. Juni 1906 wieder in Kraft gesetzt, wodurch der akademische Grad des Doktors der montanistischen Wissenschaften wieder in sein Recht trat.

Die Hörerzahlen stiegen nach dem Ende des Krieges wieder auf rund 300 an. 1949 befand sich damit die Montanistische Hochschule, als ihr 100-jähriges Bestehen seit der Verlegung nach Leoben begangen wurde, voll in Funktion.

Einen wichtigen Einschnitt bildeten aber in der Folge das Hochschulorganisationsgesetz aus dem Jahr 1955 und das Allgemeine Hochschulstudiengesetz von 1966, welche für alle österreichischen Hochschulen Gültigkeit hatten.

Nach dem Organisationsgesetz dienen die Hochschulen der wissenschaftlichen Forschung und Lehre. In Hinblick auf die wissenschaftliche Lehre heißt es, daß diese insbesondere auch die wissenschaftliche Berufsvorbildung, die Vermittlung einer höheren Allgemeinbildung und die Heranbildung des wissenschaftlichen Nachwuchses umfaßt.

Das neuere Studiengesetz baute hierauf auf. Im einzelnen hatten nach diesem Gesetz die Studien an den Hochschulen und damit auch die Lehre folgen-

Bild 21: Professorenkollegium im Jahr 1949. Von links nach rechts: sitzend: Walzel, Aubell, Platzer, Petrascheck, Posselt; stehend: Zechner, Friedrich, Prikel, Apfelbeck, Schwarz-Bergkampf, Koch, Trey, Mitsche, Bierbrauer.

den Zielen zu dienen: 1. Der Entwicklung der Wissenschaften und der Heranbildung des wissenschaftlichen Nachwuchses, 2. der wissenschaftlichen Berufsvorbildung, 3. der Bildung durch Wissenschaft und 4. der Weiterbildung der Absolventen der Hochschulen entsprechend den Fortschritten der Wissenschaft.

Forschung und Lehre zu betreiben, die wissenschaftliche Entwicklung voranzuführen, Studien unter ständiger Anpassung an die wissenschaftliche Entwicklung zu gestalten, war hiemit seit 1966 der Auftrag, der den Österreichischen Hochschulen und damit auch der Leobener gegeben wurde. Tatsächlich hatten sich die Wissenschaftszweige, auch jene, die für Leoben in Frage kamen, in den Jahren zuvor stark weiterentwickelt. Diese Entwicklung betraf das zu betreuende Fach des Montanwesens freilich seit ihrer Gründung in Form der Aufteilung und Spezialisierung. Die Entwicklung der Studienrichtungen läßt dies deutlich erkennen. Aus dem einheitlichen Studium des Berg- und Hüttenwesens in der Mitte des vorigen Jahrhunderts gingen die selbständigen Studiengänge für Bergwesen und für Hüttenwesen hervor. Aus dem Bergwesen entstanden nach dem Ersten Weltkrieg das Markscheidewesen als selbständiger Studiengang und um 1955 das Erdölwesen. Aus dem Hüttenwesen entwickelten sich das Gießereiwesen und 1966/67 das Gesteinshüttenwesen. Im Wintersemester 1968 wurde die Studienrichtung Montanmaschinenwesen neu eingeführt. In den späten sechziger und frühen siebziger Jahren kulminierte diese Entwicklung. Aber schon seit 1959 war die Errichtung neuer Lehrkanzeln notwendig geworden. So wurden Lehrkanzeln und Institute für folgende Fächer gegründet: Für Allgemeine und Analytische Chemie, Wirtschafts- und Betriebslehre (1962/63), Angewandte Geometrie (1963/64). 1964/65 traten Lehrkanzeln für Prospektion, Lagerstättenerschließung und Mineralwirtschaft, für Mechanik, für Geophysik und Angewandte Erdölgeologie hinzu, und 1966/67 folgte die Lehrkanzel für Gesteinshüttenkunde und feuerfeste Baustoffe.

Im Jahr 1969, einem einschneidenden Jahr, bestand die Leobener Montanistische Hochschule aus 25 Instituten, welche den Studien in sechs Studienrichtungen dienten. Da die Hochschule keine Fakultätsgliederung besitzt, wurde im Studienjahr 1968/69 eine Untergliederung in drei Fachabteilungen bzw. Hauptkommissionen des Professorenkollegiums vorgenommen. Seit 1972/73 trugen diese Kommissionen als Vorbereitung für eine dann im Universitätsorganisationsgesetz 1975 nicht durchgeführte Fakultätsgliederung die folgenden Bezeichnungen:

1. Hauptkommission für Naturwissenschaften, Allgemeine Ingenieurwissenschaften und Maschinenwesen
2. Hauptkommission für Geowissenschaften, Rohstoffgewinnung und Geotechnik
3. Hauptkommission für Rohstoffverarbeitung und Materialwissenschaften.

Jeder dieser Kommissionen gehörten etwa 7–10 Institute bzw. Lehrkanzeln an.

Auf der anderen Seite wurden die vorhandenen Grenzen zwischen den verschiedenen Fachgebieten durchlässiger. Der Trend führte schließlich auch zur Herausbildung neuer Wissenschaftsgebiete, die sich an den Grenzen der herkömmlichen Disziplinen ansiedelten und daher auch vielfach als interdisziplinär zu bezeichnen waren. Als solches interdisziplinäres Gebiet können die Werkstoffwissenschaften angesprochen werden. Die aufgezeigte Verknüpfung der Ingenieurwissenschaften kam aber auch von einer anderen Seite: Auch die moderne Entwicklung der Wirtschaftswissenschaften, insbesondere auf dem Gebiet der Unternehmensführung, wirkte in diese Richtung. Schließlich ist auch noch die Entstehung neuer Wissenschaftsgebiete zu nennen. Aus dem Interessensbereich der Montanistischen Hochschule ist hier auf die Kunststofftechnik zu verweisen.

Entsprechend den Wissenschaftsgebieten sollten sich auch die Studienrichtungen entwickeln. Maßgebend für die Errichtung und Erhaltung von Studienrichtungen war neben der Frage der Entwicklung der Wissenschaft auch die Frage, ob Absolventen dieser Studienrichtungen reelle Berufschancen vorfinden konnten, oder nicht. Einvernehmlich erarbeiteten Professoren, Assistenten und Studenten („Leobner Konvent") Vorschläge, die sogenannten „Leobner Vorschläge", für ein neues Studiengesetz. Dieses wurde am 10. Juli 1969 vom Gesetzgeber im Bundesgesetz über montanistische Studienrichtungen, BGBl. 291, verkündet.

Nach dem neuen Gesetz traten somit neben die Studienrichtungen
  Bergwesen
  Erdölwesen
  Markscheidewesen und
  Hüttenwesen
sowie neben die bereits angelaufenen neuen Studienrichtungen
  Gesteinshüttenwesen und
  Montanmaschinenwesen
in Zukunft noch
  Kunststofftechnik
  Werkstoffwissenschaften
  Angewandte Geophysik und
  Montangeologie,
letzeres als Studienzweig eines interuniversitären Studiums.

Insgesamt war damit die Berufsvorbildung in zehn Studienrichtungen an der Montanistischen Hochschule möglich geworden.

Außer den neuen Studienrichtungen enthielt das besondere Studiengesetz für die Leobener Hochschule noch eine weitere wichtige Änderung, die das Studium des Hüttenwesens betraf. Bis dahin bestand neben dem Allgemeinen Hüttenwesen – mit seinem Schwerpunkt Eisenhüttenwesen – nur eine Sonderausbildung innerhalb dieser Studienrichtung, nämlich das Gießereiwesen. Für die Zukunft sollten hier jedoch sogenannte Studienzweige mit jeweils stärker spezialisierter Ausbildung innerhalb des hüttenmännischen Studiums eingerichtet werden.

Damit waren außer dem Montanwesen im traditionellen Sinne andere Wissenschaftsbereiche wie solche der Maschinentechnik und der Geotechnik und insbesondere der gesamten Rohstoff-, Grundstoff-, Werkstoff- und Materialwissenschaften nebst allen dazugehörigen Grundlagenwissenschaften und Betriebswissenschaften Arbeitsbereiche der Montanuniversität geworden. Seit 1969 wurden daher auch folgerichtig neue Lehrkanzeln notwendig und errichtet, die in der Folge wiedergegeben werden: Technologie und Hüttenkunde der Nichteisenmetalle (1969/70), Chemische und Physikalische Technologie der Kunststoffe (1970/71), Metallphysik (1970/71), Kunststoffverarbeitung (1972/73), Lagerstättenphysik und -technik (1973/74), Angewandte Mathematik (1973/74), Konstruktiver Tiefbau (1974/75).

Es soll hier nicht verschwiegen werden, daß um 1969 bei maßgebenden Stellen eine gewisse Fehleinschätzung des Montanwesens und der Montanistischen Wissenschaften Platz gegriffen hatte, wobei sogar eine Umfrage über die Nützlichkeit der Montanistischen Hochschule ins Auge gefaßt wurde. Die Ursachen lagen in einer noch unzureichenden Beurteilung von Entwicklungen, in denen sich Teile von Wirtschaft und Wissenschaft des Montangebietes damals befanden. Freilich gab es 1967/68 bloß 827 Hörer an der Leobener Hochschule, obwohl bereits 1961/62 1.039 Hörer immatrikuliert waren. Es ist bezeichnend, daß geringere Hörerzahlen für die Montanistische Hochschule seit ihrer Gründung zumindest ein gewisses Gefahrenmoment darstellten.

Das Jahr 1970 brachte hingegen mit der Übergabe der seit 1957/58 bzw. 1958/59 geplanten Erweiterungsbauten am 27. Jänner einen nach außen hin sichtbaren Höhepunkt. Bereits im Dezember 1957 hatte der Gemeinderat von Leoben den Antrag beschlossen, dem Bund zur Errichtung der Erweiterungsbauten die erforderlichen Grundstücke geschenksweise zu überlassen. 1959 und 1960 wurde das Bauvorhaben weiterbetrieben, 1963 der Grundstein gelegt. Die mit einem Kostenaufwand von 100,000.000 Schilling errichteten Bauten stehen seit 1970 zur Verfügung, wobei das Auditorium Maximum als Teilkomplex bereits aus Anlaß der Internationalen Leichtmetalltagung 1968 fertiggestellt worden war.

In den folgenden Jahren mußten die neuerrichteten Institute untergebracht werden, wodurch trotz der Erweiterung alle Gebäude der Hochschule bald überbelegt waren. Dazu kam, daß mit dem Wintersemester 1970/71 die neuen Studienrichtungen Kunststofftechnik und Werkstoffwissenschaften ihre Lehrtätigkeit in Gang brachten. Gleichzeitig war auch das Studium der Montangeologie als Aufbaustudium nach einer sechssemestrigen Vorbereitung als Geologe an einer Universität möglich geworden.

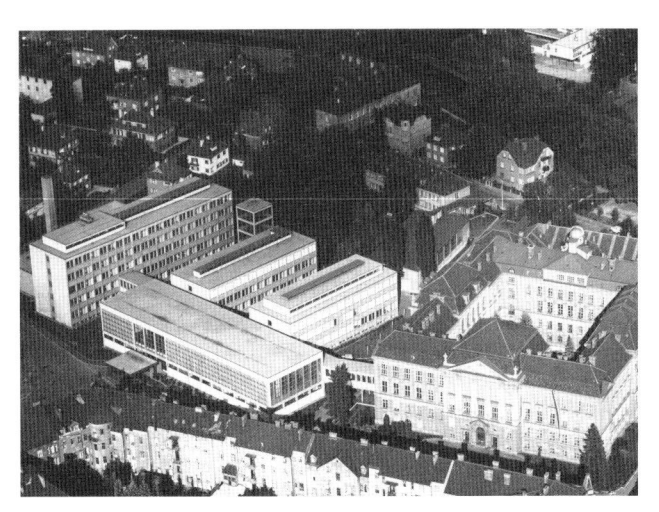

Bild 22: Neubauten neben dem Hauptgebäude. Luftbildaufnahme freigegeben vom BMfLV mit Zl. 18.012-RAbtB/69.
FOTO RADERBAUER Leoben.

Ein weiteres Vorhaben war auch die Gründung des Institutes für Festkörperphysik der Österreichischen Akademie der Wissenschaften, welches mit den einschlägigen Hochschulinstituten, insbesondere mit dem für Metallphysik, zusammenarbeiten sollte. Dieses Institut konnte allerdings erst 1976 in das neue Gebäude des Erich-Schmid-Institutes übersiedeln.

Im August 1970 errichtete schließlich das Bundesministerium für Wissenschaft und Forschung als Ergebnis interner Bemühungen der Hochschule ein Institut für Bildungsförderung und Sport. Dieses Institut, das 1972 als österreichisches Modell eröffnet werden konnte, sollte einen bemerkenswerten Aufschwung nehmen, so daß es als Kultur- und Sporteinrichtung für die Universität und die Stadt Leoben nicht mehr wegzudenken ist; 84% der Hörer nehmen an den Veranstaltungen des Institutes teil.

Was die Studienordnung und Studienpläne anbelangt, so konnten bald nach Inkrafttreten des Bundesgesetzes über die montanistischen Studienrichtungen bereits in den Jahren 1973 und 1974 die neuen Studienpläne für die Studienrichtungen Hüttenwesen, Erdölwesen, Montanmaschinenwesen, Bergwesen, Markscheidewesen, Gesteinshüttenwesen erarbeitet werden, für die Studienrichtungen Kunststofftechnik und Werkstoffwissenschaften standen die Genehmigungen damals bereits unmittelbar bevor.

Aus der Montanistischen Hochschule mit dem Charakter einer Bergakademie war damit eine entsprechende Hochschule mit dem Wesen einer Technischen Universität für Rohstoff- und Werkstoffwissenschaften und für Geotechnik geworden. Aus diesem Grund gab es auch mehrjährige Überlegungen und auch Beschlüsse und schließlich einen Antrag vom 28. April 1970, der Leobener Hochschule in Anpassung an internationale Gegebenheiten und Notwendigkeiten den Namen Montan-Universität zu geben. Diese Bemühungen führten schließlich 1975 zum Erfolg, als mit der Einführung des UOG die Montanistische Hochschule in Montanuniversität umbenannt wurde.

Es soll hier noch erwähnt werden, daß die Montanistische Hochschule Leoben bereits vor dem Inkrafttreten des Universitätsorganisationsgesetzes den sogenannten „Leobner Hochschulkonvent" eingerichtet hatte, dem Professoren, Assistenten und Studenten paritätisch angehörten und der gemeinsame Stellungnahmen – auch zur Hochschulorganisation – erarbeitete. Entsprechende Beschlüsse kamen zumeist einstimmig zustande. Mit dem Universitätsorganisationsgesetz wurde der Leobener Hochschulkonvent in die neuen gesetzlichen Strukturen der Montanuniversität übergeführt.

## MONTANUNIVERSITÄT LEOBEN (SEIT 1975)

Mit der Neuprofilierung und der Anpassung des Wirkungsbereiches der Leobener Universität in Lehre und Forschung an die moderne technisch-wissenschaftliche Entwicklung durch das Bundesgesetz über die montanistischen Studienrichtungen, 1969, welche die herkömmlichen Montanwissenschaften mit dem Gesamtgebiet der Rohstoff- und Werkstoffwissenschaften und der Geotechnik verband, kam es auch zu einem Anstieg der Hörerzahlen. Waren 1973/74 noch 794 Hörer in Leoben inskribiert, so betrug die Hörerzahl 1974/75 929, 1978/79 1232 und 1980/81 983 ordentliche Hörer. Heute studieren rund 2.000 ordentliche Hörerinnen und Hörer in Leoben.

Was die wissenschaftliche Kooperation anbelangt, so wurde 1978 durch Erlaß ein Rohstofforschungsinstitut an der Montanuniversität gemäß § 93 UOG gegründet, um die Forschung und Entwicklung zur Versorgungssicherung mineralischer Rohstoffe, insbesondere der Energierohstoffe, zu betreiben. Auch wurde nach zweijähriger Vorbereitung im Mai 1979 in Gams bei Rothleiten ein geophysikalisches Labor als Außenstelle des Institutes für Geophysik eröffnet.

Zahlreiche Forschungsprojekte der Montanuniversität Leoben wurden vom Fonds zur Förderung der wissenschaftlichen Forschung gefördert, der auch die Schwerpunktprogramme „Eisen- und Nichteisenmetallforschung", „Eisenwerkstoffe – Zähigkeit und Wechselfestigkeit von Bau- und Werkzeugstählen und ihre Beeinflussung durch die Herstellungsbedingungen", „Forschungen zur Erschließung und Nutzung von Lagerstätten in Österreich" und „Hochleistungswerkstoffe" finanziell unterstützte. Die kunststofftechnischen Institute beteiligten sich am interuniversitären Forschungsschwerpunkt „Kunststoff-Formteile".

Auch die Forschungsgesellschaft Joanneum des Landes Steiermark kooperierte mit der Gründung eines Laboratoriums für Lagerstättenphysik, eines Institutes für Angewandte Geophysik, der Sektion für Rohstoffforschung und der Arbeitsgemeinschaft für Polymerforschung mit der Montanuniversität. Derzeit bestehen vier Kooperationseinrichtungen mit der Forschungsgesellschaft Joanneum: das Institut für Angewandte Geophysik, das Institut für Umwelt-Informatik, das Laserzentrum Leoben und die Arbeitsgemeinschaft für Polymerforschung; ein Institut für Kunststofftechnik ist in Gründung.

Die Tradition, große Tagungen in Leoben abzuhalten, wurde verstärkt.

Im Studienjahr 1981/82 wurden im Sinne des UOG Großinstitute geschaffen, die ähnliche Fachbereiche zusammenfaßten. 1985 genehmigte das Bundesministerium für Wissenschaft und Forschung nach langjährigem Bemühen der Montanuniversität um den Ausbau der Kunststofftechnik die Errichtung eines Institutes für Konstruieren in Kunst- und Verbundstoffen. 1989 erfolgte die Teilung des Institutes für Chemische und Physikalische Technologie der Kunststoffe in ein Institut für Werkstoffkunde und -prüfung der Kunststoffe und in ein Institut für Chemie der Kunststoffe. Weitere Institute befinden sich zur Zeit im Aufbau, bzw. in Beratung.

Die Studienrichtungen stellen sich derzeit wie folgt dar:

Studienrichtung BERGWESEN mit den Wahlfächern
- Bergbau - Allgemeine Fragen und Mineralrohstoffgewinnung
- Prospektion und Exploration
- Aufbereitung und Veredlung
- Tiefbauingenieurwesen
- Bergwirtschaft
- Deponietechnik (in Vorbereitung)

Studienrichtung MARKSCHEIDEWESEN mit den Wahlfächern
- Markscheidekunde einschließlich Landesvermessung
- Systemanalyse
- Bergschadenkunde
- Bergbaukunde
- Deponietechnik
- Lagerstättenkunde

Studienrichtung ERDÖLWESEN mit den Wahlfächern
- Maschinentechnik und Pipelinebetrieb
- Spezielle angewandte Geophysik
- Energie- und Betriebswirtschaft
- Konstruktiver Tiefbau
- Wassergewinnung
- Systemanalyse

Studienrichtung HÜTTENWESEN mit den Studienzweigen
- Eisenhüttenwesen
- Metallhüttenwesen
- Verformungswesen
- Metallkunde
- Gießereiwesen
- Betriebs- und Energiewirtschaft

Studienrichtung GESTEINSHÜTTENWESEN mit den Wahlfächern
- Aufbereitung
- Bindemittel
- Keramik

Studienrichtung MONTANMASCHINENWESEN mit den Wahlrichtungen
> Hüttenmaschinen
> Berg- und Erdölmaschinen

Studienrichtung KUNSTSTOFFTECHNIK mit den Wahlfächern
> Chemische und Physikalische Technologie
> Kunststoffverarbeitung
> Systemanalyse

Studienrichtung WERKSTOFFWISSENSCHAFTEN mit den Wahlfächern
> Metallphysik und metallische Sonderwerkstoffe
> Keramische Werkstoffe
> Synthetische Werkstoffe
> Betriebswissenschaften
> Werkstoffe der Elektronik

Studienrichtung ERDWISSENSCHAFTEN, Studienzweig MONTANGEOLOGIE mit den Wahlfächern
> Prospektion und Mineralwirtschaft
> Angewandte Geophysik
> Berg- und Markscheidewesen
> Betriebswirtschaft
> Angewandte Geologie

Studienrichtung ANGEWANDTE GEOWISSENSCHAFTEN als studium irregulare.

Ferner ist im Bundesgesetz über die montanistischen Studienrichtungen noch eine Studienrichtung ANGEWANDTE GEOPHYSIK vorgesehen, die jedoch noch nicht eingerichtet wurde.

Der erste Studienabschnitt umfaßt fünf Vorlesungssemester und vermittelt auf breiter Basis die für alle Studienrichtungen in gleicher Weise erforderlichen naturwissenschaftlichen und technischen Grundlagen (wie Mathematik, Mechanik, Physik und Chemie) sowie eine Einführung in den Maschinenbau, die Elektrotechnik und die Wirtschaftswissenschaften. Für einige Studienrichtungen kommen die Fächer Mineralogie und Geologie hinzu. Die erste Diplomprüfung schließt das Grundstudium ab und leitet zum viersemestrigen Fachstudium über, das die endgültige Auffächerung in die einzelnen Studienrichtungen und -zweige bringt und auf das künftige Berufsziel ausgerichtet ist. Das 10. Semester ist zur Ausführung der Diplomarbeit und zur Ablegung der Zweiten Diplomprüfung vorgesehen.

## SCHLUSSBEMERKUNGEN

Die in Leoben vertretenen Wissenschaftszweige stehen im unmittelbaren Zusammenhang mit der betrieblichen Praxis und geben somit die Möglichkeit, in der technischen Welt von heute gestaltend mitzuwirken. Andererseits finden Ingenieure mit ausgeprägtem Interesse für Forschungs- und Entwicklungsarbeit auf den komplexen Gebieten der Rohstoffgewinnung und -verarbeitung ein zukunftsreiches Betätigungsfeld. Dies umso mehr, als sich die Montanuniversität seit dem Studiengesetz von 1969 verschiedenen neuen zunehmend aktuellen Gebieten zugewendet hat. Alle Studien der Montanuniversität, darunter die der Werkstoffwissenschaften, der Kunststofftechnik, des Gesteinshüttenwesens und des Montanmaschinenwesens, und die entsprechenden Infrastukturen in Forschung und Lehre gibt es in Österreich nur in Leoben. Durch die Einführung und Weiterentwicklung der Aufgabenbereiche wurde die Montanuniversität von der klassischen Hochschule für Berg- und Hüttenwesen zu einer Universität technischer Richtung für das gesamte Gebiet der Rohstoff- und Werkstoffwissenschaften. Heute entfällt auch rund die Hälfte der Neuinskriptionen auf die genannten neuen Studienrichtungen. Unabhängig von den neuen Aufgabenbereichen wurde selbstverständlich auch auf den klassischen Gebieten des Montanwesens die Entwicklung stark vorangetrieben. Ein Memorandum der Montanuniversität von 1983 führt aus, was die Universität in Forschung und Lehre zu leisten vermag, um industriell bedingte Regionalstrukturprobleme abzubauen.

Auf Grund der gegebenen Möglichkeiten ergibt sich ein gutes Kooperationsverhältnis zwischen Universität und Industrie. So wird eine ganze Reihe von einschlägigen Verbänden gemeinsam von Industrie und Hochschule getragen, etwa die Vereinigung der Eisenhütte Österreichs, der Bergmännische Verband Österreichs, die Österreichische Gesellschaft für Erdölwissenschaften, die Österreichische Gesellschaft für Gießereiwesen, der Verband Leobener Kunststofftechniker und der Verein Leobner Werkstoffwissenschafter. Dieser Sachlage entspricht es, daß heute bereits rund 20% der gesamten personellen Kapazität auf kooperative Forschungsvorhaben mit der Industrie entfallen. Lehre, Grundlagenforschung, industrieunabhängige Forschung und Verwaltung beanspruchen entsprechend vier Fünftel der Kapazität.

Die Verpflichtung, sich mit gesellschaftlichen Fragen und Problemen auseinanderzusetzen, wurde den Universitäten zuletzt durch das Universitäts-Organisationsgesetz ausdrücklich übertragen. Die Montanuniversität Leoben steht umso mehr zu dieser Pflicht, als sie bereits seit ihrer Gründung als Steiermärkisch-Ständische Montan-Lehranstalt immer bestrebt war, – seit 150 Jahren – durch Forschung und Lehre zur Modernisierung von Wirtschaft und Industrie beizutragen.

## ANMERKUNGEN

### Hauptsächlich benutzte Literatur und Quellen

Franz Kupelwieser, Geschichte der k.k. Berg-Akademie in Leoben. In: Denkschrift zur fünfzigjährigen Jubelfeier der k.k. Berg-Akademie in Leoben 1840–1890, Leoben 1890, S. 1–173.

Richard Walzel, Hundert Jahre Montanistische Hochschule Leoben. In: Die Montanistische Hochschule Leoben 1849–1949. Festschrift zur Jubelfeier ihres hundertjährigen Bestandes in Leoben, 19. bis 21. Mai 1949, Leoben 1949, S. 1–23.

Friedrich Mautner, Der Werdegang der Montanistischen Hochschule in Leoben. In: Zeitschrift für das Berg-, Hütten- und Salinenwesen im Deutschen Reich, 58. Bd., Berlin 1937, S. 281–292.

Montanistische Hochschule Leoben 1840–1965, hg. von der Montanistischen Hochschule Leoben, Wien o.J. (1965).

Von der steiermärkisch-ständischen Montanlehranstalt in Vordernberg zur Montanistischen Hochschule in Leoben. Wortlaut einer Sendung der Reihe „Spectrum Austriae" des Österreichischen Rundfunks, 1. Programm, am 12.8.1970, hg. von der Gesellschaft von Freunden der Leobener Hochschule, Leoben 1972.

Richard Walzel, Die Montanistische Hochschule Leoben. Ein geschichtlicher Abriß. In: Die Steiermark. Land, Leute, Leistung, Graz 1971, S. 775–783.

Lieselotte Jontes, Zur Entwicklung des Montanunterrichtes in Österreich. In: Erz und Eisen in der Grünen Mark. Beiträge zum steirischen Eisenwesen, Graz 1984, S. 469–479.

Heinrich Kunnert, Die Anfänge und die Entwicklung des montanistischen Studiums in Österreich bis zur Mitte des 19. Jahrhunderts. In: Österreichische Bildungs- und Schulgeschichte von der Aufklärung bis zum Liberalismus. = Publikationen des Instituts für österreichische Kulturgeschichte, H. IV, Eisenstadt 1974, S. 55–70.

Heinrich Kunnert, Die Anfänge und die frühe Entwicklung des montanistischen Studiums in Österreich. In: Biblos, 27 (1978), S. 251–265.

A. Tarczy Hornoch, Zu den Anfängen des höheren bergtechnischen Unterrichtes in Mitteleuropa. In: Berg- und Hüttenmännische Monatshefte, 89 (1941), S. 16–22, 33–37, 49–51.

Dieter A. Binder, Das Joanneum in Graz. Lehranstalt und Bildungsstätte. Ein Beitrag zur Entwicklung des technischen und naturwissenschaftlichen Unterrichtes im 19. Jahrhundert. = Publikationen aus dem Archiv der Universität Graz, 12. Bd., Graz 1983.

Lieselotte Jontes, Zur Entwicklung des montanistischen Unterrichtes in der Steiermark zur Zeit Erzherzog Johanns (1811–1849). In: Ausstellungskatalog „Die Berg- und Hüttenmännische Ausbildung zur Zeit Erzherzog Johanns." Ausstellung 19.–24. Jänner 1982. = Universitätsbibliothek Leoben. Wissenschaftliche Schriftenreihe, 3. Bd., Leoben 1982, S. 1–34.

Bericht über die feierliche Eröffnung der steiermärkisch-ständischen berg- und hüttenmännischen Lehranstalt zu Vordernberg. In: Die st.st. montanistische Lehranstalt in Vordernberg. Ein Jahrbuch für den innerösterreichischen Berg- und Hüttenmann, 1. Bd., 1842, S. 3–32.

Franz Czedik-Eysenberg, Die ersten Exkursionen Peter Tunner's mit seinen Eleven. In: Berg- und Hüttenmännische Monatshefte, 104 (1959), S. 234–242.

Heinrich Kunnert, Die Beziehungen der Bergakademie Leoben zu den Bergakademien in Schemnitz-Banska/Stiavnica und Pribram im 19. Jahrhundert. In: Alt Leoben. Geschichtsblätter zur Vergangenheit von Stadt und Bezirk, 1. Folge, April 1979, S. 3–4.

Johann Grimm, Ueber den höheren Bergwesens-Unterricht. In: Berg- und Hüttenmänn. Jahrbuch der k.k. Bergakademien Pribram und Leoben und d. königl. Ungar. Bergakademie Schemnitz, 19. Jg. (1868/69), Prag 1870, S. 49–80.

Lieselotte Jontes, Zur Geschichte des Montanistischen Kongreßwesens. Leoben als Tagungsort in der Mitte des 19. Jahrhunderts. In: Blätter für Heimatkunde, 58. Jg., Graz 1984, S. 70–77.

Günter B. Fettweis, Zur Entwicklung der Montanistischen Hochschule. Rede anläßlich der Inauguration zum Rektor der Montanistischen Hochschule Leoben für das Studienjahr 1968/1969 am 29. November 1968. In: Berg- und Hüttenmännische Monatshefte, 114 (1969), S. 4–12.

Günter B. Fettweis, Aufgaben und Probleme der Leobener Hochschule. In: Berg- und Hüttenmännische Monatshefte, 115 (1970), S. 21–31.

Günter B. Fettweis, Zu den Erweiterungsbauten und zum Ausbau der Montanistischen Hochschule. In: Berg- und Hüttenmännische Monatshefte, 115 (1970), S. 81–85.

Klaus Jürgen Grimmer, Die Montanuniversität als Partner der Industrie. In: Österreichische Hochschulzeitung, September 1986, S.11.

Günter B. Fettweis, Die Zielsetzung des Symposiums aus der Sicht der MU Leoben. In: technova. Symposium „Die Montanuniversität als Partner der Industrie", Leoben, 13. November 1984. = Plenarbeiträge und Ergebnisbericht 9, S. 11–17.

Wolfgang A. Brandstätter u. Lieselotte Jontes, Skizzen zur Entwicklung des Instituts für Bergbaukunde von 1849 bis 1959. In: Berg- und Hüttenmännische Monatshefte, 130 (1985), S. 9–103.

Leobener Hochschulreden:

H.4: Zur Entwicklung der Montanistischen Hochschule. Rede anläßlich der Inauguration zum Rektor der Montanistischen Hochschule Leoben für das Studienjahr 1968/69 am 29. November 1968, Günter B. Fettweis. Bericht des Rektors für das Studienjahr 1967/68 Karl Zeppelzauer, Leoben 1968.

H.5: Aufgaben und Probleme der Leobener Hochschule. Vortrag im Rahmen der Programm-Saison 1969/70 des Außeninstitutes der Montanistischen Hochschule, des Obersteirischen Kulturbundes und des Steirischen Volksbildungswerkes am 8. Oktober 1969 in Leoben anläßlich der 10. Steirischen Akademie: „Die Zukunft als Wille und Vorstellung" von Günter B. Fettweis, Rektor der Montanistischen Hochschule Leoben, Leoben 1969.

H.6: Die Montanistische Hochschule in den Studienjahren 1968/69 und 1969/70. Bericht und Reden von Günter B. Fettweis, Rektor der Studienjahre 1968/69 und 1969/70, Leoben 1970.

H.7: Arno W. Reitz, Kernfragen der Hochschulreform. Rede anläßlich der Inauguration zum Rector Magnificus der Montanistischen Hochschule Leoben am 27. Nov. 1970, Leoben 1970.

H.10: Bericht der Rektorsjahre 1972/73 und 1973/74. Manfred Lorbach, Leoben 1974.

H.13: Bericht der Rektorsjahre 1974/75 bis 1978/79. Albert F. Oberhofer, Leoben 1980.

H.15: Bericht der Rektorsjahre 1979/80 bis 1980/81 von Hein Peter Stüwe, Leoben 1981.

Vorlesungs-Verzeichnisse, Programme und Studienpläne, Studienführer der Montanistischen Hochschule / Montanuniversität 1949/50 bis 1988/89.

Der Leobener Student und die Montanuniversität. Informationsschrift zur Entscheidungsbildung über Studium und Beruf, Leoben, 1. Auflage 1983.

Memorandum der Montanuniversität Leoben im Hinblick auf die industriellen Strukturprobleme vor allem in der Obersteiermark, (Leoben) 1983.

Informationen von Prof. Günter B. Fettweis.
Informationen von Prof. Friedwin Sturm.

# Baugeschichte der Montanuniversität

Alfred GAHLEITNER

Bauliche Maßnahmen an unserer Lehranstalt sind und waren immer in erster Linie die Folgen von inhaltlichen dynamischen Veränderungen in Lehre und Forschung, ein immanenter Zustand, offenbar nicht nur an der Montanlehranstalt, sondern an jeder Universität.

Aber auch andere Einflüsse sind zu nennen, wie z.B. jene der politischen Umwälzung im Revolutionsjahr 1848, wo plötzlich nun in „Cisleitanien" eine weitere Staatslehranstalt für montanistische Fächer geschaffen werden mußte (die einzige in der österreich-ungarischen Monarchie bestehende Bergakademie zu Schemnitz war nur noch Magyaren zugänglich) oder jene zu beobachtende überproportionale Zunahme an Studierenden in den letzten Dezennien.

Wie bescheiden waren in baulicher Hinsicht doch die Anfänge dieser hohen Schule, ein wenig zu bescheiden vielleicht im Rückblick. Im sogenannten „Raithaus" zu Vordernberg wurde am 4. November 1840 die erste Montanlehranstalt eröffnet (Bilder 1 und 2).

Prof. Peter Tunner war durch 8 Jahre der einzige Lehrer, und erst nach 5 Jahren wurde ihm zur Unterstützung ein Assistent beigestellt. Beneidenswert auch für uns heute, daß es zu dieser Zeit schon eine Art „Gästehaus" gab. Der legendäre Erzherzog Johann hat während seiner langen Aufenthalte in Vordernberg sein Haus nicht nur dem Professor Tunner, sondern auch den Studierenden geöffnet. Vielleicht nicht ganz uneigennützig. In dem an sonstigen Aufregungen und Ressourcen nicht eben reichen, kleinen Marktflecken war das eine willkommene Bereicherung.

Bild 1: „Raithaus" in Vordernberg. FOTO WILKE Leoben.

Bild 2: Markscheide-Pavillon in Vordernberg. FOTO WILKE Leoben.

Bild 3: Josefshof.

Das Jahr 1849 brachte eine bemerkenswerte Änderung. Durch die oben schon geschilderten politischen Veränderungen, aber auch durch das Drängen Tunners und durch den starken Zustrom von Studenten aus den Kronländern, wurde vorerst mit 21. September 1848 die ständische Montanlehranstalt in Vordernberg provisorisch zur Staatslehranstalt erklärt. Die k.k. Montan-Lehranstalt sollte nun erweitert und verlegt werden. Die Wahl des Ortes fiel auf Leoben, nachdem sich die Stadt bereit erklärt hatte, ein eigenes Gebäude in der Timmersdorfergasse 14 hiefür unentgeltlich zur Verfügung zu stellen (siehe den Beitrag über „Die erste Bleibe der Leobener Montanlehranstalt" von G. Jontes in dieser Festschrift).

Die Übersiedlung, in den Ferienmonaten 1849 durchgeführt, ermöglichte am 1. November 1849 die Aufnahme des Studienbetriebes. Letztlich war, bevor es im Jahre 1910 zum Neubau des heutigen Hauptgebäudes kam, die inzwischen zur „Montanistischen Hochschule" erhobene Lehranstalt in drei Gebäuden untergebracht:

➤ Im Josefshof (im Nordosten des Hauptgebäudes) die Lehrkanzeln für Geologie, Geodäsie, Markscheide- und Bergbaukunde (Bild 3), in der
➤ Peter-Tunner-Straße 5 die Lehrkanzeln für Chemie und Mineralogie (Bild 4) und in der
➤ Timmersdorfergasse 14, das Hauptgebäude mit dem Rektorat (Bild 5).

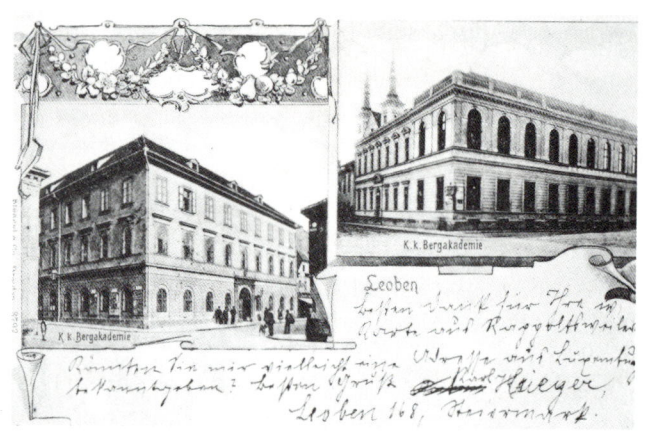

Bild 5: Bildpostkarte mit Darstellung der „alten" und der „neuen" Akademie. Um 1900.
Museum der Stadt Leoben.

Bild 4: Peter Tunner Gebäude. Aquarellierte Federzeichnung um 1870. Museum der Stadt Leoben.

Reproduktion FOTO WILKE Leoben.

Dieser Zustand der Unterbringung und auch die Tatsache, daß sich Europa in dieser Zeit mitten in der großen industriellen Revolution befand, eine Erfindung folgte der anderen und eine Neuerung der anderen, erzwang es geradezu, statt einer Erweiterung einen großzügigen Neubau vorzusehen.

Der Neubau der k.k. Montanistischen Hochschule wurde wiederum dank der Opferwilligkeit der Stadtgemeinde Leoben, welche den Baugrund in einem Ausmaß von 7503 m² kostenlos dem k.k. Ärar zur Verfügung gestellt hatte, im vornehmsten Stadtteil Leobens errichtet. Das freistehende Gebäude hat

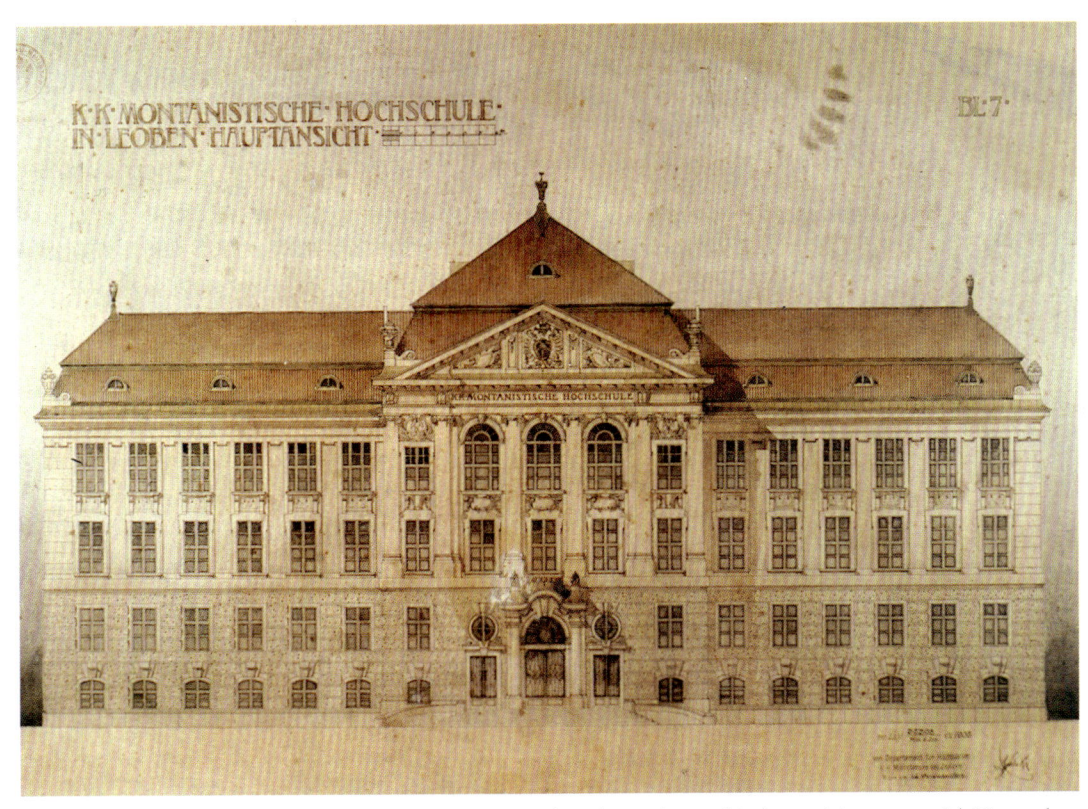

Bild 6: K.K. Montanistische Hochschule. Hauptansicht. Blatt 7 der Architekturzeichnungen, 14. November 1906, 53 x 79 cm. Universitätsbibliothek.

eine rechteckige Grundrißform von 77,30 m Tiefe und 62,80 m Breite und umschließt einen Innenhof von 1585 m². Die überbaute Fläche des Gebäudes beträgt 3362 m². Nach rückwärts ist in Richtung der Hauptachse des Neubaues, vorausblickend für eine später etwa notwendige Ausgestaltung der Hochschule, ein weiterer Grundteil von 3772 m² reserviert worden, welcher zum Zeitpunkt der tatsächlichen Verwendung von der Stadtgemeinde ebenfalls kostenlos abgetreten wurde. Sie hatte aber nicht nur den Baugrund zur Verfügung gestellt, sondern auch einen namhaften Geldbetrag in der Höhe von 900.000 Kronen. Ferner übernahm die Stadtgemeinde Leoben die ganze vorläufige Finanzierung des Baues, dessen Kosten sich auf 1,300.000 Kronen beliefen, wobei der österreichische Staat diesen Betrag bis auf die geschenkte Summe von 900.000 Kronen in Annuitäten zurückzahlte.

Im März 1908 fand der Spatenstich statt. Erstaunlicherweise kam der Bau bereits im Winter 1908 unter Dach, und die Fassade wurde im Herbst 1909 fertiggestellt. Die Hauptfront ist nach Westen gerichtet, der Franz-Josef-Straße zugekehrt, und durch einen kräftig vortretenden, architektonisch reich gehaltenen Mittelrisalit gegliedert und wird von einem mit dem Reichsadler und Kartuschen geschmückten Giebel gekrönt (Bild 6). Die reichere Gestaltung dieses Gebäudeteils war durch die darin untergebrachte Aula und der Eingangshalle bedingt.

Die drei Seitenfronten besitzen je einen stärker vortretenden und überhöhten Mittelrisalit und zwei Eckrisalite, welche gleichfalls durch Attiken bzw. Giebel ihren Abschluß finden. Für die Architektur des Hauses wurden Formen des Barockstiles gewählt, dementsprechend kamen auch vorzugsweise mit gewöhnlichen Ziegeln gedeckte Mansarddächer zur Ausführung, welche die der inneren Raumordnung entsprechende Verteilung der Massen in erhöhtem Maße nach außen zur Geltung bringen. Die schon erwähnte Eingangshalle erreicht man von

Bild 7: Hauptstiege des Hauptgebäudes. FOTO RADERBAUER Leoben.

außen her über eine breite Freitreppe aus Bacherer-Granit und über zwei sanft ansteigende Auffahrtsrampen durch drei Tore. Von hier aus führt ein kurzer Stiegenarm in der Mitte in das Sockelgeschoß, während zwei seitliche, symmetrisch angelegte Treppenarme den Aufgang in das Hochparterre ermöglichen. Außer diesem Haupteingang besitzt das Gebäude noch eine Einfahrt in den Hof im südlichen Mittelrisalit und zwei symmetrisch gelegene Eingänge im östlichen Trakt. Anschließend an die Eingangshalle befindet sich die monumentale Hauptstiege, welche die Verbindung zwischen Sockelgeschoß und zweitem Stock bildet und zur Aula führt (Bild 7).

Das Stiegenhaus ist von der Halle nur durch zwei Doppelpfeiler aus Istrianermarmor, welche die Mittelmauer zu tragen haben, getrennt. Die Hauptstiege ist dreiarmig, doppelt auswerfend und ruht im Sockelgeschoß auf Kunststeinpfeilern, während sie in den oberen Stockwerken von monolithischen, polierten Säulen aus lichtem Unterbergermarmor (aus dem Marmorwerk des Freiherrn Friedrich Mayr von Melnhof) getragen wird; die Säulenbasen und Kapitelle sind in Carraramarmor ausgeführt.

Die Pläne hat Herr k.k. Ministerialrat Wilhelm Edler von Rezzori (der Großvater des Dichters Gregor Rezzori) im Ministerium für öffentliche Arbeiten entwerfen lassen, die Leitung und Durchführung des Baus lag in den Händen des k.k. Oberingenieurs Viktor Seiner, die Bauarbeiten, mit Ausschluß aller Professionistenarbeiten, waren dem Leobener Baumeister Titus Thunhart übertragen.

Am 22. Oktober 1910 wird durch die festliche Eröffnung des Neubaues der Montanistischen Hochschule in Leoben eine neue Ära in der Entwicklungsgeschichte des montanistischen Hochschulunterrichtes in Österreich eingeleitet. Wenn auch vielleicht die Tatsache, daß der Sitz der Hochschule nunmehr ständig in Leoben festgelegt wurde, nicht allgemeinen Beifall gefunden hat, so ist doch jedenfalls durch die Errichtung des Neubaues einem seit langer Zeit immer fühlbarer werdenden Bedürfnis damals abgeholfen worden.

Als letzte Arbeit der Herstellung des Gebäudes wurde eine Gedächtnisurkunde in den Schlußstein versenkt.

Später sollte in der Publikation „Die Montanistische Hochschule in Leoben", Verlag der Gesellschaft der Freunde der Leobener Hochschule, festgehalten werden, daß im Juni 1930 in diesem Hauptgebäude und im oben genannten Peter-Tunner-Gebäude insgesamt 14 Lehrkanzeln mit Instituten und Sammlungen untergebracht sind und die Hörerzahl im Studienjahr 1929/30 304 betrug.

Anzumerken ist auch, daß sich im Innenhof des Hauptgebäudes als ungewohnter Anblick ein Förderturm erhob (Bild 8). Dies war ein Fördergerüst, das zwar am Anna-Schacht in Münzenberg in Verwendung stand, dann aber der Hochschule geschenkt wurde. Es wurde 1888 von der Grazer Brückenbau-Anstalt Wagner-Biro gebaut und war bis zu seiner Abtragung in gutem Zustand. Nach 1945 wurde er gelegentlich auch zum Trocknen von Tabaksblättern als vorzüglich geeignet weiter empfohlen.

Schon während des Zweiten Weltkrieges und auch danach zeigte sich, daß die Gewinnung und Verarbeitung mineralischer Rohstoffe und der Bedarf an entsprechend ausgebildeten akademischen Führungskräften außerordentlich schnell anstieg. 60 Jahre nach Eröffnung des Hauptgebäudes waren statt der damals 11 Lehrkanzeln mittlerweile 26 untergebracht, mit nunmehr 15 Studienrichtungen und Studienzweigen. Die Zahl der Hörer verdreifachte sich bis zur Mitte der sechziger Jahre auf rund 1000.

Alles dies führte letztlich dazu, daß man sich Ende der 50er Jahre entschlossen hat, grundsätzlich durch sogenannte „Erweiterungsbauten" (das Wort „Neubau" wurde aus taktischen Gründen vermieden), der Raumnot Herr zu werden.

Am 25. Oktober 1962 fand dann die Grundsteinlegungsfeier statt, obwohl man schon im Juli 1962 mit vorbereitenden Bauarbeiten begonnen hatte. Es war damals das größte Bauvorhaben Österreichs. Insgesamt wurden auf einem rund 100.000 m² großen Grundstück ein umbauter Raum von 100.000 m³ geschaffen, der auch für moderne Labor- und Versuchshallen gedacht war. Übrigens wurden zu Beginn der Arbeiten Probebohrungen bis zu einer Tiefe von 283 m vorgenommen, als Übung für die Studierenden der Studienrichtung Erdölwesen. Die Baukosten beliefen sich auf 98 Mill. ÖS und zusätzlich 11,5 Mill. ÖS für die Innenausstattung (Bild 10).

Das gesamte Bauvorhaben gliederte sich in sechs Bauabschnitte, und zwar in einen fünfgeschossigen Institutstrakt mit dem Hüttenmännischen Institut, dem ein vierschiffiger Hallenbau im Norden vorgelagert ist, in dem die Ofenhalle und Härterei für Eisenhüttenkunde mit einer Prüfhalle, einer Gießereihalle, das Laboratorium für Wärmetechnik und Industrieofenbau und für Werkstoffprüfung untergebracht wurden.

Südlich vom Hüttenmännischen Institut befinden sich die Institute für Erdölkunde mit einem Bohrturm und der dazugehörigen Maschinenhalle;

Bild 8: Innenhof mit Förderturm. Foto: Prof. A.W. Reitz.

Gleichzeitig stieg auch der Raumbedarf für die zahlreichen Lehrkanzeln stark an, da man Laboratorien und Versuchshallen als notwendige Voraussetzung für weitere erfolgreiche wissenschaftliche Arbeiten betrachtete.

Ein Neubau, genannt Rittinger-Gebäude, an der Rückseite des Hauptgebäudes, errichtet zwischen 1950 und 1955, in erster Linie für die Institute Walzwerkskunde (Prof. Platzer) und Aufbereitung (Prof. Bierbrauer), mit einer umbauten Gesamtfläche von 963 m² und einen Raum von 9.832 m³, konnte daran nur wenig ändern (Bild 9).

Bild 9: Rittinger-Gebäude.

zwischen diesen und der alten Hochschule das neue Chemie-Institut der Montanistischen Hochschule.

Alle diese Institutstrakte sind durch einen zweigeschossigen Verbindungsgang miteinander verbunden, dem zum Buchmüllerplatz hin das Gebäude mit dem Auditorium Maximum und zwei großen Hörsälen einschließlich der erforderlichen Nebenanlagen vorgelagert ist.

Bis Ende 1970 ist der gesamte Gebäudekomplex schrittweise zur Nutzung durch die Montanistische Hochschule übergeben worden. Es sei daran erinnert, daß durch geschickte Bauführung durch die Landesbaudirektion Graz (Herr Ing. Kogler) schon am 20. Juni 1968 die 5. Internationale Leichtmetalltagung in den damals fertiggestellten Teilen und im Auditorium Maximum durch den damaligen Bundespräsidenten Jonas eröffnet werden konnte.

Unaufhörlich stieg aber die Zahl der Studierenden weiter an, und die Einrichtung neuer Institute und die ständige Ausweitung bestehender Institute machten es notwendig, nach weiteren Unterbringungsmöglichkeiten Ausschau zu halten. So sind als „kleinere Abhilfemaßnahmen" im Jahre 1983 der Ankauf der Liegenschaft „Parkstraße 27" in Leoben durch den Bund zu sehen, insbesondere für das Institut für Konstruktiven Tiefbau, das bis dorthin äußerst notdürftig untergebracht war (Bild 11), oder der durchgeführte Teil-Dachbodenausbau im Hauptgebäude 1987 (großzügig und modern gestaltet durch Architekt Ernst Giselbrecht, Graz) für die vorübergehende Unterbringung des Institutes für Gesteinshüttenkunde (Bild 12).

Inzwischen befand sich das Peter-Tunner-Gebäude in einem dermaßen schlechten Bauzustand, daß mit der Schließung aus baulichen und betrieblichen Gründen jederzeit gerechnet werden mußte.

Neben der Aussiedelung der Institute für Mineralogie, Geologie, Prospektion und Gesteinshüttenkunde mußte auch ein vollkommen neues Konzept für die zukünftige Unterbringung erarbeitet werden, das eine höhere Effizienz der Forschungs- und Lehrtätigkeit dieses Institutes (inzwischen sind die drei erstgenannten Institute zu einem Institut für Geowissenschaften zusammengefaßt worden) ermöglichen wird.

Die Aufgabenstellung zur Erneuerung und Erweiterung des Institutsgebäudes in der Peter-Tunner-Straße für die Montanuniversität Leoben war eine schwierige, aber interessante Arbeit im Themenbereich Stadterneuerung.

Die Durchdringung denkmalgeschützter Bauteile mit wiederhergestelltem Altbestand und Neubauabschnitten, zusammengefaßt unter einer gemeinsamen Dachkonstruktion mit einer zentralen

Bild 10: Erweiterungsbauten.

Bild 11: Parkstraße 27, mit dem Institut für Konstruktiven Tiefbau und dem Lehrsaal des Hochschullehrganges für Ausländer. Bis zur Fertigstellung des Peter Tunner Gebäudes ist auch das Institut für Geologie in diesem Gebäude untergebracht.

Innenhalle, ist das Ergebnis, beruhend auf einer funktionellen Zuordnung der einzelnen Institutsbereiche.

Grundgedanke war auch, gewisse Einrichtungen, die von allen Institute gleichermaßen benützt werden, als gemeinsame Einrichtung im Keller- und Erdgeschoßbereich aufzubauen und von dort erst die Verteilung von Gesteinsproben usw. in die oberen Stockwerke vorzunehmen. Außerdem ist durch eine durchgehende tragfähige Betondecke und geschickte Anordnung der Leitungsführung die notwendige Infrastruktur auch bei Änderungen im Laborbereich gegeben (Bilder 13 und 14).

Wie im Bild gezeigt, ist dies Architekt Prof. Eilfried Huth/Graz und seinem Team gut gelungen. Der Bau, im August 1986 begonnen, wird im September/Oktober 1990 als Beitrag zur 150-Jahr-Feier der Bestimmung übergeben werden.

Der umbaute Raum beträgt 37.760 m$^3$, davon Altbestandteil: 10.000 m$^3$, Neubauanteil: 27.760 m$^3$. Die Nettonutzfläche beträgt 5.070 m$^2$ und die Bruttogeschoßfläche 7.838 m$^2$. Die Gesamtkosten betragen rund 155 Mio. ÖS zuzüglich der Inneneinrichtung in der Höhe von 42 Mio. ÖS.

Nicht zuletzt hat uns diese Feier auch den langersehnten Wunsch erfüllt, die alte Aula im Hauptgebäude wieder in neuem alten Glanz erstrahlen zu lassen.

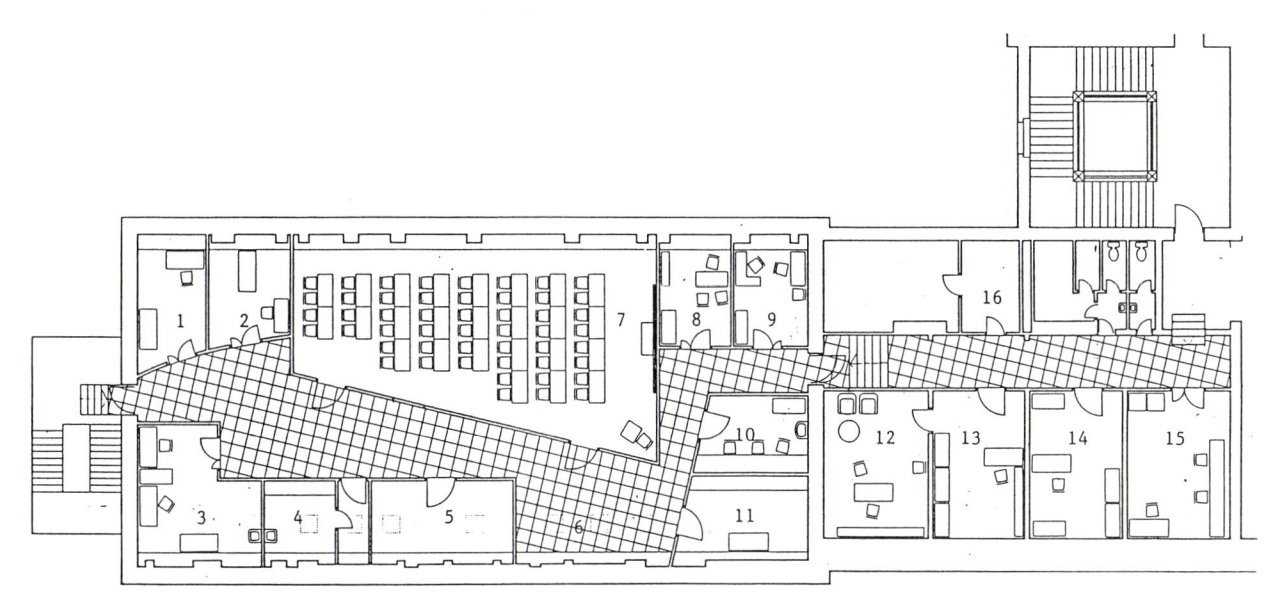

Bild 12: Institut für Gesteinshüttenkunde. 1 ... Röntgen; 2 ... Infrarot; 3 ... Elektronenmikroskop; 4 ... Fotolabor; 5 ... Assistentenraum; 6 ... Aufenthaltsraum; 7 ... Lehrveranstaltungsraum; 8 ... Schleifen; 9 ... Assistent; 10 ... Mikroskopierraum; 11 ... Assistent; 12 ... Professor; 13 ... Sekretärin; 14 ... Assistent; 15 ... Laborraum; 16 ... Bibliothek.

Bild 13: Modell des Peter Tunner Gebäudes, vorgestellt am 7.12.1984.

In mühevoller Kleinarbeit, unterstützt von Professoren und Studenten der Kunsthochschule in Graz, wurde versucht, das ursprüngliche Aussehen möglichst wiederherzustellen. Gleichzeitig wurde die Infrastruktur modernisiert und ein wirkungsvolles Heizungssystem eingebaut. Hiermit steht dieser schön gestaltete Raum wieder für Feierlichkeiten aller Art zur Verfügung.

Das ersprießliche und erfreuliche Weiterwachsen dieser Universität (inzwischen 28 Institute, 2000 Hörer) hat etwa Ende 1985/Anfang 1986 dazu geführt, daß man sich Gedanken machte, wie eine grundsätzliche und großzügige Lösung die offenen Bauwünsche befriedigt. Außerdem erzwang die Zunahme von gemieteten Räumlichkeiten aus praktischen Überlegungen und Kostengründen, diesen Weg nicht weiter fortzusetzen. So lag es nahe, geeignete Lösungsvorschläge zu suchen, die schon in ihrem Ansatz ergaben, daß in erster Linie bebaubare Erweiterungsflächen zu suchen sind.

In einem Kollegiumsbeschluß vom 19.3.1986 wurde der Verfasser dieses Artikels beauftragt, entsprechende Verhandlungen zu führen. Durch die tatkräftige Unterstützung und Beratung durch Herrn Sektionschef Dr. W. Frühauf und Min.Rat. Dr. F. Loicht vom Bundesministerium für Wissenschaft und Forschung sowie durch Herrn wHR. Dipl.Ing. F. Josel und seinen Mitarbeitern vom Amt der Steiermärkischen Landesregierung/Landesbaudirektion, konnte in relativ kurzer Zeit durch Herrn Architekt Prof. Eilfried Huth eine „Studie über die Erweiterungsflächen zur räumlichen Versorgung" erstellt werden. Sie wurde auftragsgemäß im August 1989 dem Bundesministerium für Wissenschaft und Forschung zugestellt.

In einem gemeinsamen Gespräch am 9. August 1989 im Bundesministerium für Wissenschaft und Forschung mit allen Beteiligten wurde auch der durch die Studie ausgewiesene dringende Raumbedarf der Montanuniversität anerkannt und der Beschluß gefaßt, Schritte einzuleiten, um sowohl ein größeres geschlossenes Grundstück in Nennersdorf als auch die Gründe hinter der alten „Laudon-Kaserne" für die Montanuniversität zu sichern.

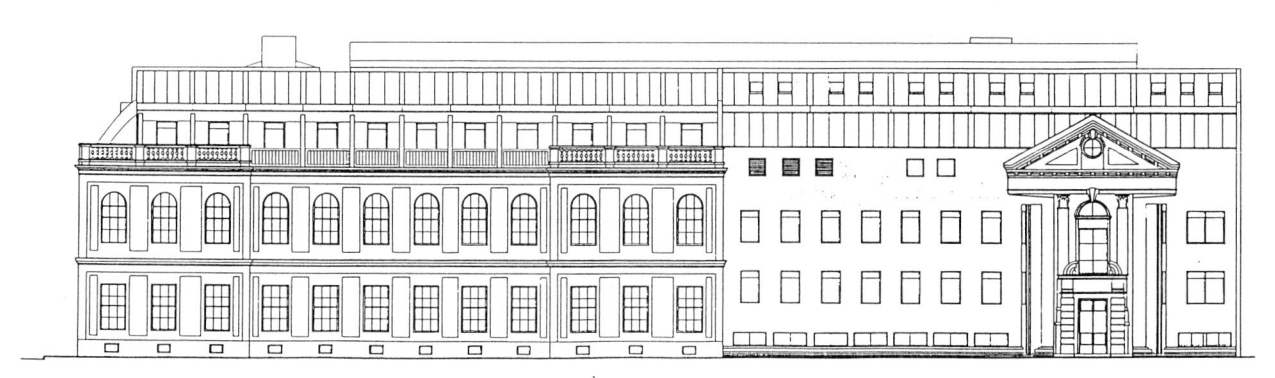

Bild 14: Plan des Peter Tunner Gebäudes. Nordansicht, Erzherzog Johann Straße.

# Die Direktoren, Rektoren und Dekane der Montanuniversität

Friedwin STURM

Die Funktion des Rektors war in der Vergangenheit und ist auch in der Gegenwart eine ehrende Funktion, die nicht nur innerhalb, sondern auch außerhalb der Universität anerkannt wird und die in der Gesellschaft einen hohen Stellenwert hat. Die Geschichte der Universität ist zugleich auch die Geschichte ihrer Rektoren.

Der Rektor vertritt die Universität nach außen, und er ist während seiner Funktionsperiode als „Einzelkämpfer" für alles zuständig. Nach dem Universitäts-Organisationsgesetz obliegen ihm die Besorgung der laufenden Geschäfte der Universität, die Handhabung der Hausordnung und die Vollziehung der Beschlüsse des Universitätskollegiums und seiner Kommissionen. Über seinen Schreibtisch gehen sämtliche Anträge der Universität, und er wird in vielen Fällen zum „Prellbock" zwischen den Visionen von Wissenschaftlern und dem bürokratischen Alltag der Ministerien und Ämter. Manchmal wird er auch für jede Kleinigkeit als „Schiedsrichter" angerufen. „*Ich habe mit dem Rektor gesprochen*" zählt innerhalb der Universität als gewichtiges Argument. Oft soll der Rektor auch als „Prophet" die zukünftige Entwicklung der Universität, der Dotationen und der Universitätspolitik des Ministeriums und der Regierung vorhersagen.

Die Bezeichnung für den Rektor ist auch heute noch „Magnifizenz", wobei diesen Titel auch der Prärektor (ein Jahr vor der eigentlichen Rektorszeit) und der Prorektor (ein Jahr nach der Rektorszeit) genießen.

Der Prärektor lernt ein Jahr lang die Geschäfte, die ihn dann als Rektor bis an die Grenzen der Belastbarkeit strapazieren, so daß er als Prorektor ziemlich geschafft ist.

Unter den Rektoren kursiert daher der geflügelte Spruch:

*„Als Prärektor ist man die Minifizenz,*
*als Rektor die Magnifizenz,*
*und als Prorektor die Mumifizenz!"*

Die Vorgangsweise, nach der der jeweilige Rektor ermittelt wurde, hat sich in der 150-jährigen Geschichte mehrmals gewandelt.

Bis zum Studienjahr 1894/95 wurden die Direktoren der Montanlehranstalt und der Bergakademie vom Kaiser und später vom Ackerbauminister ernannt.

In der „Allerhöchsten Entschließung", mit der die definitive Übernahme der steiermärkisch-ständischen Montan-Lehranstalt in die Staatsverwaltung ausgesprochen wurde, heißt es unter 7. : „*Ernenne Ich den dermaligen provisorischen Director Peter Tunner zum wirklichen Director der montanistischen Lehranstalt zu Leoben ...*". Olmütz, den 23. Jänner 1849. Franz Josef m.p.

Im § 38 des ab dem Studienjahr 1874/75 geltenden Statuts der Bergakademie Leoben heißt es: „*Der Director wird aus den ordentlichen Professoren durch den Ackerbau-Minister auf zwei Jahre ernannt.*"

Erst ab dem Studienjahr 1895/96 wurden die Rektoren nach einem geänderten Statut der Bergakademie (genehmigt mit Allerhöchster Entschließung vom 27.12.1894) vom Professorenkollegium aus den ordentlichen Professoren auf zwei Jahre gewählt und vom Ackerbauminister bestätigt. So war Franz Kupelwieser in den Studienjahren 1895/96 und 1896/97 der erste gewählte Rektor in Leoben.

In den Jahren von 1934 bis 1937, in denen die Montanistische Hochschule mit der Technischen Hochschule Graz zur „Technischen und Montanistischen Hochschule Graz-Leoben" zusammengelegt war, wurde als ständiger Sitz des Rektorates Graz bestimmt, und in Leoben wurde die Fakultät für Montanwesen mit den Unterabteilungen für Berg-,

Hütten- und Markscheidewesen eingerichtet. In dieser Zeit wurde die Fakultät in Leoben von einem Dekan geleitet.

Obwohl das Rektorsamt immer mit sehr viel Arbeit und großem persönlichen Einsatz verbunden war, gingen die Rektorswahlen nicht immer diskussionslos über die Bühne, und manchmal kam es auch zu Kampfabstimmungen.

In der Zeit vor dem Universitäts-Organisationsgesetz 1975 waren meist die Altrektoren als „Königsmacher" unterwegs, um bei den Kollegen für den Kandidaten ihrer Wahl zu werben.

Heute wird der Rektor nach § 16 Abs. 3 des Universitäts-Organisationsgesetzes von der ‚Universitätsversammlung' gewählt, der die Hälfte der Professoren sowie in gleicher Anzahl die Assistenten und die Studenten des Universitätskollegiums und der Obmann des Dienststellenausschusses für Bedienstete sonstiger Dienstzweige und sein Stellvertreter angehören. Der Rektor wird daher nicht mehr von allen Professoren gewählt, dafür sind aber alle an der Universität vertretenen Personengruppen an der Wahl beteiligt.

Im Laufe der Geschichte hat sich die Wahlmodalität immer mehr demokratisiert: Von der Ernennung durch den Kaiser bis zur Wahl durch Vertreter aller Personengruppen der Universität. Es ist zu erwarten, daß sich die Demokratisierung – etwa bis zur 200-Jahr-Feier der Montanuniversität – weiter entwickelt und dann vielleicht alle Mitglieder der Universität ihren Rektor wählen; ob dies wünschenswert ist, sei dahingestellt.

Die besondere Rolle der Rektoren und die ehrende Funktion, die sie innehaben, haben dazu geführt, daß in den Senatssälen und Sitzungszimmern der Universitäten die Bilder der Rektoren von den Wänden grüßen. Eine Art „Ahnengalerie", wie sie in vornehmen Häusern und bei edlen Geschlechtern üblich war. So hängen auch in Leoben an den Wänden des Sitzungszimmers der Universitätsdirektion 24 Ölbilder von vergangenen Rektoren. Da dieser Brauch in Leoben erst in den letzen Jahrzehnten Einzug gehalten hat, war es nicht sehr einfach, die folgende „Ahnengalerie" der Direktoren, Rektoren und Dekane für den Zeitraum von 1840 bis 1990 zusammenzustellen. Die Bilder der früheren Rektoren stammen aus verschiedenen Quellen und Archiven und besitzen daher unterschiedliche Qualität.

Die Reproduktionen der Ölbilder sind von FOTO WILKE Leoben hergestellt worden.

**Direktoren:** 1840/41 bis 1894/95
**Rektoren:** 1895/96 bis 1933/34
**Dekane:** 1934/35 bis 1936/37
**Rektoren:** seit 1937/38

Peter Tunner
geb. am 10.5.1809 in Deutschfreistritz.
gest. am 8.6.1897 in Leoben.
Direktor von 1840 bis 1874.
Gemälde von R. Hausleitner (1874). Österreichische Galerie, Wien.
FOTOSTUDIO OTTO Wien.

Franz Kupelwieser
geb. am 14.9.1830 in Wien.
gest. am 5.8.1903 in Pörtschach.
Direktor 1875/76 und 1876/77.
Rektor 1895/96 und 1896/97.
Zeichnung von Fritz, 1896. Universitätsbibliothek.

Franz Rochelt
geb. am 4.6.1835 in Oberliebich, Böhmen.
gest. am 23.1.1899 in Leoben.
Direktor 1877/78 und 1878/79
sowie 1889/90 und 1890/91.

Julius Hauer
geb. am 26.1.1831 in Wien.
gest. am 18.2.1910 in Leoben.
Direktor 1879/80 und 1880/81
sowie 1893/94 und 1894/95.

Rudolf Schöffel
geb. am 21.2.1839 in Pribram.
gest. am 10.6.1916 in Thurn b. Teplitz.
Direktor 1881/82 und 1882/83.
Rektor 1897/98 und 1898/99.
Bildarchiv der Österr. Nationalbibliothek, Wien.

Franz Lorber
geb. am 23.2.1846 in Wien.
gest. am 23.3.1930 in Wien.
Direktor 1883/84 und 1884/85.

Rupert Böck
geb. am 19.9.1845 in Wien.
gest. am 30.1.1899 in Wien.
Direktor 1885/86 und 1886/87.
Technische Universität Wien – Archiv.

Hans Höfer
geb. am 17.5.1843 in Elbogen, Böhmen.
gest. am 9.2.1924 in Wien.
Direktor 1887/88 und 1888/89.

Engelbert Kobald
geb. am 7.11.1848 in Matrei.
gest. am 26.4.1926 in Leoben.
Direktor 1891/92 und 1892/93.
Rektor 1902/03
sowie 1909/10 und 1910/11.

Karl Habermann
geb. am 11.2.1858 in Neutitschein.
gest. am 19.8.1909 in Teplitz.
Rektor 1899/1900 bis 1901/02.
Reproduktion FOTO WILKE Leoben.

Anton Bauer
geb. am 29.8.1856 in Graz.
gest. am 12.4.1943 in Wien.
Rektor 1903/04 und 1904/05.

Viktor Waltl
geb. am 20.4.1859 in Hüttenberg.
gest. am 3.4.1928 in Leoben.
Rektor 1905/06 und 1906/07.

Wolfgang Wendelin
geb. am 5.10.1863 in Wien.
gest. am 12.10.1938 in Graz.
Rektor 1907/08 und 1908/09
sowie 1924/25.

**Rudolf Jeller**
geb. am 5.7.1861 in Storé, Steiermark.
gest. am 21.11.1939 in Leoben.
Rektor 1911/12 und 1912/13.

**Otto Seyller**
geb. am 20.1.1866 in Linz.
gest. am 3.3.1949 in Graz.
Rektor 1913/14 und 1914/15.

**Franz Peter**
geb. am 3.10.1872 in Wien.
gest. am 13.12.1955 in Buchscheiden bei Feldkirchen.
Rektor 1915/16 und 1916/17
sowie 1930/31.

**Franz Aubell**
geb. am 21.2.1878 in Graz.
gest. am 5.5.1954 in Leoben.
Rektor 1917/18 und 1918/19
sowie 1919/20 und 1931/32.
Ölbild von O. Pfob.

Carl Brisker
geb. am 18.4.1875 in Königshütte, Oberschlesien.
gest. am 16.5.1920 in Leoben.
Rektor 1919/20.

Franz Schraml
geb. am 14.8.1874 in Wallern im Böhmerwald.
gest. am 2.4.1946 in Graz.
Rektor 1920/21 und 1921/22
sowie 1929/30.

Wilhelm Petrascheck
geb. am 25.4.1876 in Pancsova, Ungarn.
gest. am 16.1.1967 in Leoben.
Rektor 1922/23.
Dekan 1935/36.
Ölbild von A. E. Wenzel.

Hans Fleißner
geb. am 28.8.1881 in Zwodau b. Falkenau a.d. Eger.
gest. am 15.6.1928 in Karlsbad.
Rektor 1923/24.

Othmar Keil-Eichenthurn
geb. am 11.9.1888 in Troppau/Schlesien.
gest. am 19.8.1932 in Graz.
Rektor 1925/26.

Heinrich Brell
geb. am 21.12.1877 in Sandhübel, Schlesien.
gest. am 18.3.1934 in Graz.
Rektor 1926/27 bis 1928/29.
Ölbild von L. Scheu.

Josef Pirkl
geb. am 30.3.1882 in Wien.
gest. am 22.10.1959 in Graz.
Rektor 1932/33.

Josef Fuglewicz
geb. am 22.4.1876 in Tschernowitz.
gest. am 22.10.1972 in Leoben.
Rektor 1933/34 sowie 1944/45.
Dekan 1934/35.
Ölbild von O. Pfob.

Richard Walzel
geb. am 3.9.1895 in Neunkirchen.
gest. am 28.12.1977 in Leoben.
Dekan 1936/37.
Rektor 1937/38.
Ölbild von F. Köck.

Ernst Bierbrauer
geb. am 30.3.1896 in Essen.
gest. am 7.10.1973 in Leoben.
Rektor 1938/39 bis 1943/44.
Ölbild von O. Pfob.

Franz Platzer
geb. am 5.6.1894 in Mureck.
gest. am 12.8.1961 in Graz.
Rektor 1945/46 bis 1952/53.
Ölbild, Kopie nach L. Scheu.

Walther E. Petrascheck
geb. am 11.3.1906 in Wien.
Rektor 1953/54.
Ölbild von A. E. Wenzel.

Erich Schwarz-Bergkampf
geb. am 29.12.1904 in Preßburg/Donau.
Rektor 1954/55 und 1955/56.
Ölbild von O. Pfob.

Gottfried Prikel
geb. am 27.10.1893 in Kremsier, Mähren.
gest. am 10.11.1984 in Bad Reichenhall.
Rektor 1956/57.
Ölbild von O. Pfob.

Franz Czedik-Eysenberg
geb. am 24.2.1898 in Wien.
gest. am 4.2.1960 in Leoben.
Rektor 1957/58 und 1958/59.
Ölbild von R. von Zeileisen.

Friedrich Perz
geb. am 1.12.1904 in Wien.
gest. am 29.8.1962.
Rektor 1959/60.
Ölbild von M. Gölz.

Roland Mitsche
geb. am 7.9.1903 in Winklern/Mölltal.
gest. am 22.6.1978 in Graz.
Rektor 1960/61.
Ölbild von M. Gölz.

Kurt Bauer
geb. am 2.1.1914 in Eisenerz.
Rektor 1961/62.
Ölbild von H. Höller.

Herbert Trenkler
geb. am 28.12.1907 in Königshof/Böhmen.
Rektor 1962/63 und 1963/64.
Ölbild von M. Gölz.

Karl Trutnovsky
geb. am 30.5.1901 in Graz.
gest. am 16.8.1988 in Graz.
Rektor 1964/65.
Ölbild von H. Höller.

Arno Wilhelm Reitz
geb. am 11.9.1907 in Graz.
Rektor 1965/66 und 1966/67
sowie 1970/71 und 1971/72.
Ölbild von H. Höller.

Karl Zeppelzauer
geb. am 20.12.1901 in Neulengbach/NÖ.
Rektor 1967/68.
Ölbild von H. Höller.

Günter B. Fettweis
geb. am 17.11.1924 in Düsseldorf.
Rektor 1968/69 und 1969/70.
Ölbild von F. Böhmshes.

Manfred Lorbach
geb. am 2.3.1924 in Osnabrück.
Rektor 1972/73 sowie 1973/74.
Ölbild von M. Gölz.

Albert F. Oberhofer
geb. am 5.8.1925 in Veitsch.
Rektor 1974/75 bis 1978/79.
Ölbild von C. Neugebauer.

Hein Peter Stüwe
geb. am 14.9.1930 in Königsberg, Ostpreußen.
Rektor 1979/80 und 1980/81.
Ölbild von G. Leitner.

Herwig Holzer
geb. am 16.6.1927 in Wien.
Rektor 1981/82 bis 1984/85.
Ölbild von E. Kloepfer.

Klaus Jürgen Grimmer
geb. am 19.6.1934 in Hamburg.
Rektor 1985/86 und 1986/87.
FOTO RADERBAUER Leoben.

Franz Jeglitsch
geb. am 24.8.1934 in Klagenfurt.
Rektor 1987/88 und 1988/89
sowie 1989/90.
FOTO FREISINGER Leoben.

Peter Tunner Denkmal im Postpark in Leoben, 1915.                                                    FOTO KRALL Leoben.

# Professorenkollegium – Professorenkurie – Professorenverband

Heinz GAMSJÄGER, Herbert HIEBLER und Albert F. OBERHOFER

Mit 150 Jahren Montanlehranstalt (Vordernberg, Leoben) – Bergakademie – Montanistische Hochschule – Montanuniversität Leoben sind auch 150 Jahre Geschichte ihrer Professoren verbunden. Namen, Fachbereiche und Dauer der aktiven Tätigkeit der Professoren an dieser Hohen Schule können dank Aufzeichnungen der Universitätsbibliothek und Mithilfe der Personalabteilung der Universitätsdirektion bis zur Gründung im Jahre 1840 zurückverfolgt werden (Tabelle 1). Diese Chronik zeigt auch die Entwicklung der Wissensgebiete, die langfristig betrachtet immer vielfältiger werden und sich zunehmend spezialisieren. Die Anzahl der Wissensgebiete und der Professoren wächst im Laufe der Jahre. Krisen, wie Wirtschaftsflauten, Kriegszeiten und Zeiten des Wiederaufbaues nach den Kriegen, wirken sich aus.

Die Spezialisierung der Disziplinen wird deutlich, wenn man sich erinnert, daß beispielsweise F. Kupelwieser, Professor für Hüttenkunde, auch Mathematik, Darstellende Geometrie und Technisches Zeichnen lehrte, oder A. Miller von Hauenfels als Professor für Bergbaukunde auch Mechanik und Baukunst vortrug. Erst ab 1861 erfolgten Berufungen von Professoren für Physik und Chemie, Maschinenbaukunde, Mineralogie, Mechanik, Darstellende und Praktische Geometrie sowie Mathematik (1876).

Durch die mehrjährige, teilweise Vereinigung mit der Technischen Hochschule Graz trat ab 1934 ein Niedergang auf dem Gebiet der Grundlagenfächer ein. So verloren die Gegenstände Mechanik, Darstellende Geometrie sowie Mathematik und Physik mit der Emeritierung von Wendelin, Seyller und Brell ihre Fachvertreter. Dieser Versuch, die Montanistischen Wissenschaften als Diplomstudium ausschließlich im Zweiten Studienabschnitt zu betreiben, hat ebenso fehlgeschlagen wie ähnliche Bestrebungen nach 1866, die noch von Peter Ritter von Tunner abgewendet werden konnten. Heute ist die Bedeutung der Grundlagenwissenschaften für die gedeihliche Entwicklung der Montanuniversität unbestritten, da nur bei geeigneter Vertretung dieser Fächer das universitäre Ziel erreicht werden kann.

Berühmte Namen finden sich im Professorenkollegium, Ansporn und Verpflichtung geht von ihnen aus. So wirkten an der Lehrkanzel für Eisenhüttenkunde Peter Ritter von Tunner, der Begründer der Hochschule, und Josef Gängl von Ehrenwerth, dessen Arbeiten über den Thomasprozeß bahnbrechend waren; aber auch Othmar Keil von Eichenthurn, der Initiator von werkstoffkundlicher Lehre und Forschung in Leoben, war Vorstand dieses traditionsreichen Institutes. Albert Miller Ritter von Hauenfels war der erste Professor für Bergbaukunde. Franz Rochelt, Viktor Waltl und Josef Fuglewicz bauten diese Lehrkanzel aus, um den großen Fortschritten der bergmännischen Technik sowie den besonderen Verhältnissen von Bergbauen auch in fernab liegenden Ländern gerecht zu werden. Wilhelm Petrascheck war ein weltberühmter Kohlengeologe und erwarb sich große Verdienste mit dem Ausbau einer Schule der Geologie, Paläontologie und Lagerstättenlehre, die besonders auf die Anforderungen der bergmännischen Praxis ausgerichtet war. Franz Aubell wirkte über viele Jahre als Professor für Geodäsie und Markscheidekunde. Die große Bedeutung der Mineralaufbereitung und Veredlung an der Montanistischen Hochschule wird durch die Pionierleistungen von Ernst Bierbrauer unterstrichen. Hans Höfer von Heimhalt war der führende Erdölgeologe seiner Zeit und bereitete damit schon den Boden für Gottfried Prikel vor, der auf die erste selbstständige Lehrkanzel für Tiefbohr- und Erdölbetriebskunde berufen wurde. Die Bedeutung der

**Tabelle 1:** Liste der ordentlichen und außerordentlichen Professoren an der
- 1840–1848   Steiermärkisch-Ständischen Montanlehranstalt
- 1848–1861   k.k. Montanlehranstalt
- 1861–1904   k.k. Bergakademie
- 1904–1975   Montanistischen Hochschule
- seit 1.10.1975   Montanuniversität Leoben.

1. Peter Ritter von Tunner, 1840–1874, Berg- und Hüttenkunde
2. Albert Miller Ritter von Hauenfels, 1848–1872, Bergbaukunde
3. Franz Ritter von Sprung, 1849–1857, Hüttenkunde
4. Robert Richter, 1857–1861, Hüttenkunde, 1861–1866, Physik und Chemie
5. Julius Ritter von Hauer, 1866–1898, Berg- und Hüttenmaschinenbaukunde und Encyklopädie der Baukunde
6. Franz Kupelwieser, 1866–1899, Eisen-, Metall- und Sudhüttenkunde
7. Franz Rochelt, 1873–1898, Bergbaukunde, Markscheidekunde und Aufbereitungslehre
8. Rudolf Schöffel, 1873–1875, Chemie und Physik, 1876–1908, Chemie
9. Rudolf Helmhacker, 1875–1880, Mineralogie, Geologie und Paläontologie
10. Rupert Böck, 1875–1887, Technische Mechanik und allgemeine Maschinenkunde
11. Franz Lorber, 1875–1893, Darstellende und praktische Geometrie
12. Engelbert Kobald, 1876–1919, Höhere Mathematik und Physik
13. Hans Höfer von Heimhalt, 1881–1910, Mineralogie, Geologie, Paläontologie und Lagerstättenlehre
14. Victor Rauscher, 1888–1888, Technische Mechanik und allgemeine Maschinenbaukunde
15. Anton Bauer, 1889–1926, Technische Mechanik und allgemeine Maschinenkunde
16. Adolf Klingatsch, 1895–1899, Darstellende und praktische Geometrie
17. Victor Waltl, 1898–1927, Bergbaukunde, Markscheidekunde und Aufbereitungslehre
18. Karl Habermann, 1899–1909, Berg- und Hüttenmaschinenbaukunde und Encyklopädie der Baukunde
19. Eduard Dolezal, 1900–1905, Darstellende und praktische Geometrie
20. Josef Gängl von Ehrenwerth, 1900–1914, Eisen-, Metall- und Sudhüttenkunde
21. Wolfgang Wendelin, 1903–1933, Technische Mechanik und Elektrotechnik
22. Rudolf Jeller, 1904–1931, Allgemeine und Analytische Chemie
23. Otto Seyller, 1904–1933, Darstellende Geometrie und Baukunde
24. Franz Schraml, 1907–1946, Allgemeine Metall- und Sudhüttenkunde
25. Florian Lederer, 1908–1909, Geodäsie und Markscheidekunde
26. Karl Redlich, 1909–1912, Mineralogie, Petrographie, Geologie und Paläontologie
27. Franz Peter, 1910–1939, Berg- und Hüttenmaschinenbaukunde
28. Bartel Granigg, 1911–1934, Mineralogie und Gesteinskunde
29. Franz Aubell, 1911–1949, Geodäsie und Markscheidekunde
30. Karl Brisker, 1917–1920, Eisenhüttenkunde
31. Wilhelm Petrascheck, 1918–1949, Geologie, Paläontologie und Lagerstättenlehre
32. Hans Fleißner, 1919–1927, Angewandte und Physikalische Chemie
33. Alois Walter, 1921–1927, Mathematik
34. Othmar Keil-Eichenthurn, 1921–1932, Eisenhüttenkunde
35. Heinrich Brell, 1921–1927, Angewandte und Physik, 1927–1934, Mathematik und Physik
36. Walter Schmidt, 1923–1927, Geologie
37. Josef Pirkl, 1928–1934, Allgemeine Maschinenbaukunde und Technische Mechanik II
38. Josef Fuglewicz, 1928–1946, Bergbaukunde

| | | |
|---|---|---|
| 39 | Rudolf Posselt, 1928–1957, Allgemeine und Bergmaschinenkunde |
| 40 | Robert Müller, 1929–1940, Angewandte Chemie |
| 41 | Ernst Bierbrauer, 1930–1945 und 1950–1967, Aufbereitung und Veredelung |
| 42 | Hugo Scheuble, 1932–1952, Elektrotechnik und Geophysik |
| 43 | Richard Walzel, 1933–1957, Eisenhüttenkunde |
| 44 | Otmar Friedrich, 1939–1973, Mineralogie und Gesteinskunde |
| 45 | Wilhelm Effenberger, 1939–1946, Technische Mechanik und Baukunde |
| 46 | Friedrich Trey, 1940–1959, Physik |
| 47 | Roland Mitsche, 1941–1973, Metallkunde und Werkstoffprüfung |
| 48 | Viktor Skutl, 1941–1945, Volks- und Bergwirtschaftslehre |
| 49 | Franz Platzer, 1942–1960, Walzwerks- und Hüttenmaschinenkunde |
| 50 | Erich Schwarz-Bergkampf, 1944–1975, Physikalische Chemie |
| 51 | Hans Zechner, 1946–1951, Bergbaukunde |
| 52 | Hugo Apfelbeck, 1947–1957, Bergbaukunde |
| 53 | Alois Koch, 1948–1971, Mathematik und Darstellende Geometrie |
| 54 | Gottfried Prikel, 1949–1961, Erdölkunde |
| 55 | Friedrich Schuster, 1950–1952, Feuerungskunde |
| 56 | Walter E. Petrascheck, 1950–1976, Geologie und Lagerstättenlehre |
| 57 | Franz Czedik-Eysenberg, 1952–1959, Wärmetechnik und Metallhüttenkunde |
| 58 | Friedrich Perz, 1952–1962, Feldmeß- und Markscheidekunde |
| 59 | Kurt Seidl, 1952–1975, Elektrotechnik |
| 60 | Karl Trutnovksy, 1956–1971, Allgemeine Mechanik und Maschinenelemente |
| 61 | Karl Zeppelzauer, 1957–1972, Gießereikunde |
| 62 | Kurt Bauer, 1957–1967, Bergmaschinenkunde |
| 63 | Herbert Trenkler, 1958–1977, Eisenhüttenkunde |
| 64 | Erich Reichel, 1958–1965, Allgemeine und Analytische Chemie |
| 65 | Günter B. Fettweis, seit 1959, Bergbaukunde |
| 66 | Arno W. Reitz, 1959–1977, Physik |
| 67 | Max B. Ussar, 1962–1983, Wärmetechnik und Metallhüttenkunde |
| 68 | Manfred Lorbach, 1962–1988, Tiefbohr- und Erdölkunde |
| 69 | Albert F. Oberhofer, seit 1963, Wirtschafts- und Betriebslehre |
| 70 | Heinrich Horninger, 1963–1978, Angewandte Geometrie |
| 71 | Herbert Spickernagel, 1963–1982, Markscheide- und Bergschadenkunde |
| 72 | Hans Günther Müller, 1964–1968, Verformungskunde und Hüttenmaschinen |
| 73 | Felix Hermann, 1964–1977, Prospektion, Lagerstättenerschließung und Mineralwirtschaft |
| 74 | Franz Weber, seit 1964, Geophysik und Angewandte Erdölgeologie |
| 75 | Friedrich Jaburek, 1964–1976, Mechanik |
| 76 | Felix Trojer, 1966–1983, Gesteinshüttenkunde und feuerfeste Baustoffe |
| 77 | Herbert Zitter, seit 1967, Allgemeine und Analytische Chemie |
| 78 | Hans J. Steiner, seit 1968, Aufbereitung und Veredlung |
| 79 | Roland Schuh, 1969–1977, Technologie und Hüttenkunde der Nichteisenmetalle |
| 80 | Werner Schwenzfeier, seit 1970, Verformungskunde und Hüttenmaschinen |
| 81 | Johann Koppelmann, 1971–1988, Chemische und Physikalische Technologie der Kunststoffe |
| 82 | Hein-Peter Stüwe, seit 1971, Metallphysik |
| 83 | Klaus J. Grimmer, seit 1971, Fördertechnik und Konstruktionslehre |
| 84 | Franz J. Schnitzer, seit 1971, Mathematik und Mathematische Statistik |
| 85 | Werner Knappe, 1972–1984, Kunststofftechnik |

| | | |
|---|---|---|
| 86 | Wolfgang Aggermann-Bellenberg, seit 1973, Hüttenmaschinen |
| 87 | Georg Haditsch, seit 1973, Allgemeine und angewandte Mineralogie und Lagerstättenlehre |
| 88 | Franz Jeglitsch, 1973–1980, Metallkundliche Metallographie, 1980–1982, Technologie und Hüttenkunde der Nichteisenmetalle, seit 1982, Metallkunde und Werkstoffprüfung |
| 89 | Karl Maurer, seit 1973, Metallkundliche Werkstoffprüfung |
| 90 | Walter Siegl, 1973–1977, Mineralogie und Lagerstättenlehre |
| 91 | Gerhard Faninger, 1973–1976, Angewandte Röntgenkunde |
| 92 | Wilfried Imrich, seit 1973, Angewandte Mathematik |
| 93 | Hermann Fleckseder, 1973–1976, Allgemeiner Maschinenbau |
| 94 | Josef Czikel, 1973–1984, Gießereikunde |
| 95 | Eugen F. Stumpfl, seit 1974, Mineralogie und Gesteinskunde |
| 96 | Georg Feder, 1974–1983, Stollen-, Schacht- und Tunnelbau |
| 97 | Erich Lechner, seit 1974, Bergbaukunde |
| 98 | Christian God, 1974–1988, Industrieofenbau, seit 1988, Wärmetechnik, Industrieofenbau und Energiewirtschaft |
| 99 | Hellmut Fischmeister, 1975–1981, Metallkunde und Werkstoffprüfung |
| 100 | Alfred Gahleitner, seit 1975, Elektrotechnik |
| 101 | Heinz Gamsjäger, seit 1975, Physikalische Chemie |
| 102 | Friedwin Sturm, seit 1976, Angewandte Physik |
| 103 | Herwig Holzer, seit 1976, Geologie und Lagerstättenlehre |
| 104 | Heinz W. Bargmann, 1977–1981, Mechanik |
| 105 | Zoltan Heinemann, seit 1977, Lagerstättenphysik |
| 106 | Klaus Lederer, seit 1977, Makromolekulare Chemie |
| 107 | Gundolf Rajakovics, seit 1977, Allgemeiner Maschinenbau |
| 108 | Walter Schmidt, 1977–1989, Prospektion, Lagerstättenerschließung und Mineralwirtschaft |
| 109 | Günther Bauer, seit 1979, Physik |
| 110 | Hellmuth Stachel, 1979–1980, Angewandte Geometrie |
| 111 | Herbert Hiebler, seit 1979, Eisenhüttenkunde |
| 112 | Walter Pohl, 1980–1984, Lagerstättengeologie |
| 113 | Hermann Mauritsch, seit 1980, Angewandte Geophysik und Paläomagnetik |
| 114 | Jürgen Wolfbauer, seit 1980, Unternehmensführung und Industriebetriebslehre |
| 115 | Hans Sachs, seit 1982, Angewandte Geometrie |
| 116 | Eduard Czubik, seit 1983, Markscheide- und Bergschadenkunde |
| 117 | Franz D. Fischer, seit 1983, Mechanik |
| 118 | Peter Paschen, seit 1984, Technologie und Hüttenkunde der Nichteisenmetalle |
| 119 | Johann Golser, seit 1984, Konstruktiver Tiefbau |
| 120 | Walter Zednicek, seit 1984, Gesteinshüttenkunde und feuerfeste Baustoffe |
| 121 | Heiko Pacyna, seit 1985, Gießereikunde |
| 122 | Fritz Ebner, seit 1986, Geologie und Lagerstättenkunde |
| 123 | Günter R. Langecker, seit 1989, Kunststoffverarbeitung |
| 124 | Michael J. Economides, seit 1989, Tiefbohrtechnik und Erdölgewinnung |

Wärmetechnik im gesamten Hüttenwesen nahm laufend zu. Franz Schraml widmete sich in Forschung und Lehre der Feuerungstechnik und studierte die Verbrennungstemperaturen und Strömungsgeschwindigkeiten. Roland Mitsche entwickelte die Metallkunde und Werkstoffprüfung. Franz Platzer führte die Lehrkanzel für Hüttenmaschinen und Walzwerkskunde zu besonderen Erfolgen. Die Maschinenkunde war schon früh ein besonderes Fachgebiet der Montanistischen Hochschule. Na-

Bild 1: Wilhelm Petrascheck und Walther Emil Petrascheck in Leoben 1955.

Lehre der einzelnen Institute. Ebenso nahm die Studentenschaft auch schon damals mitgestaltenden Anteil an der Lehre.

Mit dem Inkrafttreten des Universitätsorganisationsgesetzes 1975 wurde die Tätigkeit an den österreichischen Universitäten zunehmend formalisiert. Aus der Lehrkanzel entstand das Institut mit der Institutskonferenz als zusätzlichem Kontroll- und Leitungsorgan, aus der „Ordinarien-Universität" wurde die „Gruppen-Universität" mit den Kurien der Professoren, der Assistenten, der Studenten und des nichtwissenschaftlichen Personals. Seit damals gibt es an der Montanuniversität eine „Kurie der Professoren".

Diese Organisationseinheiten müssen in einer Matrixorganisation wirken. Ihr Ziel ist es, an der Universität Forschung und Lehre zu betreiben. Forschung ist in den meisten Fällen eine Arbeit an den einzelnen Instituten. Lehre wird durch Zusammenwirken von Instituten und Personen aus allen Kurien gestaltet. So entsteht eine dreidimensionale Matrixorganisation (Bild 3).

Aus Theorie und Praxis der Führung von Unternehmen und Betrieben ist bekannt, daß eine Matrixorganisation erst mit deren Formalisierung kompliziert und in den meisten Fällen unflexibel wird. Dies gilt auch für die Universitäten. So war es erforderlich,

men wie Anton Bauer oder Rudolf Posselt erinnern an wichtige Aufbauphasen dieses Institutes. Das Wirken von Anton Bauer bleibt durch die vielen von Generation zu Generation überlieferten Anekdoten in lebendiger Erinnerung. Rudolf Schöffel arbeitete als erster Chemieprofessor an Chrom-, Wolfram- und Mangan-Bestimmungen und führte die Elektrolyse als Analysenmethode an der damaligen Bergakademie ein. Das Forschungsgebiet seines Schülers und Nachfolgers Rudolf Jeller war insbesondere die Gasanalyse. Hans Fleißner, Professor für angewandte Chemie, führte den physikalisch-chemischen Unterricht ein und entwickelte durch Anwendung physikalisch-chemischer Prinzipien auf die montanistische Praxis unter anderem ein Kohletrocknungsverfahren, das noch heute eingesetzt und gebaut wird.

Bis in die 70er Jahre war das „Professorenkollegium" das alleinige zielgebende Gremium für die Montanistische Hochschule. Dies trifft zumindest für die Formalorganisation zu. Selbstverständlich hatte die Assistentenschaft wie in jeder blühenden Hohen Schule Anteil an den Erfolgen in Forschung und

Bild 2: Drei Generationen von Bergbaukundeprofessoren, bei einer Zusammenkunft in Leoben anläßlich des 70. Geburtstages von Prof. Apfelbeck am 18. März 1959.
Von links nach rechts: Josef Fuglewicz, Hugo Apfelbeck, Günter B. Fettweis.

**"3- dimensionale Matrixorganisation"**

**Ziele des Institutes**
Σ Professoren
Assistenten
Mitarbeiter
**(Institutskonferenz)**

**Ziele der Studienrichtungen (Studienkommissionen)**

**Ziele der Kurien**
- Professoren
- Assistenten
- Studenten
**(Universitätskollegium)**

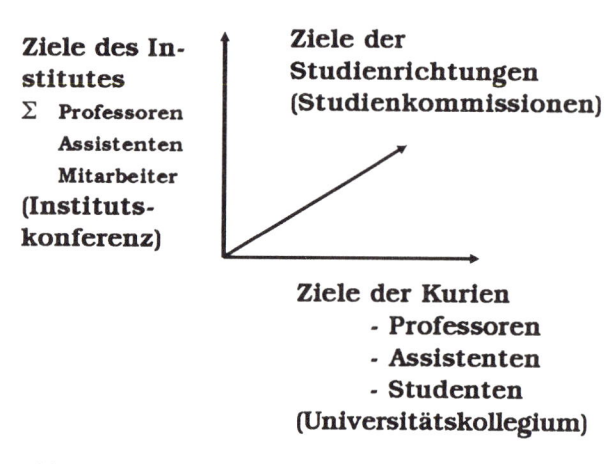

Bild 3: Formale Organisation an der Universität.

mit dem neuen Organisationsgesetz ein Gremium zu schaffen, das einmal die Interessen der Professorenschaft der Montanuniversität vertritt und zum anderen die Ziele der Montanuniversität in Forschung und Lehre vorberät und vorplant, um die Arbeit in den Gremien zu erleichtern. Dazu wurde auf den „Professorenverband" zurückgegriffen, der mit der Einführung des neuen Organisationsgesetzes zunehmende Bedeutung bekam.

Der Professorenverband der Montanuniversität hat eine 100%ige Organisationsdichte; alle Mitglieder der Kurie gehören auch dem Verband an. Damit ist es in Leoben gelungen, die Tradition des „Professorenkollegiums" im „Professorenverband" weiter zu führen. Die Leobener Professoren sind entsprechend ihrer Qualifikation dazu berufen, als Führungskräfte Forschung und Lehre nach Maßgabe der

Bild 4: Professorenkollegium im Studienjahr 1963/64.
Von links nach rechts: vordere Reihe: Petrascheck, Reichel, Bauer, Trenkler, Bierbrauer, Mitsche, Friedrich; rückwärtige Reihe: Pontoni, Oberhofer, Lorbach, Reitz, Fettweis, Koch, Seidl, Müller, Horninger, Trutnovsky, Zeppelzauer.

FOTOHAUS PFOHL Leoben.

Bild 5: Die Professoren der Montanuniversität im Studienjahr 1975/76.
Von links nach rechts: erste Reihe: Horninger, Hermann, Petrascheck, Reitz, Oberhofer, Lorbach, Jaburek, Trenkler, Trojer; zweite Reihe: God, Spickernagel, Siegl, Stüwe, Feder, Plöckinger, Czikel, Fettweis, Ussar, Maurer, Fischmeister, Flexeder, Knappe, Koppelmann, Weber; dritte Reihe: Imrich, Grimmer, Schuh, Lechner, Steiner, Jeglitsch, Gahleitner, Schwenzfeier, Sturm.

FOTO RADERBAUER Leoben.

zur Verfügung stehenden Mittel zu organisieren. Sie haben die Aufgabe, an Lehre und Forschung so mitzuwirken, daß Güte und Menge der erzielten Ergebnisse sowie die Ausbildung der Studierenden den internationalen Standard erreichen, halten und nach Möglichkeit übertreffen. Insbesondere ist der Professorenverband bestrebt, die universitären Entscheidungsprozesse weitestgehend im autonomen Bereich der Montanuniversität zu behalten und unter bestmöglichem Konsens aller beteiligten oder betroffenen Kurien abzuwickeln. Da die Professoren im allgemeinen die größte Verweilzeit an der Universität haben, ist eine kontinuierliche, erfolgreiche Entwicklung nur möglich, wenn sie sich mit ihrer „Alma mater", wie im bisherigen Lauf der Geschichte, persönlich identifizieren.

Dem „Rector Magnificus" von Leoben erwachsen durch seine Stellung als Repräsentant der Universität in der Öffentlichkeit aber auch in seiner Funktion gleichsam als Dekan, da ja die Universität nicht in Fakultäten gegliedert ist, zusätzliche Aufgaben. Ein Beraterkreis, der aus dem Prorektor und dem Vorstand des Professorenverbandes besteht, steht ihm in seit vielen Jahren bewährter Weise und kollegialer Verbundenheit zur Seite. Gesamtösterreichisch vertritt der Universitätsprofessorenverband (UPV) ganz ähnliche Ziele, und es ist kein Zufall, daß seit langem Leobener Kollegen im Präsidium dieser einzigen Standesvertretung der Professoren aktiv mitwirken.

Bild 6: Die Professoren der Montanuniversität im Studienjahr 1989/90.
Von links nach rechts: erste Reihe: Zitter, Holzer, Oberhofer, Grimmer, Jeglitsch, Fettweis, Weber, Steiner, Schwenzfeier; zweite Reihe: Mauritsch, Rajakovics, Economides, Heinemann, Czubik, Schnitzer, Imrich, Gahleitner, Stumpfl, Stüwe; dritte Reihe: Sturm, Pacyna, Maurer, Gamsjäger, Hiebler, God, Aggermann, Golser, Sachs; vierte Reihe: Haditsch, Langecker, Lechner, Bauer, Wolfbauer, Paschen, Lederer, Zednicek, Fischer, Ebner.
FOTO FREISINGER Leoben.

# Der akademische Mittelbau

Bernhard KALTEIS und Felix HRUSCHKA

Die Zuordnung bestimmter Gruppen von Universitätsangehörigen zum akademischen Mittelbau wird durch Gesetze geregelt. In allen Fällen ist die Vollendung eines Hochschulstudiums vorgeschrieben. Jede dieser Gruppen hat ganz spezielle Aufgaben, Probleme sowie Problemansichten. Darüberhinaus bestehen individuell verschiedene Zielsetzungen. Zur Wahrung der Interessen aller Mittelbauangehörigen sind diese im „Assistentenverband" organisiert. Eine grobe Gliederung zeigt eine Vierteilung in:

➤ Assistenzprofessoren
➤ Assistenten (Universitäts- bzw. Vertragsassistenten)
➤ Lektoren (Bundeslehrer bzw. Lehrbeauftragte)
➤ Beamte des wissenschaftlichen Dienstes

In diesem Beitrag soll dementsprechend eine möglichst allgemeine Darstellung des Mittelbaus erfolgen.

Angesichts der unterschiedlichen Einschätzung und Bewertung dieser Berufsgruppe sowohl innerhalb als auch insbesondere außerhalb unserer Hohen Schulen drängt sich folgende Frage auf:

*„Der akademische Mittelbau – das unbekannte Wesen?"*

Von „angehenden Professoren" über „Lehrer" bis hin zu „wissenschaftlichem Hilfspersonal" reicht die Bewertungsskala, in welche sich der Mittelbau von anderen Universitätsangehörigen, vom Dienstgeber sowie von bedeutenden Kreisen aus Politik und Wirtschaft eingestuft findet. Neben dem in der Tat äußerst heterogenen Berufsbild des akademischen Mittelbaus ist diese unterschiedliche und nicht selten abwertende Einstufung mit ein Grund für das – im Vergleich zu anderen Berufsgruppen – oft unterentwickelte Selbstbewußtsein dieser Angehörigen des öffentlichen Dienstes. Es ist zu hoffen, daß das 1988 in Kraft getretene neue Hochschullehrerdienstrecht[1] dem akademischen Mittelbau den erwarteten Nutzen durch bessere Entfaltungs- und Profilierungsmöglichkeiten – auch im Sinne einer Beseitigung dieser Probleme – bringt.

Dies wäre die Fortsetzung einer stetigen Entwicklung, welche bisher Schritt für Schritt eine Verbesserung der Lage sowohl in dienst- als auch besoldungsrechtlicher Hinsicht erbrachte. Man bedenke, daß erst ab 1875 Staatsunterstützungen gewährt wurden. Die rechtliche Definition sowie die Erfassung erfolgten erst 1897, wobei die Assistenten als Staatsbeamte von sehr niederer Kategorie eingestuft wurden. Erst nach Streikandrohung gelang es 1919, die bis dahin triste finanzielle Situation zu verbessern. Die Besoldung der Assistenten orientierte sich nun am Gehalt der Mittelschullehrer – ein bis heute erhaltener Zustand. Nachdem bereits durch Maßnahmen des Gesetzgebers das Dienstrecht verbessert wurde, wäre nun die besoldungsrechtliche Bindung an eine Berufsgruppe völlig anderer Struktur und Leistungsdichte zu überdenken. Bereits 1919 wurde von Professorenseite die schlechte Bezahlung der Assistenten beanstandet und die Ansicht vertreten, es sei schwierig, „geeignete reifere Personen anzuwerben und auch zu halten"[2].

Auch im Bereich der in Leoben gelehrten Fachgebiete werden nach wie vor fähige Mitglieder des akademischen Mittelbaus von der Industrie abgeworben. Diese Tatsache sollte den Gesetzgeber wachrütteln.

Der Studienführer der Montanuniversität für das Studienjahr 1989/90 zeigt (unter Ausklammerung der Lehrbeauftragten) folgende Personalstruktur auf[3]:

| Personengruppe | Zahl | Anteil, % |
|---|---|---|
| Assistenzprofessoren | 16 | 12,9 |
| Universitätsassistenten | 66 | 53,2 |
| Vertragsassistenten | 27 | 21,8 |
| Wissenschaftliche Beamte | 13 | 10,5 |
| Bundeslehrer | 2 | 1,6 |
| Summe | 124 | 100,0 |

Die mehr als hundert an der Montanuniversität tätigen Lehrbeauftragten sind zu einem Teil den verschiedenen oben genannten Gruppen zuzuordnen, zu einem weiteren handelt es sich um Hochschullehrer anderer Universitäten. Den Hauptteil jedoch stellen Industrieangehörige in oft leitenden Positionen, welche in bewährter Art viel Wissen aus der Praxis in den universitären Bereich einbringen.

Das Tätigkeitsprofil der Mittelbauangehörigen umfaßt die drei klassischen Bereiche „Lehre, Forschung und Verwaltung" mit folgendem grob skizzierten Inhalt.

LEHRE

- eigen- und/oder mitverantwortliche Vorbereitung und Durchführung von Lehrveranstaltungen
- Betreuung von Studierenden, Diplomanden und Dissertanten
- eigen- und/oder mitverantwortliche Prüfungstätigkeit

FORSCHUNG

- eigen- und/oder mitverantwortliche Forschungstätigkeit (Grundlagenforschung sowie Bearbeitung von Problemstellungen aus der einschlägigen Industrie)
- Weiterbildung

VERWALTUNG

- Tätigkeit in Kollegialorganen
- Mitarbeit an der Institutsverwaltung
- Organisation des Laborbetriebes
- Fachauskünfte

Im österreichweiten Durchschnitt beträgt die Wochenarbeitszeit von Mittelbauangehörigen (ausgenommen halbbeschäftigte Vertragsassistenten und Lehrbeauftragte) 50,9 Stunden bei folgender Aufgliederung:[4]

| Teilbereich | Anteil, % |
|---|---|
| Lehre | 37,3 |
| Forschung | 40,5 |
| Verwaltung | 22,2 |

Bedingt durch die Kleinheit vieler Institute an der Montanuniversität liegt der zeitliche Aufwand für Lehre und Verwaltung über dem österreichweiten Durchschnitt, sodaß Forschungsaktivitäten vermehrt außerhalb des „40-Stunden-Rahmens" zu erfolgen haben.

Einem jungen Assistenten eröffnen sich im wesentlichen zwei Möglichkeiten:

a) eine befristete Tätigkeit an der Montanuniversität mit anschließendem Wechsel in die Industrie

b) eine Universitätslaufbahn.

Der meist relativ kurze Verbleib von Assistenten an der Montanuniversität zeigt, daß eine überwiegende Mehrheit ersteres anstrebt. Gemessen am österreichweiten Durchschnitt weist die Montanuniversität Leoben den niedrigsten Anteil an Habilitierten auf.[4]

Maßgebend hiefür sind mehrere Gesichtspunkte:

a) Intensive Zusammenarbeit mit der Industrie schafft Kontakte zu attraktiven Unternehmen.

b) Erwartung eines „besseren bis weitaus besseren" Verdienstes in der Industrie.[4]

c) Erwartung eines „sozialen Statusgewinnes" nach dem Weggang von der Universität.[4]

d) Geringe Akzeptanz von Promotion und Habilitation in manchen Wirtschaftszweigen montanistischer Ausrichtung.

Auf die Entwicklungsmöglichkeiten der Mittelbauangehörigen wird sich in Zukunft das neue Hochschullehrer-Dienstrecht entscheidend auswirken. Nach dessen Bestimmungen ist ein abgeschlossenes Doktorat nunmehr nach längstens vier Dienstjahren für den Weiterverbleib an der Universität erforderlich. Der dafür notwendige Zeitaufwand lag in der Vergangenheit in den meisten Fällen höher.

Aktive und engagierte Mitarbeit des Mittelbaus ist eine der Grundvoraussetzungen für das Funktionieren einer Universität.

Eine Tätigkeit als Angehöriger des Mittelbaus bedingt ein hohes Maß an Idealismus. Dem Großteil der an der Montanuniversität tätigen Assistenten stand nach Studienabschluß meist auch eine finanziell verlockende Stellung in der Industrie zur Auswahl.

Eine Tätigkeit als Mittelbauangehöriger erfordert hohe Leistungsbereitschaft. Im Vergleich zu anderen Berufsgruppen gelten für Universitätsassistenten strenge Selektionskriterien: Das Nichterreichen der jeweils nächsten Karrierestufe hat in der Regel das Ausscheiden zur Folge.

Ein kooperatives Arbeitsklima, die Möglichkeit zu Wissensvertiefung und eigener Forschung sowie leistungsgerechte Bezahlung werden auch in Zukunft Garant dafür sein, geeigneten wissenschaftlichen Nachwuchs zu finden und qualifizierte Wissenschafter an unserer Montanuniversität halten zu können. Denn nur so wird es möglich sein, Rang und Ruf unserer „Alma mater Leobiensis" in aller Welt weiterhin gerecht zu werden.

## ANMERKUNGEN

[1] BGBL.Nr. 148/1988.
[2] Höflechner, W.: Die Baumeister des künftigen Glücks. In: Publikationen aus dem Archiv der Stadt Graz, Graz 1988: Akademische Druck- und Verlagsanstalt.
[3] Montanuniversität Leoben: Studienführer für das Studienjahr 1989/90.
[4] Lins, J. und Müller, J.: Das Berufsbild des akademischen Mittelbaus. Wien 1987: Bundeskonferenz des wissenschaftlichen und künstlerischen Personals.

Festzug im Jahr 1914 in der Straußgasse in Leoben. Foto: Corps Schacht.

# Die Österreichische Hochschülerschaft

Die Studentenvertretung ist in Österreich in Form einer Körperschaft öffentlichen Rechtes im Bundesgesetz verankert (Hochschülerschaftsgesetz 1973). Diese Form der Studentenvertretung ist durch ihre Gesetze und durch das rechtlich verankerte Mitspracherecht in Europa einzigartig. Alle Hörer an Österreichs Universitäten sind Mitglieder der Österreichischen Hochschülerschaft und sie hatte im Sommersemester 1990 rund 200.000 Mitglieder.

Strukturiert ist die Österreichische Hochschülerschaft (ÖH) in mehrere Organe. Der Zentralausschuß (ZA) mit seinem Sitz in Wien ist das oberste Gremium. Er ist mit dem Bundesparlament vergleichbar und ihm obliegt die Koordination der einzelnen Hochschülerschaften an den Universitäten, Akademien und Kunsthochschulen in finanzieller und organisatorischer Sicht. Weiters erarbeitet der Zentralausschuß Stellungnahmen zu Gesetzesentwürfen, zur Studienreform, zu Stipendienfragen usw. Zahlreiche Referate, die das Betätigungsspektrum der Studenten betreffen, runden das Programm ab.

Die Hauptausschüsse (oberste Gremien der Studenten der einzelnen Hochschülerschaften) haben weitere Schwerpunkte zu betreuen:

➢ die Führung der für die Studenten notwendigen Verwaltungseinrichtungen,
➢ die Erstellung des Budgets,
➢ die Entsendung von Studentenvertretern in die entsprechenden akademischen Behörden,
➢ die kulturelle, sportliche und wirtschaftliche Förderung,
➢ die Betreuung von Referaten, und vieles mehr.

Die Mandatare der einzelnen Hauptausschüsse werden nach dem Listenwahlrecht (studentische Fraktionen) alle zwei Jahre von allen Studenten an der jeweiligen Universität aufgrund des allgemeinen, gleichen und geheimen Verhältniswahlrechtes gewählt. Die Mandatare wählen aus ihrer Mitte einen Vorsitzenden und zwei Vertreter.

Die studentische Mitsprache umfaßt fast alle Kommissionen der Universität. Die Studienkommissionen, die Institutskonferenzen, das Universitätskollegium, die Budget- und Dienstpostenplankommission, die Personalkommission, die Habilitationskommissionen, die Berufungskommissionen und die Beschwerdekommission. In allen diesen Einrichtungen sind Studenten vertreten und haben ein aktives Mitspracherecht.

Mit einem freundlichen „Glück auf" wünschen wir unserer Montanuniversität eine erfolgreiche und gedeihliche Weiterentwicklung.

*Verfasser: Karl NEULINGER,*
*Vorsitzender der ÖH Leoben*

Fuchsenritt am 20. 11. 1921 in der Krottendorfer Straße in Leoben. Corps Erz Leoben.
FOTO KRALL Leoben.

# Die Verwaltung der Universität

Adalbert NEUBURG

Die Universitätsdirektion ist zur Besorgung der zentralen Verwaltung der Universität errichtet (§ 78 UOG). Diese zentrale Verwaltung hat der Forschung und Lehre zu dienen, d.h., sie muß die betrieblichen Voraussetzungen und Rahmenbedingungen dazu kontinuierlich sichern. Die wichtigsten Funktionen in dieser Hinsicht sollen kurz erwähnt werden.

Der Universitätsdirektion obliegt insbesondere die Besorgung der ihr vom Bundesministerium für Wissenschaft und Forschung übertragenen Personalangelegenheiten. Diese Tätigkeit im Rahmen der Personalabteilung begleitet die ganze Karriere eines Universitätslehrers, und jedes Mitarbeiters an der Universität, von der Aufnahme bzw. Ernennung bis zum Ausscheiden.

Ähnlich hiezu die Tätigkeit der Studien- und Prüfungsabteilung. Sie führt die Aufnahme des Hörers durch und registriert seine Prüfungen und sein ganzes Studium, wobei sie eine intensive und breite Beratungstätigkeit über das Studium ausübt. Von der Aufnahmebestätigung bis zur Erstellung von Diplomprüfungszeugnissen wird alles hier erarbeitet und ausgestellt.

Ein weiterer Bereich umfaßt die materielle Verwaltung:

Die Wirtschaftsabteilung und die Abteilung für Gebäude und Technik nehmen die Aufgabe der Verwaltung von Universitätsgebäuden und Grundstücken wahr; eine besondere Aufgabe dieser Abteilung ist die Hilfeleistung bei Kongressen und sonstigen wissenschaftlichen Veranstaltungen, für die die einzelnen Institute und wissenschaftliche Vereine zeichnen.

Die Anschaffung, Evidenthaltung und Instandhaltung von Inventargütern, wie z.B. Mobilar, Büromaschinen sowie alles, was die Beleuchtung, Belüftung und Sauberhaltung überhaupt erfordert, wird von diesen Abteilungen wahrgenommen. Mit der Sorgfalt eines Kaufmannes müssen die Preise, die einschlägigen Sortiments, d.h., die ganze Marktlage beobachtet werden.

Die „Buchhaltung der Universität" ist die Quästur, die eine besondere Stelle an der Universität einnimmt. Ursprünglich hat diese Stelle nur die Zahlungsgeschäfte der Universität erledigt, aber durch die Abgabe verschiedener Funktionen von der Zentrale an die Universität, wie z.B. die Besoldung, ist die Quästur über den ursprünglichen Rahmen gewachsen. Durch die Einführung einer Phasen-Buchhaltung sind alle Zahlungsgeschäfte und Zahlungstermine überschaubar geworden. Eine finanzielle Planung an der Universität (Budget- und Dienstpostenplankommission) wurde eingeführt, und die Quästur übt in dieser Hinsicht und bei allen anderen Funktionen, die an der Universität wahrgenommen werden, eine begleitende und kontrollierende Funktion auf finanzieller Ebene aus. Die Quästur verwaltet sowohl die Budgetmittel als auch die Einnahmen von dritter Stelle.

Wie auf allen Gebieten, so auch in der Universitätsverwaltung, werden moderne Textverarbeitungsgeräte und Computer eingesetzt. Um diese Rationalisierung durchzuführen und darüber hinaus zu einem modernen Informations- und Verwaltungssystem zu gelangen, wurde die Abteilung für Datenverarbeitung errichtet, die zusammen mit anderen Abteilungen im steirisch-kärntnerischen Raum für die Hohen Schulen gemeinsame und einheitliche Modelle erarbeitet.

Weitere Aufgabengebiete betreffen die Verwaltungstätigkeit für die akademischen Behörden, von Rechtsberatung und Bescheidausfertigung bis zur Evidenthaltung von Unterlagen.

# UNIVERSITÄTSDIREKTION

```
                    ┌─────────────────────┐
                    │ UNIVERSITÄTSDIREKTOR│
                    └──────────┬──────────┘
                               │
  ┌──────────────┐             │
  │ SEKRETARIAT  ├─────────────┤
  └──────────────┘             │
                               │     ┌──────────────┐
                               ├─────│   QUÄSTUR    │
                               │     └──────────────┘
  ┌──────────────────────┐     │
  │ ORGANISATIONSREFERAT ├─────┤
  └──────────────────────┘     │
                               │
  ┌──────────────────┐         │
  │ AUSLÄNDERREFERAT ├─────────┤
  └──────────────────┘         │
```

| WIRTSCHAFTSABTEILUNG | PERSONALABTEILUNG | STUDIEN- und PRÜFUNGSABTEILUNG | ADV – ABTEILUNG |
| ABTEILUNG für GEBÄUDE und TECHNIK | | | |

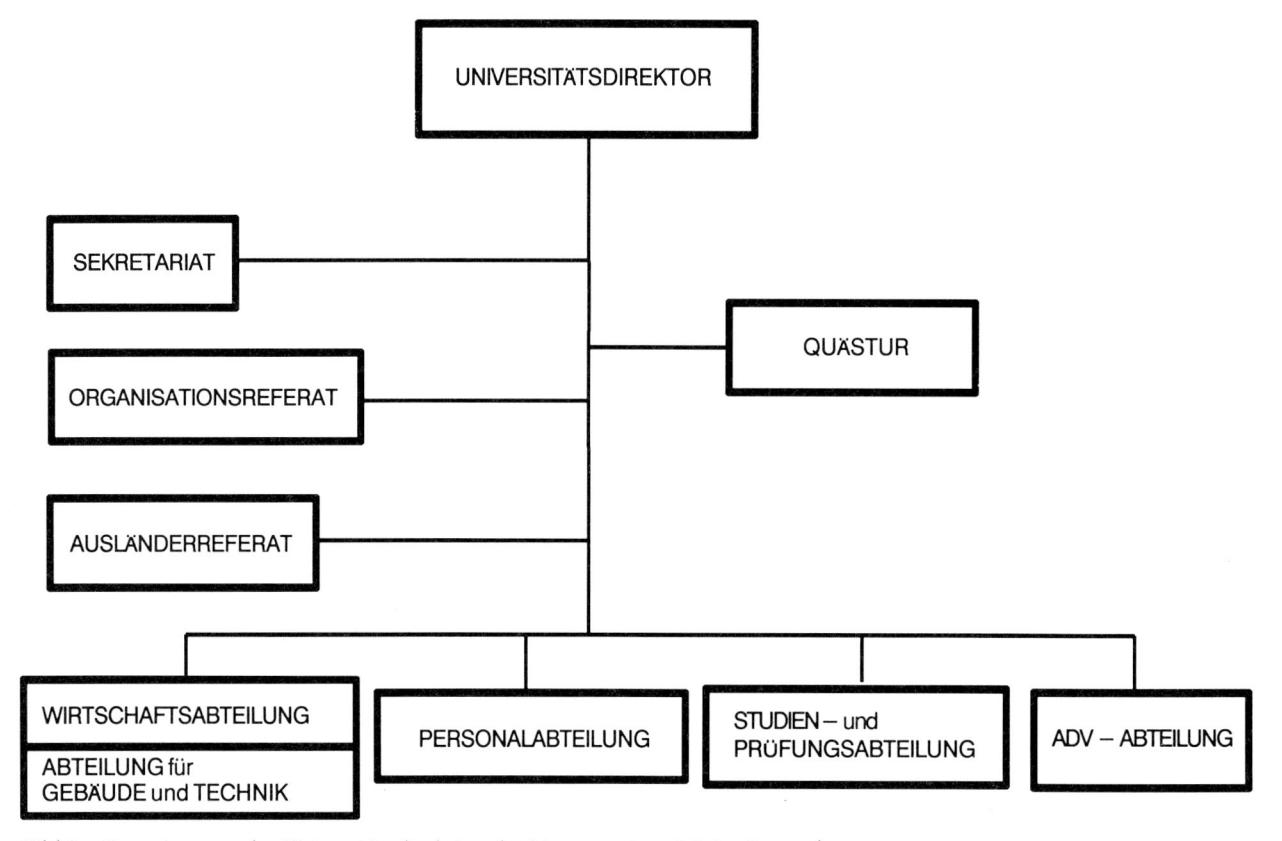

Bild 1: Organigramm der Universitätsdirektion der Montanuniversität Leoben.

Dies sind Hilfeleistungen für den Rektor und für die obersten Behörden der Universität. Es ist ein sehr weites Gebiet, das die Beziehungen von Behörden und anderen Universitäten bis zu Beziehungen über die Grenzen hinaus umfaßt. In diesem Bereich sind vor allem die Referate und das Sekretariat, zusätzlich je nach Bedarf noch verschiedene Abteilungen, tätig.

Zusammenfassend über die Universitätsverwaltung ist auf das Doppelwesen der Universität hinzuweisen. Einerseits ist es ein leitender Grundsatz der Universität, daß sie aus dem Zusammenwirken von Lehrenden und Lernenden besteht, andererseits ist sie eine Einrichtung des Bundes.

Die eine Ebene bedeutet die Autonomie im Rahmen der Gesetze, die andere Ebene ist die staatliche Verwaltung auf der Grundlage der Legalität.

Die Verwaltung der Universität ist ein Teil der staatlichen Verwaltung, auch wenn sie Aufgaben im autonomen Bereich wahrnimmt, d.h., sie hat auf der Grundlage der Rechtsnormen tätig zu sein. Diese Tätigkeit wird allerdings schwierig wegen der ständigen Erneuerung durch die Forschung und durch die Lehre, die neue Anforderungen stellen und neue Verhältnisse schaffen.

Die Universitätsverwaltung agiert im Spannungsfeld von Legalität und Realität.

**PERSONAL**

Universitätsdirektor:
Dr.iur. Dr.rer.pol. Adalbert NEUBURG, Oberrat

**Sekretariat:**

Leitung und Ausländerreferat:
Anneliese KÜGLER-EPPICH, Amtssekretär

Johanna BACHER, Vertragsbedienstete
Sabine FLUCH, Vertragsbedienstete
Dagmar HOLZAPFEL, Vertragsbedienstete
Ingrid KARPF, Vertragsbedienstete
Ute SCHABBAUER, Vertragsbedienstete

**Organisationsreferat:**

Erich STROHHÄUSSL, Amtssekretär

**Studien- und Prüfungsabteilung:**

Leitung:
Walter VEITSCHEGGER, Amtssekretär

Gerhild BEIERHOFER, Revident
Monika MILCHBERGER, Vertragsbedienstete
Helga WEIXL, Vertragsbedienstete

**Personalabteilung:**

Leitung: Silvia PEIKLER, Oberrevident

Renate GOLDBACHER, Vertragsbedienstete
Alfred PRADE, Vertragsbediensteter
Sonja REICHENFELSER, Vertragsbedienstete
Ingrid SCHUME, Vertragsbedienstete

**ADV-Abteilung:**

Leitung: Jürgen KOLB, Amtsrat

Harald KNAFL, Vertragsbediensteter

**Wirtschaftsabteilung und Abteilung für Gebäude und Technik:**

Leitung: Ing. Siegfried STUMMER, Amtsrat

Inventar- und Materialverwaltung, Rechnungsdienst:

Horst HOPF, Fachinspektor
Adolf POLIC, Vertragsbediensteter
Ute SCHABBAUER, Vertragsbedienstete

Gebäudeverwaltung:

Franz KESSELBACHER, Fachinspektor (Stellvertreter des Leiters)
Manfred SCHARF, Oberoffizial
Irma BINDER, Vertragsbedienstete
Friedrich BAUMGARTNER, Vertragsbediensteter
Manfred BUCHGRABER, Vertragsbediensteter
Horst ERSL, Vertragsbediensteter
Karl-Heinz HOFMEISTER, Vertragsbediensteter
Valentin KLEMENCIC, Vertragsbediensteter
Karl PIRSCH, Vertragsbediensteter
Adolf PLOSNIK, Vertragsbediensteter
Werner RABITSCH, Vertragsbediensteter
Brigitte HOLLINGER, Vertragsbedienstete
Gerlinde GRUBER, Vertragsbedienstete
Angela RUMPOLD, Vertragsbedienstete
Maria SCHÖLLENBAUER, Vertragsbedienstete
Ernestine TAURER, Vertragsbedienstete
Helga WINKLMAYR, Vertragsbedienstete
Christine RETSCHNIK, Vertragsbedienstete
Herta KRAMREITER, Vertragsbedienstete

**Quästur:**

Leitung: Ilse STRANZINGER, Amtsrat

Prüfungs- und Verrechnungsstelle:

Elisabeth HÖDL, Vertragsbedienstete
Sylvia SCHWEIGER, Vertragsbedienstete
Jürgen EDLINGER, Vertragsbediensteter

Zahlungs- und Übertragungsstelle:

Gudrun RABL, Vertragsbedienstete
Sabine HIEDEN, Vertragsbedienstete
Peter FELBINGER, Vertragsbediensteter

Besoldungsstelle:

Elisabeth KASKA, Vertragsbedienstete

Stiegenaufgang im Hauptgebäude der Montanuniversität.  FOTO RADERBAUER Leoben.

# Statistische Daten

Friedwin STURM

Wer glaubt, daß es im Zeitalter des Computers und der EDV-Inskription spielend leicht ist, Daten wie etwa die Gesamthörerzahl oder die Verteilung der Studenten auf die einzelnen Studienrichtungen einfach „mit Knopfdruck" zu erhalten, der hat einen solchen Versuch noch nicht unternommen. Aus unerfindlichen Gründen werden in den amtlichen Statistiken z.B. in der Rubrik „unterbrochene Studien" auch Hörer mitgezählt, die bereits seit zwei und drei Semestern nicht inskribiert haben. Eine genaue Erhebung der Anzahl der Studenten in den einzelnen Studienrichtungen ist nicht möglich, da die Studenten willkürlich nebeneinander mehrere Studienrichtungen inskribieren, ohne sich deklarieren zu müssen, welches Studium sie tatsächlich betreiben. Mit Ausnahme des klassischen Doppelstudiums ‚Bergwesen' und ‚Markscheidewesen' kommt es jedoch nur äußerst selten vor, daß in mehr als einer Studienrichtung gleichzeitig „studiert" wird. Ein Hauptargument der Studenten für die Mehrfachinskriptionen ist der für eine Ferialarbeit oftmals erforderliche Nachweis der Inskription eines „einschlägigen" Studiums. Auf Grund dieser Inskriptionspraxis gibt es im Wintersemester 1989/90 bei insgesamt 1915 inskribierten ordentlichen Hörern 2112 Inskriptionen für ordentliche Studien und daher rund 10% mehr Einschreibungen für Studienrichtungen als Hörer. Die einzelnen Angaben über Studentenzahlen in dieser Festschrift sind daher oft ungenau und teilweise nur näherungsweise miteinander zu vergleichen. Eine Aufteilung nach Studienrichtungen ist derzeit nur nach der Zahl der Doppel- und Mehrfach-Inskriptionen möglich. Nicht genug damit, werden auch noch jene Inskriptionen von Studienrichtungen als ‚unterbrochene Studien' mitgezählt, die Hörer, die gar nicht mehr inskribieren, in früheren Semestern inskribiert haben. Mit diesen ‚unterbrochenen Studien' ergeben sich 2474 Inskriptionen für Studienrichtungen, die in der amtlichen Statistik „rechts außen" aufscheinen.

Vor der Einführung der EDV-Inskription wurden in der Quästur bei allen Inskriptionen „Stricherllisten" geführt, mit denen am Ende der Inskriptionsfrist alle Daten eindeutig bekannt waren, auch welche Lehrveranstaltung ein Hörer inskribiert hat. Nach Einführung der EDV und nunmehr auch der Pauschal-Inskription der Studenten (der Fachausdruck dafür heißt ‚studienrichtungsbezogene Inskription') ist eine eindeutige Zuordnung eines Hörers zu einer Studienrichtung nicht mehr möglich, aber es ist auch nicht mehr bekannt, welche Lehrveranstaltungen ein Hörer besucht. Von der Ab- und Antestur im Meldebuch, die der Student etwa noch vor 25 Jahren selbst einholen mußte, und der Abgabe des Meldezettels am Beginn einer Lehrveranstaltung haben sich die Arbeiten so weit verkehrt, daß nunmehr der Lehrbeauftragte und der Professor selbst die Teilnehmerliste schreiben müssen, um der Quästur den Besuch der Lehrveranstaltung nachzuweisen (seit dem Sommersemester 1989).

## ENTWICKLUNG DER HÖRERZAHLEN

Bild 1 zeigt die Entwicklung der Gesamthörerzahl vom Studienjahr 1840/41 bis zum Studienjahr 1989/90. Nach den überkommenen Hörerlisten wurden in der Zeit der steiermärkisch ständischen Montanlehranstalt und der k.k. Bergakademie die ordentlichen und außerordentlichen Hörer (manchmal auch zusammen mit der geringen Zahl von Gästen) gemeinsam gezählt. Die Zahlen in den letzten Jahrzehnten entsprechen der Anzahl der inskribierten o r d e n t l i c h e n Hörer, wobei die Daten meist aus dem jeweiligen Wintersemester stammen.

## GESAMTHÖRERZAHL von 1840 bis 1989

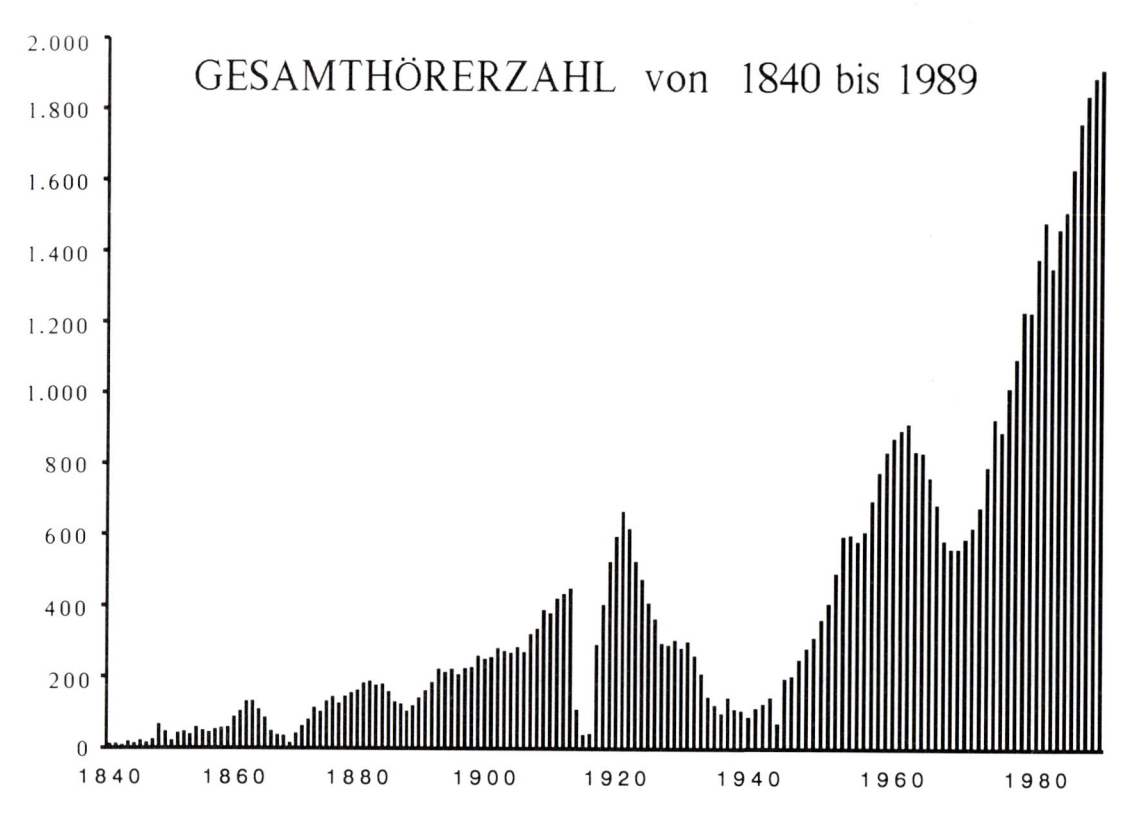

Bild 1: Gesamthörerzahl von 1840 bis 1989 (seit 1945: Zahl der ordentlichen inskribierten Hörer, in früheren Zeiten: meist ordentliche und außerordentliche Hörer).

So wie früher werden auch heute die ordentlichen Hörer durch die ‚Immatrikulation' in den Verband der Universität aufgenommen (Bild 2).

Unabhängig von der unterschiedlichen Zählmethode sind in Bild 1 deutlich die Höhen und Tiefen der Gesamthörerzahl an der Montanuniversität abzulesen. Beginnend mit 12 Hörern (9 ordentliche Hörer und 3 außerordentliche Hörer) stieg die Hörerzahl bis 1863/64 auf 133 Hörer an. Die Auflassung des Vorbereitungskurses im Jahre 1866 hat dazu geführt, daß die Hörerzahl bis zum Jahr 1869/70 rapid abgenommen hat. F. Kupelwieser führt dies in der Festschrift aus dem Jahre 1890 auch darauf zurück, „daß das Leben in Leoben ungleich theurer ist als in Pribram und Schemnitz". Nach der Wiedereröffnung des provisorischen Vorkurses im Studienjahr 1870/71 stieg die Hörerzahl wieder an.

Die stärksten Einbrüche in den Hörerzahlen ergaben sich während des Ersten Weltkrieges und im

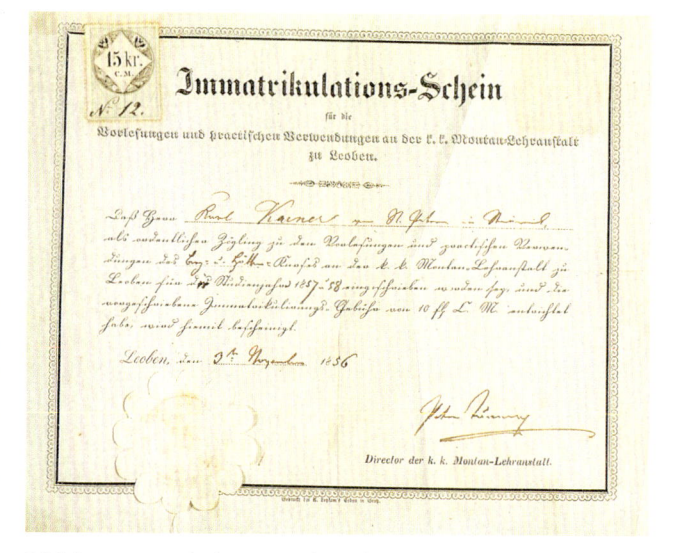

Bild 2: „Immatrikulations-Schein für die Vorlesungen und practischen Verwendungen an der k.k. Montan-Lehranstalt zu Leoben" aus dem Jahre 1856.
Universitätsbibliothek, Archiv.    FOTO WILKE Leoben.

weiteren Bereich des Zweiten Weltkrieges. Die Abnahme der Hörerzahlen zwischen 1962/63 (915 Hörer) und den Studienjahren 1968/69 und 1969/70 (562 Hörer) ist teilweise auf die aufkommende Technikfeindlichkeit im Umfeld der Studentenbewegungen zurückzuführen aber auch auf die schlechte wirtschaftliche Situation der einschlägigen montanistischen Industrie; eine genaue Analyse dieses Rückganges liegt jedoch derzeit nicht vor. Ab dem Studienjahr 1970/71 nehmen die Hörerzahlen mit kleinen Schwankungen bis heute ständig zu (1915 inskribierte ordentliche Hörer im Studienjahr 1989/90).

## STUDIENRICHTUNGEN

Die Verteilung der Hörer auf die einzelnen Studienrichtungen zeigen die Bilder 3 bis 5 für drei verschiedene Studienjahre. Im Studienjahr 1960/61 entsprechen die Zahlen den tatsächlichen Hörern, da die Zahlenwerte durch „Stricherllisten" händisch bestimmt wurden. In den Studienjahren 1975/76 und 1989/90 ist es nur möglich, die Zahl der Inskriptionen je Studienrichtung anzugeben, die im Mittel etwa um 10% höher liegt als die Anzahl der Studenten.

## ERSTINSKRIPTIONEN

Eine charakteristische Zahl für die Entwicklung der Studentenzahlen einer Universität ist die Zahl der Erstinskribenten. Bild 6 zeigt die Zahl der Erstinskribenten von 1945 bis heute, soweit Daten vorhanden sind. An der Zahl der Erstinskribenten läßt sich die zukünftige Entwicklung der Hörerzahlen ablesen, aber auch der Erfolg der Öffentlichkeitsarbeit. Die Verteilung der Erstinskriptionen im Wintersemester 1989/90 auf die einzelnen Studienrichtungen ist in Bild 7 wiedergebe. Das studium irregulare „Angewandte Geowissenschaften" scheint noch nicht auf, da vor der jeweiligen Genehmigung durch das BMWF vorerst andere Studienrichtungen inskribiert wer-

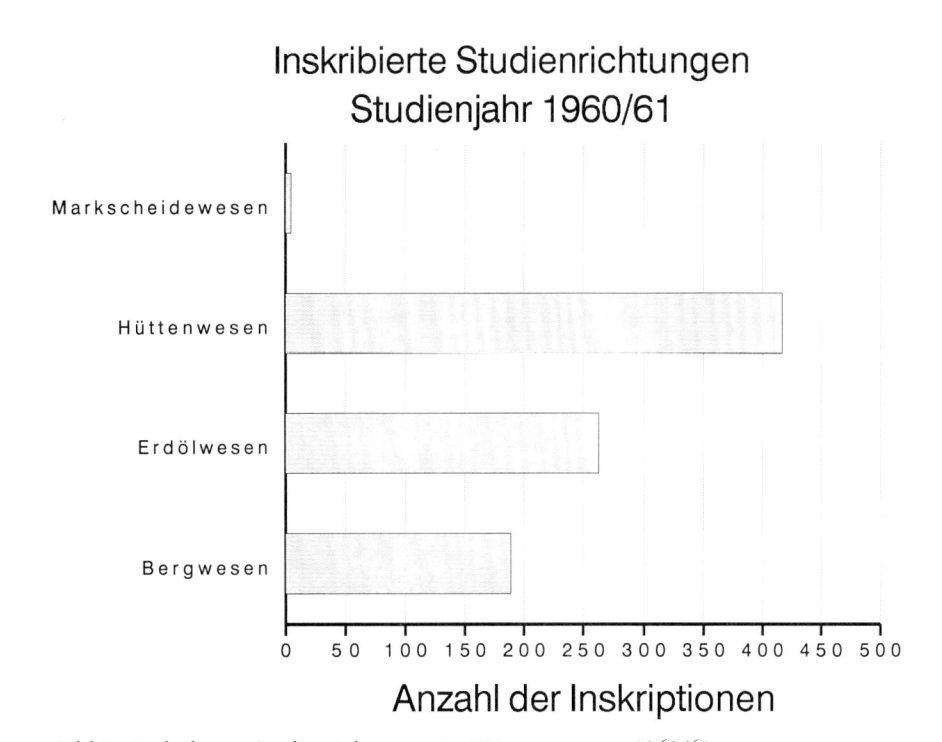

Bild 3: Inskribierte Studienrichtungen im Wintersemester 1960/61.

## Inskribierte Studienrichtungen
## Studienjahr 1975/76

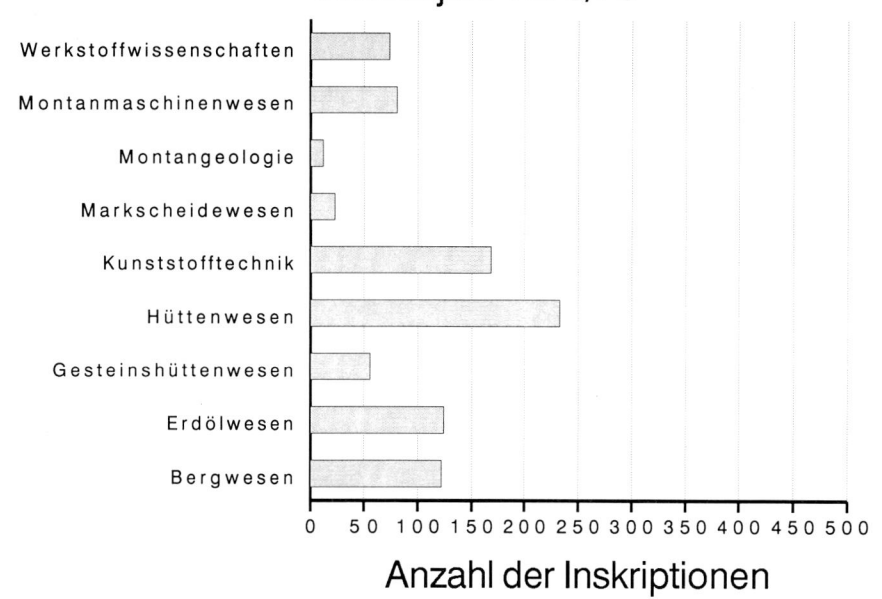

Bild 4: Inskribierte Studienrichtungen im Wintersemester 1975/76.

## Inskribierte Studienrichtungen
## Studienjahr 1989/90

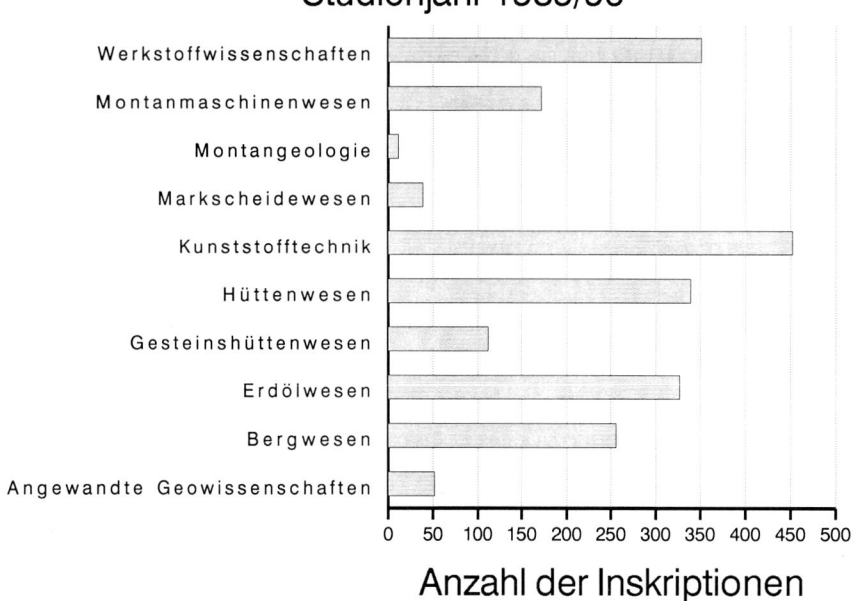

Bild 5: Inskribierte Studienrichtungen im Wintersemester 1989/90.

## ERSTINSKRIBENTEN
### ordentliche Hörer

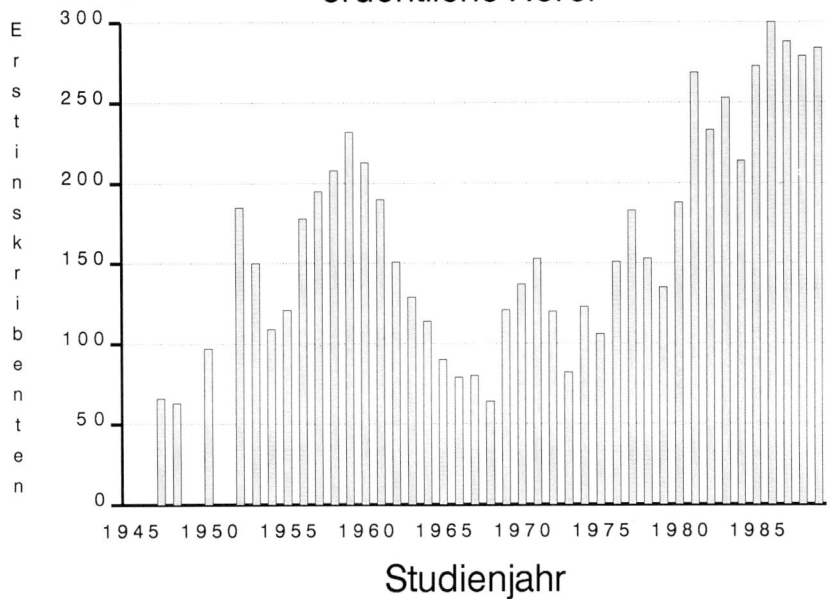

Bild 6: Entwicklung der Zahl der Erstinskribenten von 1945 bis 1989.

## Studienrichtungen der Erstinskribenten
### Studienjahr 1989/90

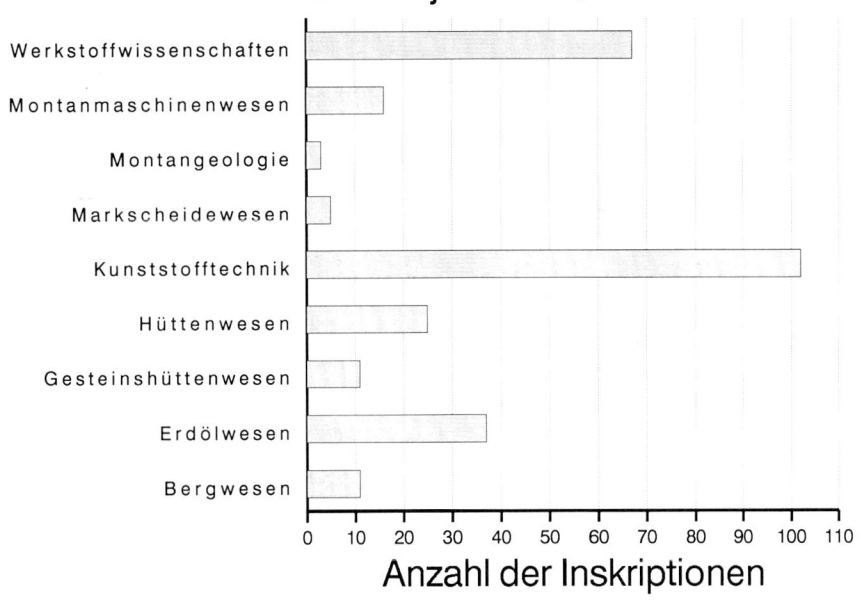

Bild 7: Von den Erstinskribenten im Wintersemester 1989/90 inskribierte Studienrichtungen.

Bild 8: Studentin beim Akademischen Ledersprung 1986.
FOTO RADERBAUER Leoben.

den, so daß sich die Verteilung im Laufe des Semesters entsprechend ändert.

**HÖRERINNEN IN LEOBEN**

Interessant ist auch, wie sich die Zahl der weiblichen Studenten (Bild 8) entwickelt hat. Bei der Durchsicht der alten Matrikelbücher nach weiblichen Vornamen konnte als erste Studentin Maria Friederike Veit entdeckt werden, die im Studienjahr 1916 als außerordentliche Hörerin inskribiert hat. Bild 9 zeigt die Entwicklung seit dem Studienjahr 1945/46. Derzeit beträgt der Anteil rund 8% der Gesamthörerzahl bei 127 inländischen und 27 ausländischen Hörerinnen. Wie aus Bild 10 zu ersehen ist, wäre die Montanuniversität auch heute noch sehr „mädchenleer", hätten nicht die beiden Studienrichtungen Kunststofftechnik und Werkstoffwissenschaften eine entsprechend große Anziehungskraft.

**ABSOLVENTEN**

Die Zahl der Absolventen im Zeitraum von 1945 bis 1989 ist in Bild 11 dargestellt. Wie aus Bild 11 leicht zu erkennen ist, hat trotz der immensen Zunahme an Hörern in den letzten zwanzig Jahren

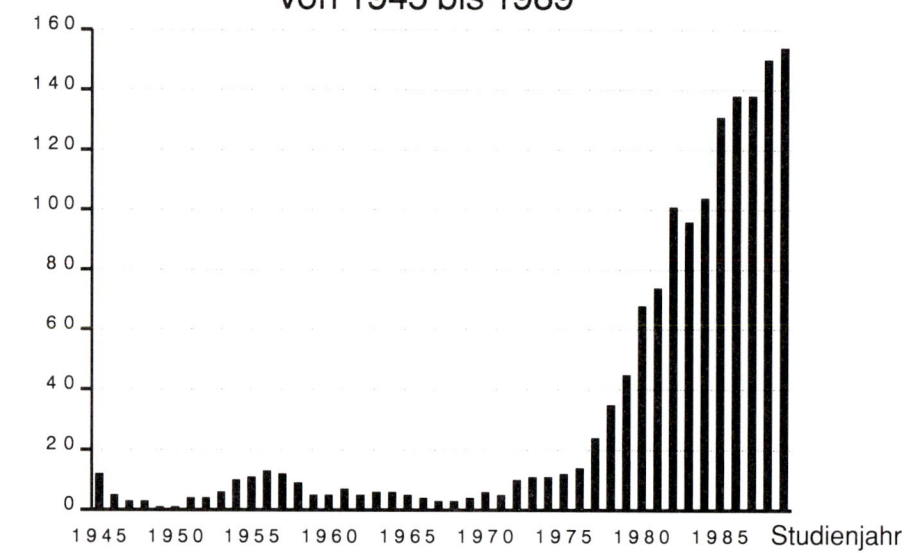

Bild 9: Entwicklung der Zahl der Hörerinnen von 1945 bis 1989.

Bild 10: Von den Hörerinnen im Wintersemester 1989/90 inskribierte Studienrichtungen.

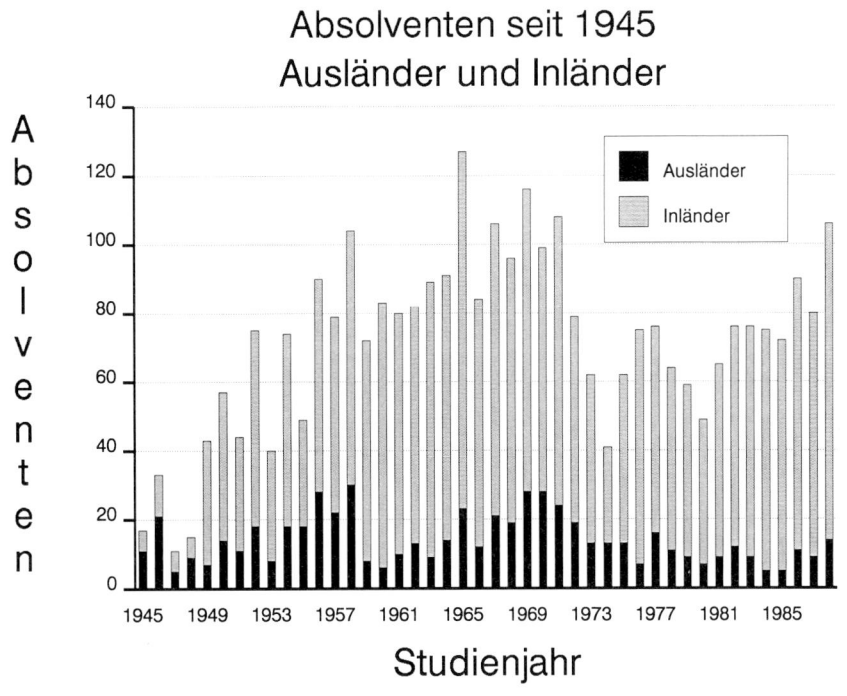

Bild 11: Absolventen der Montanuniversität.

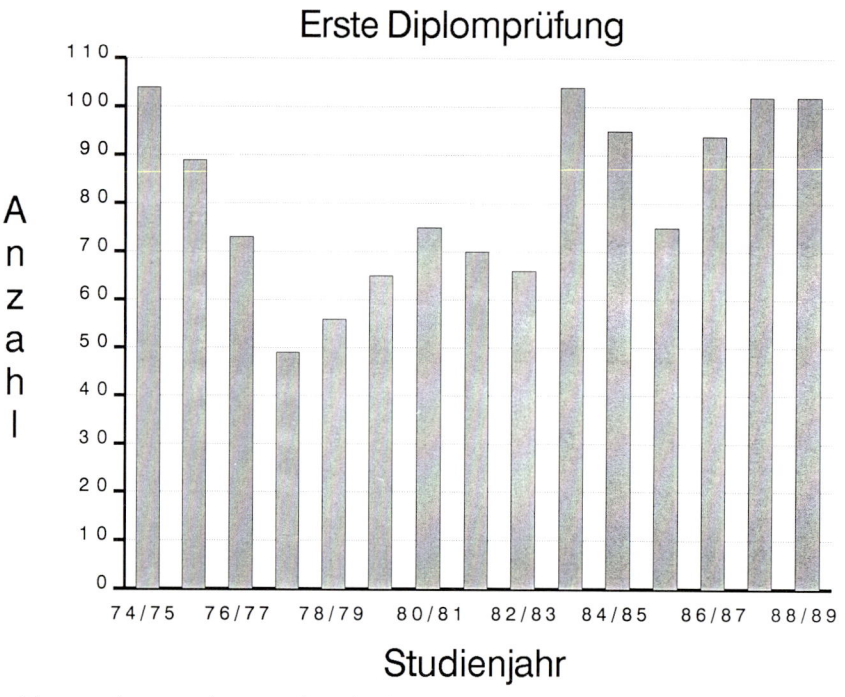

Bild 12: In dem jeweiligen Studienjahr abgelegte Erste Diplomprüfungen.

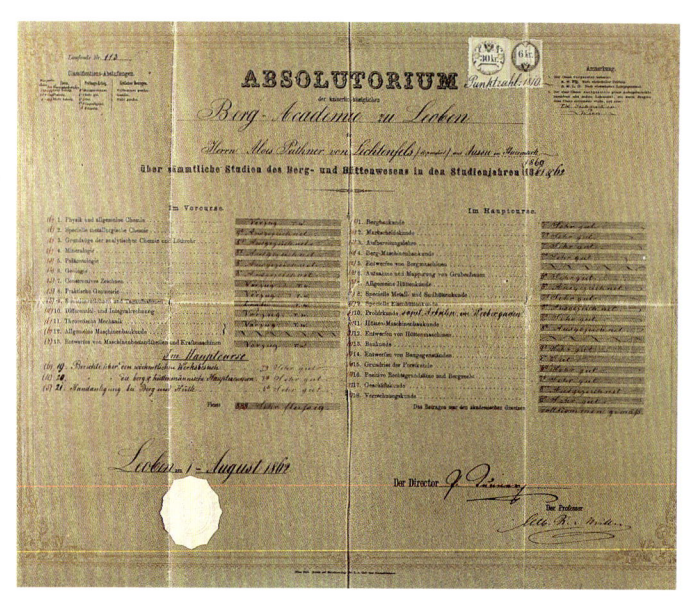

Bild 13: „Absolutorium der kaiserlich-königlichen Berg-Akademie zu Leoben für Herrn Alois Peithner von Lichtenfels (:stipendiert:) aus Aussee in Steiermark über sämtliche Studien des Berg- und Hüttenwesens in der Studienjahren 1860, 1861 & 62", vom 1. August 1862. Der Director P. Tunner. Der Professor Alb. R. v. Miller.
Museum der Stadt Leoben.      Reproduktion FOTO WILKE Leoben.

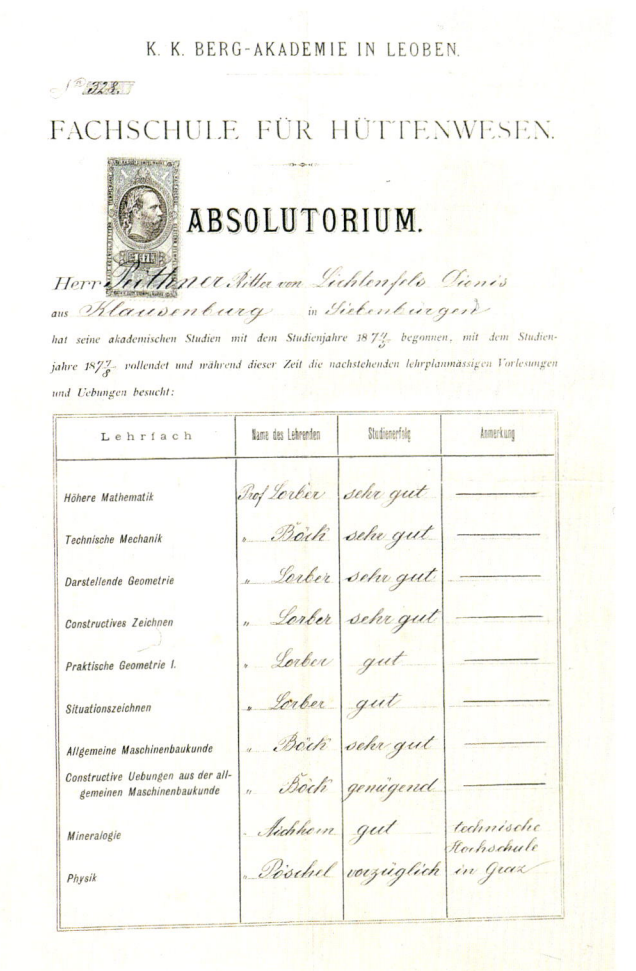

Bild 14: Absolutorium der k.k. Berg-Akademie Leoben, Fachschule für Hüttenwesen, für Herrn Peithner Ritter von Lichtenfels Dionis aus dem Jahr 1878.  Foto: Corps Schacht.

Wie bereits in der Anfangszeit der k.k. Berg-Akademie (Bilder 13 und 14) waren bis vor kurzem im Abschlußzeugnis bzw. Staatsprüfungszeugnis oder Diplomprüfungszeugnis die einzelnen Prüfungsgegenstände mit ihren Noten eingetragen. Jeder Absolvent konnte sein Zeugnis – stolz – vorweisen und die von ihm absolvierten Gegenstände mit dem dabei erzielten Erfolg nachweisen. (Die Note „vorzüglich", die bereits durch ihren Namen eine besondere Leistung ausgedrückt hat, wurde bereits im Jahr 1966 durch „sehr gut" als beste Note für Einzelprüfungen ersetzt.) Seit einem Jahr werden in den Diplomprüfungszeugnissen nur mehr Fächergruppen ausgewiesen mit einer Durchschnittsnote, die sich aus einer mit der Semesterwochenstundenzahl gewichteten Mittelwertbildung ergibt; auch die Note der Diplomarbeit wird nicht mehr im Zeugnis aufgenommen. Bei weiterer Reduktion ist es durchaus möglich, daß in Zukunft – ohne Nachweis der erbrachten Leistungen – nur mehr ein Diplom ausgestellt wird, wie dies Prof. Mitsche bereits im Jahr 1973 vorhergesehen hat (Bild 15).

Da die Zahl der Absolventen pro Studienjahr für eine repräsentative Aussage über die Verteilung auf die einzelnen Studienrichtungen zu gering ist, sind in Bild 16 die 749 Absolventen der letzten zehn Jahre, der Studienjahre 1979/80 bis 1988/89, zusammengefaßt.

(siehe Bild 1) die Zahl der Absolventen nicht wesentlich zugenommen, eine Situation, wie sie auch an anderen technischen Universitäten in Österreich gegeben ist. Erst in letzter Zeit zeichnet sich eine zögernde Zunahme der Absolventen ab.

In Bild 12 ist die Zahl der Hörer aufgetragen, die in dem betreffenden Jahr die Erste Diplomprüfung bestanden haben. Aus der in den letzten vier Jahren festzustellenden Zunahme der abgelegten Ersten Diplomprüfungen kann ebenfalls auf eine Zunahme der Absolventen in den nächsten Jahren geschlossen werden.

Bild 15: Vision von Prof. Roland Mitsche zum Diplomprüfungszeugnis vom 14.2.1973: „Das neue Zeugnis".

## Absolventen in den letzten 10 Jahren
## Studienjahr 1979/80 bis 1988/89

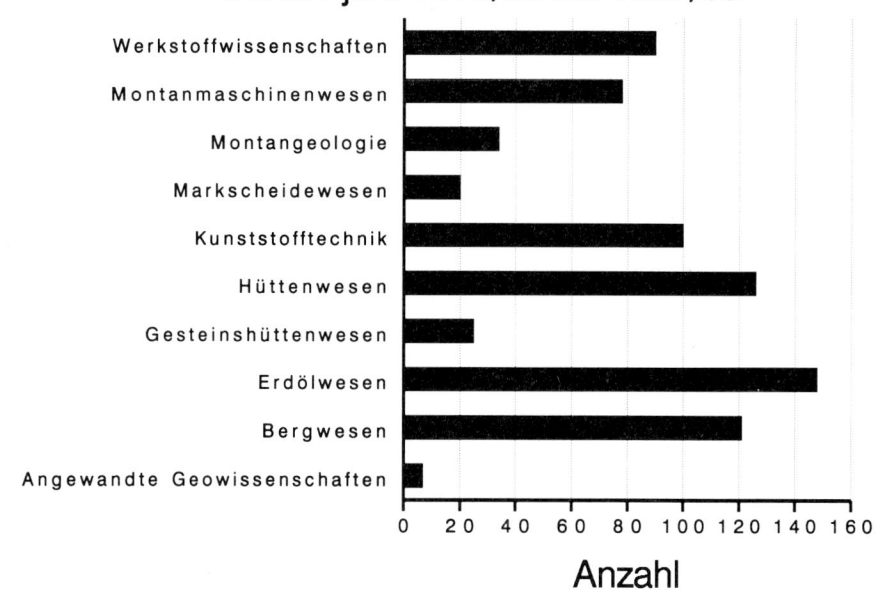

Bild 16: Summe der Absolventen in den einzelnen Studienrichtungen vom Studienjahr 1979/80 bis zum Studienjahr 1988/89 (für das studium irregulare ‚Angewandte Geowissenschaften' seit dem Studienjahr 1985/86).

Man kann die Zahlen drehen und wenden wie man möchte, es bleibt zwischen der Zahl der Erstinskribenten und der Zahl derer, die ihr Studium positiv abschließen, eine beachtliche Differenz.

Im Zuge einer Evaluierung der Hohen Schulen wird sicher zu prüfen sein, ob die Universitäten auch eine soziale Aufgabe in der Form zu erfüllen haben, daß viele Maturanten – aus welchen Gründen auch immer – für einige Jahre die Universitäten bevölkern und die Hörsäle und Übungsplätze belegen, ohne ernsthaft zu studieren und ohne daß eine Aussicht auf positive Beendigung des Studiums besteht.

### DISSERTATIONEN

In den Paragraphen 22 und 23 des mit Allerhöchster Entschließung vom 31. Juli 1904 genehmigten Statutes bekam die Montanistische Hochschule das Promotionsrecht:

*„§ 22: Jene absolvierten Hörer der montanistischen Hochschule, welche die Staatsprüfungen für eine oder für beide Fachschulen in Gemäßheit der auf Grund des § 20 dieses Statutes zu erlassenden Prüfungsordnung mit Erfolg abgelegt haben, können sich den strengen Prüfungen zur Erlangung des Grades eines Doktors der montanistischen Wissenschaften unterziehen.*

*§ 23: Die Art und Weise, auf welche diese strengen Prüfungen vorgenommen werden, beziehungsweise abzulegen sind und die Erwerbung des Doktorgrades erfolgt, wird durch eine auf Grund dieses Statutes vom Ackerbauminister zu erlassende Verordnung geregelt werden."*

Auf Grund dieses Statutes wurde die Promotionsordnung für die montanistischen Hochschulen in Leoben und Pribram mit Verordnung des Ackerbau-Ministers vom 29. Juni 1906 erlassen.

Der erste Doktor der montanistischen Wissenschaften war Bartel Granigg, der spätere Professor für Mineralogie und Gesteinskunde in Leoben, der mit der Dissertation: „Die stoffliche Zusammensetzung der Schneeberger Lagerstätten" im Jahre 1909

**DISSERTATIONEN VON 1904 bis 1990**

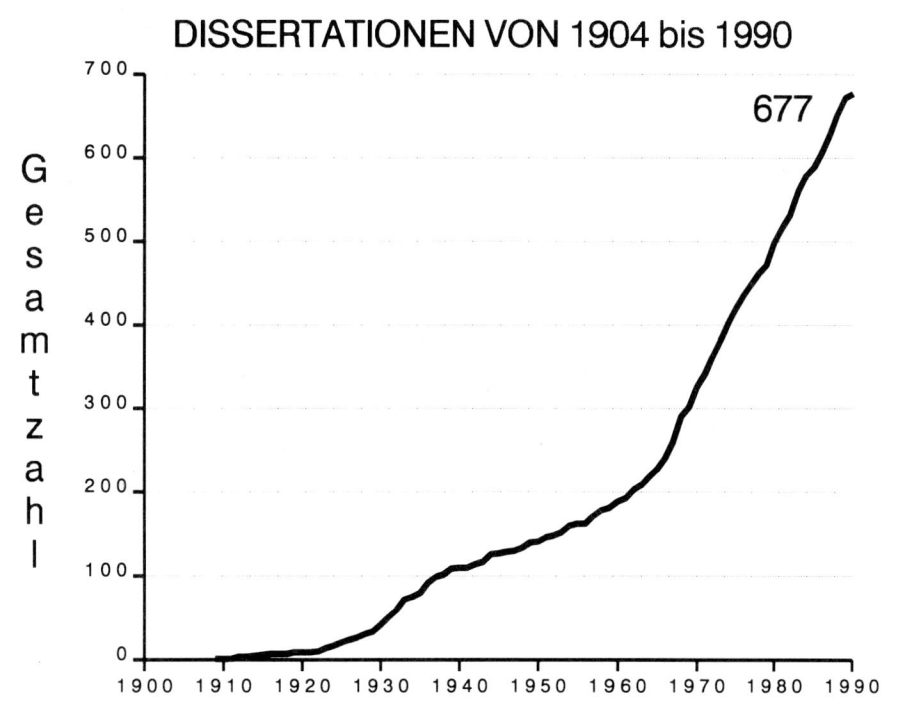

Bild 18: Promotionen zum Doktor der montanistischen Wissenschaften.

promovierte. Bis zum Jahr 1945 gab es insgesamt 127 Promotionen.

In früheren Jahren fand die Promotion in den Räumen des Rektors statt. Bild 17 zeigt die Promotion von Erich Pelzel im Jahre 1946. Heute werden die Promotionen im feierlichen Rahmen einer Akademischen Feier durchgeführt.

Bild 17: Promotion von Erich Pelzel am 6.12.1946. Von links nach rechts: Prorektor Aubell, Rektor Platzer, Prof. Schwarz-Bergkampf, Dipl.Ing. Erich Pelzel.

Foto: Corps Erz.

Der älteste Promovent war John Larsen Sissener, der eine Dissertation mit dem Thema: „Systematische Untersuchungen über die Wirkung von Vantit auf die Eigenschaften von Gußeisen mit Lamellengraphit" vorgelegt und als 80-Jähriger am 17.12.1975 promoviert hat.

Die erste Frau Doktor der montanistischen Wissenschaften war Dipl.Ing. Emma Onitsch, die mit einer Dissertation über das Thema: „Untersuchungen über sparstoffarme, vor allem wolframfreie Schnellarbeitsstähle" am 16.12.1944 promovierte.

Bis zum Ostertermin 1990 haben 677 als Doktoren der montanistischen Wissenschaften promoviert. Bild 18 zeigt die Zunahme der Promoventen von 1909 bis 1990.

In Tabelle 1 sind die Doktoren der montanistischen Wissenschaften in chronologischer Reihenfolge angeführt.

*Ich danke den Mitarbeiterinnen und Mitarbeitern des Sekretariates, der Studien- und Prüfungsabteilung und der ADV-Abteilung der Universitätsdirektion für die Hilfe bei der Zusammenstellung der Daten.*

**Tabelle 1:**
**Promotionen (Dr. mont.) an der Montanistischen Hochschule und an der Montanuniversität von 1909 bis 1990.**

|     |                | 1909 |    |                         |     |                          |
| --- | -------------- | ---- | -- | ----------------------- | --- | ------------------------ |
| 1   | Bartel Granigg |      | 37 | Franz Pacher            | 82  | Hans Bleckmann           |
|     |                | 1912 | 38 | Julius Holik            | 83  | Raimund Sahlinger        |
| 2   | Hugo Schmid    |      | 39 | Franz Kotyza            | 84  | Ludwig Stuzin            |
| 3   | Milorrad Lazarevic |  | 40 | Bernhard Matuschka      | 85  | Karl Forberger           |
| 4   | Rudolf Karlik  |      | 41 | Fritz König-Königsberg  | 86  | Herbert Holler           |
|     |                | 1914 | 42 | Erich Czermak           | 87  | Leopold Tröstler         |
| 5   | Xerxes Kluczenko |    |    | 1931                    | 88  | Heinrich Stroback        |
|     |                | 1915 | 43 | Richard Walzel          | 89  | Hans Legat               |
| 6   | Ivan Turina    |      | 44 | Werner Busson           | 90  | Hermann Brandi           |
|     |                | 1916 | 45 | Nino Broglio            | 91  | Emmerich Kovatski        |
| 7   | Friedrich Plasche |   | 46 | Friedrich Perz          | 92  | Franz Kirnbauer          |
|     |                | 1919 | 47 | Hubert Palisa           |     | 1937                     |
| 8   | Anton Titze    |      | 48 | Eduard Puckler          | 93  | Alois Schöberl           |
| 9   | Ludwig Loch    |      | 49 | Hans Esser              | 94  | Ernst Koch               |
|     |                | 1922 | 50 | Zdenko Peithner         | 95  | Hans Laizner             |
| 10  | Walter Lex     |      | 51 | Emil Tschernig          | 96  | Ernst Preuschen          |
|     |                | 1923 |    | 1932                    | 97  | Siegfried Plankensteiner |
| 11  | Karl Patteisky |      | 52 | Franz Platzer           | 98  | Ernst Wagner             |
| 12  | Karl Stein     |      | 53 | Eduard Ringe            | 99  | Rudolf Schneider         |
| 13  | Franz Langecker |     | 54 | Alfons Wagner           |     | 1938                     |
| 14  | Hugo Apfelbeck |      | 55 | Franz Ebert             | 100 | Heinz Korschan           |
|     |                | 1924 | 56 | Hermann Kliebhan        | 101 | Johann Dienbauer         |
| 15  | Franz Leitner  |      | 57 | Josef Pepperle          | 102 | Walter Aichholzer        |
| 16  | Franz Sommer   |      | 58 | Robert Pilz             |     | 1939                     |
| 17  | Anton Hornoch  |      | 59 | Adolf Richter           | 103 | Walter Blütghen          |
|     |                | 1925 |    | 1933                    | 104 | Dietrich Wüster          |
| 18  | Karl Heß       |      | 60 | Carl Hochstetter        | 105 | Woldemar Hintze          |
| 19  | Rudolf Hanel   |      | 61 | Eberhard Helweg         | 106 | Karl Hanke               |
| 20  | Karl Fiedler   |      | 62 | Alois Legat             | 107 | Roman Standl             |
| 21  | Otto Kukla     |      | 63 | Hubert Pessl            | 108 | Adolf Freiherr von Hiphsich |
|     |                | 1926 | 64 | Herbert Trenkler        | 109 | Karl Löffler             |
| 22  | Gustav Hießleitner |  | 65 | Otto Emicke             |     | 1940                     |
| 23  | Hans Malzacher |      | 66 | Karl Huber              | 110 | Franz Raidl              |
| 24  | Albert Posch   |      | 67 | Joan Basgan             |     | 1942                     |
|     |                | 1927 | 68 | Josef Kern              | 111 | Josef Horvath            |
| 25  | Helmut Weitzer |      | 69 | Oskar Rösner            | 112 | Hubert Hauttmann         |
| 26  | Max Schmidt    |      | 70 | Friedrich Fleischer     | 113 | Karl Groß                |
| 27  | Franz Hlouschek |     | 71 | Viktor Skutl            | 114 | Hermann Mayr             |
|     |                | 1928 | 72 | Hans Ulrich Meyer       |     | 1943                     |
| 28  | Wilhelm Titze  |      |    | 1934                    | 115 | Winfried Aubell          |
| 29  | Alfred Pohl    |      | 73 | Otto Krifka             | 116 | Rudolf Wettstein         |
| 30  | Hermann Reisch |      | 74 | Rudolf Kurz             | 117 | Frantisek Spaldon        |
| 31  | Franz Schmid   |      | 75 | Leopold Harant          |     | 1944                     |
|     |                | 1929 |    | 1935                    | 118 | Anton Kern               |
| 32  | Heinrich Lares |      | 76 | Josef Hofmaier          | 119 | Heinz Buchas             |
| 33  | Roland Mitsche |      | 77 | Moritz Stipanitz        | 120 | Alfred Wegscheider       |
| 34  | Leopold Stummer |     | 78 | Karl Moser              | 121 | Karl Pavko               |
|     |                | 1930 | 79 | Roman Dawidowski        | 122 | Alfred Feix              |
| 35  | Josef Carmann  |      | 80 | Helmut Krainer          | 123 | Vladimir Kovac           |
| 36  | Otto Jungwirth |      |    | 1936                    | 124 | Sepp Ritter              |
|     |                |      | 81 | Janet Zaph Briggs       | 125 | Emma Onitsch             |

| | | | | | |
|---|---|---|---|---|---|
| 126 | Karl Swoboda | | 1958 | 222 | Paul Stecher |
| | 1945 | 172 | Alfred Krainer | 223 | Adalbert Wicher |
| 127 | August Sovinez | 173 | Rudolf Reichert | 224 | Manfred Hanke |
| | 1946 | 174 | Franz Kubik | 225 | Zdenek Janak |
| 128 | Robert Ott | 175 | Robert Türk | 226 | Karl Langer |
| 129 | Erich Pelzel | 176 | Ernst Gugel | 227 | Hans-Hadmar Meyer |
| | 1947 | 177 | Heribert Kreulitsch | 228 | Peter Reska |
| 130 | Roland Schuh | 178 | Alfred Randak | | 1966 |
| | 1948 | | 1959 | 229 | Wolfgang Aggermann-Bellenberg |
| 131 | Roland Fizia | 179 | Fritz Mechtold | | |
| 132 | Peter Ortner | 180 | Horst Braun | 230 | Peter Geissler |
| 133 | Max Ussar | 181 | Fazlullah Missaghi | 231 | Christian God |
| 134 | Otto Kaiser | | 1960 | 232 | Alfred Kulmburg |
| | 1949 | 182 | Peter Fink | 233 | Christian Kubisch |
| 135 | Richard Rollett | 183 | Ernst Peter Matthiass | 234 | Siegfried Sigott |
| 136 | Erwin Hammerle | 184 | Mohamed Gaber Barakat | 235 | Horst Hannes Cerjak |
| 137 | Adolf Winkler | 185 | Heinz Gamsjäger | 236 | Herbert Hiebler |
| 138 | Heinrich Frankl | 186 | Alfred Mittermair | 237 | Hermann Irresberger |
| 139 | Josef Kienesberger | 187 | Hans Reisenbichler | 238 | Johann Langerweger |
| 140 | Erwin Plöckinger | 188 | Bruno Tarmann | 239 | Heinz Laudszun |
| | 1950 | 189 | Karl Heinz Neuner | 240 | Alfred Moser |
| 141 | Erich Modl | | 1961 | 241 | Erwin Pink |
| | 1951 | 190 | Alexander Czech | | 1967 |
| 142 | Max Kroneis | 191 | Michael Krön | 242 | Franz Binder |
| 143 | Hermann Wedl | 192 | Friedrich Riedl | 243 | Ferdinand Fink |
| 144 | Wassil Jarlowsky | 193 | Heinz Schimmelbusch | 244 | Kurt Thomanek |
| 145 | Richard Werner | | 1962 | 245 | Ferdinand Büse |
| 146 | Arthur Wieden | 194 | Otto Paar | 246 | Wolfgang Holzgruber |
| | 1952 | 195 | Lothar Schiel | 247 | Gert Kühnelt |
| 147 | Ekhard Böhm | 196 | Heinz Spatzek | 248 | Hans Heinz Portisch |
| 148 | Heinrich Enzfelder | 197 | Karl Leopold Maurer | 249 | Herbert Tichy |
| | 1953 | 198 | Josef Kleiner | 250 | Kurt Wiesner |
| 149 | Ekkehard Fezzi | 199 | Rudolf Hartlieb-Wallthor | 251 | Gholam-Ali Farazandeh-Shahrbabak |
| 150 | Friedrich Locker | 200 | Erich Folkhard | | |
| 151 | Sehap Enver Birgi | 201 | Herbert Karl Kohl | 252 | Heinrich Desler |
| 152 | Alois Vacek | 202 | Bernhard Kiefer | 253 | Hansjörg Dichtl |
| | 1954 | 203 | Hans Jörg Steiner | 254 | Günter Futter |
| 153 | Rudolf Rinesch | | 1963 | 255 | Christiana God |
| 154 | Oswald Jenne | 204 | Hanns Karl Fischer | 256 | Kurt Hagen |
| 155 | Erich Wondris | 205 | Gerhard Kirchner | 257 | Roland Hummer |
| 156 | Howard Biers | 206 | Friedrich Listhuber | 258 | Wilfried Kraft |
| 157 | Luis Hütter | 207 | Poghos Babayan | 259 | Hermann Mayer |
| 158 | Rudolf Plessnig | 208 | Franz Jeglitsch | 260 | Franz Kratzmann |
| 159 | Walter Niedermüller | 209 | Thilo Reddehase | 261 | Friedrich Peter Springer |
| 160 | Heimo Mayrhofer | | 1964 | | 1968 |
| | 1955 | 210 | Hassan Bassir | 262 | Friedrich Barounig |
| 161 | Guido Bassi | 211 | Johan W.E. van de Graaff | 263 | Hansgeorg Bauer |
| 162 | Ottokar Fabricius | 212 | Hardo Hahne | 264 | Hans Enöckl |
| | 1957 | 213 | Helga Herpers | 265 | Georg Hofmaier |
| 163 | Rudolf Obauer | 214 | Edmund Theodor Herpers | 266 | Gerhard Horn |
| 164 | Odo Felgel-Farnholz | 215 | Harald Severus-Laubenfeld | 267 | Bernhard Klimesch |
| 165 | Hans Feyferlik | 216 | Erich R. Zimmermann | 268 | Karl Heinz Kuschel |
| 166 | Wilhelm Ronge | 217 | Ralf Eck | 269 | Wilfried Kurz |
| 167 | Rupert Rosegger | 218 | Eckard Exner | 270 | Erich Lechner |
| 168 | Karl Schönberger | 219 | Gerhard Faninger | 271 | Dietrich Legat |
| 169 | Erwin Mack | | 1965 | 272 | Fritz Ludewig |
| 170 | Elfriede Artner | 220 | Alfred Freissmuth | 273 | Werner Poppmeier |
| 171 | Hans-Otto Dätz | 221 | Helmut Scheidl | 274 | Volkmar Steinecke |

| # | Name | # | Name | # | Name |
|---|---|---|---|---|---|
| 275 | Wolfgang Steyrleithner | 330 | Wilfried Krieger | 385 | Dirk Hengerer |
| 276 | Fritz Burgstaller | 331 | Hermann Mauritsch | 386 | Hans Ulrich Hennecke |
| 277 | Herbert Dlaska | 332 | Richard Matuschkovitz | 387 | Jakob Lamut |
| 278 | Kurt F. Glaser | 333 | Michael Ruthner | 388 | Karl Rimmer |
| 279 | Klaus Lehnert-Thiel | 334 | Gert-Otto Breslmair | 389 | Adolf Salzmann |
| 280 | Peter Mosebach | 335 | Manfred Opperer | 390 | Hartmut Schwarz |
| 281 | Fritz Reinitzhuber | 336 | Veikko Orpana | 391 | Peter Strizik |
| 282 | Horst Wagner | 337 | Siegfried Polegeg | 392 | Antonio Carlos Motta |
| 283 | Hermann Gattinger | 338 | Dieter Sass | 393 | Nezam Attarpour Modjarrad |
| 284 | Hans Hojas | 339 | Heinrich Savelsberg | 394 | Ferdinand Hackl |
| 285 | Gerhard Löcker | 340 | Bogdan Sicherl | 395 | Hermann Köberl |
| 286 | Franz Novak | 341 | Klaus Woltron | 396 | Hartwig Matzner |
| 287 | Abbas Parwaresch | | **1972** | 397 | Reinhard Schoszmann |
| 288 | Robert Plöch | 342 | Walter Kohoutek | 398 | Gerhard Schröckenfuchs |
| 289 | Robert Rupp | 343 | Franz Tince | 399 | Toru Aramaki |
| 290 | Hans Tepohl | 344 | Ingo Christian Bleckmann | 400 | Hugo Beerens |
| 291 | Meinhard Truppe | 345 | Karlheinz Gehring | 401 | Ernst Bühl |
| | **1969** | 346 | Dieter Geyer | 402 | Albin Jöller |
| 292 | Wilhelm Franschitz | 347 | Wolf Lanzer | 403 | Erwin Sommer |
| 293 | Heimo Leopold | 348 | Heribert Löw | | **1975** |
| 294 | Helmut Pötzl | 349 | Hermann Müller | 404 | Manfred Gfrerer |
| 295 | Günter Baukrowitz | 350 | Wilfried Pirklbauer | 405 | August Herzog |
| 296 | Degenhart Briegleb | 351 | Günther Rabensteiner | 406 | Roland Marschall |
| 297 | Heinz Jurkowitsch | 352 | Werner Samsel | 407 | Ernst Bachner |
| 298 | Wolf-Jürgen Wolfbauer | 353 | Georg Thaler | 408 | Walther Hiller |
| 299 | Günther Egger | 354 | Georg Walach | 409 | Harald Höhn |
| 300 | Rajendra Prasad | 355 | Heimo Anton | 410 | Klaus Hutterer |
| 301 | Alfred Kaufmann | 356 | Wolf-Dieter Doskar | 411 | Uwe Langer |
| 302 | Bernhard Wiezorke | 357 | Thorwald Fastner | 412 | Dieter Rabus |
| | **1970** | 358 | Gerhard Krüger | 413 | Aktan Tuncöz |
| 303 | Günther Berka | 359 | Gernot Lang | 414 | Wilfried Westerholt |
| 304 | Eduard Czubik | 360 | Gerhard Papp | 415 | Katsuhiro Itayama |
| 305 | Frank Hengerer | 361 | Friedrich Reiter | 416 | Morteza Abtahi |
| 306 | Heinrich Janschek | 362 | Franz-Josef Weisweiler | 417 | Hubert Dlaska |
| 307 | Heinz Maslo | | **1973** | 418 | Hans Kolb |
| 308 | Kurt Schermer | 363 | Max Mayrhofer | 419 | Peter O. Pfund |
| 309 | Reinhold Friedl | 364 | Franz Oberhauser | 420 | Alexander Ranzenbacher |
| 310 | Walter Huber | 365 | Werner Paar | 421 | John Sissener |
| 311 | Nikolai Janakiev | 366 | Paul W. Rizzi | | **1976** |
| 312 | Klaus Kammerhofer | 367 | Peter Scherl | 422 | Otto Daghofer |
| 313 | Tilmann Noska | 368 | Giswalt Veitl | 423 | Franz Pavlin |
| 314 | Peter Pobinger | 369 | Manfred Kolouch | 424 | Michael Arwanitakis |
| 315 | Gundolf Rajakovics | 370 | Ernst Kroitsch | 425 | Freydoun Djafari-Tabrizi |
| 316 | Gerhard Schönbauer | 371 | Klaus Maier | 426 | Erich Anton Hintsteiner |
| 317 | Gerhard Sperl | 372 | Gerald Ponschab | 427 | Rupert Schmöller |
| 318 | Axel Thomas | 373 | Milan Trbizan | 428 | Karl Heinz Wirobal |
| 319 | Emil Vögel | 374 | ALois Leutgöb | 429 | Franz Alba |
| 320 | Günter Busch | 375 | Karlheinz Kutzenberger | 430 | Eugen Braun |
| 321 | Franz Felberbauer | 376 | Klaus von Ploetz | 431 | Robert Kutschej |
| 322 | Volkhart Fuschlberger | 377 | Horst Michael Aichinger | 432 | Johann Matauschek |
| 323 | Frank A. Jerabek | 378 | Siegfried Augustin | 433 | Horst Meissner |
| 324 | Heinz Kohl | 379 | Otto Gross | 434 | Alfred Olsacher |
| 325 | Franz Möller | 380 | Heimo Jäger | 435 | Bernhard Sann |
| 326 | Peter Walser | 381 | Siegfried Schider | 436 | Wolfgang Vanovsek |
| | **1971** | 382 | Wernfried Werneck | | **1977** |
| 327 | Paul Brezina | | **1974** | 437 | Gottfried Höfler |
| 328 | Hans-Jürgen Gulas | 383 | Farouk Barakat | 438 | Walter Schreiner |
| 329 | Lothar Habel | 384 | Helmut Habenicht | 439 | Gernot Kirchner |

| | | | | | |
|---|---|---|---|---|---|
| 440 | Rudolf Wüstrich | 495 | Franz Reiterer | 549 | Michael Weichinger |
| 441 | Rolf Ziegler | 496 | Ferdinand Schüssler | 550 | Byung Don You |
| 442 | Bassam Habib | 497 | Rudolf Streicher | 551 | Werner Bittner |
| 443 | Alois Hager | 498 | Ernst Ströbl | 552 | Bruno Buchmayr |
| 444 | Kurt Klein | 499 | Beat Wernli | 553 | Reinhold Ebner |
| 445 | Maximilian Mayrhofer | | **1981** | 554 | Mehmet Sezai Kirikoglu |
| 446 | Rainer Tarmann | 500 | Wolfhart Mohr | 555 | Hubert Presslinger |
| 447 | Peter Wichert | 501 | Ernst Perteneder | 556 | Franz Rendl |
| 448 | Szabolcs Horvath | 502 | Roland Pfefferkorn | 557 | Mehrdad Rouhani |
| 449 | Franz Powondra | 503 | Wolfgang Sagmüller | 558 | Ibrahim Sönmez Sayili |
| | **1978** | 504 | Peter Uggowitzer | 559 | Josef Scherer |
| 450 | Ernst Brennsteiner | 505 | Edmund Zenker | 560 | Hubert Siebert |
| 451 | Eduard Mügschl | 506 | Paul von Ackeren | 561 | Manfred Ziemann |
| 452 | Werner Seidl | 507 | Adolf Bruckner | | **1984** |
| 453 | Ernst Schenk | 508 | Hans Hürlimann | 562 | Klaus Bredenbruch |
| 454 | Wolfgang Elsner | 509 | Hubertus Liepelt | 563 | Josef Fegerl |
| 455 | Friedrich Feichtinger | 510 | Alfred Schindler | 564 | Johann Golser |
| 456 | Ernst Geutebrück | 511 | Josef Stockinger | 565 | Peter Schubert |
| 457 | Bernd Edenhofer | 512 | Arthur James Warden | 566 | Ewald Werner |
| 458 | Fred Kügler | 513 | Gottfried Bohunovsky | 567 | Manfred Hoscher |
| 459 | Peter Egger | 514 | Lawrence P. Gould | 568 | Franciszek Kawa |
| 460 | Ahmed Demirci | 515 | Albert Kneissl | 569 | Leopold Werner Kepplinger |
| 461 | Terence Finlow-Bates | 516 | Dieter Schaschl-Outschar | 570 | Otmar Kolednik |
| 462 | Heinz Jungmeier | 517 | Peter Wallner | 571 | Diethard Kratzer |
| | **1979** | | **1982** | 572 | Reinhold Poganitsch |
| 463 | Hermann Braun | 518 | Reinhard Bruch | 573 | Robert Riedl |
| 464 | Roland Heindl | 519 | Sadi Karagöz | 574 | Heinrich Aigner |
| 465 | Ashiq Hussain | 520 | Werner Kehl | 575 | Karl Kohlbacher |
| 466 | Klaus Macher | 521 | Alfred Lampl | 576 | Erwin Krumböck |
| 467 | Farhad Malekgasemi | 522 | Peter Reichetseder | 577 | Hellfried Ponschab |
| 468 | Anton Mayer | 523 | Walter Ruhs | 578 | Bahman Randjbar |
| 469 | Christian Schmid | 524 | Helmut Bergthaler | 579 | Jörn Hubertus Vogt |
| 470 | Savo Spaic | 525 | Helmut Neuper | | **1985** |
| 471 | Tayfun Cicek | 526 | Markus Oberndorfer | 580 | Andreas Noe |
| 472 | Robert Konopasek | 527 | Paul Steiner | 581 | Walter M. Siegl |
| | **1980** | 528 | Egon Alois Haar | 582 | Ralph Gündling |
| 473 | Franz Kemetmer | 529 | Hans Kürzl | 583 | Yoon-Ki Jang |
| 474 | Franz-Ludwig Klapp | 530 | Richard Nötstaller | 584 | Werner Krüger |
| 475 | Wolfgang Pfeffer | 531 | Byoung-Hark Park | 585 | Gerhard Mitter |
| 476 | Josef Reissner | 532 | Reinhard Pippan | 586 | Helmut Pohl |
| 477 | Ludwig Reitmann | | **1983** | 587 | Ingo Roschger |
| 478 | Gerhard Ruthammer | 533 | Mohammed Ali Awad Ibrahim | 588 | Harald Schobermayr |
| 479 | Egon Berger | | | 589 | Lorenz Sigl |
| 480 | Manfred Dunky | 534 | Wolfgang Egger | | **1986** |
| 481 | Herbert Fagerer | 535 | Günther Porst | 590 | Karl-Ernst Ambrosch |
| 482 | Karl Gissing | 536 | Hans Günther Pöttken | 591 | Volkhard Emmrich |
| 483 | Jürgen Hönig | 537 | Walter Purrer | 592 | Rudolf Fruhwirth |
| 484 | Rajiv Kohli | 538 | Herbert Bäck | 593 | Franz Kessler |
| 485 | Alojs Krizman | 539 | Hubert Biedermann | 594 | Horst Peter Schamböck |
| 486 | Franz Matzer | 540 | Gerald Buchebner | 595 | Ramesh Man Tuladhar |
| 487 | Clemens Reimann | 541 | Michael Grill | 596 | Hocheon Yoo |
| 488 | Wulf Schubert | 542 | Herbert Heidecker | 597 | Walter Zleppnig |
| 489 | Bernd Strohmeier | 543 | Hans-Otto Hüppe | 598 | Gerhard Ballhaus |
| 490 | Gerhard Tomberger | 544 | Helmut Niko | 599 | Josef Knauder |
| 491 | Lay Chin Gan | 545 | Jörg Oberkofler | 600 | Heinz Koch |
| 492 | Peter Huber | 546 | Peter Pitner | 601 | Bernd Kos |
| 493 | Olaf Klüpfel | 547 | Diethard Schock | 602 | Axel Kulgemeyer |
| 494 | Werner Pistora | 548 | Rudolf Sommerer | 603 | Erich Spanring |

| | | | | | |
|---|---|---|---|---|---|
| 604 | Karl Hiebl | 630 | Peter Pichler | 656 | Peter Moser |
| 605 | Erich Niesner | 631 | Raimund L. Ratzi | 657 | Simeon Ikechukwu Neife |
| 606 | Georg Pölzl | 632 | Robert Schamesberger | 658 | Odilo Bach |
| 607 | Franz Schmidt | 633 | Richard Seeber | 659 | Bagher Birjandi |
| | 1987 | 634 | Reinhard Bacher | 660 | Maria Kühlein |
| 608 | Helmut Clemens | 635 | Erich Blaschke | 661 | Karl Mayrhofer |
| 609 | Karl Haider | 636 | Youming Chen | 662 | Brian McElduff |
| 610 | Andreas Krüger | 637 | Matthias Cornelius | 663 | Andreas Meier |
| 611 | Wolfgang Kühlein | 638 | Ludwig Ems | 664 | Jose Gabriel Rodriguez Roca |
| 612 | Georg-Michael Vavrovsky | 639 | Bernhard Enkner | | |
| 613 | Franz Aschenbrenner | 640 | Wilfried J. Klammer | 665 | Horst Grothus |
| 614 | Rudolf Kreutzer | 641 | Wolfgang Köck | 666 | Bernhard Kalteis |
| 615 | Reinhold Mayer | 642 | Klaus Dieter Löcker | 667 | Kurt Kaltenegger |
| 616 | Franz Mugrauer | 643 | Rupert W. Pichlhöfer | 668 | Sebastian A. Nicol |
| 617 | Horst Pook | 644 | Gerd Schauer | 669 | Elmar Posch |
| 618 | Reinhard Sachsenhofer | 645 | Chinnasamy Thangavel Vijiayakumar | 670 | Heribert Summer |
| 619 | Josef Schrank | | | 671 | Michael Windhager |
| 620 | Yoichiro Shiwa | 646 | Harald Berninghaus | 672 | Wolfgang Zeissl |
| 621 | Michael Brensing | 647 | Wolfgang Brandstätter | | 1990 |
| 622 | Eckart Drössler | 648 | Janko Gnamus | 673 | Ernst Fleischmann |
| 623 | Harald Harmuth | 649 | Rosalinde Kleemaier | 674 | Thomas Gartner |
| 624 | Christian Huber | 650 | Peter Ofner | 675 | Albert Niel |
| 625 | Erich Kramer | 651 | Max-Hermann Poech | 676 | Dietmar Poll |
| 626 | Michael Schwarzkopf | 652 | Manfred Wöss | 677 | Johann Wirnsperger |
| 627 | Krystyna Spiradek | 653 | Andreas J. Zingg | | |
| 628 | Erwin Stromberger | | 1989 | | |
| | 1988 | 654 | Gertrude Billiani | | |
| 629 | Michael R. U. Heinemann | 655 | Gerhard Finstermann | | |

# Öffentlichkeitsarbeit an der Montanuniversität

Christian GOD

Wenn an der Leobner Hochschule die Hörerzahlen absinken und deshalb der zuständige Minister nach Leoben kommt, um sich „ein Bild" zu machen, dann reagiert die Hochschule: alle verfügbaren Studenten werden in eine Lehrveranstaltung geschickt und anschließend – möglichst nach dem Wechseln der Kleidung – in einer anderen Lehrveranstaltung dem Herrn Minister noch einmal vorgezeigt.[1] – Ließ sich schon im Studienjahr 1931/32 der Minister nicht täuschen, was die bald darauf erfolgte Verlegung des Ersten Studienabschnittes an die Technische Hochschule Graz beweist, so wäre das heute, da sich der Wissenschaftsminister selbst fern von der Montanuniversität jederzeit zumindestens ein ungefähres „EDV-Bild" machen kann, vollkommen unmöglich.

Nach Wiederaufnahme der vollständigen Studienausbildung in Leoben mit Beginn des Studienjahres 1937/38 sind solche Überlegungen, die Leobner Hochschule insgesamt oder Teile ihrer Ausbildungstätigkeit zu verlegen, noch einige Male, immer bei abgesunkenen Hörerzahlen, vom zuständigen Ministerium angestellt worden.

Die Zahl der Erstinskribenten hatte nach dem Zweiten Weltkrieg, mit Ausnahme weniger Jahre, bis 1959 zugenommen, wodurch der im Wiederaufbau befindlichen österreichischen Montanindustrie die notwendigen Absolventen zur Verfügung gestellt werden konnten. Ab 1959 erfolgte ein stetiges Absinken der Erstinskribentenzahlen bis zu einem Tiefststand im Studienjahr 1968/69 von 78 Hörern (Bild 1). Bis 1971/72 hatten sich die Erstinskriptionszahlen wieder auf 145 erhöht, was sicherlich durch die inzwischen neu eingerichteten Studienrichtungen Gesteinshüttenwesen (1967/68), Montanmaschinenwesen (1968/69), Kunststofftechnik und Werkstoffwissenschaften (1970/71) beeinflußt worden war. Die Zahlen des Studienjahres 1959/60 mit 234 Erstinskribenten wurden aber bei weitem nicht mehr erreicht. Wie wenig die Errichtung neuer Studienrichtungen allein zu einem raschen Anstieg der Hörerzahlen führt, zeigt das erneute Absinken der Erstinskribentenzahlen in den darauffolgenden Jahren bis nahe an den vorangegangenen Tiefststand des Studienjahres 1968/69 heran. Ohne entsprechende Informationstätigkeit in den für die berufliche Entscheidungsbildung der Maturanten maßgeblichen Kreisen, den Höheren Schulen sowie den Eltern und Bekannten der Maturanten, gehen die Inskriptionszahlen neu errichteter Studienrichtungen zu Lasten früherer.

Nach einem guten Anfang waren die Erstinskriptionszahlen der Studienrichtung Kunststofftechnik zu Beginn des Studienjahres 1975/76 auf 6 abgesunken. Als daraufhin eine massive Werbung seitens der Universität und der interessierten Industrie einsetzte, nahmen die Inskriptionszahlen, trotz immer wieder auftretender Schwankungen, im Durchschnitt ständig zu, so daß diese Studienrichtung erstmalig im Studienjahr 1985/86 die meisten Erstinskribenten an der Montanuniversität aufwies und diese Stellung bis heute weiter ausbauen konnte.

Solche Erfolge sind nur durch das Zusammenwirken von Universität und der einschlägigen Industrie möglich.

Hie und da wurde rechtzeitig erkannt, daß die Erstinskribentenzahlen die Zahl der Absolventen in 6–7 Jahren nahezu festschreiben und was ein zu geringer Nachwuchs an Diplomingenieuren für die Entwicklung und Wettbewerbsfähigkeit sowie die notwendigen Gehälter bedeutet. Dies besonders, wenn auch in fachlich nahestehenden Disziplinen der Ingenieurwissenschaften im In- und Ausland ebenfalls ein Mangel an Absolventen herrscht. So muß auch die von den Montanisten in der Industrie

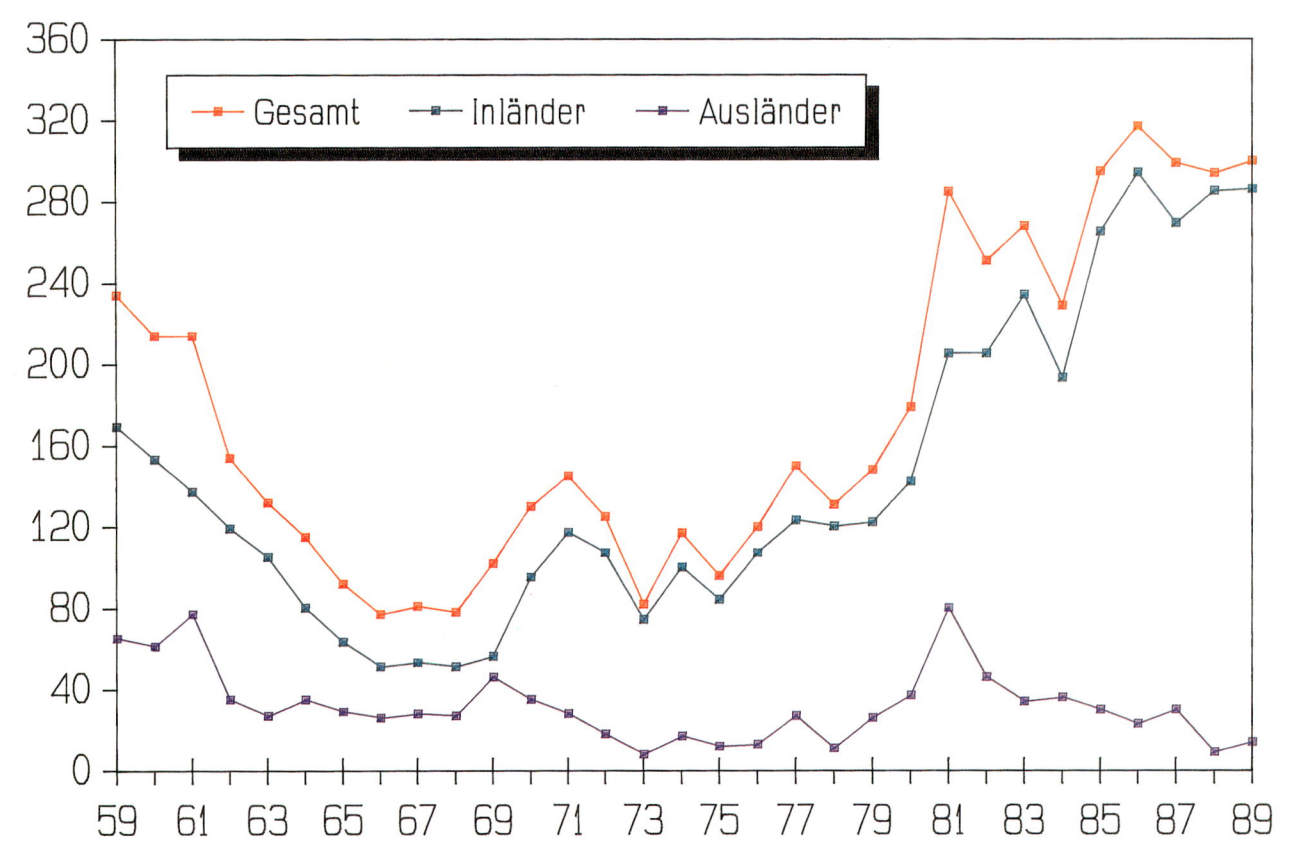

Bild 1: Erstinskribenten in den Studienjahren 1959/60 bis 1989/90 – ordentliche Hörer.

zeitweise heftig diskutierte Neueinführung von Studienrichtungen dahingehend beantwortet werden, daß diese fachlich notwendig und richtig waren, ihr Überleben und damit ihr Nutzen aber nur durch eine mit der Montanuniversität gemeinsame breite Informationstätigkeit in der Öffentlichkeit gesichert werden kann. Hierbei spielt der Bekanntheitsgrad einer Universität und der von dieser angebotenen Studien eine große Rolle. Auch hierin täuschen sich viele Montanisten, die an die weltweite Tätigkeit unserer Absolventen, den guten Ruf und den Bekanntheitsgrad der Montanuniversität denken. Dies bezieht sich richtigerweise auf die Fachwelt, nicht aber auf die Bevölkerung, die den Nachwuchs stellen soll. Alle an der Montanuniversität angebotenen Studien können in Österreich eben nur an der Montanuniversität betrieben werden. Als einzige Universität Österreichs hat die Montanuniversität ihren Standort nicht in einer Landeshauptstadt, und die von ihr angebotenen Studien sind in der Bevölkerung sehr wenig bekannt. Dies konnte anläßlich der Studien- und Berufsinformationsmessen häufig festgestellt werden: die Maturanten wußten nichts von einer Montanuniversität und noch viel weniger von den dort angebotenen Studienmöglichkeiten. Schüchterne Fragen bezogen sich häufig auf die Montanunion. Maturanten, die nach Wien oder Graz fuhren, konnten im Zug angetroffen werden, sie wußten noch nicht, was sie studieren wollten, meinten aber, daß es dort Universitäten gibt, an denen sie sich mal umsehen wollten. Sie waren durch Leoben gefahren, von einer Montanuniversität hatten sie noch nie etwas gehört!

Aber zurück zu den Jahren der geringsten Inskriptionszahlen: Das damalige Professorenkollegium hat die Notwendigkeit einer Öffentlichkeitsarbeit erkannt und F. Jeglitsch gebeten, sich dieser Aufgabe anzunehmen. Jeglitsch übernahm die Zusammenstellung und Redaktion der vom Bundesministerium für Soziale Verwaltung herausgegebenen ersten Berufsinformationsbroschüre, die an alle Arbeitsämter, deren Berufsberater und auch an die Schulen verteilt wurde, um eine sachlich richtige Studienberatung zu ermöglichen, und zeichnete für den Inhalt der ersten Informationsschrift zur Entscheidungsbildung über Studium und Beruf „Rohstoffingenieure, Werkstoffingenieure – Zukunftsingenieure" verantwortlich. Diese Informationsschriften zusammen mit zahlreichen Zeitungsinformationen, von denen besonders eine 1970 erschienene achtzehnseitige Sonderbeilage der „Presse" über die Tätigkeit der Montanistischen Hochschule in der Gegenwart und deren Aufgaben in der Zukunft zu nennen ist, sowie ein 16 mm-Farbtonfilm von 30 Minuten Dauer, der an der Montanistischen Hochschule und einer großen Zahl von Betrieben der Montanindustrie gedreht wurde, konnten somit erstmalig die Montanistische Hochschule, die von dieser damals angebotenen Studienmöglichkeiten, das Berufsbild und die hervorragenden Berufschancen der Absolventen den Maturanten und weiten Kreisen der Bevölkerung näher bringen. Ab 1973 wurde mit der Maturantenbetreuung an den Schulen und an der Montanistischen Hochschule begonnen. Nicht unerwähnt bleiben soll in diesem Zusammenhang die gute Zusammenarbeit mit dem ORF, Landesstudio Steiermark und dessen langjährigem Leiter der Wissenschaftsabteilung, Herrn Dr. Karl Logar, der in Anerkennung seiner Verdienste 1979 den Preis für Wissenschaftspublizistik der vier steirischen Hohen Schulen erhielt. Viele wissenschaftliche Hörfunksendungen haben zur Verbesserung des Bekanntheitsgrades der Montanuniversität wesentlich beigetragen.

Als 1975 mit dem Inkrafttreten des Österreichischen Universitäts-Organisationsgesetzes zahlreiche Kommissionen eingerichtet werden mußten, hat die Montanuniversität zusätzlich auch eine Kommission für Öffentlichkeitsarbeit geschaffen, der nun auch Vertreter der Assistentenschaft und der Studenten angehörten. Allmählich, wie nicht anders zu erwarten war, wirkte sich die viele Arbeit der Kontaktaufnahmen mit den inzwischen an den Allgemeinbildenden (AHS) und Berufsbildenden (BHS) Höheren Schulen eingesetzten Schülerberatern bzw. Bildungsberatern und den Schülern aus. Ab dem Studienjahr 1975/76 begannen die Erstinskriptionszahlen zu steigen.

Als Professor Jeglitsch im Herbst 1978 die Leitung des Österreichischen Forschungszentrums Seibersdorf übernahm, wurde der Verfasser des vorliegenden Beitrages mit der Leitung der Kommission für Öffentlichkeitsarbeit beauftragt und ersucht, eine weitere Erhöhung der Erstinskriptionszahlen zu erreichen, damit der Industrie die notwendige Zahl an Absolventen zur Verfügung gestellt werden kann. Zusammen mit den jeweiligen Kommissionsmitgliedern wurden in den folgenden Jahren bis heute umfangreiche Aktivitäten durchgeführt, um den Wunsch der Alma mater zu erfüllen.

Die gesamtösterreichische Hochschulinformationswoche vom 26.–31. März 1979 bot eine willkommene Gelegenheit, Maturanten und Bevölkerung mit der Montanuniversität in Kontakt zu bringen. 420 Schüler aus den steirischen AHS und BHS wurden an die Montanuniversität eingeladen und konnten die Tätigkeit einer großen Zahl von Instituten aus nächster Nähe kennenlernen. Eine Vortragsreihe zum Thema: „Energie – Beiträge zu Fragen ihrer Verfügbarkeit und rationellen Anwendung", der auch das Heft Nr. 3, 1979, der Radex-Rundschau gewidmet war, Hörfunksendungen mit führenden Vertretern der Montanuniversität und der Industrie sowie entsprechende Presseberichte trugen wesentlich zur Informationsarbeit bei.

Einladungen der Schülerberater einzelner Bundesländer – Steiermark, Kärnten, Tirol, Burgenland, Niederösterreich und Oberösterreich – an die Montanuniversität bzw. in Industriebetriebe (VOEST-ALPINE, Linz und Eisenerz) sollten deren Kenntnis vom Leobner Universitätsbetrieb und der Montanindustrie zur Weitergabe an die Schüler verbessern. Das gleiche Ziel verfolgten Vorträge über die Montanuniversität vor Lehrkräften anläßlich von Fachtagungen und die Kontaktaufnahme mit vielen Absolventen der Montanuniversität, die an Höheren Technischen

Bild 2: Videostudio des Institutes für Allgemeinen Maschinenbau.

rufsbild und die Berufschancen ihrer Absolventen laufend vorgestellt.

Als die Montanuniversität 1985 zur Maturantenberatung der Wiener Universitäten eingeladen worden war, hat sie als einzige mit einer Ausstellung daran teilgenommen. Diese Maturantenberatung war der Vorläufer aller seither veranstalteten Studien- und Berufsinformationsmessen, von denen bisher fünf in Wien, drei in Graz, zwei in Innsbruck und eine in Salzburg stattgefunden haben. An diesen Messen hat die Montanuniversität jeweils mit einer eigenen Koje teilgenommen und mit vielen Schülern sowie deren Eltern Kontakte geknüpft (Bilder 4, 5 und 6). Dies alles sind Beispiele aus der laufenden Öffent-

Bundeslehranstalten wirken. Informationstagungen von AHS-Direktoren, Pressekonferenzen verschiedener der Montanuniversität nahestehender Vereinigungen und Tagungen verschiedener Berufsverbände wurden immer wieder dazu benützt, auf die guten Berufschancen der Leobner Absolventen aufmerksam zu machen. Eine Vielzahl von Hörfunksendungen über Arbeiten und Forschungsziele unserer Institute, Fachtagungen, den Amtsantritt neuer Professoren und Rektoren wurden zusammengestellt sowie Filme mit dem ORF oder im Videostudio des Institutes für Allgemeinen Maschinenbau hergestellt (Bild 2).

Ab dem Studienjahr 1979/80 wurde an die jeweiligen Erstinskribenten ein Fragebogen ausgegeben und von allen neuen Hörer beantwortet, um Auskunft darüber zu erhalten, wodurch die Studenten von den Studienmöglichkeiten an der Montanuniversität erfahren hatten. Bild 3 zeigt den großen Anteil, den Familie und Bekannte an der Studienwahl einnehmen, den zunehmenden Anteil der Studieninformation an den Schulen, aber auch einen bedeutenden Beitrag durch die Informationstätigkeit der Montanuniversität.

Seit 1979 (Leoben), 1980 (Wien), 1981 (Salzburg) und 1983 (Graz) wurden anläßlich der Maturantentage die Montanuniversität und die von ihr angebotenen Studienmöglichkeiten sowie das Be-

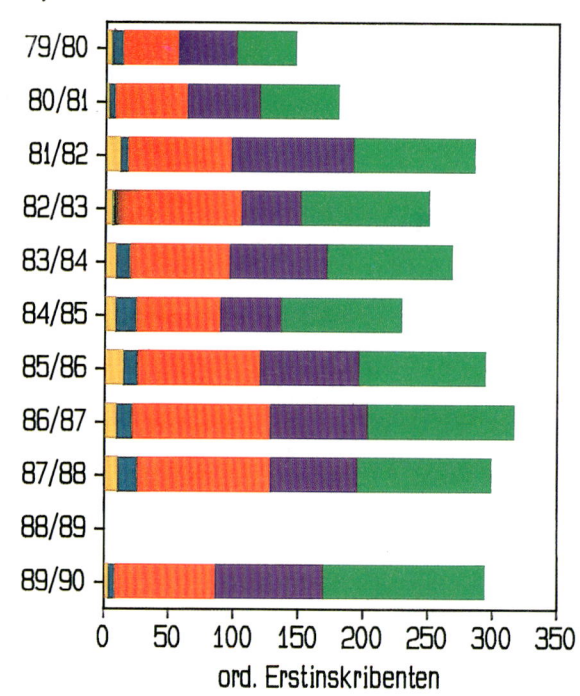

**Schule**
**Montanuniversität**
**Familie/Bekannte**
**Verschiedene**
**Massenmedien**

Bild 3: Ordentliche Erstinskribenten aufgrund verschiedener Informationsquellen.

Bild 4: Minister Dr. Streicher, Rektor Prof. Dr. Brünner, Rektor Prof. Dr. Jeglitsch und Schüler am Stand der Montanuniversität anläßlich der Studien- und Berufsinformationsmesse 1986 in Graz.

Bild 5: Stand der Montanuniversität anläßlich der Studien- und Berufsinformationsmesse 1986 in Graz.

Bild 6: Stand der Montanuniversität anläßlich der Studien- und Berufsinformationsmesse 1989 in Wien.

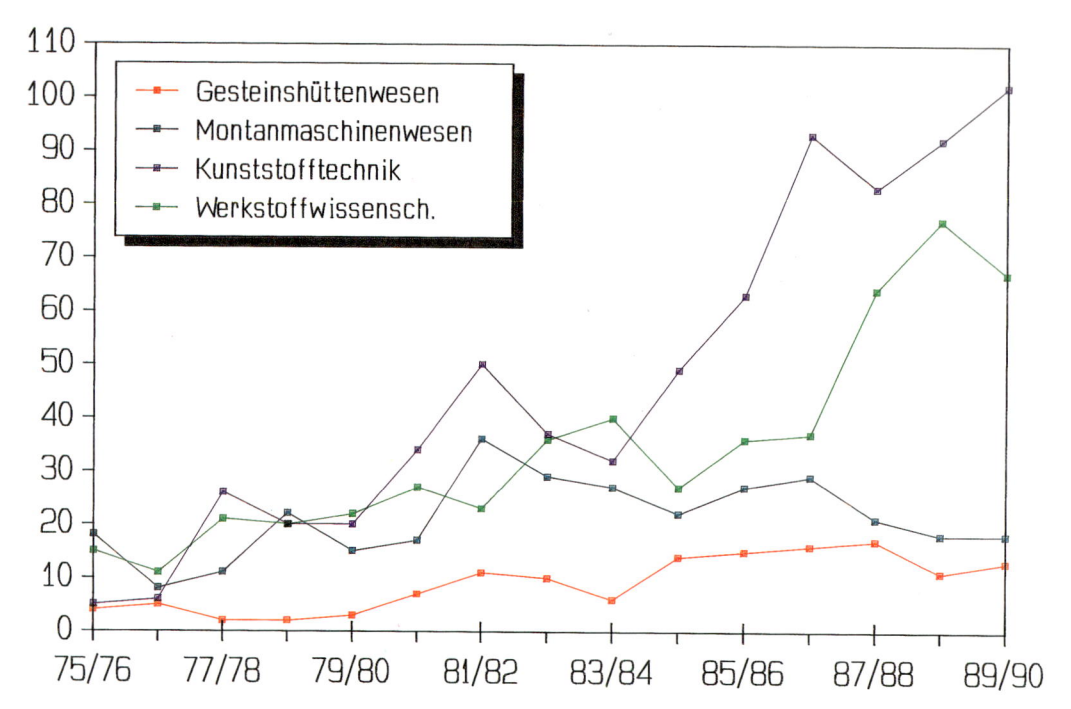

Bild 7: Erstinskribenten der Studienrichtungen Gesteinshüttenwesen, Montanmaschinenwesen, Kunststofftechnik und Werkstoffwissenschaften in den Studienjahren 1975/76 bis 1989/90 – ordentliche Hörer.

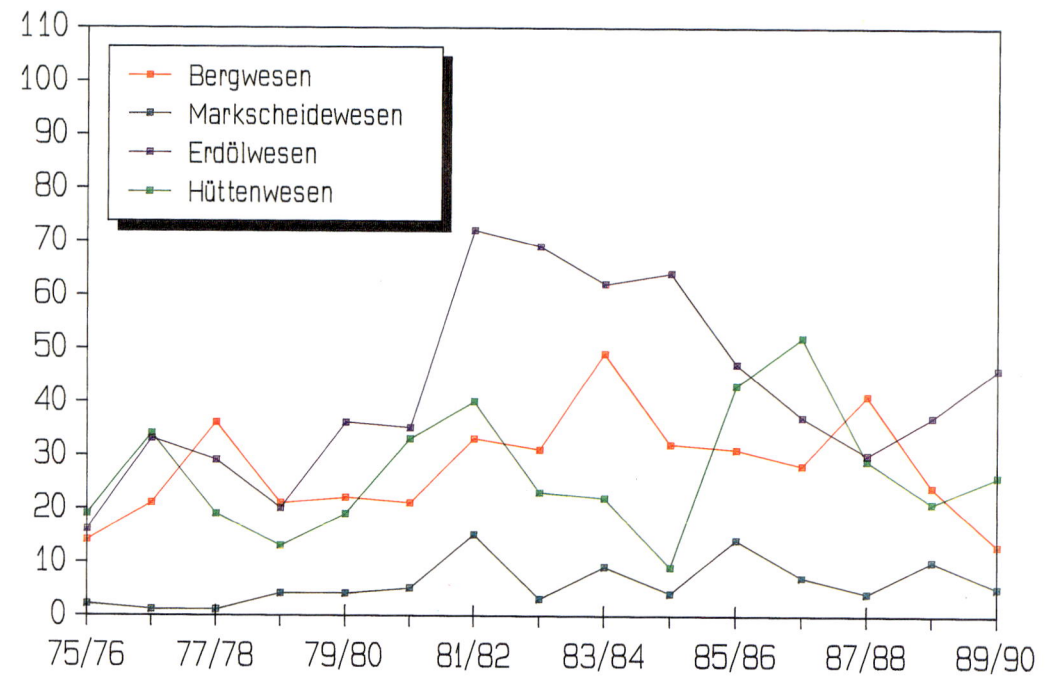

Bild 8: Erstinskribenten der Studienrichtungen Bergwesen, Markscheidewesen, Erdölwesen und Hüttenwesen in den Studienjahren 1975/76 bis 1989/90 – ordentliche Hörer.

lichkeitsarbeit, die noch weiter fortgeführt werden könnten.

Die grundsätzliche Strategie unserer Öffentlichkeitsarbeit besteht darin, im Zweijahresabstand sämtliche steirischen AHS mit realistischen Unterrichtszweigen und BHS entweder, wenn möglich, an die Montanuniversität einzuladen oder zu besuchen, wobei immer die an einem technischen Studium interessierten Schüler der beiden letzten Klassen bzw. Jahrgänge informiert werden sollen. In den letzten Jahren haben zwischen 400 und 700 Schüler pro Jahr die Montanuniversität und 16 ihrer Institute besucht.

Selbstverständlich bestehen darüber hinaus noch viele Kontakte zu Schulen in anderen Bundesländern. Maturanten aus 22 Schulen der Bundesländer haben uns in den letzten Jahren besucht oder wurden von uns im Rahmen einer Informationsveranstaltung mit der Montanuniversität bekanntgemacht. Ein 1980 aufgelegter „Falter" wurde allen Landesschulräten bzw. Höheren Schulen Österreichs zugeschickt, die Informationsbroschüre der Montanuniversität „Rohstoffingenieure, Werkstoffingenieure – Zukunftsingenieure" mehrmals aktualisiert und erweitert, zahlreiche Informationsschriften über einzelne Studienrichtungen und Studienzweige erstellt und viele Presseartikel verfaßt. Dies alles hat dazu beigetragen, daß die Zahl der Erstinskribenten trotz Rückganges der ausländischen Hörer stark zugenommen hat und heute bei ungefähr 300 Erstinskribenten je Studienjahr liegt (siehe Bild 1), was das Vierfache gegenüber dem Studienjahr 1968/69 bedeutet. Die Gesamthörerzahl liegt heute etwa bei 2000.

Die Bilder 7 und 8 zeigen die Entwicklung der Erstinskriptionen in den „alten" bzw. „neuen" Studienrichtungen. Besonders die Studienrichtungen Hüttenwesen und Gesteinshüttenwesen würden viel mehr Studenten benötigen, um die dringend erforderlichen Absolventen ausbilden zu können. Aber auch die Studienrichtungen mit starker Zunahme der Inskriptionen können mehr offene Stellen als Absolventen anbieten.

Die geschilderten Voraussetzungen sollten alle jene Maturanten, die eine Neigung zu naturwissenschaftlichen Fächern besitzen und an der Lösung ingenieurwissenschaftlicher Probleme in der Zukunft interessiert sind, dazu bewegen, an der Montanuniversität zu studieren. Ein Universitätsstudium ist eine sehr gute Investition, wenn Neigung, Fähigkeiten und Berufschancen vorhanden sind.

## ANMERKUNG

[1] Private Mitteilung eines damaligen Studenten an der Montanistischen Hochschule, Betriebsleiter i.R. Dipl.Ing. Fritz Nedoschill, Judenburg.

Sankta Barbara. Hinterglasbild von F. Mayer-Beck, 1968.

Universitätsbibliothek Leoben.

# Ausländerstudium

Friedwin STURM

An der Montanuniversität und ihren Vorgängerinstitutionen hat das Studium ausländischer Hörer immer schon eine bedeutende Rolle gespielt. So waren bereits im Studienjahr 1843/44 unter den neun neu eingetretenen Hörern der Steiermärkisch-Ständischen Montan-Lehranstalt in Vordernberg sechs Ausländer: fünf Ägypter und ein Franzose (Bild 1). Den Ägyptern blieb zwar ein entsprechender Studienerfolg versagt, aber die Offenheit der Montan-Lehranstalt für Ausländer ist jedenfalls dokumentiert. Wie zur damaligen Zeit die Bevölkerung des kleinen Ortes Vordernberg die Ägypter aufgenommen hat, oder ob und wie sie am gesellschaftlichen Leben teilgenommen haben, ist leider nicht überliefert.

Das Ausländerstudium an einer Universität ist im Spannungsfeld zwischen der wünschenswerten Internationalität des Studiums und dem doch beträchtlichen Mehraufwand der Universitätslehrer zu sehen. Den Unterschieden in der Mentalität, in den Denk- und Lebensgewohnheiten, aber auch in der Erziehung und Vorbildung stehen meist unzureichende Bemühungen der österreichischen Institutionen, die Vorurteile der Bevölkerung und oft auch mangelnde Integrationsbereitschaft gegenüber.

Das österreichische Bekenntnis zur „Entwicklungshilfe" wiegt die Aussage eines Ausländers: *„Jetzt wohne ich schon ein halbes Jahr in dem Studentenheim, aber außer ‚servus' zu sagen bei der Begegnung am Gang, hat sich noch kein Österreicher länger mit mir unterhalten"* in keiner Weise auf.

Auch ein technisches Studium ist oft nicht leicht zu bewältigen, wenn in der Kindheit und Jugend nicht in gleichem Maße wie bei uns technische Geräte die Umwelt prägen.

Für viele ausländische Studenten ist neben den Sprachproblemen und den Kontaktschwierigkeiten auch die Umstellung auf die Lernfreiheit an Österreichs Universitäten mit Schwierigkeiten verbunden. Institutionen und Einrichtungen an den Universitäten können dabei nur teilweise Abhilfe schaffen. Von den Betreuungsorganisationen sind in Leoben nur der Österreichische Auslandsstudentendienst (ÖAD) mit der Geschäftsstelle, dem Referenten für das Ausländerstudium und dem Hochschullehrgang für Ausländer (Vorstudienlehrgang) sowie teilweise das Afro-Asiatische Institut (AAI) Graz über den katholischen Hochschulseelsorger präsent.

## ENTWICKLUNG DER HÖRERZAHLEN

Im vorigen Jahrhundert kam der Großteil der ausländischen Hörer aus slawischen Ländern. An der k.k. provisorischen und Steiermärkisch-Ständischen Montan-Lehranstalt in Vordernberg waren im Studienjahr 1848/49 von den 55 neu eintretenden Hörern 7 aus Galizien und 17 aus Böhmen und Mähren.

| Zahl | Name | Geburt |
|---|---|---|
| | **1843—44.** | |
| 23 | **Ali** Isa | Kairo, Ägypten, 1819 |
| 24 | **Andrieu** Julius Cäsar | Toulon, Frankreich, 1821 |
| 25 | **Califa** Hassan | Alexandrien, Ägypt., 1820 |
| 26 | **Czegka** Eduard | Primislau, Böhmen, 1821 |
| 27 | **Daschury** Muhamed | Kairo, Ägypten, 1819 |
| 28 | **Hassan** Hussen | Kairo, Ägypten, 1821 |
| 29 | **Muhamed** Hassan | Kairo, Ägypten, 1819 |
| 30 | **Valentin** Anton | Krieglach, Steierm., 1818 |
| 31 | **Steindorfer** Ferdinand | Pöllau, Steiermark, 1809 |

Bild 1: Die neu eingetretenen Hörer im Studienjahr 1843/44.[1]

Bild 2: Graduierung eines Absolventen der Studienrichtung Erdölwesen.  FOTO RADERBAUER Leoben.

Welcher Nationalität diese Hörer im Vielvölkerstaat Österreich tatsächlich angehört haben bzw. zu welcher sie sich bekannten, läßt sich wohl heute nicht mehr genau ermitteln. An der k.k. Bergakademie Leoben waren dann etwa im Studienjahr 1879/80 von den 65 neu eintretenden Hörern 14 aus Galizien und 30 aus Böhmen und Mähren.

Im Jahr 1878 gründeten sowohl die polnischen Hörer eine nationale Vereinigung, die „Bergakademische Polnische Lesehalle", als auch die Tschechen den „Verein der cechoslowakischen Akademiker Prokop".[2]

Aus Anlaß des Bergmannstages 1937 schreibt Prof. Ing. Stanislav Skoczylas, Präsident des polnischen Landesausschusses, in einem Beitrag „Aus der Studienzeit in Leoben"[3]:

„*Das liebe Leoben, welches mit seiner gebirgigen Umgebung, mit der Mur, mit dem alten Stadtturm und anderen Altertümlichkeiten die schönste Umrahmung für die ehrwürdige Hochschule bildet und mit derselben innig und auf ewig verbunden bleibt, haben wir alle doch nie vergessen. Viele angenehme Erinnerungen rufen uns oft dorthin zurück, nicht zuletzt in die Langgasse, wo durch eine geraume Zeit die polnische Lesehalle untergebracht war. Große gewölbte Räume, in welchen häufig Versammlungen abgehalten wurden, wo täglich gelesen und im Fechten geübt wurde, konnten für den großen, 50 und manchmal bis 100 Mitglieder zählenden polnischen Leseverein nur spärlich ausreichen. Die Lesehalle diente trotzdem als kollegiales Domizil und hat öfters für uns fast die Heimat vertreten.*"

Nach dem Ersten Weltkrieg hat sich das Bild vollständig verändert, da viele Studenten, die in der Monarchie Inländer waren, nun als Ausländer galten.

Zwischen den beiden Weltkriegen waren in den Jahren von 1921 bis 1933 unter den Absolventen des Bergwesens 48,5 Prozent Ausländer und bei den Hüttenleuten 32 Prozent Ausländer.[4]

Die weitere Entwicklung der Zahl der ausländischen Hörer von 1945 bis heute zeigt Bild 4. Bezogen auf den Zeitraum von 1960 bis heute betrug der größte Ausländeranteil an der Gesamthörerzahl rund 35,4 % im Studienjahr 1969/70 bei einer Anzahl von 199 ausländischen Hörern. Bis zum Studienjahr 1989/90 sank der prozentuelle Anteil auf 12,5 %, bei insgesamt 239 ausländischen Hörern. Der Durchschnittswert seit 1960 liegt bei 219 Ausländern, sodaß der prozentuelle Abfall nur auf die starke Zunahme der inländischen Hörer zurückzuführen ist.

Die Verteilung der ausländischen Hörer auf die einzelnen Herkunftsländer zeigt Bild 5, nach dem die meisten Ausländer aus dem Iran, aus Griechenland und der Türkei sowie der Bundesrepublik Deutschland kommen.

Bild 3: Graduierung eines Absolventen der Studienrichtung Kunststofftechnik.  FOTO RADERBAUER Leoben.

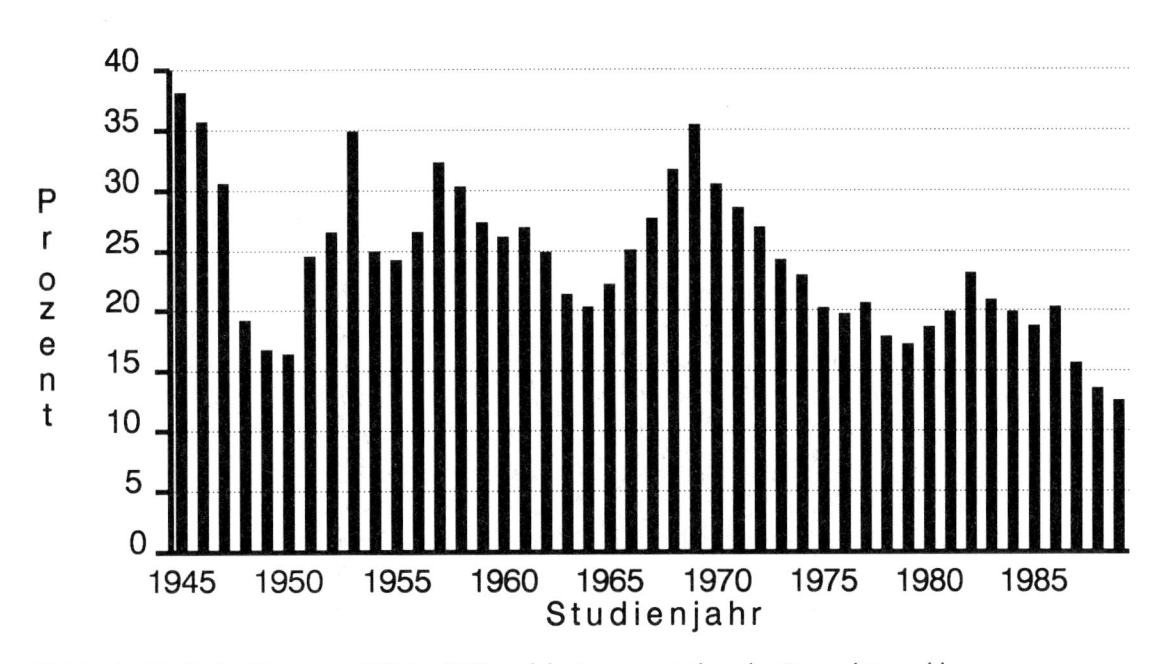

Bild 4: Ausländische Hörer von 1945 bis 1989 und ihr Prozentanteil an der Gesamthörerzahl.

## Ausländische Studenten 1989/90
(ordentliche und außerordentliche inskribierte Hörer)

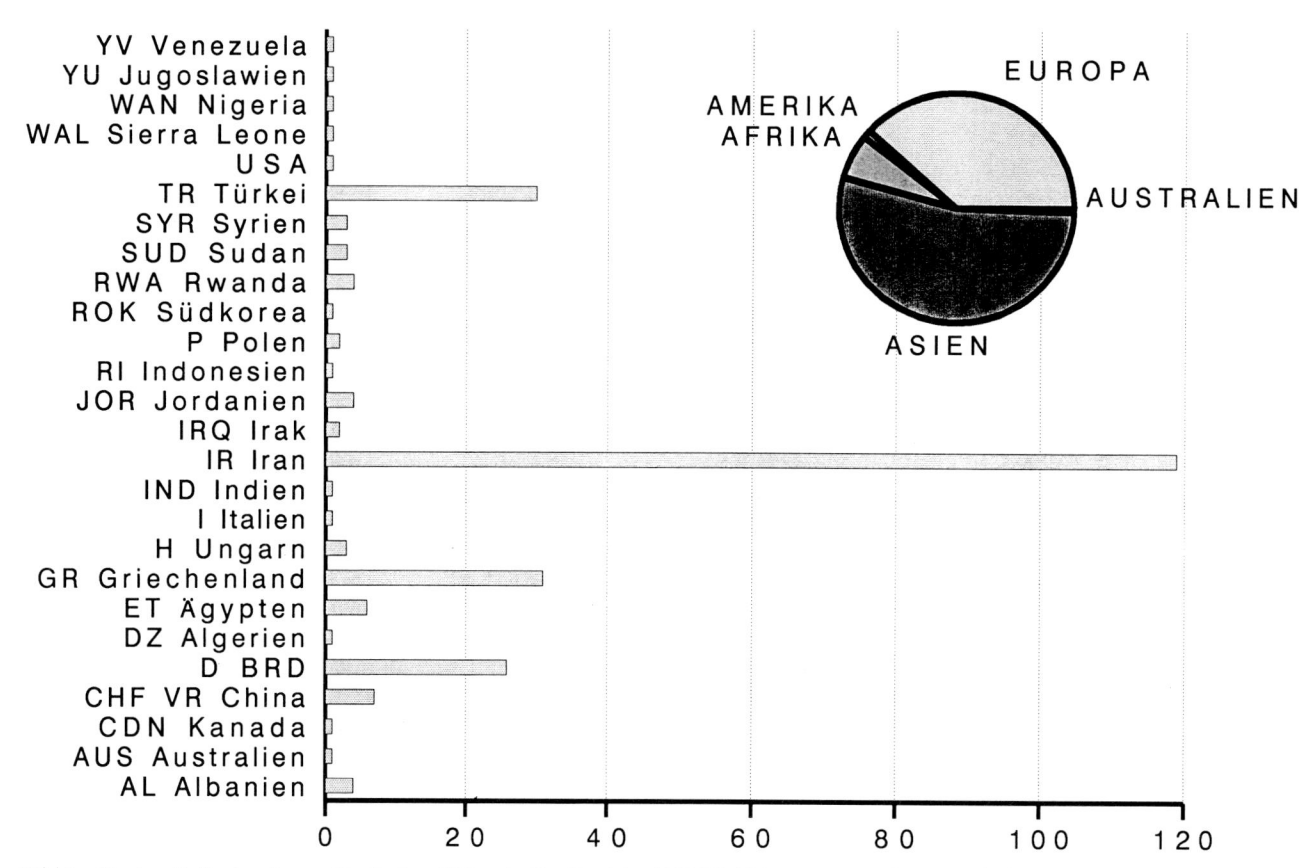

Bild 5: Herkunftsländer der ausländischen Hörer im Studienjahr 1989/90 (Wintersemester); 239 inskribierte ordentliche Hörer und 17 außerordentliche Hörer, die den Hochschullehrgang für Ausländer (Vorstudienlehrgang) inskribiert haben.

## ÖSTERREICHISCHER AUSLANDSSTUDENTENDIENST

In den Jahren 1960 und 1961 fanden zahlreiche Beratungen über die Möglichkeiten zur Betreuung ausländischer Studenten statt. Als Ergebnis dieser Beratungen hat die Österreichische Hochschülerschaft vorgeschlagen, einen Verein „Österreichischer Auslandsstudentendienst" zu gründen. Dieser Vorschlag fand die Zustimmung der akademischen Behörden, der Rektorenkonferenz und des Bundesministeriums für Unterricht. Der Gründungsbeschluß wurde in der konstituierenden Generalversammlung am 13. November 1961 gefaßt.[5]

Der Österreichische Auslandsstudentendienst ist eine Einrichtung sämtlicher österreichischer Universitäten und Hochschulen, die in allen Universitätsstädten Geschäftsstellen unterhält. Die Geschäftsstelle Leoben wird von Herrn Universitätsdirektor DDr. Adalbert Neuburg geleitet, Frau Anneliese Kügler-Eppich und Frau Ute Schabbauer besorgen die Sekretariatsarbeiten, und sämtliche Geldabwicklungen werden in der Quästur vor allem von Frau Gudrun Rabl durchgeführt.

Der Österreichische Auslandsstudentendienst hat die Belange des Ausländerstudiums in Leoben immer unterstützt, und es gibt seit nunmehr 29 Jahren eine bestens funktionierende Zusammenarbeit. In Aner-

Bild 6: Verleihung der Würde eines Ehrensenators an den Präsidenten des Österreichischen Auslandsstudentendienstes, em.Prof. Dr.phil. Michael Karl Zacherl, bei der Akademischen Feier am 18.12.1981.
FOTO FREISINGER Leoben.

kennung der Verdienste wurde dem langjährigen Präsidenten des Österreichischen Auslandsstudentendienstes, Herrn em.Prof. Dr.phil. Michael Karl Zacherl, die Würde eines Ehrensenators verliehen (Bild 6). In der Delegiertenversammlung des Österreichischen Auslandsstudentendienstes war die Montanuniversität im Jahr 1961 durch Prof. Reitz, von 1962 bis 1977 durch Prof. Horninger, im Jahr 1977 durch Prof. Sturm sowie von 1978 bis 1989 durch Prof. Schmidt vertreten. Ab dem Studienjahr 1989/90 ist Prof. Jürgen Wolfbauer der Delegierte der Montanuniversität. Die Leobner Mitglieder im Präsidium des ÖAD waren von 1962 bis 1978 Prof. Reitz, der zugleich auch Vizepräsident war, und seit dem Studienjahr 1978/79 Prof. Sturm.[6]

Der heutige Generalsekretär des ÖAD, Hofrat Dr. Koller, war seit Beginn als Geschäftsführer tätig und seinem Einsatz ist es zu danken, daß in all den Jahren alles so gut funktionierte und der ÖAD die vielfältigen Aufgaben, die ihm übertragen wurden, bei einem minimalen Verwaltungsaufwand zur vollen Zufriedenheit der Ministerien, Universitäten und Hochschulen erfüllen konnte.

## REFERENT FÜR DAS AUSLÄNDERSTUDIUM

Ab dem Studienjahr 1963 wurden zur Betreuung der ausländischen Studenten und der Regierungsstipendiaten sogenannte „Vertrauensdozenten" an allen Universitäten, Hochschulen und Fakultäten bestellt. Die Vertrauensdozenten hatten ursprünglich die Aufgabe, den Studienfortgang der ausländischen Hörer zu überprüfen, und waren auch in das Verfahren für die Aufenthaltsgenehmigungen eingebunden. Als diese „Überprüfungsaufgaben" abgeschafft wurden, hat man auch den Namen auf „Referent für das Ausländerstudium" geändert. Von 1963 bis 1974 war Prof. Faninger der Referent für das Ausländerstudium und seit dem Studienjahr 1975/76 Prof. Sturm.

Zur Funktion und zu den Aufgaben der Referenten für das Ausländerstudium schreibt der derzeitige Präsident des ÖAD, Prof. Hermann Hausmaninger, im Rechenschaftsbericht über das Jahr 1988:[6]

*„Die an den einzelnen Fakultäten, Universitäten und Kunsthochschulen tätigen Referenten für das Ausländerstudium leisten einen besonders wichtigen Beitrag zur Betreuung ausländischer Studierender in Österreich. Ihre Arbeit beginnt in vielen Fällen bereits vor dem Studienbeginn eines ausländischen Studenten und erstreckt sich von der Beantwortung schriftlicher und mündlicher Studienanfragen von ausländischen Interessenten bis zur Hilfestellung bei der Lösung von Zulassungsproblemen. Hat der Ausländer sein Studium in Österreich begonnen, beraten ihn die Referenten in einer breiten Vielfalt von Studienangelegenheiten, darunter auch bei der Anerkennung ausländischer Hochschulabschlüsse und der Anrechnung zurückgelegter Studienzeiten. Darüber hinaus werden die Ausländerreferenten häufig um Unterstützung im Verkehr mit staatlichen und akademischen Behörden gebeten.*

*Besondere Aufmerksamkeit widmen die Referenten der Betreuung der Stipendiaten der österreichischen Bundesregierung."*

In Leoben werden vom Referenten für das Ausländerstudium im Auftrag des Rektors sämtliche Zulassungsansuchen ausländischer Studienwerber bearbeitet.

Die Zuschußstipendien des Entwicklungshilfe-Projektes 834 D des Bundesministeriums für Auswärtige Angelegenheiten werden in Leoben über den Referenten für das Ausländerstudium abgewickelt. Die Vergabe der Stipendien erfolgt jeweils in einer Auswahlsitzung, zu der auch Vertreter der Österreichischen Hochschülerschaft sowie Vertreter der Geschäftsstelle Leoben des ÖAD eingeladen werden. In den letzten Studienjahren konnten etwa je 30 Zuschußstipendien mit unterschiedlicher Laufzeit und unterschiedlicher Höhe an ordentliche Hörer aus außereuropäischen Entwicklungsländern zuerkannt werden.

Von der „Gesellschaft von Freunden der Montanuniversität" wurde dem Referenten für das Ausländerstudium in den letzten Jahren ein mit S 5.000.- dotierter Härtefonds zur Verfügung gestellt, der für die Unterstützung von in Not geratenen ausländischen Hörern verwendet werden konnte.

## HOCHSCHULLEHRGANG FÜR AUSLÄNDER

Ausländische Hörer können nur dann einer Lehrveranstaltung entsprechend folgen und Prüfungen positiv ablegen, wenn sie die Unterrichtssprache ausreichend beherrschen und vor allem auch die grundlegenden Ausdrücke in der deutschen Fachsprache kennen. Zur Vorbereitung der ausländi-

Bild 7: Stipendiat aus Rwanda beim Akademischen Ledersprung.
FOTO RADERBAUER Leoben.

## HOCHSCHULLEHRGANG für AUSLÄNDER
### (Vorstudienlehrgang)

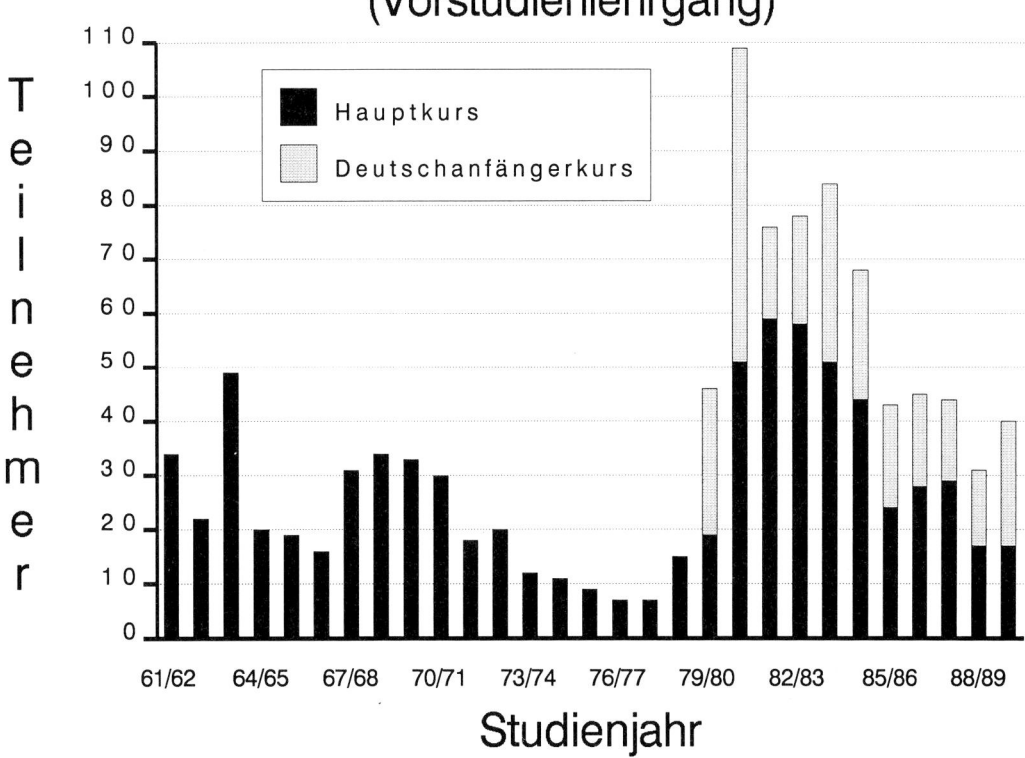

Bild 8: Teilnehmer am Hauptkurs und am Deutsch-Anfängerkurs vom Studienjahr 1961/62 bis zum Studienjahr 1989/90.

schen Hörer auf das Studium wurde in Leoben als erster Universität Österreichs im Studienjahr 1961/62 ein Vorbereitungslehrgang eingerichtet, der als „Erweiterter Deutschkurs" bezeichnet wurde. Derartige Vorstudienlehrgänge wurden in weiterer Folge auch in Wien, Graz und Innsbruck eingerichtet. Schulerhalter für die Vorstudienlehrgänge ist der Österreichische Auslandsstudentendienst. Leiter des Vorstudienlehrganges in Leoben war von 1961 bis 1979 Prof. Reitz und seit dem Studienjahr 1979/80 Prof. Sturm.

Zusätzlich zum Hauptkurs, der sich über ein ganzes Studienjahr erstreckt, wird seit dem Studienjahr 1979/80 im Sommersemester auch ein Deutsch-Anfängerkurs abgehalten. Zu Zeiten des stärksten Andranges an ausländischen Studienwerbern, der teilweise durch die Situation im Heimatland – wie beispielsweise im Jahr 1980/81 im Iran – bedingt war, mußten zwei Hauptkurse und zwei Anfängerkurse abgehalten werden.

Bild 8 zeigt die Teilnehmer an den seit 1961 abgehalten Kursen des Hochschullehrganges für Ausländer in Leoben.

Derzeit wird ein Hauptkurs mit einem Unterricht im Ausmaß von 38 Wochenstunden und ein Deutsch-Anfängerkurs mit 10 Wochenstunden abgehalten. Die Lehrkräfte sind Mittelschulprofessoren aus den beiden Leobner Gymnasien, die im Rahmen von Mehrdienstleistungsvergütungen vom Bundesministerium für Unterricht und Kunst zur Verfügung gestellt werden.

In diesem Studienjahr werden die Lehrveranstaltungen von folgenden Lehrkräften des BG Leoben und des BG+BRG Leoben abgehalten:

Deutsch-Anfängerkurs:
    Dipl.Dolm. B. HARUM
    Mag. H. KAMMERHOFER
Deutsch:
    Dr. H. MAUSCHITZ
    Mag. E. SCHWARZ
    DDr. M. URATNIK
    Dr. B. WIESER
Mathematik:
    Mag. H. SALZMANN
Physik:
    Dir. Dr. G. STADLER
Chemie:
    Mag. A. WEEBER
Darstellende Geometrie:
    Mag. H. GESSLBAUER
    Mag. W. HARTMANN.

**ANMERKUNGEN**

[1] Denkschrift zur fünfzigjährigen Jubelfeier der k.k. Berg-Akademie in Leoben 1840–1890, Leoben 1890.
[2] G. JONTES: Zur Geschichte der polnischen Studentenschaft in Leoben. Zeitschrift des Historischen Vereins für Steiermark. Hrsg.: F. POSCH, P. W. ROTH, LXIII. Jahrgang, Graz 1982.
[3] Obersteirische Volkszeitung. Donnerstag, den 2. September 1937, 53. Jahrgang, Nummer 101, Seite 6.
[4] R. LIST: „Weg durch ein Jahrhundert". Obersteirische Zeitung. Samstag 21. Mai 1949. 4./19. Jahrg., Nr. 41, Seite 5–10.
[5] Arno W. REITZ: „Probleme des Ausländerstudiums". Österreichische Hochschulzeitung, Nr. 11 vom 1. Juni 1974.
[6] Rechenschaftsberichte des Österreichischen Auslandsstudentendienstes aus den Jahren 1961 bis 1989.

# Postgraduate Course „Mineral Exploration"

Walter J. SCHMIDT

Der Postgraduate Course „Mineral Exploration" wurde erstmals im Studienjahr 1965/66 an der Montanuniversität durchgeführt und ab dem Jahre 1982 aus finanziellen Gründen nicht mehr weitergeführt. Mit der Organisation und Durchführung des Kurses war der Ordinarius für Prospektion, Lagerstättenerschließung und Mineralwirtschaft betraut. Sein Ziel war es, bereits ausgebildeten und im Beruf stehenden Fachleuten auf dem Gebiet der mineralischen Rohstoffe, also sowohl Geowissenschaftlern als auch Bergingenieuren und Mineralkaufleuten aus Entwicklungsländern eine Weiterbildung zu ermöglichen, ihre Kenntnisse damit auf den neuesten Stand zu bringen, aber auch einen breiten Überblick über den gesamten Fachbereich zu geben. Daneben bestand aber auch das Bestreben, diese zukünftigen Führungskräfte der Bergbauindustrie ihrer Heimatländer mit der einschlägigen österreichischen Industrie bekannt zu machen und damit den Grundstein zu dauernden Kontakten, zum Vorteil beider Seiten, zu legen. Es wurde dies nicht zuletzt durch die aktive Mitwirkung bei der Kursgestaltung und -durchführung von Vertretern österreichischer Unternehmen sichergestellt.

Die Finanzierung des Kurses erfolgte in der Weise, daß mit Zustimmung des BMWF seitens der Universität die nötigen Einrichtungen zur Verfügung gestellt wurden, während alle übrigen Kosten, also Entschädigung der Lehrkräfte, Einstellung zweier Hilfskräfte für Organisation und Betreuung, Unterhaltskosten der Teilnehmer und Barauslagen im Zusammenhang mit dem Unterricht, seitens der Entwicklungshilfeabteilung des Bundeskanzleramtes getragen wurden. Die UNESCO fungierte als Co-Sponsor des Kurses und leistete einen Zuschuß zu den Reisekosten der Kursteilnehmer. Das Gesamtbudget des Kurses bewegte sich jeweils in der Größenordnung von 1 bis 1,5 Millionen Schilling, war also im Vergleich zu ähnlichen Kursen in anderen Ländern überaus kostengünstig.

Die Dauer des Kurses war ursprünglich jeweils mit einem vollem Studienjahr angesetzt, die Teilnehmerzahl mit etwa zehn.

Einen Überblick über die ursprünglich angebotenen Lehrveranstaltungen, alle in englischer Sprache, gibt die folgende Aufzählung:

O.Univ.Prof. Dipl.Ing. Dr.-Ing. F. Hermann: "Prospecting, Exploration and Evaluation of Mineral Deposits and Properties"
O.Univ.Prof. Dipl.Ing. Dr.-Ing. G. B. Fettweis, O.Univ.Prof. Dr. W. E. Petrascheck, O.Univ.Prof. Dipl.Ing. Dr.-Ing. F. Hermann: „Discussion on Special Problems and Reports in the Fields of Mining, Mining Geology and Hydrogeology"
O.Univ.Prof. Dr. F. Weber, Dipl.Ing. Dr.mont. H. Mauritsch: „Geophysical Methods of Prospecting"
Dipl.Ing. Dr.mont. S. Polegeg: „Aerial Geology"
Ao.Univ.Prof. Dr. W. Siegl: „Laboratory Investigations of Ores and Minerals"

Bild 1: Kursteilnehmer 1980 vor dem Portal der Montanuniversität.

Bild 2: Kursteilnehmer 1981 bei der Einfahrt in das Salzbergwerk Dürrnberg-Hallein. FOTO MIELICHHOFER Hallein.

Ao.Univ.Prof. Dr. W. Siegl: „Geochemical Prospecting"

O.Univ.Prof. Dipl.Ing. Dr.mont. H. J. Steiner: „Special Problems of Mineral Dressing and Metallurgy"

O.Univ.Prof. Dipl.Ing. Dr.-Ing. H. Spickernagel, Dipl.Ing. Dr.mont. E. Czubik: „Fundamentals of Mapping"

Dr. W. Pohl: „Outlines of the Geology of Non-European Countries and their Mineralisation"

Dr. H. Grill: „First Aid"

Prof. I. Jörg: „German for Foreigners".

Nach dem Abschluß des Kurses 1976/77, wohl auch im Zusammenhang mit der Emeritierung des Kursleiters, wurde seitens der Entwicklungshilfeabteilung des Bundeskanzleramtes eine Reorganisierung des Kurses angeregt. Der daraufhin vorgelegte Plan fand keine Zustimmung, und der Kurs wurde in Konsequenz im Studienjahr 1977/78 storniert. Nach der Neubesetzung des zuständigen Ordinariates wurden die Verhandlungen über die Reorganisierung des Kurses wieder aufgenommen, und es konnte eine Einigung über die Weiterführung erzielt werden, die im wesentlichen eine zeitliche Straffung des Kurses auf ein Semester, die Verdoppelung der Teilnehmer des Kurses auf etwa 20 zur rationelleren Nutzung des Lehrangebotes und eine Ausweitung des Lehrangebotes umfaßte.

Einen Überblick über die danach angebotenen Lehrveranstaltungen gibt die folgende Aufzählung:

O.Univ.Prof. Dr. W. J. Schmidt: „Bases and Sequences of Prospection and Exploration"

O.Univ.Prof. Dr. W. J. Schmidt: „World Trends in Prospection and Exploration"

O.Univ.Prof. Dipl.Ing. Dr.-Ing. G. B. Fettweis, O.Univ.Prof. Dr. W. J. Schmidt: „World Trends in Mineral Economics"

O.Univ.Prof. Dr. H. Holzer: „Photogeology and Remote Sensing"
Univ.Doz. Dr. E. Erkan: „Plate Tectonics and Mineral Deposits"
Prof. Dr. L. Kostelka: „Practice in Underground Exploration"

Bild 3: Im Kalksteinbruch der Solvay-Werke in Ebensee.

Univ.Doz. Dr. W. Pohl: „Structural Fabric Analysis"
Dr. E. Geutebrück: „Introduction to the Local Geology"
O.Univ.Prof. Dr. E. F. Stumpfl: „Mineral Deposits and Environments"
Univ.Doz. Dr. H. Weninger: „Mineral Identification in the Field"
Univ.Doz. Dr. H. Weninger: „Modern Methods of Mineral Identification"
O.Univ.Prof. Dipl.Ing. Dr. Z. Heinemann: „Reservoir Characteristics"
O.Univ.Prof. Dipl.Ing. Dr. H. J. Steiner: „Mineral Processing Aspects in Prospection and Exploration"
Ao.Univ.Prof. Dipl.Ing. Dr. E. Lechner: „Introduction to Mining"
Ao.Univ.Prof. Dipl.Ing. Dr. E. Lechner: „Unconventional Methods in Mining"
Dipl.Ing. Dipl.Ing. J. Müllner: „Introduction to Drilling"
Ao.Univ.Prof. Dipl.Ing. Dr. H. Mauritsch: „Exploration Geophysics"
Ao.Univ.Prof. Dipl.Ing. Dr. H. Mauritsch: „Seismics"
Univ.Doz. Dipl.Ing. Dr. G. Walach: „Gravimetry"
Dipl.Ing. Dr. C. Schmid: „Geoelectrics and Magnetics"

| | |
|---|---|
| Afghanistan | 4 |
| Algerien | 1 |
| Argentinien | 2 |
| Ägypten | 14 |
| Äthiopien | 1 |
| Bolivien | 6 |
| Brasilien | 6 |
| China | 2 |
| Dominikanische Rep. | 1 |
| Ecuador | 1 |
| Elfenbeinküste | 1 |
| El Salvador | 1 |
| Ghana | 5 |
| Griechenland | 1 |
| Guyana | 1 |
| Guinea | 1 |
| Indien | 16 |
| Indonesien | 8 |
| Iran | 7 |
| Irak | 8 |
| Kenia | 5 |
| Kolumbien | 5 |
| Korea | 1 |
| Liberien | 2 |
| Lybien | 1 |
| Malawi | 1 |
| Malaysia | 2 |
| Marokko | 2 |
| Mexiko | 4 |
| Nepal | 3 |
| Nigerien | 4 |
| Oman | 1 |
| Panama | 1 |
| Pakistan | 5 |
| Philippinen | 4 |
| Peru | 3 |
| Saudiarabien | 2 |
| Sierra Leone | 1 |
| Somalia | 1 |
| Sri Lanka | 2 |
| Sudan | 4 |
| Syrien | 3 |
| Tanzania | 3 |
| Thailand | 5 |
| Togo | 1 |
| Trinidad | 1 |
| Türkei | 9 |
| Uganda | 2 |
| Venezuela | 3 |
| Yemen | 3 |
| Zaire | 1 |
| Zambia | 2 |

Tabelle 1: Herkunftsländer der 174 Teilnehmer der insgesamt 16 Kurse.

Dr. M. G. Oberladstätter: „Electromagnetics and Induced Polarisation"
tit.Ao.Prof. Univ.Doz. Dipl.Ing. Dr. R. Schmöller: „Interpretation of Well Loggings"
Univ.Doz. Dipl.Ing. Dr. G. Walach: „Petrophysics"
O.Univ.Prof. Dipl.Ing. Dr. H. Zitter: „Analytical Methods for Ores and Industrial Minerals"
O.Univ.Prof. Dipl.Ing. Dr. H. Gamsjäger, Dipl.Chem. B. Wernli: „Solutions, Minerals and Equilibria"
Ao.Univ.Prof. Dr. W. Siegl, Dr. F. Schüssler: „Geochemical Field Practice"
Dipl.Ing. K. Punzengruber: „Interpretation Methods in Geochemical Exploration"
O.Univ.Prof. Dr. W. Imrich, Dipl.Ing. G. Imrich-Schwarz: „Programming and Numerical Methods in the Geosciences"
Dipl.Ing. Dr. S. Polegeg: „Progress in Applied Geomathematics"
Dipl.Ing. N. Ceipek: „Data Processing Methods in Prospection and Exploration"
O.Univ.Prof. Dr. W. J. Schmidt: „Budgeting and Financing for Prospection and Exploration"
O.Univ.Prof. Dr. W. J. Schmidt: „Mining Legislation"
Dipl.Dolm. B. Harum: „Instruction in German".

Nach Ausschreibung über die jeweiligen österreichischen diplomatischen Vertretungen und über die UNESCO erfolgte die Auswahl der Kursteilnehmer im Einvernehmen aller beteiligten Stellen, wobei eine breite geographische Streuung unter Berücksichtigung der gegebenen mineralwirtschaftlichen Verhältnisse angestrebt wurde.

Einen Überblick über die Herkunftsländer der Kursteilnehmer gibt Tabelle 1.

Bild 4: Dankesrede eines Kursteilnehmers aus Nigerien bei der Akademischen Feier im Juni 1980.

Für die Kursteilnehmer war nicht nur die aktive Teilnahme an allen Lehrveranstaltungen verpflichtend, sie mußten auch nach Abschluß des Kurses Prüfungen, mit Benotung, ablegen und erhielten ein Zeugnis darüber.

Die Prüfungsergebnisse waren zwar unterschiedlich, vor allem weil die mitgebrachten Voraussetzungen sehr unterschiedlich waren, aber es gab immer wieder ganz hervorragende Absolventen und sehr viele von ihnen erreichten in der Folge führende Positionen innerhalb ihrer heimatlichen Unternehmen oder Behörden.

Auch der erwünschte Kontakt mit der österreichischen Wirtschaft kam durchaus zustande, was sich objektiv an den Auftragseingängen ablesen ließ.

# Dienststellenausschuß der Hochschullehrer

Der Dienststellenausschuß der Hochschullehrer ist nach dem Personalvertretungsgesetz eingerichtet, um die Belange und Interessen der ordentlichen und außerordentlichen Professoren sowie der Universitätsassistenten zu vertreten. Er hat auch Kontrollfunktionen im Rahmen der Mitbestimmung und bei universitätsinternen demokratischen Entscheidungen zu erfüllen. Zu diesen Aufgaben gehört die Mitsprache und Interessensvertretung bei Bestellungen, Weiterbestellungen und – noch mehr – bei Nichtweiterbestellungen von Universitätsassistenten, bei Dienstfreistellungen und natürlich immer dann, wenn es zwischen einem Universitätslehrer und seinem Vorgesetzten zu unterschiedlicher Meinung in dienstrechtlichen Angelegenheiten kommt.

Die Mitglieder des Dienststellenausschusses werden durch unmittelbare geheime Wahl auf die Dauer von vier Jahren berufen. Die konstituierende Sitzung des ersten Dienststellenausschusses an der Montanistischen Hochschule fand am 25. Juni 1968 statt. Die Mitglieder des Dienststellenausschusses seit 1968 sind in Tabelle 1 zusammengestellt.

Vom Beginn der Personalvertretung an wurde mit dem Dienststellenausschuß der sonstigen Bediensteten ein gemeinsamer Wohnungsausschuß eingerichtet, der für die Wohnungsangelegenheiten der Universitätsangehörigen zuständig ist, insbesondere für die Vergabe von BUWOG-Wohnungen. Bereits in der konstituierenden Sitzung des gemeinsamen Wohnungsausschusses am 29.1.1969 wurde festgelegt, daß die Vergabe der Wohnungen nach einem Punktesystem zu erfolgen hat, das auch heute noch in etwas modifizierter Form als Entscheidungsgrundlage dient.

Das Universitäts-Organisationsgesetz gibt dem Dienststellenausschuß der Hochschullehrer das Recht und die Pflicht, einen Vertreter mit Stimmrecht in das

**Tabelle 1: Mitglieder des Dienststellenausschusses der Hochschullehrer.**

| | |
|---|---|
| 1968–1971: | Prof. Dr. R. Mitsche (Vorsitzender) |
| | Dr. M. Hanke |
| | Dipl.Ing. H. Jurkowitsch |
| | Doz. Dr. K. L. Maurer |
| 1972–1975: | Prof. Dr. A. F. Oberhofer (Vorsitzender bis 20.2.1974) |
| | Prof. Dr. F. Weber (Vorsitzender ab 21.2.1974) |
| | Dr. M. Hanke |
| | Dipl.Ing. K. H. Gehring |
| | Dipl.Ing. H. Kolb |
| | Dipl.Ing. P. Ernst |
| | Doz. Dr. F. Sturm |
| 1976–1979: | Prof. Dr. F. Weber (Vorsitzender) |
| | Doz. Dr. H. Mauritsch |
| | Dr. S. Polegeg |
| | Dipl.Ing. G. Ruthammer |
| 1980–1983: | Prof. Dr. W. Imrich (Vorsitzender) |
| | Dipl.Ing. H. Gahm |
| | Dipl.Ing. G. Ruthammer |
| | Doz. Dr. E. Erkan |
| 1984–1987: | Prof. Dr. W. Imrich (Vorsitzender) |
| | Dipl.Ing. L. Ems |
| | Dr. W. Pistora |
| | Dr. R. Danzer |
| | Prof. Dr. F. Sturm |
| seit 1988: | Prof. Dr. W. Imrich (Vorsitzender bis 30.4.1990) |
| | Prof. Dr. F. Sturm (Vorsitzender seit 1.5.1990) |
| | Doz. Dr. B. Weinhardt |
| | Doz. Dr. B. Ortner |
| | Doz. Dr. A. Mayer |

Universitätskollegium zu entsenden. Nach der Geschäftsordnung des Universitätskollegiums sind der Vorsitzende und ein weiterer nicht derselben Gruppe angehörender Vertreter des Dienststellenausschusses der Hochschullehrer Mitglieder der Universitätskommission.

Die Mitglieder des Dienststellenausschusses der Hochschullehrer, die nicht dem Kreis der Universitätsprofessoren angehören, bilden die Wahlkommission für die Wahlen der Vertreter des Mittelbaus in die Intitutskonferenzen, die Studienkommissionen und in das Universitätskollegium.

Für die Personalvertretungswahlen ist ein eigener Dienststellenwahlausschuß eingesetzt. Die Wahlbeteiligung ist in Leoben recht hoch. Bei der letzten Wahl wurden bei 117 Wahlberechtigten 92 Stimmen abgegeben. Gleichzeitig werden auch die Vertreter in den Zentralausschuß der Hochschullehrer beim Bundesministerium für Wissenschaft und Forschung gewählt. Der Zentralausschuß ist das oberste Organ der Personalvertretung. Aufgabe des Zentralausschusses ist es, Vorsorge für ein einheitliches Vorgehen der Dienststellenausschüsse zu treffen. Unter anderem wird er immer dann eingeschaltet, wenn Probleme von allgemeiner Bedeutung auftreten oder wenn im lokalen Wirkungsbereich keine entsprechende Lösung gefunden werden kann. Die Montanuniversität ist derzeit durch Prof. Dr. H. Gamsjäger im Zentralausschuß vertreten.

# Dienststellenausschuß der sonstigen Bediensteten an der Montanuniversität Leoben

So wie an allen anderen Bundesdienststellen und in Betrieben gibt es auch an der Montanuniversität Leoben einen von allen sonstigen Bediensteten in geheimer Wahl bestimmten Dienststellenausschuß, der aus sechs ordentlichen und sieben Ersatzmitgliedern besteht. Dieser Ausschuß hat die Aufgabe, alle 166 Beamte und Vetragsbedienstete des nichtwissenschaftlichen Dienstes, 11 Beamte des wissenschaftlichen Dienstes, 2 Bundeslehrer, 36 Vertragsassistenten und 26 Studienassistenten bezüglich deren dienstrechtlichen, besoldungsrechtlichen und sozialen Stellung zu vertreten und ihre Rechte zu wahren. Die Entwicklung der Planstellen des nichtwissenschaftlichen Personals an der Montanuniversität seit 1945 zeigt Bild 1.

Von den 166 nichtwissenschaftlichen Bediensteten sind 83 ausschließlich für Verwaltungsaufgaben in der Universitätsdirektion und in den Instituten zuständig. Die für technische Belange zuständigen nichtwissenschaftlichen Bediensteten unserer Universität sind in Lehre und Forschung integriert. Seit 1983 werden an unseren Instituten auch Lehrlinge als Chemielaboranten, Technische Zeichner, Meß- und Regeltechniker, Feinmechaniker, Physiklaboranten und Werkstoffprüfer ausgebildet. Jugendli-

Bild 2: Bei der Arbeit in der Personalstelle der Universitätsdirektion.

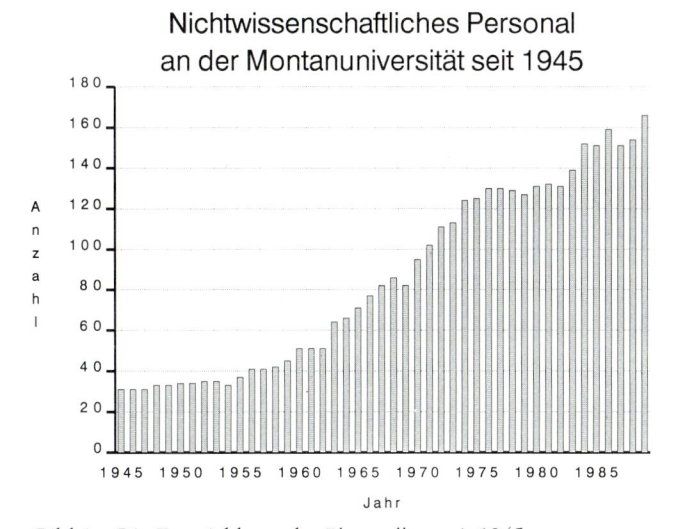

Bild 1: Die Entwicklung der Planstellen seit 1945.

Bild 3: Tätigkeit im Mikrosondenlabor des Institutes für Geowissenschaften, in dem quantitative Analysen von Mineralien für Forschungsprojekte, Dissertationen und Diplomarbeiten durchgeführt werden. Foto: Peter Exenberger.

Bild 4: Tätigkeit als Figurant bei der Islandforschungsreise 1977 zur Erforschung rezenter Erdkrustenbewegung.

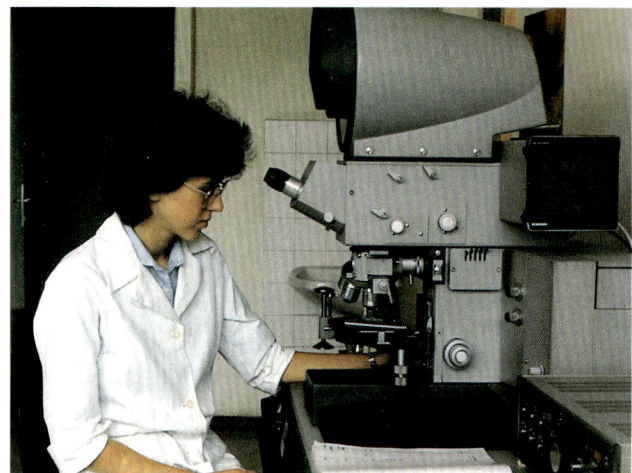

Bild 5: Bei der Arbeit am Lichtmikroskop.

Bild 6: Tätigkeit an einem Rasterelektronenmikroskop bei Strukturuntersuchungen an Zementklinkergranalien.

che Vertragsbedienstete erfahren eine fundierte Ausbildung in diversen Büroarbeiten. Die Bilder 2 bis 8 zeigen Beispiele aus den vielfältigen Tätigkeitsbereichen des nichtwissenschaftlichen Personals.

Vor dem Zweiten Weltkrieg und bis weit in die 60er Jahre unseres Jahrhunderts gab es an der damaligen Montanistischen Hochschule Vertrauensleute, die versuchten, sich für die Rechte der Bediensteten einzusetzen. Da aber die gesetzlichen Voraussetzungen fehlten, war der Erfolg ihrer Arbeit gering. Die Bediensteten waren mehr oder weniger vom guten Willen ihrer Vorgesetzten abhängig. Man muß aber sagen, daß dieser gute Wille zum Wohle der Bediensteten meistens vorhanden war und es selten zu ärgeren Benachteiligungen kam.

Bild 7: Die Studien- und Prüfungsabteilung.

Mit dem Inkrafttreten des Personalvertretungsgesetzes im Jahre 1967 war es ohne Schwierigkeiten möglich, an unserer Universität einen voll funktionierenden Dienststellenausschuß einzurichten, der von Anfang an gute Arbeit geleistet hat.

Die Zusammenarbeit mit den jeweiligen Rektoren, mit Professoren, leitenden Beamten und Studenten verlief stets in einem erfreulich guten Klima, welches an anderen Universitäten kaum zu finden ist. Dies ist nicht zuletzt darauf zurückzuführen, daß bei der Bewältigung aller Probleme niemals parteipolitische Überlegungen mit im Spiel waren. Einmischungen von außen, besonders durch Parteifunktionäre, wirken sich erfahrungsgemäß störend auf Zusammenarbeit und gutes Einvernehmen mit allen Stellen aus. Die hohe Wahlbeteiligung bei den Personalvertretungswahlen zeigt, daß die Wähler mit dieser Art der Personalvertretung zufrieden sind.

Der Dienststellenausschuß wünscht im Namen aller sonstigen Bediensteten der Montanuniversität zu ihrem 150-jährigen Bestandsjubiläum für die Zukunft ein stetes Wachsen und Gedeihen. Möge es durch gemeinsame Bemühungen aller gelingen, der Montanuniversität weiterhin jenen bedeutenden Rang zu erhalten, den sie sich in der Vergangenheit erworben hat.

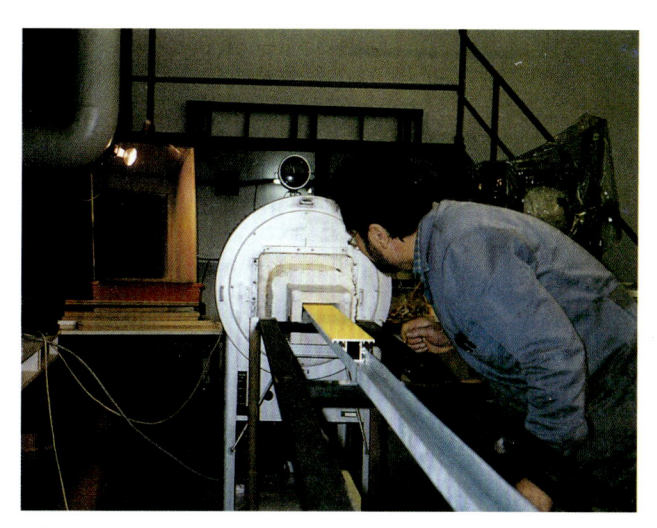

Bild 8: Arbeiten mit glaskeramisch beschichteten Aluminiumprofilen beim kontinuierlichen Zonenbrand (Forschungsprojekt 1988/89).

Heilige Barbara, Schutzpatronin der Berg- und Hüttenleute. Geschenk des Österreichischen Gießerei-Institutes an die Montanuniversität Leoben zum 150-jährigen Jubiläum. Künstlerische Gestaltung und Modell von OSR Karl Schauer, Wien. Abguß: Österreichisches Gießerei-Institut Leoben.

Reproduktion FOTO FREISINGER Leoben.

# Gesellschaft von Freunden der Montanuniversität Leoben

Erwin PLÖCKINGER, Hugo LENHARD-BACKHAUS und Herbert HIEBLER

Im Studienjahr 1921/22, einer Zeit großer wirtschaftlicher Not, bildete sich auf Anregung des Professorenkollegiums der Montanistischen Hochschule unter dem damaligen Rektor Prof. Ing. Franz Schraml ein Ausschuß, dem namhafte Männer der Industrie und des Montanwesens aus Österreich, den Nachfolgestaaten der k.k. Monarchie und aus Deutschland angehörten. Dieser veröffentlichte als Ergebnis seiner Beratungen in der Montanistischen Rundschau 1922, Nr. 11, S. 250/51 folgende Verlautbarung:

**„Aufruf zur Teilnahme an der gründenden Versammlung der Gesellschaft der Freunde der Montanistischen Hochschule Leoben."**

*„Die schwere wirtschaftliche Lage der österreichischen Industrie erfordert einen Ausbau und eine Vertiefung der Beziehungen zwischen Praxis, Unterricht und Forschung. Es erscheint daher eine Fühlungnahme maßgebender Vertreter dieser Richtungen unentbehrlich.*

*Die verantwortlichen Vertreter des Unterrichts und der Forschung an der Montanistischen Hochschule in Leoben sehen mit schwerem Kummer, daß die Ausbildung des Nachwuchses sowie die Pflege und Durchführung von Anregungen, die sich aus dem Verkehr zwischen Unterricht und Praxis ergeben, immer schwieriger werden.*

*Zu groß sind der Mangel und die Notlage bereits geworden, unter denen die Institute der Montanistischen Hochschule seit 1914 leiden.*

*Die Industrie hat von diesem Zustande mit umso größerer Sorge Kenntnis genommen, als sie selbst am lebhaftesten daran interessiert ist, in der Zeit schweren wirtschaftlichen Ringens die Gewähr zu besitzen, daß die Durchbildung des technischen Nachwuchses mit dem immer schwieriger werdenden Anforderungen möglichst Schritt halte.*

*Den drohenden, zum Teil leider bereits wirksam werdenden Gefahren zu steuern, erscheint es geboten, alle jene Kräfte, die an der Ausbildung des Ingenieurnachwuchses und an der Pflege technischer Forschung Interesse und Anteil haben, zu einer Gesellschaft der Freunde der Montanistischen Hochschule in Leoben zusammenzufassen.*

*Zweck einer solchen Gesellschaft soll sein, durch Fühlungnahme und Aussprache diese gegenseitigen Bedürfnisse und Forderungen kennenzulernen und jene unentbehrlichsten Mittel aufbringen zu helfen, die bei der Unmöglichkeit einer befriedigenden staatlichen Fürsorge beigestellt werden müssen.*

*Wenn sich nicht alle beteiligten Kreise in kürzester Zeit zusammenfinden, um durch Gründung der oben angedeuteten Gesellschaft die notwendige Fühlungnahme herzustellen und an der Bereitstellung der Mittel mitzuarbeiten, müßten sich Wirkungen einstellen, deren Schädigungen überaus groß wären.*

*Deshalb sieht sich der vorläufig gebildete Ausschuß in Anlehnung an die bereits erfolgreich durchgeführten Bestrebungen an deutschen Hochschulen gleicher Richtung veranlaßt, alle beteiligten Kreise hiedurch dringend einzuladen, an der gründenden Versammlung der Gesellschaft der Freunde der Montanistischen Hochschule Leoben am 17. Juni 1922, 3 Uhr nachmittags, im Hochschulhauptgebäude in Leoben teilnehmen zu wollen."*

*Der vorbereitende Ausschuß:*
Apold Anton, Dr. mont. h.c., Ing., Generaldirektor der Steirischen Magnesit-Industrie A.-G., Wien.
Bleckmann Walter, Gewerke, Mürzzuschlag.
Böhler Otto, Dr.Ing., Direktor der Böhler-Werke, Wien.

*Czermak Alois*, Dr.mont.h.c., Ing., Zentraldirektor des Westböhmischen Bergbau A.V., Aussig a.E.

*Drolz Hugo*, Dr.mont.h.c., Ing., Bergrat, Direktor der Bergbaue der Berg- und Hüttenwerksgesellschaft, Mährisch-Ostrau.

*Friedländer Eugen*, Generaldirektor der Böhlerwerke, Wien.

*Günther Georg*, Dr.techn. et mont.h.c., Ing., Generaldirektor der Berg- und Hüttenwerksgesellschaft, Wien.

*Gutmann Max*, Ing., Bergrat, Großindustrieller, Wien.

*Hoefer-Heimhalt Hans*, Dr.mont.h.c., Ing., Hofrat, o.ö.Professor i.R., Wien.

*Homan-Herimberg Emil*, Dr.mont.h.c., Ing., Minister a.D., Präsident des Ingenieur- und Architektenvereins usw., Wien.

*Löcker Hermann*, Dr.mont.h.c., Ing., Zentraldirektor der Nordböhmischen Kohlenwerksgesellschaft, Brüx.

*Lorber Franz*, Dr.mont.h.c., Hofrat, o.ö.Professor i.R., Wien.

*Noot Hugo*, Ing., Gewerke, Wien.

*Pengg Hans*, Dr.mont.h.c., Ing., Gewerke, Thörl bei Aflenz.

*Petersen Otto*, Dr., Ing., Verein Deutscher Eisenhüttenleute, Düsseldorf.

*Preiner Johann*, Dr.mont.h.c., Ing., Bergrat, Werksdirektor der Böhlerwerke, Kapfenberg.

*Schuster Friedrich*, Dr.techn.h.c., Ing., Generaldirektor i.R., Wien.

*Sonnenschein Adolf*, Dr.techn.h.c., Ing., Generaldirektor der Witkowitzer Bergbau- und Eisenhütten-Gewerkschaft, Witkowitz.

*Steiner Rudolf*, Ing., Generaldirektor der Graz-Köflacher Eisenbahn- und Bergbaugesellschaft, Graz.

*Vögler Albert*, Dr., Ing., Generaldirektor, Dortmund.

*Wüst Fritz*, Dr.mont.h.c., Dr.phil., Geheimer Regierungsrat, emerit. Professor der Technischen Hochschule Aachen, Direktor des Kaiser Wilhelm-Institutes für Eisenforschung.

*Zahlbruckner August*, Ing., Direktor der Österreichisch-Alpinen Montangesellschaft A.-G., Leoben.

*Schraml Franz*, Ing., dzt. Rektor magnificus, und das Professorenkollegium der Montanistischen Hochschule Leoben.

In der gut besuchten Gründungsversammlung am 17. Juni wurden der Vereinsname mit „Gesellschaft von Freunden der Leobener Hochschule" festgelegt, die im wesentlichen auch heute noch gültigen Satzungen (Bild 1) beschlossen und ein geschäftsführender Ausschuß gewählt.

Erster Vorsitzender war Ing. August Zahlbruckner, Direktor der Österr. Alpine-Montangesellschaft, sein Stellvertreter der Rektor der Montanistischen Hochschule, Prof. Franz Schraml.

Weiters wurde ein Ehrenausschuß bestellt, der die Aufgabe hatte, die Kontakte zwischen Praxis und Hochschule zu fördern. Eine große Anzahl ehemaliger Hörer sowie auch außenstehende Persönlichkeiten und Firmen bekundeten ihr Interesse an der Hochschule durch ihren Beitritt zur Gesellschaft. Am Ende des ersten Vereinsjahres zählte man 36 Ehrenmitglieder, 54 Stifter und 535 ordentliche Mitglieder.

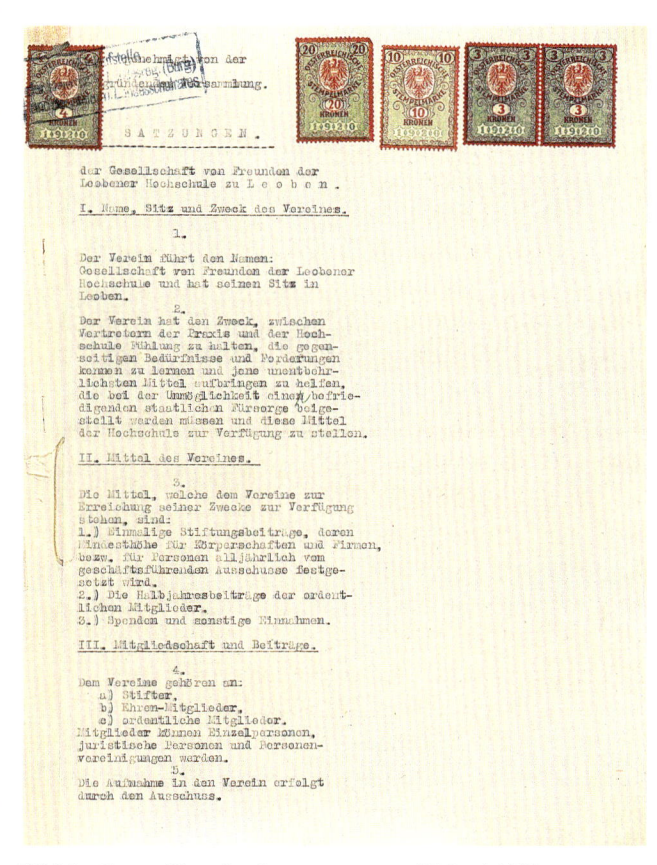

Bild 1: Erstes Blatt der Satzungen vom 17. Juni 1922.

Ende 1923 betrug die Anzahl der Mitglieder bereits 766.

Mit den Stiftergeldern von Einzelpersonen und Firmen, den Mitgliedsbeiträgen und Spenden konnten der Studienbetrieb aufrechterhalten und das Weiterbestehen der Hochschule gesichert werden, obwohl die staatlichen Mittel fast ganz ausblieben. Bei Umrechnung auf die Goldparität ergibt sich, daß für das Jahr 1922 die Dotierung des Staates für die Hochschule nur 1/17 jener des Jahres 1913 betrug, und dies bei Verdoppelung der Hörer im Vergleich zur Vorkriegszeit. Die Einschränkung der Ausgaben für Gehälter, Beheizung und Beleuchtung auf das Allernotwendigste und die gänzliche Einstellung von Neuanschaffungen für Lehrkanzeln und die Bibliothek waren die Folge.

Fachzeitschriften, Bücher und Geräte wurden in den ersten Jahren ausschließlich aus Mitteln der Gesellschaft von Freunden der Leobener Hochschule angeschafft. Nach Linderung der ärgsten Not wurden auch Forschungsarbeiten und Studienreisen des Lehrkörpers unterstützt.

Die Gesellschaft bemühte sich von Anfang an um enge Kontakte zwischen Wissenschaft und Praxis auch auf fachlicher Ebene. Ab 1923 wurden alljährlich ein- und mehrtägige Vortragsveranstaltungen durchgeführt. Mitglieder des Professorenkollegiums und Ingenieure aus Betrieben des In- und Auslandes referierten über Erkenntnisse der angewandten Wissenschaften und über neueste Entwicklungen der Technik. Diesen Vortragsveranstaltungen schlossen sich fallweise auch praktische Übungen und Exkursionen an.

Diese Vortragsreihen wurden anfangs gemeinsam mit dem Leobener Verband – einer Vereinigung der Absolventen – und ab 1925, nach der Gründung des technisch-wissenschaftlichen Vereines „Eisenhütte Österreich", meist gemeinsam mit diesem veranstaltet. Alljährlich wurden mit der Hauptversammlung der Gesellschaft, Ende November/Anfang Dezember, auch zweitägige Herbsttagungen durchgeführt. Damit begründete die Gesellschaft von Freunden die Tradition der regelmäßigen Fachtagungen der technisch-wissenschaftlichen Vereine und der Weiterbildungsveranstaltungen an der Hochschule.

Ein weiteres Tätigkeitsfeld waren die Öffentlichkeitsarbeit und die Werbung für das Studium in Leoben. 1930 wurde eine 114 Seiten starke, reich bebilderte Werbeschrift „Die Montanistische Hochschule in Leoben" in deutscher, englischer, französischer und spanischer Sprache im Eigenverlag der Gesellschaft von Freunden der Leobener Hochschule herausgegeben.

Seit der Stiftung im Jahre 1924 verwaltete die Gesellschaft auch das Höfer-Heimhalt-Reisestipendium, das alljährlich an bedürftige und würdige Studenten für geologische Exkursionen vergeben wurde. 1935 wurde ihr auch die Verwaltung eines allgemeinen Reisestipendiums für Studenten übertragen. Dieses wurde durch Zusammenlegung der Max von Gutmann-, Emil Heyrowsky- und Franz von Sprung-Stipendien sowie der Kaiser-Franz-Josef-Jubiläums-Stipendienstiftung gebildet und aus Mitteln der Gesellschaft aufgestockt. Durch die Abwertung der österreichischen Kronenwährung war das Kapital der einzelnen Stipendien fast vollständig verloren gegangen.

Durch die Wirtschaftskrise und die steigende Arbeitslosigkeit zu Beginn der 30er Jahre wurden die Mitgliedsbeiträge an die Gesellschaft zum Teil nicht mehr bezahlt. Bei weiterhin unzureichender staatlicher Dotation der Hochschule erwiesen sich in dieser Zeit der Verein der Bergwerksbesitzer Österreichs, der Obersteirische Stahlwerksverband und der Verein der Montan-, Eisen- und Maschinenindustriellen als verläßliche finanzielle Stützen. Damit konnten die notwendigen Mittel für den Unterrichtsbetrieb weiterhin zur Verfügung gestellt und auch Bücher und Geräte angeschafft werden.

Die Existenz der Montanistischen Hochschule war jetzt aber vor allem durch die stark zurückgehende Zahl der Hörer in Frage gestellt. Diese negative Entwicklung führte schließlich dazu, daß mit Beginn des Wintersemesters 1934/35 der Erste Studienabschnitt nach Graz verlegt wurde und die Hochschule als selbständige Lehranstalt ihr vorläufiges Ende fand.

Auch die Herbsttagung der Gesellschaft, wieder gemeinsam mit der „Eisenhütte Österreich", und die

Hauptversammlung am 1.12.1934 standen im Zeichen dieses Ereignisses. Der bisherige Vorsitzende Ing. Dr.mont.h.c. August Zahlbruckner ersuchte von einer Wiederwahl Abstand zu nehmen. Zum neuen Vorsitzenden wurde Ing. Ferdinand Backhaus, Generaldirektor der Österreichischen Salinen, gewählt, zu seinem Stellvertreter der Dekan der Leobener Fakultät, Prof. Ing. Josef Fuglewicz. Man faßte außerdem den Beschluß, Zuwendungen der Gesellschaft künftig nur an die in Leoben verbliebenen Lehrkanzeln zu vergeben.

Trotz der teilweisen Verlegung des Lehrbetriebes nach Graz arbeitete die Gesellschaft in Leoben unbeirrt weiter und bemühte sich mit allen Kräften um die Wiedererrichtung der Hochschule in Leoben. Sie veranstaltete Vorträge mit Professoren und Praktikern, führte Exkursionen in Berg- und Hüttenbetriebe durch und unterstützte mit namhaften Beträgen den Hochschulsport. Auch beim Österreichischen Bergmannstag 1937 stand sie in vorderster Reihe der Mitwirkenden.

In der Hauptversammlung des Jahres 1936 wurde der k.k. Minister a.D. Ing. Dr.mont.h.c. Emil Homann-Herimberg in Nachfolge des 1935 verstorbenen Ing. Dr. mont.h.c. Ferdinand Backhaus zum Vorsitzenden gewählt, der das besondere Ziel der Gesellschaft, die Wiedererrichtung der Hochschule in Leoben, bekräftigte. Die gemeinsamen Bemühungen mit dem Leobener Professorenkollegium führten schließlich doch zum Erfolg. Die Montanistische Hochschule in Leoben wurde mit dem Studienjahr 1937/38 wiedererrichtet. Die Verdreifachung der Hörerzahl im ersten Jahrgang gegenüber dem Vorjahr wurde in der Hauptversammlung am 4. Dezember 1937 als schönste Rechtfertigung für die Bestrebungen der Wiedererrichtung der Hochschule angeführt. Von der Technischen Hochschule Graz wurden die Bücher, Lehrmittel und Geräte, die seinerzeit nach Graz transferiert worden waren und durch die Inventarnummern als Besitz der Gesellschaft ausgewiesen waren, zurückgefordert und den Leobener Lehrkanzeln wieder übergeben.

Mit dem Anschluß an das Deutsche Reich im Jahre 1938 und dem Beginn des Zweiten Weltkrieges änderte sich auch vieles für die Gesellschaft. Homann-Herimberg legte am 27.4.1938 den Vorsitz nieder. Von diesem Zeitpunkt an wurden die Geschäfte vom Rektor als stellvertretenden Vorsitzenden geführt. 1940 wurde die Gesellschaft vom Landrat als aufgelöst erklärt und die Einziehung des Vermögens verfügt. Nach Einspruch des Rektors, Prof. Dr.-Ing. Ernst Bierbrauer, wurde die Auflösung jedoch mit Bescheid vom 15.3.1940 zurückgenommen.

1944 wurde der Gesellschaft von der Förderergemeinschaft der Deutschen Industrie in Berlin ein Betrag von RM 100.000,- zur treuhändischen Verwaltung übergeben. Diese große Summe sollte für die Förderung des akademischen Nachwuchses und für wissenschaftliche Arbeiten verwendet werden. Das nahende Kriegsende verhinderte den Einsatz dieser Mittel. Der Abschluß zum 31.12.1945 ergab dadurch einen Saldo von S 112.912,-; dazu kamen noch S 2.310,- aus der Höfer-Heimhalt-Stiftung.

In den ersten Nachkriegsjahren war durch die weitreichenden politischen, wirtschaftlichen und persönlichen Umwälzungen, die der verlorene Krieg mit sich brachte, eine geregelte Vereinsarbeit nicht möglich. Die Mitgliedsbeiträge und Spenden blieben aus, das Guthaben von der Förderergemeinschaft wurde entwertet und bestand zum Teil nur noch aus Bundesschuldverschreibungen. Im Jahre 1946 legte der seit 1934 tätige Säckelwart, Bergrat h.c. Ing. Dr.iur. Edmund Berndt, sein Amt zurück. Die Vereinsmittel wurden danach vom langjährigen Schriftführer, Berghauptmann Hofrat Ing. Karl Haiduk, verwaltet. In der Zeit des Wiederbeginns konnte der Hochschule damit tatkräftig geholfen werden. Der Bibliothek wurden S 2.500,- zur Verfügung gestellt, um neue Bücher und die wichtigsten Fachzeitschriften bestellen zu können. Im Vergleich dazu betrug die Dotation des Bundesministeriums im Jahr 1947 nur S 500,-.

Für Instandsetzungsarbeiten am Hochschulgebäude und für dringende Bedürfnisse der Lehrkanzeln wurden S 10.000,- flüssig gemacht und der Österreichischen Hochschülerschaft S 15.000,- für den Ausbau des Studentenheimes überwiesen. Diese rasche und unbürokratische Hilfe, um die sich Hofrat Ing. Karl Haiduk besonders verdient gemacht hatte, brachte bei der unsicheren Währungssituation die bestmögliche Nutzung der noch vorhandenen Mittel.

Am 14. April 1948 wurden die Herren des früheren Vorstandes vom Rektor, Prof. Dipl.Ing. Dr.mont. Franz Platzer, zu einer Beratung über ein Wiederaufleben der Gesellschaft von Freunden der Leobener Hochschule einberufen. Es wurde ein Proponentenkomitee gegründet, dem Bergrat h.c. Ing. Dr. Edmund Berndt, Bergrat h.c. Dipl.Ing. Dr.mont.h.c. Josef Oberegger, Rektor Prof. Dipl.Ing. Dr.mont. Franz Platzer und Prof. Dipl.Ing. Dr.mont. Richard Walzel angehörten. Dieses verlangte unter Vorlage der Satzungen von 1922 bei der Vereinsbehörde die Tilgung der irrtümlich erfolgten Löschung und eine Richtigstellung des Vereinsregisters, da die Gesellschaft ihre Existenz niemals aufgegeben hatte. Dem wurde stattgegeben, und am 3. Dezember 1949 erfolgte in einer Hauptversammlung in der Aula der Montanistischen Hochschule die Wiederaufnahme der Vereinstätigkeit. Zum Vorsitzenden des Ausschusses wurde der Generaldirektor der Österr. Alpine-Montangesellschaft, Dipl.Ing. Dr.mont.h.c. Josef Oberegger, gewählt. In seiner Antrittsrede umriß er die Ziele der Gesellschaft mit Unterstützung der Hochschule bzw. deren Institute, Förderung größerer Exkursionen und Unterstützung der Studenten.

Die sofort einsetzende Mitgliederwerbung hatte zunächst nur mäßigen Erfolg, da die Kontakte zu den Absolventen im In- und Ausland abgerissen waren. Im Geschäftsbericht 1949/50 werden 276 Mitglieder, davon 27 Stifter, genannt. Die im Verhältnis zum Mitgliederstand wesentlich höheren Einzahlungen, insbesondere durch Stiftergelder und Spenden der österreichischen Berg- und Hüttenindustrie, wurden für Instandsetzungsarbeiten und zur Unterstützung einzelner Institute eingesetzt. Weiters wurde der Studentenschaft bei der Errichtung einer Mensa geholfen und die Veranstaltung der Internationalen Gebirgsdrucktagung in Leoben sowie die Veröffentlichung der Tagungsberichte unterstützt.

In den folgenden Jahren erhöhte sich der Mitgliederstand stetig. Die Mitgliedsbeiträge und Spenden wurden alljährlich für Anschaffungen der Bibliothek, für den Lehr- und Forschungsbetrieb der Institute und für die Unterstützung kultureller und sportlicher Belange der Studentenschaft verwendet.

Die Gesellschaft von Freunden der Leobener Hochschule hat auch zur Modernisierung der Verwaltung an Österreichs Hochschulen beigetragen. Im Studienjahr 1955 wurde auf Betreiben des damaligen Rektors, Prof. Dipl.Ing. Dr.techn. Erich Schwarz-Bergkampf, für die Quästur eine Buchhaltungsmaschine angeschafft. Damit verfügte die Montanistische Hochschule als erste Universität Österreichs über eine moderne Buchhaltung. Nach einer abwartenden Haltung und eingehenden Prüfung durch das Ministerium wurde das „Leobener Modell" an allen Hohen Schulen Österreichs eingeführt. Für die Leobener Hochschule ergaben sich hieraus besondere Dotationen und der Ersatz der Anschaffungskosten für die Buchhaltungsmaschine.

Besondere Verdienste hat sich die Gesellschaft von Freunden um den Hochschulneubau erworben. Sie stellte die Mittel für die Vorplanung zur Verfügung und brachte die notwendigen Grundstückstransaktionen zwischen dem Bund und der Stadtgemeinde Leoben in Gang. Da nur die Montanistische Hochschule rechtzeitig solch fundierte Vorarbeiten vorweisen konnte, wurden von der Regierung die für Universitäts-Neubauten vorgesehenen Gelder, unter Zurückreihung anderer Projekte, für Leoben flüssig gemacht. Ein weiteres Hindernis für den Neubau konnte durch die Ablöse des alten Studentenheimes am Buchmüllerplatz und die vorübergehende Übernahme der Kaufkosten des Baugrundes für ein neues Studentenheim am Murweg beseitigt werden.

So hat die Gesellschaft von Freunden seit ihrer Gründung im Jahr 1922 ihren Beitrag zum Bestand und den Ausbau der Leobener Hochschule geleistet und auf schnellem und direktem Wege Forschung und Lehre sowie die Belange der Studentenschaft tatkräftig unterstützt.

Als im Jahre 1975 mit der Einführung des Universitäts-Organisations-Gesetzes die Leobener Hochschule die Bezeichnung „Montanuniversität" erhielt, wurde auch der Name der Gesellschaft geändert, die sich seither „Gesellschaft von Freunden der Montanuniversität Leoben" nennt. Ihre Aufgaben und Ziele sind aber die gleichen geblieben.

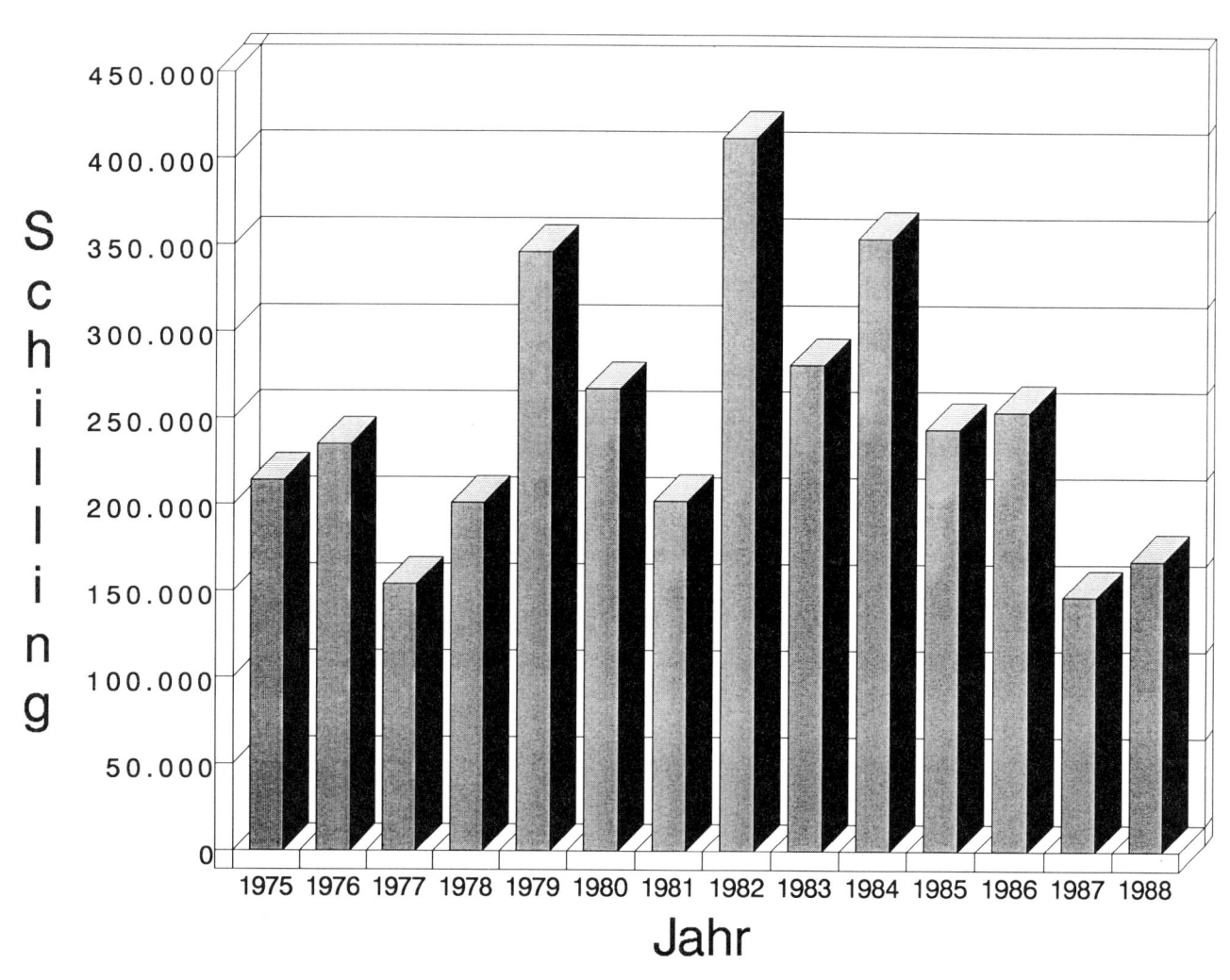

Bild 2: Jährliche Zuwendungen an die Montanuniversität.

Obwohl die Mitglieder nach Ablauf jedes Vereinsjahres über Tätigkeit sowie Einnahmen und Ausgaben der Gesellschaft unterrichtet werden, wird nur wenigen bekannt sein, daß die Summe der jährlichen Zuwendungen an die Montanuniversität seit dem Jahre 1975 rund 3,5 Mio. Schilling beträgt. Im Bild 2 ist die Höhe dieser Zuwendungen in den einzelnen Jahren dargestellt. Mit diesen haben die Freunde satzungsgemäß Hilfe gegeben, wenn die staatlichen Mittel nicht ausreichen. Im besonderen seien die Beihilfen für die Abhaltung von Tagungen und Symposien in Leoben, für Kongreßbesuche im Ausland, für die Öffentlichkeitsarbeit der Universität, für den Universitätschor und das Orchester, für kulturelle und sportliche Belange, für kurzzeitige Überbrückungen im Personalbereich, für die Anschaffung von Geräten an einzelnen Instituten und für Lehrbeauftragte zu nennen. Schließlich wurde als Ansporn für besondere Leistungen auf künstlerischem oder sportlichem Gebiet in der Hauptversammlung 1979 der „Roland-Mitsche-Preis" gestiftet, der alle zwei Jahre an einen Studenten oder anderen Angehörigen der Montanuniversität verliehen wird.

All diese Leistungen waren und sind nur möglich, weil eine große Zahl von Mitgliedern – zum

Stichtag 1.9.1989 waren es 976 – die Ziele der Gesellschaft mit ihren Beiträgen unterstützen und damit auch die enge Verbundenheit mit ihrer Alma mater Leobiensis zum Ausdruck bringen. Ihnen gebührt der Dank ebenso wie den Mitgliedern des Ausschusses, die von der Hauptversammlung gewählt, ehrenamtlich den Verein führen. Stellvertretend für alle seien nachstehend die Vorsitzenden, Säckelwarte und Schriftführer namentlich genannt:

VORSITZENDE:

| | |
|---|---|
| 1922–1934 | Ing. Dr.mont.h.c. August ZAHLBRUCKNER |
| 1934–1935 | Ing. Dr.mont.h.c. Ferdinand BACKHAUS |
| 1936–1938 | Ing. Dr.mont.h.c. Emil HOMANN-HERIMBERG |
| 1949–1969 | Bergrat h.c. Dipl.Ing. Dr.mont.h.c. Josef OBEREGGER |
| 1970–1972 | Bergrat h.c. Dipl.Ing. Walter LANDRICHTER |
| 1973–1976 | Bergrat h.c. Dipl.Ing. Dr.-Ing. Josef FREHSER |
| 1977– | tit.Ao.Univ.Prof. Dipl.Ing.chem. Dipl.Ing.mont. Dr.mont. Dr.mont.h.c. Erwin PLÖCKINGER |

SÄCKELWARTE:

| | |
|---|---|
| 1922–1934 | Ing. Dr.mont.h.c. Ferdinand BACKHAUS |
| 1934–1946 | Bergrat h.c. Dipl.Ing. Dr.iur. Edmund BERNDT |
| 1946–1948 | Hofrat Dipl.Ing. Karl HAIDUK |
| 1949–1954 | Bergrat h.c. Dipl.Ing. Dr.iur. Edmund BERNDT |
| 1954–1959 | Dipl.Ing. Heinrich ASIMUS |
| 1959–1977 | Dipl.Ing. Hugo LENHARD-BACKHAUS |
| 1977–1987 | Dipl.Ing. Dr.mont. Hans LAIZNER |
| 1987– | Hofrat Hon.Prof. Dipl.Ing. Dr.iur. Karl STADLOBER |

SCHRIFTFÜHRER:

| | |
|---|---|
| 1922–1948 | Hofrat Dipl.Ing. Karl HAIDUK |
| 1949–1959 | Dipl.Ing. Hugo LENHARD-BACKHAUS |
| 1959–1962 | Prof. Dipl.Ing. Friedrich PERZ |
| 1962–1965 | Prof. Dr.-Ing. Ernst BIERBRAUER |
| 1965–1984 | Prof. Dipl.Ing. Dr.mont. Herbert TRENKLER |
| 1984–1987 | Prof. Dipl.Ing. Dr.mont. Franz JEGLITSCH |
| 1987– | Prof. Dipl.Ing. Dr.mont. Herbert HIEBLER. |

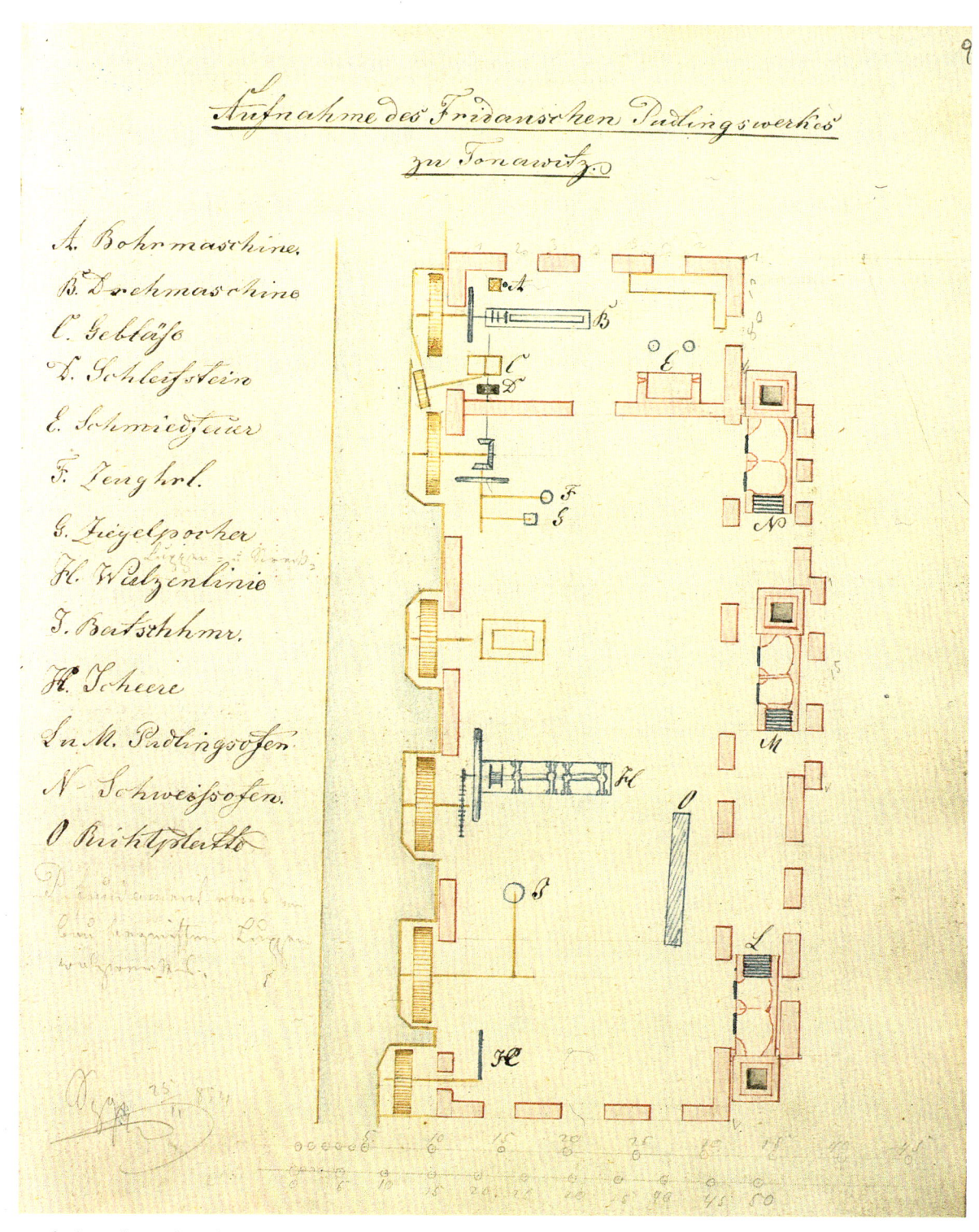

„Aufnahme des Fridauschen Pudlingswerkes zu Tonawitz". Zeichnung des Studenten Anton Hörner, Hüttenkurs 1854. Universitätsbibliothek, Sign. 751/1854–1855.

# Die Universitätsbibliothek
Bestandsentwicklung und organisatorische Veränderungen seit 1849

Manfred LUBE

## 1. DIE ORGANISATIONSSTRUKTUR

Am 6. Juli 1849 wurde von den Vertretern der steiermärkischen Stände und des k.k.Montanärars sowie vom Direktor der 1840 gegründeten Montanlehranstalt ein Übergabeprotokoll[1] unterzeichnet, das den Verbleib der in diesem Dokument verzeichneten Sachgüter bei der von Vordernberg nach Leoben übersiedelten k.k. Montanlehranstalt vertraglich festlegte. Diese Inventarliste verzeichnet unter Pkt. I 575 Bände von insgesamt 252 Werken (Bücher, Zeitschriften, Karten) und ist die erste Erwähnung einer größeren und geordneten Menge von Fachliteratur, die an der Vorgängerinstitution der Montanuniversität vorhanden war.

Wenn die Zahl der in diesem Dokument aufgelisteten Bücher auch relativ gering ist, so kann aufgrund der Tatsache, daß die Inventarliste von einem ‚Bibliothekszimmer' spricht und in diesem Zusammenhang einen großen Tisch sowie zwei kleine und zwei doppelte Bücherschränke erwähnt, mit einiger Sicherheit angenommen werden, daß von Anfang an eine Bibliothek in den Betrieb der Montanlehranstalt integriert war. Diese Auffassung wird durch den Umstand verstärkt, daß in den Rechnungsabschlüssen des Joanneums aus den 1840er-Jahren Ausgaben betreffend den Bücherkauf für die Montanlehranstalt nachgewiesen sind[2], und daß Peter Tunner bereits im Gründungsjahr 1840 vom Joanneum in Graz Werke über das Berg- und Hüttenwesen erbeten hatte [3,4].

Nach der Übersiedlung der Montanlehranstalt von Vordernberg nach Leoben wurde die Bibliothek stärker institutionalisiert: Eine Ministerialverordnung vom 22. Jänner 1851[5] erwähnt die ‚Lehranstaltsbibliothek' und die unter Vorbehalt mögliche Benützung durch ‚anstaltsfremde Parteien'. Der Organisationsplan der Lehranstalt von 1851[6] widmet der Bibliothek einen eigenen Absatz und charakterisiert sie als Hilfsmittel für Unterricht und Ausbildung. Hier wird erstmals auch die personelle Ausstattung der Bibliothek angesprochen, wenn es heißt, daß der Direktor der Lehranstalt die Aufsicht über die Bibliothek und den Lesesaal einem Assistenten zu übertragen hat.

Ein Bibliotheksbetrieb in der Art, wie er heute an einem Universitätsinstitut eingerichtet ist, scheint an der Leobener Montanlehranstalt also bereits in ihrem ersten Gebäude, in welchem sie untergebracht war, üblich gewesen zu sein. Im 2. Stock des ehemaligen Jesuitenseminars war der Lesesaal eingerichtet, und die angrenzenden Zimmer enthielten wohl die Regale mit den in systematischer Ordnung aufgestellten Büchern und Zeitschriftenbänden, sowie eine Plan-, Zeichnungs- und Manuskriptensammlung[6].

Die Umwandlung der Montanlehranstalt in eine Bergakademie, die 1861 erfolgt war, brachte für den Status und die Struktur der Bibliothek keine Veränderung. Auch die Erhebung in den Stand einer Hochschule im Jahre 1904 änderte daran nichts: Die Bibliothek unterstand nach wie vor dem Rektor, und der einzige Bibliotheksbeamte war in dienstrechtlicher Hinsicht diesem unterstellt.

Eine Veränderung dieser Struktur wurde herbeigeführt, als die Montanistische Hochschule in den Jahren 1934 bis 1937 an die Technische Hochschule Graz angegliedert wurde. Nomineller Leiter der Bibliothek wurde damit vorübergehend der Bibliothekar der Grazer Hochschule.

Die Wiederaufnahme des Hochschulbetriebes nach dem Zweiten Weltkrieg brachte auch für die Bibliothek Neuerungen mit sich, die, wenn man ihre mittlerweile gewonnene Größe und ihren Stellenwert im modernen Hochschulbetrieb in Betracht zieht, die konsequente Folgerung aus diesen Ver-

Tafel 1: Bl. 76ᵛ und 77ʳ aus dem Schwazer Bergbuch. Sign.: 2.737.
Dieses Exemplar einer 1556 entstandenen Handschrift ist der wertvollste Codex der Leobener Universitätsbibliothek. Die Abbildung bezieht sich auf die Ursachen für den Niedergang eines Bergwerkes:
VIER DINNG VERDERBEN AIN PERCKHWERCH
KRIEG, STERBEN, TEURUNNG, VNLUST.

KRIEG
1. So der Gwerb Nidergelegt ist
2. So an der Notturfft Irrung vnd Manngl beschieht
3. So die Wäld vnd Hütten verderben, vnd verprenndt werden
4. So die Gselln verlauffen, vnd die Leut Arm werden

STERBEN
1. So die Perckhleut absterben
2. So die frembden einkhomen, vnd nit lust haben zu pawen
3. So der prauch aus der Yebung khombt
4. So die Stölln in den Grueben vergeen

TEURUNG
1. Hohe Staigerung des Traides
2. Aufschlag der Holz vnd Ander notturfft
3. So der Wexl Zu schwär vnd gros ist
4. So nit guete bezalung beschieht

VNLUST
1. So vil Newerung aufsteen vnd die Recht offt verkhert werden
2. So die freyhaiten nit gehallten werden, vnd böse Arbait beschicht
3. So die Gericht nit gleich vnd gestrackht geen dem Armen, Als dem Reichen
4. So man den Habenden zuestuzt

hältnissen ist. 1947 wurden zum erstenmal die administrativen Aufgaben der Bibliothek in professionelle Hände gelegt, indem ein Bibliothekar, ein Beamter des gehobenen Bibliotheksdienstes, mit der Leitung der Bibliothek betraut wurde. Dessen Vorgesetzter war der Rektor, die Gestaltung des Arbeitsalltags in der Bibliothek wird jedoch vom Bibliothekar und dem zweiten Angestellten bestimmt worden sein.

Das Hochschulorganisations-Gesetz (HOG) von 1955 brachte der Bibliothek, nachdem deren Verwaltung schon früher dem dafür vorgesehenen und ausgebildeten Berufsstand zugewiesen worden war, eine weitere Statusänderung. Hochschulbibliotheken wurden eigene Verwaltungskörper und dem Bundesministerium für Unterricht direkt nachgeordnete, selbständige Dienststellen. Das bedeutete, daß die Bibliothek von dort, und nicht mehr vom Rektor, Weisungen erhielt, und daß alle Anträge und Berichte an das Ministerium zu richten waren. Explizit und in weiterer Verfolgung des § 61 HOG wurde im Jahre 1960 durch einen Erlaß des Bundesministeriums für Unterricht festgestellt[7], daß die Bibliotheksbediensteten einen eigenen Personalstand darstellten und aus dem Dienstpostenplan der Hochschule herauszulösen seien. Seit der Verlautbarung des Dienstpostenplans für die Hochschulbibliothek vollzog sich der Amtsverkehr mit dem Ministerium somit unmittelbar.

Ein eigener finanzgesetzlicher Ansatz für die Hochschulbibliotheken wurde erstmals für 1962 vorgesehen, und somit konnte der Direktor der Hochschulbibliothek im Jahr 1961 den ersten Budgetantrag an das Ministerium als den Unterhaltsträger der Bibliothek richten.

Wenn mit diesem Entwicklungsstand der Rechtslage auch der fachlichen Eigenständigkeit der Bibliothek als Verwaltungsdienststelle Rechnung getragen wurde, sollte dies nicht zu einer Ablösung der Bibliothek von der Hochschule führen. Im Gegenteil, die Zuordnung in funktioneller Hinsicht wurde durch den Gesetzgeber verschiedentlich klargestellt, so z.B. mit Erlaß des Bundesministeriums für Wissenschaft und Forschung vom 4. Dezember 1972, in welchem festgehalten wurde, daß der Direktor der Hochschulbibliothek stimmberechtigtes Mitglied der Bibliothekskommission der Hochschule ist.

Das Universitätsorganisations-Gesetz (UOG) von 1975 stellte schließlich einerseits die Selbständigkeit der Universitätsbibliothek als besondere Universitätseinrichtung erneut fest, regelte aber andererseits auch die funktionellen und organisatorischen Beziehungen der Bibliothek zur Universität. Im Detail geht der 5. Durchführungserlaß zum UOG vom 15. Jänner 1977 (Bibliothekserlaß) auf die Rechtsstellung der Bibliothek und ihre Integration in die Universitätsorganisation ein. Der Bibliotheksdirektor, der Organ der Universität ist und behördliche Aufgaben hat, ist nun auch Mitglied des obersten Kollegialorganes, d.h. im Falle der Montanuniversität des Universitätskollegiums. Diese Zugehörigkeit bindet ihn bei aller sonst gewährleisteten Unabhängigkeit und Selbständigkeit an die Universität. Den ihm zugewiesenen Aufgaben gemäß muß seine Funktion von einem Beamten oder Vertragsbediensteten des höheren Bibliotheksdienstes wahrgenommen werden.

## 2. DIE BESTÄNDE, IHRE ENTWICKLUNG UND ERSCHLIESSUNG

### 2.1. ERWERBUNG

Das erste Inventar der Universitätsbibliothek, das 1849 angelegt worden war[1], verzeichnete 252

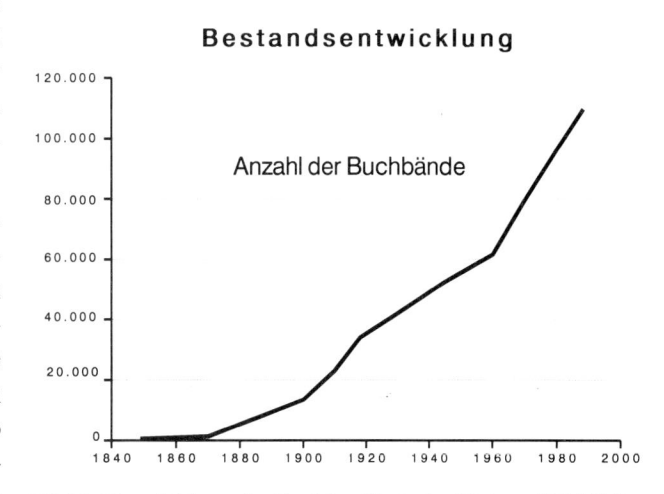

Bild 1: Entwicklung der Buchbestände der Universitätsbibliothek von 1849 bis 1988 (ohne Institute).

Werke mit insgesamt 575 Bänden. Dieser Bestand gliederte sich in 13 Zeitschriften und andere Periodika (191 Bände), sowie 239 z.T. mehrbändige Einzelwerke (384 Bände). Wegen des Fehlens einer einheitlichen und regelmäßigen Bibliotheksstatistik im heutigen Sinne läßt sich die weitere Entwicklung des Buch- und Zeitschriftenbestandes während der ersten hundert Jahre des Bestehens der Bibliothek nur anhand gelegentlicher Mitteilungen in Sitzungsprotokollen des Professorenkollegiums und anderen amtlichen Schriftstücken ablesen. Die Graphiken in den Bildern 1 und 2 geben einen Eindruck des

Bild 2: Entwicklung der Anzahl der Zeitschriftenabonnements der Universitätsbibliothek von 1849 bis 1988 (ohne Institute).

Bestandswachstums, wobei zu beachten ist, daß die Zahlen nur die Hauptbibliothek betreffen und die von Instituten gekauften Bücher und Zeitschriften unberücksichtigt sind. Gesamtübersichten sind erst seit 1978 möglich.

Erkennbar wird aus der Darstellung, daß sich der Buchbestand in den ersten hundert Jahren um das Hundertfache vergrößert und seit 1960 noch einmal annähernd verdoppelt hat. Die Gesamtzahl der heute an der Montanuniversität verfügbaren Bände, d.h. der Buch- und Zeitschriftenbestand der Hauptbibliothek und der Institute, die beide zusammen den Bestand der Universitätsbibliothek ausmachen, beträgt das Dreihundertfache dessen, was anläßlich des Umzuges von Vordernberg nach Leoben gezählt worden ist.

Gemäß der allgemeinen Wirtschaftsentwicklung gab es in der Vergangenheit Zeiten lebhafter Erwerbstätigkeit, aber auch Zeiten, in denen mit viel geringeren Zuwachsraten das Auslangen gefunden werden mußte. Die Erwerbsmodalitäten, wie sie aus der Zeit um 1870 überliefert sind[8]), waren aufgrund der lange gültigen Organisationsstruktur der Bibliothek sicherlich über Jahrzehnte hinweg üblich: Zufolge einer Vereinbarung mit der Wiener Buchhandlung W. Frick schickte diese Firma Ansichtssendungen nach Leoben, mit deren Inhalt während der Sitzungen des Professorenkollegiums eine Bücherschau veranstaltet wurde; das Kollegium beschloß dabei, welche Werke gekauft werden sollten. Im Jahr 1918 findet sich in § 21 der ‚Bibliotheks- und Lesezimmer-Ordnung' diese Vorgangsweise verbindlich festgehalten: *„Über die Anschaffung von Werken entscheidet das Professorenkollegium, welches auch die Anschaffung und Auflassung von Zeitschriften bestimmt"*[9]).

Mit den Bestimmungen des UOG von 1975 haben sich die diesbezüglichen Verfahrensregeln nur unwesentlich geändert. Zwar obliegt die Beschaffung der Literatur sowie die Koordinierung ihrer Auswahl der Universitätsbibliothek, doch wird zwischen der Beschaffung und der Entscheidung über die Auswahl deutlich unterschieden. Ausdrücklich hat der Bibliotheksdirektor lt. § 86 (4) UOG bei der Anschaffung und Bereitstellung der Literatur die Wünsche der Kollegialorgane, der Institutsvorstände, der Universitätslehrer sowie die Erfordernisse der Lehrveranstaltungen zu beachten. An der Montanuniversität wird gegenwärtig mehr als die Hälfte des für Bücherkäufe (nicht Zeitschriften-Abonnements) verfügbaren Geldes aufgrund von Auswahlentscheidungen ausgegeben, die durch Professoren und Assistenten getroffen werden. Neben diesen Budgetmitteln gem. § 86 (3) lit.b UOG dient auch ein nennenswerter Betrag der unter § 86 (3) lit.c UOG definierten Budgetmittel den konkreten Bedürfnissen der Studierenden, der nämlich für die Anschaffung von Lehrbüchern verwendet wird.

Hinsichtlich der Zeitschriften, deren Abonnements den größeren Teil des Literaturbudgets verbrauchen, hat die Professorenschaft wie vor hundert Jahren größte Einflußmöglichkeiten. Neue Abonnements werden heute fast ausnahmslos aufgrund von Empfehlungen und nach Absprache mit den Angehörigen der Institute durchgeführt. Stärker als bei den Monographien muß die Universitätsbibliothek bei den Zeitschriften ihre Koordinierungskompetenz beachten, wobei es die Vermeidung von Mehrfachabonnements ermöglicht, die Zahl der Zeitschriftentitel zu vergrößern, die mit den verfügbaren Budgetmitteln laufend gekauft werden können.

Nie war im Laufe der Geschichte der Bibliothek der Kauf von Büchern die einzige Methode, den Literaturbestand zu vergrößern. Zufällige oder erbetene Geschenke haben den Bücherbestand immer wieder aufgestockt, und in der Gründungsphase der st. st. Montanlehranstalt waren es die geschenkweise überlassenen Bücher, die den Lehrbetrieb unterstützten. Am 4. Oktober 1840 hatte Peter Tunner vom Joanneum in Graz Werke über das Berg- und Hüttenwesen als Geschenk oder Dauerleihgabe erbeten[4] und 1845 wurde im Jahresbericht des Joanneums eine Bücherschenkung Erzherzog Johanns an die Bibliothek in Vordernberg erwähnt[10]. Die Bücher aus dieser Spende sind anhand der Exlibris heute noch zu identifizieren (Bild 3).

Nicht immer sind jedoch Schenkungen von den Verantwortlichen späterer Zeiten positiv beurteilt worden. Peter Sika, der sich als Bibliotheksdirektor intensiv mit Stellraumproblemen befassen mußte, klagte darüber, daß „*um für die Statistik möglichst hohe Zuwachsziffern zu erzielen, zuviel, meist aus Geschenken stammende, fachfremde Literatur in den Bestand aufgenommen*" wurde[11]. Er meinte damit u.a. die Schenkung eines Forstdirektors Reinisch aus den Zwanzigerjahren dieses Jahrhunderts, die rund 25 Werke über Ackerbau, Viehzucht und Forstwirtschaft umfaßte.

Sehr willkommen hingegen waren jene umfangreichen, wertvollen Schenkungen von Lehrbüchern, die in den Jahren 1962 und 1964 aufgrund einer Initiative der Österreichischen Hochschülerschaft übernommen werden konnten. Als Alternative zu einer ins Auge gefaßten Einrichtung einer Studentenbibliothek im Verwaltungsbereich der Hochschülerschaft, eines Projektes, dem Rektor, Professorenkollegium und Bibliotheksdirektor ablehnend gegenüberstanden, erhielt die Universitätsbibliothek damals von der Sektion IV des Bundeskanzleramtes (Verstaatlichte Betriebe) einen Sonderkredit von rund 280.000 Schilling zur Anschaffung von Lehrbüchern. Insgesamt konnten damit etwa 2000 Exemplare wichtiger Lehrbücher, Nachschlagewerke und Fachwörterbücher angeschafft werden. Der Erfolg dieser Unterstützungsaktion war groß: Wegen der nun ausreichenden Lehrbuchausstattung durch Mehrfachexemplare gelang es, Entlehnfrist-Verlängerungen und Vormerkungen zu administrieren, und für die Studenten war die Verlockung, Ausleihfristen kostenpflichtig zu überschreiten, weggefallen.

Weniger auffällig ist die Wirkung der dritten, neben Kauf und Geschenk üblichen Erwerbsart der Bibliothek, des Schriftentausches. An der Montanuniversität beschränkte er sich im wesentlichen auf den Tausch der in Leoben redigierten und herausge-

Bild 3: Exlibris aus dem Atlasband von Christoph Traugott Delius: Anleitung zu der Bergbaukunst. 2 Bde. u. Atlas. 2.Auflage. Wien 1806. Sign.: 110.

gebenen ‚Berg- und hüttenmännischen Monatshefte' gegen facheinschlägige andere Zeitschriften und Periodika. Vor allem Bibliotheken und wissenschaftliche Gesellschaften aus Ostblockländern sind die Tauschpartner, und es ist eine Aufgabe der internationalen Kontaktpflege zwischen Institutionen der Wissenschaft, die damit traditionellerweise durch die Universitätsbibliothek wahrgenommen wird.

## 2.2. BUDGET, FINANZIERUNG

Wenn die Universitätsbibliothek heute als Einrichtung im Bereich der staatlichen Verwaltung auf ordentliche Budgetmittel zugreifen kann, die im Bundesfinanzgesetz verankert sind, was Kontinuität des Bestandsaufbaus garantiert, so ist dies, auf die Geschichte der Montanuniversität zurückblickend, eine relativ junge Errungenschaft. Peter Tunner als Direktor der Montanlehranstalt in Vordernberg mußte viel Mühe aufwenden, um beim damaligen Unterhaltsträger das Verständnis für die Bibliothekserfordernisse zu entwickeln. Nachdem er 1841 einen Teil der für die Einrichtung eines Laboratoriums veranschlagten Summe zum Ankauf von Büchern verwendet hatte, beklagte er noch im selben Jahr, daß eine eigene Dotierung für den Bücherkauf noch nie zur Sprache gekommen war[3]. Als jährlichen Bedarf für die Bestandsvermehrung der Bibliothek bei schon vorhandener Grundausstattung meldete Tunner damals den Betrag von 50 Gulden an. 1846 und 1847 wurden Bücher noch zusammen mit Instrumenten abgerechnet: rund 180 Gulden machten die beiden Posten gemeinsam in jedem der beiden Jahre aus[2].

Als 1870 die sogenannten Gründerjahre auch für die Bibliothek der Bergakademie eine Phase der Prosperität einleiteten, betrug die Jahresdotation, die mittlerweile eine eigene Verrechnungspost war, 438 Gulden[12].

Nachdem die Bibliothek jahrzehntelang als Einrichtung der Bergakademie bzw. der Montanistischen Hochschule dem Rektor unterstand, die Anschaffungen in den Wirkungsbereich des Professorenkollegiums gehört hatten und die Zuweisung der Dotationserfordernisse *„für die gemeinsame Bibliothek /.../ nach Maßgabe der im Finanzgesetze bewilligten Kredite von Seiten des Ministeriums für öffentliche Arbeiten"* erfolgt war[13], hatte das Hochschulorganisations-Gesetz von 1955 eine völlig neue Situation geschaffen. In Durchführung dieses Gesetzes und aufgrund eines Erlasses des Bundesministeriums für Unterricht[14] wurde die Leobener Hochschulbibliothek erstmals in den Bundesvoranschlag (für 1962) einbezogen. Waren zuvor bei Kapitel 12/Titel 1,3 ‚Bibliotheken' nur die Österreichische Nationalbibliothek und die drei Studienbibliotheken aufgeschienen, sollten nun auch die Universitäts-

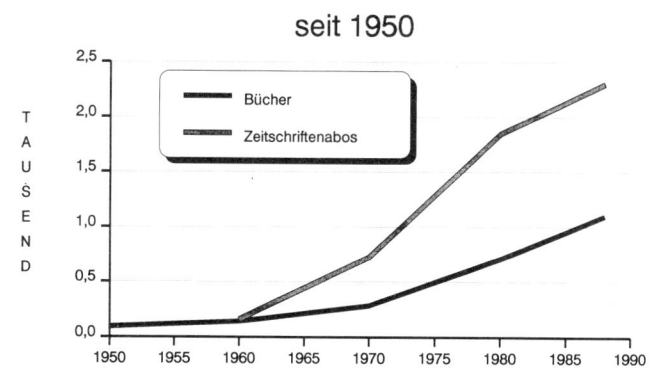

Bild 5: Preisentwicklung für Bücher und Zeitschriften seit 1950, in Schilling je Band bzw. Abonnement.

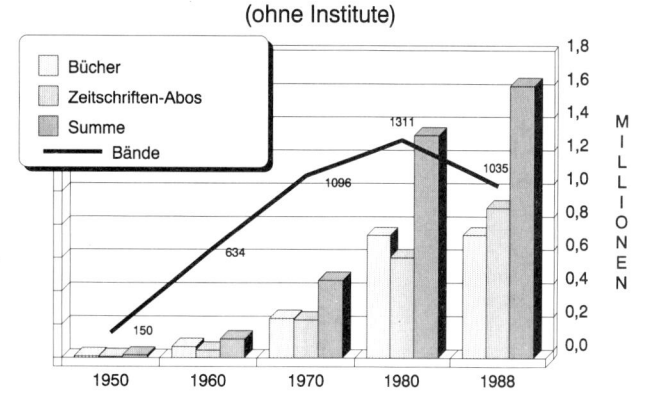

Bild 4: Literaturdotation der Universitätsbibliothek in Millionen Schilling seit 1950 (ohne Institute) für Bücher und Zeitschriften sowie Anzahl der angeschafften Bände.

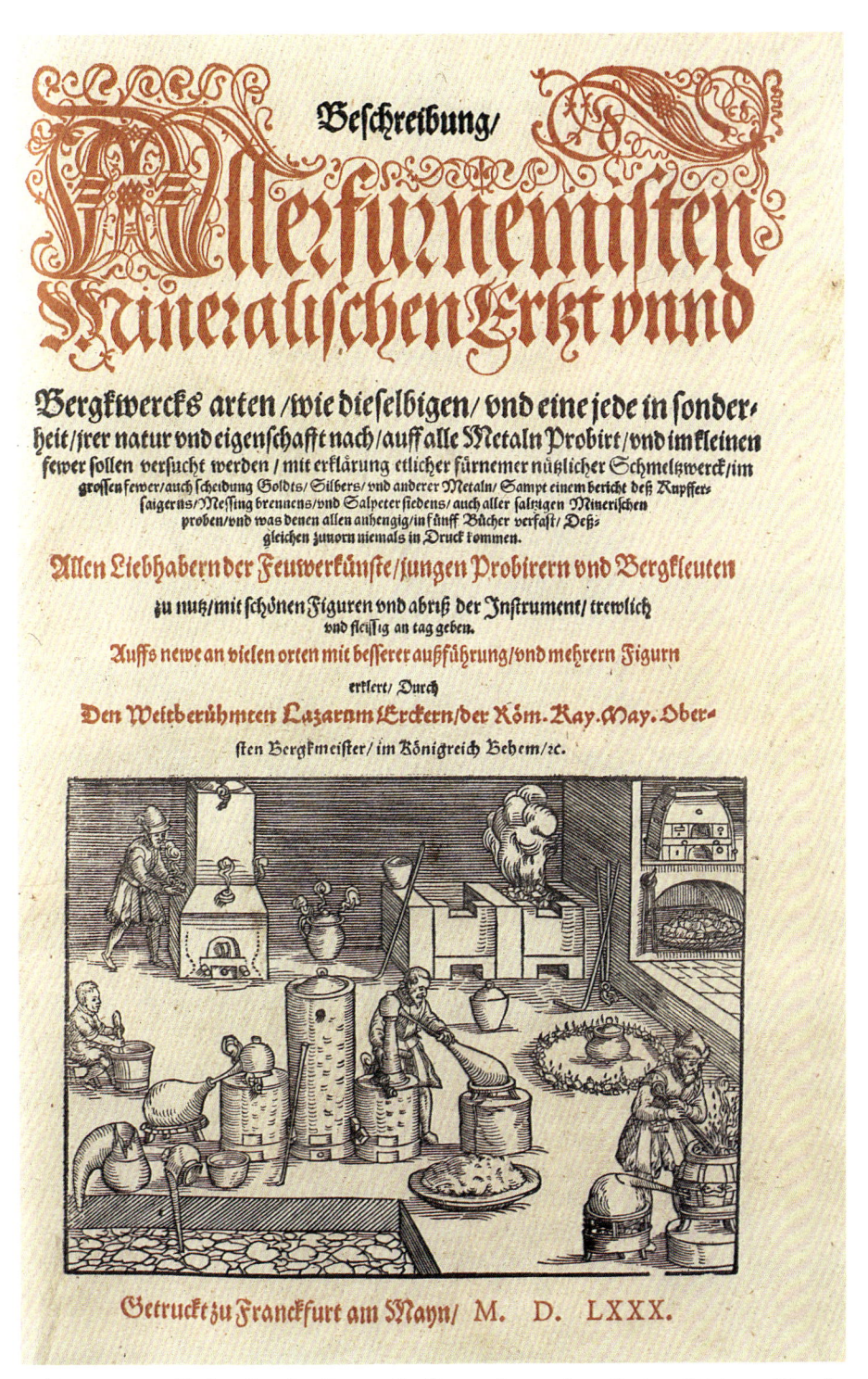

**Tafel 2:** Lazarus Ercker: Beschreibung, allerfürnemisten mineralischen Ertzt vnnd Bergkwercksarten… Frankfurt / Main 1580. Sign.: 1.402.

und Hochschulbibliotheken bei diesem finanzgesetzlichen Ansatz veranschlagt werden. Das Rektorat wurde von diesem Umstand in Kenntnis gesetzt und angewiesen, der Bibliothek „*erforderlichenfalls bei der erstmaligen Ausarbeitung eines eigenen Budgetantrags an die Hand zu gehen*"[15].

Die Bilder 4 und 5 zeigen die Entwicklung der Literaturdotation und der Preise für Bücher und Zeitschriften seit 1950.

## 2.3. BEMERKENSWERTE BESTÄNDE

Die Eintragungen in die Inventarliste von 1849[1] lassen erkennen, daß die zur damaligen Zeit aktuelle wissenschaftliche Fachliteratur in der Bibliothek

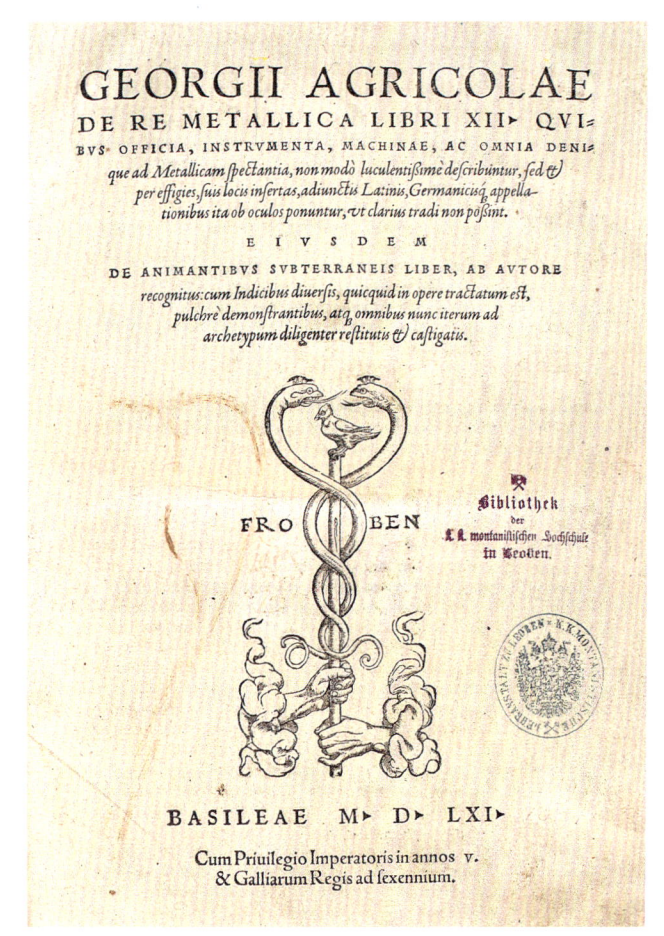

Bild 6: Georg Agricola, De re metallica libri xii, 2. Auflage, Basel 1561. Sign.: 155.

Bild 7: Georg Agricola, Vom Bergkwerck 12 Bücher. Basel 1557. Sign.: 155.

zur Verfügung stand; u.a. sind folgende Autoren mit ihren jeweiligen Standardwerken vertreten: Berzelius, Bruckmann, Delius, Hanstadt, Karsten, Mohs, Russegger. Neben dem Grundbestand an Monographien gehörten damals schon etliche Zeitschriften und Reihenwerke wie ‚Jern Kontorets Annaler', Molls ‚Annalen der Bergbau- und Hüttenkunde', Karstens Archive für Mineralogie bzw. für Bergbau und Hüttenkunde, sowie natürlich das von Tunner herausgegebene ‚Berg- und hüttenmännische Jahrbuch' zum Bestand der erst seit wenigen Jahren bestehenden Bibliothek.

Sehr vertraut mutet es an, wenn man beobachtet, daß praktisch gleichzeitig mit der Aufnahme des Lehrbetriebes in Vordernberg Skripten für die Stu-

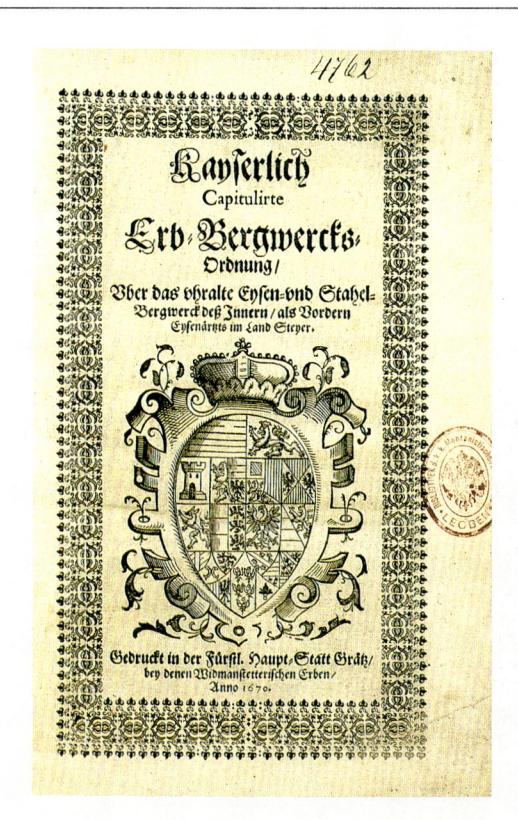

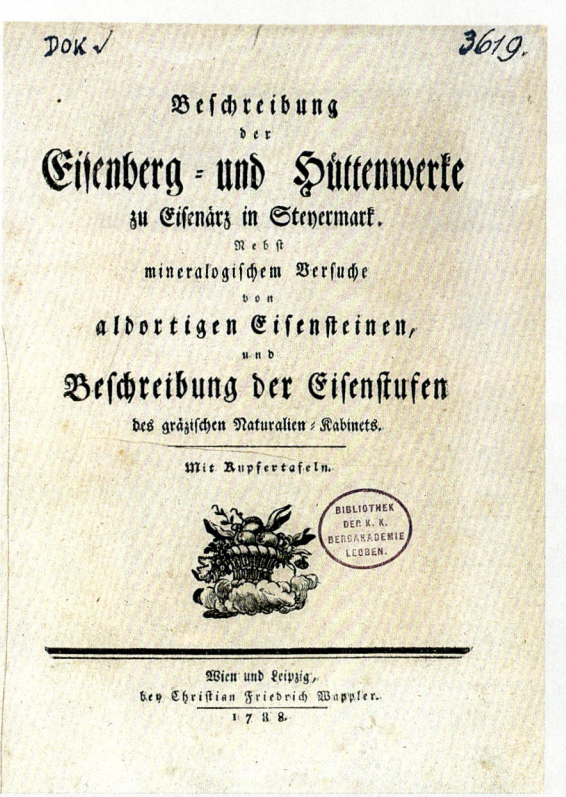

Tafel 3: Ältere Bergbauliteratur aus dem Bestand der Universitätsbibliothek.

dierenden aufgelegt wurden[16]: zwei umfangreiche handschriftliche und lithographisch vervielfältigte Texte aus dem Studienjahr 1843/44, die nach den Vorlesungen Tunners verfaßt worden waren, belegen diesen Umstand[17].

Neben der jeweils aktuellen Fachliteratur, die laufend erworben worden war, wurde – besonders in den Jahren nach 1870 – die ältere, klassische montanistische Literatur gekauft.

➢ Georg Agricolas ‚De re metallica libri xii' (Bild 6), die in der zweiten Auflage (Basel 1561) und in der ersten, ebenfalls in Basel gedruckten deutschen Übersetzung von 1557 (Bild 7) schon in den Vierzigerjahren erworben worden waren, wurden durch die dritte deutsche Ausgabe von 1621 ergänzt.

Andere Werke des 16. Jahrhunderts, die heute den historischen Buchbestand der Bibliothek abrunden, sind u.a.:

➢ Der kostbarste Codex der Leobener Universitätsbibliothek, ein Exemplar der Handschrift des sogenannten Schwazer Bergbuches von 1556: Von dem Hoch- und weit=berüembten Perckhwerch am Valckhenstain zu Schwatz in der Fürstlichen Grafschafft Tyrol und anndern incorporierten Perckhwerchen. Sign.: 2.737 (Tafel 1).
➢ Deß Hochlöblichen Ertzstifts Saltzburgk Perckhwerchs Ordnung. Salzburg: Bauman 1551. Sign.: 4.326.
➢ Bergordnung der Niderösterreichischen Lannde. 1553. Sign.: 114.
➢ Lazarus Ercker: Beschreibung, allerfürnemisten mineralischen Ertzt unnd Bergkwercksarten ... Frankfurt/Main 1580. Sign.: 1.402 (Tafel 2).

Standardwerke aus der Barockzeit, die zur Vervollständigung der Bibliothek gekauft wurden, sind etwa:

➢ Lazarus Ercker: Aula subterranea domina dominantium subdita subditorum. Das ist untererdische Hofhaltung ... Frankfurt: Zunner 1672. Sign.: 1.403.
➢ Georg Engelhard von Löhneyss: Gründlicher und auszführlicher Bericht von Bergwercken ... Stockholm und Hamburg: Liebezeit 1690. Sign.: 7.478 (Tafel 3).

Bild 8: Tabaksdose aus Elfenbein, Höhe 15 cm. Sachsen, um 1860. Darstellungen aus dem Untertagebergbau. Der Deckel zeigt ein Porträt von Kurfürst Johann Georg I. von Sachsen (1585–1656). Inv.-Nr.: 111/178.

➢ Sebastian Span: Speculum iuris metallici; oder Berg-Rechts-Spiegel. Dresden 1698. Sign.: 4.580.
➢ Franz Ernst Brückmann: Magnalia Dei in locis subterraneis oder Unterirdische Schatz-Cammer aller Königreiche und Länder, in ausführlicher Beschreibung. Braunschweig und Wolfenbüttel 1727–1730. Sign.: 106.
➢ Johann Thaddäus Anton Peithner: Versuch über die natürliche und politische Geschichte der böhmischen und mährischen Bergwerke. Wien: Schmidt 1780. Sign.: 2.408 (Tafel 3).

Die Literaturerwerbungen der Bibliothek hatten als Schwerpunkt den aktuellen Bedarf und ergänzten daneben den historischen Bestand; zusätzlich

Bild 9: Stammtischzeichen der Leobener Stadtknappen von 1847. Höhe 30 cm, Inv.-Nr. 111/313. Die Rückseite der in dem 9 cm tiefen, verglasten Blechgehäuse aufgehängten Bildtafel zeigt eine Barbara-Darstellung.

bereits aus 121 Bänden und repräsentiert einen Wert von rund 750.000 Schilling!

Gmelins ‚Handbuch der anorganischen Chemie', von dem in den Jahren 1924 bis heute 220 Bände gekauft wurden, gehört ebenfalls zu den das Bibliotheksbudget seit vielen Jahrzehnten deutlich belastenden Werken: zwischen 1950 und 1989 wurden dafür – bei Beschränkung auf die unbedingt notwendigen Bände – über eine halbe Million Schilling ausgegeben. Ein einzelner Band von Gmelin/Durrers ‚Metallurgy of Iron' kostet heute bis zu 20.000 Schilling!

Bescheiden nimmt sich dagegen der finanzielle Aufwand für das ‚Metals Handbook' aus, dessen 9. Auflage, von der bis 1989 17 Bände erschienen sind, 36.700 Schilling gekostet hat.

Daß angesichts derartiger Anforderungen an die Haushaltsmittel heute nicht mehr an die Erwerbung fachfremder Werke wie des umfangreichen ‚Deutschen Wörterbuches' von Jacob und Wilhelm Grimm war der Blick auch auf die Zukunft gerichtet. So reicht der Beginn der großen naturwissenschaftlich-technischen Standardwerke, die heute mit ihren bisweilen unüberschaubar hohen Bandzahlen zu den auffälligsten und wertvollsten Bibliotheksbeständen gehören, bereits mehr als siebzig Jahre zurück:

Ullmanns ‚Encyclopedia of Industrial Chemistry', heute in der 5. Auflage, wird seit 1914 gekauft; umfaßte die erste Auflage 12 Bände, so sind von der laufenden Auflage bis zum Buchstaben ‚I' bereits 15 Bände und 4 Indexbände erschienen.

Die ‚Zahlenwerte und Funktionen aus Naturwissenschaft und Technik' von Landolt und Börnstein werden seit Beginn der 5. Auflage von 1923 gekauft, die 5 Bände in 8 Teilen umfaßte. Die jetzt laufend gekaufte Neue Serie der 6. Auflage besteht (1989)

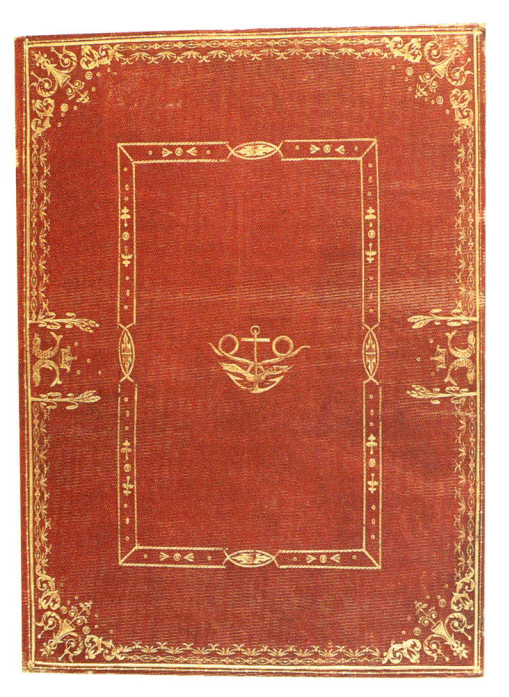

Bild 10: Empire-Einband aus genarbtem Maroquin für das handschriftliche Werk von Franz Herzog; Zeichensammlung Sämentlicher Sensen-Schmidmeister in Oestreich und Steyermark ... 1810. Sign.: 391.

gedacht wird, ist selbstverständlich; dennoch gereichen die 16 Bände des Grundwerkes, die zwischen 1854 und 1922 erschienen sind und damals laufend erworben wurden, der Bibliothek zur Zierde.

Neben der im Rahmen des eigentlichen Sammelauftrages erworbenen Literatur sind im Verlauf der Zeit auch andere Objekte in den Besitz der Bibliothek gelangt. Es handelt sich dabei vor allem um Grubenkarten des 18. Jahrhunderts, um Gemälde und druckgraphische Blätter, um kunstgewerbliche Gegenstände, gegossene Dekor- und Ofenplatten, um Kleinplastiken und Zinnfiguren, sowie um Münzen und Medaillen (siehe Bilder 8 und 9). Diese kleinen Sondersammlungen dokumentieren die Geschichte des Berg- und Hüttenwesens, ergänzen das kulturgeschichtliche Informationspotential der Bibliothek und werden gerne zur Gestaltung eigener und fremder Ausstellungen herangezogen.

## 2.4. BESTANDSERSCHLIESSUNG DURCH KATALOGE UND BUCHAUFSTELLUNG

Über den Zeitpunkt, zu dem die Bestände der Bibliothek so umfangreich waren, daß ihre Erschließung trotz der systematisch geordneten Aufstellung eines Kataloges bedurfte, herrscht Ungewißheit. Sicher ist, daß im Jahre 1870 je ein sachlich und ein nach Verfassernamen geordneter Katalog vorhanden waren[12]. Spätestens mit dem 1910 anläßlich der Übersiedlung in das heutige Gebäude erfolgten Übergang von der Freihandaufstellung zur Aufstellung der Bücher nach Zugangsnummern in einem nicht allgemein zugänglichen Magazin wurde der Katalog zu einem unbedingten Erfordernis.

1902 berichtete der Amanuensis Fink dem Professorenkollegium über die Fertigstellung und die Art der Anlage eines Realkataloges[8]. Das Kollegium war sehr beeindruckt und stimmte dem Antrag von Professor Ehrenwerth zu, demzufolge der Katalog gedruckt werden sollte, ein Vorhaben, das jedoch in Vergessenheit geriet und nie ausgeführt wurde. Über Form und Umfang dieses Kataloges sind wir gut unterrichtet, steht er doch heute noch in der Benützungsabteilung zur Einsichtnahme zur Verfügung und wird nicht selten für detaillierte Auskünfte über den älteren Buchbestand herangezogen. Nicht nur das: bis in die jüngste Vergangenheit ist Literatur, die vor 1950 erschienen ist, aber erst nachträglich erworben wurde (meist durch Geschenke oder aus Nachlässen), in diesen Katalog eingetragen worden. Die ca. 25 mal 20 cm messenden Zettel dieses ersten repräsentativen Katalogwerkes der Bibliothek sind einerseits in einem Kreuzkatalog (61 Mappen), und andererseits in einem systematischen Katalog (37 Mappen) zusammengefaßt. Der Kreuzkatalog weist die Eintragungen über die vorhandenen Bücher in einem Alphabet nicht nur nach Autorennamen, sondern auch nach Stichwörtern, d.h. Sachbegriffen und geographischen Begriffen, soweit sie im Titel des betreffenden Werkes vorkommen, nach. Er ist also Autoren- und Sachkatalog in einem und stellt ein bequem zu handhabendes Hilfsmittel für die Benützung der Bibliothek dar. Der systematische Katalog gliedert die Literatur nach Fachgebieten, die sich in einer hierarchisch aufgebauten Notation widerspiegeln. Zu seiner Benützung konnte auf ein Register zurückgegriffen werden, mit dessen Hilfe man z.B. für die Suche nach Büchern über Spektralanalyse auf die Gruppe III B 5 verwiesen wurde, wobei die drei Notationsmerkmale Naturwissenschaften (III), Physik und Meteorologie (B) und schließlich Optik, Radio, Mikroskopie und Spektralanalyse (5) bedeuteten.

Neben diesem Katalogwerk war noch ein weiterer Zettelkatalog, der Dissertationenkatalog, der nach Verfassernamen alphabetisch geordnet war, in Verwendung. Er hatte insofern große Bedeutung, als die geschenkweise an die Bibliothek gelangten Dissertationen von deutschen Universitäten viele Jahre hindurch einen sehr erheblichen Anteil am Neuzugang ausmachten. Zu diesem und den beiden oben beschriebenen Katalogen hatten nur die Bibliotheksbediensteten Zugriff. Noch 1949 nämlich, als des hundertjährigen Bestandes der Hochschule in Leoben gedacht wurde[18], bestand hinsichtlich der Benützung der Kataloge der Brauch, Publikums- und Beamtenkataloge strikt voneinander zu trennen. Für die allgemeine Benützung standen damals drei Bandkataloge zu Verfügung, u.zw. neben einem systematisch geordneten Gesamtkatalog und einem Alphabetischen (=Autoren) Katalog auch ein sogenannter Handkatalog. Dieser war nach Sachgebieten geordnet und verzeichnete die als Handbibliothek gesondert im Magazin zusammengestellten, häufig gebrauchten Werke der Bibliothek.

Das Jahr 1950 markiert in der Entwicklung der Bibliothek einen entscheidenden Punkt. Das ohnehin nicht ganz einfache Katalogsystem wurde weiter differenziert, indem die Umstellung auf Katalogzettel des internationalen Bibliotheksformates, wie sie noch heute in Verwendung sind, beschlossen wurde. Diese Maßnahme erfolgte gut 25 Jahre später als an anderen österreichischen Bibliotheken. Entscheidender als die Veränderung der äußeren Form der Kataloge war die gleichzeitige Einführung des an deutschen und österreichischen Bibliotheken längst verbindlichen Katalogisierungs-Regelwerkes, der ‚Preußischen Instruktionen'[19]. Damit wurde für die formale Erschließung der Bibliotheksbestände der professionelle Standard erreicht, der die in den Fünfzigerjahren wieder neu beginnende nationale und internationale Zusammenarbeit der Bibliotheken untereinander ermöglichte.

Zum selben Zeitpunkt wurde auch in der sachlichen Erschließung der Bibliotheksbestände ein neuer Weg beschritten: der Schlagwortkatalog wurde begonnen, der besser als ein systematischer Katalog eine in die Tiefe gehende sachliche Zuordnung eines Werkes ermöglicht.

Autorenkatalog und Schlagwortkatalog als Zettelkataloge im internationalen Format sind heute die wichtigsten Auskunftsmittel in der Benützungsabteilung der Bibliothek. Ein Zentralkatalog der Institute konnte 1980 begonnen werden, die parallele Führung von Publikumskatalog und Beamtenkatalog wurde 1984 aufgegeben, und seit 1986 steht den Studierenden zusammen mit der frei zugänglichen und systematisch geordneten Lehrbuchsammlung auch ein eigener Katalog für diesen stark benützten Teilbestand der Bibliothek zur Verfügung.

Neben der formalen und inhaltlichen Erschließung der an der Bibliothek vorhandenen Bücher wird in Leoben für einen Teil des Buch- und Zeitschriftenbestandes eine über das Übliche hinausgehende Sacherschließung betrieben, nämlich in Form der Montanhistorischen Literaturdokumentation. 1962 begonnen weist diese Dokumentation, die als Zettelkartei zur Verfügung steht, mittlerweile etwa 40.000 Eintragungen zur Geschichte des österreichischen Berg- und Hüttenwesens, zur Bergbaukultur, zum Bergrecht und zum montanistischen Ausbildungswesen nach. Außer in den bibliothekseigenen Zeitschriften und Büchern werden Quellen für diese Dokumentation regelmäßig in der Österreichischen Historischen Bibliographie und in der alle Wissensgebiete abdeckenden Österreichischen Bibliographie ausgeforscht. Sämtliche dokumentierten Zeitschriftenartikel und Kapitel aus Büchern sind – wenn nicht im Original – zumindest als Kopie an der Bibliothek vorhanden.

Bestandserschließung erfolgte an der Leobener Bibliothek nicht immer durch die Kataloge allein; eine zweckorientierte Aufstellung der Bücher und Zeitschriften hat zu verschiedenen Zeiten die Benützung der Bibliothek erleichtert. Die relativ kleinen Bandzahlen anläßlich der Übersiedlung der Lehranstalt von Vordernberg nach Leoben standen einer systematischen Anordnung des Bestandes ohnehin nicht im Wege. Sie prägte bis 1910 das Erscheinungsbild der Bibliothek, als die sehr unter Platzmangel leidende Hochschule in den Neubau übersiedeln konnte. Auch für die Bibliothek, die damals einen Umfang von ca. 23.000 Bänden hatte, dürfte die Raumnot empfindlich gewesen sein: hatte doch das Professorenkollegium 1897 beschlossen, deswegen den Bezug einiger Zeitschriften einzustellen[8]. Mit der Übersiedlung des Bestandes in das noch heute benützte Magazin war zwar die Raumnot für viele Jahre behoben, die Zugänglichkeit zur Fachliteratur vom Standpunkt der Bibliotheksbenützer jedoch nicht gleichzeitig beibehalten oder gar verbessert worden. Der neuen architektonischen Gestaltung, die ein viergeschoßiges Magazin, den Lesesaal, das Lesezimmer für die Professoren und einen Kanzleiraum für den Bibliothekar zur Verfügung stellte[20], lag das damals in Mitteleuropa weit verbreitete Konzept der Magazinsbibliothek zugrunde. Die Bücher konnten nur nach Aufsuchen der Signatur im Katalog durch einen Bibliotheksbediensteten aus dem Magazin ausgehoben werden, in welchem die Bücher nicht mehr in systematischer Ordnung, sondern platzsparend nach dem Numerus Currens, also nach Zugangsnummer aufgestellt waren. Gegenüber der früheren Situation bedeutete dies sicherlich einen Rückschritt. Er konnte einigermaßen dadurch wettgemacht werden, daß vielverlangte Literatur zu einer Handbibliothek zusammengefaßt und im untersten Magazinsgeschoß, das dem Lesesaal am nächsten lag, aufgestellt wurde.

Die Methode, bei einem nach dem Numerus-Currens-Prinzip geordneten Magazin parallel dazu wichtige Literaturbestände zur schnelleren Verfügbarkeit in gesonderter Aufstellung zu halten, ist 1985/86 erneut zur Anwendung gekommen. Nach Umbauarbeiten, die an der Stelle des alten Entlehnschalters einen Zugang vom Vorraum in das Magazin schufen, wurde im untersten Magazinsgeschoß nach Auflösung der Handbibliothek die Lehrbuchsammlung eingerichtet. Sie umfaßt z.Zt. etwa 10.000 Bände, die in 28 Fachgruppen und Untergruppen geordnet, für die Studenten frei zugänglich aufgestellt sind. Weitere Freihandaufstellungen, ca. 4.500 Bände umfassend, bilden die Handbibliotheken, die im Lesesaal und im Zeitschriften-Leseraum eingerichtet worden sind. In derselben systematischen Gliederung sind damit Handbücher, Nachschlagewerke, Enzyklopädien, Lexika, Bibliographien, Wörterbücher sowie die gebundenen Jahrgänge von etwa 80 laufend gehaltenen Zeitschriften frei zugänglich als ständig verfügbarer Präsenzbestand aufgestellt. Im Vergleich zur früheren Handbibliothek bedeutet dies sowohl in qualitativer als auch in quantitativer Hinsicht eine Verbesserung: der aktuelle Buchbestand ist (außer durch die Kataloge) durch eine umfangreiche und sachlich geordnete Freihandaufstellung erschlossen und wird einerseits als Entlehnbestand (Lehrbuchsammlung) und andererseits als Präsenzbestand (Handbibliotheken) dargeboten.

Bild 11: Lesesaal der Universitätsbibliothek.

## 3. DAS PERSONAL

Die Bibliothek der Montanistischen Hochschule und ihrer Vorgängerinstitution, der Bergakademie, ist Jahrzehnte hindurch als Professorenbibliothek geführt worden. Das bedeutet, daß die wichtigen Entscheidungen bis hin zur Literaturauswahl und zu den Ankaufsentscheidungen vom Rektor bzw. durch das Professorenkollegium erfolgten, während die ausführenden Tätigkeiten, vor allem die Führung von Inventaren und Katalogen sowie die Verbuchung der Entlehnungen einem Amanuensis oblagen.

Entsprechend der Größe der Bibliothek war über hundert Jahre lang immer nur ein einziger Beamter der Bergakademie bzw. Hochschule mit den (auf die Verwaltungstätigkeit reduzierten) bibliothekarischen Aufgaben betraut. Seit 1850 scheint Johannes Doringer in dieser Funktion auf, die er als sehr junger Mann übernommen haben muß: erst 1899 wurde er als k.k.Bibliotheks-Amanuensis pensioniert. Als Nachfolger wurde der Rechnungs-Unteroffizier Franz Fink eingestellt, der vom 23. Februar 1900 bis zu seinem Tode am 25. April 1915 mit viel Eifer seinen Verpflichtungen nachkam. Der Katalog, der heute noch Auskunft über den älteren Buchbestand gibt, stammt von seiner Hand. Ab August 1915 übernahm der schon seit 1901 dem Personalstand der Bergakademie angehörende Ludwig Futter die Aufgaben des Bibliotheksbeamten. Er stand bis 1945 im Dienst der Montanistischen Hochschule und ging als Regierungsinspektor in Pension. In der Nachkriegszeit findet sich mit Karl Lüftner wieder ein Bibliotheksbediensteter, der, in der Tradition seiner

Vorgänger stehend, die dem mittleren oder auch dem Verwaltungsfachdienst angehörten, den gesamten Entlehnbetrieb der Bibliothek meisterte.

Parallel zu den gestiegenen Studentenzahlen, dem größeren Personalstand im Bereich von Lehre und Forschung, einem differenzierteren Lehrangebot und den höheren Dotationen vermehrten sich auch die Aufgaben des bibliothekarischen Arbeitsbereiches an der Hochschule. Um dieser Situation entsprechen zu können, wurde 1949 erstmals mit Otto Kube, der seit 1947 an der Bibliothek beschäftigt war, ein Beamter des gehobenen Bibliotheksdienstes als Leiter der Bibliothek eingesetzt. In dienstrechtlicher Hinsicht war er dem Rektor unterstellt, und auch die haushaltsrechtlichen Entscheidungen waren nach wie vor Angelegenheit der Hochschule. Nachfolger Kubes, der sich 1958 nach Wien versetzen ließ, wurde Peter Sika, der, ebenfalls Bibliothekar des gehobenen Dienstes, ab 1960 die Funktionsbezeichnung Direktor der Hochschulbibliothek trug. Seit dieser Zeit bildeten nämlich die in der Bibliothek tätigen Bediensteten einen eigenen, dem Bundesministerium für Unterricht unterstellten Personalstand, der in Verfolgung der Bestimmungen des Hochschulorganisations-Gesetzes von 1955 aus dem Personalstand der Hochschule herausgelöst worden war. Mit diesem Sachverhalt wird nicht nur eine dienstrechtliche Änderung beschrieben, sondern auch der Umstand, daß die Angehörigen des Berufsstandes der Bibliothekare wie an allen österreichischen Hochschulen den Kollegen, die an Universitätsbibliotheken tätig waren, gleichgestellt wurden.

Der Personalstand war 1958 auf 2,5 Planstellen aufgestockt worden und erreichte bis 1983, dem Jahr, in welchem Sika in der Funktion des Bibliotheksdirektors der Montanuniversität in den Ruhestand trat, den Umfang von 9,5 Planstellen.

Seit Jänner 1984 ist die Funktion des Bibliotheksdirektors entsprechend dem § 84 (3) Universitätsorganisations-Gesetz mit einem Bibliothekar des höheren Dienstes besetzt, womit die an österreichischen Universitätsbibliotheken eingeführte Norm auch an der Montanuniversität erfüllt ist.

Die Entwicklung des Personalstandes konnte seit 1983 noch weitergeführt werden. In quantitativer Hinsicht hat sie gegenwärtig den Stand von 11,5 Planstellen erreicht (Bild 12). Die beruflichen Qualifikationen der 8 Mitarbeiterinnen und 6 Mitarbeiter – einige von ihnen sind halbtags beschäftigt – sind dem ganzen Spektrum der verfügbaren Dienstzweige und Verwendungsgruppen zugeordnet. Sieben bibliothekarischen Planstellen, davon zwei des höheren, vier des gehobenen und einer des Fachdienstes, stehen 4,5 Planstellen des Verwaltungsdienstes gegenüber. Diese Kombination von Qualifikationen ermöglicht insgesamt eine ausgewogene Arbeitsleistung im Dienste der Literaturversorgung aller an der Montanuniversität Tätigen, wobei zeitgemäße Techniken und Methoden herangezogen werden können.

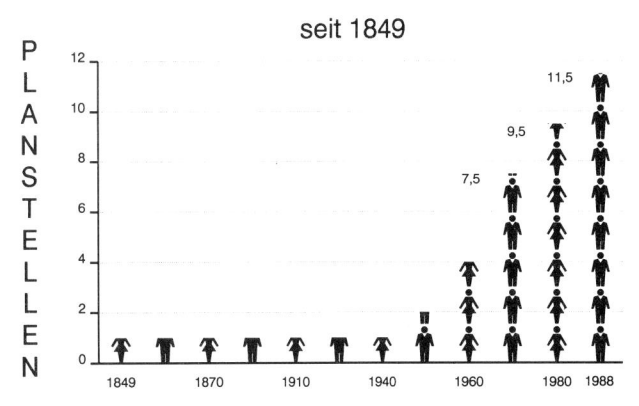

Bild 12: Personalstand der Universitätsbibliothek seit 1849.

DERZEITIGES BIBLIOTHEKSPERSONAL:

Dr.phil. Manfred LUBE, Oberrat, Bibliotheksdirektor
Dr.phil. Lieselotte JONTES, Oberrat, Stellvertreterin des Direktors
Dolores KNABL, Revident
Franz JUREK, Revident
Reinhold WOHLMANSTETTER, Oberkontrollor
Gottfried EHWEINER, Oberkontrollor
Dr.phil. Johann DELANOY, Vertragsbediensteter
Margit WELIGOSCHEK, Vertragsbedienstete
Gerlinde LEITOLD, Vertragsbedienstete
Gertraude BERLAKOVICH, Vertragsbedienstete
Friedrich SCHEER, Vertragsbediensteter

Marja PREVEDEL, Vertragsbedienstete
Andrea WINKLER, Vertragsbedienstete
Dunya EBERHARD, Jugendliche

## ANMERKUNGEN

Ein Teil der archivalischen Quellen wurde früher herangezogen u.a. von L. Jontes für ihre Arbeit „Zur Geschichte der Universitätsbibliothek Leoben", abgedruckt in: Biblos, Jg. 27 (1978), H. 3, S.266–274, auf die hier ausdrücklich hingewiesen werden soll.

[1] Inventar vom 6. Juli 1849; Universitätsarchiv.
[2] Rechnungsabschluß des Joanneums für 1846 bzw. für 1847; StLA, Laa.Archiv, Schul- und Bildungswesen (6), Bl. 338 bzw. 443.
[3] Brief Peter Tunners vom 19. März 1841 an die Stände; StLA, Laa.Archiv, s.o., Bl. 127.
[4] StLA, Laa.Archiv, s.o., Bl. 136v.
[5] Berg- und hüttenmännisches Jahrbuch. Bd. 5 (1852), S. 11.
[6] Ebd., Bd. 1 = 4 (1851), S. 25.
[7] Erlaß des Bundesministeriums für Unterricht, Zl.93.107-13/60 vom 21. Oktober 1960.
[8] Sitzungsprotokolle des Professorenkollegiums; Universitätsarchiv.
[9] Bibliotheks- und Lesezimmer-Ordnung. In: Auszugsweise Sammlung der die Montanistische Hochschule in Leoben und deren Hörer betreffenden Gesetze, Verordnungen und Erlässe. Leoben: Verlag der Montanistischen Hochschule 1918. S. 25.
[10] 34. Jahresbericht des steiermärkisch-ständischen Joanneums zu Gratz für das Schuljahr 1845. Gratz 1846. S. 9.
[11] Peter Sika: Wesen und Bedeutung von Bibliotheken. Die Bibliothek der Montanistischen Hochschule Leoben. In: Glückauf. Zeitschrift der Österreichischen Hochschülerschaft, Montanistische Hochschule Leoben. WS 1965/66. Ohne Paginierung.
[12] Statistik der Bibliothek für 1870; Universitätsarchiv.
[13] Instruktion für das Lehr-, Kanzlei-, Bibliotheks- und Dienstpersonale der k.k.montanistischen Hochschulen in Leoben und Pribram. Erlassen 1904 und 1913. § 19.
[14] Erlaß des Bundesministeriums für Unterricht, Zl.56.125–1/61 vom 17. April 1961.
[15] Ebd.
[16] Denkschrift zur fünfzigjährigen Jubelfeier der k.k.Berg-Akademie in Leoben 1840–1890. Leoben 1890. S. 69.
[17] Lehrbuch der Bergbaukunde von Peter Tunner. Geschrieben vom Bergeleven Alois Neubauer im Jahre 1843. Bd. 1–3. Sign.: 321a.
Vorträge über Hüttenkunde von Peter Tunner. Allgemeiner Theil. Geschrieben vom Bergeleven Alois Neubauer im Jahre 1844. 198 S. Sign.: 321b.
[18] Otto Kube: Die Bibliothek der Montanistischen Hochschule. In: Die Montanistische Hochschule Leoben 1849–1949. Wien 1949. S. 126 f.
[19] Instruktionen für die alphabetischen Kataloge der preußischen Bibliotheken. Berlin 1899.
[20] Kube, a.a.O., S. 123.

Die Fotos und Reproduktionen stammen von FOTO WILKE Leoben.

# Institut für Bildungsförderung und Sport – IBuS

Udo GROLLITSCH

Bevor im Jahr 1971 das Institut mit der holprigen Bezeichnung ‚Bildungsförderung und Sport' gegründet wurde, gab es bereits Ansätze zu nichttechnischen Bildungsangeboten und dem Universitätssport. Ausschlaggebend für die Institutsgründung in der bestehenden Form war dreierlei:

1. Es war schon seit etwa 1964 vorgesehen, in Leoben wie an den übrigen Universitätsstädten ein Sportinstitut zu gründen. Der schon seit jeher rührige Studentensport an der Montanistischen Hochschule wurde in dieser Zeit nebenamtlich vom Mittelschullehrer Prof. Fuchs geleitet, der sich eifrig ums Sporttreiben kümmerte, allerdings an einer hauptamtlichen Leitung eines Sportinstitutes nicht interessiert war, was die Gründung verzögerte.

2. Im Bemühen, das Technikstudium mit „nichttechnischen" Fächern zu bereichern, boten einige Studienrichtungen Vorlesungen und Übungen an. Es waren Sprachkurse in Englisch und Französisch, die als Frei-, Wahl- oder sogar Pflichtfächer angeboten wurden. Weiters wurden hauptsächlich vom Institut für Bergbaukunde ausgehend je eine Lehrveranstaltung für ‚Grundlagen der Psychologie und Soziologie' und ‚Montangeschichte', sowie eine Rechtskundevorlesung angeboten. Diese fachfremden Anhängsel sollten zusammengefaßt, erweitert und zentral organisiert werden.

3. Die wohl vielseitigste Person, die je in Leoben lehrte, war Prof. R. Mitsche. Er war geradezu darauf versessen, künstlerische und sportliche Initiativen zu setzen. Wenn auch die Institutsgründung nicht das vorrangige Ziel seiner Förderungsmaßnahmen war, so gehen doch auf ihn die hauptsächlichen Initiativen zurück, die den Inhalt eines späteren IBuS bilden sollten.

Neben diesen drei Hauptgründen für die Errichtung einer ursprünglich auch als Außeninstitut bezeichneten Institution gab es noch einige kurz genannte Nebenaspekte: Die verschiedenen Kontakte mit in- und ausländischen Hochschulen benötigten eine Koordinationsstelle. Das von der Österreichischen Hochschülerschaft gegründete Hochschulkammerorchester und ein für eine Plattenaufnahme zusammengestellter Hochschulchor brauchten eine organisatorische Heimstätte.

Das Freizeitangebot der Kleinstadt sollte durch verschiedenartige Veranstaltungen bereichert werden. Der gesellschaftliche Wandel um das Jahr 1968 unterstützte die Möglichkeit zur Einführung einer unkonventionellen „nichttechnischen" Institution.

Auf hauptsächliche Initiative der Professoren Fettweis, Reitz und später Lorbach wurde am 18.März 1970 im Professorenkollegium der Antrag auf Gründung eines Institutes für Bildungsförderung und Sport gemäß § 59 des Hochschulorganisationsgesetzes

Bild 1: Hochofenabstich. Ölbild von Roland Mitsche.

gestellt. Folgende Tätigkeitsmerkmale wurden dem neuen Institut zugeordnet:
- a) Kulturelle Belange aller Art
- b) Nichttechnisches Vortragswesen
- c) Fremdsprachen
- d) Austauschveranstaltungen mit in- und ausländischen Hochschulen
- e) Kontakte mit ausländischen Studenten
- f) Durchführung des sportlichen Übungs- und Wettkampfbetriebes.

Der Beschluß wurde durch Anträge zum Dienstpostenplan 1971 und Anträge auf Errichtung eines Institutsgebäudes mit einer Hallensportanlage ergänzt.

Im Sommer 1970 genehmigte Frau Bundesminister Dr. Firnberg das Institut mit seiner Bezeichnung und den Aufgaben. 1971 wurden zwei Dienstposten zugeordnet. Nach Berufungsverhandlungen wurde im September 1972 die Stelle des fachlichen Leiters mit Prof. Dr. Udo Grollitsch besetzt.

Das für einen Institutsbau vorgesehene Areal in Universitätsnähe wurde umgewidmet und ein Institut für Festkörperphysik gebaut. Drei frei gewordene Dachbodenzimmer wurden dem IBuS zugewiesen, ein Turnsaal im Dachboden zum Ausbau für eine zeitgemäße Sportanlage zur Verfügung gestellt und ein Ersatzgrundstück in Judendorf von der Stadtgemeinde mit der Auflage gewidmet, daß es innerhalb von 10 Jahren zu einer Verbauung kommt.

Es zeigte sich sehr rasch, wie recht die Initiatoren mit der Institutsgründung hatten, denn sofort tat sich ein vielseitiger Bedarf auf. Dankbar wurden die Initiativen seitens der Studenten aufgenommen. Bald stellte sich aber heraus, daß die zugeordneten Bereiche zu weit gefaßt waren; Prioritäten mußten gesetzt werden.

Die Erfahrungen der ersten Jahre und die Änderung der rechtlichen Situation durch das UOG (Universitäts-Organisationsgesetz 1975) führten 1977 zu einer Umformulierung der Inhalte, die der neuen besonderen Universitätseinrichtung mit der gleichen Bezeichnung nunmehr folgende Aufgaben zuordneten:

- ➢ a) die Betreuung des allgemein bildenden, nicht-fachspezifischen Vorlesungs- und Vortragswesens, einschließlich der Pflege von Fremdsprachen, und dessen Organisation,
- ➢ b) die Betreuung kultureller Belange aller Art und die Organisation bzw. Durchführung von Veranstaltungen in diesem Bereich,
- ➢ c) Organisation bzw. Durchführung von Lehrgängen, Kursen und Veranstaltungen, die dem Institut vom Universitätskollegium übertragen werden, und
- ➢ d) Betreuung und Organisation des Universitätssportes.

## INSTITUTSPERSONAL

Prof. Mag.phil. Dr.phil. Udo GROLLITSCH, Institutsdirektor
Prof. Mag.phil. Reinhard DIRNBERGER (Abteilung Unterricht und Wettkampfwesen)
Engelbert TAUDERER, Oberkontrollor
Ulrike KRAMREITER, Jugendliche

## AUFGABEN DES INSTITUTES

Aus den auch in einer genehmigten Institutsordnung definierten Aufgaben entwickelten sich folgende 5 Sachblöcke, die nunmehr gesondert erörtert und auch historisch beleuchtet werden sollen.

## 1. SPRACHAUSBILDUNG AN DER MONTANUNIVERSITÄT

(Eva NEUGEBAUER)

These 1: Es geht nicht „nur" um die Fremdsprachenausbildung.

Als Lektorin am Institut für Bildungsförderung und Sport der Montanuniversität möchte ich mich in erster Linie mit Anforderungen an die Fremdsprachenausbildung beschäftigen, allerdings sollte der Rahmen etwas weiter gesetzt werden. An unserer Alma mater wäre eine genauere Auseinandersetzung mit den vielfältigen Kommunikationssituationen im Berufsleben sinnvoll, durchaus nicht beschränkt auf die Verwendung von Fremdsprachen, obwohl natürlich dort fehlende Fähigkeiten schneller und deutlicher spürbar werden als in der Muttersprache.

These 2: Weitere Befragungen von Absolventen und Absolventinnen der Montanuniversität können kaum noch mehr Licht ins Halbdunkel der Sprachausbildung bringen.

Mehrere hundert Absolventen wurden kürzlich vom IBuS unter anderem zur Ausbildung an der Montanuniversität und den in der beruflichen Praxis geforderten Fremdsprachenfähigkeiten befragt. Nicht überraschend vermerkten ca. 92% keine oder nur gelegentliche Beschäftigung mit Fremdsprachen während des Studiums; bei 76% der Anworten wurde die Notwendigkeit eben dieser Fremdsprachen im Berufsleben betont. Dabei ist Englisch der Standard für eine internationalisierte Wirtschaft und Technik; die immer bedeutender werdene Rolle von Spanisch, Russisch, Arabisch usw. steht auch kaum mehr in Frage.

Die Ergebnisse dieser Befragung decken sich (wen wundert's?) mit früheren; so gaben vor einigen Jahren befragte Kunststofftechniker ähnliche Antworten. Daneben existieren zahlreiche publizierte Studien, die auch die Anforderungen der Arbeitsgeber berücksichtigen (z.B. Language Incorporated, Hueber Verlag).

Bedürfnisse und teils unerfüllte Wünsche für den zur Diskussion stehenden Bereich sind also seit langem bekannt und ausreichend dokumentiert – die Reaktionen darauf bislang aber (noch) unzureichend.

These 3: Sprache findet nicht (nur) in Wörterbüchern statt.

Neben fast selbstverständlichen Anforderungen an fremdsprachliche Kommunikationsfähigkeiten, wie: Berichte und Protokolle verfassen, Fachvorträge halten, Fachliteratur lesen, Arbeitsanweisungen geben, Prozesse erklären und dokumentieren, Arbeitsgespräche und Verhandlungen führen und steuern, Produkte und Dienstleistungen präsentieren, Fachgespräche führen und interpretieren, etc. gibt es noch einen weiteren, viel schwerer definierbaren Bereich sozialkultureller, für die erfolgreiche Kommunikation im Umfeld des Berufs notwendiger interaktiver Fertigkeiten, wie z.B. in unterschiedlichen sozialen Gruppierungen mit der Leichtigkeit eines „native speaker" interagieren und die Sprache auf das soziale Umfeld abstimmen, etc. So gehört es z.B. zum sozialen Umfeld von Sprache, in anderen Kulturen die richtige „neutrale" Distanz zum Gesprächspartner herauszufinden und Sensibilität dafür zu entwickeln, was für wen relevant ist – es soll ja Anlagenbauprojekte gegeben haben, die an der Himmelsrichtung der WC-Anlagen gescheitert sind. (Die oben angeführten ‚Language Skills' sind übrigens an die in der innerbetrieblichen Sprachausbildung der VOEST-ALPINE definierten Kursziele angelehnt).

Meine These ist also, daß eine zunehmende Internationalisierung der Wirtschaft insbesondere die Absolventen dieser Universität tangiert und in der Zukunft nicht nur auf dem Gebiet der Technik verstärkte Anforderungen an sie gestellt werden. Darüberhinaus wird diese Entwicklung nicht auf die Fremdsprachen beschränkt sein, sondern durchaus neues Licht auf die Verwendung der Muttersprache werfen. Auch erfolgreiches Management und Marketing verlangt heute schon mehr, als sich und das eigene Produkt oder die eigene technische Entwicklung erfolgreich zu präsentieren, sondern immer mehr auch die Geschäfts- und Gesprächspartner in einer interaktiven Kommunikation zu begreifen.

These 4: Vorhandene positive Ansätze in der Fremdsprachenausbildung sollen kein Hinderungsgrund für neue Überlegungen und Modelle sein.

Die derzeit vom IBuS angebotenen (und nachgefragten) Sprachkurse können grob drei Typen zugeordnet werden – erstens: Grund- und Aufbaukurse in Sprachen, für die hier meist zum ersten und einzigen Mal Lernmöglichkeiten angeboten werden, wie z.B. Russisch, Spanisch, Arabisch, und sich eines steigenden Zuspruchs erfreuen; zweitens: Fachsprachenkurse, die vor allem auf technische Anwendungen ausgerichtet sind; und drittens: Intensivseminare in Blockform zum „Eintauchen" in die Fremdsprache. Die letzten beiden Formen gibt es derzeit hauptsächlich für Englisch. Eine Verbreiterung könnte sowohl durch kleinere oder „exotische" Sprachen stattfinden; für Englisch sollte das Angebot durch einen Schwerpunkt „Management und Wirtschaft" ergänzt werden. Wichtig scheint mir aber, die Kurse des IBuS (von denen die Sprachkurse ja nur ein Teil sind) weiterhin für Studentinnen und Studenten aller Studienrichtungen an der Montanuniversität zu halten.

These 5: Spezialkurse den Spezialisten – oder fehlende Teile im Konzept einer integrierten, fächerübergreifenden Sprachausbildung an der Montanuniversität.

Allgemeine fachsprachliche Anforderungen werden durch die bestehenden Kurse meines Erachtens relativ gut abgedeckt. Dringend notwendig scheint mir aber eine Internationalisierung dieser Universität weit über das derzeit bestehende Maß zu sein. Damit meine ich, daß die Abhaltung von speziellen Vorlesungen und/oder Seminaren durch Gastdozenten in der Fremdsprache eine dauernde Selbstverständlichkeit für jede einzelne Studienrichtung werden sollte. Hin und wieder gehaltene Fachvorträge können diesen Bedarf keineswegs abdecken. Natürlich wären die bürokratischen Rahmenbedingungen zu ändern. Der Gestaltungsphantasie der Universität sind keine Grenzen gesetzt – warum sollten nicht sprachlich und fachlich qualifizierte Studenten gemeinsam mit einem Forschungsassistenten eine Lehrveranstaltung oder Übung in einer Fremdsprache bestreiten oder ein Managementtraining von Spezialisten in deren Muttersprache durchgeführt werden. Nicht zuletzt sind Auslandsstudienaufenthalte zu fördern, weiter auszubauen und von den Universitäten voll anzuerkennen.

## 2. SOZIAL- UND RECHTSWISSENSCHAFTEN AN DER MONTANUNIVERSITÄT

(Alfred FERSTL und Josef KROPIUNIG)

Das Lehrprogramm der Montanistischen Hochschule, das auch schon in der Zwischenkriegszeit Vorlesungen über Rechtsgebiete umfaßte, wurde nach dem Zweiten Weltkrieg auch in dieser Richtung wieder aufgenommen. Es wurde über Antrag des Rektorates vom Bundesministerium für Unterricht mit Erlaß vom 20.9.1946 dem Richter des Kreisgerichtes Leoben, Dr. Alfred Ferstl, der Lehrauftrag erteilt, im Wintersemester 1946/47 Vorlesungen über die Gegenstände „Verwaltungsrecht", „Bürgerliches Recht", „Grundbuchsrecht" und „Strafrecht" zu halten, wobei das Ausmaß der Vorlesungen mit 2 Wochenstunden festgesetzt wurde. Der allgemeine Vorlesungsbeginn war damals der 21. Oktober 1946. Diesem Lehrauftrag folgte ein weiterer im gleichen Ausmaß für das Sommersemester 1947 über „Grundzüge des öffentlichen Rechtes". Diese Lehraufträge wurden in jedem Jahr verlängert.

Da der Stoff des Wintersemesters wesentlich umfangreicher war als der des Sommersemesters, wurden über Antrag des Lehrbeauftragten die einzelnen Rechtsgebiete unter der Sammelbezeichnung „Allgemeine Rechtskunde" zusammengefaßt und gleichmäßig auf das ganze Studienjahr aufgeteilt. Dieser ursprünglich ganzjährige Lehrauftrag wurde im Jahre 1954 auf das Wintersemester beschränkt, was natürlich zu Lasten der Ausführlichkeit ging.

Die Vorlesungen über „Allgemeine Rechtskunde" umfaßten einen Überblick über folgende Rechtsgebiete: Staatsrechtslehre, österr. Bundesverfassung, Verwaltungsverfahren, Gerichtsorganisation, Straf- und Zivilprozeß, Strafrecht und auf dem Gebiet des Privatrechts das Sachenrecht, das Personenrecht mit besonderer Berücksichtigung der Handelsgesellschaften, Ehe- und Erbrecht und das Recht der Schuldverhältnisse, hier wieder ausführlich die arbeitsrechtlichen Bestimmungen.

Der Titel der Vorlesung wurde Anfang der 70er Jahre in „Grundzüge der Sozial- und Rechtswissenschaften" geändert, inhaltlich blieb es wie bis dahin.

Der Lehrbeauftragte Dr. Alfred Ferstl hat nach 33jähriger Tätigkeit, als seine Pensionierung als Präsident des Oberlandesgerichtes Graz bevorstand, mit 31.März 1979 seinen Lehrauftrag an der Montanuniversität Leoben zurückgelegt.

Im Rahmen des Rechtsblockes des „Institutes für Bildungsförderung und Sport" (IBuS) wurde diese Vorlesung im Wintersemester 1979/80 vom damaligen Richter des Kreisgerichtes Leoben, Dr. Josef Kropiunig, übernommen, dem seither seitens des

Bild 2: Berggerichtsgeschworene. Aus dem Schwazer Bergbuch, 1556. Universitätsbibliothek Leoben.

Bundesministeriums für Wissenschaft und Forschung jeweils remunerierte Lehraufträge im Ausmaß von 2 Wochenstunden im jeweiligen Wintersemester eines jeden Studienjahres erteilt wurden und der diesen Lehrauftrag auch in seiner neuen Funktion als Präsident des Oberlandesgerichtes Graz (ab 1.1.1990) beibehalten wird. Die Lehrveranstaltung ist für die Hörer mehrerer Studienrichtungen (Bergwesen, Erdölwesen und Markscheidewesen) prüfungspflichtig, weshalb der Lehrbeauftragte gemäß §26 Abs. 4 AHStG. für den mittels Lehrauftrag vertretenen Prüfungsteil auch zum Prüfungskommissär bestellt wurde.

In der Vorlesung und in den in Zusammenarbeit mit der Österreichischen Hochschülerschaft aufgelegten Arbeitsbehelfen wurden der vom früheren Lehrbeauftragten Dr. Alfred Ferstl schon oben aufgezeigte Lehrstoff und Lehrinhalt grundsätzlich beibehalten, der Schwerpunkt aber auf die praxisbezogene Darstellung des Arbeits- und Sozialrechtes verlegt.

Die Sozial- und Rechtswissenschaften umfassen sehr weite Rechtsgebiete, die weder in einer Vorlesung im Ausmaß von 2 Wochenstunden in einem Semester noch in einem darauf abgestellten Arbeitsbehelf in aller Ausführlichkeit, sondern nur annähernd und punktuell, behandelt werden können. So umfassen die Sozialwissenschaften die Soziologie, Politologie, Psychologie und die Volks- und Betriebswirtschaftslehre, während die Rechtswissenschaften grob in Öffentliches Recht und Privatrecht eingeteilt werden können. Da einerseits in den letzten Jahren durch das Institut für Wirtschafts- und Betriebswissenschaften Vorlesungen und Übungen zur Volks- und Betriebswirtschaftslehre angeboten werden und andererseits im Rahmen der Lehrveranstaltungen des IBuS auch eine Vorlesung über „Einführung in Psychologie und Soziologie" vorgesehen und abgehalten wird, konnte und kann sich die gegenständliche Vorlesung auf das Öffentliche Recht und das Privatrecht – zu dem auch das Arbeits- und Sozialrecht zählt – beschränken.

Ziel der Lehrveranstaltung ist es insbesondere, den Studenten der Montanuniversität nicht bloß in die allgemeinen Lehrinhalte der obgenannten Rechtsgebiete einzuführen, sondern soviel an Grundwissen des Arbeits- und Sozialrechts und der dazu gehörigen Verfahrensrechte zu vermitteln, daß er nach dem Eintritt in das Berufsleben auch in der Lage ist, diese Kenntnisse sowohl in Führungspositionen von Betrieben als auch für seinen eigenen Arbeitsvertrag praktisch anzuwenden. Dem gesetzten Schwerpunkt entsprechend wird die Behandlung des Arbeits- und Sozialrechtes in der Vorlesung, in der Diskussion und auch im schriftlichen Arbeitsbehelf an die Spitze gesetzt und erst anschließend werden das Öffentliche Recht, zu dem auch das Strafrecht gehört, und das sonstige Privatrecht erörtert. Aus dem letzteren Teilbereich erfahren das Handelsrecht, insbesondere die Rechtsformen der Unternehmen, und das Insolvenzrecht (Konkurs und Ausgleich) eine besondere Hervorhebung. Neben dem Arbeitnehmerschutzrecht wird auch dem Sozialrecht und hier vorwiegend dem Sozialversicherungrecht ein besonderes Augenmerk zugewendet und bei der Erörterung der Verfahrensrechte auch immer wieder auf die Gerichtsorganisation einschließlich der neuen Arbeits- und Sozialgerichtsbarkeit eingegangen.

Die neue Schwerpunktsetzung der Vorlesung stößt bei den Studenten der Montanuniversität offensichtlich auf lebhaftes Interesse. Dies zeigt sich in einem relativ guten Besuch der Vorlesungen, in denen immer auch auf gerade aktuelle Fragen der Rechtsfindung und der Rechtspolitik eingangen wird. Den Hörern wird auch regelmäßig Gelegenheit geboten, an Strafverhandlungen und Streitverhandlungen beim Kreisgericht Leoben teilzunehmen, wobei vorwiegend die Teilnahme an Hauptverhandlungen in Strafsachen bevorzugt wird. In der folgenden Vorlesung werden der Verlauf der Verhandlung und die dabei von den Studenten gewonnenen Eindrücke besprochen und diskutiert.

Nicht unerwähnt darf bleiben, daß sich von 1979 bis 1989 schon insgesamt 387 Studenten der vorgeschriebenen Teilprüfung unterzogen und diese mit Erfolg bestanden haben. Erfreulich ist, daß zu dieser Teilprüfung auch Studenten anderer als der oben genannten drei Studienrichtungen angetreten sind, die in der Regel auch vorher immer die Vorlesung besucht haben.

Fast 45 Jahre Rechtsvorlesungen an der Montanuniversität Leoben haben sich bestens bewährt, werden von den Studenten als Ergänzung der montanistischen Fachausbildung mit Interesse angenommen und bilden insbesondere mit der neuen Schwerpunktsetzung in Richtung Arbeits- und Sozialrecht einen wichtigen Beitrag der universitären Ausbildung eines Absolventen der Montanuniversität Leoben.

## 3. PÄDAGOGISCHE – PSYCHOLOGISCHE – SOZIOLOGISCHE UND MONTANHISTORISCHE THEMEN

(Udo GROLLITSCH)

Die Anforderungen an die Techniker wachsen ständig. Während er sich in der Vergangenheit mehr um das „wie" zu kümmern hatte und eine Erfindung oder Konstruktion Fortschritt bedeutete, wenn sie gelang, so tritt die Frage des „wozu" und „warum" immer mehr in den Vordergrund. Die wissenschaftlichen Ergebnisse werden mehr als je zuvor hinterfragt und müssen neben ihrem Gehalt noch gesellschaftliche Relevanz, Notwendigkeit also und Sinnhaftigkeit beweisen. Die Grenzen des Wachstums sind von uns vorgeführt und die Grenzen unserer Mutter Erde immer deutlicher zu sehen.

Darum genügt es für den Techniker von morgen nicht mehr, Spezialist zu sein und isolierte Teilprobleme einer Lösung zuzuführen, er muß die Umwelt kennen und zu ihr eine Einstellung gefunden haben, er muß nach einer Wertordnung entscheiden, die er sich erst aneignen muß.

Diese Anforderungen lassen sich nicht mehr mit technischen Fragestellungen allein bewältigen, darum genügt auch keine isolierte fachspezifische Ausbildung. Der Ruf nach Allgemeinbildung, nach geisteswissenschaftlicher Durchleuchtung der naturwissenschaftlichen Ergebnisse, wird immer lauter. Es ist nicht belegbar, ob die ersten übergreifenden Lehrveranstaltungen mit derartigen Inhalten schon vor 1945 angeboten wurden. Es ist aber anzunehmen, daß es der Art und Übersicht des akademischen Lehrers vorbehalten war, wie er seine technischwissenschaftliche Lehrveranstaltung ausrichtete.

Bild 3: „Der kulturelle Vortrag". Zeichnung von Roland Mitsche, 1966.

Mehrfach ist in Berichten die Rede von hervorragenden Pädagogen an der „Montanistik", die ihre Studenten auf die vielseitigen beruflichen Anforderungen bestens vorbereitet haben. Dies deutet wohl darauf hin, daß es im Unterricht Hinweise auf berufsrelevante Verhaltensformen im Umgang mit Mitarbeitern und „Untergebenen" gab. Die Entwicklungs- und Jugendpsychologie und schon gar die Betriebspsychologie sind ja junge Sparten, und auch die Bedeutung der Soziologie wuchs entscheidend erst in den letzten 25 Jahren. Daher ist anzunehmen, daß Prof. Fettweis der erste war, der für „seine Bergbaustudenten" ab 1967 obligatorisch eine Vorlesung für ‚Grundlagen der Psychologie und Soziologie' einführte. Das Soziologische Institut der Universität Graz, beginnend mit Prof. Freisitzer, deckt diese Vorlesungen seither ab. Trotz der Anerkennung der Bedeutung dieser Inhalte, in relevanter Form angeboten, konnte sich bisher keine weitere Studienrichtung entschließen, ihre Studenten zu dieser Lehrveranstaltung zu verpflichten.

Ausschließlich auf freiwilliger Basis wird seit 1976 ein ‚Ingenieurpädogogisches Seminar' (organisiert von Prof. Grollitsch) angeboten. In Form von Blockseminaren wird eine breite Palette von ausbildungs- und berufsnahen Inhalten behandelt. Wenn auch nur eine Minderheit von Studierenden davon Gebrauch macht (ca. 8%), so ist doch damit eine Bereicherung des Angebotes der Universität gegeben. Eine Themenauswahl: Abfassung wissenschaftlicher Arbeiten, Autogenes Training, Einführung in die praktische Psychologie, Führungsstile, Gedächtnistraining, Glaube und Technik, Kommunikationsverfahren, Krisenmanagement, Personalcomputer, Rhetorik, Sitzungstechnik, Stummer Dialog, Technikerakzeptanz, Technik und Ethik, Vorstellungsgespräche, Gruppendynamik, Umweltschutzfragen.

Mehrere Versuche, eine Lehrveranstaltung zum Thema ‚Philosophie der Technik' zu etablieren, sind an mangelndem Interesse gescheitert.

Ebenfalls schwierig ist es, Hörer für freiwillige Lehrveranstaltungen zur Montangeschichte zu bekommen. Nichtsdestoweniger hat wiederum Prof. Fettweis 1965 eine Vorlesung über ‚Bergmannsvolkskunde' – gelesen vom bekannten Montanhistoriker Franz Kirnbauer – eingeführt. Später las der Lehrbe-

Bild 4: „Der Künstlerische Wettbewerb". Zeichnung von Roland Mitsche.

## 4. KULTURELLES

### (Udo GROLLITSCH)

Ein Bericht über Kulturgeschehen an der Montanuniversität muß sich auf eigenständige Aktivitäten beschränken, denn es würde zu weit führen, die vielfältigen und zahlreichen Kulturveranstaltungen zu nennen, denen die Montanuniversität wohl schon von Beginn an eine Heimstätte bot. Ein intensives Kulturleben kann man den Montanisten in keiner Zeit nachsagen, doch waren Einzelne stark im städtischen Kulturgeschehen integriert, und eine Aufgeschlossenheit für kulturelle Bestrebungen war stets vorzufinden.

Nach uns zugänglichen Informationen war der erste große Kulturförderer an der Montanistischen Hochschule Prof. F. Aubell. Er gründete nach dem Ersten Weltkrieg den Unterstützungsverein und in diesem Rahmen ein Kammermusikorchester, das ausschließlich aus Angehörigen der Montanistischen Hochschule bestand. Es gab zahlreiche Konzertveranstaltungen sowie musikalische Umrahmungen verschiedener Feierlichkeiten.

Die nächste überlieferte selbständige größere Kulturaktivität war das Leobener Hochschulstudio, das zwischen 1950 und 1956 mit großem Erfolg am Stadttheater und in der Hochschule Theater spielte. Gefördert wurde die Gruppe insbesondere von Prof. Roland Mitsche, der überhaupt als der größte Kulturförderer der Hochschule angesehen werden kann. Er schuf 1962 den „Künstlerischen Wettbewerb", der seither in ununterbrochener Reihenfolge jährlich ausgeschrieben wird und vielseitige, auch große künstlerische Leistungen hervorgebracht hat. Für viele Montanisten bildete er den Einstieg in kulturelles Schaffen, in einigen Fällen sogar den Umstieg in ein Künstlerleben. Wenn auch der Künstlerische Wettbewerb immer umstritten war und die Ausschreibungen modifiziert wurden, so bleibt der positive Hintergrund, auf den es dem Gründer ankam, nämlich die Förderung einer künstlerischen Kreativität bei den Technikern.

1964 gründete der damalige Kulturreferent der Hochschülerschaft Rudolf Streicher ein Kammermu-

auftragte Heinrich Kunnert eine ‚Bergbaugeschichte' für die Bergbaustudenten und Prof. Richard Walzel eine einführende ‚Geschichte des Montanwesens'. Die ‚Geschichte des Montanwesens' wird derzeit von Dipl.Ing. Dr.mont. Dr.phil. Gerhard Sperl gelesen, der auch jährlich Vortragsreihen mit historischen Themen organisiert und Exkursionen veranstaltet.

Seit 1987 liest auch der Montanhistoriker von der Universität Graz, Prof. Paul W. Roth, aus der ‚Geschichte des Österreichischen Montanwesens'.

Auch wenn sich besonders letztgenannte Lehrveranstaltung zunehmender Beliebtheit erfreut, muß doch vermerkt werden, daß bei Geschichtsthemen das Angebot die Nachfrage übersteigt.

sikensemble, das, später zum Hochschulorchester umgetauft, bis heute besteht. Einige Tourneen, viele Gastkonzerte und regelmäßige Konzerte im Haus brachte die musizierende Gemeinschaft hervor, die nach Rudolf Streicher von Dr. Weninger und anschließend von den Musiklehrern Reiter und Smuda geleitet wurde.

1968 gründete ebenfalls Streicher einen Hochschulchor mit dem Zweck, eine Schallplatte mit Studentenliedern herzustellen. 1972 sammelte der Grazer Volksliedforscher und Chorleiter Dir. Lois Steiner den Rest der Sanggemeinschaft und weitere sangesfreudige Studenten und leitete fast zehn Jahre einen Chor mit hoher Qualität. Es gab zahlreiche Auftritte im In- und Ausland und ebenfalls eine Plattenaufnahme mit Bergmanns- und Studentenliedern. Nach ihm leitete der Musiklehrer Harald Schaut den Chor und brachte eine weitere Schallplatte heraus. Seit 1987 bemüht sich der bekannte obersteirische Chorleiter Manfred Umgeher, den Studentenchor neu zu formieren.

Seit 1975 gibt es an der Hochschule eine rührige Fotogruppe. Aus ihr wuchs als Pendent zum Künstlerischen Wettbewerb ein Fotowettbewerb, der sich zunehmender Beliebtheit erfreut und beachtliche Leistungen hervorbringt.

Ein Kurzbericht der hauptsächlichen kulturellen Initiativen, der, wie gesagt, alle Vortragsveranstaltungen, Konzerte, Ausstellungen und Neigungsgruppen-Aktivitäten unberücksichtigt ließ, wäre unvollständig, würde man nicht den verläßlichen großzügigen finanziellen Förderer aller Bestrebungen erwähnen: die ‚Gesellschaft von Freunden der Montanuniversität'.

Bild 6: Hütte Donawitz. Aquarell, von einem Teilnehmer am 10. Künstlerischen Wettbewerb.

## 5. UNIVERSITÄTSSPORT

(Udo GROLLITSCH)

### Vor 1945

Viele Berichte deuten auf ein reges Studentensportleben schon vor der Jahrhundertwende hin (vgl. „Leobener Hochschulsport", Festschrift 1949). 1899 wurden die verschiedenen Aktivitäten in der „Akademischen Sektion des Deutschen Sportvereines Leoben" zusammengefaßt.

Bild 5: 5. Künstlerischer Wettbewerb 1967. Ausstellung in der Aula.

Bild 7: Eisenerz. Ölbild von Manfred Gölz, Mitarbeiter am Institut für Metallkunde, 1970.

Bild 8: Schweißer. Aquarell von Winfried Aubell, Teilnehmer an allen ‚Künstlerischen Wettbewerben'.

Bild 9: Abstich. Mischtechnik von einem Teilnehmer am 9. Künstlerischen Wettbewerb.

Bild 10: Krieg. Aquarell von Baumgartner (3. Künstlerischer Wettbewerb).

Zu den Sportarten gehörten neben den bodenständigen Sparten Bergsteigen, Rodeln, Eisschießen und Gasslfahren, das von Studenten in Leoben eingeführte Tennis, wettkampfmäßiges Bobfahren, Schilauf und Fußball. Der Erste Weltkrieg unterbrach die Aktivitäten, doch schon unmittelbar nach Kriegsende fand man schon wieder sportbegeisterte Studenten, nunmehr innerhalb der Sektion des Deutschen Sportvereines und des Leobener Turnvereines. Zu den Sparten vor dem Krieg kamen Turnen, Schwimmen, Wasserball und Leichtathletik dazu. Der ehemalige Exerzierplatz in der Bruckerstraße wurde zu einer modernen Leichtathletikanlage ausgebaut, wodurch diese Sparte einen gewaltigen Antrieb erfuhr.

Die große Nachfrage an der Hochschule führte zur Einführung eines „Amtes für Leibesübungen" und zur Bestellung des ersten Hochschulsportlehrers F. Bischofsberger.

Der regelmäßige sportliche Unterricht, geschickt aufgebaute Wettkämpfe, an denen jeder Student die Möglichkeit fand, sich mit Gleichwertigen zu messen, die Durchführung von Leichtathletik-Wettkämpfen gegen Mannschaften anderer Hochschulen, bei denen sich im steigenden Maße auch Leobener Erfolge einstellten, schufen an unserer Hochschule einen

Bild 11: Hochschulchor unter Chorleiter Harald Schaut.
Foto: Kurt Kraus.

sportlichen Gemeinschaftsgeist, der dem traditionellen Zusammenhalten der Leobener Berg- und Hüttenleute in guten und schlechten Zeiten eine neue starke Bindung anfügte. Der Ruf der Leobener Hochschule als Hochburg der österreichischen akademischen Leichtathletik war um diese Zeit durch die große Breitenentwicklung aber auch durch eine ganze Reihe von Spitzenkönnern begründet. Von den Letzteren seien hier einige genannt:

W. Homann, der hervorragende Mittelstreckler und lange Zeit steirischer Rekordmann über 400 m, F. Musil als Sprinter und Speerwerfer, E. Schwarz-Bergkampf als Werfer und Mehrkämpfer, dessen beidarmige Speerwurfleistung in Österreich damals nicht überboten wurde, die Werfer R. Winklehner und E. Michalek, mehrere ausgezeichnete Springer und Mehrkämpfer, wie K. Mallener, V. Karetta, H. Tscheligi, die Langstreckenläufer F. Lob und E. Petz und manch andere.

Außer den örtlichen Wettkämpfen und der Beschickung der Hochschulwettkämpfe in Graz und Wien nahm die Leobener Hochschule vielfach mit starken Mannschaften an auswärtigen Wettkämpfen teil. So beteiligte sie sich auch alljährlich an der größten steirischen Sportveranstaltung, dem Staffellauf „Rund um den Schloßberg", und hier war ihr im Jahre 1927 ein ganz großer Erfolg beschieden, da es der Leobener Hochschulmannschaft gelang, den Schloßberglauf zu gewinnen, was weder vor- noch nachher irgendeiner anderen Hochschulmannschaft gelungen ist. Nichts vermag die hohe sportliche Einstellung der Leobener Hochschule besser zu kennzeichnen als dieser Erfolg, der von der Mannschaft der kleinsten steirischen Hochschule erreicht wurde.

Weiters führte das Amt für Leibesübungen durch längere Zeit einen leichtathletischen Städtewettkampf gegen Klagenfurt, dessen Vertretung der Klagenfurter Athletikklub innehatte, durch. Diese alljährlich abwechselnd in Klagenfurt und in Leoben durchgeführten Wettkämpfe bildeten Höhepunkte der steirischen und Kärntner Leichtathletik. Die Leobener Spitzenkönner hatten aber auch wiederholt Gelegenheit, im Ausland als Vertreter der österreichischen Studenten aufzutreten, und sie errangen dabei eine große Zahl von Siegen, so beispielsweise auch bei den großen allgemeinen Studentenwettkämpfen in Königsberg 1927. Dort gewann der spätere Hochschullehrer em.O.Univ.Prof. Dr. Schwarz-Bergkampf den Fünfkampf und erreichte mit der Leobener Mannschaft den 2. Platz.

In lebhaften Berichten von Prof. Mitsche ist von so mancher Aktivität und von großen Erfolgen in den dreißiger Jahren die Rede, nie aber findet sich darin sein eigener Name, und doch war er über mehr als 50 Jahre Motor des Leobener Hochschulsportes.

## 1938–1945

In der Kriegszeit wurde der Sport für Studenten obligatorisch, und ein Institut für Leibesübungen wurde gegründet. Der beauftragte deutsche Sportlehrer und spätere Sportwissenschaftler Prof. Lotz baute im Dachboden der Hochschule einen Turnsaal und daneben ein Büro und eine Wohnung aus. Fast 50 Jahre später berichtete er bei einer Universitätssporttagung im Haus von einer sehr sportbegeisterten Studentenschaft und vom Ausbau der Sportanlage in der Au, die damals in der Verwaltung der Hochschule war. Um die Aktivitäten dieser Zeit zu verdeutlichen, sei auf einen Artikel in der Obersteirischen Volkszeitung am 10. Mai 1942 verwiesen.

Darin wird vom Tag des Waldlaufes in Leoben berichtet, den die Hochschule ausrichtete und über 700 Läufer an den Start brachte. Das Ergebnis der

## SPORTUNTERRICHT

- 69/70: 160
- 79/80: 1141
- 88/89: 1902

## GESCHLOSSENE ÜBUNGSGRUPPEN

- 69/70: 40
- 79/80: 156
- 88/89: 308

## MEISTERSCHAFTEN (Lokal – Inland – Ausland)

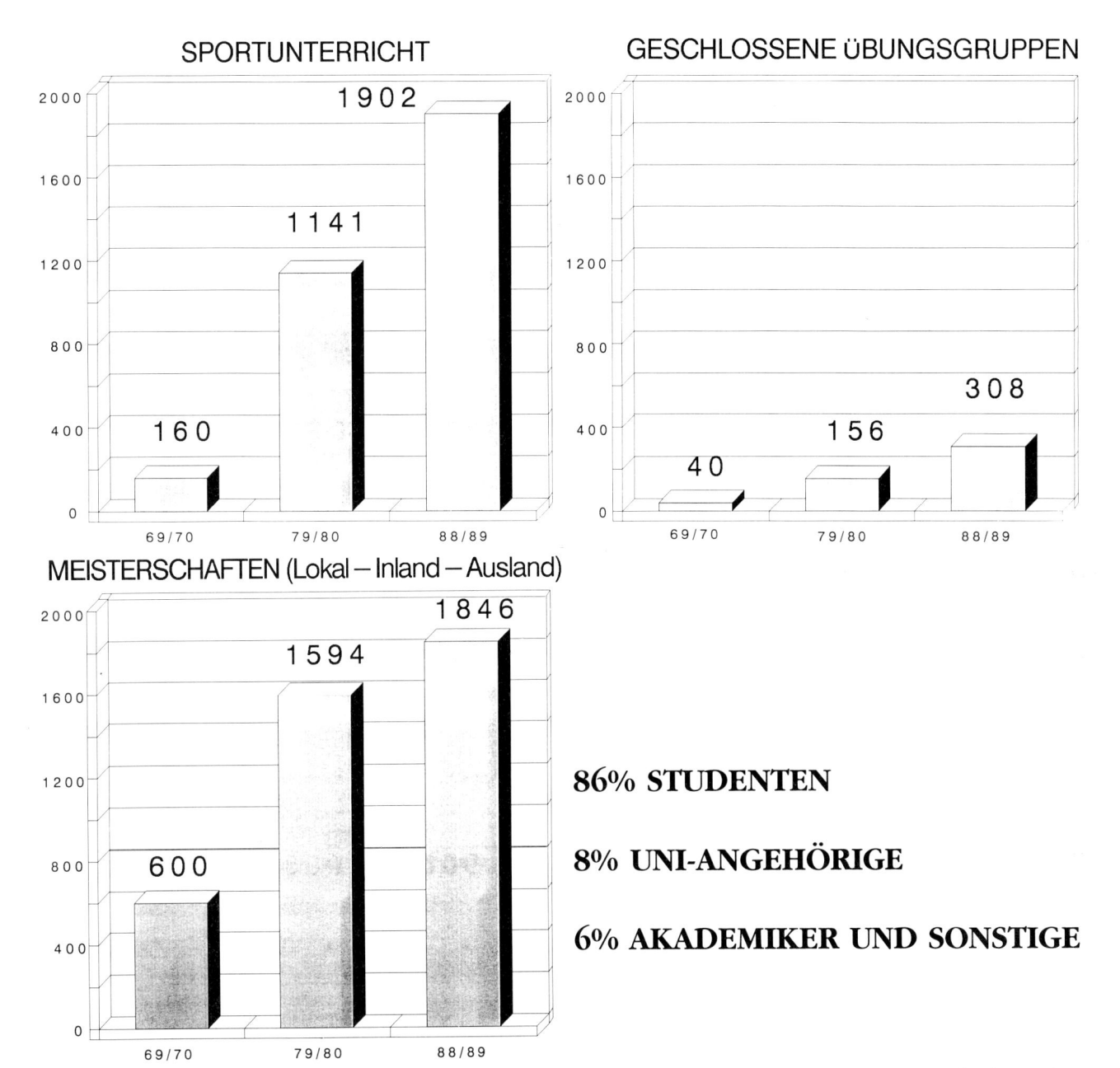

- 69/70: 600
- 79/80: 1594
- 88/89: 1846

**86% STUDENTEN**

**8% UNI-ANGEHÖRIGE**

**6% AKADEMIKER UND SONSTIGE**

Bild 12: Teilnehmer am Universitätssport an der Montanuniversität, jeweils im Winter- und Sommersemester. Vergleich zwischen den Studienjahren 1969/70, 1979/80 und 1988/89.

Allgemeinen Klasse Herren: 1. Holz (Montanistische Hochschule), 2. Schinnerl (BSG Steir. Magnesit), 3. Wanjask (BSG Donawitz), 4. Kolaritsch (Montanistische Hochschule), 8. Wurzer (Polizei), 9. Franker (Reichsbahn), 10. Cavalliotti (BSG Göß), 11. Musstein (Post).

### 1945–1972

1945 brach auch der Hochschulsport zusammen, der Turnsaal im Dachboden verfiel und brannte später teilweise aus, die Verwaltung der Au ging

Bild 13: Hallenfußballmannschaft. Österreichischer Akademischer Meister 1985.

auf die Gemeinde über, ein Beauftragter für den Studentensport wurde nicht mehr bestellt.

Erste Aktivitäten, wiederum von Prof. Mitsche angeregt, lebten, von der Hochschülerschaft unterstützt, vor 1960 wieder auf. Fußball, Faustball, Schilauf und Schilanglauf waren die ersten Sparten. Später kamen Fechten, Sportkegeln und das stark aufkommende Hallenfußball dazu. Leobener Studenten nahmen wieder an steirischen und österreichischen Akademischen Meisterschaften teil. Besonders erfolgreich war der Abonnementmeister in der Schilanglauf-Staffel: Kunz-Rudoba-Dechant.

Die Organisation lag ab 1964 in den Händen des Mittelschullehrers Prof. Fuchs, dem ein tüchtiger Hochschulsportreferent mit Zeno Kohl zur Seite stand.

Er sowie Josef Schnöll, Hans Holzmann und Michael Ehrenfried bildeten eine Schimannschaft, die zahlreiche nationale und internationale Studentenrennen gewann.

### seit 1972

Das neu gegründete Institut fand am Sportsektor eine dankbare interessierte Studentenschaft vor. Begünstigt wurde die rasch voranschreitende Entwicklung durch folgende Aspekte:

 * Techniker sind dem Sport gegenüber besonders aufgeschlossen.
 * Die Männerhochschule begünstigt Sportangebote.
 * Es gab und gibt wenig konkurrierende örtliche Sportvereine.
 * Neue und junge Sportlehrer brachten viel Motivation ein.
 * Es konnten ausreichend viele Sporthallen angemietet werden.
 * Die Hochschule anerkannte den Sport als Ausbildungsteil (Freifach).
 * Die Gesetzeslage fördert den Hochschulsport in Österreich vorbildhaft.

Schon 1975 wurde den Studenten Sportunterricht in 15 Sparten angeboten, 1985 waren es bereits 30 verschiedene Sportarten. 1975 nahmen ca. 25 % der Hörer am Hochschulsport teil, 10 Jahre später waren es mehr als 50%. Diese Zahl stellt in Österreich, wahrscheinlich aber in ganz Westeuropa, einen Rekord dar.

Obwohl das eigentliche Ziel der Breitensport ist, wächst der akademische Leistungssport gleichsam mit, und es darf mit einem gewissen Stolz vermerkt werden, daß bei österreichischen Akademischen Meisterschaften, insbesondere bei den Mannschaftsbewerben in den letzten Jahren, Leobener Siege keine Ausnahme mehr sind.

Besonders erwähnt sei die Hallenfußballmannschaft von Prof. Mag. S. Rauter, die als Österreichi-

Bild 14: Faustballmannschaft. Österreichischer Akademischer Meister 1986 und 1988.

Bild 15: Drei Leobner Langlaufstaffeln bei der Österreichischen Akademischen Meisterschaft 1986 in Hall bei Admont.

scher Meister 1988 zur Europameisterschaft nach Frankreich entsandt wurde und Vizemeister wurde. Die Faustballmannschaft der Montanuniversität war 1986 und 1988 Akademischer Meister, und auch die UNI-HOC Gruppe, die Sportkegelmannschaft und eine Mehrkampfmannschaft erreichten jüngst akademische Meistertitel. Jeweils im Vergleich mit allen sieben Universitätsstädten.

Die Förderung von Spitzensportlern führte auch zu internationalen Ehren. So wurde der Absolvent Dipl.Ing. Kronthaler Olympischer Silbermedaillengewinner in Los Angeles und stud. mont. Stephan Puxkandl wurde Europameister im Segeln und Olympiateilnehmer in Seoul.

Bereits sechsmal wurde das Institut mit der Durchführung österreichischer Akademischer Meisterschaften in den Sparten Schwimmen, Tischtennis, Judo und Fußball betraut und hat jeweils eine niveauvolle reibungslose Veranstaltung organisiert.

1982 wurde das Universitätssport-Seminar mit internationalen Referenten an der Montanuniversität erfolgreich durchgeführt und in diesem Rahmen das 10-jährige Instituts-Jubiläum gefeiert.

Stolzer aber als auf diesen Leistungsbericht sind wir auf die Tatsache, daß sich bei einer Fragebogen-Untersuchung unter den Absolventen (1974–1984) ergeben hat, daß mehr als 50% von ihnen irgendeine sportliche Tätigkeit ins Berufsleben mitgenommen haben.

Dank dafür gebührt den guten Lehrern und Übungsleitern und dem Mitarbeiter von der ersten Stunde an, Engelbert Tauderer.

Um nicht den Eindruck zu vermitteln, daß der Universitätssport keine Probleme hat, eine Nachbemerkung: Noch immer betreiben fast die Hälfte der Uni-Angehörigen keinen Sport, noch immer ist es nicht gelungen, wenigstens eine kleine eigene Sportanlage zu bekommen, noch immer ist es nicht gelungen, personell und räumlich mit den Aktivitäten etwas nachzuziehen, noch immer gilt Sport im akademischen Bereich als sympathisches Anhängsel und nicht als lebensverbessernde und lebensverlängernde gesundheitliche Notwendigkeit.

Bild 16: Hallenfußballmannschaft. Vizeeuropameister 1988.

# DIE MONTANUNIVERSITÄT IN FORSCHUNG UND LEHRE

# Zum Selbstverständnis der an der Montanuniversität vertretenen Ingenieurwissenschaften

Günter B. FETTWEIS

> *"–, wie stünde es mit uns, hätten wir keine Metalle!" Peter Tunner, Lehrbuch der Bergbaukunde, Vordernberg 1843, S. 3.*

**ZUM THEMA**

Unter den an der Montanuniversität vertretenen Ingenieurwissenschaften werden die Disziplinen auf der Ebene von Studien verstanden, die nach dem Bundesgesetz über montanistische Studienrichtungen 1969 in Leoben absolviert werden können und mit dem akademischen Grad eines Diplomingenieurs abschließen. Es sind dies: Bergwesen, Erdölwesen, Markscheidewesen, Hüttenwesen (mit den Studienzweigen: Eisenhüttenwesen, Metallhüttenwesen, Verformungswesen, Metallkunde, Gießereiwesen, Betriebs- und Energiewirtschaft), Gesteinshüttenwesen, Montanmaschinenwesen, Kunststofftechnik, Werkstoffwissenschaften. Die im Gesetz ebenfalls genannte Angewandte Geophysik konnte noch nicht verwirklicht werden. Andererseits hat sich aber in den vergangenen Jahren ein „studium irregulare" der Angewandten Geowissenschaften entwickelt, dessen Absolventen gleichfalls den Grad eines Diplomingenieurs erhalten. Alle genannten Studienrichtungen gibt es in Österreich nur in Leoben. An der Montanuniversität besteht zusätzlich und als interuniversitäre Ausbildung der Studienzweig Montangeologie der Studienrichtung Erdwissenschaften. Er schließt mit dem akademischen Grad eines Magisters der Naturwissenschaften ab.

Die nachfolgenden Ausführungen behandeln die angeführten Disziplinen soweit wie möglich als eine Einheit oder in größeren Gruppen. Auf die Herausbildung der Studien im einzelnen und auf ihre spezielle Charakteristik wird in gesonderten Darlegungen dieser Festschrift näher eingegangen; das gleiche gilt für die Wissenschaftsgebiete der Universitätsinstitute, die zu den Studienrichtungen gehören.

Für die Montanwissenschaften kommt den in Leoben vertretenen Grundlagenwissenschaften und ihren Beiträgen zu Lehre und Forschung eine fundamentale Bedeutung zu. Auch dies ist jedoch nicht Gegenstand der nachstehenden Erörterung.

Die Ausführungen bezwecken, das Selbstverständnis der montanistischen Disziplinen an Hand ihrer historischen Entwicklung sowie mit Hilfe wissenschaftstheoretischer Überlegungen zu ihren Wesenszügen vorzustellen. Der Verfasser ist nicht hierfür ausgebildet, aber er hat sich seit geraumer Zeit einschlägig interessiert. Er kann sich dabei auf die vor mehr als 200 Jahren aufgestellte Forderung beziehen, wonach sein Fach, die „Bergbaukunde", nicht nur das aktuelle Geschehen, sondern auch die „Geschichte des Bergbaus" zum Gegenstand haben soll (vgl. Fettweis und Hamann 1989). Zudem möge das Beispiel zweier eisenhüttenmännischer Kollegen des Verfassers genannt sein: Für die Festschrift der Leobener Hochschule des Jahres 1890 schrieb Franz Kupelwieser, für diejenigen der Jahre 1949 und 1965 Richard Walzel den jeweiligen hochschul- und damit wissenschaftsgeschichtlichen Beitrag. Nicht zuletzt blickt der Verfasser selbst bereits auf 47 Jahre als Montanist zurück, davon 32 Jahre als Leobener Hochschullehrer.

Das Selbstverständnis von Wissenschaften ist sowohl für ihre Lehre als auch für ihre weitere Entwicklung durch Forschung von grundlegendem Belang.

## ZUR ENTWICKLUNG DER MONTANWISSENSCHAFTEN

Bis in die Mitte unseres Jahrhunderts bezogen sich die Montanwissenschaften ausschließlich auf den Bergbau und das Hüttenwesen im herkömmlichen Verständnis, d.h. auf die Urproduktion mineralischer Rohstoffe aus der Erdkruste sowie auf deren Weiterverarbeitung zu verkaufsfähigen Werkstoffen mit Hilfe überwiegend thermischer Verfahren. Folglich bildeten auch diese Tätigkeiten den Bereich des Interesses, für den das betrachtete Wissenschaftsgebiet entstand.

Aus einer Reihe von Gründen – und im Gegensatz zu anderen Fachgebieten – haben die Wissenschaften vom Berg- und Hüttenwesen ihre Wurzeln vornehmlich in Mitteleuropa. Dies gilt ungeachtet der Beiträge, die zu ihrer Entstehung in anderen Regionen – darunter im 16. Jahrhundert in Italien von dem bedeutenden Metallurgen Biringuccio und später in Skandinavien – geleistet worden sind. Maßgeblich für die Vorreiterrolle Mitteleuropas waren vor allem die – anderswo fehlenden – Vorkommen reicher, silberführender Lagerstätten, war der Einsatz vieler tausend Menschen für ihren Abbau sowie für die anschließende Aufbereitung und Verhüttung und waren ferner die mit dem Teufenfortschritt zunehmenden Abbauschwierigkeiten und Qualitätseinbußen bei den Erzen, letzteres infolge Verlassens der Oxidationszonen der Vorkommen. Diesen Gegebenheiten entsprach das Maß der Anstrengungen dafür, Grundlagen für Problemlösungen zu schaffen.

In Mitteleuropa wies dementsprechend schon in der Blütezeit des Mittelalters das Berg- und Hüttenwesen einen relativ hohen technischen Stand auf (Timm 1973; Wagenbreth 1987b). Auch finden sich bereits im 13. Jahrhundert in Gestalt von Kodifizierungen des Bergrechts und in einer mineralogischen bzw. rohstoffkundlichen Schrift des Gelehrten Albertus Magnus frühe Ansätze einer wissenschaftlichen Bearbeitung. Im allgemeinen gilt jedoch das in Deutsch geschriebene „Bergbüchlein" des Freiberger Arztes Ulrich Rülein von Calw, dessen erste Auflage auf das Jahr 1500 datiert werden kann, als der Beginn der neuzeitlichen montanistischen Literatur (Baumgärtel 1965). Daß es vornehmlich den Lagerstätten und ihren Lagerungsverhältnissen gewidmet ist und damit dem Arbeitsgegenstand der bergbaulichen Tätigkeiten, sei bereits an dieser Stelle als kennzeichnend für den Charakter der Montanwissenschaften herausgestrichen.

Von fundamentaler Bedeutung für die weitere Entwicklung der betrachteten Ingenieurwissenschaften ist sodann das 1556 in Latein – der Wissenschaftssprache der damaligen Zeit – erschienene Werk des großen sächsischen Arztes und Renaissancegelehrten Georg Agricola „De re metallica libri XII" geworden. Im Jahre 1557 erschien es mit dem Titel „Vom Bergkwerck XII Bücher" in deutscher Sprache; in den neueren deutschen Übersetzungen heißt es „Zwölf Bücher vom Berg- und Hüttenwesen". Die von Agricola eingeführte und auf dem technischen Ablauf beruhende Einteilung der Wissenschaften vom Berg- und Hüttenwesen ist bis heute gültig geblieben. Dies gilt auch für die von ihm vorgestellten Wesenszüge des Fachgebietes. Wegen seiner wissenschaftlichen Prinzipien und seiner umfassenden und sorgfältigen Darstellung gilt Agricola darüber hinaus als einer der Initiatoren und Gründungsväter bei der gesamten Entwicklung der Technik seit Beginn der Neuzeit und – auf Grund der Summe seiner Schriften – auch bei der Entstehung der Geowissenschaften.

Schon im Jahre 1546 kündigte Agricola seine Schrift in einem Widmungsbrief an den Minister Georg Kommerstadt des Kurfürsten von Sachsen (nach einem Zitat von Suhling 1977) wie folgt an: *„Darin werde ich die Verfahrensarten aufzeigen, nach denen man Erze auffinden kann, nach denen man sie herausholen, waschen und schmelzen muß, und überhaupt das ganze Handwerk der Aufbereitung der Metalle und festen Gemenge. Darin werde ich zugleich auch die Grubenmaschinen und vieles andere erklären...."* Das „vieles andere" umfaßt in dem 10 Jahre später erschienenen Werk vor allem die Berg- bzw. Montanwirtschaft – wie Vor- und Nachteile des Bergbaus einschließlich des damals noch dazugerechneten Hüttenwesens, Vorgangsweise bei der Aufnahme von Bergbau, Kosten und Betriebsorganisation – sowie ferner das Markscheidewesen

Bild 1: Schwazer Bergbuch 1556: Titelblatt: „Ich will Euch in ein Land führen, wo Milch und Honig fließen, und auf den Hügeln sollet ihr Erz hauen – Die Weisheit der Menschen, Bergwerke zu suchen, ist eine Torheit vor Gott".
Handschrift im Besitz der Universitätsbibliothek.

Reproduktion FOTO WILKE Leoben.

Bild 2: Schwazer Bergbuch 1556: „Flache Kluft". Quelle wie bei Bild 1.

und das Bergrecht. Das zwölfte Buch ist darüber hinaus dem Salinenwesen gewidmet und geht auch auf Bitumen ein.

Eingehend erörtert Agricola – schon zu Beginn seiner Ausführungen – die Anforderungen an das Wissen und Können der Bergleute: *„Denn der Bergmann muß... die Art und Weise erkennen, wie jedes Werk unter der Erde zu vollbringen sei."* Dazu müsse er nicht nur die unmittelbar erforderlichen Fachkenntnisse besitzen, sondern *„noch vieler Künste und Wissenschaften kundig sein: zuerst der Philosophie, daß er den Ursprung, die Ursachen und die Eigenschaften der unterirdischen Dinge erkenne. ... Zweitens der Medizin, daß er für die Häuer und anderen Bergarbeiter sorgen könne, damit sie nicht in Krankheiten verfallen ... oder ... daß Ärzte sie kurieren. Drittens der Astronomie, damit er ... die Ausdehnung der Erzgänge beurteilen könne. Viertens der Lehre von den Maßen ... Sodann soll er auch die Rechenkunst verstehen ... die Kosten ... ferner die Baukunst ... die Zeichenkunst ... Endlich soll er auch des Rechtes ... kundig sein."*

Eine erste bedeutsame berg- und hüttenmännische Publikation aus dem österreichischen Raum stellt das „Schwazer Bergbuch" dar, dem die Bilder 1 bis 3 entnommen sind. Es erschien in Handschriften etwa gleichzeitig mit dem Werk Agricolas und enthält u.a. das älteste Lexikon montanistischer Begriffe nebst zugehörigen Illustrationen. Es ist unlängst als Faksimiledruck neu verlegt worden (vgl. Akademische Druck- und Verlagsanstalt ...); sein Studium macht das alte Bergmannswort verständlich: „Schwaz ist aller Bergwerk' Mutter". Im weiteren wurden sodann die habsburgischen Kronländer neben Sachsen zum zweiten und gleichgewichtigen Zentrum bei der Herausbildung der Montanwissenschaften. Auf die Entwicklungsschritte hierbei – vor allem in der Zeit des Merkantilismus – geht Roth in seinem

Beitrag zu dieser Festschrift näher ein (Roth, P. W.: 150 Jahre Montanuniversität Leoben. Aus ihrer Geschichte).

Herausragende Daten hierbei sind fraglos der Beginn der akademischen Ausbildung im Montanwesen durch die Gründung einer eigenen Lehrkanzel für „ein ordentliches studium theoreticum gesammter Berg-Werks-Wissenschaften" an der philosophischen Fakultät der altehrwürdigen Universität Prag in den Jahren 1762 und 1763 und die schrittweise Errichtung der Bergakademie Schemnitz (heute Banska Stiavnica) im slowakischen Erzgebirge durch die Schaffung von drei akademischen Professuren zwischen 1763 und 1770. (Vgl. Schenk 1963 und Tarczy-Hornoch 1941). Beides war das Werk der Kaiserin Maria Theresia. Die Prager Lehrkanzel bestand 10 Jahre, die Bergakademie Schemnitz wurde 1919 nach Ungarn verlegt und lebt heute in Gestalt der Technischen Universität für Schwerindustrie in Miskolc fort. Die Bergakademie Freiberg in Sachsen entstand 1765; es folgten Berlin 1770, St. Petersburg 1773, Madrid (zunächst Almadén) 1777, Paris 1783 und Mexiko 1792. Eine ähnliche Schule findet sich bereits 1757 auch in Kongsberg (Norwegen) sowie seit 1775 in Clausthal. Letztere erhielt 1864 den Namen Bergakademie. Das Wort Akademie steht in den deutschen Bezeichnungen als Gleichwort für Universität, wie heute noch „akademische Bildung" für „Universitätsausbildung".

Einen Überblick über die Bezeichnung und die Fachgebiete der Wissenschaften vom Berg- und Hüttenwesen nach dem Verständnis ihres ersten akademischen Lehrers, des Prager Professors Thaddäus Peithner, vermittelt das Bild 4. Es ist einer Schrift entnommen, die Peithner 1768 über seine Vorlesungen herausgab.

Als erstes sei darauf hingewiesen, daß die in den Überschriften der beiden Bildteile genannten Begriffe „Metallurgische Wissenschaften" und „Bergwerkskunde" synonym sind. Wie bei Agricolas Werk „De re metallica" und dessen ursprünglicher Übersetzung „Vom Bergkwerck" geht dies darauf zurück, daß im Lateinischen das Wort „metallum" – außer für Metall – in einem übertragenen (metonymischen) Sinne auch für Grube bzw. Bergwerk steht. Zum Bergw e r k – aber nicht zum Bergb a u – wurde dabei auch das zugehörige Hüttenwerk gerechnet. Im späteren Verlauf engte sich im Deutschen der Begriff „metallurgisch" auf die hüttenmännischen Prozesse ein. An seiner Statt entstanden für das Gesamtgebiet die Ausdrücke „Montan..." bzw. „montanistisch" nach dem lateinischen Wort „mons" für Berg. Entsprechend wurde die „Bergwerkskunde" Peithners zu den Montanwissenschaften.

Von Interesse für unsere Darlegungen ist darüber hinaus der rechte Bildteil. Er läßt die Komplexität des Lehrstoffes ebenso erkennen wie die Aufgliederung in „unterirdische Naturlehre" (Erdwissenschaften), „Bergbaukunst" (Bergbauwissenschaften) und „Metallurgische Scheidekunst" (hüttenmännische Wissenschaften).

Kennzeichnend für die Struktur der Montanwissenschaften zum Zeitpunkt ihrer akademischen Etablierung ist auch die auf Anordnung der Kaiserin

Bild 3: Schwazer Bergbuch 1556: „Schmelzwerk". Quelle wie bei Bild 1.

Maria Theresia geschriebene „Anleitung zu der Bergbaukunst" des herausragenden Schemnitzer Bergbaukundeprofessors Christoph Traugott Delius, die 1773 in erster und 1806 in zweiter Auflage in Wien herauskam (Bild 5). Im Jahre 1778 erschien in Paris mit der Unterstützung der französischen Akademie der Wissenschaften und auf Kosten des französischen Königs Ludwig XVI auch eine französische Übersetzung. Während die Schrift von Peithner nur einen Überblick über die Struktur seiner Vorlesungen vermittelte – und in Freiberg eine von W. v. Oppel überarbeitete und dann gedruckte Fassung der bereits im Jahre 1740 und damit vorakademisch erschienenen Handschrift von Johann Gottlieb Kern „Bericht vom Bergbau" zum Unterricht diente (vgl. Kirnbauer 1973) – , stellt das Werk von Delius das erste ausdrücklich für den akademischen Unterricht verfaßte Lehrbuch der Bergbauwissenschaften dar.

Entsprechend dem früher gemachten Unterschied zwischen Bergw e r k und Bergb a u und den darauf bezogenen Wissenschaften (vgl. Bild 4 sowie Tunner 1842) behandelt das Buch von Delius jedoch nicht das Hüttenwesen. Seine fünf großen Abschnitte tragen die Überschriften: 1. „Von der unterirdischen Berggeographie", d.h. Geologie, Lagerstättenlehre und Schürfen, 2. „Von dem Grubenbaue", worunter die gesamte Bergtechnik fällt, 3. „Von der Aufbereitung der Erze", 4. „Von der Bergwirthschaft" und 5. „Abhandlung von den Grundsätzen der Bergwerkskammeralwissenschaft", was dem volkswirtschaftlichen Teil der heutigen Bergwirtschaftslehre entspricht. Zwei der fünf Kapitel sind also bergwirtschaftlicher Natur.

Der starken Betonung der Bergwirtschaftslehre durch Delius entspricht auch der Ansatz des berühmten Abraham Gottlob Werner, der in den Jahren 1775

Bild 4: Deckblatt des Buches von T. Peithner, Prag 1768, und darin enthaltene Übersicht über die Bergwerkswissenschaften.

bis 1817 Bergbaukunde, Geologie und Mineralogie an der Bergakademie Freiberg i.Sa. lehrte. Wie Baumgärtel 1967 aus dem handschriftlichen Nachlaß von Werner zitiert, faßte dieser die von ihm zu lesende „Bergbaukunst" auf als „eine aus der Bergarbeitslehre und der Grubenwirtschaft zusammengesetzte Wissenschaft, wo die einzelnen Gegenstände derselben zugleich technisch und ökonomisch betrachtet und abgehandelt werden müssen".

Bei einem Vergleich der Schriften von Delius und Peithner fällt auf, daß Delius – im Gegensatz zu seinem Kollegen Peithner – „Die unterirdische Meßkunst" nicht als Bestandteil der „Bergbaukunst" angibt. In seinem Vorwort spricht er vielmehr von der mit der Bergbaukunst „verknüpften Markscheidekunst", die ebenso wie das Bergrecht eigens gelehrt wird. Dem liegt der Sachverhalt zu Grunde, daß sich die Markscheidekunde und damit auch die Markscheider als Vermessungsfachleute bereits seit dem 16. Jahrhundert eine eigenständige Stellung im Bergbau und in den Montanwissenschaften erworben haben. Wie Gräser 1978 darlegt, geht dies vor allem auf drei Sachverhalte zurück. Diese sind erstens die Notwendigkeit, sich im Bergbau unter Tage zu orientieren, zweitens die Notwendigkeit, die Grenzen der Grubenfelder der verschiedenen Eigentümer unter Tage zu bestimmen, und drittens die relativ frühe Anwendbarkeit mathematischer Methoden – die im übrigen lange als Geheimwissen galten – in der Meßtechnik. *„Die Markscheidekunde ist also, so zu reden, ein Licht vor den Bergverständigen"*, so zitiert daher auch F. Aubell in der Leobener Festschrift des Jahres 1949 eine Aussage von F. L. Cancrinus aus dem Jahre 1776. (Cancrinus veröffentlichte 1773 bis 1791 in 12 Bänden eine umfassende Enzyklopädie „Erste Gründe der Berg- und Salzwerkskunde".) Allerdings galt lange Zeit, daß sich die angehenden Markscheider erst nach dem Abschluß ihrer bergmännischen Ausbildung an den Hochschulen, d.h. erst in der Praxis, spezialisierten. Im übrigen deckt sich die Sonderstellung des Markscheidewesens im Bereich der Bergbauwissenschaften mit der frühen Ausgestaltung und Sonderentwicklung, die das Vermessungswesen im allgemeinen Ingenieurwesen genommen hat.

Wie die vorstehenden Ausführungen erkennen lassen, war das Montanwesen bereits zum Gegenstand einer eingehenden akademischen Lehre geworden, bevor jenes Rüstzeug der modernen Naturwissenschaften zur Verfügung stand, das während der industriellen Revolution zur Entstehung des Großteils der Ingenieurwissenschaften führte. Die Bergakademien stellen daher auch – sieht man von den Militärschulen ab – die ersten Hochschulen technischer Richtung dar. Wie ist dieser Sachverhalt im Hinblick auf die Geschichte und das Selbstverständnis der Montanwissenschaften zu beurteilen?

Wegen der Bedeutung Sachsens für die Herausbildung der Montanwissenschaften liegen Überlegungen hierzu vor allem von Autoren in der DDR vor. Zwar erscheinen sie stellenweise mit marxistisch-dogmatischen Vorgaben behaftet, insbeson-

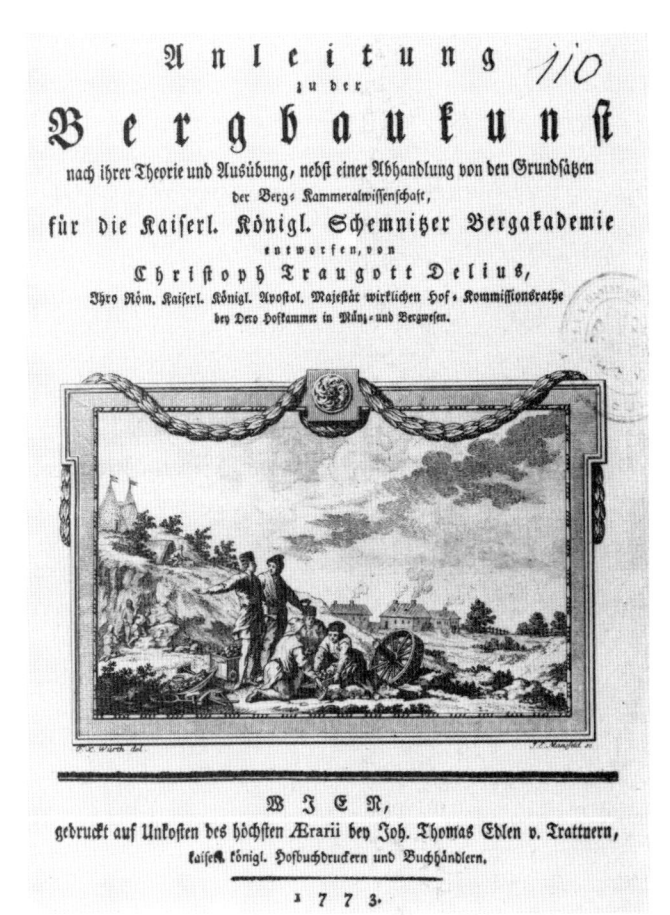

Bild 5: Deckblatt des Buches von C. T. Delius, Wien 1773.

dere im Hinblick auf die Annahme unverrückbarer Gesetzmäßigkeiten in der Geschichte, ungeachtet dessen zeichnen sie sich aber durch große Sorgfalt – u.a. bei den Quellenstudien und deren Darlegung – sowie durch Vielgestaltigkeit aus. Zahlreiche Arbeiten, darunter solche der Freiberger Montanhistoriker Baumgärtel, Sennewald und Wächtler, sind in der Reihe D „Geschichte des Bergbaus und Hüttenwesens" der Freiberger Forschungshefte veröffentlicht. Andere finden sich in Publikationen der Universitäten Berlin, Dresden, Halle, Rostock u.a. sowie der Akademie der Wissenschaften der DDR.

Nach dem Rostocker Wissenschaftshistoriker Guntau, z.B. 1984, läßt sich bei der Entstehung von Wissenschaften eine Gliederung in vier Phasen feststellen: 1. Vorgeschichte, 2. Disziplinbildung oder Emanzipierung, 3. Konsolidierung bzw. klassische Phase, 4. moderne Phase der Disziplinentwicklung. Dieses Modell einer Periodisierung veranlaßte eine intensive Diskussion bei den einschlägigen Fachleuten in der DDR, insbesondere auch im Hinblick auf den Zeitpunkt der Disziplinbildung von Wissen.

Bei seinen Erörterungen hierzu geht der Historiker an der Technischen Hochschule Dresden Wagenbreth – zunächst 1981 und dann auch in späteren Publikationen – der Frage nach: „Welche Kriterien machen Wissen zu Wissenschaft?" Nach seinen Prämissen und in Übereinstimmung mit anderen Autoren kommen dafür vor allem drei Kriterien in Betracht: 1. Systembildung, 2. Theorie als Grundlage, 3. Institutionalisierung. Für die Periodisierung der Wissenschaften im allgemeinen und der Technikwissenschaften im besonderen sei dabei neben der Institutionalisierung vor allem von Belang, ob die Systematisierung oder die theoretische Begründung des Wissens der entscheidende Vorgang im Herausbildungsprozeß einer Wissenschaft ist. Demgemäß wird von Wagenbreth auch die Frage angesprochen, ob für die Technikwissenschaften eine Theorie auf naturwissenschaftlich-mathematischer Basis verlangt werden muß.

Wagenbreth kommt zu dem Ergebnis, daß bei umfassenden und komplexen Wissensbereichen die Systematisierung das ausschlaggebendere Kriterium für die Beurteilung des Zeitpunktes der Wissenschaftsbildung ist, während im Falle von speziellen Disziplinen an deren Stelle gegebenenfalls die Theoriebildung tritt. Insbesondere gälte bei den Montanwissenschaften, wie er 1987 (b) formuliert, daß „für hierarchisch übergeordnete Wissenschaften (Hauptdisziplinen) die Systematik, für untergeordnete Wissenschaften (Spezialdisziplinen) die theoretischen Arbeiten die wissenschaftsformierenden Hauptfaktoren" sind. Die Stellung der beiden Kriterien richte sich somit nach dem Grad der Komplexität des jeweiligen Wissensbereiches, womit zwangsläufig außer der Entstehung auch die Charakteristik der jeweiligen Wissenschaft betroffen ist. Außerdem wären die Naturwissenschaften nicht die einzige theoretische Basis für die Technikwissenschaften. Wir werden auf die Begründungen von Wagenbreth im einzelnen an geeigneter Stelle zurückkommen.

Auf die Bedeutung der Systematik im vorliegenden Zusammenhang hatte im übrigen schon der bereits zitierte und systematisch besonders begabte „Professor der Berg-Bau-Kunst und Mineralogie und Inspektor bey der Bergakademie Freyberg", Abraham Gottlob Werner, vor zwei Jahrhunderten hingewiesen: *„Sobald eine solche systematische Behandlung irgendeiner Art Kenntnisse zuerst stattfand, sobald war eine neue Wissenschaft da".* (Zitiert aus dem handschriftlichen Nachlaß Werners nach Mühlfriedel und Guntau 1967).

Angesichts der Relativität aller einschlägigen Wertungen im Zeitablauf ist fraglos auch der folgende Sachverhalt ein wichtiger Gesichtspunkt: Die volle Etablierung der Montanwissenschaften als selbständiges Fachgebiet durch die Errichtung von Lehrkanzeln vor rund 200 Jahren entsprach dem Bewußtsein der damaligen Zeitgenossen, insbesondere derjenigen, die sich als Montanwissenschaftler fühlten und dies beruflich ausübten (vgl. Fettweis und Hamann 1989).

Die vorliegenden Betrachtungen führen somit zu dem Ergebnis, daß die Montanwissenschaften bereits vor Beginn der industriellen Revolution ihre Herausbildung als eigenständige Großdisziplin abgeschlossen haben; der Zeitpunkt ihrer Disziplinbildung ist die Gründung der ersten Bergakademien in der zweiten Hälfte des 18. Jahrhunderts und das damit verbundene systematische Schrifttum. Dies gilt ungeachtet der seither eingetretenen erheblichen Weiterentwicklungen des Faches. Für das Selbstverständnis der Montanwissenschaften ist dieser Sachverhalt grundlegend.

Zum Zeitpunkt ihrer Herausbildung wurden die Montanwissenschaften noch in einem einzigen und geschlossenen Ausbildungsgang gelehrt, ungeachtet ihrer bereits seit Agricola bestehenden Aufteilung auf Teildisziplinen. Ihre weitere Entwicklung läßt sich für die Zwecke unserer Darlegung und damit unter besonderer Berücksichtigung der Gegebenheiten in Leoben durch f ü n f bedeutsame Vorgänge bzw. Phasen kennzeichnen. Dazu sei von der Untergliederung der „Bergwerkskunde" nach Peithner gemäß Bild 4 ausgegangen.

Die e r s t e Weiterentwicklung bezieht sich auf die „unterirdische Naturlehre" von Peithner und auf deren Emanzipierung als Geowissenschaften. Die neuzeitliche Vorgeschichte der heutigen Geologie und Mineralogie und der damit verschwisterten Disziplinen beginnt jedenfalls bei der Befassung mit der Morphologie und Genese von Lagerstätten als Gegenstand des Bergbaus (vgl. Guntau 1984 und Wagenbreth 1980). In Übereinstimmung damit steht am Beginn sowohl der Bergbauwissenschaften als auch der Geowissenschaften das „Bergbüchlein" des Ulrich Rülein von Calw 1500. Von seinen zwölf Bildern entfallen zehn auf Lagerstätten und zwei auf das Vermessen der Lage und Richtung dieser Lagerstätten. Hier, wie gleichfalls sodann bei Agricola, wird das gesamte einschlägige Wissen noch ausschließlich als Grundlage für den Bergbau erachtet. Es ist entsprechend anwendungsbezogen.

Neben dem Bergbau gibt es aber noch weitere bedeutsame Wurzeln der Geowissenschaften. Demgemäß kennt bereits das 18. Jahrhundert auch eine vornehmlich auf Erkenntnis ausgerichtete geologische „Naturgeschichte". Allerdings bleibt hierbei ein gewisser Bergbaubezug bestehen. Bei J. J. Ferber 1774 (zitiert nach Guntau 1978) heißt es dazu: *„Allein ein jeder, der nur einsieht, in welcher Verbindung das Streichen, das Verschieben, das Verdrücken, die Mächtigkeit und gewiß auch die Edelheit eines Erzganges mit dem ihn umgebenden oder sich anlegenden Gebirge und dessen Veränderungen steht, wird leicht von der Notwendigkeit der Naturgeschichte für einen Bergmann überzeugt werden können".*

Nach der Gründung der Bergakademien ist die Entwicklung der „unterirdischen Naturlehre" jedoch immer mehr in Richtung auf eine eigenständige, genetisch ausgerichtete Naturwissenschaft fortgeschritten. Gleichzeitig erweiterte sich das einschlägige Interesse von demjenigen an den Lagerstätten und ihrem Nebengebirge auf das am ganzen Erdkörper. Symptomatisch dafür ist u.a. der folgende Sachverhalt. Drei Jahre nach seiner Berufung an die Bergakademie Freiberg hatte Werner mit einer Vorlesung über „Gebirgslehre" begonnen; ab 1786 kündigte er sie unter der Bezeichnung „Geognosie" an, was als Beginn der geologischen Lehrveranstaltungen auf Hochschulboden gilt (Guntau 1978). Allerdings blieb Werner außerdem Bergbaukundeprofessor und praxisbewußt.

Infolge der genannten Gegebenheiten haben sich dann im 19. und 20. Jahrhundert die Erdwissenschaften vor allem im Rahmen der philosophischen bzw. naturwissenschaftlichen Fakultäten der klassischen Universitäten etabliert. Dort entstanden auch die zugehörigen Studiengänge. Aus der Geognosie Werners wurde dabei die moderne Geologie. Für sie und sinngemäß für den gesamten Bereich der mit ihr verbundenen Geowissenschaften gilt heute: *„Das Material und den Bau der Erde erforschen und deren geschichtliche Entwicklung verfolgen – das ist die Aufgabe der Geologie"* (E. Seibold 1988).

Im Zuge der geschilderten Entwicklung hat auch die Teildisziplin der bergbaubezogenen Lagerstättenlehre eine vornehmlich genetisch orientierte Ausrichtung erfahren. Mit Recht ist in diesem Zusammenhang geschrieben worden: *„Der Versuch, allgemeine Grundsätze und Gesetzmäßigkeiten im Bereich des Montanwesens zu entdecken, führt notwendigerweise zuerst auf Hypothesen über die Natur und Entwicklungsart von Lagerstätten"* (Baumgärtel und Wächtler 1965). Infolge der wachsenden Bedeutung, welche den Kenntnissen der Bildungsbedingungen für das Aufsuchen von Anreicherungen mineralischer Rohstoffe zukommt, ist aber mit diesem Werdegang der ursprüngliche Charakter der

Lagerstättenlehre als Montanwissenschaft nicht verloren gegangen. Das Suchen von Lagerstätten wurde sogar weitgehend zu ihrer Angelegenheit, und für die Lagerstättenbeurteilung liefert sie wichtige Daten. Die Lagerstättenlehre kann daher zu beiden Bereichen gezählt werden, zu den Montanwissenschaften und zu den Geowissenschaften. Ungeachtet der eigenständigen Herausbildung der Erdwissenschaften ist diesen damit eine Überdeckung mit den Montanwissenschaften verblieben. Den Erdwissenschaften geht es aber primär um das Erforschen, den Montan- bzw. Bergbauwissenschaften um das Nutzen der Naturphänomene, auf die sie sich beziehen.

Die z w e i t e oben angesprochene Weiterentwicklung der Montanwissenschaften betrifft die „Bergbaukunst" und die „Metallurgische Scheidekunst" nach der Bezeichnungsweise von Peithner gemäß Bild 4 und deren Herausbildung zu eigenständigen akademischen Studien, dem Bergfach und dem Hüttenfach. Dies ist vor allem im 19. Jahrhundert abgelaufen, außerhalb Mitteleuropas aber stellenweise auch noch später.

In Übereinstimmung damit bestand zunächst nach der Gründung der heutigen Montanuniversität als Aufbauhochschule vor 150 Jahren nur ein Studiengang in Vordernberg und dann auch in Leoben. Acht Jahre lang gab es sogar nur eine einzige Lehrkanzel. In seiner Antrittsrede als „Professor für Berg- und Hüttenkunde" am 5. November 1840 nannte Peter Tunner demgemäß und in Anlehnung an die entsprechende Unterscheidung nach Bergw e r k und Bergb a u, die sich in der älteren Literatur findet, das von ihm zu vertretende Gebiet sogar noch: „Bergwerkskunde (worunter die Bergbaukunst in engerer Bedeutung und die Hüttenkunde begriffen sind)" (Tunner 1842). Über die sodann eingetretene Verselbständigung der beiden Disziplinen in Leoben wird in dieser Festschrift von Roth berichtet.

Das gleiche gilt auch für die der Trennung des Berg- und Hüttenwesens folgende weitere Aufteilung der Montanwissenschaften, soweit sie auf der hierarchischen Stufe der Studienrichtungen ablief. Bei dieser an d r i t t e r Stelle unserer Punktation zu nennenden Entwicklung nimmt die Leobener Hochschule eine führende Stellung ein. Nachdem sich im Jahre 1919 bereits das Markscheidewesen als eigenes Studium herausgebildet hatte, fand die Aufteilung der montanistischen Wissenschaften auf die Studiengänge, die sich im heute gültigen Bundesgesetz über montanistische Studienrichtungen vom 10. Juli 1969 finden, zunächst in den fünfziger Jahren unseres Jahrhunderts mit der Schaffung der Studienrichtung Erdölwesen statt und dann mit der Errichtung weiterer Studien vor allem in der zweiten Hälfte der sechziger Jahre (vgl. Fettweis 1970, 1971 sowie Jeglitsch und Logar 1972).

Wegen ihrer Bedeutung wird diese Aufgliederung auch noch gesondert in anschließenden Beiträgen zu dieser Festschrift erörtert. Dies geschieht getrennt nach den zwei „Seiten" der Montanuniversität, die jeweils als Ausgangsbasis für die Entwicklung dienten, der Bergseite und der Hüttenseite, wie man früher sagte. Zur „Bergseite" sind hierbei das Bergwesen, Erdölwesen und Markscheidewesen sowie die Montangeologie und das noch nicht eingerichtete Studium der Angewandten Geophysik zu rechnen. Die Summe dieser Disziplinen kann herkömmlich auch als das Fachgebiet der Bergbauwissenschaften im weitesten Sinne angesprochen werden. Zur „Hüttenseite" im früheren Sinne lassen sich das Hüttenwesen und das Gesteinshüttenwesen sowie die Kunststofftechnik und die Werkstoffwissenschaften zählen. Wir werden weiter unten auf geeignetere Oberbegriffe zu sprechen kommen. Das 1968 eingerichtete Studium des Montanmaschinenwesens wurzelt auf beiden „Seiten". Daher sollen zunächst hierzu noch einige Bemerkungen folgen.

In einer von der Gesellschaft von Freunden der Leobener Hochschule 1970 herausgegebenen Informationsschrift heißt es zum Studium des Montanmaschinenbaus: *„Das Ausbildungsziel der Studienrichtung ist ein universeller Montaningenieur maschinentechnischer Richtung, wobei ein wesentlicher Teil der Ausbildung auf dem Gebiet des Konstruierens liegt".* Mit dieser Absicht unternahm es die Leobener Hochschule, einer montanspezifischen Sachlage nachzukommen, auf die Wagenbreth 1984 anschaulich in seiner Arbeit „Die Entwicklung der Bergmaschinentechnik und ihr Einmünden in das wissenschaftliche Maschinenwesen" eingegangen ist.

In der Tat hat das Maschinenwesen in Bergbau und Hütte nicht nur jahrhundertelang die maschinentechnische Entwicklung insgesamt maßgeblich vorwärts getrieben – das bekannteste Beispiel dafür ist die Geschichte der Dampfmaschine von Savery bis Watt –, sondern ist zu Beginn des 19. Jahrhunderts auch an vielen Bergakademien als ein eigener montanistischer Wissenschaftszweig entstanden, zwar nicht auf der Ebene der Studien, aber auf derjenigen der den Studien dienenden Fächer.

Das war auch in Leoben der Fall. Nach der Trennung von Bergbaukunde und Hüttenkunde im Jahre 1848 und nach der Einrichtung einer Professur für Physik und Chemie im Jahre 1861 kam es 1866 als nächstes – und damit noch vor der Errichtung der Lehrkanzel für Geologie und Mineralogie im Jahre 1875 – zu einer eigenen Lehrkanzel für „Berg- und Hüttenmaschinenbaukunde und Encyklopädie der Baukunde". Das hieraus durch spätere Aufteilung entstandene Ordinariat für „Berg- und Erdölmaschinenkunde" und das zugehörige Institut wurden dann bei der Errichtung der Studienrichtung Montanmaschinenwesen – unter prinzipieller Beibehaltung ihrer bisherigen Aufgaben – in ein Ordinariat und Institut für „Fördertechnik und Konstruktionslehre" umgewandelt. Außerdem vertreten – neben den Instituten der Grundlagen- und Ergänzungsfächer – gegenwärtig vor allem die auch für andere Studienrichtungen wirkenden Institute für Allgemeinen Maschinenbau, für Elektrotechnik, für Mechanik, für Verformungskunde und Hüttenmaschinen sowie für Wärmetechnik, Industrieofenbau und Energiewirtschaft die maßgeblichen technischen Fächer der Studienrichtung Montanmaschinenwesen.

Im übrigen ist das Studium des Maschinenbaus bekanntlich im Zuge der industriellen Revolution an den Vorgängerinstitutionen der Technischen Universitäten entstanden. Auch in Leoben ist die Studienrichtung Montanmaschinenwesen heute fraglos primär eine solche des Maschinenbaus. Jedoch kann sich der Student im Studienablauf wahlweise entweder mehr auf die Maschinentechnik des Berg- und Erdölwesens oder auf die des Hüttenwesens ausrichten, ähnlich, wie dies an den Technischen Universitäten für andere Maschinengruppen gilt. Außerdem soll in Zukunft zusätzlich eine Wahlfachrichtung „Automatronik" eingerichtet werden.

Mit seinen weitreichenden Reformüberlegungen in den sechziger Jahren, die zu den heute bestehenden Studienrichtungen führten, hat es das damals als akademische Behörde wirkende Professorenkollegium sehr bewußt unternommen, der laufenden und absehbaren Entwicklung auf dem Gesamtgebiet der Rohstoff- und der Werkstoffwissenschaften und auf dem der Geotechnik zu entsprechen. Ebenso bewußt sollte hierbei der montanistische Charakter der Hochschule erhalten bleiben und möglichst keine Erweiterung in Richtung bereits anderswo bestehender Studien erfolgen. Seit 1962 fortgeführte Mehrjahrespläne können hierzu u.a. ebenso herangezogen werden wie insbesondere die zahlreichen nur dem Thema der Neuprofilierung gewidmeten Beratungen und Beschlüsse des Professorenkollegiums am Ende der sechziger Jahre. Im einzelnen sind die Vorschläge zu den neuen Studienrichtungen sämtlich aus dem Kollegium selbst gekommen; lediglich für die Einrichtung der Studienrichtung Kunststofftechnik gab es zusätzlich eine Anregung des Landeshauptmannes der Steiermark Josef Krainer d. Ält. Die Studienrichtung Werkstoffwissenschaften konnte noch im Mai 1969 in die Textvorlage zum Bundesgesetz über montanistische Studienrichtungen eingefügt werden, als diese bereits dem Nationalrat zur Beratung vorlag. Nicht zuletzt gelang es dann auch – ungeachtet verschiedener von dritter Seite kommender Einwände – die Klubs des Nationalrates von der Zweckmäßigkeit zu überzeugen, das Gesetz noch auf der letzten Parlamentssitzung vor der Sommerpause zu verabschieden.

An nächster und v i e r t e r Stelle unserer Hinweise zur Entwicklung der Montanwissenschaften sollen Vorgänge stehen, welche erst in der jüngeren Vergangenheit deutlich erkennbar geworden sind. Sie betreffen zwar jede „Seite" der Studienrichtungen getrennt, ihr Ergebnis ist aber in beiden Fällen die Entwicklung übergreifender Disziplinen und damit eine gewisse Konvergenz der zugehörigen Wissenschaften. (Vgl. zur Konvergenz von Wissenschaften Fettweis 1970 a).

Die Bergbauwissenschaften unterliegen einem Prozeß ähnlich demjenigen, den die Geowissenschaften mit der Extrapolation ihres Betrachtungsgegenstandes von den Lagerstätten auf die Erde insgesamt schon vor geraumer Zeit erfahren haben: Die Bergbauwissenschaften werden zum Nukleus bzw. entwickeln sich zum Bestandteil von umfassenderen Geoingenieurwissenschaften. Deren Aufgabe ist es, die sich zunehmend als knapp erweisende Ressource der zugänglichen Erdkruste als Ganzes in allen notwendigen Zusammenhängen – und das heißt über die Zwecke des Bergbaus hinaus – optimal und schonend für die Menschheit zu nutzen. (Vgl. Fettweis 1989).

Als Beispiel für diese Entwicklung kann insbesondere auf die in Leoben im Verlauf der letzten 15 Jahre und bis in die jüngste Zeit hinein erfolgte Einrichtung von Wahlfachrichtungen, die keinen herkömmlichen Bergbaubezug besitzen, in verschiedenen Studienrichtungen verwiesen werden. Diese sind gegenwärtig: „Tunnelbau und Geomechanik" sowie „Entsorgungsbergbau – Deponietechnik" in der Studienrichtung Bergwesen, „Deponietechnik" in der Studienrichtung Markscheidewesen, „Konstruktiver Tiefbau" und „Wassergewinnung" in der Studienrichtung Erdölwesen sowie „Technische Geologie" und „Umwelt- und Hydrogeologie" im studium irregulare der Angewandten Geowissenschaften. Insbesondere auf dem Gebiet des Entsorgungs- und Deponiewesens sind Überlegungen zur weiteren Entwicklung der Studien bis hin zu einer eigenständigen Berufsvorbildung im Gange. Einen entsprechenden Grundsatzbeschluß hat das Universitätskollegium am 6. Dezember 1989 bereits gefaßt.

Auf jeden Fall stellt derzeit bereits die Bezeichnung „Geoingenieurwissenschaften" einen besseren Oberbegriff für die frühere Bergseite der montanistischen Wissenschaften dar als der Begriff „Bergbauwissenschaften." Dieser umfaßt allerdings die größte Teilmenge des betrachteten Wissenschaftsgebietes. Im übrigen werden wir auf den damit angesprochenen Vorgang in dem bereits erwähnten der Entwicklung der Bergbauwissenschaften an der Montanuniversität gewidmeten Artikel dieser Festschrift zurückkommen. (Vgl. Fettweis: Vom Bergkurs zum Studium der Geoingenieurwissenschaften).

Auch für die vormals als hüttenmännisch bezeichnete „Seite" der an der Montanuniversität vertretenen Ingenieurwissenschaften ist die Formierung eines übergreifenden Wissenschaftsgebietes zu erkennen. Der Verfasser wählt dafür den Oberbegriff „Materialingenieurwissenschaften" als Gleichwort für den englischen Ausdruck „materials science and engineering".

Zum Beleg sei stellvertretend für andere Quellen auf die eindrucksvolle neun Bände umfassende „Encyclopedia of Materials Science and Engineering" (Editor-in-Chief M. B. Bever) verwiesen. Im „Preface" des 1986 erschienenen ersten Bandes dieses Werkes wird das zu behandelnde Gebiet der Wissenschaften als ein „emerging multidisciplinary field" bezeichnet. Die anschließende „Introduction" führt dann dazu u.a. aus: *„Materials science and engineering is concerned with the fundamental nature of materials and their practical applications. ... Much of the theoretical and experimental work on materials as well as their engineering applications continues to be carried on within established disciplines ... with material science and engineering acting as a broader framework. At the same time, materials science and engineering is developing unifying ideas and methods. ... The traditional disciplines which have been incorporated into materials science and engineering, or have become associated with it, are metallurgy, ceramics and polymer science".* Die im vorstehenden Zitat genannten Fachgebiete entsprechen denen, die 1969 durch das Bundesgesetz über montanistische Studienrichtungen als Hüttenwesen, Gesteinshüttenwesen und Kunststofftechnik sowie als dazu interdisziplinäre Werkstoffwissenschaften normiert worden sind. Die Entwicklung hat somit die Berechtigung dieser Grundlegung voll bestätigt. Dies betrifft insbesondere auch den Einbezug der Kunststofftechnik als eine von der Chemie zu Herstellung von Kunststoffen unabhängige Disziplin.

Die f ü n f t e bedeutsame Entwicklung schließlich, welche die Montanwissenschaften seit der Gründung der ersten Bergakademien erfahren haben, ist ihre nahezu stetig fortschreitende Durchdringung mit den Erkenntnissen der Naturwissenschaften und der damit verknüpften Mathematik. An herausragender Stelle sind hierbei Mechanik, Strömungslehre, Thermodynamik und Physikalische Chemie zu nennen. Diese Entwicklung wird vielfach auch als „Verwissenschaftlichung" angesprochen. Mit dieser Sachlage sind Fragen im Hinblick auf das Selbstverständnis der Montanwissenschaften verbunden, die einen Gegenstand der nachstehenden Abschnitte bilden.

## ZUM CHARAKTER DER INGENIEURWISSENSCHAFTEN IM ALLGEMEINEN

Als Grundlage für eine Charakterisierung der an der Montanuniversität vertretenen Ingenieurwissenschaften aus der wissenschaftstheoretischen Sicht des Verfassers mögen zunächst einige Ausführungen zu den Merkmalen der Ingenieurwissenschaften im allgemeinen folgen. Wegen der in der Literatur zu findenden Zusammenhänge werden dabei jedoch stellenweise auch die Montanwissenschaften bereits angesprochen.

Wissenschaften sammeln Tatsachen, die zu einem Bereich des menschlichen Interesses gehören, und verknüpfen diese mit Hilfe von anerkannten methodischen Regeln, insbesondere denen der Logik, zu Systemen. Im weiteren Sinne umfassen die Wissenschaften auch ihre gesellschaftlichen Bezüge. Demgemäß gehören zu ihnen auch alle Tätigkeiten, einschließlich derjenigen von Lehre und Forschung an Hochschulen, die zur Erfüllung ihrer Aufgaben dienen. Wissenschaften können folglich definiert werden als die Gesamtheit der geordneten Kenntnisse (einschließlich der zugehörigen Fragen) auf einem bestimmten Gebiet des Wissens und deren planmäßige Begründung, Darstellung und Vermehrung. (Vgl. Fettweis 1977). Die Ingenieurwissenschaften befassen sich entsprechend mit den Kenntnissen auf den Gebieten des Ingenieurwesens.

In der Literatur findet sich häufig nur eine Unterteilung der Wissenschaften in Natur- und Geisteswissenschaften. Die Ingenieurwissenschaften werden dabei den Naturwissenschaften zugerechnet. Für die Montanwissenschaften als Ganzes trifft dies infolge ihrer bereits vorgestellten Komplexität, die in einem erheblichen Umfang auch sozio-ökonomische Zusammenhänge einbezieht, sicher nicht zu. Aber auch für die übrigen Ingenieurwissenschaften ist es nicht berechtigt. Wie der Professor für Verfahrenstechnik Rumpf 1969 in seinen „Gedanken zur Wissenschaftstheorie der Technik-Wissenschaften" gezeigt hat, gilt zwar *„daß sich Technik-Wissenschaft und Naturwissenschaft hinsichtlich Sachbereich, wissenschaftlicher Fragestellung, Methodik und Struktur nicht scharf gegeneinander abgrenzen lassen. Im Gegensatz zur Naturwissenschaft steht jedoch für die Technik-Wissenschaft die Frage nach der Machbarkeit eindeutig im Mittelpunkt".* Demgegenüber sind die Naturwissenschaften in ihrem eigenen herkömmlichen Verständnis nicht auf Menschenwerk ausgerichtet, sondern auf die Erforschung der Natur und auf das Erkennen und Erfassen der diese beherrschenden Naturgesetze.

Hieraus wird vielfach abgeleitet, daß die technischen Disziplinen dann eben angewandte Naturwissenschaften seien. Eine in diese Richtung tendierende Auffassung findet sich bei Klinkenberg, Professor für Mittlere Geschichte am Historischen Institut der Rheinisch-Westfälischen Technischen Hochschule Aachen. Er hat sie 1981 in einem Festvortrag zur 100-Jahr-Feier der Bergbauabteilung seiner Hochschule vorgetragen. Dabei werden zwei Ansätze und damit auch Tendenzen der an der Aachener Hochschule behandelten Wissenschaften technischer Richtung unterschieden.

Den vorherrschenden sowie außerordentlich bedeutsamen und erfolgreichen Ansatz bezeichnet Klinkenberg als das philosophisch-systematische bzw. philosophisch-technische Konzept. Es hat vor 100 Jahren das technische Hochschulwesen revolutioniert und ist bestimmend für die großen Fortschritte der Technik seit dem 19. Jahrhundert. Das Konzept geht von einem technisch-mechanischen Weltbild aus und folglich davon, daß in der Natur und in der Technik die gleichen „Naturgesetze" herrschen. Entsprechend verlangt es die systematische Nutzung – ausdrücklich wird dies „Anwendung" genannt – dieser Naturgesetze für die Lösung technischer Aufgaben. Kernsätze von Klinkenberg lauten: *„Das Verhältnis von Praxis und Theorie wird auf den Kopf, das heißt auf die Theorie gestellt"* und: *„Es gibt keine Wissenschaft der Anwendung. Anwendung übernimmt nur die wissenschaftlich erstellten geistigen Fertigteile, vorgefertigte Steuerelemente"*. Zweifellos kommt vor allem in der zweitgenannten Aussage auch eine – letztendlich subjektive – Wertung des Gewichts zum Ausdruck, welches dem Konstruieren und Optimieren als Merkmalen der Technik zuzumessen ist.

Im Hinblick auf Beispiele spricht Klinkenberg von „der theoretisch-mechanischen und thermodynamischen und elektrischen Ingenieurwissenschaft". Vor allem die jüngste technische Fakultät, die elektrotechnische, sei bereits ganz nach diesem Konzept entworfen: *„Ihr liegt ... zugrunde ... ein großes allgemeines Naturphänomen, ein Objekt der Physik, die Elektrizität, das zu den verschiedensten Werken, Anlagen und Maschinen konkretisiert wird"*.

Den zweiten und älteren Ansatz bezeichnet Klinkenberg als den der werkorientierten und damit morphologisch-enzyklopädischen Gelehrsamkeit. Darunter versteht er vor allem die ordnende Beschreibung von Werken der Technik und von den Regeln zu ihrer Ausführung in einer solchen Weise, „daß mit der Gliederung des Wissens auch Gliederung der Arbeit, sinnvolle Arbeitsteilung ermöglicht wird". Als herausragendes frühes Beispiel dafür nennt er das Buch „De re metallica" – also „Vom Bergkwerck" oder „Vom Berg- und Hüttenwesen" – des Georg Agricola aus dem Jahre 1556.

Die Bergbauwissenschaften der Gegenwart sind nach Klinkenberg beiden Ansätzen verhaftet. Das „Strukturprinzip ... der werkabgewandten, auf allgemeine theoretische Begriffe gebauten und ausgerichteten neuen Technikwissenschaft" wirke jedoch nur im Inneren. Dagegen sei die werkorientierte enzyklopädische Gelehrsamkeit bis heute „dem Erscheinungsbild nach das bestimmende Strukturagens". Dies werde nicht zuletzt dadurch ermöglicht, daß sich das für die Montanwissenschaften geschaffene prozeßorientierte Einteilungssystem des Georg Agricola als vorzüglich erwiesen habe und durchaus dafür geeignet, neues Wissen aufzunehmen. Als Folge der zwei sehr verschiedenen Ansätze und Tendenzen wären die Bergbauwissenschaften aber jedenfalls „innerlich auf eine sehr große Spannung gestellt worden".

In diesem Zusammenhang ist auch die Kritik von Klinkenberg an den von ihm erörterten beiden Ansätzen von Interesse. Zur „Enzyklopädie" vermerkt er zunächst, daß diese unter dem Druck des Erfolges der philosophisch-systematischen Wissenschaften gegen Ende des 19. Jahrhunderts eine negative Bedeutung angenommen hat, „etwa ‚oberflächlich', ‚von allem etwas aber nichts genaues'. Enzyklopädie schien überholt zu sein". Inzwischen stoße aber auch der philosophisch-systematische Ansatz an seine Grenzen und führe Schwierigkeiten und Fehlentwicklungen herbei. Die Erwartung, das begrifflich-systematische Denken konvergiere zu einem völligen Erkennen der Wirklichkeit, habe sich nicht erfüllt. Stattdessen wüchsen die einzelnen Disziplinen auseinander bis zur gegenseitigen Verständigungsunmöglichkeit.

Klinkenberg fordert daher auch die Lösung der sich hieraus ergebenden Integrationsprobleme durch eine neue, eine sozusagen höhere Enzyklopädie, die das logisch-begriffliche Denken zu ergänzen habe. Sie müsse die alte Enzyklopädie beibehalten, aber selbst „den Geist des Abstrakt-Theoretischen aufnehmen", um die Verbindungslosigkeit der Einzeldisziplinen mit Hilfe neu zu erfassender Zusammenhänge zwischen den Begriffssystemen zu überwinden. *„Und dazu gibt es nach wie vor ein einziges Instrument: den einzelnen Kopf am alten, einsamen Schreibtisch"*.

Als Wissenschaften, in welchen entsprechende Integrationsprobleme zu lösen sind, nennt Klinkenberg – außer den Bergbauwissenschaften – die moderne Physik, die Verhaltensforschung und die Ökologie. Im übrigen nähert er sich den nachstehend vorgestellten anderen Interpreten der Technikwissenschaften, wenn er von einer neuen Enzyklopädie abschließend verlangt, daß sie verschmelze, was in der alten Enzyklopädie bruchstückhaft nebeneinander lag, nämlich das Technische und das Humane.

Bei den Bergbauwissenschaften komme folglich auch das Werk, das Bergwerk, in einer neuen Weise ins Spiel: *„Zum ersten als technisch komplexes Werk mit spezifischen Integrationsproblemen. Zum zweiten – in der systematischen Ordnung – als Fall, als Exemplar allgemeiner Systembegriffe. Zum dritten aber unter der Frage nach dem Verhältnis von Arbeit und Denken, die wir schon bei Agricola fanden, für die sich ihm aber nur der alte griechische Lösungsweg anbot, der gerade Zusammenhängendes zerreißt unter der Dichotomie von Arbeit (Praxis) und Denken (Theorie)".*

Demgegenüber wird von anderer Seite mit Nachdruck auf den seit jeher bestehenden bestimmenden W e r k sbezug der Technikwissenschaften und auf deren entsprechende Eigenständigkeit hingewiesen. Es stufe ja auch kaum jemand die wissenschaftlich arbeitende Heilkunst, die als Medizin eine der klassischen Fakultäten bildet, nur als eine angewandte Biologie ein.

Der Professor für Hochfrequenztechnik Brand schrieb im vorstehenden Zusammenhang 1986 in der Festschrift zum 20jährigen Jubiläum der Technischen Fakultät der Universität Erlangen: *„Technik-Wissenschaft ist nicht Angewandte Naturwissenschaft! Das Ziel aller technischen Betätigung ist heute und war immer ‚ein Werk', etwas Geschaffenes, verbunden mit einer klaren Aufgabe, die in aller Regel auf die Erfüllung essentieller Bedürfnisse von Menschen gerichtet ist, wie z.B. die Versorgung mit Nahrung und anderen Stoffen, der Schutz vor Klima-Unbill und Feinden oder in diesem Jahrhundert die Teilhabe an Fern-Kommunikation und Ferntransport ... Historisch hat Technik ihre Wurzeln im Handwerklichen ... [Der Ingenieur] soll in seiner Konstruktion, seinem Plan von dem zu schaffenden Werk, die spätere Herstellung vorweg ‚denken'. So betrachtet besteht durchaus eine Verwandtschaft zur Tätigkeit des Künstlers z.B. des Bildhauers ... Der Prozeß der Werk-Erstellung – sowohl die materielle Realisierung wie auch die geistige Vorwegnahme (die Planung, der Entwurf) – wurde in vielen Fällen im Laufe der Jahrhunderte immer komplexer, so daß für den geistigen Akt des Konstruierens nicht mehr allein die geniale Idee genügte, sondern Methode und Systematik erforderlich wurden. Dieses Wissen um die systematische Entwurfsmethode zu schaffen, ist der eigentliche Kern von Technik-Wissenschaft... ein System ‚gut' entwerfen ist mehr als nur Naturwissen richtig anwenden."*

Eine gleichartige Aussage findet sich bei dem bereits zitierten Dresdener Technikhistoriker Wagenbreth 1983 (b). Für ihn liegt angewandte Naturwissenschaft nur dann vor, wenn Naturprozesse und Naturgesetze mit dem Ziel untersucht werden, die verfügbaren naturgesetzlich möglichen Wirkprinzipien für die Befriedigung technischer Bedürfnisse zu ermitteln. Dabei erweisen sich möglicherweise mehrere Wirkprinzipien als anwendbar. Demgemäß ist es Aufgabe der Technikwissenschaften, sowohl die für das jeweilige technische Bedürfnis optimale Variante zu finden als auch diese konstruktiv zu realisieren. Zu diesem Zweck können verschiedene Optimierungsaufgaben, insbesondere auch solche wirtschaftlicher Art, eine wesentliche Rolle spielen. *„Da technische Gebilde stets unter ökonomischen Gesichtspunkten geschaffen werden, unterliegen sie auch den Gesetzen der Ökonomie, und zwar stellenweise so, daß diese als theoretische Grundlage der Technikwissenschaften gelten können."* Zur Technikwissenschaft gehöre es im übrigen, die Gesamtheit aller technischen Gebilde zu beschreiben, zu systematisieren und theoretisch zu erklären. Dagegen sind die Naturwissenschaften nach dieser Auffassung – ob angewandt oder nicht – nur auf die „Gesamtheit aller Naturphänomene" bezogen.

Nicht zuletzt sollen in diesem Zusammenhang zwei weitere Aussagen von Rumpf 1969 angeführt werden. Danach hat es zum ersten der Technikwissenschaftler bei der Lösung seiner Probleme weitaus mehr als der Naturwissenschaftler mit Phänomenkomplexen statt mit isolierten Phänomenen zu tun. *„Hierin liegt oft eine Schwierigkeit für den Physiker, technische Aufgaben wissenschaftlich zu bewältigen, und eine Ursache für manchen Zweifel an der Wissenschaftlichkeit technischer Wissenschaft."* Zum zweiten werden bei der Lösung komplexer technischer Aufgaben mit wissenschaftlichen Methoden ja keineswegs nur wissenschaftlich aufgeklärte Naturphänomene genützt. Die Technik erfindet und probiert und arbeitet unbedenklich mit ihr nützlichen Wirkungen auch dann, wenn sie die dabei vorliegenden naturgesetzlichen Zusammenhänge nicht kennt. Auf die Strömungs- und Reaktionsabläufe in Motoren kann dabei ebenso verwiesen werden wie auf die chemische Katalyse u.a.m.

Nach den vorstehend angeführten Interpreten werden die technischen Disziplinen somit primär als Konstruktions- und Verfahrenswissenschaften verstanden – beides im weitesten Sinne –, welche komplexe Randbedingungen der sozio-ökonomischen Wirklichkeit berücksichtigen müssen, und damit nicht als Wissenschaften von der Natur, sondern von menschlichem Tun.

Den vorstehend referierten unterschiedlichen Meinungen entsprechen auch ambivalente diesbezügliche Aussagen von Peter Tunner. In seiner bereits angeführten Antrittsvorlesung vor 150 Jahren hatte er sein Fach, die Bergw e r k skunde bzw. Berg- und Hüttenkunde, als eine „praktische Wissenschaft" bezeichnet – worunter er nach seinen Erläuterungen eine anwendungsbezogene Wissenschaft verstand – im Gegensatz zu den theoretischen Wissenschaften. In einer Fußnote zu der schriftlichen Fassung seiner Ausführungen erläuterte er dann jedoch (Tunner 1842): *„Streng genommen kann man die Bergwerkskunde, so wie Landwirthschaft, Forstwirthschaft, selbst Baukunst und dergleichen practische Fächer, keine eigene Wissenschaft nennen, sondern es ist dieses vielmehr ein, nach einer gewissen Ordnung zusammengestellter Inbegriff aller Wissenschaften, welche zur zweckmäßigen Führung des Bergbaues und zur gänzlichen Zugutemachung der gewonnenen Mineralien bis zum fertigen Kaufmannsgute erfordert werden, verbunden mit einer genauen Kenntnis aller dabei vorkommenden Vorrichtungen und Manipulationen."*

Die Klärung dieser Ambivalenz – und damit auch eine Stellungnahme zu dem „streng genommen" bei Tunner – ist mit Hilfe der Darlegungen von Wagenbreth 1980–1988 möglich, über die wir bereits bei der Erörterung der Entwicklung der montanistischen Wissenschaften berichtet haben. Danach betreffen die verschiedenen Auffassungen unterschiedliche fachliche Bereiche, die unabhängig von diesen Unterschieden jedenfalls als Wissenschaften zu gelten haben. Wagenbreth unterscheidet dabei zwischen Hauptdisziplinen und Spezialdisziplinen sowie zwischen industriezweigspezifischen und speziellen technischen Wissenschaften.

Im einzelnen lassen sich die wichtigsten Begründungen, die Wagenbreth für seine Feststellungen bringt, wie folgt zusammenfassen.

1. Grundsätzlich muß für alle Wissenschaften derselbe Wissenschaftsbegriff gelten, auch wenn dies gegen Denkgewohnheiten verstößt. Damit entfällt die unbedingte Forderung der Mathematisierung im Hinblick auf die Technikwissenschaften. Ansonsten würden die „beschreibenden Naturwissenschaften", wie z.B. die Geologie und Paläontologie, aber auch die systematische Biologie und die Anatomie, keine Wissenschaften sein. Da sie es aber unbestritten sind, wobei das entscheidende Kriterium bis heute eine nicht mathematisierte Systematik bildet, muß eine entsprechende Beurteilung auch für den Bereich der Technikwissenschaften herangezogen werden.

2. Es gibt Bereiche der Technikwissenschaften, die prinzipiell einer einheitlichen naturwissenschaftlich fundierten Theorie entbehren müssen. Dazu rechnet Wagenbreth jedenfalls diejenigen, die er als industriezweigspezifische im Gegensatz zu den speziellen technischen Wissenschaften bezeichnet. Für die speziellen Disziplinen gilt, daß sie „sich einer bestimmten Gruppe von Vorgängen widmen, diese aber in den verschiedenen Industriezweigen behandeln, wie z.B. die technische Mechanik und die technische Wärmelehre". Die industriezweigspezifischen Technikwissenschaften, wie Bauwissenschaften, Verfahrenstechnik und Montanwissenschaften, sind dagegen so komplex in verschiedene Teildisziplinen gegliedert, daß sie gar kein einheitliches naturwissenschaftliches Fundament haben können, sondern stattdessen eine Vielzahl theoretischer Grundlagen aus sehr verschiedenen Gebieten benutzen. In den Montanwissenschaften beruhen z.B. die Markscheidekunde auf Mathematik und Geometrie bzw. hinsichtlich der Meßgeräte vor allem auf Optik und Magnetismus, die Grubenbewetterung auf den Gasgesetzen und der Strömungslehre, die Bergmännische Gebirgsmechanik auf Mechanik, die

Metallurgie auf Chemie usw. Diese theoretischen Grundlagen und weitere für andere Teildisziplinen sind zu sehr verschiedenen Zeiten entstanden. *„Sie können deshalb kein Kriterium für die Herausbildung der Montanwissenschaften als Ganzes sein. Das Kriterium dafür ist deshalb logisch und historisch die Systematik der Montanwissenschaften."* (Wagenbreth 1987 a).

3. In der Regel versteht man unter einer Theorie auf dem Gebiet der Technikwissenschaften die Erklärung des Ablaufs technischer Prozesse mit Hilfe von Naturgesetzen. Nach Wagenbreth gibt es in den Technikwissenschaften aber – unabhängig von den Gegebenheiten bei den umfassenderen industriezweigspezifischen Bereichen – auch einzelne begrenzte Fachgebiete, d.h. Spezialdisziplinen, die von der Sache her nicht durch ein naturwissenschaftliches Fundament charakterisiert werden können. Als Beispiel nennt er die Konstruktionslehre sowie in den Bergbauwissenschaften die Lehre von den Abbauverfahren – das Kerngebiet der Bergtechnik –, die von ihm als eine Sonderform der Konstruktionslehre betrachtet wird. An anderer Stelle (1988) führt er in diesem Zusammenhang auch die Spezialdisziplinen Tiefbohren, Schachtabteufen und Grubenausbau an. Kann, so fragt er, eine Theorie darüber bestehen, „welches Verfahren bei welcher Situation das günstigste Ergebnis liefert?" Und seine Antwort lautet: *„Wenn wir bedenken, daß jede Technik zielgerichtete gesellschaftlich wirksame Tätigkeit des Menschen ist, erscheint es durchaus berechtigt, für die Technikwissenschaft theoretische Elemente auch aus dem Bereich der Gesellschaftswissenschaften und der Ökonomie zu übernehmen."* (Wagenbreth 1981).

4. Die Entstehung von Spezialdisziplinen der Montanwissenschaften auf der Grundlage naturwissenschaftlicher Theorien zeigt Wagenbreth mit Beispielen, insbesondere an Hand des Aufkommens der Grubenwetterlehre im 18. Jahrhundert sowie der Bergmännischen Gebirgsmechanik in den Jahrzehnten um die vergangene Jahrhundertwende.

Eine derjenigen von Wagenbreth vergleichbare Unterteilung von Wissenschaften hatte der Verfasser 1975 in einer Arbeit zu seinem engeren Fachgebiet mit dem Titel „Zum Systemaspekt in den Bergbauwissenschaften" verwendet. Dabei war er von Erörterungen ausgegangen, die der aus Österreich stammende amerikanische Planungsfachmann Jantsch für das Massachusetts Institute of Technology (MIT) zu der Notwendigkeit einer Neustrukturierung des Bildungswesens an Hochschulen technischer Richtung angestellt und 1970 publiziert hatte. Hiernach solle das Schwergewicht an den Hochschulen von fachlich- und methodenorientierten Abteilungen und Studiengängen zu funktions- und systemorientierten Strukturen wechseln. Als Beispiele für Funktionen werden von Jantsch u.a. „Wohnbau", „Energieerzeugung" und „Nahrungsmittelerzeugung" genannt. Der Verfasser der vorliegenden Ausführungen hatte in seiner Arbeit 1975 entsprechend zwischen methodenorientierten und funktionsorientierten Wissenschaften unterschieden.

Für die methodenorientierten oder methodologischen Wissenschaften gilt, daß sie sich auf bestimmte mit einer eng zusammengehörigen Gruppe von Naturgesetzen verknüpfte technische Verfahren beziehen. Diese Wissenschaften können für die Lösung verschiedenartiger Aufgaben und in zahlreichen Zusammenhängen zur Anwendung gelangen. Das beste Beispiel dafür ist die Elektrotechnik und ihre vielfältige Nutzung.

Das Wesen der funktionsorientierten oder funktionalen Disziplinen ist es dagegen, in einer koordinierenden Weise – und damit sozusagen auf einer nächsten Stufe – alle als geeignet verfügbaren Erkenntnisse und Methoden des Erfahrungswissens, der Naturwissenschaften und anderer Wissenschaftsgebiete für die Lösung einer einzelnen, besonders wichtigen Funktion, d.h. Aufgabe der menschlichen Gesellschaft, heranzuziehen. Eine solche Funktion ist jedenfalls die Urproduktion mineralischer Rohstoffe.

Als Konsequenz ihrer Vorgangsweise sind funktionsorientierte Wissenschaften gleichzeitig zwangsläufig synoptisch im Sinne von „Synopse = Zusammenschau". Aus sprachlichen Gründen – und Sprache ist letzten Endes immer ausschlaggebend – hält der Verfasser den Ausdruck „synoptisch" für treffender und daher für zweckmäßiger als das im Sinn abgewertete Wort „enzyklopädisch". Im vorgestellten umfassenden Sinne sind funktionale Fachgebiete desweiteren stets interdisziplinär, wenn unter „disziplinär" der Bezug auf einzelne Naturwissenschaften und methodologische Ingenieurfächer gemeint ist.

Bei seiner vorstehend umrissenen Zweiteilung ist der Verfasser von dem Axiom ausgegangen, daß das Ganze immer mehr ist als die Summe seiner Teile; dieses Axiom gilt im übrigen für alle seine Überlegungen. Als zusammenfassendes Konzept für die funktionsorientierten bzw. synoptischen Wissenschaften nennt er in seiner zitierten Arbeit die Allgemeine Systemtheorie, die von dem bedeutenden österreichisch-amerikanischen Biologen Ludwig von Bertalanffy (u.a. 1951) geschaffen worden ist. Systeme sind übergeordnete Ganze, deren Eigenschaften nicht mehr auf die ihrer Teile reduziert werden können. Nach der angeführten Theorie lassen sie sich aber in eine Hierarchie miteinander verknüpfter Elemente und daraus gebildeter Subsysteme strukturieren und im Hinblick auf die verschiedenartigen Beziehungen, die zwischen den Elementen bzw. deren Gruppen sowie zur Systemumwelt herrschen, untersuchen und erfassen. Diese Beziehungen können sehr unterschiedlicher Art sein; im Ingenieurwesen sind jedenfalls – wie dies Ulrich 1970 auch für die Betriebswirtschaftslehre tut – soziale, materielle, kommunikative und wertmäßige Zusammenhänge zu unterscheiden. Der Verfasser erblickt in dem Systemansatz daher auch eine Antwort auf das Verlangen von Klinkenberg, eine neue, eine sozusagen höhere Enzyklopädie zu entwickeln. Vgl. dazu auch Kapolyi 1987.

Die vorstehende Diskussion zum Charakter der Ingenieurwissenschaften sei durch eine Aussage von Theimer 1985 über die Bedeutung der Komplexität für die Struktur einer Wissenschaft abgeschlossen: *„Gemessen am Paradigma der exakten Naturwissenschaften nimmt die Wissenschaftlichkeit mit der Kompliziertheit der Substrate ab."* (Das hierbei als Maßstab genannte Paradigma der exakten Naturwissenschaften kann nach seinem allgemeinen Verständnis auch als die Forderung nach einer vollständigen Reduktion auf Physik und allenfalls Chemie und eine damit verbundene ebenso vollständige und exakte diesbezügliche Mathematisierung aufgefaßt werden.) Als Beispiele für seine Aussage nennt Theimer zwar nicht die Ingenieurwissenschaften, aber außer den Geisteswissenschaften auch die Naturwissenschaften selbst: *„Mit der Zunahme der Variablen werden auch in der Naturwissenschaft die Ergebnisse immer weniger exakt. Dies ist zum Beispiel in weiten Bereichen der Biologie der Fall".*

Die Aussage von Theimer gilt ebenso im Raum der Montanwissenschaften. Dem „Paradigma der exakten Naturwissenschaften" kommt nur eine partielle Gültigkeit zu. Zusätzlich bestehen eigenständige rationale Merkmale und Methoden. Diese sind für das Selbstverständnis der an der Montanuniversität vertretenen Ingenieurwissenschaften ebenso von Bedeutung wie die bereits diskutierte eigenständige Entwicklung.

## ZUM CHARAKTER DER MONTANWISSENSCHAFTEN

### FUNKTIONALE AUSRICHTUNG UND DAMIT SYNOPTISCHE STRUKTUR ALS TRADIERTE UND NOTWENDIGE MERKMALE

Der Gegenstand des Interesses, für den sich die Montanwissenschaften herausgebildet haben, ist die Urproduktion von weitgehend homogenen und definiert geformten Stoffen, die zur Deckung menschlicher Bedürfnisse geeignet sind, aus der inhomogen und ungleichmäßig ausgebildeten Erdkruste. Diese Urproduktion bildet gemeinsam mit derjenigen aus dem Pflanzen- und Tierreich die materiellen Grundlagen der menschlichen Zivilisation. Entsprechend ist sie fraglos eine wesentliche Funktion des menschlichen Zusammenlebens.

Die Bedeutung dieser Funktion ist der Grund dafür, daß sich die Montanwissenschaften schon sehr früh etablierten. Wie wir gesehen haben, waren sie als funktionales und damit synoptisch ausgerichtetes Fachgebiet bereits vor dem mit der Entwicklung der Naturwissenschaften verbundenen Aufkommen der methodologisch ausgerichteten technischen Wissenschaften entstanden.

Im Zuge ihrer weiteren Entfaltung sowie aus ihren Fragestellungen heraus haben die Montanwissenschaften ihrerseits sodann manche Beiträge zum Werden anderer Wissenschaften geleistet; dieser Hinweis sei nicht unterlassen. Zum Teil gelten sie sogar als „Wiege" verschiedener Disziplinen. Neben den Geowissenschaften betreffen ihre Einflüsse jedenfalls das Maschinenwesen. In diesen Zusammenhängen lassen sich viele Einzelbeispiele nennen. Dazu gehört die oben bereits genannte Geschichte der Dampfmaschine, die für Zwecke der Wasserhaltung im Bergbau begann und damit die Grundlage der industriellen Revolution schuf. Aber auch die Entwicklung der Wärmepumpe und ihrer Theorie für Zwecke des Salinenwesens durch den bedeutenden österreichischen Montanisten Franz von Rittinger möge genannt sein. Als weiteres Beispiel für Beiträge, welche aus der funktionalen Ausrichtung der Montanwissenschaften herrühren, sei auf die Erkenntnisse zu Klimaeinflüssen in tiefen Bergwerken verwiesen; deren arbeitsmedizinische Bedeutung reicht heute weit über den bergbaulichen Bereich hinaus.

Die funkionale und damit synoptische Ausrichtung, welche die Montanwissenschaften zur Zeit ihrer Etablierung bestimmte, hat sich ungeachtet der zwischenzeitlich eingetretenen „Verwissenschaftlichung" in weiten Bereichen bis zum heutigen Tag erhalten. Obgleich mit unterschiedlichen Gewichten stellt diese Ausrichtung daher auch gegenwärtig ein wesentliches Strukturmerkmal der an der Montanuniversität vertretenen Ingenieurdisziplinen dar. Dies wird auch in Zukunft aufrecht bleiben, da die Gründe für die bestehenden Strukturen nicht nur historischer Art sind, sondern vor allem auf sachlichen Notwendigkeiten beruhen.

Als historisch bedingt soll die Tradierung von Erkenntnissen und Erfahrungen genannt sein, die aus dem räumlichen Verbund bei der stufenweisen Entwicklung der einzelnen Disziplinen aus den ursprünglichen Bergwerkswissenschaften an den Montanhochschulen erwuchs. Eine entsprechende Prägung gilt für alle Studienrichtungen. Da sie sich in der Praxis bewährt hat, kann an sich bereits hieraus auf ihre Berechtigung geschlossen werden.

Die unabhängig davon sachlich bestehenden Gründe für die funktionale bzw. synoptische Ausrichtung der montanistischen Wissenschaften lassen sich in zwei Stufen angeben, die als unmittelbare und mittelbare Notwendigkeit bezeichnet werden mögen. Die unmittelbare Notwendigkeit trifft allerdings im strengen Sinne nur für die klassischen Bereiche der Montanwissenschaften zu, darunter vor allem für die „Bergseite". Die mittelbare Notwendigkeit gilt dagegen voll für alle Disziplinen.

Von den Montanwissenschaften sind die Bergbauwissenschaften unmittelbar auf die Nutzung der Erdkruste zum Zwecke der Urproduktion von mineralischen Rohstoffen bezogen. Dabei haben sie es – seit ihrer Entstehung unverändert und ebenso wie ihr naturwissenschaftlicher „Zwilling", die Geowissenschaften – mit sehr komplizierten naturgegebenen Verhältnissen zu tun, eben mit der aus allen drei Phasen der irdischen Materie inhomogen, anisotrop und diskontinuierlich aufgebauten Erdkruste und mit den in ihr herrschenden vielfältigen und elementaren Kräften.

Das bedeutet gleichzeitig, wie Baumgärtel 1965 bei den Schlußfolgerungen zu seiner umfassenden Arbeit „Vom Bergbüchlein zur Bergakademie" schrieb, daß viele der im Bergbau auftretenden Naturkräfte „infolge der komplizierten Bedingungen, unter denen sie wirksam werden, nicht ohne weiteres auf die zugrunde liegenden Gesetzmäßigkeiten zurückzuführen" sind und daß sie sich als „nicht einseitig von der mechanisch-quantitativen Seite her erfaßbar" erwiesen haben. Im Prinzip gilt dies unverändert. Zwar dürften die Gegebenheiten nicht an die Kompliziertheit von einigen Bereichen der Biologie heranreichen, sie sind aber gleichfalls außerordentlich komplex.

Demgemäß unterscheidet sich der Bergbau als Gegenstand der Bergbauwissenschaften auch maßgeblich von vielen gesellschaftlichen Aufgaben im Anschluß an die Urproduktion wie z.B. dem Verkehrswesen, der Fertigungsindustrie und dem Kommunikationswesen. In diesen Bereichen lassen sich bei einer systemanalytischen Betrachtung die technischen Vorgänge mit zulässiger Vereinfachung ausschließlich als Mensch-Maschine-System erachten, wie dies u.a. häufig in den Wirtschaftswissenschaften geschieht. Entsprechend sind es auch diese Bereiche, in denen die methodologischen Ingenieurdisziplinen eine primäre Stellung einnehmen; ihr Wesen liegt vor allem in der Bezugnahme auf maschinelle Vorgänge, mit deren zunehmender Anwendung sie sogar vielfach erst entstanden sind.

Demgegenüber stellt der Bergbau – ebenso wie die Landwirtschaft – jedenfalls ein Mensch/Maschine/Natur-System dar (vgl. Kapolyi 1987). Die Natur tritt im Bergbau dem Menschen in Gestalt der Lagerstätten und des diese umgebenden Gebirges sowie der damit verbundenen elementaren Naturkräfte gegenüber. Damit können mannigfache Schwierigkeiten und vor allem Gefahren verbunden sein, darunter insbesondere im Bergbau unter Tage.

Daraus erwächst aber auch der Zwang zu einem sehr umfassenden und damit anderen Ansatz der wissenschaftlichen Vorgangsweise, als er in manchen sonstigen Bereichen der Technik angewendet wird: Um Gebirge und Lagerstätten für die Zwecke der Urproduktion optimal kontrollieren und vor allem um die damit verbundenen Gefahren beherrschen zu können, ist unabdingbar der kombinierte Einsatz aller dafür geeigneter und verfügbarer Mittel und Methoden nötig, unabhängig von deren Verhältnis zum „Paradigma der exakten Naturwissenschaften". Darin besteht die ureigenste fachspezifische Methodik des Bergbaus. Die sich hieraus ergebende funktionale und synoptische Struktur der Bergbauwissenschaften ist somit unverändert eine zwingende, da von der Sache gebotene Notwendigkeit.

Die vorstehend für den Bergbau genannten Bedingungen treffen weitgehend für alle Arbeiten in der Erdkruste zu. Für das umfassendere Fachgebiet der Geoingenieurwissenschaften gelten folglich auch die gleichen Schlußfolgerungen wie für das Bergfach.

Ein aus der Urproduktion erwachsender Bezug auf komplexe Naturgegebenheiten liegt darüber hinaus aber auch noch bei den Wissenschaften des Hüttenwesens und des Gesteinshüttenwesens vor, obgleich das damit verknüpfte Gefahrenmoment beträchtlich geringer ist als bei den Eingriffen in die Erdkruste. Auch die Produkte der Mineralrohstoffgewinnung, deren Verarbeitung zu Grund- und Werkstoffen das Arbeitsgebiet der hüttenmännischen Disziplinen bildet, weisen jedenfalls noch eine von der Natur bestimmte weit variierende Beschaffenheit auf. Ähnlich wie bei den Bergbauwissenschaften ist daher prinzipiell auch hier ein möglichst umfassender, d.h. funktionaler Ansatz erforderlich, um die vorliegenden Probleme lösen zu können. Nicht zuletzt auch darin begründet sich die Notwendigkeit der genannten Disziplinen als eigenständige Wissenschaftsgebiete.

Der zweite, d.h. mittelbare sachliche Grund dafür, daß die gegebene funktionale und synoptische Struktur der Montanwissenschaften nicht nur historisch entstanden ist, sondern auch gegenwärtig und zukünftig eine Notwendigkeit darstellt, ist vor allem eine Konsequenz der zunehmenden Bedeutung des Umweltschutzes als Folge der zivilisatorischen Entwicklung auf der Erde und der hieraus erwachsenden globalen Fährnisse. Fraglos ist das Montanwesen in allen seinen Sparten mit Eingriffen in die Umwelt verbunden. Die damit verbundenen Gefahren für die Umwelt sind mittelbar durchaus auch solche für die auslösenden Wirtschaftszweige und für die in ihnen beschäftigten Menschen. Sie müssen entsprechend in gleicher Weise, d.h. unter Einsatz aller möglichen Mittel und Methoden, beherrscht werden wie allfällige unmittelbare Bedrohungen. Daher tritt auch gleichberechtigt zu dem Verlangen nach wirtschaftlichem Nutzen und nach unmittelbarer Sicherheit von Menschen und Sachen bei allen Produktionsprozessen des Montanwesens als drittes Leitprinzip die Forderung nach einer Minimierung der Umweltbeeinflussungen (vgl. Fettweis, Lechner und Schmidt 1988).

In Übereinstimmung damit erfüllt die funktionale Struktur der Montanwissenschaften bereits die moderne Forderung nach einer stärker generalistisch und systemanalytisch strukturierten und entsprechend breiter gefächerten akademischen Berufsvorbildung, wie sie in der jüngeren Vergangenheit im Hinblick auf eine Reform der Studien an den Technischen Universitäten in Österreich diskutiert worden ist. Dabei wird insbesondere der Einbau „nicht fachlicher" Gegenstände in die Technikstudien verlangt, um eine bessere Berufsvorbildung der Ingenieure im Hinblick auf allgemeine gesellschaftliche Zusammenhänge zu erreichen.

Zu der Notwendigkeit einer entsprechenden Gestaltung der Studien an Technischen Universitäten, seien sie „industriezweigspezifisch" oder „speziell" ausgerichtet, ist hier nicht Stellung zu nehmen. Für die Studien der an der Montanuniversität vertretenen Ingenieurwissenschaften ist diese Gestaltung jedenfalls existent.

Bezogen auf sein engeres Fachgebiet hat der Verfasser daher auch in seinem bereits genannten Aufsatz 1975 die These vertreten und begründet, daß der moderne Systemansatz den Bergbauwissenschaften bereits seit ihrer Entstehung immanent war und daß gilt: „*Enge Verknüpfung von Theorie und Praxis, umfassende Betrachtung des Stoffes von allen maßgeblichen Seiten, Betonung der Generalisierung statt der Spezialisierung, Unterordnung der Methoden unter die Funktionen, Bergbau als Aufgabe, das ‚gewußt warum und wozu', kurz Gesichtspunkte, die in moderner Ausdrucksweise unter dem ‚Systemaspekt' begriffen werden können, sind heute wie vor mehr als 200 Jahren Kriterien der Ausbildung von Bergingenieuren.*"

Bemerkenswerterweise wird der funktionale und damit synoptische und interdisziplinäre Ansatz auch für das neu formierte übergreifende Wissenschaftsgebiet der Materialingenieurwissenschaften gefordert und entsprechend gepflegt. In der bereits zitierten Enzyklopädie (vgl. Bever 1986) heißt es einleitend hierzu: „*Materials science and engineering ... ranges from scientific fundamentals to engineering applications and includes the economic and humanistic aspects of materials productions and consumption.*" Insbesondere wird im Hinblick auf die Umweltbewegung verlangt „*to consider such societal concerns as materials conservation and the impacts of materials production and consumption on energy supplies, health, safety and the environment.*"

Die gegebene Ausrichtung der montanistischen Wissenschaften genügt folglich nicht zuletzt auch einschlägigen Darlegungen von Bruckmann 1988 in „Megatrends für Österreich, Wege in die Zukunft". Hiernach verlangt die zunehmende Verflechtung weltumspannender Probleme in Umwelt und Gesellschaft keine Spezialisten, sondern Generalisten. Entsprechend kommt „der Vater der modernen Politikwissenschaft, der Altösterreicher Karl Deutsch" mit folgendem Zitat zu Wort: „*Was unsere Zeit braucht sind ‚Zusammenhangwissenschaften' und ‚Zusammenhangwissenschafter'*".

Selbstverständlich beeinträchtigen die dargelegten für die Montanwissenschaften gegebenen Sachverhalte in keiner Weise die im wissenschaftlichen Leben stets geltende Notwendigkeit, weitere Verbesserungen anzustreben. Einschlägige Anregungen dafür vermögen u.a. die Gesichtspunkte des in den USA entwickelten Industrial Engineering zu vermitteln.

Eine den Montanwissenschaften vergleichbare funktionale und synoptische Ausrichtung besitzen im übrigen – wie abschließend zu diesem Merkmal vermerkt sei – auch die auf die Urproduktion aus dem Pflanzen- und Tierreich bezogenen Agrarwissenschaften. In der Tat ist die Verwandtschaft zwischen vielen Disziplinen des Montanwesens und des Agrarwesens enger als diejenige, die zwischen ihnen und den übrigen Ingenieurwissenschaften besteht. Demgemäß gab es in der Vergangenheit in Ungarn eine gemeinsame Ausbildungsstätte für die zwei Fachgebiete der Urproduktion, die zur Berg- und Forstakademie weiterentwickelte Hochschule in Schemnitz und später in Ödenburg/Sopron. Entsprechend hatte auch die zu Beginn der 70er Jahre des vorigen Jahrhunderts bestehende Absicht, die Bergakademie Leoben mit der Hochschule für Bodenkultur zu einer „Hochschule für Urproduktion" in Wien zusammenzufassen, ebenso gute Gründe wie der durch Lehrveranstaltungen bereits vollzogene Beginn einer Ausbildung für Holzverarbeitung und Papiererzeugung an der Montanistischen Hochschule Leoben in den Studienjahren 1937/38 und 1938/39. Bei letzterem spielte aber sicher auch der mit dem Hüttenwesen gemeinsame Materialbezug eine Rolle.

## ERDKRUSTENBEZUG UND MATERIALBEZUG ALS WESENSBESTIMMENDE MERKMALE

Allgemein sind Wissenschaften das Ergebnis von Auseinandersetzungen des Menschen mit der Natur und mit seinem eigenen Dasein und Wirken. Im Falle der Natur- und der Ingenieurwissenschaften sind dabei Naturbetrachtungen zum Zwecke der Erkenntnis ebenso im Spiel wie die von Interessen geleitete Befassung mit Produktionsvorgängen. Die Montanwissenschaften beruhen auf der Befassung des Menschen mit der Natur und mit seiner eigenen Arbeit bei den Produktionsprozessen des Montanwesens. Ihr Wesen leitet sich folglich auch hieraus ab.

Als Einstieg in eine Erörterung der diesbezüglichen Merkmale der montanistischen Wissenschaften sei auf Bild 6 verwiesen (Czichos 1989). Im zugehörigen Text heißt es: *„Der Weg der Werkstoffe vom Rohstoff zum technischen Produkt wird nach dem im Bild vereinfacht dargestellten ‚Materialkreislauf' im wesentlichen durch folgende Technologien geprägt:*

*– Rohstofftechnologien: Gewinnung von Rohstoffen aus den Bodenschätzen und Vorräten der Erde.*

*– Werkstofftechnologien: Umwandlung von Rohstoffen in Werkstoffe und Halbzeuge.*

*– Konstruktions- und Fertigungstechnologien: Entwicklung und Fabrikation von Bauteilen und technischen Produkten".*

Das Bild zeigt zusätzlich auch das Schließen des Kreislaufes durch „technische Funktion, Betrieb", „Recycling" und „Deponierung". Bemerkenswert ist ferner die Zuordnung der Fördertechnik – einem Kerngebiet auch des Montanmaschinenwesens – zu den Rohstofftechnologien.

Mit geringfügigen Abwandlungen entsprechen die „Rohstofftechnologien" den „Bergbauwissenschaften" bzw. „Geoingenieurwissenschaften" und die „Werkstofftechnologien" den „Materialingenieurwissenschaften" in dem in dieser Arbeit vorgestellten Verständnis. In Übereinstimmung damit ist es zweckmäßig, auch nachstehend die zwei „Seiten" der Montanwissenschaften nacheinander zu erörtern.

Wie das Bild 6 durch die Darstellung der Erde im Materialkreislauf verdeutlicht und wie auch schon im vorhergehenden Abschnitt angeführt, besitzen von den montanistischen Disziplinen die Bergbauwissenschaften den engsten Kontakt zur Natur. Sie befassen sich mit der Urproduktion durch den Betrieb von Bergwerken. Bergwerke sind Transformationssysteme, mit denen aus natürlichen Lagerstätten mineralischer Rohstoffe in der Erdkruste nutzbare Roh- und Grundstoffe urproduziert werden.

Unmittelbar gelten als Lagerstätten zwar vielfach nur die geologischen Körper, in denen die mineralischen Rohstoffe mehr oder weniger angereichert vorhanden sind (vgl. Bild 7); mit den Lagerstättenkörpern untrennbar verbunden ist aber auch ihr Nebengebirge, soweit es für den Bergbau von Belang ist. In diesem Sinne schließen die Lagerstätten die Gesamtheit der an ihren Komplex geknüpften elementaren Bedingungen ein, wozu insbesondere diejenigen im Hinblick auf Gesteinsvariabilität, Gebirgsdruck, Wasser, Gase und Temperaturen zählen. Ungeachtet ihrer Verschiedenartigkeit stellen die Lagerstätten damit eine Gegebenheit der Natur von eigener Art dar, zwar nicht abstrakt wie die Naturgesetze, sondern materiell-konkret, aber auf jeden Fall sehr spezifisch. (Vgl. Fettweis 1990).

Welche Bedeutung den Lagerstättengegebenheiten für den Betrieb von Bergwerken zukommt, geht schon aus Ausführungen von Agricola 1556 hervor. Mit Ausnahme des Krieges sind alle Ursachen, die er in seinem 6. Buch für die Betriebseinstellung von Bergwerken – und damit als existentiell für den Bergbau – nennt, ausschließlich Erscheinungen der Lagerstätte und ihres Nebengebirges: „kein Erz mehr" mit zunehmender Teufe, also Unbauwürdigkeit; „starker Wasserzufluß"; „die bösen Wetter" und „auftretende Schwaden"; „der Zusammenbruch des Berges"; und auch „der fürchterliche und verderbliche Berggeist", der wohl für damals unerklärbare Gebirgserscheinungen steht. Vier Jahrhunderte später formulieren die Freiberger Bergbaukundler Jendersie und Dietze 1970 in einer Arbeit über moderne Bergbautechnologie: *„Das entscheidende Kriterium für die Gestaltung der bergbaulichen Prozesse ist der Arbeitsgegenstand, die Lagerstätte, die sich nach*

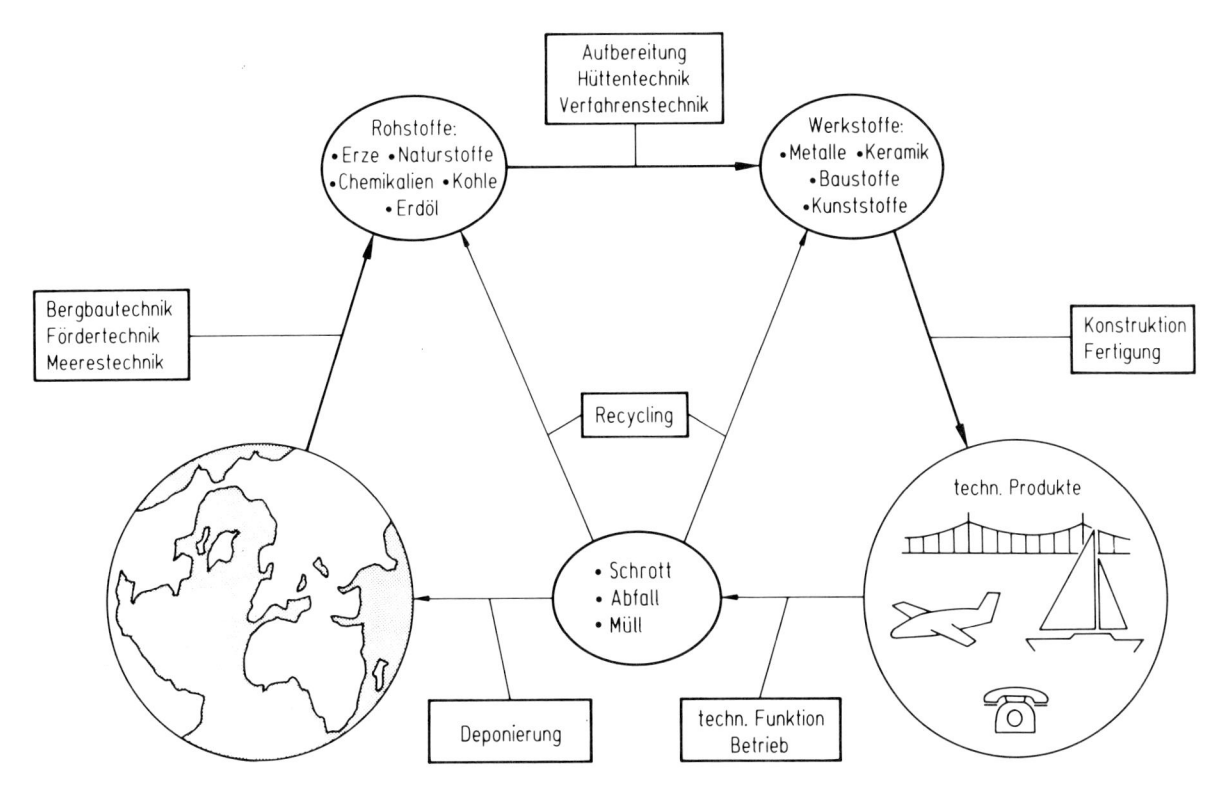

Bild 6: Der Materialkreislauf. Quelle: Czichos, H. (Hrsg.): Hütte – Die Grundlagen der Ingenieurwissenschaften. Springer-Verlag Berlin, Heidelberg 1989. Entnommen dem Report: Materials and man's needs: Materials science and engineering. Washington: National Academy of Sciences 1974.

*geologischen und geotechnischen Parametern verschieden auf die Effektivität auswirkt. So bedeutet die bergbauliche Tätigkeit eine ständige Auseinandersetzung mit den von der Natur sehr unterschiedlich ausgebildeten Konzentrationen mineralischer Rohstoffe."*

Für unsere Darlegung ist es des weiteren von Belang, daß die Nutzung der Naturerscheinung von Lagerstätten durch den Menschen und ihre wissenschaftliche Bearbeitung fraglos auf die gleichen Motive zurückgehen und ebenso eine Grundlage der Zivilisation bilden wie die technische Nutzung der von den Naturwissenschaften erkannten abstrakten Naturphänomene mit Hilfe der methodologischen Ingenieurdisziplinen.

Folglich ist es aber auch berechtigt, die nachstehende Aussage zu treffen: Die Bergbauwissenschaften dienen der technisch-wirtschaftlichen Verwertung des Naturphänomens der Lagerstätten mineralischer Rohstoffe in der Erdkruste. Diese geschieht zwar in einer eigenständigen synoptischen Weise, ist aber dem Bemühen um die Nutzung von Naturgesetzen in den methodologischen Technikdisziplinen gleichzusetzen. Wie diese Disziplinen beziehen sich somit auch die Bergbauwissenschaften auf die ingenieurmäßige Nutzbarmachung einer bestimmten und einzigartigen Naturerscheinung. (Vgl. Fettweis 1988, 1989).

In diesem Lagerstättenbezug ist nach der gesamten beruflichen Lebenserfahrung des Verfassers in der Tat das wichtigste Merkmal der Bergbauwissenschaften zu erblicken. In unveränderlich gültiger Weise hat dies an sich schon Delius 1773 bei der Definition seines Wissenschaftsgebietes dargelegt:

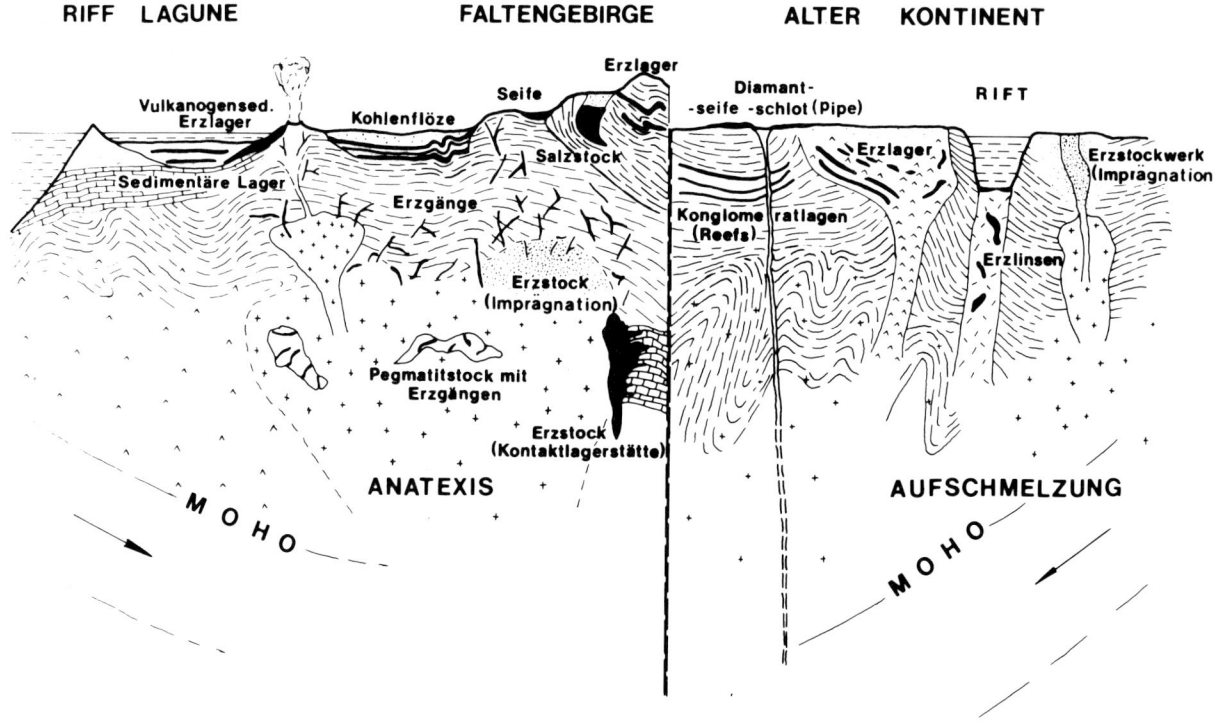

Bild 7: Vereinfachte Darstellung der Lagerstättenformen nach W. Siegl (Fettweis 1983).

„*Die Bergbaukunst ist eine Wissenschaft, die Lagerstätte der Metalle und Mineralien in der Tiefe der Gebirge zu erforschen, solche vorteilhaft, sicher und wirtschaftlich zu gewinnen und herauszubringen, und die dabei vorkommenden Hindernisse auf die Seite zu räumen*". Dies wird auch in Zukunft gelten.

In den übrigen Bereichen der Geoingenieurwissenschaften tritt an die Stelle der Lagerstätten der jeweils in anderer als bergbaulicher Weise zu nutzende Teil der Erdkruste. Demzufolge ist es auch berechtigt, für das Gesamtgebiet der Geoingenieurwissenschaften den Erdkrustenbezug in gleicher Weise herauszustellen wie den Lagerstättenbezug für die Bergbauwissenschaften. Dies betrifft insbesondere auch die Aufgabe der Deponierung gemäß Bild 6 und damit das Schließen des Materialkreislaufes.

Bei den Materialingenieurwissenschaften nehmen die Stoffe (vgl. Bild 8) die Stelle ein, welche die Lagerstätten bzw. die Erdkruste in den Geoingenieurwissenschaften besitzen. Zur Kennzeichnung des Bezuges möge noch einmal die vorstehend bereits genannte Enzyklopädie zitiert werden: „*In the context of materials science and engineering the term ‚materials' designates physical matter used by man in creating structures, vehicles, machines, devices, works of art and other objects ... the media in which ‚the forces of nature' are contained, created, manipulated and displayed*". (Vgl. Bever 1986). Vor allem die vorstehend letztgenannte Sentenz zeigt deutlich die fundamentale Stellung, die den Stoffen in der Natur und in der Technik zukommt, und damit das Erfordernis von hierauf bezogenen Ingenieurwissenschaften.

Der dargelegte Materialbezug gilt sowohl für die stärker verfahrenstechnisch ausgerichteten Wissenschaftsbereiche des Hüttenwesens, des Gesteinshüttenwesens und der Kunststofftechnik – d. h. für die eigentlichen „Werkstofftechnologien" im Sinne des obigen Zitates aus der „Hütte" – als auch für die dazu interdisziplinären Werkstoffwissenschaften. Das Hüttenwesen ist dabei den Metallen zugeordnet, sodaß es aufgrund jüngster Beschlüsse in Zukunft auch als „Metallurgie" bezeichnet werden soll. Das Gesteinshüttenwesen bildet die Verfahrenstechnik für die Erarbeitung der keramischen Werkstoffe. Die Kunststofftechnik befaßt sich mit den makromolekularen Werkstoffen und ist nicht nur eine Werkstoff-, sondern auch eine einschlägige Fertigungstechnologie. Bei den Werkstoffwissenschaften liegt das Schwergewicht mehr auf der physikalischen als auf der technologischen Seite. Im Hinblick auf die Bedeutung des Materialbezugs und die dabei vorliegenden Gegebenheiten bzw. Zusammenhänge lassen sich im übrigen für jede der Materialingenieurwissenschaften gleichartige Aussagen treffen wie im Falle der Geoingenieurwissenschaften bezüglich des Lagerstätten- bzw. Erdkrustenbezugs.

Unabhängig hiervon kann die Bedeutung der Werkstoffe und damit auch diejenige der Wissenschaften von ihrer Erarbeitung – einschließlich des Recycling –, von ihren physikalischen, physikalisch-chemischen und technisch-wirtschaftlichen Eigenschaften sowie von ihren Nutzungsmöglichkeiten nicht hoch genug eingeschätzt werden. Mit der Verwendung von Stoffen für technische Zwecke beginnt die menschliche Zivilisation, was sich zu Recht auch in der Bezeichnung ihrer frühen Stufen als Steinzeit, Bronzezeit, Eisenzeit ausdrückt. Vor allem aber gilt, daß auch das Fortbestehen dieser Zivilisation, d.h. die Lösung der globalen heutigen und zukünftigen Probleme der menschlichen Gesellschaft, ausschlaggebend davon abhängen wird, daß die für das Leben der Menschen bestgeeigneten Werkstoffe zur Verfügung stehen und richtig genutzt werden können.

## SCHLUSSBEMERKUNGEN

Geoingenieurwissenschaften und Materialingenieurwissenschaften sowie das zugehörige Montanmaschinenwesen bilden die an der Montanuniver-

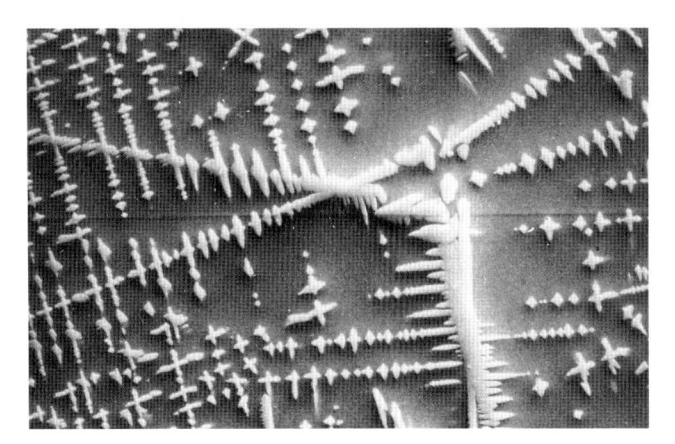

Bild 8: $BaTiO_3$ Dendriten in einer Glaskeramik. Rasterelektronenmikroskopische Aufnahme, 2000 x. Foto: A. Mayer.

sität vertretenen Ingenieurwissenschaften. Sie sind aus historischen und sachlichen Gründen eng miteinander verknüpft. Ihr Selbstverständnis beruht auf eigenständigen Merkmalen, mit denen sie sich deutlich von anderen Disziplinen technischer Richtung unterscheiden.

Dies betrifft

– ihre frühe und unabhängige Entwicklung als Montanwissenschaften,

– ihre notwendig funktionale und damit synoptische Ausrichtung,

– ihre Bezugnahme auf die Nutzung der Erdkruste – soweit sie unbelebt ist – und der aus ihr gewonnenen Stoffe als Grundlage der menschlichen Zivilisation.

Die österreichische Unterrichtsverwaltung kann für sich in Anspruch nehmen, den ersten Schritt für die akademische Behandlung des betrachteten Fachgebietes gesetzt zu haben. Dies geschah mit der Errichtung einer Professur für die „gesamten Bergwerkswissenschaften" – wie damals der Oberbegriff für das Berg- und Hüttenwesen hieß – an der Universität Prag im Jahre 1762. Die seither international abgelaufene wissenschaftliche Entwicklung des ursprünglichen Faches bis zum gegenwärtigen Stand der montanistischen Disziplinen ist in den vergangenen 150 Jahren von der heutigen Montanuniversität mitbestimmt worden. Dazu hat maßgeblich die spezifische, d.h. den gegebenen Fachbesonderheiten angepaßte, Behandlung beigetragen, welche die

Leobener Hochschule seit ihrer Errichtung vom Gesetzgeber und von der Unterrichtsverwaltung erfahren hat; die Unterrichtsverwaltung war bis 1934 sogar ressortmäßig von derjenigen des übrigen Hochschulwesens getrennt, sie lag bei der obersten Instanz der Bergbehörde.

Heute kommt der vorstehend angesprochene Sachverhalt in der Existenz eines eigenen Bundesgesetzes über montanistische Studienrichtungen und der darauf aufbauenden spezifischen Betreuung durch das Bundesministerium für Wissenschaft und Forschung zum Ausdruck. Dies gewährleistet gleichzeitig die besten Voraussetzungen für eine weitere ersprießliche Entwicklung der an der Montanuniversität Leoben vertretenen Ingenieurwissenschaften. Auch in Zukunft gelte für diese Entwicklung der alte montanistische Gruß und Wunsch, der das Portal der Universität Leoben ziert: Glückauf!

## ANMERKUNGEN

Agricola, G.: De re metallica libri XII. Basel 1556. Vgl. auch die deutschen Übersetzungen: Vom Bergkwerck 12 Bücher, Basel 1557; Vom Berg- und Hüttenwesen, Deutscher Taschenbuch Verlag, München 1977.

Akademische Druck- und Verlagsanstalt Graz in Coedition mit dem Verlag Glückauf Essen: Schwazer Bergbuch, Faksimile-Ausgabe der Handschrift Codex 10.852 aus dem Besitz der Österreichischen Nationalbibliothek, Wien. Graz 1988.

Aubell, F.: Die Lehrkanzel für Feldmeß- und Markscheidekunde. In: Friedrich, O. M. und F. Perz (Schriftltg.): Die Montanistische Hochschule Leoben 1849–1949. Springer Verlag, Wien 1949. Seite 110–116.

Baumgärtel, H.: Vom Bergbüchlein zur Bergakademie, Zur Entstehung der Bergbauwissenschaften zwischen 1500 und 1770. Freiberger Forschungshefte D 50 (1965).

Baumgärtel, H.: Abraham Gottlob Werner als Lehrer und Forscher auf dem Gebiet des Bergbaus. Freiberger Forschungshefte C 223 (1967), Seite 149–156.

Baumgärtel, H. und E. Wächtler: Probleme der Periodisierung der Geschichte der Montanwissenschaften. Freiberger Forschungshefte D 48 (1965), Seite 37–52.

Bertalanffy, L.v.: General Systems Theory, A New Approach to Unity of Science. Human Biology 23 (1951), Seite 303–361.

Bever, M. B. (Ed.): Encyclopedia of Materials Science and Engineering, Vol. 1. Pergamon Press, Oxford – New York 1986.

Brand, H.: Technikwissenschaft – was ist das? In: Festschrift der Friedrich-Alexander-Universität Erlangen-Nürnberg zum 20jährigen Jubiläum der Technischen Fakultät. Erlangen 1986. Seite 12–15.

Bruckmann, G.: Megatrends für Österreich – Wege in die Zukunft. Verlag Carl Ueberreuter, Wien 1988.

Delius, C. T.: Anleitung zu der Bergbaukunst. Wien 1773.

Czichos, H. (Hrsg.): Hütte – Die Grundlagen der Ingenieurwissenschaften. Springer Verlag, Berlin, Heidelberg 1989.

Fettweis, G. B.: Aufgaben und Probleme der Leobener Hochschule. Berg- und Hüttenmännische Monatshefte 115 (1970), Seite 22–31. (1970 a).

Fettweis, G. B.: 1. Leobener Kunststofftagung. Berg- und Hüttenmännische Monatshefte 115 (1970), Seite 61–62. (1970 b).

Fettweis, G. B.: Zu den Erweiterungsbauten und zum Ausbau der Montanistischen Hochschule. Berg- und Hüttenmännische Monatshefte 115 (1970), Seite 81–85. (1970 c).

Fettweis, G. B.: Die Montanistische Hochschule in den Studienjahren 1968/69 und 1969/70. Berg- und Hüttenmännische Monatshefte 116 (1971), Seite 29–34.

Fettweis, G. B.: Zum Systemaspekt in den Bergbauwissenschaften. In: Bergbauüberlieferungen und Bergbauprobleme in Österreich und seinem Umkreis, Festschrift für Franz Kirnbauer. Veröffentlichungen des Österreichischen Museums für Volkskunde, Band XVI. Wien 1975. Seite 65–71.

Fettweis, G. B.: Beiträge der Bergbauwissenschaften zur Lösung der Rohstoffprobleme. Berg- und Hüttenmännische Monatshefte 122 (1977), Seite 111–112.

Fettweis, G. B.: Zusammenhänge und technische Entwicklungen bei der Verfügbarkeit mineralischer Rohstoffe – Übersicht unter Berücksichtigung einschlägiger Leobener Arbeiten. Sitzungsberichte der Österreichischen Akademie der Wissenschaften, Mathematisch-naturwissenschaftliche Klasse, Abt. I., 192. Band, 5. bis 10. Heft. Springer Verlag, Wien/New York 1983. Seite 141–166.

Fettweis, G. B.: Gedanken zur Bergbaukunde als wissenschaftliches Fach. Publications of the Technical University for Heavy Industry, Miskolc, Series A (Mining) 44 (1988), Seite 125–147.

Fettweis, G. B.: Die wissenschaftlichen Grundlagen des Bergfachs. Berg- und Hüttenmännische Monatshefte 134 (1989), Seite 373–376.

Fettweis, G. B.: Der Produktionsfaktor Lagerstätte. In: Wahl, S.v. (Hrsg.): Bergwirtschaft, Band 1. Verlag Glückauf, Essen 1990. Ca. 160 S. In Druck.

Fettweis, G. B. und G. Hamann (Hrsg.): Über Ignaz von Born und die „Societät der Bergbaukunde". Verlag der Österreichischen Akademie der Wissenschaften, Wien 1989.

Fettweis, G. B., E. M. Lechner und W. J. Schmidt: Leitlinien der Entwicklung im Bergbau auf feste mineralische Rohstoffe. In: Fettweis, G. B., F. Weber und A. Weiß (Hrsg.): Bergbau im Wandel. Akademische Druck- und Verlagsanstalt Graz und Verlag Glückauf, Essen, 1988.

Gesellschaft von Freunden der Leobener Hochschule (Hrsg.): Rohstoffingenieure – Werkstoffingenieure – Zukunftsingenieure, Montanistische Hochschule Leoben. Leoben 1970.

Gräser, H. J.: Einige Fragen der Herausbildung und Entwicklung von Spezialdisziplinen im Bereich der Montanwissenschaften. Rostocker Wissenschaftshistorische Manuskripte 1 (1978) Seite 117–123.

Guntau, M.: Zur Herausbildung der Geologie als naturwissenschaftliche Disziplin am Ende des 18. Jahrhunderts. Rostocker wissenschaftshistorische Manuskripte 2 (1978), Seite 87–89.

Guntau, M.: Die Genesis der Geologie als Wissenschaft. Akademie-Verlag, Berlin 1984.

Jantsch, E.: Integrierende Planung für die vereinten Systeme Gesellschaft und Technik – Die neue Rolle der Universität, Untersuchung neuer Aspekte für die Zukunft der amerikanischen Universität, insbesondere des Massachusetts Institute of Technology. IBB-Bulletin Bildungsforschung, Entwicklungshilfe 4 (1969/70), Seite 6–46.

Jeglitsch, F. und K. Logar: Von der steiermärkisch ständischen Montanlehranstalt in Vordernberg zur Montanistischen Hochschule in Leoben, Wortlaut einer Sendung der Reihe „Spektrum Austriae" des Österreichischen Rundfunks, 1. Programm, 12.8.1970. Herausgegeben von der Gesellschaft von Freunden der Leobener Hochschule, Leoben 1972.

Jendersie, H. und W. Dietze: Moderne Bergbautechnologie und Probleme ihrer optimalen Auslastung. Bergakademie 22 (1970), Seite 446–452.

Kapolyi, L.: Mineral Resources: A System Analytical and Funktional Approach. Springer-Verlag, Wien, New York 1987.

Kirnbauer, F.: Kerns Abhandlung vom Bergbau. Leobener Grüne Hefte 100. Montan-Verlag, Wien 1973.

Klinkenberg, H. M.: Die Bergbauwissenschaften und die Aachener Bergbauabteilung. In: 100 Jahre Fachabteilung für Bergbau, Technische Hochschule Aachen. Aachen 1981. Seite 41–57.

Kupelwieser: Geschichte der k.k. Berg-Akademie in Leoben. In: Denkschrift zur 50jährigen Jubelfeier der k.k. Berg-Akademie in Leoben 1840–1890. Leoben 1890.

Mühlfriedel, W. und M. Guntau: Abraham Gottlob Werners Wirken für die Wissenschaft und sein Verhältnis zu den geistigen Strömungen des 18. Jahrhunderts. Freiberger Forschungshefte C 223 (1967), Seite 9–46.

Peithner, T.: Grundriß Sammentlicher Metallurgischer Wissenschaften. Prag 1768.

Rülein v. Calw, U.: Eyn wohlgeordent und nützlich Büchlin wie man Bergwerck suchen un finden sol, von allerley Metall, mit seinen figuren, nach gelegenhey deß gebirgs artlich angezeygt. Mit anhangenden Bercknamen den anfahenden bergleuten vast dinstlich. Faksimiledruck, Hochschulveröffentlichung der Bergakademie Freiberg. Ohne Jahresangabe.

Rumpf, H.: Gedanken zur Wissenschaftstheorie der Technikwissenschaften, VDI-Zeitschrift 111 (1969), Seite 2–10.

Schenk, G. W.: 200 jähriges Jubiläum der ersten bergwissenschaftlichen Hochschulvorlesungen der Welt. Anschnitt 6 (1963), Seite 14–22.

Seibold, E.: Geologie verhindert den Fall ins Bodenlose – ihre Aufgaben in unserer Zeit. Wissenschaftsmagazin der Technischen Universität Berlin, Heft 11 (1988), Seite 5–8.

Sennewald, R.: Bergbaukunde und industrielle Revolution, Fragen des Zusammenhangs von technischem und wissenschaftlichem Fortschritt. Freiberger Forschungshefte D 183 (1988), Seite 29–97.

Suhling, L.: Bergbau und Hüttenwesen in Mitteleuropa zur Agricola-Zeit. In: Anhang zu Georg Agricola: Zwölf Bücher vom Berg- und Hüttenwesen. Deutscher Taschenbuch Verlag, München 1977. Seite 570–584.

Tarczy-Hornoch, A.: Zu den Anfängen des höheren bergtechnischen Unterrichts in Mitteleuropa. Berg- und Hüttenmännische Monatshefte 89 (1941), Seite 16–22, 33–37, 49–51.

Theimer, W.: Was ist Wissenschaft? Praktische Wissenschaftslehre. Francke Verlag, Tübingen 1985.

Timm, A.: Bergbau und Wissenschaft – ihre wechselseitige Beeinflussung zwischen dem 16. und 19. Jahrhundert. In: Vortragsreihe der Gesellschaft für westfälische Wirtschaftsgeschichte Nr. 18 (1973), Seite 21–32.

Tunner, P.: Ist eine montanistische Lehranstalt für Innerösterreich Bedürfnis, und wenn sie es ist, wie soll selbe organisiert seyn? In: Die steiermärkisch-ständische montanistische Lehranstalt in Vordernberg, Ein Jahrbuch für den innerösterreichischen Berg- und Hüttenmann 1 (1842), Seite 15–35.

Ulrich, H.: Die Unternehmung als produktives soziales System. Verlag Paul Haupt, Bern und Stuttgart 1970.

Wagenbreth, O.: Wechselwirkungen zwischen Geologie und Montanwissenschaften im Prozeß ihrer Enstehung (13.–19. Jahrhundert in Mitteleuropa). Dresdener Beiträge zur Geschichte der Technikwissenschaften 1 (1980), Seite 73–98.

Wagenbreth, O.: Zum Problem der historischen Periodisierung von Technikwissenschaften am Beispiel der Montanwissenschaften. Aktuelle Fragen der marx.-lenin. Wissenschaftstheorie 5 (1981) (Bergakademie Freiberg, Erstes Agricolakolloquium), Seite 63–68.

Wagenbreth, O.: Lomonossow und die Herausbildung der Grubenwetterlehre als Spezialdisziplin der Montanwissenschaften. Freiberger Forschungshefte D 157 (1983), Seite 69–110. (1983 a).

Wagenbreth, O.: Zum Verhältnis von Naturwissenschaft und Technikwissenschaft–wissenschaftssystematische und wissenschaftshistorische Überlegungen. Wissenschaftswissenschaftliche Beiträge der Humboldt Universität Berlin (Sektion Wissenschaftstheorie und -organisation) 16 (1983), Seite 137–157. (1983 b).

Wagenbreth, O.: Die Entwicklung der Bergmaschinentechnik und ihr Einmünden in das wissenschaftliche Maschinenwesen. Dresdener Beiträge zur Geschichte der Technikwissenschaften 8 (1984), Seite 40–50.

Wagenbreth, O.: Die Herausbildung der Montanwissenschaften und ihre Differenzierung zu Spezialdisziplinen. In: Sonnemann, R. und K. Klug (Hrsg.): Technik und Technikwissenschaften in der Geschichte. VEB Deutscher Verlag der Wissenschaften, Berlin 1987. Seite 297–302. (1987 a).

Wagenbreth, O.: Technisches Wissen im Montanwesen vom 12. Jahrhundert an und die Herausbildung der Montanwissenschaften im 16. Jahrhundert. In: Beiträge zur Wissenschaftsgeschichte, Wissenschaft in Mittelalter und Renaissance. Berlin 1987. Seite 175–204. (1987 b).

Wagenbreth, O.: Die Herausbildung der bergmännischen Gebirgsmechanik als Spezialdisziplin der Montanwissenschaften. Freiberger Forschungshefte D 183 (1988), Seite 98–139.

Walzel, R.: 100 Jahre Montanistische Hochschule Leoben. In : Friedrich O. M. und F. Perz (Schriftltg.): Die Montanistische Hochschule Leoben 1849–1949. Springer Verlag, Wien 1949. Seite 1–23.

Walzel, R.: Zur Gründung der Montanistischen Hochschule vor 125 Jahren. In: Montanistische Hochschule 1840–1965. Verlag des Notrings der wissenschaftlichen Verbände Österreichs, Wien 1965. Seite 5–8.

# Vom Bergkurs zum Studium der Geoingenieurwissenschaften

## Zur Entwicklung der erdkrustenbezogenen Lehre an der Montanuniversität Leoben

Günter B. FETTWEIS

### ZUM BERGKURS BEI PETER TUNNER

Von 1840 bis 1874 war es das erklärte und damit normale Ziel der zunächst in Vordernberg (Bild 1) und dann ab 1849 in Leoben angesiedelten „Montanlehranstalt", ihre Absolventen sowohl im Bergwesen als auch im Hüttenwesen auszubilden. Dieser Abschluß war die Voraussetzung für den Eintritt in den Staatsdienst und blieb auch nach der planmäßigen Trennung der Studien noch längere Zeit üblich.

Ungeachtet dessen wurden jedoch die beiden Wissenschaftsgebiete von Beginn an getrennt vorgetragen, d.h. je einjährig in einem Bergkurs und in einem Hüttenkurs. Gleichfalls mußten sich die Hörer (Bild 2) zu jedem Kurs gesondert eintragen. Die damit verbundene Absicht war es, „einzelnen Hörern zu ermöglichen, entweder nur den Bergkurs oder nur den Hüttenkurs zu vollenden" (vgl. Kupelwieser 1890, S. 101). Die Regelung änderte sich – nach diesbezüglichen Diskussionen mit der Aufsichtsbehörde – auch nicht, als 1860 an die Stelle des für die Zulassung zunächst geforderten ersten Studienabschnittes an anderen Hochschulen ein eigener zweijähriger Vorkurs trat (vgl. Kupelwieser 1890, S. 106). Dessen Einrichtung gab im übrigen ein Jahr später ausdrücklich den Grund dafür, daß „diese Lehranstalt zu einer Bergakademie e r w e i t e r t wird", wie es im diesbezüglichen Wiener Erlaß vom 15.12.1861 heißt (Sperrung im Zitat durch den Verfasser).

Entsprechend begann Peter Tunner, Professor für Berg- und Hüttenkunde und zunächst einzige Lehrkraft, 1840 mit dem Bergkurs. Erst seit ab 1848 mit dem von der Bergakademie Schemnitz kommenden Albert Miller ein eigener Professor für Bergbaukunde eingestellt war, konnten die beiden Kurse auch parallel abgehalten werden.

Die Struktur und den Inhalt des Bergkurses können wir dem „Lehrbuch der Bergbaukunde" entnehmen, das Peter Tunner 1843 in handschriftlicher Form herausgab. Darin heißt es:

*„Bergbaukunst in der allgemeinsten Bedeutung des Wortes, für die aber richtiger Bergwerkskunde gebraucht wird, umfaßt die Lehre, wie die für die bürgerliche Gesellschaft nützlichen Mineralprodukte von der großen Masse des Erdkörpers am vorteilhaftesten gewonnen, und für die bürgerliche Gesellschaft nutzbar gemacht werden können. (Daher heißt ein Bergmann derjenige ...). Berg bezeichnet die Erdkörpermasse, hat nicht die gewöhnliche Bedeutung, wie im gemeinen Leben, wo man darunter eine Erhöhung der Erdoberfläche versteht; daher auch Bergfeste, ein Stück stehen gelassenes Gestein zur Befestigung, und Berge das Unbrauchbare des Bergbaus, im Gegensatz von dem Brauchbaren. Bau bezeichnet überhaupt die Produktion natürlicher Körper im Pflanzen- und Mineralreiche; so sagt man Ackerbau, Weinbau ... Kunst die gewöhnliche Bedeutung des Wortes.*

*In spezieller Bedeutung umfaßt Bergbaukunst blos die Lehre von der vorteilhaftesten Gewinnung der nützlichen Mineralien im rohen Zustand, wie selbe in der Natur vorkommen, (und darauf wird auch der Begriff Bergmann gewöhnlich genommen); die weitere Bearbeitung dieser rohen Mineralprodukte, um sie zu Kaufmannsgut umzustalten, ist*

Bild 1: Besuch des Kaisers Ferdinand bei Erzherzog Johann in Vordernberg 1841. Nach einem Aquarell von Max Tendler. (Es ist anzunehmen, daß sich die Angehörigen der Montanlehranstalt im Spalier befanden).
Original im Privatbesitz.

Reproduktion FOTO WILKE Leoben.

in den meisten Fällen eine chemische, und die Wissenschaft, welche lehrt, wie dies am vorteilhaftesten zu bewerkstelligen sei, ist die <u>Hüttenkunde</u>; da wir dies letztere Fach eigens zu betrachten haben werden, so haben wir im vorliegenden Falle von Bergbaukunst oder Bergbaukunde im engeren Sinne des Wortes zu sprechen.

......

Sie werden sich bald überzeugt fühlen, daß wir ein sehr großes Feld in dieser Wissenschaft betreten, und werden die Nothwendigkeit einsehen, daß wir uns nur auf jene Gegenstände beschränken müssen, die wir in unserem Vaterlande haben.

......

*Die Ordnung, in der wir unsere Betrachtungen vornehmen wollen, wird in folgenden 3 Hauptabtheilungen seyn:*

*I. Das Aufsuchen der nützlichen Mineralien.*

*II. Die Gewinnung derselben bis zu ihrer Förderung in ein rohes Haufwerk.*

*III. Die weiteren Vorbereitungen derselben, insoferne diese von dem Bergmanne verrichtet werden.*

*Als Anhang soll dann das Allernötigste aus dem Bergrechte folgen, und eigens behandelt soll die Markscheiderei werden.*

......

*Der Vortheil des Bergbaues ist unmittelbarer Gewinn, d.i. Überschuß der Einnahmen gegen die Ausgaben."*

Das gleiche Lehrprogramm, wie vorstehend umrissen, hatte Tunner bereits in seiner Antrittsrede als Inhalt des ersten Jahres seines zweijährigen Lehrkurses angekündigt (vgl. Tunner 1842 sowie Roth in dieser Festschrift). Die Behandlung der wirtschaftlichen Seiten des Bergbaus, das „Werksrechnungswesen", war dabei im Anschluß an das Hüttenwesen – und entsprechend auch für dieses – dem zweiten Kursjahr zugeordnet worden. Demgemäß heißen in Tunners Antrittsrede auch die Inhalte, welche die drei Hauptkapitel seines Lehrbuches bilden: „Der technische Theil der Bergbaukunst" bzw. „Bergtechnik".

Im Lehrbuch umfaßt die „I. Hauptabtheilung. Das Schürfen, Schurflehre" als großes Unterkapitel auch die „Geognosie". Die „II. Hauptabtheilung. Die Gewinnung der nützlichen Mineralien von ihren Lagerstätten" gliedert sich in die sechs Abschnitte:

- „Die Häuerarbeiten" mit einem Anhang „Die Wirthschaft mit dem Gezähe und Geleuchte",
- „Die Veranstaltungen beim Betriebe einzelner Grubenfelder, und ganzer Reviere", wobei außer auf Stollen, Strecken, Schächte und Maschinenräume und auf die Wiederausrichtung verworfener Lagerstätten ausführlich auf die Abbauverfahren des Untertagebaus und des Tagebaus eingegangen wird,
- „Der Grubenausbau" als „Zimmerung" und „Mauerung" und seine Wartung in den verschiedenen Arten von Grubenräumen,
- „Die Förderungslehre" mit einem Anhang über die „Verfertigung der Eisendrahtseile", sowie über „Treibgefäße" und „Dampfgöpel",
- „Die Wasserwirthschaftslehre",
- „Die Wetterlehre" einschließlich von Ausführungen über die
„Mittel zur Rettung Verunglückter" sowie eines Anhangs
„Die Grubenbrände, deren Ursachen und Gewältigung".

Die „III. Hauptabtheilung. Die Aufbereitung" ist in die beiden Abschnitte „Die trockene Aufbereitung" und „Die nasse Aufbereitung" unterteilt.

Bild 2: Leobener Bergeleve 1851. (Nach L. Jontes 1977).

## ZUM WESEN UND ZUR SYSTEMATIK DER BERGBAUWISSENSCHAFTEN HEUTE UND BEI PETER TUNNER

Die Bergbauwissenschaften, wie sie Peter Tunner umfassend in seinem Bergkurs vortrug, haben ihre eigene Geschichte und vor allem ihren eigenständigen Charakter, der auf ihrer historischen Entwicklung und deren sachlichen Ursachen beruht. In ihrer damaligen und heutigen Struktur befassen sie sich mit den Kenntnissen auf dem Gebiet der Rohstoffversorgung aus der Erdkruste, unter Einbezug der Rohstoffe für Bauzwecke. In unserer Zeit schließen sie zunehmend auch die Befassung mit dem Entsorgungsbergbau ein, d.h. vor allem die Behandlung von mineralischen Alt- und Abfallstoffen, sowie andere mit der Erdkruste verknüpfte Arbeiten. Die Bergbauwissenschaften sind demgemäß anwendungsbezogene Wissenschaften mit dem Ziel, nicht nur zu erkennen, sondern vor allem zum Machen, eben zu dem des Bergbaus, beizutragen.

Im einzelnen bestehen die Bergbauwissenschaften der Gegenwart aus der Gesamtheit der auf den Bergbau anzuwendenden Fächer, die mit nur geringfügigen Abweichungen in der ganzen Welt den Inhalt der bergakademischen Ausbildung stellen. In Österreich können wir diejenigen Fachgebiete zu den Bergbauwissenschaften zählen, die universitär nur in Leoben beheimatet sind und die hier vorwiegend oder gar ausschließlich den Studienrichtungen Bergwesen, Markscheidewesen und Erdölwesen sowie dem interuniversitären Studienzweig Montangeologie der Studienrichtung Erdwissenschaften dienen. Dies betrifft jedenfalls die Wissenschaftsgebiete der Institute für Aufbereitung und Veredlung, für Bergbaukunde, für Lagerstättenphysik und -technik, für Markscheide- und Bergschadenkunde sowie für Tiefbohrtechnik und Erdölgewinnung. Im Zuge der laufenden wissenschaftlichen Entwicklung, auf die wir abschließend zurückkommen werden, gehört (in einem weiteren Sinne) auch das Wissenschaftsgebiet des Instituts für Geomechanik, Tunnelbau und Konstruktiven Tiefbau in diese Reihe. Außerdem sind Teile der Fachgebiete einschlägig zu nennen, die wissenschaftlich den folgenden Instituten angehören: Fördertechnik und Konstruktionslehre (hinsichtlich der Bergmaschinenkunde); Geodatenerfassung und -Systemanalyse (Forschungsinstitut); Geophysik; Geowissenschaften (insbesondere im Bereich der Lagerstättenlehre). Von den letztgenannten beiden Instituten wird insbesondere auch das erdkrustenbezogene „studium irregulare" der Angewandten Geowissenschaften betreut.

Die Bergbauwissenschaften lassen sich nur bedingt und jedenfalls nur in einem sehr umfassenden Sinne zu den technischen Wissenschaften zählen. Maßgeblich für diese eingeschränkte Zuordnung ist zum ersten ihre große Verwandtschaft zu mehreren Wissenschaftsgebieten, die nicht technischer Natur sind. Die betrifft – wie auch der Ausdruck „Berg-" besagt – zunächst Geowissenschaften sowie Geophysik. Zum weiteren sind Wirtschaftswissenschaften sowie Rechts- und Sozialwissenschaften anzuführen. In diesem Zusammenhang sei insbesondere auf die Bergwirtschaftslehre (Rohstoff- und Mineralwirtschaft sowie Bergbaubetriebswirtschaft) als Bestandteil der auf feste mineralische Rohstoffe bezogenen Bergbaukunde hingewiesen sowie auf das in Leoben gleichfalls am Institut für Bergbaukunde beheimatete Bergrecht. Ähnliches gilt für den Bereich der Erdöl- und Erdgasgewinnung. In Übereinstimmung damit trifft für viele Teile der Bergbauwissenschaften zu, daß wirtschaftliche Kriterien maßgeblich ihre Systembildung bestimmen, und zwar auch dann, wenn sie sich zum größten Teil mit Technik im herkömmlichen Verständnis befassen.

Im Rahmen von weiter gespannten Ausführungen: „Zum Selbstverständnis der an der Montanuniversität vertretenen Ingenieurwissenschaften" ist der Verfasser bereits an anderer Stelle dieser Festschrift näher auf die spezifischen Kennzeichen der herkömmlichen Bergbauwissenschaften eingegangen, mit denen sie sich trotz gemeinsamer naturwissenschaftlicher Grundlagen auch über die vorstehend angesprochenen Gegebenheiten hinaus wesentlich von anderen technisch ausgerichteten Disziplinen unterscheiden.

Die Ursache für diese ihre Sonderstellung ist die Befassung der Bergbauwissenschaften mit Urproduktion. Zu den Merkmalen des Fachgebietes gehört daher zum ersten eine notwendig funktionsorientierte und damit synoptische Ausrichtung und Methodik. Zum zweiten gilt: Wie die methodologischen Disziplinen der Ingenieurwissenschaften beziehen sich auch die Bergbauwissenschaften auf die technische Nutzung eines bestimmten und einzigartigen

Naturphänomens; dieses Naturphänomen sind aber nicht Naturgesetze, sondern die Lagerstätten der mineralischen Rohstoffe in der Erdkruste.

Aus diesen Sachverhalten erwachsen die spezifischen Wesenszüge und die Struktur der Bergbauwissenschaften und ihre zahlreichen Besonderheiten (vgl. zu letzterem Fettweis 1977 b). Ihr Entstehen in der Vergangenheit liegt ebenso darin begründet wie ihre Notwendigkeit in der Zukunft. Ungeachtet dessen gehören die Bergbauwissenschaften zusammen mit den übrigen montanistischen Wissenschaften und mit den Agrarwissenschaften aber fraglos zu den Ingenieurwissenschaften.

Die umrissene generelle Charakteristik und Struktur der Bergbauwissenschaften findet sich deutlich auch im Lehrprogramm des Bergkurses von Peter Tunner. Dies betrifft die funktionale und damit synoptische Ausrichtung ebenso wie den Lagerstätten- bzw. Erdkrustenbezug: Als Aufgabe gilt die vorteilhafteste Gewinnung und Nutzung der Mineralprodukte aus „der großen Masse des Erdkörpers", dem dienen Geologie, zahlreiche Techniken, einschließlich des Markscheidewesens, sowie Wirtschaftslehre und Recht. Der Lagerstätten- bzw. Erdkrustenbezug wird unmittelbar angesprochen; er zeigt sich darüber hinaus mit Hinweisen auf die Lagerstätten auch in den Teilüberschriften des Programms.

Im übrigen folgt Peter Tunner mit der Einteilung seines Lehrbuches im einzelnen und damit seines bergbautechnisch orientierten Vortragsstoffes einer generellen Systematik der bergbaulichen Wissenschaften, die sich seit dem 16. Jahrhundert in Mitteleuropa herausgebildet hatte und die daher auch zu seiner Zeit bereits verhältnismäßig alt war. Sie kennzeichnet auch heute und weiterhin die Urproduktion aus der Erdkruste, wie dies deutlich die Definitionen für die bergbaulichen Teilprozesse zeigen, die das österreichische Berggesetz 1975 nennt und die sich gleichartig auch im deutschen Bundesberggesetz 1980 finden. Danach ist:

*„1. ‚Aufsuchen' jede mittelbare und unmittelbare Suche nach mineralischen Rohstoffen einschließlich der damit zusammenhängenden vorbereitenden Tätigkeiten sowie das Erschließen und Untersuchen natürlicher Vorkommen mineralischer Rohstoffe und solcher enthaltender verlassener Halden zum Feststellen der Abbauwürdigkeit;*

*2. ‚Gewinnen' das Lösen oder Freisetzen mineralischer Rohstoffe und die damit zusammenhängenden vorbereitenden, begleitenden und nachfolgenden Tätigkeiten;*

*3. ‚Aufbereiten' das Zerkleinern mineralischer Rohstoffe und deren Trennen in physikalisch unterscheidbare Phasen und Merkmalsklassen, besonders das Anreichern der erlösbringenden Anteile in Konzentraten mittels physikalischer und hydrometallurgischer Verfahren, sowie das sortengerechte Zusammensetzen."*

Der ursprüngliche Ort der in den Definitionen angeführten mineralischen Rohstoffe sind ihre Lagerstätten in bzw. auf der Erdkruste. (Sie gelten als „Vorkommen", solange sie nicht als abbauwürdig erkannt sind, wobei die „verlassenen Halden" – obgleich nicht „natürlich" entstanden – ebenso eingeordnet werden können.) In den Begriffsbestimmungen für das „Aufsuchen" und „Gewinnen" kommt somit der Lagerstättenbezug unmittelbar zum Ausdruck.

Mittelbar gilt der Lagerstättenbezug aber auch für das Aufbereiten. Diesem wird der Lagerstätteninhalt als gewonnenes Rohgut zugeführt. Der Gegenstand des Aufbereitens ist also – sieht man von den Ausnahmefällen der Haldenaufbereitung ab – stofflich gesehen ebenfalls noch ein unmittelbares Naturprodukt. Die große und komplex strukturierte Variabilität, in welcher das aufzubereitende Gut vorliegen kann, verlangt besondere wissenschaftlich fundierte Vorgangsweisen. Die Berechtigung der Aufbereitungstechnik als wissenschaftliche Disziplin neben der allgemeinen Verfahrenstechnik und ihr Selbstverständnis liegen wesentlich hierin begründet. In Übereinstimmung damit betrifft der Lagerstättenbezug nicht nur den Bergbau und seine Wissenschaften als Ganzes, sondern auch jedes Teilgebiet davon.

## ZUR ENTWICKLUNG UND CHARAKTERISTIK DER AUS DEM BERGKURS ENTSTANDENEN STUDIENRICHTUNGEN

Die spezifischen Merkmale der Bergbauwissenschaften – funktionale Ausrichtung und damit verbundene synoptische Struktur sowie Erdkrusten- bzw. Lagerstättenbezug – prägen auch die selbständigen Studienrichtungen Bergwesen, Markscheidewesen und Erdölwesen, die in den vergangenen 150 Jahren aus dem Bergkurs der Anfangszeit entstanden sind. Gleiches oder Ähnliches trifft für das dem Bergwesen und dem Markscheidewesen zugeordnete studium irregulare der Angewandten Geowissenschaften zu und für den interuniversitären Studienzweig Montangeologie der Studienrichtung Erdwissenschaften, der in Leoben besteht. Das gilt ungeachtet der zunehmenden Durchdringung der Studien mit Erkenntnissen der Naturwissenschaften und der anderer Ingenieurwissenschaften seit Peter Tunner. Die nachstehenden Darlegungen gehen vorrangig auf diese spezifischen Gegebenheiten ein, da die Entwicklung der einzelnen Studienrichtungen außer in dem Beitrag von Roth zu dieser Festschrift (150 Jahre Montanuniversität Leoben – Aus ihrer Geschichte) auch in gesonderten Artikeln der Vorsitzenden der Studienkommissionen zur Sprache kommt (vgl. Czubik, Fettweis, Holzer, Lorbach, Stumpfl).

Die Studienrichtung BERGWESEN bildet den ältesten der betrachteten Ausbildungsgänge. Sie entstand, als es durch das „Statut der Berg-Akademie in Leoben" vom 15. Dezember 1874 statt als Ausnahmefall auch planmäßig möglich wurde, entweder Bergwesen oder Hüttenwesen zu studieren. Dabei blieb die Studiendauer – zwei Jahre Vorkurs, ein Jahr Fachkurs – zunächst unverändert. Erst das Statut vom 31. Juli 1904 verlängerte dann die Fachausbildung auf zwei Jahre. Gleichzeitig wurde die Bergakademie in Montanistische Hochschule umbenannt.

In ihrer heutigen Gestalt befaßt sich die Studienrichtung vor allem mit der Transformation von Lagerstätten, deren Inhalt in fester Form vorliegt, zu verkaufsfähigen mineralischen Rohstoffen unter Einbezug der Rohstoffe für Bauzwecke. Ihre Hauptbereiche sind entsprechend das Gewinnen und das Aufbereiten, auf deren Lagerstättenbezug schon hingewiesen worden war. Im Zentrum des Gewinnens mit Hilfe von Bergtechnik und Bergwirtschaft steht der unmittelbar auf den Lagerstättenkörper sich beziehende Abbau, d.h. das Lösen der mineralischen Rohstoffe aus diesen Körpern und die damit im räumlichen Zusammenhang stehenden begleitenden Tätigkeiten. Diese betreffen die Art und Weise, wie sich die Abbaufronten räumlich und zeitlich über die Lagerstätte entwickeln und wie dabei das Gebirge beherrscht wird. Alle übrigen Arbeiten des Gewinnens stehen ausschließlich in einem dienenden Verhältnis zum Abbauprozeß (vgl. Fettweis 1969). Maßgebliche Grundlagen für die Abbautechnik liefern die Bergmännische Gebirgsmechanik und eine darüber hinausgehende bergbaukundliche Gebirgs- und Lagerstättenlehre als Teilgebiete der Bergtechnik (vgl. Fettweis 1989 b).

Die synoptische Struktur der Studienrichtung und die entsprechende Einbeziehung anderer Wissenschaftsgebiete geht aus dem einer früheren Publikation des Verfassers entnommenen Bild 3 hervor, bei dem im übrigen der Begriff Bergbauwissenschaften in einem engeren Sinne, d.h. nur bezogen auf die Studienrichtung Bergwesen zu verstehen ist. Allerdings ist die Wirklichkeit weitaus komplexer, als es ein zweidimensionales Bild zum Ausdruck bringen kann. Auf jeden Fall gehören einzelne bergbauliche Teildisziplinen auch anderen Wissenschaftsfeldern an. So ist die Lagerstättenlehre gleichzeitig Teil der Geowissenschaften und die Bergmaschinenkunde Teil des Montanmaschinenbaus. Das ist als solches keineswegs außergewöhnlich; ganz allgemein grenzen benachbarte Wissenschaften nicht wie Länder mit scharfen Linien aneinander, sondern überdecken sich oft in vielfältiger Weise.

Eine theoretische Durchdringung haben seit der Zeit Peter Tunners alle Wissenschaftsgebiete des Bergwesens erfahren. Im Bereich der Bergtechnik sind vor allem die Einflüsse der Strömungslehre und der Wärmelehre auf die Grubenwetterlehre und der Technischen Mechanik auf die Bergmännische Gebirgsmechanik zu nennen, im Bereich der Aufbereitung vielfältige Einflüsse der Physikalischen Chemie.

Die Studienrichtung Bergwesen in ihrer heutigen Gestalt ist jedoch nicht mehr nur auf das Gebiet der Rohstoffversorgung aus der Erdkruste bezogen. Zunehmend schließt sie auch andere mit der Erdkruste verknüpfte Arbeiten ein. Insbesondere bestehen Wahlfachrichtungen für „Tunnelbau und Geomechanik" sowie für „Deponietechnik-Entsorgungsbergbau", d.h. für die Entsorgung von mineralischen Alt- und Abfallstoffen in der Erdkruste. Wir werden hierauf im letzten Abschnitt dieser Arbeit zurückkommen.

Wie aus den eingangs angeführten Darlegungen Peter Tunners entnommen werden kann, wurde das MARKSCHEIDEWESEN von Beginn des Bergkurses an in eigenen Lehrveranstaltungen vorgetragen. Mit Ausnahme einer Übergangszeit zwischen Peter Tunner und seinem Nachfolger im Bergkurs Albert Miller war das Fach allerdings nicht nur Bestandteil des Bergkurses, sondern auch bis 1904 personell mit der Professur für Bergbaukunde vereinigt. Miller – seit 1859 Miller Ritter von Hauenfels – ist insbesondere auch als Markscheider hervorgetreten. Er erfand das Polarplanimeter und publizierte 1868 ein ausgezeichnetes Lehrbuch „Die höhere Markscheidekunst". (Vgl. dazu Czubik 1976). Im Jahre 1919 löste sich das Markscheidewesen als erste Studienrichtung aus dem Bergwesen.

Zum Lagerstättenbezug des Markscheidewesens soll mit H. Spickernagel der langjährige Ordinarius für Markscheide- und Bergschadenkunde (1963–1982) als Vertreter des Kernfaches dieser Studienrichtung angeführt sein. In der Festschrift der Montanistischen Hochschule 1965 schreibt er in einem Aufsatz über seinen Beruf, daß sich im Verlaufe der Entwicklung „die Vermessung und zeichnerische Darstellung der Lagerstätte und der Grubenbaue als Hauptaufgaben des Markscheiders herausstellten".

Die Grubenbaue sind ihrerseits wieder lagerstättenbedingt. „Lagerstättengeometrie", „Lagerstättengeometrisierung" und „Lagerstättenarchiv" stellen daher auch maßgebliche markscheiderische Fachausdrücke dar, die sich auf entsprechende Arbeiten beziehen. Die mit der Markscheidekunde verbundene Bergschadenkunde liefert eine weitere Bestäti-

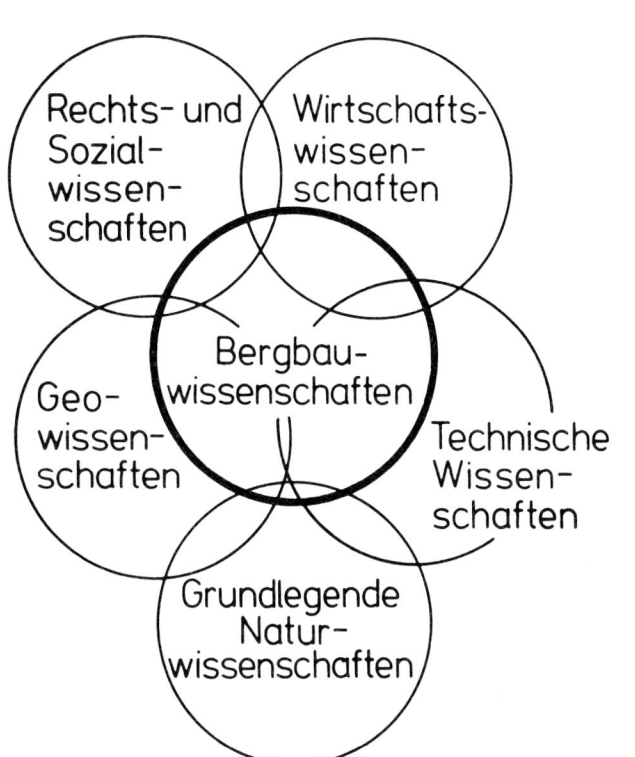

Bild 3: Die Bergbauwissenschaften in ihrem Verhältnis zu anderen Wissenschaftsgebieten am Beispiel der wichtigsten Gegenstände der Studienrichtung Bergwesen (Fettweis 1981).

gung. Sie behandelt schädliche Folgeerscheinungen des Lagerstättenabbaus. Im Lagerstättenbezug ist daher insbesondere auch die Berechtigung für die wissenschaftliche Eigenständigkeit des Markscheidewesens neben dem allgemeinen Vermessungswesen zu erblicken.

Auch die Studienrichtung Markscheidewesen nimmt sich bereits seit geraumer Zeit des Entsorgungsbergbaus an: Zu ihren Wahlfachrichtungen zählt die „Deponietechnik".

Die Studienrichtung ERDÖLWESEN ist seit ihrer Errichtung im Jahre 1956 in erster Linie der Produktion derjenigen mineralischen Rohstoffe gewidmet, die auf ihren Lagerstätten in vorwiegend fließfähiger Form anstehen. Maßgeblich für die Abtrennung des Erdölstudiums von der Studienrichtung Bergwesen war neben der damals stark zunehmenden wirtschaftlichen Bedeutung der Erdöl- und Erdgasproduktion in Österreich und in der Welt vor allem die spezifische Vorgangsweise und die wissenschaftliche Entwicklung bei der Gewinnung der fließfähigen mineralischen Rohstoffe (vgl. dazu Lorbach 1981) und damit der Lagerstättenbezug. In der Tat liegen zwischen den Lagerstätten der beweglichen Stoffe Erdöl und Erdgas und denen der festen mineralischen Rohstoffe im Hinblick auf ihre Bedingungen und insbesondere ihr Verhalten bei der Gewinnung und Aufbereitung sehr große Unterschiede vor.

Das Bild 4 ist einer Arbeit von M. Lorbach, langjähriger Ordinarius für Tiefbohrtechnik und Erdölgewinnung der Montanuniversität (1962–1988), über „Die Entwicklung der Studienrichtung Erdölwesen" entnommen. Im Zentrum der dargestellten Teilfächer des Studiums – und auf der Grundlage der Lagerstättenphysik – steht die Lagerstättentechnik. Zusammen mit der als anschließend angeführten Produktionstechnik entspricht sie der Abbautechnik im Falle der Studienrichtung Bergwesen.

Die vorstehend genannte Lagerstättenphysik nimmt eine ähnliche Stelle ein wie die Bergmännische Gebirgsmechanik bzw. die Geomechanik im Bergwesen. Sie befaßt sich mit den Gesetzmäßigkeiten beim Strömen von fließfähigen Stoffen durch poröse Medien. Sie unterlag und unterliegt in einem besonderen Maß der laufenden Durchdringung mit

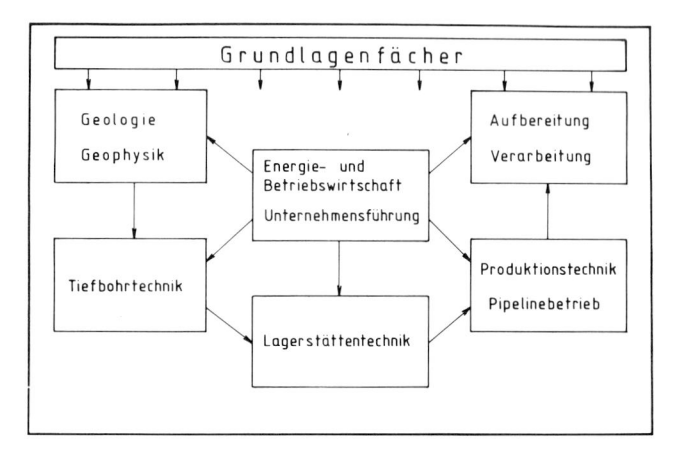

Bild 4: Die eigenständigen Hauptlehr- und Wissenschaftsbereiche des Erdölingenieurs (Lorbach 1981).

Erkenntnissen und Methoden der Physik und einer entsprechenden Mathematisierung.

Mit den Wahlfachrichtungen „Konstruktiver Tiefbau" und „Wassergewinnung" greift ebenfalls die Studienrichtung Erdölwesen über ihren klassischen Bereich hinaus in Richtung auf eine Nutzung der Erdkruste auch in anderen Zusammenhängen.

Der als nächstes zu nennende Studienzweig MONTANGEOLOGIE der Studienrichtung Erdwissenschaften ist primär dem „Aufsuchen" und hierbei wiederum dem „Suchen" von Lagerstätten (im bergrechtlichen Sinne), d.h. der Prospektion gewidmet. Er ist seit 1968 als interuniversitäre Berufsvorbildung in Leoben eingerichtet und stellt eine Sonderentwicklung dar. Dies spiegelt wider, daß die älteren Bergbauwissenschaften zwar eine bedeutsame, aber insgesamt gesehen nur eine von mehreren Wurzeln der Erdwissenschaften bilden. Obgleich die „unterirdische Naturlehre" zur Zeit der ersten Bergakademien im 18. Jahrhundert eine Teildisziplin der Bergwerkskunde der damaligen Zeit war, ist die Entwicklung ihrer Studien vor allem an den philosophischen Fakultäten und somit andersartig verlaufen als beim Berg- und Hüttenwesen. Während daher an den klassischen Universitäten Österreichs seit Jahrzehnten erdwissenschaftliche Vollstudien bestehen – wie übrigens gleichfalls bei manchen bergakademischen Hochschulen bzw. Fakultäten des Auslandes – ist dies in Leoben bis zum heutigen Tage nicht der Fall.

Statt dessen wurde die Montangeologie als Studienzweig der an den klassischen Universitäten beheimateten Studienrichtung Erdwissenschaften geschaffen. Das Studium ist im ersten Abschnitt an einer Universität und im zweiten in Leoben abzuleisten. Es schließt daher auch nicht mit dem akademischen Grad eines Diplomingenieurs ab, sondern mit dem eines Magisters der Naturwissenschaften.

Die gewählte Struktur beruht auf der bewußten Kombination von zwei Gesichtspunkten. Einerseits sollte aus Sparsamkeitsgründen darauf verzichtet werden, ein herkömmliches erdwissenschaftliches Vollstudium und die dafür erforderlichen Voraussetzungen auch für Leoben zu beantragen. Zum anderen erschien es jedoch ratsam, die besonderen an den geowissenschaftlichen Lehrkanzeln Leobens verfügbaren Kenntnisse und Ressourcen auf bergbaugeologischem bzw. -mineralogischem Gebiet auch für die Ausbildung von Geologen heranzuziehen.

Seit 1982 ist die erdkrustenbezogene Lehre an der Montanuniversität durch eine weitere Entwicklung auf dem Gebiet der Geowissenschaften ergänzt worden. Unter nahezu ausschließlicher Nutzung ohnehin vorhandener Lehrveranstaltungen aus den Bereichen der Grundlagenwissenschaften des Ingenieurwesens, des Bergwesens und des Markscheidewesens sowie der Montangeologie, soweit letztere in Leoben besteht, ist es möglich, ein zum Diplomingenieur führendes „studium irregulare" der ANGEWANDTEN GEOWISSENSCHAFTEN mit mehreren Wahlrichtungen abzuleisten. In der zu dieser Berufsvorbildung vom inzwischen emeritierten Ordinarius für Prospektion, Lagerstättenerschließung und Mineralwirtschaft (1977–1989), W. J. Schmidt, herausgegebenen Informationsschrift heißt es u.a.: *„Die Aufgaben der Angewandten Geowissenschaften ... reichen vom Aufsuchen mineralischer Rohstoffe..., der geologischen Betreuung von Schürfbetrieben und Bergbauen einschließlich derjenigen auf Kohlenwasserstoffe, über erdwissenschaftliche Fragen der Wasserversorgung, der Abwasserprobleme, der Deponie fester und flüssiger Abfallstoffe sowie über geologisch-mineralogische Probleme des Bauwesens .... bis zur Interpretation von Ergebnissen der vielfältigen geophysikalischen Meßverfahren oder von geochemischen Daten.... Die dringlicher werdenden Aufgaben für die Geowissenschaften ... brauchen ... immer mehr Personen, die sowohl die naturwissenschaftlichen Voraussetzungen auf geowissenschaft-*

**Tabelle 1:**
**Prüfungsfächer der Zweiten Diplomprüfung der bergbauwissenschaftlichen Studienrichtungen an der Montanuniversität Leoben.**

| BERGWESEN | MARKSCHEIDEWESEN | ERDÖLWESEN | ERDWISSENSCHAFTEN STUDIENZWEIG MONTANGEOLOGIE |
|---|---|---|---|
| 1. Bergbaukunde | 1. Markscheidekunde einschließlich Landesvermessung | 1. Tiefbohrtechnik und Erdölgewinnung | 1. Angewandte Geologie |
| 2. Aufbereitungslehre | 2. Bergschadenkunde | 2. Lagerstättenphysik und Lagerstättentechnik | 2. Angewandte Lagerstättenkunde |
| 3. Bergmaschinenkunde | 3. Bergbaukunde | 3. Angewandte Geophysik | 3. Angewandte Geophysik |
| 4. Lagerstättenkunde | 4. Lagerstättenkunde | 4. Erdölmaschinenkunde und Rohrleitungsbau | 4. Angewandte Geochemie |
| 5. Markscheidekunde | 5. ein Wahlfach | 5. ein Wahlfach | 5. Grundzüge des Berg- und Erdölwesens |
| 6. ein Wahlfach | | | 6. ein Wahlfach |

*lichem Gebiet beherrschen als auch die Fähigkeit, Sachlagen und Phänomene in einer für den Techniker verwertbaren Form darzustellen..."*

Entsprechend werden als Berufsfelder für die Absolventen dieses Studiums außer der Montanindustrie auch der Tiefbau des Bauwesens, die Wasserversorgung sowie die Raumplanung und die Umweltgestaltung genannt.

In der Tabelle 1 sind die PRÜFUNGSFÄCHER DER ZWEITEN DIPLOMPRÜFUNG – also der das Studium abschließenden Prüfung – bei den drei aus dem Bergkurs entstandenen Studienrichtungen und dem damit verknüpften Studienzweig Montangeologie gegenübergestellt, wie sie das Bundesgesetz über montanistische Studienrichtungen 1969 nennt. Die Prüfungsfächer der Angewandten Geowissenschaften entsprechen denen der Montangeologie. Das erstgenannte Prüfungsfach stellt im allgemeinen dasjenige dar, das nach der einschlägigen Bestimmung des Gesetzes „als Schwerpunkt der Studienrichtung anzusehen ist." – Ergänzend sei vermerkt, daß das genannte Gesetz auch eine eigene Studienrichtung Angewandte Geophysik in Leoben vorsieht, die aber infolge unzureichender Voraussetzungen bisher nicht geschaffen werden konnte.

Im übrigen war mit der Herausbildung der vorgestellten montanwissenschaftlichen Studienrichtungen auch die Aufteilung der zunächst nur bestehenden einzigen Lehrkanzel für Berg- und Hüttenkunde verbunden. Der Beitrag des Verfassers in dieser Festschrift zum Institut für Bergbaukunde zeigt die diesbezügliche Entwicklung auf der Seite der Bergbauwissenschaften, soweit sie in einer „ersten Generation" geschah. In einer zweiten Abfolge haben sich die Institute teilweise weiter aufgeteilt. Die gegenwärtig bergbauwissenschaftlich arbeitenden Institute der Montanuniversität wurden bereits weiter oben genannt.

## ZU HOCHSCHULKURSEN AUF DEM GEBIET DER BERGBAUWISSENSCHAFTEN

Außer den nach Studienrichtungen gegliederten Diplomstudien, auf die wir vorstehend eingegangen sind, und außer darauf aufbauenden Doktoratsstudien kennt das Allgemeine Hochschul-Studiengesetz und das Bundesgesetz über montanistische Studienrichtungen Hochschulkurse und Hochschullehrgänge.

Einen größeren Hochschulkurs auf dem Gebiet der Bergbauwissenschaften hat es in den Jahren 1965 bis 1981 für „Prospektion und Bergbau in Entwicklungsländern" gegeben. Der Kurs wurde für den in seiner Bezeichnung zum Ausdruck kommenden Zweck bis 1977 zweisemestrig und dann die letzten Jahre einsemestrig in englischer Sprache geführt. Die Teilnehmer waren nahezu ausschließlich Stipendiaten Österreichs aus Entwicklungsländern mit einem abgeschlossenen Studium der Bergbau- oder Geowissenschaften. Für die Kursdurchführung und die Betreuung der Stipendiaten war das interdisziplinäre bergbauwissenschaftliche „Institut für Prospektion, Lagerstättenerschließung und Mineralwirtschaft" geschaffen worden, für das es international sonst keinen Vergleich gibt. Außerdem waren aber auch Lektoren von anderen Instituten der Montanuniversität an den Lehrveranstaltungen beteiligt. Der Kurs fand großen internationalen Widerhall und wurde von insgesamt 174 Personen aus 51 Ländern der Erde besucht. Er kam im Jahr 1982 bedauerlicherweise infolge verschiedener Schwierigkeiten, darunter bei der Finanzierung, zum Erliegen. Gegenwärtig sind Bestrebungen vorhanden, ihn in geeigneter Form wieder aufzunehmen.

Mehrere Hochschulkurse über einige Wochen haben in der jüngeren Vergangenheit aus dem Bereich der Bergbauwissenschaften die Institute für Tiefbohrtechnik und Erdölgewinnung sowie für Lagerstättenphysik und -technik abgehalten.

## ZUR HERAUSBILDUNG DER GEOINGENIEURWISSENSCHAFTEN ALS ÜBERGEORDNETES FACHGEBIET

Auf den nachstehend erörterten Sachverhalt ist bereits an anderer Stelle dieser Festschrift hingewiesen worden (vgl. Fettweis: Zum Selbstverständnis der an der Montanuniversität vertretenen Ingenieurwissenschaften). Weltweit ist gegenwärtig im Bergfach eine Fortentwicklung im Gange, welche sich in ähnlicher Weise bei den erkenntnisorientierten Geowissenschaften schon im 18. und 19. Jahrhundert mit der Extrapolation ihres Betrachtungs- und Bezugsgegenstandes von den Lagerstätten auf den gesamten Erdkörper vollzogen hat. Das heißt, daß sich auch im Bereich der technisch orientierten Bergbauwissenschaften die Sicht weitet: von einer Nutzung einzelner Abschnitte der Erdkruste, wie es die Lagerstätten der mineralischen Rohstoffe sind, zu einer entsprechenden Bezugnahme auf die Erdkruste als Ganzes, soweit diese für eine Nutzung zugänglich ist (vgl. Fettweis 1989 a).

Damit werden die Bergbauwissenschaften zum Bestandteil eines umfassenderen Gebietes, das zweckmäßigerweise daher auch mit dem umfassenden Ausdruck Geoingenieurwissenschaften zu bezeichnen ist. Hierunter wird die wissenschaftliche Befassung mit allen Vorgängen verstanden, bei denen der Mensch tiefer in die Erdkruste eingreift und die mit einer entsprechenden Verantwortung verbunden sind. Die Zweckmäßigkeit des Oberbegriffes Geoingenieurwissenschaften gilt umso mehr, als er geeignet ist, auch Mißverständnisse auszuschalten; das Wort Bergbauwissenschaften wird nämlich stellenweise nur auf die Studienrichtung Bergwesen bezogen.

Im Grenzbereich deckt sich das Gebiet der Geoingenieurwissenschaften im vorgestellten Sinne mit Teilen der Bauingenieurwissenschaften. Dies gilt jedenfalls für den Schacht- und Tunnelbau, während die Gründung von großen Bauwerken wohl außerhalb liegt. Wie bereits festgestellt, grenzen aber Wissenschaften nicht wie Länder aneinander, sondern besitzen vielfache Überschneidungen, aus denen sehr oft die besten Anregungen für Fortschritte erwachsen.

Die vorgestellte Entwicklung hängt vor allem mit zwei Gegebenheiten zusammen.

Zum ersten erleben wir in steigendem Maße, daß die Welt enger wird und daß die früher „freien Güter" beträchtlich abnehmen. Entsprechend erweist sich aber auch zunehmend und über die Lagerstätten mineralischer Rohstoffe hinaus, daß die gesamte zugängliche Erdkruste im bewohnbaren Bereich der Kontinente eine knappe Ressource für die menschliche Zivilisation darstellt, mit der äußerst pfleglich umgegangen werden muß. Dies bezieht sich in einem besonderen Maße auf die planmäßige Unterbringung von Abfallstoffen in der Erdkruste und damit auf das Schließen des Kreislaufes, der mit dem Abbau von Lagerstätten beginnt. Aber auch die Wasserversorgung und die Herstellung von untertägigen Verkehrswegen ist anzuführen. In allen diesen Zusammenhängen ist der Umweltschutz von größtem Belang. Die Bergbauwissenschaften im herkömmlichen Verständnis befassen sich schon seit jeher mit der angemessenen Nutzung von knappen Gütern in der Erdkruste, d.h. von Lagerstätten mineralischer Rohstoffe. Sie haben daher auch eine eigene wirtschaftswissenschaftliche Disziplin, die Bergwirtschaftslehre, zur Bewirtschaftung (Haushaltführung) dieser knappen Güter entwickelt. Ihre einschlägigen Erfahrungen stehen nunmehr auch für die neuen Aufgaben zur Nutzung der Erdkruste zur Verfügung.

Der zweite Umstand, mit dem die Entwicklung der Geoingenieurwissenschaften zusammenhängt, besteht darin, daß auch bei der technischen Durchführung der Arbeiten im Bergbau und bei der von anderen Eingriffen in die Erdkruste sehr große Ähnlichkeiten vorliegen. Das gilt zwar nicht für die lagerstättenspezifischen Abbauverfahren, die das Kerngebiet der gegenwärtigen Bergtechnik bilden, es trifft aber sehr wohl für eine große Zahl von Arbeiten zu, die weitgehend unabhängig davon sind, welcher Zielsetzung sie dienen. (Vgl. z.B. Bild 5). Bereits recht alt sind in der Praxis insbesondere die Einflußnahmen zwischen dem Bergbau und dem Tunnelbau. In jüngster Zeit kommt hiezu in steigendem Maße das Deponiewesen, vor allem wenn das Deponieren unter Tage geschieht. Dies gilt umso mehr, als dabei gegebenenfalls über die Nutzung der Grubenbaue Versorgungsbergbau und Entsorgungsbergbau miteinander kombiniert werden können (vgl. Pelizza 1987).

Infolge dieser Ähnlichkeiten sind die Verfahren, die sich mit den Eingriffen in die Erdkruste befassen, aber auch Gegenstand einer Konvergenz der zugehörigen technischen Wissenschaften. Diese Konvergenz ist in erster Linie eine Folge der fortschreitenden Durchdringung der Ingenieurwissenschaften mit den Erkenntnissen der Naturwissenschaften. (Die Konvergenz überlagert entsprechend auch den zweifellos gleichfalls noch ablaufenden Prozeß einer weiteren Divergenz bzw. Spezialisierung der Wissenschaften.)

Der umrissenen Sachlage gemäß findet sich in einer Untersuchung der National Academy of Sciences der USA aus dem Jahre 1969, die den Notwendigkeiten, Herausforderungen und Möglichkeiten der Bergbauwissenschaften gewidmet ist, die nachstehende Definition: *„Bergbau im weitesten geschichtlichen Sinn ist das Gewinnen jedes mineralischen Materials, sei es fest, flüssig oder sogar gasförmig aus der Erde und aus dem Meer zum Nutzen der Menschheit. ... Eine andere Definition von Bergbau, die oft übersehen wird, ist die Anwendung der Bergbautechnologie bei Projekten des Bauwesens, die gewöhnlich nicht die Gewinnung eines wertvollen Minerals einschließt oder wo diese höchstens sekundär ist gegenüber der Schaffung eines nutzvollen Straßeneinschnitts, eines Tunnels oder einer untertägigen Speicherkammer, eines Krafthauses oder einer Verteidigungsanlage. Möglicherweise wird der Bergbau gerade in diesem Bereich die dem Laien in den nächsten paar Dekaden sichtbarsten Beiträge liefern, obwohl die im Hintergrund ablaufende Produktion von gewaltig zunehmenden Mengen mineralischer Produkte, die von allen Branchen unserer Wirtschaft und Zivilisation benötigt werden, in der Tat weit wesentlicher ist".*

Bemerkenswerterweise waren die damit angesprochenen Zusammenhänge offensichtlich schon in der Vergangenheit den Verantwortlichen für die Leobner Hochschule voll bewußt. Nachdem zunächst bereits seit 1866 das Ordinariat für Berg- und Hüttenmaschinenbaukunde ausdrücklich auch eine Enzyklopädie der Baukunde zu betreuen hatte, bestand von 1904 bis 1933 eine eigene Professur für Baukunde, der auch die Darstellende Geometrie oblag. Von 1939 bis 1946 war die Baukunde mit der Technischen Mechanik vereint. Eine anschließend erneut geplante Lehrkanzel für Baukunde ist allerdings dann zunächst an der Bevorzugung anderer Notwendigkeiten gescheitert.

Seit 1973 hat sich die Sachlage aber erfreulicherweise wieder geändert. Das heute bestehende Institut für Geomechanik, Tunnelbau und Konstruktiven Tiefbau ist ausdrücklich im Sinne der vorgestellten Zusammenhänge und Tendenzen beantragt und errichtet worden. Seit seinem Bestehen sind daher nicht nur die bergbauorientierte Bergtechnik im herkömmlichen Verständnis sowie die geotechnischen Fächer des Erdölwesens an der Montanuniversität Leoben vertreten, sondern auch die darüber hinausgehende Exkavationstechnik bzw. Tiefbautechnik und damit der Gesamtbereich der einschlägigen Geotechnik. Demgemäß trug auch die zu Beginn der siebziger Jahre gegründete Hauptkommission des seinerzeitigen Professorenkollegiums – die als Vorgänger für eine entsprechende Fakultät gedacht war, dann aber im Zuge der Einführung des Universitätsorganisationsgesetzes 1975 wieder aufgelöst worden ist – die Bezeichnung: Hauptkommission für Geowissenschaften, Rohstoffgewinnung und Geotechnik.

Aufgrund der vorgestellten Gegebenheiten bestehen auch in Leoben bereits seit geraumer Zeit bei allen bergbauwissenschaftlichen Studien geotechnische Wahlfachrichtungen, die sich nicht auf die Nutzung von Lagerstätten beziehen. Hierzu sei auf die vorstehenden Darlegungen zu den Studienrichtungen ebenso verwiesen wie auf die den Studien im einzelnen gewidmeten Artikel dieser Festschrift. Diese Wahlfachrichtungen schließen seit mehr als 1 1/2 Jahrzehnten im Falle des Bergwesens das Tiefbauingenieurwesen – heute als Tunnelbau und Geomechanik bezeichnet – ein sowie im Falle des Erdölwesens den Konstruktiven Tiefbau und die Wassergewinnung. Im Rahmen des 1984 eingerichteten studium irregulare der angewandten Geowissenschaften werden Umwelt- und Hydrogeologie sowie Technische Geologie als nicht rohstoffbezogene Wahlfächer angeboten.

In den jüngst vergangenen Jahren ist zu den Wahlfächern der Studienrichtungen die Deponietechnik gekommen. In der Tat dürften an keiner österreichischen Universität für eine Berufsvorbil-

Bild 5: Einrichtung für das Schachtbohren (Wollers 1988).
Foto: Wirth GmbH, Erkelenz.

dung auf diesem immer dringlicher werdenden Gebiet so viele Voraussetzungen vorliegen wie an der Montanuniversität Leoben. Entsprechend sind auch zu dem Zeitpunkt, zu dem diese Zeilen geschrieben werden, sorgfältige Überlegungen über einschlägige Weiterentwicklungen im Gange. Ein entsprechender Grundsatzbeschluß des Universitätskollegiums wurde am 6. Dezember 1989 gefaßt.

An dieser Stelle ist noch auf einen weiteren Zusammenhang zu verweisen, der zwischen den herkömmlichen Bergbauwissenschaften und den Erfordernissen des Entsorgungswesens besteht. Er betrifft die Aufbereitung und das Recycling von Alt- und Abfallstoffen sowie die Ähnlichkeiten dieser Vorgänge mit der Aufbereitung von Produkten der bergbaulichen Gewinnung. Diese Ähnlichkeiten setzen sich sodann auch in den hüttenmännischen Bereich des Recycling fort. Die vorstehend angesprochenen Überlegungen zur Weiterentwicklung der Studien an der Montanuniversität schließen daher auch die gesamte Entsorgungsproblematik ein, ähnlich wie dies im übrigen auch an den Schwesterhochschulen des Auslandes geschieht.

Ob und in welchem Umfang aus den heutigen Wahlfachrichtungen – oder solchen der Zukunft – zu gegebener Zeit eigene Studienzweige der bestehenden Studienrichtungen entstehen oder gar eigene Studienrichtungen, wird sich nach den zukünftigen Erkenntnissen und Erfahrungen der Universität ebenso zu richten haben wie nach den Anforderungen aus der Praxis und den Vorgaben staatlicherseits.

In diesem Zusammenhang sind jedenfalls die folgenden Entscheidungen von Universitätsorganen von Bedeutung, die zwischen der Textierung und der Drucklegung dieses Aufsatzes getroffen wurden. Das Universitätskollegium beschloß am 31. Jänner 1990, dem Bundesminister für Wissenschaft und Forschung den Antrag auf Errichtung einer Studienrichtung „Industrieller Umweltschutz, Entsorgungstechnik und Recycling" vorzulegen. Die Studienkommission für Bergwesen faßte am 28. März 1990 den Grundsatzbeschluß, die Umbenennung des von ihr betreuten Studiums in „Bergwesen und Tunnelbau" zu beantragen.

Zum Abschluß mögen noch die folgenden zwei Hinweise eingebracht werden. Durch die Extrapolation der Bezugnahme von den Lagerstätten mineralischer Rohstoffe auf die gesamte zugängliche Erdkruste und die Bildung entsprechender Geoingenieurwissenschaften entsteht ein Wissenschaftsgebiet, dem noch stärker als den enger gefaßten, in Leoben seit 150 Jahren bestehenden klassischen Bergbauwissenschaften der Charakter eines technikorientierten „Zwillings" der erkenntnisorientierten Geowissenschaften zukommt. Dem entspricht, daß sich in der dargelegten Entwicklung ein Sachverhalt ausdrückt, der auch sprachlich vorangelegt ist. Zwar verwenden wir das Wort „Berg" in den von uns behandelten Zusammenhängen im allgemeinen nur bezogen auf die Produktion mineralischer Rohstoffe aus der oberen Erdkruste. An sich ist der Ausdruck aber bei der Bildung des Begriffes „Bergbau" und der daraus abgeleiteten Begriffe als Gleichwort für die „Erdkörpermasse" – wie dies Peter Tunner in seinem Lehrbuch ausdrücklich sagt – und jedenfalls für deren obere Teile verstanden und herangezogen worden. Der „Berg" ist der von uns nutzbare Teil der Erde. Für diese steht bedeutungsgleich in zusammengesetzten Worten die Bezeichnung „Geo-".

Wie alle montanistischen Wissenschaften bestehen die herkömmlichen Bergbauwissenschaften – ebenso wie die vorgestellten Geoingenieurwissenschaften – in Österreich nur an der Montanuniversität. Sie haben – in lateinisierter Form: mons = Berg – der Leobener Hochschule ihren Namen gegeben. Sie mögen auch weiterhin zum Blühen und Gedeihen der Alma mater Leobiensis beitragen.

## ANMERKUNGEN

CZUBIK, E: Über die Entwicklung des Instituts für Markscheide- und Bergschadenkunde der Montanuniversität Leoben. Berg- und Hüttenmännische Monatshefte 121 (1976), Seite 211–213.

FETTWEIS, G. B.: Über Aufgaben und Aussichten der Bergtechnik. Berg- und Hüttenmännische Monatshefte 114 (1969), Seite 85–90.

FETTWEIS, G. B.: Beiträge der Bergbauwissenschaften zur Lösung der Rohstoffprobleme. Berg- und Hüttenmännische Monatshefte 122 (1977), Seite 111–121. (1977 a).

FETTWEIS, G. B.: Besonderheiten der Bergbauforschung. Berg- und Hüttenmännische Monatshefte 122 (1977), Seite 321–335. (1977 b).

FETTWEIS, G. B.: Bergmännische Gesichtspunkte zur Rohstoffversorgung. In: Rohstoffe und Energie in Österreich – Beispiele für Möglichkeiten und Grenzen. Verlag der Österreichischen Akademie der Wissenschaften, Wien 1981. Seite 17–65.

FETTWEIS, G. B.: Die wissenschaftlichen Grundlagen des Bergfachs. Berg- und Hüttenmännische Monatshefte 134 (1989), Seite 373–376. (1989 a).

FETTWEIS, G. B.: Rock mechanics as part of a mining engineering sub-discipline: geomining conditions. Mineral Resources Engineering 2 (1989), Seite 213–223. (1989 b).

JONTES, L.: Zur Tracht der Leobener Bergeleven um die Mitte des 19. Jahrhunderts. In: Der Leobener Strauß, Beiträge zur Geschichte, Kunstgeschichte und Volkskunde der Stadt und ihres Bezirkes, Band 5. Kulturreferat der Stadtgemeinde Leoben, Leoben 1977.

KUPELWIESER, F.: Geschichte der k.k. Berg-Akademie in Leoben. In: Denkschrift zur 50jährigen Jubelfeier der k.k. Berg-Akademie in Leoben 1840–1890. Leoben 1890.

LORBACH, M.: Die Entwicklung der Studienrichtung Erdölwesen, Ein Rückblick auf 25 Jahre. Leobener Hochschulreden XVII (Doppel). Leoben 1981.

NATIONAL ACADEMY OF SCIENCES: Mining – Report of the Panel on Mining of the Committee on Mineral Science and Technology, Division of Engineering, National Research Council. Washington 1969.

PELIZZA, P., et al.: From Surface Mining to Underground Exploration of Industrial Minerals – Italian cases. In: Fettweis, G. B., F. Weber u. A. Weiß (Hrsg.): Bergbau im Wandel. Akademische Druck- und Verlagsanstalt Graz und Verlag Glückauf, Essen 1988.

SPICKERNAGEL, H.: Über die Studienrichtung Markscheidewesen an der Montanistischen Hochschule. In: Montanistische Hochschule Leoben 1840–1965. Verlag des Notrings der wissenschaftlichen Verbände Österreichs, Wien 1965.

TUNNER, P.: Ist eine montanistische Lehranstalt für Innerösterreich Bedürfnis, und wenn sie es ist, wie soll selbe organisiert sein? In: Die steiermärkisch-ständische montanistische Lehranstalt in Vordernberg. Ein Jahrbuch für den innerösterreichischen Berg- und Hüttenmann 1 (1842), Seite 15–32.

TUNNER, P.: Lehrbuch der Bergbaukunde, Band I, II und III. Geschrieben vom Bergeleven Alois Neubauer. Vordernberg 1843.

WOLLERS, K.: Moderne Verfahren der Vortriebstechnik für die seigere Ausrichtung. In: Fettweis G. B., Weber F. und A. Weiß (Hrsg.): Bergbau im Wandel. Akademische Druck- und Verlagsanstalt Graz und Verlag Glückauf, Essen 1988.

# Vom Hüttenkurs zum Studium der Materialingenieurwissenschaften

## Zur Entwicklung der Studienrichtungen Hüttenwesen, Gesteinshüttenwesen, Montanmaschinenwesen, Kunststofftechnik und Werkstoffwissenschaften

Herbert HIEBLER und Franz JEGLITSCH

**VORBEMERKUNG**

Die Entwicklung der Naturwissenschaften im 18. und 19. Jahrhundert ist durch die Verselbständigung von wissenschaftlichen Teilgebieten bestimmt. Die zunehmende Fülle von Erkenntnissen, die tieferen Einsichten in die Vorgänge der Natur und die Ausbildung eigener Methoden führten dazu, daß immer weniger Personen das Wissen ihrer Zeit überblicken konnten und im Sinne eines vertieften Erkenntnisgewinnes Spezialisierungen notwendig wurden. Aus der Physik entwickelten sich die Mechanik, Wärmelehre, Akustik, Optik, Elektrizitätslehre und die Lehre vom Magnetismus. Dieser „Makrophysik" folgte im 19. und 20. Jahrhundert die „Mikrophysik", deren „Gegenstände", die Moleküle, Atome und Elementarteilchen, der unmittelbaren Wahrnehmung entzogen sind. Es entwickelten sich entsprechend die Molekül-, Atom- und Elementarteilchenphysik. Während ursprünglich zum Verständnis der Vorgänge innerhalb eines Atoms die Quantentheorie entwickelt wurde, welche später als Quantenmechanik und Quantenelektrodynamik die klassische Physik des 19. Jahrhunderts ablöste, wurde das Newtonsche Gravitationsgesetz für die Physik des Weltalls durch die Allgemeine Relativitätstheorie erweitert. Ähnliche Verzweigungsmuster gelten für die Chemie, der Lehre von den Eigenschaften und Umwandlungen der Stoffe. Die Mathematik und ihre Methoden werden zum unverzichtbaren Fundament der quantifizierten Naturbeschreibung.

In diese Zeit der Spezialisierung der Naturwissenschaften fällt 1840 die Gründung der Steiermärkisch-Ständischen Montanlehranstalt. Wer glaubt, daß die Technik-Wissenschaften, und zu diesen sind die Montanwissenschaften zu zählen, einem geringeren Spezialisierungsdruck unterlagen, der irrt. Sicherlich vergehen mitunter beträchtliche Zeitspannen, bis die Ergebnisse der Naturwissenschaften in der Technik genutzt werden können bzw. bis technische Fragen und Probleme, die experimentell und empirisch gelöst werden konnten, auch naturwissenschaftlich erklärbar werden. Der Spezialisierungsdruck auf die technischen Wissenschaften ist sogar ein doppelter. Einerseits haben sie sich nach dem aktuellen Wissensstand der Naturwissenschaften auszurichten und diesen laufend zu integrieren, andererseits werden sie durch externe Ziele und Bedingungen geprägt.

Es charakterisiert die universale Persönlichkeit Peter Tunners besser, als so mancher historischer Rückblick, daß er als erster Professor der neugegründeten Steiermärkisch-Ständischen Montanlehranstalt noch umfassende Kenntnisse über das Gesamtgebiet des Berg- und Hüttenwesens hatte.

Im „Entwurf eines Lehrplanes für den Professor der Hüttenkunde", der vom Ausschuß des Joanneums unter Vorsitz Erzherzog Johanns aus dem Jahre 1830 stammt, wurden folgende Fachgebiete festgelegt, die auf der Hüttenseite zu betreuen und zu vertreten wären:

*„A. Allgemeine Hüttenkunde*

*Feuerwerkstätte – Vorbereitung der Erze inclus. Probieren – Brennmaterial – Windströmung – Getriebe.*

*B. Specielle Hüttenkunde*

*1. Eisenhüttenwesen: Arten des Eisens – Roheisen – Erste Reduction der Eisenerze – Umschmelzen des Roheisens – Gießerei – Stabeisenbereitung – Frischhütten-Einrichtung – Rennarbeit – Frischarbeit – Herdfrischerei – Flammenfrischerei inclus. des Walzens – Benützung der Abfälle – Verfeinerung des Eisens – Stahlbereitung – Schmelzstahl – Brennstahl – Gussstahl – Härten des Stahles – Raffinieren des Stahles – Vorbereitung des Eisens und Stahles zu verschiedenen Waren.*

*2. Gold- und Silberhütten*

*3. Bleihütten*

*4. Kupferhütten*

*5. Zinnhütten*

*6. Zinkhütten*

*7. Quecksilberhütten*

*8. Verschiedene Metallgewinnung*

*9. Schwefelwerke".*

Unter Allgemeiner Hüttenkunde würde man heute in Analogie zu den damaligen Fächern Wärmetechnik und Energiewirtschaft, Erzvorbereitung und Erzbewertung einschließlich analytische Chemie, Strömungslehre und Maschinenelemente bzw. Maschinenkunde subsumieren.

In der speziellen Hüttenkunde ist das Eisenhüttenwesen als Schwerpunktsfachgebiet im Detail aufgegliedert. Es umfaßt die Werkstoffkunde und alle Produktionsstufen einschließlich des Recyclings der Abfälle, bis zu den Hüttenendprodukten aus Stahl. Weiters war das Metallhüttenwesen im vollen Umfang zu vertreten. Nur als Anhang zur Hüttenkunde werden die Bergbaukunde und das Forstwesen angeführt.

Peter Tunner erstellte für den vorgesehenen Berg- und Hüttenkurs aus eigener Kompetenz und Kenntnis der Sachlage folgenden erweiterten Lehrplan, den er in seiner Antrittsrede am 5. November 1840 auch im einzelnen begründete (siehe P. W. Roth: „150 Jahre Montanuniversität Leoben. Aus ihrer Geschichte" in dieser Festschrift):

*„Im ersten Jahre (Bergcurs).*

*a) Der technische Teil der Bergbaukunde nach eigenen Schriften.*

*b) Markscheidekunde nach von Handstadts „Anleitung zur Markscheidekunde".*

*c) Das Nothwendigste aus dem Bergrechte, im Auszuge von Dr. Tausch' „Bergrecht".*

*d) Die praktischen Verwendungen.*

*Im zweiten Jahre (Hüttencurs).*

*a) Der technische Teil der Hüttenkunde nach eigenen Schriften.*

*b) Die Probierkunst wird im metallurgischen Laboratorium praktisch durchgeführt.*

*c) Das Nothwendigste aus dem Werkrechnungswesen nach Mustern der vorzüglichsten Werksrechnungen nach eigenen Schriften.*

*d) Die praktischen Verwendungen."*

Im Sinne einer umfassenden montanistischen Ausbildung gab er der Bergbaukunde den gleichen Zeitrahmen wie der Hüttenkunde. Die Hüttenkunde erweiterte er gegenüber dem Entwurf von 1830 um das Werkrechnungswesen (Betriebswirtschaft) und die praktische Ausbildung. Im technischen Teil setzte er den Schwerpunkt im Eisenhüttenwesen, lehrte aber auch das Metall- und Salzsudhüttenwesen.

## UMFANG UND ENTWICKLUNG DER LEHRE IN DEN FACHGEBIETEN DES HÜTTENWESENS VON PETER TUNNER BIS HEUTE

Der Lehrplan für Berg- und Hüttenkunde wurde 1841 zur Genehmigung eingereicht und erlangte 1844 Gültigkeit. § 6 dieses Lehrplanes lautet: *„Da die Ausbildung des Berg- und Hüttenmannes die größte Masse von Kenntnissen erheischt, die nur in einer Reihe von Jahren und nur in einer gewissen Stufenfolge und zweckmäßigen Zusammenstellung erworben werden können, so ist es nothwendig, den Lehrcurs für diese Schüler auf sechs Jahre festzustel-*

*len, von denen die vier ersten am Joanneum zu Graz, die zwei letzten aber in Vordernberg gegeben werden".*

Von den zehn Monaten des letzten Studienjahres (Hüttenkurs) wurden etwa fünf für den theoretischen Unterricht, zwei für die praktischen Arbeiten und zwei für die Instruktionsreisen und einer für Berichterstattung und Prüfungen verwendet.

Der Lehrplan behielt seine Gültigkeit auch nach der Übersiedlung der Montanlehranstalt im Jahr 1849 nach Leoben. Die einzige Veränderung war nur, daß durch die Berufungen von Albert Miller zum Professor für Bergbaukunde und Franz Sprung zum Professor für Hüttenkunde Berg- und Hüttenkurs nun parallel geführt werden konnten. 1852/53 wurden provisorisch ein Vorbereitungsjahr für absolvierte Juristen eingeführt – eine Vorstufe des ersten Studienabschnittes – und der Hüttenkurs erweitert und wie folgt präzisiert:

*"Hüttencurs.*
*1. Allgemeine Hüttenkunde und Hüttenmechanik*
*2. Probierkunde, Theorie und Ausübung*
*3. Specielle Eisenhüttenkunde (mit dem dazugehörigen Theil der Hüttenmechanik)*
*4. Kleinere hüttenmännische Excursionen und examinatorische Wiederholungen gleichzeitig mit den vormittägigen Vorträgen der Hüttenkunde*
*5. Montan-Verrechnungskunde*
*6. Specielle Metall- und Salzsudhüttenkunde*
*7. Eigenhändige Eisenfrischerei*
*8. Hüttenmännische Haupt-Excursion*
*9. Erstattung des Hauptberichtes und Vorbereitung für das Examen."*

Der Schwerpunkt der Vorlesungen und Übungen lag weiterhin auf dem Gebiete der Eisenhüttenkunde. Die specielle Metall- und Salzsudhüttenkunde hatte etwa den halben Stundenrahmen der speziellen Eisenhüttenkunde. Im Studienjahr 1859/60 wurde provisorisch erstmals der Vorbereitungskurs zweijährig geführt. Dieser 2-jährige Vorbereitungskurs wurde 1861, als die k.k. Montanlehranstalt k.k. Bergakademie wurde, auch im Lehrplan verankert.

Diesem sind für den ebenfalls 2-jährigen Fachkurs auch die Lehrinhalte der einzelnen Gegenstände zu entnehmen.

*"Lehrgegenstände im Fachcurse:*
*Fachcurs. (Vorstudien: Vorcurs oder eine höhere technische Lehranstalt).*

*I. Jahrgang*
*Praktischer Vorunterricht auf den benachbarten Berg- und Hüttenwerken.*

*a) Bergbaukunde. Über Lagerstätten, Arbeit an Gestein, Einbau (Stollen, Schächte, Bohrlöcher), Ausbau (Zimmerung, Ausmauerung, Fütterung), Wetterführung, Beleuchtung, Grubenbrand; wöchentlich fünf Vortragsstunden.*

*b) Bergmännische Maschinenbaukunde. Förderung, Wasserhaltung, Schachtanlagen; wöchentlich zwei Vortrags- und acht Übungsstunden.*

*c) Hüttenkunde. α) allgemeine (Erze, Hüttenprocesse, Öfen, Brennmaterialien, Zuschläge, Abfälle); β) specielle (Salz, Quecksilber, Zink, Arsen, Antimon, Kobalt, Nickel, Zinn); wöchentlich vier Vortragsstunden.*

*d) Probierkunde in Verbindung mit quantitativer Analyse metallhältiger Substanzen, Münztechnik; wöchentlich eine Vortrags- und zwei Übungsstunden.*

*e) Baukunst. Land-, Straßen- und Wasserbau, Bauordnung, Bauanträge, Übungen im Entwerfen von Bau-Objecten; wöchentlich drei Vortrags- und vier Übungsstunden.*

*Praktischer Nachunterricht auf den benachbarten Berg- und Hüttenwerken.*

*II. Jahrgang*
*Praktischer Vorunterricht auf den benachbarten Eisen- und Metallhüttenwerken.*

*a) Bergbaukunde. Markscheiderei, Schürfen, Aufbereitung, Grubenhaushalt, Statistisches; wöchentlich vier Vortrags- und zwei Übungsstunden.*

*b) Hüttenkunde. Specielle: Eisen, Blei, Kupfer, Silber, Gold; Hüttenhaushalt, Statistisches, Übungen im Entwerfen hüttenmännischer Baugegenstände; wöchentlich fünf Vortrags- und zwei Übungsstunden.*

*c) Hüttenmännische Maschinenbaukunde. Gebläse, Ventilationsmaschinen, Schlagwerke, Walz- und Schmiedewerke, Hüttenanlagen, Münzwesenmaschinen; wöchentlich zwei Vortrags- und acht Übungsstunden.*

*d) Grundriß der Forstkunde. Wöchentlich eine Vortragsstunde.*

*e) Berg- und hüttenmännische Geschäfts- und Rechtskunde. Rechnungswissenschaft, Dienstnormen und -Formen, Organismus und Wirkungskreis der Staatbehörden, positive Rechtsbegriffe, Lehre von Verträgen und Dienstbarkeiten, Wechselrecht, Bergrecht; wöchentlich drei Vortrags- und zwei Übungsstunden.*

*Praktischer Nachunterricht auf den Hüttenwerken."*

Im Vorkurs wurde ein eigenes Ordinariat für Physik und Chemie eingerichtet, auf das der bisherige Professor für Hüttenkunde Robert Richter berufen wurde. Er hatte die Aufgabe, Physik und Chemie zweckausgerichtet auf den Fachkurs zu lehren.

Im Fachkurs sind die Lehrveranstaltungen für die Berg- und Hüttenseite auf beide Jahrgänge ziemlich gleichmäßig verteilt. Berg- und Hüttenkunde waren noch eine Einheit und ein Studium. Der stärkere Maschineneinsatz und die Mechanisierung im Hüttenwesen gibt der Hüttenmännischen Maschinenbaukunde immer größere Bedeutung, die Lehrinhalte nehmen zu. Dies führte schließlich 1866 zur Gründung des Ordinariates für Berg- und Hüttenmaschinenkunde. Interessant ist auch der Stellenwert der Baukunst und der Geschäfts- und Rechtskunde in diesem Lehrplan.

Mit dem 2-jährigen Vorbereitungskurs war es erstmals möglich geworden, das gesamte Studium in Leoben zu absolvieren, ohne daß ein Vorstudium an einer polytechnischen Lehranstalt notwendig gewesen wäre. Dadurch verkürzte sich die Gesamtstudiendauer für das Berg- und Hüttenwesen auf 4 Jahre. Obwohl sich diese Regelung bestens bewährt hatte, wurde auf höhere Anordnung in den Jahren 1866 – 1870 der 2-jährige Vorbereitungskurs aus Kostengründen wieder aufgehoben. Im Studienjahr 1870/71 wurde er provisorisch wiedereröffnet und schließlich mit dem Statut der Bergakademie in Leoben vom 15. Dezember 1874 endgültig im Lehrplan verankert:

### „Statut der Berg-Akademie in Leoben.

#### Zweck der Berg-Akademie

*§ 1*

*Die Berg-Akademie in Leoben hat den Zweck, eine gründliche theoretische und, soweit es an der Schule möglich ist, auch praktische Ausbildung für das Bergwesen und für das Hüttenwesen mit besonderer Berücksichtigung des Eisenhüttenwesens zu ertheilen.*

*§ 2*

*An der Berg-Akademie besteht:*

*a) eine allgemeine Abtheilung für jene Wissenschaften, welche die Grundlage der Fachstudien bilden;*

*b) eine Fachschule für Bergwesen;*

*c) eine Fachschule für Hüttenwesen.*

#### Lehrfächer

*§ 3*

*Der Unterricht umfaßt folgende Fächer:*
*Höhere Mathematik,*
*Technische Mathematik,*
*Darstellende Geometrie,*
*Praktische Geometrie,*
*Allgemeine Maschinenbaukunde,*
*Mineralogie,*
*Geologie,*
*Paläontologie,*
*Physik,*
*Theoretische Chemie,*
*Metallurgische Chemie,*
*Analytische Chemie,*
*Probierkunde,*
*Bergbaukunde,*
*Aufbereitungslehre,*
*Markscheidekunde,*
*Berg-Maschinenbaukunde,*
*Eisenhüttenkunde,*
*Metallhüttenkunde der übrigen Metalle,*
*Sudhüttenkunde,*

*Hütten-Maschinenbaukunde,*
*Encyclopädie der Bergbaukunde,*
*Encyclopädie der Hüttenkunde,*
*Encyclopädie der Baukunde,*
*Encyclopädie der Forstkunde,*
*Bergrecht,*
*Vertrags- und Wechselrecht,*
*Buchhaltung.*

*Das Ackerbau-Ministerium kann über Antrag oder nach Einvernehmung des Professorenkollegiums (§ 37) eine Vermehrung, Trennung oder Vereinigung der Lehrfächer nach Maßgabe des Bedürfnisses eintreten lassen.*

*§ 4*
*An die Vorträge reihen sich Übungen und Exkursionen. Nach Schluß der Vorträge werden zur weiteren Ausbildung in einzelnen Fächern Unterrichtsreisen vorgenommen."*

Mit diesem Statut war erstmals eine Trennung zwischen dem Studium des Bergwesens und des Hüttenwesens gezogen. Der Lehrplan war aber für beide Studienrichtungen sehr ähnlich, und so zogen es die meisten Studenten vor, weiterhin wie bisher üblich, Berg- und Hüttenwesen zu studieren. Erst im Studienjahr 1919/20 erfolgte eine stärkere Trennung auch schon in den Semestern des Ersten Studienabschnittes, und damit wurde die Gepflogenheit, das Doppelstudium Berg- und Hüttenwesen in Leoben zu absolvieren, eine Seltenheit.

Die Professoren der Hüttenkunde von Peter Tunner bis Josef Gängl von Ehrenwerth hatten stets das gesamte Gebiet der Eisen-, Metall- und Sudhüttenkunde zu vertreten. Miteingeschlossen waren natürlich auch die Werkstoffkunde, Gießereikunde und Verformungskunde. Erst mit der Berufung von Franz Schraml als Professor für Allgemeine Metall- und Sudhüttenkunde gab es eine zweite spezielle Lehrkanzel auf dem Gebiet des Hüttenwesens. Die Lehrkanzel für Berg- und Hüttenmaschinenbaukunde, die seit 1866 bestand, sowie die verschiedenen Lehrkanzeln für den Ersten Studienabschnitt dienten beiden Studienrichtungen gemeinsam.

Die Auffächerung der einzelnen Fachgebiete zu selbständigen Ordinariaten und Instituten begann, wie Bild 1 zeigt, zuerst bei den Grundlagenfächern, wobei nur die für das Hüttenwesen relevanten, ingenieurwissenschaftlichen Grundlagenfächer angeführt sind. Erst 1907 begann die Differenzierung der Hüttenkunde selbst. Die starke Aufgliederung nach 1940 spiegelt die exponentiell steigende Wissensvermehrung und Spezialisierung auf dem großen Gebiet des Hüttenwesens wider.

Eine Folge davon war auch eine Spezialisierung innerhalb der Studienrichtung. Ab dem Studienjahr 1963/64 hatten die Studenten die Möglichkeit, im achten Semester zwischen einer mehr gießereitechnischen oder verformungstechnischen Ausrichtung zu wählen. Mit dem Studienjahr 1970/71 wurde dann die Wahl folgender sechs Studienzweige möglich:

Eisenhüttenwesen,
Metallhüttenwesen,
Verformungswesen,
Metallkunde,
Gießereiwesen,
Betriebs- und Energiewirtschaft.

Damit wurde einem allgemeinen Trend zur Spezialisierung Rechnung getragen, wobei aber an der Montanuniversität die Verselbständigung größerer Fachbereiche nicht soweit getrieben wurde, wie an vergleichbaren ausländischen Hochschulen. Die Spezialisierung erfolgt erst ab dem 7. Semester, und nach wie vor gibt es in der Studienrichtung Hüttenwesen eine gemeinsame Diplomprüfung mit dem Abschluß „Diplomingenieur für Hüttenwesen". Dies hat sich inzwischen als Vorteil erwiesen, da in der Praxis heute eher eine Generalisierung als eine stärkere Spezialisierung erwünscht ist.

## ENTWICKLUNG UND CHARAKTERISTIK DER AUS DEM HÜTTENKURS ENTSTANDENEN STUDIENRICHTUNGEN

Zeitlich etwa parallel zur Aufgliederung des Hüttenwesens in Wahlpflichtfächer und in weiterer Folge in Studienzweige entstanden neue Studienrichtungen. Manche Teilgebiete des Hüttenwesens hatten nicht nur in ihrer wissenschaftlichen, sondern vor allem industriellen Bedeutung so zugenommen,

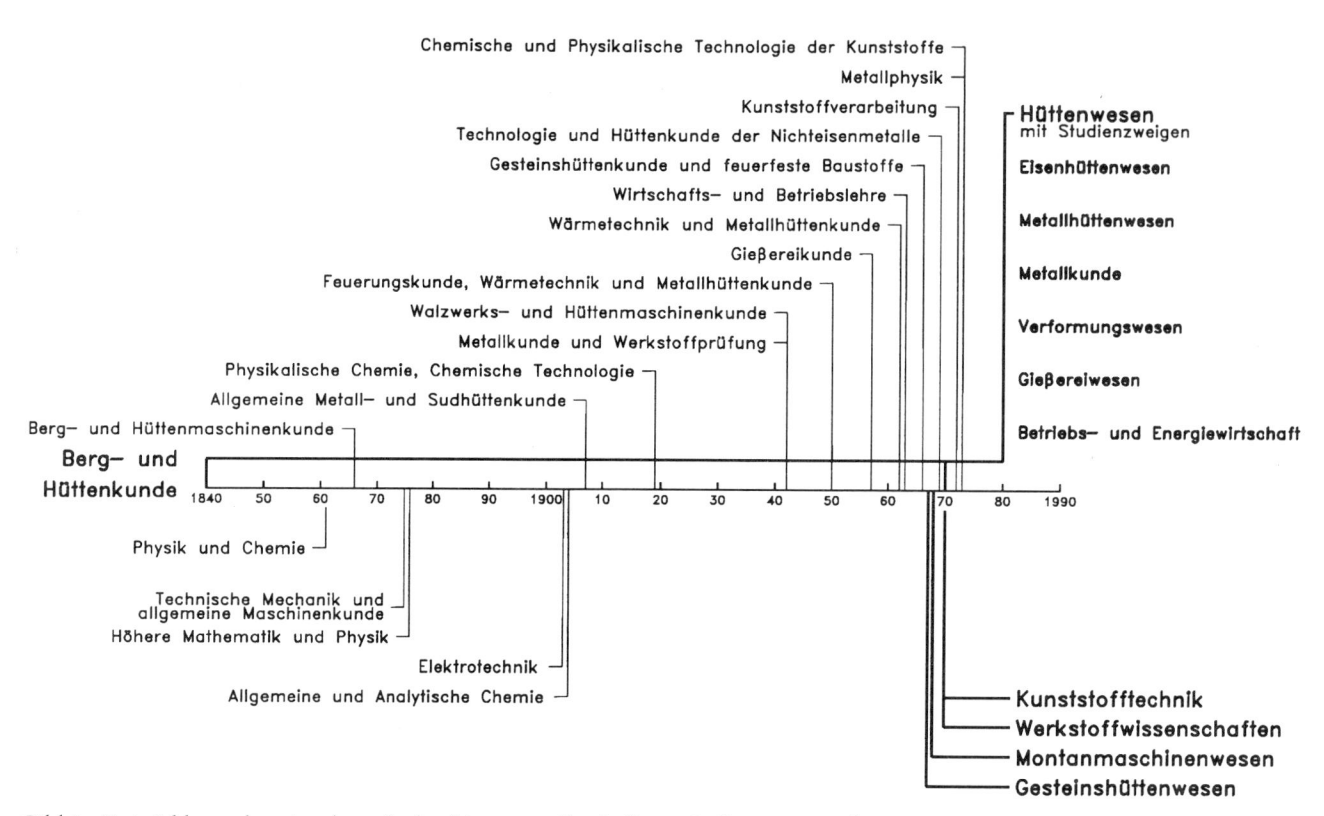

Bild 1: Entwicklung der einzelnen Fachgebiete zu selbständigen Ordinariaten und Instituten sowie Gründung neuer Studienrichtungen.

daß das jeweilige Gebiet in einer eigenen Studienrichtung sowohl in Forschung als auch in Lehre zu vertreten war. Dazu gehören vor allem die Studienrichtungen Gesteinshüttenwesen und Werkstoffwissenschaften. Die Studienrichtung Montanmaschinenwesen ist ein gemeinsames Kind sowohl des Bergals auch des Hüttenwesens. „Schwere" Maschinen, die maschinelle Ausrüstung insgesamt, bilden eine wesentliche Basis für die Bewältigung der dem Bergbau und dem Hüttenwesen gestellten Aufgaben. Als sinnvolle Erweiterung der werkstoffbezogenen Auffächerung ist die Studienrichtung Kunststofftechnik zu nennen. Für einen Außenstehenden mag die Positionierung dieser Studienrichtung im Hinblick auf das dargelegte Entwicklungsbild des hüttenmännischen Fachgebietes zu Fragen Anlaß geben. Die Studienrichtung Kunststofftechnik befaßt sich jedoch nicht mit der Synthese organischer Verbindungen, sondern mit deren Verarbeitung, den dazugehörigen Maschinen, konstruktiven Besonderheiten der Kunststoffe sowie den Hochpolymeren als eigene Werkstoffklasse. Diese Fachgebiete gehören aber sehr wohl zu den Kerngebieten der Montanuniversität. Die Auffächerung der Fachgebiete Ende der 60er, Anfang der 70er Jahre an der damaligen Montanistischen Hochschule war einerseits eine Notwendigkeit geworden und folgte andererseits Überlegungen, wie sie an allen deutschen Technischen Hochschulen und Bergakademien angestellt wurden.

STUDIENRICHTUNG
GESTEINSHÜTTENWESEN

Die Studienrichtung Gesteinshüttenwesen hat ihren Ursprung im Hüttenwesen, in welchem die Feuerfesten Baustoffe und Bindemittel eine bedeutende Rolle spielen. Deshalb wurden diese Produkte und deren Einsatz in metallurgischen Aggregaten in Lehre und Praxis lange Zeit auch von den Hüttenleuten vertreten. So stammt z.B. eine der ersten Veröffentlichungen „Über Brennen von Magnesit und Öfen hiefür", ÖZBH 37 (1889) von Gängl von Ehrenwerth, damals Außerordentlicher Professor für Eisenhüttenkunde in Leoben. Bis 1966, als das Institut für Gesteinshüttenkunde und die Studienrichtung geschaffen wurden, ist das notwendige Wissen über die feuerfesten Produkte und deren Herstellung von Lehrbeauftragten und den Professoren für Hüttenkunde, Wärmetechnik und für Physikalische Chemie vermittelt worden.

In der Studienrichtung Gesteinshüttenwesen werden Diplomingenieure herangebildet, die entsprechende Kenntnisse auf den Sachgebieten feuerfeste Baustoffe sowie Keramik und Glas verfügen. Die breite Fachausbildung umfaßt die Rohstoffe und deren Aufbereitung ebenso wie die Anlagen- und Verfahrenstechnik für die Herstellung der einzelnen Produktgruppen und deren Einsatz in Industrie und Wirtschaft. Die Entwicklung und Erprobung der vielfältigen feuerfesten Produkte, ein Schwerpunkt der Tätigkeit der Diplomingenieure für Gesteinshüttenwesen, erfolgt in Zusammenarbeit mit der Hüttenindustrie. Dadurch ergeben sich viele Gemeinsamkeiten.

Auch die Konstruktionskeramik, ein Hoffnungsgebiet für neue Werkstoffe, das in Zukunft in Forschung und Lehre entsprechend vertreten werden soll, zeigt diese Synergie mit der Metallurgie. Um keramische Werkstoffe ausreichend duktil zu machen, werden Erkenntnisse aus der Metallforschung nutzbar gemacht, ebenso Erfahrungen und Verfahren der Pulvermetallurgie. Die geplante Errichtung eines Institutes für „Keramische Werkstoffe" nach einem gemeinsamen Antrag der Studienrichtungen für Gesteinshüttenwesen und Werkstoffwissenschaften ergänzt dieses Bild und eröffnet neue Perspektiven für die Materialingenieurwissenschaften an der Montanuniversität.

## STUDIENRICHTUNG MONTANMASCHINENWESEN

Die Studienrichtung Montanmaschinenwesen kann als Folge eines Stärkeprofiles gesehen werden, das sich an der Montanuniversität herausgebildet hatte. Im Berg- und Hüttenwesen war der Maschineneinsatz in allen Produktionsstufen bereits in der ersten Hälfte des vorigen Jahrhunderts üblich. Daher wurde schon 1866 an der k.k. Bergakademie Leoben eine Lehrkanzel für Berg- und Hüttenmaschinenbaukunde gegründet.

Für die Einrichtung und Entwicklung der Studienrichtung waren die vorhandenen Ressourcen an der Montanuniversität entscheidend. Mathematik, Darstellende Geometrie, Mechanik, Elektrotechnik, Physik, Maschinenelemente, Wärmetechnik, Allgemeine und Bergmaschinenkunde sowie Hüttenmaschinenkunde waren vorhanden und bildeten einen soliden Grundstock. Dazu kamen aus dem Bereich Hüttenwesen noch die verfahrenstechnischen und werkstoffkundlichen Vorlesungen, die Wärmebehandlung und die Schweißtechnik und nicht zu vergessen, die betriebswirtschaftliche Ausbildung. Mit diesen Möglichkeiten und der Ausrichtung bestehender Institute auf „Fördertechnik und Konstruktionslehre" (1971) und „Allgemeiner Maschinenbau" (1973) bei der Neubesetzung der Ordinariate konnte eine entsprechende Fachausbildung sichergestellt werden. Der Einsatz von Maschinen zur Mechanisierung der Betriebsabläufe gibt dem Maschinenbau im Montanwesen ein spezielles Betätigungsfeld. Sowohl in der Konstruktion, im Anlagenbau, als auch in der Produktion und Instandhaltung werden „montanistische" Maschinenbauingenieure benötigt. Innerhalb der Studienrichtung Montanmaschinenwesen kann sich der Student wahlweise entweder mehr auf die Maschinen des Hüttenwesens oder mehr auf jene des Berg- und Erdölwesens ausrichten. Ausbildungsziel ist jedoch immer ein universeller Maschinenbauer, der seine montanistische Prägung durch die zusätzlichen werkstoffkundlichen, technologischen und verfahrenstechnischen Lehrveranstaltungen erhält. In Zukunft ist geplant, dieses Ausbildungsprofil noch durch Lehrveranstaltungen über Automatisierung, Angewandte Informatik und industriellen Umweltschutz zu verstärken.

## STUDIENRICHTUNG KUNSTSTOFFTECHNIK

Die beiden jüngsten Studienrichtungen, die der Kunststofftechnik und der Werkstoffwissenschaften, wurden mit dem Bundesgesetz über montanistische Studienrichtungen vom 10. Juli 1969 eingerichtet. Die Aufgabe der Studienrichtung Kunststofftechnik ist es, Diplomingenieure heranzubilden, die neben den entsprechenden Kenntnissen über die Chemie der Kunststoffe sich vor allem mit der Verarbeitung und dem Einsatz in Anwendungsgebieten zu befassen haben und die den besonderen konstruktiven Gegebenheiten der Kunststoffe Rechnung tragen können. Diese Fachgebiete werden auch durch die Gleichrangigkeit der entsprechenden Prüfungsfächer sichtbar. Die Einrichtung einer Studienrichtung für Kunststofftechnik in dieser Konzeption an der Montanuniversität war wohl überlegt und hat sich retrospektiv betrachtet als fachlich richtig erwiesen. Dabei nehmen die fachlichen Berührungsflächen und die Vernetzungsgrade der Kunststofftechnik mit anderen Fachgebieten der Montanuniversität laufend zu. Dies gilt für die Integration der Kunststoffe als Konstruktionswerkstoffe in der Studienrichtung Werkstoffwissenschaften, über die Verbundwerkstoffe und die Verarbeitungsprozesse bis hin zum Fachgebiet des Konstruierens in Kunst- und Verbundstoffen, das durch die Berücksichtigung eines speziellen Werkstoffverhaltens nicht nur den Maschinenbau befruchtet, sondern diesen auch als Gesprächspartner benötigt. Und es ist sicher mehr als nur ein Zufall, wenn in der Vorbereitungsphase zur Errichtung der Studienrichtung Kunststofftechnik die damaligen Ordinarii der Institute für Gießereikunde und Metallkunde und Werkstoffprüfung in besonderer Weise aktiv tätig waren, vertraten sie doch affine Fachgebiete zu den Kerngebieten der heutigen Studienrichtung Kunststofftechnik. Wenn heute auch die Kunststofftechniker den Bergkittel tragen, so kommt damit nicht nur die Verbundenheit mit der Montanuniversität zum Ausdruck, sondern auch die Integration und Heimstätte ihrer Fachgebiete.

## STUDIENRICHTUNG WERKSTOFFWISSENSCHAFTEN

Die zunehmenden Anforderungen der Technik haben zu immer komplexeren Werkstoffen geführt. Die metallischen Konstruktionswerkstoffe, auch heute noch mengenmäßig mit Abstand die größte Gruppe, konnten nicht mehr alle Wünsche erfüllen. Es war ein logischer und konsequenter Schritt, aus der Fachkompetenz, die über Metalle und metallische Werkstoffe im Rahmen des Fachgebietes Hüttenwesen bestand, der Verselbständigung des Gebietes des Gesteinshüttenwesens sowie in Anbetracht der zu gründenden Studienrichtung Kunststofftechnik einen neuen Ausbildungsweg ins Leben zu rufen, um das Wissen über alle Werkstoffgruppen (metallische Werkstoffe, keramische Werkstoffe, Kunststoffe als Konstrukionswerkstoffe, Verbundwerkstoffe) integrativ zu vermitteln. Mit der Errichtung der Studienrichtung Werkstoffwissenschaften trug man auch der Tatsache Rechnung, daß das werkstoffkundliche Wissen in der Zwischenzeit so angewachsen war, daß es einer eigenen Pflege in Forschung und Lehre bedurfte.

Die beiden Studienrichtungen Kunststofftechnik und Werkstoffwissenschaften konnten bereits mit Beginn des Wintersemesters 1970/71 ihren Studienbetrieb aufnehmen. Sie feiern damit 1990 ebenfalls ein Jubiläum, nämlich ihr 20-jähriges Bestehen. Trotz gewisser Schwierigkeiten haben sich die beiden jüngsten Studienrichtungen als sehr erfolgreich erwiesen; sie sind mit den Erstinskribentenzahlen des Studienjahres 1989/90 zu den beiden stärksten Studienrichtungen der Montanuniversität geworden.

## MATERIALINGENIEURWISSENSCHAFTEN ALS ÜBERGEORDNETES FACHGEBIET UND AUSBLICK

Auf Wellen der Differenzierung mit Vertiefung in einzelnen Fachgebieten und Spezialistentum folgen Bemühungen der Integration bzw. das Suchen von Gemeinsamkeiten auf einer übergeordneten Ebene. Einen dankenswerten Versuch, die heutigen, durch Auffächerung entstandenen Fachgebiete der Montanuniversität in einer übergeordneten Klammer wieder zusammenzufassen, stellt der Beitrag von G. B. Fettweis „Zum Selbstverständnis der an der Montanuniversität vertretenen Ingenieurwissenschaften" dar. Zum ursprünglichen Pendant Berg- und Hüttenkurs, später Bergwesen und Hüttenwesen, könnten nun die übergeordneten Begriffe der Geoingenieurwissenschaften und der Materialingenieurwissenschaften treten. Während bei den Geoingenieurwissenschaften der Erdkrustenbezug die übergeordnete Klammer darstellt, wäre dies bei den Materialingenieurwissenschaften der Werkstoffbezug. Bei diesem Bestreben nach konvergenter Sicht ist bei den Materialingenieurwissenschaften zugleich auch eine stärkere Divergenz und Schwerpunktverlagerung der Fachgebiete festzustellen als bei den Geoingenieurwissenschaften. In diesem Zusammenhang ist etwa auf die eigenständige Komponente der Studienrichtung Montanmaschinenwesen hinzuweisen oder auf die derzeit laufenden Überlegungen zur Errichtung eines Studienversuches für „Technomathematik". Auch die mit 31. Jänner 1990 durch das Universitätskollegium beschlossene Errichtung einer Studienrichtung „Industrieller Umweltschutz, Entsorgungstechnik und Recycling" stellt im Sinne des Schließens von Kreisläufen neue Gesichtspunkte und Herausforderungen an die Fachgebiete der Montanuniversität dar.

Der jüngste Beschluß der Studienkommission für Hüttenwesen, ihr Fachgebiet in „Metallurgie" umzubenennen, ist mehr als nur eine Namensänderung und zeigt auch die in traditionsreichen Gebieten der Montanuniversität zwischenzeitlich eingetretenen Schwerpunktsverschiebungen zu größerer Verarbeitungstiefe und Finalisierung auf. Das hochwertige Endprodukt ist das Ziel aller Bemühungen. Mit Metallurgie wurde daher nicht nur ein international üblicher Begriff für die Hüttenkunde gewählt, sondern Metallurgie – laut Brockhaus: Erzeugung metallischer Stoffe im großtechnischen Maßstab aus Erzen und Schrott und die Technik der Weiterverarbeitung (griech. „Metallbearbeitung") – steht auch für die Verarbeitung und Werkstofftechnik. In diesem Zusammenhang sei angemerkt, daß auch die sechs Studienzweige des Hüttenwesens einer Diskussion zu unterziehen sein werden. Zwar ist die Montanuniversität in der Auffächerung des Hüttenwesens in wohlbedachter Weise weniger weit gegangen, als so manche andere Schwesteruniversität, doch wird man im Hinblick auf die in der Zwischenzeit eingetretene Entwicklung in den Fachgebieten des Hüttenwesens einerseits, sowie der Anzahl der Studenten andererseits, die Zahl und Definition der Studienzweige überdenken müssen.

Unbeschadet dieser Überlegungen ist es eine Genugtuung festzuhalten, daß sich alle, aus dem ehemaligen Hüttenkurs emanzipierten Fachbereiche und Ausbildungswege in erfreulicher Weise entwickelt haben. Die absehbare technische Entwicklung gibt zur Überzeugung Anlaß, daß diese Fachgebiete auch in Zukunft zum Wohle der Montanuniversität blühen und gedeihen werden.

# Hüttenwesen für Jedermann

Zum besseren Verständnis der Skripten gezeichnet von Heimo JÄGER im Studienjahr 1966/67.

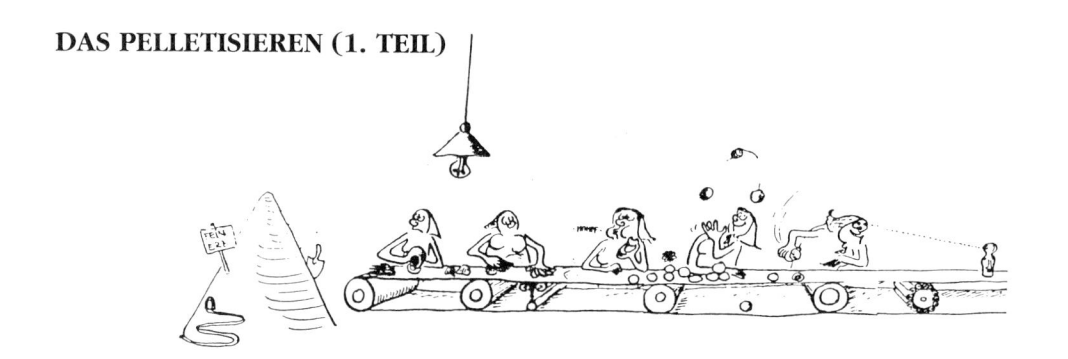

**ERZABBAU**

**MAHLEN DES ERZES**

**DAS PELLETISIEREN (1. TEIL)**

# DAS PELLETISIEREN (2. TEIL)

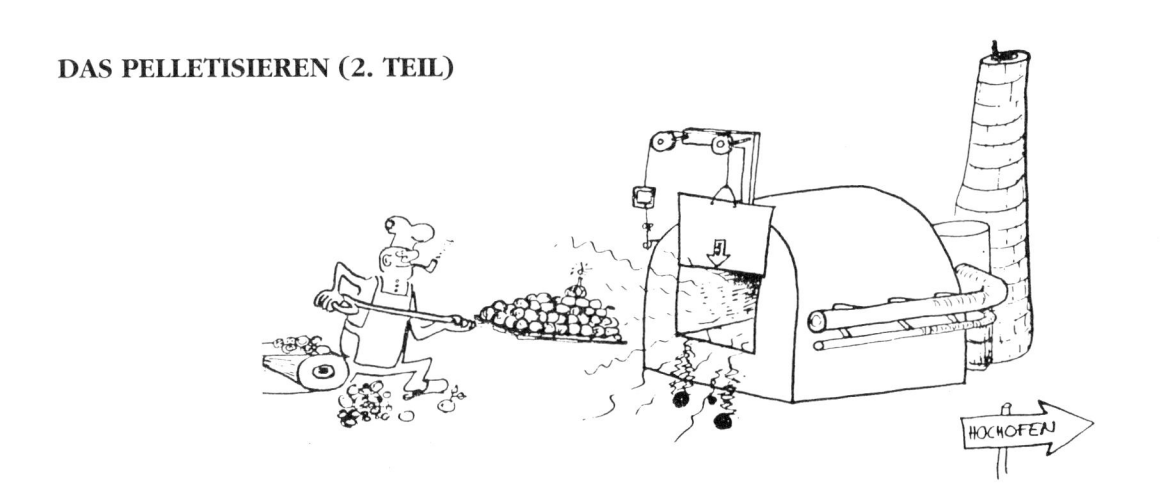

# BEGICHTUNG HOCHOFEN

# ROHEISENMISCHER

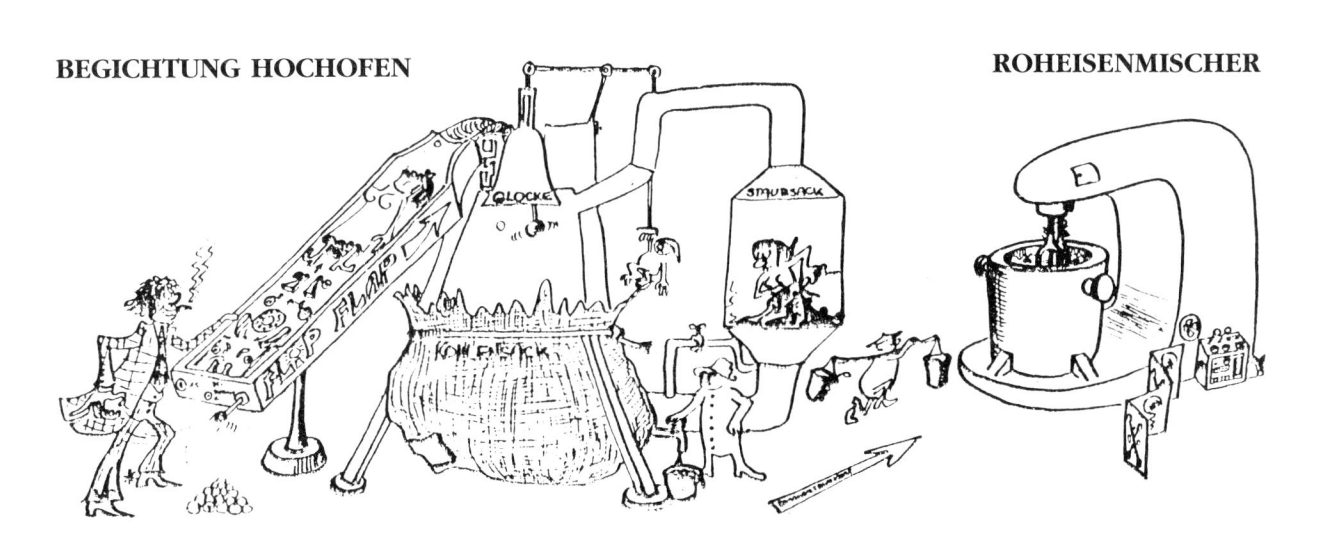

# DAS STAHLWERK

## GIESSEN VON RASIERKLINGEN

## STRIPPERHALLE

## WALZWERK

## BLECHKONTROLLE

## FERTIGINDUSTRIE

# Die Bedeutung der Grundlagenfächer für die Montanuniversität

Heinz GAMSJÄGER

**EINLEITUNG**

Denkt man über die Bedeutung des Namens „Montanuniversität" nach, so stößt man zunächst auf zwei Wurzeln des Begriffes „Universität". Dieser bezeichnete ursprünglich die *universitas*, also die Gesamtheit der Professoren und Studenten und bezog sich auf deren gemeinsames Wirken. In diesem Sinne verdient die Montanuniversität in hohem Maße ihren Namen, hat sie sich doch seit Peter Tunners Zeiten als Alma mater aller in ihrem Bereich Lehrenden und Lernenden bewährt.

Im Laufe der Zeit unterlag das Wort einem Bedeutungswandel: heute wird darunter meist die universitas litterarum, die Gesamtheit der Wissenschaften, verstanden. In diesem Sinne ist der Name „Montanuniversität" geradezu widersprüchlich, da er den Spezialcharakter der Institutionen betont, in der ja vorwiegend Montanisten, d.h. Techniker, ganz sicher aber weder Theologen, noch Mediziner, noch Juristen ausgebildet werden. Allerdings ließ Peter Tunner schon 1840 bei der Ansprache anläßlich der Eröffnung der steiermärkisch-ständischen Montanlehranstalt keinen Zweifel daran, daß er eine Schule mit universitärem Charakter begründen wolle.[1] Im Jahre 1861 etablierte sich diese als Bergakademie der österreichisch-ungarischen Monarchie, damit bestand weder in der wissenschaftlichen Öffentlichkeit noch im Staate ein Zweifel daran, daß Peter Tunners Ziel erreicht worden war.

Offenbar kann *universitas* auch in einem dritten Sinne gemeint sein, so daß man einer Hochschule den Rang einer Universität zuerkennt, wenn an ihr die Gesamtheit mindestens eines Faches oder Fachbereiches gelehrt wird.

**WOZU GRUNDLAGENFÄCHER AN DER MONTANUNIVERSITÄT?**

Wodurch wird nun der Universitätscharakter einer Spezialschule begründet?

Tüchtige Absolventen, die imstande sind, das erreichte technische und wissenschaftliche Niveau eines Faches zu halten, sind eine notwendige, aber keine hinreichende Voraussetzung. Die Universitäten sind gesetzlich damit beauftragt, daß man an ihnen die aktuelle Forschung auf den jeweiligen Spezialgebieten lehrt und erfolgreich zur Weiterentwicklung der Wissenschaft anwendet. Dies geht aus dem Promotions- und Habilitationsrecht hervor und setzt aktive Forscher unter den Professoren und Assistenten, aber auch zur Forschung befähigte Studierende voraus.

Welche Studenten sind überhaupt an der Forschung interessiert und zur Forschung befähigt? In den technisch-naturwissenschaftlichen Disziplinen sind dies in der Regel nur solche, die eine solide Grundausbildung angeboten bekommen und auch genossen haben. Mängel im mathematisch-physikalisch-chemischen Basiswissen sind zu einem späteren Zeitpunkt nur sehr schwierig in einem Maße nachzuholen, wie dies für selbständige Forschung nötig ist.

Montanisten aller Studienrichtungen müssen funktionsorientiert ausgebildet werden. Dafür ist eine breitere Basis hinsichtlich der naturwissenschaftlichen Grundlagen erforderlich, als es bei den fachorientierten Mathematikern, Physikern oder Chemikern üblich ist. Soll der Aufwand mit anderen technischen Studien vergleichbar bleiben, geht die Breite zwangsläufig auf Kosten der Tiefe.

Es ist Aufgabe und Herausforderung der Professoren und Assistenten, die an der Montanuniversität die Grundlagenfächer vertreten, dafür zu sorgen, daß die Ausbildung der Anfänger in einem passenden Rahmen bleibt und doch das essentielle Wissen und Können vermittelt. Die Fortgeschrittenen, besonders die wissenschaftlich engagierten unter ihnen, sollten aber in allen Grundlagenfächern eine vom feu sacré des Forschungseifers erfüllte Atmosphäre vorfinden, die ihnen zeigt, welche neuen Wege man auf diesen Gebieten beschreitet und welche Untersuchungsmethoden überhaupt zur Verfügung stehen. Dies kann nur dann geschehen, wenn an allen einschlägigen Instituten tatsächlich aktuelle Forschungsprojekte bearbeitet werden und die Ergebnisse in die Ausbildung im Zweiten Studienabschnitt einfließen. Ein Blick in den Studienführer zeigt, daß auf diesem Gebiet vieles geschehen ist, den Studienkommissionen aber noch ein weites Feld für ihre Arbeit bleibt.

Die wissenschaftliche Weiterentwicklung des Montanwesens, der gesellschaftliche Auftrag der Montanuniversität, benötigt Konzepte, die in den Grundlagenfächern erarbeitet wurden. In welcher Wechselwirkung diese mit den Montanwissenschaften stehen, wird nun an klassischen Beispielen für die vier Teilbereiche (Rohstoffe, Verfahren, Maschinenbau, Werkstoffe) gezeigt.

## DAS PERIODENSYSTEM UND DIE SYSTEMATIK VON METALLEN UND ROHSTOFFEN

Einschließlich der künstlich hergestellten kennt man 103 chemische Elemente, davon kommen ca. 90 in der Natur vor. Bisher wurden ca. $6 \cdot 10^6$ Verbindungen dieser Elemente charakterisiert und synthetisiert; eine Vielfalt, der der angehende Montanist, aber nicht nur dieser, zunächst ziemlich hilflos gegenübersteht. In den sechziger Jahren des vorigen Jahrhunderts kamen nun unabhängig voneinander Dimitri Iwanowitsch Mendelejew in St. Petersburg und Julius Lothar Meyer in Karlsruhe auf die geniale Idee, die chemischen Elemente nach steigendem „Atomgewicht" und der Ähnlichkeit ihres Verhaltens in einem Periodensystem anzuordnen. Dies erwies sich sogleich als ein überaus leistungsfähiges Konzept, mit dem chemische Fakten sowohl systematisch geordnet als auch vorausgesagt werden konnten. So beschrieb Mendelejew das chemische Verhalten von 10 damals noch unbekannten Elementen (Ga, Sc, Ge, Tc, Re, Po, Fr, Ra, Ac und Pa), z.T. in allen Einzelheiten.

Als Clemens A. Winkler in Freiberg (Sachsen) 1886 ein neu entdecktes Mineral (Argyrodit, $Ag_8GeS_6$) untersuchte, ergab die Analyse zunächst einen Fehlbetrag von 7%. In unermüdlicher Laborarbeit mit für unsere Begriffe einfachsten Hilfsmitteln fand Winkler, daß dieser durch ein noch unbekanntes Element hervorgerufen wurde. Er isolierte dieses, untersuchte die Eigenschaften teils selbst, teils stellte er Proben des Elements anderen Chemikern zum weiteren Studium zu Verfügung, so daß es schließlich als das von Mendelejew postulierte Ekasilicium identifiziert wurde. Dem neu entdeckten Element gab Winkler zur höheren Ehre seines Vaterlandes den Namen Germanium. Mit diesem „experimentum crucis" wurde das Periodensystem, das sich zuvor schon bei der Entdeckung von Gallium (1875) und Scandium (1879) bewährt hatte, endgültig als wichtigstes Ordnungsprinzip für die Chemie bestätigt.[2]

Heute wird ein Element, ob es frei oder in einer Verbindung vorliegt, durch seine Ordnungszahl (d.h. die Zahl der Protonen im Atomkern) definiert. Der Atombau der Elemente kommt im Periodensystem zum Ausdruck; er bestimmt Größe, Ladung und Polarisierbarkeit der aus den Elementen gebildeten Ionen und damit letzten Endes das chemische Verhalten aller Stoffe. Das Periodensystem bietet daher auch die fundamentale Grundlage für eine Systematik der Metalle. Nach Tabelle 1 unterscheidet man z.B. 6 Gruppen, bei denen die Ähnlichkeit der chemischen Eigenschaften dazu führt, daß man sie in ähnlichen mineralischen Rohstoffen findet und nach ähnlichen Verfahren gewinnt.[3] Beherrschung der Aufbauprinzipien des Periodensystems erspart viele Detailkenntnisse und stellt somit ein chemisches Basiswissen über die Metalle und ihre Rohstoffe dar, das jeder einschlägig tätige Montanist schon aus denkökonomischen Gründen haben sollte.

## THERMODYNAMIK UND DIE OPTIMIERUNG TECHNISCHER VERFAHREN

Es gibt einen guten Grund, die Prinzipien der Thermodynamik sorgfältig zu studieren; sie spielt nämlich eine besondere Rolle unter den Naturwissenschaften. Man verwendet ihre Methode für so verschiedene Probleme, wie z.B. die Erklärung der Bildung von Carbonatgesteinen, die Bestimmung der Ausbeute chemischer Synthesen, die Berechnung der Gichtgaszusammensetzung oder die Interpretation von Spannung-Dehnung-Diagrammen von Kunststoffen. Bei allen diesen Problemen stellt sich die Frage nach dem Gleichgewichtszustand, und

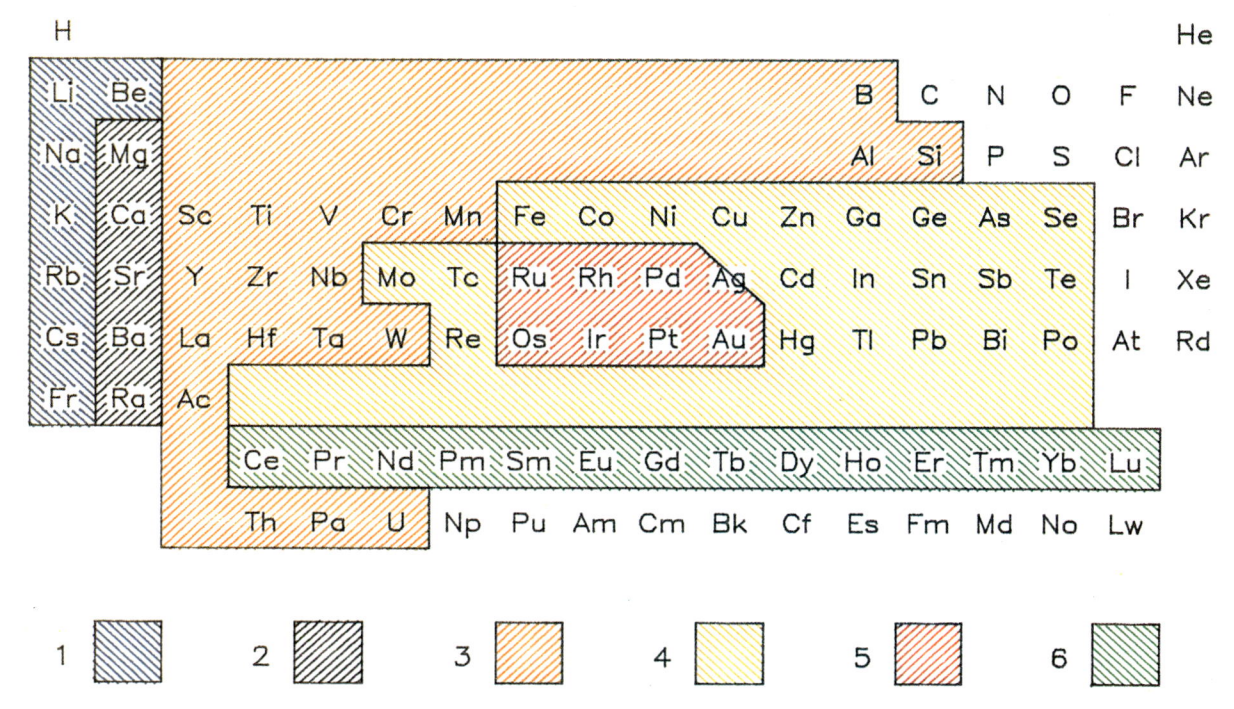

Tabelle 1: Periodensystem der Elemente.
Legende:
1. Reaktionsfähige, elektropositive Metalle. Sie bilden sehr stabile Ionenverbindungen und einfache wasserlösliche Salze, die gelegentlich in bergmännisch gewinnbaren Ablagerungen vorkommen. Sie befinden sich auch als kationische Bestandteile in Alumino-silicat-Gesteinen. Die Metalle werden elektrolytisch gewonnen.
2. Reaktionsfähige, elektropositive Erdalkalimetalle. Sie kommen in ionischen Verbindungen, insbesondere in schwerlöslichen, gesteins- und mineralbildenden Carbonaten und Sulfaten vor. Die Metalle werden elektrolytisch gewonnen.
3. Reaktionsfähige Metalle höherer Wertigkeit. Durch das gestiegene Verhältnis von Ladung zu Radius werden kovalente Bindungen und die Bildung von Oxo-anionen begünstigt. Sie haben große Affinität zu Sauerstoff. Aluminium und Silicium sind Hauptbestandteile von Alumino-silicat- und Silicat-Gesteinen. Die übrigen kommen in letzteren sowie als Oxide und gemischte Oxide vor. Die Metalle werden durch Reduktion, Substitution und Elektrolyse gewonnen.
4. Metalle, die häufig Sulfide bilden. Ihre Gewinnung erfordert beinahe immer ein Röstverfahren, um Oxide für die anschließende Reduktion oder Sulfate für eine hydrometallurgische Behandlung zu erhalten.
5. Edelmetalle mit geringer Stabilität der Verbindungen. Sie kommen gediegen oder in Form leicht reduzierbarer Verbindungen vor. Die Gold-Extraktion ist ein Musterbeispiel für die Hydrometallurgie.
6. Seltenerdmetalle. Sie sind chemisch so eng verwandt, daß sie schwierig zu trennen sind (fraktionierte Kristallisation). Verwendung für spezielle Zwecke: Feuersteine, magnetische Werkstoffe.

diese wird von der Thermodynamik beantwortet. Die Grundlage der klassischen Thermodynamik bilden zwei Hauptsätze, die das Gleichgewicht und das Erreichen des Gleichgewichtes beschreiben. Die große Stärke der Thermodynamik, die allgemeine Gültigkeit, bedingt gleichzeitig ihre größte Schwäche, die Unanschaulichkeit ihrer Größen.

Die axiomatische Basis der Thermodynamik wurde von Walther Nernst vollendet, der sein auch als 3. Hauptsatz bezeichnetes Wärmetheorem 1905 im Verlaufe einer Vorlesung an der Universität Berlin entdeckte.[4] Nernsts Annahme bestand einfach darin, daß bei Festkörperreaktionen die Ableitung der Gibbsfunktion, deren negativer Wert als Entropie bezeichnet wird $(\partial(\Delta_r G)/\partial T)_P = -\Delta_r S$, beim absoluten Temperaturnullpunkt verschwindet oder konstant wird. Damit können nach Gl. (1) und Gl. (2) sowohl die Gibbsfunktion $\Delta_r G$ als auch die Gleichgewichtskonstante $K$ aus calorimetrischen Messungen (Reaktionsenthalpie $\Delta_r H$ und Änderung der Wärmekapazität $\Delta_r C_p$) allein bestimmt werden, da die Integrationskonstante bei $T = 0$ K verschwindet.[5]

$$\Delta_r G(T) = \Delta_r H(T) - T \int_0^T \left(\frac{\Delta_r C_P}{T}\right) dT \quad (1)$$

$$\ln K(T) = -\frac{\Delta_r H^\ominus(T)}{RT} + \int_0^T \left(\frac{\Delta_r C_P^\ominus}{RT}\right) dT \quad (2)$$

In der erweiterten Fassung von Max Planck, der für die Nullpunktsentropie reiner Stoffe den Wert 0 postulierte[6], ist das Nernstsche Wärmetheorem die Grundlage für die Aufstellung moderner thermodynamischer Tabellen, in denen man die Standardwerte $G^\ominus$, $H^\ominus$ und $C_P^\ominus$ findet.

Ein Beispiel für deren Anwendung muß genügen. Die chemische Industrie benötigt Schwefelsäure in großen Mengen. Der entscheidende Schritt bei der Herstellung ist die katalytische Oxidation nach Gl. (3) von Schwefeldioxid, das beim Rösten sulfidischer Erze entsteht.

$$SO_{2(g)} + 0.5 O_{2(g)} \rightleftharpoons SO_{3(g)} \quad (3)$$

Dabei tritt folgendes Problem auf: mit steigender Temperatur verschiebt sich das Gleichgewicht auf die Seite des $SO_2$ und mit abnehmender Temperatur fällt die Reaktionsgeschwindigkeit zu stark ab. Man führt den Prozeß deshalb an $V_2O_5$-Kontakten (Katalysatoren) in mehreren Stufen durch, wobei man bei höheren Temperaturen beginnt und die Reaktion bei etwa 450 °C zu Ende führt. Das zum Rösten verwendete Gas muß Sauerstoff im Überschuß enthalten, um den Schwefel weitgehend umzusetzen. Der verbleibende Restgehalt an flurschädigendem $SO_2$ sollte möglichst gering sein.

Berechnet man nun aus den Daten thermodynamischer Tabellen den Restgehalt an $SO_2$ (t $SO_2$/1000 t $H_2SO_4$) als Funktion der Luftzahl $\lambda$ (Verhältnis des eingesetzten $O_2$ zum stöchiometrisch für das Rösten erforderlichen), so stellt man fest, daß bei 450 °C bis zu 98,7% des Schwefels zu $SO_3$ umgesetzt werden. Aus Bild 1 kann man entnehmen, daß aber dennoch ca. 10 t $SO_2$ pro 1000 t $H_2SO_4$ in das Abgas geraten. Das Verfahren ist bei einmaligem Durchsatz nicht mehr zu verbessern. Führt man allerdings die Abgase nochmals bei 450 °C über den Katalysator, so kann man schließlich in die Größenordnung von 100 kg $SO_2$ pro 1000 t $H_2SO_4$ kommen.

Vergleicht man den Aufwand für die Berechnung dieser Prozeßoptimierung mit dem für ein Experiment, sei es im Laboratorium oder Technikum, so wird der praktische Nutzen einer thermodynamischen Beurteilung deutlich.[7]

THEORETISCHE MECHANIK UND MASCHINENBAU

Elastomechanische und andere physikalische Probleme führen zu Funktionen, die bestimmte Differentialgleichungen in Verbindung mit Rand- und gelegentlich Anfangsbedingungen zu erfüllen haben. Zur Behandlung elastomechanischer Aufgaben kann man häufig von Extremalprinzipien ausgehen. Das wohl bekannteste läßt sich folgendermaßen formulieren:

*Unter allen möglichen Verschiebungszuständen, die den kinematischen Randbedingungen genügen, ist der tatsächliche (mechanische) Gleichgewichtszustand dadurch ausgezeichnet, daß er die totale potentielle Energie minimiert.*

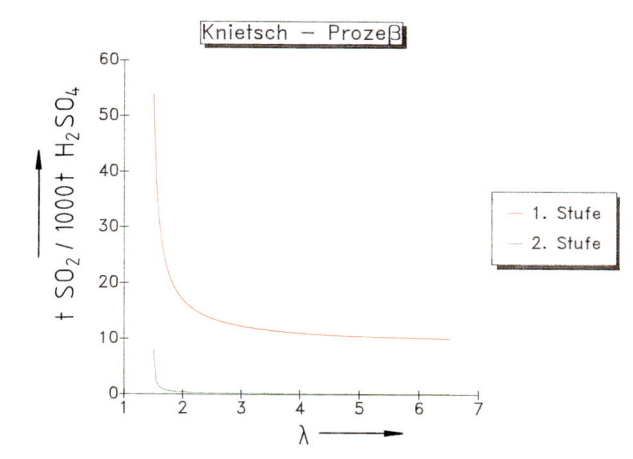

Bild 1: SO$_2$ Restgehalt nach dem Kontaktverfahren bei 450 °C.

Besondere Verdienste um die Entwicklung der Mechanik hat sich der irische Mathematiker, Physiker und Astronom Sir William Rowan Hamilton (1805–1865) erworben. Die nach ihm benannte Theorie ist auch für die Quantenmechanik von grundlegender Bedeutung. Bei dynamischen Aufgaben verwendet man das Hamilton'sche Prinzip des kleinsten Aufwandes bei optimaler Wirkung, das besagt, daß das Zeitintegral des kinetischen Potentials einen stationären Wert annimmt.

Es gibt nun viele praktische Probleme, für die keine echten Extremalprinzipien existieren. In diesen Fällen greift man auf die Methode des russischen Gelehrten Boris Grigorjewitsch Galerkin (1871–1945) zurück, bei der man von den das Problem bestimmenden Differentialgleichungen und den zugehörigen Rand- und Anfangsbedingungen ausgeht.[8] Die gesuchte Funktion $u$ wird durch linear unabhängige Funktionen $\phi_0, \phi_1, \cdots, \phi_m$ nach Gl. (4) angenähert.

$$u = \phi_0 + \sum_{k=1}^{m} c_k \phi_k \qquad (4)$$

Wird nun dieser Ansatz in die Differentialgleichung eingesetzt, so resultiert ein sogenanntes Residuum, das man durch Gewichtsfunktionen minimiert. Bei Problemen, für die ein Extremalprinzip zur Verfügung steht, erhält man mit diesem und nach dem Galerkin-Verfahren dieselben Bestimmungsgleichungen. Mit letzterem lassen sich auch Probleme behandeln, bei denen mehrere Funktionen als Lösungen eines Differentialgleichungssystems zu bestimmen sind. Dies ist die Basis der ‚Methode der finiten Elemente', bei der man in einem ersten Schritt das Grundgebiet in einfache Teilgebiete, die Elemente, zerlegt. Im zweiten Schritt wird in jedem Element für die das Problem beschreibende Funktion $u$ ein passender Ansatz gewählt. Schließlich werden im dritten Schritt Gebiets- und Randintegrale als Summen der Integrale über die Elemente ausgewertet. Die Methode der finiten Elemente hat sich zur näherungsweisen Lösung von Ingenieuraufgaben wie der Berechnung von Festigkeit (siehe z.B. Bild 2), Dynamik und Stabilität von Scheiben, Platten, Schalen, massiven Körpern und zusammengesetzten Konstruktionen sehr bewährt, seit leistungsfähige Computer praktisch überall zur Verfügung stehen. Die akustischen Eigenfrequenzen eines Autoinnenraums[8] können damit ebenso berechnet werden wie die Beanspruchungen von Wasserturbinenschaufeln oder Sporthallen.[9]

## RÖNTGENFEINSTRUKTURANALYSE UND WERKSTOFFENTWICKLUNG

Im Jahre 1912 war Max von Laue in München der direkte Beweis für die Existenz der Atome gelungen. Er regte Beugungsexperimente an, in denen statt Licht Röntgen-Strahlen und statt Fäden eines Gewebes zunächst ein großer Einkristall von Kupfervitriol verwendet wurde.[10] Die photographisch festgehaltenen Beugungsreflexe zeigten, daß die Atome als Gitterbausteine im Kristall so regelmäßig angeordnet sind wie die Maschen eines Gewebes. Dadurch wurde die Entwicklung von Beugungsmethoden angeregt, die heute die Strukturuntersuchungen von Kristallen beherrschen. Bei Elektronenstrahlen ist die De Broglie-Wellenlänge der Elektronen für die Interferenzen maßgeblich. Die Interferenzen können photographisch festgehalten werden. Bild 3 zeigt einen MoO$_3$ Kristall mit überlagertem Elektronen-Beugungsbild.

Die britischen Physiker Sir William Henry und Sir William Lawrence Bragg, Vater und Sohn, verein-

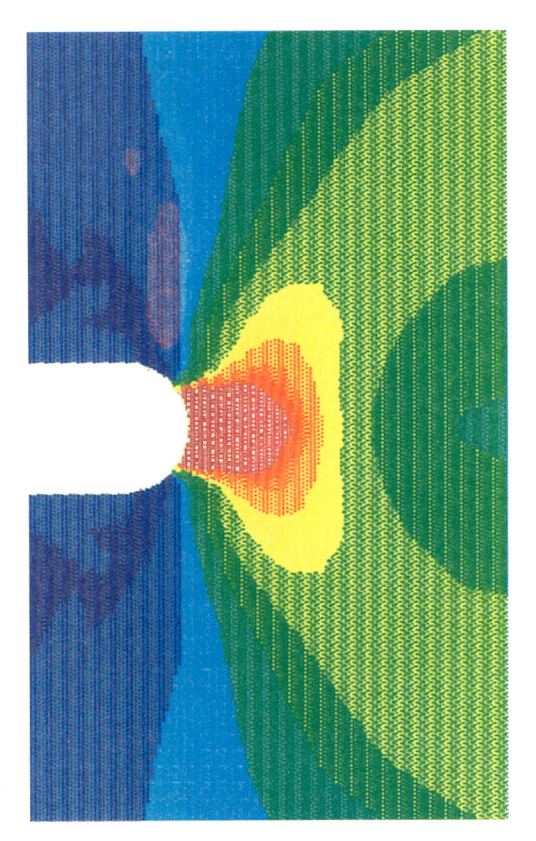

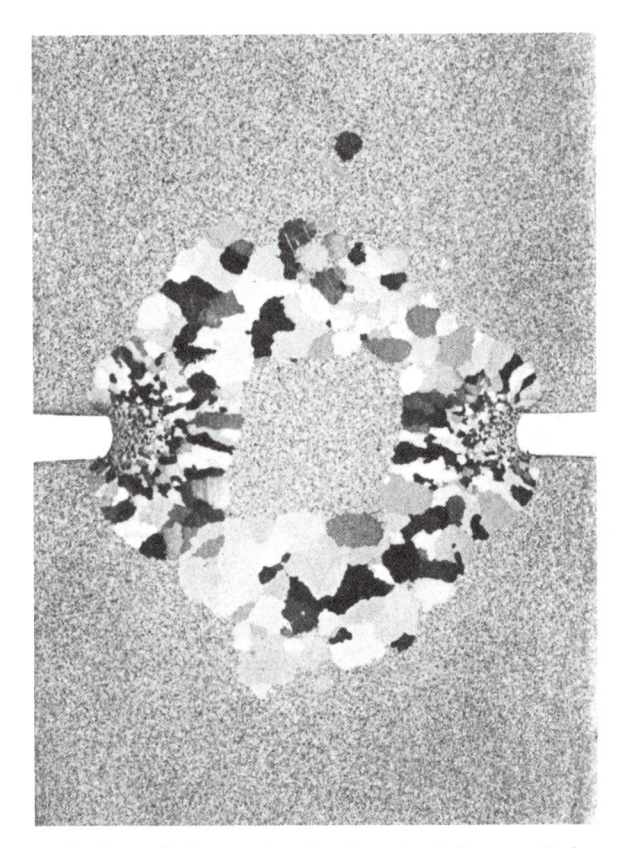

Bild 2: Ausbreitung der plastischen Verformungszone in einem gekerbten Flachzugstab mit steigender Belastung. Links: mit der Methode der finiten Elemente berechnete plastische Zonen (Steyr Daimler Puch AG, Steyr). Rechts: experimenteller Nachweis durch ein Rekristallisationsgefüge, wobei die Rekristallisation vom Grad der plastischen Verformung abhängt. Die Bilder wurden von Prof. F. Sturm zur Verfügung gestellt.

fachten Laues Interpretation der Beugungsbilder, stellten die ihren Namen tragende Gleichung (5) zwischen Wellenlänge $\lambda$, Netzebenenstand $d$ und Beugungswinkel $\theta$ auf und führten die erste richtige Bestimmung einer Kristallstruktur aus. Seither sind diese inzwischen enorm verfeinerten Diffraktionsmethoden Bahnbrecher des Fortschritts von Festkörperchemie und -physik.

$$n\lambda = 2d \sin \theta \qquad (5)$$
($n$ ist eine positive ganze Zahl)

So schreibt J. G. Bednorz[11] in seinem Nobel-Vortrag über Hochtemperatur-Supraleiter 1988:
*Combining the X-ray analysis, resistivity and susceptibility measurements, it was now possible to clearly identify the Ba-doped $La_2CuO_4$ as the superconducting compound.*

Das dem Nobel-Vortrag entnommene Bild 4 illustriert den Übergang von der orthorhombischen zur tetragonalen Phase bei steigendem Ba : La Verhältnis.

Ein völlig neues Anwendungsgebiet für Röntgen-Diffraktions-Methoden stellen flüssig-kristalline Elastomere dar, bei denen eine Dehnung optische und elektrische Signale hervorrufen kann.[12]

Beugungsmethoden benützt man zur Prüfung und Entwicklung von metallischen, keramischen und hochpolymeren Werkstoffen, so daß sie als eines der wichtigsten Hilfsmittel der Materialwissenschaften angesehen werden können.

## SCHLUSSBETRACHTUNG

Auf den Grundlagenfächern baut die wissenschaftliche Weiterentwicklung der Montanwissenschaften auf. In den Grundlagenfächern werden die Studentinnen und Studenten des Montanwesens mit dem für ihre Berufe erforderlichen mathematischen, physikalischen und chemischen Basiswissen vertraut gemacht. In den entsprechenden Laboratorien

[1] Tunner P.: Antrittsrede. Die steiermärkisch-ständische montanistische Lehranstalt zu Vordernberg. Ein Jahrbuch für den innerösterreichischen Berg- und Hüttenmann, 1:15–32,1841.

[2] Engels S. & Nowak A.: Auf der Spur der Elemente. VEB Deutscher Verlag für Grundstoffindustrie, Leipzig, 1983.

[3] Hulme R.: Mineral sources and extraction methods for the elements. J.Chem. Educ., 33:111–113,1956.

[4] Mendelssohn K.: Walther Nernst und seine Zeit. Physik Verlag GmbH, D-6940 Weinheim, 1976.

[5] Cropper W. H.: Walther Nernst and the last law. J.Chem. Educ., 64:3–8,1987.

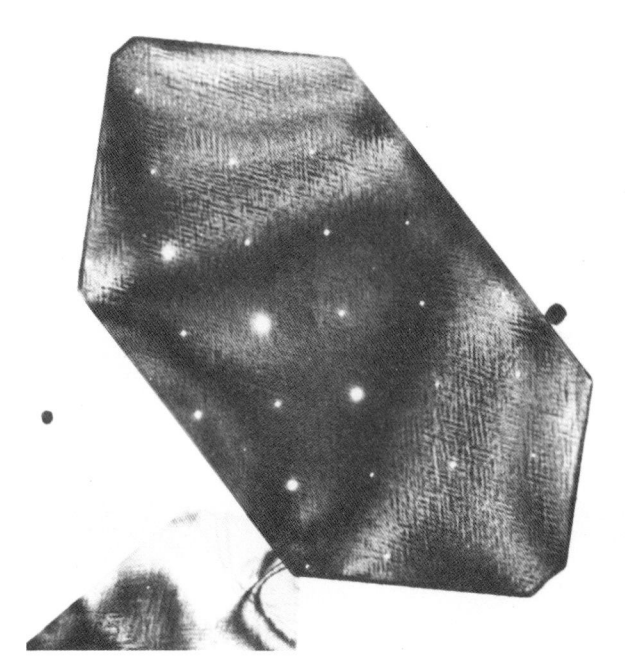

Bild 3: $MoO_3$-Kristall mit überlagertem Beugungsbild. Das Bild wurde von Prof. H.-P. Stüwe zur Verfügung gestellt.

und Zeichensälen lernen die angehenden Montanisten einen wichtigen Teil ihres Handwerks. Die Integration der Grundlagenfächer in die Lehre und Forschung bestimmt die Qualität der Ausbildung und das Niveau der wissenschaftlichen Leistung an der Montanuniversität.

## ANMERKUNGEN

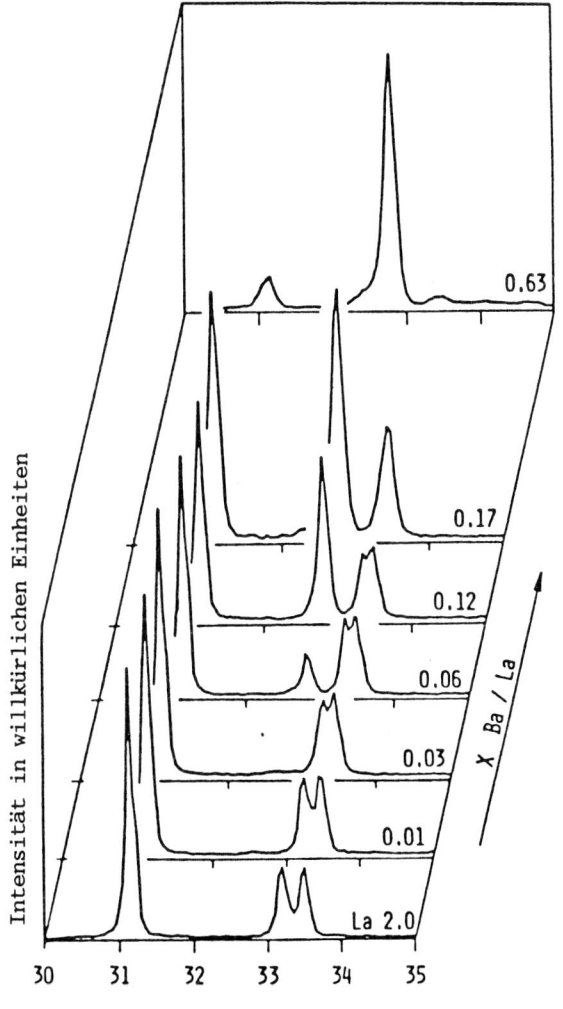

Bild 4: Röntgen-Diffraktometer-Aufnahme, die den Phasenübergang von der orthorhombischen zur tetragonalen Struktur mit steigendem Ba:La-Verhältnis zeigt.
© The Nobel Foundation 1988.

[6] Planck M.: Vorlesungen über Thermodynamik. Walter de Gruyter & Co., Berlin, 1964.
[7] Redlich O.: Thermodynamics: Fundamentals, Applications. Elsevier Scientific Publishing Company, Amsterdam – Oxford – New York, 1976.
[8] Schwarz H. R.: Methode der finiten Elemente. B. G. Teubner, Stuttgart, 1980.
[9] Altenbach J., Sacharov A. S. & Mitarb.: Die Methode der finiten Elemente in der Festkörpermechanik. VEB Fachbuchverlag, Leipzig, 1982.
[10] Speakman J. C.: The discovery of X-ray diffraction by crystals. J. Chem. Educ., 57:489—490, 1980.
[11] Bednorz J. G. & Müller K. A.: Perovskite-type oxides-the new approach to high-$T_c$ superconductivity. Angew. Chem. Adv. Mater., 100:757–770, 1988.
[12] Zentel R.: Liquid crystalline elastomers. Angew. Chem. Adv. Mater., 101:1437–1445, 1989.

# Mathematik an der Montanuniversität

Franz Josef SCHNITZER

Die Mathematik ist eine Wissenschaft, die Probleme, Anregungen und Motivationen in mehr oder weniger großem Umfang aus fast allen Naturwissenschaften, den Ingenieurwissenschaften und den Wirtschaftswissenschaften bezogen hat und auch weiterhin bezieht. Die Bearbeitung dieser Probleme führt zu neuen mathematischen Theorien und Methoden und auch zu neuen Einsichten in Natur und Technik. Somit befruchten und fördern sich in symbiotischer Weise Theorie und Praxis.

Mathematik ist dadurch zu einem der Pfeiler geworden, auf denen die technischen Wissenschaften ruhen und auf denen sie sich entwickeln. Sie daher in verständlicher und zeitgemäßer Form den Studierenden nahezubringen, ist eine zentrale Aufgabe der Lehrtätigkeit an einer Technischen Universität.

Den Lehrenden stellt sich somit die Aufgabe, eine Auswahl mathematischer Themen in Vorlesungen und Übungen anzubieten, die den Erfordernissen der Technik von heute und, wenn möglich, auch von morgen zu genügen vermag, um später erfolgreich vom zukünftigen Diplomingenieur angewandt zu werden.

Die Mathematik für die Studierenden der Montanwissenschaften hat eine Ingenieurmathematik zu sein, was nicht besagt, daß es eine Mathematik speziell für Ingenieure gibt, die im Gegensatz zur sogenannten „reinen Mathematik" steht, sondern lediglich, daß sie sich an Studierende wendet, deren Absicht es ist, Techniker zu werden, und die die Mathematik zum Verständnis und zur Lösung ihrer so verschiedenartigen Probleme benötigen. Dies bedeutet eine gezielte Stoffauswahl, die vom Inhalt der Vorlesungen für Mathematiker zwar nicht wesentlich abweichen wird, sich aber von diesen dadurch unterscheidet, daß sie methodisch anders gestaltet ist, wobei Beispiele aus den Anwendungen eine maßgebliche Rolle zu spielen haben. Keineswegs wird darauf Gewicht gelegt, daß der Student Begriffe und Sätze in ihrer größtmöglichen Allgemeinheit vernimmt und lernt, – ein konstruktiver Gesichtspunkt soll im Vordergrund stehen, womit folgendes gemeint ist: Der zukünftige Diplomingenieur soll der eigentlichen Bedeutung seines Studiums nach für die sich ihm stellenden Probleme neue Methoden entwickeln können, und die Mathematik hat dabei jenes Instrument zu sein, das ihm die Konstruktion neuer Verfahren, bei kritischer Beurteilung jedes einzelnen seiner Schritte, zu entwickeln hilft.

In den Vorlesungen über Mathematik darf daher Theorie nie Selbstzweck sein, stets müssen Hinweise zu den Anwendungen gegeben werden. Dadurch wird der Student zugleich auf etwas aufmerksam gemacht, das zu den Wundern und Kraftquellen unserer Kultur gehört, nämlich auf die Tatsache, daß Mathematik, also reines Spekulieren, die Wirklichkeit in verblüffend einfacher Weise darzustellen und sogar umzugestalten vermag. Das hat alle Nachdenklichen immer tief berührt, – Einstein etwa fragte sich erstaunt: *„Wie ist es möglich, daß die Mathematik, letztlich doch ein Produkt menschlichen Denkens, unabhängig von der Erfahrung den wirklichen Gegebenheiten so wunderbar entspricht?"*

Wichtig bei der Darstellung der Ingenieurmathematik ist auch die weitgehende Elimination der formalen Strenge, d.h. der fast totale Verzicht auf Beweisführung. Unter Heranziehung von Veranschaulichungen und Geometrisierung werden die Theoreme hinreichend plausibel gemacht. Es ist erstaunlich, wie viele Begriffe und Sätze der Analysis fast selbstverständlich zu sein scheinen, sofern sie durch ein geeignetes und passendes Bild illustriert werden. Dieser Grundsatz sollte sogar soweit befolgt werden, daß nach Möglichkeit das natürliche Vertrauen des Studenten in seine Anschauung und sein Vorstellungsvermögen nicht erschüttert wird. Ein Lehrender muß nämlich nicht nur das wissen, worüber er seine Studenten informiert, er muß auch wissen, worüber er zu schweigen hat. Diese Haltung entspricht sicherlich nicht den Vorstellungen des „reinen" Mathematikers von heute mit seinen oft extremen Forderungen nach Exaktheit, doch ist sie deshalb unumgänglich, weil der Studierende in der kurzen Zeit, die der Mathematik im Lehrplan zur Verfügung steht, genügend Wissen aufnehmen und jenes Gefühl für mathematische Fragen entwickeln soll, das von ihm erwartet werden wird. Diese Prinzipien schließen andererseits aber keineswegs die Verwendung moderner Bezeichnungsweisen und die Darstellung erst in jüngster Vergangenheit entwickelter Methoden und Resultate aus dem Unterricht aus.

Es ist wohl bekannt, daß der moderne Ingenieur und Naturwissenschaftler heute mehr Mathematik benötigt als jemals zuvor und zwar auch jene Teilbereiche der Mathematik, deren Anwendungsmöglichkeiten nun keineswegs von vornherein vermutet würden. Ein interessantes physikalisch-medizinisches Beispiel etwa ist die Computertomographie, wobei eine große Zahl Röntgenbilder von Teilen des menschlichen Körpers aufgenommen wird und ein subtiler Algorithmus die Rekonstruktion der tatsächlichen Gestalt der inneren Organe ermöglicht. Diese Algorithmen sind diskretisierte Formen der Umkehrung der sogenannten Radon-Transformation, einer mathematischen Methode, deren ursprünglich rein theoretische Konzeption, während der Zwanzigerjahre dieses Jahrhunderts entstanden, auf den bedeutenden österreichischen Mathematiker Johann Radon zurückgeht.

Der Bedarf an Mathematik steigt stetig und wird auch in der Zukunft steigen, ein Trend, von dem keine Ingenieurdisziplin ausgenommen ist. Man braucht sich nur die Mühe zu machen, in den zahlreichen Zeitschriften unserer Bibliothek zu blättern oder Bücher, die sich mit den technischen- und Montanwissenschaften beschäftigten, anzusehen, um festzustellen, in welch außerordentlichem Maße die Mathematik Verwendung findet. Diese Anwendbarkeit der Mathematik beruht auf der Entwicklung von Kalkülen, von Algorithmen, der Bereitstellung abgeschlossener oder noch im Werden befindlicher Theorien für die Konstruktion von Modellen und auf der Möglichkeit, kompliziertere Strukturen auf einfachere abzubilden, d.h. zurückzuführen, um daraus dann Rückschlüsse über die Ausgangsfrage ziehen zu können.

Was von den Wissenschaften im Allgemeinen und von der Mathemtik im Besonderen erwartet wird, ist der beständige und geduldige Versuch, die komplexe, durch die Technik entscheidend mitgeprägte Welt verständlich zu machen. Die Mathematik übersetzt dabei schwierige Probleme, etwa der Technik und Wirtschaft, in mathematische Fragestellungen; man nennt dies Modellbildung. Diese Modele werden beschrieben und untersucht, was zum Beispiel durch Differential- und Differenzengleichungen erfolgt. Deren Behandlung hat gerade innerhalb der letzten Jahrzehnte zu neuen Begriffen und Theorien geführt – wie Chaos, Bifurkation, Stabilität oder Katastrophentheorie – und die Lösung und Klärung vieler mannigfaltiger Probleme und Prozesse ermöglicht.

Unseren Studenten wird während der ersten drei Semester ihres Studiums Mathematik in Vorlesungen und Übungen geboten, wobei etwa folgende Ziele angestrebt werden:

1. Studenten sollen sich an den Umgang mit Büchern gewöhnen, an Zeitschriftenartikel mit ausreichendem Verständnis herangehen, um sie erfolgreich lesen zu können und auf diese Weise in die Lage versetzt werden, Fragen aus ihren Gebieten mathematisch zu lösen. Kurz, ihnen soll das Lernen gelehrt werden.

2. Mathematische Reife ist ein Begriff, der jedermann verständlich und doch nicht ganz leicht zu definieren ist. Unter dieser hat man unter anderem ein Gefühl für quantitative Zusammenhänge und eine Sicherheit im Manipulieren mathematischer Beziehungen zu verstehen. Die Erlangung derselben ist ein weiteres Ziel.

3. Ein bedeutsamer Wert des mathematischen Unterrichts ist überdies darin zu erblicken, daß er in zwingender Weise zur Selbstständigkeit im Beob-

achten und Denken führt, die Phantasie fördert und die Erfindungsgabe belebt. Dadurch, daß er den in den objektiven Wissenschaften erkennbaren Unterschied zwischen „richtig" und „falsch" verdeutlicht, führt er zu einem starken Maß an Selbstkritik und zum Bedürfnis nach lückenloser Begründung und strenger Wahrhaftigkeit des Denkens.

4. Die Unterweisung in der Mathematik vermittelt Denkformen und Gewohnheiten, die sich in diversen Fähigkeiten äußern: zum Problemlösen, zur Beschränkung auf das Wesentliche, zur Einsicht in die Abhängigkeit erzielter Ergebnisse von Parametern oder von erreichten Näherungen, zum Ansatz von Konstruktionsschritten und, ganz allgemein, zur Einarbeitung in verschiedenste Problemstellungen. Diese alle zur Entfaltung zu bringen, damit sie eine selbstverständliche Hilfe bei der geistigen Arbeit werden, ist ein maßgebliches Ziel.

5. Das Ordnen von Daten und deren Überführung in neue Datenmengen durch mathematische Operationen stellen ein Ziel des Mathematikunterrichts, dem sich insbesondere die Statistik widmet, dar.

6. Der zu erarbeitende Stoff umfaßt zentrale mathematische Begriffe, Resultate und Methoden. Die wichtigsten Themen sind: die Behandlung des Funktionsbegriffes in allen seinen vielfältigen Verzweigungen; Vektoralgebra und Vektoranalysis; allgemeine Analysis; Differentialgleichungen; Matrizen; Grundlagen der Wahrscheinlichkeitslehre; Statistik mit ihren zahllosen Methoden und Verfahren und ihren mannigfaltigsten Anwendungen, wie Qualitätskontrolle, Regressionsanalyse, Parameterschätzungen und Tests, Varianzanalyse, um nur einige Beispiele anzuführen; und, ergänzend, eine Anzahl jener modernen Konzepte und Resultate, die viele Anwendungen der Mathematik in der Technik zu durchdringen und zu erobern beginnen. Zusammenfassend kann man sagen, daß Stetiges und Diskretes aus der Mathematik zu etwa gleichen Teilen angeboten werden.

Diese Ausführungen mögen bei manchen vielleicht den Anschein erwecken, als würde der Mathematik eine ihr nicht zustehende und unangemessene Bedeutung zugeschrieben werden. Andere Gebiete sind für Bildung, Forschung und Anwendung ebenso wichtig, wenn nicht wichtiger. Doch die Mathematik setzt den Standard objektiver Wahrheit für jedes intellektuelle Unternehmen; gerade die Technik bestätigt diese ihre außerordentliche Kraft. Es ist keineswegs zuviel gesagt, wenn behauptet wird, daß sie eine der wesentlichen Manifestationen des Schöpferischen des menschlichen Geistes ist und zugleich das universelle Organ für das Verstehen der Vorgänge in unserer Welt durch theoretische Konstruktionen. Sie ist daher ein unerläßlicher Teil jener Kenntnisse und Fähigkeiten, die wir für unser Leben schlechthin benötigten und die der Jugend zu lehren uns aufgetragen ist.

„Das Bergwesen". Hinterglasbild von Hermann Hainzl. Privatbesitz.

# Die Bedeutung der Mechanik in den Montanwissenschaften

Franz Dieter FISCHER und Walter SCHREINER

Die Montanuniversität weist traditionell eine starke Bindung mit der Industrie auf. Wechselwirkungen zwischen diesen Partnern sind auf den verschiedensten Ebenen universitären Arbeitens zu vermerken.

Dies gilt selbstverständlich auch für die Bereiche, in denen die Wissenschaft gepflegt und vorangetrieben wird und die Montaningenieure ausgebildet werden.

Der Bereich der Lehre bildet die eigentliche und stärkste, wenn auch nicht die unmittelbare Schnittstelle zwischen Universität und Industrie! In etwa fünf Jahren akademischer Berufsausbildung wird nicht nur ein beachtliches Maß an Wissen vermittelt; es soll auch das „berufliche Persönlichkeitsbild" des Einzelnen in geeigneter Weise geformt werden!

Die Montanuniversität bildet Ingenieure aus, die ihre beruflichen Fähigkeiten nicht nur in eng gesteckten Spezialdisziplinen zeigen, sondern auch in einer weitgefaßten technischen Problematik bestehen können.

Es ist somit eine wesentliche und notwendige Aufgabe unseres Ausbildungssystems, Spezialkenntnisse auf ein in solider Grundausbildung breit gestreutes naturwissenschaftliches Wissen aufzusetzen.

Die Montanwissenschaften stellen ein „Konglomerat" aus verschiedenen Disziplinen dar. Ihre Zusammensetzung und ihre Schwerpunktsverteilung sind einer permanenten Veränderung unterworfen: neue wissenschaftliche Erkenntnisse und Methoden erwachsen, neue Anforderungen aus der Industrie entstehen, und es ändern sich die Rahmenbedingungen. Montanwissenschaftliches Arbeiten kann grundsätzlich als rein akademisches Forschen, aber auch als projekt- und termingebundenes wissenschaftliches Arbeiten im Zusammenhang mit der Industrie gesehen werden. Beide Forschungsaktivitäten beeinflußen notwendigerweise die Lehre.

Im Bereich dieses komplexen Zusammenspiels von Forschung, Lehre und Industrie ist gemeinsam mit anderen Ausbildungsfächern auch die „Mechanik" angesiedelt.

Die Bedeutung der Mechanik ist dabei eine doppelte: zum einen wird entsprechendes Fachwissen bereitgestellt (Grundlagen, Methoden) und zum anderen wird versucht, im Rahmen der Lehre eine „technische Denkweise" einzuführen.

Kaum ein zweites Fach eignet sich so gut wie die Mechanik, ingenieurmäßiges Denken zu vermitteln. Es wird dabei die Ausbildung im Sinne einer „technischen Mechanik" gesehen. Im Gegensatz zur „physikalischen Mechanik" hat die „technische Mechanik" eine Fülle von Methoden bereitgestellt, die es erlaubt, technische Probleme in effizienter Art zu lösen.

Um die Anwendungsbreite der Mechanik anzudeuten, seien folgende Definitionen und Unterteilungen angegeben:

Die Mechanik befaßt sich mit der Wirkung von Kräften auf Körper und Systeme von Körpern.

Man unterscheidet dabei:
- die Kinematik:
  die Lehre von der Bewegung von Punkten und von ausgedehnten starren Körpern sowie vom Zusammenhang von Verschiebungen und Verzerrungen im deformierbaren Körper,
- die Dynamik oder Kinetik:
  die Lehre vom Zusammenwirken von Kräften und Bewegungen, wobei die Statik (Lehre von im Gleichgewicht befindlichen Systemen) als Sondergebiet der Dynamik anzusehen ist.

Da es kaum ein technisches Fachgebiet gibt, das völlig frei von jedweden mechanischen Zusammenhängen ist, ziehen sich die Verwendung und die Bedeutung der Mechanik quer durch alle Gebiete der montanistischen Wissenschaften und ihrer Anwendungen. Man kann die montanistischen Wissenschaften einer groben Aufteilung unterziehen, wenn man ihre berufsspezifischen Anwendungsbereiche in der Lehre, die Studienrichtungen, betrachtet. Probleme, zu deren Lösung der Einsatz der technischen Mechanik erforderlich ist, lassen sich in großer Zahl aus den Bereichen der einzelnen Studienrichtungen zusammentragen:

Bergbau: Stollenausbau, Hebezeuge, Felstrennung, Mechanische und hydraulische Probleme in der Aufbereitung ...

Hüttenwesen: Antriebe, Transportgeräte wie Kräne, Bewegung großer Gewichte, Transport und Lagerung flüssiger und schüttfähiger Güter, Herstellung von Lang- und Flachprodukten (Energieverbrauch, Eigenspannungen), Verformung durch Schmieden (Materialfluß), Wärmebehandlungsprozesse (Eigenspannungen)...

Montanmaschinenwesen: Antrieb und Betrieb von Hütten- und Bergbaumaschinen beginnend bei der kleinsten Schraube und dem kleinsten Zahnrad bis hin zum gesamten Walzgerüst oder zur kompletten Stranggußanlage...

Erdölwesen: Beanspruchung von Bohrgestängen, Plattformen, Gerüsten; hydrodynamische Probleme bei der Gewinnung, dem Transport und der Lagerung von Erdöl...

Werkstoffwissenschaften: Verformungen und Spannungen von Bauteilen und Konstruktionen, um Aussagen über deren Beanspruchung, Standfestigkeit und Schädigung unter direkter Bezugnahme auf das Materialverhalten zu treffen...

Kunststofftechnik: Beanspruchung von kunststoffverarbeitenden Maschinen (Pressen, Extruder...), Beanspruchung von Bauteilen aus Kunststoff (vom Haushaltsartikel bis zum High-tech-product)...

Die Mechanik wird in „der Sprache" der Mathematik vermittelt. Dies stellt einerseits den Bezug zur Mathematikausbildung her, andererseits wirft es die „zweifache" Problematik auf, mit der oft bei der Anwendung der Mechanik „gekämpft" wird. Der Student – aber nicht nur dieser – muß zuerst reale technische Probleme den Prinzipien der Mechanik (mit den Methoden der Mechanik) „zuführen". In der Folge stellt dann die Auflösung der gefundenen Beziehungen ebenfalls oft eine gewisse mathematische Hürde dar. Es muß jedoch festgestellt werden, daß die Mathematik die Mechanik entscheidend beeinflußt hat und umgekehrt auch die Mechanik die Mathematik. Beispielsweise erlaubte erst die „Erfassung" eines Bewegungsvorganges mit Hilfe der Differentialrechnung (Newton, Leibniz) die Beschreibung von Bewegungsvorgängen – hier „profitierte" die Mechanik von der Mathematik. Andererseits hat sich in den letzten Jahrzehnten die Methode der Finiten Elemente als eine ursprünglich „mechanische" Denkweise in der Mathematik angesiedelt. Ausgehend von strukturmechanischen Überlegungen wurde im Bereich der Baustatik eine Näherungsmethode zur Lösung von Problemen der Mechanik entwickelt. Heute stellt diese „Finite-Elemente-Methode" eine fast universelle Methode zur Lösung partieller Differentialgleichungen dar, die nicht nur in der Technischen Mechanik sondern in fast allen anderen Bereichen der mathematischen Physik nutzbringend angewendet wird.

Die Vorlesungsreihe der Mechanik (Allgemeine Technische Mechanik, Festigkeitslehre und Strömungslehre) liefert also das Rüstzeug für die Problembehandlung in den grundlegenden Fächern aller Studienrichtungen (z.B. Maschinenbau, Fördertechnik...).

Zusammenfassend kann man über die Bedeutung der Mechanik in den montanistischen Wissenschaften folgendes feststellen:

* Die Bedeutung der Mechanik ist verteilt auf mehrere Bereiche, z.B. die Lehre, die Forschung, und die unmittelbare praxisbezogene Problemlösung.

* Mechanikkenntnisse in fundierter Form sind – vom Ausbildungsangebot aller technischen Studienrichtungen aus gesehen – unverzichtbarer Teil des Ingenieurwissens.

* In diesem Sinne versteht sich die Mechanik im Kreise der montanistischen Wissenschaften nicht als eine abgegrenzt zu sehende zentrale Wissenschaft, sondern als eine kooperative Wissenschaft!

# Studienrichtung Bergwesen

**BERUFSBILD**

Natur und Arbeit sind die beiden einzigen direkten Güterquellen, so schrieb im Jahre 1848 der berühmte österreichische Bergakademiker Otto von Hingenau in seinem Buch „Bergwirtschaftslehre". Die Absolventen der Studienrichtung Bergwesen stehen am Beginn der Arbeitskette zur Nutzung der unbelebten Natur. Ihre Arbeit bezieht sich auf die Nutzungsmöglichkeiten der Erdkruste. Diese Nutzung betrifft seit Generationen die Urproduktion fester mineralischer Rohstoffe – einschließlich der Baustoffe – aus ihren Lagerstätten, d.h. aus ihren abbauwürdigen Anreicherungen in der Erdkruste, und damit den Bergbau. Zunehmend schließt sie aber auch andere Arbeiten zur Verwendung der oberen Erdkruste ein. Dazu gehören sowohl der Tunnelbau als auch der Entsorgungsbergbau. In einem modernen Verständnis wandeln sich damit Bergingenieure zu Geoingenieuren.

Die Urproduktion fester mineralischer Rohstoffe findet – nach Art eines Transformationsprozesses – in Bergwerken statt. Das Bild 1 kennzeichnet die Ablaufstruktur in einer systemorientierten Weise. Das Ziel des Systems ist es, Lagerstätten mineralischer Rohstoffe aufzusuchen, aus diesen Lagerstätten durch

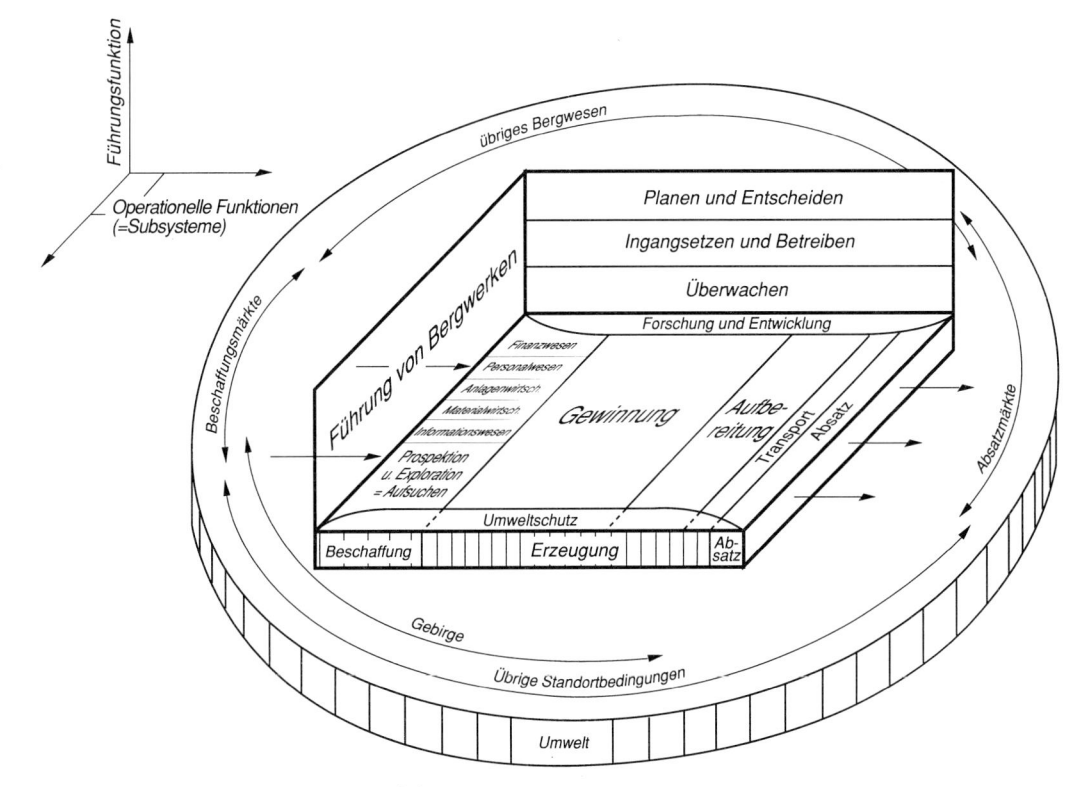

Bild 1: Bergwerke als Produktionssystem.

Bild 2: Tagebau auf Dunit-Bronzit der Hartsteinwerke Preg bei Kraubath.

Bild 3: Schaufelradbagger im Abraum des Tagebaus Oberdorf der Graz Köflacher Eisenbahn- und Bergbau Ges.m.b.H.

Gewinnung und Aufbereitung marktfähige Produkte zu erzeugen und diese Produkte mit Nutzen abzusetzen. Die Gewinnung ist dabei im weiteren Sinne zu verstehen, d.h. als das Lösen oder Freisetzen des Inhalts von Lagerstätten mineralischer Rohstoffe zuzüglich der damit zusammenhängenden vorbereitenden, begleitenden und nachfolgenden Tätigkeiten. Aufbereiten bezweckt – außer der Trennung nach Kornklassen – vor allem das Anreichern der erlösbringenden Anteile des gewonnenen Lagerstätteninhalts. Transformiert wird also primär die Lagerstätte, jedoch sind auch andere zu beschaffende Güter in das System einzubringen. Dem Ablauf der Produktionsphasen, d.h. der Beschaffung, der Erzeu-

Bild 4: Sprengung in einem Tagebau auf Industrieminerale.

Bild 5: Bohrwagen in einem Abbau unter Tage auf Industrieminerale.

Bild 6: Ferngesteuerter Schaufellader im Abbau des Pb-Zn-Erzbergbaus Bleiberg/Kreuth der BBU Rohstoffgewinnungs Ges.m.b.H.

gung und dem Absatz ist – sozusagen in einer nächsten Dimension – die Führung von Bergwerken übergeordnet.

Dem Bergingenieur obliegt hierbei außer der Führung von Gesamtbetrieben und neben dem Untersuchen der Lagerstätten vor allem das Gewinnen und das Aufbereiten. Das Gewinnen geschieht vorwiegend entweder im Tagebau, wozu die meist vorhandenen Deckschichten abgeräumt werden müssen, oder im Untertagebau – d.h. nach Aufschluß der Lagerstätten durch Stollen, Rampen oder Schächte (Bilder 2 bis 8). Daneben stellen der Bohrlochbergbau – nach Umwandlung des Lagerstätteninhalts vom festen in den flüssigen Zustand, z.B. durch Laugung im Salzbergbau – und der Unterwasserbergbau eigene Betriebsarten des Bergbaus auf feste mineralische Rohstoffe dar. Die Aufbereitung umfaßt zahlreiche Prozesse der mechanischen und chemischen Verfahrenstechnik und ist durch ihren Rohstoffbezug besonders gekennzeichnet (Bild 9).

Bei der Planung und dem Betrieb von Bergwerken und ihrer Teilprozesse in technischer, rechtlicher und wirtschaftlicher Hinsicht ist die Beherrschung der durch den Bergbau entstehenden Umweltbeeinflussungen von größter Bedeutung. Die Forderung nach einer Minimierung der Umweltbeeinflussungen steht heute als drittes Leitprinzip neben

Bild 7: Walzenschrämlader im Abbau des Braunkohlenbergbaus Trimmelkam der Salzach-Kohlenbergbau-Ges.m.b.H.

Bild 8: Scharf-Schienenflurzahnradbahn mit Magnet-Motor im Braunkohlenbergbau Trimmelkam der Salzach-Kohlenbergbau-Ges.m.b.H.  Werksfoto: Westfalia-Lünen.

Bild 10: Profilwagen zur Kontrolle des lichten Querschnittes im Plabutsch-Tunnel.

dem Verlangen nach Sicherheit und wirtschaftlichem Nutzen von Bergwerken. Als Mittel für Planung und Prozeßleittechnik spielt zunehmend die Datenverarbeitung eine ausschlaggebende Rolle. Der im Gang befindlichen Automatisierung zahlreicher Betriebsvorgänge wird deren automatische Ablaufoptimierung mit Hilfe geeigneter Sensortechnik folgen. Das gleiche gilt für die übrigen Fachgebiete, mit denen sich die Studienrichtung Bergwesen befaßt, d.h. für den Tunnelbau und den Entsorgungsbergbau.

Zum Tunnelbau im weiteren Sinne zählt nicht nur die Herstellung von Verkehrswegen, sondern auch das Auffahren anderer Hohlraumbauten unter Tage, wie z.B. Kraftwerkskavernen, Speicherräume usw. (Bild 10). Der Entsorgungsbergbau befaßt sich mit der planmäßigen Unterbringung von Abfallstoffen in der Erdkruste – sei es über Tage oder unter Tage – und schließt damit den Kreislauf, welcher mit dem Gewinnen von Lagerstätten beginnt.

Die Berufstätigkeit von Bergingenieuren liegt jedoch nicht nur in den vorstehend umrissenen betrieblichen Bereichen. Ein großes Arbeitsfeld bieten darüber hinaus Bergbehörden, Arbeitsinspektorate und andere Behörden, die Firmen der Bergbauzulieferindustrie – vom Maschinenbau bis zur Chemie –, Ingenieurbüros und Beratungsfirmen für Prospektion, Bergbau und Bauwesen sowie Lehr- und Forschungsanstalten. Zu nennen sind ferner Rohstoffeinsatz, -einkauf und -versorgung bei großen Unternehmen sowie viele Tätigkeiten mit kombinierten naturwissenschaftlichen, technischen, rechtlichen

Bild 9: Blick in eine Aufbereitungsanlage im österreichischen Erzbergbau.

und wirtschaftlichen Aufgaben, darunter bei Gemeinschaftsorganisationen des Bergwesens.

Mit seiner Aufgabenstellung ist der Bergingenieur nicht nur Techniker im landläufigen Sinne, obgleich die Studienrichtung Bergwesen als technische Disziplin gilt. Sein Tätigkeitsfeld erstreckt sich vielmehr auch auf die Bereiche der Wirtschaftlichkeit sowie der Organisation und der Koordination von Betriebsabläufen, wozu er sich durch einen besonderen Sinn für das Ganze auszeichnen muß. Ein damit zusammenhängendes aber gesondert zu nennendes Merkmal ist der starke Praxisbezug der bergmännischen Tätigkeiten. Er gilt auch für den Bereich der Forschung, z.B. auf den Gebieten der Geomechanik bzw. der Bergmännischen Gebirgsmechanik, der Aufbereitungstechnik oder der Unternehmensführung. Die Forschung ist überwiegend verfahrensbezogen ausgerichtet und nicht produktbezogen; die Produkte von Bergwerken sind jedenfalls durch die Natur vorbestimmt. Ferner sei festgehalten, daß es berufsbezogen keine nationalen Grenzen gibt; Bergingenieure können überall in der Welt ihrer Profession nachgehen.

Nicht zuletzt ist der Berufsstand der Bergingenieure durch ein weltweit vorhandenes besonderes Zusammengehörigkeitsgefühl gekennzeichnet. Es kommt unter anderem in dem alten Bergmannswort zum Ausdruck: „Bergbau ist nicht eines Mannes Sache". Die Ursache für dieses spezifische Merkmal ist vor allem die unmittelbare Konfrontation mit den Kräften der Natur und die Notwendigkeit des Zusammenwirkens, um mit diesen Kräften fertig zu werden. Das besondere bergmännische Zusammengehörigkeitsgefühl ist daher nicht nur ein menschlich erfreulicher Zug des Berufes, sondern auch eine fachliche Unerläßlichkeit.

## STUDIUM

Dem aufgabenorientierten – d.h. funktional ausgerichteten – und berg w e r k bezogenen Berufsbild von Bergingenieuren entspricht das Ausbildungsprofil und dessen synoptische Struktur. „*Denn der Bergmann muß ... die Art und Weise erkennen, wie jedes Werk unter der Erde zu vollbringen sei.*" (Georg Agricola: De re metallica libri XII, Basel 1556, Erstes Buch).

Demgemäß soll das Studium den Absolventen – nach einer gewissen Zeit der Einarbeitung in der Praxis – dazu befähigen, gemeinsam mit anderen

➢ Systeme zur Nutzung der oberen Erdkruste, insbesondere zur Urproduktion mineralischer Rohstoffe, zu planen, zu verwirklichen, zu betreiben und zu bewerten,

➢ dabei den drei Grundforderungen seines Berufes, d.h. denen nach Bergbausicherheit einschließlich ergonomischer Verträglichkeit, nach Wirtschaftlichkeit und nach Umweltschonung zu entsprechen,

➢ zu diesem Zweck den Stand von Wissenschaft und Technik des Bergwesens kritisch zu beurteilen und zu nutzen,

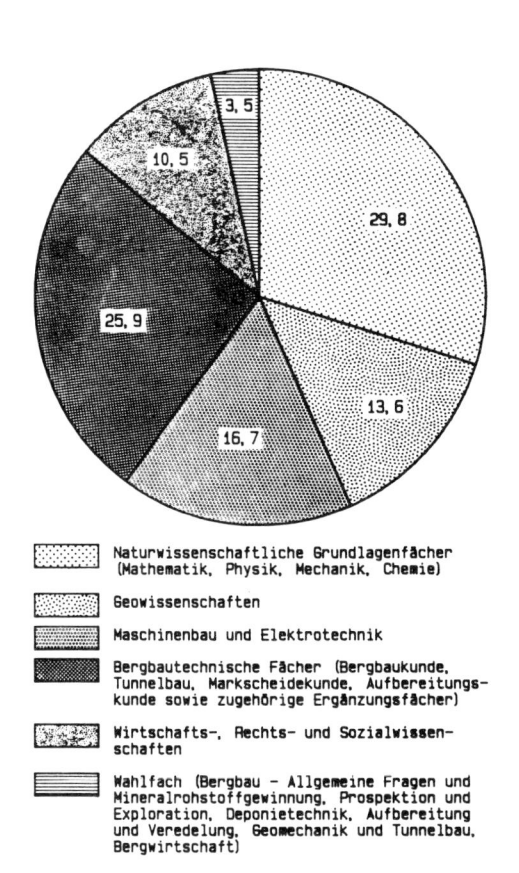

Bild 11: Aufteilung des Bergbaustudiums auf Fachgebiete.

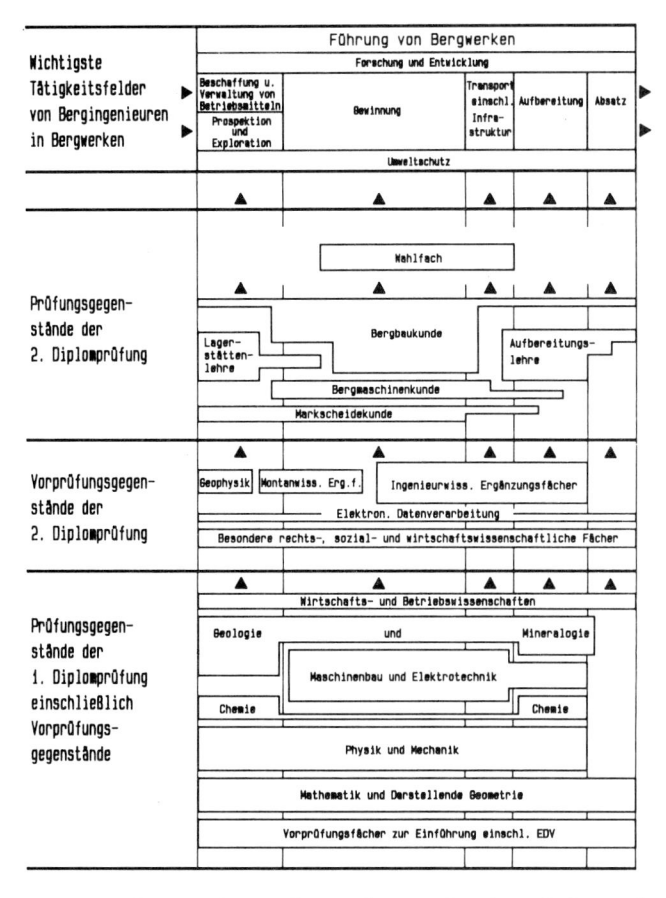

Bild 12: Aufteilung des Bergbaustudiums auf Prüfungsfächer und Zuordnung zum Betriebsablauf von Bergwerken.

➤ diesen Stand selbst weiter zu entwickeln,
➤ sowie die wirtschaftlichen und gesellschaftlichen Auswirkungen seiner Tätigkeit zu erkennen und zu berücksichtigen.

Entsprechend breit im Hinblick auf die Fächer – und in dieser Weise bei keiner anderen akademischen Berufsvorbildung zu finden – ist das Studium gestaltet. Bild 11 zeigt die Aufteilung auf Fächergruppen. Die Lehrveranstaltungen werden durch eine in den Semesterferien abzuleistende und durch Richtlinien geregelte praktische Tätigkeit von 130 Arbeitstagen in Betrieben ergänzt.

Bild 12 gibt die Untergliederung des Studieninhaltes nach Prüfungsfächern und angenähert deren Zuordnung zum Betriebsablauf von Bergwerken wieder. Die Größe der Flächen in Bild 12 ist dem derzeit gültigen Stundenausmaß der Fächer proportional. Auf den 1. Studienabschnitt von 5 Semestern entfallen 125 Semesterwochenstunden Prüfungsfächer, im 2. Studienabschnitt – mit 4 Semestern für Lehrveranstaltungen und einem für die Diplomarbeit – sind es 103 Semesterwochenstunden.

Die Legende des Bildes 11 nennt die bestehenden Wahlfächer. Gegenwärtig umfaßt ein Wahlfach nur 8 Semesterwochenstunden. Dahinter steht die Absicht, den Absolventen nicht zum Spezialisten für dieses Fach abzustempeln; er soll vielmehr unverändert die volle Kompetenz eines Bergingenieures behalten, um auf allen Fachgebieten des Bergingenieurberufes tätig werden zu können. Jüngste Erfahrungen und Anforderungen aus der Wirtschaft lassen es jedoch zweckmäßig erscheinen, das Stundenausmaß der Wahlfächer zu verdoppeln und damit jedenfalls so weit zu vergrößern, wie dies ohne Preisgabe einer umfassend ausgerichteten Ausbildung möglich erscheint. Außerdem ist beabsichtigt, eine eigene Wahlfachrichtung für den Bergbau zur Produktion von Baustoffen einzurichten. Entsprechende Beschlüsse der drittelparitätisch aus Professoren, Assistenten und Studenten zusammengesetzten Studienkommission für Bergwesen – dem dafür rechtlich zuständigen Organ – wurden bereits genehmigt.

Außer mit aktuellen Studienfragen befaßt sich die Studienkommission vor allem mit der „laufenden" Studienreform in Anpassung an die sich wan-

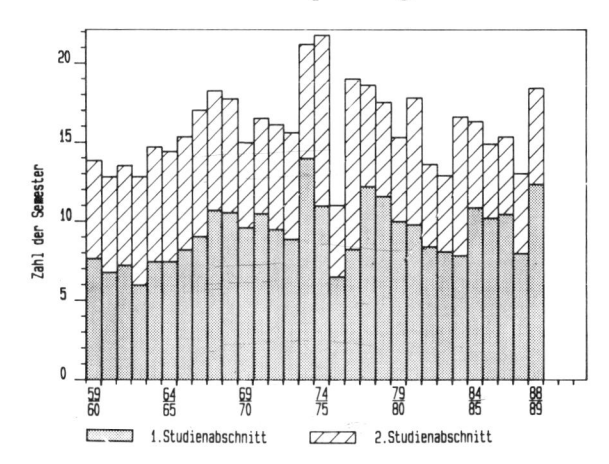

Bild 13: Durchschnittliche Studiendauer der Absolventen der Studienrichtung Bergwesen in den Studienjahren 1959/60 bis 1988/89.

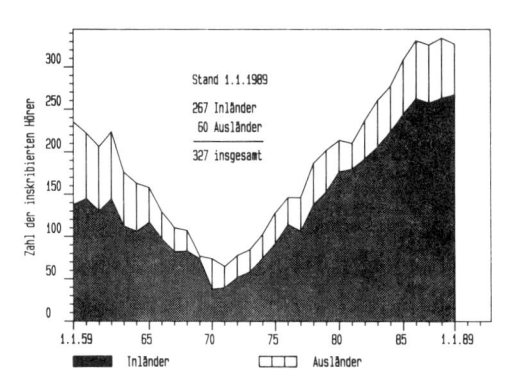

Bild 14: Inskriptionen der Studienrichtung Bergwesen zum jeweiligen Jahresbeginn 1960 bis 1989, inklusive unterbrochene Studien.

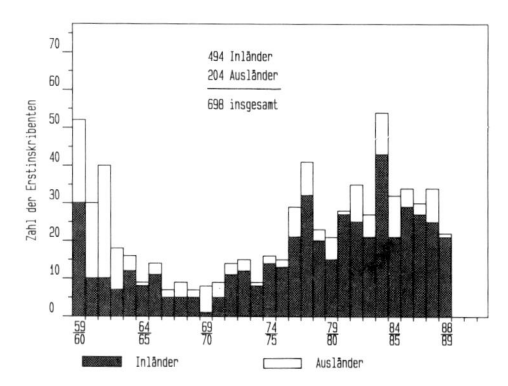

Bild 15: Erstinskribenten der Studienrichtung Bergwesen in den Studienjahren 1959/60 bis 1988/89.

delnden Berufsanforderungen. Ein größerer Schritt konnte Anfang der 70er Jahre im Zuge der Verwirklichung des „Bundesgesetzes über montanistische Studienrichtungen vom 10. Juli 1969" gesetzt werden. Die derzeitigen Überlegungen beruhen unter anderem auf dem Jubiläumskolloquium über „Ziele und Wege des Bergbaustudiums" im Dezember 1984 (vergleiche Literaturverzeichnis). Ein ständiges Thema der Studienreform ist das Bestreben, die tatsächliche durchschnittliche Studiendauer gemäß Bild 13 näher an die gesetzliche Studiendauer von 10 Semestern heranzuführen. Allerdings werden alle Bemühungen der Studienkommission durch viele einengende gesetzliche Studienbestimmungen mit ihren „Versteinerungstendenzen" beträchtlich erschwert. Am 28. März 1990 hat die Studienkommission beschlossen, die Umbenennung des von ihr betreuten Studiums in „Bergwesen und Tunnelbau" zu beantragen.

Für die „*Weiterbildung der Absolventen ... entsprechend den Fortschritten der Wissenschaft*", die das Allgemeine Hochschulstudiengesetz als zusätzlichen Aufgabenbereich der Studien an den Universitäten nennt, steht bei den meisten fachzuständigen Instituten die erforderliche personelle und sachliche Kapazität in einem ausreichenden Umfang nicht zur Verfügung. Deshalb bemühen sich die Institute, diese Aufgabe im möglichen Ausmaß mit Hilfe des technisch-wissenschaftlichen Vereins „Bergmännischer Verband Österreichs" zu verwirklichen.

## HÖRER- UND ABSOLVENTENZAHLEN

Die Bilder 14 bis 16 zeigen die zahlenmäßige Entwicklung der Studienrichtung Bergwesen seit 1959. Das Tief der Neuinskriptionen gemäß Bild 15 in der zweiten Hälfte der 60er Jahre geht vor allem auf die seinerzeitige „Kohlenkrise" zurück. Die „dropout"-Rate während des Studiums beträgt etwa ein Drittel der Studienanfänger.

Die Absolventenzahl beläuft sich im Durchschnitt der vergangenen 10 Studienjahre auf 11 Diplomingenieure, davon 9 Inländer, von denen alle nach Abschluß ihres Studiums eine entsprechende Stelle gefunden haben. Dieser Sachverhalt deckt sich gut mit einer Gesamtzahl von aktiven Bergingenieuren in Österreich, welche auf 220 Personen veranschlagt

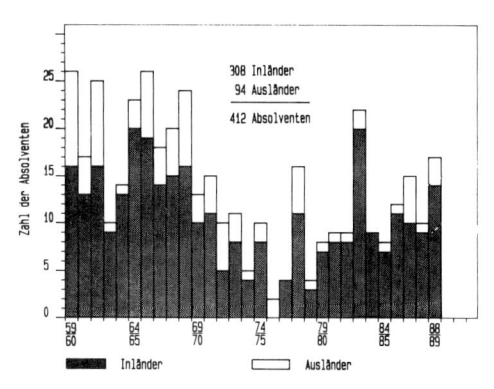

Bild 16: Absolventen der Studienrichtung Bergwesen in den Studienjahren 1959/60 bis 1988/89.

werden kann, sowie mit einem jährlichen Erneuerungsbedarf von etwa 4 %.

Nach einer unlängst vorgenommenen Erhebung entfallen von den im Berufsleben stehenden Absolventen der Studienrichtung Bergwesen etwa 57 % auf rohstoffproduzierende Betriebe, einschließlich Baustoffe; der verbleibende Anteil von 43 % ist breit auf die übrigen Berufsmöglichkeiten gestreut.

Nach der gleichen Erhebung ist mit 32 % rund jeder Dritte der beschäftigten Absolventen im Ausland tätig, von denen mit österreichischer Staatsbürgerschaft ist es etwa jeder Sechste. Die im Ausland tätigen Absolventen (Österreicher und Ausländer) arbeiten zu mehr als der Hälfte in der Bundesrepublik Deutschland, zu je einem knappen Viertel im übrigen europäischen Ausland und auf anderen Kontinenten. Von den in Österreich tätigen rund 68 % der Absolventen besitzen etwa ein Viertel Auslandserfahrung.

## AUSBLICK

Der Bedarf an Bergingenieuren wird international aber auch im nationalen Rahmen weiter wachsen. Dies betrifft die Produktion mineralischer Rohstoffe ebenso wie den Entsorgungsbergbau und den Tunnelbau. Im Hinblick auf die Rohstoffproduktion ist international gesehen die Zunahme des Bedarfes infolge des Wachsens der Weltbevölkerung und des durchschnittlichen Lebensstandards von Bedeutung. Im nationalen Rahmen ist daher auch mit einer Zunahme des Exportes von Anlagen und Dienstleistungen bergbaulicher Art zu rechnen, vor allem in Entwicklungsländer. Im Vergleich zu dem damit angesprochenen „sekundären" und „tertiären" Sektor des inländischen Bergbaus sind Aussagen über die voraussichtliche Inlandsproduktion an mineralischen Rohstoffen, d.h. den „primären" Bergbausektor, nur sehr bedingt möglich. Zunehmen wird jedoch weiter – sowohl absolut als wahrscheinlich auch relativ – die Bedeutung der Produktion von Industriemineralien einschließlich von Steinen und Erden. Überall in der Welt spielt außerdem der Umstand eine Rolle, daß die Fortschritte der Technik, die laufende Verwissenschaftlichung der Betriebsvorgänge und die damit verbundene Rationalisierung bzw. Automatisierung den Bedarf an akademisch ausgebildeten Ingenieuren stetig erhöht.

Ungeachtet aller strukturellen und konjunkturellen Veränderungen bleiben Landwirtschaft und Bergbau die unverzichtbaren Grundlagen der menschlichen Zivilisation.

## ANMERKUNGEN

Jüngere Literatur zur Studienrichtung Bergwesen an der Montanuniversität Leoben:

BRANDSTÄTTER, W. A.: Bericht zum Jubiläumskolloquium über „Ziele und Wege des Bergbaustudiums" am 6. und 7.Dezember 1984 in Leoben. Berg- und Hüttenmännische Monatshefte 130 (1985), S.95–97.

BRENNSTEINER, E. und GOLSER, R.: Zum Berufsbild des Bergingenieurs. Bericht über die 1976 durchgeführte Absolventenbefragung des Institutes für Bergbaukunde der Montanuniversität Leoben. Berg- und Hüttenmännische Monatshefte 123 (1978), S. 57–64.

FETTWEIS, G. B.: Über die Reform der Studienrichtung Bergwesen an der Montanistischen Hochschule Leoben. Berg- und Hüttenmännische Monatshefte 119 (1974), S. 66–75.

FETTWEIS, G. B.: Zielsetzungen des Kolloquiums „Ziele und Wege des Bergbaustudiums". Berg- und Hüttenmännische Monatshefte 130 (1985), S. 352–354.

JUVANCIC, H.: Anforderungen an das Bergbaustudium im Hinblick auf Aufgaben der Rohstoffgewinnung und Rohstoffversorgung in einem internationalen Konzern. Berg- und Hüttenmännische Monatshefte 130 (1985), S. 359–362.

NÖTSTALLER, R.: Überlegungen zum Bergbaustudium aus der Sicht der Probleme in Entwicklungsländern. Berg- und Hüttenmännische Monatshefte 131 (1986), S. 178–182.

RAUHUT, F. J.: Anforderungen an den Bergingenieur aus der Sicht des deutschen Steinkohlenbergbaus. Berg- und Hüttenmännische Monatshefte 130 (1985), S. 362–371.

REUTHER, E. U.: Die Ausbildung des Bergingenieurs im Spannungsfeld von Wissenschaft und Praxis. Berg- und Hüttenmännische Monatshefte 130 (1985), S. 354–359.

STADLOBER, K.: Ausbildungserfordernisse an den Bergingenieur aus bergbehördlicher Sicht. Berg- und Hüttenmännische Monatshefte 131 (1986), S. 99–103.

*Verfasser: G. B. FETTWEIS und*
*E. M. LECHNER*

# Studienrichtung Markscheidewesen

**ENTWICKLUNG DER STUDIENRICHTUNG**

Seit dem Studienjahr 1919/20 besteht die Studienrichtung Markscheidewesen. Sie ist damit die drittälteste Studienrichtung der Montanuniversität Leoben, nach jenen des Bergwesens und Hüttenwesens. Vorher war die Ausbildung in der „Markscheidekunde" in jener des Bergwesens inbegriffen. So lehrte Peter Ritter v. Tunner schon an der steiermärkisch-ständischen Montanlehranstalt in Vordernberg im Zuge der Ausbildung im Bergwesen die Markscheidekunde und die Praktische Geometrie (Geodäsie). In der damaligen Zeit trennte man die Begriffe „Markscheidekunde" und „Geodäsie", wobei man unter der ersteren vorwiegend die untertägige Vermessung einschließlich des Anschlusses von über Tag nach unter Tag verstand und unter der praktischen Geometrie die obertägige Vermessung, zumeist die „Feldmeßkunst", also eher die niedere Geodäsie. Im Zuge des Wandels der Technik und der

Bild 1: Markscheiderische Hauptübung im Studienjahr 1905/06.

zugehörigen Rechtsbegriffe versteht man heute unter Markscheidekunde die „Montangeodäsie", also eine Vereinigung der beiden früheren Teilgebiete im Sinne der auf den Bergbau zweckausgerichteten Tätigkeit ohne Abgrenzung von Untertage zu Obertage. So schreibt Prof. Dr. Aubell 1949 in der Festschrift der Montanistischen Hochschule: „*Da in das Arbeitsgebiet des Markscheiders alle Vermessungstätigkeiten fallen, die mit der Erschließung und Gewinnung in irgend einem Zusammenhang stehen, gleichgültig, ob sie sich ober oder unter Tag abspielen, mußte von einem ernst zu nehmenden Berufsmarkscheider verlangt werden, daß er auch in allen Belangen des obertägigen und des höheren Vermessungswesens gründlich Bescheid weiß*" (zum Inhalt des Studienplans der 1919/20 neu errichteten Studienrichtung Markscheidewesen). An die Stelle des Begriffs „Grubenriß" trat mittlerweile der umfassende und den modernen Staatsbedürfnissen entsprechende Begriff der „Bergbaukarte" (§ 135 Berggesetz 1975), man spricht somit hinsichtlich der Ausbildung aber auch des Technikgebietes von der Bergbaukartenkunde (Montankartographie).

Nach Peter Tunner lag die Ausbildung in den genannten Fächern in getrennten Händen, um dann, mit Errichtung des heutigen Institutes für Markscheide- und Bergschadenkunde (damals „Lehrkanzel für Geodäsie und Markscheidekunde"), 1904 endgültig (mit kurzen Unterbrechungen) in einer Hand vereinigt zu werden, zuerst unter dem so bedeutenden Prof. Dr. E. Dolezal. Er war wesentlicher Wegbereiter für die Gründung der Studienrichtung Markscheidewesen. So schrieb er in seinen „Studien zur Markscheidekunde" 1908, daß der Markscheider als Studierender nicht nur in „theoretischer Behandlung, sondern auch in praktischer Ausführung (Bilder 1 und 2) ausgebildet werden muß" in folgenden Gebieten:

> ➢ „*1. Eine systematische Anwendung der Ausgleichsrechnung auf die Vermessungsarbeiten des Markscheiders;*
> ➢ *2. eine gründliche Behandlung der Anschluß- und Orientierungsaufgaben;*
> ➢ *3. die Meridianbestimmung;*
> ➢ *4. der Anschluß an die Landestriangulierung;*
> ➢ *5. die streng wissenschaftliche Behandlung der Markscheideraufgaben, analytische und deskriptive Lösung derselben und*
> ➢ *6. eine systematische Behandlung des Grubenkartierungs- und Kartenwesens ...*"

Wieder wörtlich zitiert aus den Ausführungen von Prof. Dolezal sei „sein Streben":

> ➢ „*1. Schaffung einer Markscheiderabteilung an den montanistischen Hochschulen, ...*
> ➢ *2. Anregung zur Schaffung von gesetzlichen Bestimmungen über die Ausführung von Markscheidearbeiten betreffend:*
> *a) die Genauigkeitsgrenzen für die einzelnen Arbeiten;*
> *b) die Verwendung von instrumentellen Hilfsmitteln;*
> *c) die Anschlußarbeiten usw.;*
> ➢ *3. einheitliche Organisation des Grubenwesens;*
> ➢ *4. Schaffung der Institution von behördlich autorisierten Markscheidern; (das sind die heutigen Ingenieurkonsulenten für Markscheidewesen)*
> ➢ *5. staatliche Regelung des Grubenvermessungswesens überhaupt und*
> ➢ *6. obligatorische Bestellung von qualifizierten und verantwortlichen Markscheidern auf allen Grubenbauen ...*"

wiedergegeben.

Zum eben zitierten Punkt 6. wird auf die Bestimmung des Berggesetzes 1975 betreffend die Bestellung eines „verantwortlichen Markscheiders" (§§ 160 ff) – rund 70 Jahre später – verwiesen. Im Jahr 1920, knapp nach der Errichtung der Studienrichtung, setzt sich Prof. Dolezal noch gründlicher mit der Problematik unter „Markscheider und ihre Ausbildung in Oesterreich", auseinander (Mitt. a.d.Markschw.).

Unter Prof. Dr. Aubells 41-jähriger Amtszeit erfuhr die Studienrichtung sowohl aufgrund der Entwicklung der Montanistischen Hochschule und ihre teilweise Verlagerung nach Graz als auch aufgrund der politischen Entwicklung ein Auf und Ab, auf das hier doch ein wenig eingegangen werden muß:

Prof. Aubell gelang es, die Studienrichtung Markscheidewesen ab dem Studienjahr 1919/20, zunächst als dreijährige „Fachschule", in Leoben einzurichten. Die von ihm initiierten „Österr. Markscheidertage" (1921, 1923, 1928, 1937) beflügelten die Entwicklung auf dem nunmehrigen Staatsgebiet Österreichs sowohl auf dem Gebiet der Praxis als auch auf dem der akademischen Ausbildung. Die negativen Auswirkungen der Verlagerung der Hochschule nach Graz wurden durch die Persönlichkeit F. Aubells aufgefangen. Das Deutsche Reich brachte nach 1938 für das Markscheidewesen (und nur auf den Beruf und die spezifische Ausbildung sei hier eingegangen) der nunmehrigen Ostmark einen Sprung nach vorn: Die preußische Markscheiderordnung 1923 wurde verbindlich, eine Richtschnur, wie sie Prof. Dolezal 1908 und vehementer 1920 und Prof. Aubell wiederholt ab seinem Dienstantritt (1911) vehement gefordert hatten. Das Ende des Zweiten Weltkrieges bereitete der Gültigkeit der Deutschen Markscheiderordnung für Österreich ein Ende. In Österreich gab es nun erneut keine (brauchbaren) verbindlichen Bestimmungen betreffend das Markscheidewesen, was sowohl die Berufsausübung wie auch die Ausbildung im Markscheidewesen erschwerte. Aubell erwies sich als Meister des Problems: Von 1945 bis 1952 absolvierten 17 Studierende das Studium des Markscheidewesens.

In der Zeit von Prof. Aubell, als Verantwortlichem für das Studium des Markscheidewesens, entwickelten sich das Institut und die Studienrichtung sehr positiv. Aubell hatte ab Dienstantritt ein ausreichend großes Institut zur Verfügung, dem u.a. der große Übungssaal und das Observatorium bis jetzt angehören.

An dieser Stelle sei ein Ausflug zur Kultur gewagt: Bald nach seinem Amtsantritt schrieb Prof. Aubell alle Bergdirektionen der Monarchie an, alte Instrumente, Grubenkarten usw. der Lehrkanzel zu dedizieren. Und viele kamen dieser Aufforderung

Bild 2: Geodätische Hauptübung 1921.

nach: Am Institut für Markscheide- und Bergschadenkunde besteht nun wohl eine der größten und schönsten historischen Sammlungen von markscheiderischen Instrumenten und Geräten wie auch Bergbaukarten.

Dem weitsichtigen Praktiker und Konstrukteur Aubell ist darüber hinaus eine Instrumentensammlung für die Ausbildung der Studierenden zu verdanken, wie sie wohl nicht anderswo alltäglich ist. Seine Nachfolger hatten und haben es schwer, das zur Ausbildung und Forschung benötigte markscheiderisch-geodätische Instrumentarium zu beschaffen und zu adaptieren. So fehlen zur Zeit der Verfassung dieses Beitrages dringend einige elektronische Theodolite mit elektronischen Entfernungsmessern für die praktische Ausbildung in den Übungen.

Der Studienplan des Markscheidewesens sah bis 1931/1932 3 Jahre Ausbildung vor, ab dann bis 1935/1936 3 1/2 Jahre, danach wurde die Planstudiendauer auf 8 Semester ausgedehnt. Schon seit den Zeiten in Vordernberg wurden praktische Hauptübungen im Feld und Untertage (bei Bergbaubetrieben in der Umgebung) abgehalten, Übungsergebnisse, die am Institut aufliegen, geben Zeugnis vom hohen Stand der Ausbildung. Auch heute noch bestehen die Feldübungen, der untertägige Teil mitsamt den Schachtlotungen muß auf den Übungsstollen (Meßkeller) und zwei Stiegenhäuser im Hauptgebäude der Montanuniversität beschränkt bleiben, weil in der näheren Umgebung kein Untertagebergbau mehr besteht, in dem mit mehreren Gruppen diese Übungen durchgeführt werden können.

Zu Beginn der Ausbildung in den markscheiderischen Fächern gab es keine Ausbildung in der Bergschadenkunde, steckte doch dieses Wissensgebiet damals selbst in den Kinderschuhen. Ab der Schaffung der Studienrichtung 1919/20 wurde zunächst nur das Bergschadensrecht gelesen, als technischer Gegenstand wurde die Bergschadenkunde erst ab 1940/41 gelesen.

## GEGENWÄRTIGES AUSBILDUNGSPROFIL

In die Amtszeit von Prof. Dr. Spickernagel fiel die erste große Studienreform der neueren Zeit. Die noch jetzt geltende Studienordnung entstand. Im Frühjahr 1975 erlangte auch der „Studienplan Markscheidewesen" Rechtskraft. Im nunmehr 10-semestrigen Planstudium sieht schon der Erste Studienabschnitt auch eine Grundausbildung in fachbezogenen Gegenständen wie in der Vermessungs- und Markscheidekunde und auch der Bergbaukartenkunde, einschließlich elektronische Datenverarbeitung vor.

Die Prüfungsfächer des Zweiten Studienabschnittes umfassen Fächer der höheren Markscheidekunde und Landesvermessung, der Bergschadenkunde und der Lagerstättenkunde. Ab dem WS 1988/89 bestehen folgende Wahlfachgruppen: Markscheidekunde einschließlich Landesvermessung, Systemanalyse, Bergschadenkunde, Bergbaukunde, Lagerstättenkunde und Deponietechnik. Die vorgeschriebene Pflichtpraxis von 130 Schichten ist knapp bemessen, zumeist werden wesentlich mehr Praxisschichten verfahren. Grundsätzlich können auch Frauen das Studium absolvieren, vor allem wegen der Untertagetätigkeit auch während des Studiums besteht hier ein Handicap insbesondere in Hinsicht auf die spätere Berufspraxis. Nach 1945 scheint eine Absolventin des Markscheidewesens auf, zur Zeit studiert eine junge Dame das Markscheidewesen. Ab Einrichtung der Studienrichtung bis 1938 erfaßt die Statistik die Studierenden des Berg- und Markscheidewesens gemeinsam, eine korrekte Aussage über die Absolventen des Markscheidewesens, die dann auch Markscheider geblieben sind, ist für diese Zeit nicht möglich. Für die restliche Zeit von rund 50 Jahren läßt sich pro Jahr die Zahl von 1,6 Absolventen errechnen, bei Extremwerten von 0 und 7. Seit rund 20 Jahren, insbesondere aber seit 1975 mit Inkrafttreten des neuen Studienplanes, der wesentliche Unterschiede zum Studienplan Bergwesen mit sich brachte, so daß man das Studium des Markscheidewesens nicht mehr als eine Spezialisierung des Bergwesens auffassen konnte, ist die Zahl der Doppelstudien Bergwesen/Markscheidewesen, was in der Regel zu einer Vernachlässigung des Markscheidewesens führte, stark zurückgegangen. Trotzdem haben die Berufschancen eher zugenommen, weil die Gesamtausbildungszeit kürzer geworden ist und die eine Ausbildung in der Regel intensiver betrieben wurde. Durch die Bestimmungen des Berggesetzes 1975 (insbes. §§ 135 und 160 ff) wurde den von den Prof. Dolezal, Aubell, Perz und Spickernagel vehement vorgetragenen Forderungen nach gesetzlichen Berufsgrundlagen wenigstens teilweise Rechnung getragen. Damit ergaben sich Konsequenzen in positiver Sicht sowohl für den Bergbau wie auch für die Berufsaussichten der Absolventen. Die Ausbildung wurde durch laufende Anpassung der Studienpläne an die modernen technisch-wissenschaftlich-wirtschaftlichen Anforderungen ständig dem modernsten Stand angeglichen.

Die Straffung der Ausbildung führte zu einer für die Montanuniversität Leoben relativ niedrigen Studienzeit von 12,5 Semestern, wenn man die „Ausreißer" vernachlässigt, die bis auf wenige Ausnahmen Werkstudenten betreffen.

## BERUFSBILD DER ABSOLVENTEN

Man muß davon ausgehen, daß nur wenige der Diplomingenieure für Markscheidewesen in den freien Beruf gehen, also Ingenieurkonsulenten für Markscheidewesen werden (dies erfordert 5 Jahre Nachdiplompraxis und die Ablegung der „Ziviltechnikerprüfung"). Allerdings hat der Ingenieurkonsulent für Markscheidewesen einen Rechtsanspruch auf Anerkennung als verantwortlicher Markscheider gemäß Berggesetz 1975. Der Arbeitsplatz des Diplomingenieurs für Markscheidewesen ist in der Regel der des Verantwortlichen Markscheiders und Leiters der Markscheiderei von Bergbaubetrieben, wenn man von der Tätigkeit bei der Bergbehörde und dem freien Beruf absieht. Seine Hauptaufgabe ist die Erstellung des Bergbaukartenwerkes, wozu er die entsprechende Vermessungs- und Auswertetätigkeit mit seinen Mitarbeitern wahrzunehmen hat. Er muß die bergschadenkundlichen Aufgaben ebenso wahrnehmen wie Aufgaben der Kulturtechnik, denen sich der Bergbau im Zuge der Nutzung der Bergbaufolgelandschaft zu stellen hat. Rekultivierung, Landschaftsplanung mit der Einrichtung von Freizeitzentren ist eine neue Aufgabe eines jungen Absolventen des Markscheidewesens geworden. Als erster Studienrichtung der Montanuniversität wurde der Studienrichtung Markscheidewesen die Einrichtung der Wahlfachgruppe Deponietechnik durch das Wissenschaftsministerium ab dem WS 1988/89 genehmigt. Die Wahlfachgruppe wurde sofort angenommen. Die Ausbildung soll einerseits dem Bergbau die Möglichkeit geben, die von ihm geschaffenen Hohlräume und Öffnungen umweltgerecht und zum Erfolg des Betriebs zu nutzen, andererseits bringt das Absolvieren dieser Studien weitere Chancen im Beruf z.B. bei Verwaltungsbehörden.

Durch die spezielle Ausbildung in der Markscheidekunde, die ein hohes Maß an Präzision lehrt, ergeben sich in letzter Zeit neben der Durchführung von Beobachtungen von natürlichen rezenten Erdkrustenbewegungen (Island, Österreich: Alpin-dinarische Narbe usw.) Aufgaben in der Industriegeodäsie und im Tunnel- und Straßenbau. Natürlich wandert der eine oder andere in den Lehrberuf (HTBL, Weiterbildung im Rahmen der Wirtschaftsförderung und Umschulung) ab, auch die Tätigkeit an der Montanuniversität ist hier zu nennen.

Bisher wurde nur auf die Berufsausübung im Inland Bezug genommen. Für die Berufsausübung im Ausland kommt eine Tätigkeit nur im Bereich der „nichtsozialistischen" Welt in Frage. Die Bundesrepublik Deutschland, die wohl den höchsten Stand des Markscheidewesens zur Zeit hat, bietet an leitender Stelle u.a. wegen der strengen Berufsvorschriften betreffend die Markscheider und der Notwendigkeit der deutschen Staatsbürgerschaft relativ wenig Chancen. Im fremdsprachigen Ausland sind jedoch durchaus gute Chancen gegeben.

*Verfasser: E. CZUBIK*

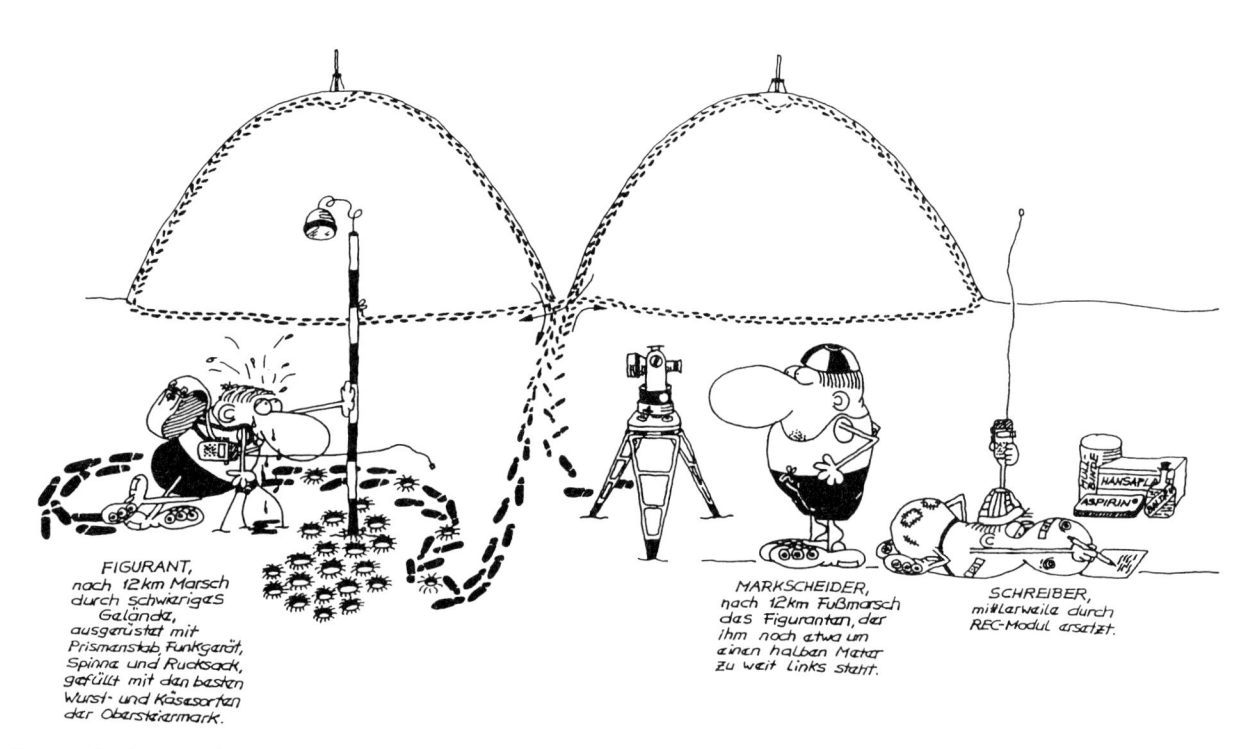

Das markscheiderische Vermessen. Karikatur von Dipl.Ing. Konrad Metzner, 13. 1. 1989.

# Studienrichtung Erdölwesen

**GESCHICHTLICHE ENTWICKLUNG**

Das Gebiet des Erdöls geht in der Forschung an der Montanuniversität bereits auf das Jahr 1908 zurück, als der damalige Ordentliche Öffentliche Professor für Geologie k.k. Hofrat Dr. Hans von Höfer zusammen mit seinem Kollegen von der Technischen Hochschule in Karlsruhe, dem Geheimen Rat Prof. Dr. Karl Engler, das fünfbändige Werk „Das Erdöl" schrieb. Hans von Höfer zu Ehren verleiht heute die österreichische Gesellschaft für Erdölwissenschaften die Hans-Höfer-Medaille. In den Jahren des letzten Krieges und nachfolgend wurde Österreich durch die Erdöl- und Erdgasfunde ein für europäische Verhältnisse erdölreiches Land. Dem trug die damalige Montanistische Hochschule Rechnung, indem im Rahmen der Bergbauausbildung der zuständige Professor für Bergbaukunde auch den Bereich der Erdölgewinnung betreute, so wie er sich damals vorzugsweise durch die Tiefbohrtechnik darstellte. Die ersten Prospektionserfolge gingen unter anderem auf Dr. Friedl zurück. 1938/40 wurden durch

Bild 1: Exkursionsbild von Tiefpumpenböcken eines Erdölfeldes an der Ostsee. Foto: M. Lorbach.

Bild 2: Büste von Hans Höfer von Heimhalt im Hauptgebäude der Montanuniversität.

FOTO WILKE Leoben.

Erlaß des Bitumengesetzes weite Gebiete frei und mit neuen Konzessionsverträgen belegt. In dieser Zeit wurde von mehreren deutschen Firmen eine österreichische Firma gegründet, deren Aktivitäten während der Besatzung auf die Sowjetische Mineralölverwaltung (SMV) überging, aus der mit dem Staatsvertrag die ÖMV hervorging.

Der Mangel an qualifiziertem Personal in dieser Zeit führte zur stärkeren akademischen Ausbildung an der Montanistischen Hochschule Leoben. Dies erfolgte zunächst durch einen Lehrauftrag an den ehemaligen Direktor der Astra Romana, einer Tochter der Shell International in Rumänien, dem Absolventen der Studienrichtung Bergwesen an der Montanistischen Hochschule Leoben, Herrn Dipl.Ing. Gottfried Prikel. Er baute die ersten Fachvorlesungen ab 1947 auf, und schon bald konnten die Bergbaustudenten zwischen einer Spezialisierung auf dem Gebiet des Bergwesens oder des Erdölwesens wählen. Prikel wurde 1948 in Ansehung der akademischen Notwendigkeiten zum Ordentlichen Professor an der Montanistischen Hochschule berufen und war der Motor für die Gründung der selbständigen Studienrichtung Erdölwesen im Jahre 1956. Damit stand Prof. Prikel vor der fast unlösbaren Aufgabe, mit einem Ein-Mann-Institut die Studienrichtung auf- und auszubauen und den Lehrerfordernissen Rechnung zu tragen. Einen Nachfolger für diese Aufgabe zu finden, war außerordentlich schwierig und erst durch Besetzung des Institutes mit Herrn O.Univ.Prof. Dipl.Ing. Dr.-Ing. Manfred Lorbach im Jahre 1962 möglich.

Bis 1958/59 konnte Österreichs Erdölindustrie durch das Aufbringen aus heimischen Lagerstätten den Bedarf an Erdöl und Erdgas in hohem Maße decken. Die von da ab rückläufige Tendenz der Erdölproduktion wurde durch steigende Erfolge der Erdgasexploration wettgemacht.

Der schnellen wissenschaftlichen und technischen Entwicklung mußte die akademische Ausbildung Rechnung tragen. Die Aufgabe war es, praxisbezogene Erdölingenieure entsprechend der steigenden Bedarfslage der Industrie zuzuführen. Deshalb wurde die Ausbildung des Erdölingenieurs in Leoben auf die in Bild 3 dargestellten Ausbildungsbereiche gestellt. 1964 wurde ein eigenständiges

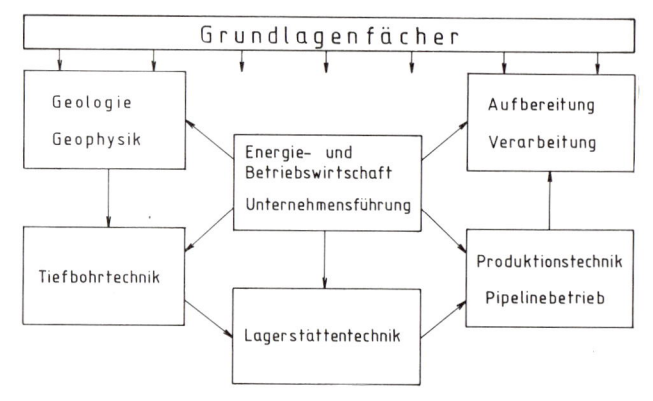

Bild 3: Die eigenständigen Hauptlehr- und Wissenschaftsbereiche des Erdölingenieurs.

Institut für Erdölgeologie und Angewandte Geophysik und am 14.2.1973 die Professur für Lagerstättenphysik und -technik genehmigt und 1977 besetzt. Zur Erweiterung und Intensivierung der Ausbildung mußten neue Vorlesungen eingeführt und die seminaristische Arbeit ausgebaut werden. Am Institut für Tiefbohrtechnik und Erdölgewinnung wurden drei aufeinanderfolgende Seminare eingerichtet, die in der Ausbildung für die späteren Aufgaben der Absolventen von großem Wert sind. Dazu gehörten auch eine Wissensvermittlung über den Bereich der Offshore-Technologie und zahlreiche Wahlfachgruppen. Durch diese hat der Erdölstudent Gelegenheit, sich schon während seines Studiums seinen Neigungen entsprechend der fachlichen Aufgabe etwas spezialisiert zuzuwenden. Zur Zeit gehören dazu im Konzept die Wahlfachgruppen Pipelinebau und -betrieb, spezielle Angewandte Geophysik, Energie- und Betriebswirtschaft, Konstruktiver Tiefbau, Wassergewinnung und Systemanalyse. Unabhängig von diesen Wahlfachgruppen stehen dem Studenten noch eine große Zahl von Freifächern zur Vertiefung seines Wissens entsprechend seinen Neigungen zur Verfügung.

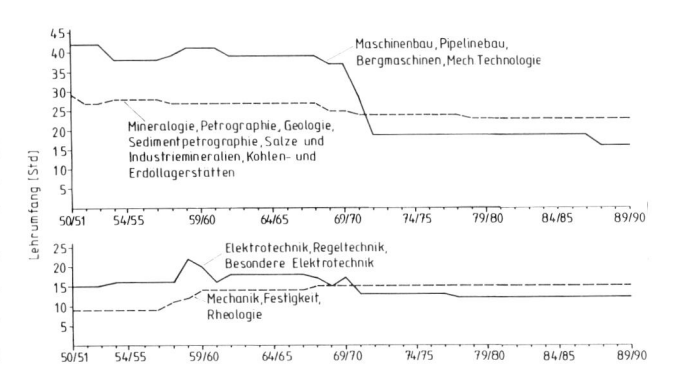

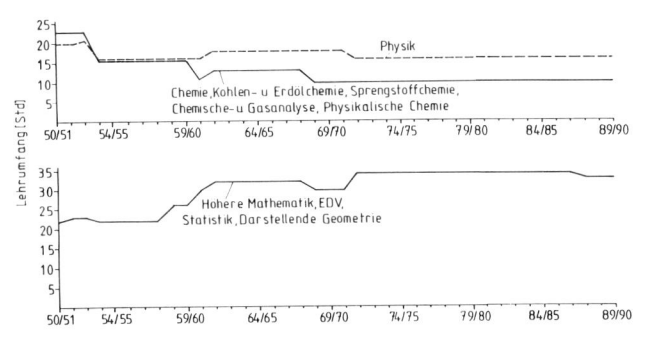

Bild 4: Entwicklung der Grundlagenfächer in der Studienrichtung Erdölwesen.

## DIE WISSENSCHAFTLICHE AUSBILDUNG IN DEN GRUNDLAGENFÄCHERN

Von jeher war es das Ziel der Montanistischen Hochschule, in allen Studienrichtungen eine möglichst solide Grundlage in den Grundlagenfächern im Ersten Studienabschnitt zu schaffen und das praxisbezogene Wissen im Zweiten Studienabschnitt zu vermitteln. Die Entwicklung in den Grundlagenfächern zeigt das Bild 4. Zu den Grundlagen gehören neben den geowissenschaftlichen Fächern mit ca. 25 Stunden Lehrumfang, die der maschinenkundlichen und technologischen mit 20, die der Mechanik, Festigkeit und Rheologie mit 15, die der elektrotechnischen Fächer mit ca. 13, die der Physik mit ca. 17, und die der Höheren Mathematik einschließlich EDV und Darstellender Geometrie mit ca. 32 Stunden. Die Bilder lassen erkennen, daß sich seit der Konsolidierung in den 60er Jahren hier zwar ein ständiger aber nicht grundsätzlicher Wandel vollzieht.

## ENTWICKLUNG DER ANGEWANDTEN FÄCHER

Seit Einführung der Studienrichtung ließ sich anfänglich die Abzweigung von der Studienrichtung Bergwesen nicht ganz verleugnen. Ein stetiger Abbau der im wesentlichen dem Bergbau zuzuordnenden Lehrinhalte erforderte zusätzliche Lehrkräfte. Dieser Wandel war im wesentlichen Ende der 70er Jahre vollzogen (Bild 5).

Das Bild 5 läßt des weiteren die Entwicklung in den angewandten Fächern erkennen. Hierbei wird besonders deutlich, daß ab 1960 dem Gebiet der Lagerstättenphysik und -technik eine stetig höhere Bedeutung beigemessen wurde. Ab 1972 wurden fünf Wahlfachgruppen eingeführt, von denen eine zu wählen obligatorisch ist, und ab 1980 kam eine sechste Wahlfachgruppe hinzu.

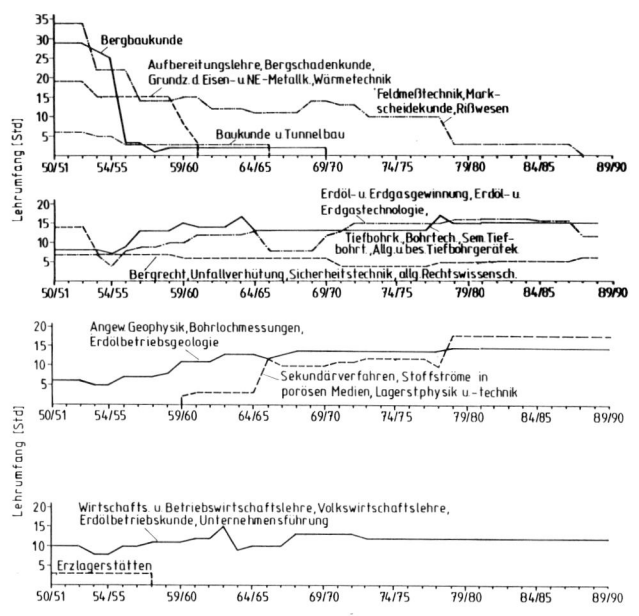

Bild 5: Enwicklung der angewandten Fächer in der Studienrichtung Erdölwesen.

Der erreichte Stand der Lehrinhalte ist in Bild 6 mit dem gesamten vom Studenten wahrzunehmenden Lehrumfang ausgewiesen. In der prozentuellen Aufteilung der angewandten Fächer in Bild 6 erkennt man eine fast gleichmäßige Schwerpunktbildung in den Fächern Angewandte Geophysik, Tiefbohrtechnik, Erdöl- und Erdgasgewinnung sowie Lagerstättenphysik und -technik. Während für die Fachbereiche Geophysik und Lagerstättentechnik jeweils ein hauptamtlicher Ordinarius verfügbar ist, ist der Fachbereich Erdöl- und Erdgasgewinnung noch zusammen mit der Tiefbohrtechnik von einem Ordinarius und einem Institut abzudecken.

## ENTWICKLUNG DER HÖRERZAHLEN

Während Studenten der geisteswissenschaftlichen Fächer sich in den letzten 20 Jahren weniger nach dem Berufsbedarf in der Auswahl ihres Studiums orientierten, geschieht das bei den technischen Fächern maßgeblich nach den beruflichen Möglichkeiten in diesen Fächern. Dies spiegelt sich auch bei der Hörerzahl der Erdölstudenten in anschaulicher Weise wider. In Bild 7 ist die Hörerstatistik der Studienrichtung Erdölwesen dargestellt. Daraus geht eindeutig hervor, in welcher Weise sich die Konjunktur der Erdölindustrie in den letzten 25 Jahren auf die Hörerzahlen ausgewirkt hat. Bis 1960/61, mit dem damaligen Hörermaximum von ca. 265 Erdölstudenten, spiegelt sich der Erfolgsanstieg der Exploration und die daraus abzuleitende Bedeutung der Erdölindustrie bei ständig steigendem Bedarf wider. Pessimistische Zukunftsprognosen der Erdölverfügbarkeit (Club of Rome) ließen die Hörerzahlen ständig absinken. Der danach einsetzende Preisanstieg, aus dem auch die Stärkung der Industrie abzuleiten war, führte mit den fälschlicherweise bezeichneten Erdölkrisen 1973 und 1979 zu einem Maximum der Inskriptionszahlen von ca. 465 im Jahre 1982/83. Der danach wieder rückläufige Preis des Öles hat zu der derzeitigen Inskriptionszahl von ca. 410 Erdölstudenten geführt. Wie aus den Wirtschaftsberichten abzuleiten ist, ist ein weiterer Preisverfall durch die inzwischen erreichte Disziplin der OPEC kaum zu erwarten, sodaß bei weiterführender gleichartiger Tendenz mit einer Hörerzahl auf diesem Niveau zu rechnen sein wird. Parallel zur Entwicklung der Gesamthörerzahl ist in Bild 7 auch die Entwicklung der inländischen und ausländischen Hörer zu erkennen, die der Gesamthörerzahl-Entwicklung gegenüber getrennt ausgewiesen sind. In Verfolgung der Anzahl der ausländischen Hörer ist erkennbar, daß deren Anteil von 1960/61 mit 37 % im Jahre 1968/69 auf 59 % angestiegen ist und bis zum

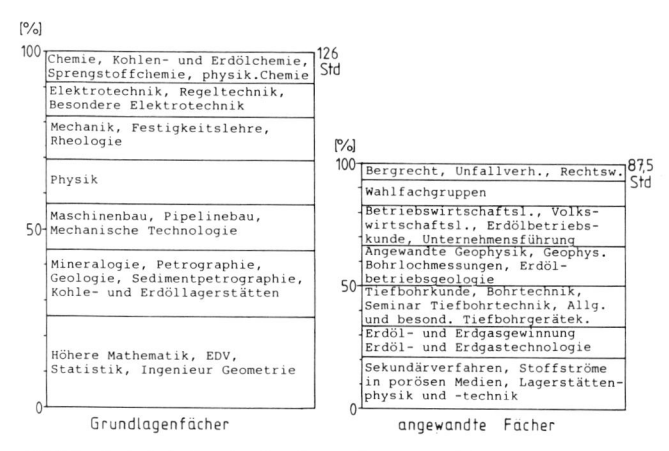

Bild 6: Lehrinhalte der Studienrichtung Erdölwesen (Stand 1988/89).

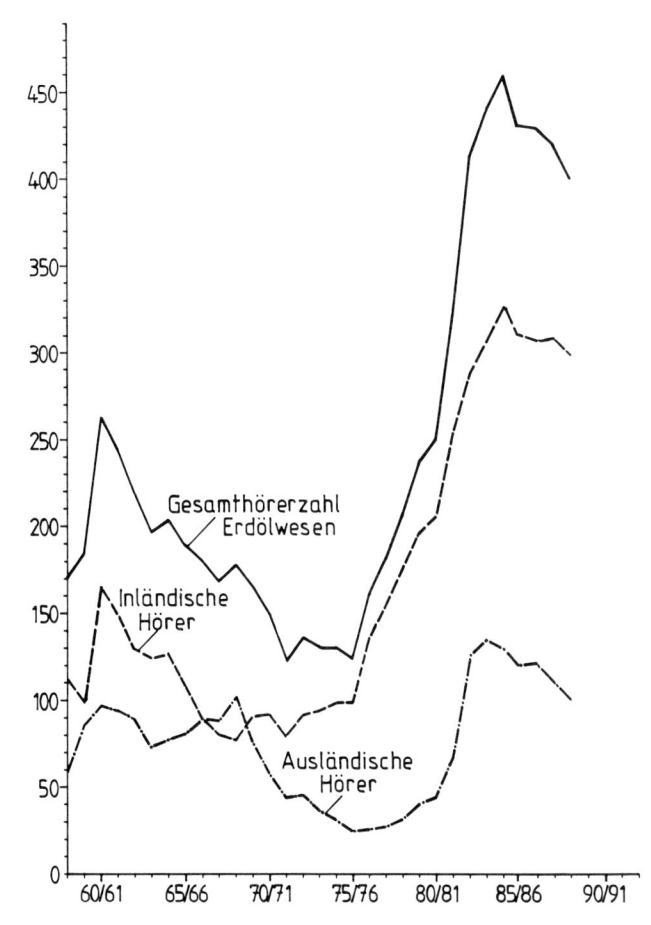

Bild 7: Inskriptionen der Studienrichtung Erdölwesen (inklusive unterbrochene Studien), jeweils im Wintersemester.

1984/85 waren unsere Absolventen jedoch in der glücklichen Lage, ohne große Schwierigkeiten attraktive Aufgaben im In- oder Ausland übernehmen zu können. Seit Mitte der 60er Jahre war der Bedarf der Industrie im deutschen Sprachraum sogar größer als Erdölingenieure an Universitäten in diesem Bereich fertig wurden. Das hat dazu geführt, daß die Erdölindustrie zur Befriedigung ihres Bedarfes an Fachingenieuren in zunehmendem Maß auch auf Absolventen anderer Studienrichtungen zurückgreifen mußte. Diese Entwicklung ist seit den frühen 80er Jahren rückläufig, da sich die Erdölindustrie aufgrund der rückläufigen Ertragslage in einer Umstrukturierung befindet. Dies hat dazu geführt, daß die Bohraktivitäten weniger von den Erdölfirmen selbst durchgeführt, sondern von den in ihrer Kapazität wesentlich steigenden Bohrkontraktorfirmen im Auftrag der Erdölfirmen ausgeführt werden. Während die Erdölfirmen demzufolge ihr bohrtechnisches Personal in anderen Bereichen unterbringen mußten, ist der Bedarf der Tiefbohrunternehmer, die heute weltweit tätig sind, gestiegen. Mit dem rückläufigen Preis seit den frühen 80er Jahren sind die Aufgaben der Lagerstätteningenieure rückläufig, weil insbesondere für die aufwendigen Tertiär- und Entölungsverfahren keine ausreichende Kostendeckung erzielt wird. Dort, wo derartige Verfahren bereits angelaufen sind, ist der Personalstab meistens vorhanden und wird durch Reduktion der staatlichen

Studienjahr 1988/89 auf 25 % absank.

In welchem Anteil die Studenten an der Montanuniversität das Studium Erdölwesen inskribiert haben, geht aus Bild 8 hervor. Über diesen hier betrachteten Zeitraum schwankt der Anteil der Erdölstudenten bis zum Maximum 1961/62 von 31 % mit einer Abnahme bis 1975/76 auf ca. 15 % und neuerlichem Anstieg bis zum Studienjahr 1982/83 auf ca. 22 % bei einem linearen Abfall bis zum Studienjahr 1988/89 auf ca. 16 %. Trotz dieser breiten Schwankung in den Hörerzahlen in der Studienrichtung Erdölwesen im Zeitraum von 1960 bis 1989 stellte das Angebot der Absolventen dieser Studienrichtung ein größeres Angebot für die heimische Industrie dar, als diese aufzunehmen in der Lage war. Bis zu den Jahren

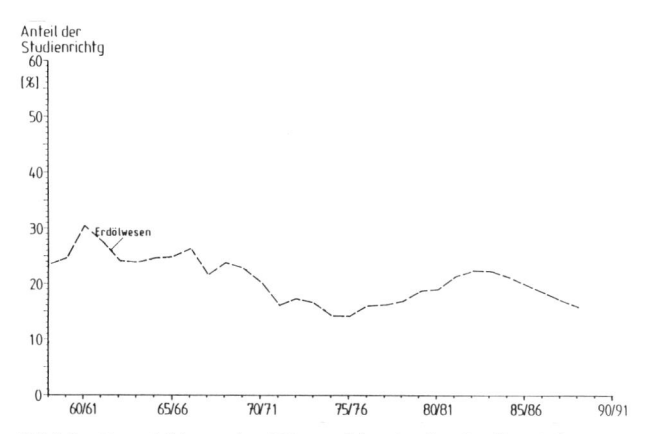

Bild 8: Entwicklung der Hörerzahlen in der Studienrichtung Erdölwesen in Prozent der inskribierten Studienrichtungen.

Abgaben Hilfestellung geleistet, um diese Projekte weiterführen zu können.

Die ständigen Schwankungen in der Bedarfslage haben sich demzufolge derzeit beruhigt, und vorzugsweise muß der durch altersbedingtes Ausscheiden entsprechende Bedarf durch jungen qualifizierten Nachwuchs gedeckt werden.

## BERUFSBILD DER ABSOLVENTEN

Die heutige Erdölindustrie sieht es als ihre vorrangige Aufgabe an, die Gewinnung von Erdöl und Erdgas, die Verbesserung der Gewinnung, die Aufbereitung, die Verarbeitung und den Vertrieb der Produkte auszuführen. Viele Einzelaufgaben, wie sie für die vorgenannten Zielsetzungen notwendig sind, werden fast grundsätzlich und weltweit durch Servicegesellschaften erledigt. Diese stehen den Erdölgesellschaften als Kontraktorfirmen mit internationaler Mobilität zur Verfügung. Die Erdölgesellschaften benötigen Fachingenieure für die eigenen Tätigkeitsbereiche und diejenigen zur Planung, Kontrolle und Zusammenarbeit mit den Servicegesellschaften. Zu den Aufgaben der Planungsstäbe gehören

➢ die Entwicklung der geologischen und physikalischen Programme,
➢ die Planung der Tiefbohrungen,
➢ die Zusammenarbeit mit Servicegesellschaften, wie z.B.:

Geologischen Beratungsfirmen, Geophysikalischen Fachfirmen, Tiefbohrfirmen, Verrohrungsfirmen, Verschraubungsfirmen, Zementationsgesellschaften, Spezialisten für Dichtigkeits- und Korrosionskontrolle, Installationsfirmen für Produktionssonden, Spezialfirmen für Komplettierungen, Beratungs- und Lieferfirmen von Öl- und Gasabscheidungen, Pipelineplanung und -transport, Spezialisten für tertiäre Entölungsverfahren, Lieferfirmen für Produktionsgeräte und Aufbereitungsanlagen u.v.a.m.

Die erdöl- und erdgasfirmeneigenen Aufgabenbereiche werden aus betriebswirtschaftlichen Gründen in immer stärkerem Maße an Service- und Beratungsfirmen delegiert. Neben betriebswirtschaftlichen Gesichtspunkten sind auch Gründe der besseren Akkumulierung von Spezialwissen über Länder und Kontinente hinweg und der daraus resultierenden besseren Effizienz maßgebend. Die Gewinnungsindustrie selbst benötigt zur Förderung von Erdöl und Erdgas sowie zur Speicherung dieser Medien in erster Linie Absolventen, die besondere Freude für die Karriere der Betriebsleitung und des Managements mitbringen. Deshalb wird die Ausbildung in Betriebswirtschaftslehre und Unternehmensführung in so intensivem Maße gefördert. So werden die Erdölingenieure aber auch durch die seminaristische Arbeit befähigt, sich selbst und ihre Zielsetzungen vor den Kollegen und der Belegschaft zu artikulieren. Die Ausbildung erstrebt aber auch den Praxisbezug und wissenschaftliche Befähigung, um in den vorher angedeuteten Servicegesellschaften bestausgebildet tätig werden zu können. Alle diese Spezialgesellschaften verlangen geistige und räumliche Mobilität in hohem Maße; Einsätze rund um den Globus sind dabei keine Seltenheit.

Einen großen Bedarf an derartig Vorgebildeten und mit dieser Bereitschaft in das Berufsleben eintretenden Ingenieuren erfordert der Bereich der Tiefbohrtechnik. Deren Anforderungen sind in den letzten Jahren in hohem Maße verwissenschaftlicht worden, und die technischen Abläufe erfolgen zunehmend mechanisch, automatisch und EDV-unterstützt. In diesem Bereich werden ähnlich wie in der Gewinnungstechnik bevorzugt Kenntnisse auf dem Gebiet der Materialbeanspruchung, der Festigkeitslehre, der Chemie in Verbindung mit den geologischen Erfordernissen erwartet.

Weiteren großen Bedarf im Rahmen von Betriebsaufgaben erfordert sicher die Tätigkeit eines Gewinnungs- oder Speicheringenieurs, der in ähnlicher Weise wie der Tiefbohringenieur Voraussetzungen und Eignung erfüllen muß.

Der Lagerstätteningenieur ist demgegenüber bevorzugt mit mathematisch-physikalischen und chemischen Problemlösungen befaßt. Er ist der Wegbereiter für die genaue Lagerstättenbeurteilung und der maximalen Ausbeute der Lagerstätten.

Die Aufgaben der angewandten Geophysik reichen von den geologischen Kenntnissen über die

Fähigkeiten, physikalische Meßmethoden innerhalb der Erdkruste für die Interpretation von Lagerstätten und Strukturen auszuwerten. Ihre Methoden werden ständig verfeinert, und der Bedarf an hochqualifizierten Geophysikern wächst ständig.

Von den vorher erwähnten Servicegesellschaften werden entsprechend bei diesen selbst in den Spezialbereich eingeschulte Erdölingenieure verwendet. Auch ihre Aufgaben werden ständig verfeinert und die Arbeiten ständig selbständiger und interessanter. Je nach Firmeneigenart beziehen sich die Tätigkeiten auf reine Planungsarbeiten oder Voraussagen auf die zu erwartenden Erfolge wie auch auf diese Tätigkeiten in Verbindung mit den Spezialgeräten für die Durchführung der geplanten Arbeiten. Die vorgenannten Aufgabenbereiche von Erdölingenieuren beziehen sich aber nicht nur auf die Gewinnung und Speicherung von Erdöl und Erdgas, sondern werden auch in vielen anderen Bereichen von Untersuchungen und zur Gewinnung von Mineralien in der Erdkruste herangezogen. Dazu gehören die Gewinnung von Wasser in Form von Trinkwasser, Thermalwasser und Solen oder auch die Gewinnung von Mineralien aus der Erdkruste in verflüssigtem oder gasförmigem Zustand. Hierfür ist das Erreichen großer Teufen mittels der Tiefbohrtechnik und das relativ leichte Überführen von festen Mineralien im flüssigen oder gasförmigen Zustand notwendig. Dazu gehören insbesondere Salze, Schwefel, Kohle, ja sogar Erze und seltene Erden. Zum Teil sind derartige Verfahren in der Entwicklung oder erweiterten Anwendung. Auch die Verbringung und Speicherung von Abfallstoffen untertage ist hier zu erwähnen.

Die Tiefbohrtechnik im besonderen dient aber auch in zunehmendem Maße dem Herstellen von großkalibrigen Bohrlöchern in Form von Schächten oder in Form von Brunnen oder zur Anlegung von Schutzwänden in der Bauindustrie, weshalb der Erdölingenieur, der sich für diese Aufgaben interessiert, die Wahlfachgruppe „Konstruktiver Tiefbau" bevorzugt belegen wird. Es ist fast überflüssig zu erwähnen, daß alle die vorgenannten Funktionen vom Neuling in der Firma bis zum Generaldirektor reichen. Neben den vorgenannten vielfältigen Aufgaben sind Erdölingenieure aber in zunehmendem Maße in der Forschung sowohl an den Universitäten wie auch in den Forschungsabteilungen der einzelnen Firmen tätig. Da es sich hierbei um angewandte Forschung handelt, sind diese Tätigkeiten ähnlich wie die der Betriebsingenieure begleitet von dem unmittelbaren Erfolgserlebnis in der Praxis. Derjenige, dem die betriebliche Laufbahn weniger liegt, hat aber auch in der Verwaltung von Aufsichtsbehörden, Kommunen bis hin zu der technischen Leitung von Heilbädern mannigfache Aufgaben zu erwarten.

*Verfasser: M. LORBACH*

Der Tagbau am Erzberg. Bild von A. Marussig in der Aula der Montanuniversität. Ansichtskarte gedruckt im Verlag der k.k. Montanistischen Hochschulbuchhandlung Ludwig Nüßler, Leoben. Universitätsbibliothek.

# Studienrichtung Hüttenwesen

## ENTWICKLUNG DER STUDIENRICHTUNG

Die Montanuniversität kann seit vielen Jahren nur etwa die Hälfte der von der Hüttenindustrie benötigten Absolventen (Diplomingenieure des Hüttenwesens) liefern. Man kann sagen, daß etwa 25 Jungingenieure pro Jahr in Österreich neu eingestellt werden könnten, daß aber in den letzten Jahren im Durchschnitt nur etwa 12 pro Jahr die Montanuniversität verließen. Ein gewisser Abwanderungsverlust ins Ausland erschwert das Problem zusätzlich.

Der Beruf des Hütteningenieurs scheint bei Maturanten noch immer Imageprobleme zu haben. Leider hat in vergangenen Jahren und Jahrzehnten die Hüttenindustrie selbst zu diesem Bild beigetragen. Die erfolgreichen Sanierungsbemühungen in allerjüngster Zeit haben auf die Berufsentscheidungen der österreichischen Maturanten offenbar noch

Bild 1: Hochofenabstich. Der Hochofen ist noch immer der universellste und kostengünstigste Reaktor mit dem niedrigsten Gesamtenergieverbrauch zur Erzeugung von flüssigem Roheisen in großem Maßstab.

Werkfoto: Deutsche Voest-Alpine Industrieanlagen DVAI, Düsseldorf, Bundesrepublik Deutschland.

Bild 2: Aluminiumelektrolyse. Ofenhalle in Längsbauweise mit gekapselten Zellen und Ofengasabsaugung.
Werkfoto: Alusuisse, Neuhausen, Schweiz.

nicht durchgeschlagen. Die Zahl der ordentlichen Erstinskribenten im Hüttenwesen lag in den letzten 15 Jahren im Mittel bei rund 27 pro Jahr.

Gemeinsame Anstrengungen von Montanuniversität und Hüttenindustrie zur Werbung für den Beruf des Hüttenmingenieurs sind angelaufen (von der Industrie finanzierte Druckschriften, die in den Höheren Schulen verteilt werden; ein Videofilm, der die Studienberatung unterstützt; Informationsveranstaltungen für Schülerberater, Bildungsberater und Berufsberater einzelner Bundesländer, in Industriebetrieben und an der Montanuniversität). Trotzdem ist die Öffentlichkeitsarbeit noch zu verstärken.

In den letzten 50 Jahren (1938 bis 1988) haben 1338 Absolventen das Studium des Hüttenwesens mit dem Diplomingenieur abgeschlossen. Die stärkste Dekade war die von 1958 bis 1967 mit 450 Absolventen = 45 jährlich im Durchschnitt. In dieser Zeit lag auch das Verhältnis der Absolventen zu den Studierenden immer zwischen 65 und 70 %, d.h. zwei Drittel der Hüttenkundestudenten wurden auch fertig, heute ist es nur noch die Hälfte.

Die Anzahl der Hörer hatte 1948 erstmals seit Kriegsbeginn wieder die 100-Marke überschritten, stieg dann kontinuierlich bis 1962 an, als die absolute Höchstmarke mit 516 erreicht wurde. Diese Zahl pendelt heute mit nicht allzugroßen Abweichungen im Bereich 250 bis 300.

10 % der Studenten des Hüttenwesens sind Ausländer, und der Anteil der weiblichen Studierenden liegt mit knapp 4 % recht niedrig.

Nach der geographischen Herkunft schlüsseln sich die Hüttenkundestudenten zur Zeit wie folgt auf:

| | |
|---|---|
| Steiermark | 44 % |
| Oberösterreich | 17 % |
| Niederösterreich | 9 % |
| Kärnten | 7 % |
| Iran | 6 % |
| Salzburg | 4 % |
| Wien | 3 % |
| Tirol | 3 % |
| Türkei | 3 % |
| Rest | 4 %. |

Für den internationalen Ausbildungsruf Österreichs wäre ein größerer Anteil von Ausländern an den Hüttenkundestudenten wünschenswert. Historisch-traditionell bedingt kommen die ausländischen Studenten aus den Balkanländern bis Griechenland – Türkei – Iran. Westeuropäer fehlen derzeit fast vollständig.

## BESCHREIBUNG DES AUSBILDUNGSPROFILS

Die Studienordnung im Hüttenwesen umfaßt wie in allen übrigen Studienrichtungen 5 Semester im Ersten Studienabschnitt, für alle Hüttenleute gleich. Mit dem 6. Semester beginnt die Differenzierung in den 6 Studienzweigen bis einschließlich 9. Semester (Zweiter Studienabschnitt).

Studienzweige der Studienrichtung Hüttenwesen:

- Eisenhüttenwesen
- Metallhüttenwesen
- Verformungswesen
- Metallkunde
- Gießereiwesen
- Betriebs- und Energiewirtschaft.

Im Zweiten Studienabschnitt ist eine Diplomarbeit anzufertigen, wobei damit meistens nach Absolvierung der im Studienplan vorgeschriebenen Lehrveranstaltungen begonnen wird. Die Diplomarbeit hat fast immer einen experimentellen Teil. Er kann entweder in dem betreffenden Universitätsinstitut oder aber in einem Industriebetrieb unter Betreuung durch den Fachprofessor durchgeführt werden. Für die Diplomarbeit sind 6 Monate vorgesehen.

Theoretisch kann also ein Hüttenkundestudent nach 10 Semestern = 5 Jahren sein Diplom erwerben. Daß dies nicht unmöglich ist, zeigen einige Beispiele. Die große Mehrheit der Absolventen braucht mehr Zeit, irgendwo zwischen 12 und 16 Semestern. Auch jenseits dieser Schwelle gibt es Beispiele.

Eine Doktorarbeit dauert zwischen 3 und 5 Jahren und schließt mit dem Dr.mont., dem Doktor der montanistischen Wissenschaften, ab.

In den letzten Jahren sind vermehrt Befragungen in der Praxis durchgeführt worden, ob die Studienpläne der deutschen ABC-Hochschulen (Aachen, Berlin, Clausthal) noch den Anforderungen der die Jungingenieure aufnehmenden Industrie entsprechen. Diese Umfragen wurden federführend vom Verein Deutscher Eisenhüttenleute (VDEh) durchgeführt. Die Ergebnisse lassen sich mit einigen Modifikationen sowohl auf Österreich und damit Leoben übertragen wie auch mit einigen inhaltlichen Änderungen über das Eisenhüttenwesen hinaus auch auf die anderen Studienzweige des Hüttenwesens.

Die Grundaussage lautet, daß zwar einerseits die unterschiedlichen Berufsfelder, in denen die Akademiker im Hüttenwesen arbeiten (z.B. „Metallurgie", „Umformtechnik", „Werkstoffe", „Anlagentechnik"), sehr unterschiedliche Ausbildungs- oder Wissensschwerpunkte erfordern (z.B. mehr Maschinenbau für die Anlagentechnik, mehr naturwissenschaftliche und metallurgische Grundlagen für die Metallurgie), daß aber andererseits der Absolvent des Hüttenwesens für alle diese Berufsfelder gerüstet sein muß. Eine weitere Aufsplitterung soll sicher vermieden werden. Für die Studienpläne kann dies aber nur bedeuten, daß der möglichst breiten Generalisierung der Vorzug gegeben werden muß vor einer tiefen Spezialisierung. Letztere wird die Universität nur im „Post-graduate"-Bereich anbieten können.

Von den Lehrinhalten her wird die ständige Erneuerung, wie sie seit Gründung der Montanuniversität immer betrieben worden ist, auch in Zukunft fortgesetzt werden. Stoffbezogen wird modernen

Bild 3: Schmelzen und Granulieren von Ferrolegierungen. Die im Elektrolichtbogen erschmolzene Ferrolegierung läuft über Düse und Prallstein frei aus, wobei sich der Strahl schirmartig verteilt. Dabei entstehen Granalien, die im Wasserbad weiter abgekühlt werden.

Werkfoto: Treibacher Chemische Werke, Treibach, Kärnten.

Verfahren der koks- und sinterlosen Eisenerzeugung sowie der Herstellung von Ferrolegierungen (Bild 3), von Neben-, Sonder-, Elektronikmetallen (Silber, Platin, Palladium, Silizium, Germanium, Arsen, Gallium, Tellur, u.a.), aber auch von neuen Massenmetallen (Titan, Magnesium) vermehrt Beachtung geschenkt werden. Verfahrensbezogen sind Möglichkeiten für hochautomatisierte, rechnergesteuerte Abläufe zu lehren (Prozeßautomation und Qualitätsüberwachung). Die Rückführung verbrauchter Stoffe in die Produktionskreisläufe (Recycling), die Verarbeitung von Zwischenprodukten und die Entsorgung von Abfallstoffen in der Eisen- und Nichteisenmetallurgie, Feinguß, Titanguß und Niederdruckguß im Gießereiwesen, plastizitätstheoretische Untersuchungen und Simulierungen in der Umformtechnik, Unternehmensführung, Flexible Automation, Qualitätsmanagement in der Betriebswirtschaft sind Beispiele für neu in die Lehre aufzunehmende (oder kürzlich bereits aufgenommene) Gegenstände. Umweltbezogen sind aktiver und passiver Emissionsschutz ebenso wie Unfallverhütung einzubauen. Einzeldinge sollten in der Lehre noch mehr als bisher zu einem Gesamtbild zusammengesetzt werden, sodaß sich für den Studenten vertikal mit den Stoffströmen und horizontal mit Paralleldisziplinen ein vernetztes Bild ergibt, das dann auch zum vernetzten Denken befähigt und erzieht.

## DAS BERUFSBILD DER ABSOLVENTEN

Der Absolvent der Montanuniversität verläßt seine Alma mater entweder als Diplomingenieur oder als Doktor der montanistischen Wissenschaften.

In der Industrie fängt ein Absolvent gewöhnlich als Betriebsassistent an. Hierbei unterstützt er den Betriebs- oder Abteilungsleiter in allen täglichen Arbeiten. Er lernt den Betrieb und die Verfahren kennen, die angewendet werden. Anweisungen an Meister und Vorarbeiter gehen durch seine Hände, damit gewinnt er Kontakt mit der Belegschaft. Überzeugungskraft, sachkundiges Wissen, eigenes Vorbild, Führungsstärke sind schon hier für den Erfolg aller notwendig. Der junge Ingenieur wird bald merken, daß die Metallurgie selbst, die Verfahrenstechnik oder der Stoffluß zu verbessern sind, daß hie und da kostengünstiger gearbeitet werden kann. Den oft schwierigen Weg vom Erkennen eines Problems bis zur Durchsetzung einer Änderung im Betrieb muß er meistern. Auch die Erkenntnis, daß nicht immer nur rational argumentiert wird, muß verarbeitet werden, ohne daß eine Demotivierung eintritt. Normalerweise hat man sich als junger Hütteningenieur in solchen Positionen einige Jahre zu bewähren, bevor man Betriebs- oder Abteilungsleiter wird.

Dann sofort verschieben sich Aufgaben- und Verantwortungsbereiche. Man wird Vorgesetzter von vielleicht 5 bis 50 Mitarbeitern, muß diese nicht nur fachlich, sondern auch menschlich führen. Die Produktverantwortlichkeit nach Quantität und Qualität kommt hinzu sowie – ganz neu – die Kostenverantwortlichkeit. Oft sind Verfahrensumstellungen, Neuentwicklungen, aber auch z.B. Vorschläge zum Aufgeben unrentabel gewordener Fertigungen notwendig. Jetzt werden auch „Randgebiete" wichtiger: Automatisierung, Logistik, Rohstoffbeschaffung, Energiewirtschaft u.ä.

Mancher Hütteningenieur bleibt sein Leben lang Betriebsleiter/Abteilungsleiter, was sicherlich auch anspruchsvolle Ingenieure voll befriedigen kann.

Nach oben wird die Pyramide schmäler, trotzdem dürfte noch etwa der knappen Hälfte der Sprung in die nächsthöhere „Etage" glücken: Werksleiter/Hauptabteilungsleiter. Die koordinierenden Funktionen nehmen zu, die täglichen unmittelbaren verfahrens- oder produktbezogenen Tätigkeiten nehmen ab. Man ist nun Chef von im allgemeinen 3 bis 7 Betriebs- bzw. Abteilungsleitern und somit von anderen, oft auch älteren, qualifizierten Akademikern.

Hier spätestens muß man lernen, auch Mitarbeiter zu führen, die auf ihrem Gebiet deutlich mehr wissen als man selbst. Akzeptanz, Toleranz, Takt sind gefordert.

Man steht nun zwischen Geschäftsleitung und Betrieb, muß in beiden Richtungen vermitteln. Nur wer eine ausgeprägt eigene, sachlich fundierte Meinung hat und diese durchsetzen kann, wird vermeiden, zwischen den Blöcken zerrieben zu werden.

Ohne unablässige Leistungsbereitschaft, gute Gesundheit und gutes Nervenkostüm wird man die Berufsaufgaben nicht bewältigen.

Dies alles gilt in vermehrtem Maße in der höchsten hierarchischen Ebene, der Geschäftsführung/ dem Vorstand. Konzeptionelles Denken, Organisation, strategische Entwicklungslinien, Firmenpolitik, wirtschaftspolitische Fragen, Finanzierungs- und Währungsprobleme, Kontakte zu Politikern stehen neben den täglichen Aufgaben der Unternehmens- und der Personalführung der Führungskräfte im Vordergrund.

Dieser „Full-time job" wird mit auch hohen Gehältern und Tantiemen kaum richtig abgegolten. Erfolgserlebnisse, Freude an der eigenen Leistung und Anerkennung von außen müssen hinzukommen.

Hieraus geht hervor, daß ein Absolvent der Montanuniversität aus der Sicht der Industrie natürlich zwar eine tadellose Ausbildung im Hüttenwesen haben soll, daß aber für Führungsaufgaben die Gesamtpersönlichkeit und ihre Berufsauffassung entscheidend ist. Es kommt nicht so sehr darauf an, ob man zwei Stunden Maschinenzeichnen weniger oder eine Stunde Strömungslehre mehr „gehabt" hat, es ist die Pflicht der Universitäten, ein festgefügtes Gesamtbild der Metallurgie mit ihren Interdependenzen zu Grundlagen- und Nachbarwissenschaften – heute oft als „allgemeine Ingenieurwissenschaften" bezeichnet – zu vermitteln. Der Anteil dieser allgemeinen Ingenieurausbildung wird wegen der Nichtvorhersagbarkeit des zukünftigen Arbeitsplatzes des Absolventen (Forschung – Betrieb einerseits und im Betrieb differenziert z.B. nach Hochofen/Stahlwerk – Umformung – Werkstoffe – Anlagentechnik) und wegen der raschen zeitlichen Entwertung von Spezialwissen eher größer zu sehen sein, als es heute an den Technischen Universitäten üblich ist. Spezialwissen kann der Absolvent entweder in der Firma selbst lernen oder in Fortbildungsveranstaltungen oder durch Selbststudium spezieller Fachliteratur.

## DIE HÜTTENINDUSTRIE

Die Erzeugung und Weiterverarbeitung der Metalle, kurz: die Metallindustrie, ist in Österreich wie auch in den uns umgebenden Ländern ein wichtiger Industriezweig. Eine scharfe Grenze zwischen Grundstoffindustrie und Investitionsgüterindustrie ist innerhalb des Hüttenwesens nicht einzuhalten, ihr Arbeitsgebiet ist sektorübergreifend.

Etwa 17% der Industriebeschäftigten in Österreich, knapp 100.000 Menschen, sind in der Metallindustrie (Eisenhütten, Metallhütten, Gießereien, Ei-

Bild 4: Kupferelektrolyse. Strippmaschine zum Abziehen der Kupfer-Kathodenbleche. Werkfoto: Montanwerke Brixlegg, Tirol.

Bild 5: Warmbreitbandstraße.  Werkfoto: Voest Alpine Stahl, Linz.

sen- und Metallwaren) tätig. Die primärmetallerzeugende Industrie (Stahl und Nicht-Eisen-Metalle) liegt in ihrem Personalaufwand deutlich über dem Durchschnitt der österreichischen Industrie.

Der Produktionswert der Metallindustrie Österreichs beträgt etwa 8% des Wertes des Bruttoinlandsproduktes und unterstreicht damit die Bedeutung der Hüttenindustrie in unserem Land. Gemessen an der Weltmetallproduktion hat Österreich in der Metallerzeugung der „großen Metalle" den größten Anteil bei Rohstahl und Aluminium (knapp unter 0,6%) vor Kupfer und Blei (knapp über 0,4%) sowie Zink (gut 0,3%).

Bei einem Bevölkerungsanteil von 1,5 ‰ ist bei der Metallerzeugung pro Kopf Österreich demnach bei allen oben genannten Massenmetallen überdurchschnittlich vertreten. Verarbeitung und Verbrauch liegen im allgemeinen (Ausnahme: Kupfer) noch höher, so daß Österreich gezwungen ist, beachtliche Metallmengen zu importieren, im wesentlichen aus Deutschland, Norwegen, Großbritannien, Belgien und der Sowjetunion.

Metallurgie und Verfahrenstechnik der Metallerzeugung und ersten Verarbeitungsstufe sind noch immer in einem schnellen Wandel begriffen. Bei Eisen und Stahl sind es die großen Einheiten der klassischen gemischten Hüttenwerke, das Verlegen aller Raffinationsarbeiten hinter den Konverter (Pfannenmetallurgie) mit zahlreichen kombinierten Verfahren der Erniedrigung des Kohlenstoff-, Schwefel-, Phosphor-, Sauerstoff-, Stickstoff-, Wasserstoffgehaltes, die Verfahrensentwicklungen der Direktreduktion, der sinter- und kokslosen Reduktionsschmelzprozesse, der Legierungs-, Gieß-, Verformungs- und Glühtechnik hoch- und höchstbeanspruchbarer Sonder- und Spezialstähle.

Bild 6: Wolfram-Wasserstoffreduktionsöfen (14-Röhrenofen). Wolfram wird aus seinen Oxiden mit Wasserstoff in Pulverform reduziert.
Werkfoto: Wolfram Bergbau- und Hüttengesellschaft, St.Peter, Steiermark.

Energiewirtschaftliche Überprüfungen der Hüttenwerke haben zu Substitutionen teurer Energieträger durch billigere oder umweltfreundliche geführt und zahlreiche Energieeinsparpotentiale aufgezeigt, deren technisch-wirtschaftliche Nutzung Aufgabe der Wärmetechnik und Anlagentechnik ist (z.B. Abgaswärme der Sinteranlagen, Kokereien und Winderhitzer; Abluft aus Sinterkühlern; Wärmeinhalt von Hochofen- und Stahlwerksschlacken sowie der erzeugten Produkte).

So konnte z.B. der auf den Einsatz bezogene spezifische Bruttowärmeverbrauch von Wärmöfen im Walzwerkbereich der Eisenhüttenwerke, der einen Großteil der Verarbeitungskosten dieser Öfen ausmacht und nahezu ein Drittel der Brennstoffkosten eines Hüttenwerkes beträgt, in den letzten fünfzehn Jahren um bis zu 50% gesenkt werden. Von den dazu notwendigen vielen Einzelmaßnahmen seien die nahstöchiometrische Verbrennungsregelung mit Hilfe von Festelektrolyt-Sauerstoffsonden, die Ofendruckerhöhung nach Verringerung konstruktiv bedingter Undichtheiten der Ofengefäße, die lastangepaßte Wärmezufuhr über Deckenbrenner, die Verringerung der Ziehtemperatur, konstruktive Änderungen, wie der mechanisierte Herd mit allseitiger Erwärmung des Wärmgutes, die stark wärmedämmende feuerfeste Zustellung und kostensparende Techniken ihrer Aufbringung, die Verbesserung des Wirkungsgrades der zentralen und dezentralen Abgaswärmerückgewinnung und die rechnergestützte Ofenführung mit ihren Auswirkungen auf weitere Energieeinsparnisse, die Vergleichmäßigung des Erwärmungsverlaufes und die Leistungsabstimmung zwischen Walzstraße und Ofen genannt.

Die Entwicklung in der Aluminiummetallurgie ist zu den großen Elektrolysezellen (250 kA) und zur Trockenadsorption der gasförmigen Emissionen der Schmelzflußelektrolyse, bei der Verarbeitung zum Niederdruckgießen, zum Breitbandwalzen und zu Verbund- und Pulvermetallurgiewerkstoffen gegangen. Die Vielfalt der Aluminiumlegierungen ist kaum noch zu übersehen.

Kupfer hat wegen der hohen Nachfrage in den Jahren 1988/89 alle Preisrekorde gebrochen: die Metallurgie bedient sich zunehmend der modernen Schwebe- und Badschmelzprozesse. Durch die unglaublichen Fortschritte in der Verfahrenstechnik hinsichtlich Kostensenkung und Erhöhen des Primärausbringens ist die Rentabilitätsgrenze für Kupfererze innerhalb eines 30-Jahreszeitraumes von 0,8% auf 0,4% Cu im Roherz hinuntergegangen, wodurch die Ressourcen vervielfacht wurden.

Bild 7: TZM-Werkzeug für das isotherme Umformen bei 1100 °C, induktiv erhitzt, nach dem Öffnen des Werkzeuges unter Argon Schutzgas (TZM : karbiddispersionsgehärtete Molybdänlegierung).
Werkfoto: Metallwerke Plansee, Reutte, Tirol.

Bild 8: COREX-Anlage. Modernes Direkt-Reduktionsschmelzverfahren für Eisenerz ohne Sinteranlage und Kokserzeugung, bei dem ein Reduktionsschacht, der mit stückigem Eisenerz beschickt wird, mit einem Einschmelzvergaser gekoppelt ist, in dem Kohle mit Sauerstoff vergast wird.   Werkfoto: Voest Alpine Stahl, Linz.

Bei Zink sind spektakuläre Neuentwicklungen im letzten Jahrzehnt ausgeblieben. Die Technik der Röstung, Laugung, Laugenreinigung und Gewinnungselektrolyse bewegt sich auf hohem Niveau. Aus Energie(Strom)-Preisgründen ist eine gewisse Renaissance der karbothermischen Herstellverfahren nicht auszuschließen.

Das Hüttenwesen im engeren Sinn, also die Erzeugung von Roheisen und Rohstahl bzw. der raffinierten Nichteisenmetalle, wird sich in seinen zukünftigen Forschungsgebieten einerseits auf die Senkung der Betriebskosten und andererseits auf die Erhöhung der Qualität ausrichten. Zu ersteren gehören die Minimierung a l l e r Einsatzstoffe pro t Metall und des spezifischen Energieverbrauchs, die Optimierung der Prozeßautomation, was gleichzeitig der Produktverbesserung und der Personalkostenreduzierung dient, und die Maximierung der Raum-Zeit-Ausbeute, wodurch die Kapitalkosten gesenkt werden. Da darüberhinaus schädliche Einflüsse auf die Umwelt zu vermeiden sind, ergeben sich Zielkonflikte. Im Eisenhüttenwesen ist einerseits die klassische Prozeßfolge Sinteranlage–Hochofen–Blasstahlwerk in Großanlagen die kostengünstigste Route (auch hinsichtlich des spezifischen Energieverbrauchs), andererseits belastet sie die Umwelt mit Staub, Lärm, gasförmigen Emissionen wie Schwefeldioxid $SO_2$ und Kohlendioxid $CO_2$ (Pflanzengift, Treibhauseffekt). Zur Lösung dieses Zielkonfliktes wird Forschungsarbeit aufzuwenden sein. Eine der Möglichkeiten hierzu ist das Corex-Verfahren (Bild 8).

Von den sekundärmetallurgischen Verfahren hat sich das in Österreich zur Produktionsreife entwickelte Elektroschlackeumschmelzen (ESU) wegen des hervorragenden Reinheitsgrades und auch aufgrund der weitgehenden Isotropie, die sich in verringerten Mikroseigerungen und praktischer Vermeidung von Blockseigerungen äußert, weltweit durchgesetzt (Bild 9). Bei dieser verzehrenden Umschmelzung einer vorgeschmolzenen Elektrode unter einer metallisch aktiven Schlacke mit kontinuierlichem Blockaufbau werden hervorragende und über das gesamte Blockvolumen gleichmäßige Gütewerte erzielt.

In der Nichteisenmetallurgie sind die Aufgabenstellungen Energieeinsparung und Erhöhung der Raum-Zeit-Ausbeute dominierend, die sich leider fast immer widersprechen. Da viele NE-metallurgische Verfahren e l e k t r o- metallurgische Prozesse sind, kommt erschwerend der schlechte Umwandlungsgrad fossiler Energieträger in elektrischen Strom hinzu. Energieumwandlung bedeutet grundsätzlich immer eine Umweltbelastung (Emissionen, Abwärme, Deponien). Die Erforschung der W a s s e r s t o f f metallurgie wird eine Entlastung bei den $CO_2$-Emissionen bringen und darüberhinaus weitere metallurgische Vorteile durch bessere Differenzierung der Reduktionspotentiale von Hauptmetall und Verunreinigungen.

Bild 9: ESU-Anlage: Herstellung eines Blockes mit 1.100 mm Durchmesser. Werkfoto: Böhler Kapfenberg.

Das Durchstoßen der bisherigen Temperaturgrenze von 1600 °C in der Pyrometallurgie in Richtung auf mehrere Tausend Grad ist in vielfältiger Hinsicht ein Hoffnungsgebiet. Dies bedeutet die Erforschung der Plasmametallurgie.

Das bezüglich seiner Recyclingquote umweltfreundlichste Metall, das Blei, hat – ähnlich wie Kupfer – von den modernen Direktschmelzprozessen profitiert.

Der Verarbeitung/Entsorgung von Problem- und Abfallstoffen, vom zink-, blei-, kupferhaltigen Stahlschrott über Knopfzellen bis zum arsenhaltigen Flugstaub, wird in Zukunft mehr Aufmerksamkeit geschenkt werden müssen. In Ländern mit hohem Metallverbrauch wird die Bedeutung der Sekundärmetallurgie noch weiter zunehmen. Die Recyclingraten nähern sich bei einigen Metallen (Stahl, Kupfer, Blei) allerdings schon heute dem Maximum.

Im Gießereiwesen werden in der Forschung die Optimierung der Gießsysteme hinsichtlich Gießzeit und Gießtemperatur (Kostensenkung durch Ausschußminimierung), die Verbesserung der Maßhaltigkeit der Gußstücke sowie die rechnerunterstützte Prozeßkontrolle und Arbeitsplanung praxisnah verfolgt werden. Auch in der Umformtechnik ist die Maßhaltigkeit des Endproduktes eine entscheidende Zielgröße, die über leistungsfähige Rechner, verbesserte Maschinentechnik sowie Meß- und Regeltechnik erreicht werden muß. Die Qualitätswirtschaft ist ebenso in den Betriebswissenschaften ein zentraler Forschungsschwerpunkt neben Organisation und Information, Anlagenwirtschaft und der Erarbeitung von Modellen für die Unternehmens- und Betriebssteuerung als Führungsinstrument.

Die positive Entwicklung der Gießereiindustrie in Österreich läßt einen zunehmenden Bedarf an Gießereiingenieuren erwarten. 1988 wurde mit 7,13 Milliarden Schilling und einem Exportüberschuß von 0,91 Milliarden Schilling ein Produktionsrekord erzielt. Es ist zu beobachten, daß Gußeisen mit Lamellengraphit, Temperguß und Stahlguß zunehmend durch Gußeisen mit Kugelgraphit und Aluminiumguß verdrängt werden. Eine Marktprognose in der Bundesrepublik Deutschland bis zum Jahr 2000 bekräftigt günstige Erwartungen.

Etwa 90% des Eisens und seiner Legierungen, mehr als 80% des Kupfers und der Kupferlegierungen und mehr als 60% des Aluminiums und seiner Legierungen werden nach der Gewinnung und dem Vergießen in eine erste Form spanlos plastisch weiterverformt. Dies hat zwei Gründe: Erstens ist es wirtschaftlich, Werkstücke durch spanloses Formen möglichst weit, am besten gleich bis zum gebrauchsbereiten Fertigteil, herzustellen, und zweitens werden durch das plastische Verformen die technischen Eigenschaften der Metalle verbessert und den Gebrauchsanforderungen angepaßt.

Gemessen am absoluten Durchsatz und an der absoluten Wertschöpfung sind das Warm- und Kaltwalzen die wichtigsten Umformverfahren. Bild 5 zeigt eine Warmbreitbandstraße, auf der Vormaterial für die Automobilblechfabrikation hergestellt wird.

In Österreich werden derzeit jährlich 2,5 Millionen Tonnen an Flachprodukten, das sind Bleche oder Band, und 1 Million Tonnen an Langprodukten, etwa Eisenbahnschienen, Profilträger, Leichtprofile, Stabstahl und Draht, hergestellt.

Bild 10: Gießen eines Stahlgußstückes.   Werkfoto: Rheinhütte Wiesbaden, Bundesrepublik Deutschland.

Die relative Wertschöpfung ist beim Schmieden von Präzisionsbauteilen höher. So werden etwa Kurbelwellen, Schiffsantriebswellen, Walzen und Spezialteile für die Luftfahrt aber auch Turbinenschaufeln und Energieumwandlungsanlagen durch Schmieden hergestellt.

Führte früher der Weg von gegossenen Stahl- oder Metallblöcken, die in gewaltigen Blockwalzwerken zu Brammen oder Knüppeln gewalzt wurden, zu den Fertigprodukten Band- und Formstahl, so wurde dieser lange Weg mit modernen Verfahren erheblich verkürzt. In Österreich werden derzeit 100% aller Massenstahlprodukte im Strang vergossen (siehe z.B. Bild 11) und dann verformt.

Die Kombination aus Wärmebehandlung und plastischem Verformen – das sogenannte thermomechanische Behandeln – ist der modernste Entwicklungszweig in der Umformtechnik.

Die thermomechanischen Verfahren erlauben es weiters, metallkundliche Erkenntnisse der Legierungsentwicklung in außergewöhnlicher Weise zu nutzen. Das beste Beispiel dazu sind die thermomechanisch behandelten mikrolegierten Feinkornbaustähle, eine der wesentlichsten Werkstoffentwicklun-

Bild 11: Stranggießanlage für Brammen. Werkfoto: Voest Alpine Stahl, Linz.

Bild 12: Fräser aus Schnellarbeitsstahl, TiN beschichtet.  Werkfoto: Böhler Kapfenberg.

gen der letzten Jahrzehnte, wo es in einfallsreicher Weise gelungen ist, bei reduziertem C- und Legierungsgehalt durch geschickte Nutzung der festigkeitssteigernden Mechanismen (Mischkristall- und Feinkornhärtung, Versetzungs- und Ausscheidungshärtung) Streckgrenze, Zugfestigkeit und Zähigkeitsverhalten wesentlich zu verbessern. Modifizierte thermomechanische Verfahren werden auch bei hoch- und höchstfesten Al-Legierungen angewandt, um nach dem Lösungsglühen durch ein unrekristallisiertes Subkorngefüge hohe Festigkeit mit ausreichender Bruchzähigkeit kombinieren zu können.

Die Werkstoffentwicklung der letzten Jahre und Jahrzehnte war aber nicht nur dadurch bestimmt, daß die metallkundlichen Grundlagen immer besser verstanden und genutzt wurden, sondern auch durch neue technologische Verfahren, wie z.B. in der Oberflächenbehandlung (CVD [Chemical Vapour Deposition]- und PVD [Physical Vapour Deposition]-Verfahren, Härten mit energiereichen Strahlen), wodurch es gelungen ist, extrem harte und verschleißfeste Oberflächen mit zähem Kern zu kombinieren, so daß Oberfläche und Kern sich die Aufgaben teilen, die aus der Beanspruchung resultieren (siehe z.B. Bild 12).

Angewandte Forschung auf dem Gebiet der Verbrennungstechnik wird heute aus Gründen ihrer Durchführbarkeit und aus Kostengründen mit Hilfe physikalischer und mathematischer Modelle, von denen die Umgebung der Flamme und diese selbst simuliert werden, durchgeführt. Der seit langem bestehende Leitsatz: „Gemischt ist gleich verbrannt" ist auch heute eine gültige einordnende Orientierungshilfe, da die verbrennungstechnischen Reaktionen viel schneller ablaufen als die Mischung von Brennstoff und Oxidationsmittel. Das Mischungsver-

Bild 13: Mikroprozessorgesteuerte, gasbeheizte Haubenofenbatterie zum Blankglühen von Breitbandbunden unter $H_2$.
Firma Ebner Industrieofenbau, Linz.
Werkfoto: ARMCO Steel Works, Ashland, KY/USA.

halten von Industriebrennern wird in Modellversuchen, Heiß- und Pilotversuchen überprüft. Gesetzlich festgelegte Konzentrationsgrenzwerte für z.B. CO und $NO_x$ müssen auch bei den für die wärmeintensive Hüttenindustrie angewandten Verfahren der Abgaswärmerückgewinnung und beim Einsatz CO-haltiger Brenngase mit Hilfe entsprechender Konstruktionen eingehalten werden. Neben dem seit langem genutzten Hochofengichtgas werden heute auch Konvertergase und Prozeßgase aus Kupolöfen, Elektrolichtbogenöfen und Vergasungsanlagen mit z.T. erheblichen Schwankungen in der Zusammensetzung und der zeitlichen Verfügbarkeit angewendet.

Im Bereich der an Umfang stark zunehmenden Wärmebehandlungsverfahren zur Verbesserung der Verarbeitungs- und Gebrauchseigenschaften von Stählen und anderen metallischen Werkstoffen sind energiesparende Prozeßführungen mit verschiedenen Ofenatmosphären (bis zu 100% $H_2$) großer Temperaturgleichmäßigkeit und hohen Leistungen (bis zum 10fachen) in kontinuierlichen und diskontinuierlichen Öfen verwirklicht worden: Kontiglühen zur Herstellung hochfester Stähle für die Automobilindustrie sei erwähnt, diese Stähle ermöglichen leichtere Bauarten und damit einen geringeren Treibstoffverbrauch. Ebenso Haubenglühen (siehe Bild 13) für verschiedene Metalle und Stähle mit besonderen Tiefzieheigenschaften und hoher Korrosionsbeständigkeit. Diese können auch auf schwierig zu glühende Werkstoffgruppen wie z.B. Nb-mikrolegierte höherfeste Stahlgüten angewendet werden.

Anlagen mit satzweisem Betrieb bei herabgesetztem Druck (Vakuumanlagen) erlauben höhere Temperaturen und sichern eine geringere Oxidation der Randschicht und somit geringere Nachbearbeitungskosten bei großer Flexibilität der Wärmebehandlungsverfahren. Gleichfalls mit großem Erfolg werden Vakuumanlagen für Beschichtungsverfahren zur Oberflächenvergütung, die PVD-Verfahren, angewendet. Dazu gehören das Aufdampfen von Materialien, das Ionenplatieren und die Beschichtung mit Kathodenzerstäubung. Mit Wirbelschichtanlagen erreicht man kürzere Behandlungszeiten infolge des gleichmäßigeren Aufheizens und Abkühlens.

Im betriebswirtschaftlichen Sektor wird sich die Industrie immer stärker auf große Fertigungsflexibilität einstellen müssen, um den Bedürfnissen des Marktes schnell folgen zu können.

Ganz allgemein wird in Zukunft die Internationalisierung der metallerzeugenden und -verarbeitenden Industrie zunehmen mit einer zumindest für eine Zwischenperiode zu erwartenden Verlagerung der Primärmetallproduktion in Entwicklungs-, Schwellen- und junge Industrieländer.

*Verfasser: P. PASCHEN*

# Studienrichtung Gesteinshüttenwesen

Mit der Einführung der Studienrichtung Gesteinshüttenwesen an der Montanuniversität Leoben im Jahre 1966 wurde unter anderem die Idee aufgegriffen, neue Fachrichtungen, die mit dem Montanwesen in einem unmittelbaren Nahverhältnis stehen, einzurichten. Die Schwerpunkte am Institut für Gesteinshüttenkunde liegen auf den Gebieten der feuerfesten Produkte, der Bindemittel und Baustoffe sowie Glas und Keramik. Es werden sowohl die mineralischen Rohstoffe als auch deren Verarbeitung zu Zwischen- und Fertigprodukten und der praktische Einsatz dieser Materialien behandelt. Gerade

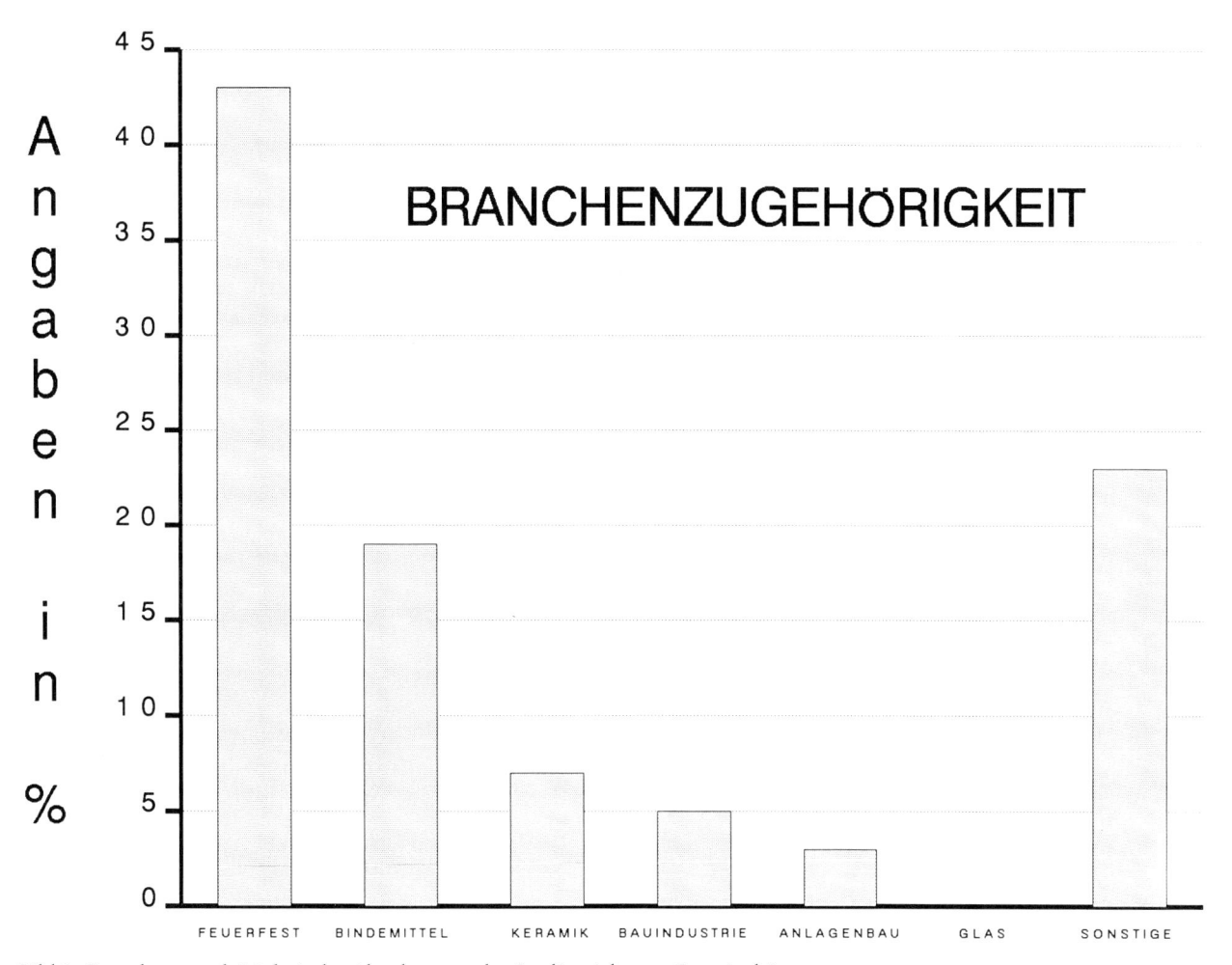

Bild 1: Branchenzugehörigkeit der Absolventen der Studienrichtung Gesteinshüttenwesen.

die Keramik ist heute ein sehr wesentliches Gebiet, auf dem in vielen Ländern der Welt die größten Anstrengungen sowohl in bezug auf Forschung als auch Entwicklung angestellt werden. Zahlreiche Universitäten und Forschungsstätten des Auslandes konnten mit Hilfe intensiver staatlicher und privatwirtschaftlicher Unterstützung einen achtungsgebietenden Ausbau auf diesem umfangreichen Fachgebiet vornehmen. Die gewährten Förderungen gestatteten es den neu errichteten Instituten, sich personell, instrumentell und räumlich entsprechend den Anforderungen der Zeit einzurichten, wodurch die Möglichkeit geschaffen wurde, gerade auf dem Forschungs- und Entwicklungssektor der Keramik, insbesondere der Hochtemperatur- und Hochleistungskeramik, international anerkannte und technisch überaus interessante Ergebnisse zu erzielen. An unserer Alma mater war eine ähnliche Entfaltung nicht gegeben. Es konnte die Studienrichtung Gesteinshüttenwesen nicht in dem von der Industrie geforderten Ausmaß ausgebaut werden, sodaß die Heranbildung eines Ingenieurs der Materialwissenschaften auf dem Gesteinshüttensektor unter Einbeziehung der neuen keramischen Werkstoffe derzeit

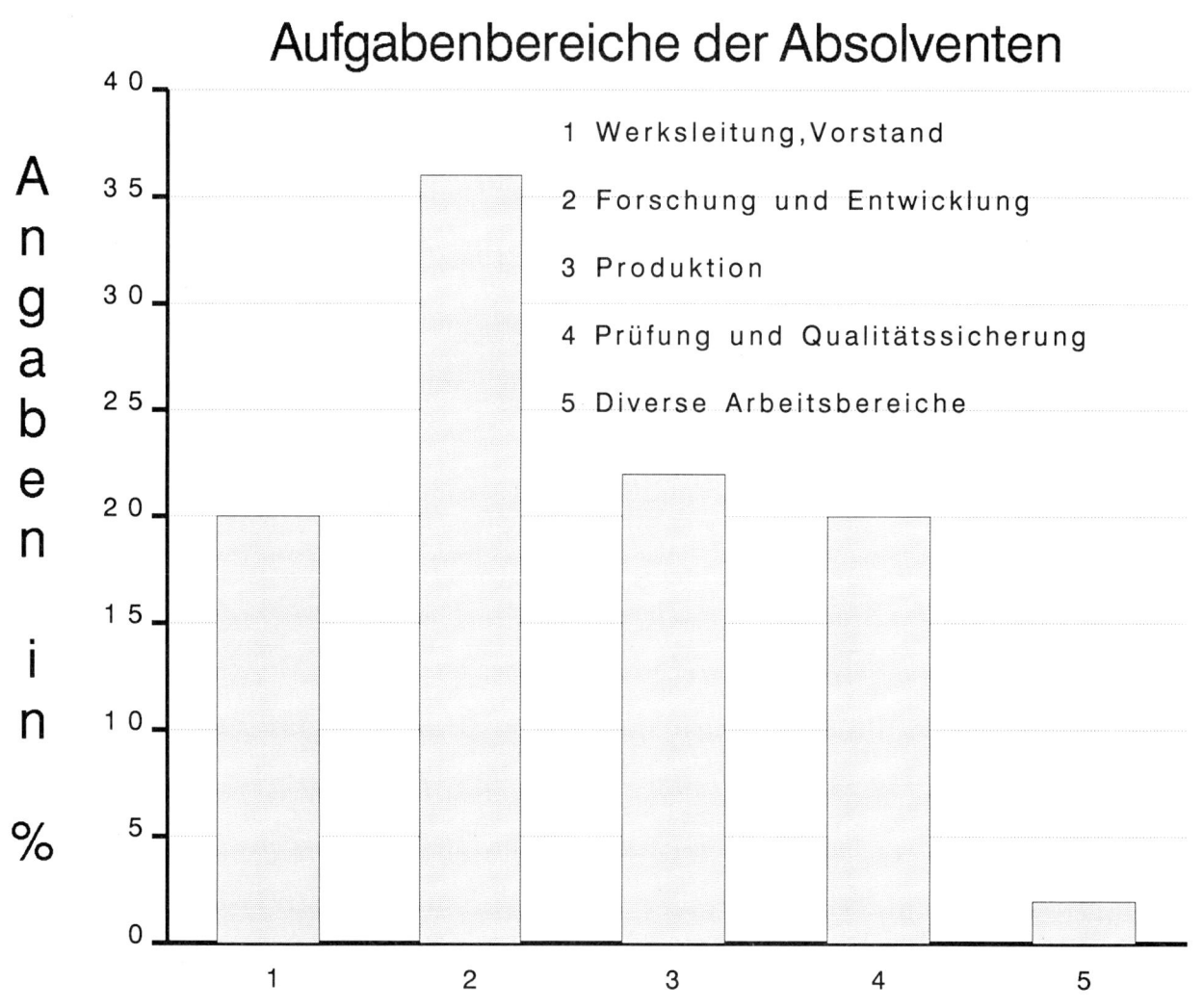

Bild 2: Aufgabenbereiche der Absolventen der Studienrichtung Gesteinshüttenwesen.

nur durch intensive Kooperation mit der Industrie auf einem europaweit vergleichbaren Standard gehalten werden kann.

Die vielen Stellenangebote am Arbeitsmarkt des In- und Auslandes bestätigen, daß die Industrie für diese Studienrichtung der Montanuniversität nicht nur ein großes Interesse, sondern auch eine gebührende Anerkennung zeigt. Daraus läßt sich als klarer Auftrag ableiten, daß diese Studienrichtung, die in Österreich nur an der Montanuniversität eingerichtet wurde, entsprechend zu fördern und auszubauen ist, will man den Forderungen maßgeblicher österreichischer und auch ausländischer Industriesparten nachkommen.

## ABSOLVENTEN IM BERUFSLEBEN

Eine im Jahre 1988 durchgeführte umfassende Befragung von Absolventen, die schon weitreichende Industrieerfahrung sammeln konnten, sollte zu Überlegungen anregen, inwieweit die bestehenden Studienpläne noch ihre Berechtigung haben oder für die Zukunft neu orientiert werden müssen. Es wurde dabei bestätigt, daß die von der Montanuniversität getroffene Entscheidung, diesen Ausbildungsweg anzubieten, richtig war. Immerhin bezeichneten 48% der Befragten ihre Berufskarriere mit „gut" und 16% sogar mit „sehr gut".

Im Rahmen dieser Befragung konnte zudem ermittelt werden, in welchen Industriesparten Gesteinshütten-Absolventen tätig sind und welche Aufgabenbereiche sie zu vertreten haben (Bilder 1 und 2).

Nach der Umfrage ist das Anforderungsprofil für einen erfolgreichen Gesteinshütten-Ingenieur von folgenden vier Eigenschaften getragen:

*kreativ,*
*motiviert,*
*leistungsbereit*
*und entscheidungsfreudig.*

Bis zum Jahre 1989 haben 83 Studierende die Studienrichtung Gesteinshüttenwesen mit dem akademischen Grad eines Diplomingenieurs positiv

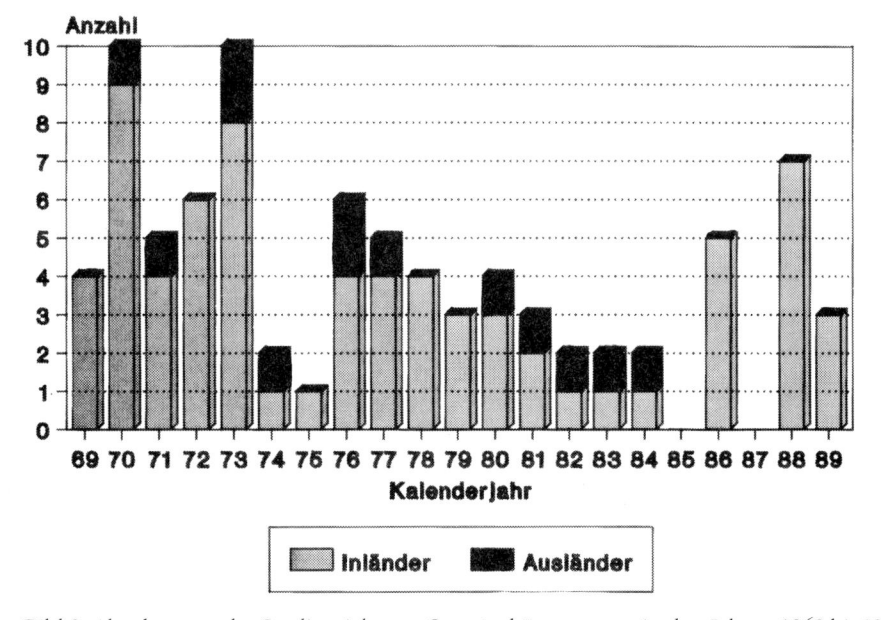

Bild 3: Absolventen der Studienrichtung Gesteinshüttenwesen in den Jahren 1969 bis 1989.

abgeschlossen (Bild 3), wobei die durchschnittliche Studiendauer bei 14,5 Semestern lag.

## AUSBILDUNG – LEHRANGEBOT

Für die Studienrichtung Gesteinshüttenwesen (aber auch für die Studienrichtungen Werkstoffwissenschaften und Hüttenwesen) werden in Lehre und Forschung folgende Materialgruppen und ihre Herstellungsverfahren umfassend behandelt:

FEUERFESTE BAUSTOFFE für Hochtemperaturaggregate der Industrie, der Energieerzeugung, in Feuerungsanlagen, Recycling, Entsorgungsanlagen und Verfahrenstechnik bis zu einer Dauereinsatztemperatur von 2000 °C und mehr.

- Basische Produkte (Sintermagnesia, Chrommagnesia, Sinterdolomit, Schmelzmagnesia, Schmelzkalk usw.)
- Nichtbasische Produkte ($Al_2O_3$-reiche Materialien, Sillimanit-Mullit Steine, Schamotte, Silica usw.)
- Faser- und Hochtemperaturisolierstoffe
- Sonderprodukte (Oxide, Carbide, Nitride, Zirkon usw.)

BINDEMITTEL Materialien für das Bauwesen
- Zemente, hydraulische Bindemittel (Portland-, Eisenportland-, Hochofen-, Trass-, Tonerdezement usw.)
- Nichthydraulische Bindemittel (Kalk, Gips usw.)
- Spezialbindemittel

BAUSTOFFE für Hoch- und Tiefbau, Innenausbau, Konstruktionsbauten und in der Architektur, Brückenbau, Straßenbau usw.
- Natürliche Baustoffe (Granit, Marmor, Sandstein etc.)
- Beton und Betonfertigteile
- Gipsbauteile
- Dämmplatten (Glas- und Gesteinswolle, diverse andere Fasern)
- Verschiedene Leichtbaustoffe (Blähton-Leca, Perlit, Gasbeton-Ytong, Schaumbeton etc.)
- Ziegel und Klinker

GLAS
- Gebrauchsglas (Flach-, Hohl-, Drahtglas etc.)
- Fasergläser (Isolierbauteile, Glasfasergewebe, Glasfaser-verstärkte Werkstoffe etc.)
- Optische Gläser (Prismen, Linsen, Farb- und Filtergläser, Glasfaser in der Nachrichtentechnik etc.)
- Sondergläser (Fototrope Gläser, Strahlen- und Wärmeschutzgläser, Gläser für Laborbedarf, Gläser mit besonderen physikalischen und chemischen Eigenschaften)
- Glaskeramiken (Kochplatten und Produkte für industrielle und militärische Bereiche)

KERAMIK
- Oxidkeramik ($Al_2O_3$, BeO, MgO, $TiO_2$, $ZrO_2$ usw.)
- Nichtoxidkeramik (C, $B_4C$, SiC und andere Carbide, $Si_3N_4$, TiN, Sialone, Boride etc.)
- Konstruktionskeramik (Werkstoffe der Oxid- bzw. Nichtoxidkeramik)
- Keramik-Metall Verbunde (Cermets, Beschichtungen für Turbinenschaufeln und Brennkammern u.ä.)
- Faserverbunde (Carbon-Carbon, Faser- und Whiskerverstärkte Keramik-, Metall- und Kunststoffbauteile etc.)
- Biokeramik (inerte oder bioaktive Implantate)
- High-Tech Keramik (Keramik für extreme Temperaturen und mechanische Belastungen, Keramik für Elektronik wie Halbleiter, Sensoren und Supraleiter usw.)

Im Zweiten Studienabschnitt wird den Studierenden die Möglichkeit geboten, sich entsprechend den Neigungen und Fähigkeiten für eines von drei Wahlfächern (Aufbereitung, Bindemittel, Keramik) zu entscheiden, um sich Spezialkenntnisse anzueignen. Diese umfassende Aufgabenstellung erfordert enge Kontakte mit einschlägigen Firmen. Die Kooperation führt zu intensiver wissenschaftlicher Zusammenarbeit (Diplomarbeiten, Dissertationen, Forschungs- und Entwicklungs-Projekte) vor allem zur Lösung von in der Praxis anfallenden Problemen. Studenten und Institutspersonal versuchen, die oft sehr umfangreichen Obliegenheiten zu bearbeiten, woraus eine Konfrontation mit Fragen der Praxis und dem technischen Alltag und eine Erweiterung der aktuellen Kenntnisse auf dem Gebiet des Gesteinshüttenwesens resultieren. Solche wissenschaftlichen Arbeiten führten schon vielfach zu Weiterentwicklungen in der Industrie, was von dieser auch entsprechend anerkannt wird.

Wie der Institutsbeschreibung im vorliegenden Festband entnommen werden kann, mußte 1986 eine starke Reduzierung des Forschungsbetriebes und eine Beschränkung im Übungsbetrieb vorgenommen werden. Diese Situation wird sich erst ab jenem Studienjahr verbessern, in dem der Aus- bzw. Umbau des Peter-Tunner-Gebäudes abgeschlossen sein wird.

## AUSBLICKE FÜR DAS NÄCHSTE JAHRZEHNT

Aufbauend auf dem aktuellen Wissensstand und den laufenden Weiterentwicklungen, denen die Industrie, Wirtschaft und Forschung zwangsläufig ausgesetzt sind, muß das Lehrangebot ständig angepaßt und umgestaltet werden. Als Schwerpunkt zeichnet sich heute schon der Sektor Keramische Werkstoffe ab (u.a. Verbundwerkstoffe, Hochtemperaturwerkstoffe, Isolierwerkstoffe, Faserwerkstoffe, Werkstoffe für Elektro- und Hochleistungskeramik). Grundlagen für zukunftsträchtige Forschungsarbeiten sind laufende oder schon abgeschlossene Projekte aus dem Bereich der Hochtemperaturkeramik, der Gläser, kristallisierender Schmelzen und ultraleichter Baustoffe, die der Studienrichtung einen internationalen Ruf eingetragen haben.

Die bisherigen zentralen Themen in Lehre und Forschung werden auch in der Zukunft mit Sicherheit Ausbildungsschwerpunkte darstellen, denn nach wie vor wird von der – dem Gesteinshüttenwesen zuzuordnenden – Industrie ein gediegenes, breites Fachwissen gefordert.

Die Industrie hat heute einen außerordentlichen Bedarf an Gesteinshütten-Absolventen. Es ist zur Zeit nicht möglich, den Bedarf vollständig abzudecken, und dieser Trend wird auf Grund der gegebenen Personalsituation in der Industrie auch im nächsten Jahrzehnt anhalten. Es bieten sich daher für technisch Interessierte und Begabte in der Studienrichtung für Gesteinshüttenwesen gute Chancen für die Zukunft, wobei auf Grund der Ausbildungsbreite sehr viele Industrien und Arbeitsbereiche als Wirkungsfeld in Frage kommen.

*Verfasser: W. ZEDNICEK*

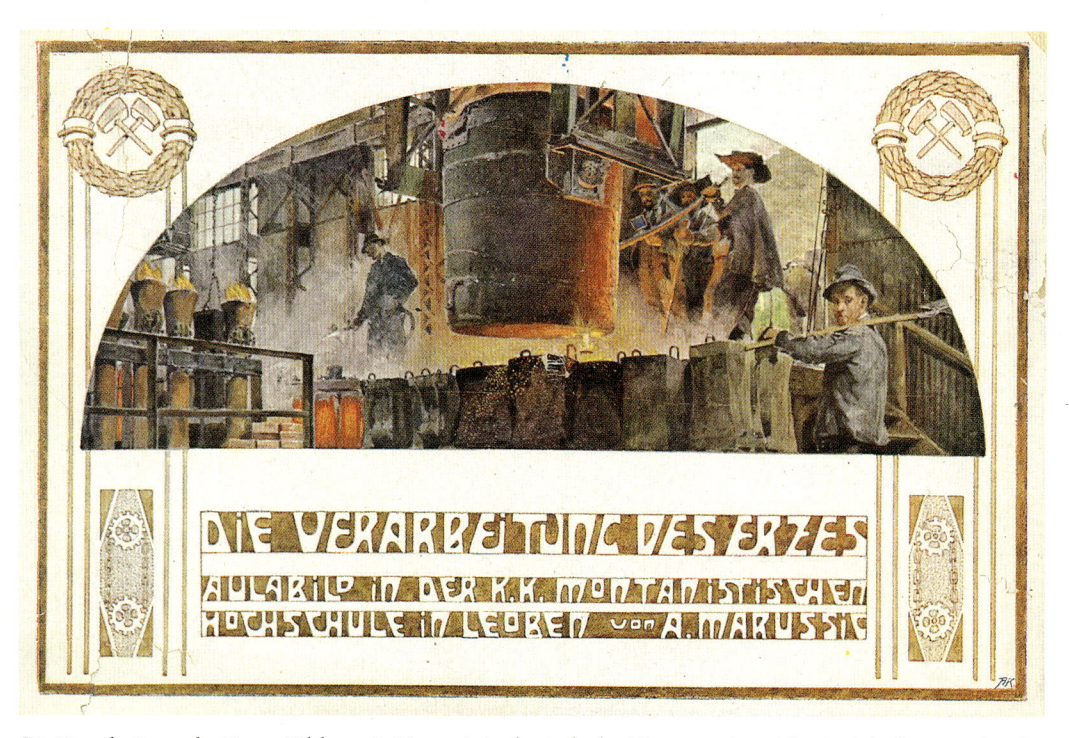

Die Verarbeitung des Erzes. Bild von A. Marussig in der Aula der Montanuniversität. Ansichtskarte gedruckt im Verlag der k.k. Montanistischen Hochschulbuchhandlung Ludwig Nüßler, Leoben. Universitätsbibliothek.

# Studienrichtung Montanmaschinenwesen

Durch die steigende Mechanisierung und Rationalisierung in allen Industriezweigen werden Diplomingenieure des Maschinenbaues in zunehmender Zahl benötigt. Die Berufsaussichten der Studienrichtung „Montanmaschinenwesen" sind daher außerordentlich günstig, zumal die Nachfrage nach Maschinenbauingenieuren der Montanuniversität Leoben wesentlich stärker ansteigt als das Angebot an fertigen Absolventen.

Der wachsende Einsatz von Maschinen zur Mechanisierung der Betriebsabläufe auch im Bereich des Montanwesens eröffnet dem Maschinenbau ein zukunftsorientiertes, selbständiges und an Umfang schnell wachsendes Betätigungsfeld.

Im Hinblick auf die große Bedeutung des Maschinenbaues im Montanwesen und unter besonderer Berücksichtigung der ständig steigenden Nachfrage nach Maschinenbauingenieuren auf allen maschinentechnischen Gebieten wurde ab WS 1968/69 an der Montanuniversität Leoben die Studienrichtung „Montanmaschinenwesen" eingeführt.

Wie in allen Studienrichtungen der Universität gliedert sich auch das Studium des Montanmaschinenwesens bis zum Diplomingenieur in die beiden Abschnitte einer Grund- und einer Fachausbildung.

Im ersten Teil des Studiums erhält der Hörer eine umfassende Ausbildung in den Grundlagenfächern, die sich nicht nur auf die Bereiche der Mathematik, Physik und Technologie erstrecken, sondern in einem wesentlichen Umfang die notwendigen Grundkenntnisse maschinentechnischer und konstruktiver Art vermitteln. Einführungsvorlesungen in andere Bereiche der Montanwissenschaften verschaffen ihm neben seiner maschinentechnischen Ausbildung ein zusätzliches Wissen auf technologischem und verfahrenstechnischem Gebiet, das den späteren Anforderungen an einen Maschinenbauer des Montanwesens besonders gerecht wird.

Der Zweite Studienabschnitt befaßt sich zunächst mit einer Vertiefung der maschinentechnischen und konstruktiven Grundlagenfächer in einer allgemeinen Art unter besonderer Berücksichtigung ferti-

Bild 1: Mischgasbeheizte Hochkonvektions-Haubenofenanlage zum Blankglühen von Breitbandbunden aus Stahl nach der HICON/H2-Glühtechnik (6 Glühhauben, 12 Glühsockel). Anschlußwert-Brennstoff: 7.675 kW, max. Nettocharge: 110 t, nutzbarer Durchmesser: 2m, nutzbare Höhe: 5,2 m.

Foto: Thyssen Stahl AG, Duisburg-Bruckhausen/Bundesrepublik Deutschland. Industrieofenbau EBNER, Linz.

Bild 2: Portaldrehkran mit Doppellenkerwippsystem.
Foto: Wiener Brückenbau.

gungstechnischer und wirtschaftlicher Fragen. Die Anwendung der Grundkenntnisse des Maschinenbaues und die spezielle Fachausbildung erfolgen abschließend in ähnlicher Weise an Beispielen des Montanmaschinenwesens, wie sich auch andere Universitäten zur Fachausbildung ihrer Hörer ganz bestimmten Maschinengruppen zuwenden.

An der Montanuniversität Leoben kann der Studienablauf innerhalb der Studienrichtung wahlweise entweder mehr auf die Maschinen des Hüttenwesens oder auch mehr auf diejenigen des Berg- und Erdölwesens ausgerichtet werden. Das Ausbildungsziel ist ein universeller Ingenieur des Maschinenbaues montanistischer Prägung mit zusätzlichen technologischen und verfahrenstechnischen Kenntnissen.

Aufgrund eines wenig spezialisierten und allgemein gehaltenen Studienablaufes besitzt der Absolvent auch die Fähigkeiten, in anderen Anwendungsbereichen des Maschinenbaues erfolgreich tätig zu sein.

Eine praxisnahe Ergänzung der Universitätsausbildung wird durch eine vorgeschriebene praktische Tätigkeit erreicht, die vor oder parallel zum Studium in der heimischen Montanindustrie oder in anderen Maschinenfabriken des In- und Auslandes abgeleistet werden kann und sich über eine Zeit von 6 Monaten auf Teilbereiche wie Lehrwerkstätte, Maschinenmontage und Konstruktionsbüro erstreckt.

Innerhalb des Montanwesens soll der Montanmaschineningenieur in der Lage sein, eine echte Bedarfslücke in der akademischen Führungsschicht zu schließen. In der Praxis erwartet ihn ein außerordentlich breites Aufgabengebiet, das nicht nur im Bereich der maschinentechnischen Leitung in Betrieben der Montanindustrie liegt. Infolge seiner vielseitigen Fachkenntnisse kann der Absolvent Aufgaben übernehmen, die sich bei der Projektierung, der Konstruktion und der konstruktiven Entwicklung von Maschinen ergeben. Seine Tätigkeit kann sich erstrecken auf Bereiche der technischen Beratung sowie auch auf Probleme der Forschung und des Versuchsfeldes.

Die elektronischen und die wirtschaftswissenschaftlichen Ausbildungsfächer geben ihm darüberhinaus eine gute Grundlage für den Einsatz eines

Bild 3: Ringwalzwerk zum Herstellen von Eisenbahnradreifen.
Foto: Informationsstelle Schmiedestückverwendung im Industrieverbund Deutscher Schmieden e.V. (IDS), Hagen / Bundesrepublik Deutschland.

Betriebsingenieurs in Verfahrenstechnik und Produktion.

In den 20 Jahren seit Bestehen der Studienrichtung „Montanmaschinenwesen" haben 110 Diplomingenieure als Absolventen die Universität verlassen. Darunter befinden sich eine weibliche Absolventin sowie 5 % Ausländer (Stand 30. Juni 1989).

Derzeit studieren 213 Hörer die Studienrichtung „Montanmaschinenwesen", darunter befinden sich 2,4 % Frauen und 19,3 % Ausländer.

Während ihrer Ausbildung werden die Studierenden in den Pflichtfächern durch 18 Universitätsprofessoren, 40 Universitätsassistenten und 6 Lehrbeauftragte betreut. Weitere Universitätslehrer bilden in Wahlpflichtfächern und in Freifächern aus, jedoch steht das gesamte Ausbildungspersonal nicht nur allein der Studienrichtung „Montanmaschinenwesen" zur Verfügung, sondern ist auch mit der Ausbildung der Studenten anderer Studienrichtungen der Universität befaßt.

Bild 5: Bandschleifenwagen in einem griechischen Tagebau.
Foto: Prof. Dr. K.-J. Grimmer.

Für die zukünftige Ausbildung in der Studienrichtung „Montanmaschinenwesen" wurde im Jahre 1988 auf Anregung der zuständigen Studienkommission eine Umfrageaktion bei den Absolventen dieser Studienrichtung durchgeführt, die mit 47 % eine erstaunlich hohe Rücklaufquote erreichte. Die Auswertung der Umfrageaktion gibt wertvolle Einblicke in das Arbeitsgebiet der Absolventen sowie zur Anforderung der Industrie und soll als Grundlage für eine zukünftige Ausrichtung der Studienrichtung dienen (Rieser, M.: „Auswertung der Fragebogenaktion unter den Absolventen des Montanmaschinenwesens", im Auftrag der Studienkommission für Montanmaschinenwesen der Montanuniversität Leoben, 1988). Diese Umfrage hat ergeben, daß nach Abschluß des Studiums etwa 70 % der Absolventen Weiterbildungsveranstaltungen besuchten, deren wesentliche Themen sich auf Ingenieurwissenschaften, Personalführung, Betriebswirtschaftslehre, Jus und elektronische Datenverarbeitung bezogen.

Bild 4: Kalium-Versuchsanlage (900 °C) zur Entwicklung von Systemen für Kraftwerke mit Dreifach-Dampfprozeß, welche entscheidend zur Reinhaltung der Umwelt und zur Schonung der Energievorräte beitragen werden.
Foto: Prof. Dr. G. Rajakovics.

8,3 % der Diplomingenieure des Montanmaschinenwesens promovierten zum Doktor der montanistischen Wissenschaften.

Bild 6: Profilwalzanlage für 850.000 t Jahresdurchsatz.
Foto: Schloemann-Siemag AG, Düsseldorf /Bundesrepublik Deutschland.

Die häufigste Studiendauer lag bei 11 Semestern, die durchschnittliche bei 13,8.

Etwa 2/3 der Absolventen haben ein Dienstverhältnis als Angestellte. 43 % sind in der verstaatlichten Industrie tätig, während 28 % eine Beschäftigung in der Privatindustrie gefunden haben und 23% als Lehrkraft an einer Schule oder an der Universität wirken. Die restlichen 6% lassen sich nicht zuordnen.

Weiters ist erkennbar, daß die Absolventen der Studienrichtung „Montanmaschinenwesen" im wesentlichen in der Konstruktion sowie in Forschung und Entwicklung tätig sind. Daneben sind aber auch Arbeitsgebiete wie Management im weitesten Sinne, Verwaltung, Planung, Arbeitsvorbereitung, Fertigung und Produktion, Qualitätskontrolle, Versuch und Inbetriebsetzung, Vertrieb, Montage und Patentierung von Bedeutung.

Bild 7: Automatisierter Prüfstand für spezielle Keilriementriebe.
Foto: Dipl.Ing. Oberrisser.

Bild 8: Elektrisch betriebener Personenkraftwagen FIAT PANDA „E". Zusammenarbeit des Institutes für Elektrotechnik der Montanuniversität mit der Steyr-Daimler-Puch Fahrzeugtechnik Ges.m.b.H.
Gleichstromreihenschlußmotor: 9,2 kW; 72 V; 0-3700 U/min.
Blei-Panzerplatten-Batterien: 13,8 kWh.
Maximale Geschwindigkeit: 75 km/h.
Reichweite im Stadtverkehr ca. 60 km.

Das Einsatzgebiet des Montanmaschinenbauers liegt nicht nur in den speziellen Bereichen der Hütten-, Berg- und Erdölindustrie, sondern auch in zahlreichen anderen Fachzweigen des Maschinenbaues. So sind Absolventen dieser Studienrichtung in folgenden Sparten der Industrie tätig:

Montan- und Schwermaschinenbau, Industrie des allgemeinen Maschinenbaues, Industrieanlagen- und Apparatebau, Fahrzeug- und Landmaschinen, Bau- und Baustoffmaschinen, Hebezeuge und Fördermittel, Schulen, öffentliche Verkehrsmittel, Kraftwerke und ähnliches.

Im Durchschnitt gaben die befragten Absolventen an, daß sie ihren heutigen Wissensstand zu 50 % durch das Studium, zu 33 % durch ihren derzeit ausgeübten Beruf, sowie zu 17 % durch gezielte Weiterbildung auf Eigeninitiative erworben haben.

Nur 60 % der befragten Absolventen gaben an, daß sie über gute bis mittlere Fremdsprachenkenntnisse verfügen. Hieraus läßt sich schließen, daß eine zukünftige Verstärkung der Sprachenausbildung von Ingenieuren notwendig ist.

58 % sind in den Arbeitsgebieten Forschung und Entwicklung sowie Fertigung und Konstruktion tätig.

Bild 9: Schwerlastkraftwagen für 181 t und 68 t Nutzlast bei einer Eigenmasse von 149 t bzw. 43 t.
Foto: Wabco Construction Equipment Division, Peoria, Illinois/USA.

Etwa die Hälfte der Absolventen gab an, daß sie ihre Tätigkeit auch ins Ausland führt.

70 % würden auch heute einem jungen Kollegen empfehlen, ein technisches Studium zu wählen.

Von den Absolventen, die sich zu den Berufsaussichten äußerten, waren nur 5,3 % der Meinung, daß die Berufsaussichten schlecht sind. Eine überwältigende Mehrheit beurteilte die Berufsaussichten als außerordentlich positiv. Dieses Umfrageergebnis ist als außerordentlich bemerkenswert anzusehen, da die Berufsaussichten vieler Studienrichtungen an anderen Universitäten als sehr schlecht zu bewerten sind.

Im Rahmen der Umfrageaktion wurde auch ermittelt, welche Anforderungen der Beruf im Vergleich zum Wissensstand der Absolventen nach Abschluß des Studiums stellt.

Die Auswertung zeigt, daß im wesentlichen deutlich größere Anforderungen in der betrieblichen Praxis in Bezug auf Betriebswirtschaftslehre, Rechtsfragen, Sprachkenntnissse, elektronische Datenverarbeitung einschließlich Computer Aided Design sowie Umweltschutz gestellt werden.

Die Studienkommission für Montanmaschinenwesen befaßt sich derzeit aufgrund dieser Umfrageaktion mit einer Überarbeitung des Studienplanes. In der Folge ist geplant, weitere Wahlrichtungen anzubieten, die sich mit einer Verstärkung der Ausbildung im Hinblick auf Automatisierung, Angewandte Informatik usw. befassen. Überlegungen zum Umweltschutz als ökologische, technische und wirtschaftliche Herausforderung werden in den kommenden Jahren in immer stärkerem Maße unsere Ingenieure beschäftigen. Der Ingenieur der Zukunft muß der Umwelt gegenüber verantwortungsbewußt sein. Es ist nicht nur seine Aufgabe, Maschinen, Verfahren und Anlagen allein aus technischer und wirtschaftlicher Sicht zu entwickeln, zu bauen und zu betreiben, sondern es muß gleichsam seine Aufgabe sein, ihre Umweltverträglichkeit auf Natur und Mensch sicherzustellen. Es ist unsere Aufgabe, die negativen Auswirkungen technischer Entwicklun-

Bild 10 : Freiformschmiedepresse mit 4 MN Preßkraft.
Foto: Böhler GmbH, Kapfenberg.

gen und technischer Produkte in Zukunft weitestgehend auszuschalten und die positiven Wirkungen bestmöglichst zu verstärken.

Die Entwicklung rohstoffsparender, energiesparender, umweltschonender Produkte und Produktionsverfahren mit verstärktem Einsatz von Mikroelektronik, Steuerungstechnik und Automatisierung zur besseren und sicheren Überwachung einer umweltschonenden Arbeitsweise wird somit ein Weg in die Zukunft sein. Bei besonderen Gefahren im Falle eines technischen oder menschlichen Versagens sind vervielfältigte Überwachungseinrichtun-

Bild 11: Gurtförderanlage mit Horizontal- und Vertikalkurve der National Cement Company, Ragland, Alabama/USA.
Foto: B.Beumer Maschinenfabrik KG, Beckum
Bez. Münster / Bundesrepublik Deutschland.

gen und Sicherungsmaßnahmen zunehmend erforderlich und somit auch wirtschaftlichen Überlegungen voranzustellen.

Die ökologische Modernisierung der Industrie sowie die Entwicklung moderner ökologischer Produkte und Produktionsverfahren müssen für die nächste Zeit Vorrang haben. Dazu muß der Ingenieur der Zukunft in der Lage sein, technische Entwicklungen voranzutreiben, die eine möglichst saubere Umwelt gewährleisten, das Bild von Natur und Landschaft erhalten und die auch ideele Werte neben wirtschaftlichen Werten berücksichtigen.

*Verfasser: K.-J. GRIMMER*

# Studienrichtung Kunststofftechnik

**HISTORISCHE ENTWICKLUNG**

Die ersten Anregungen zur Errichtung einer Studienrichtung Kunststofftechnik an der Montanistischen Hochschule Leoben gehen auf Kurt Seidl, Ordinarius für Elektrotechnik, und Josef Krainer den Älteren, Landeshauptmann von Steiermark zurück.[1]

Beweggrund mag beim einen die unmittelbare Kenntnis des hohen technologischen Potentials der Kunststoffe in Elektrotechnik und Elektronik gewesen sein, beim anderen das politische Bemühen, angesichts des sich seit Mitte der 60er Jahre abzeichnenden Strukturwandels die Diversifizierung der steirischen Wirtschaft in Richtung Finalindustrie auf der Basis neuer Werkstoffe zu fördern.

Diese zu Beginn des Studienjahres 1968/69 gegebenen Anregungen führten innerhalb eines Semesters zu einem konkreten Konzept für eine neue Studienrichtung, an dessen Erstellung vorwiegend der schon in der Kollegiumssitzung am 18. Dezember 1968 gebildete Besetzungsausschuß der Lehrkanzel für Kunststofftechnik beteiligt war. Diesem gehörten die Professoren Zeppelzauer (als Vorsitzender), Mitsche, Schwarz-Bergkampf und Zitter an; mit Kollegiumsbeschluß vom 18.6.1969 wurde dieser Ausschuß durch Professor Reitz ergänzt.

In dieser Vorbereitungsphase wurden vorwiegend von Karl Zeppelzauer, Ordinarius für Gießereikunde, und Roland Mitsche, Ordinarius für Metallkunde und Werkstoffprüfung, genaue Studien des Bedarfes der österreichischen Kunststoffwirtschaft durchgeführt und bisherige Erfahrungen bei der Ausbildung von Kunststofftechnikern ausgewertet. Diese Bemühungen wurden von seiten der österreichischen Kunststoffindustrie, z.B. den Österreichischen Stickstoffwerken, Linz, und der Semperit AG, Wien, positiv aufgenommen und insbesondere durch die Gesellschaft zur Förderung der Kunststofftechnik (GFKT) nachhaltig unterstützt.

Besonders hervorzuheben sind dabei die Verdienste von Erich Schmitz, dem Leiter des Laboratoriums für Kunststofftechnik (LKT) der GFKT und Fachvorstand der höheren Abteilung für Kunststofftechnik am Technologischen Gewerbemuseum (TGM); E. Schmitz, 1979 mit der Würde eines Ehrensenators der Montanuniversität Leoben ausgezeichnet, sah in der geplanten Studienrichtung Kunststofftechnik eine sinnvolle Ergänzung der von ihm seit 1957 als weithin einmalige Pionierleistung aufgebauten Ingenieurausbildung und brachte seine langjährigen einschlägigen Erfahrungen vorbehaltlos in beratende Gespräche ein.[2]

In Betracht gezogen wurden jedoch auch die einschlägigen Ausbildungsprogramme in der BRD und den USA, wobei besonders auf die Beratung durch die Professoren H. F. Mark, New York, und H. G. Menges, Aachen, hinzuweisen ist.

So konnte in überaus kurzer Zeit das Leobener Ausbildungskonzept Kunsttofftechnik erstellt und bereits im Bundesgesetz über montanistische Studienrichtungen vom 10. Juli 1969 legistisch umgesetzt werden. Ziel dieses Konzeptes ist die Heranbildung von Diplomingenieuren für Kunststofftechnik, die befähigt sind, den zweckmäßigen Einsatz von Kunststoffen in sich ständig erweiternden Anwendungsgebieten zu fördern. Dieser Zielsetzung wurde durch die gleichrangige Kombination der Prüfungsfächer Chemie der Kunststoffe, Technologie und Verarbeitung der Kunststoffe, Prüfung der Kunststoffe und Konstruieren in Kunst- und Verbundstoffen Rechnung getragen. Neben den Kunststoffen im engeren Sinn (thermoplastische und duroplastische Formmassen) nehmen dabei die Kautschuke, Fasern, Lackharze und Klebstoffe angemessenen Raum ein. Die Ausgewogenheit des Studienplanes entsprach der besonderen Tradition der Montanistischen Hochschule Leoben bei der in ähnlicher Weise interdisziplinären Ausbildung von Diplomingenieuren des Hüttenwesens, wie der Vergleich mit der stärker maschinenbaulich orientierten Studienrichtung Kunststofftechnik der Technischen Hochschule Aachen oder der stärker chemisch ausgerichteten Straßburger Ecole d'Application des Hauts Polymères zeigt.

Diese bis heute in der Fachwelt allgemein als vorbildlich angesehene Ausgewogenheit und Breite des Ausbildungskonzeptes stellt andererseits besondere Ansprüche bei der Realisierung. Die Montanistische Hochschule konnte aus eigener Kraft diesen Ansprüchen durch Umwidmung von Institutsräumen und durch die Bereitstellung ihrer Ausbildungskapazität in den naturwissenschaftlich-technischen und betriebswissenschaftlichen Fächern nur zum Teil entsprechen. Die kunststoffspezifische Lehre und Forschung mußte durch die Neuerrichtung des Institutes für Chemische und Physikalische Technologie der Kunststoffe (Vorstand: O.Univ.Prof. Dr. Johann Koppelmann ab 1.10.1971) und des Institutes für Kunststoffverarbeitung (Vorstand: O.Univ.Prof.

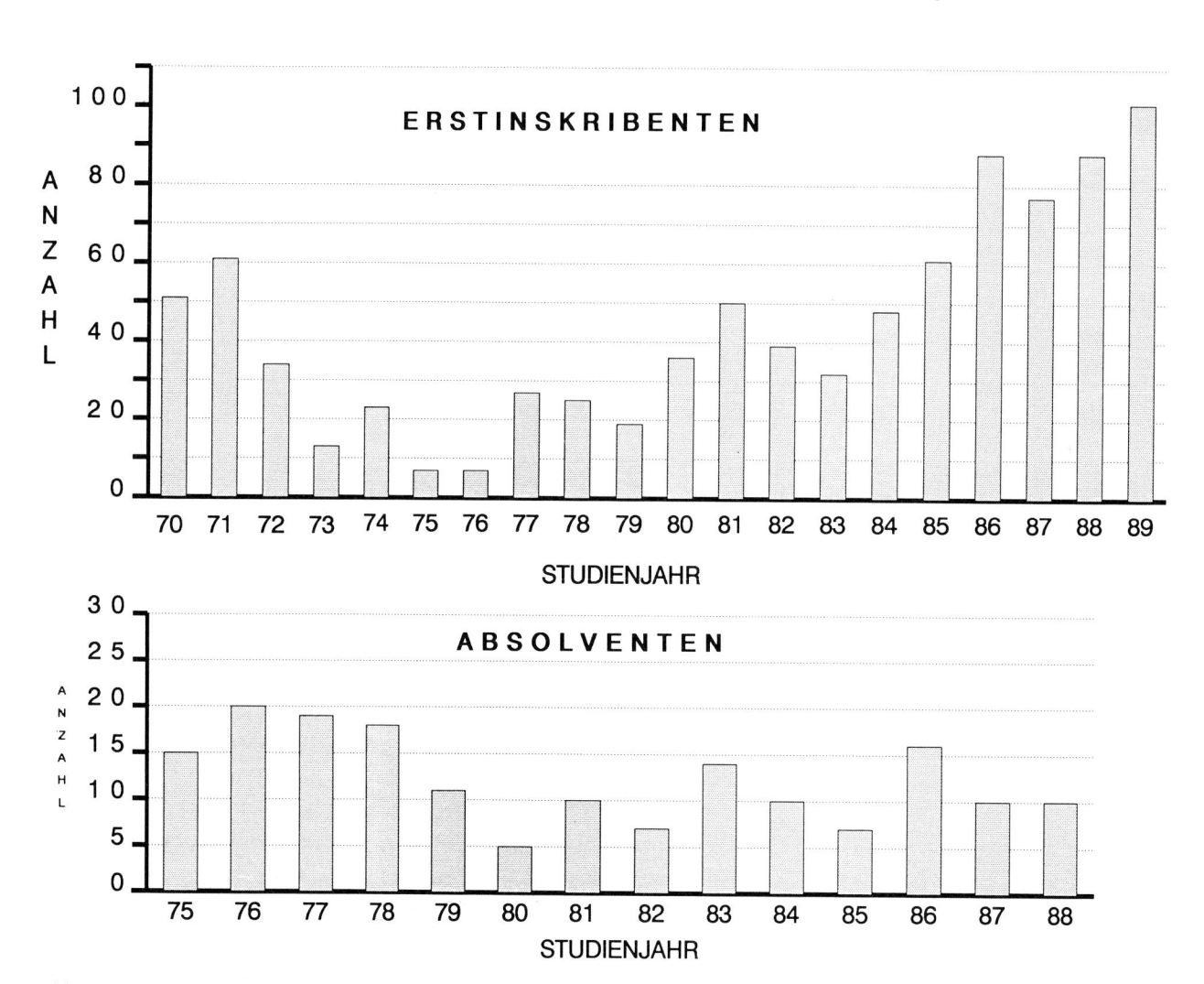

Bild 1: Entwicklung der Zahl der Erstinskribenten und der Absolventen der Studienrichtung Kunststofftechnik.

Dr. Werner Knappe ab 1.1.1973) eingebracht werden; die Erstausstattung dieser Institute konnte nur mit einer großzügigen gemeinsamen Finanzierung durch das Wissenschaftsministerium und das Land Steiermark sichergestellt werden. Schon bald wurde erkannt, daß die beiden Gründungsinstitute zur Abdeckung aller vier Prüfungsfächer nicht ausreichten, und daher seit 1972 der weitere Ausbau der Studienrichtung mit Anträgen auf Errichtung der Institute für Konstruieren in Kunst- und Verbundstoffen und für Chemie der Kunststoffe angestrebt. Dabei ist die Initiative von Professor Koppelmann besonders hervorzuheben, der sich als Gründungsordinarius auch besondere Verdienste bei der Optimierung des Studienplanes erwarb.

Ungeachtet dieser Schwierigkeiten wurde im Studienjahr 1970/71 mit 51 Erstinskribenten der Kunststofftechnik (39,5% aller Erstinskribenten der Montanistischen Hochschule Leoben) der Studienbetrieb aufgenommen, und dieser starke Zustrom an Erstinskribenten hielt auch in den Studienjahren 1971/72 (42,1% der Montanistischen Hochschule Leoben) und 1972/73 (29,6% der Montanistischen Hochschule Leoben) an. Das dramatische Absinken der Erstinskribentenzahlen in den Studienjahren 1975/76 und 1976/77 (vgl. Bild 1), vermutlich eine Folge des „Ersten Ölschocks" bzw. der damaligen Unsicherheit in der Beurteilung der Berufschancen von Diplomingenieuren für Kunststofftechnik, erschwerte die Argumentation für den weiteren Ausbau der Studienrichtung. Gleichzeitig mehrten sich insbesondere in Zentralstellen der Verwaltung und Wirtschaft die Zweifel am Standort Leoben der Studienrichtung Kunststofftechnik. Zur Überwindung dieser krisenhaften Entwicklung haben im wesentlichen die folgenden Leistungen beigetragen:

**Tabelle 1:**
**Lehrbeauftragte aus der Industrie und dem LKT-TGM.**

| Name | Firma | Tätigkeitsperiode |
|---|---|---|
| Hans Peter Frank | Chemie Linz AG | 1970–1980 |
| Bruno Schaefer | Semperit AG | 1973–1989 |
| Ernst Wogrolly | LKT-TGM | seit 1973 |
| Hans Krässig | Chemiefaser Lenzing AG | 1973–1988 |
| Harald Rauch-Puntigam | Vianova Kunstharz AG | seit 1973 |
| Josef Salhofer | LKT-TGM | 1974–1982 |
| Alfred Lampl | Engel Maschinenbau GmbH | seit 1974 |
| Herbert Sidan | VEW, Judenburg | seit 1975 |
| Kurt Leu | Ciba Geigy AG, Basel | seit 1979 |
| Franz Kügler | Chemie Linz AG | seit 1980 |
| Jörg Imhof | BBU AG | seit 1980 |
| Bruno Haider | Lenzing AG | 1983–1989 |
| Friedrich Langbein | Alkor, München | seit 1983 |
| Thomas Langer | Lenzing AG | 1984–1987 |
| Jürgen Lenz | Lenzing AG | seit 1989 |
| Ewald Forster | Ciba Geigy, Fribourg | seit 1989 |
| Florian Altendorfer | PCD, Linz | seit 1989 |
| Franz Sommer | Semperit Technische Produkte | seit 1990 |

- die Förderung durch führende Unternehmen der Kunststoffwirtschaft und das LKT-TGM, insbesondere durch Freistellung von Lehrbeauftragten (siehe Tabelle 1),
- die beruflichen Erfolge der Absolventen[3], und
- die Erfolge der kunststofftechnischen Institute in der Forschung und bei der Kooperation mit der Industrie.

Erst mit der Zuweisung der Planstelle eines Ordentlichen Universitätsprofessors für Konstruieren in Kunst- und Verbundstoffen ab 1.1.1986 ist diese Phase der Infragestellung endgültig überwunden worden; gleichzeitig hat sich auch ein starker Anstieg der Erstinskribentenzahlen eingestellt (siehe Bild 1). Diese positive Entwicklung wurde allerdings von den Schwierigkeiten überschattet, im Bereich der Kunststofftechnik vakante Ordinariate zu besetzen: so dauerte es nahezu fünf Jahre, bis nach der auf eigenen Antrag im Herbst 1983 erfolgten Pensionierung von Professor Werner Knappe das Ordinariat für Kunststoffverarbeitung mit Dr.-Ing. Günter R. Langecker nachbesetzt werden konnte. Ähnliche Schwierigkeiten ergaben sich bei der Besetzung des Ordinariates für Konstruieren in Kunst- und Verbundstoffen, wo zur Zeit (Jänner 1990) die Berufungsverhandlungen mit dem Zweitgereihten des zweiten Dreiervorschlages geführt werden. Dabei ist anzumerken, daß für dieses Ordinariat mit Hilfe der Stadtgemeinde Leoben attraktive Räumlichkeiten geschaffen werden konnten und für die Erstausstattung zusätzliche Investitionsmittel von seiten der Forschungsgesellschaft Joanneum, der Petrochemie Danubia Ges.m.b.H., des Landes Steiermark, der Handelskammer Steiermark und der Vereinigung Österreichischer Industrieller, Landesgruppe Steiermark, in der Gesamthöhe von 5,8 Mio. ÖS bereitgestellt wurden.

Eine dramatische Verschärfung der Schwierigkeiten ergab sich durch die krankheitsbedingte Emeritierung von Prof. Koppelmann mit Oktober 1988 (Krankenstand ab Dezember 1987). Aus der Sicht des Verfassers, der mehr als eineinhalb Jahre lang als einziger aktiver Professor im Bereich der kunststofftechnischen Institute eine Vielzahl von Funktionen wahrzunehmen hatte, konnte dieser Krisenfall nur durch das besondere Engagement der Assistenten beherrscht werden, wobei insbesondere die außergewöhnlichen Leistungen von Dipl.Ing. Walter Friesenbichler im Institut für Kunststoffverarbeitung und von Dr. Erich Kramer in der Abteilung für Physik und Prüfung der Kunststoffe zu würdigen sind.

Im Zuge der Beratungen über die Nachbesetzung des Ordinariates für Chemische und Physikalische Technologie der Kunststoffe beschloß das Universitätskollegium am 30. November 1988, das Institut für Chemische und Physikalische Technologie der Kunststoffe entsprechend den Fachgebieten der beiden Abteilungen für Chemie der Kunststoffe und Physik und Prüfung der Kunststoffe zu teilen. Diesem Vorschlag wurde vom Bundesminister für Wissenschaft und Forschung mit Erlaß vom 3. Juli 1989 entsprochen; hiermit wurde das Institut für Chemische und Physikalische Technologie der Kunststoffe aufgelassen und das Institut für Werkstoffkunde und -prüfung der Kunststoffe sowie das Institut für Chemie der Kunststoffe gegründet.

Nach einer zwanzigjährigen Aufbauphase steht der Studienrichtung Kunststofftechnik nun endlich die dem Ausbildungskonzept entsprechende Institutsstruktur zur Verfügung. Es bleibt zu hoffen, daß mit der geplanten Zusammenführung der vier kunststofftechnischen Institute in einem Neubau die Aufbauphase der inzwischen nach der Hörerzahl stärksten Studienrichtung der Montanuniversität Leoben in den nächsten Jahren abgeschlossen wird.

**BERUFSBILD DER ABSOLVENTEN**

Die Tätigkeit des Diplomingenieurs für Kunststofftechnik erstreckt sich über mehrere technisch-naturwissenschaftliche und betriebswissenschaftliche Fachgebiete. Dieser interdisziplinäre Charakter spiegelt sich auch in den berufsspezifischen Tätigkeiten wieder:

- Auswahl geeigneter Kunststoff-Grundstoffe und Zusatzstoffe und gegebenenfalls Optimierung von Kunststoff-Formulierungen für bestimmte Anwendungszwecke,

- Auswahl von Verarbeitungsmaschinen nach technischen und ökonomischen Gesichtspunkten,
- Optimierung der verschiedenen Verfahren der Kunststoffverabeitung,
- Konstruieren von Formteilen, Halbzeug und Verbundstoffteilen aus Kunststoff,
- Auslegung und Konstruktion von formgebenden Verarbeitungswerkzeugen und stoffführenden Maschinenbauteilen,
- Durchführung von chemischen Analysen und physikalischen Prüfungen an Kunststoffrohstoffen, Prüfkörpern und Kunststoffbauteilen zur Rohstoffeingangskontrolle, Qualitätssicherung und Schadensforschung,
- rheologische und thermische Untersuchungen von Kunststoffschmelzen,
- Festlegung von Qualitätskriterien z.B. im Hinblick auf Chemikalienbeständigkeit, Hitzebeständigkeit, Brennbarkeit, mechanische Belastbarkeit, elektrische Eigenschaften u.a.,
- Durchführung von Fertigungs- und Planungsaufgaben sowie Wirtschaftlichkeitsstudien,
- Marktforschung für Kunststoffbauteile,
- Entsorgung von Abfällen aus Kunststoff.

Diesem breiten Tätigkeitsbereich entspricht die Verteilung der bisher (Stand Jänner 1989) 175 Absolventen auf verschiedene Branchen der Kunststoffwirtschaft, die aus Tabelle 2 (Stand vom Oktober 1988) ersichtlich ist. Diese Angaben stützen sich auf genaue Informationen über die berufliche Laufbahn von ca. 2/3 der Absolventen. Der größte Anteil der Absolventen ist demnach in der kunststofferzeugenden Industrie beschäftigt, gefolgt von der eigentlichen kunststoffverarbeitenden Industrie, der Elektroindustrie, dem Kunststoffmaschinenbau und der Sportartikelindustrie. Der überraschend hohe Anteil der Elektroindustrie bzw. der Sportartikelindustrie wird verständlich, wenn man in Betracht zieht, daß diese Industriesparten Bauteile aus Kunststoffen bzw. Faser-Kunststoff-Verbunden zu einem beträchtlichen

**Tabelle 2:**
**Verteilung der Absolventen auf Branchen in % (Stand vom Oktober 1988).**

| | | | | | | |
|---|---|---|---|---|---|---|
| **Kunststofferzeugung** | | | **Sonstige Branchen** | | | |
| Produktion | 1 | | Elektro/Elektronik | 11 | | |
| Anwendungstechnik und Entwicklung | 17 | | Sportartikel | 8 | | |
| | | | Baustoffindustrie | 3 | | |
| Verkauf | 3 | **21** | Kfz | 3 | | |
| | | | Möbel/Haushaltsgeräte | 3 | | |
| **Kunststoffverarbeitung** | | | Brillen | 1 | **29** | |
| Spritzguß | 4 | | | | | |
| Extrusion | 6 | | Universitäten, HTL und Forschungsanstalten | 11 | | |
| Sonstiges | 8 | **18** | freiberufliche Berater | 4 | **15** | |
| **Kunststoffmaschinenbau** | | **10** | | | | |
| Kautschukverarbeitung | 1 | | Nicht mit Kunststoffen beschäftigt: | 5 | **5** | |
| Textilbeschichtung | 1 | **2** | | | | |
| | | **51** | | | **49** | |

Teil selbst fertigen und gerade in diesen Sparten die Kunststoffe die vielfältigsten Anwendungen gefunden haben. Einen unmittelbaren Eindruck der mannigfaltigen Anwendungen vermitteln die Bilder 2 und 3 anhand von Beispielen aus der Automobil- und Sportartikelindustrie.

Durch den 1976 gegründeten technisch-wissenschaftlichen Verein Verband Leobener Kunststofftechniker (VLK) ist es gelungen, die Verbindung zwischen den kunststofftechnischen Instituten und den Absolventen aufrechtzuerhalten und für regelmäßigen Gedankenaustausch zu sorgen, der insbesondere im Rahmen von ein- bis zweimal im Jahr durchgeführten wissenschaftlichen Tagungen durch persönliche Kontakte vertieft wird. Dadurch war es möglich, schon 1982 eine genaue Studie über „Erfahrungen und Erkenntnisse zur Ausbildung von Kunststofftechnikern, abgeleitet aus einer Befragung der Absolventen", mit einer Rücklaufquote von 50% durchzuführen[3], deren wichtigste Ergebnisse in den Tabellen 3 und 4 wiedergegeben werden.

Aus Tabelle 3 ist deutlich der besondere Stellenwert der chemischen Ausbildung im Bereich der naturwissenschaftlichen Grundlagen sowie der Kunststoffverarbeitung und der Werkstoffprüfung im Bereich der Ingenieurwissenschaften abzulesen. Tabelle 4 zeigt, daß Schwachpunkte der technisch-naturwissenschaftlichen Ausbildung vorwiegend im Bereich des Lehrangebotes für EDV, Konstruieren in Kunststoffen und Meß- und Regeltechnik gesehen werden. Besonders beklagt werden aber auch Mängel im nichttechnischen Bereich, z.B. in Technischem Englisch, Rhetorik, Konferenztechnik und Mitarbeiterführung. Letztere Mängel wurden auch von den im Kuratorium Kunststofftechnik beratend wirkenden Unternehmern, Vorstandsmitgliedern und

Bild 2: Typische Kunststoffanwendungen in der Automobilindustrie: AUDI-Heckleuchtenabdeckung, Radzierblende, Lüfterkanal, Mercedes-Rückleuchte, Batteriekasten, Pkw-Lenkrad, Seitenspiegel, Behälter im Bereich des Motorraumes, Verteilerkappe, Lüfterräder, VW-Golf-Frontgrill.

Bild 3: Typische Kunststoffanwendung in Freizeit und Sport: Snowboardschuh, Schischuh, Schi-Handschuh, Alpinschi mit Bindung, Langlaufschi, Tennisschläger, Squashschläger, Surfboard-Finne aus kohlefaserverstärktem Kunststoff (CFK), Pfeil aus glasfaserverstärktem Kunststoff (GFK), Seile.

technischen Führungskräften im November 1989 hervorgehoben.

Da im Bereich von EDV, Konstruieren in Kunststoffen und Meß- und Regeltechnik seit 1982 abgesehen von der Einführung der Wahlfachgruppe Systemanalyse keine wesentlichen Erweiterungen des Lehrangebotes realisiert wurden, sind auch von einer z.Z. laufenden Evaluierung der Studienrichtung keine wesentlich verbesserten Ergebnisse bezüglich der genannten Schwachstellen zu erwarten. Es scheint

**Tabelle 3: Ausmaß der Kenntnisse, die Absolventen der Studienrichtung Kunststofftechnik in einzelnen Fachgebieten für notwendig erachten.[3)]**
1 = keine besonderen Kenntnisse
2 = Übersichtswissen
3 = Übersichtswissen und anwendbare Kenntnisse
4 = vertiefte Methoden und anwendbare Kenntnisse
5 = neuester Wissensstand
Zahlenwerte: % der befragten Absolventen mit der betreffenden Meinung.

| 1 | 2 | 3 | 4 | 5 | |
|---|---|---|---|---|---|
| | | | | | **Naturwissenschaften** |
| 4.3 | 34.8 | 54.4 | 4.3 | 2.2 | Mathematik |
| 9.3 | 30.2 | 37.2 | 23.3 | 0 | Statistik |
| 18.2 | 38.6 | 25.0 | 16.3 | 4.6 | EDV |
| 4.4 | 28.9 | 35.6 | 28.9 | 2.2 | Physik |
| 4.5 | 20.0 | 33.3 | 42.2 | 0 | Chemie |
| 13.9 | 32.6 | 25.6 | 18.6 | 9.3 | Physikalische Chemie |
| | | | | | **Ingenieurwissenschaften** |
| 17.8 | 42.2 | 35.6 | 2.2 | 2.2 | Allgemeine Elektrotechnik |
| 15.6 | 24.4 | 31.1 | 13.3 | 15.6 | Meß- und Regeltechnik |
| 4.4 | 35.6 | 20.0 | 33.3 | 6.7 | Maschinenbau |
| 6.8 | 13.6 | 18.2 | 34.1 | 27.3 | Werkstoffprüfung |
| 22.2 | 24.5 | 42.2 | 4.4 | 6.7 | Wärmetechnik |
| 37.8 | 37.9 | 8.9 | 8.9 | 6.6 | Kautschuktechnologie |
| 6.6 | 13.0 | 13.0 | 34.8 | 32.6 | Kunststoffverarbeitung |
| 22.7 | 22.7 | 31.8 | 15.9 | 6.9 | Verbundstoffe |
| 11.4 | 15.9 | 36.4 | 22.7 | 13.6 | Konstruieren mit Kunststoffen |
| | | | | | **Nichttechnischer Bereich** |
| 20.4 | 38.7 | 18.2 | 20.4 | 2.3 | Volkswirtschaftliche Kenntnisse |
| 13.6 | 22.7 | 27.3 | 22.7 | 13.7 | Allgemeine Betriebswirtschaft |
| 18.2 | 25.0 | 22.7 | 22.7 | 11.4 | Rechnungswesen, Kostenrechnung |
| 4.6 | 20.4 | 25.0 | 25.0 | 25.0 | Organisation und Planung |
| 9.1 | 15.9 | 29.5 | 27.3 | 18.2 | Mitarbeiterführung |
| 31.8 | 38.6 | 15.9 | 9.1 | 4.6 | Arbeits- und Sozialrecht |
| 2.3 | 6.8 | 40.9 | 29.6 | 20.4 | Rhetorik |
| 11.1 | 15.6 | 26.7 | 24.4 | 22.2 | Konferenztechnik |
| 6.8 | 15.9 | 15.9 | 34.1 | 27.3 | Technisches Englisch |

daher dringend geboten, möglichst bald die Besetzung des Ordinariates für Konstruieren in Kunst- und Verbundstoffen, sowie die Errichtung des beantragten Institutes für technische Informatik und Automation zu realisieren.

Im nichttechnischen Bereich konnte inzwischen für eine Verbesserung der Ausbildung aus Technischem Englisch durch eine als Freifach angebotene Lehrveranstaltung „Technisches Englisch für Kunststofftechnik" gesorgt werden. Es ist jedoch anzumer-

**Tabelle 4:**
**Meinung der Absolventen betreffend die Gewichtung einzelner Fachgebiete.**[3]
1 = viel weniger
2 = weniger
3 = gleich viel
4 = mehr
5 = viel mehr
Zahlenwerte : % der befragten Absolventen mit der betreffenden Meinung.

| 1 | 2 | 3 | 4 | 5 | |
|---|---|---|---|---|---|
| | | | | | **Naturwissenschaften** |
| 2.3 | 15.9 | 75.0 | 6.8 | 0 | Mathematik |
| 0 | 20.0 | 64.5 | 13.3 | 2.2 | Statistik |
| 0 | 7.0 | 25.6 | 58.1 | 9.3 | EDV |
| 0 | 4.5 | 68.2 | 27.3 | 0 | Physik |
| 0 | 6.8 | 65.9 | 25.0 | 2.3 | Chemie |
| 0 | 16.3 | 67.4 | 14.0 | 2.3 | Physikalische Chemie |
| | | | | | **Ingenieurwissenschaften** |
| 2.3 | 13.6 | 52.3 | 27.3 | 4.5 | Allgemeine Elektrotechnik |
| 0 | 13.7 | 38.6 | 38.6 | 9.1 | Meß- und Regeltechnik |
| 2.3 | 9.1 | 61.3 | 25.0 | 2.3 | Maschinenbau |
| 0 | 4.6 | 61.4 | 34.1 | 0 | Werkstoffprüfung |
| 0 | 25.0 | 50.0 | 18.2 | 6.8 | Wärmetechnik |
| 4.5 | 27.3 | 61.4 | 4.5 | 2.3 | Kautschuktechnologie |
| 0 | 4.5 | 59.1 | 31.8 | 4.6 | Kunststoffverarbeitung |
| 0 | 11.4 | 63.6 | 20.4 | 4.6 | Verbundstoffe |
| 2.4 | 7.3 | 39.0 | 41.5 | 9.8 | Konstruieren mit Kunststoffen |
| | | | | | **Nichttechnischer Bereich** |
| 0 | 16.3 | 41.9 | 37.2 | 4.6 | Volkswirtschaftliche Kenntnisse |
| 2.3 | 6.8 | 45.5 | 38.6 | 6.8 | Allgemeine Betriebswirtschaft |
| 2.3 | 15.9 | 29.5 | 40.9 | 11.4 | Rechnungswesen, Kostenrechnung |
| 0 | 2.3 | 27.3 | 43.1 | 27.3 | Organisation und Planung |
| 0 | 0 | 16.7 | 50.0 | 33.3 | Mitarbeiterführung |
| 5.0 | 7.0 | 37.5 | 42.5 | 7.5 | Arbeits- und Sozialrecht |
| 0 | 0 | 14.3 | 47.6 | 38.1 | Rhetorik |
| 0 | 2.5 | 15.0 | 45.0 | 37.5 | Konferenztechnik |
| 0 | 0 | 18.2 | 34.1 | 47.7 | Technisches Englisch |

ken, daß gerade im nichttechnischen Bereich persönliches Interesse und Neigung des einzelnen Studenten für das erreichte Niveau bestimmend bleiben werden.

Von der Universität, insbesondere dem Institut für Bildungsförderung und Sport, der Österreichischen Hochschülerschaft und einer Vielzahl akademischer Vereinigungen wird gerade in Leoben für die besonders bemängelten nichttechnischen Fächer ein breites Angebot bereitgestellt.

## ZUKUNFTSTENDENZEN

Die langfristige zukünftige Entwicklung der Studienrichtung Kunststofftechnik wird im wesentlichen von den Entwicklungstendenzen der österreichischen Kunststoffwirtschaft bestimmt sein (vgl. den Beitrag von E. Figwer in dieser Festschrift), die zur Zeit und nach mittelfristigen Prognosen eine typische Wachstumsbranche mit rasch steigenden Anforderungen an die technischen Führungskräfte ist. Daraus kann mittelfristig ein steigender Bedarf an Diplomingenieuren für Kunststofftechnik abgeleitet werden. Allerdings ist dafür Sorge zu tragen, daß das Niveau der Absolventen sich deutlich von dem eines HTL-Maturanten abhebt.

Die hohen Ansprüche des Studiums der Kunststofftechnik an den einzelnen Studenten haben in den 80er Jahren zu besonders hohen drop-out Quoten in der Größenordnung von über 60% geführt, die aus Bild 1 bei Zugrundelegung eines Medianwertes der Studiendauer von ca. 13 Semestern unmittelbar ersichtlich sind. Der derzeitige jährliche österreichische Bedarf an Absolventen wird auf ca. 30 geschätzt. Es ist daher gerade in der letzten Zeit ein starker Mangel an technischen Führungskräften in der Kunststoffwirtschaft eingetreten.

Die bevorstehende Integration Österreichs in die EG wird die Berufschancen der Absolventen der Studienrichtung Kunststofftechnik weiter verbessern, weil z.Z. auch in den meisten westeuropäischen Ländern ein Mangel an vergleichbar qualifiziertem Personal besteht. Allerdings werden in diesen Ländern Absolventen mit überlangen Studienzeiten auf weitgehende Verständnislosigkeit stoßen. Dieser Aspekt wird insbesondere bei der geplanten Reform des Ersten Studienabschnittes zu beachten sein.

Die einzige Verunsicherung in der Beurteilung der langfristigen Entwicklungschancen der Studienrichtung Kunststofftechnik erwächst aus der Infragestellung der Kunststoffe als synthetische, d.h. unnatürliche, und damit von der politisch organisierten Grünbewegung a priori als überflüssig und gefährlich eingestufte Werkstoffe. Diese Angriffe konzentrieren sich bisher auf halogenhältige Kunststoffe und Zusatzstoffe (Flammhemmer, Treibmittel), beeinträchtigen jedoch auch die allgemeine soziale Akzeptanz aller Kunststoffe durch den chemisch mangelhaft gebildeten Normalbürger. Der zukünftige Diplomingenieur für Kunststofftechnik wird daher ein vertieftes Wissen der ökologischen Aspekte der Kunststofftechnik benötigen, um im Einzelfall erhobene Vorwürfe kritisch prüfen zu können und sachlich überzeugende Maßnahmen zu treffen; dabei wird es insbesondere auf seine Gesprächsfähigkeit mit Chemikern, Biologen und Toxikologen ankommen, die durch eine solide Ausbildung in den chemischen Grundlagen sicherzustellen ist.

## ANMERKUNGEN

[1] G. B. Fettweis, Rektor der Montanistischen Hochschule Leoben in den Studienjahren 1968/69 und 1969/70, priv. Mitteilung (1989).
[2] K. Zeppelzauer, Vorsitzender des Besetzungsausschusses der Lehrkanzel für Kunststofftechnik, priv. Mitteilung (1989).
[3] A. Wagner, Diplomarbeit, durchgeführt am Institut für Wirtschafts- und Betriebswissenschaften der Montanuniversität Leoben (1983).

*Verfasser: K. LEDERER*

Altes Peter-Tunner-Gebäude. Links vorne der Post-Park mit dem Peter Tunner Denkmal.

# Studienrichtung Werkstoffwissenschaften

**AUSGANGSSITUATION**

Die Entwicklung der Menschheit ist von Anfang an in entscheidender Weise von den jeweils zur Verfügung stehenden Werkstoffen gekennzeichnet und bestimmt worden. Waren anfangs die Werkstoffe als solche das Primäre, so kam sehr bald eine gewisse Kenntnis von Bearbeitungsverfahren als zweiter entscheidender Faktor dazu. Erst aus der Synthese von Werkstoff und Bearbeitungsverfahren ergab sich das materielle Fundament des jeweiligen Standes der menschlichen Zivilisation.

Für einen modernen Industriestaat sind hochentwickelte Werkstoffe von essentieller Bedeutung. Letztlich wird jede technische Idee erst dann realisierbar, wenn dafür die geeigneten Werkstoffe zur Verfügung stehen. Werkstoffinnovationen haben in den letzten Jahrzehnten direkt den Fortschritt in den Bereichen der Luftfahrtindustrie, Kraftfahrzeugindustrie, Elektronikindustrie, im Maschinenbau, in der Energieerzeugung und in der Biomedizin beeinflußt.

Schlüsseltechnologien haben bestimmte Kriterien zu erfüllen, wie langfristiger Bedarf, breite Anwendung, Grundlage und Ausgangspunkt für technologische Weiterentwicklungen, hoher Forschungs- und Entwicklungsaufwand und lange Entwicklungsdauer. Alle diese Kriterien treffen für hochentwickelte neue Werkstoffe zu. Es ist daher nicht verwunderlich, daß in den letzten Jahren in allen großen Industrienationen, USA, Japan, im EG-Raum aber auch in Österreich große Werkstoff-Forschungs- und Entwicklungsprogramme ins Leben gerufen worden sind, die die technische Wettbewerbsfähigkeit dieser Staaten für die nächste Zukunft sichern sollen.

Obwohl die wissenschaftliche Durchdringung der Werkstofforschung in den letzten Jahrzehnten stark zugenommen hat, ist ein Hochleistungswerkstoff etwas sehr Komplexes. Seine Entwicklung mit einem bestimmten Eigenschaftsprofil einschließlich Formgebung nur aus der Kenntnis der wissenschaftlichen Grundlagen heraus ohne vorangehende Experimente ist erst in wenigen Fällen möglich. Viele, auch heute wichtige Werkstoffe wie die Bronzen, das Gußeisen oder der Beton entstanden in der Vergangenheit mehr oder weniger durch systematisches Probieren. Eine durch Wissenschaft gestützte Werkstoffentwicklung führte zu den heute gebräuch-

Bild 1: Niobkarbid in einem Schnellarbeitsstahl. Rasterelektronenmikroskop, 5000fach.

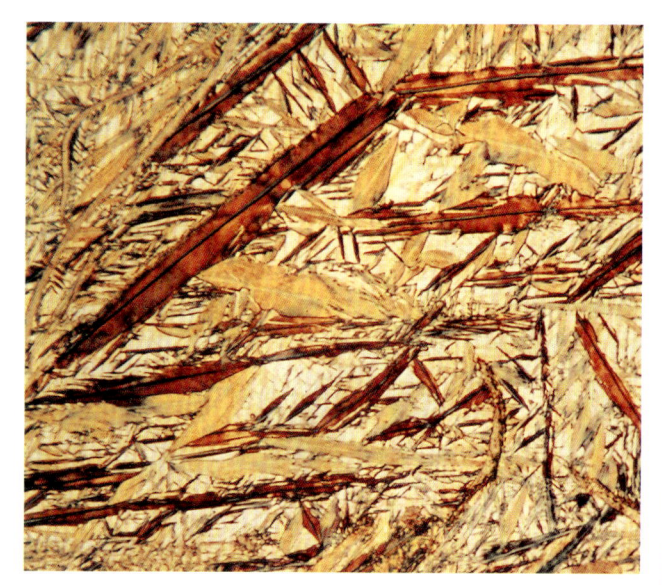

Bild 2: Härtungsgefüge eines Stahles. Martensit, 300fach.

lichen Aluminium-, Titan-, Magnesium-Legierungen, rostfreien Stählen, Sinterhartmetallen, Thermoplasten, Glaskeramiken, Elastomeren usw. In jene Werkstoffgruppe, die weitgehend nach wissenschaftlichen Grundlagen entwickelt wurden, sind die Nikkel- bzw. Kobalt-Basis-Superlegierungen, Formgedächtnislegierungen, höchstfeste Stähle, amorphe Metalle, $Si_3N_4$-Keramik, $Al_2O_3$-$ZrO_2$-Schneidkeramik, Reaktorwerkstoffe oder die Halbleiter einzureihen.

Bild 3: Laserschweißung an einem austenitischen Stahl, 150fach.

Die Anforderungen, die die heutige Technik – sei es in der Luft- und Raumfahrt, der Elektronik, aber auch im Maschinen- und Kraftfahrzeugbau – an moderne Konstruktionswerkstoffe stellt, nehmen von Jahr zu Jahr zu. Sie sollen fester und zäher werden, in korrosiven Medien und bei höchsten Temperaturen eingesetzt werden können und sich bei möglichst geringem Gewicht ohne Risiko bis an die Grenzen der Belastbarkeit beanspruchen lassen. Ein anisotroper Aufbau der Werkstoffe soll darüber hinaus die Möglichkeit bieten, die mechanischen Eigenschaften in Betrag und Richtung maßzuschneidern, also

Bild 4: Zirkon, polarisiertes Licht, 50fach. (P.Danielson, DGM, Met.-Kal. 1983).

von einer Richtung zur anderen zu variieren, um so den Werkstoff an die Anforderungen noch besser anpassen zu können. Neben mechanischen werden in vielen Fällen aber auch bestimmte elektrische, magnetische oder optische Eigenschaften verlangt.

Die große Vielfalt der Werkstoffe, ihre wissenschaftliche Durchdringung, das zunehmend vertiefte integrative Werkstoffwissen und die hohen Anforderungen an Werkstoffe haben in allen Industrieländern vor etwa einem Viertel Jahrhundert zu einer eigenständigen Ausbildung von Werkstoffingenieuren bzw. Werkstoffwissenschaftern geführt. An der Montanuniversität Leoben wurde als einziger Universität in Österreich mit dem Bundesgesetz über montanistische Studienrichtungen vom 10. Juli 1969 das Studium der Werkstoffwissenschaften eingerichtet.

## DAS STUDIUM

Der Erste Studienabschnitt ist zwar ähnlich aufgebaut wie in den übrigen Studienrichtungen der Montanuniversität, vermittelt aber in einer etwas verstärkten und angehobenen Form eine allgemeine naturwissenschaftliche Ausbildung. Die Schwerpunkte liegen in Mathematik, Physik und Technische Mechanik, Chemie sowie Maschinenbau und Elektrotechnik (siehe Bild 5).

Im Zweiten Studienabschnitt stehen die Werkstoffe im Vordergrund: Metalle und ihre Legierungen, keramische Werkstoffe, Kunststoffe als Konstruktionswerkstoffe, Gläser sowie Verbundwerkstoffe. Die Erzeugung der Werkstoffe, ihre Prüfung

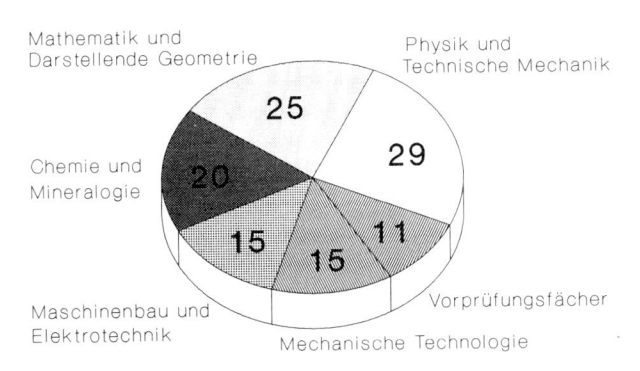

Bild 5: Prüfungsfächer des Ersten Studienabschnittes in Semesterwochenstunden.

und auch ihre festkörperphysikalische Durchdringung sind zusätzliche Schwerpunkte. Die anteilsmäßige Aufteilung in die einzelnen Fachgruppen ist in Bild 6 dargestellt. Den größten Stundenumfang nimmt das Fachgebiet „Metallkunde und Werkstoffprüfung" ein, das auch das Schwerpunktsfach der Studienrichtung ist und in dem jeder Absolvent bei der II. Diplomprüfung antreten muß. Eine weitere Vertiefung ist nach entsprechender Interessenslage in folgenden Wahlfachgruppen möglich: metallische Sonderwerkstoffe, keramische Werkstoffe, synthetische Werkstoffe (Kunststoffe), Werkstoffe der Elek-

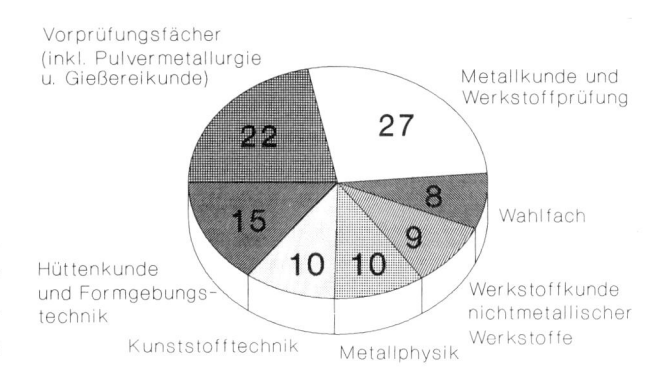

Bild 6: Prüfungsfächer des Zweiten Studienabschnittes in Semesterwochenstunden.

tronik, Festkörperphysik sowie Betriebswissenschaften. Aus jeder Wahlfachgruppe sind derzeit Gegenstände im Umfang von mindestens 8 Stunden zu wählen.

Als Praxis sind 6 Monate vorgeschrieben, in denen der Student einen Einblick in seine spätere Arbeitswelt gewinnen soll. Die Diplomarbeit befaßt sich meist mit bestimmten werkstoffkundlichen Fragen und wird in erfreulicher Weise in zunehmenden Maße auch in Betrieben durchgeführt.

Die sehr positive Reaktion der Absolventen auf eine Umfrage 1985/86 und ergänzt 1988 bestätigt die Richtigkeit im Aufbau und in der Strukturierung des von der Montanuniversität getroffenen Ausbildungsweges. Die etwas vertieftere Grundlagenausbildung kombiniert mit einer praxisbezogenen Fachausbildung in den wichtigsten Werkstoffsektoren sichert die notwendige Tiefe und die erforderliche anwendungsbezogene Breite. Immerhin bezeichnen 66 % der Absolventen ihre Berufskarriere mit gut, 23 % bewerten sie mit sehr gut. Dementsprechend würden auch 80 % von ihnen Maturanten anraten, das Studium der Werkstoffwissenschaften zu ergreifen (20 % weder an- noch abraten und 0 % abraten). An ergänzenden Fachgebieten, deren Kenntnisse für die Praxis bedeutsam wären, werden von den Absolventen genannt:

➤ Fremdsprachen
➤ Betriebswirtschaftslehre und Qualitätswesen
➤ Elektronische Datenverarbeitung.

Ohne die Geschlossenheit der Ausbildung und des Studiums in Frage zu stellen, wären 70 % dafür, den Umfang der Wahlfachgruppe etwas zu erhöhen. Diese wertvollen Hinweise der Absolventen wurden bereits zum Teil berücksichtigt und werden in nächster Zeit die Beratungen der Studienkommission für Werkstoffwissenschaften bestimmen.

Die durchschnittliche Studiendauer aller Absolventen der Studienrichtung Werkstoffwissenschaften betrug bis jetzt 14 Semester, die häufigste 12.0 Semester. Von den 104 Absolventen haben 28 ihr Studium mit Auszeichnung abgeschlossen; das sind rund 27 %. Damit liegt die Studienrichtung Werkstoffwissenschaften deutlich über dem durchschnittlichen Wert der Montanuniversität im gleichen Zeitraum (ab 1975/76), der 15 % beträgt. Diese sehr guten Studienerfolge kommen auch dadurch zum Ausdruck, daß das Posselt'sche Reisestipendium für außergewöhnliche Studienerfolge seit der Stiftung im Jahre 1982 viermal an Absolventen der Studienrichtung Werkstoffwissenschaften verliehen wurde.

Erfahrungsgemäß streben viele Absolventen dieser Studienrichtung eine vertiefte wissenschaftliche Ausbildung an und dissertieren. Trotz der vergleichsweise kurzen Existenz dieser Studienrichtung haben bis heute 14,3 % der Absolventen den Dr.mont. erworben. Darüber hinaus stellt die Studienrichtung Werkstoffwissenschaften auch einen der beiden sub auspiciis-Kandidaten, die die Montanuniversität seit ihrem Bestehen bis heute aufzuweisen hat.

Bild 7: Pulverteilchen aus Schnellarbeitsstahl, Rasterelektronenmikroskop, 1500fach.

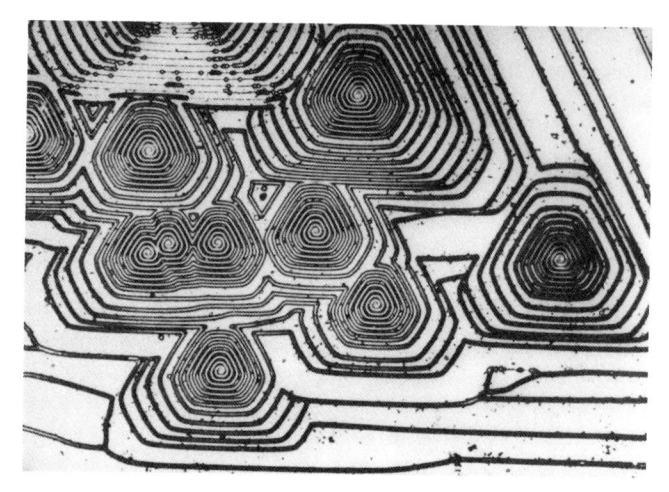

Bild 8: Siliziumkarbid-Einkristall mit Schraubenversetzungen, 200fach.
(J. Gahm, Prakt. Metallographie 3 (1966), S. 190).

## HÖRER- UND ABSOLVENTENENTWICKLUNG

Die ersten Studenten konnten bereits mit Beginn des Wintersemesters 1970/71 das Studium aufnehmen. Seit dieser Zeit erfreut sich das Studium der Werkstoffwissenschaften unter den Studenten steigender Beliebtheit. Besonders in den letzten Jahren stiegen die Neuinskribentenzahlen kräftig an (Bild 9), sodaß die Studienrichtung Werkstoffwissenschaften im Studienjahr 1988/89 von der Neuinskribentenzahl der ordentlichen Hörer den zweiten und von der Gesamtinskribentenzahl den dritten Platz einnimmt. (Mit den Neuinskribentenzahlen des Studienjahres 1989/90 liegt sie auch in der Gesamtzahl nunmehr – hinter der Studienrichtung Kunststofftechnik – an zweiter Stelle). Der Anteil der ausländischen Hörer ist gering, nämlich nur ca. 3 % und liegt damit deutlich unter dem Durchschnitt der Montanuniversität (13,5%). Der Anteil der weiblichen Studenten beträgt 12,5 % und liegt damit etwas über dem Gesamtdurchschnitt (7,9 %).

Der erste Absolvent der Studienrichtung Werkstoffwissenschaften konnte am 9.4.1976 verabschiedet werden. Mit Ende des Sommersemesters 1989 haben insgesamt 104 Diplomingenieure der Studienrichtung Werkstoffwissenschaften die Montanuni-

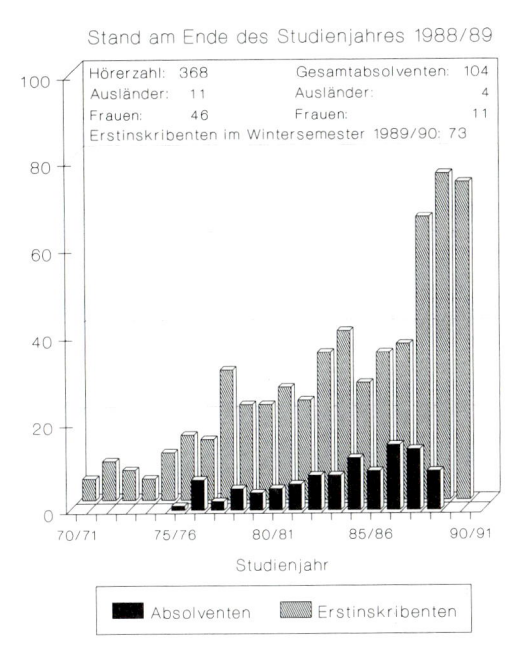

Bild 9: Absolventen und Erstinskribenten der Studienrichtung Werkstoffwissenschaften.

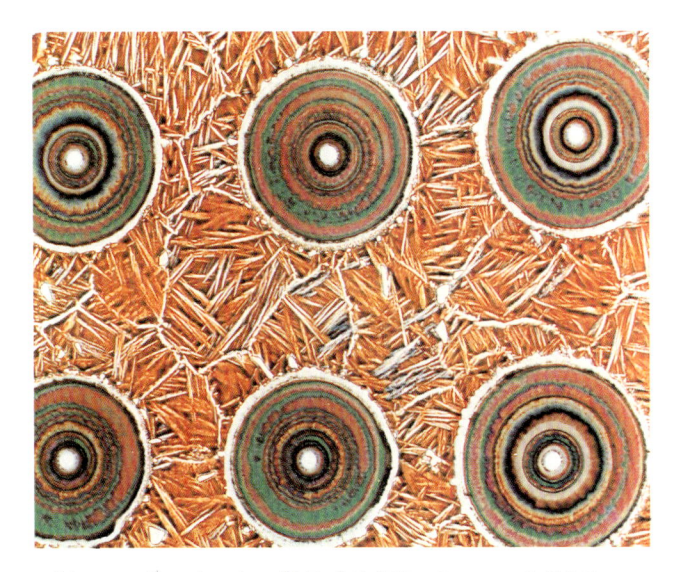

Bild 10: Verbundwerkstoff: Ti-6Al-4V-Legierung mit SiC-Fasern, 300fach. (R. H. Beauchamp, DGM, Met.-Kal. 1984).

versität verlassen, davon 11 Frauen und 4 Ausländer. Im Schnitt beläuft sich die Absolventenzahl in den letzten 5 Studienjahren auf 12/Jahr. Alle Absolventen haben nicht nur zwischen mehreren Stellenangeboten wählen.können, die Nachfrage der Industrie an Absolventen der Studienrichtung Werkstoffwissenschaften kann trotz der in den letzten Jahren gestiegenen Absolventenzahl bei weitem noch nicht befriedigt werden.

Nach einer im Jahre 1985/86 durchgeführten und im letzten Jahr aktualisierten Erhebung sind von den Absolventen 80 % im Inland und 20 % im Ausland tätig. Als wesentlichste Tätigkeitsfelder werden angegeben:
- ➢ Forschung und Entwicklung
- ➢ Qualitätswesen und Prüfung
- ➢ Produktion
- ➢ Beratung, Lehre.

## AUSBLICK

Die Aufgabe des Werkstoffingenieurs bzw. des Fachgebietes der Werkstoffwissenschaften ist es, die gesamte Technik und damit die Menschheit mit den erforderlichen Werkstoffen, „geistig hoch veredelten Produkten", zu versorgen.

Die Einsatzgebiete eines Werkstoffingenieurs sind außerordentlich vielfach und umfangreich, eine Tatsache, die mit der Entwicklung der Technik noch stärker zum Tragen kommen wird. Die große Zahl der heutigen Werkstoffe mit ihren oft außergewöhnlichen Eigenschaftsprofilen ergeben in Verbindung mit besonderen Verarbeitungsverfahren viele Alternativen bei der Lösung technischer Probleme, die den Einsatz eines Werkstoffingenieurs erfordern. Herstellungs- und Verarbeitungsverfahren, deren Durchführbarkeit und Wirtschaftlichkeit sind schon bei der Werkstoffauswahl zu berücksichtigen. Neben der Grundlagenforschung wird sich also der Werkstoffingenieur mit der Entwicklung von Werkstoffen und Werkstoffkombinationen mit verbesserten mechanisch-physikalisch-chemischen Eigenschaften befassen und ebenso mit der Prüfung der Werkstoffe. Weiters wird er auf den Gebieten der Anwendungstechnik, der Werkstoffberatung unentbehrlich sein und sich auch mit Materialschadensfällen zu befassen haben. Damit steht ihm heute, aber auch in Zukunft die gesamte Industrie offen, die Werkstoffe erzeugt, verarbeitet und einsetzt.

Bild 11: Kohlenstoff-Kohlenstoff-Verbundwerkstoff, Interferenz-Kontrast, 500fach. (Y. Liu, DGM, Met.-Kal. 1984).

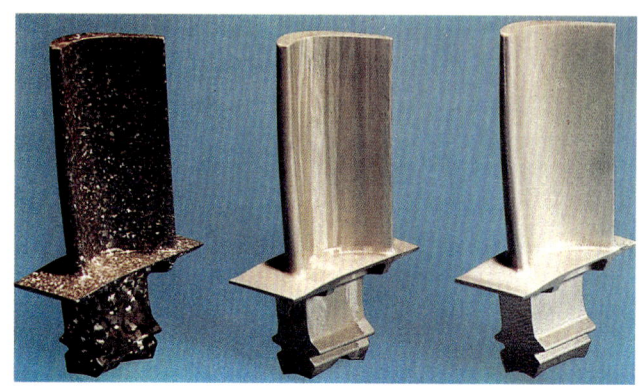

Bild 13: Standzeitverbesserung von Turbinenschaufeln durch neue Herstellungsverfahren, von links nach rechts: konventionell hergestellt; gerichtet erstarrt; einkristallin. (Spektrum der Wissenschaft, Dez. 1986, S. 137).

Die Studienrichtung Werkstoffwissenschaften wird sich daran zu orientieren haben, daß solche Werkstoffe, Verfahren und Produkte trendkonform sind, die weniger Primärwerkstoffe und weniger Energie benötigen als ihre Vorgänger. Weniger Masse und mehr Hirn, unter dieser Maxime werden die

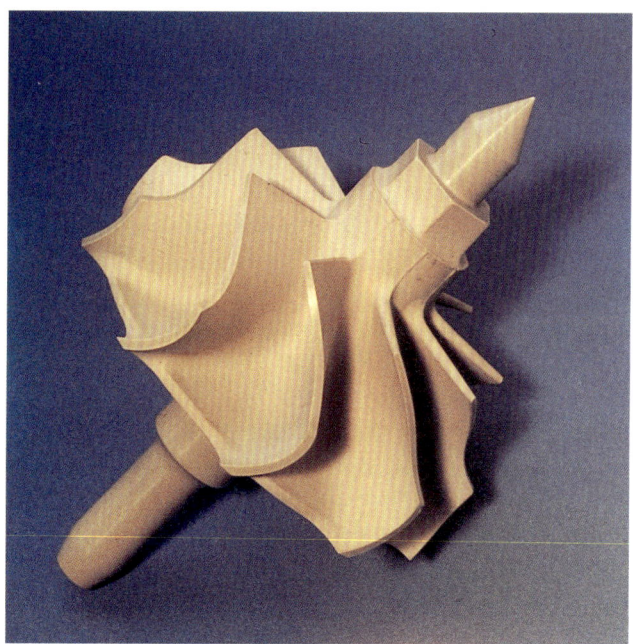

Bild 14: Turbolader aus Siliziumnitrid.

Werkstoffe der Technik von morgen stehen. Diese Aussage beinhaltet letztlich auch ein Bekenntnis zum verantwortungsvollen Umgang mit unseren natürlichen Ressourcen.

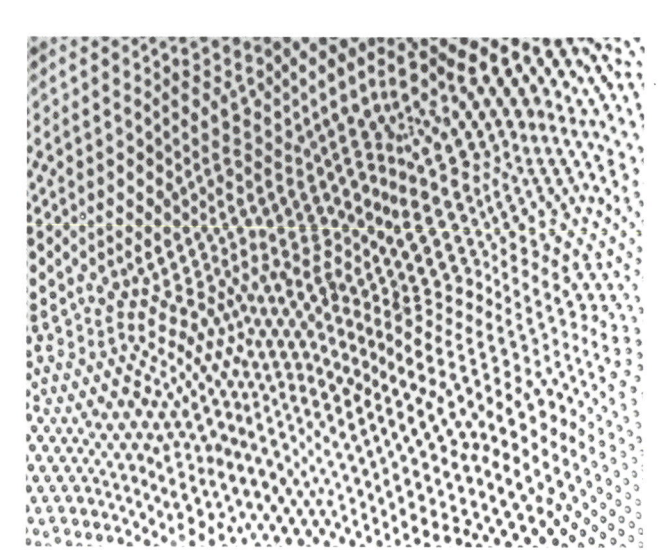

Bild 12: Gerichtet erstarrte Turbinenschaufel, im Querschliff, aus einer eutektischen Nickelbasis-Superlegierung, 1500fach.

*Verfasser: F. JEGLITSCH*

# Studienzweig Montangeologie

Montangeologie ist ein Studienzweig der Studienrichtung Erdwissenschaften. Er ist an der Montanuniversität Leoben gemeinsam mit den Universitäten Wien und Graz eingerichtet. Voraussetzung für das Studium in Leoben ist die erfolgreiche Ablegung der Ersten Diplomprüfung (Studienrichtung Erdwissenschaften) an einer Universität. Die Mindestdauer des Studiums beträgt 10 (6 + 4) Semester. In Leoben sind vier Semester Studium mit Diplomarbeit zu absolvieren. Das Studium schließt mit dem Erwerb des Grades „Magister der Naturwissenschaften" (Mag.rer.nat.) ab. Geeigneten Absolventen steht das Doktoratsstudium (Dissertation und Rigorosum) zum „Doktor der montanistischen Wissenschaften" (Dr.mont.) offen. Absolventen dieses Studienzweiges können die Befugnis eines Zivilingenieures (Ziviltechnikergesetz vom 18.6.1957) erwerben und von der Bergbehörde mit der Leitung einer Aufsuchungsabteilung im Bergbau betraut werden (191. Verordnung des BMHGI vom 11.3.1983 über verantwortliche Personen beim Bergbau).

## ENTWICKLUNG DES STUDIENZWEIGES

Ein erster, vorläufiger Studienplan wurde in Leoben bereits 1971 eingeführt. Durch das Inkrafttreten des UOG und die damit verbundenen administrativen und organisatorischen Arbeiten dauerte es jedoch bis zum Jahre 1988, in welchem der gegenwärtig gültige Studienplan wirksam wurde.

Von 1972 bis 1988 haben 45 Montangeologen ihr Studium erfolgreich beendet (davon etwa 30 % Ausländer aus der Bundesrepublik Deutschland, USA, Griechenland, Syrien, Iran und Irak). 13 vom Institut betreute Dissertationen wurden abgeschlossen (davon 6 von Ausländern aus der Bundesrepublik Deutschland, den USA, Großbritannien, Iran, der Türkei und Syrien).

Derzeit können die Studierenden der Montangeologie unter 5 Wahlfachgruppen wählen:
- Prospektion und Mineralwirtschaft,
- Angewandte Geophysik,
- Berg- und Markscheidewesen,
- Betriebswirtschaft und
- Angewandte Geologie.

Fast alle Mitglieder des Institutes für Geowissenschaften wirken an der Ausbildung der Montangeologen mit, außerdem noch folgende auswärtige Lehrbeauftragte:

HR. Ao.Univ.Prof. Dr. E. Schroll: Grundzüge der Geochemie

Ao.Univ.Prof. Dr. L. Becker: Tektonische Gefügekunde/Angewandte Tektonik im Untertagebau, Strukturgeologie

Univ.Doz. Dr. H. Zetinigg: Hydrogeologie und Gewässerschutz

Univ.Doz. Dr. F. Dahlkamp: Lagerstättenkunde des Urans

Univ.Doz. Dr. W. Gräf: Umweltgeologie (mit Exkursionen)

Dr. P. Hacker: Tracer in der Hydrogeologie, Bohrlochmessungen in der Hydrogeologie

HR. Dr. H. Schwenk: Praxis der Baugeologie (mit Exkursionen)

O.Univ.Prof. Dr. R. Dutter: Mathemathische Methoden in der Montangeologie (mit Übungen)

Prim. Dr. K. Paul: Gesundheitslehre – Erste Hilfe.

## ABLAUF DES STUDIUMS

In den ersten sechs Semestern erlernen die Studierenden die Grundlagen der Erdwissenschaften

(Geologie, Paläontologie, Mineralogie, Petrologie usw.) an anderen Universitäten. In den letzten vier Semestern werden sie an der Montanuniversität in allen jenen Fächern unterrichtet, die für ihre künftige Berufsausübung im weiten Bereich der mineralischen Rohstoffe von Bedeutung sind: Grundzüge der Bergbaukunde und der Aufbereitung, Vermessungskunde, mathematische Methoden in der Montangeologie, Wirtschafts- und Betriebswissenschaften, Geochemie, Angewandte Geophysik, Hydrogeologie, Prospektion und Mineralwirtschaft, Photogeologie und Fernerkundung und, in hohem Ausmaß, Lagerstättenkunde der Erze, Steine-Erden/Industrieminerale, Kohle- und Erdöllagerstätten mit Erz- und Kohlenmikroskopie. Weiters Lehrveranstaltungen aus Tiefbohrtechnik, Berechnung von Mineralvorräten, Probenahme und weiteren fachrelevanten Gebieten. Dazu kommen zahlreiche Exkursionen und Feldübungen sowie 3 Monate montangeologische Praxis, etwa die Hälfte davon untertage. Die Diplomarbeit setzt meist eine entsprechende Feldarbeit (Kartierung, Probenahme, einfache geochemische bzw. geophysikalische Verfahren) voraus, die dann durch entsprechende Laboruntersuchungen untermauert wird.

Ausbildungsziel ist eine solide geowissenschaftliche Basis und eine praxisorientierte Vertrautheit mit allen modernen Verfahren der Lagerstättensuche und -erschließung. Von besonderer Bedeutung ist das Verständnis für technisch-montanistische Fragestellungen unter Beachtung wirtschaftlicher Gesichtspunkte.

Die in den letzten Jahren eingetretenen Veränderungen auf den internationalen Rohstoffmärkten führten in den meisten Industrieländern zu einem Rückgang der Prospektion auf und der Erschließung von Erzlagerstätten (Ausnahmen: Edelmetalle, seltene Elemente) zugunsten der gleichbleibenden bzw. steigenden Ausbeutung der Industrieminerale und der Massenrohstoffe. Dem wird in der Ausbildung der Montangeologen insoferne Rechnung getragen, als die Themen der Diplomarbeiten zunehmend auf letztgenannte Rohstoffgruppen Bezug nehmen.

Die mit dem Abbau der meist oberflächennahen Massenrohstoffe notwendigerweise verbundenen und oft bedeutenden Eingriffe in die Natur und die immer gravierender werdenden Probleme der Entsorgung von Abfallstoffen werden neuerdings durch entsprechende Änderungen im Ausbildungsprofil der Montangeologen zu berücksichtigen sein.

**BERUFSBILD DER ABSOLVENTEN**

Die Absolventen des Studienzweiges Montangeologie zeichnen sich durch eine erfreulich hohe Versatilität und Mobilität aus. Wegen der oben kurz genannten weitreichenden Änderungen auf dem internationalen Bergbausektor fand nur ein geringerer Prozentsatz entsprechende Arbeitsplätze bei Prospektion und Exploration in Übersee bzw. in der österreichischen Bergbau- und Erdölindustrie. Ein weit höherer Prozentsatz ist erfolgreich in Industriebereichen tätig, die nur mehr randlich mit dem Rohstoffsektor in Verbindung stehen. Eine zunehmende Zahl von Absolventen ist in umweltrelevanten Bereichen tätig.

*Verfasser: H. HOLZER*

# Angewandte Geowissenschaften

Die steigende Bedeutung der Geowissenschaften in einer Vielzahl von Bereichen, von der Meeresgeologie über die mineralischen Rohstoffe, die Industriemineralogie, die Hydrogeologie bis hin zu zahlreichen umweltrelevanten Aspekten hat dazu geführt, daß die klassische Ausbildung an vielen Universitäten zwar exzellente Grundlagen für eine akademische Tätigkeit liefert, aber in zu geringem Ausmaß auf Fragen der Praxis ausgerichtet ist. Schon seit Ende der Siebziger Jahre waren daher an der Montanuniversität Überlegungen im Gange, wie dieser neuen Situation Rechnung getragen werden könne. Die Notwendigkeit, auch in Österreich ein geowissenschaftliches Studium mit Betonung der Angewandten Aspekte anzubieten, und zwar – im Gegensatz zur Montangeologie – vom ersten Semester an, wurde klar erkannt. Als besonderer Vorteil der Leobener Situation zeigte sich, daß es hier möglich ist, junge Geowissenschaftler im Spannungsfeld zwischen naturwissenschaftlichen und ingenieurwissenschaftlichen Disziplinen auszubilden. So können sie schon zu einem frühen Stadium in direkten Kontakt mit Fächern wie Erdölwesen, Aufbereitung, Gesteinshüttenkunde und Bergwesen treten und gleichzeitig eine fundierte Ausbildung in den naturwissenschaftlichen Grundlagenfächern erhalten.

Dieses gedankliche Konzept hat schließlich in quantitativer Weise in den Studienplan der Angewandten Geowissenschaften Eingang gefunden. Hier wurde darauf Wert gelegt, die Grundausbildung weitgehend an die für das Diplomingenieur-Studium erforderliche anzugleichen, ohne jedoch eine starke naturwissenschaftliche Komponente aufzugeben. Dank der Bemühungen von Prof. Dr. W. J. Schmidt konnte dieses Studium erstmals im Studienjahr 1981/82 angeboten werden. Das Studium ist auf zehn Semester angelegt und schließt mit dem Grad des Diplomingenieurs ab. Dieses neue Angebot wurde von den Studierenden mit großem Interesse aufgenommen, und zur Zeit studieren mehr als sechzig Studenten an der Montanuniversität das Fach „Angewandte Geowissenschaften". Seit dem Studienjahr 1985/86 haben sieben Studenten das Studium mit dem Grad eines ‚Diplomingenieurs' abgeschlossen.

Aus administrativen Gründen wurde das Studium zuerst mit einem elastischen Studienplan, als „studium irregulare", eingerichtet, um Anpassungen an die Erfordernisse und an neue Situationen während der ersten Jahre durchführen zu können. Inzwischen hat die Montanuniversität beim Bundesministerium für Wissenschaft und Forschung die Überführung dieses Studiums in eine Studienrichtung beantragt.

Es ist interessant festzuhalten, daß dieses neue Studium ohne zusätzliche finanzielle Mittel und ohne die Schaffung neuer Stellen eingerichtet werden konnte. Der Erfolg dieser Studienrichtung hat gezeigt, daß der ursprüngliche Optimismus berechtigt war. In mehr als hundertjähriger Tätigkeit haben die Leobner Geowissenschaftler umfangreiches know-how auf dem Gebiet der mineralischen und der Energie-Rohstoffe aufgebaut. Die Sicherung und der weitere Ausbau dieses Kenntnisstandes und dessen Weitergabe an neue Generationen von Studenten sind wichtige Aufgaben, und hier kommt den Angewandten Geowissenschaften besondere Bedeutung zu. Im Hintergrund steht die nicht nur in Österreich, sondern auch in der Bundesrepublik Deutschland von namhaften Persönlichkeiten in Wissenschaft und Industrie zum Ausdruck gebrachte Überzeugung, daß die Pflege des know-how auf dem Gebiet der Rohstoffe unabhängig von der geografischen Verteilung der Lagerstätten im weltweiten Rahmen zu sein hat. Als Rohstoff-Konsumenten müssen wir und unsere Studenten über die Verteilung, die geologischen Parameter, die mineralogische Zusammensetzugen und die Geochemie von Rohstoff-Vorkommen informiert sein.

Die Berufsaussichten für Studierende für Angewandte Geowissenschaften sind vielfältig. Angewandte Geowissenschaftler können in dem gesamten Gebiet der Suche und der Gewinnung mineralischer Rohstoffe beschäftigt werden; hierbei spielen die Industrieminerale und die Massenrohstoffe, wie Schotter, Sande und Kalkstein, eine zunehmende Rolle. Wasser ist ein Rohstoff, der in vielen Teilen der Welt, und auch schon in Mitteleuropa, knapp wird, und die Ermittlung nicht kontaminierter Reservoirs von Trink- und Nutzwasser gehört zu den wichtigsten Aufgaben der Geowissenschaftler. Weitere Szenarios umfassen eine Tätigkeit als Explorationsgeologe für in Europa oder in Übersee ansässige Firmen, die mit der Suche nach Energierohstoffen (Kohle, Öl, Erdgas, Uran), nach Erzen (Eisen und Stahlveredler, Buntmetalle, Edelmetalle, Sondermetalle) oder nach Industriemineralen (Zementrohstoffe, Glas-Sande, Kaolin, Flußspat, Schwerspat etc.) befaßt sind. Schließlich kommen bei der Planung von Großbauten, Eisenbahnen, Straßen, Tunnels und Staudämmen umfangreiche Aufgaben auf die Geowissenschaftler zu. Es ist auch eine explosive Entwicklung der Umweltgeologie zu beobachten; hier geht es ja hauptsächlich darum, den Transport von Schadstoffen in wäßriger Lösung in Gesteinen und Lockersedimenten in den Griff zu bekommen, um weitere Umwelt-Schäden zu vermeiden. Sowohl in der Industrie als auch auf kommunaler Ebene und bei privaten Consulting-Büros stehen Umweltfragen an, deren Lösung Geowissenschaftler erfordert. Hier sind besonders Kenntnisse in Sedimentologie, Hydrogeologie und Geochemie erforderlich. Der Kreis der Probleme reicht von der Diagnose Schwermetallbelasteter Schlämme in Fluß- und Hafenbecken bis zur Grundwasser-Sanierung und zur Optimierung der geologischen Position von Deponien.

Schließlich sollen auch die traditionellen Arbeitsmöglichkeiten bei geologischen Landes- und Bundesämtern, an Universitäten und an Forschungsinstituten erwähnt werden.

*Verfasser: E. F. STUMPFL*

# Institut für Allgemeinen Maschinenbau

Die ersten Angaben über die Fächer des Maschinenbaues bei der Ausbildung im Montanwesen finden sich bereits im Jahre 1828. Zu dieser Zeit wurde von Kaiser Franz die Errichtung einer Lehrkanzel für Maschinenlehre am Joanneum in Graz bewilligt, die dem angehenden Hüttenmanne die Gelegenheit geben sollte, sich „gründliche und genügende Kenntnisse" in dem genannten Fachgebiete zu erwerben.

Vom Jahre 1840 an war es Prof. Peter Tunner, welcher in beiden Semestern „Praktische Mechanik und die Behandlung einzelner wichtiger Maschinen sowie Maschinenzeichnen" lehrte. Die kaiserliche Entschließung vom 23. Jänner 1849, in welcher die Schule als k.k. Montan-Lehranstalt zu Leoben bezeichnet wird, enthält u.a. auch die Ernennung Prof. Millers. Der Organisationsplan umfaßte neben anderen die Fächer der Mechanik, der „Civilbaukunst" in ihrem ganzen Umfange und „Zeichnungskunst" als Hilfsmittel für diese Wissensgebiete.

Mit der Einführung des Vorbereitungsjahres 1852/53 scheint erstmalig die Abhaltung von Übungen in den verschiedenen technischen Zeichnungsfächern unter Assistent Kupelwieser auf, ferner werden Mechanik und Baukunst von Prof. Miller als Fächer des Maschinenbaues im Vorbereitungsjahr gelesen. Im zweiten Jahrgang kommt erstmalig Allgemeine Maschinenkunde mit Zeichnungsübungen als eigener Gegenstand vor.

Mit der Errichtung der k.k. Bergakademie in Leoben im Jahre 1861 wurde der Oberkunstmeister Gustav Schmidt als Dozent der Mechanik und Maschinenkunde der Anstalt zugewiesen. Er wurde während seines längeren Auslandsurlaubes 1862/63 durch den Maschineninspektions-Adjunkten Julius Ritter von Hauer vertreten. Nach dem Abgang Schmidts an das Polytechnikum in Prag erhielt Assistent Karl Hellmer die Dozentur für Mechanik und Maschinenbau.

Nach Aufhebung des Vorbereitungskurses wurde 1866 Julius Ritter von Hauer, welcher an der Pribramer Bergakademie tätig war, als Professor der Berg- und Hüttenmaschinenlehre nach Leoben berufen. Mit der Wiedereinführung der provisorischen Vorkurse im Jahre 1870/71 wurde die provisorische Stelle eines Dozenten für Mathematik und Mechanik geschaffen und diese mit Dozent Stark besetzt. Nach dessen Abgang von der Anstalt wurde 1872 Ing. Rupert Böck mit diesen Fächern betraut, welcher 1873 zum a.o. Professor ernannt wurde.

In dem mit kaiserlicher Entschließung vom 15.Dezember 1874 genehmigten Statut der Schule sind die Unterrichtsfächer der Technischen Mechanik, der Allgemeinen Maschinenbaukunde, sowie der Berg- und Hüttenmaschinenbaukunde erstmalig als selbständige Disziplinen angeführt und die zugehörigen Übungen als eigene Gegenstände ausgewiesen.

Als Prof. Böck 1887 an die Technische Hochschule Graz berufen wurde, folgte ihm Prof. Ing. Viktor Rauscher, der aber 1889 unerwartet starb. Als sein Nachfolger wurde noch im gleichen Jahr Ing. Anton Bauer zum a.o. Professor für Maschinenlehre und Allgemeinen Maschinenbau ernannt, welcher diese Fächer einschließlich der Festigkeitslehre (Mechanik II) bis zu seinem Abgang in den Ruhestand im Jahre 1928 lehrte. Seine Lehrkanzel wurde 1928 vom o.Professor Dr.techn. Josef Pirkl übernommen, welcher sie in Leoben bis 1934 innehatte.

Mit der Verlegung der ersten beiden Studienjahre der Montanistischen Hochschule nach Graz an die Technische Hochschule im Jahr 1934 wurden die Lehrgegenstände der Allgemeinen Maschinenbaukunde und der Technischen Mechanik II dem Lehrplan der Technischen Hochschule eingefügt und von Prof. Pirkl auch weiterhin betreut.

Nach der im Jahr 1937 erfolgten Rückverlegung der ersten beiden Studienjahre von Graz nach Leoben supplierte Prof. Posselt bis 1939 die Lehrgegenstände der Allgemeinen Maschinenbaukunde und der Technischen Mechanik I und II. Bei der Anpassung des Lehrplanes der Montanistischen Hochschule an jene der Hochschulen im Deutschen Reich wurde 1940 auch eine Umbildung der Maschinenbau-Lehrkanzeln durchgeführt: Nach Schaffung einer eigenen Lehrkanzel für Hüttenmaschinen- und Verformungskunde (unter o.Prof. Dr.techn. Franz Platzer) wurde im gleichen Jahre o.Prof. Posselt zum Vorstand der Lehrkanzel für Allgemeine Maschinenbaukunde und bergtechnische Maschinenlehre und zum Direktor des Instituts für Maschinenbau ernannt. Auch der Lehrgegenstand der Mechanischen Technologie wurde in diese Lehrkanzel als eigener Gegenstand einbezogen. Prof. Posselt war auch einige Jahre mit den Pflichtvorlesungen aus Technischer Wärmelehre beauftragt. Das Gebiet der Verbrennungskraftmaschinen, welches der Genannte von 1919 bis 1939 als selbständigen Gegenstand zu betreuen hatte, wurde 1940 in den Vorlesungsstoff der Allgemeinen Maschinenkunde einbezogen.

Nach dem Krieg konnte der Lehrbetrieb bereits im Studienjahr 1945/46 wieder voll aufgenommen werden. O.Prof. Posselt leitete die nunmehrige Lehrkanzel für Allgemeine und Bergmaschinenkunde bis zu seiner Emeritierung im Jahre 1957. Ab 1955 wurde die Lehrveranstaltung Maschinenelemente und Maschinenzeichnen von Priv. Dozent Dr. Karl Trutnovsky als Lehrauftrag abgehalten, der 1956 zum a.o.Professor für Mechanik und Maschinenelemente ernannt wurde. Die Lehrkanzel für Allgemeine und Bergmaschinenkunde wurde mit o.Prof. Dr. Bauer besetzt, der neben Allgemeiner Maschinenkunde auch Bergmaschinenkunde und Mechanische Technologie für Bergleute las. Prof. Trutnovsky hielt als Inhaber der Lehrkanzel für Maschinenelemente und Mechanik alle Lehrveranstaltungen über Maschinenelemente, einschließlich Maschinenzeichnen, sowie der Mechanik ab. 1964 wurde eine eigene Lehrkanzel für Mechanik gegründet, auf die 1965 o.Prof. Dr. Jaburek berufen wurde. Gleichzeitig erhielt die von Prof. Trutnovsky geleitete Lehrkanzel den auch heute noch gültigen Namen „Allgemeiner Maschinenbau", während die von Prof. Bauer geleitete in „Lehrkanzel für Berg- und Erdölmaschinenkunde" umbenannt wurde.

Unter Prof. Trutnovsky, der das Fachgebiet der Dichtungstechnik durch seine Arbeiten zu einer selbständigen, wissenschaftlichen Disziplin machte und wohl unbestritten international als höchste Autorität auf seinem Fachgebiete galt, wurde 1968 die neue Studienrichtung „Montanmaschinenwesen" ins Leben gerufen. Damit fiel dem Institut für Allgemeinen Maschinenbau eine Reihe neuer Aufgaben zu.

Nach der Emeritierung von Prof. Dr.-Ing. Trutnovsky im Jahre 1971 verzögerte sich die Neubesetzung der Lehrkanzel leider wesentlich. Das Institut mußte daher durch 2 Jahre von einem Kurator, o.Prof. Dr.-Ing. Klaus-Jürgen Grimmer, geführt werden, der Lehrbetrieb wurde weitgehend vom Assistenten Dipl.Ing. Max Neuhuber getragen.

Unter dem neuen Institutsleiter, o.Prof. Dipl.Ing. Dr.techn. Hermann Fleckseder, der sein Amt mit dem Studienjahr 1974/75 antrat, wurde ein totaler Umbau des Instituts begonnen, der auch wesentliche räumliche Erweiterungen einschloß. Von besonderer Bedeutung war dabei das, an sich schon von Prof. Trutnovsky geplante, Maschinenbaulabor, da das Institut bis dahin kein solches besessen hatte. Die Fertigstellung der Umbauarbeiten konnte Prof. Fleckseder nicht mehr erleben; er starb, völlig unerwartet, im Oktober 1976.

Der Abschluß der Bauarbeiten erfolgte unter dem neuerlich zum Kurator des Instituts bestellten o.Univ.Prof. Dr.-Ing. K.-J. Grimmer, die Lehraufgaben wurden wieder kurzfristig von Dipl.Ing. Max Neuhuber übernommen.

Als Ende 1977 O.Univ.Prof. Dipl.Ing. Dr.mont. Gundolf Rajakovics seinen Dienst als neuer Ordinarius und Institutsvorstand antrat, war es eine der vordringlichsten Aufgaben, das Lehrangebot wesentlich zu erweitern, um den Erfordernissen der schon fast 10 Jahre zuvor geschaffenen Studienrichtung „Montanmaschinenwesen" zu entsprechen. Neue

Vorlesungen und Konstruktionsübungen aus „Apparatebau" und „Kraftwerke" wurden ebenso eingeführt, wie eine Vorlesung aus „Maschinenkunde II", welche sich vorwiegend mit Verbrennungskraftmaschinen befaßt.

Die rasch steigenden Hörerzahlen an der Universität stellten das Institut bald vor neue Probleme. 1983 mußte zunächst eine provisorische Videoanlage zur Übertragung von Lehrveranstaltungen vom Hörsaal des Instituts in die entsprechend adaptierte Aula aufgebaut werden, da ein ordnungsgemäßer Lehrbetrieb im Hinblick auf die große Hörerzahl auf andere Weise nicht mehr sichergestellt werden konnte. Diese didaktische Notlösung war der Ausgangspunkt einer, das Institut wesentlich verändernden, Entwicklung: Heute besitzt das Institut ein allen Erfordernissen entsprechendes Videostudio, nutzt die didaktischen Möglichkeiten der Videotechnik routinemäßig in der Lehre und befaßt sich auch intensiv in der Forschung mit diesem Medium. Eine spezielle Lehrveranstaltung widmet sich der Nutzung der Videotechnik bei der Darstellung technischer Zusammenhänge. Videofilme werden nicht nur für den Eigenbedarf und die Universität, sondern auch für die Industrie produziert.

Im Maschinenbaulabor können nicht nur Studenten in Laborübungen und an Diplomarbeiten arbeiten, es dient vor allem experimentellen Arbeiten in der Forschung. Arbeitsgebiete derselben sind, neben der für das Institut traditionellen Dichtungstechnik, vor allem Fragen der Integration moderner Mikroelektronik in die maschinenbauliche Konstruktion und allgemein des Einsatzes von Elektronik und Kleincomputern im Maschinenbau. 1981 wurde daher, gemeinsam mit zwei weiteren Instituten, ein „Elektronik-Entwicklungs- und Servicelabor" gegründet, das zur Zeit räumlich im Institut untergebracht und vom Vorstand des Instituts geleitet wird.

Diese Forschungstätigkeit wirkt sich nunmehr auch in der Lehre aus. In mehreren Lehrveranstaltungen werden seit dem Sommersemester 1989 Studenten des Montanmaschinenwesens in der Nutzung dieser neuen Technologien bei der Lösung maschinenbaulicher Aufgaben ausgebildet.

## INSTITUTSPERSONAL

O.Univ.Prof. Dipl.Ing. Dr.mont.
Gundolf RAJAKOVICS, Institutsvorstand
Dipl.Ing. Rudolf DORNEGER, Universitätsassistent
Dipl.Ing. Gerhard HACKLER, Universitätsassistent
Dipl.Ing. Helmut OBERRISSER, Universitätsassistent
Ilse STEINDL, Vertragsbedienstete
Franz GRABNER, Vertragsbediensteter
Peter HUBER, Lehrling
Reinhard OPITZ, Lehrling

Dem Institut fachlich zugeordnete Lehrbeauftragte:

Univ.Doz. Dr. Josef AFFENZELLER
Dipl.Ing. Gerhard SPIEGEL
Dipl.Ing. Josef MOCIVNIK
Prof. Harald WECHSELBERGER

Dem Institut derzeit räumlich angegliedert ist das ELEKTRONIK-ENTWICKLUNGS- UND SERVICELABOR, welches eine gemeinsame Einrichtung der Institute für Allgemeinen Maschinenbau, Elektrotechnik und Physik ist:

O.Univ.Prof. Dipl.Ing. Dr.mont.
Gundolf RAJAKOVICS, Leiter
Alois LANG, Vertragsbediensteter
Birgit SCHWARZ, Jugendliche
Peter INMANN, Lehrling

## LEHRE

Abgesehen von wenigen Ausnahmen hat jeder Hörer der Universität zumindest einige der 23 Pflichtlehrveranstaltungen des Instituts zu besuchen. Allein in den Grundlehrveranstaltungen MASCHINENZEICHNEN, MASCHINENELEMENTE I incl. der zugehörigen Konstruktionsübungen und ALLGEMEINE MASCHINENKUNDE wurden z.B. im Studienjahr 1987/88 zusammen mehr als 1600 Hörer durch das Institut betreut. Der Inhalt dieser Lehrveranstaltungen reicht von den maschinenbaulichen Darstellungsregeln über angewandte Festigkeitslehre, Kapitel über Werkstoff- und Fertigungsprobleme, die Behandlung der einzelnen Maschinenelemente bis hin zu den Strömungsmaschinen und Kraftwerken in einer für Nicht-Maschinenbauer ausreichenden Tiefe.

Für die Hörer des Montanmaschinenwesens, in geringerem Umfang auch die der Kunststofftechnik, wird eine Reihe von Pflicht- Spezialehrveranstaltungen abgehalten, die im Studienjahr 1987/88 von mehr als 600 Hörern belegt wurden. Sie befassen sich u.a. mit Gleitlagern, Zahnradgetrieben, Verbrennungskraftmaschinen, Gas- und Dampfturbinen, Apparatebau, Kraftwerken, Hydraulik und Pneumatik, maschinenbaulicher Meßtechnik und dem Einsatz von Elektronik im Maschinenbau. Umfangreiche Konstruktions- und Laborübungen sowie Seminare ermöglichen dem Hörer eine unmittelbare Befassung mit den behandelten Themen.

Freifächer, die auch Themen wie die Darstellung maschinenbaulicher Probleme mit Hilfe der Videotechnik einschließen, ergänzen das Lehrangebot des Instituts.

In den vergangenen Jahren konnten eine Dissertation und 12 Diplomarbeiten auf den verschiedenen Arbeitsgebieten des Instituts abgeschlossen werden.

**ARBEITSGEBIETE**

Fast alle Forschungs- und Entwicklungsarbeiten des Instituts werden in – z.T. sehr enger – Zusammenarbeit mit der Wirtschaft oder zumindest im Hinblick auf eine Nutzung durch dieselbe durchgeführt. Dadurch wird einerseits sichergestellt, daß die Arbeiten praxisnahe sind, andererseits eine Finanzierung der oft hohen Kosten trotz der geringen Dotierung seitens des Bundes ermöglicht. Schwerpunktmäßig wird auf den folgenden Gebieten gearbeitet:

ELEKTRONIK IM MASCHINENBAU

Integration von Mikroelektronik und Mikroprozessortechnik in der maschinenbaulichen Konstruktion:

➢ Hard- und Softwareentwicklungen,
➢ 8-bit-Prozessor 6809 (Motorola),
➢ 16-bit-Prozessor 68000-Serie (Motorola),
➢ Assembler und C.

Im Auftrag eines Industrieunternehmens konnte der erste Mikroprozessor-geregelte Positioner der Welt entwickelt werden, der sich durch eine Reihe außergewöhnlicher Eigenschaften auszeichnete und ‚eigensicher', also im Ex-Bereich einsetzbar war. Laufende Arbeiten befassen sich u.a. mit der Schaffung von extrem schnellen Hochdruck-Steuerorganen.

Bild 1: Prozessorplatine des MCP 6000.

Bild 2: Vollautomatisierter Versuchsstand: Mikroprozessorgeregelter Positioner im Dauerbetrieb.

## MESS-, STEUER- UND REGELSYSTEME AUF PC-BASIS (insbesondere unter Verwendung des IEEE-Busses)

➢ Automatisierung von Versuchen und Versuchsauswertung für die Industrie und Wissenschaft
➢ Automatisierung von Fertigung und Qualitätskontrolle in kleineren Systemen (CAM, CAQ)

Die vor allem im Rahmen der Automatisierung eigener Versuchsstände gewonnenen Erfahrungen werden in der Zukunft auch bei der Planung und Ausstattung von Prüfständen in der Industrie angewendet werden.

## VIDEOTECHNIK

Einsatz in der maschinenbaulichen Aus- und Weiterbildung:
➢ Produktion von Schulungsmaterial für die Industrie (eigenes Videostudio)
➢ Unterstützung in Lehrveranstaltungen
➢ Technische Eigenentwicklungen

Neben dem täglichen Einsatz der Videotechnik im Lehrbetrieb des Instituts wurde eine Reihe von Videofilmen für die Universität und die Industrie hergestellt. Die didaktischen Möglichkeiten der Videotechnik, in Verbindung mit spezieller Computergrafik und schriftlichem Begleitmaterial, erlauben eine außerordentlich wirksame Vermittlung von Wissen, auch über schwierige technische Zusammenhänge. Neue, auch sehr komplexe Produkte können so dem Anwender in sehr effizienter Weise nahegebracht werden.

## DICHTUNGSTECHNIK

➢ Lässigkeitsmessung (automatisiert)
➢ Vergleichende Untersuchung der Meßverfahren

Die umfangreichen theoretischen und experimentellen Untersuchungen befassen sich vor allem mit der Aussagekraft und Vergleichbarkeit von Lässigkeitsmessungen und sollen nach Möglichkeit die Grundlagen für eine zukünftige Norm auf diesem Gebiet schaffen.

Bild 3: Aufnahmearbeiten zu einem Videofilm.

ENERGIETECHNIK

> Dreifach-Dampfprozeß
> Niedertemperatur-Heizung (Eiswärmetauscher)

Der Dreifach-Dampfprozeß wurde im Rahmen einer mehrjährigen, umfangreichen Industrie-Studie der Internationalen Energie-Agentur (IEA) detailliert untersucht. Den Vorsitz im zuständigen Executive Committee hatte der Vorstand des Instituts.

Die Studie zeigte, daß der Dreifach-Dampfprozeß das energiesparendste und umweltfreundlichste Konzept zur Erzeugung elektrischer Energie aus Wärme, vorwiegend aus fossilen Brennstoffen, darstellt und technisch realisierbar ist. Unter realistischen Annahmen über die nach der Jahrhundertwende zu erwartenden Rohenergiepreise und unter Berücksichtigung der Umweltfreundlichkeit des Kraftwerkskonzepts sind Bau und Betrieb solcher Anlagen auch wirtschaftlich.

Zusammenfassend kann festgestellt werden, daß das Institut für Allgemeinen Maschinenbau den Anforderungen, die sich aus dem Wandel der Montanuniversität Leoben von der klassischen Bergakademie zur technischen Universität besonderer Prägung, und im besonderen aus der Einführung eines vollen Maschinenbaustudiums, ergaben, gerecht werden konnte. Allerdings entspricht die Ausstattung des Instituts in personeller und räumlicher Hinsicht keineswegs mehr den gestellten Aufgaben. Dennoch erwartet das Institut für Allgemeinen Maschinenbau, im Bewußtsein einer 150- jährigen Tradition und gerüstet mit modernsten Technologien, die Herausforderungen der Zukunft mit großem Optimismus.

Bild 4: Anlage zur Lässigkeitsmessung mit Hochvakuum-Einrichtung.

# Institut für Aufbereitung und Veredlung

Die Entwicklungsgeschichte des Institutes ist untrennbar mit der herausragenden Persönlichkeit von O.Prof. Dr.-Ing. Ernst Bierbrauer verbunden, der im Gründungsjahr (1930) des Institutes aus der Erzabteilung des damaligen Kaiser-Wilhelm-Institutes für Eisenforschung in Düsseldorf an die Montanistische Hochschule nach Leoben berufen wurde und hier 37 Jahre als akademischer Lehrer und Forscher wirkte. Zum Zeitpunkt seiner Berufung nach Leoben war er bereits ein allseits anerkannter Fachmann, Verfasser eines Buches über das Flotationsverfahren und zahlreicher Zeitschriftenveröffentlichungen.

Seiner Tatkraft ist es zu verdanken, daß bereits zwei Jahre nach der Institutsgründung trotz der damaligen wirtschaftlich schwierigen Rahmenbedingungen eine voll arbeitsfähige Lehr- und Forschungseinrichtung aufgebaut war, die auch zahlreiche aus der Praxis herangetragene Aufgabenstellungen erfolgreich bearbeiten konnte.

Die Lehrtätigkeit von Prof. Bierbrauer war durch besonderes didaktisches Geschick, eine meisterhafte Wortwahl und ein ständiges, von den Studierenden dankbar angenommenes Bemühen um eine verständliche Wissensvermittlung geprägt. Nach seiner Emeritierung im Jahre 1966 leitete er das Institut noch bis zur Wiederbesetzung im Frühjahr 1968. Eine ausführliche Würdigung seiner Persönlichkeit findet sich im Band Nr. 126 (1981) der Berg- und Hüttenmännischen Monatshefte.

## RAHMENBEDINGUNGEN DER INSTITUTSARBEIT

### INSTITUTSRÄUME

Über der Gründung des Institutes lagen bereits die Schatten der Wirtschaftskrise, die dann leider den ursprünglichen Plan eines Neubaues mit Maschinenhalle, Werkstätte und eigenem Hörsaal zunichtemachte und zu einer Unterbringung des neu gegründeten Institutes im Hochschul-Hauptgebäude führte. Immerhin standen damals dem Institut ca. 430 m$^2$ zur Verfügung, wovon mehr als zwei Drittel auf Laborräume und die Werkstätte entfielen. Mit der zunächst als Übergangslösung angesehenen Unterbringung im Hauptgebäude mußte mehr als 20 Jahre das Auslangen gefunden werden, bis Anfang der 50er Jahre in den Nordflügel eines neu errichteten Ergänzungsbaues zwischen Hauptgebäude und Parkstraße übersiedelt werden konnte. Die Fertigstellung der Universitätsneubauten Anfang der 70er Jahre und die damit möglich gewordenen Übersiedlungen anderer Institute haben auch der Aufbereitung einen bescheidenen Raumgewinn gebracht, sodaß nun dem Institut für Aufbereitung und Veredlung eine Hauptnutzfläche von 550 m$^2$ zur Verfügung steht, die nach verschiedenen Umbauarbeiten Mitte der 70er Jahre folgendermaßen aufgeteilt ist:

Im Kellergeschoß befindet sich das Probenlager, ein Materialmagazin, eine kleine Institutswerkstätte sowie die Ebene der Grobzerkleinerungs- und Absiebungseinrichtungen. Die Apparate zur Nachahmung der Aufbereitungsvorgänge im Kleinmaßstab liegen im Erdgeschoß, wo auch ein Assistentenzimmer, ein Dissertantenzimmer und schließlich auch ein Seminarraum untergebracht ist, der zugleich als Zeitschriftenbibliothek dient. Im Obergeschoß findet man das physikalisch-chemische Labor für die aufbereitungstechnischen Merkmalsklassenanalysen, weiters den Mikroskopraum, die Dunkelkammer, das Flotationslabor, ein Assistentenzimmer, das Sekretariat und schließlich das Professorenzimmer mit der Bibliothek für die Monographien.

Aufgrund der räumlichen Beengtheit stehen für die Hörerübungen keine getrennten Arbeitsräume zur Verfügung. Die Laboreinrichtungen für die wissenschaftliche Arbeit dienen daher auch unmittelbar der Lehre.

Gemessen an ausländischen Aufbereitungsinstituten hat das hiesige Institut einen äußerst bescheidenen räumlichen Zuschnitt, der die Aufstellung von größeren Apparaten oder Pilotanlagen von vornherein verbietet.

Das Gebäude, in welchem das Institut für Aufbereitung und Veredlung untergebracht ist, trägt seit einigen Jahren die Aufschrift „Rittinger Institut" zur Erinnerung an den Österreicher Peter Ritter von Rittinger (1811–1872), der aufgrund seiner bahnbrechenden Erfindungen, wissenschaftlichen Arbeiten und vor allem wegen seines 1867 erschienenen Lehrbuches der Aufbereitungskunde als der Begründer der wissenschaftlichen Aufbereitungslehre gilt. Er ist übrigens auch der Erfinder der Wärmepumpe. Zur Erinnerung an diesen hervorragenden Aufbereiter wurde im Jahre 1972 vom Bergmännischen Verband Österreichs gemeinsam mit dem Institut für Aufbereitung und Veredlung das „Rittinger-Symposium" veranstaltet, das eine große Zahl von Fachleuten auf dem Gebiet der Zerkleinerung nach Leoben führte.

## APPARATIVE AUSSTATTUNG DES INSTITUTES

Die apparative Ausrüstung des Institutes gliedert sich ohne scharfe Grenzziehung in Aufbereitungsapparate, Analysengeräte für Gutmerkmale und Merkmalsklassenanalysen, mikroskopische Einrichtungen und Meßinstrumente sowie Laborgeräte allgemeiner Art.

Bezüglich der aufbereitungstechnischen Versuchseinrichtungen kann festgestellt werden, daß sie die verschiedenen Verfahrensbereiche der Mineralaufbereitung in ausgewogener Weise berücksichtigen. Sie bieten somit die Möglichkeit, alle technisch wichtigen Grundverfahren der Mineralaufbereitung im Labormaßstab nachzuvollziehen. Mit wenigen Ausnahmen sind die im Technikum aufgestellten Zerkleinerungsmaschinen, Klassier- und Sortierapparate ebenso wie die Aufgabevorrichtungen und Pumpen nicht ortsfest montiert, sondern als bewegliche Grundeinheiten je nach Bedarf zu Apparategruppen zusammenstellbar.

Bei den Versuchseinrichtungen ist die Maßstabsverkleinerung gegenüber den technischen Ausführungen im allgemeinen wesentlich weiter getrieben als dies in anderen Aufbereitungsinstituten üblich ist. In vielen Fällen handelt es sich um Anfertigungen in der Institutswerkstätte nach eigenen Plänen und gesammelten Erfahrungen über eine zweckmäßige Versuchsgestaltung. Der Leitgedanke dieser langjährigen Entwicklungsarbeiten war nicht die geometrische Ähnlichkeit mit den technischen Apparateausführungen, sondern die Übertragbarkeit der Versuchsergebnisse. Die Geräte für die Merkmalsbestimmungen und Merkmalsklassenanalysen (Korngrößenverteilungen, spezifische Oberfläche, Fallgeschwindigkeitsverteilungen, Suszeptibilitätsanalysen) sind teils Standardgeräte, teils aber auch das Ergebnis institutseigener Enwicklungsarbeiten.

Besonderes Augenmerk wurde stets dem Bereich der mikroskopischen Einrichtungen zugewendet. Das vorhandene Instrumentarium entspricht den Bedürfnissen einer gehobenen Aufbereitermikroskopie, beginnend mit der Stereomikroskopie im diffusen Auflicht bei kleinen Vergrößerungen, der Dunkelfeldmikroskopie und der Auflicht/Durchlicht-Polarisationsmikroskopie mit den zugehörigen Einrichtungen für die Mikrophotographie. Die Einrichtungen für die Präparateherstellung, insbesondere von Körneranschliffen, sind ebenfalls vorhanden.

## FACHGEBIET

Der Lehr- und Forschungsauftrag des Institutes umfaßt das Gebiet der Verarbeitung von mineralischem, in erster Linie bergmännisch gewonnenem Rohgut zu Mineralprodukten mit abnahmesichernden Gütemerkmalen unter Bedachtnahme auf das wirtschaftliche Ziel einer Maximierung des Rohgutwertes. Es handelt sich somit um ein ingenieurwissenschaftliches Fach mit einem betriebswirtschaftlich klar umrissenen Auftrag. Das unverwechselbare Merkmal für die Eigenart des Faches und seine

Abgrenzung zur allgemeinen Verfahrenstechnik ist das Gebot der Verfahrensanpassung an die auch innerhalb einer Rohgutgruppe sehr unterschiedlichen Lagerstätteninhalte.

## INSTITUTSPERSONAL

O.Univ.Prof. Dipl.Ing. Dr.mont.
Hans Jörg STEINER, Institutsvorstand
Dipl.Ing. Dr.mont. Bernhard KALTEIS, Universitätsassistent
Dipl.Ing. Herbert SCHMID, Universitätsassistent
Martin DÜR, Studienassistent
Helfried GSCHAIDER, Studienassistent
Günther HOWORKA, Vertragsbediensteter
Franz KUNTNER, Vertragsbediensteter
Ulrike SOLLER, Vertragsbedienstete
Karin FUCHS, Jugendliche

## LEHRE

Bis in die Mitte der 60er Jahre waren die Studierenden des Bergwesens und des Hüttenwesens die alleinigen Zielgruppen aufbereitungstechnischer Lehrveranstaltungen. Für die Hüttenleute war die Vorlesung „Grundzüge der Aufbereitung" bestimmt, während sich die zweisemestrige Lehrveranstaltung „Aufbereitungslehre" mit den Übungen im Sommersemester und die ergänzende Vorlesung „Technologie der Kohlen" an die Bergleute richteten.

Ende der 60er Jahre führte eine gesetzliche Neuordnung der montanistischen Studienrichtungen in Verbindung mit einer Verbreiterung der Studienmöglichkeiten auch zu einer Neugliederung und Erweiterung der aufbereitungstechnischen Lehrveranstaltungen. Die damals noch junge Studienrichtung Gesteinshüttenwesen hatte die Aufbereitungslehre in ihre Zweite Diplomprüfung aufgenommen und verlangte nun verständlicherweise eine von den Bergleuten getrennte Lehrveranstaltung mit einer speziellen Ausrichtung auf die Aufbereitung von Industriemineralen. Die Wahlfachgruppe Berg- und Erdölmaschinen in der neuen Studienrichtung Montanmaschinenwesen wünschte eine Einführungsvorlesung in das Gebiet der Aufbereitung. Einen ähnlichen Wunsch hatte der neue Studienzweig Montangeologie, später auch der Studienversuch „Angewandte Geowissenschaften".

Im Bereich der Studienrichtung Bergwesen mußte die Gesamtstundenzahl aufgrund neuer gesetzlicher Einschränkungen gekürzt werden. Dies hatte zur Folge, daß die Technologie der Kohlen nicht mehr in einer getrennten Lehrveranstaltung vermittelt werden konnte. Gleichzeitig wurde aber mit der Einführung mehrerer Wahlfachgruppen, welche den Studierenden die Möglichkeit zur Vertiefung in bestimmte Wissenszweige bieten, auch die Wahlfachgruppe „Aufbereitung" geschaffen, für die nun zusätzliche aufbereitungstechnische Lehrveranstaltungen anzubieten waren.

Um nun diesen verschiedenartigen Gesichtspunkten bei gleichgebliebener Mitarbeiterzahl Rechnung tragen zu können, wurde der gesamte Lehrstoff neu gegliedert und in Bausteine unterteilt:

Die „Grundzüge der Aufbereitung" werden von den Hörern aller oben genannten Studienrichtungen und Studienzweige besucht. Mit dieser Lehrveranstaltung wird gewissermaßen eine gemeinsame aufbereitungstechnische Verständnisgrundlage geschaffen, auf die nun je nach Bedarf weiter aufgebaut werden kann. Eine dazu parallellaufende Lehrveranstaltung, die „Theorie der Aufbereitungsprozesse", ist nur für die Hörer des Bergwesens und des Gesteinshüttenwesens bestimmt und bringt für diese die notwendige theoretische Vertiefung in der allgemeinen Aufbereitungslehre. Die berufsrichtungsbezogene Auffächerung erfolgt im darauffolgenden Semester einerseits mit der „Erzaufbereitung und Kohlentechnologie" für die Bergleute und der „Aufbereitung von Industriemineralen" für Gesteinshüttenleute.

Jenen Hörern der Studienrichtung Bergwesen, die sich für die Wahlfachgruppe „Aufbereitung und Veredlung" entschieden haben, werden zusätzlich noch die Lehrveranstaltungen „Aufbereitung von Industriemineralen", „Aufbereitung von Salzmineralen", „Aufbereitungstechnisches Seminar" und „Meßtechnische Überwachung und rechnerische Erfassung von Aufbereitungsprozessen" geboten. Für die Hörer der Studienrichtung Montanmaschinenwesen wird zusätzlich zur Einführungsvorlesung noch die Lehrveranstaltung „Aufbereitungsmaschinen" abgehalten.

Die oben beschriebene organisatorische Gliederung der Lehrveranstaltungen hat sich ca. 15 Jahre bewährt. Im Jahre 1989 wurde nun auch von der Studienkommission für Gesteinshüttenwesen die Einrichtung einer Wahlfachrichtung „Aufbereitung" beschlossen. Im Mittelpunkt dieser Ausbildungsrichtung wird eine aufbereitungstechnische Projektstudie stehen. In jüngster Zeit wurden auch von der Studienkommission für Bergwesen neue Wünsche bezüglich eines weiteren Ausbaues der bestehenden Wahlfachrichtung an das Institut herangetragen.

Im Rahmen der Kenntnisvermittlung über den Einfluß der Rohgutbeschaffenheit auf die Strategie, den Erfolg und den Aufwand der Verfahren haben die Laborübungen der Studierenden einen besonderen Stellenwert. Für die Mineralaufbereitung gilt ohne Zweifel, daß Gehörtes und Gelesenes erst durch die „handgreifliche" Beschäftigung mit verschiedenen Rohgutarten und Grundvorgängen zum gesicherten geistigen Besitz wird. Diesem Ziel dient auch die aufbereitungstechnische Meldearbeit, die von den Hörern des Bergwesens, neuerdings auch des Gesteinshüttenwesens, im Regelfall am Institut durchgeführt wird und eine sehr intensive Betreuung durch die wissenschaftlichen Mitarbeiter des Institutes erfordert.

Das Wissen um die Bedeutung und den notwendigen Aufwand sorgfältiger Laboruntersuchungen muß im Gesamtinteresse des Bergbaues insbesondere auch jenen Studierenden nahegebracht werden, die später nicht in der Aufbereitung tätig werden, aber vielleicht in Führungsfunktionen von Bergbauunternehmen über die Notwendigkeit, die Strukturierung und den Kostenrahmen aufbereitungstechnischer Entwicklungs- und Planungsarbeiten zu entscheiden haben.

## GEDANKEN ÜBER DIE AUSRICHTUNG DER LEHRINHALTE

Die Forderung nach einer Praxisbezogenheit der Lehre ohne Verlust an wissenschaftlichem Tiefgang wird stets ungeteilte Zustimmung finden. Diese Einigkeit im Grundsätzlichen zerfällt jedoch je nach dem beruflichen Umfeld und den Tätigkeitsmerkmalen der Gesprächspartner in eine Vielfalt von Meinungen, was nun im einzelnen unter dem Begriff „Praxisbezogenheit" zu verstehen sei. Immerhin findet sich als ein gemeinsamer Nenner der Interessenslagen von Hörern und Industrie der Wunsch nach einer Ausrichtung der Lehre an den Berufsmöglichkeiten der künftigen Absolventen. Dies bedeutet aber nun zwangsläufig einen gewissen Standorteinfluß auf die Auswahl der Lehrinhalte: In lagerstättenreichen Ländern ist die Vorbereitung auf eine Tätigkeit in den Aufbereitungsbetrieben der Bergbauunternehmen die naheliegende Leitlinie der Ausbildung. In Mitteleuropa ist aber die Lage anders geworden, da die Zahl der Bergbaubetriebe in den traditionellen Bereichen Erz und Kohle sehr zurückgegangen ist. Dieser bedauerlichen Entwicklung stehen jedoch auch Hoffnungsgebiete gegenüber, die geänderte Schwerpunktsetzungen in der Ausbildung sinnvoll erscheinen lassen.

So hat der Bereich der Aufbereitung von Industriemineralen zweifellos noch gute Entwicklungsmöglichkeiten, insbesondere in Richtung auf eine Erzeugung höherwertiger Veredlungsprodukte. Dabei treten jedoch an den Aufbereiter Anforderungen bezüglich einer anwenderorientierten Produktentwicklung heran, die in den traditionellen Bergbaubereichen unbekannt sind.

Ein von Rückschlägen gewiß nicht verschonter, auf längere Sicht aber sicher noch aufnahmefähiger Bereich ist der aufbereitungstechnische Anlagen- und Apparatebau in Verbindung mit der Prozeßautomatisierung. Auf diesem Gebiet sind trotz starken Wettbewerbs durchaus noch Marktmöglichkeiten zu sehen, sofern die Industrie in der Lage ist, Gesamtlösungen von der Rohgutbeurteilung über die Verfahrensentwicklung, Apparateauslegung, Anlagenplanung, Projektabwicklung, Personaleinschulung, Inbetriebnahme bis hin zur zeitweisen Betriebsführung anzubieten.

Von verschiedener Seite wird auch angenommen, daß sich im Rahmen der Anwendung von Verfahren der Mineralaufbereitung auf Aufgabenstellungen der Werkstoffrückgewinnung aus Abfallstoffen zusätzliche Berufsmöglichkeiten für Aufbereiter ergeben.

## FORSCHUNGSGEBIETE

Die Forschungsarbeit des Institutes kann in zwei sich sinnvoll ergänzende Bereiche gegliedert werden:

Der als „aufbereitungstechnische Grundlagenforschung" zu bezeichnende Arbeitsbereich ist durch institutsintern gewählte Leitthemen gekennzeichnet, die aufgrund ihres Arbeitsumfanges und Schwierigkeitsgrades nur in längeren Zeiträumen schrittweise zu bewältigen sind („Langzeitthemen"). Die wissenschaftliche Ausbeute aus diesem Bereich findet ihren Niederschlag in den Vorträgen und Veröffentlichungen des Institutes, wobei die Beiträge zu den Internationalen Aufbereitungskongressen an erster Stelle zu nennen wären.

Der zweite Arbeitsbereich betrifft Fragestellungen, die vorwiegend von außen aus der Praxis an das Institut herangetragen werden. Der damit verbundene Erfahrungsaustausch kommt stets auch der Lehre zugute. Ein Teil dieser Fragestellungen läßt sich unmittelbar für die Ausbildung in Form von praxisnahen Themen für Melde- und Diplomarbeiten nutzen. Die industrieorientierten Arbeiten bewirken im allgemeinen eine Bereicherung der Proben- und Lehrmittelsammlung des Institutes. Sie eröffnen auch den Zugang zu Meß- und Analysenergebnissen, z.B. von Anlagenbeprobungen, die dann in verallgemeinerter Form in der Grundlagenforschung verwertet werden können.

Ein weiterer Beitrag der praxisbezogenen Arbeiten zum Ausbau des wissenschaftlichen Fachgebäudes ergibt sich aus dem Umstand, daß erst bei der Suche nach konkreten Antworten auf scheinbar einfache Fragen viele Lücken in einem zunächst scheinbar abgerundeten Erkenntnisstand sichtbar werden, die dann durch entsprechende Arbeiten im Grundlagenbereich zu schließen sind.

Andererseits braucht eine selbstkritische Grundlagenforschung unbedingt die praxisbezogene Forschung als den Prüfstein für die Richtigkeit bzw. Anwendbarkeit ihrer Ergebnisse. Nur auf diese Weise hat z.B. die am Institut ausgearbeitete und in vielen kleinen Verbesserungsschritten über zwei Jahrzehnte hinweg zur Reife entwickelte Methode der Ermittlung des Zerkleinerungswiderstandes jenes Maß an Vertrauenswürdigkeit erreicht, das von einem technischen Prüfverfahren verlangt wird.

Die übergeordnete Zielvorstellung im Bereich der Grundlagenforschung ist eine aufbereitungstechnische Planungsrechnung, die eine Apparatebemessung und Ergebnisvorhersage für beliebig strukturierte Stoffstromsysteme unter frei wählbaren Randbedingungen ermöglichen soll. Im Gegensatz dazu ist die herkömmliche Planungsmethode an die punktuellen Aussagen der durchgeführten Aufbereitungsversuche gebunden und nur innerhalb des experimentell untersuchten Einflußgrößenbereiches aussagefähig.

Ausgangspunkt der Planungsrechnung mit erweiterter Aussagekraft ist eine strikte Unterscheidung zwischen gutbedingten und apparatebedingten Einflußgrößen. Das mathematische Hilfsmittel zur Beschreibung der Gutbeschaffenheit sind Matrizen. Da Zerkleinerungs- und Aufschlußvorgänge formal als Matrizentransformationen, Trennvorgänge hingegen als Teilungen von Matrizen nach prozeßtypischen Schnittlinien aufgefaßt werden können, führt das aufbereitungstechnische Matrizenmodell zu einer bemerkenswerten Einheitlichkeit in der rechnerischen Erfassung der verschiedensten Aufbereitungsvorgänge. Die Matrizenrechnung ist jedoch nur der formale Rahmen, der inhaltlich durch die Schritt für Schritt zu erarbeitenden Prozeßgleichungen auszufüllen ist.

Entscheidend für die Anwendbarkeit des Matrizenmodells auf praktische Problemstellungen ist die Beschaffung der rohgutbezogenen Daten in einer für die Matrizenrechnung geeigneten Form. Da Aufbereitungsversuche der gewohnten Art diese Daten im allgemeinen nicht liefern, ist die Entwicklung von rationellen Methoden zur Rohgutanalyse nach Matrizenelementen zu einem Schwerpunkt der Institutsforschung geworden. Der hiebei beschrittene Weg läßt sich durch die Schlagworte „Fortgesetzte Merkmalsklassenanalysen", „Kleinversuchstechnik" und „Aufbereitermineralogie" kennzeichnen.

Während die Merkmalsklassenanalysen der Zustandserfassung dienen, sollen aus den Ergebnissen der Kleinversuche quantitative Aussagen über die kinetischen Verhaltensmerkmale eingegrenzter Körnermengen abgeleitet werden. Die dem Leobener Institut eine gewisse eigene Note gebende Kleinversuchstechnik unterscheidet sich von den Aufbereitungsversuchen gewohnter Art durch einen bedeutend kleineren Probenmengenbedarf, erweiterte Meßmöglichkeiten und eine auf maximalen Aussagegewinn ausgerichtete Auswertung. Auf diese Weise werden die aufbereitungstechnischen Versuchsapparate gleichsam zu Meßgeräten.

Die Forschungsarbeiten auf dem Gebiete der Aufbereitermineralogie betreffen insbesondere die Verwachsungsanalyse von Körnermengen auf lichtmikroskopischem Wege und die Einbindung der Analysenergebnisse in die Planungsrechnung. Aus der Korngrößenabhängigkeit des Aufschlußzustandes lassen sich Gefügekennwerte ableiten, die dann mit Hilfe des Matrizenmodells und einer aus dem Leobener Institut stammenden aufschlußkinetischen Grundgleichung für eine Vorausberechnung der Aufschlußverhältnisse bei beliebiger Dispersität verwendet werden können.

*Verfasser: H. J. STEINER*

# Institut für Bergbaukunde

Nach der Gründung der montanistischen Lehranstalt als Aufbauhochschule in Vordernberg waren zunächst Bergbaukunde und Hüttenkunde in einer einzigen Lehrkanzel vereinigt. Am 23. Jänner 1849 wurde Albert Miller zum wirklichen Professor für Bergbaukunde und Leiter des Bergkurses ernannt. Dies ist der Beginn einer eigenständigen Lehrkanzel für Bergbaukunde in Leoben.

Bild 1 gibt über die weitere Entwicklung des Wirkungsbereiches der Lehrkanzel zwischen 1849 und 1990 Auskunft. Was jeweils bei diesen Ausgliederungen vom Fach erhalten blieb, war die Bergbaukunde zum entsprechenden Betrachtungszeitpunkt[10]. Seit der Abtrennung der Tiefbohrtechnik und Erdölgewinnung im Jahre 1948 beschränkt sich die Bergbaukunde auf den Bergbau auf feste mineralische Rohstoffe. Eine Sonderentwicklung stellt die zeitweise Existenz des Institutes für „Prospektion, Lagerstättenerschließung und Mineralwirtschaft" dar. Es wurde 1964 als bergbauliches Institut für die Betreuung eines einjährigen ‚Postgraduate'-Hochschulkurses für „Prospektion und Bergbau in Entwicklungsländern", der bis 1981 bestand, errichtet. 1982 erfolgte im Zuge der Ausführung des Universi-

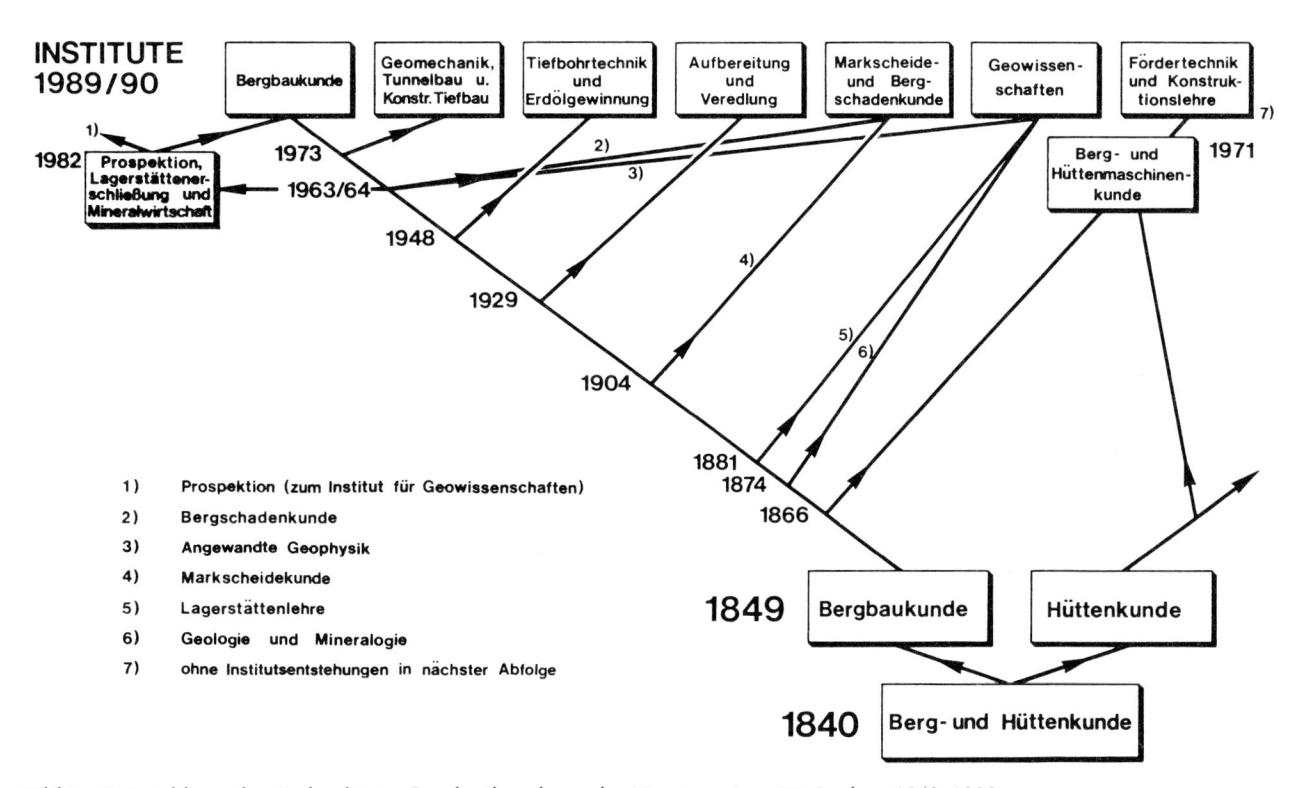

Bild 1: Entwicklung des Fachgebietes Bergbaukunde an der Montanuniversität Leoben 1840–1990.

tätsorganisationsgesetzes 1975 die Aufteilung der von diesem Institut vertretenen Gebiete der Wissenschaften auf die Institute für Bergbaukunde und Geowissenschaften. Das Fachgebiet für Mineralwirtschaft (= volkswirtschaftlicher Teil der Bergwirtschaftslehre) wurde dabei wieder dem Institut für Bergbaukunde zugeordnet.

Tabelle 1 gibt eine Aufstellung der hauptamtlichen Professoren des Fachgebietes Bergbaukunde in den Jahren 1840 bis 1989 wieder [1,4].

Peter von Tunner machte sich als „Gründungsprofessor" um den praxisorientierten erstmaligen Zuschnitt der Lehre und die Zusammenstellung der dafür erforderlichen Unterlagen verdient. Dazu zählt sein „Lehrbuch der Bergbaukunde" 1843 (Bild 2). Auf seine herausragenden Verdienste als Eisenhüttenmann ist hier nicht einzugehen.

Albert Miller von Hauenfels setzte zu 24 Veröffentlichungen aus Bergtechnik und Bergwirtschaft auch einen Schwerpunkt im Bereich der Markscheidekunde. Dies geschah durch sein 1866 veröffentlichtes Buch „Die höhere Markscheidekunst", dem zwei Patentanmeldungen für Flächenmesser vorausgegangen waren. Ferner erschien 1856 eine Vorle-

**Tabelle 1:**
**Professoren des Fachgebietes Bergbaukunde an der Montanuniversität Leoben 1840–1989.**

| Zeitraum | Position und Name |
|---|---|
| 1840–1849 | o.ö. Professor für Berg- und Hüttenkunde **Peter Ritter von TUNNER** |
| 1849–1872 | o.ö. Professor für Bergbaukunde **Albert MILLER Ritter von Hauenfels** |
| 1873–1898 | o.ö. Professor für Bergbaukunde, Markscheidekunde und Aufbereitungslehre **Oberbergrat Franz ROCHELT** |
| 1899–1928 | o.ö. Professor für Bergbaukunde und Aufbereitungslehre **Hofrat Ing. Viktor WALTL** |
| 1929–1946 | o.ö. Professor für Bergbaukunde **Dipl.Ing. Josef FUGLEWICZ** |
| 1942–1945 | Apl. Professor für Bergbaubetriebs- und Wirtschaftslehre **Dipl.Ing.Dr.mont. Viktor SKUTL** |
| 1946–1954 | Ao. Professor für Bergbaukunde **Dipl.Ing. Hans ZECHNER** |
| 1946–1957 | O. Professor für Bergbaukunde **Dipl.Ing.Dr.mont. Hugo APFELBECK** |
| 1957–1970 | Supplent (1957 bis 1958) u. Honorarprofessor für Bergbaukunde **Dipl.Ing.Dr.mont. Ludwig LOCH** |
| 1959– | O. Professor für Bergbaukunde **Dipl.Ing. Assessor des Bergfachs Dr.-Ing.Dr.-Ing.E.h.Dr.h.c. Günter B. FETTWEIS** |
| 1964–1977 | O. Professor für Prospektion, Lagerstättenerschließung und Mineralwirtschaft **Dipl.Ing.Dr.-Ing. Felix HERMANN** |
| 1974– | Ao. Professor für Bergbaukunde **Dipl.Ing.Dr.mont. Erich M. LECHNER** |
| 1977–1989 | O. Professor für Prospektion, Lagerstättenerschließung und Mineralwirtschaft **Dr.phil. Walter J. SCHMIDT** |

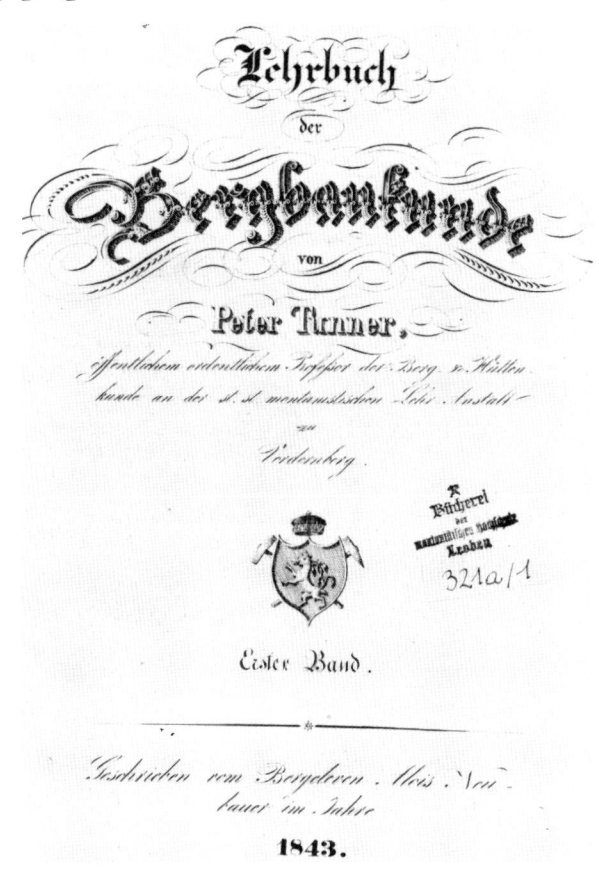

Bild 2: Titelblatt des „Lehrbuch der Bergbaukunde von Peter Tunner". Erster Band 1843. Universitätsbibliothek. Sign.Nr.: 321a/1.

sungssammlung unter dem Titel „Vorträge über die Bergbaukunst an der k.k. Montanlehranstalt Leoben". „Professor Albert Miller Ritter von Hauenfels war einer der bedeutendsten und vielseitigsten Montanisten des 19. Jahrhunderts, der sich in selbstlosem Wirken um die Entwicklung der Leobener Hochschule verdient gemacht hat, ein einzigartiger Polyhistor der Bergbauwissenschaften, ...." [12].

Franz Rochelt widmete sich besonders den durch den Aufschwung des Kohlebergbaus zunehmend in Erscheinung tretenden Problemen von Schlagwetter- und Kohlenstaubexplosionen sowie der Wettertechnik. Er legte damit den Grundstein für eine jahrzehntelange Befassung der Lehrkanzel mit diesen Fragenkomplexen. Ähnliches gilt auch auf dem Gebiete des unmittelbaren Gewinnungsvorganges und hierbei vor allem für die Bohrtechnik. Das Lösen von Gestein als zentraler Bereich im Rahmen der bergtechnischen Grundverfahren hat damit im Arbeitsfeld der Lehrkanzel eine lange Tradition.

Viktor Waltl gab dem letztgenannten Sachgebiet einen weiteren Impuls im Zuge seiner Befassung mit dem damals noch technischen Neuland der Mechanisierung der Kohlengewinnung. Waltl widmete sich ferner dem Aufbau einer Lehrmittelsammlung (Bild 3) sowie der Darstellung von Bergbaukunde und Markscheidekunde durch umfangreiche systematische Beiträge in Höfers „Taschenbuch für Bergmänner" [5].

Josef Fuglewicz nahm nach der vor seinem Amtsantritt erfolgten Abtrennung der Aufbereitungskunde eine Neustrukturierung der Lehre vor. Dazu zählt der Ausbau der Bergwirtschaftslehre zusammen mit seinem habilitierten Assistenten Viktor Skutl, der 1941 zum außerplanmäßigen Professor ernannt worden ist [13]. Weiters sei der unter Fuglewicz gesetzte grubensicherheitliche Akzent genannt. Maßgeblich dafür waren seine persönlichen Forschungsanliegen auf dem Gebiet der Entflammbarkeit von Kohlenstäuben sowie das Interesse seines zweiten wissenschaftlichen Mitarbeiters an der Lehrkanzel, H. Zechner, an Problemen des Grubenrettungswesens.

Hans Zechner erhielt bereits 1934/35 die Honorardozentur für Gasschutz, Unfallverhütung und Rettungswesen; 1946 wurde er zum tit.ao. Professor ernannt. Er kann als Vater der Institutionalisierung des Grubenrettungswesens in Österreich angesehen werden; auf ihn geht die Gründung der „Hauptstelle für Grubenrettungswesen" im Jahre 1940 zurück, deren Leitung er im gleichen Jahr übernommen hat. Er bewirkte auch die Gründung der „Österreichische Staub-(Silikose-) Bekämpfungsstelle" 1949, die ihre Tätigkeit ebenfalls unter seiner Geschäftsführung aufnahm.

Hugo Apfelbeck bewältigte zusammen mit H. Zechner die schweren Jahre nach dem Zweiten Weltkrieg. Seine wissenschaftliche Arbeit wurde vor allem dadurch bestimmt, daß er gleichzeitig auch Bergwerksdirektor der Österreichisch-Alpine-Montangesellschaft – des damals größten österreichischen Bergbauunternehmens – war, sowie zusätzlich Geschäftsführer der staatlichen Bergbauförderungsgesellschaft. Unter seiner Leitung kam es zu einer Fördererhöhung des österreichischen Kohlenbergbaus um nahezu 100 % gegenüber der Vorkriegszeit. Dementsprechend befassen sich die Publikationen Apfelbecks in erster Linie mit Problemen der Entwicklung des österreichischen Bergbaus im allgemeinen und des Kohlenbergbaus im besonderen.

Ludwig Loch übernahm nach der Emeritierung von Apfelbeck die Agenden der Lehrkanzel für Bergn-

Bild 3: Blick in den Sammlungsraum der Lehrkanzel für Bergbaukunde 1929.

baukunde als Supplent bis zum Dienstantritt des neuen Ordinarius im Jahre 1959 und verblieb danach noch 11 Jahre als Honorarprofessor am Institut. Sein Augenmerk richtete sich neben der Lehrveranstaltung „Grundzüge der Bergbaukunde" vor allem auf die Vorlesung „Tagebau- und Steinbruchkunde". Sein Engagement für dieses Fachgebiet schaffte die Voraussetzung für den Schwerpunkt „Tagebautechnik" am heutigen Institut für Bergbaukunde.

Von den zahlreichen nebenamtlichen Vortragenden, die im Laufe der Institutsgeschichte tätig waren, sei wegen seiner herausragenden Bedeutung für die Bergwirtschaftslehre beispielhaft Bartl Granigg genannt [2]. Infolge seines Doppelstudiums als Bergingenieur und Geowissenschaftler konnte er von 1911 bis 1934 nicht nur als hauptamtlicher Professor für „Mineralogie und Gesteinskunde" der Montanistischen Hochschule tätig sein, sondern zusätzlich ab 1919/20 auch als Lehrbeauftragter für „Bergbaubetriebs- und Bergwirtschaftslehre" an der Lehrkanzel für Bergbaukunde. Von seinen zahlreichen einschlägigen Publikationen sei insbesondere das 1926 erschienene umfangreiche Werk „Organisation, Wirtschaft und Betrieb im Bergbau" angeführt, welches die wissenschaftliche Entwicklung der Bergwirtschaftslehre maßgeblich bestimmt hat.

Unter der Bezeichnung „Mineralwirtschaft" wurde der volkswirtschaftliche Teil der Bergwirtschaft gemeinsam mit „Schürfen und Untersuchen der Lagerstätten" ab 1964 von Felix Hermann innerhalb des mit seiner Berufung errichteten Institutes für „Prospektion, Lagerstättenerschließung und Mineralwirtschaft" vorgetragen. Im Rahmen seiner Hauptaufgabe als Leiter des Hochschulkurses für „Prospektion und Bergbau in Entwicklungsländern" übermittelte er sein reiches bergmännisches Wissen an 115 Bergingenieure und Geologen aus 51 Ländern der Erde [15].

Walter J. Schmidt als Lehrkanzelnachfolger konnte den genannten ‚Postgraduate'-Kurs bis 1982 fortführen. Von da ab lag das Schwergewicht seiner Tätigkeit – neben der Betreuung des Faches „Mineralwirtschaft" am Institut für Bergbaukunde – im Bereich des Institutes für Geowissenschaften, wo er sich um den Aufbau eines studium irregulare „Angewandte Geowissenschaften" verdient gemacht hat. W. J. Schmidt war nach der Auflösung des von ihm geleiteten selbstständigen Institutes ab 1982 bis zu seiner Emeritierung zum 30.9.1989 sowohl dem Institut für Bergbaukunde als auch dem Institut für Geowissenschaften zugeordnet worden.

Bild 4: Wetterlabor 1989.

Bild 5: Blick in den Bibliotheks- und Rechenraum 1989.

## WIRKUNGSBEREICH und AUSSTATTUNG

Die dem Institut für Bergbaukunde gegenwärtig – entsprechend den Bestimmungen des Universitätsorganisationsgesetzes 1975 – anvertrauten Gebiete der Bergbauwissenschaften gehen aus der ersten Spalte der Tabelle 2 hervor. Die Aufstellung läßt

**Tabelle 2:**
**Vom Institut für Bergbaukunde in Lehre und Forschung wahrzunehmende wissenschaftliche Aufgabengebiete und zugehörige Schriften der Institutsangehörigen, 1.1.1959 – 31.12.1988.**

| | Größere Veröffentlichungen | Dissertationen | Berichte und Gutachten |
|---|---|---|---|
| **1. Allgemeine Bergbaukunde** | | | |
| 1.1 Systematik, Entwicklung und Tendenzen des Bergbaus und der Bergbauwissenschaften | 16 | | 1 |
| 1.2 Bergbaureviere und Bergbaubetriebe (Österreich und Ausland) | 11 | | |
| 1.3 Planung und Betrieb von Bergwerken (Verfahren und Studien) | 4 | 4 | 17 |
| 1.4 Bergbau und Umwelt | 3 | | 14 |
| 1.5 Forschung und Entwicklung im Bergbau | 13 | | 1 |
| **2. Bergmännische Gebirgs- und Lagerstättenlehre, einschließlich Gebirgsmechanik** | | | |
| 2.1 Allgemeiner Teil | 11 | | |
| 2.2 Stabilitätsprobleme der Gebirgsmechanik | 3 | 2 | 2 |
| 2.3 Gewinnungsprobleme der Gebirgsmechanik | 5 | 3 | 1 |
| **3. Bergtechnik** | | | |
| 3.1 Allgemeine Grundverfahren | | | |
| 3.1.1 Bohr- und Gewinnungstechnik | 16 | 1 | 7 |
| 3.1.2 Lade- und Fördertechnik | 5 | 1 | 3 |
| 3.1.3 Bergmännische Wasserwirtschaft | 2 | | |
| 3.2 Tagebautechnik | | | |
| 3.2.1 Abraumtechnik | | | 1 |
| 3.2.2 Abbautechnik | 2 | | 2 |
| 3.2.3 Tagebauzuschnitt | 3 | | 1 |
| 3.2.4 Tagebaubetrieb | 4 | 2 | 8 |
| 3.3 Bergtechnik unter Tage | | | |
| 3.3.1 Spezielle Grundverfahren | | | |
| 3.3.1.1 Grubenausbau | 2 | 2 | 1 |
| 3.3.1.2 Grubenbewetterung | 1 | | 1 |
| 3.3.2 Vortriebstechnik | 4 | | |
| 3.3.3 Abbautechnik | 6 | 3 | 13 |
| 3.3.4 Grubenzuschnitt | 3 | 1 | |
| 3.3.5 Grubenbetrieb | | | 2 |
| 3.4 Technik des Bohlochbergbaus | 2 | | 3 |
| 3.5 Technik des Unterwasserbergbaus | | | |
| 3.6 Bergbausicherheit | 2 | 1 | 12 |
| **4. Schürftechnik** | 1 | | 2 |
| **5. Bergwirtschaftslehre** | | | |
| 5.1 Lagerstättenwirtschaft | 24 | 3 | 5 |
| 5.2 Bergbaubetriebswirtschaft | 2 | 3 | 5 |
| 5.3 Mineralwirtschaft | 11 | | 6 |
| **6. Bergrecht** | 1 | | 2 |
| **Summe** | **157** | **26** | **110** |

erkennen, „daß man im bunten Spektrum der Ingenieurwissenschaften bis zum heutigen Tage vergeblich sucht nach einem Fach von der Breite der Bergbaukunde." [14], vergleiche auch [6, 10].

Große Bedeutung kommt dem Umstand zu, daß in nahezu allen Bereichen der Bergtechnik ein Wandel innerhalb der letzten drei Jahrzehnte eingetreten ist, wie er in diesem Zeitraum kaum anderswo festgestellt werden kann – z.B. vom händisch zu setzenden Holzstempel zum automatisierten stählernen Schreitausbau oder von der Handschaufel zum ferngesteuerten Schaufellader mit automatischer Datenübertragung über Funk an einen zentralen Rechner. Infolge der anhaltenden Intensivierung des Rechnereinsatzes zur Optimierung und Automatisierung von bergbaulichen Prozessen ist dieser Wandel noch in vollem Gange.

Eine starke wissenschaftliche Durchdringung haben im übrigen vor allem die Bergmännische Gebirgsmechanik sowie die Bergwirtschaftslehre erfahren. Dabei erweist es sich zunehmend als notwendig, die Bergmännische Gebirgsmechanik als Teilgebiet einer umfassenderen bergtechnisch und bergwirtschaftlich ausgerichteten Gebirgs- und Lagerstättenlehre zu verstehen. Gleichzeitig steigt die Bedeutung der wissenschaftlichen Bearbeitung der Tagebautechnik und des zugehörigen Umweltschutzes. Im übrigen werden all diese Entwicklungen durch die zunehmenden Anforderungen des Umweltschutzes überlagert.

Eine Übersicht über die sachliche Ausstattung des Institutes vermittelt Tabelle 3; siehe dazu auch die Bilder 4 und 5.

**INSTITUTSPERSONAL**

O.Univ.Prof. Dipl.Ing. Assessor des Bergfachs Dr.-Ing. Dr.-Ing.E.h. Dr.h.c. Günter B. FETTWEIS, Institutsvorstand
Ao.Univ.Prof. Dipl.Ing. Dr.mont. Erich M.LECHNER, Leiter der Abteilung für Tagebau- und Steinbruchtechnik, stellv. Institutsvorstand
O.Univ.Prof. Dr.phil. Walter J. SCHMIDT, Zuordnung gemäß § 30(4) UOG auch zum Institut für Geowissenschaften (emeritiert mit Wirkung vom 30.9.1989; Nachbesetzung ist noch nicht erfolgt.)
Dipl.Ing. Dr.mont. Peter MOSER, Universitätsassistent
Dipl.Ing. Felix HRUSCHKA, Universitätsassistent
Dipl.Ing. Thomas OBERNDORFER, Universitätsassistent
DDipl.Ing. Wolfgang GLÖCKLER, Universitätsassistent
Gerhard BRUGGER, Studienassistent
Josef RECHLING, Oberoffizial
Johann MITTEREGGER, Oberoffizial
Heidemarie KUTSCHERA, Vertragsbedienstete
Elke WORI, Vertragsbedienstete

---

**Tabelle 3:**
**Übersicht über die sachliche Ausstattung des Institutes für Bergbaukunde, 31.6.1989.**

**1. Institutsbibliothek**
* ca. 6.000 Bände (incl. Zeitschriftenbände)

**2. Geräteausstattung**
* Wetterlabor mit Lüfterprüfstand und wettertechnischen Meßgeräten
* Labor für bergmännische Gebirgslehre
* Photolabor
* Holzbearbeitungsmaschinen zur Herstellung von Modellen

**3. EDV-Ausstattung**
* 4 Personalcomputer mit Peripheriegeräten
* 3 Terminalanschlüsse an den zentralen Hochschulrechner
* 2 Textverarbeitungsanlagen

---

Offen ist noch die Wiederzuteilung von 1/2 Planstelle für einen Universitätsassistenten, welche das Institut 1977 der Montanuniversität zur Behebung einer dringenden Notlage zur Verfügung gestellt hat. Zusätzlich waren im Studienjahr 1988/89 4 Mitarbeiter als Vertragsassistenten bzw. Stipendiaten am Institut tätig, darunter je einer aus Österreich, Ägypten, Griechenland und Südafrika. Die Reihe der längertätigen Gastprofessoren der vergangenen Jahre – aus Australien Prof. L. Thomas, University of New South-Wales, Sidney, und aus Japan

Prof. A. Shimada, University of Tokio – wurde im Studienjahr 1988/89 durch Prof. A. Teta von der Universität Tirana fortgesetzt.

Dem Institut fachlich zugeordnet sind:

Dipl.Ing. Dr.mont. Bergrat h.c. Otto FABRICIUS, Honorarprofessor
Dipl.Ing. Dr.iur. w.Hofrat Karl STADLOBER, Honorarprofessor
Dipl.Ing. Dr.iur. Kurt MOCK, Honorarprofessor
tit.Ao.Prof. Univ.Doz. Dipl.Ing. Dr.mont. Hermann IRRESBERGER
DDipl.Ing. Dr.mont. w.Hofrat Kurt THOMANEK, Honorarprofessor
Univ.Doz. Dr.phil. Walter NEUBAUER
Univ.Doz.Dipl.Ing.Dr.mont. Richard NÖTSTALLER
   Universitätslektoren:
Dipl.Ing. Karl KROBATH
Dipl.Ing. Walter ARH
Dipl.Ing. Dr.mont. Karlheinz GEHRING
Dipl.Ing. Dr.mont. Helmut HABENICHT
Peter ZOERER
Dipl.Ing. Dr.mont. Hubert SIEBERT
Dipl.Ing. Bergrat h.c. Gunther DAUNER
Dipl.Ing. Günter HAUSBERGER
Dipl.Ing. Dr.mont. Bergrat h.c. Adolf SALZMANN

## LEHRE

Die Adressaten der Lehre des Institutes sind in erster Linie die Studierenden der Studienrichtung Bergwesen. Mehrere Lehrveranstaltungen dienen aber auch in Form von Pflicht- und Wahlfächern den Studienrichtungen Markscheidewesen, Montanmaschinenwesen und Gesteinshüttenwesen, den Studienzweigen Montangeologie und Metallhüttenwesen sowie dem „studium irregulare" der Angewandten Geowissenschaften.

Die Lehrveranstaltungen des Institutes betreffen folgende Fachgebiete:

Grundzüge der Bergbaukunde; Allgemeine Grundverfahren der Bergtechnik, Tagebautechnik und Sonderverfahren; Bergmännische Gebirgs- und Lagerstättenlehre; Spezielle Grundverfahren, Komplexverfahren sowie Grubensicherheit unter Tage; Planung von Bergwerksanlagen; Bergwirtschaftslehre; Bergrecht und Sicherheitsvorschriften; Ausgewählte Kapitel der Bergbaukunde; Ausgewählte Kapitel des Deponiewesens; Bergbaukundliches Seminar; Bergmännische Hauptexkursion; Betriebsseminar.

Das Lehrangebot – ohne Exkursion und Betriebsseminar sowie ohne „Anleitungen zu selbständigen wissenschaftlichen Arbeiten" – beläuft sich auf 76,5 Semesterwochenstunden. Davon entfallen 55% auf Vorlesungen, 25% auf Seminare und Konversatorien und 20% auf Übungen. Die Hälfte der Lehrveranstaltungen muß durch auswärtige Lehrbeauftragte abgedeckt werden.

Bild 6 : Nach der Grubenfahrt in 1400 m Teufe. Bergmännische Hauptexkursion 1981 auf dem Steinkohlenbergwerk Ibbenbüren / Bundesrepublik Deutschland.

Unterschiedlich zu anderen Wissenschaftsgebieten kann Bergbau nicht unmittelbar an einer Universität betrieben werden. Das eigentliche Labor des Bergmanns ist die Grube. Entsprechend ist die akademische Lehre auf ständige Verbindung mit der Praxis angewiesen. Exkursionen sind daher seit der Gründung der Lehranstalt ein Bestandteil der bergbaukundlichen Ausbildung und seit Jahrzehnten Pflichtgegenstand. Sie führen – möglichst im jährlichen Wechsel – ins In- und Ausland; siehe auch Bild 6. Dank des Entgegenkommens der österreichischen

Bergbauunternehmen kann das 1960 als Pflichtfach eingeführte „Bergmännische Betriebsseminar" seit 1973 in Gestalt einer dreitägigen Projektarbeit in Bergbaubetrieben durchgeführt werden. Seit dem Jahre 1926 wird zur Ergänzung des bergbaukundlichen Unterrichts auch eine halbjährige Pflichtpraxis verlangt, die das Institut weitgehend vermittelt und im Hinblick auf die Einhaltung der dafür aufgestellten Richtlinien überwacht. Zeitweise betrug diese Praxis auch ein Jahr.

Dem Praxisbezug entspricht ferner, daß sowohl die im Studium des Bergwesens vorgeschriebenen zwei bergbaukundlichen Prüfungsarbeiten (Praktikantenarbeit und Meldearbeit) als auch die bergbaukundlichen Diplomarbeiten nach Möglichkeit in einem Betrieb und nicht am Institut geschrieben werden sollen; siehe dazu auch Tabelle 4. Ihre Betreuung und Beurteilung beansprucht einen erheblichen Zeitanteil der Institutsangehörigen. Auch darüber hinaus nimmt die Bergbaukunde im Prüfungswesen des Diplomstudiums Bergwesen eine Sonderstellung ein. Sie stellt dasjenige Prüfungsfach dar, das gemäß den Bestimmungen des Bundesgesetzes über montanistische Studienrichtungen vom 10. Juli 1969 als „Schwerpunkt der Studienrichtung" anzusehen ist.

Neben der Betreuung der Diplomstudien zählt zu den Lehraufgaben eines Universitätsinstitutes auch die Heranbildung des wissenschaftlichen Nachwuchses durch Doktoratsstudien und Habilitationen. Die Zahl und fachliche Verteilung der am Institut seit 1959 abgeschlossenen Dissertationen geht aus Tabelle 2 hervor.

Folgende Personen haben sich seit 1959 im Bereich der Bergbaukunde habilitiert:
K. Patteisky: Bergmännische Gebirgsmechanik und Schlagwetterkunde
E. M. Lechner: Bergbaukunde
H. Irresberger: Bergmännische Gebirgsmechanik und Grubenausbau
W. Neubauer: Mineralwirtschaft
R. Nötstaller: Bergwirtschaftslehre

Für eigenständige Lehrveranstaltungen zur Fortbildung von Absolventen reicht die personelle Ausstattung des Institutes nicht aus. Daher haben Institutsangehörige dabei mitgewirkt, eine zusätzliche Infrastruktur für die Zwecke der bergbauwissenschaftlichen Fortbildung in Gestalt des technisch-wissenschaftlichen Vereins „Bergmännischer Verband Österreichs" bereitzustellen; der Verein entstand 1963 durch Umwandlung der 1950 gegründeten Standesorganisation des Verbandes Leobener Bergingenieure. Entsprechend arbeitet das Institut auch bei den einschlägigen Aktivitäten des Vereines mit, darunter insbesondere bei Vortragsfolgen sowie bei der Herausgabe und Redaktion der „Berg- und Hüttenmännischen Monatshefte". Die Vortragsfolgen reichen von den jährlich wiederkehrenden Österreichischen Bergbautagen und Herbstveranstaltungen über Sondertagungen in größerem Abstand – wie z.B. bisher acht Tagebaukolloquien – bis zu den international ausgerichteten Großveranstaltungen der „Leobener Bergmannstage" 1962 und 1987 im Abstand von 25 Jahren.

## WISSENSCHAFTLICHE ARBEITEN

Um dem Wesen der Bergbaukunde zu entsprechen und das Gesamtgebiet des Faches und seine Entwicklung im Auge zu behalten, haben sich die wissenschaftlichen Arbeiten des Institutes in der jüngeren Vergangenheit bewußt auf nahezu alle Bereiche der Bergbaukunde bezogen[7]. Gleichzeitig war dabei den speziellen Bedürfnissen des österreichischen Bergbaus Rechnung zu tragen. Die Tabelle 2 weist das Schrifttum des Institutes nach Zahl und fachlicher Verteilung aus – ohne die Arbeiten von W. J. Schmidt, welche vornehmlich geowissenschaftliche Fragestellungen behandeln. Bei den wissenschaftlichen Arbeiten bestehen jedoch auch eine Reihe von Schwerpunkten, auf die kurz eingegangen sei.

Für das Gebiet SYSTEMATIK, ENTWICKLUNG UND TENDENZEN DES BERGBAUS UND DER BERGBAUWISSENSCHAFTEN sei als Beispiel auf die zwei ersten in dieser Festschrift enthaltenen Aufsätze von Fettweis verwiesen.

Die Arbeiten auf dem Sektor BOHR- UND GEWINNUNGSTECHNIK UND ZUGEHÖRIGE TEI-

**Tabelle 4:**
**Meldearbeiten(=2.Prüfungsarbeit) und Diplomarbeiten, 1.1.1959– 31.12.1988.**

| Unterteilung | Meldearbeiten | | Diplomarbeiten | |
|---|---|---|---|---|
| | Zahl | % | Zahl | % |
| **Nach Orten** | | | | |
| 1. Institut | 39 | 11.7 | 33 | 13.5 |
| 2. Inlandsbergbau | 256 | 76.9 | 164 | 67.2 |
| 3. Auslandsbergbau | 38 | 11.4 | 47 | 19.3 |
| **Nach Bergbauzweigen** | | | | |
| 1. Bergbau allgemein | 50 | 15.0 | 32 | 13.1 |
| 2. Kohle | 98 | 29.4 | 92 | 37.7 |
| 3. Erz | 102 | 30.6 | 65 | 26.6 |
| 4. Salz | 20 | 6.0 | 13 | 5.3 |
| 5. Steine und Erden | 63 | 18.9 | 42 | 17.2 |
| **Nach Fachgebieten** | | | | |
| 1. Allgemeine Bergbaukunde | 3 | 0.9 | 6 | 2.5 |
| 2. Bergmännische Gebirgsmechanik | 25 | 7.5 | 10 | 4.1 |
| 3. Bergtechnik | | | | |
| 3.1 Grundverfahren | 149 | 44.7 | 79 | 32.4 |
| 3.2 Tagebau | 22 | 6.6 | 29 | 11.9 |
| 3.3 Bergbau untertage | 107 | 32.1 | 98 | 40.2 |
| 3.4 Bohlochbergbau | 7 | 2.1 | 4 | 1.6 |
| 3.5 Bergbausicherheit | 7 | 2.1 | 2 | 0.8 |
| 4. Schürftechnik | 1 | 0.3 | 1 | 0.4 |
| 5. Bergwirtschaft | 12 | 3.6 | 15 | 6.1 |
| **Summe** | **333** | **100** | **244** | **100** |

LE DER BERGMÄNNISCHEN GEBIRGSMECHANIK haben insbesondere zur Erweiterung der Kenntnisse über die Wechselwirkungen zwischen Gestein und Gewinnungswerkzeugen beigetragen sowie zur Weiterentwicklung der Sprengtechnik im österreichischen Bergbau im Hinblick auf neue Sprengstoffe, eine Verbesserung der Haufwerksbeschaffenheit und die Festlegung von Grenzwerten für Sprengerschütterungen.

Im Tätigkeitsfeld TAGEBAUTECHNIK wurden zahlreiche rechnerische Grundlagen zur EDV-unterstützten Planung von Tagebauen entwickelt. Dies geschah im Hinblick auf eine Optimierung von wichtigen Teilprozessen des Tagebaugeschehens unter besonderer Berücksichtigung der steilen Geländeverhältnisse im alpinen Raum und einer Minimierung von Umweltbeeinträchtigungen.

Die Ergebnisse der Befassung mit der ABBAUTECHNIK UNTER TAGE sind zweifacher Art. Sie enthalten zum ersten die Erarbeitung von Gesichtspunkten und Modellen für Auswahl, Zuschnitt und Bewertung von Abbauverfahren einschließlich der Beurteilung von Abbauverlusten. An zweiter Stelle sind Beiträge zur Verbesserung und Weiterentwicklung der Abbautechnik im österreichischen Bergbau zu nennen. Dies betrifft vor allem den Kohlenbergbau, den Magnesitbergbau und den Blei-Zinkerzbergbau.

Aus dem Bereich LAGERSTÄTTEN- UND MINERALWIRTSCHAFT mögen folgende Arbeitsergebnisse genannt werden:

➢ Technisch-wirtschaftlich ausgerichtete Erfassung und Beurteilung der Kohlenvorräte der Erde, darunter in Zusammenarbeit mit dem Generalsekretariat und dem europäischen Sekretariat der Vereinten Nationen, der Internationalen Energieagentur, dem Internationalen Institut für Angewandte Systemanalyse und der Weltenergiekonferenz.

➢ Untersuchung der Abhängigkeiten und Erarbeitung von Vorgangsweisen und Richtlinien nicht nur im vorstehenden Zusammenhang sondern auch für die Erfassung der Vorkommen und Vorräte von festen mineralischen Rohstoffen im allgemeinen, darunter speziell für die Zwecke der Vereinten Nationen, des Weltbergbaukongresses und des Österreichischen Normungsinstitutes.

➤ Systematische Erfassung der „Lagerstätte als Produktionsfaktor des Bergbaus" im Hinblick auf die Einflüsse und Wechselbeziehungen von Lagerstättenqualität, Lagerstättenbonität – ein Ausdruck, der diesbezüglich begründet wurde – und Lagerstättenquantität.

Von den nicht den Schwerpunkten zugehörigen Arbeitsergebnissen sollen als Beispiel die Beiträge erwähnt werden, welche die vom Institut im Jahre 1960 veranstaltete wissenschaftliche Tagung „Spritzbeton als Streckenausbau" und die damit verbundenen Arbeiten zur Entwicklung der neuen österreichischen Tunnelbauweise geleistet haben.

Auch die gegenwärtige wissenschaftliche Tätigkeit des Institutes liegt vorwiegend innerhalb der vorstehend skizzierten Schwerpunkte. Dazu zählen Arbeiten auf den Gebieten der unterstützenden Anwendung von Hochdruckwasserstrahlen bei der mechanischen Gewinnung (Bild 7), der Optimierung des geometrischen Tagebauzuschnittes in Abhängigkeit vom Maschineneinsatz, der Auswahl von Abbauverfahren mit Hilfe von Expertensystemen sowie der Festlegung des zweckmäßigsten Cut-off-Gehaltes. Außerdem laufen Untersuchungen zum bergmännischen Prüfwesen und über den Bergbau in Namibia.

Bild 7: Versuche zur Anwendung von Hochdruckwasserstrahlen beim Bohren in Kooperation mit der Firma BÖHLER PNEUMATIK INTERNATIONAL, Kapfenberg und der BERGBAUFORSCHUNG Essen / Bundesrepublik Deutschland.

Bei seiner wissenschaftlichen Tätigkeit arbeitet das Institut sowohl mit dem österreichischen Bergbau und der einschlägigen Zulieferindustrie als auch mit zahlreichen weiteren Institutionen im nationalen und internationalen Rahmen zusammen. Neben den bereits angeführten betrifft dies unter anderem die Bergbauforschung des Steinkohlenbergbauvereines in Essen sowie zahlreiche Universitätsinstitute für Bergbaukunde in der Welt, darunter auf vertraglicher Basis diejenigen der Technischen Universität Clausthal/Bundesrepublik Deutschland, der Bergakademie Freiberg/DDR und der Technischen Universität für Schwerindustrie Miskolc/Ungarn.

## GEMEINSCHAFTSAUFGABEN

Eine erste Gruppe von Gemeinschaftsaufgaben liegt innerhalb der Montanuniversität. Sie betrifft – neben der Mitwirkung an der Selbstverwaltung der Universität – vor allem den Vorsitz in der Studienkommission für Bergwesen und die damit verbundene Verantwortlichkeit für die laufende Studienreform der Studienrichtung. Als Beispiele zu diesen Arbeiten mögen mehrere umfassende Erhebungen in den 60er- und 70er Jahren bei österreichischen Unternehmungen und Absolventen zum Anforderungsprofil an Bergingenieure ebenso genannt sein, wie das „Jubiläumskolloquium über Ziele und Wege des Bergbaustudiums" im Jahre 1984 [3] und die mehrfache Anpassung der Studienpläne. Zum Studium des Bergwesens sind in den vergangenen 3 Jahrzehnten 22 Publikationen von Institutsangehörigen erschienen, zur Hochschulreform und zur Montanuniversität im allgemeinen zusätzlich 41 kleinere und größere Veröffentlichungen [5,8].

Als universitätsinterne Gemeinschaftsaufgabe ist ferner die Federführung des Forschungsschwerpunktes der Österreichischen Rektorenkonferenz „Forschungen zur Erschließung und Nutzung von Lagerstätten in Österreich" zu nennen, an welchem in den Jahren 1973–1978 17 Professoren der Montanuniversität und der Universität Graz beteiligt waren.

Die an zweiter Stelle anzuführenden externen Gemeinschaftsaufgaben werden vor allem durch den

Sachverhalt bestimmt, daß das Institut das einzige seiner Art in Österreich ist. Aus dieser Sachlage erwächst eine große Zahl ständiger Verpflichtungen gegenüber vielen Institutionen der öffentlichen Hand und der Wirtschaft. Ähnliches gilt für die Vertretung Österreichs auf den betreuten Gebieten der Bergbauwissenschaften im internationalen Rahmen.

Der Institutsvorstand ist gegenwärtig in 13 ehrenamtlichen Funktionen – davon 8 im Inland und 5 im Ausland – tätig, die mit einem größeren Arbeitsaufwand verbunden sind[8]. Dazu gehört, daß er Vorsitzender des Vorstandsausschusses und Vizepräsident des Bergmännischen Verbandes Österreichs, wirkl. Mitglied der Österreichischen Akademie der Wissenschaften sowie Vizepräsident des Internationalen Organisationskomitees der Weltbergbaukongresse ist. Der stellvertretende Institutsvorstand ist u.a. Vorstandsmitglied und Kassier der Vereinigung für Angewandte Lagerstättenforschung Leoben. Beide Professoren sind Aufsichtsratmitglieder in Unternehmen des verstaatlichten Bergbaus.

Als Beispiele für einschlägige Aktivitäten in der Vergangenheit seien die Mitwirkung bei der Vorbereitung und die Befassung mit Folgerungen des Berggesetzes 1975 genannt sowie die Mitarbeit an mehreren Konzepten zur Rohstofforschung und Rohstoffversorgung der Bundesministerien für Wissenschaft und Forschung und für wirtschaftliche Angelegenheiten vor allem in den 70er Jahren. Auslandsaktivitäten betrafen u.a. die Mitarbeit bei einer größeren Zahl von Projekten der österreichischen Entwicklungshilfe in Afrika, Asien und Südamerika sowie die Mitwirkung bei der Vorbereitung und dem Ablauf von 14 Weltbergbaukongressen.

Erheblichen Aufwand erforderte auch der Vorsitz im Kuratorium des Institutes für Rohstofforschung bei der Österreichischen Akademie der Wissenschaften, welches von 1981 bis 1987 die Aufgaben der 1979 aufgrund entsprechender Aktivitäten des Bundesministeriums für Wissenschaft und Forschung gegründeten Arbeitsgemeinschaft für Rohstoffforschung fortzusetzen hatte[9]. Die von der Akademie bereits beschlossene sowie personell und räumlich fertig vorbereitete und unmittelbar bevorstehende Überführung des genannten Institutes in ein reguläres Institut der Österreichischen Akademie der Wissenschaften – und damit in eine zweite entsprechende Einrichtung in Leoben – mußte Anfang 1987 infolge des zufälligen Zusammentreffens von mehreren ungünstigen Umständen bis auf weiteres sistiert werden.

Mit einem jeweils Jahre umfassenden Zeitaufwand war nicht zuletzt die Vorbereitung und Abwicklung der „Leobener Bergmannstage" 1962 und 1987 verbunden; der Vorsitz im vorbereitenden Ausschuß oblag in beiden Fällen dem Institut.

## AUSBLICK

Die zentrale Aufgabe des Institutes für Bergbaukunde liegt in seinem Beitrag zur Ausbildung in der Studienrichtung Bergwesen unter Berücksichtigung der Einheit von Forschung und Lehre. Die Tätigkeiten des Institutes sind entsprechend laufend dem Wandel der Anforderungen an das Ausbildungsprofil anzugleichen, wie er sich aus dem Zusammenwirken von Wissenschaft und Praxis ergibt. Dabei gilt es, die internationale Konkurrenzfähigkeit der Absolventen zu erhalten, d.h. einen entsprechenden Status des Institutes zu gewährleisten, unabhängig von der Zahl der Studenten.

Dazu wird es unabdingbar werden, auch in Leoben eine Entwicklung nachzuvollziehen, wie sie anderswo schon abgelaufen ist. So kam es inzwischen z.B. an den einschlägigen Fakultäten im deutschsprachigen Ausland – ungeachtet teilweise niedrigerer Studentenzahlen als in Leoben – zur Aufteilung des übergroßen Fachgebietes der Bergbaukunde auf mindestens 3 Ordinariate zuzüglich von wenigstens einem Extraordinariat. Dies schließt insbesondere auch die Schaffung von Ordinariaten für Tagebautechnik und für Bergwirtschaft ein.

Die zunehmende Automatisierung wird die Eigenart des Bergbaus als Mensch-Natur-Maschine-System unterstreichen, mit der er sich von den meisten Bereichen der Weiterverarbeitung unterscheidet, die vereinfacht nur als Mensch-Maschine-System angesprochen werden können. Die Automatisierung der bergbaueigentümlichen Teilprozesse erfordert nicht nur die Kenntnis der dabei vorliegenden Systembezüge, sondern vor allem auch die quantitative Erfassung der maßgeblichen Gebirgs- und Lagerstätteneigenschaften und damit eine entsprechende Sensortechnik. Demgemäß ist beabsichtigt, die Arbeiten auf dem Gebiet der bergmännischen Gebirgs- und Lagerstättenlehre fortzusetzen und mit dem Aufbau eines einschlägigen Meß- und Prüfwesens zu beginnen.

In Forschung und Lehre gilt es in Zukunft neben den bergbaulichen Grundforderungen nach wirtschaftlichem Nutzen und nach Bergbausicherheit gleichberechtigt auch die Forderung nach einer Minimierung von Umweltbeeinträchtigungen zu berücksichtigen. Eine zunehmende Bedeutung werden fraglos auch die Beiträge des Institutes für Bergbaukunde zum neuen Gebiet des Entsorgungsbergbaus im Sinne eines Schließens des Rohstoffkreislaufes erlangen [11].

## ANMERKUNGEN

[1] APFELBECK, H. und H. ZECHNER: Die Lehrkanzel für Bergbaukunde. In: Die Montanistische Hochschule Leoben 1849–1949. Wien 1949, S. 95–101.

[2] APFELBECK, H.: Prof. Dr. B. Granigg. Berg- und Hüttenmännische Monatshefte 96 (1951), S. 123–124.

[3] BRANDSTÄTTER, W. A.: Bericht zum Jubiläumskolloquium über „Ziele und Wege des Bergbaustudiums" am 6. und 7. Dezember 1984 in Leoben. Berg- und Hüttenmännische Monatshefte 130 (1985), S. 95–97.

[4] BRANDSTÄTTER, W. A. und L. JONTES: Skizzen zur Entwicklung des Institutes für Bergbaukunde von 1849 bis 1959. Berg- und Hüttenmännische Monatshefte 130 (1985), S. 97–103.
Das Literaturverzeichnis dieser Arbeit führt auch die publizierten Lebensbilder der Professoren für Bergbaukunde Miller v. Hauenfels, Rochelt, Waltl, Fuglewicz, Zechner, Apfelbeck und Loch an.

[5] BRANDSTÄTTER, W. A. und G. WÖBER: Schriftenverzeichnis des Institutes für Bergbaukunde 1840–1986. Selbstverlag des Institutes für Bergbaukunde, Leoben, 1987.

[6] FETTWEIS, G. B.: Zum Systemaspekt in den Bergbauwissenschaften. In: Heilfurth, G. und L. Schmidt (Hrsg): Bergbauüberlieferungen und Bergbauprobleme in Österreich und seinem Umkreis. Veröffentlichungen des österreichischen Museums für Volkskunde, Band XVI, Wien, 1975, S. 65–71.

[7] FETTWEIS, G. B.: Zusammenhänge und technische Entwicklungen bei der Verfügbarkeit mineralischer Rohstoffe – Übersicht unter Berücksichtigung einschlägiger Leobener Arbeiten. In: Sitzungsberichte der Österreichischen Akademie der Wissenschaften, Mathem.-naturw. Kl., Abt. I, 192. Bd, 5. bis 10. Heft, Springer Verlag, Wien, 1983, S. 141–166.

[8] FETTWEIS, G. B.: Arbeiten am Institut für Bergbaukunde der Montanuniversität Leoben in den Jahren 1959 bis 1984. Berg- und Hüttenmännische Monatshefte 129 (1984), S. 259–277.

[9] FETTWEIS, G. B.: Die Tätigkeit des Institutes für Rohstofforschung bei der Österreichischen Akademie der Wissenschaften. In: Amt der Steiermärkischen Landesregierung (Hrsg.): Steirische Beiträge zur Rohstoff- und Energieforschung, Sonderheft 4, Graz, 1985, S. 107–119.

[10] FETTWEIS, G. B.: Gedanken zur Bergbaukunde als wissenschaftliches Fach. TU for Heavy Industry, Miskolc, Serie A. Mining. Vol. 44 (1988), S. 125–147.

[11] FETTWEIS, G. B., E. M. LECHNER und W. J. SCHMIDT: Leitlinien der Entwicklung im Bergbau auf feste mineralische Rohstoffe. In: Fettweis G. B., F. Weber und A. Weiß (Hrsg.): Bergbau im Wandel. Akademische Druck- und Verlagsanstalt, Graz und Verlag Glückauf GmbH, Essen, 1988, S. 110–114.

[12] KUNNERT, H.: Professor Albert Miller von Hauenfels (1818–1897) – Ein Lebensbild. In: Leobener Strauß 3 (1975), S. 95–110.

[13] PETRASCHECK, W. E.: Viktor Skutl. Berg- und Hüttenmännische Monatshefte 102 (1957), S. 275–276

[14] REUTHER, E. U.: Lehrbuch der Bergbaukunde, 1. Bd., Verlag Glückauf GmbH, Essen, 1989.

[15] SCHMIDT, W. J.: In memoriam Felix Hermann. Berg- und Hüttenmännische Monatshefte 130 (1985), S. 490–492.

*Verfasser: G. B. FETTWEIS und*
*E. M. LECHNER*

# Institut für Chemie
# Allgemeine und Analytische Chemie

Rudolf Schöffel wirkte als erster Professor für Chemie von 1873 bis 1908 bahnbrechend für Auf- und Ausbau von chemischer Forschung und Lehre an der damaligen k.k. Bergakademie Leoben. Einige seiner Mitarbeiter schlugen eine wissenschaftliche Laufbahn ein und wurden als Professoren an verschiedene technische Hochschulen und Bergakademien der Monarchie berufen. Einer seiner Schüler, Rudolf Jeller, wurde sein Nachfolger in Leoben.

Jeller (O.Prof. 1908–31) entwickelte Analysenverfahren für die Montanindustrie, wobei sein Apparat zur Bestimmung von Spuren an $CH_4$, $CO$ und $CO_2$ in Gasen wegen der originellen Druckmeßtechnik zumindest historisch interessant ist. Einer seiner Mitarbeiter, Dr. Th. Heczko, machte sich durch die Ausarbeitung elektrochemischer Analysenmethoden einen Namen. Einem anderen, Dr. H. Hansgirg, gelang als erstem die carbothermische Magnesiumherstellung.

Von 1931–38 übernahm der Physikochemiker Prof. Dr. Robert Müller den gesamten Chemieunterricht an der Montanistischen Hochschule.

In den Kriegsjahren supplierte zunächst Dr. Fritz Bayer die gesamte Chemie, bis er 1943 an die Technische Hochschule Wien als Professor für technische Elektrochemie berufen wurde. Als 1943 Erich Schwarz-Bergkampf auf den Lehrstuhl für Physikalische Chemie berufen wurde, supplierte auch er alle anderen chemischen Fächer.

Erst 1960 wurde mit Dr. Erich Reichel (Ao.Prof. 1960–65) wieder ein Professor für Allgemeine und Analytische Chemie berufen.

Seit 1967 ist Herbert Zitter O.Univ.Prof. für Allgemeine und Analytische Chemie.

Im Jahre 1982 wurden die Institute für Allgemeine und Analytische Chemie sowie für Physikalische Chemie gegen den Willen aller Beteiligten und gegen den einstimmigen Beschluß des Universitätskollegiums vom Bundesministerium für Wissenschaft und Forschung zu einem Institut für Chemie zusammengelegt. Seither wurde die Abeilung für Allgemeine und Analytische Chemie und Korrosion eingerichtet.

**ABTEILUNGSPERSONAL**

O.Univ.Prof. Dipl.Ing. Dr.techn. Herbert ZITTER
Dipl.Ing. Dr.mont. Christiana GOD, Oberrat
Dipl.Ing. Dr.mont. Peter PITNER, Oberrat
Mag.rer.nat. Dr.rer.nat. Rudolf WILFING, Universitätsassistent
Willibald ANGERER, Fachinspektor
Hubert FALK, Oberrevident
Karin RÜHRLEHNER, Vertragsbedienstete
Eva SZABO, Vertragsbedienstete
Thomas CHRISTOF, Vertragsbediensteter
Christina WEISSENBACHER, Lehrling
Christian LACKNER, Lehrling

**LEHRE**

Die Lehrtätigkeit besteht in der Grundausbildung in Allgemeiner Chemie und Chemischer Technologie für die Studenten aller Montanfächer. Daneben wird eine Einführungsvorlesung für Maschinenbauer und Markscheider gehalten. Für die Studienrichtungen Eisenhüttenwesen und Gesteinshüttenwesen wird eine Vorlesung in Analytischer Chemie angeboten und ein fachorientiertes Praktikum abgehalten. Diese Lehrveranstaltungen sollen die Hüttenleute mit den Möglichkeiten und Grenzen von Analysenverfahren vertraut machen.

Im Zweiten Studienabschnitt wird für die Studenten der Fachrichtungen Eisenhüttenkunde, Metallkunde, Werkstoffwissenschaften und Montanmaschinenwesen der Gegenstand Korrosionskunde gelesen und ein Seminar dazu angeboten. Wegen der steigenden Anforderungen an die Werkstoffe und der Einschränkungen durch den Umweltschutz kommt diesem Fach eine größere Bedeutung zu, als ihm heute beigemessen wird.

## ARBEITSGEBIETE DER ABTEILUNG FÜR ALLGEMEINE UND ANALYTISCHE CHEMIE UND KORROSION

### ANALYTISCHE CHEMIE

Die chemische Zusammensetzung ist das erste und wichtigste Kriterium zur Beurteilung der Eigenschaften eines Stoffes. Daher hat die analytische Chemie eine wichtige unterstützende Funktion für alle montanistischen Wissenschaften. Diese reicht von der Geochemie bis zur Werkstoffprüfung und berührt folgende Schwerpunkte:

➢ Konzentrationsverlauf einzelner Elemente bei der geochemischen Prospektion.
➢ Analyse von Rohstoffen; der Gehalt einzelner Elemente wird zur Wertbeurteilung herangezogen.
➢ Begleitende Kontrolle bei der Herstellung eines Produktes, um die geforderten Sollwerte garantieren zu können.
➢ Qualitätsbeurteilungen fertiger Produkte; meist sind mehrere Elementgehalte interessant.
➢ Bestimmung umweltschädigender Stoffe bei der Gewinnung, Produktion und Veredelung.

Wissenschaftliche Arbeiten

Die Auswertung der Daten von Ringversuchen im Rahmen der Eisenhütte Österreich ergab im Vergleich zu den Wiederholstreuungen der einzelnen

Bild 1: Flammenabsorptions- und Flammenemissionsspektrofotometer mit Grafitrohrzusatz.

Laboratorien relativ hohe Vergleichsstreuungen. Durch weitere gezielte Ringversuche (vor allem die Bestimmung von Stickstoff im Stahl) wurde versucht, Art und Größe der systematischen Fehler genauer zu beurteilen. Aufgrund von dabei auftretenden Diskrepanzen bei den zertifizierten Analysendaten wurde auch eine Reihe von im Handel befindlichen Referenzproben auf ihre Übereinstimmung untereinander überprüft. Alle diese Themen wurden in einer Reihe von wissenschaftlichen Arbeiten behandelt und in verschiedenen Zeitschriften veröffentlicht [1,2].

Der zweite Schwerpunkt betraf die Adaptierung der Analysengeräte und -vorschriften an die einzelnen Fragestellungen, die vor allem bei der Spurenanalyse oder beim Arbeiten mit sehr geringen Substanzmengen auftraten. Hervorzuheben sind Versuche zur Spurenanalyse von Eisen, Chrom, Nickel und Molybdän (aus Implantaten stammend) in menschlichen Knochen und Gewebe. Eine Serie von Untersuchungen beschäftigte sich mit Korrekturprogrammen bei der Röntgenfluoreszenzanalyse, um die vielfältigen Wechselwirkungen der Probenbestandteile rechnerisch auszugleichen. Daneben wurden immer wieder andere Institute der Montanuniversität durch die Durchführung von Analysen für wissenschaftliche Arbeiten unterstützt (Bilder 1 und 2).

Forschungsschwerpunkte

Im Rahmen eines Forschungsschwerpunktes wurde ein 3,5 Meter Gitterspektrograph für einige spezielle Analysenprobleme eingesetzt, z.B. für die Borbestimmung in geochemischen Proben. Weitere Untersuchungen betrafen mineralogische Proben, vor allem Analysen auf Antimon, Wolfram, Tantal und Indium in Kassiterit und der Nachweis von Vanadin in uranhältigen Erzen.

Zum Forschungsschwerpunkt „Erschließung und Nutzung von Lagerstätten in Österreich" wurden vor allem Servicefunktionen zu einzelnen Teilprojekten angeboten. Diese umfaßten Analysen von Gesteinen, Mineralien und Aufbereitungsfraktionen. Der Bogen war sehr weit gespannt und reichte von der Analyse von Bachsedimenten mit sehr großem Probendurchsatz bis zu speziellen Analysenproblemen bei Uranerzlagerstätten.

Als zukünftige Aufgabengebiete sind Arbeiten auf dem Gebiet der anorganischen Spurenanalyse zu nennen.

KORROSION

Nahezu alle Werkstoffe und naturgemäß alle aus diesen Werkstoffen hergestellten Erzeugnisse unterliegen der Korrosion. Darunter versteht man die Reaktion eines Werkstoffes mit seiner Umgebung, welche zu einer Veränderung des Werkstoffes führt. Eine solche Reaktion, insbesondere mit dem Sauerstoff und der Feuchtigkeit der Luft, ist grundsätzlich nicht zu vermeiden, sie kann nur verlangsamt werden.

In Anbetracht der immensen Verluste durch Korrosion, durch die etwa 4 % unseres Bruttosozialproduktes verloren gehen, kommt einer Erhöhung der Lebensdauer aller Werkstoffe eine große wirtschaftliche Bedeutung zu. Daraus ergeben sich die Aufgaben der Korrosionsforschung: Die Erhaltung vorhandener Bauten, Fahrzeuge und Maschinen durch geeignete Schutzmaßnahmen und der gezielte Einsatz von korrosionsbeständigen Werkstoffen, deren Eigenschaften auf die jeweiligen Beanspruchungen abgestimmt sind.

Die Bedeutung der Korrosion für die einzelnen Montanwissenschaften reicht von der Förderung von Kohle, Erzen und Öl, wo besonders aggressive Bedingungen herrschen, über den Maschinenbau bis zum Einsatz extrem beanspruchter Sonderwerkstoffe in Raketen oder in der Elektronik.

Wissenschaftliche Arbeiten

Die in den letzten 20 Jahren durchgeführten Forschungsaufgaben der Abteilung auf dem Gebiete der Korrosion erstreckten sich sowohl auf Untersuchungen spezifischer Arten des Korrosionsangriffes als auch auf die Grenzen des Einsatzbereiches korrosionsbeständiger Werkstoffe. Als Schwerpunkte können folgende Themen angeführt werden:

Bild 2: Analysengerät zur Bestimmung von Kohlenstoff und Schwefel im Stahl.

Spannungsrißkorrosion austenitischer Chrom-Nickelstähle:

Austenitische Chrom-Nickelstähle sind in heißen chloridhältigen Medien gegenüber Spannungsrißkorrosion empfindlich. Ihre Anfälligkeit steigt erwartungsgemäß mit steigender Konzentration und Temperatur der angreifenden Lösung und steigender Spannung der Stähle. Das erste Ziel der Untersuchung war die Ermittlung der im Schrifttum umstrittenen Grenzspannung, unter der keine Rißbildung mehr auftritt. Erst nach Ausschalten jeglicher Eigenspannungen konnte nachgewiesen werden, daß eine Grenzspannung existiert, die mit der Fließgrenze zusammenfällt, über der die passive Oberfläche durch Stufenversetzungen unterbrochen wird [3].

Die nächste Frage betraf die Grenzen des Auftretens der Spannungsrißkorrosion in Abhängigkeit von Konzentration und Temperatur der angreifenden Lösungen. Für diese Versuche war es notwendig, eine Druckapparatur zu bauen, die es erlaubt, eine unter mechanischem Zug stehende Probe in Lösungen bis zu Temperaturen von 150 Grad Celsius zu prüfen. Auf diese Weise konnten Grenzlinien in einem Konzentrations-Temperaturschaubild ermittelt werden, unter denen Spannungsrißkorrosion auszuschließen ist. Gegenteilige Aussagen des Schrifttums konnten auf örtliche Konzentrationseffekte zurückgeführt werden.

Diese Ergebnisse wurden durch Versuche bei sehr langsamer Dehnung der Probe während des Korrosionsversuches, also unter extrem verschärften Bedingungen, mit einer selbst gebauten einfachen Apparatur überprüft (Bild 3).

In ähnlicher Weise wurden Stähle für Berganker auf ihre Empfindlichkeit gegenüber wasserstoffinduzierter Spannungsrißkorrosion geprüft. Eine weitere Untersuchung auf wasserstoffinduzierte Spannungsrißkorrosion wurde mit Stählen für die Förderung von Erdöl und Erdgas durchgeführt, welche bei tiefen Bohrungen in Sauergas höchsten Beanspruchungen ausgesetzt sind [4].

Einen weiteren Schwerpunkt stellt die Untersuchung osteosynthetischer Implantate und die Auswahl von Werkstoffen für diesen äußerst kritischen Einsatzbereich dar. Die Untersuchungen einer Vielzahl von korrodierten Implantaten (Bilder 4 bis 6) ergaben, daß die derzeit eingesetzten chemisch beständigen Stähle durch höher legierte ersetzt werden müssen. Diese Ergebnisse fanden in einer ÖNORM ihren Niederschlag und wurden auch von der internationalen Normung übernommen [5,6].

Bild 3: Versuchsanordnung zur Spannungsrißkorrosionsprüfung.

Eine vergleichende Untersuchung der Eignung von chemisch beständigen Stählen, von Legierungen des Nickels, Kobalts und Titans und der Metalle Tantal und Niob auf ihre Eignung für Implantate ergab als wesentlichstes Ergebnis, daß die Gewebeverträglichkeit nicht nur von der Korrosionsbeständigkeit sondern auch von der Elektronenleitfähig-

Bild 4: Spalt- bzw. Reibkorrosion an einer Knochenschraube.

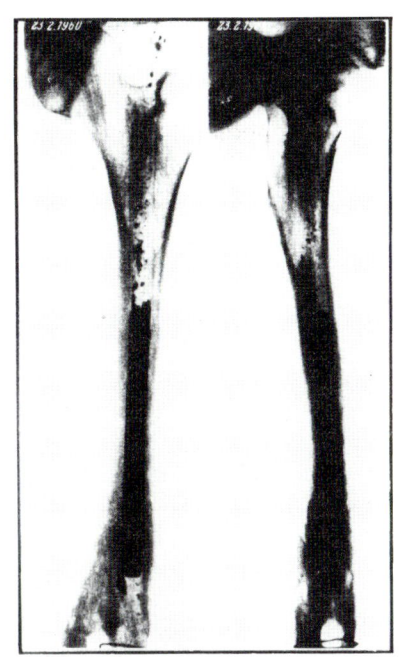

Bild 6: Zerfall eines Marknagels durch interkristalline Korrosion (nach einem Röntgenbild).

keit der Deckschichten abhängt (Bild 7)[7]. Zur Klarstellung dieser Zusammenhänge werden zur Zeit verschiedene Legierungen des Titans, Niobs und Tantals untersucht. Ergänzend dazu wird auch die Empfindlichkeit dieser Legierungen gegenüber Schwingungsrißkorrosion geprüft (Bild 8).

## ANMERKUNGEN

[1] Zitter, H., God, Ch., Pitner, P.: Beurteilung verschiedener Fehler an Hand eines Ringversuches zur Bestimmung von Stickstoff in Stählen. Z. Anal. Chemie 320 (1985), S. 29–36.

[2] Zitter, H., God, Ch., Pitner, P.: Beurteilung der Übereinstimmung von Referenzproben an Hand von Ringversuchen zur Bestimmung von Stickstoff in Stählen. Z. Anal. Chem. 327 (1987), S. 465–473.

Bild 5: Korrosion eines in der Chirurgie verwendeten Drahtes.

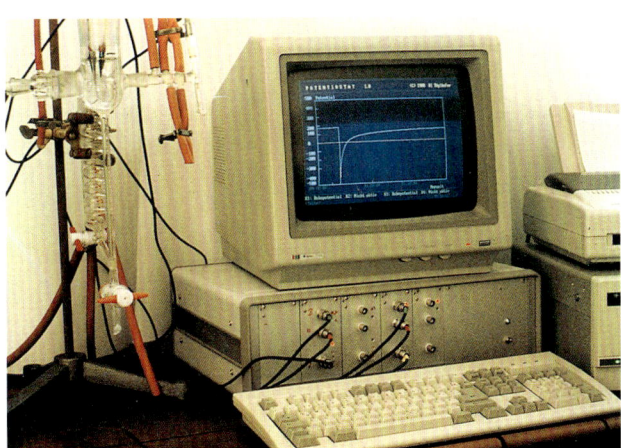

Bild 7: Meßeinrichtung für elektrochemische Versuche.

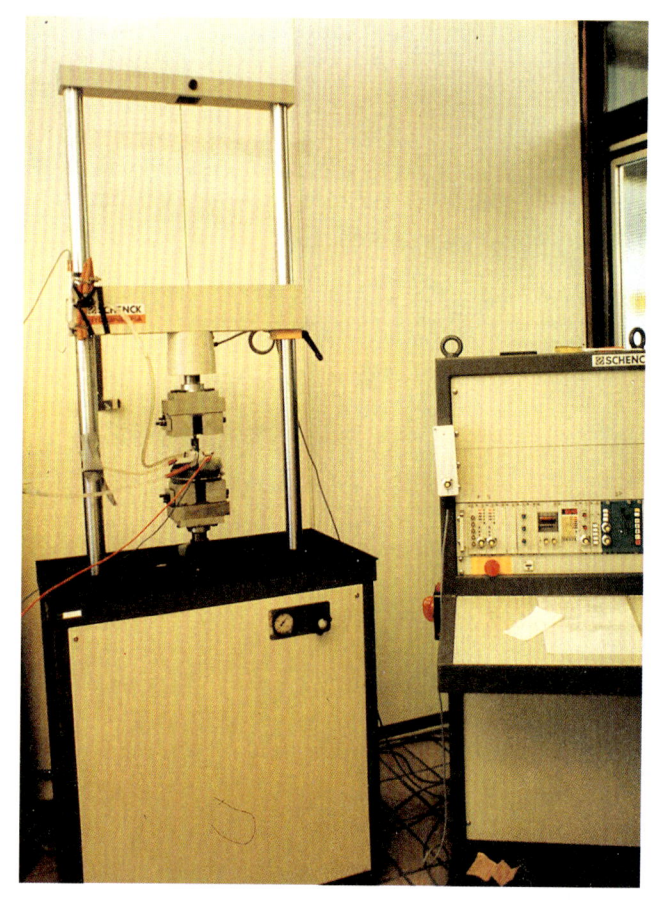

Bild 8: Schwingungsrißkorrosionsprüfung.

[3] Zitter, H., Bleckmann, I.: Einfluß der Spannung auf die Empfindlichkeit eines austenitischen Chrom-Nickel Stahles gegenüber Spannungsrißkorrosion. Werkstoffe und Korrosion 25 (1974), S. 895–899.

[4] Pöpperling, R., Zitter, H.: Influence of pH and temperature on the HSCC behaviour of highstrength octg. Corrosion 86 (1986), S. 166.

[5] ÖNORM K2080, 1. November 1983. Chirurgische Implantate, Walzwerks- und Schmiedeerzeugnisse aus nichtrostenden Stählen, Anforderungen und Prüfung.

[6] ISO/DIS 5832/1. Implants for surgery – Metallic materials – Part 1: Wrought stainless steel. 20.8.1986.

[7] Zitter, H., Plenk, H.: The electrochemical behaviour of metallic implant materials as an indicator of their biocompatibility. J. Biom. Mat. Res. 21 (1988), S. 881–896.

*Verfasser: H. ZITTER*

# Institut für Chemie
# Physikalische Chemie

Dr. Hans Fleißner (O.Prof. 1922–28) wurde 1920 als Professor für Angewandte Chemie nach Leoben berufen. Er führte die Physikalische Chemie als Unterrichtsfach ein und ist als Forscher durch seine „tönende Grubenlampe" zur Anzeige von schlagenden Wettern und sein Trocknungsverfahren für lignitische Braunkohlen bis heute unvergessen. Für die Weiterentwicklung der Fleißner-Kohlentrocknung hat eine Gruppe von VOEST-ALPINE Ingenieuren 1985 den Österreichischen Staatspreis für Energieforschung bekommen. Beim Apold-Fleißner Röstverfahren für Spateisenstein, das sich ab 1925 im Hüttenwerk Donawitz bewährte, wurde eine im Prinzip von Fillafer schon im 19. Jh. in Vordernberg begonnene Technik auf eine solide physikalisch-chemische Grundlage gestellt. Nachfolger Fleißners wurde Robert Müller (1929–38), der nach dem Tode Jellers den gesamten chemischen Unterricht an der Montanistischen Hochschule übernahm. Müller wurde besonders durch seine elektrochemischen Arbeiten bekannt; er versuchte aber auch als erster aus steirischem Serpentin kaustische Magnesia und ein Nikkelkonzentrat zu gewinnen.

Schließlich wurde Erich Schwarz-Bergkampf (1943–75) als Professor für Physikalische Chemie berufen; er supplierte viele Jahre auch alle anderen chemischen Fächer. Anläßlich seines achtzigsten Geburtstages sind ausführliche Würdigungen seiner Leistungen als Forscher und Lehrer in einschlägigen Zeitschriften erschienen [1,2].

Seit 1975 ist Heinz Gamsjäger O.Univ.Prof. für Physikalische Chemie. Im Jahre 1982 wurden die Institute für Allgemeine und Analytische Chemie sowie für Physikalische Chemie gegen den Willen aller Beteiligten und des Universitätskollegiums vom Bundesministerium für Wissenschaft und Forschung zu einem Institut für Chemie zusammengelegt. Seither wurde die Abteilung Physikalische Chemie und theoretische Hüttenkunde eingerichtet.

## ABTEILUNGSPERSONAL

O.Univ.Prof. Dipl.Ing. Dr. mont. Heinz GAMSJÄGER
Mag.et Dr.rer.nat. Erich KÖNIGSBERGER, Universitätsassistent
Dr. phil. Harald MARHOLD, Universitätsassistent
Dipl.Ing. Elmar SCHUSTER, Universitätsassistent
Sigurd HOFER, Studienassistent
Ingo LEDERER, Studienassistent
Gertraud EGGER, Vertragsbedienstete
Karin PRETSCHUH, Vertragsbedienstete
Liane HACKL, Vertragsbedienstete
Christian STEGER, Lehrling
Eva NEUHAUSER, Jugendliche

Dem Institut fachlich zugeordnet sind:

em.Univ.Prof. Dipl.Ing. Dr.techn. Erich SCHWARZ-BERGKAMPF
Dipl.Ing. Dr.mont. Erwin SOMMER, Lehrbeauftragter für Sprengstoffchemie
Hon.Prof. Dir.i.R. Dr.phil. Otto BÖHM, bis WS 1988/89 Lehrbeauftragter für Sprengstoffchemie

## LEHRE

Die Lehre der Physikalischen Chemie an der Montanuniversität spielt sich auf drei Ebenen ab.

Im Grundniveau wird den Hörern der Studienrichtung Hüttenwesen, Gesteinshüttenwesen, Werkstoffwissenschaften, Kunststofftechnik, Erdölwesen und Angewandte Geowissenschaften das Basiswissen in einer nach der angegebenen Reihenfolge abgestuften Intensität vermittelt.

Auf der nächsthöheren Ebene werden für Hörer im Zweiten Studienabschnitt physikalisch-chemische Probleme der Metallgewinnung und -raffination besprochen und in praktischen Übungen bearbeitet. Für Hörer der Studienrichtung Bergwesen werden vom Werksleiter der Fa. Westspreng Ges. m. b. H., Finnentrop, Bundesrepublik Deutschland, Dr. E. Sommer, Vorlesungen über Sprengstoffchemie gehalten und Exkursionen organisiert. Bis zum Ende des WS 88/89 wurde diese Funktion von Hon.Prof. Böhm wahrgenommen.

Die dritte Ebene umfaßt die Weiterbildung der wissenschaftlichen Mitarbeiter und Dissertanten des Institutes, die in Seminaren, Konversatorien, Exkursionen und auf Tagungen erfolgt.

Als Ausbildungsziel soll den Absolventen der Montanuniversität das physikalisch-chemische Rüstzeug mitgegeben werden, das es ihnen ermöglicht, neue Verfahren für die Montanindustrie zu finden und alte zu verstehen bzw. zu optimieren. Darüberhinaus sollen Doktoren der montanistischen Wissenschaften ausgebildet werden, die über das volle Repertoire moderner chemischer Kenntnisse verfügen und sich außerdem mit Interesse und Ambition in der Montanindustrie engagieren wollen.

## ARBEITSGEBIETE DER ABTEILUNG FÜR PHYSIKALISCHE CHEMIE UND THEORETISCHE HÜTTENKUNDE

Chemische Reaktionen können im allgemeinen technisch nur dann optimal nutzbar gemacht werden, wenn der Gleichgewichtszustand den sie erreichen und die Geschwindigkeit mit der sie ablaufen bekannt sind. Das Arbeitsgebiet der Physikalischen Chemie erstreckt sich daher auf thermodynamische (Gleichgewicht) und kinetische (Geschwindigkeit) Untersuchungen chemischer Reaktionen, insbesondere solcher, die für Montanwissenschaften und -industrie wichtig sind. Im Rahmen der theoretischen Hüttenkunde werden diese physikalisch-chemischen Konzepte auf montanistische Verfahrensschritte angewendet.

### THERMODYNAMIK

Gegenwärtig werden folgende Teilaspekte bearbeitet:

1. Potentiometrische Untersuchung der Thermodynamik homogener fester Mischungen und stöchiometrischer Mischphasen von Metallcarbonaten und -sulfiden; Anwendung auf geochemische und hydrometallurgische Prozesse. In diesem Zusammenhang wurden eine Reihe von Apparaturen entwickelt, die die kontinuierliche Messung von Löslichkeiten schwerlöslicher Substanzen auch in Halb-

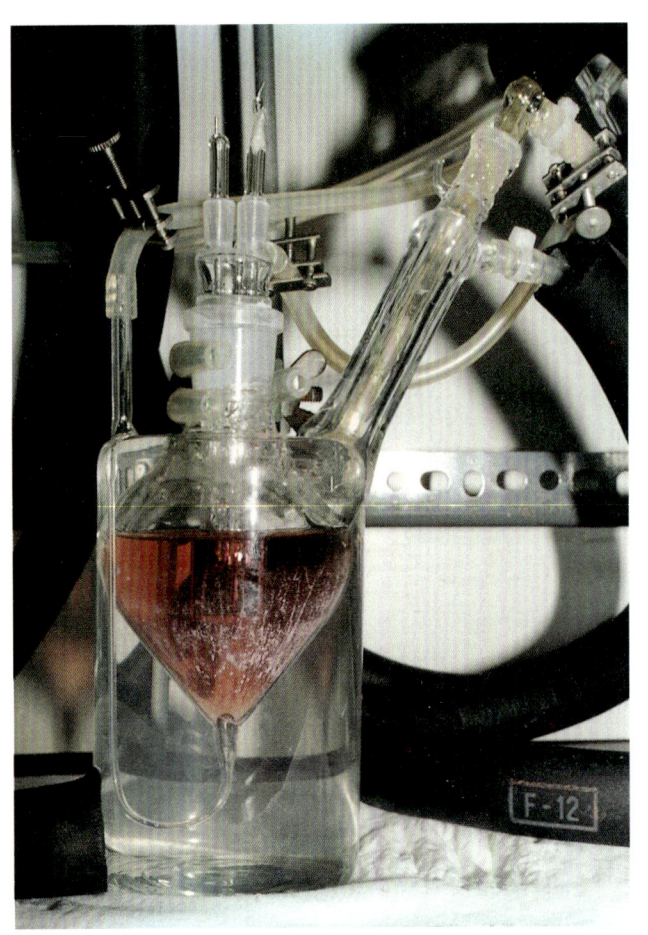

Bild 1: Galvanische Zelle zur Bestimmung chemischer Potentiale.

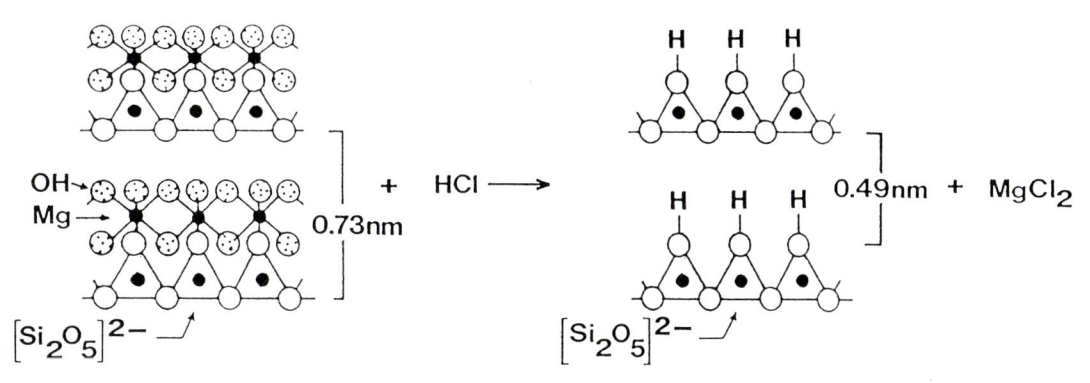

Bild 2: Schema der Reaktion von Serpentin mit Salzsäure.

mikromengen über Zeiträume von mehreren Wochen bei Temperaturen von 0–100 °C gestatten. Kürzlich wurde auf der Basis von Festkörper-Elektrolytgleichgewichten in wäßrigen Lösungen eine neue Methode zur Bestimmung chemischer Potentiale vorgeschlagen[3]. Mit diesen Größen können unter anderem hydrometallurgische und geochemische Prozesse modelliert werden. Bild 1 zeigt die neueste Version einer entsprechenden Meßzelle im Einsatz.

2. Charakterisierung der Oberflächeneigenschaften einer hydrometallurgisch hergestellten amorphen, mikroporösen Kieselsäure [4]. Nach einem hydrometallurgischen Verfahren der Veitscher Magnesitwerke (VMAG) wird Magnesiumoxid bzw. -hydroxid aus dem in praktisch unerschöpflicher Menge vorhandenem steirischem Rohstoff Serpentin $Mg_3(Si_2O_5)(OH)_4$ gewonnen. Der erste Schritt dieses Prozesses ist in Bild 2 schematisch dargestellt. Wie man sieht, fallen dabei große Mengen von Kieselsäure an. Dieses neue Produkt „erinnert" sich seiner Struktur nach an die Entstehung aus Serpentin und eignet sich deswegen vorzüglich zur Herstellung von Wasserglas, sowie als Trockenmittel und als Ausgangsmaterial zur Herstellung hochwertiger Silicate vom Zeolith-Typ. Damit bieten sich verschiedene Möglichkeiten an, um den zunächst unerwünschten Rückstand des MgO - Verfahrens zu veredeln und zu verkaufen.

3. Bestimmung partieller molarer Volumina in Elektrolyt- und Nichtelektrolytmischungen. Mit Hilfe der von der österreichischen Firma PAAR entwickelten Biegeschwingermethode kann man sehr genaue Dichtemessungen ausführen. An der kontinuierlichen Messung von Elektrolyt- und Nichtelektrolytlösungen, die aus vielen Komponenten bestehen, wird gearbeitet [5]. Auf diese Weise erhaltene Daten gestatten es, den Einfluß des Druckes auf den Gleichgewichtszustand chemischer Reaktionen vorauszusagen. Bild 3 zeigt den gegenwärtigen Entwicklungsstand der Apparatur.

4. Computerunterstützte thermodynamische Berechnungen in den Montanwissenschaften; Berechnung von Phasengleichgewichten. Programme zur Berechnung und Analyse von Phasendiagrammen wurden und werden erstellt bzw. adaptiert. Ein wichtiges Anliegen besteht darin, die thermodyna-

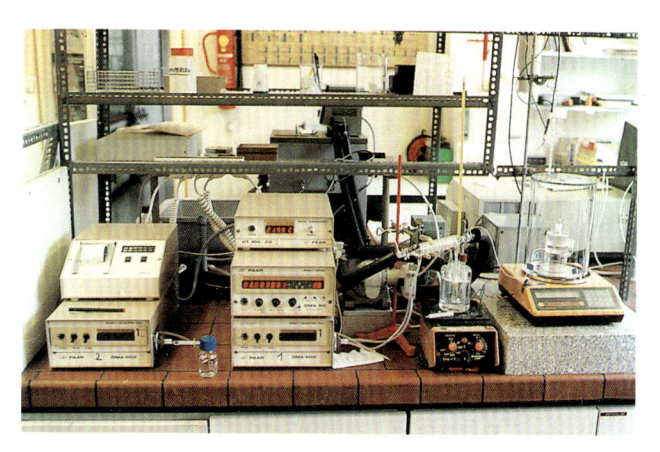

Bild 3: Apparatur zur kontinuierlichen Dichtebestimmung.

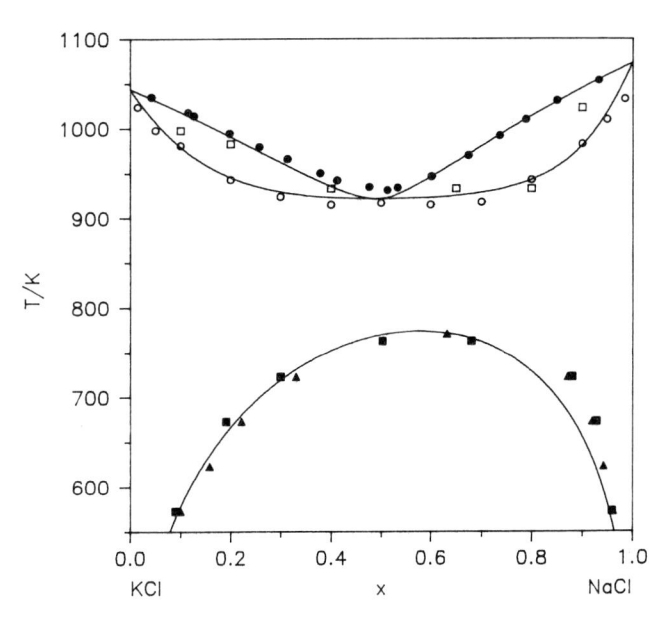

Bild 4: Phasendiagramm KCl - NaCl.

mischen Eigenschaften von Mischphasen aus denen der reinen Komponenten zu berechnen oder zumindest abzuschätzen [6]. Bild 4 zeigt das System KCl - NaCl, bei dem experimentelle Daten mit einem einfachen Modell verglichen werden.

KINETIK

Auf diesem Gebiet werden folgende Themen bearbeitet:
1. Untersuchungen von Stabilität, Struktur und kinetischen Eigenschaften einfacher Aqua- und Oxoionen in wäßrigen Lösungen [7]. Viele technisch wichtige Reaktionsgeschwindigkeiten hängen von den in diesem Zusammenhang ermittelten Daten ab.
2. Auflösungskinetik von Oxiden, Hydroxiden und Sulfiden in wäßrigen Lösungen. Der Einfluß der Oberflächeneigenschaften von Magnesiumoxideinkristallen auf die Transport- und Adsorptionseigenschaften an der Phasengrenzfläche fest - flüssig wurde kürzlich studiert [8]. Gegenwärtig wird die Auflösungskinetik der beim MgO-Prozeß anfallenden amorphen Kieselsäure in Hinblick auf ihre technische Verwendung untersucht.

GROSSGERÄTE

An Großgeräten ist die Abteilung mit einem Orion 960 „autochemistry system" zur computergesteuerten Potentialmessung, einem Dichtemeßgerät für höchste Präzision, zwei UV VIS Spektralphotometern, einem Durrum „stopped flow" Gerät mit Multi-mixing-Zusatz und einem Quadrupolmassenspektrometer ausgestattet.

**AUSLANDS- UND INDUSTRIEKONTAKTE**

Außer der üblichen Votragsreisetätigkeit waren wissenschaftliche Mitarbeiter der Abteilung zu längeren Forschungsaufenthalten bzw. als Gastprofessoren in der DDR, England, Japan und der Schweiz. Die Professoren Dr. R. K. Murmann (University of Missouri, Columbia, USA) und Dr. J. H. Swinehart (University of Calofornia, Davis, USA) verbrachten sabbaticals als Fulbright-Forscher bei uns. Daraus gingen viele gemeinsame Arbeiten (z.B. [7]) hervor.

Neben den routinemäßig anfallenden Industrieberatungen besteht seit vielen Jahren eine Kooperation mit den Veitscher Magnesitwerken, die bereits zu zwei Dissertationen geführt hat. Einige in diesem Zusammenhang erarbeitete Kenntnisse wurden inzwischen für die Gewinnung von MgO aus Serpentin industriell verwertet. Bild 5 zeigt eine moderne MgO-Anlage, bei der, wie von Robert Müller[9] vorgeschlagen, Serpentin und Salzsäure als Rohmaterial verwendet werden.

**ANMERKUNGEN**

[1] Gamsjäger H.: Erich Schwarz-Bergkampf zum 80. Geburtstag. Österreichische Chemie-Zeitschrift, S. 278 (1984).
[2] Gamsjäger H. & Reitz A.W.: Erich Schwarz-Bergkampf zum 80. Geburtstag. BHM, 130 (1985), S. 25.
[3] Königsberger E., Bugajski J., & Gamsjäger, H.: Solid-solute phase equilibria in aqueous solution. II. A potentiometric study of the aragonite-calcite transition. Geochim. Cosmochim. Acta 53 (1989), p. 2807–2810.

Bild 5: MgO-Anlage der Veitscher Magnesitwerke AG im Werk Breitenau.

[4] Meier A. & Gamsjäger H.: Characterisation of the surface of a new amorphous microporous silica. Reactive Polymers, 11 (1989), p. 155–163.

[5] Marhold H., Sagmüller W. & Gamsjäger H.: The volume change for the dissociation of telluric acid. Monatsh. Chem., 119 (1988), p. 1369-1373.

[6] Königsberger E.: Prediction of phase diagrams from simple mixing models: Binary alkali halide systems. Z. phys. Chem. (Leipzig), (1989), accepted for publication.

[7] Gamsjäger H. & Murmann R. K.: Oxygen-18 exchange studies of aqua- and oxo-ions. In A. G. Sykes, editor, Advances in Inorganic and Bioinorganic Mechanisms, vol. 2, p. 317–380, Academic Press, London, New York, Paris, 1983

[8] Bugajski J. & Gamsjäger H.: Dissolution kinetics of MgO in aqueous, acidic media. Monatsh. Chem., 117 (1986), p. 763–772.

[9] Müller R. M., Hesse W. & Sinigoi F.: Die Aufbereitung von Serpentiniten und ihren Verwitterungsprodukten durch Säurelaugung. BHM, 96 (1951), S. 209.

*Verfasser: H. GAMSJÄGER*

# Institut für Chemie der Kunststoffe

Die Einbeziehung des weiten und rasch wachsenden Gebietes der Kunststofftechnik in universitäre Lehre und Forschung erfordert eine adäquate Ausstattung des Faches Chemie der Kunststoffe. Dem wurde schon im Bundesgesetz über montanistische Studienrichtungen vom 10. Juli 1969 Rechnung getragen, das unter den Prüfungsfächern der Studienrichtung Kunststofftechnik das Fach Chemie der Kunststoffe an erster Stelle nennt. Es sollte jedoch 20 Jahre dauern, bis mit Erlaß des Bundesministeriums für Wissenschaft und Forschung vom 3. Juli 1989 das Institut für Chemie der Kunststoffe errichtet wurde.

Die Entwicklung des Faches Chemie der Kunststoffe an der Montanuniversität Leoben illustriert die besonderen Schwierigkeiten, die Universitäten zur Berücksichtigung aktueller technischer und wirtschaftlicher Entwicklungen überwinden müssen. Es sei daher der Beschreibung dieses jüngsten Institutes der Montanuniversität eine relativ ausführliche historische Darstellung vorangestellt.

Im Vormemorandum vom Jänner 1969 (Verfasser: Roland Mitsche, Ordinarius für Metallkunde und Werkstoffprüfung) werden für die Erstausstattung der Studienrichtung Kunststofftechnik unter anderem Investitionen von öS 2,000.000 für ein chemisches Speziallabor für Kunststoffe sowie Dienstposten für einen Professor für Organische Chemie, einen Assistenten und einen Laboranten vorgesehen. Die Denkschrift vom 10. März 1969 „Begründung für die Schaffung einer Studienrichtung Kunststofftechnik an der Montanistischen Hochschule Leoben" (Verfasser: Günter B. Fettweis, Rektor der Montanistischen Hochschule Leoben in den Studienjahren 1968/69 und 1969/70) enthält im Hinblick auf die Kunststoffchemie im wesentlichen die folgenden Erläuterungen:

- vorläufige Nichteinbeziehung der groß-chemischen Erzeugung von Kunststoffen und
- langfristiges Erfordernis eines Institutes für Kunststoffchemie.

Ferner stellt diese Denkschrift fest, daß Bedenken von seiten der Hochschule Linz zu den Leobener Bemühungen um Schaffung einer Studienrichtung Kunststofftechnik mit der Feststellung ausgeräumt werden konnten, „daß an der Montanistischen Hochschule keine Chemie – wie gegebenenfalls in Linz beabsichtigt – sondern ausschließlich Technologie betrieben werden soll".

In der Folge wurde vom Professorenkollegium der Montanistischen Hochschule bereits am 17. Dezember 1969 ein Besetzungsausschuß für die Lehrkanzel für Kunststoffchemie eingesetzt, dem die Professoren Zeppelzauer (Vorsitzender), Mitsche, Reitz, Schwarz-Bergkampf und Zitter angehörten. Personell war dieser Besetzungsausschuß identisch mit dem schon am 18. Juni 1969 eingesetzten Ausschuß für die Lehrkanzel für Kunststofftechnik, wodurch die Koordination bei der Errichtung der beiden Gründungslehrkanzeln erleichtert wurde. Nach Absage von Professor Menges, TH Aachen, der als Kandidat für die Lehrkanzel für Kunststofftechnik in Betracht gezogen worden war und neben dem Fach Technologie und Verarbeitung der Kunststoffe auch den Bereich Werkstoffkunde und -prüfung der Kunststoffe abgedeckt hätte, entschloß sich das Kollegium im Sommersemester 1969, vorrangig die Ausstattung des Fachgebietes Werkstoffkunde und -prüfung der Kunststoffe anzustreben[1]; dies sollte durch Errichtung einer Lehrkanzel für Chemische und Physikalische Technologie der Kunststoffe erfolgen, „in deren Bereich Kunststoffstruktur, Eigenschaften und Prüfung zu betreuen wären". Das Fach Chemie der Kunststoffe sollte vorläufig ausschließlich durch auswärtige Lehrbeauftragte vertreten werden. Diesem Konzept entsprechend wurde auf die Lehrkanzel für Chemische und Physikalische Technologie der Kunststoffe ORR Dipl.-Phys. Dr.rer.nat. Johann Koppelmann mit Dienstantritt am 1.10.1971 berufen, der sich als langjähriger Leiter des Ultraschall-Laboratoriums und des Laboratoriums für Schwingungsdämpfung an der Physikalisch-Technischen Bundesanstalt in Braunschweig als international anerkannter Fachmann auf dem Gebiet der Physik und Prüfung der Kunststoffe ausgewiesen hatte.

Diese unbefriedigende Situation bezüglich des Faches Chemie der Kunststoffe führte im Juni 1972 auf Anregung durch Prof. Koppelmann zum Beschluß des Professorenkollegiums der Montanistischen Hochschule, „Bemühungen anzustellen, im Dienstpostenplan zwei weitere Lehrkanzeln für die Kunststofftechnik genehmigt zu erhalten". Als „Kunststofftechnik III" wurde hierbei die Lehrkanzel für Konstruieren in Kunst- und Verbundstoffen und als „Kunststofftechnik IV" die Lehrkanzel für Chemie der Kunststoffe vorgesehen. Diese Rückreihung der Kunststoffchemie auf den letzten Rang im Ausbauprogramm der Studienrichtung Kunststofftechnik wurde im wesentlichen mit der leichter realisierbaren räumlichen Unterbringung der Kunststoffkonstruktion begründet.

Mit dankenswerter Hilfe der Chemischen Industrie und des Labors für Kunststofftechnik am Technologischen Gewerbemuseum (LKT-TGM) gelang es, den Lehrbetrieb im Fach Chemie der Kunststoffe sicherzustellen. Der erste chemische Lehrauftrag wurde im Studienjahr 1971/72 von Dr. Hans Peter Frank, Österreichische Stickstoffwerke AG, Linz (heute: Petrochemie Danubia Ges.m.b.H.), wahrgenommen und bis zum Studienjahr 1973/74 im Rahmen des Institutes für Allgemeine und Analytische Chemie durchgeführt. Diese Aufgabe übernahm ab dem Studienjahr 1974/75 das Institut für Chemische und Physikalische Technologie der Kunststoffe.

Besondere Schwierigkeiten ergaben sich bei der Vorbereitung und der Durchführung der experimentellen Übungen zu „Organische Chemie und Kunststoffchemie", zu „Chemie der Kunststoffe" und zu „Physikalische Chemie der Kunststoffe". Die apparative Grundausstattung der chemischen Labors für Übungen und chemische Analytik erforderte Investitionen von ca. öS 3,0 Millionen, und es wurde ca. ein Drittel der Planstellen und des Raumes des Institutes für Chemische und Physikalische Technologie der Kunststoffe für den chemischen Aufgabenbereich bereitgestellt. Hierbei sind die besonderen Verdienste des Institutsvorstandes Prof. Koppelmann um den Aufbau des Faches Chemie der Kunststoffe hervorzuheben, die er vor allem durch die Widmung eines beträchtlichen Teils der im Rahmen seiner Berufungsverhandlungen zugesagten Mittel für die Grundausstattung eines ihm als Physiker ferner liegenden Gebietes erworben hat.

Der Verfasser dieses Berichtes sah sich seit April 1975 vor der Aufgabe, auf dieser Basis für die Weiterentwicklung des Faches Chemie der Kunststoffe zu sorgen. Er übernahm im Studienjahr 1975/76 den Lehrauftrag für „Physikalische Chemie der Kunststoffe", 1979/80 die Lehrveranstaltung „Einführung in die Chemie Organischer Werkstoffe" (für Werkstoffwissenschafter) und 1980/81 die Lehrveranstaltung „Organische Chemie und Kunststoffchemie". Die Forschungsarbeiten beschränkten sich zuerst auf das Gebiet „Molekulare Charakterisierung der Polymere"; im Mittelpunkt des Interesses standen dabei methodische Entwicklungen bei der Auswertung von Daten aus Gelpermeationschromatographie gekoppelt mit Lichtstreuung (Absolutbestimmung der Molmassenverteilung von Homopolymeren). Nach Zuweisung der Betreuung einer Assistentenstelle und des Labors für chemische Analytik niedermolekularer Stoffe durch den Institutsvorstand konnte ab August 1978 auch die chemische Analytik von niedermolekularen Zersetzungsprodukten, insbesondere bei thermischer Beanspruchung, Verunreinigungen und Zusatzstoffen von Kunststoffen einbezogen werden; den Schwerpunkt der Arbeiten bildeten hier Untersuchungen der Primärprozesse des thermischen Abbaues und deren Beeinflussung durch Flammhemmer (Chemismus der Abbaureaktionen). In begrenztem Umfang wurden auch Problemstellungen auf dem Gebiet der Chemischen Werkstoffprüfung und der Formulierung von Kunststoffen bearbeitet.

Wesentliche Beiträge zum Erfolg der Forschung auf dem Gebiet Chemie der Kunststoffe leisten die langjährigen wissenschaftlichen Mitarbeiter des Verfassers, an erster Stelle Ass.Prof. Univ.Doz. Dr. Johannes K. Fink, der sich 1989 für das Fach Makromolekulare Chemie habilitierte, ferner Dr. Johann Billiani, der im Rahmen des Forschungsschwerpunktes Kunststoff-Formteile bedeutende methodische Fortschritte erzielte und jene Dissertanten, die sehr anspruchsvolle experimentelle Arbeiten erfolgreich abgeschlossen haben: Manfred Dunky, Edmund Zenker, Christian Huber, C. T. Vijayakumar und Gerti H. Billiani geb. Irzl.

Diese vor Errichtung des Institutes für Chemie der Kunststoffe erbrachten Leistungen wurden in ca. 50 wissenschaftlichen Publikationen, 5 Dissertationen, 19 Diplomarbeiten und zahlreichen Forschungsberichten ausführlich dokumentiert [2,3,4].

## WIRKUNGSBEREICH UND AUSSTATTUNG

Dem Institut obliegt die Lehre und Forschung auf dem Gebiet der Chemie der Kunststoffe, d.h. der Chemie der die Kunststoffe i.w.S. aufbauenden synthetischen und abgewandelten natürlichen Makromoleküle einschließlich der niedermolekularen und oligomeren Zusatzstoffe, Zersetzungsprodukte und Verunreinigungen der Kunststoffe. Unter dem Begriff Kunststoffe i.w.S. sind die thermoplastischen und duroplastischen Formmassen, die Elastomere, die Chemiefasern, sowie die synthetischen organischen Klebstoffe und Lackharze zusammengefaßt. Zur Wahrnehmung dieser Aufgaben bedient sich das Institut der Methoden der Makromolekularen Chemie, der Organischen Chemie einschließlich der Analytischen Chemie Organischer Stoffe sowie der Chemischen Technologie und Chemischen Werkstoffprüfung der Kunststoffe i.w.S. Ferner wird vom Institut die Lehre auf dem Gebiet der Organischen Chemie in den Studienrichtungen Kunststofftechnik und Werkstoffwissenschaften wahrgenommen.

Dieser sehr breite Wirkungsbereich wird mit einer relativ geringen Personalausstattung bearbeitet.

Dem Institut stehen ca. 160 m$^2$ Nettonutzfläche zur alleinigen Verfügung, des weiteren werden Räume des Institutes für Chemie, Abteilung für Allgemeine und Analytische Chemie und Korrosionskunde, und des Institutes für Werkstoffkunde und -prüfung der Kunststoffe im Umfang von ca. 260 m$^2$ mitbenutzt.

Das Institut verfügt über eine Geräteausstattung im Neubeschaffungswert von ca. 8 Millionen öS; davon sind zwei Drittel Leihgeräte, die in dankenswerter Weise vom Fonds zur Förderung der Wissenschaftlichen Forschung, vom Jubiläumsfonds der Österreichischen Nationalbank, vom Forschungsförderungsfonds für die gewerbliche Wirtschaft und vom Wissenschafts- und Forschungslandesfonds des Landes Steiermark zur Durchführung von Forschungsprojekten zur Verfügung gestellt worden sind. Neben der Grundausstattung, wie sie insbesondere für die chemischen Laborübungen benötigt wird, verfügt das Institut über eine Reihe von Spezialapparaturen für die molekulare Charakterisierung und Thermoanalyse von Kunststoffen.

## INSTITUTSPERSONAL

Ao.Univ.Prof. Dr.phil. Klaus LEDERER, Institutsvorstand
Mag.rer.nat. Dr.mont. Gertrude BILLIANI, Vertragsassistentin (in Vertretung des bis 31.12.1989 karenzierten Assistenzprofessors Univ.Doz. Dr. J. K. FINK)
Eva EMMERSDORFER, Vertragsbedienstete (Chemielaborantin)
Armin FLÖSSHOLZER, Chemielaborantenlehrling
Mirjam SCHIMPFHUBER, von der Universitätsdirektion zugewiesene Jugendliche (Sekretariat)
Ferner arbeiten in den Laboratorien des Institutes drei Doktoranden sowie ein promovierter Angestellter der Forschungsgesellschaft Joanneum (Stand vom November 1989):
Dipl.Ing. Irmgard AMTMANN
Dipl.Ing. Marianne DÖSINGER
Mag.pharm. Johannes FÖLZER
Dr.mont. C. T. VIJAYAKUMAR

Als Lehrbeauftragte sind dem Institut zugeordnet (Stand im Studienjahr 1989/90):

Dr.phil. Ewald FORSTER
Dipl.Ing. Dr.techn. Jörg IMHOF
Dr.phil. Franz KÜGLER
Dipl.Ing. Dr.phil. Jürgen LENZ
Dr.phil. Kurt LEU
Hon.Prof. Dr.phil. Harald RAUCH-PUNTIGAM
Dr.phil. Franz SOMMER
Univ.Doz. Dipl.Ing. Dr.techn. Ernst WOGROLLY

## LEHRE

Abgesehen von den Einführungsvorlesungen aus Allgemeiner Chemie und Physikalischer Chemie, die vom Institut für Chemie angeboten werden, hat das Institut alle chemischen Lehraufgaben im Rahmen der Studienrichtung Kunststofftechnik wahrzunehmen, sowie die Einführung in die Chemie Organischer Werkstoffe für Werkstoffwissenschafter.

Im Ersten Studienabschnitt:
➢ ‚Einführung in die Organische Chemie und Kunststoffchemie':
Organische Verbindungsklassen und Kunststoffsorten, Rohstoffbasis der Kunststoffe.

Im Zweiten Studienabschnitt:
➢ ‚Chemie und Chemische Technologie der Kunststoffe':
Makromolekulare Chemie unter besonderer Berücksichtigung der molekularen Struktur der polymeren Grundstoffe, der Kinetik der Polyreaktionen, der Thermodynamik von Polymerlösungen und -mischungen, der Charakterisierung der Polymere. Reaktionstechnik der Polyreaktionen im Hinblick auf die Typenkunde polymerer Grundstoffe. Molekularer Abbau der Polymere. Kunststoffadditive (Funktionen, Produktgruppen, Anwendungsbereiche), Formulierung von Kunststoffen, chemische Aspekte der Kautschuk-, Lack- und Fasertechnologie sowie der Technologie wichtiger Kunststoffsorten (Polyolefine, PVC).

Diese Aufzählung entspricht der vorgesehenen Reihenfolge im Ablauf des Studiums. Es erscheint sinnvoll, mit den beiden Hochschullehrern des Institutes vorrangig die Einführungsvorlesungen, sowie die Lehrveranstaltungen über Makromolekulare Chemie einschließlich Reaktionstechnik und molekularen Abbaues abzudecken, wobei die Vertiefung dieses Grundlagenwissens in experimentellen Übungen erfolgt. Auswärtige Lehrbeauftragte sollten auf Dauer nur für ausgeprägt technologische Fächer eingesetzt werden. Die Lehrveranstaltungen über Kunststoffadditive und Formulierung von Kunststoffen sollten im Zuge des weiteren Ausbaues des Institutes allmählich von institutsangehörigen Hochschullehrern übernommen werden.

## FORSCHUNGSSCHWERPUNKTE

Unter Berücksichtigung der Arbeitsgebiete der anderen kunststofftechnischen Institute ergeben sich für die Forschung die folgenden Schwerpunktsbereiche:

1. Molekulare Charakterisierung der Kunststoffe (Polymere und niedermolekulare Verunreinigungen, Zusatzstoffe und Zersetzungsprodukte) zur Erforschung von Struktur-Eigenschaftsrelationen und zur Klärung technischer Fragestellungen bei der Eingangskontrolle von Rohstoffen bzw. bei Qualitätssicherung und Schadensforschung in der Kunststoffverarbeitung und -anwendung.

2. Chemische Reaktionen und physikalisch-chemische Prozesse, die bei der Aufbereitung und Verarbeitung von Kunststoffen ablaufen.

3. Chemische Prozesse, die bei der Einwirkung von Chemikalien, Hitze, Wetter usw. oder im Brandfall ablaufen und zur Schädigung von Kunststoffteilen führen können.

4. Chemische Typenkunde der handelsüblichen Kunststoffe und Optimierung der Rezeptur formulierter Produkte.

Mit Ausnahme des Bereiches 1 konnten diese Gebiete bisher nur punktuell bearbeitet werden. Die im Bereich 1 aufgebauten methodischen Möglichkeiten [3,4] bieten jedoch eine gute Basis für die Bearbeitung der anderen Arbeitsgebiete, sodaß eine dem Wirkungsbereich des Institutes entsprechende thematische Ausweitung der Forschung in nächster Zeit mit verhältnismäßig geringem Aufwand gelingen sollte.

**ANMERKUNGEN**

[1] G. B. FETTWEIS: private Mitteilung 1989.
[2] K. Lederer: „Lehre und Forschung im Fachgebiet Chemie der Kunststoffe", Österr. Kunststoff-Z. 12 (1981) H. 1/2, S. 21–23.
[3] K. Lederer, J. Billiani, C. T. Vijayakumar: „Fortschritte bei der molekularen Charakterisierung von Kunststoffen und deren Zersetzungsprodukten", Österr. Kunststoff-Z. 18 (1987), H. 9/10, S. 154–159.
[4] K. Lederer: „Zur Lage des Faches Chemie der Kunststoffe an der Montanuniversität Leoben", Dokumentation, März 1989 (Publikation mit beschränkter Verbreitung, erhältlich im Institut für Chemie der Kunststoffe).

*Verfasser:* K. LEDERER

# Institut für Eisenhüttenkunde

Das Institut für Eisenhüttenkunde hat seine Wurzeln im 1811 gegründeten Joanneum in Graz. Bereits 1814 wurde vom Kuratorium dieser Polytechnischen Lehranstalt an Kaiser Franz I. ein Gesuch zur Gründung der Lehrkanzel für Eisenhüttenkunde gerichtet. Die treibende Kraft war Erzherzog Johann, der dem Eisenwesen für die industrielle Entwicklung des Landes eine Schlüsselstellung zuwies. Eine Studienreise 1815/16 nach England überzeugte ihn vollends davon. Im Land der industriellen Revolution erlebte er das Eisenwesen in einem ungeahnten Aufschwung, während es, nicht zuletzt wegen der technischen Rückständigkeit, in Österreich darniederlag. Von der 1816 gegründeten Lehrkanzel für Eisenhüttenkunde sollte, mit Alois von Widmannstätten als Professor, die Erneuerung des Eisenwesens Innerösterreichs ausgehen. Der 62-jährige Widmannstätten, Direktor des Kaiserlichen Fabriksprodukten-Kabinettes in Wien, hat den Ruf aber nicht angenommen. Da ein anderer Fachmann offensichtlich nicht zur Verfügung stand, konnte die Lehrkanzel nicht errichtet werden.

Im Jahr 1828 wurde die Lehrkanzel wieder beantragt. Die kaiserliche Genehmigung erfolgte im März 1829 mit der Auflage, die Ausrichtung der Lehrkanzel genau zu beschreiben. Diese Aufgabe übernahm ein Ausschuß des Joanneums unter Vorsitz Erzherzog Johanns. Das Beratungsergebnis wurde 1830 vorgelegt. Es enthielt den Entwurf eines Lehrplanes, der auf der Feststellung aufbaute, daß die Hüttenkunde sowohl theoretisch als auch praktisch unterrichtet werden müsse. Weiters wurde die Verlegung der Lehrkanzel von Graz nach Vordernberg empfohlen, weil dort Bergbau, Hochöfen und Hammerwerke für den praktischen Unterricht in der notwendigen Vielfalt vorhanden waren. Der Beschluß wurde von den steiermärkischen Ständen erst im Jahre 1833 gefaßt, nachdem Erzherzog Johann den Aufbau einer Lehrkanzel für Berg- und Hüttenkunde dringend gefordert und Peter Tunner, den Verweser des Hammerwerkes in Katsch, zur Berufung vorgeschlagen hatte.

Mit der Ernennung Peter Tunners zum Professor für Berg- und Hüttenkunde am 15. Mai 1835 beginnt auch die unmittelbare Geschichte des Institutes für Eisenhüttenkunde. Der 26-jährige Peter Tunner war schon damals ein vielseitiger und erfolgreicher Hüttenmann. Die Praxis der Eisen- und Stahlherstellung hatte er im Eisenwerk Turrach, wo sein Vater Verweser war, und durch eine 6-jährige Tätigkeit in verschiedenen alpenländischen Hüttenwerken erlernt. Das allgemeine Ingenieurwissen seiner Zeit und die naturwissenschaftlichen Grundlagen hatte er durch sein Studium (1828–1830) am Polytechnischen Institut in Wien erworben. Um die neuesten Entwicklungen des Hüttenwesens kennenzulernen, wurden dem jungen Professor mehrere Studienreisen ermöglicht. Von Oktober 1835 bis Dezember 1837 bereiste er Mähren, Schlesien, Böhmen, Sachsen, Preußen, Schweden, England, Belgien, Frankreich und Württemberg. 1838 führten ihn zwei weitere Reisen zu den wichtigsten Berg- und Hüttenwerken in Ungarn, Oberitalien, Tirol, Salzburg und im grenznahen Bereich Bayerns.

Die Bergbaue und Eisenwerke in der Steiermark und in Kärnten hatte er inzwischen ebenfalls, die wichtigsten sogar mehrfach, besucht. Er berichtete der heimischen Eisenindustrie über den Stand der Technik in Europa und bemühte sich um Verbesserungen in der Anlagen- und Verfahrenstechnik. Sechs Veröffentlichungen mit Hinweisen für notwendige Verbesserungen und Neuerungen bei der Roheisen- und Stahlherstellung, bei der Formgebung durch Walzen und Schmieden, sowie die Einführung der Winderhitzung bei Hochöfen unter seiner persönlichen Beteiligung, zeugen in den Jahren 1838 bis 1840 von der wertvollen Tätigkeit Tunners für das steirische Eisenwesen. Als Peter Tunner mit der Eröffnung der Steiermärkisch-Ständischen Montanlehranstalt in Vordernberg am 4. November 1840 die Lehrtätigkeit aufnahm, hatte er im In- und Ausland ein hohes Ansehen als Eisenhüttenmann und verfügte, wie kein anderer seiner Zeit, über umfassende Kenntnisse des europäischen Eisenwesens und der damaligen Hüttentechnik.

## ENTWICKLUNG DES INSTITUTES IN LEHRE UND FORSCHUNG

In der 150-jährigen Geschichte des Institutes für Eisenhüttenkunde waren hervorragende Persönlichkeiten als Professoren tätig, die richtunggebend für die Hochschule und das österreichische Eisenwesen wirkten. Sie sind in der folgenden Tabelle angeführt:

Peter Ritter von TUNNER
    1835 – 1874, O.Professor für Berg- und Hüttenkunde
Franz Ritter von SPRUNG
    1849 – 1857, O.Professor für Hüttenkunde
Robert RICHTER
    1857 – 1861, O.Professor für Hüttenkunde
Franz KUPELWIESER
    1866 – 1899, O.Professor für Eisen-, Metall- und Sudhüttenkunde
Josef GÄNGL von EHRENWERTH, Dr.-Ing. E.h. Dr. mont.h.c.
    1880 – 1896, Ao.Professor für Eisenhüttenkunde
    1900 – 1914, O.Professor für Eisen-, Metall- und Sudhüttenkunde
Karl BRISKER
    1911–1917, tit.Ao.Professor für Eisenhüttenkunde
    1917 – 1920, O.Professor für Eisenhüttenkunde
Othmar KEIL-EICHENTHURN, Dr.-Ing.
    1921 – 1932, O.Professor für Eisenhüttenkunde
Richard WALZEL, Dipl.Ing.Dr.mont.
    1933 – 1957, O.Professor für Eisenhüttenkunde
Herbert TRENKLER, Dipl.Ing.Dr.mont.
    1958 – 1977, O.Professor für Eisenhüttenkunde
Herbert HIEBLER, Dipl.Ing.Dr.mont.
    seit 1979, O.Professor für Eisenhüttenkunde.

Peter Tunner, der Gründungsprofessor der Vordernberger Lehranstalt, unterrichtete von 1840 bis 1848 Bergbaukunde und Hüttenkunde. Dem Produktionsweg folgend stand im ersten Studienjahr der Bergkurs und im zweiten der Hüttenkurs am Studienplan. Im Hüttenkurs war Eisenhüttenkunde der Schwerpunkt. Eisenhüttenkunde lehrte Tunner in Theorie und Praxis nach eigenen Aufzeichnungen, die neueste Fortschritte im Hüttenwesen enthielten. Seine Vorlesungen bauten auf den naturwissenschaftlichen Grundlagen und technischen Kenntnissen eines polytechnischen Studiums auf, das seine ordentlichen Hörer in Graz, Wien oder Prag absolviert hatten. Von den zehn Monaten des Studienjahres wurden etwa fünf für den theoretischen Unterricht, zwei für praktische Arbeiten, zwei für Exkursionen und einer für die Berichterstattung und die Prüfungen verwendet.

Peter Tunner unterrichtete seine Studenten auch eigenhändig in der Praxis der Eisen- und Stahlherstellung an den Hochöfen in Vordernberg und in den Frischhütten der Umgebung. Bereits 1843 stand für Übungen die nach seinen Plänen errichtete Lehrfrischhütte zur Verfügung. Der Unterricht im Werksrechnungswesen (Betriebswirtschaft) „nach Mustern der vorzüglichsten Werksrechnungen und nach eigenen Schriften" gehörte ebenfalls zur praxisbezogenen Ausbildung. Jedes Studienjahr schloß mit einer Hauptexkursion, einem wichtigen Bestandteil der gesamten Ausbildung.

In Bild 1 ist der Reiseweg der ersten Hüttenmännischen Hauptexkursion, die Peter Tunner im Jahre 1842 mit seinen Studenten durchgeführt hat, dargestellt. Im Generalbericht über diese Exkursion schreibt Tunner, daß die praktische Verwendung der Studenten in den landesüblichen Eisen- und Stahlfrischprozessen 30 Tage dauerte und unter Anleitung des Werkspersonals und seiner selbst in den Schwarzenbergischen Eisenwerken stattfand. Anschließend erfolgte während 39 Reise- und Besuchstagen die Besichtigung zahlreicher Eisenwerke.

Mit dieser ersten Hüttenmännischen Hauptexkursion hat Peter Tunner eine Tradition gegründet, die ungebrochen bis in die Gegenwart reicht. Die praktische Tätigkeit der Studenten in den Betrieben

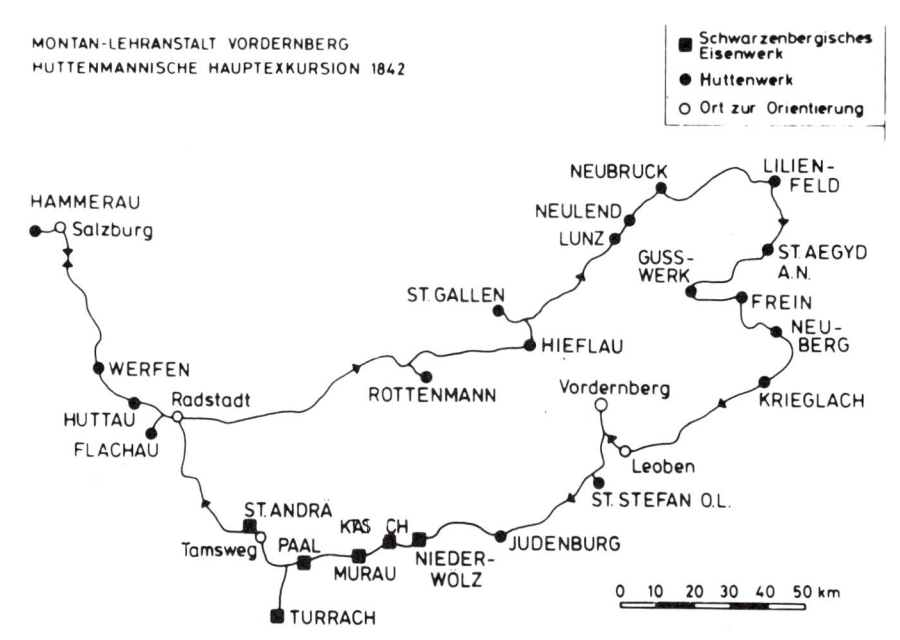

Bild 1: Weg der Hüttenmännischen Hauptexkursion 1842, nach H.-J. Köstler.

(Ferialpraxis) und die Exkursionen sind auch heute noch ein wichtiger Bestandteil des Studiums und im Lehrplan verankert. Die alljährlich veranstaltete, zweiwöchige Hüttenmännische Hauptexkursion, in Hüttenwerke und Verarbeitungsbetriebe des In- und Auslandes, dient heute wie damals dem vergleichenden Kennenlernen neuester Verfahrens- und Anlagentechnik in verschiedenen Betrieben (Bild 2).

Mit der Übersiedlung der Lehranstalt nach Leoben und den im Jahr 1849 erfolgten Berufungen von Albert Miller zum Professor für Bergbaukunde und Franz Sprung zum Professor für Hüttenkunde wurde Peter Tunner, nunmehr Direktor der k.k. Montanlehranstalt in Leoben, vom Lehrbetrieb erstmals entlastet. In dem nun alljährlich durchgeführten Hüttenkurs trug er nur mehr die spezielle Eisenhüttenkunde und Hüttenmechanik vor und konnte sich nun auch der Forschung besser widmen.

Franz Sprung lehrte die allgemeine Hüttenkunde und Hüttenmechanik, die Probierkunde, die spezielle Metall- und Salzsudhüttenkunde, und hatte auch die Hüttenmännische Hauptexkursion auszurichten.

Bild 2: Studenten auf Exkursion. Teilgruppe diskutiert im Elektrostahlwerk.

Der umfassend gebildete Montanist Franz Sprung – er hatte das juridische Studium an der Universität Graz, das montanistische an der k.k. Bergakademie in Schemnitz und im ersten Jahrgang auch das Studium in Vordernberg absolviert, war Assistent bei Professor Tunner und danach als Berg- und Hüttenverwalter tätig – legte aber bereits 1857 seine Professur wieder zurück und ging als Werksdirektor in die Industrie.

Robert Richter, Privatdozent an der Bergakademie Freiberg, wurde noch im selben Jahr als Nachfolger berufen. Der Chemiker Richter wurde ein wertvoller Mitarbeiter Peter Tunners bei dessen Untersuchungen an zwei unterschiedlich betriebenen Hochöfen. Erstmals wurden mit Hilfe von Meßsonden aus den verschiedenen Zonen Gas- und Erzproben entnommen und in situ die Temperatur, der Druck und die Zusammensetzung des Gases bestimmt. Weiters wurden gekapselte Erzproben durch den Hochofen geschickt und ihre Erwärmung und Reduktion verfolgt. Die wissenschaftlich einwandfrei durchgeführten Untersuchungen widerlegten bestehende Ansichten und brachten neue Erkenntnisse über die Lage der Verbrennungs- und der Reduktionszone und über die Bedeutung der Ofenprofile. (P. Tunner: „Ein Beitrag zur näheren Kenntnis des Eisenhochofenprozesses durch direkte Bestimmungen", Berg- und Hüttenmänn. Jahrbuch 1860, S. 281). Diese erfolgreiche Zusammenarbeit mit Peter Tunner hat sicherlich dazu beigetragen, daß Robert Richter 1861 auf das neu errichtete Ordinariat für Physik und Chemie berufen wurde.

Auf der Stahlwerksseite befaßte sich Peter Tunner in den 50er Jahren mit der Herstellung von Zementstahl sowie dessen Umschmelzen zu Tiegelstahl und mit der Puddelstahlherstellung. Gegen Ende des Jahrzehntes hat er sich für die Einführung des in England entwickelten Bessemer-Stahlherstellungsverfahrens besonders eingesetzt. Er hat diese revolutionierende Erfindung schon 1857 richtig bewertet und über die in England und Schweden gemachten Fortschritte jährlich berichtet, bis schließlich auf sein Betreiben hin der erste Bessemer-Konverter in Turrach aufgestellt wurde. Die Inbetriebnahme erfolgte unter seiner Leitung im Jahre 1863 und brachte den Durchbruch des Bessemer-Verfahrens und den Beginn des Flußstahlzeitalters in Österreich.

Peter Tunner hat sich auch um die Einführung neuer Walzverfahren und die Entwicklung einer eigenen Schienenproduktion in Österreich sehr verdient gemacht. Es gibt von ihm eine Reihe von Veröffentlichungen über das Walzen und Schmieden, die erste stammt aus dem Jahr 1839, die letzte aus 1890, und ein Lehrbuch „Über die Walzenkalibrierung", dessen Titelseite in Bild 3 gezeigt ist.

Mit Ende des Studienjahres 1865/66 beendete Peter Tunner seine Lehrtätigkeit, blieb jedoch bis zu seiner Emeritierung im Jahre 1874 Direktor der k.k. Bergakademie Leoben. Mit dem Eisenhüttenwesen blieb er bis ins hohe Alter verbunden, wovon seine Veröffentlichungen zeugen.

Von Peter Tunner sind in der Zeit von 1838 bis 1891 rund 242 Veröffentlichungen bekannt. Davon allein 210 auf dem Gebiet des Eisenhüttenwesens. Die bewundernswerte Breite seiner Veröffentlichungen reicht von den Erzen und Brennstoffen, über alle Stufen der Herstellung und Verarbeitung, bis zu den Werkstoff- und Produkteigenschaften des Stahles. Er behandelt auch Fragen der Analysentechnik, der Schlacken und deren Verwertung, der Feuerungstechnik und der Energiewirtschaft, sowie betriebs- und volkswirtschaftliche Themen in Verbindung mit dem Hüttenwesen.

Neben den wissenschatlichen Arbeiten war Peter Tunner um den „Technologietransfer", wie wir heute sagen würden, stets bemüht. Regelmäßig unterrichtete er Fachleute und Industrielle über die neuesten Entwicklungen auf dem Gebiet des Hüttenwesens. Seine internationalen Kontakte, seine Reisen, die ihn bis nach Nordamerika führten, und die Sprachkenntnisse kamen ihm dabei sehr zustatten. Sein besonderes Anliegen war die zeitgemäße Ausbildung der Studenten und die Weiterbildung der Leobener Absolventen. Regelmäßig informierte er sich auch über die Studienpläne und Ausbildungsprofile der Bergakademien und gleichwertiger Schulen anderer Länder. Mit der Einberufung der ersten Versammlung innerösterreichischer Berg- und Hüttenleute 1864 in Leoben begründete Peter Tunner die Jahrestagungen der technisch-wissenschaftlichen Vereine, eine Tradition, die im Österreichischen Bergbautag und im Österreichischen Eisenhüttentag noch heute fortlebt.

1866 wurde Franz Kupelwieser als Professor für Eisen-, Metall- und Sudhüttenkunde berufen. Er war Absolvent der Montanlehranstalt Leoben und seit

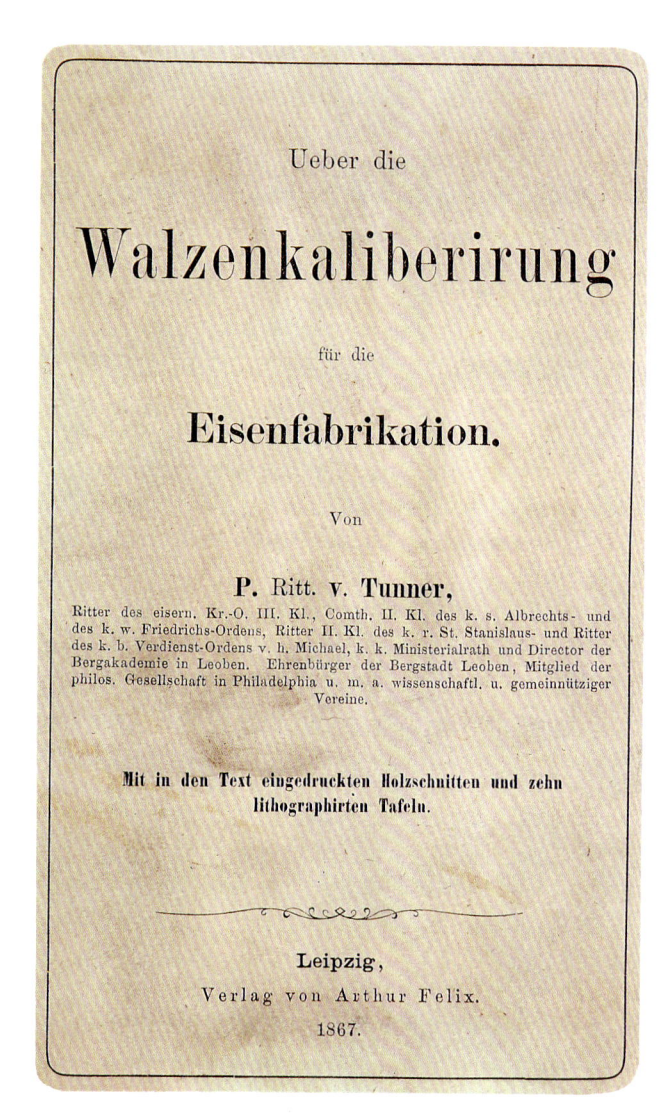

Bild 3: Titelblatt des Lehrbuches von Peter Tunner „Über die Walzenkaliberirung für die Eisenfabrikation." Leipzig 1867. Eisenbibliothek Köstler.

1862 Dozent für Hüttenkunde. Seine praktischen Erfahrungen hatte er in einem Eisenwerk im Banat erworben.

Franz Kupelwieser hat sich neben der Lehre mit der Verbesserung der Hochofentechnik, des Energieeinsatzes und der Energiewirtschaft, sowie mit betriebswirtschaftlichen Fragen des Hüttenwesens beschäftigt. Besonders hat er sich um das neue Siemens-Martin-Stahlerzeugungsverfahren verdient gemacht und bei dessen Einführung in Österreich entscheidend mitgewirkt.

In Kupelwiesers Amtszeit wurde eine umfassende Bewertung des 1879 in die Praxis eingeführten Thomas-Verfahrens vorgenommen und ein Kommissionsbericht erstellt. Dieser besagte, daß das Thomasverfahren für die alpenländischen Stahlwerke nicht in Frage komme. Bei der gegebenen Erzbasis müsse man auf Qualitätsstahl bedacht sein, und es wurde empfohlen, das Siemens-Martin-Verfahren zu bevorzugen. Leiter der Kommission war Peter Tunner. An der metallurgischen Bewertung hat auch der spätere Professor Josef Gängl von Ehrenwerth, damals noch Adjunkt für Hütten- und Probierkunde, entscheidend mitgewirkt. Von 1879 bis 1881 veröffentlichte Gängl in 47 Teilberichten seine grundlegenden Arbeiten über den Thomas-Gilchrist-Prozeß. Er stellte erstmals die Wärmebilanz auf und beschrieb die entscheidende Rolle des Phosphors und dessen Einbindung in die basische Schlacke. In Anerkennung dieser vorzüglichen Arbeiten wurde ihm 1880 der Titel eines Außerordentlichen Professors für Eisenhüttenkunde an der Bergakademie Leoben verliehen. Seine zahlreichen übrigen Veröffentlichungen zeigen, daß sich Gängl von Ehrenwerth auch mit dem Hochofenprozeß, dem Siemens-Martin-Prozeß, mit der Gaserzeugung, mit Brennstoffen und der Feuerungstechnik, mit dem Brennen und dem Einsatz von Magnesit, sowie mit den Fragen der direkten Stahlherstellung beschäftigte.

1896 nahm Gängl von Ehrenwerth einen Ruf als ordentlicher Professor für Eisen-, Metall- und Sudhüttenkunde in Pribram an. 1900 wurde er auf die gleichnamige Lehrkanzel nach Leoben als Nachfolger des emeritierten Franz Kupelwieser berufen. Während seines Leobener Ordinariates beschäftigte sich Gängl hauptsächlich mit der Anlagentechnik des Hochofens, der Gichtgaswirtschaft und der Brennstofftechnologie. Besonders bemerkenswert ist eine profunde Veröffentlichung über das neue Stahlherstellungsverfahren im Elektrolichtbogenofen.

Für seine hervorragenden Arbeiten über das Thomas-Verfahren wurde ihm im Jahre 1910 das Ehrendoktorat der Technischen Hochschule Aachen verliehen. 1916, zwei Jahre nach seiner Emeritierung, wurde Gängl von Ehrenwerth auch Ehrendoktor der Montanistischen Hochschule Leoben.

Nachdem 1907 ein eigenes Ordinariat für Metall- und Sudhüttenkunde geschaffen wurde, war vom Nachfolger Gängls, Karl Brisker, der im Jahre 1917 als Ordinarius berufen wurde, nur mehr die Eisenhüttenkunde zu vertreten. Brisker, Leobener Absolvent und seit 1905 Privatdozent für Eisenhüttenkunde, erhielt 1912 den Titel eines außerordentlichen Professors für Eisenhüttenkunde an der Montanistischen Hochschule Leoben. Von 1913–1917 supplierte er die Lehrkanzel. Sein wissenschaftliches Hauptinteresse galt noch dem Hochofen und der Roheisenerzeugung, doch befaßte er sich erstmals auch mit Fragen des Gefüges von Stahl und mit werkstoffkundlichen Untersuchungsverfahren. Sein früher Tod, im Jahre 1920, ließ ihn diese Richtung aber nicht weiterführen.

Im Jahr 1921 wurde Dr.-Ing. Othmar Keil-Eichenthurn, Absolvent der Bergakademie Freiberg und zuletzt Lehrbeauftragter am Institut für Eisenhüttenkunde der Technischen Hochschule Aachen, als Ordinarius für Eisenhüttenkunde nach Leoben berufen. Er gab dem Institut eine neue, vorwiegend werkstoffkundliche Ausrichtung. Mit Unterstützung der Gesellschaft von Freunden der Montanistischen Hochschule wurden die Metallographie aufgebaut und Werkstoffprüfeinrichtungen, Wärmebehandlungsanlagen und Schmelzeinrichtungen angeschafft. Übungen in den Laboratorien bekamen für die Ausbildung der Studenten einen hohen Stellenwert.

Die Forschungsarbeiten Keil-Eichenthurns und seiner Mitarbeiter, als Beispiel seien Mitsche, Legat und Trenkler genannt, befaßten sich mit der Graphitbildung im Gußeisen, den Gefügen von Gußeisen und Stählen sowie deren Werkstoffeigenschaften. Sein Interesse galt auch der Beschreibung metallurgischer Reaktionen mit Hilfe der Physikalischen Chemie und dem Elektrostahlverfahren.

Keil-Eichenthurn hat auch die Kontakte zwischen Hochschule und Industrie sehr gefördert. Auf seine Initiative gehen die Gründung des technisch-wissenschaftlichen Vereins „Eisenhütte Österreich" im Jahre 1925 zurück und dessen enge Zusammenarbeit mit dem Verein Deutscher Eisenhüttenleute. Eine plötzliche Krankheit riß Keil-Eichenthurn 1932 aus seinem erfolgreichen Schaffen.

1933 wurde Dipl.Ing. Dr.mont. Richard Walzel, Absolvent der Montanistischen Hochschule Leoben und Leiter der Stahlversuchsabteilung in Donawitz, auf die vakante Lehrkanzel berufen. Er setzte die werkstoffkundlich orientierte Linie in Forschung und Lehre am Institut fort. Schwerpunkte der Forschungsarbeiten waren die Entwicklung von hochfesten Schienenstählen und deren Verschleißprüfung, sowie Untersuchungen zur Wärmebehandlung, Aushärtung und Alterung von Stählen. Metallurgisch-verfahrenstechnische Fragen behandelte er in enger Zusammenarbeit mit der Industrie, so z.B. die Entschwefelung von Roheisen durch Soda. Viele Absolventen erinnern sich noch an Walzel als ihren Lehrer und an die interessanten Exkursionen in in- und ausländische Hüttenwerke. Er ist auch als ehrenamtlicher Geschäftsführer der Eisenhütte Österreich in Erinnerung, der sich nach den Kriegswirren um die Wiedergründung des Vereins sehr verdient gemacht hat und der ab 1950 durch regelmäßige Veranstaltungen von Fachvorträgen und den alljährlichen Eisenhüttentag für einen lebhaften Gedankenaustausch unter den Hüttenleuten sorgte.

Als Nachfolger Walzels wurde im Jahre 1958 Dipl.Ing. Dr.mont. Herbert Trenkler berufen. Trenkler, ein Schüler Keil-Eichenthurns, war zuletzt Hüttendirektor der VÖEST in Linz. Unter seiner Leitung wurde dort das LD-Verfahren bis zur Betriebsreife entwickelt. Dieser Erfolg und die Publikationen über das LD-Verfahren hatten Trenkler weltweit bekannt gemacht. Das neue LD-Verfahren brachte eine stürmische Entwicklung der Stahlindustrie. Mit Trenkler kam diese Dynamik als Aufbruchsstimmung auch an das Institut, das bald nach seinem Amtsantritt einen Zustrom von jährlich rund 100 Studenten zu bewältigen hatte. Trenkler sah seine vornehmste Aufgabe in der Lehre. Von einem hohen Wissensstand aus, den er stets noch zu erweitern und zu vertiefen bemüht war, vermittelte er in Theorie und Praxis eine moderne Eisenhüttenkunde. Er gab umfangreiche Skripten heraus und hielt diese durch regelmäßige Erneuerungen und Ergänzungen aktuell. Ein besonderes Anliegen waren für Trenkler auch die Hüttenmännischen Exkursionen, die er im Geiste Peter Tunners alljährlich zu neuen Höhepunkten führte.

In der Forschung wandte sich Trenkler der anwendungsorientierten metallurgischen Grundlagenforschung zu. Reduktionsverhalten der Eisenerze; Viskosität von Metallschmelzen; Verzunderung der Stähle unter verschiedenen Atmosphären; Warmtorsionsuntersuchungen und Nitrieren von Stählen waren die Hauptthemen. Auf Trenklers Initiative wurde vom technisch-wissenschaftlichen Verein „Eisenhütte Österreich" die Wissenschaftshilfe eingerichtet. Sie gab den hüttenmännisch ausgerichteten Instituten die notwendige finanzielle Unterstützung für ihre Forschungsarbeiten. Mit dieser Hilfe wurden am Institut für Eisenhüttenkunde Forschungseinrichtungen angeschafft und Dissertanten beschäftigt, die auch bei der Betreuung der Studenten mitwirkten.

Unter Federführung Trenklers wurde der erste Forschungsschwerpunkt des Fonds zur Förderung der wissenschaftlichen Forschung, „Eisen- und Nichteisenmetallforschung", an der Hochschule eingerichtet und erfolgreich abgeschlossen.

Die ausgezeichneten Kontakte zur Praxis führten auch zu vielen Diplomarbeiten und Dissertationen, die in der Industrie gemacht wurden.

Während seiner gesamten Amtszeit stand Trenkler der „Eisenhütte Österreich" als geschäftsführendes Vorstandsmitglied und 11 Jahre auch als Vorsitzender zur Verfügung und sorgte auch damit für die enge Verbindung des Institutes mit der Praxis. Viele große internationale Veranstaltungen, so z.B. die erste Stranggießtagung in Leoben, gehen auf die Initiative Trenklers zurück.

Im Hinblick auf seine Emeritierung im Studienjahr 1977/78 übernahm Trenkler die Neubearbeitung und Herausgabe des Standardwerkes „Gmelin-Durrer – Metallurgie des Eisens". Gemeinsam mit seinem Schüler Dr.mont. Wilfried Krieger, hat er 5 Doppelbände zur „Theorie und Praxis der Stahlerzeugung" herausgebracht, an denen auch viele seiner ehemaligen Schüler und Assistenten mitgearbeitet haben. 1987 legte Trenkler die Weiterführung dieses Werks in die Hände seines Nachfolgers, der seit 1979 das Institut führt.

## WIRKUNGSBEREICH UND AUSSTATTUNG DES INSTITUTES

Durch den raschen technischen Fortschritt in allen Bereichen und die wechselnden wirtschaftlichen Rahmenbedingungen für die Stahlerzeugung und Stahlverwendung ist auch die Eisenhüttenkunde einem laufenden Wandel unterworfen. Sie verzweigt sich in den traditionellen Fachgebieten immer stärker und erfährt von Jahr zu Jahr eine tiefere wissenschaftliche Durchdringung. Dazu kommen neue Gebiete wie Prozeßautomatisierung, Qualitätssicherung, Expertensysteme und Verfahrens- und Prozeßoptimierung im Hinblick auf geringstmögliche Umweltbelastungen. Dadurch ergeben sich in relativ kurzer Zeit neue Schwerpunkte, die in Lehre und Forschung zu berücksichtigen sind.

In der Lehre ist vom Institut, ungeachtet dieser Tatsachen, nach wie vor das gesamte Gebiet der Metallurgie und Verfahrenstechnik der Eisen- und Stahlherstellung einschließlich der Wärmebehandlung und der Schweißtechnik, sowie die Werkstoffkunde der Stähle, in Theorie und Praxis zu vertreten. Die Forschung kann dazu nur punktuell und aus den gegebenen Möglichkeiten heraus betrieben werden. Das Institut ist aber bemüht, auf den Hauptgebieten: Reduktionsmetallurgie, Roheisenbehandlung, Konverter- und Pfannenmetallurgie, Vergießen und Erstarren des Stahles sowie Wärmebehandlung, anwendungsorientierte Grundlagenforschung zu betreiben und eigene Projekte zu führen. Die verfahrens- und produktspezifischen Entwicklungsarbeiten, die sehr personal- und geräteintensiv sind, werden von der Industrie durchgeführt. Im Rahmen von Diplomarbeiten und Dissertationen ist eine Mitarbeit des Institutes bei einzelnen Projekten gegeben.

Am Institut sind neben der Werkstätte ein Reduktions- und Verzunderungslabor, ein Schmelzlabor, ein Wärmebehandlungslabor sowie ein Mikroskopielabor und ein Labor für die Werkstoffprüfung eingerichtet (siehe dazu auch die Bilder 4 und 9).

## INSTITUTSPERSONAL

O.Univ.Prof. Dipl.Ing. Dr.mont. Herbert HIEBLER, Institutsvorstand
Dipl.Ing. Ewald MAXL, Universitätsassistent
Dipl.Ing. Axel SORMANN, Universitätsassistent
Dipl.Ing. Johann ZIRNGAST, Universitätsassistent
Dipl.Ing. Dr.mont. Manfred HANKE, Oberrat
Claudia PELKA, Vertragsbedienstete
Johann KLUG, Oberoffizial
Ewald SUCHADOLNIK, Kontrollor
Gerhard WINKLER, Vertragsbediensteter

Die beiden im Ruhestand befindlichen Fachinspektoren Alfred Taufer und Benno Pilz haben über mehrere Jahrzehnte für das Institut wertvolle Arbeit geleistet und sind diesem auch heute noch eng verbunden.

Dem Institut fachlich zugeordnet sind:

em.Univ.Prof. Dipl.Ing. Dr.mont.
Herbert TRENKLER
Hon.Prof. Dipl.Ing. Dr.mont. Max KRONEIS
Univ.Doz. Dipl.Ing. Dr.mont. Wilfried KRIEGER
Univ.Doz. Dipl.Ing. Dr.mont.
Günther RABENSTEINER
LB Dipl.Ing. Dr.-Ing. Hans-Jörg KÖSTLER
LB Dipl.Ing. Dr.mont. Otto PAAR

## LEHRE

Das Institut für Eisenhüttenkunde versorgt alle Studienzweige der Studienrichtung Hüttenwesen und die Studienrichtungen Gesteinshüttenwesen, Montanmaschinenwesen und Werkstoffwissenschaften mit Pflichtlehrveranstaltungen, zusätzlich werden Freifächer angeboten. Die Lehrinhalte aus Eisenhüttenkunde I bis IV können durch folgende Hauptkapitel charakterisiert werden: Physikalisch-chemische, metallurgische und verfahrenstechnische Grundlagen der Eisenerzeugung und Stahlherstellung; Rohstoffe und Energieträger; Beurteilung, Vorbehandlung und Stückigmachen der Erze; Roheisenerzeugung im Hochofen; Direktreduktions- und Schmelzreduktionsverfahren; Roheisenvorbehandlung; Stahlerzeugung im Sauerstoffblaskonverter und im Elektrolichtbogenofen; Pfannen- und Sekundärmetallurgie; Grundlagen der Erstarrung des Stahles; Anlagen- und Verfahrenstechnik des Block- und Stranggießens; Seigerungen und Fehler am Gußprodukt; Warm- und Kaltverformung der Stähle aus metallurgischer Sicht; Wärmebehandlung; Automatisierung der Eisen- und Stahlherstellungsprozesse; Umweltschutz in der Stahlindustrie; Erzeugungslinien für Flach-, Lang- und Schmiedeprodukte unter besonderer Berücksichtigung der Werkstoff- und Produkteigenschaften.

Weitere Lehrveranstaltungen sind: Sonderstahlkunde; Schweißtechnik; Technische Wärmebehandlung von Eisenwerkstoffen; Hüttenkunde für Montanmaschinenbauer; Eisen- und Stahlmetallurgie.

Als Freifächer werden angeboten: Ausgewählte Kapitel der Stahlerzeugung; Qualitätssicherung in der Hüttenindustrie; Anleitung zu Forschungsarbeiten auf dem Gebiet des Eisenhüttenwesens; Privatissimum für Doktoranden; Geschichte des Eisenhüttenwesens.

Die Übungen zu den Pflichtvorlesungen werden in den Laboratorien des Institutes und in den Hüttenwerken Donawitz und Kapfenberg durchgeführt. Pro Semester gibt es außerdem eine Halbtages- oder Tagesexkursion in Hüttenwerke und Weiterverarbeitungsbetriebe.

Bild 4: Blick auf die Induktionsofengruppe des Schmelzlabors.

Am Ende des 8. Semesters wird die zweiwöchige Eisenhüttenmännische Hauptexkursion durchgeführt. In den letzten Jahren wurden dabei Unternehmen und Werke in Österreich, der Bundesrepublik Deutschland sowie in Belgien, Holland, Luxemburg und der Schweiz besucht.

Die Zahl der Diplomarbeiten und Dissertationen, die vom Institut in seiner langjährigen Geschichte betreut wurden, läßt sich nicht mehr genau feststellen. Seit 1959 können 388 Diplomarbeiten und 75 Dissertationen genannt werden. Die Themen dieser wissenschaftlichen Arbeiten umfassen das gesamte vom Institut zu vertretende Fachgebiet.

In den letzten 30 Jahren haben sich folgende Herren im Bereich der Eisenhüttenkunde habilitiert:

Erwin Plöckinger:
Arbeitsmethodik metallurgischer Forschungs- und Entwicklungsarbeiten (1960)

Erich Folkhard:
Schweißkunde unter besonderer Berücksichtigung der Eisenwerkstoffe (1968)

Wilfried Krieger:
Stahlherstellung (1987)

Günther Rabensteiner:
Schweißtechnik (1989).

Regelmäßig sind, meist als Stipendiaten, junge Wissenschafter aus anderen Ländern zu Gast, die mindestens für 1 Jahr am Institut an ihrer Dissertation oder Habilitation arbeiten. Viele davon haben in ihren Heimatländern Karriere gemacht; als Beispiele seien genannt:

G. Csabalik, Prof., T.U. Miskolc, Ungarn
H. Matsunaga, Chef der Forschung und Entwicklung der Nippon Steel Corp., Japan
O. Mikadse, Univ.Doz., Tiflis, UdSSR
G. Surgutchov, Prof., Institut für Stahl und Legierungen, Moskau, UdSSR
B. D. You, Leiter der Stahlforschung der RIST, Republik Korea.

Zur Zeit ist G. Xia, Assistent an der Nordost-Technischen Universität Shenyang, VR China, als Gastforscher am Institut.

## ARBEITSGEBIETE

Aus den Forschungsgebieten Reduktionsmetallurgie, Roheisenbehandlung, Konverter- und Pfannenmetallurgie, Vergießen und Erstarren sowie Wärmebehandlung wird im folgenden je ein Beispiel gebracht.

### SCHMELZREDUKTION MIT WASSERSTOFF

Die Schmelzreduktion von Eisenerz mit Wasserstoff zielt auf die direkte Herstellung von flüssigem, kohlenstofffreiem Eisen, wobei in der idealen Vorstellung Schmelzvorgang und Reduktion gleichzei-

Bild 5: Plasmaofen für Schmelzreduktionsversuche mit Kühlfalle (rechts) zur Wasserabscheidung. VOEST-ALPINE Industrieanlagenbau Ges.m.b.H., Linz.

tig oder direkt hintereinander ablaufen sollten. Über die Schmelzreduktion mit Wasserstoff ist bisher noch sehr wenig bekannt. Bei Versuchen im Labormaßstab werden im Induktionstiegelofen, im Plasmaofen und im Tammannofen Erzpellets mit einem Eisengehalt von rund 65% geschmolzen und die Oxidschmelze mit Wasserstoff behandelt. Das aus dem dichtverschlossenen Ofen abströmende Gas wird durch eine Kühlfalle geleitet, um das Reaktionsprodukt Wasserdampf zu kondensieren. Die Menge des in der Zeiteinheit abgeschiedenen Wassers ist ein Maß für den Sauerstoffabbau der Schmelze.

Im Induktionsofen wurde der Wasserstoff über einen porösen Bodenstein durch die Oxidschmelze geleitet. Dabei ergab sich, abhängig von der Badhöhe, nur ein Wasserstoffnutzgrad von 5%; d.h. 95% des eingeleiteten Wasserstoffs verließen die Schmelze ohne mit dieser zu reagieren.

Im Plasmaofen mit Gleichstrombrenner (Bild 5) wurde mit einem Gasgemisch von 70% $H_2$ / 30%Ar ein Wasserstoffnutzgrad von 25% erreicht und dabei ausreichende Mengen an Eisen für weitere Untersuchungen gewonnen.

Bei der dritten Versuchsvariante wurden die pulverisierten Pellets in einem $Al_2O_3$-Tiegel im Tammannofen aufgeschmolzen und auf die Oxidschmelze Wasserstoff durch ein keramisches Rohr aufgeblasen. Auch dabei ergab sich ein Wasserstoffnutzgrad von etwa 25%. Bild 6 zeigt einen durchgeschnittenen Schmelztiegel mit reduzierten Eisentropfen am Boden. Durch Aufblasen von Wasserstoff wurde in weiteren Versuchen im Tammannofen die Schmelze auch vollständig ausreduziert. Die chemische Analyse des Metalles zeigt, daß bis auf Phosphor alle übrigen Eisenbegleitelemente nur in Spuren reduziert werden.

Mit den Versuchen konnten erste Erkenntnisse über den Reaktionsablauf, den Wasserstoffnutzgrad und über die Zusammensetzung des reduzierten Metalles gewonnen werden. Weitere Versuche zielen auf eine Verbesserung des Wasserstoffnutzgrades und auf eine Entphosphorung zu Ende der Schmelzreduktion. Das so gewonnene technisch reine Eisen könnte als Ausgangsprodukt für Werkstoffe mit besonderen Eigenschaften dienen. Schließlich soll noch erwähnt werden, daß die Schmelzreduktion mit Wasserstoff ein absolut umweltfreundliches Verfahren ist, da das Abgas nur aus Wasserstoff und Wasserdampf besteht, wobei der unverbrauchte Wasserstoff nach der Wasserabscheidung im Kreislauf wieder genutzt werden kann.

Bild 6: Tiegel nach Schmelzreduktionsversuch durch Aufblasen von Wasserstoff. Erstarrte Oxidschmelze und reduziertes Eisen (hell).

SCHLACKENBEHANDLUNGEN VON ROHEISEN

Unter diesem Titel sind Arbeiten zur Entfernung von Silizium, Phosphor, Schwefel und Kupfer aus Roheisenschmelzen durch Schlackenreaktionen zusammengefaßt.

Die Wirkung verschiedenster Gemische von Schlackenbildnern wurde zuerst vergleichend an Roheisenschmelzen in Graphittiegeln erprobt. Mit geeignet erkannten Gemischen wurden danach im basisch zugestellten Induktionsofen die weiteren Versuche durchgeführt. Die Schlackenbildner wurden entweder mittels einer Pulverinjektionsanlage mit Stickstoff in die Roheisenschmelze eingeblasen, oder auf die Oberfläche aufgegeben und eingerührt. Untersuchungen über die chemische Zusammensetzung des Roheisens und der Schlacken, sowie phasen- und mikroanalytische Untersuchungen der Schlacken gaben Aufschluß über den Abbrand der einzelnen Elemente und über deren Abbindung in den Schlacken.

Für die Entsilizierung des Roheisens, auf Gehalte kleiner als 0,2% Silizium, haben sich verschiedene Eisenoxid-Kalkgemische bewährt. Unabhängig von den Eisenoxidträgern (Sinter, Zunder, LD-Staub oder Schlacke) wurde reproduzierbar eine Siliziumverschlackung von mindestens 80% erreicht. Dies wurde später auch an 60 t-Schmelzen im großtechnischen Versuch bestätigt.

Für die Entphosphorung hat sich Soda, bei zusätzlichem Auf- oder Einblasen von Sauerstoff, als am günstigsten erwiesen. Mit entsiliziertem und abgeschlacktem Roheisen wurden Entphosphorungsgrade von 80 – 90% erreicht, bei einer gleichzeitigen Entschwefelung von etwa 90%.

Aufgrund der Versuchsergebnisse wurde ein Mengen- und Wärmebilanzmodell für die gesamte Stahlherstellungslinie Hochofen-Sauerstoffblaskonverter unter besonderer Berücksichtigung der Auswirkungen einer Roheisenvorbehandlung und des Recyclings der Schlacken erstellt. Dieses Modell zeigt, daß unter derzeit gegebenen Schrott- und Roheisenpreisen eine Entphosphorung des Roheisens wirtschaftlich nicht sinnvoll ist und daher, bei Forderung niedrigster Phosphorgehalte im Stahl, die Entphosphorung im LD-Tiegel selbst verbessert werden muß.

Die Entkupferung von entsilizierten Roheisenschmelzen mit Sulfid- oder Sulfatpulvern war ein weiteres Ziel von Schlackenreaktionsversuchen im Induktionsofen. Mit einer Natriumsulfatbehandlung konnte der Kupfergehalt im Roheisen um 45% vermindert werden, bei gleichzeitiger erheblicher Entphosphorung und Entschwefelung. Die komplexen Kupfer-Eisen-Schwefelverbindungen werden in die Schlacke aufgenommen und müssen durch Abschlacken entfernt werden. Für die Entkupferung haben sich niedrige Temperaturen und eine hohe Kohlenstoffaktivität als günstig herausgestellt. Stahlschmelzen konnten nicht entkupfert werden.

## ENTPHOSPHORUNG VON STAHLSCHMELZEN

Umfangreiche Untersuchungen über die Entphosphorung von Stahlschmelzen wurden am Institut für Eisenhüttenkunde erstmals von Josef Gängl von Ehrenwerth in den Jahren 1879/81 durchgeführt. Wenn rund 100 Jahre später Entphosphorungsuntersuchungen wieder einen Forschungsschwerpunkt bilden, so ist dies mit den heutigen Anforderungen zu begründen, Phosphorgehalte kleiner als 0,01% im Stahl zu garantieren. Die Möglichkeiten dazu wurden zuerst in Laborversuchen im Induktionsofen erprobt. Mit kalkbasischen Schlacken konnten reproduzierbar Phosphorgehalte unter 0,007% eingestellt werden. Durch umfangreiche Schlackenuntersuchungen, in die im weiteren auch LD-Stahlwerksschlacken miteinbezogen wurden, konnten neue Erkenntnisse über die Abbindung des Phosphors in den Schlacken gewonnen werden. Daraus resultierte ein Vorschlag für eine pfannenmetallurgische Entphosphorungsbehandlung. In Zusammenarbeit mit der Industrie konnte anhand von Schlackenschliffen mit Hilfe einer computergesteuerten Mikrosonde und einem speziellen Verfahren zur quantitativen Bestimmung der Zusammensetzung der Schlackenphasen nachgewiesen werden, daß in basischen LD-Schlacken bei üblichen $SiO_2$-Gehalten der Phosphor vornehmlich im Calciumsilicat abgebunden wird. Durch Einordnung der Ergebnisse der Schlackenuntersuchungen in das Vierstoffsystem $CaO-FeO-SiO_2-P_2O_5$ konnte auch der Schlackenweg dargestellt werden. Durch eine gezielte Schlackenführung ist es nun möglich, einen Phosphorgehalt kleiner als 0,01% in LD-Schmelzen mit relativ geringen Schlackenmengen und niedrigen Basizitäten einzustellen. Bild 7 zeigt primär erstarrte Dicalciumsilicatkristalle, die Phosphor in Form von Calciumphosphat gelöst enthalten.

## MODELLVERSUCHE ZUR INJEKTIONSBEHANDLUNG VON SCHMELZEN

Zur Raffination von Roheisen- und Stahlschmelzen werden pulverförmige Feststoffe mittels Förder-

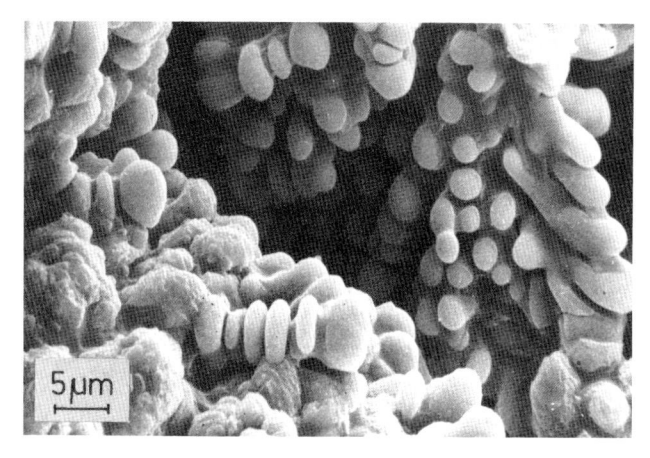

Bild 7: Dicalciumsilicat-Dendriten primär aus LD-Schlacken erstarrt.

gasen über ein feuerfest ummanteltes Stahlrohr (Blaslanze) in die Schmelze eingeblasen. In Modellversuchen wurden die Vorgänge an der Lanzenspitze bei der Gas- und Feststoffinjektion untersucht, um Grundlagen für eine Optimierung der Blaslanzen zu schaffen. In Wasser, Wasser-Glyzerin-Gemischen und Quecksilber wurden mit verschieden gestalteten Blaslanzen Preßluft und Stickstoff alleine, und mit Feststoffen beladen, eingeblasen. Um die Vorgänge an der Lanzenspitze zu studieren, wurden verschiedene Meßmethoden angewendet, die es gestatten, das Ablösen der Gasblasen von der Lanze und das Eindringen der Flüssigkeiten in das Lanzenrohr zu registrieren.

In Bild 8 ist die Ausbildung der Gasblasen bzw. des Gasstromes im Bereich der Lanzenspitze (Pfeile) bei unterschiedlichen Gasdurchsätzen festgehalten. Durch die Dynamik der Blasenablösung treten periodische Druckschwankungen auf, die selbst bei höheren Gasdurchsätzen und Drücken dazu führen, daß kurzzeitig Flüssigkeit in das Lanzenrohr eindringt. Die Eindringtiefe ist abhängig von dem Dichteverhältnis Flüssigkeit zu Gas, der Feststoffbeladung, der Gasmenge und vor allem von der Geometrie der Blaslanze. Im Bereich des geschlossenen Gasstrahles (Teilbild d), also bei hohen Gasdurchsätzen, war die Eindringtiefe zwar am geringsten, die Eindringfrequenz jedoch sehr hoch. Auch eine Feststoffbeladung ändert daran nicht Wesentliches. Mit seitlich statt senkrecht gerichteten Düsen konnte,

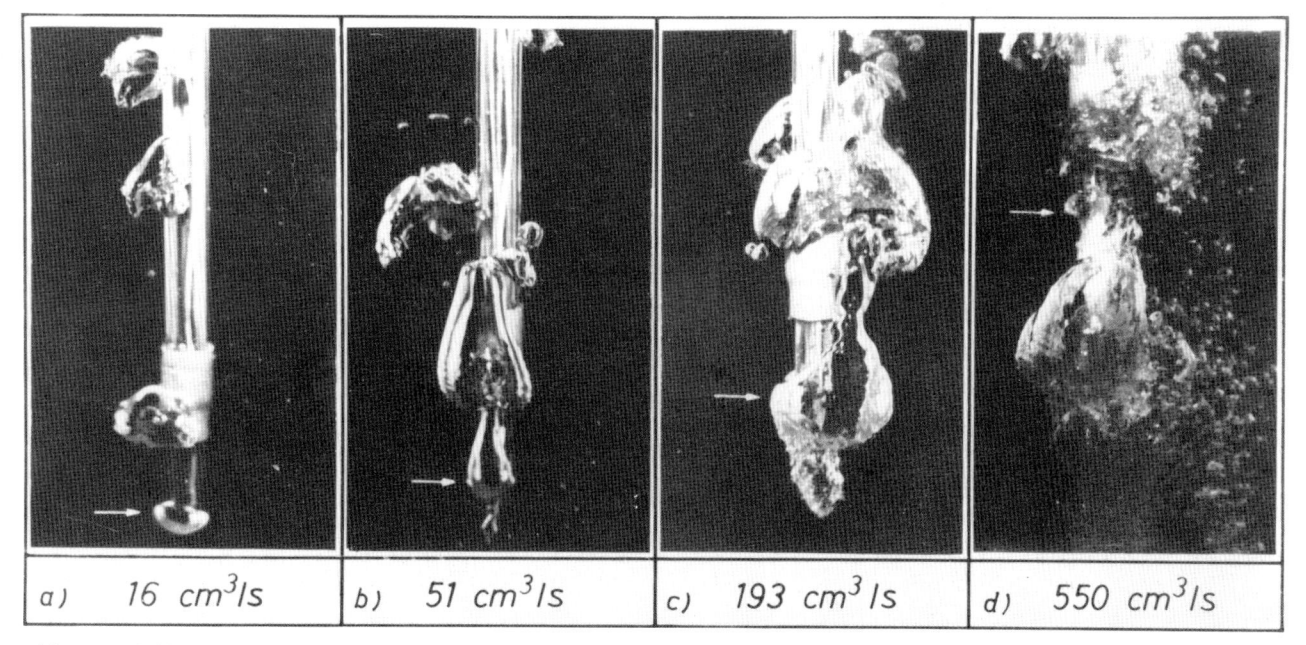

| a) 16 cm$^3$/s | b) 51 cm$^3$/s | c) 193 cm$^3$/s | d) 550 cm$^3$/s |

Bild 8: Ausbildung der Gasblasen bzw. des Gasstrahles beim Einblasen von verschiedenen Gasmengen in Flüssigkeiten. Modellversuch: Preßluft in Wasser; der Pfeil markiert die Mündung der Blaslanze.

unter sonst gleichbleibenden Bedingungen, das Eindringen der Flüssigkeit in das Lanzenrohr hingegen vermieden werden.

Die Übertragbarkeit dieser Erkenntnisse auf praxisnahe Bedingungen wurde im Induktionsofen mit Gas- und Pulverinjektionsversuchen in Roheisenschmelzen nachgewiesen. Aufgrund dieser Modell- und Heißversuche wurde für die Praxis vorgeschlagen, Lanzen mit seitlichen Austrittsöffnungen, die in einem Winkel von 90° bis 120° zur Lanzenachse angeordnet sind, zu verwenden und die Austrittsrohre aus keramischem Material zu fertigen. Solcherart gestaltete Lanzen sind inzwischen großtechnisch schon im Einsatz.

## BESTIMMUNG DER FESTIGKEIT VON STAHL UNMITTELBAR NACH SEINER ERSTARRUNG

Beim Stranggießen ist die erstarrende Schale in der Kupferkokille und der Strang bis zu seiner Durcherstarrung vielfachen Kräften und Verformungen ausgesetzt, die zu Oberflächen- und Innenrissen führen können. Für die Auslegung von Stranggießanlagen ist es daher notwendig, die Festigkeit und Verformbarkeit der Strangschale in Abhängigkeit von ihrer Zusammensetzung und der Temperatur möglichst genau zu kennen. Um solche Messungen unmittelbar, d.h. in der Schmelze, an erstarrten Schalen durchführen zu können, wird ein wassergekühlter Kupferzylinder in die Stahlschmelze getaucht. Die Schmelze kristallisiert durch den Wärmeentzug, und am Kupferzylinder schrumpft eine dünne Schale auf. Nach einer vorberechneten Zeit, die einer bestimmten Schalenstärke entspricht, wird auf den unteren Teil des zweiteiligen Kupferzylinders eine Kraft aufgebracht und die Schale senkrecht zu den in die Schmelze vorwachsenden Stengelkristallen gedehnt, bis die Schale aufreißt. Kraft und Weg werden dabei registriert.

Bild 9 zeigt einen Teil der Meßapparatur mit dem Induktionstiegelofen, in dem der Stahl geschmolzen wird, und darüber den Kupferzylinder mit aufgeschrumpfter Stahlschale.

Bild 9: Apparatur zur Bestimmung der Festigkeit von Stahl während der Erstarrung. Induktionsofen, darüber der wassergekühlte Kupferzylinder mit aufgeschrumpfter Stahlschale, Hitzeschild und Hydraulikzylinder mit Meßgebern; links das Hydraulikaggregat.

Neben den komplizierten Versuchsbedingungen in der Schmelze stellt die Vorausberechnung der Schalendicke ein großes Problem dar. Zur Berechnung der effektiven Schalendicke wurde ein numerisches Modell erstellt, welches den Mikroseigerungseinfluß verschiedener Elemente zu berücksichtigen versucht. Die Weiterentwicklung und Überprüfung dieses Modelles erfolgen laufend durch metallographische Untersuchungen der Schalen nach den Versuchen.

# RANDSCHICHTHÄRTUNG VON STÄHLEN MITTELS THERMOCHEMISCHER VERFAHREN

Bei den thermochemischen Verfahren zur Randschichthärtung von Werkzeugen und Bauteilen, insbesondere den Gasnitrierverfahren, werden die Anlagen aufgrund empirischer Erfahrungen betrieben. Sie sind auf die Erzielung einer bestimmten Nitrierschicht eingestellt und bringen für die Praxis im allgemeinen auch zufriedenstellende Ergebnisse. Es ist aber bisher nicht möglich, die Anlagen so zu steuern, daß gezielt unterschiedlich aufgebaute, für den jeweiligen Verwendungszweck optimale Nitrierschichten hergestellt werden können. Mögliche Wechselwirkungen im Reaktionssystem, wie Parallel- oder Konkurrenzreaktionen, führen in besonderen Fällen sogar dazu, daß sich überhaupt keine Nitrierschicht bildet.

In Labor- und Betriebsversuchen werden deshalb jene Wirkgrößen erforscht, die für die Steuerung thermochemischer Prozesse (Schichtdicke, Schichtenaufbau und -folge) unter Bedachtnahme auf Reproduzierbarkeit und Übertragbarkeit auf andere Behandlungsanlagen von Bedeutung sind. Dazu wurde u.a. ein Gasnitrier-Schachtofen nach eigenen Ideen mit einer Sonde und einer Probenschleuse ausgerüstet (Bild 10). Diese Einrichtung gestattet es, Proben unter Betriebsbedingungen zu behandeln und jederzeit, ohne den Prozeßablauf zu unterbrechen, aus dem Reaktionsraum zu nehmen oder in diesen einzuschleusen. Damit konnten erstmals für bestimmte Stahlqualitäten sogenannte Nitrierschaubilder erstellt werden, die es ermöglichen, in Abhängigkeit der Nitrierdauer und der Temperatur durch Regelung der Nitrierkennzahl die Dicken der Verbindungsschicht und der Ausscheidungsschicht gezielt einzustellen. Weiters konnten damit auch kombiniert aufgebaute Randschichten, z.B. auf einem Vergütungsstahl eine Nitrid-Oxidschicht, hergestellt werden, die neben besonderer Härte und Verschleißfestigkeit auch eine erhöhte Korrosionsbeständigkeit aufweist.

Beim technischen Gasnitrieren ist fallweise eine Verlagerung des Reaktionsgeschehens im Behandlungssystem zu beobachten, wobei es unter entsprechenden Randbedingungen zu einer Selbstorganisation dynamischer Strukturen kommt. Das ganze System entwickelt sich zu einem anderen Zustand und Verhalten hin und entzieht sich damit der Steuerbarkeit. Eine Einflußgröße für dieses Verhalten wurde in den Veränderungen der Retorte durch die Nitrierbehandlung erkannt.

Bild 10: Einsatz von Zahnstangen und Getriebeteilen in einen Gasnitrier-Schachtofen. Im Vordergrund der abgehobene Ofendeckel mit der Probensonde. VOEST-ALPINE Maschinenbau Ges.m.b.H., Zeltweg.

## AUSBLICK

Stahl ist der wichtigste Werkstoff und er wird es auch in Zukunft bleiben. Dies gilt sowohl in seiner Bedeutung allgemein, als auch mengen- und wertmäßig im Vergleich mit den anderen Konstruktionswerkstoffen. Kein Kunststoff, keine Keramik und kein Leichtmetall nimmt es an Vielseitigkeit mit dem Stahl auf, schafft es, so unterschiedliche, oft gegensätzliche Anforderungen, wie hohe Festigkeit und Zähigkeit oder Korrosionsbeständigkeit bei hohen Drücken und Temperaturen, zu verbinden. Er kann extreme Bedingungen, wie Temperaturen nahe dem absoluten Nullpunkt oder 1000 °C im Inneren von Strahlturbinen, angepaßt werden. Stahl ist ein vollkommen berechenbarer Werkstoff, der in großen Losen kostengünstig, in gleichmäßiger, reproduzierbarer Qualität hergestellt und verarbeitet werden kann. Er ist in jeder Hinsicht ein moderner, besonders leistungsfähiger Werkstoff, der auch für viele zukünftige Produkte die Problemlösung darstellen wird, und er ist ein umweltschonender, voll recyclierbarer Werkstoff.

Verfahrens- und Werkstoffentwicklung gehen beim Stahl meist Hand in Hand. Die Fortschritte auf beiden Gebieten sind beeindruckend. Neue Prozeßtechniken sind in Sicht, wie die Schmelzreduktion in kleinen, flexiblen Einheiten oder das endabmessungsnahe Gießen, das wegen der veränderten Erstarrungsbedingungen ein Potential an neuen Werkstoffeigenschaften eröffnet.

Diese Zukunftsaspekte des Stahles können direkt auch auf die Eisenhüttenkunde übertragen werden, der daraus in Forschung und Lehre ständig neue Aufgaben erwachsen.

## ANMERKUNGEN

Tunner, P.: Antrittsrede. In: Steierm.-Ständische montanistische Lehranstalt zu Vordernberg. In: Ein Jahrbuch für den innerösterreichischen Berg- und Hüttenmann I. (1841), S. 15–32.

Tunner, P.: Generalbericht über die diesjährige Hüttenmännische Hauptexkursion (1842). In: Ein Jahrbuch für den innerösterreichischen Berg- und Hüttenmann II. (1842), S. 13–21.

Köstler, H.-J.: Das Schwarzenbergische Hammerwerk in Niederwölz und seine Beziehung zur Montan-Lehranstalt in Vordernberg. In: Schwarzenberg. Almanach XXXVII (1985), S. 427–456.

Kupelwieser, F.: Geschichte der k.k. Berg-Akademie in Leoben. In: Denkschrift zur 50-jährigen Jubelfeier der k.k. Berg-Akademie in Leoben 1840 bis 1890. Leoben 1890, S. 1–167.

Köstler, H.-J.: Der Kärntner Metallurge Josef Gängl von Ehrenwerth 1843-1921. In: Carinthia I 178/99 (1988), S. 411–419.

Die Montanistische Hochschule in Leoben. Verlag d. Gesellschaft der Freunde der Leobner Hochschule (1930), S. 9–19.

Walzel, R.: Hundert Jahre Montanistische Hochschule Leoben. In: Die Montanistische Hochschule Leoben 1849-1949. Festschrift zur Jubelfeier ihres hundertjährigen Bestandes. Leoben 1949, S. 87–94.

# Institut für Elektrotechnik

Was den Unterricht in Elektrotechnik anbelangt, so wurde am Lehrstuhl für „Physik" von Prof. E. Kobald schon im Schuljahr 1883/84 eine „außerordentliche Vorlesung", ein einsemestriges zweistündiges Kolleg über „Elektrotechnik", abgehalten, zeitlich parallel zur Gründung der Lehrkanzel für Elektrotechnik an der Wiener Technischen Hochschule (1883 Hofrat Prof. Dr. A. v. Waltenhofen). Vermutlich dürfte aber auch die Internationale Weltausstellung in der Wiener Rotunde zum 16. August bis 4. November 1883, die umfassend eine Gesamtschau des damaligen Standes der Elektrotechnik darbot, ihn nicht unbeeindruckt gelassen haben. Zumindest hat er 1884/85 kein Kolleg mehr gehalten, dafür sind aber ab 1885/86 als Teil des Hauptfaches „Physik" Kapitel eingefügt worden wie: „Physikalische Grundlagen der Elektrotechnik, Elemente der Starkstromtechnik, Gleich- und Wechselstrommaschinen, Transformatoren, elektrische Messungen, elektrische Kraftübertragung, elektrische Beleuchtung und Akkumulatoren".

Das Ziel dieses Unterrichtes war damals offenbar zwar nicht, die angehenden Berg- und Hütteningenieure auch zu Elektroingenieuren auszubilden, er sollte ihnen aber doch soviel Kenntnisse auf diesem Gebiet vermitteln, daß sie in künftigen Stellungen, besonders auf „einsamem Schacht", nicht schon bei jedem einfachen Problem, bei jeder Störung an elektrischen Einrichtungen u.dgl. auf die Hilfe eines Fachmannes angewiesen zu sein brauchten. Die Berg- und Hüttenwerke hatten noch sehr selten eigene Elektroingenieure und die Elektrofirmen wenig Fachleute, die mit den Bedürfnissen der Berg- und Hüttenindustrie vertraut waren.

Dieses Ziel konnte aber durch elektrotechnische Vorlesungen, die nur einen Teil der „Physik" bildeten und von einem Physiker gehalten wurden, nicht ganz erreicht werden und immer weniger, in je weiterem Umfang die Elektrizität in den Berg- und Hüttenwerken angewendet wurde.

Eine Abnabelung war unumgänig und wo anders längst vollzogen. Am 23. Oktober 1903 wurde der „allgemeine Benützungskonsens" für das neu erbaute „Elektrotechnische Instituts"-Gebäude der k.k. Technischen Hochschule in Wien (Prof. K. Hochenegg) erteilt, und in Leoben wurde im Studienjahr 1903/04 eine eigene Dozentur für „Elektrotechnik" als Hauptfach geschaffen, schon im folgenden Schuljahr zu einer Lehrkanzel ausgebaut und hiefür als Dozent bzw. als Professor Ing. W. Wendelin berufen. Er war bis dahin der Bearbeiter der berg- und hüttenmännischen Aufgaben bei der Firma Siemens & Halske in Wien, deren Tätigkeit sich damals noch auf die gesamte Starkstromtechnik erstreckt hat. Seine Vorlesung umfaßte ganzjährig vier Wochenstunden (Übungen waren zuerst nicht vorgesehen) und begann mit den „Wissenschaftlichen Grundlagen". Aus den Physikvorlesungen wurden die rein elektrotechnischen Kapitel ausgeschieden, es blieben nur die „Physikalischen Grundlagen der Elektrotechnik".

Im Studienjahr 1907/08 wurde der Inhalt dieser Vorlesungen in „Allgemeine Elektrotechnik" (ganzjährig drei Wochenstunden) und „Spezielle Elektrotechnik für Berg- und Hüttenleute" (ganzjährig eine Wochenstunde) aufgeteilt und Übungen aus „Allgemeiner Elektrotechnik" (ganzjährig drei Wochenstunden) eingeführt. Neben diesen Pflichtvorlesungen wurden an der Lehrkanzel für Elektrotechnik durch einige Jahre hindurch noch als empfohlene Vorlesungen gehalten: „Magnetische Untersuchungen von Bergbau- und Hüttenerzeugnissen" (vom Dozenten H. Scheuble 1920/21 bis 1936/37) und „Elektrowirtschaft" (vom Dozenten E. Schobert 1928/

29 bis 1937/38), deren Stoff später in entsprechender Form in die Pflichtvorlesungen eingebaut worden ist. Prof. Wendelin ist 1933 in den Ruhestand getreten.

Sein Nachfolger, zuerst als Supplent, ab 1940 als Vorstand der Lehrkanzel, war Prof. Dr.phil. H. Scheuble. Das Ziel des Unterrichtes wurde in dreifacher Hinsicht ein wesentlich anderes.

Erstens war die Ausbildung zur Selbständigkeit in elektrotechnischen Fragen wegen der raschen Entwicklung elektrischer Einrichtungen und Geräte nicht mehr möglich, aber auch nicht mehr nötig, da kein Mangel an Fachleuten mehr bestand.

Zweitens mußte die Ausbildung aber auf einem Teilgebiet in steigendem Maße erfolgen: auf dem der elektrotechnischen Meß- und Untersuchungsmethoden, die in Forschungsarbeiten und in praktischen Wissenszweigen des Berg- und Hüttenwesens in immer größerer Zahl auch für nichtelektrische Größen und Zustände herangezogen wurden.

Drittens mußte die Kenntnis der elektromagnetischen Erscheinungen und ihrer Zusammenhänge mit anderen physikalischen Vorgängen verbreitert und vertieft werden, um die Hilfsmittel und Methoden zur Gewinnung, Verarbeitung und Veredlung von Bergbau- und Hüttenerzeugnissen durch die Ausgebildeten weiterentwickeln zu können.

Dieses Ausbildungsziel wurde zu erreichen versucht durch die Neuaufteilung und Neugestaltung der Vorlesungen: „Physik 3. Teil" (einsemestrig drei Vorlesungs- und drei Übungsstunden), „Allgemeine Elektrotechnik" (ganzjährig drei Vorlesungs- und drei Übungsstunden), „Besondere Elektrotechnik für Bergleute" und „Besondere Elektrotechnik für Hüttenleute" (je einsemestrig zwei Vorlesungs- und drei Übungsstunden), die als Pflichtgegenstände an der nun neu bezeichneten Lehrkanzel für „Elektrophysik und Elektrotechnik" gehalten wurden.

Als die Lehrkanzel für Physik nach einigen Semestern der Supplierung und nach der Rückverlegung der Grundlagenfächer von Graz nach Leoben neu errichtet und besetzt worden ist, ist obige Aufteilung aufgrund einer Vereinbarung zwischen den Vorständen der beiden Lehrkanzeln im Studienjahr 1940/41 durchgeführt worden, nicht zuletzt aus dem materiellen Grund, um nicht die Lehrkanzel für Physik mit vielen gleichen Einrichtungen und Geräten ausstatten zu müssen wie sie die Lehrkanzel für Elektrotechnik schon besessen hat.

Herr Prof. Scheuble ist 1952 in den Ruhestand getreten. Sein Nachfolger, Herr Prof. Dr.techn. K. Seidl trat noch im selben Jahr seinen Dienst an. Seine berufliche Laufbahn begann er als Entwicklungs- und Berechnungsingenieur bei den Siemens-Schuckert-Werken und später in der wissenschaftlichen Beratungsstelle für Stromrichter der AEG, beides in Berlin. Dies war auch die Voraussetzung, um neben den oben genannten, weiter auszubauenden Lehrverpflichtungen auch jene fehlenden noch einzuführen, die Ende der fünfziger Jahre von großer Aktualität waren. Dies betraf die neuen Möglichkeiten durch die Leistungselektronik und die Einführung in die Regel- und Steuertechnik.

Nicht zuletzt lag ihm die praktische Ausbildung sehr am Herzen. Er bemühte sich um die Erneuerung der Laboreinrichtungen und schuf auch neuartige Lehrmittel für den Übungsbetrieb wie die Modellanlage eines analog und digital geregelten Umkehrstromrichterantriebes. Prof. Seidl emeritierte mit 3.9.1975.

Am 1.1.1976 übernahm das Institut und die Lehrkanzel für „Elektrotechnik" dann Herr O.Univ. Prof. Dr. techn. A. Gahleitner.

Die nach wie vor stattfindende stürmische Weiterentwicklung der Elektrotechnik und ihre Ausgrenzungen in die zwei schon klassischen Teilbereiche Energietechnik bzw. Nachrichtentechnik, und vermittelnd dazwischen die Elektronik, machten und machen eine ständige Anpassung notwendig.

Grundsätzlich wurde bei Dienstantritt durch eine Neuorientierung der Vorlesungen und Übungen diesen neuen Entwicklungen Rechnung getragen.

## INSTITUTSPERSONAL

O.Univ.Prof. Dipl.Ing. Dr.techn.
Alfred GAHLEITNER, Institutsvorstand

Univ.Doz. Dipl.Ing. Dr.techn. Walter HAUBITZER, Assistenzprofessor

Dipl.Ing. Dr.mont. Franz ASCHENBRENNER, Oberassistent

Dipl.Ing. Dr.mont. Gerd SCHAUER, Universitätsassistent

Dipl.Ing. Rudolf GROISZ, Universitätsassistent

Franz KAINERSDORFER, Studienassistent

Gertraud ECKSTEIN, Fachinspektor

Matina HARRER, Jugendliche

Ernst MÜHLANGER, Kontrollor

Dem Institut fachlich zugeordnet sind:

Lehrbeauftragte:

Dipl.Ing. Dr.techn. Wolfgang BRINSKY

Mag. Johannes KLEIN

LSI.Prof. Dipl.Ing. Hansjörg TRUMMER

## LEHRE

Insgesamt umfaßt das jährliche Angebot an Lehrveranstaltungen 16 Wochenstunden Vorlesung und 25 Wochenstunden Praktische Übungen mit folgenden Lehr- und Übungsinhalten in 6 Laboratorien: ELEKTROTECHNIK I (Prakt. Grundlagen der Elektrotechnik, Meßtechnik, Meßverfahren, Energiewandler); ELEKTROTECHNIK II A (Antriebs- und Steuertechnik, Leistungselektronik, Energiegewinnung und -verteilung, Elektrische Energiewirtschaft); ELEKTROTECHNIK II B ( Aktive und Passive Bauelemente, Elektronische Meßtechnik, Industrieelektronik); ELEKTROWÄRME ( Elektromagnetisches Feld als Wärmequelle, Elektrische Erwärmungsverfahren, Elektrische Einrichtungen, Netzsymmetrierung und Kompensation der Netzrückwirkungen); AUTOMATISIERUNGSTECHNIK (analoge und digitale Regelungstechnik, Übertragungsverhalten von Regelstrecken und Reglern, Elektronische Steuerungstechnik, Verdrahtete und freiprogrammierbare Systeme, Prozeßrechner); STEUERUNGSTECHNIK (Problemstellung aus der Fertigungstechnik, Grundbegriffe der NC-Technik, Prozeßrechnersysteme, SIMATIC, CAD/CAM, NC-Sprachen, Flexibel verkettete Fertigungseinrichtungen, Robotik, Systemtechnik).

Die Übungen zu den Grundlagen der Elektrotechnik beinhalten im wesentlichen die Anwendung der Kirchhoff'schen Gesetze in Gleich- und Wechselstromkreisen, die Leistungsmessung im Einphasen- und Drehstromnetz, die Untersuchung von Schaltvorgängen und die Messung an Resonanzkreisen.

Die Laborübungen aus industrieller Elektronik umfassen den Umgang mit elektronischen Meßgeräten, die Ausmessung von Filterschaltungen, Messungen an Halbleiterbauelementen, die Untersuchungen an Verstärkerschaltungen mit Transistoren und die Beschaltung von Operationsverstärkern.

Zur Automatisierungstechnik beinhaltet das Übungsangebot die meßtechnische Untersuchung von elektronischen Regelkreiselementen wie P, I, D, PI, PD, PID, PT1 und PT2 Gliedern, Stabilitätsuntersuchungen und die Optimierung von Regelkreisen. Weiters werden Übungen mit Digitalschaltungen und Automatisierungsgeräten der Steuerungstechnik durchgeführt.

Die Übungen zur elektrischen Antriebstechnik umfassen die Aufnahme der wichtigsten Kennlinien an Transformatoren, Gleichstrommaschinen, Asynchronmaschinen und Synchronmaschinen. Messungen erfolgen auch auf dem Gebiet der Leistungselektronik an Einweg-, Mittelpunkts- und Brückenschaltungen. Das Betriebsverhalten von elektrischen Maschinen wird auch bei Stromrichterspeisung untersucht. Für Gleichstrommaschinen stehen Vierquadrantenstromrichter und Gleichstromsteller zur Verfügung. Für Synchron- und Asynchronmaschinen finden Gleichstrom- und Gleichspannungszwischenkreisumrichter Verwendung.

Die Vorlesungen aus Elektrowärme werden durch Übungen ergänzt, in denen die wichtigsten Elektrowärmeanlagen der Hüttenindustrie: Konduktive Knüppelerwärmungsanlagen, elektrische Widerstandsöfen, induktive Schmiedeblock-Erwärmungsanlagen, Lichtbogenöfen, Induktionstiegelöfen und Induktionsrinnenöfen im Hinblick auf ihre elektrische Ausrüstung berechnet werden.

Nicht zuletzt werden aber die in Ansätzen an der Montanuniversität vorhandene Grundausbildung in Informatik und ein neuer Studienzweig Mikroelek-

Bild 1: Antriebstechniklabor im Jahre 1910 und im Jahre 1989.
FOTO REMELE Leoben.

tronik die Arbeit im Institut für Elektrotechnik wiederum ganz entscheidend verändern.

## FORSCHUNGSSCHWERPUNKTE

Einen Forschungsschwerpunkt bilden die elektrischen Maschinen. Zur Untersuchung von stromrichtergespeisten Maschinen wurde ein universell einsetzbarer Antriebsprüfstand errichtet. Es kann dabei das Verhalten von fast allen in der Industrie üblichen elektrischen Antrieben untersucht werden. Die Aufnahme der dabei anfallenden Meßdaten kann rechnerunterstützt erfolgen. In Zusammenhang mit diesem Antriebsprüfstand wurden auch Diplomarbeiten im Institut durchgeführt. Z.B. war das Kommutierungsverhalten von Gleichstrommaschinen bei Umformer und Stromrichterspeisung Gegenstand einer Forschungsarbeit.

Auch die Bemessung und der Bau elektrischer Maschinen synchroner Bauweise wurden in wissenschaftlichen Arbeiten untersucht. Im Zuge einer Dissertation wurde eine Berechnungsmethode für permanent erregte Synchronmaschinen erarbeitet.

Dazu wurden auch Maschinen in Radialfeld- und Achsialfeldbauweise im Institut gefertigt und erprobt. Die Untersuchung solcher Maschinen mit Magnetmaterial auf „Seltener Erde" Basis, die überwiegend in der Werkzeugindustrie und in Industrierobotern eingesetzt sind, wurden auch auf Traktionsmotoren für elektrische Fahrzeuge ausgedehnt.

Ein eigener Prüfstand dient zur Entwicklung leistungselektronischer Schaltungen in Power-MOSFET-Technologie. Im Rahmen einer Dissertation wurde das Schaltverhalten bei hohen Strömen, die durch Parallelschaltung der MOSFETs erzielt werden, näher untersucht. Von großer Bedeutung ist das Schaltverhalten der Freilaufdioden und der – möglichst induktivitätsarme – Aufbau der Schaltung. Im Rahmen dieser Forschungsarbeiten wurden auch Motorsteuerungen für Elektrofahrzeuge entwickelt, getestet und auch im Renneinsatz erfolgreich erprobt. Die entwickelte Motorsteuerung für Gleichstrommaschinen weist eine Nennspannung von 96 V und, je nach Ausführung, Nennströme von 350 A bis 480 A auf. Sie wurde in SMD-Technologie vorerst in einer Nullserie gefertigt und wird nun in Serie produziert. Bei der Entwicklung wird ein CAD-Arbeitsplatz unterstützend eingesetzt.

Von den wissenschaftlichen Arbeiten auf dem Gebiet der Elektrowärme seien folgende wesentliche Arbeiten in den letzten Jahren angeführt:

➤ Netzrückwirkungen, ein Versuch der Gewichtung.
➤ Stromverdrängung, Wirbelstromverluste und elektrodynamische Kräfte im Elektrodensystem von Lichtbogenöfen.
➤ Das elektromagnetische Feld, die Druck- und Geschwindigkeitsverteilung in der Schmelze von Wanderfeld erregten Förderrinnen.
➤ Das elektrische Strömungsfeld in Elektroglasschmelzöfen mit dreieckförmiger Wanne.

Bild 2: Versuchsmaschine am Leistungsprüfstand.

➢ Die Streuinduktivität von Induktionsrinnenöfen.
➢ Die induktive Erwärmung von Pipelines.
➢ Ersatzschaltungen bifilarer Hochstromkreise.
➢ Induktive Nacherwärmung der Kanten von Stranggußbrammen (Bild 4).

## ELEKTRONIK-ENTWICKLUNGS- UND SERVICELABOR

Schon seit den 70er Jahren war das Institut für Elektrotechnik eine von universitären Stellen und Industrie gerne in Anspruch genommene Anlaufstelle für Beratung auf dem Gebiet der Elektronik, insbesondere der elektronischen Meß- und Regeltechnik. Durch Vergabe von Diplomarbeiten und Dissertationen (z.B. „Ein Beitrag zum berührungslosen Geschwindigkeitsmessen in Hüttenwerken") wurde die Zusammenarbeit mit der Industrie stets gesucht.

Nach Vorbereitung und Initiative der Institutsvorstände Bauer (Physik), Gahleitner (Elektrotechnik) und Rajakovics (Allgem. Maschinenbau) entstand im Juli 1981 mit Erlaß des BMWF, Zl. 71.136/5-UK/81 v. 21. 7.1981, das Elektronik-Entwicklungs-

Bild 3: Motorsteuerung 84V, 350A.

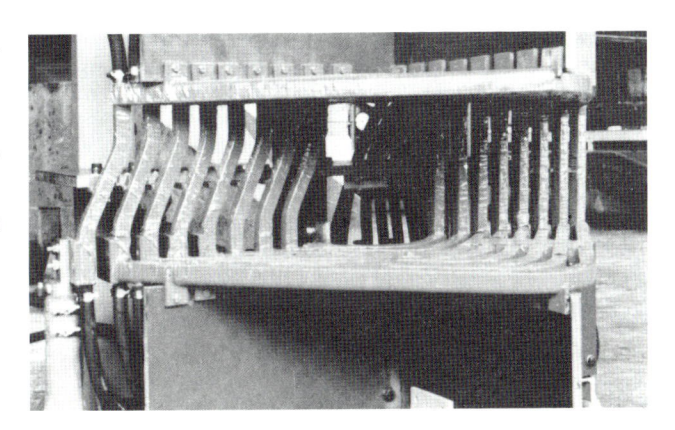

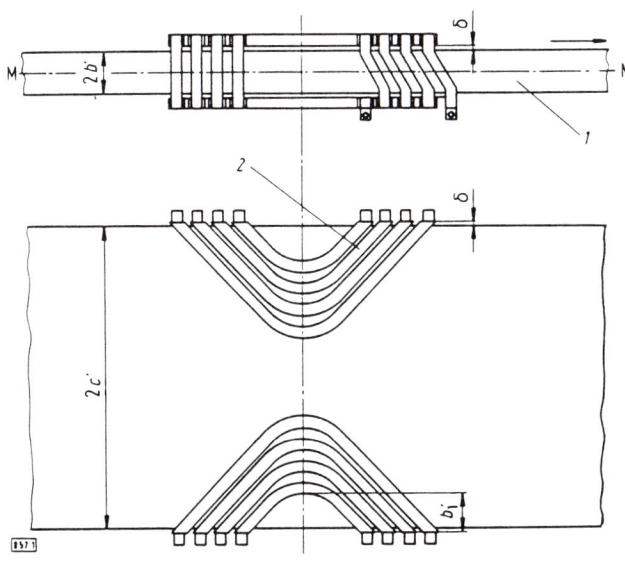

Bild 4: Prinzipielle Anordnung zur kontinuierlichen Nacherwärmung der Brammenkanten im induktiven Feld (1...Bramme, 2...Induktorspulen, MM...Symmetrieebene).

und Service-Labor (EES) als Gemeinschaftseinrichtung dieser Institute. Es sollte einerseits den steigenden Bedarf an Informationen und Know-How, an Entwicklung- und Servicekapazität decken, aber auch als Pool für betreuungs- und wartungsintensive elektronische Geräte fungieren. Zur Grundausrüstung zählen Geräte wie Mikroprozessorenentwicklungssystem und Logikanalysator und Baugruppen für die Automatisierungstechnik.

Die Zweckmäßigkeit der Einrichtung des EES bestätigte sich rasch durch eine Reihe von Projektaufträgen auch von Instituten der Montanuniversität. Entwicklungsziel waren vornehmlich computerunterstützte Meßsysteme für wissenschaftliche Laboranwendung. So wurden z.B. Meß- und Auswertungsprogramme zur Optimierung einer Brennersteuerung für Wärmebehandlungsöfen, Programme zur Meßdatenerfassung mittels Transientenrecorder und Übertragung bzw. Auswertung, rauscharme Dual-Gate-FET-Vorverstärker für Magnetometer, eine Steuer- und Regelelektronik für den automatischen Ablauf einer Stahldauerfestigkeitsprüfung u.a.m. entwickelt.

Darüber hinaus wurden für zahlreiche Institute der Montanuniversität diverse Instandsetzungs- und Reparaturarbeiten durchgeführt.

Bereits 1984 wurde die Gelegenheit wahrgenommen, anläßlich der Fachausstellung „Technova" im Messezentrum Graz Arbeiten des EES, neben anderen Arbeiten des Institutes, öffentlich vorzustellen.

# Institut für Fördertechnik und Konstruktionslehre

Die Geschichte des Institutes läßt sich bis in das Jahr 1875 zurückverfolgen. An der damaligen k.k.Bergakademie lehrte Prof. Julius Ritter von Hauer die Wissensgebiete Bergmaschinenbaukunde, Hüttenmaschinenbaukunde, Enzyklopädie der Baukunde und Entwerfen von Bauobjekten.

Im Studienjahr 1899/1900 übernahm Prof. Karl Habermann die „Lehrkanzel für Berg- und Hüttenmaschinenbaukunde" mit den gleichnamigen Lehrveranstaltungen Bergmaschinenbaukunde und Hüttenmaschinenbaukunde. Sein Nachfolger im Jahre 1911 war Prof. Franz Peter.

Erst durch die Übernahme der Lehrkanzel im Studienjahr 1940/41 durch Prof. Rudolf Posselt wurde diese in „Lehrstuhl für Allgemeine Maschinenbaukunde und Bergtechnische Maschinenlehre" umbenannt. Die Lehrveranstaltungen waren Maschinenelemente und Maschinenzeichnen, Grundzüge der Technischen Wärmelehre, Allgemeine Maschinenlehre, Angewandte Maschinenlehre für den Bergbau, Hüttenmaschinenkunde, Schweißkunde und Luftschutzseminar. Prof. Posselt emeritierte im Studienjahr 1957/58.

Ein Jahr später folgte Prof. Kurt Bauer, der das Lehrangebot in Allgemeine Maschinenkunde, Bergmaschinen und Erdölmaschinen änderte. 1964/65 wechselte die Bezeichnung des Institutes in „Lehrkanzel für Berg- und Erdölmaschinenkunde".

Nach Ausscheiden von Prof. Kurt Bauer war die Lehrkanzel von 1967 bis 1971 unbesetzt, die Bezeichnung wurde im Zuge der Einführung der neuen Studienrichtung „Montanmaschinenwesen" in dieser Zeit in „Lehrkanzel und Institut für Fördertechnik und Konstruktionslehre" geändert.

Ab dem Studienjahr 1971/72 ist Prof. Klaus-Jürgen Grimmer Vorstand des Institutes für Fördertechnik und Konstruktionslehre.

Seit 1971/72 wurden am Institut insgesamt 79 Diplomarbeiten und 4 Dissertationen angefertigt, 2 Dissertationen und 1 Habilitation stehen derzeit in Arbeit (Stand 30. Juni 1989). Sie entstanden im Rahmen der Forschungsarbeiten des Institutes bzw. in Zusammenarbeit mit der einschlägigen Industrie, befassen sich im wesentlichen mit der mechanischen Stetigförderung im weitesten Sinne und bezogen sich auf Laboruntersuchungen, Literaturrecherchen und Konstruktionsaufgaben unterschiedlichster Art.

## INSTITUTSPERSONAL

Magn. O.Univ.Prof. Dipl.Ing. Dr.-Ing.
Klaus-Jürgen GRIMMER, Institutsvorstand
Dipl.Ing. Karl GRABNER, Universitätsassistent

Bild 1: Hauben-Stretchanlage zur Sicherungsverpackung von Großladeeinheiten.
Foto: B.BEUMER Maschinenfabrik KG, Beckum Bez. Münster, Bundesrepublik Deutschland.

Dipl.Ing. Dr.mont. Franz KESSLER, Universitätsassistent
Dipl.Ing. Josef ZECHNER, Universitätsassistent
Ludwig WENINGER, Studienassistent
Elisabeth ANGERER, Kontrollor
Judith BERGTHALER, Vertragsbedienstete
Wolfgang KONRAD, Vertragsbediensteter

Dem Institut fachlich zugeordnet sind:

Lehrbeauftragte:
Dipl.Ing. Arnold DÖTSCH
Ministerialrat Dipl.Ing. Florian FELSNER
Dipl.Ing. Dr.techn. Franz MENAPACE
Ing. Alfred ZITZ

## LEHRE

Vom Institut werden Lehrveranstaltungen aus dem Bereich der Fördertechnik, der Konstruktionslehre, des Erdölmaschinen- und Pipelinebaues und der Gewinnungsmaschinen angeboten. Das Lehrangebot wird ergänzt durch eine einwöchige Pflichtexkursion sowie durch Privatissima.

Die fördertechnischen Lehrveranstaltungen befassen sich mit grundlegenden Förderverfahren, Organisationsfragen, Bauteilen und Baugruppen der Fördertechnik, mechanischen Stetigförderern, Strömungsförderern, Seilbahnen, Schachtförderung, gleisgebundenen und gleislosen Flurförderern, Hebezeugen und Krananlagen sowie Umschlageinrichtungen.

Das Lehrangebot aus Konstruktionslehre umfaßt die Gestaltungslehre sowie die Konstruktionsmethodik. Im Rahmen der Gestaltungslehre werden Einflußgrößen auf die konstruktive Gestaltung unter Berücksichtigung von Guß-, Schweiß- und Schmiedekonstruktionen, von Schnitt- und Stanzteilen sowie von Konstruktionen in spanabhebender Herstellungsweise behandelt. Weiterhin werden Auswirkungen der Herstellungsart, der mechanischen Beanspruchung, des Werkstoffes, des Leichtbaues und anderer Einflußgrößen auf die Gestaltung einer Konstruktion besprochen.

Im Rahmen der Vorlesungen und Übungen aus Erdölmaschinen und Pipelinebau werden Rotary-Bohranlagen, Klappmaste und Bohrtürme samt aller Zubehörteile sowie konstruktive Einzelheiten behandelt. Es wird auf die Belastungsverhältnisse eingegangen und auf Pumpen aller Art, wie sie im Ölfeld benötigt werden. In besonderem Maße wird auf den Pipelinebau eingegangen.

Weitere Lehrveranstaltungen befassen sich mit konstruktiven Besonderheiten der Gewinnungsmaschinen, wobei im wesentlichen Vortriebs- und Gewinnungsmaschinen unter Tage, Gewinnungsmaschinen über Tage, Rohr- und Schildvortrieb, Ausbauverfahren, Auslegung der Maschinen sowie konstruktive Besonderheiten behandelt werden.

Bild 2: Gurtförderer mit Horizontalkurve für 600 t/h Kalkstein in einem Schweizer Zementwerk. Foto: K.-J. Grimmer.

Bild 3 : Becherwerke für 250 – 690 m³/h Rohmehl bei rund 90 m Achsabstand in einem thailändischen Zementwerk.

Foto: B.BEUMER Maschinenfabrik KG, Beckum Bez. Münster, Bundesrepublik Deutschland.

Zur Ergänzung der theoretischen Ausbildung der Studenten wird alljährlich eine einwöchige Exkursion für Montanmaschinenbauer wechselweise im In- und im Ausland durchgeführt, in deren Ablauf verschiedene Industriebetriebe des Maschinenbaues und des Montanwesens besucht werden.

**FORSCHUNGSSCHWERPUNKTE**

Die Forschungsschwerpunkte des Institutes liegen hauptsächlich auf dem Gebiet der mechanischen Stetigförderung. Beispielhaft seien hierzu einige Arbeiten sowie deren Ergebnisse angeführt:

Gurtförderer:
- ➢ Berechnung horizontalkurvengängiger Anlagen
- ➢ Führungskräfte in horizontalen Kurven
- ➢ Belastung der Tragrollen
- ➢ Wirtschaftliche Optimierung des Tragrollenabstandes
- ➢ Erfassung des Sturzwiderstandes von Tragrollen
- ➢ Normalkraftverteilung zwischen Gurt und Tragrollen

Becherwerke:
- ➢ Steigerung des Fördergutstromes
- ➢ Beanspruchung des Becherwerksgurtes
- ➢ Belastungen an Becherhalterung und Klemmverbindung
- ➢ Untersuchungen zur Führungswirkung balliger Becherwerkstrommeln

Schwingförderer:
- ➢ Versuche mit regelbarem Unwuchtantrieb
- ➢ Technisch-wirtschaftliche Optimierung des Antriebes

Bild 4: Containerbrücken im Hafen von Honolulu / Hawaii.

Foto: F. Kessler.

Bild 5: Radlader beim Beladen eines Schwer-Lastkraftwagens in einem griechischen Tagebau. Foto: K.-J. Grimmer.

➢ Durchmischungs- und Entmischungsverhältnisse im Fördergut

Schneckenförderer:
➢ Erhöhung des Fördergutstromes bei Schneckenförderern
➢ Untersuchungen am Senkrechtschneckenförderer
➢ Untersuchung der Einlaufverhältnisse des Schüttgutes

Bergwerksmaschinen:
➢ Bau des Modells eines Tiefpumpenbocks mit Untersuchungen der dynamischen Beanspruchungen

Förderverhalten von Schüttgütern:
➢ Modellverhalten von Schüttgütern
➢ Verhalten von Schüttgütern bei der Bewegung

Weitere Forschungsgebiete:
➢ Untersuchungen an Drahtseilen
➢ Überlegungen zur Förderung großer Massenschüttgutströme
➢ Hydraulischer und pneumatischer Feststofftransport
➢ Staub- und Geräuschemissionen bei Stetigförderern

## KOOPERATION MIT DER INDUSTRIE

In direkter Kooperation mit der Industrie wurden Arbeiten durchgeführt wie beispielsweise:

Untersuchungen:
- Verschleißminimierung einer pneumatischen Förderanlage
- Untersuchungen einer fahrbaren Brecheranlage

405

Bild 6: Teilschnittmaschine Alpine-Miner AM 75.    Foto: VOEST-ALPINE Zeltweg.

- Mischungsvorgänge auf Schwingförderrinnen
- Service an Kolbenkompressoren
- Untersuchungen an einem Ölfeld-Pumpenbock, insbesondere an der Pleuelstange
- Betriebsuntersuchungen an Teilschnittmaschinen
- Rechenmodell für Teilschnittmaschinen
- Sicherheitsdüse für Teilschnittmaschinenbedüsung
- Aktiviertes Schneiden mit Rundmeißel
- Planung von Kraftwerksbekohlungsanlagen
- Halden- und Mischbettsysteme für Massenschüttgüter
- Räumräder zum Bunkeraustrag
- Materialfluß und Transportsystem in einem Leiterplattenwerk
- Instandhaltung in Finalbetrieben
- Untersuchungen am Einkettenkratzerförderer
- Grab- und Schneidvorgang von Schaufelradbaggern
- Teleskopierbares Fördersystem
- Optimierung der Schleiftechnologie
- Fließverhalten von Koks
- Entwicklung eines Hebeauszuges eines Backrohres
- Wirtschaftliche Untersuchungen bei Pipelines
- Vorrichtung zur sprengstofflosen Erregung seismischer Wellen
- Optimierung von Berechnungsverfahren des zweckmäßigen Autofrettagedruckes für Hochdruckbauteile

<u>Seminare für die Industrie:</u>
- Auslegung von Gurtförderern mit Horizontalkurven

- Massenschüttgutförderung in Braunkohletagebauen
- Bandfördertechnik für den Massenschüttguttransport
- Empfehlungen für die Berechnung von tragrollengestützten Gurtbandförderern

Nutzen und Bedeutung der Fördertechnik für das Montanwesen liegen im wesentlichen darin, eine möglichst wirtschaftliche Förderung von Schüttgütern zu gewährleisten. Die im Bergbau gewonnenen mineralischen Rohstoffe sind häufig spezifisch verhältnismäßig wertarme Massenschüttgüter, bei denen die Kosten des Transportes einen erheblichen Prozentsatz an den Endproduktkosten ausmachen können. Für den Transport großer Massenschüttgutströme werden Gurtförderer in zunehmendem Maße eingesetzt. Hierbei gewinnen Anlagen mit horizontaler Kurvenführung eine wachsende Bedeutung. Wenn aus örtlichen Gegebenheiten, wie beispielsweise Geländebeschaffenheit, Bebauung oder ähnlichem, eine geradlinige Förderstrecke nicht ausgeführt werden kann, lassen sich mit kurvengängigen Gurtförderern dieser Art größere Einzelbandlängen, weniger Übergabestellen und häufig eine kürzere Gesamtlänge des Förderers verwirklichen als bei Verwendung hintereinander geschalteter, gerader Bänder mit entsprechenden Abwinkelungen an ihren Übergabestellen. Investitions- und Betriebskosten werden dadurch geringer. Besondere wirtschaft-

Bild 7: Tiefpumpenbock zur Förderung in einem österreichischen Ölfeld.

Foto: F. Kessler.

liche Vorteile ergeben sich dann, wenn durch kurvenförmige Verlegung des Gurtförderers noch zusätzliche Kosten für sonst erforderlichen Geländeerwerb, Brückenbauwerke, Stollen, Erdbewegungsarbeiten oder ähnliche Maßnahmen vermieden werden können.

Im Rahmen spezieller Betrachtungen und Untersuchungen zur Gurtführung bei horizontal kurvengängigen Gurtförderern wurde vom Institut ermittelt, daß bei Anwendung der herkömmlichen Berechnungsverfahren zur Auslegung der Kurvenführung noch Sicherheiten durch vereinfachte Annahmen vorhanden sind. Durch Anwendung eines verbesserten, am Institut ständig weiterentwickelten Berechnungsverfahrens konnte für solche Anlagen deutlich gemacht werden, daß eine einwandfreie Kurvenführung des Gurtes auch noch bei größeren Schwankungsbreiten der Gurtzugkräfte gewährleistet ist, als sich aus dem herkömmlichen Berechnungsverfahren ermitteln läßt. Zur Verbesserung dieses Berechnungsverfahrens waren und sind umfangreiche Untersuchungen notwendig, die auch in Zukunft fortgesetzt werden sollen.

Aber auch an anderen Förderanlagen lassen sich durch gezielte Untersuchungen Verbesserungen erreichen, wie nur einige wenige, bei weitem nicht vollständige Beispiele aufzeigen sollen.

Senkung der Investitionskosten bei konventionellen Gurtförderern durch wirtschaftliche Optimierung des Tragrollenabstandes.

Erhöhung der Lebensdauer von Becherwerksgurten durch Umgestaltung von Becherhalterung und Klemmverbindung mit dem Ziel einer Verringerung der flächenpressungsmäßigen Beanspruchung.

Verdoppelung des Fördergutstromes bei gleichbleibender Antriebsleistung für Senkrechtschneckenförderer durch gezielte Umgestaltung der Aufgabenstelle als Ergebnis umfangreicher Versuchsreihen.

Entwicklung eines während des Betriebes verstellbaren Unwuchtmotorantriebs für Schwingförderrinnen zur Veränderung des Fördergutstromes während des Betriebes.

Verringerung des Krümmerverschleißes bei pneumatischer Feststofförderung.

Gemeinsam mit der Industrie Entwicklung einer SAF-JET-Düse, die zur Wasserbesprühung der Schneidmeißel einer Teilschnitt-Vortriebsmaschine dient und eine bedeutende Erhöhung der Schneidleistung der Maschine garantiert.

Die zukünftigen Forschungsvorhaben des Institutes werden sich auch weiterhin mit wissenschaftlichen und konstruktiven Problemstellungen befassen, deren Lösungen zur Verbesserung von Anlagen und Anlagenteilen im wesentlichen bei mechanischen Stetigförderern führen. Die Lösung dieser Aufgaben wird in engem Kontakt mit der Industrie durchgeführt. Wie auch bisher wird das Institut weiterhin aufgeschlossen sein, gemeinsam mit der einschlägigen Industrie fördertechnische und konstruktive Probleme zu bearbeiten, die von seiten der Industrie an das Institut herangetragen werden.

*Verfasser: K.-J. GRIMMER*
*F. KESSLER*

# Institut für Geomechanik, Tunnelbau und Konstruktiven Tiefbau

Das Institut wurde im Jahre 1974 unter dem Namen „Institut für Konstruktiven Tiefbau" gegründet. Ziel dieser Gründung war es, den Geist der Salzburger Schule der Felsmechanik und der Neuen Österreichischen Tunnelbaumethode endlich auch auf universitärer Ebene zu vermitteln.

Im Juli 1974 wurde Dipl.Ing. Dr.techn. G. Feder als erster Ordinarius bestellt. Neben den Erfahrungen, die Professor Feder aus seiner 25-jährigen Praxis damals in das neue Institut einbrachte, erwiesen sich bald die Eigenschaften des zähen und konsequenten Forschers und vor allem seine Fähigkeit des Improvisierens als besonders fruchtbar für die weitere Entwicklung des Instituts.

Die Konjunkturflaute und die entsprechende Sparwelle waren nämlich zur Zeit der Institutsgründung gerade in vollem Maße hereingebrochen, was ein im Aufbau begriffenes Institut besonders hart traf. Es wurden daher folgende Grundsätze verfolgt:
- Forschung nur auf Gebieten, die die Wirtschaft braucht.
- Keine Forschung auf Gebieten, die an anderen Universitäten in ausreichender Weise behandelt werden.
- Nutzung von Tunnelbaustellen und Bergwerken als „Großlabors" und entsprechende Auswahl baustellenvertrauter Mitarbeiter.
- Nutzung der knappen Mittel vorwiegend zur Anschaffung von bausteinartig kombinierbaren Grundgeräten, Verbesserung der Institutsgebarung durch Abwicklung von Forschungsaufgaben aus der Wirtschaft.

Ziel der Forschung war es, vor allem Brucherscheinungen des Gebirges beim untertägigen Hohlraumbau in ihrer Mechanik bei Entstehung und Ablauf zu erfassen. Es wurde versucht, die vom Hohlraum aus nicht zu erkennenden Phänomene durch Messungen und Modellversuche erkennbar zu machen.

Neben diesem Forschungsschwerpunkt auf dem Gebiet der Erfassung der Mechanik der Bruchvorgänge im Gebirge wurde auch der Durchführung von gebirgsmechanischen Laborversuchen zur

Bild 1: Vorbereitung zum Meßgeräteeinbau (Lithium-Versuchsabbau Koralpe).

Ermittlung von geotechnischen Gebirgs- und Gesteinseigenschaften breiter Raum gewidmet.

Im Jahre 1984 emeritierte Prof. Feder. Als Nachfolger wurde im Herbst 1984 Dipl.Ing. Dr.mont. J. Golser auf diesen Lehrstuhl berufen. Mit ihm setzt ein Vertreter der Salzburger Schule der Österreichischen Geomechanik und der Neuen Österreichischen Tunnelbaumethode die Aufbauarbeit und den Ingenieurgeist von Prof. Feder fort.

Schon in der Zeit, als Prof. Feder das Institut führte, zeigte sich, daß auch in der Geomechanik numerische Berechnungsmethoden die analytischen Methoden maßgebend ergänzen können. In der nun folgenden Zeit wird daher dieser Entwicklung Rechnung getragen und die EDV-Ausstattung des Institutes auf den neuesten Stand gebracht. Die numerische Untersuchung von geomechanischen Problemstellungen im Bergbau und Tunnelbau fügt sich in der Folge als zusätzlicher Schwerpunkt zur bisherigen Institutsarbeit.

Die Ausstattung des Instituts mit Versuchseinrichtungen wird vehement vorangetrieben und hauptsächlich über Spenden und Aufträge der Industrie finanziert.

Seit der Gründung im Jahre 1974 bis Ende des Jahres 1988 haben 49 Studenten ihre Diplomarbeit und 9 Dissertanten ihre Dissertation an diesem Institut abgeschlossen.

Bild 2: Konvergenzmessung im Abbaubereich (Talkbergbau).

Nachdem das Institut nach seiner Gründung vorerst in Räumlichkeiten untergebracht war, die vom Institut für Bergbaukunde zur Verfügung gestellt wurden, übersiedelte im Herbst 1984 das Institut in ein externes Gebäude in der Parkstraße. Hier standen dem Institut erstmals eigene Laborräume in beschränktem Umfang zur Verfügung. Da aber auch hier inzwischen die Raumnot katastrophale Zustände angenommen hat, ist für das Jahr 1990 der Bau einer eigenen Laborhalle geplant.

Im Jahre 1988 wurde das Institut von „Institut für Konstruktiven Tiefbau" auf „Institut für Geomechanik, Tunnelbau und Konstruktiven Tiefbau" umbenannt, um auch in der Institutsbezeichnung die Tätigkeitsschwerpunkte erkennbar zu machen.

### INSTITUTSPERSONAL

O.Univ.Prof. Dipl.Ing. Dr.mont. Johann GOLSER, Institutsvorstand
Dipl.Ing. Wolfgang ALDRIAN, Universitätsassistent
Dipl.Ing. Klaus RABENSTEINER, Universitätsassistent
Dipl.Ing. Oskar SIGL, Universitätsassistent
Dipl.Ing. Harald WEDENIG, Vertragsassistent
Johann BRANDL, Studienassistent
Christian MAIER, Studienassistent
Sieglinde BRANDNER, Vertragsbedienstete
Johann HEUMANN, Vertragsbediensteter
Dipl.Ing. Hamed Muhammed JASSIM, wissenschaftlicher Mitarbeiter

Dem Institut fachlich zugeordnet ist:
em.Univ.Prof. Dipl.Ing. Dr.techn. Georg FEDER

### LEHRE

Die am Institut angebotenen Lehrveranstaltungen werden hauptsächlich von Bergbaustudenten, aber auch von Studenten des Erdölwesens und der Angewandten Geowissenschaften in Anspruch genommen.

In den Lehrveranstaltungen werden die Fels-, Gebirgs- und Bodenmechanik sowie die Grundlagen an Theorie und Bemessungsverfahren in Beton-, Stahl- und Holzbau behandelt.

Neben der Vermittlung von Kenntnissen der Geomechanik und der damit verbundenen Versuchstechnik liegt das Lehrziel auch darin, den Studenten das für eine montanistisch-technische Ausbildung notwendige Wissen aus dem Gebiet des Bauingenieurwesens zu vermitteln.

Dies soll den Studenten bei der Beurteilung von verschiedensten Konstruktionen, vor allem im Hinblick auf deren Sicherheit, das geeignete Rüstzeug für die Praxis verschaffen.

## ARBEITSGEBIETE

Der Forschungsschwerpunkt der Erfassung der Mechanik von Gebirgsbruchvorgängen, der noch von Prof. Feder gesetzt wurde, wird fortgesetzt.

Als Ergebnis konnten die wesentlichen Typen des Gebirgsbruches (Zugbruch, Spaltbruch, Scherbruch, Gefügebruch) analytisch dargestellt und die Mechanismen dieser Bruchphänomene in der Entstehung und im Ablauf erfaßt werden (Bild 3).

Die Erforschung von Materialgesetzen für Spritzbeton und für Sedimentgesteine ist weit fortgeschritten.

Für Spritzbeton konnte unter Zusammenarbeit mit ehemaligen Institutsangehörigen ein erstes Materialgesetz gefunden werden, das das zeitabhängige Festigkeits- und Verformungsverhalten von Spritzbeton unter Einbeziehung der Belastungsgeschichte berücksichtigt.

Dies hat fundamentale Auswirkungen auf die Bemessung und auf die Meßtechnik bei Bauten mit Spritzbeton.

Unter Verwendung dieses Stoffgesetzes gelingt in Verbindung mit Langzeitlaborversuchen der Schluß von verläßlich durchführbaren Dehnungsmessungen auf den Spannungszustand im Spritzbeton. Zu diesem Zweck wurden ein neuartiges Dehnungsmeßgerät und eine Langzeitlaborversuchsanlage entwickelt.

Das zweite Forschungsthema aus dem Themenkreis Rheologie behandelt das zeitabhängige Verhalten von Sedimentgesteinen. Dabei geht besonders der Einfluß von Mikrorissen und deren Ausbreitung in das Materialgesetz ein (Bild 4).

Ein Forschungsschwerpunkt befaßt sich mit dem Einfluß der Ankerung auf die Tragwirkung von untertägigen Hohlraumbauten sowie auf Versagensmechanismen und soll die Problematik der Ankerdimensionierung klären helfen (Bild 5).

Die gebirgsmechanischen Untersuchungen der Tragwirkung einer neuartigen Versatzstruktur im Zusammenhang mit der Einführung eines neuen Abbauverfahrens im Talkbergbau Lassing mit umfangreichen meßtechnischen Untersuchungen stellen ein weiteres Forschungsvorhaben dar (Bild 6).

Bild 3: Gesteinsprobe nach einachsigem Druckversuch.

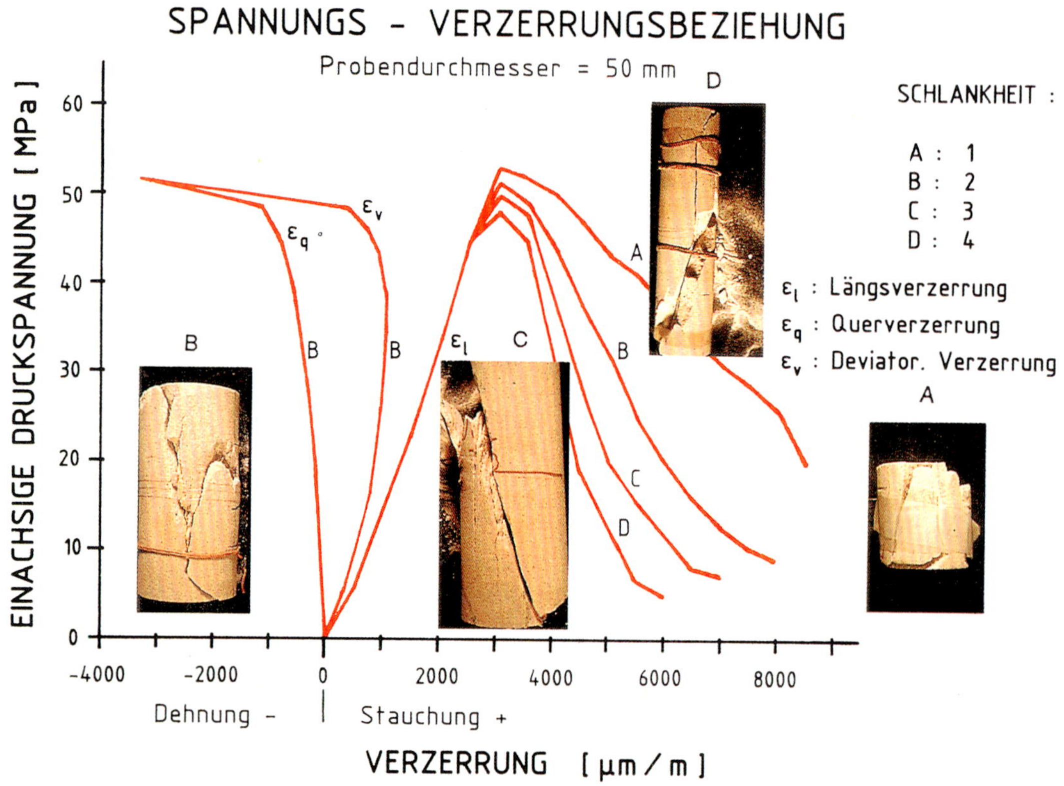

Bild 4: Einfluß der Probenschlankheit auf das Nachbruchverhalten von Gesteinsproben. Aus: Fonds zur Förderung der wissenschaftlichen Forschung, Sonderdruck aus „Jahresbericht 1988", Wien 1989.

Die Anwendung von verschiedenen numerischen Berechnungsmethoden auf geomechanische Problemstellungen, verbunden mit der gebirgsmechanischen Beratung bei der Umsetzung der Rechenergebnisse in das gegenständliche Bauvorhaben, gehören ebenfalls zum Tätigkeitsbereich des Instituts.

So wurden das geplante Abbauverfahren für die Lithiumlagerstätte Koralpe sowie der durchgeführte Versuchsabbau durch numerische Berechnungen im Zusammenhang mit in situ Messungen und Laborversuchen simuliert und dimensioniert (Bilder 1 und 7).

Ebenso gelang es, für den Bergbau Bleiberg durch numerische Berechnungen die gebirgsmechanischen Vorteile eines neuen Abbauverfahrens im Vergleich zum alten nachzuweisen.

Das Institut befaßt sich weiters mit der Simulierung von dynamischen Beanspruchungen von Felsbauwerken. So werden am Institut Simulierungen des Lastfalles Erdbeben für Fundierungen in Fels durchgeführt.

Auf dem Gebiet des Versuchswesens konnte nach der Entwicklung und dem Bau einer computergesteuerten Versuchsanlage für die gleichzeitige Durchführung von bis zu 6 Langzeitdruckversuchen die erste diesbezügliche Anlage in Österreich in Betrieb genommen werden.

Vor noch gar nicht so langer Zeit war die Fels- und Gebirgsmechanik eine fast ausschließlich den Praktikern überlassene Baukunst.

Erst die großen Bauvorhaben der Energiewirtschaft, des Verkehrs und nicht zuletzt des Bergbaues

Bild 5: Modellversuch zur Untersuchung der Ankertragwirkung im Gebirge. Höhe des Modells 2.15 m.

Bild 6: Modellversuch zur Untersuchung des Tragverhaltens versetzter Abbauhohlräume.

## ZUKÜNFTIGE FORSCHUNGSVORHABEN

Die zukünftige Entwicklung wird gekennzeichnet sein durch die Fortsetzung und Verfeinerung der bisherigen Forschungsstrategien.

So sollen die Erkenntnisse aus den Forschungsarbeiten auf dem Gebiete der Rheologie, der Tragwirkung von untertägigen Hohlräumen und der Wirkung von Ankern in Form von geeigneten Stoffgesetzen in die numerischen Berechnungsmodelle einfließen.

brachten geomechanische Problemstellungen, die eine wissenschaftliche Behandlung dieses Themenkreises unerläßlich machten.

Die montanistischen Wissenschaften befassen sich unter anderem mit der Gewinnung und Weiterverarbeitung von Rohstoffen aus der Erdkruste. Die Geomechanik liefert dabei ihren Beitrag im Erfassen des Verhaltens von Geomaterialien (Boden und Fels) unter verschiedenen Beanspruchungen und in der Entwicklung von Methoden, um Bauvorhaben in oder mit Fels und Boden sicher und wirtschaftlich verwirklichen zu können.

Bild 7: Aufnahme eines Abbauhohlraumes (Lithium-Versuchsabbau Koralpe).

Weiters werden künftige Forschungsschwerpunkte Injiziertechniken in Fels und die Entwicklung von Ankern mit hoher Tragkraft aus glasfaserverstärkten Kunststoffen sein.

**AUSZEICHNUNGEN**

Einige der Arbeiten des Institutes errangen internationale bzw. nationale Preise:
Dr. Walter PURRER: Manuel-Rocha-Preis und Leopold-Müller-Preis, 1984 (beide für die Dissertation).
Dr. Georg-Michael VAVROVSKY: Leopold-Müller-Preis, 1987 (für die Dissertation).
Dipl.Ing. Josef KARRER: 3. Benno-Brausewetter-Preis, 1986 (für die Diplomarbeit).
Dipl.Ing. Peter REITH: Auszeichnung der Diplomarbeit durch den Verein Österreichischer Industrieller, 1987.
Dipl.Ing. Peter SCHWEI: Auszeichnung der Diplomarbeit durch die Vereinigung Deutscher Metallerzbergbau, 1988 (Röver Preis).

Desweiteren wurde im Jahr 1987 Herrn Prof. FEDER für seine Leistungen und den persönlichen Einsatz bei der Bewältigung der gebirgsmechanischen Probleme im Salzbergbau Altaussee das große silberne Ehrenzeichen für die Verdienste um die Republik Österreich überreicht.

# Institut für Geophysik

Die Errichtung des Institutes erfolgte nach mehrjährigen Beratungen und Bestrebungen im Herbst des Jahres 1964, und zwar mit der Bezeichnung „Institut für Erdölgeologie und Angewandte Geophysik". Die in der internationalen Hochschulstruktur eher ungewöhnliche Synthese der Geophysik mit einem anderen Fach entsprang zunächst einmal den begrenzten Ressourcen einer kleinen Hochschule, war aber andererseits als ein Auftrag zu einer engen Zusammenarbeit mit den übrigen Geowissenschaften zu verstehen.

Die Angewandte Geophysik hat an der Montanuniversität Leoben eine längere Tradition. An erster Stelle ist hier Prof. Dr. Hugo Scheuble zu nennen, der nicht nur als Ordinarius für Elektrotechnik wirkte, sondern auch als Dozent für Angewandte Geophysik (Habilitation im Jahr 1924) das Fach lange Jahre bis zu seiner Emeritierung im Jahre 1953 vertrat. Prof. Scheuble hatte weitgespannte naturwissenschaftliche Interessen und war auch ein hochbegabter Instrumentenbauer. Bei den Wegbereitern der Geophysik ist auch Prof. Dr. Wilhelm Petrascheck, Ordinarius für Geologie und Lagerstättenlehre, zu nennen. Er hat bereits Anfang der 20er Jahre refraktionsseismische Messungen für die Alpine Montangesellschaft in mehreren steirischen Kohlehoffnungsgebieten initiiert. Auch die Bedeutung der Geophysik für die Erdölsuche wurde richtig eingeschätzt, und die magnetischen Messungen im Wiener und Steirischen Tertiärbecken sind als Pionierarbeiten in wirtschaftlich schwierigen Zeiten hoch zu bewerten.

Eine neue Entwicklung setzte im Jahre 1954 ein, als es gelang, Prof. Dr. Bruno Kunz, damals Chefgeophysiker der Rohöl Gewinnungs AG, als Dozent für Angewandte Geophysik zu gewinnen. Dadurch konnte der Bereich der Montan- und Ingenieurgeophysik in der Lehre durch viele praktische Erfahrungen bereichert werden, und es wurde vor allem die immer mehr an Bedeutung gewinnende Anwendung der Angewandten Geophysik bei der Erdölsuche, mit der Reflexionsseismik als Basis, verankert. Die im Jahre 1956 erfolgte Einführung einer Studienrichtung Erdölwesen strahlte auch auf unser Fachgebiet aus: ab dem Jahre 1958 wurden die geophysikalischen Bohrlochmessungen vom Dir. Dipl.Ing. E. Vögl als eigenständige Lehrveranstaltung gelesen. Bereits wenige Jahre vorher hat Prof. Dr. H. Wieseneder einen Lehrauftrag „Erdölbetriebsgeologie" wahrgenommen, der sodann 1957 von Prof. Dr. H. Stowasser weitergeführt und ausgebaut wurde.

Das Naheverhältnis der Geophysik zur Geologie und die Unterstützung durch das Institut für Geologie und Lagerstättenlehre wurden – man kann sagen traditionellerweise – unter Prof. Dr. Dr.h.c. W. E. Petrascheck fortgesetzt. Seine Verdienste als Promotor für die Errichtung eines eigenen Geophysikinstituts und für die bis zum Jahre 1970 erfolgte räumliche Unterbringung am Geologischen Institut verdienen es, besonders hervorgehoben zu werden. Der Anstoß und die Unterstützung bei der Etablierung der Paläomagnetik als eigene Forschungsrichtung, die Initiativen für die partnerschaftliche Mitwirkung der Geophysik am Studienzweig Montangeologie und am Hochschulkurs für Prospektion und Bergbau in Entwicklungsländern sind bleibende Verdienste um die Geophysik.

Im Zuge des generellen Ausbaus der montanistischen Wissenschaften wurde als langfristiges Ziel die Einführung einer Studienrichtung „Angewandte Geopyhsik" angestrebt und im einschlägigen Bundesgesetz im Jahre 1969 verankert. In Anbetracht der zunehmenden Bedeutung der Erdölwissenschaften schien es gerechtfertigt, ein eigenes Ordinariat für Erdölgeologie zu beantragen, womit dieselbe Struktur wie an der TU Clausthal erreicht wäre. Ein weiterer Gesichtspunkt war auch in der Absicht gelegen – einem Wunsch der Industrie entsprechend – eine eigene Ausbildung der Erdölgeologen anzubieten, die ansonsten in Österreich nicht vorhanden ist.

Anläßlich der Reform der Hochschulstruktur im Gefolge des UOG war Anfang der achtziger Jahre eine Zusammenlegung mit anderen Instituten geplant, die jedoch nicht durchgeführt wurde. Die Umbenennung des Instituts für Erdölgeologie und Angewandte Geophysik in „Institut für Geophysik" unterstrich auch die faktische Entwicklung hin zu einer breiter gefächerten experimentellen Zielsetzung.

In den vergangenen 24 Jahren wurden 120 Diplomarbeiten und 20 Dissertationen angefertigt; ferner erfolgten 3 Habilitationen.

Bild 1: Schweremessung (Gravimeter) im Montafon/Vorarlberg.

## INSTITUTSPERSONAL

O.Univ.Prof. Dr.phil. Dr.rer.nat.h.c.
Franz WEBER, Institutsvorstand
Ao.Univ.Prof. Dipl.Ing. Dr.mont.
Hermann MAURITSCH
tit.Ao.Prof. Univ.-Doz. Dipl.Ing. Dr.mont.
Rupert SCHMÖLLER, Assistenzprofessor
Univ.Doz. Dipl.Ing. Dr.mont.
Georg WALACH, Assistenzprofessor
Dipl.Ing. Dr.mont. Erich NIESNER, Universitätsassistent
Ing. Hans Jörg ATZMÜLLER, Amtssekretär
Adelheid TEIBTNER, Kontrollor
Franz PUSTERWALLNER, Kontrollor
Dipl.Ing. Elmar POSCH, Vertragsbediensteter
Dr. Bernhard HOLUB, Vertragsbediensteter
Mag. Wolfgang ZEISSL, Vertragsbediensteter
Dr. Johannes REISINGER, Vertragsbediensteter
Ruth GURTNER, Vertragsbedienstete
Brigitte HOLLINGER, Vertragsbedienstete

Dem Institut fachlich zugeordnet sind:

Lehrbeauftragte:
Dir. Prof. Dipl.Ing. Dr.mont. Heinrich JANSCHEK
Prof. Dr.phil. Arthur KRÖLL
Univ.Doz. Dipl.Ing. Dr.mont. Roland MARSCHALL

## LEHRE

Die Lehraufgaben des Instituts sind dadurch gekennzeichnet, daß diese in die Ausbildungserfordernisse mehrerer Studienrichtungen, nämlich Erdölwesen, Bergwesen, Markscheidekunde, Montangeologie und Angewandte Geowissenschaften, eingebunden sind. Dabei besteht seit der Errichtung des Instituts ein Schwerpunkt im Erdölwesen, der durch die Errichtung einer Wahlfachgruppe „Spezielle Angewandte Geophysik" im Jahre 1970 unterstrichen wurde. Auch bei der Studienrichtung Erdwissenschaften/Montangeologie und in jüngerer Zeit beim Studium irregulare Angewandte Geowissenschaften erfolgte die Einrichtung der Wahlfachgruppe „Angewandte Geophysik".

Demnach lassen sich folgende Lehrgebiete unterscheiden:

Vorlesung Angewandte Geophysik (2-semestrig) mit Spezialvorlesungen der Angewandten Geophysik für Erdölwesen, Übungen und Seminare, Montangeophysik für Bergleute, Bohrlochgeophysik, Einführungsvortrag mit Übungen. Ferner Spezialvorlesungen für montanwissenschaftliche Ingenieurgeophysik, Petrophysik, Gesteins- und Paläomagnetik, geophysikalische Gerätekunde, Erdölbetriebsgeologie, Erdöl und Erdgas in Österreich sowie geophysikalische Phänomene und Plattentektonik.

Diese Lehrveranstaltungen werden in den höheren Semestern des Zweiten Studienabschnitts abgehalten.

## ARBEITSGEBIETE

Der Aufbau der vom Institut heute vertretenen Arbeitsbereiche erfolgte im wesentlichen nach zwei Gesichtspunkten:

1. Aus der Zusammenarbeit mit den wissenschaftlichen Nachbarfächern, zu deren Problemstellungen Beiträge geliefert werden sollten.

2. Aus den Anforderungen der Praxis, vor allem auch der Industrie, wobei sich wegen des Fehlens einschlägiger Institutionen in Österreich, die Angewandte Geophysik betreiben, ein weites Tätigkeitsfeld anbot.

Da das Institut das einzige seiner Art in Österreich ist, dessen Schwerpunkt auf der Angewandten Geophysik liegt, war die Zielvorstellung von Anfang an auf die Einrichtung eines möglichst breiten Spektrums geophysikalischer Aufschlußverfahren ausgerichtet. Der Ausbau erfolgte unter den begrenzten Rahmenbedingungen personeller und räumlicher Knappheit zunächst mit den weniger aufwendigen Verfahren Magnetik, Geoelektrik, Refraktionsseismik, Geothermie. Ab dem Jahre 1974 konnte die Gravimetrie etabliert werden, 1976 die Reflexionsseismik, 1978 die Bohrlochgeophysik sowie 1983 die induzierte Polarisation. Ein wesentlicher Schwerpunkt in der Forschung betraf die geophysikalische Lagerstättenprospektion unter alpinen Gegebenheiten, wobei die integrierte Arbeitsmethodik von der Verfahrensanwendung bis zur Interpretation besonderes Gewicht hatte. Von der Aufgabenstellung her erstreckten sich die Forschungen auf Erze, Braunkohle, Industrieminerialien und Baurohstoffe. Bedeutende Forschungsergebnisse in methodischer Hinsicht wurden bei den Problemkreisen Untertagegravimetrie, dreidimensionale Störkörperberechnung in den Potentialverfahren, Hochfrequenzreflexionsseismik, Seismostratigraphie kohleführender Sedimente, Lithologieerkundung, induzierte Polarisation auf der Basis der Elektroosmose (Nichterze) erzielt. Ein wichtiger Zweig der Grundlagenforschung des Instituts ist die Paläomagnetik. Zu Fragen über den Alpenbau, die tektonische Rekonstruktion des alpinmediterranen Raumes, die magnetostratigrafische Einstufung geologischer Ereignisse sowie bei den Bewegungsabläufen von Afrika und Europa konnten wichtige Beiträge erarbeitet werden.

Ausgehend von jahrelangen praxisorientierten Arbeiten gewann die geophysikalische Grundwasserforschung zunehmende Bedeutung. Dabei standen neben einer Strukturerkundung hoher Genauigkeit die Erweiterung des Auflösungsvermögens seismischer und geoelektrischer Verfahren, Lithologieerkennung, Porositätsbestimmung in situ, bohrlochgeophysikalische Forschungen und Auffindung von Aquiferen in tertiären Schichtgliedern im Mittelpunkt.

Die Ingenieurgeophysik nahm bei der Anwendung auf Fragen des Kraftwerksbaus, Autobahnbaus in alpinen Bereichen und Tunnelbaus ihren Ausgang. Auch hier zeigte sich die Notwendigkeit der Ergänzung durch grundlagenorientierte Forschungen in Richtung Gesteinsklassifikation, Methodik der Auffindung von Störungszonen. In den letzten Jahren kamen dazu Forschungen über Deponiefragen, wie Standortsuche und Altlastenerkundung (Unterscheidung des Deponieinhalts), Nachweis des Erfolges von technischen Maßnahmen, Abschätzung der Folgewirkungen.

Die Geophysik im Kohlenwasserstoffbereich hat international gesehen den Charakter einer Großforschung. Durch die Kontakte mit der Erdölindustrie war es auch möglich, unter den bescheidenen Rahmenbedingungen Forschungsarbeiten auf bestimm-

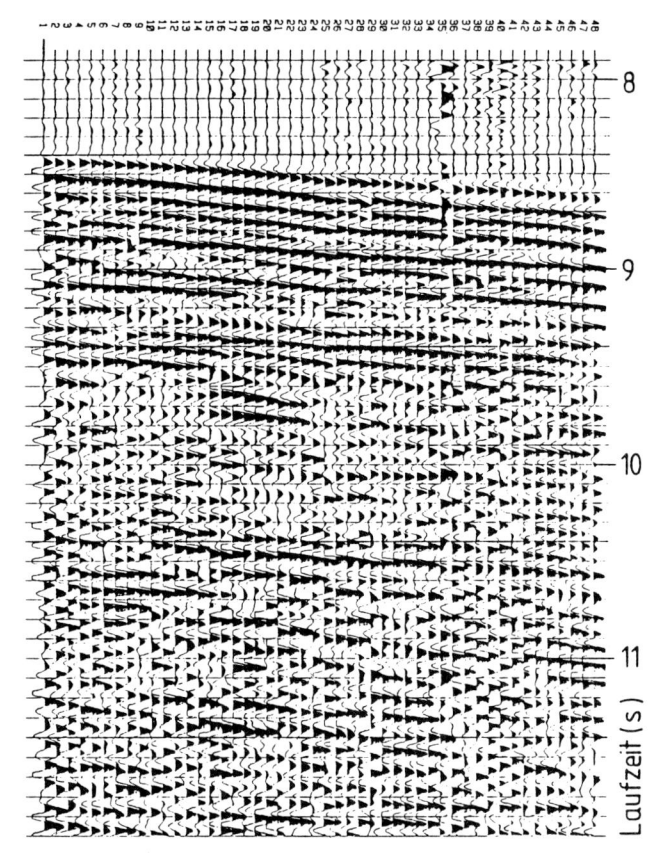

Bild 2: Tiefenreflexionsseismische Aufnahme mit 48-kanäliger Apparatur vom Schußpunkt Säntis/Schweiz, Entfernung ungefähr 30 km.

ten Spezialgebieten durchzuführen. Zu erwähnen sind Untersuchungen zum Blindzonenproblem in der Refraktionsseismik, der Einfluß tektonischer und lithologischer Faktoren auf die seismischen Geschwindigkeiten in der Molasse, die Anwendung der komplexen seismischen Spurenanalyse zur Lithologieerkennung, Optimierung der Planung 3-D seismischer Messungen, Auswertungsmethodik des Gammaraylogs.

Eine systematische geophysikalische Landesaufnahme gibt es in Österreich – mit Ausnahme der Aeromagnetik – noch nicht, was in krassem Gegensatz zu allen anderen europäischen Staaten ist. Durch die Zusammenfassung und Ergänzung von Projekten verschiedenen Ursprungs sowie durch institutseigene Arbeiten konnten größere Gebiete systematisch vermessen und nach einheitlichen Gesichtspunkten ausgewertet und in Kartenform dargestellt werden. So sind die Steiermark, das südliche Burgenland und der Ostteil von Kärnten in der Gravimetrie mit Detailkarten im Maßstab 1:50.000 fertiggestellt, für Vorarlberg, größere Teile der Böhmischen Masse und die Molassezone in Oberösterreich stehen die Arbeiten vor dem Abschluß. In der Magnetik sind große Teile des Oststeirischen Tertiärbeckens und des Südburgenlandes sowie das Gebiet Rottenmanner und Niedere Tauern und Seetaler Alpen fertiggestellt. Ebenso wurden die größeren inneralpinen Quartärbecken der Steiermark mittels Gravimetrie, Magnetik, Refraktionsseismik und Geoelektrik untersucht.

Im Rahmen der an der Montanuniversität bestehenden montanarchäometrischen Arbeitsgruppe, die sich hauptsächlich der Erforschung der ur- und frühgeschichtlichen Metallgewinnung in Österreich widmet, wurden seit 1976 spezielle archäogeophysikalische Untersuchungsmethoden entwickelt und angewendet. Hauptsächlich mit geomagnetischen und geoelektrischen Meßmethoden wurde eine Anzahl von bronzezeitlichen Kupferverhüttungsplätzen, Bergbauen und Bergbausiedlungen nachgewiesen und im Detail erkundet. In Zusammenarbeit mit dem Bundesdenkmalamt, Landeskonservatorium und Universitätsinstituten wird die Archäogeophysik in steigendem Maße allgemein zur Vorerkundung und Sicherung kulturell bedeutender Bodendenkmäler im Bereich größerer Bodeneingriffe (Verkehrsbauten) eingesetzt.

Die Erfahrungen in der praxisorientierten Anwendung geophysikalischer Verfahren in größeren Tiefenbereichen legten es nahe, auch bei der Lösung von grundlegenden Fragen des Baus der Ostalpen mitzuwirken. Das Institut hat daher an den beiden geowissenschaftlichen Schwerpunkten des Fonds zur Förderung der wissenschaftlichen Forschung „Geologischer Tiefbau der Ostalpen" und „Frühalpine Geschichte der Ostalpen" (Leitung: Prof. Dr. H. Flügel) in den Jahren 1974–1983 laufend mit Projekten mitgewirkt. Beim ersten Schwerpunkt erfolgten die Forschungsarbeiten auf einer bis 50 km breiten Traverse, die von den Kalkalpen im Norden über die Grauwackenzone, mittelostalpines Kristallin bis in den Bereich Koralpe-Saualpe im Süden reichte. Der zweite Schwerpunkt erstreckte sich räumlich auf den Nordostrand der Ostalpen und war den Fragen des Tiefbaues und der geodynamischen Entwicklung im ostalpin-pannonischen Übergangsbereich gewidmet. Die Grenzzone von Ostalpen zu Südalpen – die alpin-dinarische Naht – wurde intensiv mit der Methode der Anisotropie der magnetischen Suszeptibilität bearbeitet.

Große Bedeutung hatten für das Institut jene längerfristigen Forschungen, die in internationaler Zusammenarbeit ausgeführt wurden. Hier ist zunächst die Beteiligung am Internationalen Geodynamik-Projekt in den Jahren 1972–1979 zu erwähnen, wo eine größere österreichische Arbeitsgruppe (Leitung: Prof. Dr. F. Steinhauser) aus allen einschlägigen geophysikalischen Institutionen tätig war. Dieses Geodynamikprojekt brachte einen enormen Ansporn für die Österreichische Geophysik, die erstmals als geschlossene Forschergruppe von einer auch mit dem Ausland vergleichbaren Größenordnung auftrat, wobei auch die systematische Verbesserung der instrumentellen Ausstattung entscheidend vorangetrieben wurde. Die Leobner Arbeitsgruppe bearbeitete gravimetrische und magnetische Traversen vom oststeirischen Tertiär bis ins südliche Wiener Becken, die wichtige Erkenntnisse zur Lithologie der Oberkruste brachten. Es erfolgten refraktionsseismische Untersuchungen in Schlüsselgebieten am Alpenostrand zur Klärung des Deckenbaus, Forschungen zum geothermischen Zustand im Ostteil der Ostalpen und gesteinsphysikalische Untersuchungen und paläomagnetische Messungen. Wissenschaftlich besonders ergiebig war die Beteiligung am Alpenlängsprofil 1975, einer von den französischen Westalpen bis nach Westungarn etwa im Streichen des Alpenkörpers angelegten refraktionsseismischen Linie zur Untersuchung der Struktur von Kruste und oberem Mantel. Dabei war Leoben Einsatzzentrale für die Arbeiten im Ostabschnitt. Bei reflexionsseismischen Messungen einer Großsprengung im Lavantsee konnten erstmals Reflexionen nicht nur aus der Unterkruste und von der Mohorovicic-Diskontinuität, sondern auch aus dem oberen Erdmantel registriert werden.

Die Europäische Geotraverse (EGT) ist ein seit 1982 laufendes Großforschungsprojekt im Rahmen der European-Science Foundation, bei der eine breite Geotraverse vom Nordkap bis Nordafrika (Tunis) interdisziplinär mit allen zur Verfügung stehenden Methoden untersucht wird. Es werden hierbei verschieden alte Gebirgsstämme von den alten Schilden im Norden bis aus jüngster geologischer Zeit gequert und somit wesentliche Beiträge zum Bauplan und zur Geodynamik der Erde insgesamt erzielt. Die Leobner Arbeitsgruppe ist im Übergangsbereich Westalpen-Ostalpen tätig (Bild 1).

Bei den gravimetrischen Messungen konnte neben den problemorientierten Fragestellungen hinsichtlich der Tiefenstruktur eine gravimetrische Übersichtskarte von Vorarlberg-Westtirol erstellt werden, die zusammen mit den analogen Kartenwerken der Schweiz und Oberitaliens die Basis für weiterführende regionale Forschungen bietet. Durch die Einbindung von Absolutschweremessungen eröffnen sich neue Möglichkeiten zur internationalen Zusammenarbeit. Sehr ergebnisreich hinsichtlich des Baus der Unterkruste und der Mohorovicic-Diskontinuität waren tiefenreflexionsseismische Messungen im Weitwinkelbereich, bei denen Großsprengungen auf benachbarten Schweizer Profilen als Energiequelle genutzt wurden (Bild 2).

## WIRKUNGSBEREICH DES INSTITUTES

Die Angewandte Geophysik untersucht die Erdkruste mit spezifischen physikalischen Meßverfahren im Hinblick auf die Lösung von angewandten Fragestellungen, insbesonders einer wirtschaftlichen Nutzung. Das Fach ist somit mit jenen montanistischen und geotechnischen Fächern auf das engste verknüpft, deren Tätigkeit ebenfalls in einem Konnex zur Erdkruste steht, insbesondere der Rohstoffforschung. Dies ist bereits bei der Darstellung der Lehraufgaben angeklungen, wo das Institut in 5 Studienrichtungen eingebunden ist. Im Bereich des Erdölwesens ist die Angewandte Geophysik, insbesondere die Reflexionsseismik, die wichtigste Prospektionsmethode. Jede Tiefbohrung auf Erdöl und

Erdgas wird heute nur nach gründlicher geophysikalischer Voruntersuchung abgeteuft. Die weltweit sicher nachgewiesenen großen Reserven an Kohlenwasserstoffen sind ein überzeugender Beweis für die Leistungsfähigkeit der Geophysik. Durch die zunehmende Verbesserung von Instrumenten und Auswertungsverfahren hat sich aber die Reflexionsseismik auch neue Anwendungsmöglichkeiten bei der Untersuchung bereits entdeckter und produzierter Vorkommen geschaffen. Die Bohrlochgeophysik endlich ist heute eine weitgehend eigenständige Disziplin, deren Entstehung und wissenschaftliche Anwendung auf das engste mit dem Erdölbereich verbunden ist. Die Paläomagnetik ermöglicht letztlich die paläogeographische Rekonstruktion von Lagerstättenbildungsräumen. Diese Projekte erfolgten in breiter internationaler Kooperation, wobei die Partner aus Großbritannien, Frankreich, Italien, Schweiz, Bundesrepublik Deutschland, DDR, Ungarn und CSFR kamen.

Die Tätigkeit des Angewandten Geophysikers im Bergbau auf feste mineralische Rohstoffe wird als eigenes Fachgebiet „Montangeophysik" definiert. Es ist in der Arbeitsweise dadurch gekennzeichnet, daß im Gegensatz zum Erdölwesen keineswegs eine Dominanz einer Methode existiert, sondern vielmehr ein großes Spektrum von Meßverfahren sich entwickelt hat und heute zur Anwendung gelangt. Der Aufgabenbereich des Geophysikers umfaßt heute keineswegs nur die Aufsuchung und Abgrenzung von Lagerstätten, sondern auch Untersuchungen während der Abbauphase (Gesteinsklassifikation, Stabilitätsfragen, Erschütterungsmessungen etc.) und nach der Einstellung des Betriebes (Wirkung von Sanierungsmaßnahmen, Halden und Hohlraumprobleme).

Das Gebiet der Markscheidekunde ist von der wissenschaftlichen Grundlage her vor allem mit der Gravimetrie verbunden. In zunehmendem Maße werden geophysikalische Meßverfahren auch bei der Bergschadenkunde eingesetzt und haben sich bei Fragen der Hohlraumerkundung, Absenkungsbeobachtungen, Rutschungen, hydrologischen Problemstellungen bewährt.

Die Rohstoffgewinnung ist heute in viel größerem Ausmaß als in früheren Jahren mit der Umweltproblematik konfrontiert. Hier hat sich für die Angewandte Geophysik ein neuer Aufgabenbereich ergeben, für den speziell angepaßte Meß- und Auswertungsroutinen geschaffen werden mußten. Am weitesten fortgeschritten ist die Entwicklung bei den Deponiefragen, angefangen von der Standortsuche bis zu Langfristbeobachtungen.

## ZUKÜNFTIGE FORSCHUNGSVORHABEN UND ENTWICKLUNG DER INSTITUTSSPEZIFISCHEN ARBEITSBEREICHE

In der angewandten Forschung mußte in den letzten Jahren kurzfristig eine Profiländerung vorgenommen werden. Von der öffentlichen Hand wird

Bild 3: Untertägige geophysikalische Bohrlochmessung mit tragbarer Apparatur.

Bild 4: Paläo- und gesteinsmagnetisches Labor in Gams bei Rothleiten.

die Aufsuchung wichtiger Rohstoffe (Kohle, Erze) nicht mehr gefördert, für die aber ein beachtliches Forschungspotential aufgebaut worden war. Um dieses auch in Zukunft nutzen zu können, wird in verstärktem Maße eine Kooperation mit ausländischen Partnern gesucht. Weiters wird forciert auf die geophysikalische Grundwassersuche, insbesonders auf Tiefengrundwässer, und auf Probleme der Umwelt eingegangen. Es ist auch beabsichtigt, in verstärktem Maße die Ingenieurgeophysik auszubauen, zumal bei den für die Zusammenarbeit in Frage kommenden Instituten und der Industrie Partner gegeben sind, die die Bedeutung der Geophysik richtig einzuschätzen wissen.

Das Erdölwesen wird auch in Zukunft in Anbetracht seiner großen wirtschaftlichen Bedeutung ein besonders wichtiger Arbeitsbereich sein. Auf dem Gebiet der reflexionsseismischen Akquisition werden sich die Forschungsvorhaben – allein wegen der hohen Kosten – auf Spezialfragen beschränken, wobei die Scherwellenseismik und Hochfrequenzreflexionsseismik hervorzuheben sind. Zügig ausgebaut wird der Bereich des Processings, der wegen der beschränkten Rechnerkapazität erst in den Anfängen steht. Die Forschungsvorhaben beziehen sich auf die seismische Modellierung, synthetische Seismogramme, komplexe seismische Spurenanalyse, Absorption seismischer Wellen, lithofazielle Untersuchungen.

Die Bohrlochgeophysik ist ein äußerst zukunftsträchtiges Forschungsgebiet, das zu den spezifischen Arbeitsbereichen des Leobener Geophysikinstituts zählt (Bild 3).

Wie bereits eingangs erwähnt, konnte die Selbständigkeit des Instituts gewahrt werden, eine Gliederung in Abteilungen wegen der Beschränktheit an personellen und räumlichen Ressourcen wurde als unzweckmäßig erachtet, obwohl entsprechende qualifizierte Leitungsstrukturen vorhanden sind. Es wurden vielmehr Arbeitsgruppen für folgende Fachgebiete installiert, die sich wegen ihrer Flexibilität sehr gut bewährt haben: Petrophysik, Paläomagnetik, Bohrlochgeophysik, Ingenieurgeophysik, Archäogeophysik.

Da der Personalstand des Instituts seit dem Jahre 1972 unverändert ist und keine Aussicht auf Erfüllung der diesbezüglichen Wünsche besteht, wurde seit zwei Jahrzehnten versucht, durch Forschungsprojekte der Grundlagen- und Auftragsforschung eine Erweiterung des Personalstandes zu erreichen. Dadurch war es möglich, die Arbeitsgruppen in der erforderlichen Mindestgröße einzurichten, was aber bezüglich der notwendigen Kontinuität mit erheblichen Belastungen der Projektleiter verbunden war.

Bild 5: Apparatur zur thermischen Reinigung von Gesteinsproben im Labor Gams.

Auch die Gründung des Instituts für Angewandte Geophysik der Forschungsgesellschaft Joanneum, das derzeit in Personalunion geleitet wird, erfolgte unter diesem Gesichtspunkt, da dadurch die kritische Mindestgröße für wichtige Arbeitsbereiche erreicht werden konnte.

Seit 1976 ist in Gams bei Rothleiten eine Außenstelle des Instituts für Geophysik der Montanuniversität in Betrieb (Bild 4).

Es werden dort besonders empfindliche Messungen der magnetischen Eigenschaften natürlicher und synthetischer Gesteine durchgeführt (Bild 5).

Der Paläomagnetismus der natürlichen Gesteine wird benützt, um paläogeografische Rekonstruktionen von Krustenteilen vorzunehmen. Dazu ist das Labor mit drei Spinnermagnetometern, vier Reinigungsapparaten (Wechselfeld und thermisch), Suszeptibilitätsbrücken, Sättigungsmagnetsystemen und ab 1989 einem Cryogenmagnetometer ausgestattet. Ebenso werden die Änderungen des Erdmagnetfeldes gemessen. Das Instrumentarium wurde über Forschungsprojekte beim Fonds zur Förderung der wissenschaftlichen Forschung sowie des Jubiläumsfonds der Nationalbank angeschafft.

# Institut für Geowissenschaften

Das Institut für Geowissenschaften wurde 1980 auf Veranlassung des Bundesministeriums für Wissenschaft und Forschung durch Zusammenlegung der früheren Institute für Geologie und Lagerstättenlehre, für Mineralogie und Petrologie und für Prospektion, Lagerstättenerschließung und Mineralwirtschaft gebildet. Da diese während beträchtlicher Zeiträume selbständig gewesen waren und bis zur Übersiedlung in den Neubau des Rohstoff-Zentrums (1991) auch noch getrennt untergebracht sind, sind ihnen separate Teile dieses Beitrages gewidmet.

Der Neubau, ein 150-Millionen-Projekt, geht auf die unermüdlichen Bemühungen von Prof. H. Holzer zur Zeit seines Rektorates und von Prof. A. Gahleitner als Vorsitzendem der Baukommission der Montanuniversität, der das Projekt von den ersten Anfängen bis zur Fertigstellung betreut hat, zurück. Die Bundesministerien für Bauten und Technik und für Wissenschaft und Forschung sowie die Steiermärkische Landesregierung (Landesbaudirektion) haben dann die Verwirklichung ermöglicht.

Eine Lehrkanzel für Mineralogie, Geologie, Paläontologie und Lagerstättenlehre war an der k.k. Bergakademie Leoben 1881 eingerichtet und mit Prof. Hans Höfer von Heimhalt besetzt worden. 1911 wurde diese Lehrkanzel geteilt und ein selbständiges Ordinariat für Mineralogie und Gesteinskunde geschaffen. 1964 schließlich wurde das Ordinariat für Prospektion, Lagerstättenerschließung und Mineralwirtschaft gegründet. Im folgenden werden diese Ordinariate in der zeitlichen Reihenfolge ihrer Errichtung, d.h. zuerst Geologie, dann Mineralogie, und schließlich Prospektion, besprochen.

## INSTITUTSPERSONAL

O.Univ.Prof. Dr.rer.nat. Eugen F. STUMPFL, Institutsvorstand,
Ao.Univ.Prof. Dr.phil. Fritz EBNER, stellvertretender Institutsvorstand
em.Univ.Prof. Dr.phil. Walter J. SCHMIDT, (seit 1.10.1989 emeritiert)
O.Univ.Prof. Dr.phil. Herwig HOLZER
Ao.Univ.Prof. Dr.phil. Johann Georg HADITSCH
Univ.Doz. Dr.phil. Erdogan ERKAN, Assistenzprofessor
Univ.Doz. Dr.phil. Walter PROCHASKA, Assistenzprofessor
Dr.rer.nat. Aberra MOGESSIE, Vertragsassistent
Dr.phil. Reinhard GRATZER, Universitätsassistent
Dr.phil. Johannes H. OBENHOLZNER, Universitätsassistent
Dr.phil. Johann RAITH, Universitätsassistent
Mag.rer.nat. Dr.mont. Reinhard SACHSENHOFER, Universitätsassistent
Dr.phil. Oskar THALHAMMER, Universitätsassistent
Mag.rer.nat. Reinhard TEMMEL, Universitätsassistent
Dr.phil. Günther SCHARFE, Rat
Margit KESHMIRI, Kontrollor
Franz KRISTANZ, Fachinspektor
Renate REICHL, Oberkontrollor
Ursula SCHMID, Kontrollor
Helmut MÜHLHANS, Vertragsbediensteter
Ines STADLER, Vertragsbedienstete
Angela RUMPOLD (dienstzugeteilt)

Dem Institut fachlich zugeordnet sind:

em.Univ.Prof. Dipl.Ing. Dr.techn. Othmar M. FRIEDRICH
em.Univ.Prof. Dr.phil. Dr. h.c. Walther E. PETRASCHECK

## LEHRE

In der Lehre betreut das Institut für Geowissenschaften heute den Studienzweig Montangeologie und das Studium Angewandte Geowissenschaften. Von 1964 bis 1981 bestand außerdem der „Postgraduate Course of Mineral Exploration", der von Mitgliedern des früheren Institutes für Prospektion betreut worden war. Mitglieder des Institutes für Geowissenschaften halten außerdem eine große Anzahl von Lehrveranstaltungen (über 100 Wochenstunden Pflichtvorlesungen und -praktika pro Studienjahr) für Studenten aus den Bereichen Bergwesen, Erdölwesen, Markscheidewesen und Gesteinshüttenwesen ab.

## AUSBLICK

In den neun Jahren seit der Gründung des Institutes für Geowissenschaften sind die Trennlinien zwischen den früheren Teil-Instituten durchlässig geworden bzw. verschwunden. In der Lehre hat sich eine gut balancierte Zusammenarbeit entwickelt, die auch die Aushilfe über die früheren Fachgrenzen hinweg erleichtert und die Dynamik des Institutes stärkt.

In der Forschung ermöglicht der Verbund analytischer Labors im Bereich Röntgendiffraktion – Atomabsorption – Röntgenfluoreszenz – Flüssigkeitseinschlüsse – Gasanalytik – Mikrosonde die effiziente Lösung vieler geowissenschaftlicher Probleme, eine Möglichkeit, die auch von Forschern außerhalb unserer Universität gerne genutzt wird und die Zusammenarbeit mit der Industrie stärkt. Die Übersiedlung in den Neubau des Rohstoffzentrums, in dem die Geowissenschaften zusammen mit dem Institut für Gesteinshüttenkunde untergebracht sein werden, wird eine noch bessere Nutzung der personellen und instrumentellen Ressourcen des Institutes mit sich bringen.

*Verfasser: E. F. STUMPFL*

# Geologie und Lagerstättenlehre

Geowissenschaftliche Fächer bilden seit der Gründung der Alma mater Leobiensis einen festen Bestandteil von Lehre und Forschung an dieser Hohen Schule.

Von 1840–1849 hielt der erste Direktor der Steiermärkisch-Ständischen Montanlehranstalt, Peter (Ritter von) Tunner, in Vordernberg Kurse in Mineralogie und Geognosie ab. Ab 1849, nun in Leoben, wurden diese Fächer durch „Petrefactenkunde" ergänzt. Als Assistent wirkte ab 1852 Ferdinand Seeland, Absolvent der Bergakademie Schemnitz und des Hüttenkurses in Vordernberg. Er wurde 1855 Bergverwalter in Lölling.

An der 1861 zur k.k. Bergakademie erhobenen Lehranstalt wurden die erdwissenschaftlichen Fächer dann von Albert Miller Ritter von Hauenfels, Professor für Bergbaukunde, bzw. von A. Hanke vertreten.

1874 wurde Rudolf Helmhacker zum Ordentlichen Professor für „Mineralogie, Geognosie und Petrefactenkunde" ernannt (Habilitation 1872, Ao.Professor 1874), 1881 ging er als Bergingenieur nach Ostsibirien. Er publizierte Arbeiten über die geognostischen Verhältnisse des Ostrau-Karwiner Steinkohlenreviers, über den Bergbau Mies in Böhmen, über Eisensteinvorkommen bei Prag u.a. Die seit 1875 im Lehrplan aufscheinende „Lagerstättenlehre" trugen abwechselnd Helmhacker bzw. Miller von Hauenfels vor.

1881 wurde Hans Höfer von Heimhalt auf die Lehrkanzel für Mineralogie, Geologie, Paläontologie und Lagerstättenlehre berufen, an der er bis 1911 tätig war. Höfer, ein Absolvent der Leobener Bergakademie, arbeitete ab 1864 im staatlichen Montandienst beim Goldbergbau in Siebenbürgen, wurde dann der k.k. Geologischen Reichsanstalt als Kartierungsgeologe zugeteilt (Hohe Tatra), war 1869 Leiter der Bergschule in Klagenfurt und ab 1879 Professor für Bergbaukunde an der Bergakademie in Pribram. 1910 nahm er an der Wilczek'schen Polarexpedition teil (Entdeckung von Franz-Josefs-Land). Er wandte sich dann nach einem Besuch der nordamerikanischen Erdölgebiete ganz der Erdölforschung zu (Antiklinaltheorie). Höfer erwarb sich als Erdölfachmann einen internationalen Ruf.

An seinem Institut arbeiteten eine Reihe bekannter Erdwissenschaftler. Stellvertretend seien hier genannt:

Friedrich Katzer, Assistent 1892–1895, Geologie von Böhmen, Kohlenlagerstätten von Bosnien und der Hercegovina.

Karl-August Redlich, Assistent 1895, Adjunkt 1897, Habilitation 1898, Ao.Prof. 1904, ab 1911 Institutsvorstand. Redlich war ein bedeutender, vielseitiger Geologe; er beschäftigte sich mit Wirbeltierresten des Tertiärs, Kreidefossilien und kambrischen Faunen. Sein Hauptinteresse aber galt der Lagerstättenforschung: seine Beiträge zum Bau des steirischen Erzberges, zur Genese alpiner Spatvorkommen, über steirische Graphitvorkommen sind heute noch von Interesse.

Felix Cornu, 1907–1909, Assistent am Institut, 1908 habilitiert; in seiner kurzen Lebenszeit lieferte er bahnbrechende Arbeiten zur kolloidchemischen Mineralbildung.

1909 wurde Hermann Vetters von der k.k. Geologischen Reichsanstalt Dozent für Tektonische Geologie (Vetters wurde später durch seine bis heute unübertroffene „Geologische Karte der Republik Österreich und der Nachbargebiete", 1 : 500.000 bekannt).

1911 kam es zur Teilung der „Lehrkanzel für Mineralogie, Geologie, Paläontologie und Lagerstättenlehre" in die „Lehrkanzel für Geologie, Paläontologie und Lagerstättenlehre" und die „Lehrkanzel für Mineralogie und Gesteinskunde". Letztere leitete Bartel Granigg bis 1934.

Das Institut für Geologie, Paläontologie und Lagerstättenlehre führte Karl-August Redlich von 1911–1913 und folgte dann einem Ruf an die Technische Hochschule Prag.

Von 1913 bis 1918 supplierte Walter Schmidt die verwaiste Lehrkanzel. Er arbeitete ab 1910 an der Lehrkanzel für Geologie, habilitierte 1915 und wurde 1918 Ao. Professor an der Lehrkanzel für Mineralogie. Walter Schmidt erwarb sich, zusammen mit Bruno Sander (Innsbruck), weltweiten Ruf durch die Entwicklung der tektonischen Gefügekunde (Schmidt'sches Netz).

Kaiser Karl ernannte 1918 Wilhelm Petrascheck zum Ordinarius für Geologie, Paläontologie und Lagerstättenlehre. Er stand dem Institut bis zum Jahr 1950 vor. Hier ist nicht der Platz, das umfassende Lebenswerk Wilhelm Petrascheks zu würdigen. Es sei nur auf sein heute noch wichtiges Werk „Kohlengeologie der Österreichischen Teilstaaten" (1922–1929) und das zusammen mit seinem Sohn verfaßte Lehrbuch „Lagerstättenlehre" (1950), sowie seine, die wissenschaftliche Diskussion bis heute befruchtenden Vorstellungen über die alpine Metallogenese verwiesen.

An Wilhelm Petrascheks Institut wirkten mehrere bekannte Geowissenschaftler, wie z.B.

Ernst Nowak, 1918–1922 Assistent, 1923 Habilitation für Regionale Geologie, der verdiente Erforscher der Geologie Albaniens.

Karl Friedl, ab 1920 kurzfristig Assistent am Institut, dann beratender Geologe für zahlreiche Erdölfirmen, Nestor der österreichischen Erdölgeologie.

Karl Metz, ab 1946 Ordinarius für Geologie an der Universität Graz.

Walter Siegl, 1937 Assistent, 1944–1977 am Institut aktiv, Habilitation 1948 für Mineralogie, 1954 auf das Gebiet Lagerstättenlehre erweitert, 1965 tit.Ao., 1973 Ao.Professor und Leiter der Abteilung für angewandte Geochemie und Lagerstättenlehre.

1950 wurde der Sohn von Wilhelm Petrascheck, Walther Emil Petrascheck, Ordinarius und Vorstand des Institutes für Geologie und Lagerstättenlehre, das er bis zu seiner Emeritierung im Jahr 1976 leitete.

In den schweren Nachkriegsjahren mangelte es dem Institut an allem, zeitweise stand nur eine Assistentenstelle zur Verfügung, an Anschaffungen von Geräten und Literatur war jahrelang kaum zu denken. Dazu kam, daß die Bausubstanz des Peter-Tunner-Gebäudes infolge jahrzehntelangen Ausbleibens von Instandhaltungsarbeiten immer mehr verfiel.

Während der Dienstzeit von Walther Emil Petrascheck veranstaltete er sechs international besuchte erdwissenschaftliche Tagungen in Leoben, die das Institut weit über die Grenzen unseres Landes bekannt gemacht haben.

Petrascheck setzte sich von Beginn an für eine aktive Mitarbeit österreichischer Erdwissenschaftler am Internationalen Geologischen Korrelationsprogramm (IGCP) ein (getragen von UNESCO und IUGS, der Internationalen Union Geologischer Wissenschaften) und leitete selbst eines der ersten Projekte: „Ore Provinces seperated by Continental Drift". Er war maßgeblich an den Arbeiten zur Metallogenetischen Karte Europas beteiligt. Durch seine vielfältige Tätigkeit in Entwicklungsländern angeregt, war er der Hauptinitiator für den sehr erfolgreichen, von 1965 bis 1981 an der Montanuniversität jährlich abgehaltenen Postgraduierten-Kurs für Prospektion und Bergbau in Entwicklungsländern, an welchem die Mitarbeiter des Institutes bei Vorlesungen, Übungen und Exkursionen voll zum Einsatz kamen.

Auf Petrascheks Initiative wurde nach längeren Vorbereitungsarbeiten 1971 der vorläufige Studienplan für den neu eingeführten Studienzweig „Montangeologie" in Kraft gesetzt, nachdem mit dem Studiengang bereits 1968 begonnen worden war.

Von 1971 bis 1976 wurden 27 Diplomarbeiten abgeschlossen, die sich thematisch im wesentlichen mit lagerstättenkundlichen Fragen in den Ostalpen, z.T. auch in Spanien, Griechenland und Island befassen.

Von 1954 bis 1976 wurden am Institut unter Anleitung von W. E. Petrascheck 26 Dissertationen ausgearbeitet. 14 davon sind montangeologischlagerstättenkundliche Untersuchungen an österreichischen Salz-, Erz-, Industriemineral-, Kohle- und Erdöllagerstätten. 12 Dissertationen behandeln ausländische Lagerstätten (Algerien, Böhmen, Grönland, Türkei, Oberbayern, Griechenland und Spanien).

Auf Anregung von W. E. Petraschek wurden in Österreich erstmals geochemische Prospektionsverfahren, Schwermineralprospektion und radiometrische Uran-Suchverfahren zum Einsatz gebracht.

Außer mit lagerstättenkundlichen Forschungen im alpinen Raum befaßten sich Mitarbeiter des Instituts mit der Erzsuche in Grönland.

Am 1. Februar 1977 trat Herwig F. Holzer seinen Dienst als O.Professor für Geologie und Lagerstättenlehre und Vorstand des gleichnamigen Instituts an.

Das Ausbleiben jeglicher Instandhaltungs- bzw. Sanierungsarbeiten im Peter-Tunner-Gebäude hatte im Lauf der Jahre zu besorgniserregenden Zuständen geführt, sodaß das Landesbauamt 1978 die Säle „Geologie", „Lagerstätten" und Vorräume wegen drohender Einsturzgefahr sperren ließ. Daß trotz dieser Umstände ein regelmäßiger Lehr- und Forschungsbetrieb geführt werden konnte, war nur durch die Einsatzbereitschaft und die idealistische Einstellung der Institutsmitglieder möglich.

Von 1977 bis 1988 wurden am Institut 30 Diplomarbeiten abgeschlossen, wovon sich 3 mit ausländischen und 27 mit österreichischen lagerstättenkundlichen Themen befassen. Im gleichen Zeitraum wurden 13 vom Institut betreute Dissertationen approbiert, davon 3 mit ausländischer Thematik (Iran, Transkei, Ostafrika-SW-Arabien).

Habilitationen:
1978 E. Erkan, Allgemeine Geologie mit besonderer Berücksichtigung der Montangeologie.
1979 F. Dahlkamp, Erzlagerstättenlehre.
1985 F. Ebner, Zweithabilitation für Geologie und Lagerstättenlehre.
1986 H. Zetinigg, Hydrogeologie.
1989 W. Prochaska, Lagerstättenkunde.
1989 C. Reimann, Angewandte Geochemie.

## AUSLANDSTÄTIGKEIT, MITARBEIT BEI INTERNATIONALEN GREMIEN

W. Pohl war in Saudi Arabien, Ägypten, Sudan, Kenya, Tanzania, Rwanda und Mexiko im Rahmen von IGCP-Projekten bzw. für Entwicklungshilfe-Vorhaben tätig.

W. Frisch, H. Holzer und W. Pohl führten an der Universität von Nairobi, Kenya, einen Kurs (mit Feldübungen) in Strukturgeologie durch (1979).

H. Holzer war (bis 1980) Mitglied bzw. Chairman des Scientific Committee des IGCP (Intern. Geological Correlation Programme) mit jährlichen Sitzungen bei UNESCO/Paris bzw. in Washington. Das British Council ermöglichte 1978 H. Holzer eine Kontakt-Reise zu einer Reihe britischer Universitäten, Firmen und dem Geologischen Dienst. Weitere Reisen führten H. Holzer nach Kanada, USA, BRD, DDR, Ungarn, Albanien, Griechenland und anderen europäischen Ländern.

F. Ebner ist korrespondierendes Mitglied der I.U.G.S. Subcommission on Carboniferous Stratigraphy und arbeitet im Rahmen der geologischen Austausch-Programme mit der CSFR und Ungarn mit. Weiters ist er an den IGCP-Projekten Nr. 5 (Bild 1) („Correlation of Variscan and Pre-Variscan events of the Alpine-Mediterranean Mountain Belt"), Nr. 276 („Paleozoic Geodynamic Domains and their Alpidic Evolution in the Tethys") und Nr. 254 („Metalliferous Black Shales") maßgeblich beteiligt.

E. Erkan wirkte an den IGCP-Projekten Nr. 197 („Metallogeny of Ophiolites"), Nr. 187 („Siliceous Deposits") und Nr. 106 („Permo-Triassic Stage of Geological Evolution") mit und bearbeitet türkische Kupfererzlagerstätten (Bilder 2 und 3).

W. Prochaska untersuchte wiederholt französische Talklagerstätten und bearbeitet im Rahmen des IGCP-Projektes Nr. 255 („Metallogeny of the Kibara Belt, Central Africa") Vorkommen von Talk in Rwanda. Von 1982–1983 geochemische Bearbeitung W-afrikanischer Ophiolitabfolgen. Seit 1989 Leitung des IGCP-Projektes Nr. 291 („Metamorphic fluids and mineral deposits").

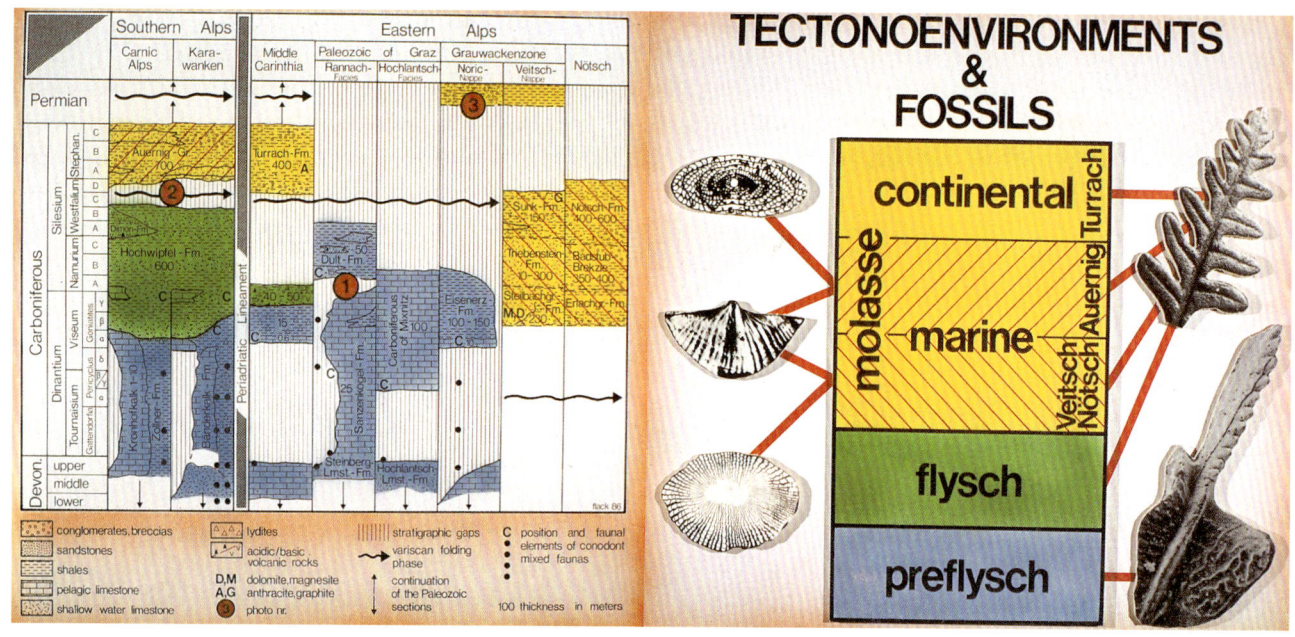

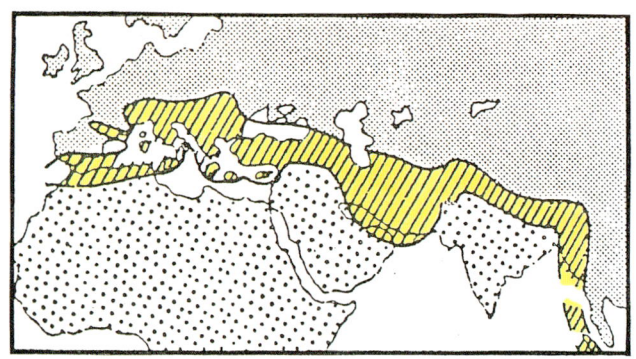

Bild 1: Internationale Zusammenarbeit auf breitester Ebene erfolgt im Rahmen des IGCP (Internationales Geologisches Korrelationsprogramm der UNESCO). Dem überregionalen Vergleich geologischer Schichtfolgen kommt dabei größte Bedeutung zu. Die Tabelle zeigt eine stratigraphisch/fazielle Analyse des österreichischen Karbons für die IGCP-Projekte Nr. 5 und 276. Thematisch setzen sich diese Projekte mit der Ausbildung und dem Einbau vormesozoischer Krustenteile in den geologisch jungen Faltengebirgen Europas und Asiens (farbige Fläche der Kartenabbildung) auseinander.

Die Institute für „Geologie und Lagerstättenlehre" (seit 1881), „Mineralogie und Gesteinskunde" (seit 1911) und „Prospektion, Lagerstättenerschließung und Mineralwirtschaft" (seit 1964) wurden 1980 vom Bundesministerium für Wissenschaft und Forschung trotz eines gegenteiligen Beschlusses des Universitätskollegiums zusammengelegt und somit der Zustand vor 1911 wieder hergestellt. Ein Antrag auf Trennung wurde 1989 abgelehnt. Das Institut führt seit 1981 den Namen „Institut für Geowissenschaften".

Nach mehrjährigen intensiven Verhandlungen war es gelungen, den Beschluß zum Neubau des Peter-Tunner-Gebäudes unter Beibehaltung der historisch wertvollen Fassadenteile zu erwirken. 1985 mußte deshalb das Institut mit allen Sammlungsbeständen, Bibliothek, Geräten und Mobilar in das Ausweichquartier in der Parkstraße übersiedelt bzw. anderswo verlagert werden. Dies brachte enorme Erschwerungen für den Lehr- und Forschungsbetrieb mit sich, da die verfügbaren Räume im Parkstraßengebäude wesentlich kleiner sind. Das Institut verfügt über eine der umfangreichsten Universitätssammlungen auf lagerstättenkundlichem und paläontologischem Gebiet, wobei der Grundstock aus ehemaligen Bergbaurevieren der Monarchie stammt. Die Sammlungen sind derzeit in trocken gelegten Kellerräumen des Hauptgebäudes im wesentlichen unzugänglich deponiert, weitere Materialien und Geräte an verschiedenen anderen Plätzen der Uni-

Bild 2: Kupfererzlagerstätte Küre, Nordwestanatolien (International Geological Correlation Programme No. 197, „Metallogeny of Ophiolites"), E. Erkan 1987.

versität. Rücksiedlung und fachgerechte Aufstellung werden viel Zeit und große Anstrengungen erfordern.

## LEHRE

Das Institut betreut geowissenschaftliche Lehrveranstaltungen für die Studienrichtungen Bergwesen, Markscheidewesen, Erdölwesen, für den Studienzweig Montangeologie der Studienrichtung Erdwissenschaften und das Studium irregulare Angewandte Geowissenschaften. Folgende Fachbereiche bzw. Disziplinen werden wahrgenommen:

Paläontologie (Einführung), Allgemeine, Historische und Regionale Geologie, Erzlagerstättenkunde, Kohle- und Erdöllagerstätten, Lagerstätten nichtmetallischer Rohstoffe, Angewandte Geochemie, Luftbildgeologie und Fernerkundung (Einführung), Gefügekunde, Hydrogeologie, Baugeologie, Methoden der Atomabsorptionsspektroskopie, Kohlenmikroskopie sowie zahlreiche Feldübungen, Exkursionen und Seminare.

Zahlreiche Gastvortragende aus dem europäischen Ausland und aus Übersee tragen jährlich zur Erweiterung des geologischen Lehrangebotes bei.

Grundlage für alle Fragen, die sich mit der Aufsuche und Förderung von Rohstoffen auseinandersetzen, ist das Verstehen der auf der Erde ablaufenden geodynamischen Prozesse und der geologischen Bauprinzipien der Erde. Daraus wird die Bedeutung der Geologie für viele montanistische Sparten klar ersichtlich.

Die Vermittlung der geologischen Grundkenntnisse an Studierende der Studienrichtungen Bergwesen, Erdölwesen, Markscheidekunde und Angewandte Geowissenschaften im Ersten Studienabschnitt und lagerstättenkundlicher Fächer im Zweiten Studienabschnitt für den um die Studenten der Montangeologie vermehrten genannten Personenkreis, ist ein wesentlicher Bestand im Lehrangebot der Mon-

Bild 3: Kupfererzlagerstätte Ergani Maden, Südostanatolien (International Geological Correlation Programme IGCP No. 187 „Siliceous Deposits"), E. Erkan 1985.

tanuniversität. Dadurch soll dem am Rohstoffsektor arbeitenden Montanisten nicht nur das geologische Handwerkszeug für seine tägliche, praktische Arbeit, sondern auch eine fundierte Ausbildung für weitere wissenschaftliche Tätigkeit mitgegeben werden.

Dieser in Lehre und Forschung von Grundlagen- bis zu Praxisfächern breit strukturierte Aufgabenbereich bringt mit sich, daß die Mitarbeiter des Institutes seit jeher in den verschiedensten erdwissenschaftlichen Sparten tätig waren.

Bild 4: Gipsbergbau Pfennigwiese, Puchberg, Niederösterreich (Forschungsprojekt „Vergleichende Untersuchung ostalpiner Gipslagerstätten" der Österreichischen Akademie der Wissenschaften, E. Erkan 1987).

## FORSCHUNGSARBEITEN

Seit 1977 arbeiteten die Mitglieder des Instituts intensiv an zahlreichen Rohstofforschungsprogrammen und -Projekten des Landes Steiermark: „Steirische Rohstoffreserven" im Rahmen der „Vereinigung für angewandte Lagerstättenforschung Leoben", innerhalb der Bund-Bundesländerkooperation, an Vorhaben des Landes Niederösterreich sowie an von Bergbauunternehmungen getragenen Untersuchungen mit. Stofflich umfassen diese Arbeiten Braunkohlelagerstätten, Uran-, Gips-, Talk-, Asbest-, Kieselgur-, Graphit-, Feldspat- und Quarz-, Magnesit-Quarzsand-, Blei/Zink-, Scheelit-, Hämatit-, Lithium-, Barytvorkommen und polymetallische Kiesvererzungen (Bild 4).

Das Institut war weiters maßgeblich am Projekt „Integrierte Rohstoffsuche in der Kreuzeckgruppe" und an dem (nach einem Jahr abgebrochenen) Leobener Hochschulschwerpunkt-Programm 1978/79 „Rohstoffpotential der Gurktaler Alpen" beteiligt. Neben der rein praktischen Orientierung dieser Arbeiten stand das Ziel vor Augen, die lagerstättenbildenden Vorgänge im Rahmen der geologischen Entwicklung des jeweiligen Gebietes zu erforschen (Bild 5).

In den letzten Jahren wurden auch umfangreiche geochemische Projekte zur Genese und zu Prospektionsmöglichkeiten von Lagerstätten der Industrieminerale durchgeführt. Voraussetzungen für diese Arbeiten war eine wesentliche Verbesserung der Ausstattung des Institutes im Bereich der geochemischen Analyse. Heute steht dem Institut somit eine zeitgemäße Ausrüstung für geochemische Fragestellungen (Haupt- und Spurenanalysen, Ultraspurenanalytik) für konventionelle Prospektion und für die Bearbeitung umweltrelevanter Themen zur Verfügung.

Die Kohlengeologie hat am Institut eine lange Tradition. Es darf hierbei insbesondere an die von W. Petrascheck verfaßte „Kohlengeologie der Österreichischen Teilstaaten" (1922–1929) erinnert werden. Die Arbeitsrichtung der Kohlenpetrographie wurde von W. Siegl bereits Anfang der 40er Jahre installiert. In den letzten Jahren gelang der Aufbau eines modernen kohlenpetrographischen Labors mit geeigneten Präparationsgeräten, Geräten für Immediatanalysen, einem Reflexionsmikroskop und Einrichtungen für die Fluoreszenzmikroskopie.

Zur Zeit liegt der Forschungsschwerpunkt auf dem Gebiet der Inkohlungsstudien.

Diese haben sowohl große praktische als auch wissenschaftliche Bedeutung:

Der Inkohlungsgrad
- ist eine Grundlage der Kohlenklassifizierung,
- beeinflußt das technologische Verhalten der Kohlen (z.B.: Kokbarkeit),
- bildet ein Maß für Kohlenwasserstoffreife,

- ist ein hervorragender Diagenesemaßstab und Paläogeothermometer,
- ist ein wichtiges Instrument der Beckenanalyse.

Daneben werden Untersuchungen bezüglich des petrographischen Aufbaus von Kohlen durchgeführt. Die petrographische Zusammensetzung der Kohlen hängt von der Ökologie des Bildungsraumes, dem Klima und der Pflanzengemeinschaft ab.

Es kann daher aus der petrographischen Zusammensetzung auf die Moorfazies rückgeschlossen werden. Die Kenntnis der Kohlenpetrographie ist insbesondere für alle kohleveredelnden Betriebe von großer Bedeutung. Die petrographische Charakterisierung des im Sediment fein verteilten organischen Materials trägt zudem zur Abschätzung des Kohlenwasserstoffpotentials von Sedimentbecken bei (Bild 6).

Ausgewählte österreichische Braun- und Steinkohlen werden darüber hinaus zur Zeit in Gemeinschaft mit Kunststoffchemikern der Montanuniversität organisch-geochemisch charakterisiert.

Aus dem weit gefächerten Anwendungsgebiet der Kohlenpetrographie ergibt sich ein enger Bezug zu so verschiedenen Bereichen der Montanindustrie wie der Kokerei der Voest-Alpine AG in Linz oder den heimischen Kohlenwasserstoff-fördernden Betrieben.

Forschungsprojekte im Rahmen des Fonds zur Förderung wissenschaftlicher Forschung:

G. Scharfe: „Sciuridae aus dem Altpleistozän Niederösterreichs" (Bild 7).

F. Ebner und R. Sachsenhofer: „Inkohlungsverhältnisse im steirischen Tertiärbecken" (Bild 8).

R. Sachsenhofer und J. K. Fink: „Charakterisierung von alpinen Kohlen mit petrographischen und geochemischen Methoden".

Bild 5: Gemeinsame Befahrung des auflässigen Bergbaus Meiselding (Kärnten) durch Leobener Bergleute und Geologen 1979.

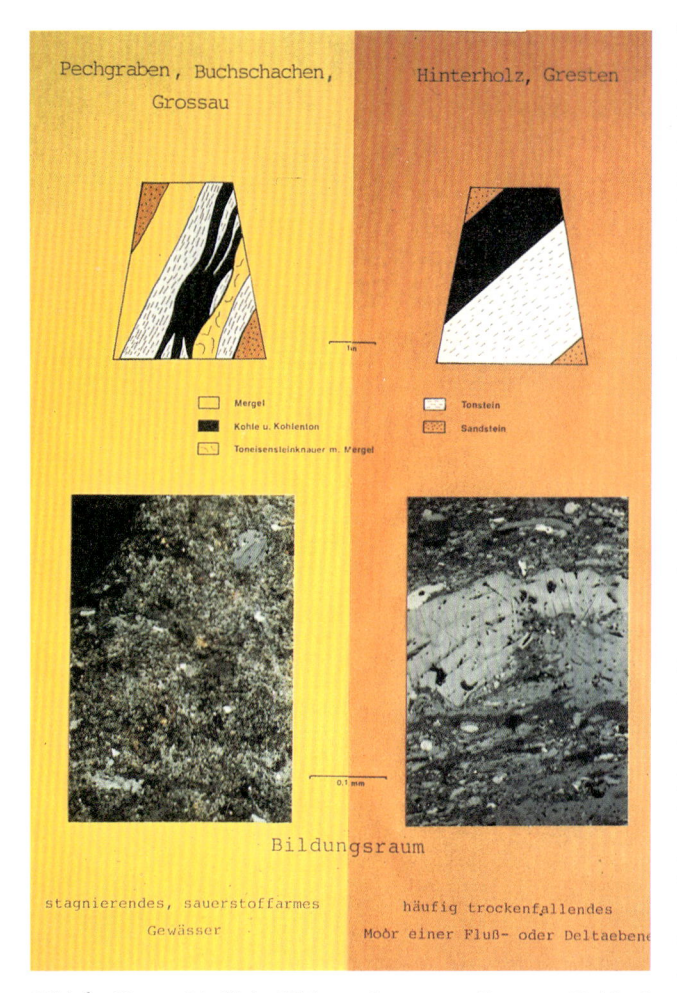

Bild 6: Unterschiedliche Bildungsräume von „Grestener Kohlen" der Niederösterreichisch-Oberösterreichischen Voralpen können anhand unterschiedlicher megaskopischer und mikroskopischer Erscheinungsbilder erkannt werden.

W. Prochaska und W. Pohl: „Erforschung geochemischer Prospektionsparameter von Lagerstätten der Nichterze, insbesondere Talk und Magnesit".

W. Prochaska mit H. Presslinger und G. Walach: „Urzeitliche Kupfergewinnung, Obersteiermark".

E. Erkan: „Ablagerungsraum permotriadischer Bodenschätze".

H. Holzer und W. Paar (Salzburg): „Goldlagerstätten der Goldeck- und Kreuzeckgruppe".

Weiters sind bzw. waren Mitglieder des Instituts (F. Ebner, E. Erkan, G. Scharfe) als auswärtige Mitarbeiter der Geologischen Bundesanstalt mit Aufgaben der geologischen Landesaufnahme befaßt. F. Ebner arbeitet weiters im Arbeitskreis „Boden-Georessourcen – Naturraumpotential" des Umweltbundesamtes und in der Arbeitsgruppe „Wehrgeologie" mit. Im Projekt „EDV-gestützte geologische Arbeitskarten" der Bund-Bundesländer-Kooperation liegt die geologische Projektionsbetreuung bei F. Ebner.

## ZUKÜNFTIGE ENTWICKLUNG

Neben Forschungsarbeiten im Bereich der klassischen Erzlagerstättenkunde wird bei den laufenden Projekten der zunehmenden Bedeutung der Industrieminerale und Massenrohstoffe Rechnung getragen. Bei all diesen rohstoffgeologischen Forschungsarbeiten müssen die geodynamischen Prozesse, die zu Stoffkonzentrationen (Lagerstätten) führen, erkannt, detaillierte Qualitätsbeurteilungen der Rohstoffe abgesehen und Prospektionsstrategien erarbeitet werden, denen neueste geotektonische, geochemische und regionalgeologische Erkenntnisse zugrunde liegen.

Bei der wissenschaftlichen Erarbeitung von Prospektionsstrategien kommt neben der Beherrschung aller geologischen Disziplinen dem Einsatz der Luft-/Satellitenbildauswertung mit den Methoden der Fernerkundung eine ebensogroße Bedeutung zu, wie der Entwicklung analytischer geochemischer Arbeitsweisen, mit deren Hilfe es möglich ist, über Elementkonzentration in ppm-Größe Lagerstätten aufzuspüren.

Andererseits können die geochemischen Prospektionsmethoden aber auch zur Aufsuche und Dokumentation anthropogen verursachter Schwermetallbelastung von Böden verwendet werden. Damit ist angedeutet, daß sich der Aufgabenbereich der Montanuniversität nicht nur in der Aufsuche, dem Abbau und der Verarbeitung von Rohstoffen erschöpfen darf, sondern auch mit den Problemen einer umweltgerechten, d.h. geowissenschaftlich fundierten Entsorgung auseinanderzusetzen hat. Entsorgungs-/Deponieaspekte fallen dabei ebenso wie geogene Probleme, die sich bei der Rekultivierung stillgelegter Abbauorte, dem Abbau von Mas-

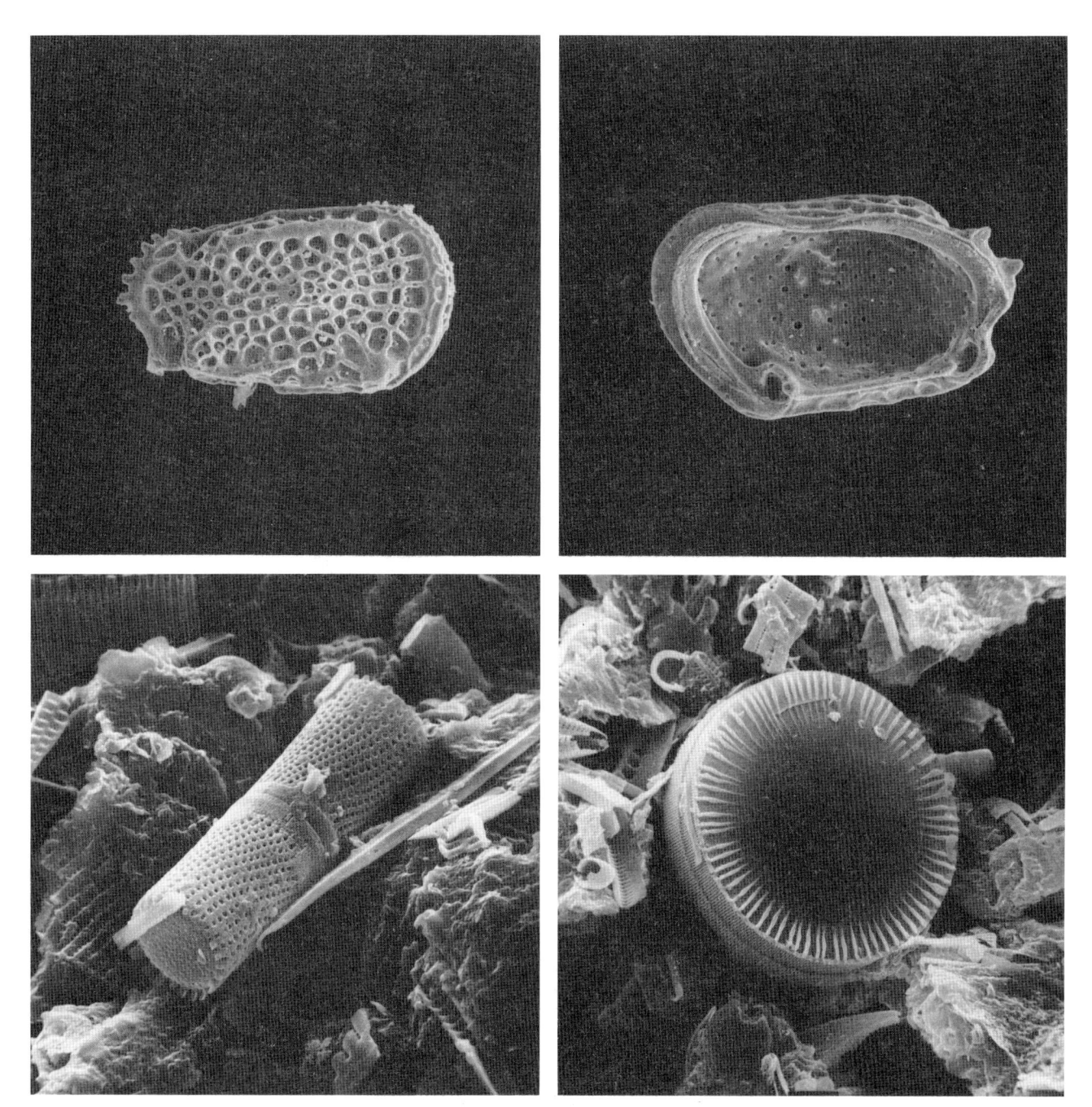

Bild 7: Rasterelektronenmikroskopische Aufnahmen mikropaläontologischer Objekte (Mikrofossilien). Die Mikropaläontologie wird aufgrund ihrer praktischen Bedeutung auch als „angewandte Paläontologie" bezeichnet. Ihr kommt vor allem in der Erdölgeologie bei der Korrelation geologischer Schichten große Bedeutung zu. Weiters können Mikrofossilanreicherungen auch Rohstoffvorkommen bilden (z.B. Kieselgur = Schalen von Kieselalgen/Diatomeen).

Bilder oben: Schalen von Ostracoden (Muschelkrebsen) aus ca. 15 Millionen Jahre alten marinen Ablagerungen des Steirischen Tertiärbeckens (Vergrößerung ca. 90 x).

Bilder unten: Kieselalgen (Diatomeen) aus dem Zangthaler Kohlenrevier. Alter ebenfalls ca. 15 Millionen Jahre. (Vergrößerung links ca. 1700 x, rechts ca. 900 x).

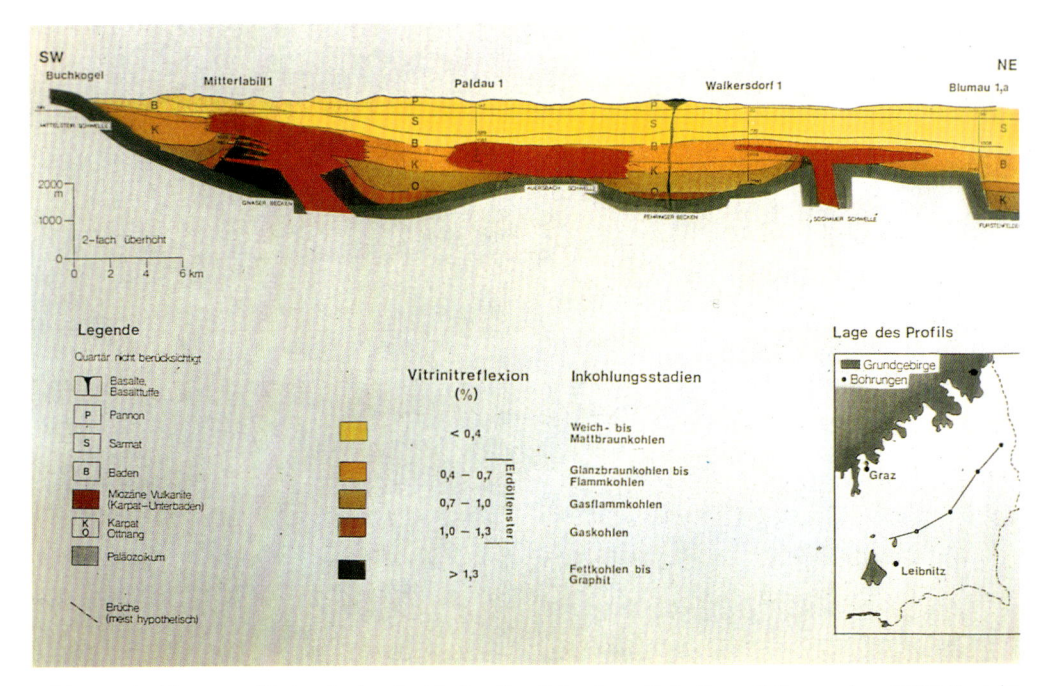

Bild 8: Inkohlungsprofil durch das Steirische Tertiärbecken (Arbeitsmodell aus dem FWF-Projekt Nr. 7013/GEO, Ebner, Sachsenhofer). Die Inkohlungswerte sind abhängig vom Alter der Schichten und auch der Entfernung zu den Zufuhrkanälen der miozänen Vulkanite. Bedeutend ist dies für die potentielle Bildung von Erdöl, die an ein bestimmtes Inkohlungsintervall (Erdölfenster) gebunden ist.

senrohstoffen in Ballungszentren, der Erschrotung und dem Schutz von Wasser ergeben, in das breite Feld der Umweltgeologie. Diese muß in Zukunft neben den Sparten der Lagerstättenkunde und klassischen Geologie vor allem in der Forschung ein zusätzliches Standbein des Institutes darstellen.

*Verfasser: H. F. HOLZER*

# Mineralogie und Petrologie

Die „Lehrkanzel für Mineralogie, Geologie, Paläontologie und Lagerstättenlehre" wurde im Jahre 1911 geteilt und die „Lehrkanzel für Mineralogie und Gesteinskunde" als selbständiges Ordinariat errichtet. Zu dessen Leiter wurde Dipl.Ing. Dr.mont. et. Dr.sc.phys. (Univ. Genf) Bartel Granigg, bei gleichzeitiger Ernennung zum Ao.Univ.Prof. berufen. 1917 wurde Granigg ordentlicher Professor. Sein Lehrauftrag wurde 1919 auf die Fächer Bergbaubetriebs- und Bergwirtschaftslehre ausgedehnt. Granigg war nicht nur Mineraloge sondern auch bergmännischer Gutachter, montangeologischer Praktiker und Aufbereiter. Einer seiner Verdienste auf dem Gebiet der Mineralogie war die Entwicklung der Erzmikroskopie bereits im Jahre 1913. Von seinen anderen Arbeiten sind die Abhandlungen „Über die Erzführung der Ostalpen" (1912) und die „Bodenschätze Österreichs und ihre wirtschaftliche Bedeutung" (Springer, Wien 1947) von Interesse.

1918 wurde Walter Schmidt kurzfristig Ao.Professor an der Lehrkanzel für Mineralogie und Gesteinskunde. Er ist, zusammen mit Bruno Sander (Innsbruck), Schöpfer der Gefügekunde der Gesteine („Schmidt'sches Netz"). Schmidt folgte bald einem Ruf nach Tübingen und dann an die T.H. Berlin. Als 1934 die Zusammenlegung der Fächer des Ersten Studienabschnittes der Montanistischen Hochschule mit der Technischen Hochschule Graz verfügt wurde, mußte Granigg mit seinem Ordinariat nach Graz übersiedeln. Nach der Aufhebung der Zusammenlegung 1937 verblieb Granigg an der Technischen Hochschule Graz.

Sein Nachfolger war O.Univ.Prof. Dipl.Ing. Dr.techn. Othmar M. Friedrich, dessen Arbeit als Forscher und Lehrer z.B. 1953 durch die Abhaltung der Jahrestagung der Deutschen, Österreichischen und Italienischen Mineralogischen Gesellschaft in Leoben oder 1987 anläßlich eines Symposiums zu seinem 85. Geburtstag gewürdigt wurde. Hier sei nur hervorgehoben, daß er in jahrzehntelanger Arbeit im Feld und am Mikroskop eine umfassende Darstellung der alpinen Erzvorkommen geben konnte, die in seiner „Erzlagerstättenkarte der Ostalpen" (1937) sowie in zahlreichen Monograpien und Berichten („Friedrich-Archiv") dokumentiert ist. Er schuf die heute von der Geologischen Bundesanstalt weitergeführte Zeitschrift „Archiv für Lagerstättenforschung". Von 1929 bis 1973 publizierte O. M. Friedrich mehr als 95 wissenschaftliche Arbeiten; die Anerkennung seines wissenschaftlichen Schaffens spiegelt sich auch in zahlreichen nationalen und internationalen Auszeichnungen wieder.

Von den Mitarbeitern Friedrichs sind hier vor allem H. Meixner, W. H. Paar, E. Krajicek, A. Weiß, J. Robitsch und J.-G. Haditsch zu nennen. O. M. Friedrich emeritierte 1973; im Jahre 1974 leitete J.-G. Haditsch interimsmäßig die Mineralogie und Petrologie. J.-G. Haditsch kam 1959 als Universitätsassistent an das damalige „Institut für Mineralogie und Gesteinskunde", habilitierte sich 1967 und wurde 1972 zum Ao. Universitätsprofessor ernannt.

Als Nachfolger von O. M. Friedrich wurde 1975 Dr.rer.nat. Eugen F. Stumpfl zum O.Univ. Professor für Mineralogie und Gesteinskunde berufen. Vor seiner Berufung war er Professor und Leiter der Abteilung für Geochemie und Lagerstättenkunde am Mineralogisch-Petrologischen Institut der Universität Hamburg. Davor hatte E. F. Stumpfl nach seiner Promotion und seiner anschließenden Habilitation im Fach Mineralogie und Petrologie im Jahre 1967 in Heidelberg Stellen im Lehrkörper der Universitäten von London (University College), Toronto und Man-

Bild 1: Platinarsenid-Körner (Sperrylit, $PtAs_2$) in podiformen Chromiten des Hochgrössen Massivs, Steiermark. Die weißen Sperrylite treten als Einschlüsse im Ferritchromit (hellgrau) auf, der Alterationsränder um Chrom-Spinell (grau) bildet. Mikroskopphoto im Auflicht bei paralleler Stellung der Polarisatoren.

chester inne. In Manchester war er Mitglied des mit Untersuchungen an Proben der Apollo 11 und 12-Missionen befaßten Mondteams.

Ausgehend von der Initiative von E. F. Stumpfl, konnte die instrumentelle Ausrüstung des Institutes dank großzügiger Förderung verschiedener Stellen wesentlich ausgebaut werden. Im Jahre 1977 wurde ein Mikrosonden-Labor eröffnet, das seither unter der fachkundigen Leitung von Herrn H. Mühlhans ausgezeichnete analytische Ergebnisse liefert. 1978 konnte ein Labor für die mikrothermometrische Untersuchung von Flüssigkeitseinschlüssen eingerichtet werden, das bis 1982 von dem in tragischer Weise viel zu früh verstorbenen Dozenten Dr. H. Weninger, danach von C. G. Ballhaus geleitet wurde. Eine Modernisierung dieser Anlage ist derzeit im Gange. H. Weninger hat sich außerdem durch die Gründung der heute über 150 Mitglieder zählenden „Vereinigung der Leobner Mineralienfreunde" in der Erwachsenen-Bildung einen Namen gemacht.

Nach der Gründung des Institutes für Geowissenschaften im Jahre 1980 durch die Zusammenlegung der ehemaligen Institute für „Mineralogie und Gesteinskunde", „Geologie und Lagerstättenlehre" und „Prospektion, Lagerstättenerschließung und Mineralwirtschaft" wurde ein Laboratorium für Röntgenfluoreszenz-Analytik (RFA) und eines für Atomabsorptions-Spektroskopie (AAS) eingerichtet. Unter der Leitung von Univ.Doz. Dr. Walter Prochaska hat das AAS-Labor auf dem Gebiet der Edelmetall-Analysen (Au, Pt-Metalle im ppb-Bereich) internationales Niveau erreicht. Das RFA-Labor wird derzeit von Dr. Johann Raith geleitet. Weiters konnte im Jahre 1989 eine längst notwendige EDV-Grundausstattung angeschafft werden. Ende 1990 soll die Übersiedlung aller geowissenschaftlichen Institutsteile in den Neubau des Peter-Tunner-Gebäudes stattfinden. Damit wird ein modernes, allen Ansprüchen gerecht werdendes Institutsgebäude zur Verfügung stehen, das internationale Vergleiche nicht zu scheuen braucht.

Die internationale Fachzeitschrift „Tschermaks Mineralogische und Petrographische Mitteilungen" (seit 1987 „Mineralogy and Petrology"), die beim Springer Verlag, Wien – New York, erscheint, wird seit 1979 von E. F. Stumpfl mit einem internationalen Herausgebergremium und Beirat redigiert. O. Thalhammer, J. Raith und A. Mogessie sind als „Editorial Assistants" tätig. E. F. Stumpfl wirkt außerdem im Editorial Board der Zeitschriften „Applied Geochemistry" (Edmonton, Kanada), „Mineralium Deposita" (München–Berlin) und „Transactions of the Institution of Mining and Metallurgy" (London) mit.

E. F. Stumpfl ist korrespondierendes Mitglied der Österreichischen Akademie der Wissenschaften. Von 1978–1982 war er Sekretär, von 1982–1986 Vorsitzender der Kommission für Erzmikroskopie der Internationalen Mineralogischen Vereinigung (IMA-COM). Er ist Mitglied des Scientific Comittee des International Geological Correlation Programme (IGCP) der UNESCO und verschiedener Gutachterkommissionen der Deutschen Forschungsgemeinschaft, sowie Regional Vice-President (Europe) der „Society of Economic Geologists".

Einer der Höhepunkte für die Lagerstättenforschung in Leoben war die Durchführung der 75. Jahrestagung der Geologischen Vereinigung e.V., der größten Assoziation von Geowissenschaftlern auf dem europäischen Kontinent mit 3000 Mitgliedern. Diese Tagung fand unter dem Vorsitz von E. F. Stumpfl vom 15.–18. Februar 1989 an der Montanuniversität Leoben mit 400 Teilnehmern statt. Unter dem Rahmenthema „Minerallagerstätten" wurden 100 Vorträge und 70 Poster aus 23 Ländern, von Kanada bis Australien, Tanzania bis Norwegen und Kolumbien bis zur Sowjetunion, präsentiert. Eine Auswahl der Vorträge und Posterthemen wird in einem Band der „Geologischen Rundschau" im Sommer 1990 publiziert. Die Abstracts sind bereits in der Zeitschrift „Terra Abstracts" erschienen. Die Organisation dieser Tagung und die Bewältigung der redaktionellen Arbeiten war nur Dank der Mitwirkung des Geschäftsführers des Bergmännischen Verbandes Österreichs, Bergrat h.c. Dipl.Ing. G. Dauner, und aller Mitglieder des Institutes für Geowissenschaften möglich.

## LEHRE

Die Lehrtätigkeit umfaßt derzeit Vorlesungen, Übungen und Seminare zu folgenden Themen: Allgemeine Mineralogie, Spezielle Mineralogie, Petrographie, Lagerstättenkunde der Erze, Sedimentpetrographie, Mineralogie, Petrographie und Lagerstättenkunde der Industrieminerale, Probenahme in Bergbau und in der Hütte, Erz- und Durchlichtmikroskopie sowie Mikrosonden-Analytik.

Diese Lehrveranstaltungen werden für die Studienrichtungen Bergwesen, Erdölwesen, Markscheidewesen, Gesteinshüttenwesen und für den Studienzweig Montangeologie und für die Angewandten Geowissenschaften angeboten. Hinzu kommen längere In- und Auslandsexkursionen für Studierende der Montangeologie, der Angewandten Geowissenschaften und Interessenten anderer Studienrichtungen, die jährlich stattfinden. Das Lehrangebot wird durch Vorlesungen und Vorträge ausländischer Gastforscher ergänzt.

Ziel dieser Lehrveranstaltungen ist es, den Studierenden des Ersten Studienabschnittes die nötigen Grundkenntnisse in Mineralogie und Petrographie auf möglichst breiter Ebene zu vermitteln. Das Lehrangebot für den zweiten Studienabschnitt zielt auf eine Vertiefung der fachspezifischen Kenntnisse, insbesondere auf dem Gebiet der Lagerstättenkunde, hin.

## FORSCHUNG

Seit 1975 werden am Institut für Geowissenschaften (Mineralogie und Petrologie) im wesentlichen zwei Forschungsschwerpunkte verfolgt. Eine Forschungsgruppe beschäftigt sich mit basischen und ultrabasischen Gesteinen und ihren Vererzun-

Bild 2: Stratiforme Buntmetallvererzung in proterozoischen feinklastischen Sedimentabfolgen (Mt. Isa, Australien). Die z. T. erhaltenen Sedimentstrukturen (Rutschfalten) deuten auf eine syngenetische Bildung dieser Pb-Zn-Cu Vererzungen hin.

gen. In diesem Zusammenhang sind insbesonders die Erkenntnisse über die Bildung der Platinlagerstätten von Bedeutung. Ausgehend von den Forschungsarbeiten von Eugen F. Stumpfl haben Mitarbeiter des Institutes und zahlreiche Dissertanten Platinvorkommen in Australien, Südafrika, USA und Zypern bearbeitet. In diesem Zusammenhang konnten auch erstmalig für Österreich Minerale der Platingruppe entdeckt und beschrieben werden (Bild 1).

Ein zweiter Forschungsschwerpunkt gilt schichtgebundenen Erzlagerstätten in proterozoisch-paläozoischen vulkano-sedimentären Abfolgen. Die Ergebnisse dieser Arbeiten an in- und ausländischen Lagerstätten dieses Typs (Mittersill, Österreich; Kreuzeckgruppe, Österreich; Mt. Isa, Australien; Bangemall Basin, Australien; Gamsberg, Südafrika) sind in internationalen Zeitschriften veröffentlicht worden. Derzeit laufende Forschungsarbeiten befassen sich mit den folgenden Themen:

- Lamprophyre in Goldlagerstätten des Yilgarn Blocks Westaustraliens und in den Ostalpen (E. F. Stumpfl);
- Transport und Absatz von Edelmetallen (E. F. Stumpfl);
- Bildung von Platinmineralisationen in ultrabasischen Gesteinen im Zuge der Metamorphose und Serpentinisierung (O. Thalhammer);
- Bildung und Genese von sogenannten „slate-type" Goldvererzungen in New South Wales, Australien (O. Thalhammer);
- Wolframvorkommen im Namaqualand, NW Cape, Südafrika (J. Raith);
- Genese karbonatischer Wolframvererzungen der Ostalpen (J. Raith);
- Die Bedeutung fluider Phasen bei der Bildung von Platinmineralisation im Duluth Complex, USA (A. Mogessie und E. F. Stumpfl);
- Genese von Chromit und Mineralen der Platingruppe im Ophiolith von Troodos, Zypern und vom Dawros More Komplex, Connemara, Irland (B. McElduff);
- Mineralogie der massiven Sulfiderze der Rampura-Agucha Zn-Pb Lagerstätte, Rajasthan, Indien (E. F. Stumpfl und B. McElduff);
- Goldlagerstätten in Nord-Ghana, Westafrika (M. Nebel und E. F. Stumpfl).

Der Großteil der laufenden und bereits abgeschlossenen wissenschaftlichen Projekte wurde in Kooperation mit nationalen und internationalen Forschungsinstitutionen und der Industrie durchgeführt. In diesem Zusammenhang sind hervorzuheben: Fonds zur Förderung der Wissenschaftlichen

Bild 3: Intrusiver Kontakt eines leukokraten Granitgneises mit dunklen Biotitgneisschollen (Wolframvorkommen Biesis, Namaqualand, Südafrika).

Forschung (FWF, Wien); Jubiläumsfonds der Österreichischen Nationalbank (Wien); Bundesministerium für Wissenschaft und Forschung (Wien); Steiermärkische Landesregierung (Graz); Vereinigung für Angewandte Lagerstättenforschung in Leoben (VALL); Scientific Comittee des International Geological Correlation Programme (IGCP) der UNESCO (Paris); Bundesanstalt für Geowissenschaften und Rohstoffe (Hannover); Geological Survey of Cyprus; Geological Survey of Western Australia; Department of Geology, The University of Newcastle, NSW (Australien); Geophysics Department of University Saints Malaysia; Space Science Center, University of Minnesota; Wolfram Bergbau- und Hütten-A.G., Mittersill (Salzburg); Bleiberger Bergwerksunion (Klagenfurt/Wien); Kärntner Montanindustrie A.G. (Klagenfurt); Metallgesellschaft A.G. (Frankfurt, BRD); Johannesburg Consolidated Investment Co. (Johannesburg, Südafrika); Gold Fields of South Africa; Reynolds Australia Metals Ltd. (Perth, W. Australien); CRA Broken Hill (NSW, Australien); Geopeko Ltd. (Sydney, Australien); Mount Isa Mines Ltd. (Australien).

*Verfasser: E. F. STUMPFL*

# Ordinariat für Prospektion, Lagerstättenerschließung und Mineralwirtschaft

Das Ordinariat für Prospektion, Lagerstättenerschließung und Mineralwirtschaft wurde 1964 eingerichtet, zugleich mit dem Institut gleichen Namens. Im Zuge von Institutszusammenlegungen wurde das Institut im Jahr 1980 aufgelassen. 1982 wurde der Bereich der Prospektion und Lagerstättenerschließung dem Institut für Geowissenschaften und der Bereich der Mineralwirtschaft dem Institut für Bergbaukunde zugeordnet.

Ein 1988 vom Universitätskollegium unterstützter Antrag auf Wiedererrichtung des Institutes, vor allem im Hinblick auf die interdisziplinäre Aufgabenstellung und auf die durch die Zusammenlegung aufgetretenen Schwierigkeiten und ungelösten Probleme, wurde 1989 seitens des BMWF abgelehnt.

Bild 1: Anreicherung von Schwermineralien aus dem Bachsediment am Pfaffenberg (Reisseckgruppe) mittels Sachse und Pfanne im Rahmen der Prospektionsausbildung.

Das Ordinariat und das Institut wurden seinerzeit mit zwei Zielsetzungen eingerichtet. Einmal um eine Verbindung zwischen den geowissenschaftlichen Bereichen und den bergbaulichen Bereichen zu schaffen und zum zweiten, um die Organisation und die Leitung des zu gleicher Zeit ins Leben gerufenen Advanced Postgraduate Course „Prospektion und Bergbau in Entwicklungsländern", später Postgraduate Course „Mineral Exploration", zu übernehmen. Dieser Kurs war für die Weiterbildung schon im Beruf stehender Fachleute aus Entwicklungsländern gedacht. Das Interessensgewicht für diese beiden Zielsetzungen war dabei zwischen der beantragenden Montanuniversität und dem bewilligenden Bundesministerium für Wissenschaft und Forschung nicht gleich, wie aus den Unterschieden hervorgeht zwischen dem Ausschreibungstext für das Ordinariat, das die Erfordernisse für die Kursleitung an prominenter Stelle enthält und dem Ernennungsdekret, das den Kurs mit keinem Wort erwähnt. Es mag diese unterschiedliche Gewichtung auch dadurch beinflußt worden sein, daß die Finanzierung des Postgraduierten Kurses nicht durch das BMWF erfolgte, abgesehen von der zur Verfügungstellung der Universitätseinrichtungen, sondern seitens der Entwicklungshilfeabteilung des Bundeskanzleramtes und zu einem kleinen Teil seitens der UNESCO.

Das Institut wurde im Hauptgebäude der Universität untergebracht und umfaßte 6 Arbeitsräume, ein kleines Labor und eine Dunkelkammer. An Personal waren drei Universitätsassistentenstellen und eine Sekretariatsstelle verfügbar. Neben der üblichen Büro- und Laboreinrichtung gab es keine wesentlichen weiteren Geräte. Eine Bibliothek mußte neu aufgebaut werden.

Zum ersten Ordinarius wurde 1964 Dipl.Ing. Dr.-Ing. Felix Hermann berufen, der diese Position bis zu seiner Emeritierung im Jahre 1977 innehatte. Als sein Nachfolger wurde 1978 Dr.phil. Walter J. Schmidt berufen. 1982 erfolgte eine Doppelzuteilung des Ordinariates zum Institut für Geowissenschaften für das Fach Prospektion und Lagerstättenerschließung und zum Institut für Bergbaukunde für das Fach Mineralwirtschaft. Prof. Schmidt emeritierte mit Ende des Studienjahres 1988/89.

**MITARBEITER DES ORDINARIATES**

O.Univ.Prof. Dr.phil. Walter J. SCHMIDT (emeritiert 1989)
Dr.phil. Reinhard GRATZER, Universitätsassistent
Dr.phil. Johannes H. OBENHOLZNER, Universitätsassistent
Mag. Reinhard TEMMEL, Universitätsassistent
Ursula SCHMID, Kontrollor

**LEHRE**

Die Lehrtätigkeit umfaßte bis zur Emeritierung von Prof. Schmidt:

Vorlesungen: Erdölbetriebsgeologie, Deponiegeologie, Geothermie, Grundzüge der Prospektion und Exploration, Methoden der geochemischen Prospektion, Mineralwirtschaft, Mineralwirtschaft unter besonderer Berücksichtigung der Metalle, Prospektion und Lagerstättenerschließung, Spezielle Mineralwirtschaft und Technische Geologie.

Übungen: Praxis der geologischen Feldkartierung, Erdölbetriebsgeologie, Geochemische Prospektion, Prospektion und Lagerstättenerschließung und Mineralwirtschaft.

Seminare: Seminar für Mineralwirtschaft und Seminar für Prospektion und Lagerstättenerschließung.

Bergbauliches Kolloquium gemeinsam mit O.Univ.Prof. Fettweis und Ao.Univ.Prof. Lechner.

Dazu kommen die von anderen Lehrpersonen – Universitätsdozenten und Lehrbeauftragten – durchgeführten, aber vom Ordinariat betreuten Lehrveranstaltungen:

Vorlesungen: Fallstudien zur Deponiewirtschaft, Hydrogeologie und Gewässerschutz, Mathematische Methoden in der Montangeologie, Raumplanung sowie Rohstoffmärkte.

Übungen: Einführung in die Firmenpraxis und Mathematische Methoden in der Montangeologie.

Sonstiges: Exkursionen zur Umweltgeologie.

An allen Übungen und Seminaren wirken die Mitarbeiter des Ordinariates maßgeblich mit.

Bild 1 zeigt das Arbeiten mit Sachse und Pfanne und Bild 2 die Bodenbeprobung im Rahmen der Prospektionsausbildung.

Bild 2: Bodenbeprobung im Techtal (Kreuzeckgruppe), Raster für Atom-Absorptions-Spektrometer-Analytik und Modelling für Kriging im Rahmen der Prospektionsausbildung.

## ARBEITSGEBIETE

Seit Errichtung des Ordinariates wurden 14 Diplomarbeiten betreut, die folgende Themen behandelten:
- ➢ Untersuchung und Bewertung von Seifenlagerstätten.
- ➢ Kritische Überprüfung der Qualitätsuntersuchungen in den Abbauen der Bleiberger-Bergwerks-Union AG.
- ➢ Bewertung der Pb-Zn Lagerstätte Arzberg-Haufenreith.
- ➢ Untersuchung und Bewertung der Gold-, Kupfer- und Arsenvorkommen im Pusterwald.
- ➢ Blei-Zink-Haldenbeprobung Bleiberger Sonnseite.
- ➢ Untersuchungen oberflächennaher Grundwasserkörper im Mürztal hinsichtlich ihrer eventuellen Nutzung in Wärmepumpen.
- ➢ Die Kurssicherung von Nichteisenmetallen.
- ➢ Die granitoiden Instrusionen und Goldvererzung des westlichen Port Wells Mining Districts Prince William Sound Alaska.
- ➢ Gold als Währung – Eine Untersuchung der Goldpreisbildung seit dem Ersten Weltkrieg.
- ➢ Zusammenfassende Interpretation geophysikalischer Methoden/Theorie, Prinzip, Anwendung und Interpretation der Hochfrequenz-Absorption (Radiowellen-Schattenmethode) im Blei-Zinkbergbau Bleiberg Kreuth.
- ➢ 3D-Seismische Planung in den westlichen Kalkalpen Projekt Tannheim/Tirol.
- ➢ Intervallgeschwindigkeiten aus Sonic-Logs. Vertikale und laterale Verteilung in der Tiefscholle des südlichen Wiener Beckens.
- ➢ Laterale und vertikale Änderung der Geschwindigkeit im Neogen des Wiener Beckens (Tiefscholle).
- ➢ Faziesuntersuchung turbiditischer Sandsteine in der basalen Haller Serie im westlichen Oberösterreich (Feld Oberminathal).

Seit Errichtung des Ordinariates wurden 7 Dissertationen mit folgenden Themen erstbetreut:

Bild 3: Gewinnung von Großproben mittels Schaufelbagger und Radlader im Bereich des Goler Gulch (Kalifornien) zur gravitativen Aufbereitung und Untersuchung der Sande und Schotter auf ihre Goldführung.

Bild 4: Erprobung eines neu entwickelten integrierten Prospektionsgerätes in der Goldprospektion in Kalifornien. Von rechts nach links erkennbar sind die Regelungseinheit, der Aufgabebehälter für die Probe mit der darunter liegenden Sieb- und Wascheinrichtung, sowie die über dem Rad liegende Zentrifuge, in der sich das Konzentrat (Black Sand, Gold) sammelt.

- ➢ Prospektion, Untersuchung und Bewertung von Quecksilbervorkommen in Kärnten.
- ➢ Die Anwendung von Magnetik und Gravimetrie in der Prospektion für Kupfererze in der Gegend von Curaca Provinz Bahia, Brasilien.
- ➢ Erzlagerstättenforschung in Ostgrönland.

➤ Montangeologische Untersuchungen auf Eisenglimmer am Beispiel der Vererzungen in den nordöstlichen Seetaler Alpen.
➤ Carbonisieren von Reisschalen.
➤ Integrative Exploration in der ÖMV AG; ein Beitrag zur Exploration im Gebiet der nördlichen Kalkalpen.
➤ Tektonische und geothermische Untersuchungen im Raum Fohnsdorf-Judenburg/ Steiermark.

## FORSCHUNGSSCHWERPUNKTE

Die Schwerpunkte der wissenschaftlichen Tätigkeit des Ordinariates liegen einerseits in der Prospektions- und Explorationstätigkeit vor allem in außereuropäischen Ländern, andererseits in der Verfolgung und Deutung mineralwirtschaftlicher Entwicklungen unter besonderer Beachtung der Marktmechanismen. Diese Aktivitäten werden auch, soweit es die wirtschaftlichen Gegebenheiten zulassen, mit Publikations- und Vortragstätigkeiten dokumentiert.

Die Bilder 3 bis 6 geben einen Einblick in die Forschungstätigkeit des Ordinariates und seiner Mitarbeiter.

Bild 3 zeigt die Gewinnung von Großproben mittels Schaufelbagger und Radlader im Bereich des Goler Gulch (Kalifornien) zur gravitativen Aufbereitung und Untersuchung der Sande und Schotter auf ihre Goldführung.

In Bild 4 ist die Erprobung eines neu entwickelten integrierten Prospektionsgerätes der Firma Förderanlagen und Maschinenbau Ges.m.b.H. in der Goldprospektion in Kalifornien dargestellt.

Einen Eindruck von der geologischen Vorerkundung im Wadi Bisha (Saudi Arabien) für den Einsatz des Bewässerungssystems Agronet der Firma Chemserv Consulting Ges.m.b.H. geben die Bilder 5 und 6.

Bild 5: Geologische Vorerkundung im Wadi Bisha (Saudi Arabien) für den Einsatz des Bewässerungssystems Agronet.

Bild 6: Erkundung des Grundwasserspiegels mittels geoelektrischer Tiefsondierung für den Einsatz des Bewässerungssystems Agronet im Bereich von Wadi Bisha (Saudi Arabien).

*Verfasser: W. J. SCHMIDT*

# Institut für Gesteinshüttenkunde und feuerfeste Baustoffe

Das Institut wurde im Jahre 1966 als neue Lehrkanzel für die Fachbereiche feuerfeste Baustoffe, Zement, Kalk, Gips, Baustoffe, Glas und Keramik errichtet. Der erste Ordinarius des Institutes war Univ.Prof. Dr.phil. Felix Trojer, der im Jahre 1983 emeritierte.

Bis zum Jahre 1986 war das Institut im alt-ehrwürdigen Peter-Tunner-Gebäude untergebracht (Bild 1).

Der längst fällige, jedoch mehrfach aufgeschobene Spatenstich zum Neubau bzw. völligen Umbau des schon sehr in Mitleidenschaft gezogenen Gebäudes machte die Aussiedelung des Institutes erforderlich. Da nicht genügend geeignete Räume für die Institutseinrichtungen beschafft werden konnten, mußte ein erheblicher Teil der Geräte in „Ausweichquartieren" (z.T. Industriebetrieben) untergebracht werden. Aufgrund der räumlichen Zersplitterung des Institutes ergeben sich schwerwiegende Einschränkungen auf dem Sektor Forschung und teilweise auch im Übungsbetrieb. Die Lehre und die dringendsten Forschungsaufgaben können im architektonisch zwar sehr schönen, räumlich jedoch viel zu kleinen „Dachgeschoßausbau" im Hauptgebäude der Montanuniversität (Bild 2) derzeit nur durch

Bild 1: Peter-Tunner-Gebäude. Zeitgenössische Aufnahme aus der Gaslaternenzeit.

Bild 2: Dachausbau im Hauptgebäude der Montanuniversität, Hörsaal.
Foto: Peter Exenberger.

besonderes Engagement des Lehrpersonals und der Institutsangehörigen aufrecht erhalten werden.

Für das Jahr 1990/91 ist die Rücksiedelung in das neu gestaltete Peter-Tunner-Gebäude geplant, ein für das Institut wesentlicher und zukunftsweisender Meilenstein, welcher sowohl für die Studenten, als auch für das Institutspersonal und die Leistungsfähigkeit des Institutes von größter Bedeutung sein wird.

Gernot MEVEC, Studienassistent
Erwin PLATZER, Studienassistent
Werner ROSSMANN, Amtsrat
Alfred OBERMAYER, Kontrollor
Kurt REITMANN, Oberkontrollor
Adelheid BARSCH, Vertragsbedienstete
Karoline KÖCK, Jugendliche

Bild 4: Technikum des Forschungsinstitutes Leoben der Veitscher Magnesitwerke AG.

Bild 3: Magnesitwerk Radenthein der Radex Austria AG.

## INSTITUTSPERSONAL

Die Anforderungen seitens der österreichischen Industrie und die enge Forschungskooperation sind mit dem derzeitigen Personalstand des Institutes äußerst schwierig zu bewältigen. Derzeit weist das Institut folgende Belegschaft auf:
O.Univ.Prof. Dr.phil. Walter ZEDNICEK, Institutsvorstand
Univ.Doz. Dipl.Ing. Dr.mont. Anton MAYER, Assistenzprofessor
Dipl.Ing. Dr.mont. Ludwig REITMANN, Oberrat

## LEHRE – FORSCHUNG – WIRTSCHAFT

Das Institut für Gesteinshüttenkunde und feuerfeste Baustoffe nimmt für eine ganze Reihe bedeutender Wirtschaftszweige einen in der Öffentlichkeit zwar weitgehend unbekannten, für die Wirtschaft jedoch einen umso höheren Stellenwert in Lehre und Forschung ein. Das Institut ist die einzige universitäre Ausbildungsstätte Österreichs für technische Akademiker auf dem Gebiet des Gesteinshüttenwesens. Da Umfragen ergeben haben, daß selbst erfahrene Führungskräfte aus Wirtschaft und Politik den Begriff Gesteinshüttenwesen – Gesteinshüttenindustrie in überaus unterschiedlicher Weise interpretieren, seien einige charakteristische Gesteinshüttenbetriebe angeführt, welche gleichzeitig die Breite des Aufgabenbereiches des Sachgebietes und damit des Institutes ableiten lassen.

## FEUERFESTINDUSTRIE

Diese Industriesparte stellt vorwiegend feuerfeste Bau- und Isolierstoffe sowie hochtemperaturbeständige keramische Werkstoffe her. Die geformten und ungeformten Erzeugnisse werden zum überwiegenden Teil als Auskleidungsmaterial von Schmelzaggregaten und Öfen der Stahl- und Eisenverarbeitenden Industrie, der Nichteisenmetallindustrie, der Zement-, Kalk- und Glasindustrie, der keramischen Industrie, der Entsorgungstechnik und anderer Sparten verwendet, wobei Anwendungstemperaturen bis über 2000 °C verzeichnet werden.

## ZEMENT-, KALK- und GIPSINDUSTRIE

Die Zementindustrie versorgt das gesamte Bauwesen mit Zementqualitäten, die den vielseitigen Anforderungen sowohl im Hochbau, im Tiefbau als auch für Sonderfälle (Bohrzemente, refraktäre Zemente, sulfatbeständige Zemente usw.) entsprechen. Allein die österreichische Zementindustrie hat zur Zeit ein Produktionsvolumen von rund 5 Mrd. ÖS. Vom Rohstoff über den Klinkerbrand bis zum auslieferungsfertigen Zement und der Beton- und Faserzementbaustoffertigung spannt sich der Aufgabenbereich eines Gesteinshüttenabsolventen in der Praxis, wobei sicherlich der Produktionsablauf, die Forschung und die Qualitätssicherung Aufgabenschwerpunkte sind.

Produkte der Kalkindustrie werden in zahlreichen weiteren Industriezweigen, wie der Bauindustrie, Düngemittelerzeugung, Zuckerindustrie, chemischen Industrie, Nahrungsmittelindustrie, bei der Stahl- und Eisenerzeugung, als Füllstoffe etc. eingesetzt.

Die Gipsindustrie, die vor allem im Wohnbau sowohl mit vorgeformten Bauelementen, als auch losem Material wie Mörtel, Putze etc. Eingang gefunden hat, wird auch in Zukunft auf dem Bausektor eine wesentliche Rolle spielen. Der Rohgips erfährt zur Zeit eine ökologisch bedeutungsvolle Änderung der Rohstoffbasis vom Naturgips zu Rauchgasentschwefelungs- und Aufbereitunsgipsen, die bei der Entsorgung von Abgasen und Abwässern in erheblicher Menge anfallen.

## ZIEGEL- und LEICHTBAUSTOFFINDUSTRIE

In dieser Gruppe sind Industrieunternehmen aufzuzählen, die Baustoffe, wie Ziegel, Gasbeton, Blähton, Faserisolierstoffe, Bau- und Dehnplatten u.ä., herstellen.

## GLASINDUSTRIE

Betriebe der Glasindustrie stellen überwiegend Gebrauchsgläser her. Außerdem werden Spezialgläser, die besonders hohe Wertschöpfung erbringen, wie Gläser für die optische Industrie, die Nachrichtenindustrie, für chemisch-technische Belange u.a.m., gefertigt. Durch die umfangreiche Ausbildung der Studierenden auf dem Gebiet der „Theorie des Glases" und der „Technik der Glasherstellung" wird ein Gesteinshüttenabsolvent in die Lage versetzt, sich auf diesem Gebiet zu bewähren.

## KERAMISCHE INDUSTRIE

Die traditionelle Keramik, wie sie die Fein- und Grobkeramik darstellt, wird heute durch die intensi-

Bild 5: Produkte der heimischen Ziegel- und Tonwarenindustrie. Foto: Fachverband Stein- und Keramische Industrie Österreichs.

ve Forschungsarbeit und deren Ergebnisse auf dem Gebiet der Oxid- und Nichtoxid-Keramik, der keramischen Werkstoffe für Elektronik, der keramischen Verbundwerkstoffe, der keramischen Faserverbunde usw. zu einem Hoffnungsbereich der Materialwissenschaften und dadurch für diese Industrie überaus interessant, bieten sich doch damit neue Produktionsstätten für Erzeugnisse mit Hochleistungseigenschaften an.

Der überaus breit gefächerte Industriezweig, der sich von der antiken Keramik über die Gebrauchskeramik bis hin zur hochwertigen technischen Keramik entwickelt hat, wird mit Sicherheit in Zukunft für Diplomingenieure des Gesteinshüttenwesens ein umfassendes, interessantes Gebiet eröffnen.

## LEHRE

Die Ausbildung der Studenten ist wie bei allen montanistischen Studienrichtungen in zwei Abschnitte gegliedert, wobei der Zweite Studienabschnitt die Spezialisierung darstellt. Am Ende des Zweiten Studienabschnittes ist eine Diplomarbeit durchzuführen, in welcher meist in enger Zusammenarbeit mit der Industrie aktuelle Probleme derselben behandelt werden. Diese Diplomarbeiten, aber auch Dissertationen und Forschungsprojekte, dokumentieren in vielfältiger Weise die wissenschaftliche Zusammen-

Bild 6: Kunstkeramik „Muse des Tanzes". Fa. Golscheider Keramik Wien/Stoob. Werksfoto:Fotolabor Dr.Parisini.

Bild 7: Technische Keramik – Katalysatorfertigung im Werk Frauenthal.

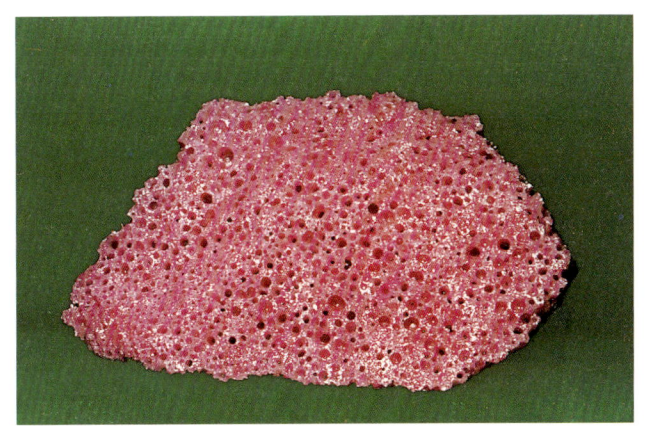

Bild 8: Schmelzkorund $Al_2O_3$.

Bild 9: Synthetischer Periklas MgO.

Bild 11: Lithium-Alumosilikat Glaskeramik mit besonders hoher Rißzähigkeit. 1000-fache Vergrößerung.

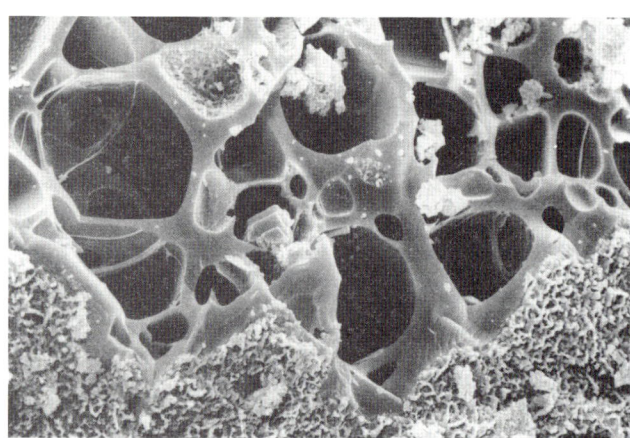

Bild 12: Detail aus einem Isolierputz mit aufgebrochenem Blähperlit-Korn (Forschungsprojekt). Rasterelektronenmikroskop, 1500-fach.

Bild 10: Siliziumkarbid SiC.

arbeit mit österreichischen Firmen der angeführten Branchen.

Die Bilder 8 bis 14 zeigen Roh- und Werkstoffe, mit denen sich Studenten des Gesteinshüttenwesens auseinandersetzen müssen. Die in den Bildern 8, 9 und 10 dargestellten synthetischen Rohstoffe dienen als Ausgangsprodukte für hochwertige Feuerfest-Baustoffe und keramische Materialien. Die Bilder 11 bis 14 zeigen Werkstoffe aus Forschungsprojekten, Diplomarbeiten und Dissertationen.

Für Forschungsarbeiten sind am Institut folgende Einrichtungen vorhanden:
  Licht- und Elektronenmikroskope
  Mikrosonde
  Optomechanisches Oberflächengerät
  Infrarotspektroskop
  Flammenfotometer

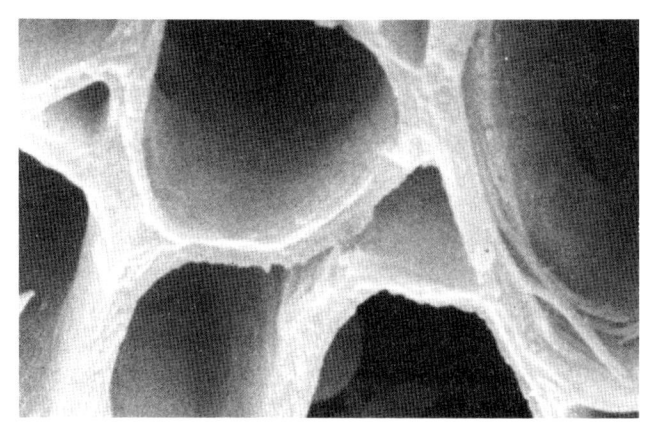

Bild 13: Polygonale Röhrenzellen am Rand von Reisspelzen. Rasterelektronenmikroskop, 1000-fach. Aus einer Dissertation über die Gewinnung von industriemineralischen Produkten aus biogenen Rohstoffquellen.

Bild 14: Ausgeprägte Bruzitkristallbildung ($MgOH_2$) auf Periklas. Rasterelektronenmikroskop, 7800-fach. Aus einer Arbeitsstudie über Magnesia-Hydratation.

Laserparticlesizer
Div. Hochtemperaturöfen (bis 1800 °C)
Hochtemperaturviskosimeter
Heißtorsionseinrichtungen
Dilatometer
Differentialthermoanalysengerät
Heißdruckfließapparatur
Prüfpressen, Vakuumstrangpresse
Normenprüfeinrichtungen für die Bindemittelindustrie
BET-Apparatur
Hg-Druckporosimeter
Frost-Tauwechseleinrichtungen
Diverse Laboreinrichtungen.

Dankenswerter Weise konnte ein Großteil der Gerätschaften durch Unterstützung des Fonds zur Förderung der wissenschaftlichen Forschung (FWF), des Forschungsförderungsfonds der gewerblichen Wirtschaft (FFF), des Jubiläumsfonds der Nationalbank und diverser Industrien angeschafft werden, sodaß eine einigermaßen zielführende Forschungsarbeit möglich ist.

# Institut für Gießereikunde

Die ‚Gießereikunde' stand bereits von 1929 bis 1945 im Lehrplan der Eisenhüttenleute: Eisenhüttenkunde V, Professor Walzel, 1,5 Stunden/Woche. In 16 Jahren mußte diese Spezialvorlesung allerdings 9mal ausfallen. Von 1945 bis 1949 wurde das Lehrangebot von Honorardozent Dr. Springer durch die Vorlesung „Formtechnik in der Gießerei" erweitert. Den dringenden Ausbildungswünschen der Gießereien folgend, waren die Eisenhüttenleute in den Jahren 1949 bis 1952 bemüht, einen „Gießereitechnischen Studienzweig" mit 11 gießereikundlichen Vorlesungen aufzubauen:
Prof. Walzel: Besondere Werkstoffkunde des Grau-, Temper- und Stahlgusses;
Metallurgie der Nichteisenmetalle;
Formtechnik, einschließlich Kokillen- und Spritzguß;
Hon.Doz. Springer: Formtechnik des Grau-, Stahl- und Tempergusses, einschließlich der Sondermaschinen;
Herstellung von Stahlguß;
Herstellung von Grau- und Temperguß;
Modellbau und Großformerei;
Bau von Graugießereien;
Hon.Doz. Weber: Besondere Wirtschafts- und Betriebslehre des Gießereiwesens;
Hon.Doz. Rapatz: Schweißen und Reparatur von Gußstücken;
Praktische Formübungen.

Offensichtlich war es damals nicht möglich, geeignete Dozenten für die Vielzahl der Vorlesungen zu finden, denn es konnten in diesen drei Jahren von den geplanten 32 Unterrichtsstunden je Woche und Jahr tatsächlich nur 14 Stunden abgehalten werden. Dieser Versuch scheiterte, und von 1952 bis 1955 beschränkte sich die Gießereikunde wiederum auf eine Vorlesung über „Allgemeine Formtechnik in der Gießerei" von Honorardozent Springer im Umfang von 5 Wochenstunden (2 Stunden Vorlesungen + 3 Stunden Übungen).

Im Studienjahr 1955/56 unternahm Prof. Dr. Roland Mitsche einen erneuten Versuch, die gießereikundliche Ausbildung auszuweiten. In diesem Jahr erhielt Herr Dr. Karl Zeppelzauer die Berufung als Lehrbeauftragter nach Leoben. Er wurde 1957 zum ao.Professor ernannt, und es gelang ihm, die Sonderausbildung für Gießereifachleute in einer Reihe von 5 Vorlesungen sicherzustellen und auch gießereikundliche Forschung aufzunehmen. So konnten 1960 erstmalig auch zwei Gießer die Doktorwürde der montanistischen Wissenschaften erlangen.

1959/60 wurde schließlich die Lehrkanzel für Gießereikunde gegründet; Dr. Zeppelzauer erhielt 1963/64 die Berufung zum Ordentlichen Professor für Gießereikunde, und im Studienführer ist diese Spezialisierung erstmalig bei den Studienrichtungen ausgewiesen:
Fachrichtung 4: Hüttenwesen a) Eisenhüttenwesen b) Gießereiwesen.
Der Lehrplan für Gießer umfaßte in den Jahren 1963 bis 1969 folgende Sondervorlesungen:
Metallkunde des Gießereiwesens;
Leichtmetallgießerei;
Schmelzbetrieb;
Fertigungstechnik in der Gießerei;
Planung und Betrieb von Gießereien;
Gießereimaschinen;
Gießereikundliche Forschungsarbeiten.
Die Sonderstellung des Gießereiwesens wird auch in den Erläuterungen zu den Studienrichtungen ab 1966 deutlich:
Sie – die Montanistische Hochschule – bildet einen einheitlichen Eisenhüttenmann aus und läßt

nur eine Variation zu, nämlich einen speziell gießereibetonten Hüttenmann, bei dem lediglich das verformungstechnische durch das gießereitechnische Studium ersetzt wird.

Doch der Weg zur Spezialisierung war richtungsweisend, denn schon für das Studienjahr 1969/70 wurden nach dem neuen Bundesgesetz über montanistische Studienrichtungen folgende Studienzweige des Hüttenwesens eingerichtet:

Eisenhüttenwesen
Metallhüttenwesen
Verformungswesen
Metallkunde
Gießereiwesen
Betriebs- und Energiewirtschaft.

Der Name der Lehrkanzel erhielt den Zusatz: „... und Institut für Gießereikunde".

Im selben Jahr nahm unser Institut für die Studenten im ersten Studienjahr die Vorlesungen über ‚Mechanische Technolgie' auf, und Lehrbeauftragter Prof. Dr. Adolf Frank unterrichet hier als dienstältester Lehrer des Gießereiinstitutes seit 22 Jahren über „Fertigungsverfahren der spanenden Bearbeitung" (Mechanische Technolgie II).

1969/70 wurden auch die Einführungsvorlesungen in die Gießereikunde einerseits für alle Hüttenleute und andererseits für die Montanmaschinenbauer ins Leben gerufen. Bei der Vorlesung „Planung und Betrieb von Gießereien" erwies es sich als zweckmäßig, die „Gießereimaschinen" in einer gesonderten Vorlesung zu behandeln.

Als Nachfolger von Prof. Dr. Karl Zeppelzauer wurde 1974 Professor Dr. Joseph Czikel als Vorstand des Institutes für Gießereikunde nach Leoben berufen. Er hat 11 Jahre von 1974 bis 1985 die Geschicke des Institutes gelenkt und die Inhalte der gießereikundlichen Hauptvorlesungen neu geordnet. Der technischen Entwicklung folgend, wurde von ihm die Vorlesung „Kontinuierliche Gießverfahren" in den Lehrplan aufgenommen.

Nach 34-jähriger Industrietätigkeit folgte schließlich apl. Prof. Dr.-Ing. Heiko Pacyna von der Technischen Hochschule Aachen dem Ruf nach Leoben und übernahm seit dem Studienjahr 1985/86 die Verantwortung für Lehre und Forschung im Studienzweig Gießereiwesen.

Seit Gründung der Lehrkanzel für Gießereikunde wurden am Institut 75 Diplomarbeiten über gießereitechnische Fragen durchgeführt. Von den Diplomanden kamen 26 aus nicht deutschsprachigen Ländern. Im gleichen Zeitraum wurden auch 16 Dissertationen erfolgreich abgeschlossen und weitere 10 Dissertationen durch ein Koreferat helfend betreut.

## INSTITUTSPERSONAL

O.Univ.Prof. Dipl.Ing. Dr.mont. Heiko PACYNA, Institutsvorstand
Dipl.Ing. Gerald MAUNZ, Universitätsassistent
Dipl.Ing. Martin HOFMANN, Vertragsassistent
Herbert FOHRINGER, Studienassistent
Erna FUCHS, Vertragsbedienstete
Gerhard HOCHLEITHNER, Vertragsbediensteter

Dem Institut fachlich zugeordnet sind:

Lehrbeauftragte:
O.Univ.Prof. Dipl.Ing. Dr.techn. Adolf FRANK
Dipl.Ing. Dr.mont. Peter STRIZIK

## LEHRE

Das Institut für Gießereikunde gibt den Studenten im ersten Studienabschnitt in der Vorlesung „Mechanische Technolgie I" einen Überblick über die Gewinnung und Verarbeitung technischer Werkstoffe und somit einen kurzen Bericht über die Aufgaben der Mehrzahl der montanistischen Studienrichtungen.

Die „Mechanische Technolgie II" befaßt sich mit der spanenden Bearbeitung.

Die „Gießereikunde I" soll den Hüttenleuten und Werkstoffwissenschaftlern einen lebendigen Einblick in den vielfältigen gießereitechnischen Fertigungsablauf (Bild 1) und in die Besonderheiten der Gußwerkstoffe geben.

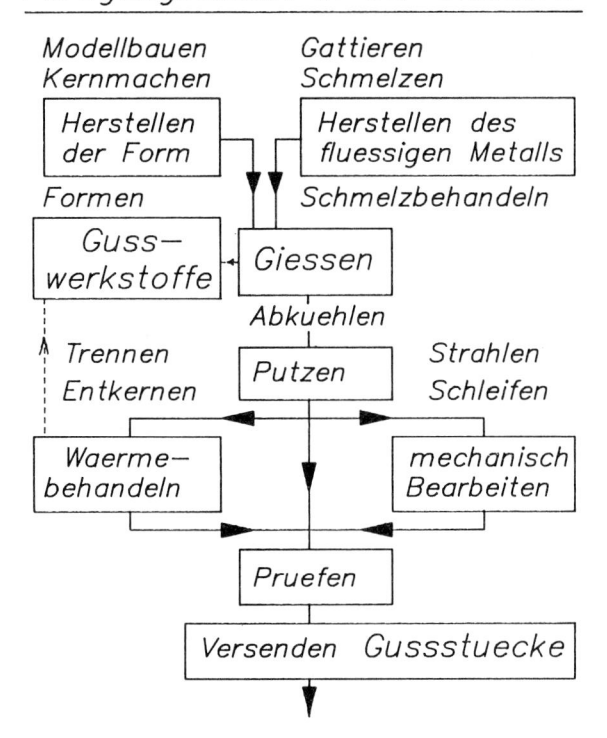

Bild 1: Fertigungsablauf in der Gießerei.

Vier empfohlene Freifächer bieten den Studenten schließlich die Möglichkeit, einige wichtige Sonderkenntnisse zu erwerben:

* Kontinuierliche Gießverfahren, die mittlerweile die gesamte Stahl- und NE-Metallverarbeitung beherrschen,
* Schmelz- und Legierungstechnik für Eisenwerkstoffe,
* Schmelz- und Legierungstechnik für Nichteisenwerkstoffe,
* Arbeitssicherheit in Hüttenwerken, die das Verantwortungsbewußtsein für die Sicherheit der Mitarbeiter wecken soll!

**FORSCHUNGSSCHWERPUNKTE**

Die Bedeutung der Forschung soll in dem Symbol des Institutes für Gießereikunde, Bild 2, das von Herrn Prof.Dr. J.Czikel entworfen wurde, zum Ausdruck gebracht werden. Die geringe Zahl der wissenschaftlichen Mitarbeiter jedoch setzt wegen des großen Arbeitsvolumens im Bereich der Lehre hier enge Grenzen.

Die „Gießereikunde für Montanmaschinenbauer" hat unter besonderer Beachtung des gießgerechten Konstruierens eine ähnliche Zielsetzung.

In den Hauptvorlesungen für den Studienzweig „Gießereiwesen" ist dann das Gesamtgebiet der Gießereikunde in vier Wissensbereiche gegliedert:

* Rohteilfertigung mit Modellbauen, Formen, Schmelzen und Gießen;
* Gußstücknachbehandlung mit Putzen, Wärmebehandeln, mechanisch Bearbeiten und Prüfen sowie die Eigenschaften der Gußwerkstoffe;
* Gießereimaschinen für alle Fertigungsbereiche;
* Betrieb und Planung von Gießereien mit den Problemkreisen der praktischen Betriebsführung, der Arbeitsvorbereitung und der Kostenrechnung.

Praktische Übungen zu diesen Bereichen und eine gießereitechnische Exkursion sollen den umfangreichen Vorlesungsstoff vertiefen.

Bild 2: Symbol des Institutes für Gießereikunde.

Bild 3: Gußstücke nach dem Feingußverfahren.
Foto: Maschinenfabrik Schubert & Salzer, Ingolstadt.

Der Schwerpunkt der Dissertationen lag mit etwa zwei Drittel der Arbeiten auf dem werkstoffkundlichen Gebiet insbesondere beim Gußeisen. Die Diplomarbeiten befaßten sich demgegenüber vornehmlich mit den gießereitechnischen Fertigungsverfahren, vor allem mit der Formtechnik. So bildete hier unter anderem das High-Tech-Gebiet des Feingusses einen Schwerpunkt, dessen Erzeugungsvielfalt durch eine Gußstückauswahl in Bild 3 veranschaulicht werden soll.

In den letzten Jahren war das Institut bemüht, praxisnahe Forschungsthemen aufzugreifen und die Beobachtungen und die Datenerfassung unmittelbar in die Gießereien zu verlagern. Bei diesen Untersuchungen haben zahlreiche Studenten als Ferialarbeiter wertvolle Hilfe bei der Weiterführung der Arbeiten geleistet.

ARBEITSPLANUNG FÜR GUSSSTÜCKE

Praktische und logische Kalkulationsfehler haben eine entscheidende Auswirkung auf die Wirtschaftlichkeit einer Gießerei. Diese Fehler entstehen durch falsche Berechnung technischer Planungsdaten wie Stoffmengen, Fertigungszeiten und Risikozuschläge. Die Zielsetzung moderner Arbeitsplanung ist in Bild 4 skizziert: Zwischen Planung und Betrieb müssen Erfahrungen und Daten systematisch ausgetauscht werden. Abweichungen zwischen den Soll-Daten der Planung und den Ist-Daten der Fertigung sind durch mathematisch-statistische Verfahren beständig zu überprüfen und gegebenenfalls durch neue Planungssysteme zu vermindern. Auf leistungsstarken Personalcomputern des Institutes stehen moderne Planungsprogramme der Industrie zur Verfügung, die in Diplomarbeiten an die spezifischen Forderungen der Gießereien angepaßt werden. Die komplexe Schaltung eines solchen Programmpaketes für die Arbeitsplanung ist in Bild 5 schematisch dargestellt.

Durch Erfassung der kennzeichnenden technischen Daten der Gußstücke neben den kalkulierten Selbstkosten in österreichischen und in ausländischen Gießereien können die Unterschiede in der Kalkulationslogik und Besonderheiten der einzelnen Firmen erkannt werden, sodaß eine kritische

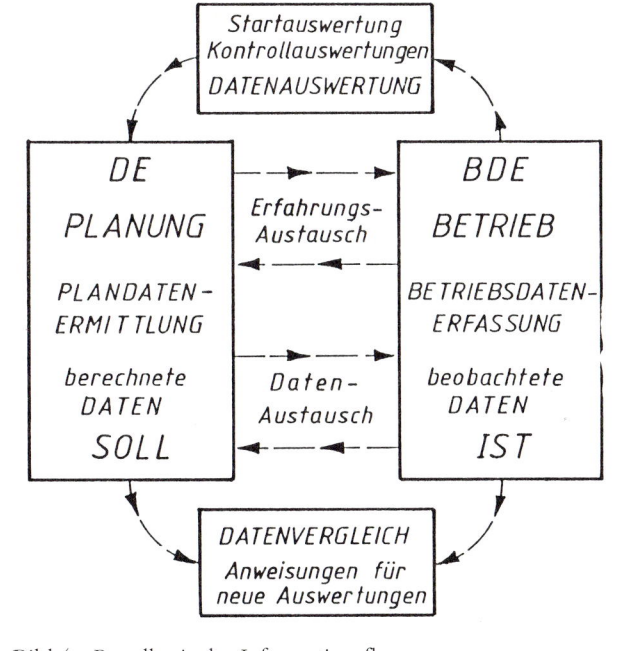

Bild 4: Regelkreis des Informationsflusses.

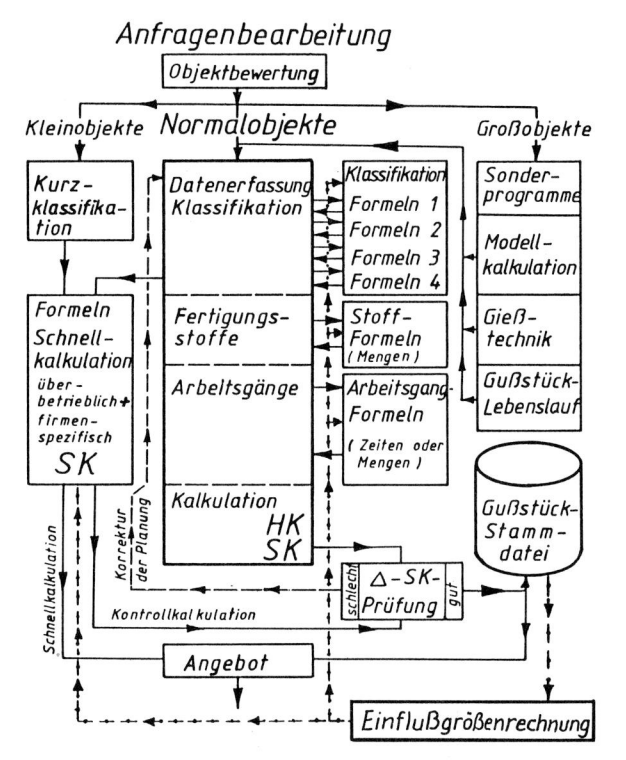

Bild 5: Schema eines EDV-Programmes für die Arbeitsplanung.

Beurteilung der Planungstechnik möglich wird. Insbesondere im Hinblick auf die Bemühungen Österreichs um einen Anschluß an die EG können diese Forschungsarbeiten unseren Gießereien eine wichtige Hilfestellung geben. Die bisherigen Ergebnisse, die in einer Dissertation von Herrn Dipl.Ing. Gerald Maunz zusammengefaßt werden, beweisen, daß neben dem Kostenniveau einerseits die Planungsgenauigkeit und andererseits die Zahl der konkurrierenden Anbieter für die betrieblichen Erfolgschancen hinsichtlich Auftragsausbeute und Betriebsergebnis von ausschlaggebender Bedeutung sind.

## MASSABWEICHUNGEN VON GUSSSTÜCKEN

Die Maßhaltigkeit der Gußstücke ist ein wichtiges Gütemerkmal, das mit zunehmender Automatisierung der mechanischen Bearbeitung an Bedeutung gewinnt. In dieser zweiten Forschungsarbeit werden die Maßunterschiede zwischen Modell und Gußstücken systematisch untersucht, um einerseits zuverlässige Aussagen über die Schwindmaße der Gußwerkstoffe zu machen und den Einfluß der Formtechnik quantitativ zu beurteilen sowie andererseits die ausgeprägten Einflüsse der konstruktiven Gestalt vorausschauend zu erkennen. Diese Untersuchungen erstrecken sich einerseits auf Gußstücke der laufenden Fertigung in zahlreichen Gießereien in großer Konstruktionsvielfalt und andererseits auf einen Testkörper, der in Bild 6 zu sehen ist. Dieser Testkörper läßt die Einflüsse von Werkstoff und Formverfahren zuverlässig beurteilen. Diese umfangreichen Arbeiten werden von Herrn Dipl.Ing. Karl Wagner in einer Dissertation betreut und zusammenfassend ausgewertet.

## BESTIMMUNG DER OPTIMALEN GIESSZEIT

Für eine gute Gußstückqualität ist die richtige Wahl der Gießzeit und ihre korrekte Einhaltung von ausschlaggebender Bedeutung. Hierbei spielen sowohl das Gießsystem, durch das das flüssige Metall in den Formhohlraum strömt, als auch das handwerkliche Können des Gießers eine große Rolle. Bild 7 zeigt den Gießvorgang an einer modernen Formanlage. Es ist Stand der Technik, daß bei der Wahl der Gießzeit die Wanddicke und das Gewicht der Gußstücke berücksichtigt werden. Die Strömungsverhältnisse im Gießsystem sind jedoch so unübersichtlich, daß die geschwindigkeitsbestimmenden Strömungsverluste nur schwer abzuschätzen sind.

Nach klaren Richtlinien und unterstützt durch einheitliche Datenerfassungsbögen haben Studenten der Montanuniversität mehrere hundert Gießsysteme in der Praxis skizziert, exakt vermessen, die Kenndaten der zugehörigen Gußstücke gesammelt und Gießzeit und Gießtemperatur während des Gießvorganges sorgfältig beobachtet. Aus diesen großen Datenfeldern gelingt es, mit Hilfe mathematisch-statistischer Methoden für das praktische Gießen Verfahrensregeln abzuleiten, die für die Optimierung der Gießzeit von Bedeutung sind, denn zu langsames Gießen bedeutet die Gefahr von unvoll-

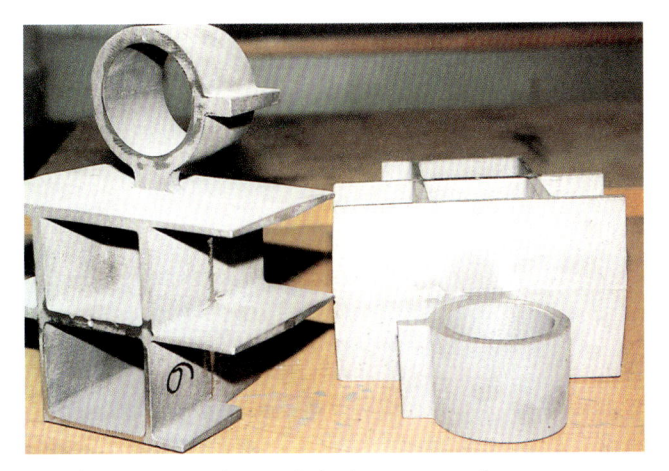

Bild 6: Testkörper für Maßhaltigkeitsuntersuchungen.

ständig ausgelaufenen Gußstücken und Mattschweißen, zu schnelles Gießen birgt die Gefahr von Lunkerhohlräumen.

Diese gießtechnischen Forschungsarbeiten werden von Dipl.Ing. Wang Qiang betreut, der in Leoben promovieren möchte.

## PRAKTISCHE ANWENDUNG DER EINFLUSSGRÖSSENRECHNUNG

Bei den drei kurz umrissenen Forschungsschwerpunkten unseres Institutes hat die Anwendung der mathematischen Statistik im Auswerteverfahren der multiplen Einflußgrößenrechnung – auch Multivariablenanalyse genannt – eine ausschlaggebende Bedeutung. Für die vielfältigen Probleme der Fertigungstechnik hat das Institut für Gießereikunde ein Datenbanksystem für die Einflußgrößenrechnung aufgebaut, auf dem zur Zeit etwa 200 unterschiedlichste Probleme der Fertigungstechnik, der Werkstoffkunde und der Betriebswirtschaft eingelagert sind und jederzeit für eine Weiterführung durch Ergänzung oder Korrektur griffbereit zur Verfügung stehen.

Bild 7: Gießvorgang an einer Formanlage. Foto: Firma Pleissner Elze.

# Institut für Kunststoffverarbeitung

Auf Initiative der Montanuniversität Leoben wurde durch das Bundesgesetz über montanistische Studienrichtungen (BGBL Nr. 291/1969) die Ausbildungsmöglichkeit für Diplomingenieure der Kunststofftechnik an der Montanuniversität geschaffen. Diese Ausbildung soll in der Hauptsache auf Verarbeitung und Anwendung der Kunststoffe ausgerichtet sein. Im Wintersemester 1970/71 begann der Lehrbetrieb mit 50 Erstinskribenten. Für die fachbezogene Ausbildung im Zweiten Studienabschnitt im Bereich der Verarbeitung wurde 1973 das Institut für Kunststoffverarbeitung gegründet. Als Gründungsordinarius wurde O.Univ.Prof. Dipl.-Phys. Dr.rer.nat. Werner Knappe berufen. Das Institut nahm sofort seinen Lehrbetrieb auf, wobei das erste Praktikum in Kunststoffverarbeitung im Sommersemester 1974 stattfand und die ersten Absolventen der Studienrichtung Kunststofftechnik ihr Studium im Wintersemester 1975/76 abschlossen.

Herr O.Univ.Prof. Dr. W. Knappe leitete das Institut bis zu seinem Eintritt in den Ruhestand am 30.9.1984. Mit großem Einsatz gelang es ihm, das Institut aufzubauen und zu einem kompetenten Partner der österreichischen Kunststoffwirtschaft zu machen. Für die Ausstattung des Institutes mit Maschinen und Geräten konnten im Zeitraum von 1973 bis 1988 ca. 12,4 Mio. S aus Berufungszusagen des BMWF und des Landes Steiermark verwendet werden. Die österreichische Kunststoffmaschinenindustrie unterstützte den Aufbau des Technikums des Institutes durch Bereitstellung kleinerer Produktionsmaschinen in Form von Industriespenden bzw. kostenlosen Leihgaben. So stehen dem Institut für die Ausbildung und Forschung im Fachbereich Spritzgießen und in der Extrusion moderne Leihmaschinen aus österreichischer Fertigung zur Verfügung.

Das Institut verfügt derzeit über Büroräumlichkeiten von ca. 228 m² und Technikumsräumlichkeiten von nur 260 m². Elektronik- und Meßtechniklabor und die mechanische Werkstätte umfassen ca. 75 m². Als Lagerräume stehen noch ca. 87 m² zur vorläufigen Nutzung zur Verfügung. Es bedurfte großer Bemühungen, diese bescheidene räumliche Ausstattung zu erreichen. Seit mehreren Jahren ist die Studienrichtung Kunststofftechnik mit jährlich ca. 90 Erstinskribenten die stärkste an der Montanuniversität. Es wird deshalb verständlich, daß die Raumausstattung insbesondere für das Institut für Kunststoffverarbeitung zur Aufstellung von modernen Verarbeitungsmaschinen und der Durchführung von Praktika völlig unzureichend ist. Die langfristige Bauplanung der Montanuniversität sieht daher einen Neubau für alle Institute der Kunststofftechnik vor.

Im Zuge des Institutsaufbaues wurde eine kleine Institutsbibliothek mit Fachliteratur zur Kunststoffverarbeitung aufgebaut. Diese umfaßt derzeit ca. 850 Bände und ist Teil der Hauptbibliothek. Die wichtigsten internationalen Fachzeitschriften zur Kunststoffverarbeitung sind am Institut zugänglich. Der Literaturschnelldienst des Deutschen Kunststoff-Institutes (DKI) in Darmstadt „Kunststoffe, Kautschuk, Fasern", ist ab 1973 vollständig verfügbar.

Bis zur Nachbesetzung des Ordinariates am 1.7.1989 wurde das Institut ab 1.10.1984 provisorisch geleitet. Herr Dipl.Ing. Dr. K. Gissing war bis zum 31.8.1985 als provisorischer Institutsvorstand tätig. Danach übernahm Herr Dipl.Ing. W. Friesenbichler bis zum 31.6.1989 die Institutsleitung. Trotz Vakanz des Ordinariates für Kunststoffverarbeitung wurden der Lehrbetrieb und die laufenden Forschungsprojekte von den Assistenten mit großem Einsatz fortgeführt. Herr Prof. Dr. W. Knappe stand dem Institut und der Studienrichtung für die Begutachtung von

Diplomarbeiten und Dissertationen sowie für die Abnahme von Diplomprüfungen auch weiterhin zur Verfügung. Für ein noch von ihm selbst beantragtes Forschungsprojekt im Rahmen des Forschungsschwerpunktes S 33 des Fonds zur Förderung der wissenschaftlichen Forschung übernahm Prof. Knappe für die letzten vier Jahre der Laufzeit die verantwortliche Leitung.

Seit 1.7.1989 wird das Institut vom neuen Ordinarius O.Univ.Prof. Dr.-Ing. G. R. Langecker geleitet.

## INSTITUTSPERSONAL

O.Univ.Prof. Dipl.Ing. Dr.-Ing.
Günter R. LANGECKER, Institutsvorstand
Dipl.Ing. Walter FRIESENBICHLER, Universitätsassistent
Dipl.Ing. Christian KUKLA, Universitätsassistent
Dipl.Ing. Gerhard ROIS, Universitätsassistent
Gerhard BÄCK, Studienassistent
Hubert PETZ, Studienassistent
Ing. Rudolf SCHATZER, Oberrevident
Gernot WEISS, Vertragsbediensteter
Elke KLAPS, Kontrollor
Karl RICKO, Oberkontrollor

## LEHRE

Das Institut für Kunststoffverarbeitung ist primär in der fachspezifischen Ausbildung der Studienrichtung Kunststofftechnik im Zweiten Studienabschnitt engagiert und bestreitet hierbei ca. 1/3 der von den kunststofftechnischen Instituten angebotenen Lehrveranstaltungen. Im Ersten Studienabschnitt wird für die Studenten der Kunststofftechnik die Vorlesung „Einführung in die Kunststofftechnik" gelesen. Für die Studienrichtungen Montanmaschinenwesen und Werkstoffwissenschaften wird diese Vorlesung im 4. bzw. 6. Semester abgehalten.

In der Fachausbildung „Kunststoffverarbeitung" werden für die Studenten der Kunststofftechnik im Zweiten Studienabschnitt vom Institut angeboten: die Grundlagenvorlesung „Kunststoffverarbeitung I u. II" samt Übungen, „Verbundstoffe", das „Seminar in Kunststoffverarbeitung" sowie praktische Übungen an Verarbeitungsmaschinen in Form des „Praktikum in Kunststoffverarbeitung". Als Vorstufe zur Diplomarbeit in Kunststoffverarbeitung wird die Studienarbeit angeboten. Zur Vertiefung der Kenntnisse in den Verarbeitungsverfahren Spritzgießen, Extrudieren und Kalandrieren und zur Einführung der Studenten in die industrielle Praxis dieser Verfahren konnten für die Lehrveranstaltungen „Maschinen und Werkzeuge für das Spritzgießen" samt Übungen, „Maschinen und Anlagen für das Extrudieren und Kalandrieren" samt Übungen, „Verarbeitungstechnik der Thermoplaste-Entwicklungstendenzen" sowie für „Metallische Werkstoffe in der Kunststoffverarbeitung" Lehrbeauftragte aus der Industrie gewonnen werden. In der Wahlfachgruppe II ‚Kunststoffverarbeitung' werden noch zusätzlich die Lehrveranstaltungen „Meßtechnik in der Kunststoffverarbeitung" samt Übungen sowie „Planung und Bau von Anlagen für die Kunststoffverarbeitung" angeboten.

## ARBEITS- UND AUFGABENGEBIETE

Die wichtigsten Arbeitsgebiete in der Forschung und Kooperation mit Industrie und Wirtschaft sind das Spritzgießen, die Extrusion und die Rheologie. Zielsetzung ist bei den Verarbeitungsverfahren die Erarbeitung von Grundlagen für die Optimierung dieser Verfahren durch Prozeßmodelle, die im Versuch an den Verarbeitungsmaschinen überprüft werden, sowie die Weiterentwicklung der Meß-, Regel- und Steuerungstechnik. Beim Spritzgießen steht die Optimierung der Nachdruckphase im Hinblick auf eine Verbesserung der Formteilqualität im Vordergrund. Beim Spritzprägen, einem Sonderverfahren des Spritzgießens, ist die Entwicklung einer Spritzgießmaschine für schnelle Prägevorgänge zur Herstellung besonders dünner, verzugsarmer thermoplastischer Prägeteile Gegenstand der Forschung. In der Extrusion beschäftigte sich das Institut in der Vergangenheit mit der Messung und Berechnung von Strömungsverlauf, Temperatur und Druck in

Abhängigkeit vom Betriebszustand beim Doppelschneckenextruder. Ein weiteres wichtiges Arbeitsgebiet ist die rheologische Berechnung von Extrusionsdüsen vor allem für wandgleitende PVC-hart Mischungen.

Bei den Arbeiten über die Rheologie von Thermoplasten wurde am Institut ein Spritzgießrheometer mit verstellbarem Rechteckspalt entwickelt. Es ermöglicht die experimentelle Untersuchung des Fließverhaltens von wandhaftenden und vor allem wandgleitenden Kunststoffschmelzen (z.B. PVC-hart Mischungen). Die ermittelten rheologischen Stoffgesetze für Wandhaften bzw. Wandgleiten können für Düsenberechnungen herangezogen werden. Ein weiterer Schwerpunkt war die Überwachung der rheologischen Eigenschaften von Spritzgießmassen durch Messung der sogenannten „Einspritzarbeit" an der Spritzgießmaschine.

Im Bereich Tribologie wurde eine Meßapparatur entwickelt, die die Messung von Reibkoeffizienten von Kunststoffpulvern und -granulaten auf Stahloberflächen in Abhängigkeit von Druck, Temperatur und Gleitgeschwindigkeit ermöglicht. Eine Reihe von Untersuchungen wurden an PVC-hart durchgeführt.

Im Preßverfahren gelang es, koextrudierte, verstreckte Folien aus Polypropylen, die beidseitig mit heißsiegelfähiger Beschichtung versehen sind, zu Mehrschichtenverbunden zu verpressen, die in ihren mechanischen Eigenschaften gegenüber einer extrudierten Polypropylenplatte um ein Vielfaches höher liegen.

Im Bereich der Prozeßüberwachung und Meßdatenerfassung wurde am Institut ein Softwarepaket zur Erfassung, Auswertung und Ausgabe von Meßdaten bei Laborversuchen und Produktionsabläufen im Bereich der Kunststoffverarbeitung entwickelt.

Über diese Schwerpunkte in der Institutsarbeit hinaus wurden in Studien- und Diplomarbeiten auch aktuelle Tagesprobleme der Industrie wie z.B. Fragen der Abfallverwertung, Energieeinsparung, Verfahrensoptimierung, Produktentwicklung, Qualitätssicherung und Wirtschaftlichkeit (gemeinsam mit dem Institut für Wirtschafts- und Betriebswissenschaften) sowie Fragen des Verschleißes von metallischen Werkstoffen in Maschinen und Werkzeugen der Kunststoffverarbeitung bearbeitet.

## DISSERTATIONEN, DIPLOMARBEITEN UND STUDIENARBEITEN

Von der Gründung des Institutes an wurden bis zum Juli 1989 sechs Dissertationen bei Prof. Knappe als Erstbegutachter durchgeführt. Davon wurden fünf in enger Kooperation mit Industrie und Wirtschaft erarbeitet. Bei 12 Dissertationen wirkte Prof. Knappe als Zweitbegutachter mit.

Im o.a. Zeitraum wurden 82 Diplomarbeiten (davon 51 in enger Kooperation mit der Industrie) sowie 67 Studienarbeiten (davon 28 in enger Kooperation mit der Industrie) durchgeführt, was einen Jahresschnitt von 5 1/2 Diplomarbeiten und 4 1/2 Studienarbeiten ergibt. Die Studienarbeit ist eine selbständige Arbeit über ein Problem aus der Kunststoffverarbeitung, die im Minimum ca. 1 Monat Zeitaufwand erfordert. Die Diplomarbeit ist im 10. Studiensemester vorgesehen und soll ca. 3 bis 4 Monate Zeitaufwand nicht überschreiten. Beide Arbeiten können sowohl am Institut als auch in der Industrie durchgeführt werden, sofern dort die Voraussetzungen für diese Arbeiten hinsichtlich Aufgabenstellung, Betreuung und Ausstattung des Betriebes gegeben sind.

In der Kooperation mit Industrie und Wirtschaft hat das Institut seit seinem Bestehen mit ca. 70 verschiedenen Betrieben der österreichischen Kunststoffwirtschaft und einigen ausländischen Unternehmen in Form von Forschungs- und Entwicklungsprojekten sowie höherwertigen technischen Dienstleistungen zusammengearbeitet. Hierbei wurden ca. 120 Einzelprojekte bearbeitet. In einigen Fällen wurden die Ergebnisse gemeinsam mit dem Kooperationspartner patentiert.

## ARBEITSGEBIETE

EIGENFINANZIERTE FORSCHUNGSGEBIETE

➢ Rheologie von wandgleitenden Thermoplastschmelzen, insbesondere PVC-hart (unterstützt von der Fa. Halvic Kunststoffwerke, Hallein; laufend)

Ziel des Projektes ist die Aufklärung des Einsetzens von Wandgleiten bei PVC-hart Mischungen in Abhängigkeit von der Mischungszusammensetzung und der Massetemperatur sowie die experimentelle Bestimmung von rheologischen Stoffgesetzen für das Wandgleiten. Ein am Institut entwickeltes Spritzgießrheometer mit verstellbarer Rechteckspaltdüse ermöglicht derartige Untersuchungen. Mit den experimentell bestimmten Stoffgesetzen können für isotherme Strömungen bereits einfache Extrusionsdüsen für wandgleitende PVC-hart Mischungen berechnet werden. Bild 1 zeigt den Blick in das geöffnete Rheometerwerkzeug. Dieses ist in die Schließeinheit einer Spritzgießmaschine eingespannt. Die Plastifizierung der Formmasse erfolgt im vertikal stehenden Spritzzylinder. Die Druckmessung erfolgt durch seitlich angeordnete Druckaufnehmer. Die Spaltverstellung erfolgt durch einen rechts vom Meßspalt befindlichen Keil. Der Meßspalt ist mit violett eingefärbter Kunststoffschmelze gefüllt.

➢ Entwicklung einer Meßdatenerfassungs- und Auswertesoftware für IBM-AT kompatible Personalcomputer (laufend)

Das am Institut entwickelte Softwarepaket „DATAPROC II" dient zur Erfassung, Auswertung und Ausgabe von Meßdaten bei Meßaufgaben im Bereich der Kunststoffverarbeitung (Laborversuche, Produktionsabläufe etc.). Die Software ist vollständig menügeführt und kann anwenderspezifisch aus verschiedenen Programmmodulen zusammengesetzt werden. Derzeit können bis zu 16 Kanäle bei einer Meßfrequenz von bis zu 800 Hz erfaßt werden. Die Auswertung der Meßdaten und die graphische Ausgabe über das Programmmodul „DATAGRAF" können speziell auf die Bedürfnisse der Kunststoffverarbeitung abgestimmt werden. Als Hardware wird ein IBM-AT kompatibler PC samt Analog/Digital-Wandler und Zubehör benötigt. Das Programmpaket ist am Institut bereits zwei Jahre in den Bereichen Spritzgießen und Spritzprägen in Verwendung. Bild 2 zeigt

Bild 1: Spritzgießrheometer – geöffnetes Rheometerwerkzeug.
FOTO WILKE Leoben.

die Auswertung eines Spritzgießversuches mittels „DATAGRAF". Dargestellt sind vier Forminnendruckkurven sowie Hydraulikdruck und Schneckenweg in Abhängigkeit von der Zeit. Das Programm „DATAGRAF" ermöglicht das Zoomen beliebiger Kurvenbereiche sowie eine individuelle Beschriftung. Eine umfangreiche mathematische Bibliothek gewährleistet vielerlei Möglichkeiten der Meßdatenauswertung.

GEFÖRDERTE FORSCHUNGSPROJEKTE

Nachfolgend angeführte Projekte wurden vom Forschungsförderungsfonds für die gewerbliche Wirtschaft (FFF) bzw. vom Fonds zur Förderung der wissenschaftlichen Forschung (FWF) finanziell gefördert.

➢ Optimierung des Spritzgießprozesses mit Hilfe von Mikroprozessoren unter besonderer Berücksichtigung der Schwankungen in den Eigenschaften der zu verarbeitenden Ther-

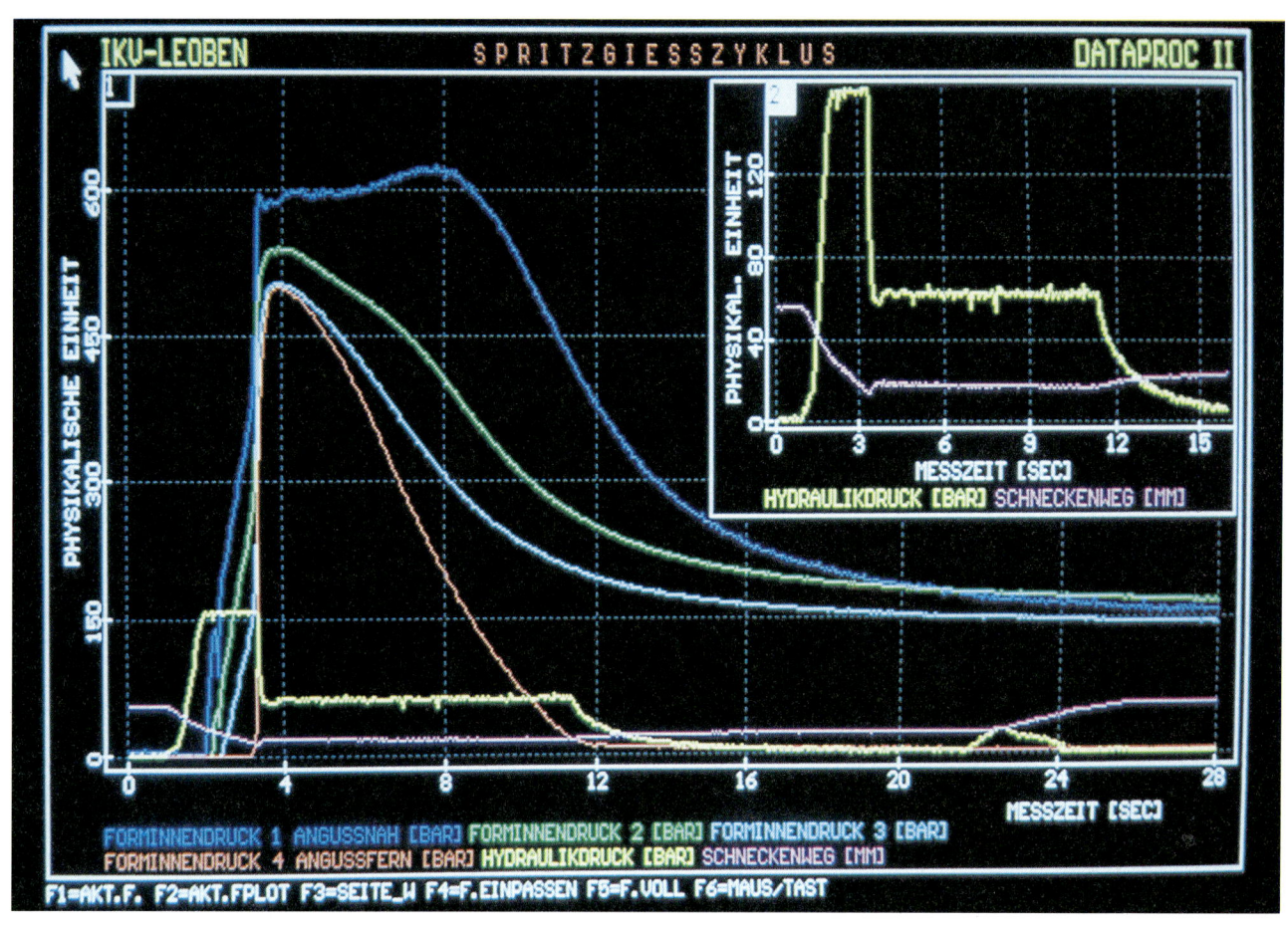

Bild 2: DATAPROC II – Spritzgießzyklus.

moplaste (gemeinsam mit der Fa. Engel Maschinenbau Ges.m.b.H., Schwertberg; gefördert vom FFF, 1980 bis 1982)

Die Einspritzarbeit wurde als signifikante viskositätsabhängige Kenngröße im Spritzgießprozeß meßtechnisch erfaßt und in weiterer Folge zur Überwachung der Spritzgießmaschine sowie zur Qualitätssicherung direkt an der Maschine herangezogen. Die erarbeiteten Ergebnisse wurden rasch in die Praxis umgesetzt und in Serienmaschinen verwendet. Die erarbeitete Methode der Maschinenüberwachung ist bereits seit mehreren Jahren Stand der Technik beim Spritzgießen.

➢ Spritzprägen von Membranen (gemeinsam mit den Firmen Battenfeld Austria, Kottingbrunn und AKG-Akustische und Kinogeräte Ges.m.b.H., Wien; gefördert vom FFF, 1983 bis 1989)

Projektziel war die Herstellung äußerst dünner thermoplastischer Membranen für akustische Wandler (Wanddicken kleiner als 0,1 mm) im Spritzprägeprozeß. Dadurch ist eine Steigerung der Wirtschaftlichkeit der Fertigung und eine größere Flexibilität in der geometrischen Gestaltung der Membrane (Wanddickenprofil, Kontur) möglich. Die Membrane wird in einem geschlossenen Hohlraum im Schmelzezustand unter hohem Druck (bis zu 2500 bar) ausgeformt und abgekühlt. Die gesamte Verfahrenstechnologie einschließlich der Modifizierung einer handelsüblichen Spritzgießmaschine für das schnelle Spritzprägen unter hohen Drücken wurde am Institut entwickelt. Diese Verfahrenstechnik zur Herstellung von akustischen Membranen ist weltweit einzigartig und wird bereits für die Nullserienfertigung erprobt. Bild 3 zeigt die hergestellte Membrane und ihren Einsatzbereich. Sie weist einen Durchmesser von 35 mm und eine Masse von ca. 0.17 g auf und wird in der dynamischen Hörkapsel eines Telephonsystems eingesetzt. Als Beispiel für einen möglichen Aufbau eines derartigen Systems ist die Explosionszeichnung der dynamischen Elektroniksprechkapsel dargestellt.

➤ Hochleistungswerkstoffe auf der Basis verstreckter Folien aus teilkristallinen Thermoplasten (gefördert vom FWF; 1984 bis 1986)

Im Preßverfahren gelang es durch geeignete Prozeßführung und Werkstoffauswahl, hochfeste Schichtenverbunde aus koextrudierten, verstreckten Polypropylenfolien herzustellen. Die beidseitig mit heißsiegelfähiger Beschichtung versehenen verstreckten Folien werden im Stapel verpreßt und ergeben Verbunde, die gegenüber dem Ausgangswerkstoff in ihren mechanischen und optischen Eigenschaften um ein Vielfaches verbessert sind. Sie ermöglichen somit eine bessere Werkstoffausnützung. Diese Entwicklung wurde mehrfach patentiert und wird derzeit in Österreich industriell umgesetzt.

➤ Optimaler Nachdruckverlauf beim Spritzgießen. Teilprojekt 03 im Forschungsschwerpunkt S 33 „Formteile aus thermoplastischen Kunststoffen" (gefördert vom FWF; 1984 bis 1989)

Im Hinblick auf die Verbesserung der Qualität von spritzgegossenen Formteilen wird der Nach-

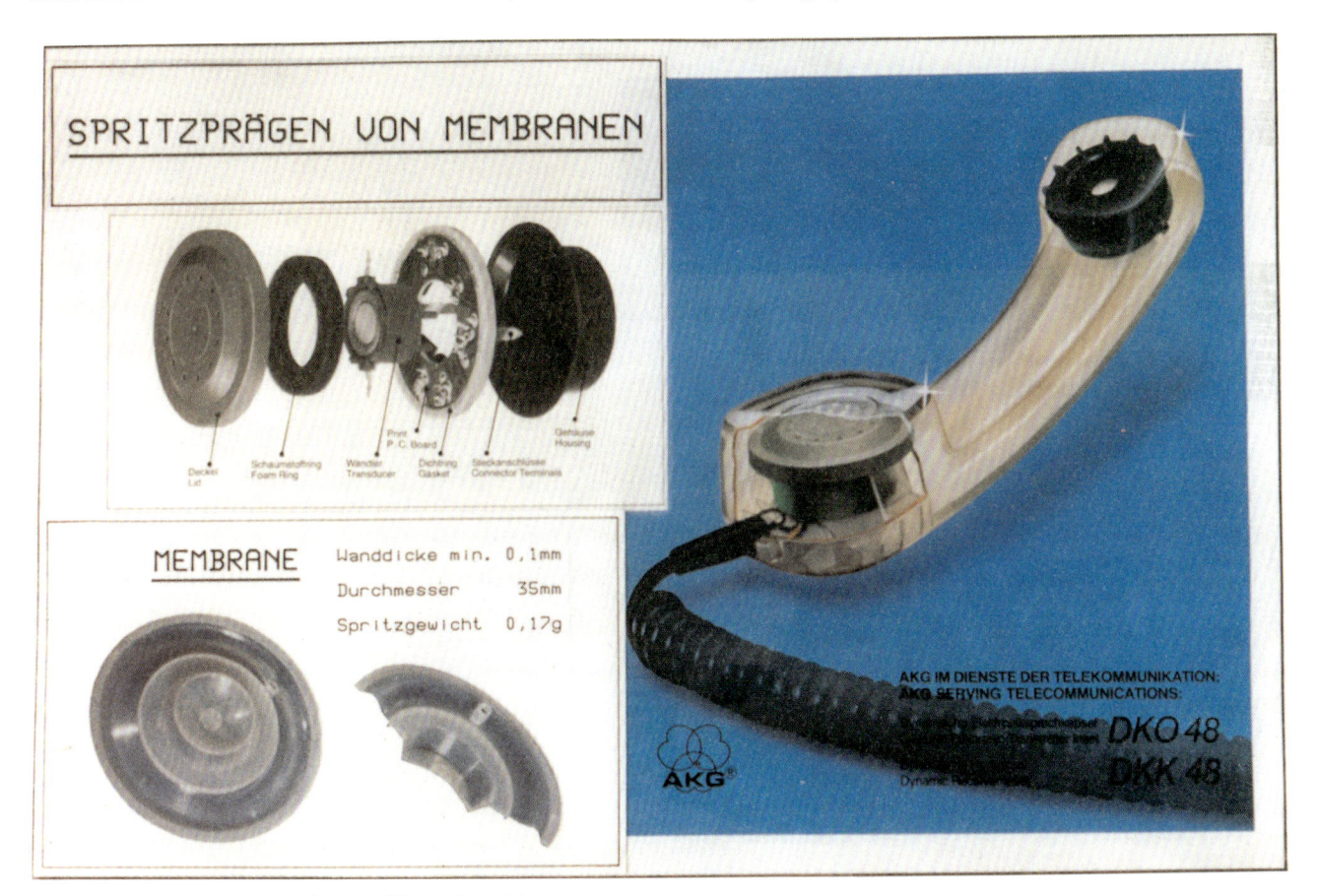

Bild 3: Spritzgeprägte Membrane – Einsatzbereich.

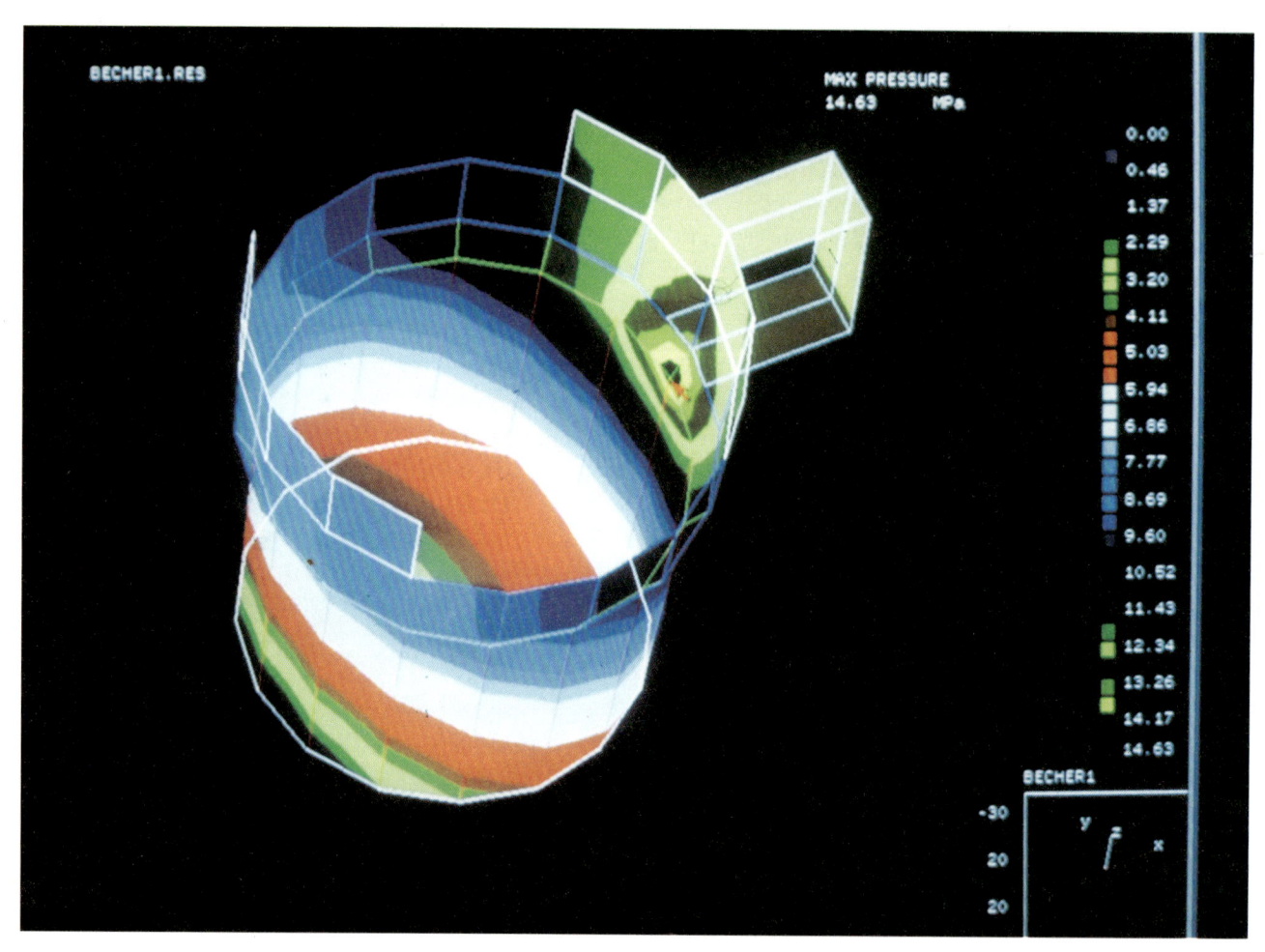

Bild 4: FEM-Moldflowberechnung-Polystyrolbecher.

druckverlauf untersucht und optimiert. Die Methode des Spritzgießens ohne bzw. mit verkürzter Nachdruckphase bei hohen Drücken im Werkzeug (teilweise höher als 1000 bar) bringt zum Teil erhebliche Verbesserungen der Formteilqualität.

Ein zweiter Schwerpunkt in der Forschungstätigkeit liegt in der Beschäftigung mit handelsüblichen Simulationsprogrammen für das Spritzgießen wie z.B. Moldflow oder Cadmould sowie in der Erstellung eigener Programme, die sowohl die im Forschungsschwerpunkt S 33 erarbeiteten Modelle für die thermische und scherinduzierte Kristallisation bei teilkristallinen Thermoplasten als auch den Einfluß von Dehnströmungen berücksichtigen. Als Beispiel für eine Strömungsberechnung mittels FEM (Finite Elemente Methode) beim Spritzgießen zeigt Bild 4 das Ergebnis einer Moldflow-Druckvorausberechnung für die Füllung eines Kunststoffbechers mit Polystyrolschmelze. Der rote Pfeil unterhalb des Griffes markiert den Anguß. Die auftretenden Fülldrücke im Formteil sind mittels Farben dargestellt und durch die Farbskala am rechten Bildrand bestimmt. Der höchste Druck beträgt 146 bar.

## ZUKÜNFTIGE FORSCHUNGSVORHABEN

Die bestehenden Forschungsgebiete Spritzgießen, Extrudieren und Rheologie werden weitergeführt, wobei deutliche Schwerpunkte entsprechend den momentanen Entwicklungsrichtungen in der

Industrie gesetzt werden. Als zusätzlicher Arbeitsbereich ist das Blasformen vorgesehen.

Hauptschwerpunkt wird beim Spritzgießen neben dem Kompaktspritzgießen das sogenannte Zweikomponentenspritzgießen sein. Neben den experimentellen Untersuchungen zur Schichtenausbildung soll mit Rechenmodellen der Formfüllvorgang simuliert werden. Beim Kompaktspritzgießen sollen Schwindung, Morphologie und mechanische Eigenschaften berechenbar werden und die bekannten Berechnungsmethoden für die Formfüll-, Nachdruck- und Abkühlphase ergänzen.

Der Fachbereich Extrusion wird sich in Zukunft mit Schneckenauslegungen (physikalische Ansätze, Modellgesetze) sowie der Werkzeugauslegung inklusive der Koextrusionswerkzeuge beschäftigen. Bei der Modellbildung sollen die nichtisotherme Strömung sowie das bei bestimmten Kunststoffschmelzen auftretende Wandgleiten Berücksichtigung finden. Simulationsrechnungen sollen auf der Basis der Finite Elemente Methode erfolgen.

Der Arbeitsbereich Rheologie soll über die bestehenden Untersuchungen zum Wandgleiten von PVC-hart hinaus durch die Bereiche Elastomerrheologie (Entwicklung eines rheologischen Meßverfahrens für Elastomere), On-Line Rheometrie und Rheometrie zur Ermittlung des elastischen Stoffverhaltens ergänzt werden.

Es sollen in einer zweiten Ausbaustufe auch Forschungsthemen zum Mischen, Kneten, Compoundieren, Vakuumformen, Wirbelsintern, Kalandrieren und zur Folienherstellung aufgenommen werden.

Die Zusammenarbeit mit Industrie und Wirtschaft in der Form von Forschungsprojekten, Entwicklungsaufträgen bzw. höherwertigen Dienstleistungen soll intensiv unter Einhaltung von Kosten, Terminen, Qualität und Wahrung der strikten Vertraulichkeit verfolgt werden.

*Verfasser: W. FRIESENBICHLER*

# Institut für Lagerstättenphysik und -technik

Die Ausschreibung des Ordinariates – lautend auf „Lagerstättenphysik und -technik" – erfolgte 1974. Das Ernennungsdekret für Zoltan E. Heinemann datiert vom 1.3.1977. Z. E. Heinemann war bis zu diesem Zeitpunkt in der ungarischen Erdölindustrie tätig. Mit seiner Berufung übernahm er die Lehrverpflichtungen des Herrn Mag. Dr.mont. Alfred Kaufmann und Univ.Doz. Dr.mont. Karl Schönberger, die bisher die Grundlagen des Fachgebiets auf einem international anerkannten Niveau vermittelt hatten. In Anerkennung der erbrachten Leistungen wurde K. Schönberger 1977 zum tit.Ao.Univ.Professor und A. Kaufmann, Leiter des Lagerstättenressorts der ÖMV AG, 1980 zum Honorarprofessor ernannt.

Das Inkrafttreten des UOG im Jahre 1975 bewirkte, daß mit neuen Lehrstühlen nicht unbedingt auch neue Institute errichtet wurden. So wurde das neue Ordinariat vorerst dem Institut für Tiefbohrtechnik und Erdölgewinnung zugeordnet. Erst im Jahre 1981 kam es zur Gründung des eigenständigen Institutes für Lagerstättenphysik und -technik.

Die materielle und personelle Ausstattung erfolgte schleppend. Im Verlauf des ersten Jahres wurden zwei Planstellen für Universitätsassistenten zugeteilt. Die Zuteilung eines Dienstpostens für das Sekretariat erfolgte gar erst Ende 1978, während die einer dritten Assistentenstelle sowie die Zuteilung eines Dienstpostens für einen Techniker noch einige Jahre auf sich warten ließen.

Am Aufbau des Institutes wirkten drei Mitarbeiter maßgeblich mit:

Dr.techn. Brigitte Weinhardt oblag von Anfang an die Betreuung des Laborbetriebes am Institut. Die veranwortliche Mitarbeit an zahlreichen Forschungsprojekten resultierte für sie in wissenschaftlichen Publikationen, die international Beachtung fanden. Ihre Habilitation für das Fach „Experimentelle Lagerstättenphysik" erfolgte im Jahre 1987.

Dr.mont. Diethard Kratzer betreute 1980 Forschungsprojekte, die am Institut im Auftrag der Industrie bzw. in Zusammenarbeit mit ihr durchgeführt wurden. Die hierbei gewonnenen wertvollen Erfahrungen brachte er in das Laboratorium für Lagerstättenphysik (Laboratory for Oil Recovery, LOR) der Forschungsgesellschaft Joanneum ein, dem er seit seiner Gründung im Jahre 1981 zugeteilt war.

Dr.mont. Paul Steiner war maßgeblich an der Installierung der vom Institut angebotenen postgraduate Weiterbildungskurse beteiligt. Nach einem zweijährigen Studium in den USA und einer dreijährigen Management-Praxis kehrte er nach Leoben zurück und gründete die Heinemann Oil Technolo-

Bild 1: Erdölförderung in Österreich. Werksfoto: ÖMV.

gy & Engineering Ges.m.b.H. (HOT). Aufgabe dieser Firmen ist es, Forschungsergebnisse des Institutes zur praktischen Anwendung zu bringen sowie wissenschaftlichen und fachlichen Kooperationen den Weg zu anderen Kontinenten zu ebnen.

Mit Hilfe der beiden Organisationen LOR und HOT war es möglich, die materielle Ausstattung und nicht zuletzt die finanzielle Absicherung der Aktivitäten auf ein international konkurrenzfähiges Niveau zu heben. Die Gemeinschaft Institut – LOR – HOT besteht aus 30 Personen. Zehn Mitglieder dieser Gemeinschaft sind Angestellte am Institut.

## FACHGEBIET

Die Bezeichnung des vom Institut vertretenen Fachgebiets ist das Produkt eines der zahlreichen mißglückten Versuche, durch das Zusammensetzen von Wörtern neue Begriffe in die deutsche Sprache einzuführen. Im gegebenen Fall ist das Resultat weder verständlich noch gibt es exakt den Sachverhalt wieder. Für Fachkundige schafft allein die englische Bezeichnung „Reservoir Engineering" Klarheit. Das Fachgebiet beschäftigt sich mit Erdöl- und Erdgaslagerstätten als Objekt und Quellen der Gewinnung dieser wichtigen Energieträger. Dabei besteht die Aufgabe nicht in der Auffindung und Erschließung der Lagerstätten oder in der Schaffung von Einrichtungen und Hilfsmitteln für die Förderung, den Transport und die Aufarbeitung des Nutzinhalts. Sie konzentriert sich gänzlich auf die Optimierung der Ausbeute aus den Lagerstätten. Das Hauptproblem des Abbaus besteht darin, daß die natürlichen Triebmechanismen in einer Lagerstätte sich sehr schnell erschöpfen und so durchschnittlich 80 % des initialen Ölinhaltes zurückbleiben. Die in diesem Fachgebiet erarbeiteten Methoden führten innerhalb von 60 Jahren zur Verdoppelung des Entölungsgrades. Der noch immer hohe 60%ige Verlust ist eine ständige wissenschaftliche Herausforderung.

Die wichtigsten Teilgebiete des Faches sind Reservoircharakterisierung, Stoffströme in porösen Medien, Thermodynamik von Kohlenwasserstoffsystemen, Petrophysik, Hydrodynamische Sondentests, Lagerstättensimulation, Chemische und Thermische Entölungsverfahren und die Unterirdische Gasspeicherung.

## INSTITUTSPERSONAL

O.Univ.Prof. Dipl.Ing. Dr.-Ing.
Zoltan HEINEMANN, Institutsvorstand
Univ.Doz. Dipl.Ing. Dr.techn.
Brigitte WEINHARDT, Assistenzprofessor
Dipl.Ing. Ludwig EMS, Universitätsassistent
Dipl.Ing. Gerald FINK, Universitätsassistent
Mag. et Dr. rer.nat. Clemens BRAND, Vetragsassistent
Dipl.Ing. Leopold LIPPERT, Vertragsassistent
Rosa AXNIX, Oberkontrollor
Horst RESCH, Vertragsbediensteter
Birgit SCHAFFER, Jugendliche
Gerald GRABENBAUER, Lehrling

## LEHRE

Das Institut hält Lehrveranstaltungen ausschließlich für die Studienrichtung Erdölwesen. 13 Vorlesungs- und 5 Übungsstunden sind Pflichtgegenstände der Zweiten Diplomprüfung und decken das ganze Fachgebiet ab. Außerdem werden Wahl- und Freifächer in 12 Wochenstunden angeboten.

Insgesamt sechs Semester lang trugen drei Gastprofessoren bisher die Lehre am Institut mit: Fred Poettmann (Colorado School of Mines), Khalid Aziz (Stanford University) und Istvan Berczi (Ungarisches Erdölforschungsinstitut).

Seit Gründung des Institutes wurden zehn Dissertationen approbiert. Davon wurden acht im vollen Umfang am Institut und zwei von Externen verfertigt.

In den vergangenen 13 Jahren wurden 56 Diplomarbeiten am Institut ausgearbeitet und approbiert.

Beginnend mit 1979 führt das Institut jährlich post-graduate Kurse im Ausmaß von ein bis vier Wochen durch. In diesen sind bisher über 80 Inge-

# FIRST INTERNATIONAL FORUM ON RESERVOIR SIMULATION

**Alpbach, Austria**     **September 12-16, 1988**

Latest state of the art technology in reservoir simulation will be presented by internationally renowned experts. Each day is dedicated to a special topic. The morning is reserved for lectures. In the afternoon, case studies and practical problems of the participants will be discussed in workshops. Famous and picturesque Alpbach located in the beautiful Austrian Alps will be a pleasant surrounding.

**Lecturers and Topics:**
- K. Aziz: Multipurpose Models
- K.H. Coats: Fractured Reservoirs
- S.M. Farouq Ali: Thermal Models
- Z. Heinemann: Grid Techniques
- L.X. Nghiem: Phase Behaviour
- A. Odeh: Practical Aspects of Simulation
- D.W. Peaceman: Wells in Blocks

**Workshops:**
Participants will present their own practical cases to be discussed and studied in smaller groups under the guidance of the lecturers.

**Panel Discussion:**
The lecturers will discuss "The Validation of Simulators".

**Sponsors:** Department of Petroleum Engineering, Stanford University, California, USA

Department of Reservoir Engineering, Montanuniversität Leoben, Austria

**Participants:** Max. 50 persons

**Material:** Scripts of lectures, case studies

**Fee:** US $ 1500 + VAT. Material and coffee breaks included.

**Further information and application to:**
Dr. Paul Steiner
Roseggerstrasse 15
A-8700 Leoben, AUSTRIA
Tel.: +43-3842-43053-60
Telex: 33475

Bild 2: Internationale Kooperationen garantieren die Qualität der Ausbildung und Forschung.

nieure der österreichischen und deutschen Erdölindustrie aus- und weitergebildet worden. Folgende Projekte sollten in diesem Zusammenhang besonders herausgehoben werden:

- ➢ Erstes und Zweites Internationales Forum für Lagerstättensimulation, Alpbach, 1988 und 1989. Diese einwöchige Veranstaltung ist eine Kooperation zwischen dem Petroleum Department der Stanford University, CA, und dem Institut.
- ➢ Eine viersemestrige Ausbildung (1987/1989) in Reservoir Engineering mit acht Teilnehmern aus Libyen. Diese wurde teils in Leoben durchgeführt.

Bereits 1978 wurden die ersten Skripten in deutscher Fassung herausgegeben. Diese wurden in den folgenden Jahren laufend revidiert. Mit der Umstellung der Arbeitssprache am Institut auf Englisch werden nunmehr die Lehrveranstaltungen in Englisch bzw. zweisprachig abgehalten. Entsprechend wurden neue Skripten in Englisch herausgegeben. Praktische Arbeiten wie Übungen, Diplomarbeiten und Projektstudien werden EDV-unterstützt durchgeführt. Bei den hierzu verwendeten Programmen handelt es sich großteils um institutsinterne Entwicklungen.

## ARBEITSBEREICHE

Aufgrund des – verglichen mit traditonellen Gebieten der montanistischen Wissenschaften – relativ geringen Alters des Institutes ist es unangebracht, getrennt über Vergangenheit, Gegenwart und Zukunft zu sprechen. Das Institutskonzept, das im Jahre 1978 ausgearbeitet wurde, besitzt noch heute volle Gültigkeit und dient als Grundlage für die erfaßbare Zukunft. Die wichtigste Arbeit ist darin zu sehen, für das Fach Reservoir Engineering in Leoben eine international bedeutende und anerkannte Tätigkeit in Lehre und Forschung zu etablieren.

In der Forschung werden drei Schwerpunkte gesetzt:
- ➢ Numerische Lagerstättensimulation (Reservoir-Simulation)
- ➢ Verbesserte Entölungsverfahren (EOR)
- ➢ Mehrphasige, multikomponente Strömung in porösen Medien.

Der Erfolg kann in wissenschaftlicher und praktischer Hinsicht beurteilt werden. Im Bereich der Erdölgewinnung gibt es nur ein nennenswertes wissenschaftliches Forum, die Society of Petroleum Engineers (SPE). Nur was in ihren Tagungen vorgestellt und von ihr gedruckt wird, wird von der Fachwelt zur Kenntnis genommen. Andere Publikationen haben nur lokale Bedeutung. Bisher erreichten nur insgesamt fünf erdölwissenschaftliche Arbeiten der Montanuniversität Leoben diesen Rang, die erste davon im Jahre 1983. Alle Arbeiten sind Berichte über die genannten Schwerpunkte. Diese Arbeiten bilden die Basis zur Kooperation mit der Stanford University und dem schon erwähnten Simulations-Forum. Zielsetzung ist durchschnittlich eine SPE-Publikation pro Jahr.

Kein Forschungsvorhaben wird in Angriff genommen, um nur publizieren zu können. Entscheidend ist die praktische Anwendbarkeit, die konsequent angestrebt wird. Die vom Institut entwickelte Simulations-Software wird im In- und Ausland verwendet. Ein Verfahren zur Ausbeutung von Schweröllagerstätten, unter der Bezeichnung „Mobility Controlled Steam Drive" (MCSD), wurde gemeinsam mit der Chemie Linz AG entwickelt und in über 15 Ländern patentiert.

Das aus der experimentellen Forschung gewonnene Know-How wird umgesetzt in der post-graduate Ausbildung sowie in der Konsulententätigkeit im In- und Ausland.

Rund 20 Personen waren 1989 mit der Weiterentwicklung und Verwertung der Forschungsergebnisse beschäftigt. Die Symbiose Lehre-Forschung-Produktentwicklung-Vermarktung bietet eine optimale Basis für die Zukunft. Folgende Ziele sollten bis 1995 erreicht werden:
- ➢ Internationalisierung der Ausbildung. Einführung eines 2-jährigen Internationalen Studienprogrammes in englischer Sprache in Kooperation mit einer ausländischen Universität,
- ➢ Verdoppelung des Forschungs- und Entwicklungsvolumens,
- ➢ Intensivierung der Zusammenarbeit mit der Industrie. Auf diesem Weg werden nicht nur die Finanzierung von Lehre und Forschung, sondern auch die Sicherung von Arbeitsplätzen zukünftiger Absolventen erwartet.

Alle Mitglieder des Institutes glauben an die Sinnhaftigkeit des technischen Fortschritts im allgemeinen und in der Zukunft, insbesonders aber an die von Lehre und Forschung im Bereich der Erdölwissenschaften an der Montanuniversität Leoben. Diese Überzeugung läßt uns den geehrten Leser schon jetzt zu den Feierlichkeiten anläßlich des 50-jährigen Bestehens des Institutes am 15. März 2027 herzlichst einladen.

# Institut für Markscheide- und Bergschadenkunde

Ab der Errichtung der steiermärkisch-ständischen Montanlehranstalt 1840 in Vordernberg lag die Ausbildung in der Markscheidekunde und der „praktischen Geometrie" (Geodäsie) in den Händen von Peter Ritter von Tunner. Übungsergebnisse am Institut, die den Prüfvermerk „coram me, P. Tunner" tragen, geben Zeugnis vom hohen Stand der Ausbildung auch in der bergmännischen Kartographie (Bild 1). Tunners Nachfolger als Professor für das Bergwesen war Albert Miller Ritter von Hauenfels. Er war vorher supplierender Professor in Schemnitz, schließlich Professor in Vordernberg und dann in Leoben. Ihm oblag die Ausbildung in der Markscheidekunde von 1865–1872. Noch vor diese Zeit fällt die Erfindung des Miller-Starkeschen Polarplanimeters, Patentschrift 1855, Bild 2, das in der mechanischen

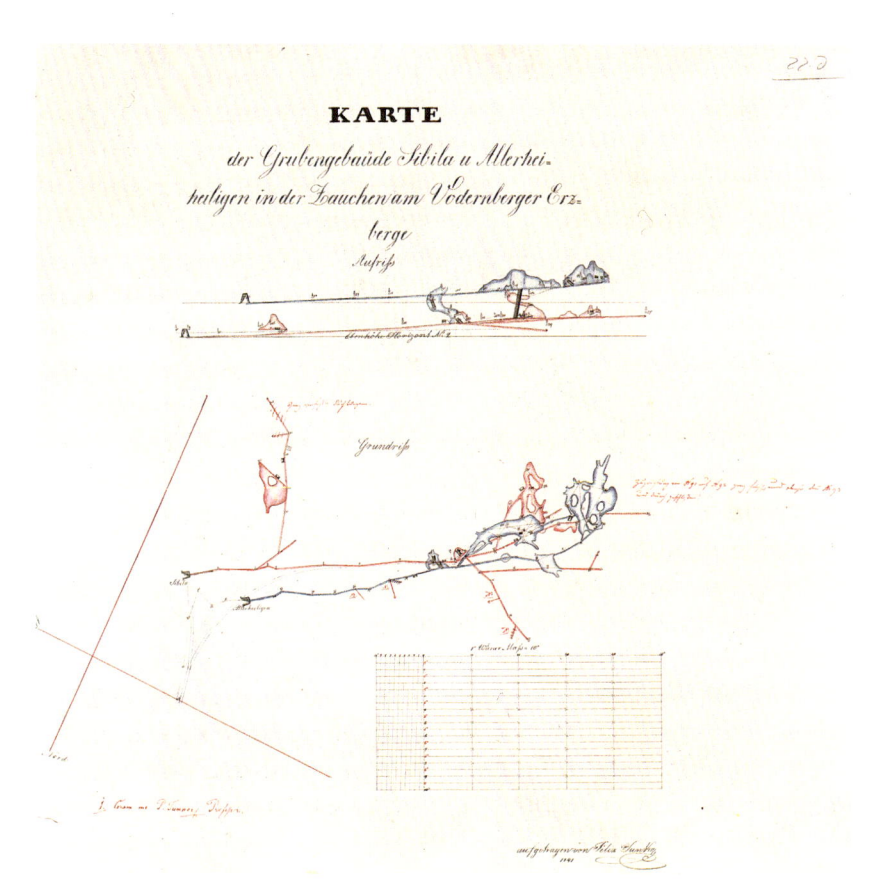

Bild 1: Markscheiderisches Hauptübungsergebnis 1841 von Peter Tunner eigenhändig korrigiert. Vermerk links unten: „Coram me P. Tunner, Professor".

Bild 2: Polarplanimeter MILLER-STARKE, k.k. polytechnisches Institut in Wien
Chr. Starke, Patent G. Starke No. 39.  FOTO WILKE Leoben.

Werkstätte des k.k. polytechnischen Institutes in Wien angefertigt wurde. Im Jahr 1868 erschien sein Buch „Die höhere Markscheidekunst", das sich intensiv mit Ausgleichsproblemen befaßt.

War die Ausbildung in der Markscheidekunde und in der Praktischen Geometrie als Vermessungswesen unter und über Tage bei Peter Tunner in einer Hand vereint, so wurde sie schon in der Interimszeit nach Peter Tunner und Albert Miller auf zwei Supplenten übertragen, was erst 1904 mit der Errichtung der Lehrkanzel für Geodäsie und Markscheidekunde wieder rückgängig gemacht wurde.

So oblag Prof. F. Lorber als Ordinarius (1873) für Darstellende und Praktische Geometrie ab 1870 die Ausbildung in der Geodäsie, ihm folgte Prof. A. Klingatsch, auf den schließlich Prof. Dr. E. Dolezal folgte, der von 1899 bis 1904 nur dieses Fach vertrat, ab dann war ihm auch die Markscheidekunde übertragen.

Um 1875 umfaßte die Ausbildung in der PRAKTISCHEN GEOMETRIE (Geodäsie):

- Grundmethoden der Vermessungkunde mit praktischen Meßübungen
- Elemente der höheren Geodäsie und sphärischen Astronomie
- Elemente der Methode der kleinsten Quadrate (Ausgleichsrechnung) mit praktischen Übungen
- Situationszeichnen

Die Ausbildung in der MARKSCHEIDEKUNDE erfolgte in der Zeit, als Lorber und Klingatsch die Praktische Geodäsie lehrten, bis 1899 durch F. Rochelt als „O. Professor für Bergbaukunde, Markscheidekunde und Aufbereitunglehre", von da an bis 1904 durch V. Waltl in derselben Funktion.

Der Lehrbereich der Markscheidekunde umfaßte 1875:

- die „Beschreibung, Prüfung und Rectifikation der markscheiderischen Instrumente und die Lösung markscheiderischer Aufgaben" mit praktischen Übungen und

Bild 3: Fototachymeter von DOLEZAL - ROST.

- die „Ausführung von Grubenplänen" (der heutigen Bergbaukartenkunde).

Aufgrund des „Statutes der k.k. montanistischen Hochschulen in Leoben und Pribram (genehmigt mit Allerhöchster Entschließung vom 31. Juli 1904)" wurde 1904 neben anderen Lehrkanzeln die „Lehrkanzel für Geodäsie und Markscheidekunde" geschaffen, E. Dolezal stand ihr als Professor vor, so daß erstmals nach Peter Tunner die Fächer Geodäsie und Markscheidekunde wieder in einer Hand vereinigt waren. Dies sollte sich in Zukunft sehr gut bewähren.

Als E. Dolezal 1905 einen Ruf als Professor an die Technische Hochschule Wien annahm, folgte ihm F. Lederer zunächst als Supplent und dann ab 1907 als Ordinarius für Geodäsie und Markscheidekunde bis zu seinem Tod im Jahr 1910.

Die Verdienste von Prof. Eduard Dolezal um das Markscheidewesen sind bedeutend, auch wenn er schon 1905 zur TH Wien wechselte, wo er bis 1937 wirkte. Seine Zuneigung zum Markscheidewesen behielt er aber weiter. Davon zeugt auch sein Wirken in der „Reform des Unterrichts und der Praktischen Übungen", worüber er in einem Manuskript im Jahr 1950 anläßlich der 100 Jahrfeier der Montanistischen Hochschule Leoben 1949 berichtete. An dieser Stelle berichtete er über den Neubau der Montanistischen Hochschule im Rahmen der „Reform der Bergakademie": In den Rektorjahren des Prof. Dr. Bauer, 1903/1904 und 1904/1905, wurde unter dem Referenten des Ministeriums, MR Graf Saint Julien, die Auswahl des Bauplatzes (Bauer und Dolezal) getroffen, die „Lieferung der Bauskizzen" fiel Dolezal zu. Im Zuge dieser Reform wurde von Dolezal auch die Schaffung der Lehrkanzel für Geodäsie und Markscheidekunde beantragt.

Neben der Weiterentwicklung von markscheiderischen Instrumenten bei R. & A. Rost in Wien, darunter das Fototachymeter „Dolezal-Rost" (Bild 3), eine richtungsweisende Konstruktion auf dem Gebiet der terrestrischen Fotogrammetrie, veröffentlichte er in den Jahren 1908 bis 1910 seine Markscheiderischen Studien, wo er z.B. die Ausgleichung im Raumpolygon behandelte. Mit seiner Unterstützung wurde unter Prof. F. Aubell mit dem Studienjahr 1919/20 die Fachabteilung (Studienrichtung) für Markscheidewesen errichtet, womit wesentlich zur Entwicklung des Markscheidewesens beigetragen wurde. Erst durch ihre Schaffung, so stellte Prof.Dr. Aubell vor 50 Jahren fest, *„konnte die Montanistische Hochschule den Bergakademien Deutschlands gleichgestellt erscheinen, die schon lange diese Fachabteilung besaßen"*.

Bedeutend ist Dolezals Beitrag betreffend die Entwicklung des Berufsstandes, er berichtet hierzu in der Zeitschrift „Mitteilungen aus dem Markscheidewesen" 1920 unter dem Titel „Markscheider und ihre Ausbildung in Österreich".

Von 1910 bis 1911 wurde die Lehrkanzel durch Doz. Dr. V. Theimer, der sich vorwiegend mit geodätischen Problemen befaßte (Buch: „Praktische Astronomie", Berlin 1921), suppliert, bis 1911 Dr. Franz Aubell seinen Dienst als Ordinarius der Lehrkanzel für Geodäsie und Markscheidekunde antrat, die er 41

Bild 4: Einladung zum 3. Österr. Markscheidertag, Leoben 1928.

Jahre, bis 1952, leitete. Unter seiner Amtszeit wurde 1919 die Studienrichtung Markscheidewesen ins Leben gerufen. Um die Zusammenarbeit von Universität und Industrie auf dem Bereich des Markscheidewesens zu fördern, gründete Prof. F. Aubell den Österreichischen Markscheiderverein, der 1938 als Gruppe VIII im Deutschen Markscheiderverein aufging und erst von Prof. Dr. H. Spickernagel 1964 als Fachausschuß für Markscheidewesen und Bergschäden des Bergmännischen Verbandes Österreichs wieder in ein selbständiges Leben gerufen wurde. Zur weiteren Anregung des fachlichen Niveaus und Anregung der Forschertätigkeit veranstaltete F. Aubell vier Markscheidertagungen in Leoben, an denen führende Markscheider des In- und Auslands bemerkenswerte Vorträge hielten, während des 3. Markscheidertages 1928 (Bild 4) fanden die Ehrenpromotionen der Professoren Hofrat Dr. Dolezal (Wien) und Geheimrat Dr. Haußmann (Berlin) statt , der 4. Markscheidertag fand im Rahmen des Leobener Bergmannstages 1937 statt.

Die starke Inanspruchnahme durch die Lehrtätigkeit und als Rektor hinderte Aubell nicht, sich als Wissenschafter und erfinderischer Konstrukteur hervorzutun. Zu seinen wissenschaftlichen Veröffentlichungen zählen solche betreffend die Lösung von Markscheideraufgaben, die fehlertheoretischen Untersuchungen des Anschlußdreiecks bei der exzentrischen Schachtdoppellotung sowie Tabellen

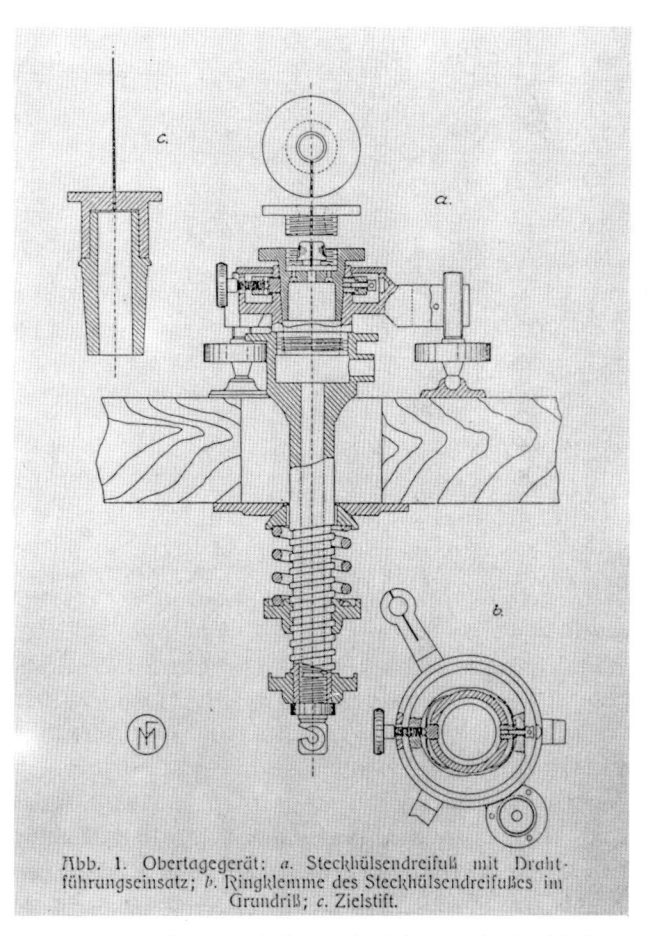

Abb. 1. Obertagegerät: *a.* Steckhülsendreifuß mit Drahtführungseinsatz; *b.* Ringklemme des Steckhülsendreifußes im Grundriß; *c.* Zielstift.

Bild 5: Das Leobener einlotbare Schachtlotgerät für Steckhülsentheodolite von F. Aubell. Ausschnitt aus einer Konstruktionszeichnung.

über die Ausrichtung tektonischer Störungen. Von den markscheiderischen Instrumentenentwicklungen sollen die von ihm zur Schachtlotung bzw. Steilschachtmessung entwickelten Ausrüstungen „Leoben I bis Leoben IV" genannt werden, die nach seinen Plänen durch die Firmen Rost, Fromme, Hildebrand und Breithaupt gebaut wurden, so u.a. „Das Leobener Steilschachtgerät für Freiberger Aufstellung" (1922) und „Das Leobener Schachtlotgerät für Steckhülsentheodolite" (1923), Bild 5.

Im Jahre 1952 wurde Dr. F. Perz zum Nachfolger von Prof. Aubell ernannt. Trotz seines frühen Todes im Jahr 1962 hat auch er wesentliche Marksteine für die Lehrkanzel und die Montanistische Hochschule gesetzt. Perz hatte bereits seit dem Jahr 1942/43 die Bergschadenkunde vorgetragen und als Forscher mit den Beiträgen „Der Einfluß der Zeit auf die Bodenbewegungen über Abbauen" (1948 veröffentlichte Habilitationsschrift von 1944) und den Gedanken über die „Differentielle Translation" beim Bewegungsvorgang über Abbauen (vorgestellt 1957 beim „Congress on Ground Movements" in Leeds) wesentlich zum Verständnis der Bewegungvorgänge über Abbauen beigetragen. In seiner Hand war erstmals die Geodäsie, die Markscheidekunde, die Bergbaukartenkunde und auch die Bergschadenkunde vereinigt, obwohl das Aufgabengebiet der Bergschadenkunde damals noch zum Gebiet der Lehrkanzel für Bergbaukunde gehörte.

Nach dem Tod von F. Perz wurde die Lehrkanzel von 1962–1964 durch Dipl.Ing. Franz Anegg suppliert. Mit dem Amtsantritt von O.Univ.Prof. Dr.-Ing. H. Spickernagel 1964 wurde der Lehrkanzel und dem Institut auch das Aufgabengebiet der Bergschadenkunde übertragen, das Institut trägt seither den Namen „Institut für Markscheide- und Bergschadenkunde". Auch hier konnte eine Entwicklung nachvollzogen werden, die an den anderen deutschsprachigen Fachinstituten schon lange vollzogen war. Die Zeit von Prof. Dr. Spickernagel war unter anderem durch die Studienreform gekennzeichnet, entsprechend den neuen Studiengesetzen wurden die Studienordnung und der Studienplan für die Studienrichtung Markscheidewesen unter seiner Leitung durch die Studienkommission Markscheidewesen erarbeitet, zuletzt wurde der Studienplan bereits Anfang 1976 rechtskräftig. Ein Schwerpunkt der Tätigkeit von H. Spickernagel war die Entwicklung und Weiterentwicklung von insbesondere das Markscheidewesen betreffenden Gesetzen und Berufsvorschriften. Vieles davon wurde unter seiner Leitung durch den Ausschuß für Markscheidewesen und Bergschäden des Bergmännischen Verbandes Österreichs erarbeitet. So gelang es ihm, im Berggesetz 1975 den „verantwortlichen Markscheider" (§ 160 ff) zu verankern, den Prof. Dolezal 1920 (Mitteilungen aus dem Markscheidewesen, S. 43 ff) so dringend gefordert hatte. Die Tätigkeit von H. Spickernagel galt nicht nur dem Markscheidewesen in Österreich, so war er an der Gründung der Internationalen Gesellschaft für Markscheidewesen (ISM) maßgeblich beteiligt. Anläßlich des III. Internationalen von rund 500 Teilnehmern besuchten Symposiums für Markscheidewesen, das 1976 in Leoben stattfand, wurde die ISM gegründet, H. Spickernagel wurde ihr Gründungspräsident. Unter H. Spickernagel wurden auch bedeutende markscheiderisch-geodätische Instrumentenausrüstungen durch das Institut erworben, so drei elektrooptische Entfernungsmeßausrüstungen und zwei Kreiselmeßausrüstungen, darunter der Kreiseltheodoloit MOM GiB 1, mit dem 1970 unter seiner Leitung die erste Meridianweisermessung im Österreichischen Bergbau durchgeführt wurde. Seither gehören Kreiselmessungen zum technisch-wissenschaftlichen Handwerk am Institut bei regelmäßigen Testmessungen auf dem zum Institut gehörenden Observatorium. Die sehr intensiven Forschungsarbeiten auf dem Gebiet der Bergschadenkunde (eine Großzahl der 60 Veröffentlichungen von H. Spickernagel ist diesem Fach gewidmet) führte 1965 zur ersten Leobener Expedition zur Erforschung rezenter Erdkrustenbewegungen nach Island unter seiner Leitung und zu weiteren Einsätzen 1967, 1971 und 1977. Nach der Emeritierung von Prof. Dr. H. Spickernagel im Jahr 1982 wurden die Forschungsarbeiten in Island 1986 durch Prof. Dr. E. Czubik als seinem Nachfolger fortgesetzt, die Fortführung der Arbeiten in einem Zeitabstand von jeweils 5 bis 10 Jahren ist geplant.

Nach dem Amtsantritt von Prof. Dr. Eduard Czubik im Jahr 1983 als Institutsvorstand wurde das Instrumentarium am Institut durch Anschaffung einer elektronischen Totalstation und eines astronomischen Präzisionstheodoliten, für den im Rahmen einer Dissertation am Institut in Zusammenarbeit mit dem Elektroniklabor der Montanuniversität ein elektronischer Zeitcomputer (Genauigkeit 0,01 s +- 0,003 s absolut) entwickelt wurde, nachgerüstet. Trotzdem besteht ein dringender weiterer Nachholbedarf, bedingt durch die rasante Entwicklung der Elektronik, an elektronischen Theodoliten und Distanzmessern für die Ausbildung der Studierenden. Die Räumlichkeiten des Institutes sind im Großen und Ganzen unverändert, seitdem das jetzige Hauptgebäude 1910 benützt wird. So stehen der 300 m² große Meß- und Zeichensaal, der Meßstollen im Kellergeschoß, die beiden Nebenstiegenhäuser als Versuchs- und Übungsschächte, das Observatorium und die anderen Institutsräumlichkeiten, adaptiert und renoviert der Lehre und Forschung unverändert zu Verfügung.

## INSTITUTSPERSONAL

O.Univ.Prof. DDipl.Ing. Dr.mont. Eduard CZUBIK, Institutsvorstand
Dipl.Ing. Dr.mont. Bahman RANDJBAR, Universitätsassistent
Dipl.Ing. Dr.mont. Erwin STROMBERGER, Universitätsassistent
Dipl.Ing. Reinfried PILGRAM, Universitätsassistent
Dipl.Ing. Gerhard MAYER, Universitätsassistent
Josef PFISTERER, Studienassistent
Brigitte TOMSCHI, Kontrollor
Johann GASSER, Kontrollor
Klaus LACKNER, Kontrollor

## LEHRE

Die Lehraufgaben erstrecken sich vor allem auf die Ausbildung der Studierenden des Markscheidewesens und im geringeren Umfang auf jene des Bergwesens. Über Einführungsvorlesungen werden die Studierenden der Montangeologie, des Studiums irregulare Angewandte Geowissenschaften und die Wahlfachgruppe Pipelinebau und -betrieb mit dem „Nötigsten" versorgt. Die Hauptfächer, gegliedert in viele Einzelfächer, sind die Markscheidekunde sowie höhere Markscheidekunde (einschließlich Instumentenkunde, Landesvermessung, geographische Ortsbestimmung und eine Einführung in die Satellitengeodäsie), die Bergbaukartenkunde sowie die Bergschadenkunde. Spezialgebiete wie Bergbaugebiete und Bebauung sowie Raumordnung, Lagerstättengeometrie und Tektonik runden das Lehrangebot des Instituts ab. Seit WS 1988/89 bietet das Institut auch eine Ausbildung in der Deponietechnik im Rahmen einer Wahlfachgruppe an. Nicht vergessen werden darf die Ausbildung in der Bergrechtsanwendung für Markscheider, die durch das Institut abgedeckt wird.

## ARBEITSGEBIETE

Die Arbeitsgebiete des Institutes sind durch seine Lehraufgaben vorgegeben. Im Bereich der Markscheidekunde wird die Entwicklung zeitgemäßer Techniken der ober- und untertägigen Montangeodäsie mit dem Ziel der automatischen Herstellung des Bergbaukartenwerkes (analog/digitales Bergbaukartenwerk) bei automatisiertem und urkundssicherem Datenfluß von der Aufnahme in der Natur bis zum Plotterblatt, Weiterentwicklung der Kreiselmeßtechnik, Prüfung von markscheiderischen Vermessungsausrüstungen angeboten.

Die Entwicklung von zeitgemäßen Rechts- und Berufsvorschriften in Zusammenarbeit mit der Bergbehörde, dem Bundesamt für Eich- und Vermessungswesen und den verantwortlichen Markscheidern der Industrie im Ausschuß für Marscheidewesen (einschließlich Bergschäden) ist ein weiterer Schwerpunkt der Arbeit.

Fortführung der bergschadenkundlichen Forschung
- zum Schutz der Oberfläche während des Abbaus

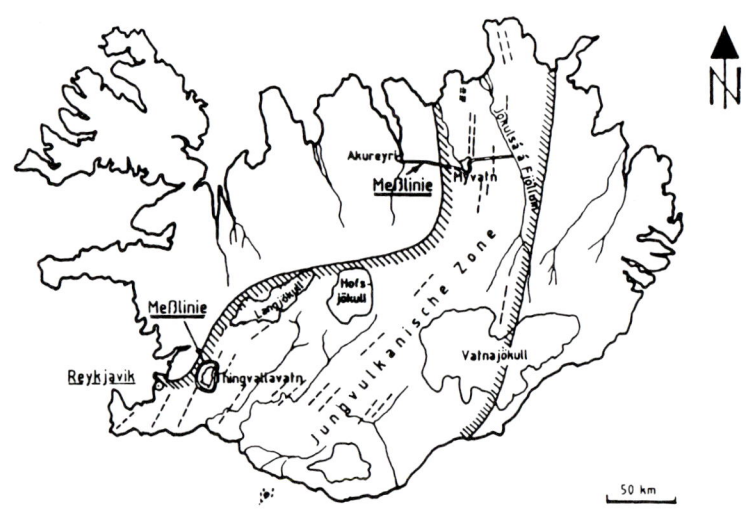

Bild 6: Islandforschungsarbeiten.
oben: Nivellement durch die Almannagjá zum Thingvallavatn (1986).
unten: Die Bruchlinien Islands mit Lage der Meßlinien.

- zur Wiedernutzung der durch den Bergbau beeinträchtigten ehemaligen Bergbaugebiete

und der Erforschung rezenter natürlicher Erdkrustenbewegungen insbesondere auf Island.

Ergebnisse der letzten Forschungsarbeiten waren, daß die Forschungs- und Entwicklungsarbeiten auch bei den Markscheidereien der Betriebe durchgeführt wurden und die stimulative Wirkung des Instituts zu beachtlichen Leistungen als Spitzenreiter des internationalen Standards geführt hat (Digitales Kartenwerk in Verbindung mit der Anwendung von Informationssystemen bei den Markscheidereien der BBU-Rohstoffgewinnungs-Ges.m.b.H., Bad Bleiberg, der VOEST-Alpine Erzberg Ges.m.b.H. und der Naintsch Mineralwerke Ges.m.b.H.).

Die Weiterentwicklung der bergschadenkundlichen Technik führte zu einer zunehmenden sicheren

Nutzung alter Bergbaugebiete trotz der noch gegebenen bergschadenkundlichen Probleme.

H. Spickernagels Initiative, die 1938 durch den Markscheider Professor Dr. Niemczyk aus Berlin in Island begonnenen Arbeiten zur Erforschung rezenter Erdkrustenbewegungen 1965 in Zusammenarbeit mit den TU's Braunschweig und Hannover fortzusetzen, trug 1977 und 1986 reiche Früchte: Die Leobener Präzisionshöhenmessungen ergaben im Zentrum der jungvulkanischen Zone Nordislands zwischen 1965 (letzte Beobachtung vor 1977) und 1977 rund 500 mm Vertikalbewegungen über einer Strecke von etwa 20 km, nördlich davon, im Spaltengebiet Gjastykki, zwischen 1971 und 1977 eine Höhenveränderung von rund 1500 mm über einer Strecke von 2,5 km und im Süden an der Meßlinie um den bekannten See Thingvallavatn zwischen 1971 und 1986 von je 50 mm Hebungen und Senkungen über die halbe Schleiflänge von 30 km (Bild 6). Die nächste Meßcampagne ist für das Jahr 1992 vorgesehen.

Die Arbeitsbereiche des Instituts wurden in der letzten Zeit um die Einbeziehung der Deponietechnik in die markscheiderische Projektierung und Ausbildung erweitert, bringt doch der Absolvent des Markscheidewesens ideale Grundvoraussetzungen mit, diese Problematik für den Bergbau zu bearbeiten.

Die Bedeutung der Arbeitsbereiche des Instituts für den Bergbau und die Wissenschaft nimmt trotz des zur Zeit eher stagnierenden Bergbaus zu, bringen doch die Aufgabengebiete große Rationalisierungsmöglichkeiten und -effekte mit sich, die der Planung, Führung und Kontrolle der bergbaulichen Aktivitäten dienen.

Für die Zukunft des Instituts scheint der in den letzten Jahren eingeschlagene Weg weiterhin zielführend und erfolgversprechend zu sein:

- Forsetzung der Weiterenwicklung der Technik des automatisierten Verbundes: Vermessung – Datenverarbeitung – Datenbank mit CAD-Nutzung – automatische Bergbaukartenherstellung;
- Forsetzung der technisch-legistischen Arbeit zur Erstellung sachgerechter und bürgernaher markscheiderischer Vorschriften und Gesetzesbestimmungen für den Bergbau;
- Weiterführung der bergschadenkundlichen Arbeiten betreffend die Wiedernutzung der bergbaulichen Folgelandschaft sowie Beherrschung und Herabsetzung der durch den laufenden Bergbau verursachten Bergschäden;
- Weiterführung der Erforschung rezenter Erdkrustenbewegungen in Island, Ausdehnung der Arbeiten auf Österreich (Alpin-Dinarische Narbe) und andere Gebiete der Welt. Nutzung der Ergebnisse für die Bergschadenkunde;
- Weiterentwicklung der Ausbildung in den Fächern des Instituts, bei Neuentwicklung erfolgsträchtiger Bereiche, wie der Deponietechnik im Bergbau;
- Erschließung von bergbaufremden „Abnehmern" von Absolventen des Markscheidewesens in Schulen und Kommunalverwaltung zur Erhaltung der Zahl der Studierenden, um Bergbau und Wissenschaft stets höchstqualifizierte Diplomingenieure des Markscheidewesens zur Verfügung stellen zu können.

*Verfasser: E. CZUBIK*

# Institut für Mathematik und Angewandte Geometrie –
# Angewandte Geometrie

Der traditionsreiche Lehrstuhl wurde vom 15.10.1963 bis 30.9.1978 von O.Univ.Prof. Dr.Ing. H. Horninger geleitet und nach einem kurzen Gastspiel von O.Univ.Prof. Dr. H. Stachel (tätig von 1.1.1979 bis 30.9.1980) von O.Univ.Prof. Dr. H. Sachs übernommen, der seit 1.5.1982 in Leoben tätig ist. Im Zuge der Institutszusammenlegung gemäß UOG wurde der frühere Lehrstuhl für Angewandte Geometrie seit 1977 zu einer Abteilung des Instituts für Mathematik und Angewandte Geometrie.

## PERSONAL

O.Univ.Prof. Dr.phil. Hans SACHS
Univ.Doz. Mag.rer.nat. Dr.techn. Manfred HUSTY, Assistenzprofessor
Mag.rer.nat. Dr.techn. Walter HARTMANN, Vertragsassistent
Dagmar EGER, Studienassistentin
Heiltrud MANDL, Vertragsbedienstete

## LEHRE

Die Abteilung bietet ein breites Spektrum von Vorlesungen und Übungen aus den Gebieten Darstellende Geometrie, Ingenieurgeometrie, Kinematische Geometrie, Fotogrammetrie, Ausgleichsrechnung, Mathematische Geodäsie sowie Computer-Geometrie an. Besonders hervorzuheben ist die seit 1988 eingeführte Vorlesung „Ingenieurgeometrie", welche die klassische Darstellende Geometrie in einem breiten Umfeld präsentiert. Am Institut wurden ausführliche Arbeitsmanuskripte zu den wichtigsten Vorlesungen erarbeitet und geeignetes Übungsmaterial erstellt. Praxisbezogenheit wird auch in den Vorlesungen und Übungen für den Ersten Studienabschnitt stets angestrebt.

## ALLGEMEINE AKTIVITÄTEN

Neben den üblichen Tätigkeiten in Kommissionen, sind Univ.Doz. Dr. M. Husty und O.Univ.Prof. Dr. H. Sachs als ständige Mitarbeiter im Zentralblatt für Mathematik und in den Mathematical Reviews tätig. Des weiteren haben beide Herren seit fünf Jahren in Zusammenarbeit mit dem Institut für Geometrie der TU Graz die Tagungsleitung der jährlichen internationalen Tagung über Geometrie in Seggauberg inne. Diese internationalen Kongresse tragen erheblich zur geometrischen Forschung in Ost und West bei und erfreuen sich großer Beliebtheit. Von 1982–1988 war Prof. Sachs Vorsitzender des Senates der Studienbeihilfenbehörde an der Montanuniversität Leoben. Seit 1989 ist Prof. Sachs zusammen mit Prof. Maurer (Miskolc) editor-in-chief der Zeitschrift ‚Mathematica Pannonica'.

## FORSCHUNGSGEBIETE

Hauptforschungsgebiet der Abteilung ist die Untersuchung singulärer, nicht-euklidischer Geometrien sowohl in der Ebene als auch im Raum. Von den zahlreichen Publikationen seien hier nur die Dissertationen und Habilitationsschriften der Mitarbeiter bzw. Lehrbücher genannt:

[1] W. Hartmann: Interpolation und Design von Zwangläufen in interaktiver Arbeit mit dem Rechner (Dissertation an der TU Graz 1985, Gutachter: Sachs, Vogler).

aus der klassischen Getriebetechnik bekannt sind – in z.B. isotropen Ebenen und Räumen zu untersuchen. So konnte beispielsweise M. Husty in [3] den bekannten Dreipolsatz von Aronhold und Kennedy in die isotrope Äquiformgeometrie übertragen. Die drei Momentanpole $P_{10}$, $P_{20}$, $P_{12}$ der isotrop-winkeltreu bewegten Systeme $\Sigma_0$, $\Sigma_1$, $\Sigma_2$ liegen hier auf einem „parabolischen Kreis k", auf dem auch der Zielpunkt Z der Bahntangenten liegt (Bild 1). Für die isotropen Winkelgeschwindigkeiten $\gamma_1$, $\gamma_2$ gilt die Relation $P_{10}P_{12}:P_{20}P_{12} = \gamma_2:\gamma_1$.

Ein Galilei-Raum $G_3$ ist ein projektiv erweiterter, affiner Raum $A_3$, dem eine Metrik über eine Absolutfigur $\{\omega, f, I, \bar{I}\}$ aufgeprägt wird, wobei f eine Gerade der Fernebene $\omega$ von $A_3$ bezeichnet und $I,\bar{I}$ ein konjugiert-komplexes Punktepaar auf f bedeutet. Die in [4] von O. Röschel durchgeführten Untersuchungen zur Kurven- und Flächentheorie in $G_3$ ergeben die globale Erkenntnis, daß dieser nicht-euklidische Raum sowohl den axialen Räumen als auch den Flag-

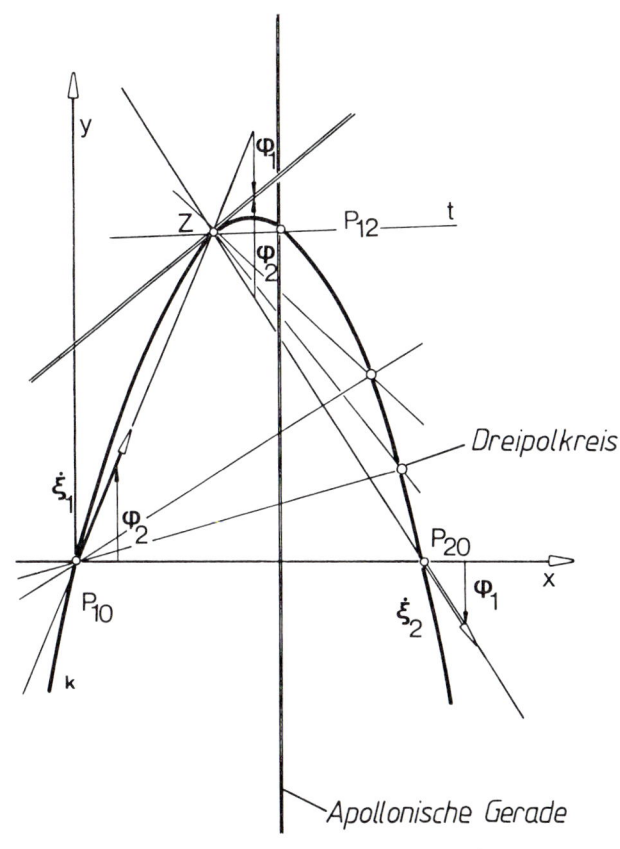

Bild 1: Dreipolsatz in der äquiform-isotropen Ebene.

[2] M. Husty: Zur Schraubung des Flaggenraumes (Dissertation an der TU Graz 1983, Gutachter: Sachs, Vogler).

[3] M. Husty: Zur Kinematik winkeltreuer Ähnlichkeiten der isotropen Ebene (Habilitationsschrift an der Montanuniversität Leoben 1988, Gutachter: Brauner, Imrich, Sachs, Vogler).

[4] O. Röschel: Die Geometrie des galileischen Raumes (Habilitationsschrift an der Montanuniversität Leoben 1984, Gutachter: Palman, Sachs, Vogler).

[5] H. Sachs: Ebene isotrope Geometrie, Vieweg-Verlag, Braunschweig/Wiesbaden 1987.

[6] H. Sachs: Isotrope Raumgeometrie – einfach isotrope Geometrie, Vieweg-Verlag, Braunschweig/Wiesbaden 1990.

Ziel der Forschung des Instituts ist es einerseits, Kurven und Flächen in den erwähnten singulären, nicht-euklidischen Geometrien zu studieren, und andererseits auch kinematische Fragen – wie sie z.B.

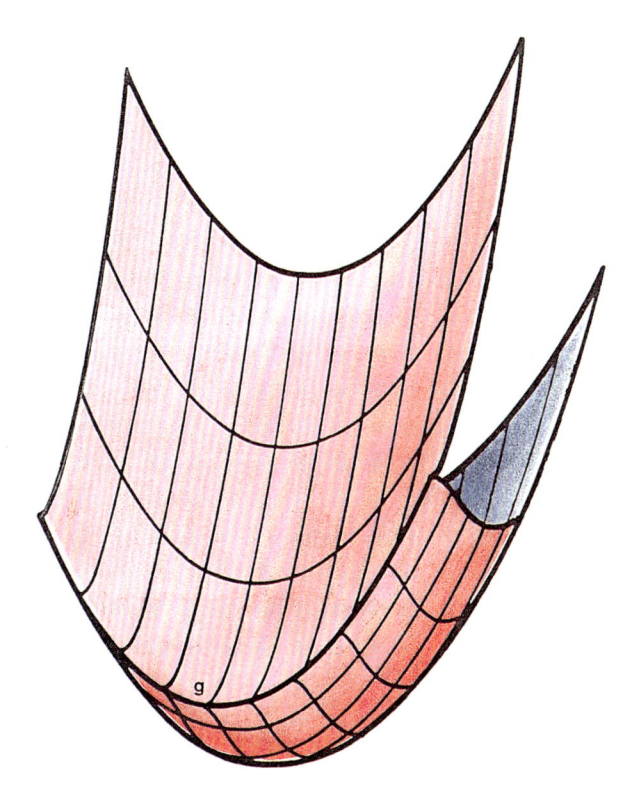

Bild 2: Czubik-Zyklide mit uniplanarem Gratkreis g.

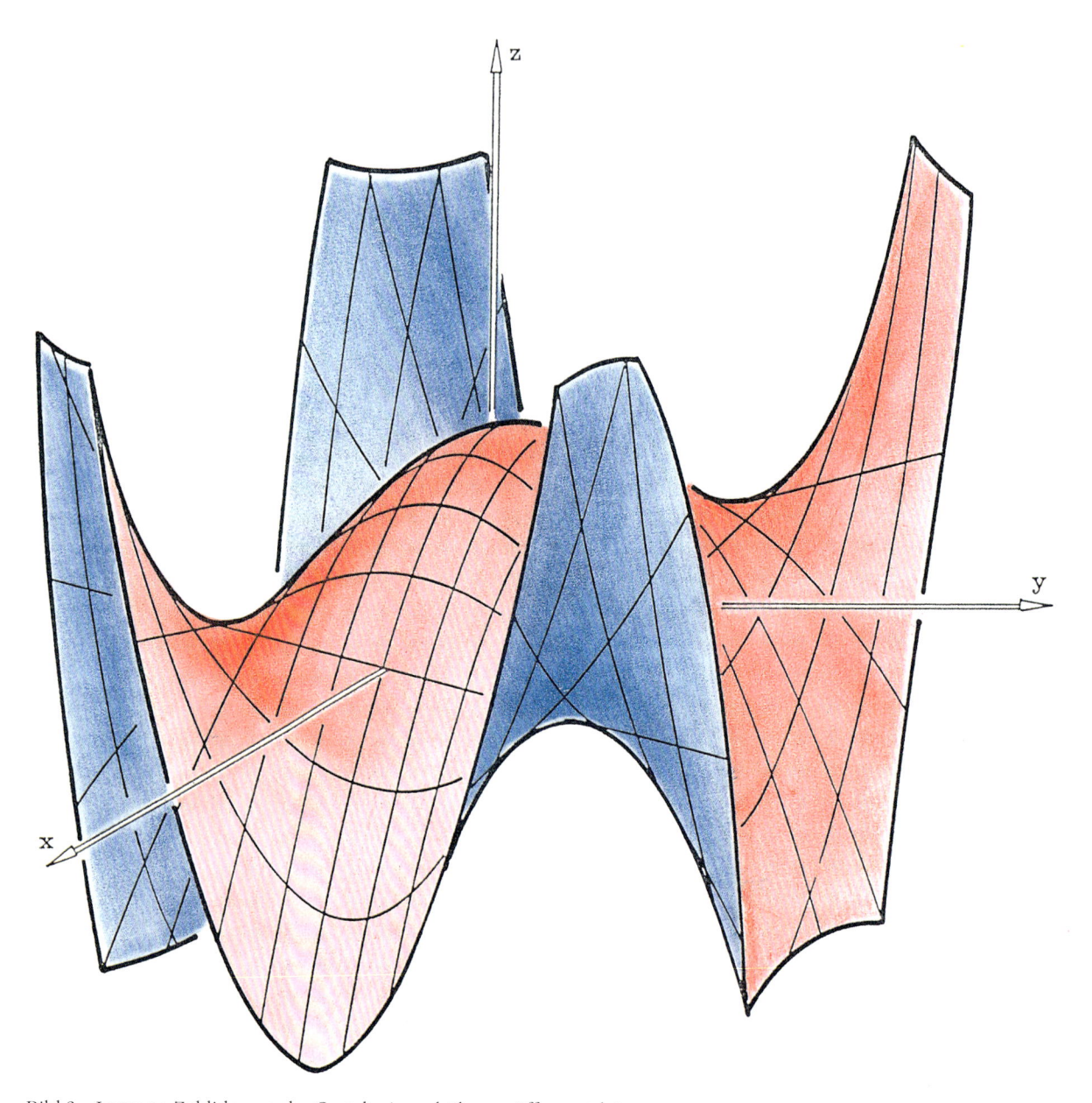

Bild 3: Isotrope Zyklide von der Gestalt eines „höheren Affensattels".

genräumen nahesteht; hiermit werden Zusammenhänge mit Resultaten von Brauner, Cruceanu, Palman und Sachs aufgedeckt.

Seit etwa drei Jahren befaßt man sich am Institut u.a. mit der Untersuchung der Zykliden im einfach isotropen Raum $I_3^{(1)}$. Die Metrik dieses Raumes wird durch ein in der Fernebene $\omega$ von $I_3^{(1)}$ gelegenes, konjugiert-komplexes Geradenpaar $f_1$, $f_2$ geregelt. Zykliden im $I_3^{(1)}$ sind algebraische Flächen 4. Ordnung, welche $\omega$ nur nach $f_1$ und $f_2$ schneiden. Die Klassifikation und Untersuchung aller dieser Flächen ist ein Problem von ungeheurem Umfang, sodaß

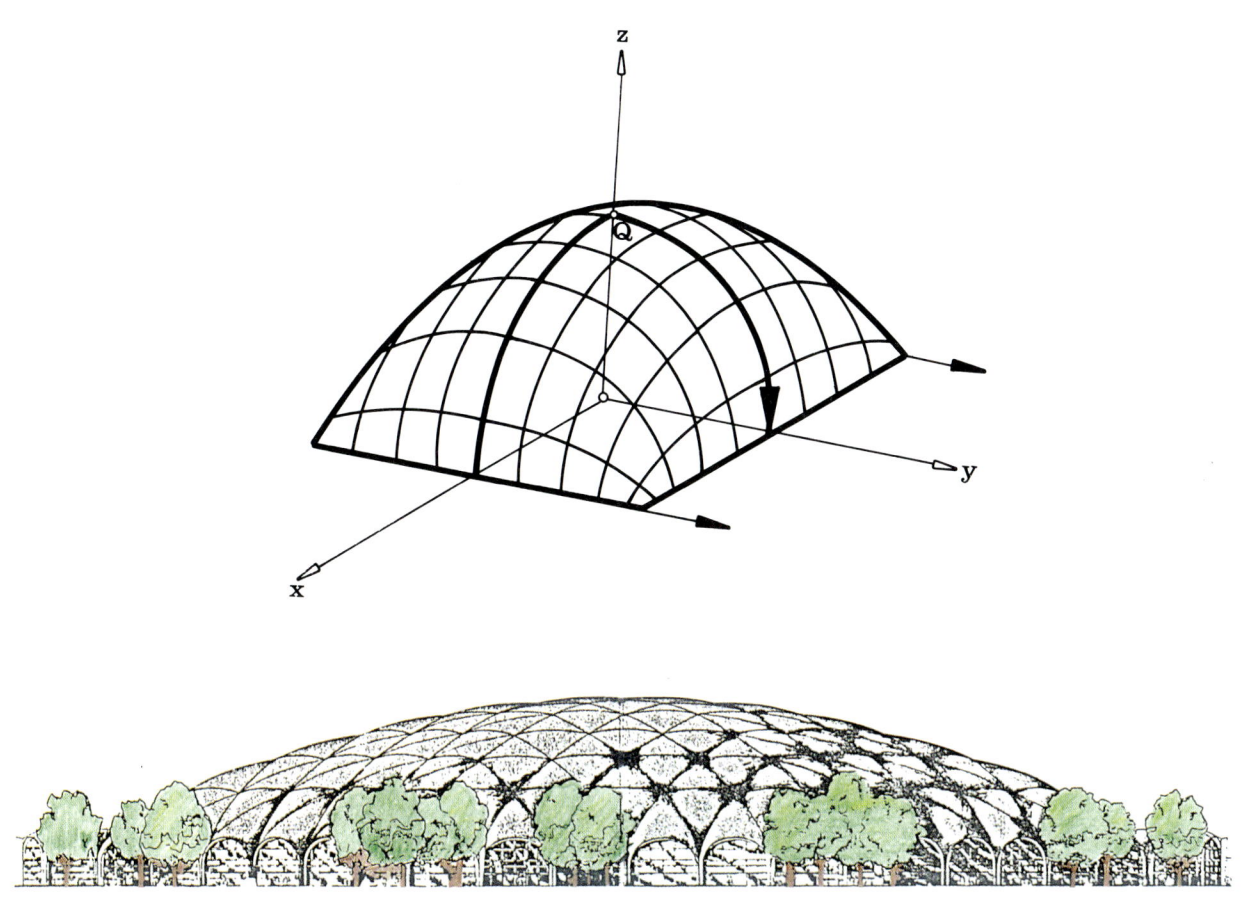

Bild 4: Lokaler Teil einer isotropen Zyklide als Dachfläche einer Sporthalle.

man vorerst mit einer groben Klasseneinteilung (Sachs) und der Untersuchung spezieller, geometrisch gekennzeichneter Unterklassen zufrieden sein muß (Husty, Röschel, Sachs).

Beispielsweise hat H. Sachs gezeigt, daß es genau 7 Klassen von Zykliden mit $f_1$ und $f_2$ als einfache Geraden gibt, die durch Schiebung eines parabolischen isotropen Kreises erzeugt werden können. Das Bild 2 zeigt eine Zyklide der Klasse IV, die als Czubik-Zyklide bezeichnet wurde. Diese Fläche besitzt längs k einen scharfen Grat und trägt keine Kegelschnitte außer den parabolischen Schiebkreisen. Die komplizierte Gestalt dieser Flächen legt es nahe, CAD-Methoden für ihre Konstruktion einzusetzen (Hartmann, Sachs). Zur Zeit der Drucklegung dieses Artikels ist es gelungen (Sachs 1990), alle Zykliden des $I_3^{(1)}$ zu bestimmen, welche einen singulären Punkt im Endlichen besitzen und $f_1$, $f_2$ als Doppelgeraden enthalten.

Das Bild 3 zeigt eine von M. Husty und O. Röschel gefundene Zyklide in einem pseudo-isotropen Raum, welche eine affin-kinematische Erzeugung gestattet. Daß diese theoretischen Untersuchungen auch praktische Anwendungen besitzen, zeigt Bild 4. Hier wurde ein Teil einer Zyklide des $I_3^{(1)}$ zur Überdachung einer Sporthalle (Husty) verwendet.

So erweisen sich praktische Fragestellungen als durchaus anregend für streng theoretische Untersuchungen und unterstreichen einmal mehr die Bedeutung der geometrischen Forschung an technisch orientierten Universitäten.

479

# Institut für Mathematik und Angewandte Geometrie – Angewandte Mathematik

Die Abteilung für Angewandte Mathematik des Institutes für Mathematik und Angewandte Geometrie ging aus dem Institut für Angewandte Mathematik hervor, das 1973 gegründet wurde und mit dem Dienstantritt von O.Univ.Prof. Dr. Wilfried Imrich am 1. August 1973 seine Tätigkeit aufnahm. Die damalige Aufgabe, alle Hörer in die Programmierung sowie in die elementaren numerischen Methoden einzuführen und die Hörer des Montanmaschinenwesens in besonderen mathematischen Methoden und Maschinendynamik auszubilden, ist auch heute noch die Hauptaufgabe der Abteilung. Durch die von Professor Heinemann vom Institut für Lagerstättenphysik und Professor Imrich Ende der 70er Jahre betriebene Errichtung einer Wahlfachgruppe „Systemanalyse" für die Studienrichtungen Erdölwesen, Kunststofftechnik und Markscheidewesen wurde das Lehrangebot jedoch beträchtlich erweitert. Die dabei geschaffenen Vorlesungen erweitern auch das Angebot des Montanmaschinenwesens und des Bergwesens, und zwar sowohl in Form von Wahl- als auch Pflichtfächern.

Seit jeher war die Unterstützung und Beratung anderer Institute in Fragen der Angewandten Mathematik ein Anliegen der Abteilung. In diesem Sinne wurden auch Dissertationen, die an den Instituten für Geophysik, Lagerstättenphysik und Verformungskunde verfaßt wurden, in mathematischer Hinsicht mitbetreut und Seminare mit bzw. für Mitarbeiter anderer Institute gehalten. Insbesondere mögen dabei die Seminare mit Professor Gamsjäger vom Institut für Physikalische Chemie über Thermodynamik und die Seminare über kritische Phänomene und Phasenübergänge hervorgehoben werden.

Nach der Neuorganisation des Prospektionskurses durch Professor W. Schmidt wurden Vorlesungen über Geomathematik für diesen Kurs gehalten. Obwohl der Kurs nicht mehr besteht, ergaben sich daraus ein enger Kontakt mit der International Organization of Mathematical Geology (mit Sitz in Kansas, USA), deren österreichischer Korrespondent Professor Imrich ist, und eine Zusammenarbeit bei Lehrveranstaltungen mit dem Institut für Geowissenschaften.

Darüber hinaus nahm die Abteilung auch an Forschungsarbeiten anderer Institute teil. Diese Arbeiten wurden teils von Firmen, teils durch den Fonds zur Förderung der Wissenschaftlichen Forschung finanziert.

Anfangs wurden an der Abteilung nur selten Diplomarbeiten durchgeführt, die Tendenz ist aber steigend. So wurden allein im Wintersemester 1989/90 drei Diplomarbeiten auf dem Gebiet des Montanmaschinenwesens fertiggestellt, und zwar in Kooperation mit einschlägigen Firmen. Es sei jedoch angemerkt, daß immer wieder Studenten anderer Hochschulen unter der Leitung von Professor Imrich Hausarbeiten (für das Lehramt in Mathematik) und Diplomarbeiten druchführen.

Bei Dissertationen ist es ähnlich, auch hier werden immer wieder Dissertanten, die durch ein Stipendium nach Leoben kommen, aber an ihrer Heimatuniversität promovieren, betreut. In den letzten zwei Jahren hat auch Herr Dipl.Ing. Hellinger, Student des Montanmaschinenwesens, durch ein Firmenstipendium unterstützt, an der Abteilung seine Dissertation abgeschlossen, etwa gleichzeitig mit einem Stipendiaten aus Laibach, Herrn Mag. S. Klavzar.

**ABTEILUNGSPERSONAL**

O.Univ.Prof. Dr.phil. Wilfried IMRICH
Univ.Doz. Dipl.Ing. Dr.techn. Norbert SEIFTER, Assistenzprofessor

Dipl.Ing. Michael SCHWEIGHOFER in Vertretung von Univ.Doz. Dipl.Ing. Dr.rer.nat. Wolfgang WOESS, Universitätsassistent
Helga PEER, Vertragsbedienstete
Ursula BUXBAUM, Kontrollor (derzeit karenziert)

Zur Anzahl der Stellen sei noch angemerkt, daß von den zwei Planstellen für Universitätsassistenten der Abteilung eine vom Ministerium neu geschaffen, die andere aber durch eine unter dem Druck des Ministeriums durchgeführte Umverteilung zugeteilt wurde. Eine dritte, in den Berufungsverhandlungen zugesagte Stelle, steht noch aus.

## ARBEITSGEBIETE

Prof. Imrich: Kombinatorik, Algebraische und Topologische Graphentheorie, Kombinatorische Gruppentheorie und Algorithmische Aspekte dieser Gebiete.

Norbert Seifter: Graphentheorie, Diskrete Gruppen, Matrizentheorie.

Wolfgang Woess: Random Walks, harmonische Analyse, Diskrete Strukturen, Wahrscheinlichkeitstheorie.

Der Großteil der publizierten Arbeiten ist der Kombinatorik, der kombinatorischen Gruppentheorie, der harmonischen Analyse diskreter Strukturen, und neuerdings der Algorithmentheorie zuzuordnen. Die dabei behandelten Abzählverfahren und Algorithmen haben u.a. zahlreiche Anwendungen in Physik, Chemie, bei der Lösung von Gleichungssystemen und in der Kodierungstheorie.

In diesem Zusammenhang ist erwähnenswert, daß Dr. Christopher Godsil, der in den Jahren 1981–82 hier eine Assistentenstelle innehatte, derzeit Full Professor sowohl an der Simon Fraser University, Vancouver, als auch der Waterloo University, Ontario, ist.

## LEHRE

Bei den schon eingangs genannten Lehraufgaben ist für die EDV-Grundausbildung anteilsmäßig der größte Aufwand notwendig, da in letzter Zeit jährlich mehr als 300 Hörer pro Semester an den Übungen teilnehmen. Ohne zusätzliche studentische Hilfskräfte und die Vergabe von Unterrichtsaufträgen wäre diese Aufgabe nicht durchführbar. Auch die vielen Lehrveranstaltungen der Wahlfachgruppe sind nur durch zusätzliche Lehraufträge bewältigbar.

Besonders zu erwähnen sind noch die EDV-Übungsmöglichkeiten, die Dank der Unterstützung des Ministeriums, der Baukommmission und der Spende von Terminals und anderen Geräten durch die Österreichischen Salinen AG in den letzten Jahren stark verbessert werden konnten.

Die von der Abteilung betreuten Arbeiten der Hörer des Montanmaschinenwesens und die in Kooperation mit anderen Instituten durchgeführten Arbeiten erfordern durchwegs die Lösung numerischer Probleme mit EDV-Unterstützung und die Entwicklung neuer oder die Implementierung aus der Literatur bekannter Verfahren, wobei fast alle Probleme mit dem Schwingungsverhalten von Maschinen bzw. Maschinenteilen zu tun haben.

Von der Abteilung wird einmal jährlich ein Treffen mit Fachkollegen aus Laibach organisiert, zweimal unterstützte die Abteilung das Steiermärkische Mathematische Symposium in Stift Rein, im Jahre 1980 wurde ein Kombinatorikkolloquium in Leoben mit prominenten Teilnehmern aus Australien, der BRD, den USA und Jugoslawien veranstaltet, 1985 ein Postgraduatekurs in Dubrovnik (mit Kollegen aus Laibach) und im Jahre 1989, anläßlich des 60. Geburtstages des Vaters der österreichischen Graphentheorie und geborenen Grazers, Gert Sabidussi, die Internationale Konferenz über Algebraische Graphentheorie in Seggau. Unter den 70 Teilnehmern aus 14 Ländern waren zahlreiche bedeutende Mathematiker, wie Claude Berge, Vasek Chvatal, Paul Erdös, Richard Guy, Eric C. Milner, Vera Sós und D. J. A. Welsh.

## FORSCHUNGSGEBIETE

Zwei Beispiele sollen die Forschungsgebiete illustrieren.

VENTILTRIEB MIT SCHLEPPHEBEL UND
HYDRAULISCHEM VENTILSPIELAUSGLEICH

VENTILTRIEB MIT HYDRAULISCHEM
VENTILSPIELAUSGLEICH
TASSENSTOESSEL

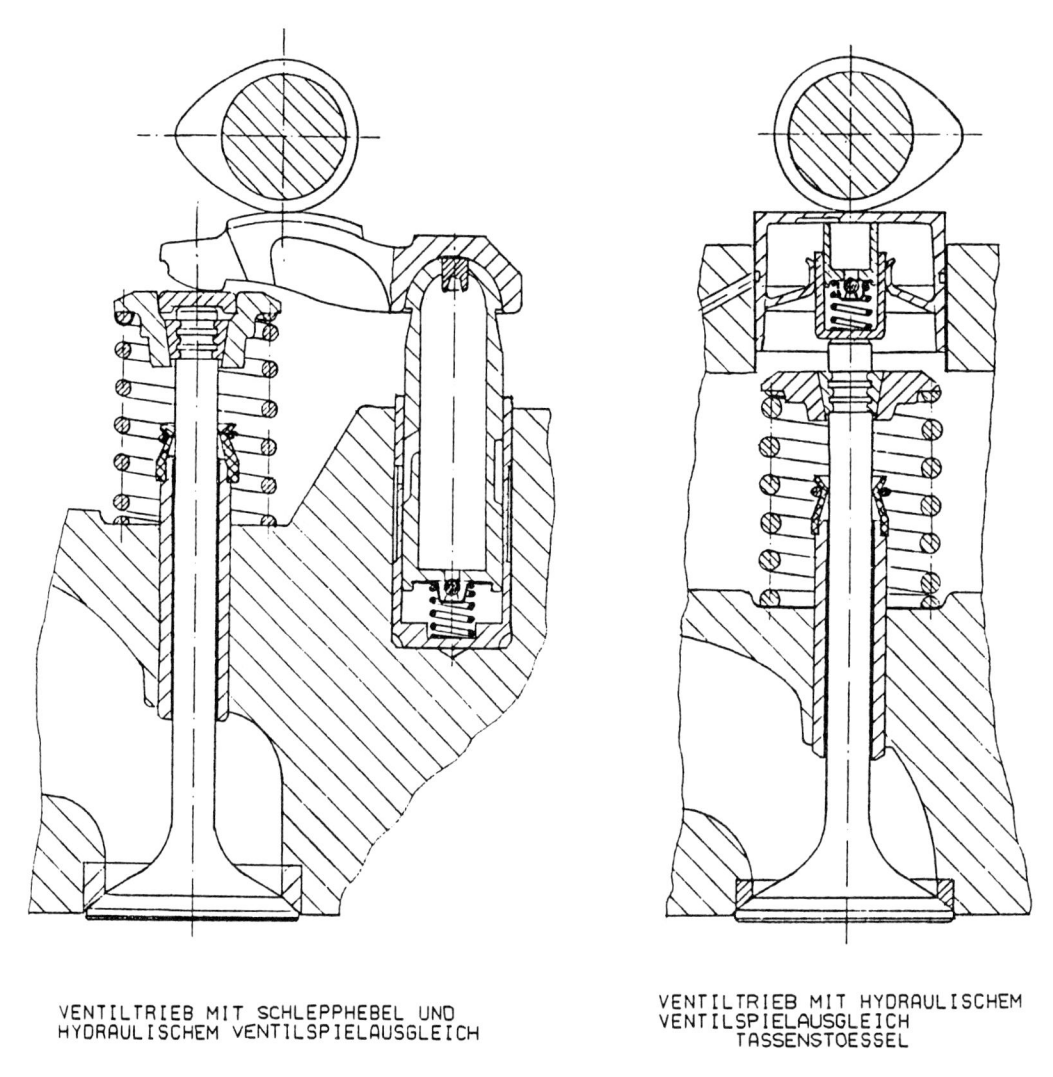

Bild 1: Ventiltriebsarten.

Im Rahmen einer Dissertation wurde unter anderem ein Programm zur BERECHNUNG VON SCHWINGUNGEN in Ventiltrieben von Verbrennungskraftmaschinen erweitert. Die früher allgemein übliche Art der Ventilbetätigung über Stoßstange und Kipphebel wird heute i.a. nur mehr für größere Motoren verwendet. Bei modernen Pkw-Motoren erfolgt die Ventilbetätigung meist durch Tassenstößel oder Schlepp- bzw. Kipphebel (Bild 1).

An zeitgemäße Motoren werden immer höhere Anforderungen hinsichtlich Verschleiß, Leistung, Wirtschaftlichkeit sowie Wartungs- und Geräuscharmut gestellt. Diesen Anforderungen müssen natürlich auch die Ventiltriebe entsprechen. Deshalb ist es notwendig, das Schwingungsverhalten des jeweiligen Ventiltriebes bereits bei der Auslegung und Konstruktion zu kennen.

Wurde zur Auslegung des Nockens (der Nockenform) und des gesamten Ventiltriebes bisher meist von stark vereinfachten Modellen (Zweimassenschwinger) ausgegangen, so erweist sich immer öfter, daß diese Berechnungen vor allem für hochdre-

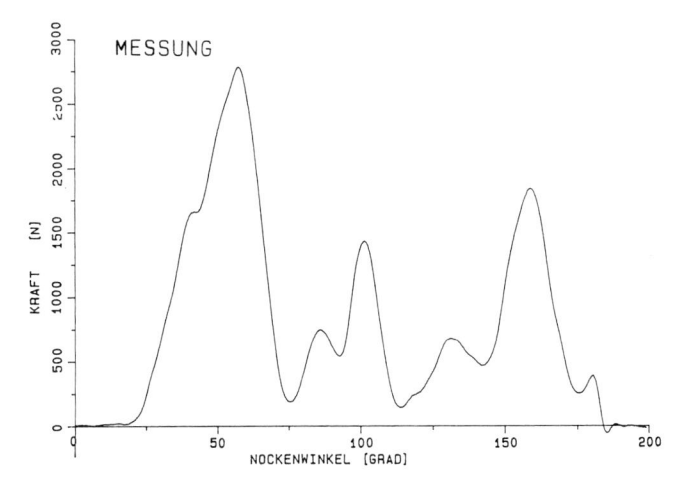

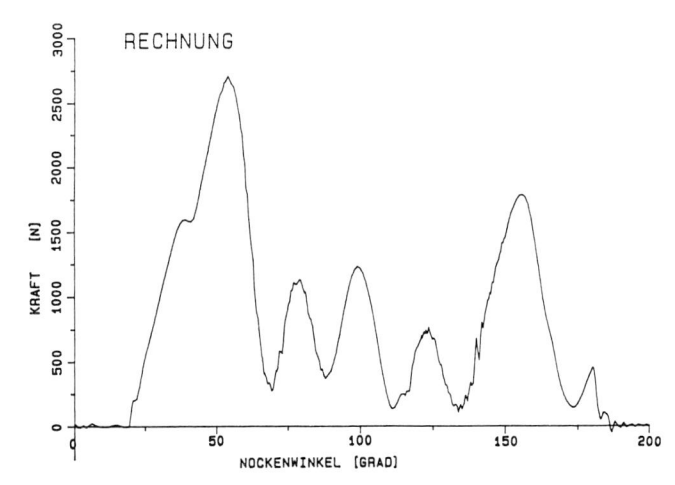

Bild 2: Ventiltrieb-Dynamik.

hende Motoren nicht mehr ausreichend genau sind. Deshalb werden zur Auslegung von Ventiltrieben immer aufwendigere Rechenprogramme herangezogen, mit denen verschiedene Ventiltriebsbauarten (vgl. Bild 1) und besondere Ventiltriebskomponenten (hydraulischer Ventilspielausgleich, Schlepphebel, ...) berechnet werden können. Dabei werden immer häufiger Hydroelemente verwendet. Sie sind im allgemeinen die weichsten Elemente eines Ventiltriebes und beeinflussen deshalb das Schwingungsverhalten des gesamten Ventiltriebes stark.

In Bild 2 ist der berechnete und der gemessene Stoßstangen-Kraftverlauf für einen Otto-Motor bei höherer Drehzahl abgebildet. Daraus können Rückschlüsse auf die Nockenform und die verwendete Ventilfeder gewonnen werden. Es ist möglich, unerwünschte Kontaktverluste zwischen Nocken und Stößel schon bei der Auslegung des Ventiltriebes zu erkennen und frühzeitig Maßnahmen zur Verhinderung dieser Effekte zu treffen. Aber auch über die zu erwartende Geräuschentwicklung des Ventiltriebes und über den möglichen Nockenverschleiß können bereits anhand der Ergebnisse der Vorausberechnung Aussagen gemacht werden.

Als Beispiel für die Arbeiten auf dem Gebiet der THEORETISCHEN MATHEMATIK sei ein einfacher Satz aus der Arbeit „On some questions concerning permanents of (1,−1)-matrices", Israel J. Math. 45(1)(1983), 53–62, von A. R. Kräuter und N. Seifter, angegeben:

Die Untersuchung von multilinearen Matrizenfunktionen von (0,1)- bzw. (1,1)-Matrizen ist vor allem durch physikalische Probleme motiviert (Dimerenproblem, Phasenübergänge). Im folgenden wird eine elementare Eigenschaft der Permanente von (1,−1)-Matrizen bewiesen:

Satz: Es sei $A$ eine $n \times n - (1,-1)$ -Matrix mit $n = 2^k - 1, k \geq 1$. Dann gilt

$$per A \equiv 0(2^{n-[log_2 n]-1})$$

aber

$$per A \not\equiv 0(2^{n-[log_2 n]}).$$

Beweis: Aus der Zahlentheorie weiß man, daß

$$n! \equiv c_1 2^{n-[log_2 n]-1}$$

wobei $c_1$ ungerade ist, falls $n = 2^{k-1}$. Ebenso ist aus einer Arbeit von H. Perfect bekannt, daß für die Anzahl $\Pi(A)$ positiver Summanden in der Entwicklung von $per A$ die Beziehung

$$\Pi(A) = c_2 2^{n-[log_2 n]-1}$$

gilt, wobei $c_2$ eine positive Zahl ist. Nun gilt aber auch

$$per A = 2\Pi(A) - n! = (2c_2 - c_1) \cdot 2^{n-[log_2 n]-1}.$$

Da $2c_2 - c_1$ ungerade ist, folgt die Behauptung.

Wir hoffen, daß sich auch in den nächsten Jahren die positive Entwicklung der Abteilung in Lehre und Forschung fortsetzen wird.

# Institut für Mathematik und Angewandte Geometrie – Mathematik und Mathematische Statistik

Lange zogen sich die Verhandlungen um die Errichtung einer Lehrkanzel für Hüttenkunde an dem 1811 von Erzherzog Johann in Graz als naturwissenschaftliche und landwirtschaftliche hohe Schule gegründeten Joanneum hin. Einen entscheidenden Schritt markierte dabei die 1830 erfolgte Vorlage eines detaillierten Lehrplans für das Studium des neuen Fachs; dem federführenden Gremium gehörte neben anderen bedeutenden Persönlichkeiten der Wissenschaft der Professor für Mathematik an der Universität Graz, Dr. Josef Knar, an. Im erwähnten Lehrplan wurde zunächst von der Vorstellung ausgegangen, daß für die theoretische Ausbildung des Hüttenmanns neben den naturhistorischen Fächern und der Chemie die Mathematik unumgänglich sei. Da nicht angenommen werden konnte, daß die Studenten bereits alle erforderlichen Vorkenntnisse in diesen Fächern besitzen, wurde ein dreijähriger Vorbereitungskurs vorgeschlagen, in welchem die Kenntnisse aus den für das eigentliche Fachstudium erforderlichen Hilfswissenschaften im gerade benötigten Ausmaß vermittelt werden sollten. Demzufolge stand am Beginn des ersten Jahres ein „gründlicher Unterricht" der Reinen Mathematik (Arithmetik, Algebra, Geometrie und Trigonometrie), wie er im Rahmen des 1. Kurses für Maschinenlehre am Joanneum von Professor Josef Aschauer von und zu Aschenrain und Lichtenthurn vorgetragen wurde, da *„nichts das Denkvermögen so sehr schärft und den Verstand an einen geordneten Ideengang gewöhnt, wodurch die Erlernung jeder anderen Wissenschaft ungemein erleichtert wird, als Mathematik"*. Im zweiten Jahr sollte der 2. Kurs für Maschinenlehre besucht werden, welcher die Angewandte Mathematik zum Inhalt hatte. Aus diesen Bemerkungen geht klar hervor, daß die Mathematik im technischen Unterricht der ersten Hälfte des neunzehnten Jahrhunderts noch keine Eigenständigkeit besaß, sondern vielmehr einen Teil der Vorlesungen aus Maschinenlehre bzw. Mechanik bildete.

Die vorgesehene Lehrkanzel für Hüttenkunde wurde schließlich als steiermärkisch-ständische Montanlehranstalt in Vordernberg mit Peter Tunner als Professor am 4.11.1840 feierlich eröffnet. Die den eigentlichen, zweijährigen Unterricht in Hüttenkunde vorbereitenden Studien, also auch die Ausbildung im Fach Mathematik, mußten am Joanneum in Graz oder am Polytechnischen Institut in Wien abgeschlossen werden; später wurden auch Absolventen der Polytechnischen Institute in Prag und Lemberg zum Studium in Vordernberg zugelassen. Es verdient hervorgehoben zu werden, daß diese Vorbereitungskurse letztlich vier anstelle der im ursprünglichen Lehrplanentwurf vorgesehenen drei Jahre dauerten. Dies sowie die Übernahme der Montanlehranstalt durch den Staat und deren Übersiedlung nach Leoben im Jahr 1849 konnten jedoch an der vorhin erwähnten Gliederung und am Umfang des Mathematikunterrichts nichts ändern.

Mit Hinweis auf die Benachteiligung der Montanlehranstalt in Leoben gegenüber der Bergakademie in Schemnitz, an welcher ein anstaltseigener, lediglich zwei Jahre dauernder Vorkurs absolviert werden mußte, wurde in Leoben 1852 ein einjähriger provisorischer Vorkurs für absolvierte Juristen mit Vorkenntnissen im Bergrecht, für Montanhofbuchhaltungspraktikanten und für außerordentliche Hörer eingeführt, welcher in komprimierter Form alle wichtigen Kenntnisse in den Hilfswissenschaften vermitteln sollte. Die Verantwortung für die Abhaltung dieses Kurses übernahm Professor Tunner persönlich. Auf seine Anregung hin wurde am 16.9.1852 der absolvierte Berg- und Hütteneleve Franz Kupelwieser zum Bergwesenspraktikanten bestellt und als supplierender Assistent im Vorbereitungskurs eingesetzt. Dort hatte er im Winter 1852/53 Reine Mathematik im Ausmaß von insgesamt 162 Stunden vorzutragen. Aufgrund der oben erwähnten innigen Verbindung von Mathematik und Mechanik darf hier der 90 Stunden umfassende Unterricht in diesem Fach (nebst Baukunst) durch Albert Miller (seit 1849 Professor für Bergbaukunde in Leoben) natürlich nicht vergessen werden. Welche Personen zwischen 1853 und 1861 den Unterricht in Mathematik besorgten, läßt sich nicht exakt ermitteln. Mit ein Grund für diesen Mangel ist der in diesem Zeitraum verhältnismäßig starke Wechsel in der Besetzung der Assistentenstellen sowie die Tatsache, daß zuweilen ein und dasselbe Fach in aufeinanderfolgenden Jahren von verschiedenen Assistenten vorgetragen wurde; dies kann auch im Fall der Mathematik nicht ausgeschlossen werden. Erwähnenswert für diese Jahre ist ferner, daß es neben dem bereits genannten Grundunterricht in Mathematik eine außerordentliche Vorlesung über „Einrichtung und Gebrauch des Rechenschiebers" gab, welche 1852/53 und 1853/54 von Franz Sprung (seit 1849 Professor für Hüttenkunde in Leoben), 1854/55 von Kupelwieser sowie 1855/56 und 1858/59 vom Berg- und Hütteneleven bzw. Ersten Assistenten Friedrich Arzberger gehalten wurde.

Im Studienjahr 1859/60 wurden die Gegenstände des Vorbereitungskurses auf zwei Jahre verteilt, da der Stoff für ein Jahr vielfach als zu umfangreich angesehen wurde. Die elementare und die höhere Mathematik standen dabei am Beginn des ersten Ausbildungsjahres. Den Bemühungen Professor Tunners, den Vorkurs für alle ordentlichen Hörer zugänglich zu machen, wurde in der Genehmigung eines „Neuen allgemeinen Lehrplans für die höheren Montanlehranstalten" am 6.11.1860 Rechnung getragen. Aus diesem geht hervor, daß in der zu Beginn des 1. Jahres gelehrten Allgemeinen Mechanik die Grundlagen der Differential- und Integralrechnung vorgetragen wurden. Hinzu kamen Wiederholungen aus der Algebra, Geometrie und Trigonometrie sowie Übungen im „Zifferrechnen". In diesem Lehrplan wurde auch ausführlich auf die Stellung der Mathematik innerhalb des Vorkurses eingegangen: *„Aus der reinen Mathematik werden den Zöglingen vermöge ihrer mitgebrachten Vorbildung keine systematischen Vorträge gehalten, das allenfalls Vergessene wird in besonderen, an die Vorträge über allgemeine Mechanik sich anschließenden Wiederholungsstunden nachgeholt. Die Zöglinge gewinnen übrigens beim Studium der allgemeinen*

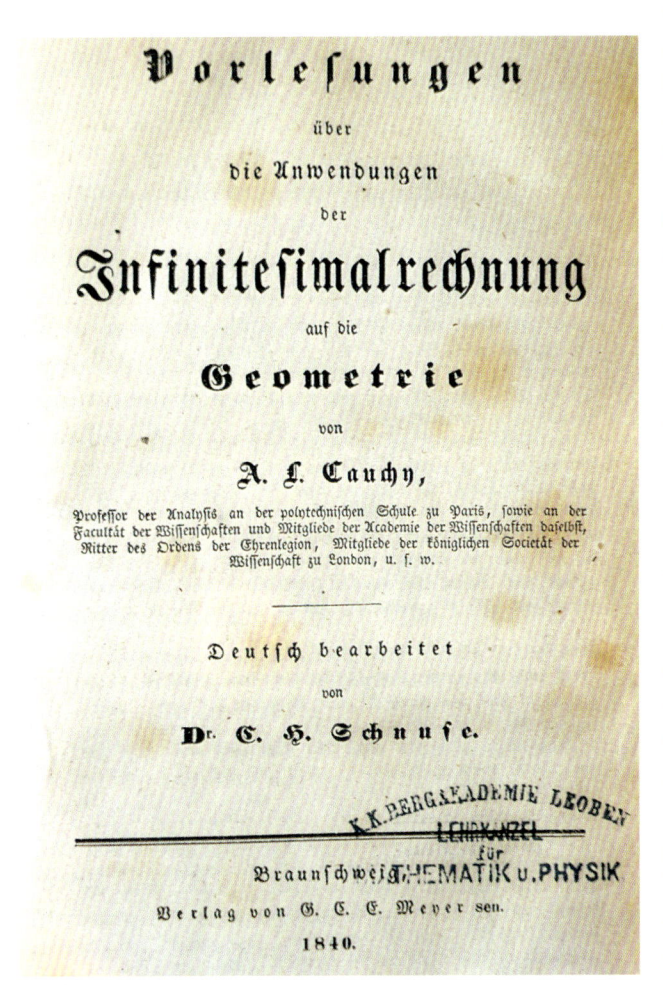

Bild 1: So alt wie die Alma mater Leobiensis: eine deutsche Übersetzung des Lehrbuchs „Leçons sur les applications du calcul infinitésimal à la géométrie" von Augustin Louis Cauchy (Titelseite) aus der Institutsbibliothek.
FOTO FREISINGER Leoben.

*Mechanik eine viel größere Fertigkeit in mathematischen Operationen und in der Anwendung der allgemeinen Lehrsätze der reinen Mathematik als dies beim wiederholten selbständigen Studium der letzteren Wissenschaft erreichbar ist. Durch Berufung auf ein bestimmtes Lehrbuch der reinen Mathematik wird den Zöglingen das Nachholen des Vergessenen wesentlich erleichtert. Die Übungsstunden sollen ferner noch dazu dienen, den Zöglingen die Fertigkeit im Zifferrechnen beizubringen. Die Grundlehren der Differential- und Integralrechnung werden den Vorträgen über allgemeine Mechanik bloß in jenem Umfange vorausgeschickt als dies der gründliche Unterricht der industriellen Mechanik gerade erfordert".* Mit diesem Schritt war der Vorbereitungskurs ordentlicher Bestandteil des Studiums an der Montanlehranstalt geworden. Der lehrplanmäßigen Gleichstellung mit Schemnitz folgte schließlich 1861 die Erhebung der Montanlehranstalt Leoben in den Rang einer k.k. Bergakademie. Während Professor Tunner bestrebt war, die Vorträge im Vorkurs von Montanisten halten zu lassen, da diese seines Erachtens am besten über Art und Umfang der von den Studenten benötigten Grundlagenkenntnisse Bescheid wüßten, legte die rasche Entwicklung in den einzelnen Hilfswissenschaften die Berufung von Experten in diesen Fächern nach Leoben nahe, so auch für das Fach Mechanik. 1861 wurde der Joachimsthaler Kunstmeister Gustav Schmidt zum Oberkunstmeister und Dozenten für Mechanik und Maschinenlehre bestellt. Da er 1862 einen einjährigen Aufenthalt an der Polytechnischen Schule in Riga antrat, mußte sein Fach inzwischen vom Maschineninspektionsadjunkten Julius von Hauer vertreten werden. Wohl kehrte Schmidt 1863 auf seine Leobener Stelle zurück, wurde jedoch bereits 1864 als Professor für Maschinenbau an das Polytechnische Institut in Prag berufen. 1864 bis 1866 wurde seine Dozentenstelle von dem bisher an der Bergakademie Schemnitz tätigen Assistenten Carl Hellmer vertreten. Am 5.7.1866 wurde der Vorbereitungskurs an der Bergakademie Leoben mit Hinweis auf die mittlerweile geänderten Ausbildungsmöglichkeiten an den Polytechnischen Instituten in Prag, Graz und Wien völlig überraschend aufgehoben.

Hellmer wurde angewiesen, auf seine frühere Schemnitzer Stelle zurückzukehren.

Die neue Regelung brachte zahlreiche Unzulänglichkeiten im Studium mit sich, was sich sehr bald in einem drastischen Hörerschwund bemerkbar machte. Dieser Umstand und einige andere Gründe führten am 23.6.1870 zur vorläufigen Wiedereinführung des provisorischen Vorkurses in Leoben nach dem Lehrplan von 1860. Im Studienjahr 1870/71 wurde Franz Stark, bisher Assistent am Polytechnischen Institut in Prag, zum provisorischen Dozenten für Mathematik und Mechanik bestellt. Von 1871 bis 1876 wurde die Höhere Mathematik von Franz Lorber suppliert, welcher in Leoben seit 1870 als Dozent für Darstellende und Praktische Geometrie wirkte (1873 wurde er zum außerordentlichen, 1875 zum ordentlichen Professor ernannt).

Seit den sechziger Jahren war der Bestand der Bergakademie Leoben mehrmals akut gefährdet: In Wien sollte eine für die cisleithanischen Länder der Monarchie zentrale montanistische Hochschule errichtet werden. Langwierige Verhandlungen mit verschiedenen Institutionen, der Staatsbankrott von 1873 sowie die Dringlichkeit der Reorganisation des Studiums in Leoben mündeten schließlich in das neue Statut vom 15.12.1874, das unter anderem die Umwandlung des provisorischen Vorkurses in eine definitive „allgemeine Abteilung" vorsah. Darunter befand sich auch eine eigene Lehrkanzel für Mathematik (und Physik), deren Besetzung allerdings noch bis 1876 auf sich warten ließ. Im Studienjahr 1875/76 erschien das erste gedruckte „Programm" (der Vorläufer der heutigen Studienführer) für die Bergakademie Leoben. Der darin enthaltene Lehrplan wurde von der Lehrveranstaltung Höhere Mathematik (nebst Übungen) angeführt, welche folgenden Stoff vorsah: analytische Geometrie der Ebene und des Raumes; Grundlehren der algebraischen Analysis (binomischer und polynomischer Lehrsatz, höhere Gleichungen, Reihen); Grundlehren der Differential- und Integralrechnung; Integration der einfachsten Differentialgleichungen; Anwendungen der Differential- und Integralrechnung auf die analytische Geometrie.

Nachdem in Leoben in der ersten Hälfte der siebziger Jahre nahezu alle wichtigen Grundlagenfä-

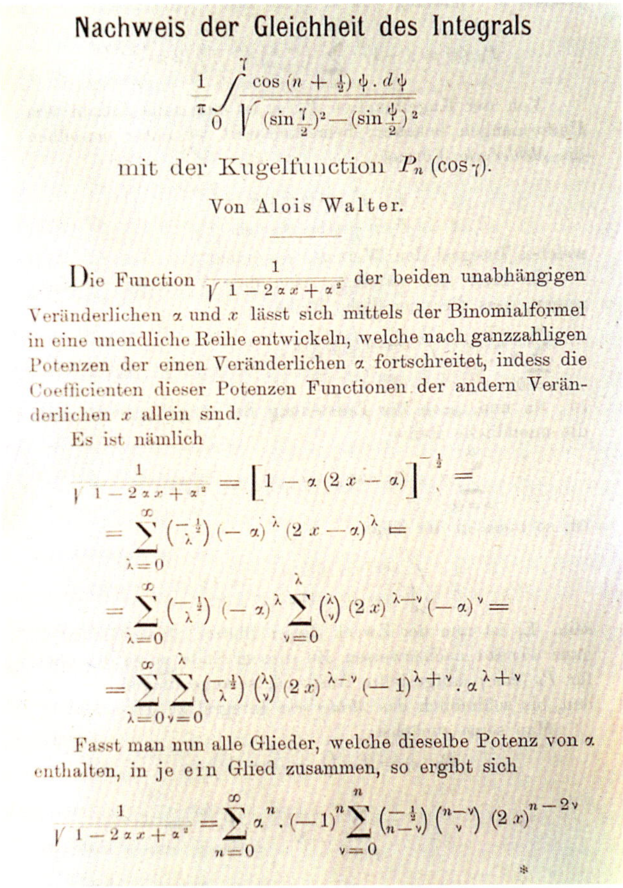

**Nachweis der Gleichheit des Integrals**

$$\frac{1}{\pi}\int_0^\gamma \frac{\cos(n+\tfrac{1}{2})\psi \cdot d\psi}{\sqrt{(\sin\tfrac{\gamma}{2})^2-(\sin\tfrac{\psi}{2})^2}}$$

mit der Kugelfunction $P_n(\cos\gamma)$.

Von Alois Walter.

Die Function $\frac{1}{\sqrt{1-2\alpha x+\alpha^2}}$ der beiden unabhängigen Veränderlichen $\alpha$ und $x$ lässt sich mittels der Binomialformel in eine unendliche Reihe entwickeln, welche nach ganzzahligen Potenzen der einen Veränderlichen $\alpha$ fortschreitet, indess die Coefficienten dieser Potenzen Functionen der andern Veränderlichen $x$ allein sind.

Es ist nämlich

$$\frac{1}{\sqrt{1-2\alpha x+\alpha^2}} = [1-\alpha(2x-\alpha)]^{-\frac{1}{2}} =$$
$$= \sum_{\lambda=0}^{\infty}\binom{-\tfrac{1}{2}}{\lambda}(-\alpha)^{\lambda}(2x-\alpha)^{\lambda} =$$
$$= \sum_{\lambda=0}^{\infty}\binom{-\tfrac{1}{2}}{\lambda}(-\alpha)^{\lambda}\sum_{\nu=0}^{\lambda}\binom{\lambda}{\nu}(2x)^{\lambda-\nu}(-\alpha)^{\nu} =$$
$$= \sum_{\lambda=0}^{\infty}\sum_{\nu=0}^{\lambda}\binom{-\tfrac{1}{2}}{\lambda}\binom{\lambda}{\nu}(2x)^{\lambda-\nu}(-1)^{\lambda+\nu}\cdot\alpha^{\lambda+\nu}$$

Fasst man nun alle Glieder, welche dieselbe Potenz von $\alpha$ enthalten, in je ein Glied zusammen, so ergibt sich

$$\frac{1}{\sqrt{1-2\alpha x+\alpha^2}} = \sum_{n=0}^{\infty}\alpha^n\cdot(-1)^n\sum_{\nu=0}^{n}\binom{-\tfrac{1}{2}}{n-\nu}\binom{n-\nu}{\nu}(2x)^{n-2\nu}$$

Bild 2: Erste Seite der Dissertation Alois Walters, abgedruckt 1888 im 24. Band der Mittheilungen des Naturwissenschaftlichen Vereines für Steiermark.

FOTO FREISINGER Leoben.

cher mit eigenen Professoren besetzt worden waren, folgte endlich auch die Mathematik: am 28.8.1876 wurde der Innsbrucker Privatdozent Dr.phil. Engelbert Kobald (1848–1926) als außerordentlicher Professor für Höhere Mathematik und Physik an die Bergakademie Leoben berufen. Seine Ernennung zum Ordinarius für diese Fächer erfolgte am 27.12.1887, die Verleihung des Titels Hofrat im Jahr 1916. Kobald wirkte als Lehrkanzelinhaber nicht weniger als 43 Jahre, ehe er 1919 in den dauernden Ruhestand trat.

In der mathematischen Grundausbildung trug Professor Kobald von 1876 bis 1919 Höhere Mathematik (nebst Übungen) sowie von 1889 bis 1919 Versicherungsmathematik vor, welche damals noch zu den Hilfsfächern zählte. Der Inhalt der Vorlesung Höhere Mathematik entsprach im wesentlichen dem weiter oben angegebenen; in der Versicherungsmathematik wurden folgende Themen behandelt: Zinseszinsenrechnung und Wahrscheinlichkeitsrechnung, das menschliche Leben betreffend; einfache Leibrenten; Invalidenrenten; Verbindungsrenten und Reserveberechnung. Neben seinen Lehrverpflichtungen in der Mathematik und Physik entfaltete Professor Kobald eine fruchtbare wissenschaftliche Publikationstätigkeit. Seine bedeutendsten Beiträge betreffen die Thermodynamik, die Kristalloptik und die Elektrizitätslehre. In das Gebiet der Versicherungsmathematik weist seine Monographie „Über das Versicherungswesen der Bergwerks-Bruderladen und ähnlicher Casseneinrichtungen" (in Buchform 1893 bei Nüssler in Leoben erschienen).

Im Jahr 1897 erhielt die Lehrkanzel in Dr.phil. Leo Hampel ihren ersten Assistenten; er war hier bis 1901 angestellt. Im weiteren wurde Professor Kobald bei seiner Tätigkeit unterstützt vom Assistenten Dr.phil. Leopold Kann (1901–1902) und vom Adjunkten Dr.phil. Josef Nabl (1902–1905). In den Jahren 1905 bis 1919 folgte der Konstrukteur bzw. (seit 1907) Adjunkt Dr.phil. Andreas Jubele.

Auf die Pensionierung Kobalds folgte eine zweijährige Vakanz in der Besetzung der Lehrkanzel für Höhere Mathematik und Physik. In diesen Jahren (1919–1921) wurde der Lehrbetrieb durch den Grazer Realschulprofessor Dr.phil. Alois Walter (1865–1927) suppliert, welcher dann 1921 zum ordentlichen Professor für Mathematik an der Montanistischen Hochschule Leoben ernannt wurde. Damit war hier unser Fach erstmals durch ein selbständiges Ordinariat vertreten.

Mit Walter erhielt die Lehrkanzel einen hervorragenden Lehrer und Forscher. Seine hohe mathematische Begabung trat schon in früher Jugend zutage, und bereits seine ersten wissenschaftlichen Arbeiten zeichnen sich durch Klarheit, eigenständige Ideen und strenge Folgerichtigkeit aus. Als Beispiel dafür ist seine physikalische Hauptarbeit, die „Theorie der atmosphärischen Strahlenbrechung" (erschienen

1898 bei Teubner in Leipzig), zu erwähnen, welche an Gehalt, Systematik und Leistungsfähigkeit für die praktische Verwertbarkeit alle bisherigen Theorien übertraf. In den übrigen Publikationen beschäftigte sich Walter mit dem freien Fall, dem Dopplerschen Prinzip, dem Satz von Coriolis, verschiedenen Fragestellungen aus der Geometrie, der Dedekindschen Irrationalzahlentheorie sowie der Anwendung elliptischer Modulfunktionen auf Probleme der Thermochemie. Zeitgenössischen Berichten zufolge waren Walters Vorlesungen auch außerordentlich klar, streng logisch aufgebaut, systematisch geordnet und leicht verständlich. Diese Gaben sowie sein umgängliches Wesen haben ihm bei seinen Schülern und Kollegen höchste Achtung und Wertschätzung eingetragen.

Nach dem Tod Walters im Jahr 1927 wurde die Lehrkanzel für Mathematik wieder mit jener für Physik vereinigt und der an letzterer seit 1921 als Extraordinarius bzw. seit 1924 als Ordinarius wirkende Heinrich Brell (1877–1934) zum ordentlichen Professor für Mathematik und Physik ernannt. Die Forschungstätigkeit Brells konzentrierte sich auf die Untersuchung der Prinzipe des kleinsten Zwanges und der kleinsten Aktion; spätere Forschungen betreffen die Lorentz-Transformation. In seinen letzten Lebensjahren befaßte er sich vor allem mit der Wellen- und Quantenmechanik; ein begonnenes Buch über die mathematischen Grundlagen zum tieferen Verständnis dieser modernen Theorien blieb leider unvollendet.

Das Vorlesungsangebot im Fach Mathematik wurde auch nach 1919 durch die Höhere Mathematik, aber auch von der zu einem Hauptfach aufgewerteten Versicherungsmathematik dominiert. Daneben gab es erstmals besondere Vorlesungen über Elementarmathematik, Differentialgeometrie der Flächen und Raumkurven, Höhere Mathematik für Markscheider und Sphärische Trigonometrie.

Dr. Jubele, der sich nach seiner Pensionierung im Jahr 1919 als Privatdozent für Theoretische Festigkeitslehre habilitiert hatte, setzte als Honorardozent einerseits in den Jahren 1929 bis 1938 die Vorlesung über Versicherungsmathematik fort und hielt andererseits von 1923 bis 1948 Vorlesungen über Vektorrechnung (unter wechselndem Titel).

Nach der Pensionierung von Adjunkt Jubele gab es mehrere Jahre hindurch keinen Assistenten an der Lehrkanzel für Mathematik (und Physik). Im Studienjahr 1929/30 fungierte Dr.phil. Hermann Wendelin als solcher, in den Jahren 1930 bis 1934 folgte ihm in dieser Position Dr.phil. Arno Wilhelm Reitz.

Die auf das Ableben Professor Brells im Jahr 1934 folgenden vierzehn Jahre sind gekennzeichnet durch die dreijährige Aufhebung der Lehrkanzel für Mathematik (und Physik), deren Vertretung infolge ausbleibender Neubesetzung sowie deren Herabsetzung zu einer Diätendozentur.

Aufgrund des Bundesregierungsbeschlusses vom 7.8.1934 wurde die Montanistische Hochschule Leoben mit der Technischen Hochschule Graz zur „Technisch-Montanistischen Hochschule Graz-Leoben" vereinigt. Die Grundlagenausbildung in den ersten vier Semestern mußte nun von den Studierenden des Berg-, Hütten- und Markscheidewesens in Graz absolviert werden, wo das Fach Mathematik durch die ordentlichen Professoren Dr.phil. Bernhard Baule und Dr.phil. Karl Mayr vertreten war. Während ersterer die Hauptvorlesung über Elemente der Höheren Mathematik hielt, zeichnete letzterer für die Lehrveranstaltung Höhere Mathematik für Markscheider verantwortlich. Die erwähnte Änderung bedeutete in der Unterrichtspraxis einen unglücklichen Rückschritt in die Zeit zwischen 1866 und 1870, als der Vorbereitungskurs aufgehoben war. Wiederum war ein starkes Absinken der Hörerzahl im Montanstudium die Folge dieser Maßnahme und erzwang vom Gesetzgeber die Wiederherstellung des ursprünglichen Zustandes: ab 1.9.1937 wurde die Montanistische Hochschule Leoben wieder als selbständige Vollanstalt geführt. Bedauerlicherweise unterblieb jetzt, aber auch nach der Angliederung Österreichs an das Deutsche Reich im Jahr 1938, die Neubesetzung der vakanten Lehrkanzel für Mathematik. Durch den Ausbruch des Zweiten Weltkriegs blieben die Pforten der Hochschule im letzten Drittel des Jahres 1939 geschlossen. Erst am 8.1.1940 wurde der Lehrbetrieb wieder aufgenommen, doch war das Rumpf-Studienjahr 1939/40 bereits im März 1940 zu Ende. Verantwortlich dafür war eine neue Regelung, die eine Trimestereinteilung des Studienjahres vorsah, das im April beginnen und im März des darauffolgenden Jahres enden sollte. Die reichseinheitliche Neuordnung des gesamten deutschen Hochschulwesens nahm auf die besonderen Verhältnisse der Montanistischen Hochschule Leoben wenig Rücksicht, was sich unter anderem in der Degradierung der bisherigen Lehrkanzel zu einer Dozentur für Mathematik (und Mechanik!) an der neu geschaffenen Fakultät für Naturwissenschaften und Ergänzungsfächer der Montanistischen Hochschule Leoben im Herbst 1940 äußerte. Das Fach Mathematik sank von einer im Durchschnitt zweijährigen Ausbildung auf eine einsemestrige dreistündige Vorlesung ab.

In den Jahren 1937 bis 1939 wurde die Vertretung der beiden Vorlesungen über Höhere Mathematik von Dipl.Ing. Dr.mont. Friedrich Perz, Assistent an der Lehrkanzel für Geodäsie und Markscheidekunde in Leoben, besorgt. 1940 wurde die Grundvorlesung (nunmehr die einzige mathematische Pflichtlehrveranstaltung!) von Baurat Dipl.Ing. Dr.techn. Wilhelm Effenberger suppliert, welcher in Leoben als außerplanmäßiger Professor für das Gesamtgebiet der Mechanik sowie für Eisen- und Eisenbetonbauten des Montanwesens wirkte. Im November 1940 wurde Dr.phil. Nikolai Bomowsky (1880–1942) zum Dozenten für Mathematik und Mechanik bestellt. Hier betreute er vor allem studentische Fronturlauber in diesen Fächern.

Nach dem plötzlichen Tod Bomowskys wurde Dipl.Ing. Dr.techn. Alois Koch (1900–1989), Diätendozent an der Technischen Hochschule in Graz, mit dem Auftrag betraut, in Leoben die Fächer Mathematik, Darstellende Geometrie und (ab Sommer 1943) Mechanik zu vertreten. Am 1.10.1943 wurde Koch zum Dozenten für Mathematik und Mechanik an der Montanistischen Hochschule Leoben ernannt und beauftragt, die Geometrie weiterhin zu supplieren. Im Jahr 1945 wurde die Mathematik von der Mechanik getrennt und stattdessen mit der Darstellenden Geometrie zu einer Dozentur zusammengefaßt; allerdings mußte Koch bis 1951 als Honorardozent die Allgemeine Technische Mechanik vertreten. Es sollte noch bis 1948 dauern, ehe aus der Dozentur wieder eine Lehrkanzel wurde. Die Vorlesung Höhere Mathematik für Markscheider konnte 1943 wieder in das Lehrveranstaltungsprogramm aufgenommen werden; beginnend mit 1945 hielt Dozent Koch die Hauptvorlesung zweisemestrig und bot als Freifach Betriebs- und Wirtschaftsmathematik an. Als einziger Assistent an der Dozentur für Mathematik war von 1942 bis 1945 Mag. Dipl.Ing. Bruno Agerer tätig.

Mit der Ernennung von Dozent Koch zum Extraordinarius für Mathematik und Darstellende Geometrie am 18.2.1948 stand dem Institut nach einer Pause von fast eineinhalb Jahrzehnten wieder ein Professor vor.

Der Ernennung Kochs zum Extraordinarius in Leoben folgte 1960 die Verleihung des Titels eines ordentlichen Hochschulprofessors und schließlich am 27.5.1963 die Ernennung zum Ordinarius für Mathematik und Darstellende Geometrie. Die (neuerliche) Schaffung einer selbständigen Lehrkanzel für letzteres Fach führte zu seiner Abtrennung von der Mathematik und zur Umwandlung der bisherigen Lehrkanzel in eine solche für Mathematik und Mathematische Statistik. Professor Koch wurde mit 1.10.1971 emeritiert, jedoch vertrat er seine eigene Lehrkanzel als Kurator bis zum Dienstantritt seines Nachfolgers im Jahr 1972.

Kochs Bedeutung für die Lehrkanzel liegt in erster Linie in seinem steten Bemühen, den am Beginn der vierziger Jahre an einem Tiefpunkt angelangten Mathematikunterricht an der Montanistischen Hochschule Leoben nicht nur wieder auf das frühere Ausmaß und Niveau heranzuführen, sondern diesen sogar erheblich zu erweitern und den modernen Bedürfnissen anzupassen. Besondere Erwähnung verdient in diesem Zusammenhang der Ausbau des Lehrveranstaltungsangebots in Mathematischer Statistik, die ein unentbehrliches Hilfsmittel des Ingenieurs darstellt. Die Vorlesungen aus Angewandter Mathematik wurden bis 1974 von Lehrbeauftragten bestritten, so im Studienjahr 1959/60 die Einführung in die numerischen Verfahren für das Maschinenrechnen und von 1965 bis 1974 die Einführung in das elektronische Rechnen. Darüber hinaus gab es eine für Erdölleute und Montanmaschinenbauer vorgesehene Vorlesung Spezielle Höhere Mathematik.

Bis 1950 mußte Professor Koch den Lehrbetrieb in den Fächern Mathematik, Darstellende Geometrie und Allgemeine Technische Mechanik alleine abwickeln. In diesem Jahr wurde die erste wissenschaftliche Hilfskraft angestellt. Der erste Assistent kam 1955; im Jahr 1968 gab es an unserem Institut erstmals zwei Assistenten. Erwähnung verdient die erste an der Lehrkanzel für Mathematik und Mathematische Statistik erfolgte Habilitation: am 27.7.1970 wurde dem Leiter des Rechenzentrums der Österreichisch-Alpinen Montangesellschaft in Leoben, Dipl.Ing. Dr.mont. Franz Binder, die Lehrbefugnis als Hochschuldozent für Technisch-Angewandte Mathematik verliehen.

Am 1.1.1972 wurde Dr.phil. Franz Josef Schnitzer als ordentlicher Hochschulprofessor für Mathematik und Mathematische Statistik an die Montanistische Hochschule Leoben berufen. Von den seit seinem Dienstantritt in Leoben eingetretenen, die Lehrkanzel und die Hochschule betreffenden wichtigen Ereignissen sind (in chronologischer Reihenfolge) zu nennen: die Schaffung einer dritten Assistentenplanstelle mit 1.4.1973; die Gründung der Lehrkanzel für Angewandte Mathematik im Jahr 1973; die nach dem neuen Universitätsorganisationsgesetz am 1.10.1975 erfolgte Umbenennung der Montanistischen Hochschule Leoben in Montanuniversität und die Änderung der Bezeichnung Lehrkanzel in Institut für Mathematik und Mathematische Statistik. Die mit dem erwähnten Gesetz verbundene Absicht, verwandte Institute zusammenzufassen, wurde 1979 in die Tat umgesetzt: die drei bisher selbständigen Institute für Angewandte Geometrie, Angewandte Mathematik sowie Mathematik und Mathematische Statistik sind im Institut für Mathematik und Angewandte Geometrie vereinigt worden, wobei die ursprünglichen Institute nun als Abteilungen weiterexistieren. 1981 erwarb Dr.phil. Reinhard Adolf Razen die Lehrbefugnis als Universitätsdozent für Mathematik, womit sich erstmals ein Assistent unseres Institutes in Leoben habilitierte.

## ABTEILUNGSPERSONAL

O.Univ.Prof. Dr.phil. Franz Josef SCHNITZER
Univ.Doz. Dr.phil. Hans Günther KOPETZKY, Assistenzprofessor
Univ.Doz. Dr.phil. Arnold Richard KRÄUTER, Assistenzprofessor
Mag.rer.nat. Dr.phil. Peter DÖRFLER, Universitätsassistent
Manuela RESCH, Vertragsbedienstete (karenziert)
Karin EDLINGER, Vertragsbedienstete

## LEHRE

Alle Studierende der Montanuniversität Leoben werden mindestens drei Semester lang von den Angehörigen der Abteilung für Mathematik und Mathematische Statistik betreut. Obligatorisch ist der Besuch von Vorlesungen und Übungen in den Fächern Höhere Mathematik I und II (im ersten Studienjahr) sowie Mathematische Statistik I. Studenten der Fachrichtung Werkstoffwissenschaften haben darüber hinaus noch die Lehrveranstaltung Höhere Mathematik III zu absolvieren; Wahlfach für die Fachrichtung Erdölwesen ist die Vorlesung Mathematische Statistik II. Daneben wird noch eine Palette von rund zehn Freifächern über spezielle Themen aus der Mathematik und Statistik angeboten.

Den in den letzten Jahren enorm angestiegenen Studentenzahlen bei den Übungen (im Wintersemester bis zu 700 Hörer!) und Prüfungen ist nur durch besondere logistische Kunstgriffe und durch Anstellung studentischer Tutoren beizukommen. Ein großer Nachteil liegt ferner darin, daß das Institut für Mathematik und Angewandte Geometrie (im Gegensatz zum Jahr 1949) über keinen eigenen Hörsaal verfügt und daher bei seinen Massen- und zahlreichen Parallel-Lehrveranstaltungen oft mit großen Schwierigkeiten bei der Beschaffung adäquater Räumlichkeiten zu kämpfen hat.

## FORSCHUNGSPROJEKTE

Ganze ganzwertige Funktionen sowie Cluster Sets stellen aktuelle Forschungsthemen innerhalb der Funktionentheorie dar. Auf diesen Gebieten werden zur Zeit Detailuntersuchungen vorgenommen.

Ferner wird schwerpunktmäßig auf dem Gebiet der Diophantischen Approximationen und der Kettenbrüche gearbeitet, wobei die Untersuchung von Approximationsspektren und damit zusammenhängenden Fragen im Vordergrund steht.

Darüber hinaus werden Probleme der Angewandten Mathematischen Statistik, zum Teil gemeinsam mit Angehörigen anderer Institute der Montanuniversität, bearbeitet. Wichtige Anliegen sind die Entwicklung qualifizierter Software, teilweise auf Assemblerebene, zu den genannten Arbeitsgebieten und die Erstellung didaktisch nutzbarer, insbesondere für die Angewandte Statistik vorgesehener Programme.

Zahlreiche Abzählprobleme aus Mathematik, Physik, Chemie und Kristallographie lassen sich zurückführen auf den Begriff der Permanente von (vorzugsweise binären) Matrizen. Aufgrund der im allgemeinen schwierigen Berechenbarkeit dieser multilinearen Matrizenfunktion ist man entweder auf ad-hoc-Methoden, oder auf Abschätzungen angewiesen. Nach dem eingehenden Studium der Permanente von $(1,-1)$-Matrizen in den letzten Jahren werden derzeit Möglichkeiten zur Verschärfung bisheriger oberer Schranken für die Permanente von $(0,1)$-Matrizen erforscht.

Weitere Untersuchungen betreffen die sogenannten Permanentenwurzeln einer Matrix, das permanententheoretische Gegenstück zum Eigenwertbegriff.

Ein klassisches Problem der Approximationstheorie besteht (bei Zugrundelegung einer geeigneten Norm) in der Abschätzung von einfachen oder höheren Ableitungen eines Polynoms durch das Polynom selbst, wobei naturgemäß der dabei auftretenden Approximationskonstante besonderes Augenmerk zukommt (Ungleichungen vom Markov-Typ). Die detaillierte Untersuchung derartiger Abschätzungen hat nicht nur bestmögliche Approximationskonstanten geliefert, sondern auch bisher unbekannte Zusammenhänge mit der Matrizentheorie enthüllt. Die derzeit laufende Forschung betrifft die Herleitung asymptotischer Ausdrücke für die Approximationskonstante.

Das bedeutendste Hilfsmittel für die mathematische Forschungsarbeit stellt eine gut ausgestattete Institutsbibliothek dar. Jene am Institut für Mathematik und Angewandte Geometrie verfügt zur Zeit über rund 5200 Monographien sowie 80 laufend gehaltene Fachzeitschriften. Wohl vermögen diese Bestände die wichtigsten Bedürfnisse der Institutsangehörigen zu decken, jedoch im Vergleich mit etwa jenen am Institut für Mathematik der Leobener Schwesterhochschule Clausthal, welche eine der kleinsten Universitäten der Bundesrepublik Deutschland ist, erscheinen die genannten Zahlen als ziemlich bescheiden. Ein langgehegter Wunsch ist die räumliche Erweiterung der Institutsbibliothek.

Die wichtigsten Möglichkeiten des wissenschaftlichen Erfahrungsaustausches, der Präsentation eigener Forschungsresultate und der fachlichen Weiterbildung bieten der Besuch von Fachkonferenzen, Vortragsreisen und die Einladung auswärtiger Experten zu Kolloquiumsvorträgen. Auf diese Weise stattete bereits so mancher prominente Mathematiker der Montanuniversität Leoben einen Besuch ab. In den vergangenen fünfzehn Jahren haben Angehörige der Abteilung für Mathematik und Mathematische Statistik auch bei der Organisation mathematischer Tagungen mitgewirkt: 1976 beim 8. Steiermärkischen Mathematischen Symposium (Theorie der Funktionen einer komplexen Veränderlichen) in Rein bei Graz (Prof. Schnitzer mit Prof. Dr. Ludwig Reich, Graz); 1979 beim 3. Österreichischen Mathematikertreffen in Leoben (Prof. Schnitzer mit Prof. Dr. Wilfried Imrich); 1981 beim 1. Kolloquium über Zahlentheorie in Leoben (Prof. Schnitzer mit Dr. Kopetzky), an welchem neben dem berühmten Mathematiker Pál Erdös mehrere bedeutende deutsche Zahlentheoretiker teilnahmen; 1990 beim 25. Séminaire Lotharingien de Combinatoire in Salzburg (Doz. Kräuter mit Dr. Peter Paule, Linz). Permanente fachliche Kontakte bestehen zum Institut für Mathematik der Karl-Franzens-Universität Graz, nicht zuletzt aufgrund der Tatsache, daß Prof. Schnitzer, Doz. Kopetzky und Doz. Kräuter dort auch in der Lehre tätig sind. Seit vier Jahren gibt es überdies einen Austausch mit dem Institut für Mathematik der Technischen Universität Clausthal, aus welchem sich für die beteiligten Partner bereits mehrere wertvolle Impulse ergeben haben.

## ANMERKUNGEN

Benützte Literatur:

(1) Alexander Aigner, Das Fach Mathematik an der Universität Graz (Publikationen aus dem Archiv der Universität Graz, Band 15, herausgegeben von Walter Höflechner). Akademische Druck- und Verlagsanstalt, Graz, 1985.
(2) Berg- und Hüttenmännisches Jahrbuch 1 (1852) ff.
(3) Dieter A. Binder, Das Joanneum in Graz. Lehranstalt und Bildungsstätte. Ein Beitrag zur Entwicklung des technischen und naturwissenschaftlichen Unterrichtes im 19. Jahrhundert (Publikationen aus dem Archiv der Universität Graz, Band 12, herausgegeben von Hermann Wiesflecker). Akademische Druck- und Verlagsanstalt, Graz, 1983.
(4) Rudolf Einhorn, Vertreter der Mathematik und Geometrie an den Wiener Hochschulen 1900–1940 (Dissertationen der Technischen Universität Wien, Band 43/I und II). Verlag des Verbandes der wissenschaftlichen Gesellschaften Österreichs, Wien, 1985.
(5) Führer und Vorlesungsverzeichnis der Technischen und Montanistischen Hochschule Graz-Leoben 1934–1936.
(6) Alois Koch, Die Lehrkanzel für Mathematik und Darstellende Geometrie (Supplentur für Allgemeine Technische Mechanik), in: Othmar M. Friedrich und Friedrich Perz (Schriftleiter), Die Montanistische Hochschule Leoben 1849–1949. Springer-Verlag, Wien, 1949, pp. 32–38.
(7) Franz Kupelwieser, Geschichte der k.k. Berg-Akademie in Leoben, in: Denkschrift zur fünfzigjährigen Jubelfeier der k.k. Berg-Akademie in Leoben 1840–1890. Verlag der k.k. Berg-Akademie, Leoben, 1890, pp. 1–167.
(8) Wilfried Lex, Das Institut für Mathematik der TU Clausthal, Mitteilungsblatt der Technischen Universität Clausthal 48, 33–36 (1980).
(9) Programm der k.k. Bergakademie (Montanistischen Hochschule) Leoben 1875–1918.
(10) Studienführer der Montanistischen Hochschule (Montanuniversität) Leoben 1919 ff.
(11) Richard Walzel, Hundert Jahre Montanistische Hochschule Leoben, in: Othmar M. Friedrich und Friedrich Perz (Schriftleiter), Die Montanistische Hochschule Leoben 1849–1949. Springer-Verlag, Wien, 1949, pp. 1–23.
(12) Richard Walzel, Die Montanistische Hochschule Leoben. Ein geschichtlicher Abriß, in: Berthold Sutter (Schriftleiter), Die Steiermark. Land, Leute, Leistung. Verlag der Steiermärkischen Landesregierung, Graz, 1971, pp. 775–783.

*Der Verfasser dankt Frau Oberrat Dr. Lieselotte Jontes für ihre Hinweise zur gezielten Auswertung der Bestände der Universitätsbibliothek an der Montanuniversität Leoben sowie für zahlreiche klärende Gespräche und hilfreiche Auskünfte.*

*Verfasser: A. R. KRÄUTER*

# Institut für Mechanik

Im „Programm und Studienplan für das Jahr 1964/65" ist im „Verzeichnis der Lehrkanzeln und Institute" u.a. vermerkt: Lehrkanzel für Mechanik (im Aufbau). Was war der Anlaß, Mitte der 60er Jahre an der Montanuniversität ein eigenes Mechanikinstitut zu errichten? Um diese Fragen zu beantworten, muß man die Ausbildungspläne der Montanuniversität bzw. der Montanistischen Hochschule weit zurückverfolgen: In den Anfängen unserer Alma mater, in der Zeit der „Steiermärkischen-Ständischen Montanlehranstalt", wurde eine andernorts zu erwerbende, gründliche Vorbildung in mathematischen und naturwissenschaftlichen Fächern verlangt. Diese 2-jährige Vorstufe wurde im Rahmen der k.k. Bergakademie mit der ebenfalls 2-jährigen Spezialschulung in Leoben zu einem 4-jährigen Studium zusammengefaßt. Bis auf kurze Unterbrechungen setzte sich dieses System bis heute fort: eine 2 1/2-jährige Ausbildung bis zur Ersten Diplomprüfung und nachfolgend eine 2 1/2-jährige Spezialausbildung zur Zweiten Diplomprüfung. Aus dieser historischen Entwicklung lassen sich einige Erkenntnisse herauslesen: Die Mechanikausbildung war von Anfang an in die Vorbereitungsstufe auf das eigentliche Montanstudium eingebaut. Diese Vorbereitung wurde sinnvollerweise immer schon auf dem Niveau der nachfolgenden, eigentlichen Montanausbildung gefordert und angeboten. Demzufolge hatte die Ausbildung von jeher verschiedene, gestaffelte Ziele zu beachten:

* Es sind die Anforderungen in der eigentlichen Mechanikausbildung (Übungen, Prüfungen) zu beachten. Dies bezieht sich auf die unmittelbare Zusammenarbeit von Studenten und dem Institut. Die Aufgabenstellungen sollen eine „allgemeine Natur" besitzen und müssen didaktisch ausgewählt werden.

* Es sind die unmittelbar nachfolgenden Anforderungen in den anderen Vorlesungen (vom Maschinenbau bis zum konstruktiven Tiefbau) zu berücksichtigen.

* Es ist die nach Vollendung des Studiums an den Ingenieur herantretende Anforderung zu beachten.

* Die Ausbildung hat so zu sein, daß sie auch künftige Entwicklungen in der Problematik oder in der Methodik abdecken kann.

Zweifelsohne stellt die Mechanikausbildung eine Vermittlung „wissenschaftlicher" Kenntnisse im Vergleich zu rein „praktischen" Kenntnissen und Fertigkeiten dar. Dies steht ganz im Geiste des Ausbildungszieles unserer Universität. Kein geringerer als Peter Ritter von Tunner hat in seiner Antrittsvorlesung darauf hingewiesen, *„daß die auf die Technik Bezug nehmenden Wissenschaften die vorzüglichsten Quellen der technischen Fortschritte sind"*. Im Laufe der Entwicklung der heutigen Montanuniversität wurden etliche neue Studienrichtungen gegründet – jede für sich mit dem Hinweis auf die im Fortschritt begründete technische und wirtschaftliche Notwendigkeit und in der Überzeugung, den Fortschritt durch wissenschaftliche Arbeit voranzutreiben. Naturgemäß erfolgt die Verwirklichung auf der Ebene der einzelnen Institute im Bereich von Forschung, Lehre und Kooperation mit der Wirtschaft. Eine Grundausbildung in allgemeiner Mechanik, Festigkeitslehre und Strömungslehre erwies sich für alle technisch orientierten Studien als notwendig. Die Abdeckung der zugehörigen Vorlesungen erfolgte früher durch mehrere Vortragende, die verschiedenen Instituten zuzuordnen waren. Dieser Umstand war einer zielstrebigen und konsistenten Entwicklung der Mechanikausbildung aber sicher nicht zuträglich. In der weiteren Folge ging die Betreuung aller, die Mechanik betreffenden Vorlesungen auf das Institut für „Allgemeinen Maschinenbau" über. Dies rückte aber im Laufe der Jahre die maschinenbaulichen Aspekte in der Mechanikausbildung in den Vordergrund – natürlich auf Kosten anderer Gesichtspunkte. Zur Sicherstellung einer kompakten und ausreichenden Mechanikausbildung wurde daher im Jahr 1965 ein eigenes Mechanikinstitut unter der Leitung von Prof. Jaburek installiert. Nach einer Zeit beengter Untermiete bezog das Institut am Anfang der 70er Jahre eigene Räumlichkeiten, die heute noch zur Verfügung stehen. Seit der Gründung des Institutes liegt der Schwerpunkt der Vorlesungen im Bereich des Ersten Studienabschnittes und erfaßt die Hörer aller Studienrichtungen. Insgesamt wurden mit den Vorlesungen „Allgemeine technische Mechanik", „Festigkeitslehre" und „Strömungslehre" sowie den zugehörigen Übungen Lehrveranstaltungen im Umfang von 14 Stunden angeboten. Das entspricht rund 10% des im ersten Studienabschnitt vorgesehenen Stundenumfanges. Dazu wurden auch Spezialvorlesungen aus Festigkeitslehre und Strömungslehre sowie eine Vorlesung „Rheologie" eingeführt. Zusätzlich übernahm das Institut eine einführende Vorlesung für die neugegründete Studienrichtung Kunststofftechnik. Nach der Emeritierung von Prof. Jaburek im Jahre 1976 nahm Dipl.Ing. Dr.techn. H. Bargmann den Ruf nach Leoben im Jahre 1977 an und leitete das Institut bis zum Jahre 1981. Unter Prof. Bargmann kam es zu keiner zusätzlichen Ausweitung des Stundenrahmens, wohl aber zu einer einschneidenden Änderung der Lehrinhalte. Während bisher die Vorlesungen ganz im Sinne einer „technischen Mechanik" und einer „technischen Strömungslehre" rein methodenorientierte Vorlesungen waren (worin sich übrigens deutlich das „maschinenbauliche Erbe" der Vorlesungen zeigte), wurden nun vor allem die „Mechanik", die „Festigkeitslehre", die „Strömungslehre" und die „Rheologie" auf den Boden der Kontinuumsmechanik gesetzt. Somit wurde versucht, alle diese so verschiedenen technischen Disziplinen auf eine möglichst einheitliche Theorie zurückzuführen. Dies geschah damals wohlüberlegt. Neugegründete Studienrichtungen mit eigenen Anforderungen an die Ausbildung, neue Methoden für ingenieurmäßige Problemlösungen und ganz einfach der Trend der technischen Entwicklung verlangten eine rigorose Neustrukturierung der angebotenen Lehre. Nach dem Abgang von H. Bargmann dauerte es fast drei Jahre, bis es gelang, Dipl.Ing. Dr.techn. F. D. Fischer als neuen Institutsvorstand im Jahre 1983 zu finden. Zwischenzeitlich wurde das „verwaiste" Institut jeweils abwechselnd von den beiden Assistenten geführt. Dies brachte eine erheblich überdurchschnittliche Belastung dieser Kollegen mit dem gesamten Vorlesungs- und Prüfungsbetrieb mit sich.

Der Vorlesungsschwerpunkt wurde wieder etwas mehr auf die methoden-orientierte Ausbildung verschoben, allerdings mit einer gleichzeitigen intensiven Schulung in der Theorie. Als Ergänzung in der Lehre, ganz im Sinne moderner, hochwertiger und leistungsfähiger Methoden, wird heute auch eine Spezialvorlesung zur Methode der finiten Elemente angeboten.

Bis zum Sommer 1983 wurden 3 Diplomarbeiten und 7 Dissertationen betreut. In der Folge wurden am Institut für Mechanik 4 Diplomarbeiten ausgearbeitet. Die wissenschaftliche Arbeit schlug sich u.a. in weiteren 4 betreuten Dissertationen und 2 Habilitationsverfahren nieder. Weiters wurde eine umfangreiche Publikationstätigkeit aufgenommen. Cirka 50 Beiträge in Fachzeitschriften und Konferenzberichtsbänden wurden in den letzten 6 Jahren publiziert.

## INSTITUTSPERSONAL

O.Univ.Prof. Dipl.Ing. Dr.techn.
Franz Dieter FISCHER, Institutsvorstand
Dipl.Ing. Dr.mont. Walter SCHREINER, Assistenzprofessor
Dipl.Ing. Ewald HINTEREGGER, Universitätsassistent
Dipl.Ing. Dr.mont. Karl MAYRHOFER, Universitätsassistent
Birgit SCHUSTER, Kontrollor (karenziert)
Brigitte HUBER, Vertragsbedienstete
Ing. Josef ZECHNER, Vertragsbediensteter
Monika WIESER, jugendliche Hilfskraft

Dem Institut fachlich zugeordnet ist:
Univ.Doz. Dipl.Ing. Dr.phil. Werner MITTER

Wissenschaftliche Mitarbeiter:

Dipl.Ing. Werner DAVES
Dipl.Ing. Andreas PICHLER (bis Juni 1989)
Dipl.Ing. Knut SCHARF (Standort TU Wien)
Dipl.Ing. Harald WEDENIG

Weiters sind durchschnittlich zwei „drittmittelfinanzierte" wissenschaftliche Mitarbeiter am Institut tätig. Regelmäßig werden ein bis zwei Diplomanden, die ständig am Institut arbeiten, betreut. Zusätzlich seien noch ca. fünf Tutoren erwähnt, die vom Institut als Helfer in den Übungen aus Mechanik und Festigkeitslehre eingesetzt werden.

## LEHRE

Die Installation des Institutes war wesentlich durch die Lehraufgaben aus „Allgemeine technische Mechanik", „Festigkeitslehre" und „Strömungslehre" geprägt. Neben dieser „Grundausbildung" wird noch eine Spezialausbildung in numerischen Ingenieurmethoden mit dem Schwerpunkt auf der Methode der Finiten Elemente gemeinsam mit Prof. F. Sturm, Institut für Physik, angeboten. Neben diesem „eigentlichen" Ausbildungsprogramm werden auch noch „historisch dazugekommene" Fächer von Ass.Prof. Schreiner betreut. Die zugehörigen Vorlesungen und Übungen betreffen die „Rheologie" und „Konstruieren mit Kunststoffen". Bei der Ernennung eines Professors für das letztgenannte Fach wird diese Aufgabe an das Institut für Konstruieren mit Kunst- und Verbundstoffen abgegeben werden.

## ARBEITSGEBIETE

Der Schwerpunkt der Forschungsarbeit des Institutes liegt auf Berechnungsmethoden und hier speziell auf numerischen Methoden der Kontinuumsmechanik. Darunter versteht man die rechnerische Analyse von Verformungen und Spannungen in Konstruktionen, Bauteilen, Geräten sowie industriellen Gütern beim Fertigungsprozeß (z.B. Umformungsprozesse wie Walzen etc.). Gelegentlich wird auch der Begriff „Strukturmechanik" statt Kontinuumsmechanik verwendet, um anzudeuten, daß Strukturen wie Konstruktionen aus Balken, Platten, Scheiben und Schalen untersucht werden. Voraussetzungen für diese Forschungsarbeit stellen ein geeignetes Rechensystem und eine problemorientierte Software dar. In Zusammenarbeit mit dem Rechenzentrum unserer Universität gelang es, ein leistungsfähiges „Superworkstation"-System (DEC-VS2000, SUN 4/110) am Institut, jedoch in direkter Einbindung in das Universitätsrechnernetzwerk, aufzubauen. Hier sei auch dem zuständigen Ressort im BMWF für die zur Verfügung gestellten Mittel gedankt. Die „Basissoftware" wurde von amerikanischen Entwicklungszentren beschafft und für spezielle Anwendungen am Institut weiterentwickelt. Diese Vorgehensweise erlaubte es, den Entwicklungsvorsprung anderer, auf ähnlichem Gebiet arbeitender Institutionen „abzufangen". Zusätzlich wurde mit dem Institut für Leichtbau und Flugzeugbau der Technischen Universität Wien eine seit 1983 andauernde fachliche Partnerschaft eingegangen, da dieses Institut unter der Leitung von Prof. F. G. Rammerstorfer ebenfalls auf dem Gebiet der numerischen Ingenieurmethoden tätig ist. Insgesamt kooperieren nun ca. 10 wissenschaftlich tätige Mitarbeiter an beiden Instituten. International gesehen stellt dies gerade diejenige „kleinste" Kapazität dar, mit der konkurrenzfähige Ergebnisse erzielt werden können. Ca. 50 wissenschaftliche Publikationen zeugen von der internationalen Akzeptanz unserer Arbeiten. Jährlich werden ca. 5–10 internationale Tagungen (Europa, USA, Japan) beschickt. Fast immer werden dort Fachvorträge abgehalten. Der Institutsvorstand organisierte ebenfalls zwei international besuchte Tagungen, und zwar im Jahr 1986 in Leoben die Tagung „Diskretisierende Methoden bei thermomechanischen Deformationen", im Rahmen der Gesellschaft für Angewandte Mathematik und Mechanik (GAMM), und im Jahre 1988 im Internationalen Mechanikzentrum (CISME) in Udine das Seminar „Mining Mechanics". Bei beiden Veranstaltungen konnte ein starker wissenschaftlicher Meinungsaustausch erzielt werden. Das Institut kooperiert eng mit der Industrie bei den verschiedensten Themenstellungen, bei denen Berechnungsmethoden zum Einsatz kommen. Beispielsweise seien folgende Problemlösungen angeführt:

- die Entwicklung eines „deformationsgerechten" Schischuhs,
- die konstruktive Sanierung einer Umformmaschine,
- die konstruktive Neugestaltung einer Kunststoffverarbeitungsmaschine,
- die Entwicklung eines Rasenmähers mit Kunststoffgehäuse,
- die Schalldruckbeanspruchung von Elektroöfenhallen,
- die Standfestigkeit einer Reiterstatue,
- die Spannungsverteilung in einem Bohrmeissel mit Hartmetallstiften,
- das dynamische Verhalten einer Vortriebsmaschine.

Zusätzlich wurden einige über mehrere Jahre andauernde Forschungsprojekte bearbeitet, im Rahmen derer bereits einige Dissertationen abgeschlossen werden konnten. Über diese Projekte wird nachfolgend kurz berichtet:

## ERDBEBENSICHERE BEMESSUNG VON TANKBAUWERKEN

Dieses, vom Fond der wissenschaftlichen Forschung geförderte Projekt, Bearbeitungszeitraum 1985–1989, behandelt flüssigkeitsgefüllte Behälter, die oft sehr gefährliche Lagergüter beinhalten, bei Erdbebeneinwirkung. Bei einem Erdbeben übt das dynamisch aktivierte Lagergut neben der statischen Flüssigkeitsdruckverteilung eine zusätzliche Flüssigkeitsdruckverteilung aus, die zum Aufreißen des Tanks oder zum Verlust der Stabilität des Gleichgewichtes des Bauwerkes führt. Ein äußerst komplexes Interaktionsproblem Flüssigkeit – Tank – Boden liegt vor. Das Ziel, ein ingenieurmäßig verwendbares Berechnungskonzept zu entwickeln, ist weitgehend abgeschlossen. Eine Fülle neuer Erkenntnisse konnte gesammelt und in ca. 25 Arbeiten publiziert und in einer Reihe von Vorträgen berichtet werden. Bild 1 zeigt, wie eine Tankwand durch die schwappende Flüssigkeit plastisch beult und das bei aktuellem Erdbeben beobachtete „Elephant-Footing" des Tanks auftritt.

## THERMISCH ZYKLISCH BEANSPRUCHTE HOCHLEGIERTE STÄHLE

Dieses mit der ehemaligen VEW Ternitz, jetzt Böhler Ges.m.b.H. Kapfenberg, Projektbeginn 1985, geführte Projekt behandelt das Verformungsverhalten von Edelstahlzylindern bei zyklischem Erwärmen im Ofen mit nachfolgendem Abkühlen im Wasser. Geometrisch gleiche Proben bei der gleichen Wärmebehandlung können je nach Legierung extrem verschiedene akkumulierte Verzerrungen aufweisen. So können Zylinder sich in Kugeln umformen oder sich in ihrer Länge beinahe verdoppeln! Umfangreiche nichtlineare Temperaturfeld- und Spannungsanalysen ergaben, daß für die monotone Veränderung der Probengeometrie akkumulierte plastische Dehnungen verantwortlich sind. Im kalten Zustand stehen die Proben unter einem hohen Eigenspannungszustand. Das Ausbilden und nachfolgende Ausbreiten von Rissen konnten prognostiziert werden. Im heißen Zustand besitzt die Probe nur einen sehr geringen Eigenspannungszustand, jedoch pro Zyklus eine geringfügig veränderte Ausgangsgeometrie. Eine legierungsspezifische Ausscheidungsbildung beeinflußt die Lebensdauer entscheidend. In Bild 2 ist der berechnete Verlauf der Längseigenspannung beim ersten Zyklus durch „Fringes" angegeben. In diesem vom Rechner erzeugten Bild wird der Wertebereich für die darzustellende Größe in Abstufungen unterteilt und jeder Stufe eine eigene Farbe zugeordnet. In ca. 5 Publikationen und einer Reihe von Vorträgen wurde bereits international darüber berichtet.

## ABKÜHLEN VON SCHIENEN NACH DEM WALZPROZESS

Dieses Projekt wird gemeinsam mit VOEST ALPINE Stahl Donawitz bearbeitet; Projektbeginn war 1986. Der Abkühlprozeß einer Schiene, ausgehend von ca. 900 Grad Celsius, wird unter Berücksichtigung eines Umwandlungsvorganges nachsimuliert. Bei verschiedenen Abkühlbedingungen (Kühlbett, kopfgehärtete Schiene) und geometrischen Bedingungen (kurze, lange Schiene etc.) werden die Restspannungsverteilung und die Krümmung der Schiene berechnet. Durch Variationen der o.a. Bedingungen sollen Schienen mit optimaler Eigenspannungsverteilung (z.B. Druckeigenspannungen im Fuß) und möglichst geringer Restkrümmung gefunden werden. Das Bild 3 zeigt die Längseigenspannungen in der Mittelebene einer speziellen Schiene nach 10 Stunden Lagerung am Kühlbett. Die Ergebnisse wurden ebenfalls mehrfach publiziert und in Vorträgen, darunter in USA, berichtet.

## SPANNUNGSINTENSITÄTSFAKTOREN VON OBERFLÄCHENNAHEN RISSEN

Dieses, von der Eisenhütte Österreich in dankenswerter Weise geförderte Projekt wurde im Jahr 1985 aufgenommen und behandelt den Spannungsintensitätsfaktor entlang eines beliebig berandeten, ebenen Risses senkrecht zur Oberfläche eines Halbraumes. Der zu seiner Ebene senkrecht beanspruchte Riß kann auch die Oberfläche durchdringen und repräsentiert flächige Fehler, wie diese in Schweiß-

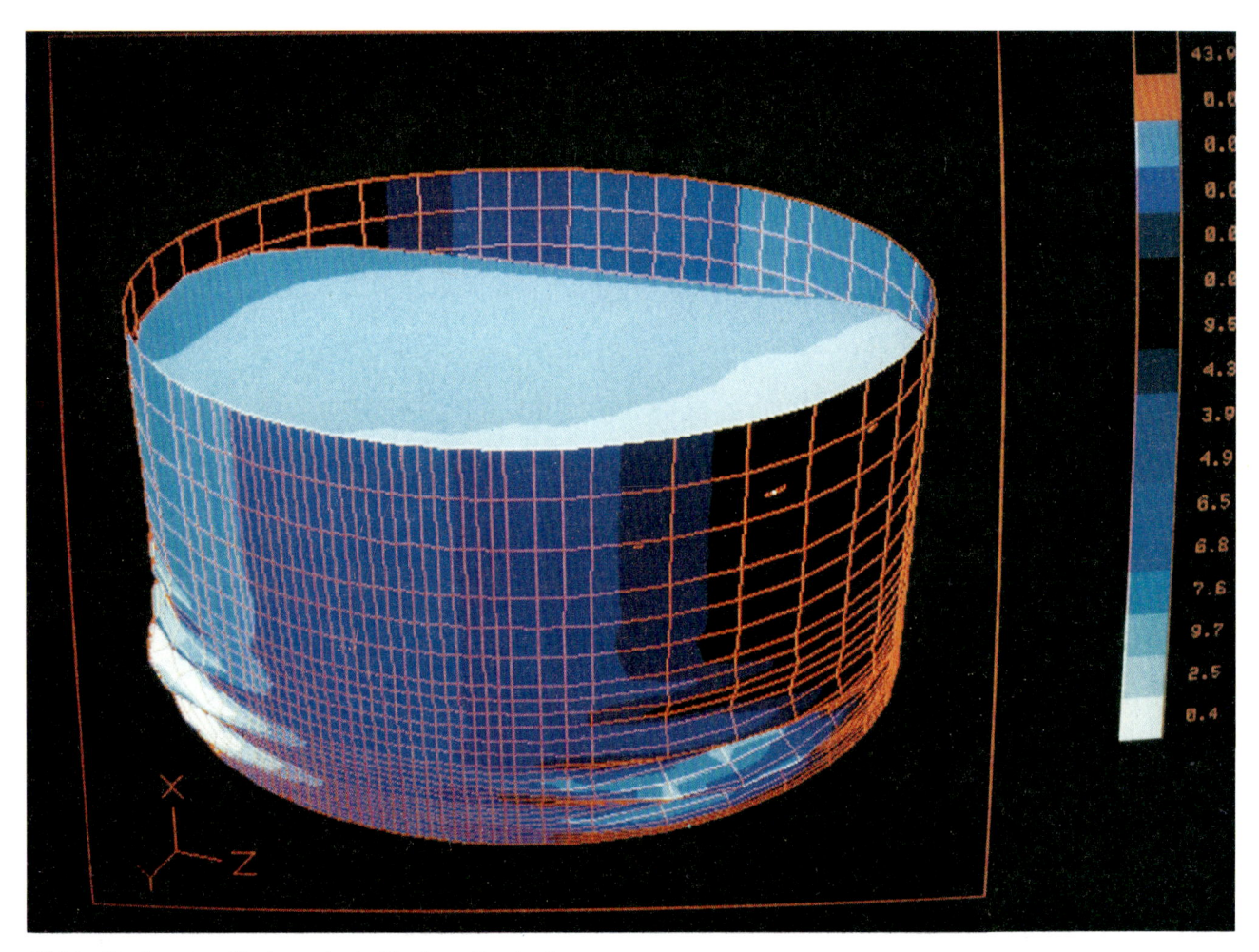

Bild 1: Beulen einer Tankwand mit „Elephant-Footing".

nähten oder Gußwerkstoffen auftreten können. Mit dem ermittelten Spannungsintensitätsfaktor kann das unterkritische und kritische Ausbreiten des Risses unter einer äußeren Belastung analysiert werden. Damit gelingt es erstmals, „realistische" Fehlerformen bei einer Bruchsicherheitsanalyse zu erfassen. Einige Vorträge, davon zwei in USA, und ca. 5 Publikationen zeugen von der wissenschaftlichen Akzeptanz dieser Arbeit.

**ZUKÜNFTIGE FORSCHUNGSARBEITEN**

Obwohl das Institut ein „Grundlageninstitut" ist, wird angewandte Grundlagenforschung betrieben. Die Forschungsthemen behandeln durchwegs Aufgabenstellungen aus der Praxis. Die Forschung orientiert sich vor allem an Produkten der metallerzeugenden und -verarbeitenden Grundstoffindustrie und besitzt somit unmittelbare Relevanz für die Montanuniversität. Auch die Ergebnisse aus dem Tankprojekt konnten direkt bei einem österreichischen Energieerzeuger sowie Projektanden von Tankbauwerken in die Praxis umgesetzt werden. Die künftige Forschung kann unter dem Schlagwort: „Rechnerunterstützte Materialentwicklung" zusammengefaßt werden. Dieses Projekt wurde unter der Förderung des BMWF bereits im Jahre 1987 begonnen. Es ist jedoch geplant, diese Aufgabenstellung in Zusam-

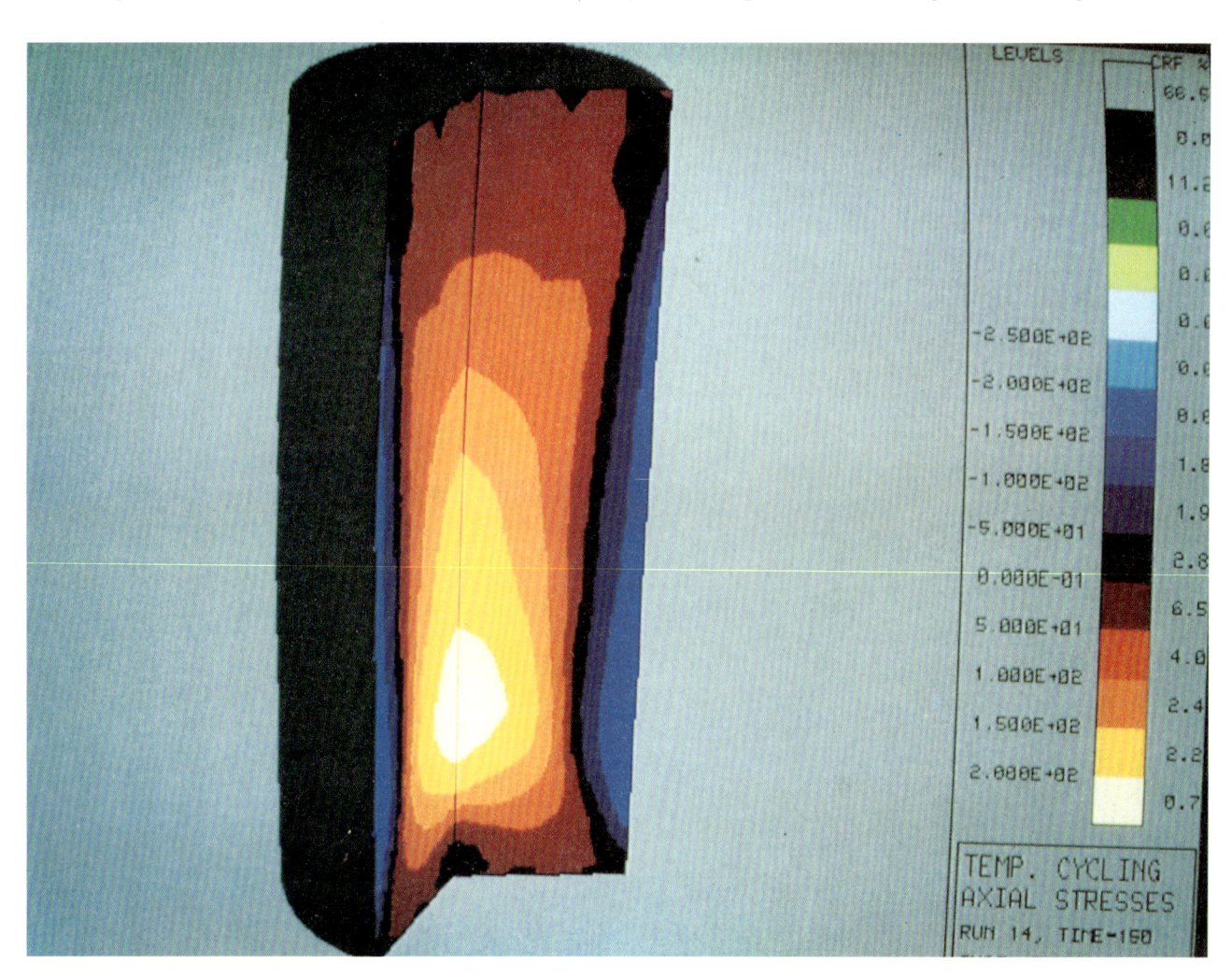

Bild 2: Längseigenspannungen in einem Edelstahlzylinder.

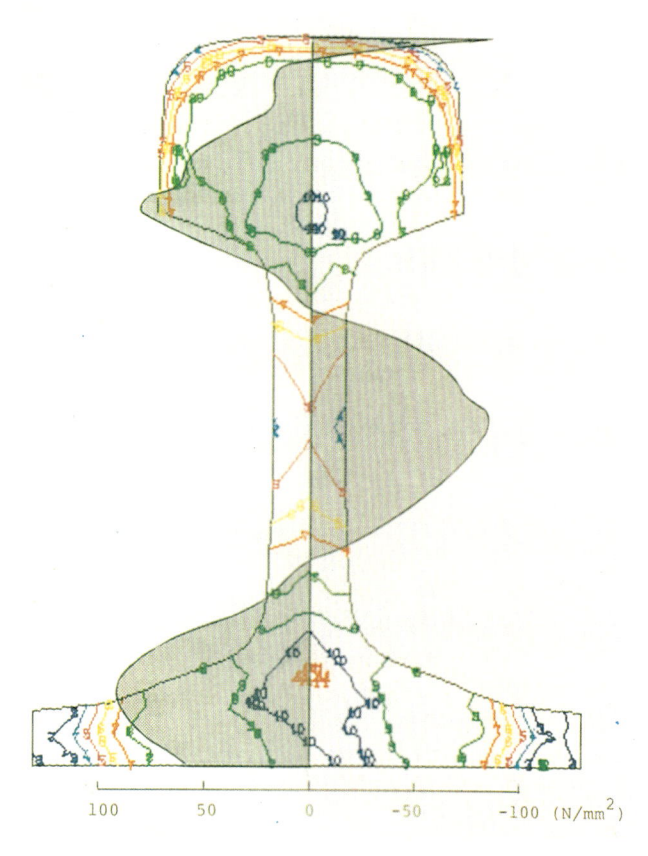

Bild 3: Längseigenspannungen in der Mittelebene einer Schiene.

menarbeit von mehreren universitären Forschungsstellen in direktem Kontakt mit der dafür interessierten Grundstoffindustrie in einem erheblich breiteren Rahmen als bisher als angewandte Grundlagenforschung zu betreiben. Die rechnerunterstützte Materialentwicklung setzt sich zum Ziel, das Materialverhalten eines Mehrstoffsystems unter Berücksichtigung der spezifischen Eigenschaften der einzelnen Phasen und deren geometrischen Abmessungen zu erfassen. Dabei sollen „künstlich" hergestellte Verbundwerkstoffe (z.B. Metallmatrixverbunde) genau so wie „natürliche" Verbunde (z.B. Grundwerkstoff mit Ausscheidungen) untersucht werden. Das Ziel dieses Forschungsprojektes ist es,

* die mikromechanischen Vorgänge (produktions- oder umwandlungsbedingte Eigenspannungen, Rißentstehung und -ausbreitung etc.) bei mechanischer und thermischer Beanspruchung besser zu verstehen;

* eine bessere Wissensbasis sowie eine Vorselektion der Versuchsparameter für die sicher nie durch Rechenmodelle ersetzbaren Versuche zu geben und somit eine erheblich verbesserte, zielorientierte Versuchsdurchführung zu gewährleisten;

* Verbundwerkstoffe zu entwerfen, die speziellen funktionellen Anforderungen entgegenkommen, z.B. durch Erzielung gewisser anisotroper Eigenschaften. Gegenüber dem früheren Konzept einer „werkstoffgerechten" Konstruktion stellt dies einen „Wechsel" zum „konstruktionsgerechten" Werkstoff dar.

# Institut für Metallkunde und Werkstoffprüfung

Im Vorlesungsverzeichnis für das Studienjahr 1940/41[1] der Montanistischen Hochschule wird erstmals ein Lehrstuhl für Metallkunde angeführt; dieser ist zwar noch im Lehrstuhl für Eisenhüttenkunde integriert und wird erst 1941 als räumlich getrennte Einheit geschaffen[2]. Die Ausbildung der Studenten des Hüttenwesens in Metallographie und Metallkunde reicht aber wesentlich weiter zurück. Bereits im Studienjahr 1908/09 wurde von F. Schraml, Professor für allgemeine Metall- und Sudhüttenkunde, im Rahmen der allgemeinen Hüttenkunde eine Metallographie als eigene Abteilung mit Übungen eingerichtet[2]. Die erste reine Fachvorlesung „Metallographie samt Übungen" wurde 1910 von K. Brisker als Privatdozent eingeführt, der seit 1913 als supplierender Professor und seit 1917 als Ordinarius die Eisenhüttenkunde an der Montanistischen Hochschule lehrte[3]. Nach dem frühen Tod von Brisker 1920 wurde 1921 mit Othmar Keil von Eichenthurn ein Nachfolger ernannt, der als Mitarbeiter und Schüler von P. Oberhoffer in Aachen selbst ein hervorragender Metallograph in Theorie und Praxis war und am Eisenhütteninstitut nachhaltige werkstoffkundliche Akzente setzte. Vor allem sind seine Arbeiten auf dem Gebiete der Metallographie und der Metallurgie des Gußeisens zu nennen. Da metallographische und metallkundliche Fragen in ihrer Bedeutung rasch zunahmen, förderte Keil die Habilitation seines Schülers und Mitarbeiters R. Mitsche auf dem Gebiet der Metallographie, die im Juni 1931 erfolgte. Im März 1932 wurde R. Mitsche Honorardozent für Metallkunde und im Oktober 1935 seine Habilitation auf das gesamte Gebiet der Metallkunde und Werkstoffprüfung ausgedehnt. Mit diesen wesentlichen Entscheidungen war die metallographisch-metallkundliche Ausbildung der Leobner Studenten des Hüttenwesens auf einem, für die damalige Zeit hohen Niveau gesichert. Neben dem Gegenstand der Metallographie wurde bereits seit dem Jahr 1929/30[4] das Fach Metallkunde als Pflichtgegenstand im Hüttenwesen geführt. Dementsprechend bezeichnete auch R. Mitsche Othmar Keil von Eichenthurn als den eigentlichen Initiator der Lehrkanzel für Metallkunde[2]. Mit dieser Entwicklung konnte sich die Metallkunde mit der Metallographie in der hüttenmännischen Ausbildung zu einem Zeitpunkt als eigenes Fachgebiet differenzieren, als über das rein phänomenologische Verhalten der Werkstoffe hinaus innere Zusammenhänge gesehen wurden, die zu einem tieferen Verständnis des Werkstoffverhaltens führten.

R. Mitsche, seit 1937 tit.ao.Hochschulprofessor, wurde mit Erlaß vom 28. Oktober 1939 zum außerplanmäßigen Professor ernannt und aufgrund eines Antrages des damaligen Rektors der Montanistischen Hochschule Bierbrauer vom 11. November 1940 mit Erlaß vom 1. April 1942 mit der Leitung des Extraordinariates für Metallkunde betraut. Mit Erlaß vom 24. Jänner 1951 wurde schließlich R. Mitsche zum ordentlichen Professor für Metallkunde und Werkstoffprüfung an der Montanistischen Hochschule berufen.

Für die Entfaltung des Fachgebietes der Metallkunde an der Montanistischen Hochschule hätte es kaum eine geeignetere Persönlichkeit als R. Mitsche geben können. Seine Kreativität und Vielseitigkeit, von der alle, die ihn persönlich gekannt haben, beeindruckt waren, befruchtete auch in außergewöhnlicher Weise und Breite die Entwicklung des Fachgebietes der Metallkunde. Schwerpunkte seines vielseitigen Schaffens, das in über 200 Publikationen allein und mit seinen Mitarbeitern in in- und ausländischen Fachzeitschriften seinen Niederschlag fand, waren: Metallographie des Gußeisens und der Graphitstruktur, Keimzustand von Gußeisenschmelzen, Umwandlungsverhalten der Stähle, Martensit und Martensitbildung, Legierungsentwicklungen auf dem Gebiete der Schnellarbeitsstähle und Hartmetalle, Makro- und insbesondere Mikrohärteprüfung, Bruchmechanik, Wechselbeanspruchung und Verformungsverhalten metallischer Werkstoffe, licht- und elektronen-optische Methoden und Apparate. Sein 1939 mit M. Nießner verfaßtes Lehrbuch „Angewandte Metallographie" wurde für viele Jahre zum Standardwerk für Studenten. Gemeinsam mit K. L. Maurer und H. Schäffer wurden 1974 ein Vergleichsatlas „Stahlgefüge im Licht- und Elektronenmikroskop" sowie 1978 mit F. Jeglitsch, H. Scheidl und St. Stanzl ein über 300 Seiten starker „Bruchatlas" herausgegeben, der für den Praktiker die Brücke zwischen der Lichtmikroskopie und der Rasterelektronenmikroskopie bilden sollte. Dementsprechend reich waren auch die wissenschaftlichen Auszeichnungen und Ehrungen, die R. Mitsche zuteil wurden (Le Chatelier-Medaille der französischen Akademie der Wissenschaften, Karl Josef Bayer-Medaille der Bundeskammer der gewerblichen Wirtschaft für hervorragende Verdienste in Wissenschaft und Forschung auf dem Gebiete des Aluminiums, Österreichisches Ehrenkreuz für Wissenschaft und Kunst, 1. Klasse; Peter Tunner-Medaille der Eisenhütte Österreich, Exner-Medaille des Österreichischen Gewerbevereins).

R. Mitsche emeritierte nach rund 40jähriger Tätigkeit für die Montanistische Hochschule mit Ende des Studienjahres 1972/73. Als sein Nachfolger wurde mit Dekret vom 26. Jänner 1975 Hellmut Fischmeister, Professor für Metallkunde an der Chalmers Technischen Hochschule in Göteburg, berufen. Er setzte vor allem auf den Gebieten der quantitativen Metallographie, der Erstarrungsforschung, der Pulvermetallurgie, der Bruchmechanik aber auch der Entwicklung von Hochtemperaturwerkstoffen neue Akzente. In diesem Zusammenhang ist zu erwähnen, daß H. Fischmeister für längere Zeit im europäischen COST 50 und später COST 501-Projekt über Werkstoffe für Gasturbinen der Chairman des Managementkomitees war. Als wissenschaftlich fruchtbar ist auch die Periode zu bezeichnen, in der H. Fischmeister als ordentlicher Professor für Metallkunde und Werkstoffprüfung in Leoben tätig war. In der Zeit zwischen 1975 und 1981 entstanden allein und mit Mitarbeitern des Institutes rund 30 Veröffentlichungen, nicht mitgerechnet jene Arbeiten, die er parallel während seiner Leobner Zeit an seinem ehemaligen schwedischen Institut weiterführte. Die intensive Beschäftigung mit der Erstarrungsforschung war auch die Basis dafür, daß das Institut für Metallkunde eines der drei werkstoffkundlichen Forschungsprojekte für das Spacelab-Programm stellen konnte, nämlich „Erstarrung nahe-monotektischer Metallschmelzen im schwerelosen Zustand und unter terrestrischen Bedingungen", das 1978 begonnen wurde und 1987 erfolgreich abgeschlossen werden konnte. Fischmeister war es auch, der als Federführender und Zustellungsbevollmächtigter den Forschungsschwerpunkt „Zähigkeit und Wechselfestigkeit von Eisenwerkstoffen" 1978/1983 initiierte, der nach seinem Ausscheiden aus dem Institut durch Prof. Dr. K. L. Maurer zu Ende geführt wurde. In diesem Forschungsschwerpunkt waren 11 Teilprojekte vereint; die Ergebnisse wurden in 37 Publikationen präsentiert, wobei innerhalb des Schwerpunktes 25 Diplomarbeiten und 9 Dissertationen abgeführt werden konnten.

Prof. Dr. H. Fischmeister folgte mit Ende des Studienjahres 1980/81 einem Ruf als Direktor an das Max-Planck-Institut für Metallforschung nach Stuttgart. Nach kurzer Vakanz wurde mit 1. Juni 1982 Prof. Dr. F. Jeglitsch auf das Ordinariat für Metallkunde und Werkstoffprüfung berufen.

Der wachsenden Bedeutung der Metallkunde und Werkstoffprüfung entsprechend nahm die Breite des Fachgebietes laufend zu. Mit Erlaß vom 18. Jänner 1973 wurden daher am Institut für Metallkunde und Werkstoffprüfung zwei Abteilungen eingerichtet und zwar für metallkundliche Metallographie und für mechanische und zerstörungsfreie Werkstoffprüfung und Elektronenmikroskopie, die vorerst von zwei Extraordinarien geleitet wurden.

## WIRKUNGSBEREICH UND AUSSTATTUNG

Aus den Anfängen der Metallographie hat das Fachgebiet der Metallkunde in den letzten Jahrzehnten eine große Differenzierung und starke wissenschaftliche Durchdringung erfahren. Die Grenzgebiete zur Physik, Mathematik, physikalischen Chemie und Mechanik sind diffus und durchlässig geworden. Dabei ist festzuhalten, daß es im deutschsprachigen Raum kein vergleichbares Universitätsinstitut gibt, in dem die Fachgebiete der Metallkunde und der Werkstoffprüfung gemeinsam vertreten werden. Gerade das führt aber zu einer gegenseitigen fruchtbaren Wechselbeziehung, weil z.B. viele Teilgebiete der Werkstoffprüfung, wie Kriechen, Hochtemperaturermüdung, Schwingungsbeanspruchung oder Bruchzähigkeit, zum tieferen Verständnis den metallkundlichen Hintergrund benötigen.

Das Institut hat in der Lehre die Aufgabe, die Fachgebiete der Metallkunde und Werkstoffprüfung vor allem in den beiden Studienrichtungen Hüttenwesen und Werkstoffwissenschaften in voller Breite und dem aktuellen Stand entsprechend zu vermitteln. In der Studienrichtung Hüttenwesen ist es vor allem der Studienzweig Metallkunde, der vom Institut getragen wird; für die Studienrichtung Werkstoffwissenschaften ist das Fach Metallkunde und Werkstoffprüfung das Schwerpunktfach der Studienrichtung. Darüber hinaus werden Lehrveranstaltungen in Form von Pflicht- und Wahlfächern in den Studienrichtungen Montanmaschinenwesen, Kunststofftechnik und Gesteinshüttenwesen angeboten. Demzufolge hat auch (mit einer kurzen Zwischenperiode) das Institut für Metallkunde den Vorsitzenden der Studienkommission und den Vorsitzenden der II. Diplomprüfungskommission für die Studienrichtung Werkstoffwissenschaften gestellt.

Seit Herbst 1988 kooperiert das Institut mit der Forschungsgesellschaft Joanneum Ges.m.b.H. auf dem Gebiete der Laser-Materialbearbeitung von Werkstoffen, was zur Errichtung eines Laserzentrums im Technologiepark Niklasdorf geführt hat, der am 7. März 1990 eröffnet wurde. Die Aufgaben des Laserzentrums Niklasdorf sind einerseits, auf dem Gebiet der Forschung energiereiche Strahlen zur Oberflächenbehandlung metallischer Werkstoffe einsetzen zu können (Oberflächenhärten und -legieren, Erzeugen rasch abgeschreckter Oberflächenstrukturen mit attraktiven Eigenschaften bis hin zu amorphen Schichten, Verschweißen von schwer oder nicht schweißbaren Materialien), andererseits der Industrie und den Betrieben unter Risikominimierung ein modernes Verfahren für Fertigung und Produktion zur Verfügung zu stellen. Das große Interesse der heimischen Industrie, zahlreiche Kooperationen und gemeinsame Forschungsprojekte bezeugen die Richtigkeit dieses Konzeptes.

Bild 1: 200 kV Transmissionselektronenmikroskop mit EDS-System.

Mit 2. März 1990 wurde von der ÖIAG (Österreichische Industrie AG) der Beschluß gefaßt, am Institut ein Christian-Doppler (CD)-Laboratorium für „Lasereinsatz in der Werkstofforschung" einzurichten. Die ÖIAG hat die Absicht, auf Fachgebieten, die

Bild 2: Elektronenstrahlmikroanalysator mit WDS-System.
FOTO FREISINGER Leoben.

für die Firmen der ÖIAG mittelfristig von großer strategischer Bedeutung sind, Laboratorien aufzubauen, die sich ausschließlich der Grundlagenforschung widmen und deren Ergebnisse vor allem in exzellenten wissenschaftlichen Zeitschriften zu publizieren sind. Die Errichtung eines solchen CD-Labors erfolgt um einen jüngeren Wissenschafter, dessen Ansehen und Programm einer strengen anonymen Begutachtung durch ausländische Fachkollegen unterzogen werden. Insgesamt plant die ÖIAG die Errichtung von rund 20 CD-Labors, in erster Linie an österreichischen Universitäten. Das Christian Doppler-Laboratorium für Lasereinsatz in der Werkstofforschung um die Person von Herrn Dr. R. Ebner, Universitätsassistent am Institut für Metallkunde und Werkstoffprüfung, ist das sechste Laboratorium in Österreich und das erste, das von der ÖIAG an der Montanuniversität errichtet wurde.

Forschung und Lehre auf dem Gebiete der Metallkunde und Werkstoffprüfung sind geräteintensiv geworden. Diese Tatsache gilt umso mehr, wenn das Institut aus einem inneren Selbstverständnis heraus ein dialogfähiger Partner für die einschlägige österreichische Metallindustrie sein will. Dementsprechend war in der Ausstattung des Institutes ein weiter Weg von dem 1940 errichteten Lehrstuhl, der praktisch ohne Ausrüstung dastand, bis zum heutigen Tag zurückzulegen. Tabelle 1 vermittelt einen kurz gefaßten Überblick über die heutige Ausstattung des Institutes für Metallkunde und Werkstoffprüfung.

**Tabelle 1: Gerätetechnische Ausstattung des Institutes für Metallkunde und Werkstoffprüfung.**

**METALLKUNDE:**

- Metallographie
- Lichtmikroskopie, 2 große Forschungsmikroskope und 10 Übungsmikroskope
- Rasterelektronenmikroskop mit EDS-Analysensystem
- Mikrosonde (WDS-Analysensystem)
- Raster-Durchstrahlungselektronenmikroskop 200 kV mit EDS-Analysensystem
- Durchstrahlungselektronenmikroskop 100 kV
- Automatischer Bildanalysator (OMNICON)
- Halbautomatischer Bildanalysator (MOP)
- Ellipsometer

**WERKSTOFFPRÜFUNG**

- Universal-Zug-Druckprüfmaschine 60 t
- Zugprüfmaschine 2 t
- Elektronisch gesteuerte Zerreißmaschine 20 t
- Hydropulser 10 t mit Hochtemperaturprüfeinrichtung und Rechnersteuerung
- Hydropulser 10 t mit Rechnersteuerung
- Hydropulsanlage Losenhausen für Bauteilprüfung +/-10 t
- Torsionsprüfmaschine
- Pendelschlagwerk 300 J
- Mikro- und Makrohärteprüfer
- Röntgengrobstrukturanlagen
- Ultraschallanlage

## TECHNOLOGIE

➢ Laseranlage:
  - Pulverförderanlage
  - 2,5 kW $CO_2$-Laser
  - 6 Achsen Steuer- und Bewegungseinheit
➢ Sputteranlagen
  - Magnetronsputteranlage für Hartstoffschichten
➢ Wärmebehandlungsanlagen
➢ Gradientenerstarrungsanlagen
➢ Korrosionsprüfgerät
➢ Schichtdickenmeßgerät

## INSTITUTSPERSONAL
(Stichtag 31.12.1989)

O.Univ.Prof. Dipl.Ing. Dr.mont. Franz JEGLITSCH, Institutsvorstand
Ao.Univ.Prof. Dipl.Ing. Dr.mont. Karl L. MAURER, Leiter der Abteilung für Werkstoffprüfung
Univ.Doz. Mag.et Dr.rer.nat. Robert DANZER, Assistenzprofessor (karenziert)
Dipl.Ing. Dr.mont. Albert KNEISSL, Assistenzprofessor
Dipl.Ing. Dr.mont. Reinhold EBNER, Universitätsassistent
Dipl.Ing. Gerhard HACKL, Universitätsassistent
Dipl.Ing. Franz GROISBÖCK, Vertragsassistent
Dipl.Ing. Leopold KNIEWALLNER, Vertragsassistent
Dipl.Ing. Christian MITTERER, Vertragsassistent
Dipl.Ing. Helmut PANZENBÖCK, Vertragsassistent
Dipl.Ing. Michael PANZENBÖCK, Vertragsassistent
Dipl.Ing. Dr.mont. Michael WINDHAGER, Vertragsassistent
Ernst BRANDSTETTER, Studienassistent
Dipl.Ing. Heinrich SCHÄFFER, Oberrat
Erwin HOCHREITER, Vertragsbediensteter
Walter KOPPER, Vertragsbediensteter
Bruno KRAJNC, Vertragsbediensteter
Claudia KRISTAN, Vertragsbedienstete

Bild 3: Einstellung des Laserkopfes der 2,5 kW $CO_2$-Laseranlage.
FOTO FREISINGER Leoben.

Gottfried MASTNAK, Vertragsbediensteter
Silvia PÖLZL, Vertragsbedienstete
Hildegard PRILLING, Vertragsbedienstete
Dipl.Ing. Dr.mont. Helmut SCHEIDL, Vertragsbediensteter
Erich TROGER, Vertragsbediensteter
Barbara SCHAGER, Jugendliche

In den letzten Jahren war es immer wieder möglich, aus Forschungsprojekten (BMWF, Fonds zur Förderung der wissenschaftlichen Forschung, Forschungsförderungsfonds, Forschungsprojekte mit der Industrie) mehrere Vertragsassistenten und Studienassistenten fremdfinanziert anzustellen. Mit Stichtag 31. Dezember 1989 waren dies 5 Vertragsassistentenstellen und 1 halbtagsbeschäftigter Vertragsbediensteter.

Wenn der derzeitige Stand des Institutspersonals aufgeführt wird, geziemt es sich, zweier Mitarbeiter zu gedenken, die viele Jahre am Institut tätig waren und das Klima des Institutes in entscheidender Weise mitgestaltet haben. Frau Fachoberinspektor Josefine Wallner, die praktisch mit der Gründung des Lehrstuhles 1942 eintrat, war vor allem in den ersten Jahrzehnten die Seele des Institutes und leitete die Metallographie bis kurz vor ihrem Übertritt in den Ruhestand und dem fast gleichzeitig erfolgten Ableben im Dezember 1987. Mehr als 45 Jahre gehörte sie dem Institut an, das ihre Lebenserfüllung war. Welcher Student und Absolvent dieser Zeit kann sich nicht an die Frau Wallner erinnern, an ihre stete Hilfsbereitschaft und an ihre große metallographische Erfahrung. Als weiterer, langjähriger Mitarbeiter des Institutes ist Herr Fachoberlehrer Johann Lederhaas zu nennen, der 1965 in die Dienste des Institutes eintrat, für viele Jahre die Werkstätte leitete und seit Mitte der 70er Jahre auf dem Gebiete der Werkstoffprüfung tätig war. Herr Lederhaas, der neben seinen ausgeprägten sportlichen Ambitionen auch durch 16 Jahre den Dienststellenausschuß der sonstigen Bediensteten als Obmann leitete, hat sich durch seine ausgleichende und besonnene Art am Zustandekommen eines kooperativen Klimas, nicht nur am Institut, sondern auch an der gesamten Montanuniversität, große Verdienste erworben.

Dem Institut sind weiter fachlich zugeordnet:
O.Univ.Prof. Dipl.Ing. Dr.mont. Horst CERJAK
Hon.Prof. Dr.phil. Hellmut FISCHMEISTER
Hon.Prof. Dr.phil. Ekkehart KRAINER
Dr.phil. Wilfried MADER
Dr. Alfred MALASEK
Dipl.Ing. Dr.mont. Franz MATZER
Hon.Prof. Dipl.Ing. Dr.mont. Harald SEVERUS-LAUBENFELD
Dipl.Ing. Dr.techn. Harald TRIEBEL
Dipl.Ing. Dr.techn. Georg WIDTMANN

Im Studienjahr 1988/89 war am Institut Herr Doz. Dr. Pawel MALECKI von der Technischen Universität in Posen als Gastwissenschaftler tätig.

## LEHRE

Die Lehrveranstaltungen des Institutes betreffen folgende Fachgebiete:

Allgemeine und besondere Metallkunde, Werkstoffkunde metallischer Werkstoffe, Metallkundliche Arbeitsverfahren, Allgemeine und spezielle Werkstoffprüfung, Werkstoffprüfung für Maschinenbauer, Pulvermetallurgie und Sinterwerkstoffe, Werkstoffe der Kerntechnik, Metallische Sonder- und Verbundwerkstoffe, Magnetwerkstoffe, Hartstoffe, Werkstoffe der Hochtemperaturtechnik, Durchstrahlungselektronenmikroskopie, Chemische und physikalische Verfahren der Oberflächentechnik, Bearbeitungstechnik, Strahlenschutz in der Technik, Gewerbliche Schutzrechte und deren Verwertung sowie das Konversatorium Probleme der Werkstoffanwendung und die Werkstoffkundliche Exkursion.

Das derzeitige Lehrangebot des Institutes (Vorlesungen und Übungen aber ohne Exkursion und jene Gegenstände, die als Anleitungen zu selbständigen wissenschaftlichen Arbeiten geführt werden) beläuft sich auf 62 Semesterwochenstunden. Davon entfallen 56% auf Vorlesungen, 32% auf Übungen und 12% auf Seminare und Konversatorien. Ein Teil der Lehrveranstaltungen, nämlich 29%, muß durch auswärtige Lehrbeauftragte abgedeckt werden. Die Exkursion wird für die Studenten der Studienrichtung Werkstoffwissenschaften geführt. Die Studenten des Studienzweiges Metallkunde in der Studienrichtung Hüttenwesen nehmen an der Eisenhüttenmännischen Exkursion teil. Die Exkursionen besuchen Forschungs- und Qualitätsstellen, insbesondere in Österreich, in der Schweiz und im (süd)deutschen Raum, die auf einem sehr breiten Werkstoffsektor, der sich nicht nur auf die metallischen Werkstoffe allein beschränkt, tätig sind.

In den 50 Jahren des Bestehens des Institutes wurden rund 250 Diplomarbeiten betreut. Es war immer das Bestreben des Institutes, einen wesentlichen Teil der Diplomarbeiten auf praxisbezogene Fragestellungen auszurichten, sodaß diese auch in Betrieben durchgeführt werden konnten.

Zu den vornehmen Aufgaben eines Universitätsinstitutes gehört die Betreuung des wissenschaftlichen Nachwuchses bei Dissertationen und Habilitationen. Zwischen 1970 und 1989 wurden 44 Dissertationen abgeschlossen, das sind rund 12% aller in diesem Zeitraum an der Montanuniversität durchgeführten Arbeiten. Die Montanuniversität verfügt seit der Verleihung des Promotionsrechtes 1904 über zwei Kandidaten, die ihre Doktoratsstudien sub auspiciis präsidentis ablegen konnten. Es ist erfreulich, daß ein Kandidat, nämlich Herr Dr. Lorenz Sigl, 1985 am Institut für Metallkunde und Werkstoffprüfung promoviert hat.

Auf dem Gebiet der Metallkunde und Werkstoffprüfung haben sich seit 1940 folgende Personen habilitiert:

E. M. Modl-Onitsch: Pulvermetallurgie
K. L. Maurer: Metallkundliche Werkstoffprüfung
F. Jeglitsch: Metallkundliche Metallographie
H. Cerjak: Werkstoffe der Kerntechnik
R. Danzer: Werkstoffprüfung

## WISSENSCHAFTLICHE ARBEITEN

Die wissenschaftlichen Arbeiten des Institutes haben in den letzten Jahren eine große Breite erlangt; die meisten Themen beziehen sich auf Fragestellungen, deren Ergebnisse für die Industrie zumindest mittelfristig von Interesse sind. Ohne das Arbeitsgebiet in seiner Gesamtgröße darstellen zu können, seien folgende wesentliche Teilgebiete der letzten Jahre genannt:

- Quantitative Metallographie und Gefügecharakterisierung;
- Erstarrungsforschung, Phänomene der Rascherstarrung, Übersättigung und metastabile Phasen;
- Legierungsentwicklung (HSLA-Stähle, Schnellarbeitsstähle, hoch- und höchstfeste Aluminiumlegierungen, Implantatwerkstoffe, monotektische Legierungen, superplastische Legierungen, Faser- und Teilchen-Verbundwerkstoffe mit Al-Matrix);
- Oberflächenveredelung metallischer Werkstoffe (CVD- und PVD-Schichten, Behandlung mit energiereichen Strahlen (Elektronen- und Laserstrahlen));
- Pulvermetallurgie (Pulvercharakterisierung, Flüssigphasensintern, SPLAT-Schichten);
- Bruchmechanik, Rißbeginn, Rißfortschritt und Mikrostruktur;
- Ermüdung im Low und High Cycle Bereich;
- Kriechen und Hochtemperaturermüdung, Schadensmechanismen, Bruchverhalten;
- Lebensdauerprognose und probabilistische Versagenskonzepte;
- Schadensfälle und deren Aufklärung.

Bild 4: Feuchtfröhlicher Ausklang der Werkstoffkundlichen Exkursion 1989.

Einen wesentlichen Impuls erhalten die Institutsarbeiten durch externe Forschungsarbeiten. Im Studienjahr 1988/89 waren 11 Projekte im Laufen, die vom BMWF, FWF, FFF, Land Steiermark sowie dem Jubiläumsfonds der Österreichischen Nationalbank finanziell unterstützt wurden. Damit ist es dem Institut möglich geworden, an EG-Forschungsprogrammen teilzunehmen wie dem COST 506-Projekt „Advanced Materials for Transport" sowie am EUREKA-Projekt EU 155.

Von 1984 bis 1989 wurde der vom Fonds zur Förderung der wissenschaftlichen Forschung geförderte Schwerpunkt „Hochleistungswerkstoffe" mit 12 Teilprojekten durchgeführt. Der Verfasser dieser Zeilen war der Federführende und Zustellungsbevollmächtigte des Schwerpunktes; folgende Teilprojekte wurden am Institut durchgeführt:

- Entwicklungen zur Festigkeits- und Zähigkeitsverbesserung hoch- und höchstfester AlZnMgCu-Legierungen;
- Implantate auf der Basis von Tantal und Niobwerkstoffen;
- Einfluß von thermischen und mechanischen Verfahrensschritten sowie gezielter Legierungskombinationen auf Gefüge und Eigenschaften mikrolegierter Stähle;
- Einfluß von Legierungsvariationen (insbesondere auf der Basis von Niob) auf die Eigenschaften schmelzmetallurgisch hergestellter Hochleistungsschneidwerkstoffe;
- Pulvermetallurgisch hergestellte Hochleistungsschneidwerkstoffe.

In den 12 Teilprojekten des Schwerpunktes waren insgesamt 56 Mitarbeiter, davon 29 fremdfinanziert, tätig. Die Ergebnisse der einzelnen Teilprojekte wurden in insgesamt 44 Vorträgen und 48 Publikationen präsentiert; zur Unterstützung und im Rahmen der Teilprojekte sind 13 Diplomarbeiten und 8 Dissertationen abgewickelt worden.

Aus den Institutsberichten der letzten 5 Jahre[5] ist zu entnehmen, daß die wissenschaftliche Aktivität des Institutes im Schnitt pro Studienjahr zu 30 Vorträgen und 25 Publikationen in wissenschaftlichen Zeitschriften führt. So manche der angeführten Arbeiten werden mit der einschlägigen Industrie durchgeführt.

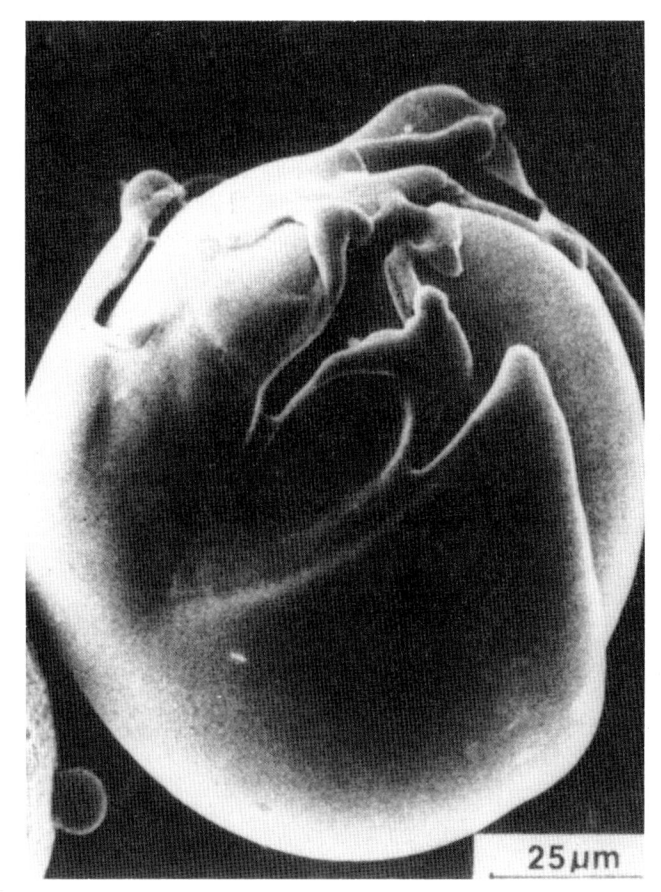

Bild 5: Verdüstes und rasch erstarrtes Schnellarbeitsstahl-Pulverteilchen mit SPLAT-Schicht.

In besonderer Weise wird die wissenschaftliche Kommunikation unter Fachkollegen durch Tagungen und Symposien stimuliert. Das Institut ist daher Träger oder Mitveranstalter von vielen Fachtagungen, wobei die wichtigsten auf Initiative von R. Mitsche zurückgehen. Als die wesentlichsten Veranstaltungen des Institutes sind zu nennen:

- Internationale Leichtmetall-Tagungen, die mit der österreichischen Aluminium-Industrie und der Bundeskammer der gewerblichen Wirtschaft durchgeführt werden. Die erste wurde bereits 1934 in Leoben abgehalten, die folgenden in den Jahren 1948, 1956, 1961, 1968, 1975 und 1981. Die letzte Tagung 1987 vereinigte wieder aus rund 30 Ländern der Erde alle wichtigen Aluminium-Produzenten, -Verarbeiter und -Verbraucher.

- Internationale Metallographie-Tagungen; die erste wurde 1963 im deutschsprachigen Raum in Leoben ins Leben gerufen; in der Zwischenzeit hat sich ein abwechselnder Rhythmus zu den „deutschen" Metallographie-Tagungen eingestellt. Die Internationalen Leobner Metallographie-Tagungen werden seit dem Jahr 1966 in einem 4jährigen Intervall abgehalten, sodaß im Jahr 1990 vor den Jubiläumstagen der Montanuniversität Mitte Oktober die 8. durchgeführt werden wird.

Seit dem Jahre 1953 werden vom Institut am Arlberg die von R. Mitsche ins Leben gerufenen, in der Fachwelt und in der Industrie wohlbekannten Metallkunde-Kolloquien organisiert, die ein ideales und zwangloses Diskussionsforum zwischen Wissenschaft und Wirtschaft darstellen und wobei aktuelle Werkstofffragen in Kurzvorträgen und eingehenden Diskussionen behandelt werden. 1990 wurde das 36. Metallkunde-Kolloquium in Lech am Arlberg durchgeführt, dessen Generalthema auf den Einsatz und die Entwicklungstendenzen von modernen Werkstoffen ausgerichtet war.

Im Hinblick auf die Bedeutung ist auch noch auf folgende Einzelveranstaltungen hinzuweisen:

Symposien „Gefüge und Bruch", 25./26. November 1976 und 31.5. bis 2.6.1989

European Group on Fracture-Tagung, 22–24. September 1982

First International High Speed Steel Conference, 26.–28. März 1990.

Es ist erfreulich, feststellen zu dürfen, daß die wissenschaftlichen Aktivitäten des Institutes und deren Mitarbeiter Anerkennung finden und durch Preise ausgezeichnet werden. Aus den letzten Jahren ist zu erwähnen:

- Hatchett Award 1984 (Riedl, Karagöz, Fischmeister, Jeglitsch) durch die Metals Society/England für die beste Arbeit im Zusammenhang mit dem Metall Niob;

- Masing Gedächtnispreis der Deutschen Gesellschaft für Metallkunde 1986 an R. Danzer für die Arbeit „Systematische Untersuchungen zur Wechselwirkung von Kriechen und Ermüdung von Superlegierungen bei hohen Temperaturen";

- Henry Clifton Sorby Award an F. Jeglitsch; höchste wissenschaftliche Auszeichnung der International Metallographic Society, Toronto 1988;

- Buehler-Preis 1988 (R. Ebner, E. Pfleger, F. Jeglitsch, K. Leban, G. Goldschmied, A. Schuler) für die beste metallographische Arbeit in der Praktischen Metallographie 1988.

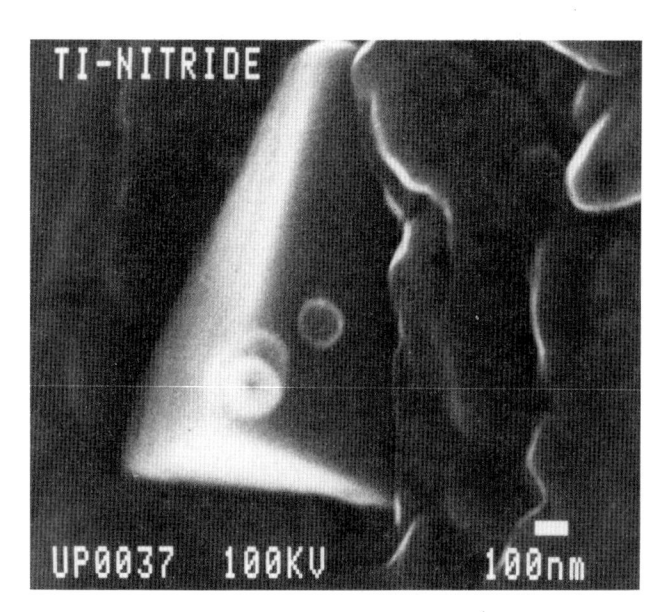

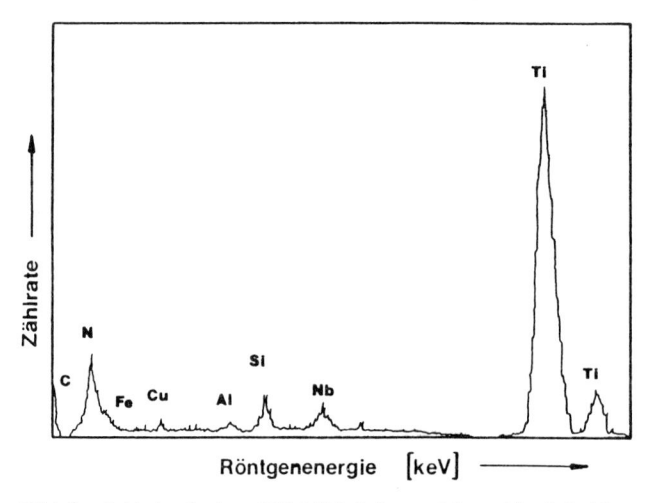

Bild 6: C-Abdruck eines HSLA (High Strength Low Alloy)-Stahles; STEM-Aufnahme, Vergrößerung 50.0000-fach. Oben: Titannitrid mit „Einschußlöchern" des analysierenden Elektronenstrahls. Unten: Zugehörige Röntgenanalyse (nach A. Kneißl).

Bild 7: Bundespräsident Dr. Jonas, Rektor Prof. Dr. K. Zeppelzauer, Prorektor Prof. Dr. A. W. Reitz, Prof. Dr. R. Mitsche beim Empfang des Landeshauptmannes Josef Krainer anläßlich der Eröffnung der 5. Internationalen Leichtmetall-Tagung im neu eingeweihten Auditorium Maximum, 1968.

FOTO RADERBAUER Leoben.

## SONSTIGE AKTIVITÄTEN UND AUFGABEN

Zur Erinnerung an den Mentor der österreichischen Metallkunde, Prof. Dr. R. Mitsche, haben die Eisenhütte Österreich, der Fachverband der Metallindustrie der Bundeskammer der gewerblichen Wirtschaft sowie die Deutsche Gesellschaft für Metallkunde im Jahre 1982 für besondere Leistungen auf dem Gebiete der Metallographie den Roland Mitsche-Preis gestiftet. Den Vorsitz im Preiskuratorium, dessen Mitglieder von den stiftenden Institutionen entsandt werden, obliegt dem jeweiligen Ordinarius für Metallkunde. Mit dem Preis, der alle zwei Jahre anläßlich der Metallographie-Tagungen zur Verleihung kommt, wurden bis jetzt ausgezeichnet:

1984 Prof. Dr. G. Petzow und Frau L. Gessner
1986 Prof. Dr. H. Fischmeister und Frau J. Wallner
1988 Frau Fachstudiendirektor Charlotte Wachau mit der metallographischen Ausbildungsstätte des Lette-Vereins in Berlin.

Da das Institut für Metallkunde und Werkstoffprüfung das einzige dieser Art in Österreich ist, hat es auf den ihm anvertrauten Fachgebieten extern in Wissenschaft und Wirtschaft eine Reihe von Aufgaben zu erfüllen. So ist allein der Verfasser dieser Zeilen und Institutsvorstand im In- und Ausland in rund 10 Funktionen tätig, etwa als Sprecher und Mitglied des wissenschaftlich-industriellen Fachbeirates „Engineering" des Österreichischen Forschungs-

Bild 8: Verleihung des Roland Mitsche-Preises für außergewöhnliche Verdienste auf dem Gebiet der Metallographie an Prof. H. Fischmeister und Frau Fachoberinspektor J. Wallner anläßlich der 7. Internationalen Leobner Metallographietagung, Oktober 1986.

zentrums Seibersdorf, als stellvertretender Vorsitzender und Mitglied des wissenschaftlich-technischen Beirates der Forschungsgesellschaft Joanneum Ges.m.b.H. sowie als Mitglied des Direktoriums der Christian Doppler Laboratorien der ÖIAG. Weiters ist er Mitglied des Aufsichtsrates eines metallverarbeitenden Unternehmens der verstaatlichten Industrie. Vor kurzem wurde ihm auch der Vorsitz im neu geschaffenen Verein der Leobner Werkstoffwissenschafter übertragen.

Prof. Maurer ist unter anderem Mitglied der europäischen Arbeitsgruppe Fracture, Mitglied des Österreichischen Stahlbauverbandes und des Arbeitskreises über Bruchmechanik, Mitglied des Vorstandes der österreichischen Gesellschaft für zerstörungsfreie Werkstoffprüfung. Herr Dr. Kneißl ist Mitglied des wissenschaftlichen Beirates der ASA für Weltraumfragen.

Das Institut erfreut sich guter und fruchtbarer internationaler Kontakte und Kooperationen. In diesem Zusammenhang ist der halbjährige Studienaufenthalt von Herrn Dr. Kneißl im Rahmen des HSLA-Projektes 1988 am Basic Metals Processing Research Institute, Prof. A. J. DeArdo, University of Pittsburgh, zu nennen.

## AUSBLICK

Der Lehrstuhl für Metallkunde feiert im Jubiläumsjahr der Montanuniversität sein 50-jähriges

Bestehen. Einerseits sind die Aufgaben des Institutes insofern die gleichen geblieben, als unter Beachtung der Einheit von Forschung und Lehre vor allem den Studenten der Studienrichtungen Werkstoffwissenschaften und Hüttenwesen die Grundlagen eines modernen werkstoffkundlichen Wissens mit entsprechender Anwendungsbezogenheit zu vermitteln sind, andererseits hat die Bedeutung der metallischen Werkstoffe und damit auch das metallkundliche Wissen in den letzten Jahrzehnten außergewöhnlich zugenommen. Dementsprechend haben sich auch die Ausbildungswege entwickelt; angefangen von einer allgemeinen metallographisch-metallkundlichen Ausbildung der Studenten des Hüttenwesens über einen eigenen Studienzweig Metallkunde im Hüttenwesen bis hin zur Studienrichtung Werkstoffwissenschaften.

Da die Werkstoffe etwas sehr Komplexes sind, deren Entwicklung am grünen Tisch nur aus den Grundlagen heraus erst in Einzelfällen und punktuell möglich ist, bleibt für die Zukunft noch viel zu tun. Werkstoffe, die durch die steigenden Anforderungen der Technik zunehmend im Grenzbereich ihrer Eigenschaften beansprucht werden, benötigen für ihre Weiterentwicklung ein noch tieferes Verständnis der metallkundlichen Grundlagen.

Damit ist das Fachgebiet der Metallkunde und Werkstoffprüfung, der Werkstoffwissenschaften ein junges, aufregendes und attraktives Forschungsgebiet, das wie in der Vergangenheit auch in Zukunft seine Mitarbeiter begeistern wird.

## ANMERKUNGEN

[1] Vorlesungsverzeichnis der Montanistischen Hochschule für das Studienjahr 1940/41.
[2] R. Mitsche: Die Lehrkanzel für Metallkunde und Werkstoffprüfung, S. 80/86; Die Montanistische Hochschule Leoben 1849 – 1949.
[3] R. Walzel: Die Lehrkanzel für Eisenhüttenkunde und das Eisenhütteninstitut, S. 87/94; Die Montanistische Hochschule Leoben 1849 – 1949.
[4] Vorlesungsverzeichnis der Montanistischen Hochschule für das Studienjahr 1929/30.
[5] Institutsberichte der Jahre 1983/84 bis 1987/88.

*Verfasser: F. JEGLITSCH*

# Institut für Metallphysik und Erich-Schmid-Institut für Festkörperphysik der Österreichischen Akademie der Wissenschaften

1971 erhielt die Montanistische Hochschule eine Lehrkanzel und ein Institut für Metallphysik. Hauptzweck dieser Gründung – für die sich der damalige Rektor A. W. Reitz besonders tatkräftig eingesetzt hatte – war es, das Lehrangebot für die neu errichtete Studienrichtung „Werkstoffwissenschaften" sinnvoll zu ergänzen.

Gleichzeitig gründete die Österreichische Akademie der Wissenschaften ein Institut für Festkörperphysik, ebenfalls in Leoben. Es erhielt die Aufgabe, Grundlagenforschung auf dem Gebiet der Werkstoffwissenschaften zu betreiben.

Im weiteren Verlauf erhielt dieses Institut den Namen „Erich-Schmid-Institut". Erich Schmid, Ehrendoktor unserer Universität, gehörte zu den Pionieren der Metallphysik. Als langjähriger Präsident der Österreichischen Akademie der Wissenschaften betrieb und förderte er nicht nur diese Neugründung (die seinem eigenen Arbeitsgebiet am besten entsprach), sondern auch die Einrichtung mehrerer anderer Akademie-Institute.

Von vornherein bestand der Plan, Aufbau und Leitung beider Institute einem einzigen Wissenschaftler in Personalunion zu übertragen. Hierfür wurde

Bild 1: Institutsgebäude der Österreichischen Akademie der Wissenschaften.

Prof. Dr. Hein Peter Stüwe berufen, der seinen Dienst am 1.9.1971 antrat. Er widmet sich diesen beiden miteinander verbundenen Aufgaben bis heute.

Nachdem in den Gründungsjahren beide Institute in Gebäuden der Hochschule untergebracht waren, ist es jetzt umgekehrt: 1975 konnte die Akademie ein eigenes Institutsgebäude einweihen, in dem nun das Universitätsinstitut zu Gast ist (Bild 1). So kann die beabsichtigte enge Zusammenarbeit beider Institute auch in der täglichen Arbeit gut gepflegt werden.

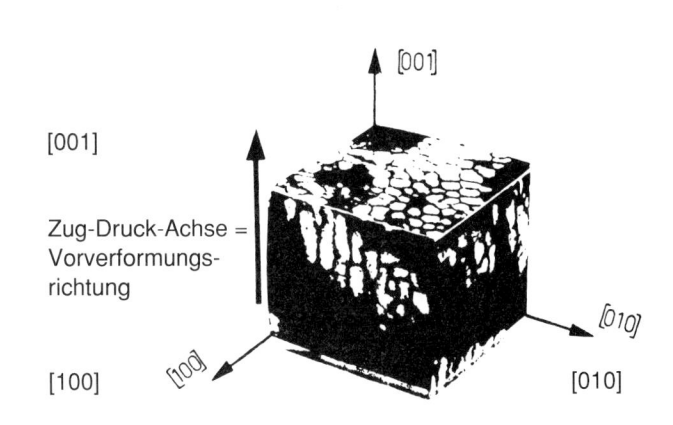

Bild 2: Zellstruktur in einem zyklisch verformten Kupfer-Kristall. Die Kantenlänge des Würfels entspricht ca. 4 µm.

## INSTITUTSPERSONAL

Zum Universitätsinstitut gehören derzeit:

O.Univ.Prof. Dr.rer.nat. Dr.h.c. Hein Peter STÜWE, Institutsvorstand
Univ.Doz. Dr.phil. Ingomar JÄGER, Assistenzprofessor, stellv. Institutsvorstand
Univ.Doz. Dipl.Ing. Dr.techn. Balder ORTNER, Assistenzprofessor
Dr.phil. Werner PRANTL, Oberrat
Dipl.Ing. Dr.mont. Ewald WERNER, Universitätsassistent
Gertrude HUBENY, Vertragsbedienstete
Maria Anna RAMSENTHALER, Kontrollor
Petra VALTINGOIER, Vertragsbedienstete
Univ.Doz. Dipl.Ing. Dr.mont. Gernot KIRCHNER, als Dozent dem Institut für Metallphysik zugeordnet

Zum Institut der Akademie gehören derzeit:

O.Univ.Prof. Dr.rer.nat. Dr.h.c. Hein Peter STÜWE, Institutsdirektor
tit.Ao.Univ.Prof. Univ.Doz. Dipl.Ing. Dr.mont. Erwin PINK, stellv. Institutsdirektor
Günter ASCHAUER, Mechaniker
Jakob BERNHARD, Mechaniker
Ing. Wolfgang BERNT, Laborant
Gerlinde BLASCHEK
Dr.phil. Werner DUBOFSKY, wissenschaftl. Mitarbeiter, 1. stellv. Vorsitzender des Betriebsrates der Österreichischen Akademie der Wissenschaften
Herwig FELBER, Elektroniker
Dipl.Ing. Monika FELLNER, wissenschaftl. Mitarbeiterin
Dipl.Ing. Klaus HABERZ, wissenschaftl. Mitarbeiter
Dipl.Ing. Dr.mont. Otmar KOLEDNIK, wissenschaftl. Mitarbeiter
Günther KRAINZ, Werkstättenleiter
Edda LAUSECKER-STEINKLAUBER, Sekretärin
Ing. Friedrich MITTER, Elektroniker
Dipl.Ing. Dr.mont. Reinhard PIPPAN, wissenschaftl. Mitarbeiter
Maria PUSTER
Inge REHSMANN, Sekretärin
Dipl.Ing. Thomas SCHÖBERL, wissenschaftl. Mitarbeiter
Henning SCHÜTZ, Laborant
Dipl.Ing. Guo-Xin SHAN, Stipendiat
Univ.Doz. Dipl.Ing. Dr.mont. Dr.phil. Gerhard SPERL, wissenschaftl. Mitarbeiter
Stephanie STREIBL
Karl TODTNER, Elektroniker
Franz WABNEGG, Mechaniker
Dipl.Ing. Herbert WEINHANDL, wissenschaftl. Mitarbeiter

## LEHRE

Das Lehrangebot des Universitätsinstitutes richtet sich vor allem an die Studenten der Werkstoffwissenschaften und zwar mit folgenden Lehrveranstaltungen:

Feinstruktur und Beugungsverfahren sowie Metallphysik I, II und III, und Übungen hierzu.

Diese Pflichtfächer werden ergänzt durch Wahl- und Wahl-Pflicht-Fächer. Derzeit werden angeboten:

Ausgewählte Kapitel aus der Festkörperphysik und Ausgewählte Kapitel aus der Festkörpermechanik, Theorie der mechanischen Eigenschaften der

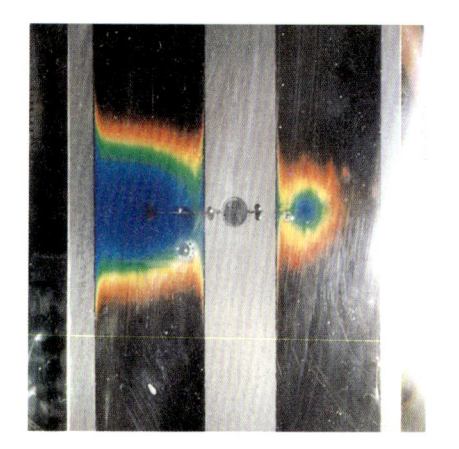

Bild 3: Temperaturfeld um zwei sich in Stahl ausbreitende Ermüdungsrisse. Die ganze Breite der Farbskala entspricht einer Temperaturdifferenz von 0.7 °C.

Werkstoffe, Einführung in die Oberflächen- und Grenzflächenphysik, Experimentelle Methoden der Metallphysik, Durchstrahlungselektronenmikroskopie von Festkörpern, Einführung in die Legierungstheorie, ein Seminar aus Festkörperphysik sowie die Anleitung zu wissenschaftlichen Arbeiten.

Das Akademieinstitut hat keine Lehraufgaben, doch können dort Diplomarbeiten und Dissertationen betreut werden.

## EINIGE BEISPIELE AUS DEM ARBEITSGEBIET DER BEIDEN INSTITUTE

PLASTIZITÄT

Verformt man ein Metall plastisch, so wird es in der Regel fester. Kehrt man dann aber die Verfor-

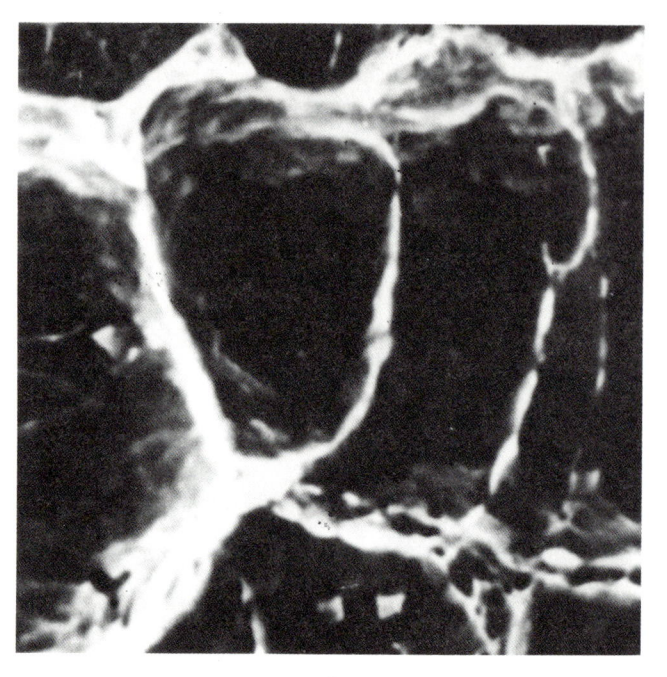

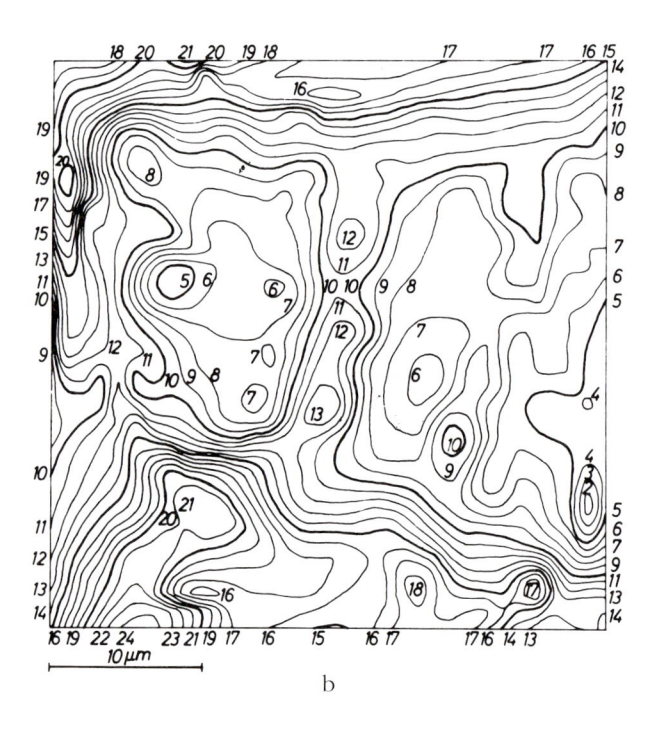

Bild 4: Ausschnitt aus einer Gewaltbruchfläche (die Bildkante enspricht ca 40 μm).
a) rasterelektronische Aufnahme
b) zugehörige „Landkarte".

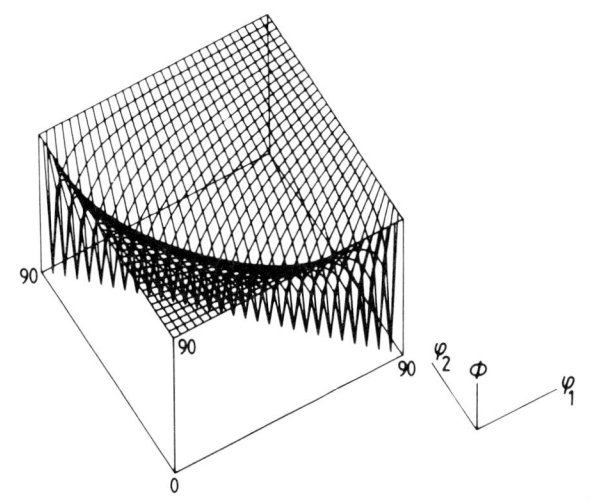

Bild 5: Beim Vergleich der Orientierung zweier kubischer Kristalle wird der Eulerraum in mehrere gleichwertige Bereiche unterteilt.

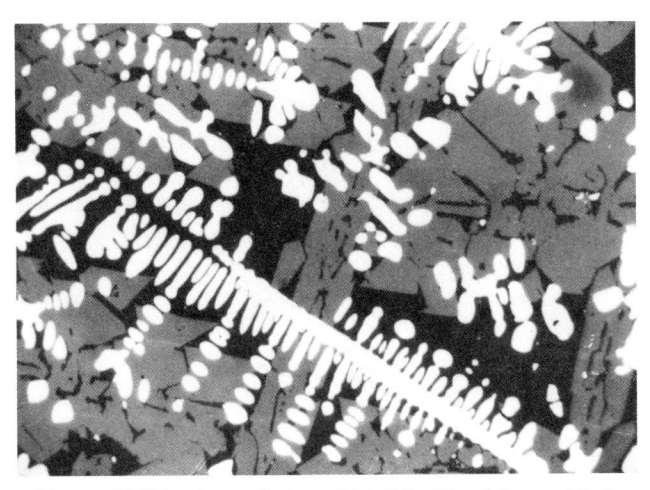

Bild 7: Schliff durch eine frühgeschichtliche Eisenhüttenschlacke. 200-fach.

mungsrichtung mehrfach um, so kann es wieder weicher werden. Das hat den Grund, daß sich die „Versetzungen" genannten Gitterfehler im Kristall umordnen. Diese Vorgänge haben z.B. Bedeutung für das Verständnis der Gefügeeigenschaften, die beim Rundschmieden entstehen. Bild 2 zeigt die dabei entstehende typische „Zellstruktur" am Beispiel eines Kupferkristalls. Die Wände des gezeigten Modellwürfels bestehen aus elektronenmikroskopischen Durchstrahl-Aufnahmen von dünnen Folien, die längs und quer zur Belastungsrichtung entnommen wurden.

ERMÜDUNGSBRUCH

Breitet sich ein Ermüdungsriß aus, so wird im Kerbgrund mechanische Arbeit in Wärme umgesetzt. Unter technisch interessanten Bedingungen sind die Wärmemengen freilich so klein, daß sie sich nur schwer messen lassen. Die entsprechenden Temperaturfelder kann man aber mit Flüssigkristallen sichtbar machen, wie in Bild 3 für eine Probe mit einem kleinen und einem größeren Anriß gezeigt. Aus diesen Temperaturfeldern kann man die Wärmeentwicklung berechnen und gewinnt Rückschlüsse über die mechanischen Vorgänge im Kerbgrund.

ZÄHER GEWALTBRUCH

Beim zähen Gewaltbruch enstehen zwei Bruchflächen, die sehr zerklüftet sind und (anders als beim Sprödbruch!) auch nicht mehr aufeinander passen. Bild 4a zeigt ein Beispiel. Durch stereosko-

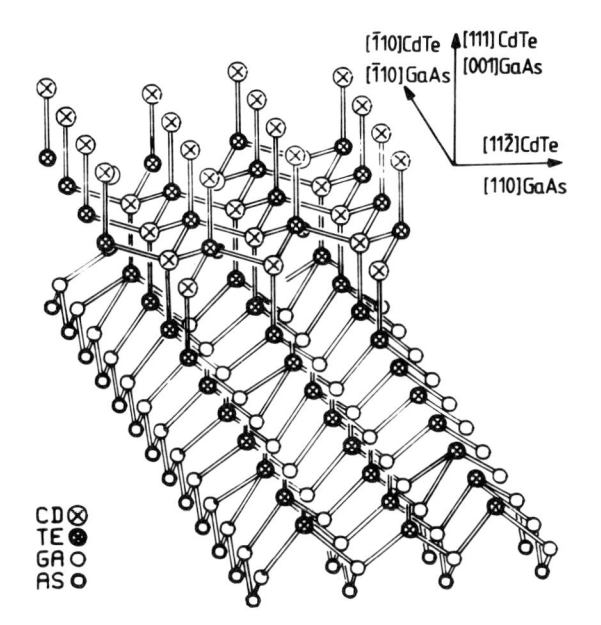

Bild 6: Passung und Fehlpassung eines Kristalls aus Cd-Te auf einer Unterlage aus Ga-As.

515

pische Aufnahme im Rasterelektronenmikroskop kann man von solchen sehr unübersichtlichen Flächen „Landkarten" herstellen, ähnlich wie bei der Luftbildauswertung. In Bild 4b ist das für die Fläche in Bild 4a durchgeführt worden. Aus solchen Landkarten läßt sich die Bruchzähigkeit des bereits gebrochenen Werkstoffs nachträglich abschätzen.

## ORIENTIERUNGSBEZIEHUNGEN ZWISCHEN BENACHBARTEN KRISTALLEN

Im Durchstrahlungselektronenmikroskop kann man die relative Orientierung benachbarter Kristalle in einem Gefüge bestimmen. Die statistische Verteilung solcher Orientierungsbeziehungen ist selten zufällig, sondern gehorcht bestimmten Gesetzen. Zur Darstellung solcher Verteilungen benutzt man zweckmäßig einen dreidimensionalen Raum, der von den drei Euler-Winkeln zwischen den beiden Kristallen aufgespannt wird. Bild 5 entstand bei Studien über die innere Struktur dieses „Eulerraums".

## EIGENSPANNUNGEN VON EINKRISTALLSCHICHTEN

Beim Aufbau von Halbleiter-Schichtstrukturen, wie sie am Institut für Physik der Montanuniversität erzeugt werden, entstehen an der Grenze zwischen zwei Kristallarten Fehlanpassungen, für die Bild 6 ein schematisches Beispiel zeigt. Der genaue Aufbau solcher Anordnungen wird untersucht. Verfahren für die Messung von Eigenspannungen auch größerer Reichweite werden entwickelt und erprobt.

## HISTORISCHE UND PRÄHISTORISCHE METALLOGRAPHIE

Durch Grabungen entdeckte Reste von historischen und prähistorischen Verhüttungsplätzen werden untersucht mit dem Ziel, die hüttenmännischen Verfahren der Vorzeit nachzuempfinden. Gelegentlich werden Probeschmelzen mit nachgebauten Öfen versucht. Bild 7 zeigt das Schliffbild einer vorgeschichtlichen Eisenhüttenschlacke.

## VERÖFFENTLICHUNGEN

Die Arbeiten der beiden Institute fanden bisher ihren Niederschlag in (Stand vom 8.1.1990):

298 Artikeln in wissenschaftlichen Zeitschriften und Buchbeiträgen,

488 Vorträgen und Postern auf internationalen Tagungen,

2 Patenten,

17 Diplomarbeiten,

14 Dissertationen,

5 Habilitationsschriften

und

6 Büchern:

➤ Mechanische Anisotropie, Hrsg. H. P. Stüwe, Springer Verlag, Wien 1974.
➤ Feinstrukturuntersuchungen in der Werkstoffkunde - Eine Einführung in die Beugungsverfahren, H. P. Stüwe u. G. Vibrans, BI-Wissenschaftsverlag, Mannheim 1974.
➤ Einführung in die Werkstoffkunde, H. P. Stüwe, BI-Taschenbuchverlag, Mannheim, 2. Aufl. 1978.
➤ Über die Typologie urzeitlicher, frühgeschichtlicher und mittelalterlicher Eisenhüttenschlacken, Hrsg. G. Sperl, Verlag der Österreichischen Akademie der Wissenschaften, 1980.
➤ Verformung und Bruch, Hrsg. H. P. Stüwe, Verlag der Österreichischen Akademie der Wissenschaften, Wien 1981.
➤ The Metallurgy of Doped/Non-Sag Tungsten, Hrsg. E. Pink u. L. Bartha, Elsevier Applied Science Publishers, London 1989.

## HABILITATIONEN

1977 G. KIRCHNER:
Lehrgebiet: „Metallphysikalische Legierungskunde"
mit einer Arbeit über „Die Thermodynamik substitutioneller Mischphasen".

1978 E. PINK:
Lehrgebiet: „Mechanische Eigenschaften der Werkstoffe"

mit einer Arbeit über die „Tieftemperaturentfestigung in kubisch-raumzentrierten Legierungen".

1982 I. JÄGER:
Lehrgebiet: „Metallphysik"
mit einer Arbeit über „Segregation und Adsorption stark wechselwirkender Atome an Oberflächen: eine Anwendung des Ising-Modells in der Oberflächenphysik".

1986 B. ORTNER:
Lehrgebiet: „Metallphysik"
mit einer Arbeit über „Röntgenographische Spannungsmessung an einkristallinen Stoffen".

1989 G. SPERL:
Lehrgebiet: „Montanarchäometrie"
(an der Universität Wien) mit einer Arbeit über „Montangeschichte des Erzberggebietes".

## WISSENSCHAFTLICHE AUSZEICHNUNGEN

1974 STÜWE
Wahl zum Korrespondierenden Mitglied der Österreichischen Akademie der Wissenschaften.

1978 PINK
Erich-Schmid-Preis für Physik der Österreichischen Akademie der Wissenschaften.

1981 JÄGER
Masing-Gedächtnispreis der Deutschen Gesellschaft für Metallkunde.

1983 ORTNER
Ehrenpreis der Polnischen Akademie der Wissenschaften.

1985 STÜWE
Ehrendoktorat der Universität für Schwerindustrie, Miskolc.

1985 PIPPAN
Erich-Schmid-Preis für Physik der Österreichischen Akademie der Wissenschaften.

1986 PINK
Ernennung zum tit. Ao.Professor.

1987 ORTNER
UHLIR-Preis der Österreichischen Gesellschaft für zerstörungsfreie Prüfung.

1988 STÜWE
Ehrenkreuz für Wissenschaft und Kunst I. Klasse der Republik Österreich.

1989 PINK
Silberne Gedenkmedaille der Universität Brünn.

# Institut für Physik

Im ersten Entwurf eines Lehrplanes für die am Joanneum zu errichtende Lehrkanzel der Hüttenkunde aus dem Jahre 1830 wird festgestellt, daß für den Eisenhüttenmann der Gegenstand Physik zwar nicht unumgänglich notwendig, aber vorzüglich nützlich wäre. Vorgesehen war die Physik deswegen, weil das Studium der Chemie ohne Kenntnisse der Lehre der Elektrizität, des Galvanismus, Magnetismus, der Theorie der Wärme, zum Teil der Theorie des Lichtes unverständlich bleiben würde. Es wurde aber auch bereits zu diesem Zeitpunkt erkannt, welche grundlegende Bedeutung dem Gegenstand Physik zukommt: *„Auch die übrigen in der Physik gelehrten Gegenstände sind von der Art, daß, wenn sie gleich nicht unmittelbar für den Hüttenmann nothwendig sind, ihm die Kenntnis derselben doch immer vielen Nutzen gewähren wird, indem hiedurch sein Denkvermögen gestärkt und seine Bildung auf eine Art erweitert wird, welche zur Verdeutlichung und Vervollkommnung der ihm nothwendigen Kenntnisse wesentlich beiträgt"*.

An der Montanlehranstalt wurde zunächst nur ein „Bergcurs" und ein „Hüttencurs" abgehalten, wobei der Unterricht auf jenen Vorkenntnissen, darunter auch Physik, aufbaute, die „ an den damals auf dem höchsten Standpunkte der Wissenschaft stehenden technischen Instituten von Wien, Prag und Graz gelehrt und erworben werden konnten".

Zu Beginn der Einführung des Vorbereitungsjahres im Studienjahr 1852/53 scheint Physik noch nicht im Lehrplan der k.k. Montanlehranstalt auf. Physik war kein selbständiger Gegenstand, sondern wurde teilweise in der Chemie (Prof. Sprung) sowie in der Mechanik (Prof. Miller) und der praktischen Geometrie (Prof. Tunner) vorgetragen. Im allgemeinen Lehrplan vom 6.11.1860 ist im ersten Jahrgang des zweijährigen Vorkurses erstmals der Physikunterricht (Licht, Wärme, Elektrizität, Magnetismus) mit wöchentlich drei Vortragsstunden erwähnt. Im Jahre 1861 wurde dem Professor der Hüttenkunde Robert Richter der Vortrag über Physik und Chemie mit Inbegriff der Probierkunde übertragen. Er ist daher als erster Professor für Physik anzusehen, und zwar für den Zeitraum von 1861 bis 1866.

**Tabelle 1:**
**Die Professoren für Physik und am Institut für Physik.**

| | |
|---|---|
| 1861–1866 | Robert RICHTER |
| | Professor für Physik und Chemie |
| 1873–1875 | Rudolf SCHÖFFEL |
| | a.o.Prof. für Chemie und Physik |
| 1876–1919 | Dr. Engelbert KOBALD |
| | o.Prof. für Höhere Mathematik und Physik |
| 1921–1934 | Dr. Heinrich BRELL |
| | o.Prof. für Mathematik und Physik |
| 1919–1921 | Dr. Hugo SCHEUBLE |
| 1937–1939 | als Supplent |
| 1940–1959 | Dr. Friedrich TREY |
| | o.Prof. für Physik |
| 1959–1977 | Dr.phil. Arno W. REITZ |
| | o.Prof. für Physik |
| 1973–1976 | Dipl.Ing. Dr.mont. Gerhard FANINGER |
| | a.o.Prof. für Angewandte Röntgenkunde |
| seit 1976 | Dipl.Ing. Dr.techn. Friedwin STURM |
| | a.o.Prof. für Angewandte Physik |
| seit 1979 | Dr.phil. Günther BAUER |
| | o.Prof. für Physik |

1886 wurde der Vorbereitungskurs aufgehoben, so daß von 1886 bis 1869 kein Physikunterricht stattfand. Der Vorbereitungskurs wurde 1870 wieder eingerichtet, und dem Assistenten für Probier- und Hüttenkunde Rudolf Schöffel wurde die Dozentenstelle für Physik und Chemie übertragen. Rudolf Schöffel war anschließend 1873 bis 1875 a.o.Prof. für Chemie und Physik und ab 1875 o. Prof. nur mehr für das Fach Chemie.

Am 28.8.1876 wurde Dr. Engelbert Kobald zum außerordentlichen Professor für Höhere Mathematik und Physik ernannt und am 27.12.1887 zum ordentlichen Professor. Im Studienjahr 1888/89 ist der Vorlesungsinhalt umschrieben mit: „Theorie der optischen Instrumente; Principien der Spectralanalyse; Interferenz und Polarisation des Lichtes; Kristall-Optik; allgemeine Wärmelehre; mechanische Wärmetheorie und deren Anwendung auf das physikalische Verhalten der Gase und Dämpfe; Magnetismus; Physikalische Grundlagen der Elektrotechnik".

1910 zog die Lehrkanzel für Mathematik und Physik im ersten Stock des neuerbauten Hauptgebäudes in die Räume ein, in denen sich auch heute noch das Institut für Physik befindet. Kobald war 43 Jahre lang, von 1876 bis 1919, Professor für Höhere Mathematik und Physik. Von 1919 bis 1921 war die Lehrkanzel unbesetzt. Von 1921 bis 1927 war Prof. Dr. Heinrich Brell Professor für Physik und von 1927 bis 1934 ordentlicher Professor für Mathematik und Physik. Die Verlegung der Gegenstände des ersten Studienabschnittes nach Graz führte in der Zeit von 1934 bis 1937 zur vollständigen Auflösung des Institutes für Physik. Erst mit der Berufung von Prof. Dr. Friedrich Trey im Jahre 1940 konnte ein neuerlicher Aufbau des Institutes beginnen. In den Jahren von 1919 bis 1921 sowie 1937 bis 1939 wurde die Physikvorlesung vom Supplenten Prof. Dr. Hugo Scheuble, Professor für Elektrotechnik und Dozent für Angewandte Geophysik, abgehalten.

Nach der Emeritierung von Prof. Trey im Jahre 1959 wurde Prof. Dr.phil. Arno W. Reitz als ordentlicher Professor berufen. In der Zeit von Prof. Reitz wurde ein bestens ausgestattetes Röntgenlaboratorium mit automatisierten Meßeinrichtungen aufgebaut. Hauptarbeitsgebiete waren neben der Strukturanalyse die Phasenanalyse und Restaustenitbestimmung sowie die Eigenspannungsmessung. Prof. Reitz emeritierte im Jahre 1977 und sein Nachfolger wurde 1979 Prof. Dr. Günther Bauer.

## INSTITUTSPERSONAL

O.Univ.Prof. Dr.phil. Günther BAUER, Institutsvorstand
Ao.Univ.Prof. Dipl.Ing. Dr.techn. Friedwin STURM, Leiter der Abteilung für Angewandte Physik
Univ.Doz. Dr.phil. Heinz KRENN, Assistenzprofessor
Dipl.Ing. Dr.mont. Helmut CLEMENS, Universitätsassistent
Mag.rer.nat. Dr.phil. Josef OSWALD, Universitätsassistent
Mag.rer.nat. Dr.mont. Kurt KALTENEGGER, Vertragsassistent
Lucie ZEDER, Fachinspektor
Alois TAPPAUF, Fachinspektor
Helfried ULRICH, Vertragsbediensteter
Peter MOCHARITSCH, Mechaniker
Jürgen FELBER, Lehrling
Sabine FLUCH, jugendliche Hilfskraft

Dem Institut fachlich zugeordnet sind:

em.Univ.Prof. Dr.phil. Arno W. REITZ
Univ.Doz. Dr.phil. Ernest J. FANTNER
tit.Ao.Univ.Prof. Univ.Doz. Dipl.Ing. Dr.mont Gerhard FANINGER

Lehrbeauftragte:

Dr. Erich KASPER, AEG Telefunken, Ulm
Prof. Dr. Dr.h.c. Erhard SIRTL, Ludwig-Maximilian-Universität München
Prof. Dr. Friedmar KUCHAR, Universität Wien

Weiters sind durchschnittlich vier drittmittelfinanzierte wissenschaftliche Mitarbeiter am Institut tätig, und regelmäßig werden zwei bis drei Diplomanden am Institut betreut. Bei praktischen Übungen helfen ca. sechs Tutoren pro Semester mit.

## LEHRE

Die Lehraufgaben des Institutes ergeben sich aus dem Bedarf aller Studienrichtungen an der Ausbildung in Physik. Neben den Grundvorlesungen Physik I und Physik II werden Rechenübungen und praktische Übungen sowie Vorlesungen über Grundlagen der Thermodynamik und Mechanisch-physikalische Meßtechnik samt Übungen angeboten. Es werden auch Seminare über Technische Thermodynamik und die Methode der finiten Elemente als Pflichtlehrveranstaltungen abgehalten. Eine Vorlesung über Moderne Methoden der Röntgenanalyse an Festkörpern und ein Seminar aus Angewandter Röntgenkunde werden als empfohlene Freifächer angeboten.

Das Institut ist in der Studienrichtung Werkstoffwissenschaften auch im Zweiten Studienabschnitt integriert mit einer Wahlfachgruppe „Werkstoffe der Elektronik" für Hörer im 8. und 9. Semester. Im Rahmen dieser Wahlfachgruppe werden Lehrveranstaltungen über Halbleiterwerkstoffe, Einführung in die Mikroelektronik, Herstellung einkristalliner Schichten, Sensoren und Aktoren, Herstellung von Materialien und Strukturen sowie Aspekte der Silizium-Technologie und ein Praktikum über Herstellung und Charakterisierung von Strukturen in der Mikroelektronik angeboten.

Im Gegensatz zu großen Technischen Hochschulen mit zigtausend Studenten kann eine Physik-Vorlesung für Ingenieure in Leoben nicht in Form von parallelen Einführungsveranstaltungen gehalten werden. Dies führt dazu, daß den inhaltlich abgestuften Wünschen der einzelnen Fachrichtungen, denen selbstverständlich großes Gewicht zukommt, nicht immer in der von manchen Fachkollegen gewünschten Form entgegengekommen werden kann.

Was den Umfang der Leobener Physik-Vorlesungen betrifft, so sind diese etwa vergleichbar mit ähnlichen Lehrveranstaltungen an der RWTH Aachen oder der TU Clausthal in den dort angebotenen Lehrveranstaltungen für Bergleute, Hüttenleute, Markscheider usf. Die Studenten der Studienrichtung Werkstoffwissenschaften bzw. der Kunststofftechnik erfahren hingegen an Universitäten wie Aachen, Erlangen, Zürich usf. eine im Vergleich zu Leoben vertiefte Grundausbildung.

Trotzdem besteht in vielen Diskussionen zur Reform des montanistischen Studiums, d.h. zu einer Studienzeitverkürzung, ein großer Druck, Teile der Physik in technischen Spezialvorlesungen unterzubringen und die Grundvorlesung entsprechend zu beschneiden. Dabei wird nach dem vordergründigen Motiv verfahren, es müsse den Studenten genügen, alles nur einmal und sofort in technisch relevanter Form vorgesetzt zu bekommen.

Das Anliegen einer Physik-Vorlesung für zukünftige Ingenieure ist aber ein anderes: es geht eben nicht nur darum, physikalische Phänomene und Gesetze im Zusammenhang darzustellen, sondern vielmehr auch darum, den Studenten an relativ einfachen Beispielen zu vermitteln, wie man bei konkreten Aufgaben die darunter liegenden abstrakten Strukturen erkennt. Wird dieser Vorgang des Erkennens von den Studierenden einmal erfaßt, so können diese bei einigermaßen gesicherter Beherrschung des mathematischen Handwerks viele der später auf sie zukommenden Probleme lösen. In diesem Sinne kann und muß eine solide physikalische Ausbildung dazu beitragen, daß die rasche Entwicklung neuer technischer Verfahren auch in der Zukunft unsere Absolventen nicht überrollt.

Neben den Physik-Einführungsvorlesungen werden wie anderswo auch in Leoben praktische Übungen angeboten. Obwohl die Versuche immer wieder erneuert wurden und der Entwicklung der technischen Wissenschaften Rechnung tragen, ist insbesondere in diesem Bereich in unmittelbarer Zukunft eine Umwälzung notwendig.

Um die Leobener Studenten effizient auszubilden, ist es erforderlich, Erfahrungen zur computergestützten Meßwert- und Datenerfassung möglichst früh den zukünftigen Ingenieuren zu vermitteln. Dies bedarf nicht nur eines großen Einsatzes an finanziellen Mitteln, sondern darüber hinaus, insbesondere in der Einführungsphase einer besonderen Anstrengung der Mitarbeiter am Physik-Institut. In der Praxis sind Kenntnisse der Meßwert- und Datenerfassung bereits heute unabdingbar, und die konventionelle Form der Übungen, nämlich die Vermittlung des Wissens über den Umgang mit Meßgeräten, allein reicht nicht mehr aus.

**ARBEITSGEBIETE**

Das Hauptarbeitsgebiet des Institutes liegt auf dem Gebiet der Halbleiterphysik und -technik. Daneben werden in der Abteilung für Angewandte Physik Probleme der Werkstoffphysik und darüber hinaus Berechnungen mit der Methode der finiten Elemente durchgeführt.

Schwerpunkte der experimentellen Arbeiten am Institut für Physik sind:

1. Herstellung von Halbleiterepitaxieschichten und von Schichtstrukturen (Quantum-Well- und Übergitterstrukturen) mit Hilfe der Molekularstrahlepitaxie und der Hot-Wall-Epitaxie.

2. Röntgenographische Charakterisierung von Epitaxieschichten und von Vielschichtstrukturen (elastische Dehnungen) bei Raumtemperatur und bis hinab zu 20 K.

3. Elektrische, magnetische, optische und magnetooptische Untersuchungen an Halbleiterstrukturen bei tiefen Temperaturen.

Bild 1: Molekularstrahlepitaxieapparatur des Institutes für Physik zur Herstellung von Halbleitern und Isolator-Einkristallschichten.

In Kooperation mit der Firma PAAR/Graz wurde eine Tieftemperaturkammer für röntgenographische Diffraktometeraufnahmen entwickelt, welche es gestattet, elastische Dehnungen, Phasenübergänge usf. bei Temperaturen zwischen 20 K und 300 K zu untersuchen. Auf dem Gebiet des Kristallwachstums (Expitaxie) bestand auch eine Kooperation mit den Forschungslaboratorien der IBM/Yorktown Heights, N.Y. Weitere intensive Kontakte werden mit verschiedenen Gruppen an der Brown University, Providence, R.I./USA, dem Magnetlabor des MIT, Cambridge, Mass., der Boston University, dem Hochfeldmagnetlabor des MPI/Festkörperforschung, Grenoble, dem Clarendon Laboratory Oxford, dem Physikalischen Institut der Universität Würzburg und der Universität Bayreuth, der Polnischen Akademie der Wissenschaften, Warschau, dem Institut für Experimentalphysik der Universität Linz gepflogen, welche sich in vielen gemeinsamen Publikationen niedergeschlagen haben. Am Institut haben in den letzten 10 Jahren Gastprofessoren und Gastdozenten aus Warschau, Oxford, Würzburg und Krakau insgesamt mehrere Semester zugebracht.

Im folgenden werden einige laufende Forschungsarbeiten beschrieben:

## HERSTELLUNG UND CHARAKTERISIERUNG VON FESTKÖRPERÜBERGITTERN

Die kontrollierte Abscheidung einkristalliner Halbleiterschichten ist seit Beginn der 80er Jahre ein zentrales Thema sowohl der Forschung und inzwischen auch eines für die Anwendung zur Realisierung neuartiger elektronischer und optoelektronischer Bauelemente. Jeder kristalline Festkörper ist in seinen Eigenschaften durch ein dreidimensionales periodisches Potential geprägt, dessen Periode die Gitterkonstante (a) ist (Größenordnung: 5 Å). Scheidet man zwei verschiedene Festkörper periodisch aufeinander ab, so gibt es neben dem dreidimensionalen periodischen Potential ein weiteres eindimensionales Potential mit der Übergitterperiode D (D$\gg$a) in Wachstumsrichtung, welches die Eigenschaften der Volummaterialien entscheidend modifiziert. Die Übergittereigenschaften hängen somit von der in gewissen Grenzen willkürlich wählbaren Übergitterperiode D ab und den Volumeigenschaften. Diese Tatsache kann ausgenutzt werden, um nahezu maßgeschneiderte elektrische, optische aber auch mechanische Eigenschaften zu realisieren.

In Bild 1 ist eine sogenannte Molekularstrahlepitaxie-Anlage abgebildet, mit der Heterostrukturen oder Übergitterstrukturen im Ultrahochvakuum durch

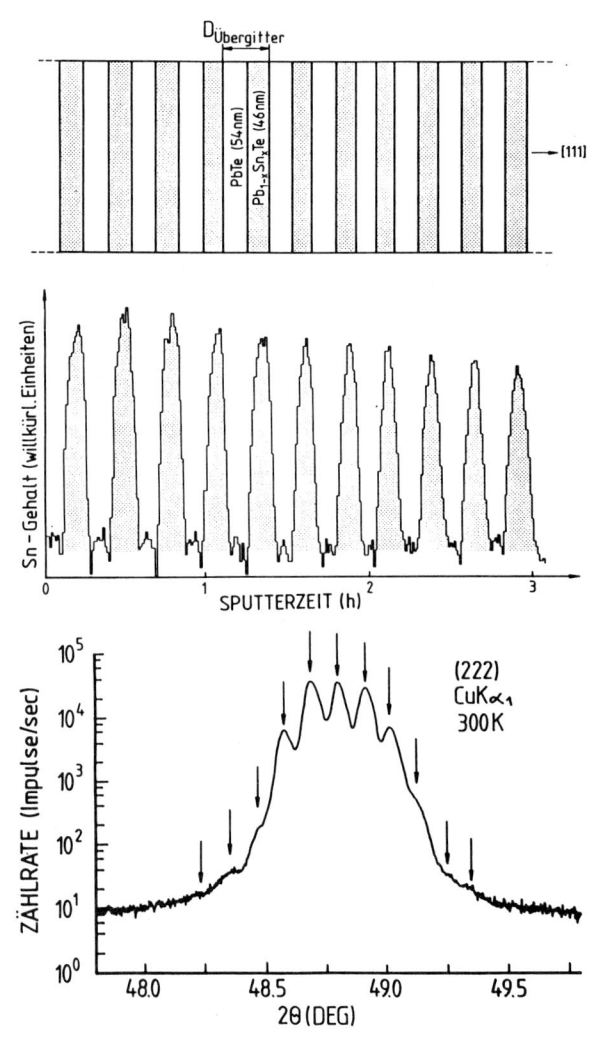

Bild 2: Periodisches PbSnTe/PbTe-Übergitter.
Oben: schematische Darstellung; Mitte: Sn-Gehalt als Funktion der Sputterzeit und somit der Tiefe; Unten: (222)-Röntgenreflex desselben Übergitters. Der Abstand der Satellitenreflexe ergibt die Übergitterperiode.

Aufwachsen auf einkristalline Substrate hergestellt werden.

Die geplante Abfolge von Schichten ist in Bild 2 schematisch dargestellt. Der Nachweis des tatsächlichen schichtförmigen Aufbaues im realen Gitter (mit Hilfe von Argon-Ionen-Sputtern und einer SIMS-Anlage) ist darunter abgebildet und desweiteren ein Röntgenbeugungsdiagramm, welches die Periodizität dieser Übergitterstruktur im reziproken Gitter veranschaulicht. Übergitter mit deutlich kleineren Perioden wurden ebenfalls realisiert, und die Intensität der Satellitenreflexe kann dazu benutzt werden, die Abruptheit der Übergänge an den Grenzflächen zu bestimmen.

In Bild 3 ist die Temperaturabhängigkeit eines Übergitterreflexes für ein PbTe/PbGeTe-System dargestellt. In PbGeTe tritt ein Phasenübergang von einer kubischen Hochtemperaturphase zu einer rhomboedrischen Tieftemperaturphase auf. Wird PbGeTe zwischen PbTe-Schichten gepackt, so wird dieser Phasenübergang behindert und die Phasenübergangstemperatur zu tieferen Temperaturen hin verschoben. Der Betrag dieser Verschiebung hängt vom Schichtdickenverhältnis ab.

Die Modifikation von elektrischen und optischen Eigenschaften wurde bereits erwähnt. Als Beispiel für eine besondere optische Eigenschaft ist in Bild 4 die Detektivität einer PbTe-Dotierungsübergitterstruktur dargestellt. Für einen einfachen p-n-Übergang beträgt $D^*_{max} = 1 \cdot 10^{10}$ cmHz$^{1/2}$W$^{-1}$. Die Detektivität der in Leoben hergestellten Struktur erreicht fast den theoretischen Grenzwert, welcher durch die 300 K-Raumtemperaturhintergrundstrahlung bestimmt ist. Dieses Bild beweist, daß derartige Strukturen potentielle Anwendungsmöglichkeiten als hochempfindliche Infrarotstrahlungsdetektoren besitzen.

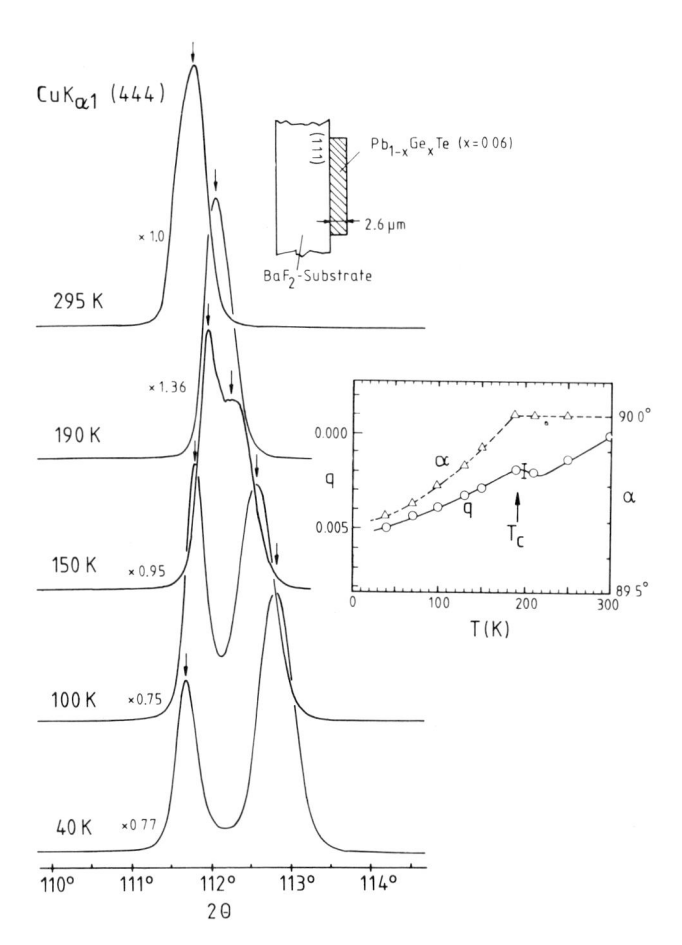

Bild 3: Kubisch-rhomboedrischer Phasenübergang in einer PbGeTe-Schicht, dargestellt an Hand eines (444)-Röntgenreflexes. Der (444)-Reflex spaltet unterhalb der Phasenübergangstemperatur $T_c$ in ein Dublett auf. Im kleineren Bild ist der Rhomboederwinkel $\alpha$ und die relative Verschiebung q der beiden Gruppe IV (PbGe)- und Gruppe VI (Te)-Untergitter dargestellt.

## SEMIMAGNETISCHE HALBLEITER

Semimagnetische Halbleiter sind Verbindungshalbleiter (II-VI oder IV-VI-Verbindungen), in denen das Gruppe II- oder Gruppe IV-Element durch ein Element mit teilweise gefüllter 3d-Schale (z.B. Mn, Fe, ...) oder 4f-Schale (z.B. Eu, Gd, ...) ersetzt wird. Durch den Einbau der paramagnetischen Ionen in den diamagnetischen Wirtskristall ändert sich nicht nur die Suszeptibilität bzw. die Magnetisierung, sondern es tritt ein weiterer entscheidender zusätzlicher Effekt auf: die lokalisierten 3d- oder 4f-Elektronen wechselwirken mit den freien Ladungsträgern im Leitungs- oder Valenzband. Diese Austauschwechselwirkung führt dazu, daß der elektronische g-Faktor der freien Ladungsträger von der Magnetisierung des Gesamtsystems abhängt und somit durch äußere Parameter, wie das externe Magnetfeld und die Temperatur, beeinflußt werden kann. Allerdings ist diese Beeinflussung im allgemeinen auf tiefe Temperaturen (T<<50 K) wegen der funktionellen Abhängigkeit der Magnetisierung von T und $H_{ext}$ über eine Brillouinfunktion beschränkt.

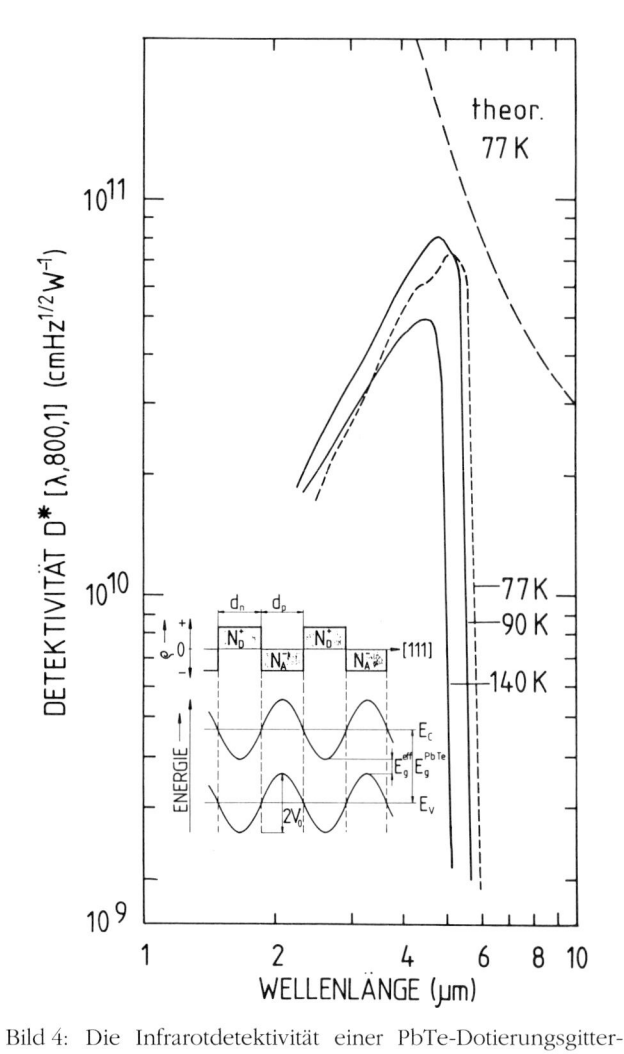

Diese verdünnten Systeme sind aber nicht nur vom Standpunkt der Modifikation der elektronischen Bandstruktur durch äußere Parameter von Interesse, sondern auch dadurch, daß man mit ihnen die Entwicklung der magnetischen Wechselwirkungen mit zunehmendem Gehalt an Übergangsmetallionen (3d, ... 4f, ...) studieren kann, z.B. den Übergang vom paramagnetischen über das Spinglas- zum antiferromagnetischen Verhalten.

Wir haben magnetooptische Untersuchungen sowohl an semimagnetischen II-VI ($Hg_{1-x}Mn_xTe$)- als auch an semimagnetischen IV-VI ($Pb_{1-x}Mn_xTe$)-Verbindungen durchgeführt, um die Austauschparameter zu bestimmen. Die experimentell bestimmten Werte stimmen gut mit Berechnungen (im Rahmen einer Molekularfeldnäherung) überein.

Bild 4: Die Infrarotdetektivität einer PbTe-Dotierungsgitterstruktur als Funktion der Infrarotwellenlänge für drei Temperaturen. D* wird in Abhängigkeit von der Wellenlänge λ bei einer Zerhackerfrequenz von 800 Hz und einer Bandbreite von 1 Hz gemessen.
Insert: Ladungsdichte ρ als Funktion des Ortes und ortsabhängige Modulation ($2V_0$) der Leitungsband ($E_c$)- und Valenzband ($E_v$)-Kantenenergie. $d_n$ und $d_p$ bezeichnen die Schichtdicken der Zonen mit den Donator- und Akzeptorkonzentrationen $N_D^+$ und $N_A^-$.

## LICHTINDUZIERTE MAGNETISIERUNG

In Leoben wurde 1985 ein neuer Effekt gefunden, welcher auf folgendem Mechanismus beruht: bestrahlt man einen Halbleiter mit Licht geeigneter Frequenz, so werden Elektronen aus dem Valenzband in das Leitungsband gehoben. Ist das Licht aber zirkularpolarisiert, so wird auf die Elektronen nicht nur Energie, sondern auch Drehimpuls übertragen. Dies führt dazu, daß die Elektronen in bezug auf die Ausbreitungsrichtung des Lichtes orientiert d.h. „spinpolarisiert" sind. Wegen der elektrischen Ladung der Elektronen ist mit dieser Spinpolarisation ein magnetisches Moment verbunden: aus einem dia- (oder para-) magnetischen Halbleiter entsteht ein Ferromagnetikum mit einer Magnetisierung in Lichtausbreitungsrichtung.

Der Nachweis dieses Effekts gelang 1985 mit Hilfe einer Apparatur, mit welcher man sehr kleine magnetische Flüsse messen kann: einer Supraleitungsquanten-Interferenzdetektion (SQUID), Bild 5.

Diese Methode wird inzwischen auch in anderen Instituten, z.B. in den IBM-Forschungslaboratorien Yorktown Heights/USA zur Untersuchung der Austauschwechselwirkung in semimagnetischen

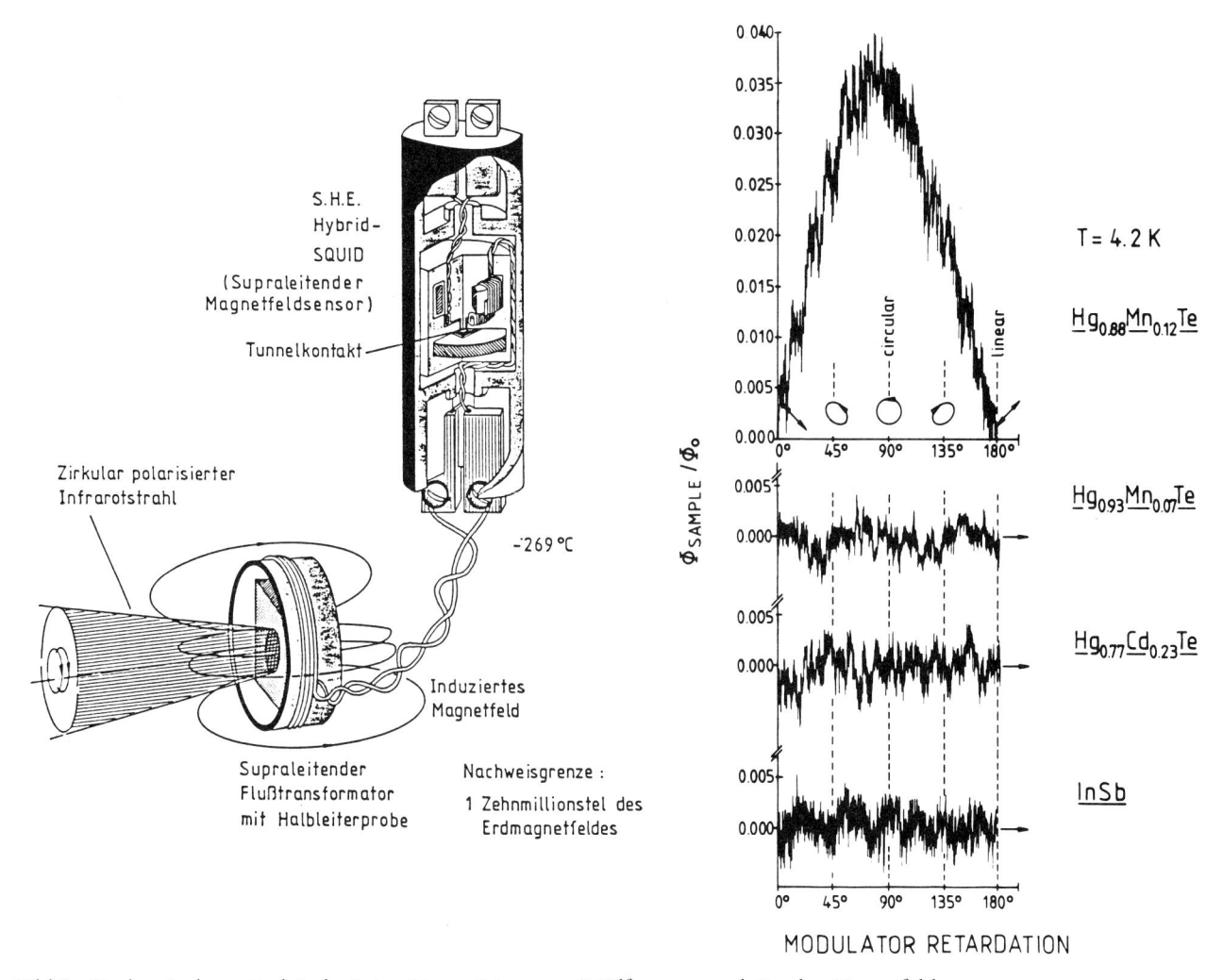

Bild 5: Nachweis der optisch induzierten Magnetisierung mit Hilfe von supraleitenden Magnetfeldsensoren. Bei Bestrahlung mit zirkular polarisiertem Licht (Modulator Retardation gleich 90°) entsteht in dessen Ausbreitungsrichtung aus einem Paramagneten ein Ferromagnet. Der optisch induzierte magnetische Fluß $\Phi$ wird in Einheiten des elementaren Flußquantes $\Phi_o$ angegeben.

Quantum-Well-Strukturen verwendet. Auch in Leoben wurde die lichtinduzierte Magnetisierung von Mn-3d-Elektronen in PbMnTe-Barrieren beobachtet, bei Anregung von spinpolarisierten Elektronen in den dazwischenliegenden PbTe-Quantum-Well-Bereichen.

HOCHTEMPERATURSUPRALEITER

Die vor kurzem entdeckten Hochtemperatursupraleiter aus Lanthan-Kupferoxyd oder $YBa_2Cu_3O_{7-y}$ (oder ähnliche Strukturen) stehen im Mittelpunkt vielfältiger Untersuchungen. In Leoben wurden an in Innsbruck hergestellten Hochtemperatursupraleiter-Keramiken Messungen des Reflexionsvermögens im fernen und mittleren Infrarot durchgeführt. Derartige Messungen sind für die Bestimmung der Energielücke zwischen den Trägern im supraleitenden Grundzustand (Cooperpaare) und ihren Anregungen (Quasiteilchen) von Interesse. Insbesondere interessiert auch das Verhalten des Temperaturgangs der Energielücke, soferne diese existiert. Durch Differenzreflexionsmessungen im Temperaturbereich zwischen 10 K und 110 K an $YBa_2Cu_3O_{7-y}$-Proben konnten präzise Daten gewonnen werden, welche nach verschiedenen Modellen angepaßt wurden. Die Beschreibung des durch Gitterschwingungen stark strukturierten Reflexionsvermögens ist wichtig, um herauszufinden, ob Knicke im Reflexionsvermögen tatsächlich mit der Existenz einer Energielücke verknüpft werden können oder nicht.

Im Bild 6 ist eine Differenzreflexionsmessung einer polykristallinen $YBa_2Cu_3O_{7-y}$-Probe dargestellt. Die Frequenz-Position der Energielücke kann nur durch eine relativ aufwendige Anpassung der gemessenen Spektren mit einer Berechnung, die eine dielektrische Funktion der freien Ladungsträger und der Gitterschwingungen beinhaltet, erhalten werden. Die Positionen der Pfeile in Bild 6 geben die Energielücken bei der jeweiligen Temperatur an. Die starken Strukturen im Reflexionsvermögen werden durch Gitterschwingungen hervorgerufen, die sich in der supraleitenden Phase auf Grund des geänderten Beitrages der freien Ladungsträger im Differenzreflexionsvermögen besonders stark bemerkbar machen.

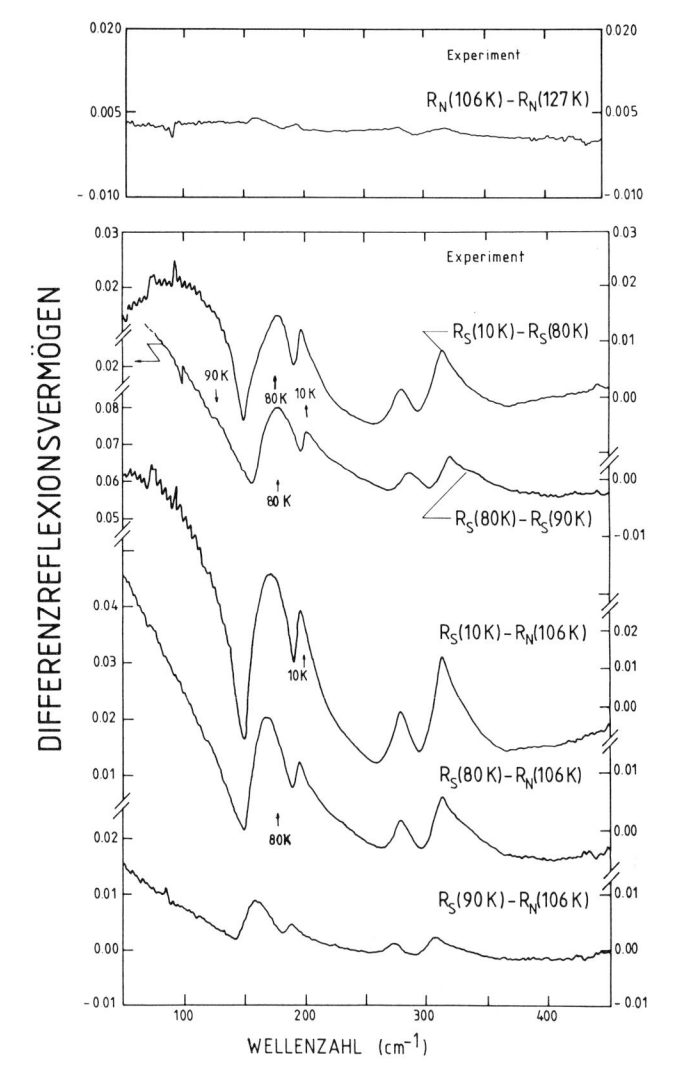

Bild 6: Hochtemperatursupraleiter. Differenzreflexion in der normalen ($R_N$) und der supraleitenden Phase ($R_S$) als Funktion der Wellenzahl im ferninfraroten Spektralbereich. Der Einsatz der Supraleitung macht sich unterhalb der effektiven Energielücke von etwa 250cm$^{-1}$ (verschiebt sich mit der Temperatur) durch den Anstieg des Reflexionsvermögens bemerkbar.

## WISSENSCHAFTLICHE AUSZEICHNUNGEN

1985: Dipl.Ing. H. CLEMENS: Eingeladener Hauptvortrag bei der Tagung der European Materials Research Society Straßburg, 13.–15. Mai 1985: Properties of PbTe-PbSnTe Superlattices grown by Hot Wall Epitaxy (zum Vortrag im Dissertationsstadium eingeladen).
1985: Dr. Heinz KRENN: Theodor-Körner-Preis.
1986: Dr. Heinz KRENN: Physikpreis der Österreichischen Physikalischen Gesellschaft (Fritz-Kohlrausch-Preis).

# Institut für Technologie und Hüttenkunde der Nichteisenmetalle

„Hüttenwesen" wurde in der Vergangenheit vielfach mit „Eisenhüttenwesen" gleichgesetzt, was im Österreich der Nachkriegsjahre auch eine gewisse Berechtigung hatte – angesichts der Dominanz der Eisen- und Stahlindustrie in unserem Land. Trotzdem ist die kleinere Schwester des Eisenhüttenwesens, die Metallhüttenkunde der Nichteisenmetalle, an unserer Universität immer präsent gewesen, nur eben nicht in Form eines selbständigen Instituts. Mit der Zunahme der Bedeutung der österreichischen Nichteisenmetallindustrie (u.a. Aluminium in Ranshofen und Lend, Kupfer in Brixlegg, Zink und Blei in Arnoldstein sowie den entsprechenden Metallverarbeitungsbetrieben) wurde das „Institut für Technologie und Hüttenkunde der Nichteisenmetalle" 1969 gegründet und nahm mit der Berufung von Professor Dipl.Ing. Dr.mont. Roland Schuh im Wintersemester 1969/70 seine Arbeit auf. 1977 verstarb Professor Schuh. Einige Jahre wurde dann das Institut von den provisorischen Institutsvorständen Professor Jeglitsch und Professor Fischmeister geleitet, bevor Professor Dipl.Ing. Dr.mont. Franz Jeglitsch von 1980 bis 1984 als Institutsvorstand berufen wurde. Am 1.10.1984 übernahm Professor Dipl.Ing. Dr.mont. Peter Paschen Lehrstuhl und Institutsleitung.

In den letzten fünf Jahren wurden am Institut elf Diplomarbeiten mit folgenden Themen angefertigt:

- Inertanoden und Umkehrstromverfahren in der Aluminiumschmelzflußelektrolyse als Möglichkeiten zur Verminderung des Energieverbrauches.
- Einfluß von Elektrolysebedingungen und Verunreinigungsgehalten auf Stromausbeute und spezifischen Energieverbrauch in der Zinkelektrolyse.
- Untersuchung zur Passivierung der Anoden in der Kupfer-Raffinationselektrolyse der Montanwerke Brixlegg.
- Oxidation von Kupfer für Glaseinschmelzlegierungen.
- Einfluß von Verunreinigungselementen auf spezifischen Energieverbrauch und Raum-Zeit-Ausbeute in der Zinkelektrolyse.

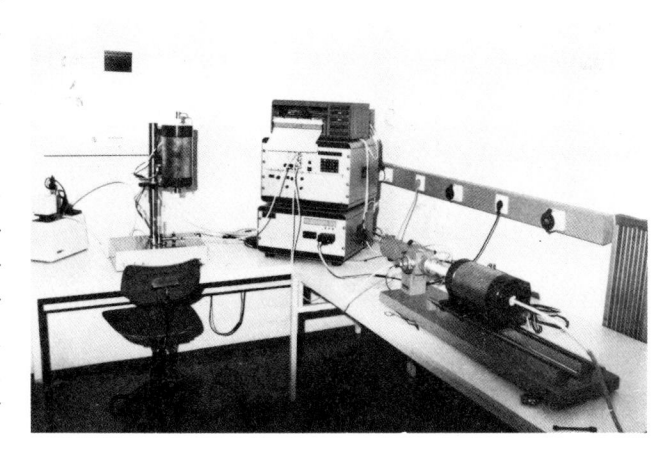

Bild 1: Differentialthermoanalyse mit Dilatometer.

- Untersuchungen zur Gefügeumwandlung von flüssigphasengesinterten Aluminium-PM-Legierungen mit Hilfe der DTA.
- Verminderung des Energieverbrauchs bei der Kupfer-Gewinnungselektrolyse.
- Increase of Reaction Kinetics and Space-Time-Yield in Gold Leaching.
- Optimierung des Fertigungsprozesses von Messingrohren in einer Bügelmatrize bei den Buntmetallwerken Amstetten.
- Untersuchungen zur Kolloidversorgung in der Elektrolysezelle einer Kupferraffinationselektrolyse.

➤ The influence of germanium and antimony contents in the electrolyte on current efficiency and specific energy consumption in electrolytic zinc winning.

In den letzten fünf Jahren wurden am Institut fünf Dissertationen mit folgenden Themen angefertigt:
➤ Optimierung der Raum-Zeit-Ausbeute und des spezifischen Energieverbrauchs bei der schmelzflußelektrolytischen Gewinnung von Metallen der IV. und V. Nebengruppe des Periodensystems.
➤ Flüssigphasensintern von hochfesten AlZnMgCu-P/M-Fertigteilen.
➤ Erstarrung von Al-Mehrstoffschmelzen.
➤ Ein Thema zur Wasserstoffmetallurgie.
➤ Carbon-in-leach Process in Gold Metallurgy.

## INSTITUTSPERSONAL

O.Univ.Prof. Dipl.Ing. Dr.mont. Peter PASCHEN, Institutsvorstand
Dipl.Ing. Martha MÜHLBURGER, Universitätsassistentin
Dipl.Ing. Günther LEUPRECHT, Universitätsassistent
Gerlinde DJUMLIJA, Studienassistentin
Elmar SCHÖLL, Studienassistent
Andreas FÖLZER
Michael LANGFELLNER
Karl-Heinz RAUNIG
Stefan GERNERTH
Frank-Thomas PANTKE
Ingrid HIRNER, Kontrollor, karenziert
Maria GARTNER, Sekretärin
Leopold GUTENTHALER, Amtsrat
Helmut TSCHOGGL, Oberrevident
Herbert STREIBL, Vertragsbediensteter

Dem Institut fachlich zugeordnet sind:

Lehrbeauftragte:
Dipl.Ing. Alois GRUBER
Dipl.Ing. Dr.mont. Wolfgang KÖCK

## LEHRE

Das Institut vertritt in Lehre und Forschung das gesamte Gebiet der Metallurgie der Nichteisenmetalle vom Konzentrateinsatz bis zum höchstreinen Metall, von den Massenmetallen Aluminium, Kupfer, Zink, Blei bis hin zu Edel-, Selten-, Sonder- und Elektronikmetallen, wie Gold, Germanium, Tantal, Silizium einschließlich Recycling (Sekundärmetallurgie) und Legierungskunde. Entsprechend ist das Lehrangebot aufgebaut:

Metallhüttenkunde I: Ausgangsstoffe und Verfahren zur Gewinnung der Nichteisenmetalle. Röstverfahren, Pyrometallurgie, Elektrometallurgie, Hydrometallurgie, Raffinationsverfahren. Herstellung von Reinmetallen. Rücklaufverwertung, Metallwirtschaft.

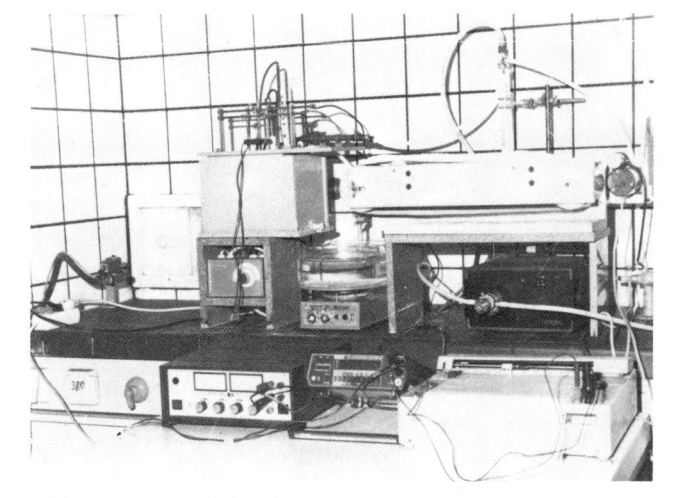

Bild 2: Wäßrige Elektrolyse.

Metallhüttenkunde II (in englischer Sprache): Extractive metallurgy of the non-ferrous metals aluminium, copper, zinc, lead, nickel, magnesium, tin, steel alloys, precious metals.

Metallhüttenkunde III: Reaktorkunde und Anlagenbau der Nichteisenmetallurgie.

Nichteisenmetall-Legierungen: Systematik, Herstellung der Nichteisenmetall-Legierungen, Oberflächenbehandlungen, Schutzüberzüge, Weiterverarbeitung und Anwendung.

Sekundärmetallurgie von Nichteisenmetallen: Verbrauch und Recycling der NE-Gebrauchsmetalle, Schrottanfall, Bewertung und Schrottanalyse, Naß- und Trockenaufbereitungsverfahren. Pyrometallurgische und hydrometallurgische Rückgewinnung und Raffination.

Nichteisenmetall-Exkursion.

Einführung in das Hüttenwesen mit Exkursion.

## ARBEITSGEBIETE

Das Institut für Technologie und Hüttenkunde der Nichteisenmetalle ist das einzige universitäre Institut für dieses Fachgebiet in Österreich. Die Verzahnung und Zusammenarbeit mit der Nichteisenmetallindustrie Österreichs kann als sehr gut bezeichnet werden. Wir sind für unsere Industrie da und lehnen grundsätzlich kein Thema ab, das an uns herangetragen wird. Manches hievon unterliegt aus verständlichen Gründen einer Geheimhaltung. Dies bedeutet in unserer industrieorientierten Arbeit eine ungeheure Vielfalt, in Literaturarbeiten, Berechnungen, Empfehlungen, Gutachten, experimentellen Arbeiten beim Kunden und im Institut.

Trotzdem muß ein Universitätsinstitut auch ein eigenes wissenschaftliches, unverwechselbares Profil entwickeln, das deutlich erkennbare, langfristige Schwerpunktziele aufweist. Solche Schwerpunkte können wiederum nur aus den Bedürfnissen der Industrie heraus entwickelt werden.

Seitdem weltweit in der Nichteisenmetallindustrie die Rohstoffversorgungsprobleme in den Hintergrund getreten sind, sind es eigentlich zwei Problemkreise, die heute dominieren und bis zur lokalen Existenzgefährdung der NE-Metallurgie gehen: Die Kosten im allgemeinen und der Umweltschutz. Bei den Kosten stehen deutlich die Energiekosten und die Investitions- bzw. Kapitalkosten im Vordergrund. Steigende Personal- (inkl. Sozial-) kosten konnten bis zu einer gewissen Grenze bisher immer durch einen höheren Rationalisierungs- und Automatisierungsgrad wettgemacht werden.

Steigende Energiekosten in hoch industrialisierten Ländern, die zudem noch eine Vorreiterrolle im Umweltschutz spielen wollen, können ganze Industriezweige im internationalen Konkurrenzkampf zum Erliegen bringen. Hier stoßen sich Sozialverträglichkeit und Umweltverträglichkeit. Höhere Energiepreise, insbesondere Elektrizitätspreise, sind nicht nur von steigenden Umweltschutzauflagen für kalorische Kraftwerke bestimmt, sondern im wesentlichen wirtschaftspolitisch bedingt (Beispiel: Zwangsverstromung teurer deutscher Steinkohle unter Benachteiligung billiger Importkohle aus Australien oder Südafrika). Da gleichzeitig auch die Errichtung neuer Wasser- und Kernkraftwerke verzögert wird, werden in Österreich und Deutschland (gilt für alle westeuropäischen Länder) stromintensive Industrien (Elektrolysen, Elektrostahlwerke, Elektroschmelz- und -raffinierprozesse) von der Kostenseite her in ihrer Existenz bedroht (Beispiel: Schließung der Aluminiumelektrolyse in Ranshofen).

Wir stehen daher als NE-Metall-Institut schon unter enormem Zeitdruck, um die grundlegenden elektrometallurgischen Prozesse (Aluminium-, Kupfer-, Zink-, Sondermetall-, Stahlveredler-Elektrolysen) zu durchleuchten und experimentell hinsicht-

Bild 3: Präzisions-Labor-Röhrenofen.

lich der Minimierung des spezifischen elektrischen Energieverbrauchs zu untersuchen. Diese Arbeiten sind in vollem Gange, die bisherigen Ergebnisse lassen Einsparungspotentiale in der Größenordnung von 5 bis 20% erkennen. Die Umsetzung in die Praxis muß in Zusammenarbeit mit Industriebetrieben erfolgen.

Die zweite Kostenart, die bei restriktiver Geldpolitik schnell prohibitive Größenordnungen annehmen kann, sind die Kapitalkosten. Auch hier

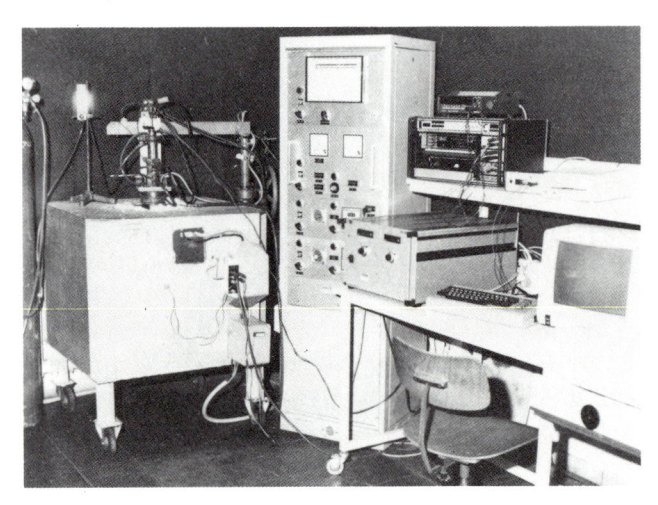

Bild 4: Anlage zur Schmelzflußelektrolyse.

wird es für ein Universitätsinstitut darauf ankommen, der Industrie durch Grundsatzuntersuchungen zu helfen, die Raum-Zeit-Ausbeute ihrer metallurgischen Prozesse zu verbessern, d.h. in kleineren, billigeren Reaktoren und Anlagen pro Zeit mehr Durchsatz zu ermöglichen. Auch hier konzentriert sich das Institut auf die Elektro-, aber auch zunehmend auf die Hydrometallurgie, da hier, bedingt durch die notwendigerweise niedrigen Temperaturen, die großtechnischen Reaktionsgeschwindigkeiten und Raum-Zeit-Ausbeuten geradezu dramatisch niedrig sind.

Oft gibt es eine Verbindung zwischen den beiden Problemkreisen „Verminderung des Energieverbrauchs" und „Erhöhung der Raum-Zeit-Ausbeute", da – wiederum in der Elektrometallurgie als Grundlastverbraucher – tageszeitliche, wochenrhythmische sowie jahreszeitliche Strompreisunterschiede die Elektrolysen zwingen, durch sehr flexibles Arbeiten mit hohen oder niedrigen Stromdichten immer bei Niedrigpreiszeiten mit maximaler Raum-Zeit-Ausbeute und bei Hochpreiszeiten mit minimaler Belastung (bis zum Abschalten einzelner Bäder) zu fahren. Hieraus ergeben sich mannigfache Probleme für den Elektrolysebetrieb. Auch hierzu laufen experimentelle Untersuchungen am Institut.

Ein weiteres Arbeitsgebiet des Instituts ist aus der Umweltproblematik entstanden, ist jedoch ein Langzeitprojekt, dessen Ergebnisse unter den heute geltenden ökonomischen Randbedingungen nicht im klassischen Sinne „betriebswirtschaftlich" einsetzbar sind und daher noch nicht in die Praxis eingeführt werden können. Es handelt sich um die Wasserstoffmetallurgie.

Hierbei wird Wasserstoff als Energieträger und Reduktionsmittel eingesetzt, was den Vorteil hat, als Reaktionsprodukt Wasserdampf ($H_2O$) zu erzeugen anstelle von Kohlendioxid ($CO_2$), das am Entstehen des Treibhauseffektes beteiligt ist. Die Wasserstoffmetallurgie ist mit zahlreichen apparativen und werkstoffkundlichen Schwierigkeiten verbunden. Neben dem Klimaentlastungseffekt können aber auch spezielle metallurgische Vorteile und Verbesserungen erwartet werden.

Ein weiterer Schwerpunkt der Institutsarbeit liegt zur Zeit in einem Teilgebiet der Pulvermetallurgie. In einem vom Fonds zur Förderung der wissenschaftli-

Bild 5: Anlage zur Wasserstoffreduktion mit Gasanalyse.

chen Forschung teilfinanzierten Projekt beschäftigen wir uns mit pulvermetallurgisch hergestellten, hochfesten Al-Zn-Mg-Cu-Legierungen, wobei die Technik des Flüssigphasensinterns im Vordergrund steht.

Abgerundet werden die genannten Schwerpunkte durch Teilaspekte aus dem großen Gebiet des Recycling. Beispielhaft seien folgende gegenwärtige, sowie in der Zukunft wahrscheinlich verstärkt auftretende Probleme genannt:

- NE-Metalle in der Eisen- und Stahlindustrie (Cu, Sn, Zn, Pb);
- Deponierbarkeit oder Wiederverwertbarkeit von Rest- und Abfallstoffen (Schlacken, Batterien, Eisenrückstände).

Als Langfristkonzeption, etwa für die nächsten 10 Jahre, stellen wir uns die Beschäftigung mit den folgenden Schwerpunkten vor:

- Verminderung des Energieverbrauchs im Metallhüttenwesen (Fortsetzung);
- Verbesserung der Reaktionsgeschwindigkeit und Erhöhung der Raum-Zeit-Ausbeute (Fortsetzung);
- Aktuelle Fragen des Umweltschutzes;
- Optimierung der Herstellprozesse für vordringende Metalle, wie Titan, Magnesium, Seltene Erden, „electronic grade metals";
- Sprengen der jetzigen Temperaturgrenze in der Metallurgie (1600–2000 °C) durch Plasma-Anwendung.

# Institut für Tiefbohrtechnik und Erdölgewinnung

Das Institut ist das Ursprungsinstitut der Studienrichtung Erdölwesen. Es wurde 1956 gegründet und der erste Institutsvorstand war o.H.Prof. Dipl.Ing. G. Prikel. Von 1962 bis 1988 war O.Univ.Prof. Dipl.Ing. Dr.-Ing. Manfred Lorbach Institutsvorstand, und seit November 1989 hat Herr O.Univ.Prof. Michael J. Economides, B.S.,M.S.,Ph.D. diese Funktion übernommen.

Das Institut war zunächst für alle angewandten Fächer dieser Studienrichtung allein verantwortlich. Dabei galt es, eine Studienrichtung nach dem jeweiligen Stand der Ausbildungserfordernisse auszubauen und anfänglich noch mitgeführte Fachgebiete der Ausbildung Bergwesen, aus der die Studienrichtung Erdölwesen hervorgegangen ist, weitestgehend abzubauen. Mit dem selbständigen Institut Erdölgeologie und Angewandte Geophysik ging 1964 die Verantwortlichkeit der angewandten geowissenschaftlichen Fächer auf dieses Institut über, ebenso wie die Verantwortlichkeit für das Gebiet der Lagerstättenphysik und -technik auf das eigene Ordinariat ab 1977. Leider ist es bis heute nicht gelungen, die verbleibenden heterogenen Fachgebiete Tiefbohrtechnik und Erdölgewinnung durch jeweils ein eigenes Ordinariat fachspezifisch vertreten zu sehen. Demzufolge ist die Arbeit des Institutes bis heute gekennzeichnet durch sehr heterogene Fachgebiete, deren breite Fächerung zwar ständig reduziert, aber bis heute nicht eliminiert werden konnte. Des weiteren ist die Arbeit des Institutes durch eine außerordentliche Belastung im Lehrbetrieb charakterisiert, die sich durch einen Ausbildungsumfang von 28 Semesterwochenstunden darstellt. Darüberhinaus haben die früheren Vorstände dieses Institutes in ihren Amtszeiten jeweils hohe und höchste Funktionen der Universität innegehabt, sodaß hieraus eine weitere Belastung im Institut spürbar wurde. Noch vor der gesundheitlich bedingten vorzeitigen Emeritierung von Prof. Lorbach wurde Bergrat Dr. Spörker mit der praxisbezogenen Ausbildung der Studenten mindestens bis zur Nachbesetzung des Institutes betraut.

Bild 1: Kontinentale Tiefbohrung (KTB) – Vorbohrung in der Oberpfalz, Bundesrepublik Deutschland.

## INSTITUTSPERSONAL

O.Univ.Prof. Dipl.Ing. Dr.mont.
Michael J. ECONOMIDES, Institutsvorstand
Dipl.Ing. Simon KLAMPFER, Universitätsassistent
Dipl.Ing. Michael PROHASKA-MARCHRIED, Universitätsassistent
Dipl.Ing. Wilhelm SACKMAIER, Universitätsassistent
Dipl.Ing. Ferdinand SCHÖFFMANN, Universitätsassistent
Fritz PAULITSCH, Studienassistent

Dem Institut fachlich zugeordnet sind:

em.Univ.Prof. Dipl.Ing. Dr.-Ing.
Manfred LORBACH
Lehrbeauftragte:
HR Dipl.Ing. L. BERNHART
Dipl.Ing. Dr. J. BOHNENSTINGL
O.Univ.Prof. Dr. H. H. HINTERHUBER
Dipl.Ing. J. NOVAK
Dipl.Ing. Dr. G. RUTHAMMER
Gastprof. Dipl.Ing. Dr.mont.e.h. H. SPÖRKER
MR Dipl.Ing. Dr. R. WÜSTRICH

## LEHRE

Am Institut wurden seit der Gründung 461 Prüfungs- und Studienarbeiten sowie 300 Diplomarbeiten angefertigt. Außerdem wurden 22 Dissertationen angefertigt und 2 Habilitationen zum erfolgreichen Abschluß gebracht. Im Rahmen der Ausbildungsarbeit wurden ca. 67 Exkursionen durchgeführt, die anfänglich auf freiwilliger Basis und später als Pflichtexkursionen von den Studenten wahrgenommen wurden. Dazu zählen eine Einführungs-, eine Hauptexkursion und eine Exkursion im Rahmen des Betriebsseminars. Die Hauptexkursionen wurden außer innerhalb Österreichs bevorzugt in die Bundesrepublik Deutschland, nach Italien, Jugoslawien, Frankreich, Holland, Türkei und Polen geführt. Sie dienen nicht nur der Veranschaulichung des gelernten Wissens, sondern auch den Kontaktmöglichkeiten der Studenten bei potentiellen Auftraggeberfirmen.

Die Ausbildungsaufgaben beziehen sich nach dem derzeitigen Stand neben der Einführung in die Erdöl- und Erdgasgewinnung auf die Tiefbohrverfahren, wozu auch die Bodenuntersuchungs-, Brunnen- und Großlochbohrungen sowie die Pfahlgründung und das Errichten von Schlitzwänden gehören. Für die Ausbildung in der Rotary-Tiefbohrtechnik wird umfangreiches Wissen auf dem Gebiet der Bohrspülung, der Bohrlochhydraulik sowie den Zementationsverfahren mit entsprechenden Praktika vermittelt. Damit sind die Voraussetzungen für Vorlesungen und Übungen in dem ersten Hauptlehrgebiet der Tiefbohrtechnik geschaffen, sodaß die Rotary-Tiefbohrtechnik in Vorlesungen und Übungen daran anschließend vermittelt werden kann.

Der zweite Hauptteil als großes selbständiges Fachgebiet ist die Erdölproduktionstechnik mit den Potentialermittlungsmethoden, Feststellung der Sondenschädigung, Verbesserung des Sondenzuflusses, Komplettierungsmaßnahmen sowie die Feldesauslegung und der Feldbetrieb nach optimalen Bedingungen. Die eigentlichen Fördermethoden mit nachfolgender Behandlung der Erdöl- und Erdgastechnologie runden den Begriff unter Einbeziehung von Untertagespeichermethoden ab.

Das dritte große Hauptgebiet, das vom Institut betreut wird, sind die Spezielle Betriebswirtschaftslehre und Unternehmensführung. Drei eigenständige Vorlesungen auf dem Gebiet der Wassergewinnung und des Grundwasserschutzes sowie des

Bild 2: Deutschland-Exkursion.

Wasserrechtes mit einschlägigen Übungen werden ebenfalls vom Institut betreut.

Die Verbundenheit zwischen Ausbildern und Auszubildenden wird neben den zahlreichen Exkursionen durch vier Seminare gefestigt. Hierzu gehören ein Fachseminar der Tiefbohrtechnik und Erdölgewinnung, ein Betriebsseminar, ein Offshore-Technologie-Seminar sowie ein Seminar in Unternehmensführung der Erdölindustrie. Eine eigenständige Vorlesung über Arbeitssicherheit und Umweltschutz rundet den Umfang der vom Institut wahrzunehmenden Pflichtgegenstände ab.

POSTGRADUATE-SEMINARE

Neben den vorgenannten Lehraufgaben zur Ausbildung der Studenten wurden vom Institut seit den frühen 60er Jahren Postgraduate-Seminare für Herren der Industrie im In- und Ausland durchgeführt. Diese bezogen sich in ihren Themenbereichen in Ansehung des umfassenden Aufgabenbereiches des Institutes vor Errichtung zweier weiterer Fachinstitute auf alle Ausbildungsgebiete. Im weiteren Verlauf des Ausbaues der Studienrichtung wurden auch bei den Postgraduate-Seminaren Schwerpunkte auf den Gebieten der Tiefbohrtechnik und Erdölgewinnung sowie der Betriebswirtschaftslehre gesetzt. Hierbei war in Übereinstimmung mit den Forschungsgebieten des Institutes ein weiterer Schwerpunkt bei

Bild 3: Offshore-Betriebsseminar. Exkursion in Italien.

Bild 4: Blowout-Simulator.

diesen Seminaren auf dem Gebiet der Früherkennung von Hochdruckzonen und Verhütung von Ausbrüchen beim Abteufen von Tiefbohrungen. Insgesamt wurden 67 derartige Seminare in den letzten 25 Jahren durchgeführt.

**FORSCHUNGSGEBIETE**

Aus den abgeschlossenen Forschungsarbeiten sind solche der Früherkennung von Hochdruckzonen in österreichischen, deutschen und italienischen tiefen Sedimentationsbecken zu nennen, sowie ein Verfahren zur automatischen Überwachung von Bohranlagen hinsichtlich zu erwartender Ausbrüche, das in einem Patent seinen Niederschlag gefunden hat (siehe Bild 5).

Ein weiteres abgeschlossenes Forschungsvorhaben galt der Prüfung und Entwicklung besserer Entölung oder Entwässerung von Lagerstätten durch elektrokinetische Maßnahmen. Dieses Verfahren schlug sich ebenfalls in einem Patent nieder (siehe Bild 5). Dieses Verfahren hat sich insbesondere bei der Entwässerung von Kohle als hoffnungsvoll erwiesen.

Quantitative Untersuchungen an eigens entwickelten Apparaturen haben den Nachweis der Säuerungsfähigkeit von Lagerstättengestein erbracht. Derartige Säuerungen werden zur Stimulation des Lagerstättengesteines angewendet. Zur Entwicklung

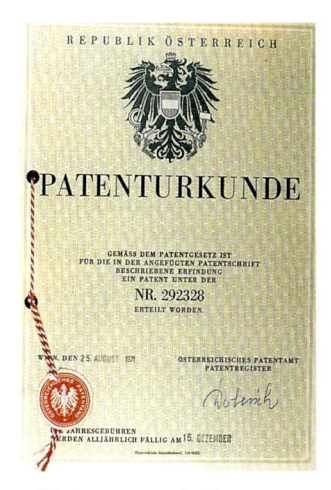

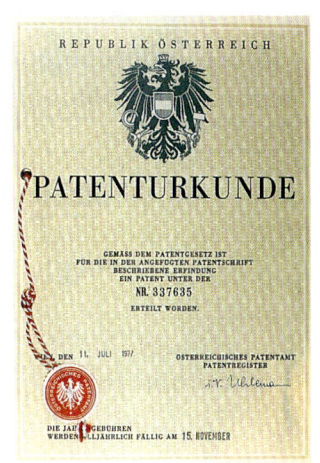

Bild 5: Patentschriften.

von Spülungsrezepturen und dem Nachweis des Verhaltens derartiger Spülungen unter Insitu-Bedingungen ebenso wie zur Entwicklung von Tiefbohrzementmischungen und deren Verhalten unter Insitu-Bedingungen dienen zwei Hochdruckkonsistometer in Verbindung mit einem Hochdruckautoklaven. In diesen Apparaturen werden sowohl die Ausgangskomponenten disperser Phasen und die Additiva zur Steuerung des Verhaltens untersucht. Mit Hilfe dieser Arbeiten leistete das Institut bei den österreichischen Tiefstbohrungen und den dabei auftretenden Problemen der Bohrspülung und Zemente wertvolle Hilfe. Diese Arbeiten erfolgten deshalb im engen Kontakt mit der Industrie und den Lieferanten der Ausgangsprodukte. Für die Prüfung der Zementqualität mit weitaus geringerem Aufwand als die derzeit bekannten wurde ein Verfahren entwickelt, das diesbezügliche Untersuchungen mit eindeutigen Ergebnissen gestattet.

Es würde zu weit führen, alle abgeschlossenen Forschungsvorhaben hier vorzustellen. Dazu gehören umfangreiche Optimierungsprogramme, z.B. Kostenminimierung von Tiefbohrungen, Optimierung der Ölproduktion bei minimalem Aufwand an Lagerstättenenergie, Studien zur Bewertung von Lagerstätten und Aufschlußprojekten, Entwicklung von Oil-in-Place-Berechnungen unter speziellen Gegebenheiten, Fehleranalysen von Bohrlochsverlaufberechnungen durch Modellrechnung bei optimaler Meßpunktanordnung sowie Erarbeitung sicherheitstechnischer Aspekte bei Untertagegasspeichern und dergleichen mehr. Nicht unerwähnt soll bleiben, daß sich das Institut mit ständiger Begutachtung von Problemen in der Industrie und auch bei öffentlich-rechtlichen Aufgaben, wie z.B. der Schaffung des Berggesetzes, stets im Interesse unseres Industriezweiges zur Verfügung gestellt hat.

## FORSCHUNGSSCHWERPUNKTE

Die derzeitigen Forschungsschwerpunkte erfolgen zum einen in Kooperation mit dem deutschen Kontinentalen Tiefbohrprogramm (KTB), bei dem das Institut als einziges ausländisches Universitätsinstitut mitarbeitet. Hierzu wurden umfangreiche organisatorische Studien entwickelt, und werden die notwendigen Sicherheitsaspekte bei Abteufen dieser auf 14 000 m angesetzten Bohrung als tiefste Bohrung der Welt bearbeitet, und zum anderen werden Computerprogramme zur möglichst einfachen, schnellen und sicheren Programmierung aller in der Tiefbohrtechnik und Erdölgewinnung anfallenden Arbeiten entwickelt. Darüberhinaus werden die bisherigen Arbeiten auf dem Gebiet der Spülungstechnik auf das Spezialgebiet der Ölspülungstechnik unter dem Aspekt der veränderten Entgasung dieser Systeme erweitert.

Bei den sicherheitstechnischen Aspekten dieses KTB-Vorhabens ist das Problem zu klären, was bei Gaszutritt aus Tiefststockwerken in das Bohrloch passiert, wenn dieses Gas beim Weg nach übertage im Bohrloch expandiert. Wie kann man derartige Zuflüsse gefahrenfrei auszirkulieren? Dazu werden die experimentell ermittelten physikalischen Gasparameter erfaßt und in Kickbekämpfungs-Simulationsprogrammen ausgewertet.

In Zusammenarbeit mit der Technischen Universität Clausthal werden die zu erwartenden Permeabilitäten als Funktion von Druck und Temperatur zur Ermittlung der Zuflußmenge erfaßt und daraus mittels Computersimulation während der Auszirkulation verschiedener Gase und Gasmengen der Druck am Kopf des Ringraumes (siehe Bild 7) und

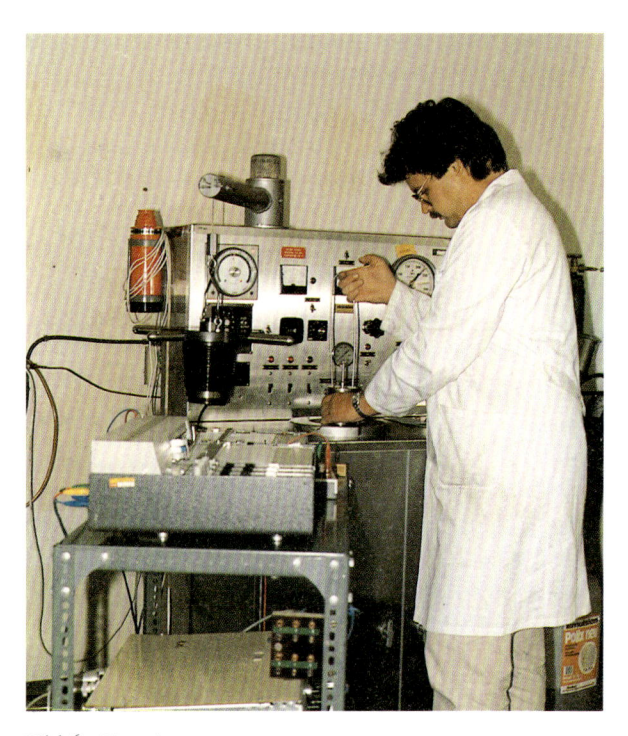

Bild 6: Konsistometer.

der Maximaldruck in jeder Teufe als Funktion der Zeit dargestellt.

Unter Beachtung des Gasschlupfes, der realen Gasexpansion sowie der geplanten Bohrlochgeometrie, -ausstattung und der Anlagendaten kann abgeschätzt werden, ob Sicherheitsrisiken bestehen. Dadurch können eventuelle Probleme in der Planungsphase erkannt und in der Ausführung des Projektes berücksichtigt werden.

Der Erfolg der Kontinentalen Tiefbohrung wird wie bei anderen Tiefbohrungen entscheidend von der Stabilität des Bohrlochs abhängen. Dem wurde beim Kontinentalen Tiefbohrprogramm durch eine eigene Arbeitsgruppe „Spannungsmessungen und Bohrlochstabilität", in die auch das Institut integriert ist, Rechnung getragen. Die beim Erbohren eines zylindrischen Bohrlochs auftretenden Spannungen werden als Funktion der Spülungsdichte unter Berücksichtigung isotroper und anisotroper in-situ-Spannungen und unter Variation der im Vorhinein unbekannten Stoffparameter (Elastizitätsmodul, Poissonzahl, Porenflüssigkeitsdruck, etc.) ermittelt, um ihre Bedeutung auf die Spannungsverteilung zu quantifizieren. Diese Ausgangslage wird mit bohrprozeßinduzierten Belastungen (swab und surge pressures, Temperaturverteilung, Spülungseigenschaften, etc.) überlagert, um abzuklären, inwieweit die Eingriffsmöglichkeiten des Bohrbetriebes günstige Voraussetzungen für die Erhaltung der Bohrlochstabilität schaffen können. Weiters sollen aussagekräftige Methoden entwickelt bzw. Kriterien aufgestellt werden, die ohne den Bohrbetrieb einzuschränken, quasi kontinuierlich, eine Aussage über den aktuellen Zustand der Bohrlochswand liefern. Ziel dieser ist es, den Beanspruchungszustand des Gebirges unter den zu erwartenden Bedingungen zu ermitteln, sodaß eine Aussage über das Stabilitätsverhalten des Bohrlochs gemacht werden kann und Maßnahmen, die zu einer Reduzierung der Gefahren durch Bohrlochstabilitätsprobleme führen, empfohlen werden können. Ölspülungen können bei Spezialfällen der Tiefbohrtechnik wie bei extrem abgelenkten oder horizontalen sowie Übertiefen und extrem heißen Bohrungen nicht ersetzt werden.

Neben den Umweltproblemen bei der Verwendung von Ölspülungen bestehen Probleme in der frühzeitigen Erkennung des Zutritts von gasförmigen Fluiden aus durchteuften Formationen in das Bohrloch. Die Probleme bestehen in der hohen Löslichkeit von Naturgasen, damit meint man Kohlenwasserstoffgase, Kohlendioxid, Stickstoff, Schwe-

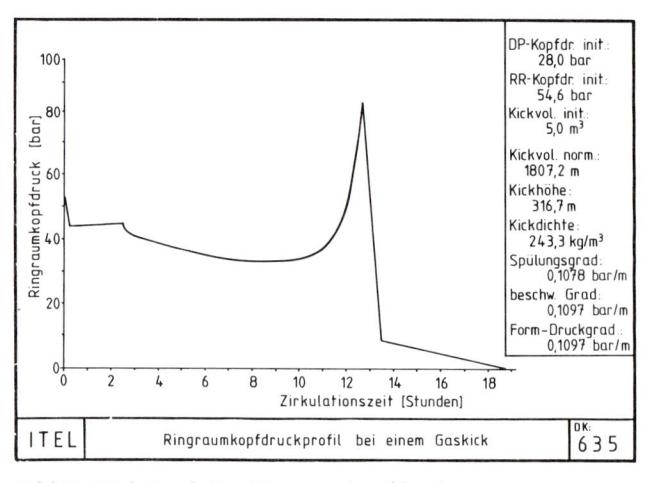

Bild 7: Kicksimulation-Ringraumkopfdruck.

Bild 8: Hochdruckautoklav für flüssige und gasförmige Kohlenwasserstoffe.

felwasserstoff sowie in geringen Mengen Wasserstoff und Edelgase, wie Neon und Argon, in der Ölphase der Spülung. Dies erschwert die Wahrnehmung des Zuflusses von Naturgasen in das Bohrloch. Dies beruht auf dem Volumsverhalten einer realen Mischung, in der das Gesamtvolumen geringer als die Summe der Einzelvolumina ist. Daher kann eine relativ große Menge von z.B. Methan von der Spülung gelöst werden, ohne daß obertage eine signifikante Änderung der Volumsbilanz Zufluß-Ausfluß erkennbar wird. Diese Arbeit soll zuerst eine mathematische, möglichst einfache Beschreibung des Zustandsverhaltens der untersuchten Lösung liefern und diese danach durch experimentelle Untersuchungen verifizieren. Auf der Basis dieser Ergebnisse soll es dann möglich sein, Gaszuflüsse zum Bohrloch besser und früher zu erkennen und dadurch die Sicherheit zu erhöhen.

In den letzten Jahren wurden am Institut zur Lösung praxisbezogener Probleme zahlreiche Computerprogramme erstellt, wie z.B. für Bohrlochhydraulik, Bohrstrangbeanspruchung und -design, Verrohrung, Bohrlochverlauf, Kick-Bekämpfungsmethoden, Sondenproduktivität, Sondenpotential, Sondentests und -auswertung, Frac-Druck, Prognosen von Stimulationsmethoden, Druckverluste bei vertikalen Strömungssystemen, Tiefpumpendimensionierung. Diese Programme befinden sich in ständiger Verfeinerung und Erweiterung und bilden die Grundlage für ein ständig besseres Angebot für Ausbildung und Praxis.

*Verfasser: M. LORBACH*

# Institut für Verformungskunde und Hüttenmaschinen

Im Jahre 1944 wurde Dipl.Ing. Dr. mont. Franz Platzer als Professor an die soeben gegründete Lehrkanzel für „Hüttenmaschinenbau und Walzwerkskunde" berufen. Die Lehrkanzel befaßte sich mit der Konstruktion der in Hüttenwerken verwendeten Maschinen und mit der Technik des Schmiedens und Walzens. Die ursprünglich sehr bescheidene Ausstattung einer kleinen Werkstätte ließ experimentelle Arbeiten nur in kleinem Umfang zu.

1954 erhielt die Lehrkanzel im Rittinger - Gebäude eine moderne Werkstätte mit einer größeren Versuchshalle. Von da an konnten Entwicklungsarbeiten an dem von Prof. Platzer erfundenen Abrollwalzwerk intensiviert werden. Mit Unterstützung durch die Industrie gelang es schließlich, den Prototyp des Krupp-Platzer-Planetenwalzwerkes in der Versuchshalle aufzubauen. Die Anlage wurde durch einen Ofen ergänzt und ermöglichte zahlreiche Walzversuche an unterschiedlichen Stählen und Metallen. 1960 wurde das Gerüst von sechs auf vierundzwanzig Walzensätze ausgebaut und für Kaltwalzversuche an Stahlbändern eingerichtet.

Am 12.8.1961 starb Professor Platzer. Prof. Trutnovsky wurde Kurator. Die Vorlesungen wurden von den Lehrbeauftragten Dipl.Ing. Braumüller (Alpine Donawitz) und Dipl.Ing. Kratzmann (Böhler Kapfenberg) im bisherigen Umfang abgehalten.

1963 wurde Dr.-Ing. Hans Günter Müller zum Ordinarius berufen. Neue Theorien über die physikalischen Grundlagen der bildsamen Formgebung fanden Eingang und beeinflußten Lehre und Forschung. Die Umbenennung in „Institut für Verformungskunde und Hüttenmaschinen" war eine logische Folge.

Neue Gedanken zur bildsamen Formgebung wurden auch auf das Krupp-Platzer-Planetenwalzwerk angewendet und ermöglichten die Entwicklung neuer allgemeiner Rechenmethoden für Planetenwalzwerke und ähnliche Systeme. In diese Zeit fällt die Anschaffung der ersten EDV-Anlage der Montanuniversität am Institut für Verformungskunde und Hüttenmaschinen.

Mit Jahresende 1968 verließ Prof. Müller die Montanistische Hochschule, um eine führende Stelle in der deutschen Industrie anzunehmen. Die Vorlesungen und Übungen wurden unter Leitung des neuerlich zum Kurator bestellten Prof. Trutnovsky vom Dozenten Dr. Wolfgang Aggermann abgehalten.

1970 wurde Dr.-Ing. Werner Schwenzfeier zum Ordinarius berufen. 1972 wurde die Abteilung ‚Hüttenmaschinen' errichtet, die von Ao.Univ.Prof. Dr. W. Aggermann geleitet wird.

153 am Institut betreute Diplomarbeiten seit dem Jahre 1945 befaßten sich mit praktischen und theoretischen Aufgaben aus der Umformtechnik und seit 1970 auch mit damit verbundenen meß- und regeltechnischen Problemen. Im gleichen Zeitraum promovierten 40 Kandidaten aus Industriefirmen oder aus dem Institut mit Dissertationen über ähnliche Themen. Habilitationen wurden von Ao.Univ. Prof. W. Aggermann über Abrollwalzwerke und von tit.Ao.Prof. Vorstandsdirektor H. Kreulitsch über Walzwerktechnik eingereicht und abgeschlossen.

## 1 INSTITUTSPERSONAL

O.Univ.Prof. Dipl.Ing. Dr.-Ing.
Werner SCHWENZFEIER, Institutsvorstand
Ao.Univ.Prof. Dipl.Ing. Dr.mont.
Wolfgang AGGERMANN, stellv. Institutsvorstand

Dipl.Ing. Dr.mont. Albert NIEL, Universitätsassistent
Dipl.Ing. Otto HARRER, Universitätsassistent
Dipl.Ing. Dr.mont. August HERZOG, Oberrat
Karl KÖNIGSHOFER, Studienassistent
Christof WURM, Studienassistent
Horst RIEGER, Oberoffizial
Kraft RIEGER, Amtsrat
Elfriede HOLZER, Vertragsbedienstete
Robert LIEB, Vertragsbediensteter
Wilhelm FASSMANN, Vertragsbediensteter
Hannes HÖFFERER, Lehrling

## LEHRE

Die Lehraufgaben des Institutes werden im wesentlichen durch die Vermittlung aller für spanloses Umformen und den maschinentechnischen Betrieb von Hüttenwerken notwendigen Kenntnisse charakterisiert: Grundlagen der bildsamen Formgebung, Umformtechnik und -maschinen, allgemeine Hüttenmaschinen, konstruktive Besonderheiten der Hüttenmaschinen, ausgewählte Kapitel der Walzwerktechnik, spezielle Automation.

Darüberhinaus bietet das Lehrangebot in Spezial- und Sondervorlesungen interessierten Hörern die Möglichkeit, sich über das geforderte Grund- und Fachwissen hinaus weiterzubilden. Den immer dringender werdenden Anforderungen an den Umweltschutz wird durch ein spezielles Seminar entsprochen.

## FORSCHUNGSSCHWERPUNKTE

Forschungsschwerpunkte am Institut sind zur Zeit das Lichtschnittverfahren zum kontaktlosen Messen von Profilquerschnitten, hydraulische Überlastsicherungen, laseroptische, kontaktlose Geschwindigkeitsmeßsysteme, das hydraulische Ausbauchen, berührungsloses Messen der Bandzugspannung, Simulation des Biegerichtens und Stoffflußmodelle.

Ferner wurden Ablaufsimulationsstudien über Gießkranbewegungen in einem Hüttenwerk durchgeführt. Ziel dieser Studien war eine für den Produktionsablauf strategisch richtige Neubauplanung, die von vornherein die richtige Koordination von Strang- und Blockguß sowie eine schnelle Reaktion in Störfällen gewährleistet.

Im folgenden seien einige dieser Arbeiten kurz beschrieben.

## LICHTSCHNITTVERFAHREN

Zum kontaktlosen Vermessen beliebig geformter Werkstücke wurde ein Lichtschnittverfahren entwickelt. Dazu wird Licht aus einem oder mehreren Helium-Neon-Lasern so zu Lichtebenen aufgefächert und auf das Meßobjekt projiziert, daß an dessen Oberfläche eine helle Konturlinie entsteht – der Lichtschnitt (siehe Bilder 1 und 2). Die Konturlinie wird von mehreren CCD-Kameras (Charged Coupled Devices – ladungsgekoppelte Halbleiter) erfaßt und deren Videosignal rechnerisch entzerrt. Die zum exakten Entzerren der Bilder notwendigen geometrischen Daten werden durch ein spezielles „Kalibrierverfahren" gewonnen. Darin werden die zur Transformation vom Kamerakoordinatensystem ins Objektkoordinatensystem notwendigen Entzerrungsparameter bestimmt. Dies erfolgt durch Einschieben eines Kalibrierkörpers geeigneter Form, dessen genaue Maße in einem Rechner gespeichert sind, in das Meßfeld der Kameras. Aus dem Vergleich zwischen dem aufgenommenen Lichtschnitt am Kalibrierkörper und den gespeicherten Abmessungen werden die Entzerrungsparameter berechnet. Das Verfahren wurde zunächst zum Ermitteln von Walzgutquerschnitten entwickelt (Bild 3), eignet sich jedoch ebenso zum Vermessen jeder Schnittkurve zwischen beliebigen Werkstücken – wie z.B. Schmiedeteilen, Gewinden, etc. – und einer Lichtebene.

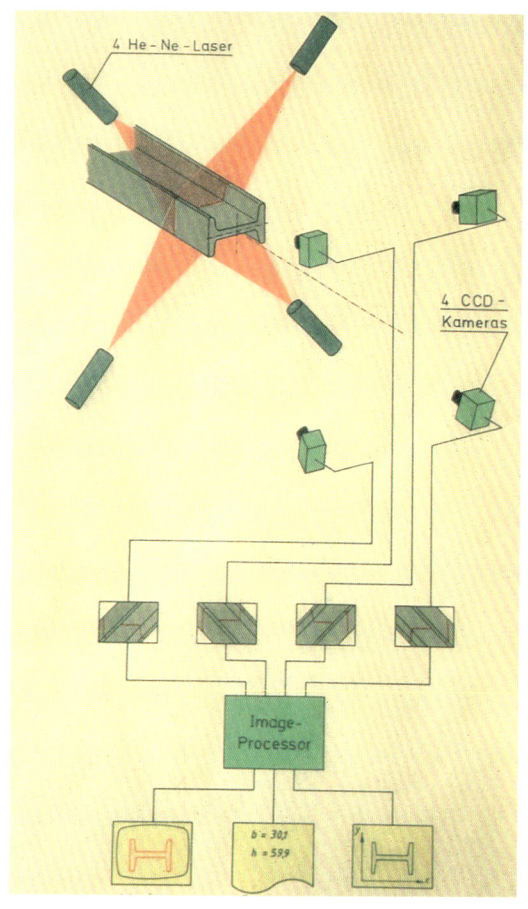

Bild 1: Prinzip des Lichtschnittverfahrens zum Konturvermessen.

Bild 2: Labormeßstand mit einer Eisenbahnschiene als Meßobjekt.

Bild 3: Vermessen eines Drahtquerschnittes mit dem Lichtschnittverfahren; Test mit einer Laser-Kamera-Einheit.

## HÜLAS

Maschinen und Maschinenteile werden bisweilen mit Kräften beaufschlagt, welche die der Konstruktion zugrundegelegten übersteigen; sie werden überlastet. Folgen davon sind Ausfälle, Anlagenstillstände und damit verbundene wirtschaftliche Schäden, die vermieden werden sollten. Daher sollten hochbelastete, teure Maschinen und Bauteile durch Sollbruchglieder wie Brechtöpfe, Scherstifte oder federbelastete Auslöser wie z.B. Rutschkupplungen geschützt sein. Sollbruchglieder sind nur einmal verwendbar und ändern ihre Ansprechschwelle durch Altern und Materialermüdung. Federbelastete Auslöser wiederum sind vom Reibwert aller gegeneinanderbewegten Elemente abhängig, der im allgemeinen nicht genau bekannt ist.

Diese Nachteile umgeht die neue hydraulische Überlastsicherung „HÜLAS", die die Auslösekraft in möglichst engen Grenzen reproduzierbar hält. Im folgenden sei ihr Funktionsprinzip kurz erörtert (Bild 4): In einem Zylinder drückt ein hydraulisches Medium einen Kolben gegen eine ringförmige Dichtfläche. Wird dieser mit einer äußeren Kraft belastet, so vermindert diese die Kraft an der Dichtleiste. Nach Unterschreiten eines kritischen Wertes „bläst" die Dichtung „ab". Das Druckmedium kann abströmen, der Innendruck bricht zusammen. Damit wird der

Bild 4: Hydraulische Überlastsicherung HÜLAS.

Kraftfluß unterbrochen und der Kolben in den Zylinder gedrückt.

## LASEROPTISCHE KONTAKTLOSE GESCHWINDIGKEITSMESSSYSTEME

Das Messen der Prozeßgeschwindigkeit beim Walzen, Pressen, in Stranggießanlagen und in vielen anderen Anwendungsfällen verspricht interessante Informationen über diese Prozesse. Darum war ein leistungsfähiges Geschwindigkeitsmeßgerät zu entwickeln, zu konstruieren und zu bauen, mit dem zahlreiche Experimente ausgeführt wurden, bis alle Fehler korrigiert waren.

Dieses Geschwindigkeitsmeßgerät benutzt den Doppler-Differenz-Effekt: Ein Laserlichtstrahl wird in zwei Strahlen aufgeteilt, die beide annähernd senkrecht zur bewegten Meßobjektoberfläche gerichtet werden. Beide Strahlen und die Bewegungsachse bilden eine Ebene, in der die Strahlen so gerichtet werden, daß sie einander unter einem Winkel von +/- $\alpha$ zur Normalen auf der Objektoberfläche treffen. Der Raum, in dem die beiden Strahlen einander durchdringen, heißt das Meßvolumen.

Wenn sich das Objekt bewegt, wird die Frequenz des rückgestreuten Lichtes nach dem Doppler-Effekt variiert, wenn Vektorkomponenten des Primärlichtes entgegen oder in der Bewegungsrichtung liegen. Weil es keine Zähler zum Zählen der Lichtfrequenz gibt, wurde ein Kunstgriff benutzt: Das rückgestreute Licht enthält sowohl höhere Frequenzanteile von einem Primärstrahl als auch niedrigere vom anderen, die zur sogenannten Beatfrequenz moduliert sind, die durch den Strahlwinkel und die Geschwindigkeit des bewegten Objektes bestimmt wird. Die Beatfrequenz soll vorzugsweise ungefähr 30 kHz.s/m betragen. Sie ist dann besonders günstig für die Auswerteelektronik. Um thermische Einflüsse zu vermeiden, die die präzise Justierung der Spiegel verändern könnten, sollten das Gehäuse und die Tragkonstruktion thermisch stabil sein. Dies wird am besten durch ein massives Aluminiumgehäuse erreicht. Bild 5 zeigt den geöffneten Meßkopf, den Laser rechts oben, die Spiegelanordnung links und den optischen Empfänger sowie den darin integrierten Vorverstärker rechts unten.

Ein Nachteil des Zweistrahlsystems ist der erforderliche exakte Abstand zwischen Objekt und Lichtsender. Dieses Problem ist mit einer Neuentwicklung, der sogenannten „Lichtmusterprojektion", zu lösen (Bild 6). Anstelle der zwei Strahlen, die das Meßvolumen nahe der Objektoberfläche bilden, tritt ein einzelner Lichtstrahl, der mit einer Zylinderlinse aufgeweitet und anschließend in einem Teleskop fokussiert wird. Mit diesem Strahl wird ein geeignetes Muster – vorzugsweise ein paralleles Gittermuster – auf die Objektoberfläche projiziert. Mit dieser

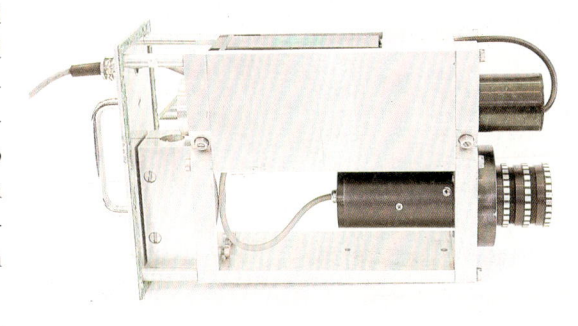

Bild 5: Geschwindigkeitsmeßgerät.

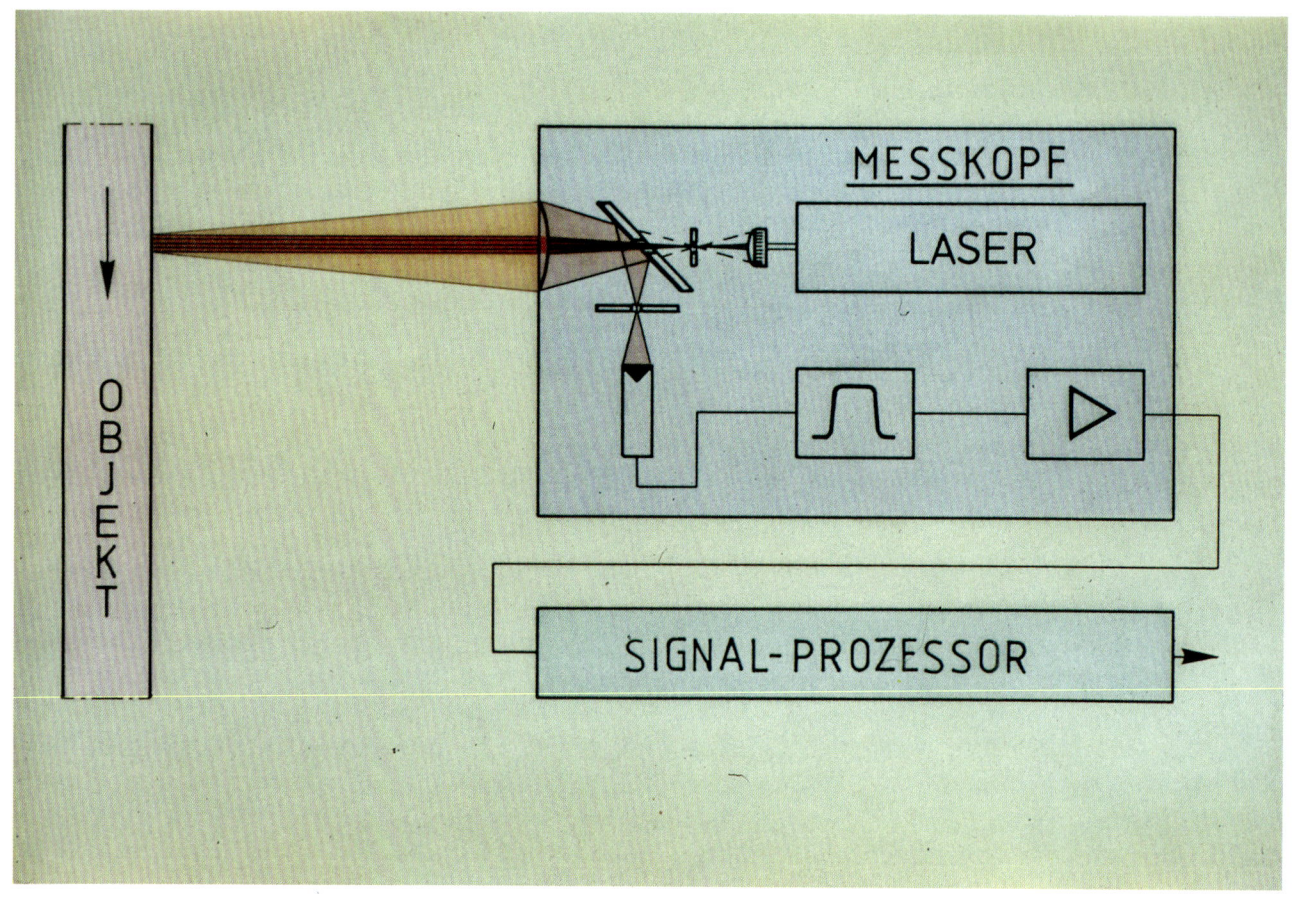

Bild 6: Laseroptisches Geschwindigkeitsmeßgerät nach dem Lichtmusterprojektionsverfahren.

Anordnung wird der Abstand zwischen Objekt und Meßkopf unkritisch. Die Beatfrequenz – das notwendige Signal zum Geschwindigkeitsmessen – wird gewonnen, weil das von der bewegten Oberfläche rückgestreute Licht periodisch verdunkelt wird, während es die Gitterlinien in dem projizierten Muster passiert.

HYDRAULISCHES AUSBAUCHEN (HYDROBULGING)

Hydraulisches Ausbauchen ist ein Kaltumformverfahren, mit dem Formteile aus Rohrstücken auf besonders wirtschaftliche Weise herzustellen sind. Als Beispiele für solche Produkte seien Abzweigungen, Bögen, Reduzierungen, Wellrohre und andere Hohlkörper angeführt (Bild 7). Nachfolgende Erläuterungen mögen dieses Verfahren verständlich machen:

Das Vormaterial wird in eine geeignete teilbare Form eingelegt, die daraufhin geschlossen und verriegelt wird. Zwei Umformkolben, je einer an jedem Ende, stauchen das Rohr. Ein Kolben hat ein Loch für die Wasserzufuhr zum Füllen des Rohres, der andere ein Abspritzventil, das einerseits zum Entlüften des Mediums und andererseits zum Begrenzen des Innendruckes dient. Beim Stauchen wird der Rohrinnenraum verkleinert, der Druck gesteigert, und damit beginnt das Ausbauchen. In der sogenannten Aushalseöffnung in der das Rohr umgebenden Form befindet sich ein Gegenhaltekolben, der die entstehende Beule flachdrückt und das Ausbauchen gegenüber dem Stauchen verzögert. Die Aushalsekappe muß abgeschnitten werden. Der dabei entstehende Abfall ist geringer, wenn sie vorher flachgedrückt wurde.

Der Innendruck muß innerhalb definierter Grenzen liegen. Ist er zu hoch, dann wird die Wanddicke zu klein und damit das Rohr bersten. Ist er zu klein, dann könnte das Rohr einfallen.

Weil die Gesamtstauchkraft vom Innendruck abhängt, ist dieser so niedrig wie möglich zu halten, um die Abstreckung (Wanddickenverminderung) zu minimieren und mit vorgegebener maximaler Stauchkraft auch große Stücke in einem Arbeitsgang oder in sehr wenigen Arbeitsgängen herzustellen. Mit Berechnungen und Versuchen können optimale Werte für den Innendruck und die Gegenhaltekraft ermittelt werden.

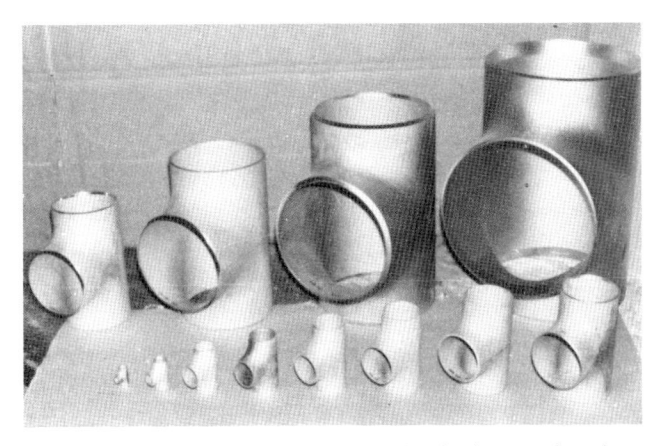

Bild 7: Rohr-T-Stücke, die durch hydraulisches Ausbauchen gefertigt wurden.

## BERÜHRUNGSLOSES MESSEN DER BANDZUGSPANNUNG (BEMEZUG)

Zum kontaktlosen Messen der Spannungsverteilung in kaltgewalzten Bändern wurde das BEMEZUG-Verfahren entwickelt. Dazu wird die Resonanzfrequenz von Transversalschwingungen des Bandes genutzt, nach der Annahme, daß dessen Eigenfrequenzen der jeweiligen mechanischen Bandspannung entsprechen. Aus der Resonanzfrequenz kann damit auf die Zugspannung geschlossen werden. Eine mathematische Lösung für die Eigenfrequenzen eines inhomogenen, gespannten Bandes gibt es nicht. Daher wurden Vorversuche an einem Simulationstisch zur Ermittlung der Eigenfrequenzen angestellt. Es wurde eine Mitkoppelungsschaltung erstellt, die gewährleistet, daß das Band immer in Resonanz schwingt. Resonanzfrequenz und mechanische Zugspannung im Kaltband sind einander zuzuordnen. Weiters wurde die Anordnung mehrerer parallel wirkender Meßsysteme untersucht, die die Meßfolgezeit verkürzen sollen.

# Institut für Wärmetechnik, Industrieofenbau und Energiewirtschaft

Mit der Errichtung einer Lehrkanzel für „Allgemeine Metall- und Sudhüttenkunde" ab dem Studienjahr 1911/12 hat die damalige Montanistische Hochschule begonnen, Studenten in den Fragen auszubilden, die heute den Fachgebieten der Wärmetechnik und des Industrieofenbaus zuzuordnen sind. Schon 1920 wurde mit der Benennung der Lehrkanzel als „Feuerungs-, Metallhütten- und Salinenkunde" den vertretenen Fachgebieten Rechnung getragen, wobei die Feuerungskunde den Industrieofenbau sowie die Chemie und Technologie feuerfester Baustoffe mit einschloß und entsprechend ihrer nach dem Ersten Weltkrieg schnell zunehmenden Bedeutung an den Anfang der Lehrkanzelbezeichnung gestellt wurde. Daß noch lange, fast bis zum Ende des Zweiten Weltkrieges, das Fachgebiet Sudhüttenkunde oder Salinenkunde in der Benennung dieser Lehrkanzel aufschien, lag wohl an der wissenschaftlichen und beruflichen Ausbildung ihres ersten und langjährigen Vorstandes, Ordentlicher Professor Dipl.Ing. Franz Schraml, der die Arbeiten dieser Lehrkanzel 35 Jahre lang bis zu seinem Tod im Jahre 1946 geleitet hatte. 1950 erfolgte mit der Berufung des Ordentlichen Professors Dipl.Ing. Dr.techn. Friedrich Schuster eine kurze, nur zwei Jahre dauernde Spezialisierung des Institutes, mit der Bezeichnung „Gas- und Wärmetechnik". Aber mit der Berufung von Dipl.Ing. Dr.-Ing. Franz Czedik-Eysenberg zum Ordinarius für Wärmetechnik und Metallhüttenkunde war das ehemalige umfangreiche Aufgabengebiet des Institutes im Rahmen der Montanistischen Hochschule, mit Ausnahme der Sudhüttenkunde, wiederhergestellt. Auch in dieser Zeit konnten die schnell an Umfang zunehmenden und auseinanderstrebenden Teilgebiete der Wärmetechnik zusammen mit der Feuerfestkunde, dem Industrieofenbau und der Metallhüttenkunde von dieser Lehrkanzel nur wahrgenommen werden, weil ihr Vorstand aufgrund seiner wissenschaftlichen Arbeiten und Berufslaufbahn über umfangreiche Kenntnisse auf diesen Gebieten verfügte. Als der Verfasser dieses Beitrages am Nachmittag des 4. Februar 1960 mitten in der Abhaltung von Übungen zum Industrieofenbau vom Tod seines verehrten Lehrers verständigt wurde, hat alle am Institut Tätigen eine tiefe Betroffenheit und Trauer erfaßt. Neben zwei Rektorsjahren 1957/58 und 1958/59 hat sich Professor Czedik-Eysenberg mit seiner Aufgabe des Institutswiederaufbaus in rastloser Arbeit voll identifiziert. Seine Mitarbeiter, Dissertanten, Diplomanden und Studenten konnten von ihm viel, auch was seine besonders beeindruckenden Charaktereigenschaften: die Liebe zum akademischen Nachwuchs, seine Verbindlichkeit gegenüber allen, die es ehrlich meinten, betraf, lernen.

Mit der Einrichtung der neuen Studienrichtung Gesteinshüttenwesen an der Montanistischen Hochschule und eines Institutes für Gesteinshüttenkunde und Feuerfeste Baustoffe (1966/67) sowie etwas später eines Institutes für Technologie und Hüttenkunde der Nichteisenmetalle (1969/70) wurde den längst notwendigen Erfordernissen, die an die Lehre und Forschung in diesen Fachgebieten gestellt wurden, Rechnung getragen, und der 1962 berufene Ordentliche Professor Dipl.Ing. Dr.mont. Max Ussar konnte die Änderung der Institutsbezeichnung in „Wärmetechnik und Industrieofenbau" beantragen. Bis zu seiner Emeritierung mit Ende des Studienjahres 1982/83 leitete Professor Ussar dieses Institut. In die zweite Hälfte seiner Amtszeit fielen die weltweiten Bemühungen der Technik und der Behörden zum Schutz unserer Umwelt und die bis dahin nicht dagewesenen beträchtlichen Zunahmen der Energiepreise. Beiden Problemen hat Professor Ussar

# DIPLOMARBEITEN

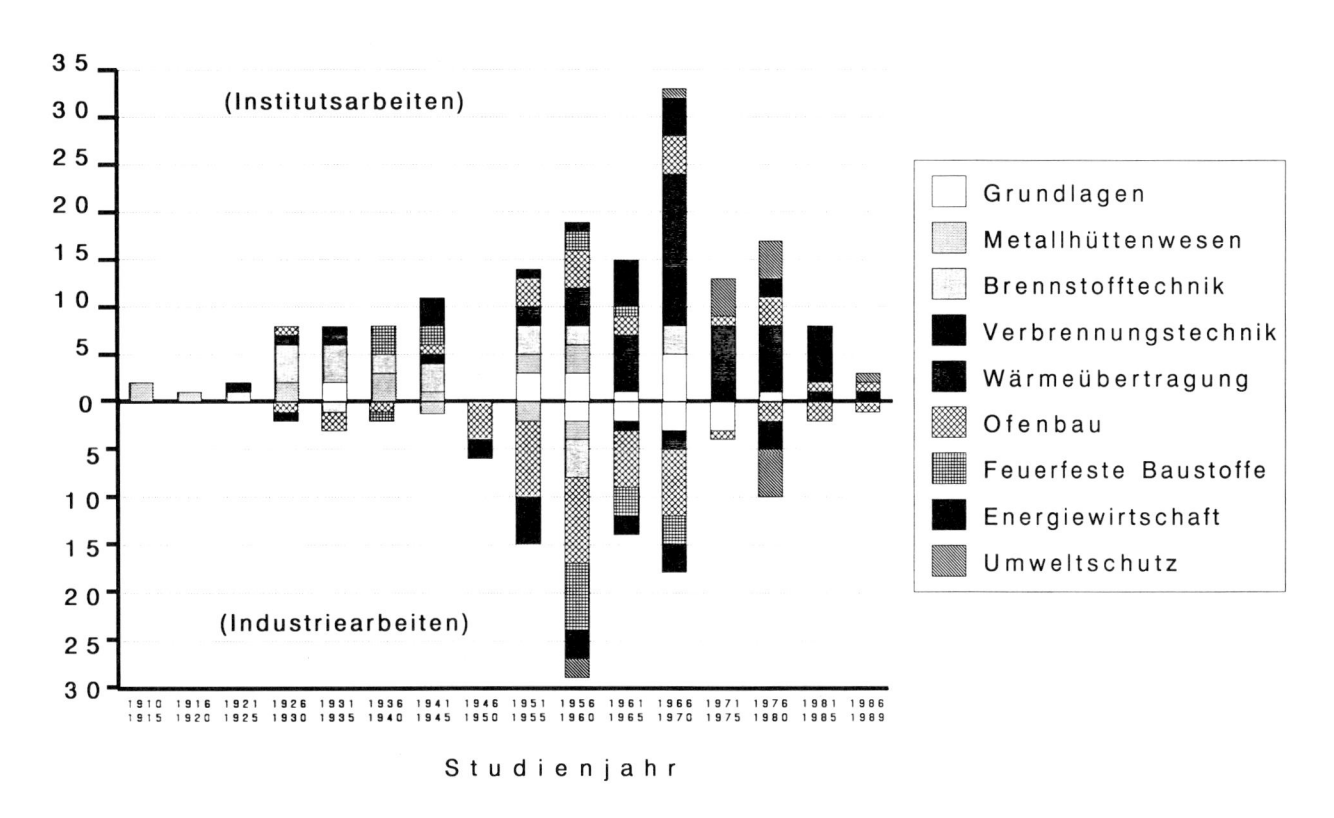

Bild 1: Diplomarbeiten, die am Institut und in der Industrie durchgeführt wurden, und ihre Aufteilung nach Fachgebieten, jeweils über fünf Studienjahre zusammengefaßt.

seine Aufmerksamkeit gewidmet, was sich sowohl durch die Gründung eines Institutes für „Umweltschutz und Emissionsfragen" als auch durch Arbeiten auf energiewirtschaftlichem Gebiet zeigt.

Die Tätigkeit des Institutes in der Lehre und Forschung seit seiner Errichtung wird dadurch nachhaltig wiedergegeben, daß seit seinem Bestehen 269 Diplomarbeiten, 53 Dissertationen und eine Habilitation betreut bzw. durchgeführt worden sind. Die Bilder 1 und 2 zeigen die Aufteilung der Diplomarbeiten und Dissertationen sowohl nach in der Industrie oder am Institut durchgeführten Arbeiten als auch nach den vom Institut bearbeiteten Sachgebieten, denen diese Arbeiten zuzuordnen sind. Dabei ist noch die, besonders in den letzten Jahren aus verschiedenen Gründen stark rückläufige Zahl der Studierenden des Hüttenwesens zu berücksichtigen. Letztere haben immer den Hauptanteil der Diplomanden und Dissertanten des Institutes dargestellt.

Das Institut hat die Aufgabe, den Hörern das notwendige, dem Stand der Forschung entsprechende Wissen über die Bereitstellung von Energie, deren Umwandlung in Wärme, die Wärmeübertragung und die Wärmerückgewinnung in hiefür geeigneten Anlagen zu vermitteln. Gleichzeitig soll das Wissen in den genannten Gebieten durch eine entsprechende Forschungstätigkeit erweitert werden.

## INSTITUTSPERSONAL

O.Univ.Prof. Dipl.Ing. Dr.mont. Christian GOD, Institutsvorstand

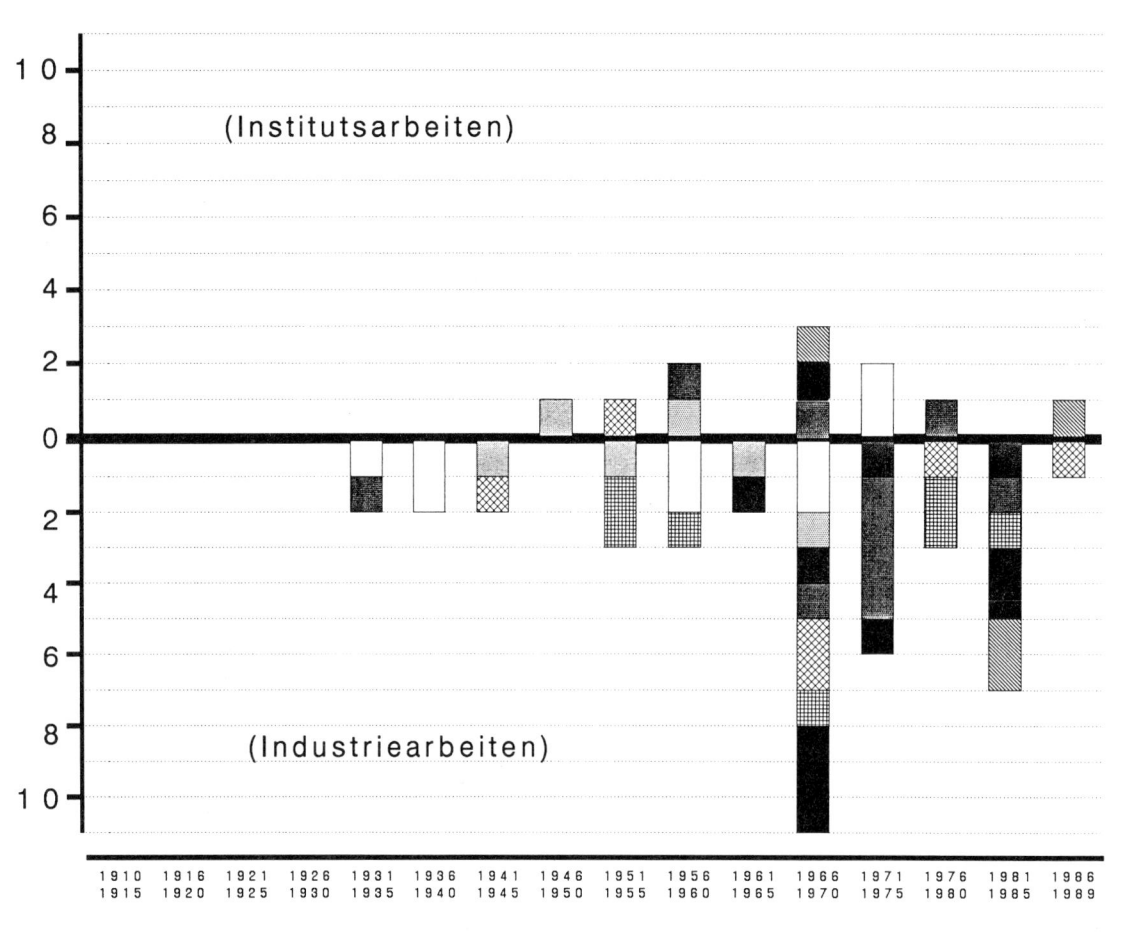

# DISSERTATIONEN

Bild 2: Dissertationen, die am Institut und in der Industrie durchgeführt wurden, und ihre Aufteilung nach Fachgebieten, jeweils über fünf Studienjahre zusammengefaßt. Die Schraffur entspricht den in Bild 1 angegebenen Fachgebieten.

Dipl.Ing. Dr.mont. Franz MUGRAUER, Assistenzprofessor
Dipl.Ing. Gerd RIEDER, Oberrat
Thomas POLLAK, Studienassistent
Peter FÜRHAPTER, Studienassistent
Herta SCHWEIGER, Fachinspektor
Karl KLUCSARITS, Vertragsbediensteter (Werkstättenleitung und Anlagenkonstruktion)
Ernestine TAURER, Vertragsbedienstete

Dem Institut fachlich zugeordnet ist:
Dipl.Ing. Peter KÖBERL, Abteilungsleiter Steirische Ferngas Ges.m.b.H., Lehrbeauftragter

**LEHRE**

Das Lehrgebiet des Institutes umfaßt die folgenden Teilgebiete:

BRENNSTOFFTECHNIK, in dem die chemischen und physikalischen Eigenschaften der fossilen und künstlichen bis zu den rezenten Biomasse-Brennstoffen und -abfallstoffen zu deren Auswahl und Bewertung als auch zur entsprechenden Konstruktion von Feuerungsanlagen behandelt werden. Dieses Wissen ist wegen der notwendigen möglichst breiten Streuung der eingesetzten Brennstoffe zur Verringerung der Energiekosten und zur Einhaltung der gesetzlich vorgeschriebenen Grenzwerte für verschiedene luftverunreinigende Emissionen von großer Bedeutung.

Die VERBRENNUNGSTECHNIK UND EMISSIONSMESSTECHNIK umfaßt das verbrennungstechnische Rechnen mit Brennstoffen zur Ermittlung der notwendigen Luft ($O_2$)-Volumensströme, der Verbrennungsgasvolumensströme und deren Zusammensetzungen sowie die Umwandlung chemisch gebundener Energie in fühlbare Wärme und die Höhe der erreichbaren Verbrennungsgastemperaturen. Desweiteren den Bildungsmechanismus verschiedener Schadstoffe wie z.B. $SO_2/SO_3$ und $NO/NO_2$ sowie deren meßtechnische Erfassung. Die Beherrschung dieser Grundlagen stellt die Vorraussetzung einerseits für die Dimensionierung jeder brennstoffbeheizten Anlage, die Beurteilung des Verbrennungsvorganges und der Feuerraumatmosphäre, die Berechnung der Wärmeübertragung im Feuerraum und der Schadgasemissionen sowie anderseits für die Anwendung von Primärmaßnahmen zu Schadstoffemissionsminderungen dar.

Die WÄRMEÜBERTRAGUNG, die Kenntnis ihres Mechanismus und seiner Berechnungsmöglichkeiten in Energieanwendungsanlagen – Feuerungen, Industrieöfen, Wärmeaustauschern – sowie die Beeinflussung der einzelnen Teilvorgänge Wärmeleitung, Konvektion und Temperaturstrahlung durch geometrische, zeitliche, verbrennungstechnische und verfahrenstechnische Parameter ermöglicht die qualitätssichernde Konstruktion des Übertragungsraumes. Eine Minimierung des spezifischen Energieverbrauches, der einen wichtigen Kostenanteil in vielen Prozessen darstellt, und die Erschließung von vielfach noch bestehenden Energieeinsparpotentialen zahlreicher Verfahren zur Erzeugung von Halb- und Fertigprodukten sind nur mit Hilfe der Wärmeübertragungsgesetze möglich. Die näherungsweisen Lösungen der komplizierten mathematischen Formulierungen von Wärmeübertragungsvorgängen unter praxisgerechten Randbedingungen erfordern aber einen hohen Rechenaufwand. Die Teilgebiete Brennstofftechnik, Verbrennungstechnik und Emissionsmeßtechnik sowie Wärmeübertragung einschließlich der Wärmeaustauscher werden im Fachgebiet „Wärmetechnik" früher „Feuerungskunde" zusammengefaßt.

Die Lehre im INDUSTRIEOFENBAU stellt die Systemanalyse der verschiedenen Aggregate dar. Das ist die Behandlung der einzelnen Bauelemente, deren Dimensionierung mit Hilfe der wärmetechnischen Gesetzmäßigkeiten, die Auswahl und der Einsatz feuerfester Baustoffe, der Betrieb und das Betriebsverhalten der Anlagen mit dem Ziel einer verbesserten Wirtschaftlichkeit, d.h. geringerer Kosten bei verbesserter Qualität der Erzeugnisse. In der Studienrichtung Hüttenwesen werden Schmelzöfen, Aggregate zur Vorbereitung und Umwandlung verschiedener Stoffe, Wärmöfen und Wärmebehandlungsöfen für die Eisen-, Stahl- und Nichteisenmetallindustrie behandelt. In der Studienrichtung Gesteinshüttenwesen ist die Vielfalt der Ofentypen verfahrensbedingt besonders groß. Es sind dies hauptsächlich Brennöfen für Ziegel, Bau- und Gebrauchskeramik, feuerfeste Baustoffe, Magnesit und Dolomit, Kalkstein, Zementklinker und Gips sowie Glasschmelz- und Glaskühlöfen, Emailschmelz- und Emailieröfen. Für den Übungsbetrieb steht ein Mehrzweckversuchsofen in Segmentbauweise von industriellem Maßstab zur Verfügung (Bild 3). Damit haben die Hörer eine Gelegenheit, die Wirkungsweise und die Bedienung der Meß- und Regeleinrichtungen, die Bilanzierung des Energieaufwandes, die Auswirkungen verschiedener Beheizungssysteme auf den Energiebedarf und die Durchwärmung des Wärmgutes, Messungen der Abgaskomponenten u.a.m. praktisch durchzuführen. Die zusätzlich anzufertigenden Konstruktionsarbeiten, unterstützt durch Pflichtexkursionen im Industrieofenbau, sollten eine gute Vorbereitung für die spätere berufliche Tätigkeit der Absolventen darstellen.

Bild 3: Öl- oder Erdgas-beheizter Versuchsofen mit einer Anschlußleistung von 600 kW.

Die Grundvorlesung über ENERGIE- UND WÄRMEWIRTSCHAFT behandelt die Aufgaben der Energiewirtschaft, die Energiebedürfnisse, das Energiedargebot, die Energieumwandlung, den Energietransport, die Brennstoffwirtschaft, die Wärmewirtschaft, die Verbundwirtschaft sowie Aufgaben und Methoden der Wirtschaftlichkeitsrechnung in der Energieversorgung. Für Hörer des Studienzweiges Betriebs- und Energiewirtschaft in der Studienrichtung Hüttenwesen und für jene des Montanmaschinenwesens erfolgt eine Vertiefung der energiewirtschaftlichen Kenntnisse in Zusammenhang mit den verschiedenen hüttenmännischen Verfahrenstechniken. Das Lehrangebot des Institutes ist sehr umfangreich. Es umfaßt ohne die Pflichtexkursionen jeweils 30 Semesterwochenstunden, von denen lediglich 2 Wochenstunden in einem Semester von einem Lehrbeauftragten aus der Industrie abgehalten werden. Es erstreckt sich mit Ausnahme des Markscheidewesens und der Montangeologie auf alle übrigen sieben Studienrichtungen der Montanuniversität.

## ARBEITSGEBIETE

Im Bereich der Brennstofftechnik wurden in den vergangenen 30 Jahren eine große Zahl (rund 2000) von Brennstoffuntersuchungen und -bewertungen an Anthraziten, Steinkohlen, Braunkohlen, Torfen, Holzarten, Koksen, Petrolkoksen, Heizölen, Ablaugen aus der Papier- und Zellstoffindustrie und Brenngasen vorgenommen. Aber auch z.B. Papier- und Kunststoffabfälle, Klärschlämme, BRAM (Brennstoff aus Müll), Beeren- und Kernobstrester, Obstschalen und Kren, die in großen Mengen anfallen, wurden hinsichtlich einer wirtschaftlichen und umweltfreundlichen Verwertbarkeit überprüft. Darüberhinaus wurden unterschiedliche Untersuchungsverfahren getestet und verbrennungstechnische Eigenschaften definierter Brennstoffe ermittelt.

Auf dem Gebiet der Verbrennungstechnik und der Emissionsmeßtechnik wurden neben einigen grundlegenden experimentellen Arbeiten zur Beeinflussung der $NO/NO_2$- Emissionen aus der Verbrennung, mehrere Kesselanlagen in verschiedenen Industriebereichen und in Dampfkraft- sowie Fernheizwerken bei Beheizung mit unterschiedlichen Brennstoffen hinsichtlich ihres Wirkungsgrades untersucht und die staubförmigen sowie $CO_2$-, CO-, $SO_2$-, $NO_x$- und Kohlenwasserstoff-Emissionen gemessen (Bild 4). Besonders hervorzuheben sind zwei experimentelle wissenschaftliche Arbeiten aus den Jahren 1986/87 bzw. 1988:

➤ Eine Forschungsarbeit mit Unterstützung des Landesenergievereines der Steiermark zur Umweltbelastung durch kleine Einzelfeuerungen für feste Brennstoffe, in der die $CO_2$-, CO-, $SO_2$-, $NO_x$-, $C_nH_m$- und PAH (Polyzyklische aromatische Kohlenwasserstoffe)-Emissionen an drei meistverwendeten Durchbrandöfen für acht verschiedene feste Brennstoffe (Koks, Steinkohlen, Braunkohlen, Holz) gemessen wurden (Bild 5). Besonders die festgestellten heizwertspezifischen CO-, $SO_2$-, $C_nH_m$- und PAH-Emissionen haben Voraussetzungen für die Festlegung gesetzlicher Bestimmungen zur Luftreinhaltung auf dem Gebiet des Hausbrandes geschaffen und sollten Anlaß genug sein, Zulassungsanforderungen zu erstellen und Typenbestimmungen für Hausbrandöfen durchzuführen. Damit dürfte es in Zukunft nicht mehr so wie

Bild 4: Emissionsmessungen im Abgaskanal eines Dampfkessels mit 380 MW Brennstoffwärmeleistung.

bisher möglich sein, daß einerseits schwefelreiche Brennstoffe in den nichtkontrollierten Hausbrand abgeschoben werden und andererseits Öfen und Kessel für den Hausbrand angeboten werden, die für „alle Brennstoffe geeignet" sind.

➢ Die Bestimmung des $NO_x$-Gehaltes im Abgas von erdgasbeaufschlagten Rekuperatorbrennern in Abhängigkeit von der Brennerbeaufschlagung, der Luftzahl und der Verbrennungslufttemperatur. Die mit dieser Arbeit u.a. gewonnenen Ergebnisse haben gezeigt, mit welcher Verbrennungslufttemperatur und daher Brennstoffeinsparung bei einfachen Rekuperatorbrennern zur Ermittlung ihrer Amortisation gerechnet werden darf, wenn die gesetzlichen $NO_x$ - Grenzwerte nicht überschritten werden sollen.

Es verdient besonders hervorgehoben zu werden, daß heute, dank der technisch-wissenschaftlichen Ausrichtung des Institutes, angefangen von den Brennstoffuntersuchungen hinsichtlich deren Wirtschaftlichkeit über die Verbrennungstechnik und Wärmeübertragung bis zur Feststellung des Schadstoffgehaltes in Abgasen mit Hilfe der Emissionsmeßtechniken, Brennstoffe und brennstoffbetriebene Energieanwendungsanlagen in ihrer Gesamtheit beurteilt und optimiert werden können.

Bild 5: Teilansicht des Versuchsstandes am Institut zur Messung von $CO_2$-, CO-, $SO_2$-, $NO_x$-, $C_nH_m$- und PAH-Emissionen aus Durchbrandöfen für feste Brennstoffe.

Umfangreiche Arbeiten wurden im Bereich der Wärmeübertragung in Verbrennungsräumen durchgeführt. Neue Berechnungsformeln der Strahlung von Kohlendioxid und Wasserdampf einschließlich der Gasschichtdicke sowie für den konvektiven Wärmeübergang von gasförmigen Fluiden an feste Flächen und des Gesamtwärmeüberganges wurden erstellt und in Rechenmodellen für Industrieöfen angewendet.

Die Berechnungen der Speicherwärme mehrschichtiger Ofenwände im instationären Zustand mit Hilfe verschiedener Näherungsverfahren haben den Einfluß des Wandaufbaues auf den Wärmeverbrauch der Öfen gezeigt. Die Genauigkeit der Ergebnisse von expliziten und impliziten Differenzenverfahren unter Verwendung temperaturabhängiger und -unabhängiger Stoffwerte für Erwärmungsberechnungen von Stahlwerkstoffen wurde mit Hilfe entsprechender Messungen an Einsatz- und Durchlauföfen untersucht.

Zur wirtschaftlichen Dimensionierung von Wärmeaustauschern wurden neben Berechnungsverfahren Versuche mit Analogiemodellen durchgeführt.

Wärmetechnische Untersuchungen an Industrieöfen erstreckten sich auf fast alle Anlagen der Eisen- und Stahlindustrie, vom Hochofenwinderhitzer über die verschiedenen diskontinuierlich und kontinuierlich betriebenen Typen von Wärmöfen und Wärmebehandlungsöfen bis zu speziellen Energieanwendungsanlagen. Diese nur in der Industrie durchführbaren Arbeiten wurden durch einige theoretische ergänzt, die z.B. die Systematik der Industrieöfen und ihre Wirtschaftlichkeitsberechnung, den Wert von Exergiebilanzen zur wärmetechnischen Beurteilung von Prozessen und Anlagen, die Austauschbarkeit von Gasen bzw. Umstellung von Industriegasbrennern oder die Anwendungsmöglichkeiten elektrischer Erwärmungsverfahren zum Inhalt hatten.

Auch in der keramischen Industrie wurde eine Reihe von Anlagen meßtechnisch untersucht und daraufhin berechnet. Dazu gehörten Trockner, Brennöfen in der Ziegelindustrie, Magnesitindustrie, Gipsindustrie und Kalkindustrie. Ausführliche Studien aufgrund umfangreicher Messungen wurden an Glasschmelzwannen hinsichtlich einer HS (Heizöl schwer)- oder Erdgasbeheizung sowie von elektrischen Zusatzbeheizungen und deren Auswirkungen auf den spezifischen Wärmeverbrauch erarbeitet. Zwei experimentelle Forschungsarbeiten, die nur mit Unterstützung des Vereins Deutscher Eisenhüttenleute bzw. des Technisch-Wissenschaftlichen Vereins Eisenhütte Österreich und der Firma Naßheuer Industrieofenbau (BRD) mit dem Versuchsofen des Institutes (Bild 3) durchgeführt werden konnten, seien besonders erwähnt:

➢ „Einfluß einer stetiggeregelten und zweipunktgeregelten Brennstoffzufuhr bei Verwendung von Hochgeschwindigkeitsbrennern auf den Wärmeverbrauch, die Temperaturgleichmäßigkeit und die Zusammensetzung der Ofenatmosphäre." und

➢ „Untersuchungen eines Rekuperatorbrenners für den Einsatz in gasbeheizten Wärm- und Wärmebehandlungsöfen." – Letztere ergab für Glühtemperaturen von 400 bis 800 °C Brennstoffeinsparungen von 13 bis 24% und die Erkenntnis, daß die Methoden zur Vorausberechnung der Brennstoffeinsparung infolge vorgewärmter Verbrennungsluft unterschiedliche, aber immer zu niedrige Ergebnisse liefern.

Mit einigen energiewirtschaftlichen Arbeiten wurde die wirtschaftliche Gestaltung des Energiehaushaltes gemischter Hüttenwerke und einzelner Teilprozesse, die Kraft-Wärme-Kupplung sowohl zur Deckung des eigenen Heizwärmebedarfes als auch im Verbund mit kommunalen Unternehmen untersucht. Auch der Ermittlung äquivalenter Wärmepreise verschiedener Brennstoffe für den Einsatz in Hüttenwerken wurden Untersuchungen gewidmet.

In den Jahren mit den höchsten Energiepreisen von 1979 bis 1984 ( = 480% gegenüber 1973) wurde eine größere Zahl von Energieberatungen zum Zweck von Energieeinsparungen in gewerblichen und Industriebetrieben durchgeführt.

## DIE BEDEUTUNG VON LEHRE UND FORSCHUNG AUF DEM GEBIET DER ENERGIEANWENDUNG FÜR STAAT, INDUSTRIE UND WIRTSCHAFT

Die stets gesicherte Bereitstellung kostengünstiger Energie und die mit dieser Aufgabe verbundenen Lösungen energie- und umweltschutzbezogener Problemstellungen gehören auch heute, vor dem Hintergrund fallender Energiepreise sowie einer günstigen Versorgungslage und in Zukunft zu den wesentlichsten Voraussetzungen für das Gedeihen von Industrie, Wirtschaft und Gesellschaft. Ihre Bedeutung wird in der Zukunft noch zunehmen, besonders in Ländern wie Österreich mit einer hohen Auslandsabhängigkeit in der Energieaufbringung. Zur Lösung dieser Probleme bedarf es großer Anstrengungen in der Energieforschung und in der Energiepolitik. Der Energiebedarf wird infolge steigender Energiedienstleistungen und aufwendiger werdender Produktionsprozesse zur Erzielung der notwendigen höheren Qualität der Produkte und zur Verminderung der Umweltbelastung weiter zunehmen. Eine Stabilisierung oder Verringerung dieser Energiebedarfszunahme läßt sich nur durch eine effizientere Energieausnutzung erreichen. Regenerative Energieträger sollten verstärkt eingesetzt werden.

## ZUKÜNFTIGE FORSCHUNGSSCHWERPUNKTE

Die Forschungsarbeit des Institutes wird sich auch in Zukunft in enger Zusammenarbeit mit vielen Firmen der Montanindustrie in den Gebieten einer anwendungsorientierten Wärmetechnik und des Industrieofenbaus auf die Verringerung des spezifischen Energiebedarfes von Energieanwendungsanlagen im Interesse der Volkswirtschaft, zur Senkung der Betriebskosten und zur Verminderung der Umweltbelastung konzentrieren. Alle Maßnahmen müssen einer Verbesserung der Qualitätssicherung von Produkten der Montanindustrie dienen. Hierbei wird sich das Institut ausschließlich auf eigene experimentelle Arbeiten und solche, die auf gesichertem neuen Zahlenmaterial der Industrie aufbauen, abstützen. Die in letzter Zeit immer häufiger vorgestellten Zusammenfassungen (Studien) der Ergebnisse oft längst überholter früherer Untersuchungen besitzen eine dementsprechend geringe Aussagekraft, die weder mit dem benötigten finanziellen Aufwand noch mit der Anwendung einer solchen Studie in Einklang zu bringen sind.

Etwa ein Drittel der verfügbaren Zeit wird der Grundlagenforschung in den Bereichen der Brennstofftechnik ballastreicher fester Brennstoffe, der Verbrennungstechnik im Zusammenhang mit einer Schadstoffminderung und der Wärmeübertragung in Feuerräumen vorbehalten bleiben.

In der angewandten Forschung werden die bisherigen Arbeiten zur Schadstoffverringerung aus häuslichen Heizungsanlagen auf Kesselfeuerungen für verschiedene Brennstoffe ausgedehnt und Holzverbrennungsanlagen zur Nahwärmeversorgung genauer untersucht werden. Offene Fragen der Wärmeübertragung in Feuerräumen unter Einbeziehung moderner Feuerfestzustellungen sollen für die Vorgänge der konvektiven und Strahlungswärmeübertragung im Hinblick auf eine Prozeßautomatisierung, d.h. Energieeinsparung und eine Optimierung der Erwärmungsgeschwindigkeiten von Hochleistungswerkstoffen, geklärt werden.

*Verfasser: Chr. GOD*

# Institut für Werkstoffkunde und -prüfung der Kunststoffe

Lehre und Forschung im Bereich der technischen und physikalischen Werkstoffkunde und -prüfung der Kunststoffe an der Montanuniversität wurden bis zum Juli 1989 vom Institut für Chemische und Physikalische Technologie der Kunststoffe wahrgenommen. Dieses Institut entstand 1970 im Zuge der Errichtung der Studienrichtung Kunststofftechnik mit der Zielsetzung, die Struktur der Kunststoffe, die sich daraus ergebenden und für die Verwendung wichtigen Eigenschaften sowie die Prüfung der Kunststoffe in Lehre und Forschung zu betreuen.

In diesem Institut trat Herr O.Univ.Prof. Dipl.-Phys. Dr.rer.nat. J. Koppelmann seinen Dienst am 1.10.1971 an und widmete sich in besonderem Maß auch dem Ausbau der Studienrichtung Kunststofftechnik. So führte er z.B. 1972 im Professorenkollegium den Beschluß zur Beantragung zweier zusätzlicher Institute für Konstruieren in Kunst- und Verbundstoffen sowie für Chemie der Kunststoffe herbei und schuf zunächst in seinem Institut eine Abteilung für Chemie der Kunststoffe, die nach seiner Emeritierung am 30.9.1988 mit Erlaß des Bundesministeriums vom 3. Juli 1989 aus dem Institut ausgegliedert und zu einem selbständigen Institut erhoben wurde. Im Rahmen dieser Umorganisation erhielt das vormalige Ordinariat und Institut von Prof. Koppelmann die neue Bezeichnung „Werkstoffkunde und -prüfung der Kunststoffe".

Seit der Gründung des Institutes für Chemische und Physikalische Technologie der Kunststoffe wurden im Bereich der Werkstoffkunde und -prüfung der Kunststoffe 55 Diplomarbeiten, 3 Dissertationen und zahlreiche Studienarbeiten abgeschlossen. Die Ergebnisse der wissenschaftlichen Arbeiten wurden in 23 Publikationen in anerkannten Fachzeitschriften dokumentiert.

**INSTITUTSPERSONAL**

Ordentlicher Universitätsprofessor: derzeit unbesetzt
Dipl.Ing. Dr.mont. Erich KRAMER, Universitätsassistent
Dipl.Ing. Thomas SCHWARZ, Universitätsassistent
Dipl.Ing. Günter DÖRNER, Vertragsassistent
Dipl.Ing. Dr.mont. Ernst FLEISCHMANN, Vertragsassistent
Helmut REINSTADLER, Studienassistent
Manfred SABERNIK, Studienassistent
Helene HATZENBICHLER, Fachinspektor
Werner REICHER, Fachinspektor
Ing. Wolf-Dieter TOMITSCH, Amtssekretär
Johannes GERNGROSS, Lehrling

Dem Institut fachlich zugeordnet sind:
em.Univ.Prof. Dipl.-Phys. Dr.rer.nat.
Johann KOPPELMANN

Lehrbeauftragte:
Dipl.Ing. Gottfried STEINER
Univ.Doz. Dipl.Ing. Dr.techn. Ernst WOGROLLY

Weitere technologische Lehraufträge werden während der Vakanz des Ordinariates von Prof. Koppelmann vom Institut für Chemie der Kunststoffe betreut.

**LEHRE**

Das Lehrangebot des Institutes für Werkstoffkunde und -prüfung der Kunststoffe richtet sich an die Studenten der Studienrichtung Kunststofftechnik und Werkstoffwissenschaften und umfaßt die Pflichtlehrveranstaltungen „Physik der Kunststoffe" und „Werkstoffprüfung der Kunststoffe", die von einem Praktikum zu Werkstoffprüfung der Kunststoffe sowie einem Seminar ergänzt werden.

In den Pflichtvorlesungen werden vor allem die Beziehungen zwischen Struktur und technischen Eigenschaften der Polymerwerkstoffe behandelt. Breiten Raum nimmt die Beschreibung des viskoelastischen Verhaltens von Kunststoffen im linearen und nichtlinearen Bereich ein. Weiters werden thermische, elektrische und optische Eigenschaften von Polymeren ausführlich behandelt.

Im Rahmen der Vorlesung „Werkstoffprüfung der Kunststoffe" werden sämtliche Meßmethoden zur Bestimmung der physikalischen und technologischen Eigenschaften sowohl von Formmassen als auch von Fertigteilen beschrieben. Neben der Vorstellung der wichtigsten gültigen Normvorschriften für die Prüfung der Polymerwerkstoffe wird dem Brandverhalten der Kunststoffe breiter Raum gewidmet. Schließlich wird im Rahmen der Ingenieurausbildung der Kunststofftechniker und Werkstoffwissenschafter auch der rasch wachsenden Bedeutung der Qualitätssicherung Rechnung getragen.

**ARBEITSGEBIETE**

Sämtliche bisher an den Instituten für Chemische und Physikalische Technologie der Kunststoffe und Werkstoffkunde und -prüfung der Kunststoffe durchgeführten Forschungsarbeiten sind dem Bereich der angewandten Forschung zuzuordnen. Alle bearbeiteten Problemstellungen wurden direkt von der Industrie an das Institut herangetragen und sowohl von der Industrie als auch von diversen Förderungsfonds gefördert.

LINEARES UND NICHTLINEARES MECHANISCHES VERHALTEN VON KUNSTSTOFFEN

In umfangreichen Untersuchungen wurde das mechanische Verhalten amorpher Polymere über weite Temperatur- und Frequenzbereiche ermittelt. Dadurch wurden Extrapolationen von Kurzzeitmessungen bei höheren Temperaturen auf das Langzeitverhalten bei tieferen Temperaturen im Hinblick auf technische Anwendungen ermöglicht. Weiters konnte eine molekulare Deutung des makroskopisch gemessenen nichtlinearen Verhaltens gegeben werden.

Im Rahmen der Beschäftigung mit dem nichtlinearen Relaxationsverhalten der Kunststoffe wurde eine Reihe von Meßgeräten neu entwickelt bzw. für Langzeitmessungen oder dynamische Messungen adaptiert. So wurden z.B. ein automatisch registrierendes Torsionspendel oder ein Schlagpendel mit elektronischer Meßwerterfassung aufgebaut. Weiters wurden polarisationsoptische Untersuchungen während des Zugversuches durchgeführt. Im Anschluß an die Messungen des Kriech- und Relaxationsmoduls über weite Temperatur- und Frequenzbereiche wurden zur Darstellung der Meßergebnisse viskoelastische Modelle herangezogen.

Weitere Prüfeinrichtungen dieses Forschungsschwerpunktes dienten z.B. der Untersuchung des dynamisch-mechanischen Verhaltens von Tennissaiten aus verschiedenen Kunststoffen.

FESTIGKEIT UND STOSSFESTIGKEIT VON ALUMINIUM-KLEBEVERBINDUNGEN

Verklebungen zwischen Metallen, Kunststoffen und Holz findet man in großem Umfang in Sportartikeln wie dem heutigen Verbund-Ski. Diese Klebefugen werden härtesten Beanspruchungen, beispielsweise Stoßbelastungen, bei tiefen Temperaturen ausgesetzt. Durch Einkleben dämpfender Elastomereinlagen können die in der Klebfuge wirkenden Stoßkräfte vermindert werden. Bild 1 zeigt die Bruchfläche einer solchen Epoxidharzklebfuge bei $-70\,°C$.

Das Verhalten unterschiedlicher Aluminium-Klebfugen wurde unter stoßartiger, zügiger und quasistatischer Beanspruchung umfassend untersucht. Mit Hilfe einer am Institut entwickelten Prüfvorrichtung konnte der Stoßkraftverlauf in den Klebfugen bei Bruchzeiten von ca. 400 µs noch exakt verfolgt werden.

Durch Variation der Prüftemperatur und der Beanspruchungsgeschwindigkeit konnte der Übergang vom Adhäsions- zum Kohäsionsbruch verfolgt werden. Durch die Temperatur-Zeit-Verschiebung der Relaxationsvorgänge in der Klebschicht tritt der

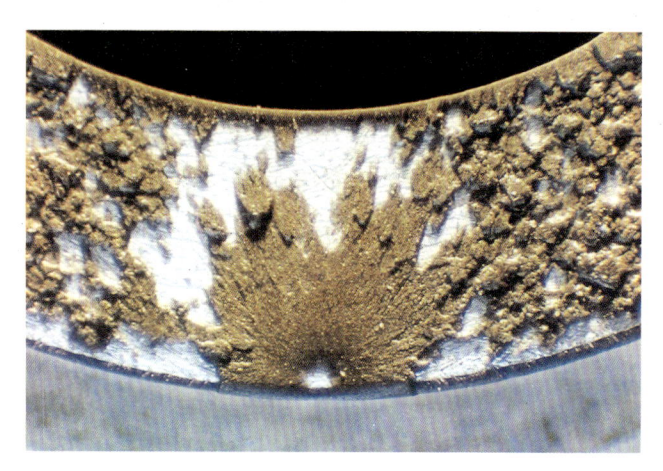

Bild 1: Bruchfläche einer Aluminium/Epoxidharz-Klebfuge im Stoßwellenversuch bei −70 °C.

Übergang zum spröden Adhäsionsbruch bei langsamer Beanspruchung erst bei wesentlich tieferen Temperaturen ein als unter den Bedingungen des alpinen Skilaufes.

Durch diese praxisnahen Stoßwellenversuche an technischen Verklebungen war es auch möglich, die jeweils bestgeeignete Elastomereinlage für die Dämpfungsschicht in Alpin-Skiern zu ermitteln und auch den Einfluß der Vorbehandlung auf die Festigkeit und Stoßfestigkeit der Klebeverbindung meßtechnisch zu erfassen.

## EIGENSCHAFTEN VON SPRITZGUSSTEILEN AUS POLYPROPYLEN

Das Spritzgießverfahren ist für thermoplastische Kunststoffe das wichtigste Verarbeitungsverfahren, bei dem die Qualitätsansprüche ständig gestiegen sind. Im Rahmen des Forschungsschwerpunktes S 33 des FWF wurden im Spritzgießverfahren unter Variation der Massetemperatur, Werkzeugtemperatur, Fließfrontgeschwindigkeit sowie des Kompressions- und Nachdruckes Platten aus zwei Polypropylentypen mit unterschiedlicher Molmassenverteilung hergestellt und an daraus entnommenen Prüfkörpern und Mikrotomschnitten Durchstoßversuche, Zugversuche, Kriechversuche, Schwindungsmessungen, sowie Messungen der optischen Doppelbrechung, der inneren Spannungen und der Zugfestigkeiten und Reißdehnungen als Funktion des Abstandes von der Oberfläche durchgeführt.

Bekanntlich hängen die Gebrauchseigenschaften eines Spritzgußteiles in starkem Maß von der Molekülorientierung und der Dicke der sich beim Spritzgießverfahren bildenden Oberflächenschicht ab. Daher wurden zusätzlich Modellrechnungen zur Bildung dieser Randschicht während des Formfüll- und Abkühlvorganges sowie des Forminnendruckverlaufes bei mechanischer Versiegelung vorgenommen und hiefür spezielle Rechenprogramme entwickelt.

Durch Spritzgießversuche mit und ohne Nachdruck konnte nachgewiesen werden, daß sich die hochorientierte Randschicht bereits während des Füllvorganges bildet und durch den Nachdruckverlauf in ihrer Dicke nicht mehr wesentlich geändert wird (Bild 2). Wohl aber konnten Gefügeunterschiede in der Rand- und Kernzone als Funktion des Kompressionsdruckes beobachtet werden. Bei sehr hohen Kompressionsdrücken konnten aus dem Vergleich des berechneten und gemessenen Forminnendruckes die Kristallisationstemperaturbereiche der orientierten Schmelze der Randschicht abgeschätzt und die der nicht orientierten Schmelze in der Kernzone für die beim Spritzguß auftretenden hohen Kühlgeschwindigkeiten genau ermittelt werden.

## ZEITSTANDVERHALTEN UND WÄRMEALTERUNG VON FERNWÄRMEROHREN AUS KUNSTSTOFF

Die Verteilung von Fernwärme in ländlichen Siedlungsgebieten erfolgt im Bereich der Sekundärnetze heutzutage ausschließlich mit Hilfe von flexiblen, vorisolierten Rohrleitungen aus Kunststoff. Seit 1982 wurden in Österreich etwa 300 km dieser vorisolierten Rohre aus Polyolefin-Werkstoffen mit Nennweiten bis 160 mm verlegt. Bild 3 zeigt die Verlegung eines derartigen Fernwärmerohres.

Die Lebensdauer der Rohre aus Polybuten oder vernetztem Polyäthylen wird bei den hohen Vorlauftemperaturen bis 95 °C durch thermisch initiierte Oxidationsvorgänge in der Polymermatrix begrenzt. Da naturgemäß noch keine Innendruck-Zeitstand-

Bild 2: Polarisationsoptische Querschnittaufnahme einer spritzgegossenen Platte aus Polypropylen KS 10. 560-fache Vergrößerung.

versuche für die geforderten Belastungszeiten von 35 Jahren vorliegen, war es das Ziel der Untersuchungen am Institut für Werkstoffkunde und -prüfung der Kunststoffe, aus Kurzzeitmessungen der thermooxidativen Stabilität gesicherte Aussagen zum Langzeitverhalten der Rohre zu machen.

Zu diesem Zweck wurde ein Innendruck-Zeitstandprüfstand aufgebaut, der bei 110 °C und 95 °C betrieben wird. Die Abnahme der thermooxidativen Beständigkeit im Laufe der Temperatur- und Innendruckbeanspruchung wird mit Hilfe der isothermen Differentialthermoanalyse kontinuierlich verfolgt.

Das Meßverfahren der isothermen DTA wurde im Laufe der letzten Jahre am Institut wesentlich weiterentwickelt; es konnten Meßzeiten bis zu einem Jahr realisiert werden und dadurch der Anschluß an die üblichen Verfahren der Alterungsprüfung hergestellt werden. Darüber hinaus bietet die isotherme DTA bei höheren Prüftemperaturen auch die Möglichkeit, die Konzentration von Antioxidantien exakt zu messen.

Damit ist die Verfolgung von Diffusions- und Extraktionsvorgängen von Antioxidantien in und aus Polymerwerkstoffen möglich. Diese Messungen werden im Rahmen von weiterführenden Arbeiten an definierten Systemen fortgesetzt und haben auch bereits Eingang in die industrielle Praxis der Prüfung von Stabilisierungssystemen gefunden.

# ENTWICKLUNG UND PRÜFUNG VON HOCHTEMPERATURBESTÄNDIGEN UND HYDROLYSEBESTÄNDIGEN POLYURETHANEN FÜR DIE DICHTUNGSTECHNIK

Hydraulikdichtungen aus Polyurethanen können heutzutage bereits spanabhebend aus Halbzeug hergestellt werden. Dadurch entfallen gerade bei Kleinserien oder für den Reparaturbedarf die hohen Werkzeugkosten für Spritzgießwerkzeuge. Dichtungen verschiedener Nenndurchmesser werden bei Bedarf aus ein und demselben Halbzeug durch Drehen hergestellt. Bild 4 zeigt einen entsprechenden, durch Spritzgießen hergestellten Vorformling und einige daraus durch Drehen gewonnene einbaufertige Hydraulikdichtungen.

Die Entwicklung der Polyurethan-Grundrezeptur wurde am Institut für Werkstoffkunde und -prüfung der Kunststoffe durchgeführt. Ebenso wurde die Übertragung der Produktion auf Großanlagen vom Institut betreut. Das thermoplastische Polyester-Polyurethan muß neben seiner leichten Bearbeitbarkeit eine Reihe von mechanischen Eigenschaften erfüllen. In einem sehr engen Härtebereich wird neben einer hohen Wärmeformbeständigkeit auch ein niedriger Druckverformungsrest gefordert.

Dem Kooperationspartner wurde zusätzlich bei der Maschinen- und Werkzeugauslegung im Rahmen der Herstellung der Halbzeuge Hilfestellung

Bild 3: Verlegung einer vorisolierten Fernwärmeleitung aus Kunststoff.

Bild 4: Im Spritzguß hergestellter Hohlzylinder aus thermoplastischem Polyurethan und spanabhebend daraus entnommene Hydraulikdichtungen.

Pressefoto HRUBY Zeltweg.

gegeben. Es darf angemerkt werden, daß Formteildicken bis zu 40 mm aus dem thermoplastischen Polyurethan lunkerfrei hergestellt werden können.

Das Projekt Polyurethan-Hydraulikdichtungen befindet sich, immer in enger Kooperation mit der Industrie, derzeit in der Phase der wirtschaftlichen Optimierung, wobei bereits die Substitution herkömmlicher Dichtungswerkstoffe durch das hierorts entwickelte Polyurethan in Angriff genommen wird.

## ZUKÜNFTIGE FORSCHUNGSVORHABEN

Bis zur Nachbesetzung des Ordinariates von Prof. Koppelmann ist an die Inangriffnahme grundsätzlich neuer Forschungsschwerpunkte nicht gedacht. Vorerst werden die obgenannten erfolgreichen Projekte weiterverfolgt.

So wurde insbesondere im Bereich der Entwicklung von Dichtungswerkstoffen ein umfangreiches Projekt zur weiteren Erhöhung der Temperaturbeständigkeit und Hydrolysebeständigkeit in Angriff genommen.

Ebenso wird der Innendruck-Zeitstandprüfstand für Kunststoffrohre mit Förderung der Industrie auf insgesamt 300 Prüfstellen ausgebaut. Damit soll die Eignung spezieller Rohrwerkstoffe in der Installationstechnik weiter untersucht werden.

Die Eigenschaften von Spritzgußteilen aus Polypropylen werden im Rahmen eines Anschlußprojektes genauso weiter untersucht wie unterschiedliche neu entwickelte Elastomere als dämpfende Einlagen in Klebeverbindungen.

# Institut für Wirtschafts- und Betriebswissenschaften

Das Institut für Wirtschafts- und Betriebswissenschaften wurde 1962 an der Montanistischen Hochschule systemisiert. Am 22.3.1963 wurde im Sommersemester 1963 der Forschungs- und Lehrbetrieb des Institutes begonnen.

Die Errichtung des Institutes entsprach zweifellos dem Bedürfnis, Techniker an der Montanistischen Hochschule auch auf betriebswirtschaftlichem Gebiet für ihren späteren Einsatz in der Wirtschaft auszubilden.

Die Lehr- und Forschungstätigkeit des Institutes für Wirtschafts- und Betriebswissenschaften ist daher in engem Zusammenhang mit der Gesamtausbildung an der Montanuniversität einerseits und mit der Entwicklung der der Montanuniversität fachlich nahestehenden Industrie andererseits zu sehen.

## INSTITUTSPERSONAL

O.Univ.Prof. Dipl.Ing. Dr.-Ing.
Albert F. OBERHOFER, Institutsvorstand
Univ.Doz. Dipl.Ing. Dr.mont. Hubert BIEDERMANN, Assistenzprofessor
Dipl.Ing. Peter SCHUMI, Universitätsassistent
Dipl.Ing. Hansjörg KASTNER, Universitätsassistent
Dipl.Ing. Sabine BÄCK, Vertragsassistentin
Dipl.Ing. Erich MARKL, Vertragsassistent
Dipl.Ing. Peter MARTIN, Vertragsassistent
Dipl.Ing. Helga SCHMID, Vertragsassistentin
Dipl.Ing. Martin TIEFENBRUNNER, Vertragsassistent
Dipl.Ing. Klaus BRÖCKLING, freier Mitarbeiter
Ute TAFERNER, Vertragsbedienstete

Dem Institut fachlich zugeordnet sind:

Univ.Prof. Dr.-Ing. Dr.-Ing.e.h.
Ludwig VON BOGDANDY
Dkfm. Dr.rer.com. Klaus CZEMPIREK
Dipl.Ing. Dr.techn. Hans-Heinz DANZER
Dipl.Ing. Dr.mont. Wolf-Dieter DOSKAR
Dipl.Ing. Dr.techn. Helmut GUMBSCH
Dipl.Ing. Dr.mont. Hermann KÖBERL
Univ.Doz. Dipl.Ing. Dr.mont. Helmut PÖTZL
tit.Ao.Univ.Prof. Dr.rer.pol. Jürgen RINK
Dipl.Ing. Dr.mont. Rudolf STREICHER
O.Univ.Prof. Dr.rer.oec. Dr.iur. János SUSANSZKY
O.Univ.Prof. Dipl.Ing. Dr.techn.
Helmar WESESLINDTNER
Ao.Univ.Prof. Dipl.Ing. Dr.mont.
Jürgen WOLFBAUER

## LEHRE

AUSBILDUNG DER STUDENTEN

Seit 1963 wird die Lehrveranstaltung „Allgemeine Wirtschafts- und Betriebswissenschaften" für alle Studienrichtungen vorgetragen. Weiterhin wird die Lehrveranstaltung „Besondere Wirtschafts- und Betriebswissenschaften für Hüttenleute" gelehrt (Bild 1).

Mit der Einführung neuer Studienrichtungen im Sinne der Ausrichtung der Montanuniversität zu einer Universität für Rohstoffe und Werkstoffe kamen im Laufe der Jahre Lehrveranstaltungen zur besonderen Ausbildung der Studenten in den Betriebs- und Wirtschaftswissenschaften für Gesteinshüttenwesen, Kunststofftechnik, Montanmaschinenwesen und Werkstoffwissenschaften hinzu.

Studienzweige und Wahlfachrichtungen, die an der Montanuniversität eingerichtet wurden, um den Studenten eine Vertiefung der Ausbildung auf bestimmten Gebieten zu ermöglichen, führten dazu,

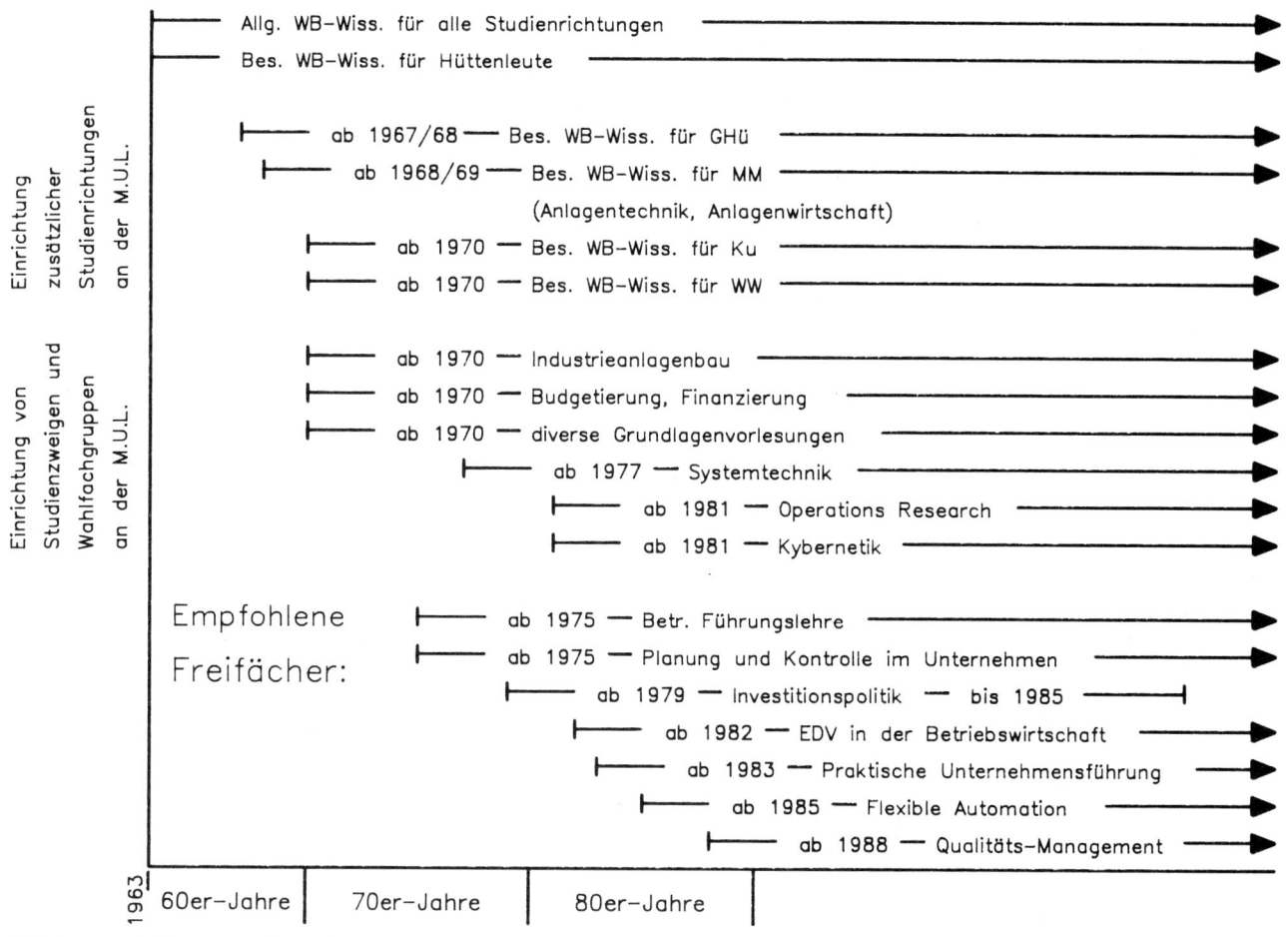

Bild 1: Entwicklungen in der Lehre.

Allg. WB-Wiss .................. Allgemeine Wirtschafts- und Betriebswissenschaften
Bes. WB-Wiss .................. Besondere Wirtschafts- und Betriebswissenschaften
GHü .............................. Gesteinshüttenwesen
MM ................................ Montanmaschinenwesen
Ku .................................. Kunststofftechnik
WW ................................ Werkstoffwissenschaften
Betr. Führungslehre ........ Betriebliche Führungslehre.

auch Schwerpunkte in betriebswirtschaftlichen Themenbereichen zu bilden. In den Wirtschafts- und Betriebswissenschaften kamen dadurch zum Ausbildungsprogramm Lehrveranstaltungen für die Bereiche

- Finanzierung und Budgetierung,
- Unternehmens- und Betriebsführung,
- Operations Research,
- Kybernetik,
- Systemtechnik und
- Planung von Industrieanlagen

hinzu. Außerdem mußten Grundlagenvorlesungen vorgesehen werden (Bild 1).

Die Ausbildung der Studenten in betriebswirtschaftlichen Fächern muß besonders in den höheren Semestern praxisnah gestaltet werden. Daher arbeiten in sogenannten „empfohlenen Freifächern" Persönlichkeiten aus Führungspositionen der Wirtschaft

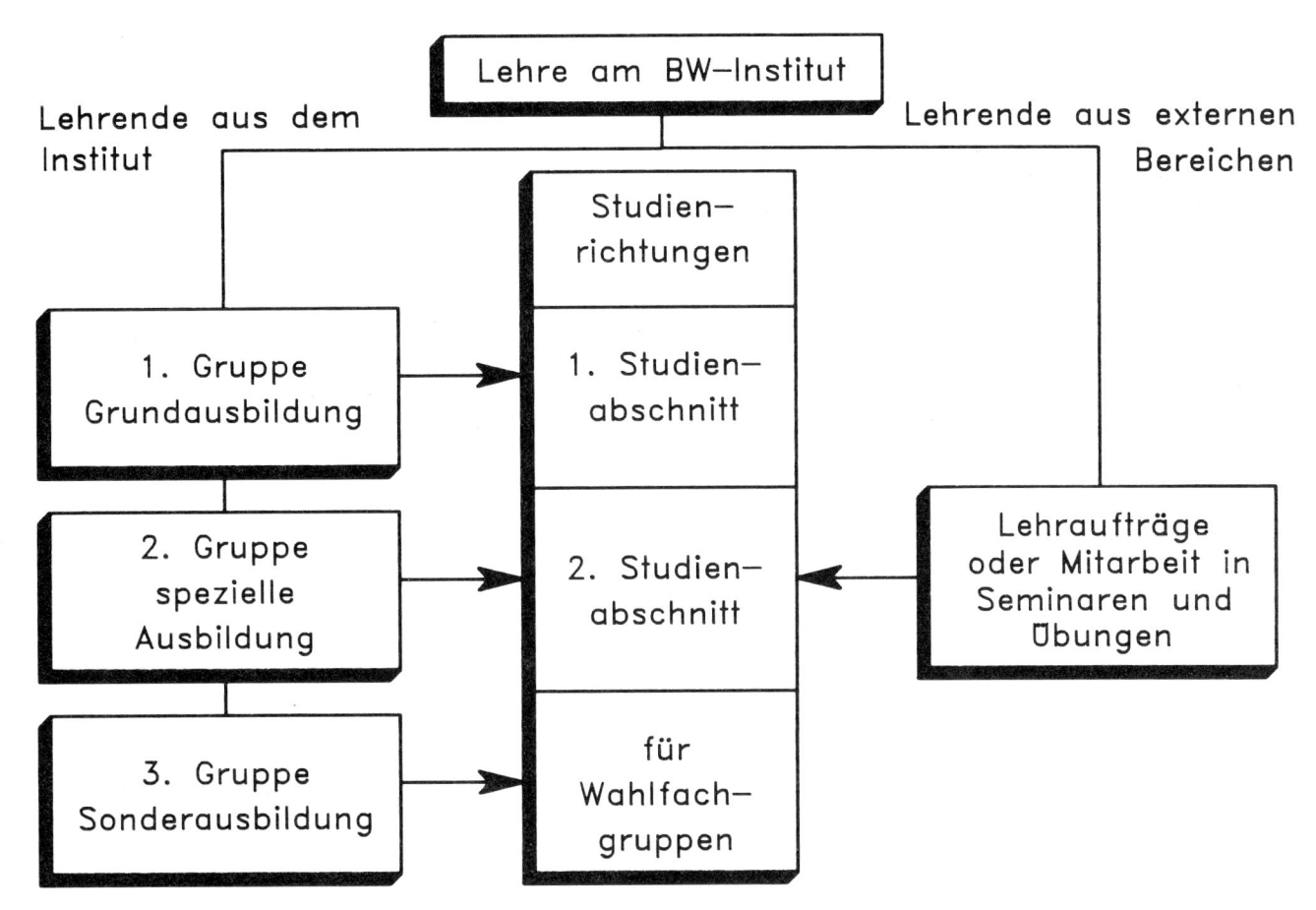

Bild 2: Lehre am Institut für Wirtschafts- und Betriebswissenschaften.

als Lehrbeauftragte des Institutes für Wirtschafts- und Betriebswissenschaften mit (Bild 2).

Diese Lehrveranstaltungen betreffen die Themenbereiche:

- Unternehmensführung,
- Führungslehre,
- Flexible Automation,
- EDV und
- Qualitätsmanagement (Bilder 1 und 2).

WEITERBILDUNG

Seit Anfang der 70er Jahre arbeitet das Institut in der Weiterbildung. Diese Weiterbildung richtet sich an Führungskräfte der Industrie, wobei die Betriebswirtschaft in ihrer Anwendung in der Praxis – vornehmlich verbunden mit Technik – vorgetragen wird.

Durch solche Seminare bekommen einerseits die Seminarteilnehmer betriebswirtschaftliches Wissen vermittelt, andererseits lernen die Institutsangehörigen als Vortragende den Wissensbedarf der Praktiker kennen; und damit kann wiederum die Ausbildung der Studenten praxisnäher gestaltet werden.

Partner und organisatorische Gestalter dieser Weiterbildungsveranstaltungen sind vor allem der Verein Deutscher Eisenhüttenleute in Düsseldorf und die Österreichische Akademie für Führungskräfte in Graz.

In der Aus- und Weiterbildung werden in Zukunft besonders „Qualitätswirtschaft" und „Betriebswirtschaftliche Aspekte der Automation" besonders im Zusammenhang mit Systemen der Produktionsplanung in höherem Maße zu berücksichtigen sein.

**ARBEITSGEBIETE**

In der Forschung bildeten folgende Themenbereiche Schwerpunkte:

1. ANLAGENWIRTSCHAFT NACH TECHNISCH-WIRTSCHAFTLICHEN ZIELEN

Die Forschungsarbeiten zur Erweiterung des Controllinginstrumentariums der Instandhaltung wurden weitergeführt. Dazu wurden Systemkonzepte für verschiedene Branchen erarbeitet, deren Umsetzung bzw. Einführung im Gange ist.

Die Analyse- und Bewertungsmethodik der Effizienz der Instandhaltungsorganisationen wurde durch quantifizierende Untersuchungen des Flexibilitätspotentials derselben erweitert. Zur Angemessenheit der Instandhaltungs-Strukturvarianten für verschiedene Instandhaltungsorganisationen können somit weiterführende Aussagen getroffen werden.

Das Zielsystem der Instandhaltung wurde auf Sach- und insbesondere Formalzielebene weiterentwickelt und erfolgreich in die Praxis eingeführt. Management by Objectives ist damit im breiteren Rahmen als bisher in der Instandhaltung möglich.

Die Analyse- und Bewertungsmethodik zur Quantifizierung des Nutzenpotentials der Instandhaltung wurde verfeinert und in praktischen Industriebeispielen verifiziert.

Mit Forschungsarbeiten zur Entwicklung eines Expertensystems zur Interpretation und Steuerung der Instandhaltung wurde begonnen.

Im Rahmen der anlagenwirtschaftlichen Teilaktivitäten Beschaffungs- und Bereitstellungsplanung wurde die Rechnerunterstützung empirisch erhoben und untersucht, welche Teilbereiche durch EDV-Unterstützung optimiert werden könnten.

2. MODELLE FÜR DIE UNTERNEHMENS- UND BETRIEBSSTEUERUNG UND ALS FÜHRUNGSINSTRUMENTE

Die Modelle zur Kosten- und Leistungsrechnung von Unternehmen mit starkem Kuppelproduktaufkommen wurden durch Controlling-Kennzahlen verfeinert.

Modelle als Führungsinstrumente wurden erstellt, um den Stoffluß in Betrieben zu steuern. Für ein Unternehmen, das in mehrere Werke und Betriebe gegliedert ist, wurden Modelle für die Produktionssteuerung und Lagersteuerung einzelner Zwischenlager entwickelt. Es ist vorgesehen, mit diesen Modellen ein System der Steuerung des gesamten Stoffflusses über alle Werke und Betriebe hinweg zu entwickeln.

3. ORGANISATION UND INFORMATION

Die moderne Informationstechnik wurde auf die Anwendbarkeit in Forschungsinstituten untersucht.

4. QUALITÄTSWIRTSCHAFT

Arbeiten auf dem Gebiet der Qualitätswirtschaft wurden in vier Unternehmen begonnen. Die Arbeiten betreffen Qualitätsregelkreise, wobei Einflußfaktoren bei den Produktionsfaktoren, Prozessen und den zu erstellenden Leistungen zu berücksichtigen sind.

**FORSCHUNGSARBEITEN**

In der Wirtschaft – besonders in der der Montanuniversität fachlich nahestehenden Industrie – zeichnete sich in den letzten drei Jahrzehnten global betrachtet etwa folgende Entwicklung ab.

In den 60er Jahren wurden bei relativ guter Konjunkturlage neue und große Kapazitätseinheiten geschaffen. Infolge größerer Anlageneinheiten wurden größere Betriebe und Unternehmen gebildet; Unternehmenszusammenschlüsse waren die Folge.

|  | 60er-Jahre | 70er-Jahre | 80er-Jahre |
|---|---|---|---|
| Verbrauchsfunktionen, Planung mit Ziel einer hohen Anlagenverfügbarkeit | 7 | 8 | 2 |
| Produktionsplanung mit Ziel einer optimalen Anlagenausnutzung | 1 | 3 | 2 |
| Produktionsplanung mit Ziel eines optimalen Stoffflusses und Logistik | 1 | 4 | 13 |
| Bewertung von Produktionsfaktoren (und Brachzeiten) | 4 | 1 | 2 |
| Anlagenwirtschaft - Instandhaltung | 1 | 6 | 9 |
| Betriebswirtschaftliche Modelle |  | 5 | 10 |
| Organisation, Information |  |  | 5 |
| Qualitätswirtschaft |  |  | 4 |

Tabelle 1: Schwerpunkte der Diplomarbeiten nach Bereichsgruppen.

Es galt, einerseits die geschaffenen Kapazitäten bestmöglich zu nutzen und andererseits die Produktionen optimal auf die einzelnen Kapazitäten zu verteilen.

In den 70er Jahren zeigte sich eine Abschwächung der Konjunktur; daher richtete sich das Augenmerk auf die Koordinierung der Kapazitäten, auf Rationalisierungsmöglichkeiten und nach wie vor auf die optimale Nutzung der Kapazitäten.

Die 80er Jahre brachten mit einer weiteren Abschwächung der Nachfrage das Erfordernis, flexibler auf Kundenwünsche zu reagieren und den Stofffluß besser zu steuern. Die Organisation und der Informationsfluß werden überdacht und neu gestaltet. Im Rahmen der Organisation wird der Motivation eine verstärkte Bedeutung zugemessen (kleinere Unternehmens- und Betriebseinheiten gewinnen an Bedeutung). Der technische Fortschritt führt zu verstärkter Automatisierung.

Diese Entwicklung in der Industrie findet ihren Niederschlag zunächst in den Diplomarbeitsthemen, weil diese am Institut in enger Verbindung mit der Industrie erstellt werden.

Die Themen der Diplomarbeiten richten sich in den 60er und 70er Jahren zum großen Teil auf die Erzielung einer hohen Anlagenverfügbarkeit und Anlagennutzung (Tabelle 1), wobei auch Verbrauchsfunktionen zu schaffen waren.

Aber auch die Bearbeitung des Stoffflusses mit dem Ziel der Erreichung einer hohen Produktionsflexibilität wurde erstmals in den 60er Jahren bearbeitet, steigerte sich in den 70er Jahren und erreichte in den letzten 8 Jahren ein Spitze („Logistik").

Im Themenbereich „Instandhaltung nach technisch-wirtschaftlichen Gesichtspunkten" ist ein stetiger Anstieg zu erkennen, der der Forschungsausrichtung des Institutes entspricht. Betriebswirtschaftliche Modelle zur Darstellung von Betriebsbereichen

|  | 60er-Jahre | 70er-Jahre | 80er-Jahre |
|---|---|---|---|
| Programmplanung, optimale Anlagennutzung; Verteilung der Produkte | 1 | 12 | 2 |
| Betriebsmodelle | 4 | 11 | 7 |
| Transport |  | 6 | 2 |
| Kosten- und Erfolgsrechnung |  | 4 | 7 |
| Preis, Markt, Wert |  | 2 | 5 |
| Langfristige Planung, strategische Planung | 2 | 4 | 2 |
| Anlagenwirtschaft - Instandhaltung | 1 | 5 | 12 |
| Organisation, Information |  | 12 | 11 |
| Logistik |  |  | 6 |
| Qualitätswirtschaft (in Arbeit) |  |  | 5 |

Tabelle 2: Schwerpunkte der Forschungsarbeiten (einschließlich Dissertationen) nach Bereichsgruppen.

wurden erarbeitet, seit die erforderliche EDV-Kapazität am Institut verfügbar war (etwa ab Mitte der 70er Jahre).

Mit der Bearbeitung von Themen der Organisation und Information wurde ab 1980 begonnen. Seit 1987 werden in Diplomarbeiten Themen der Qualitätswirtschaft bearbeitet.

Sehr deutlich zeigt sich die Entwicklung der Industrie in den Forschungsarbeiten des Institutes.

Die Forschungsarbeiten (einschließlich Dissertationen) waren nach Anfängen in den 60er Jahren und von 1970 bis 1979 vornehmlich auf optimale Produktionsverteilung, Programmplanung und optimale Anlagennutzung ausgerichtet (Tabelle 2).

Mit Hilfe von Betriebsmodellen wurde versucht, komplexe Systeme überschaubar und damit besser führbar zu machen. Die Rationalisierungsbestrebungen in der Industrie verlangten für die nunmehr meist zu größeren Einheiten zusammengeschlossenen Unternehmungen Produktionsverteilungen nach wirtschaftlich optimalen Zielen.

Der Produktionsfluß in Betrieben und Betriebsbereichen wurde mit dynamischen Simulationsmodellen – unter Berücksichtigung des Zeitfaktors – erfaßt. Mit solchen Modellen können bei Variation mehrerer Einflußgrößen „Warteschlangen" der Werkstoffe vor den einzelnen Aggregaten, aber auch Wartezeiten der Aggregate auf Werkstoffe dargestellt werden. Die Auswirkungen verschiedener Planungsstrategien können mit diesen Modellen gezeigt werden, wobei Engpässe an den Aggregaten und Stauungen im Produktionsfluß aufscheinen.

Mit komplexer werdenden Systemen gewann die Kosten- und Erfolgsrechnung nach Verursachungsgerechtheit an Bedeutung. Grenzkosten- und Deckungsbeitragsrechnungen wurden geschaffen und für Kontroll- aber auch Planungszwecke angewendet.

Grenzkosten und Deckungsbeiträge waren auch eine unbedingte Grundlage für die vorhin erwähnten Betriebsmodelle.

Die verschärfte Konkurrenzsituation in den 70er Jahren führte zu einer Betonung der strategischen Planung in den Unternehmen und zu entsprechenden Forschungsarbeiten am Institut. Zu diesen Arbeiten zählen Studien über die Bewertung von Produktionsfaktoren als Basis für deren Beschaffung bis hin zu Untersuchungen und Prognosen der Marktattraktivität von Produkten. Mit diesen Untersuchungen wurden langfristige Planungen für Unternehmen erarbeitet. Zu diesem Themenbereich zählen auch Standortuntersuchungen für Unternehmen.

Der zunehmende Anteil des Produktionsfaktors Anlage an der Produktion erforderte dessen eingehendes Studium im Rahmen der „Anlagenwirtschaft" und der Instandhaltung als Teilbereich der Anlagenwirtschaft.

Tabelle 2 zeigt den Anstieg von Forschungsarbeiten auf diesem Gebiet bis in die 80er Jahre.

Die ersten Arbeiten hatten Reparaturplanungen und -optimierungen nach Zeiteinheiten zum Inhalt.

Anfang 1970 wurde vom Institut der Begriff „Anlagenwirtschaft" geschaffen. Er wird definiert mit „Bereitstellung und Nutzung der Gesamtheit der technischen Ausführung eines Systems zur Bedürfnisbefriedigung".

Danach wurden Forschungsarbeiten systematisch für die einzelnen Themenbereiche der Anlagenwirtschaft erstellt. Verbrauchsstandards in Unternehmen, aber auch Instandhaltungsaufwendungen in der Volkswirtschaft (BRD und Österreich) wurden ermittelt, der technische Fortschritt an Anlagen wurde quantifiziert, Planungen und Ablauforganisationen für Instandhaltungssysteme wurden erarbeitet.

In der Instandhaltung können bekanntlich sehr wohl die Kosten, schwieriger oder gar nicht jedoch der Leistungsertrag und damit der Erfolg gemessen werden. Um Instandhaltungsbetriebe und -leistungen nach dem Ziel „optimaler Erfolg" und nicht nach „minimalen Kosten" führen zu können und somit dem Ziel „ausreichende Anlagenverfügbarkeit bei minimalen Kosten" zu entsprechen, wurde ein Kennzahlensystem entwickelt und in mehreren praktischen Betrieben der Stahl-, Maschinenbau-, Papier- und Elektronikindustrie sowie in anderen Branchen erprobt.

Mehrere Arbeiten in der Anlagenwirtschaft waren der Gestaltung von Systemen der Aufbauorganisation und Information gewidmet. Mit diesen Studien wurde die Organisation so gestaltet, daß die Zuordnung von Funktionsbereichen der Anlagenwirtschaft zu Produktions- und Instandhaltungsbereichen nach Information und Motivation erfolgte. Es ergab sich eine Dezentralisierung der Instandhaltung bei einer Verbesserung des Informationssystems auf formaler und informaler Basis.

Solche Systeme wurden in Unternehmen erprobt und neben anderen Arbeiten in 4 internationalen, vom Institut für Wirtschafts- und Betriebswissenschaften gemeinsam mit der ÖAF (Österreichische Akademie für Führungskräfte) gestalteten Tagungen – „Instandhaltungs-Forum" – vorgestellt.

Mit größer werdenden Unternehmen und Betrieben gewannen Organisation und Information zusehends an Bedeutung. 1974 wird auf den bei steigender Unternehmensgröße eintretenden Syner-

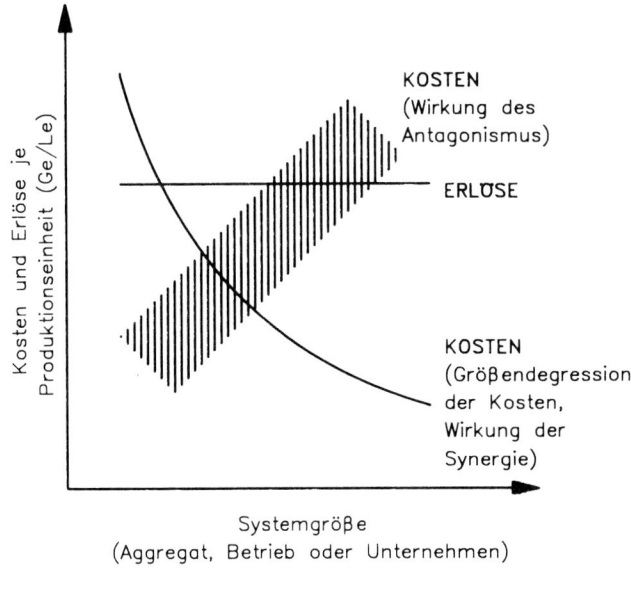

Bild 3: Degression der Kosten und Wirkung des „Antagonismus".

gieeffekt gleichzeitig (vermuteten) entstehenden „Antagonismus" hingewiesen (Bild 3).

Es stellte sich die Frage, warum der bei größeren Unternehmen zu erwartende Synergieeffekt oft nicht oder nicht vollständig zur Wirkung kommt, oder warum sogar mit zunehmender Unternehmensgröße eine Schmälerung des Erfolges (z.B. bezogen auf die eingebrachte Kapitaleinheit) eintritt.

In mehreren Arbeiten wurden Organisationsstrukturen von Unternehmen und Betrieben untersucht, wobei auch Systeme der Forschung und Entwicklung in diese Untersuchungen einbezogen wurden. Weitere Studien galten dem Informationswesen in Systemen.

Wird Unternehmens- und Betriebsführung als „Motivation der Mitarbeiter für ein gemeinsames Unternehmens- oder Betriebsziel" definiert, so läßt sich die Motivation in ihrer Bedeutung für die Organisation und Information in Systemen erahnen.

Motivation ist ein auf die Verwirklichung eines Zieles gerichtetes Verhalten im Sinne einer Vorstellung oder eines Antriebes.

Die Motivation war in ihrer Bedeutung in den Arbeitswissenschaften seit langem bekannt. Wie das Tätigkeitsfeld der gesamten Arbeitswissenschaften, richteten sich auch die Untersuchungen über die Motivation vornehmlich auf den Bereich der sogenannten ausführenden Tätigkeiten in der Fertigung, also z.B. den Arbeitsplatz an der Maschine.

Zu den Motivatoren zählt außer Geld für Leistung auch die Erfüllung von sozialen Bedürfnissen sowie von Bedürfnissen nach Sicherheit, Achtung und Selbstverwirklichung. Das Erfolgserlebnis der Arbeit muß für die Mitarbeiter erkennbar sein, insbesondere dessen Beeinflußbarkeit durch ihre Arbeit.

Das gemeinsame Unternehmens- oder Betriebsziel verfolgt die bestmögliche Erbringung dieses Zieles. Dies bedeutet, daß die Erstellung der Unternehmens- oder Betriebsleistung als Produkt oder Dienst des Gesamtsystems als sogenanntes „leistungsbezogenes Ziel" im Vordergrund steht. Je größer ein System wird, desto weniger ist aber der Beitrag des Einzelnen zu diesem Ziel zu erkennen. Eine Arbeitsteilung ist erforderlich, wodurch Tätigkeitsstellen geschaffen werden. Diese Tätigkeitsstellen sind in der Führung überschaubar, und somit ist der Beitrag des Einzelnen als Erfolgserlebnis sichtbar; aber es werden eben in solchen „Erfolgszentren" nur die Erfolge der Tätigkeitsstellen als stellenbezogene Ziele gesehen.

Die Summe der Erfolge der Tätigkeitsstellen – also aus den stellenbezogenen Zielen – ist dem leistungsbezogenen Ziel des Gesamtsystems sicher nicht gleichzusetzen. Trotzdem müssen die stellenbezogenen Ziele in der Unternehmensführung verfolgt werden, denn über sie sind die Leiter der Tätigkeitsstellen und die Mitarbeiter informiert, und sie sind motiviert, aus „ihren" Tätigkeitsstellen das Beste zu machen. Den Leitern der Tätigkeitsstellen ist eine Leitungsspanne zuzuordnen, innerhalb welcher sie im Rahmen der Organisation in einem Freiraum nach ihrem Wissen aber auch nach ihrem Wollen aus der Motivation Teilleistungen und Teilqualitäten technisch und wirtschaftlich bestmöglich erstellen sollen. Diese Leitungsspanne soll ihrer Umformkapazität entsprechen, mit der sie Kontroll- und Zielinformationen zu Planungsinformationen aufgrund ihrer Intelligenz, Ausbildung, Erfahrung und Weiterbildung umformen können.

KOSTEN

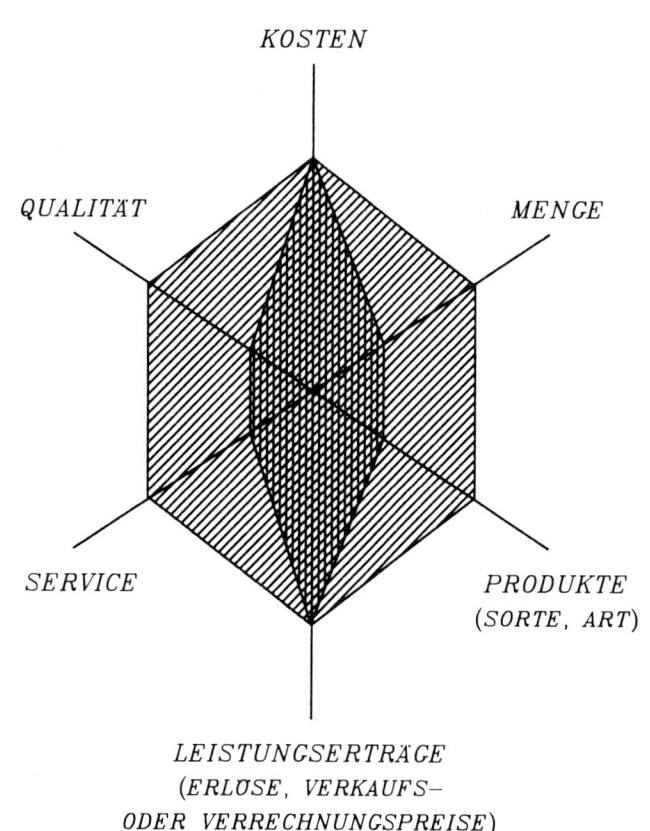

QUALITÄT

MENGE

SERVICE

PRODUKTE
(SORTE, ART)

LEISTUNGSERTRÄGE
(ERLÖSE, VERKAUFS-
ODER VERRECHNUNGSPREISE)

Bild 4: Bedeutung von Einflußgrößen für den wirtschaftlichen Erfolg.

Diese zunächst als Thesen formulierten Grundlagen für die Führung von Unternehmen und Betrieben – oder ganz allgemein von Systemen – wurden durch Forschungsarbeiten in Organisation, Information und Motivation untermauert. Nach dem heutigen Stand der Erkenntnisse ist eine „informationstechnische Matrixorganisation" anzustreben, bei der die „stellenbezogene Organisation" durch ein „leistungsbezogenes Informationssystem" überlagert wird, das allen Tätigkeitsstellen das gemeinsame Systemziel benutzerfreundlich darstellt.

Um in der Unternehmens- und Betriebsführung Forschung und Lehre zu forcieren, wurden in Lehraufträgen die Themen „Praktische Unternehmensführung" (R. Streicher) und „Betriebliche Führungslehre" (J. Rink) verankert.

In Studien wurden Organisationssysteme nach den gezeigten Thesen gestaltet – insbesondere wurden Systeme der Anlagenwirtschaft für die Praxis erarbeitet.

Interessant ist in diesem Zusammenhang, daß heute – etwa 15 Jahre nach Beginn der Forschungsarbeiten über Organisation, Information und Motivation am Institut – in der Praxis ganz allgemein ein Trend zu kleineren, überschaubaren Unternehmenseinheiten bis hin zur sogenannten „Austöchterung" von Unternehmensteilen zu erkennen ist.

Mit der weiteren Änderung der Relation Angebot zu Nachfrage zu einem stärkeren Angebotsüberhang wurden für die Erfolgsmaximierung immer mehr Service und Qualität anstelle von Menge und Produktvielfalt eingesetzt (Bild 4).

Kundenservice erfordert Lieferbereitschaft mit Termineinhaltung und Kundenbetreuung. Die Rationalisierung im Zusammenhang mit Lieferbereitschaft führt zu sorgfältiger Kontrolle und Planung des Stoff- und Informationsflusses – dem Aufgabengebiet der „Logistik".

Logistik wird am Institut für Wirtschafts- und Betriebswissenschaften seit Anfang der 80er Jahre in Forschung und Lehre bearbeitet (Tabelle 2). Die Durchlaufzeit und Lagerung von Produkten werden als Beobachtungsobjekte behandelt. Es zeigte sich, daß die in den Unternehmen installierten Informationssysteme vornehmlich auf „stellenbezogene Ziele" ausgerichtet sind. Informationssysteme im Sinne der Logistik nach „leistungsbezogenen Zielen" mußten in mehreren Arbeiten erstellt werden.

Eine Rationalisierung bei hoher Anpassung an den Kundenbedarf (Lieferbereitschaft) kann über größere Fertigungslose und eine entsprechende Lagerung bei Inkaufnahme längerer Durchlaufzeiten oder über kleinere Fertigungslose und häufigeres Umrüsten der Anlagen erfolgen. Die Werte des Werkstoffes, der Anlagen und der Rüsteinrichtung (Bild 5) sind bestimmend für die Wahl des leistungsbezogenen oder stellenbezogenen Zieles oder – mit anderen Worten – der Wahl von kleineren oder größeren Fertigungslosen.

Forschungsarbeiten auf dem Gebiet der Logistik waren auf Durchlaufzeiten, Lagerung, Lieferbereitschaft und Informationssysteme gerichtet.

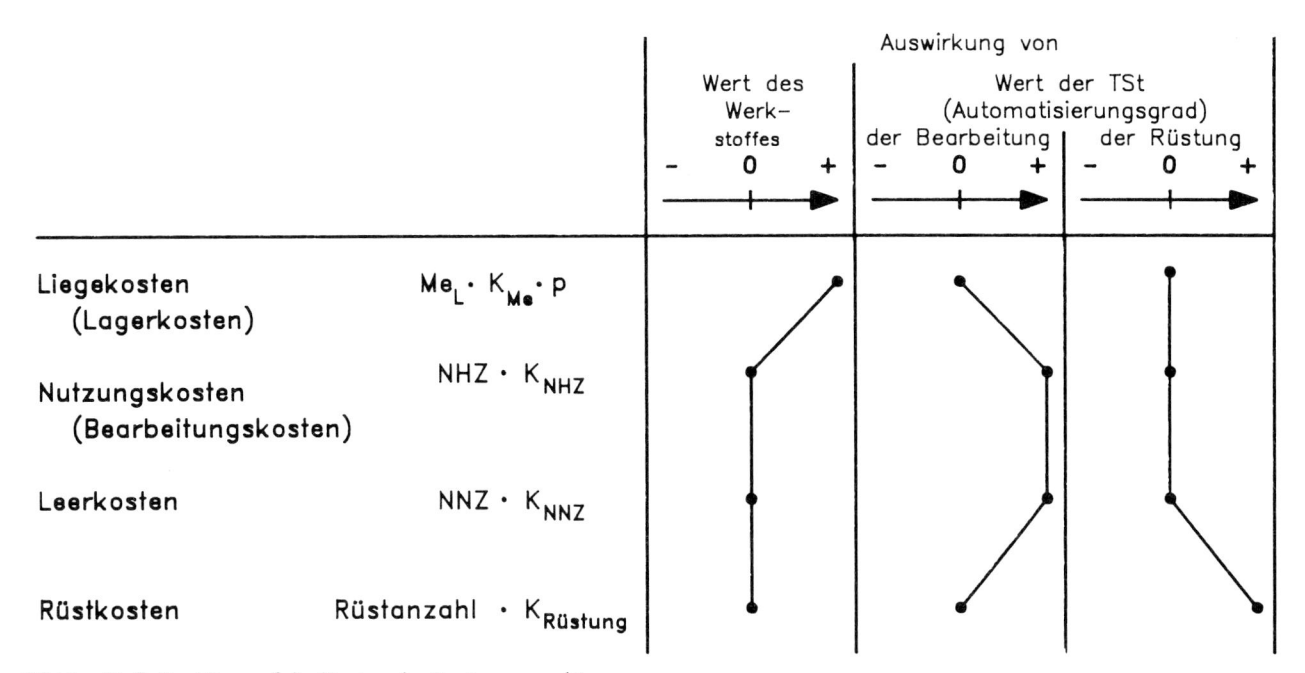

| | | Auswirkung von | | |
|---|---|---|---|---|
| | | Wert des Werkstoffes<br>− 0 + | Wert der TSt (Automatisierungsgrad) der Bearbeitung<br>− 0 + | der Rüstung<br>− 0 + |
| Liegekosten (Lagerkosten) | $Me_L \cdot K_{Me} \cdot p$ | | | |
| Nutzungskosten (Bearbeitungskosten) | $NHZ \cdot K_{NHZ}$ | | | |
| Leerkosten | $NNZ \cdot K_{NNZ}$ | | | |
| Rüstkosten | Rüstanzahl $\cdot K_{Rüstung}$ | | | |

Bild 5: Einflußgrößen auf die Kosten der Fertigung und Lagerung.

Me ... Mengeneinheiten; Ge ... Geldeinheiten; Ze ... Zeiteinheiten; $Me_L$ ... Lagermenge (in Me);
$K_{Me}$ ... Materialkosten (in Ge/Me); p ... Zinssatz für Material (in %); NHZ ... Nutzungshauptzeit (in Ze);
$K_{NHZ}$ ... Kosten der NHZ-Einheit (in Ge/Ze); NNZ ... Nutzungsnebenzeit (in Ze);
$K_{NNZ}$ ... Kosten der NNZ-Einheit (in Ge/Ze); $K_{Rüstung}$ ... Kosten eines Rüstvorganges (in Ge).

Seit etwa 2 Jahren wird das Thema Qualitätswirtschaft in Forschung und Lehre in das Arbeitsgebiet des Institutes für Wirtschafts- und Betriebswissenschaften einbezogen. Qualitätswirtschaft wird definiert mit „Gesamtheit aller Maßnahmen und Einrichtungen, die sich auf die Erstellung und Nutzung von Qualität an Gütern und Diensten nach dem Wirtschaftlichkeitsprinzip richtet".

Die Arbeitsbereiche in der Qualitätswirtschaft reichen von Kosten-, Erfolgs- und Wertmessungen für Qualität über Organisation und Information bis hin zu Qualitätsregelkreissystemen.

Im Zusammenhang mit Forschungsarbeiten auf dem Gebiet des Service und der Qualitätswirtschaft wurde die Definition der Grenzkosten neu überdacht.

Grenzkosten waren ursprünglich nur auf mengenmäßige Veränderungen der Leistungserstellung ausgerichtet. Sie wurden definiert als die „bei Beschäftigungsänderung wegfallenden oder hinzukommenden Kosten".

Heute gilt es oftmals, die Anlagen bei gleicher mengenmäßiger Beaufschlagung „anders" zu nutzen. Diese andere Nutzung kann durch die Erzeugung einer Leistung anderer Qualität oder durch die Nutzung von Produktionsfaktoren anderer Qualität erfolgen. Allgemein wird nunmehr definiert: „Grenzkosten sind die bei Änderung der Produktionsfaktoren (in Menge, Art oder Sorte, Qualität und Preis) oder der Leistungserstellung (in Menge, Art oder Sorte und Qualität) hinzukommenden oder wegfallenden Kosten."

## ZUKÜNFTIGE ENTWICKLUNG

Die weitere Gestaltung von Forschung und Lehre am Institut für Wirtschafts- und Betriebswissenschaften wird natürlich weiterhin mit der Gestaltung der Montanuniversität einerseits und mit der Entwicklung der den Fachrichtungen unserer Universität verbundenen Industrie andererseits zu sehen sein.

Die Lehre im Rahmen der Ausbildung soll in der Stundenzahl gleichbleiben, um die Studiendauer nicht zu verlängern, und unter dem Gesichtspunkt, daß die Wirtschafts- und Betriebswissenschaften eine Ergänzung der Kenntnisse für die an der Montanuniversität auszubildenden Techniker darstellen.

Zweifellos werden betriebswirtschaftliche Kenntnisse von Technikern in der Praxis gefordert, auch in höherem Maße als heute im Zuge der Ausbildung an der Montanuniversität angeboten wird. Dieser zusätzliche Bedarf an betriebswirtschaftlichen Kenntnissen soll in Weiterbildungsveranstaltungen vermittelt werden. Es wäre anzustreben, solche Weiterbildungsveranstaltungen gezielter als bisher zwischen Unternehmen und Universität zu gestalten. In der Aus- und Weiterbildung werden in Zukunft besonders „Qualitätswirtschaft" und „Betriebswirtschaftliche Aspekte der Automation" vor allem im Zusammenhang mit Systemen der Produktionsplanung in höherem Maße zu berücksichtigen sein. Um dafür die entsprechende Zeit zu gewinnen, müssen in den Lehrveranstaltungen technische Mittel verstärkt eingesetzt und gewisse Abstriche bei anderen Kapiteln gemacht werden.

In der Forschungsarbeit werden in Zukunft nach wie vor „Anlagenwirtschaft", „Organisation" und „Information" Schwerpunkte bilden. Die „Qualitätswirtschaft" soll verstärkt in das Programm eingebaut werden, ebenso wie betriebswirtschaftliche Aufgaben, die mit der Automatisierung von Betriebsanlagen zu bearbeiten sind.

Die Ausrichtung der gesamten Unternehmen nach Bedürfnissen des Absatzmarktes verlangt eine verstärkte Flexibilität der Unternehmen, insbesondere in der Fertigung. Diesem Trend muß in der Forschung des Institutes Rechnung getragen werden, und zwar in Betriebsmodellen für Produktion und Dienste bis hin zu Studien über Service und Marketing.

In den Tabellen 1 und 2, die Diplomarbeiten und Forschungsarbeiten enthalten, zeigt sich die zahlenmäßige Zunahme solcher in Zusammenarbeit mit der Industrie erstellten Arbeiten. Diese Zusammenarbeit soll gefördert werden, dient sie doch der Industrie und auch der Montanuniversität Leoben.

# Forschungsinstitut für Geo-Datenerfassung und -Systemanalyse

**VORGESCHICHTE**

Im Zuge der bundesweiten Aktivitäten zur Erstellung eines Inventars der innerhalb der Staatsgrenzen vorhandenen Vorkommen bzw. Lagerstätten mineralischer Rohstoffe (mit Ausnahme der Kohlenwasserstoffe) wurde an der Montanuniversität Leoben 1979 auf Anregung hoher Beamter der Bundesministerien für Wissenschaft und Forschung bzw. für Handel, Gewerbe und Industrie ein Forschungsinstitut gemäß § 93 UOG mit dem Namen

Rohstofforschungsinstitut

errichtet. Als Aufgaben waren interdisziplinäre Forschungen auf dem Sektor der mineralischen Rohstoffe vorgesehen. Elf Leiter von fachrelevanten Universitätsinstituten erklärten sich damals bereit, bei fachübergreifenden Rohstoffprojekten zusammenzuarbeiten. Zum Institutsleiter wurde H. Holzer ernannt, J. Wolfbauer wurde auf den für das Institut geschaffenen Dienstposten eines Ao. Universitätsprofessors bestellt.

Aus a.o. Dotationsmitteln konnte eine Anlage zur Kohlenpetrographie erworben werden, die am Institut für Geologie und Lagerstättenlehre installiert wurde.

Größere, fachgrenzenüberschreitende Projekte wurden jedoch nicht an das Institut herangetragen, sodaß das Institut in seiner Gesamtheit nicht aktiv werden konnte, umsomehr als die ursprünglich in Aussicht gestellten Finanzmittel und zusätzlichen Dienstposten nicht realisiert wurden.

Das Rohstofforschungsinstitut fungierte jedoch als Vertretung der Montanuniversität in der 1979 gegründeten und anschließend sehr aktiven

Arbeitsgemeinschaft für Rohstofforschung

mit den Mitgliedern:
- Geologische Bundesanstalt bzw. deren Außenstelle Leoben,
- Der Vereinigung für angewandte Rohstofforschung in Leoben,
- Der Forschungsgesellschaft Joanneum (FGJ) mit deren Sektion Rohstofforschung Leoben
- und der 1980 beigetretenen Österreichischen Akademie der Wissenschaften mit ihrer Kommission für Grundlagen der Mineralrohstofforschung.

Aus formellen Gründen verfügte das Bundesministerium für Wissenschaft und Forschung dann die Umwandlung der „Arbeitsgemeinschaft Rohstofforschung" in einem Zusammenarbeitsvertrag mit der Österreichischen Akademie der Wissenschaften in das

Institut für Rohstofforschung bei der ÖAW,

das verschiedene Koordinationsaufgaben erfüllte und Projektsbegutachtungen durchführte. Diese Konstruktion wurde schließlich durch die Kündigung des gemeinsamen Rahmenvertrages (31.12.1986) durch die Akademie der Wissenschaften und, in der Folge, durch die Geologische Bundesanstalt und der Montanuniversität aufgelöst, nachdem die Akademie die Gründung eines Akademieinstitutes für Roh- und Grundstofforschung in Leoben beschlossen hatte (dieser Beschluß wurde im März 1987 bis auf weiteres sistiert).

Über das Rohstofforschungsinstitut flossen der Arge Rohstofforschung bestimmte Bundesmittel zu, während die Forschungsgesellschaft Joanneum in das Institut administrative Leistungen und Ausrüstung einbrachte. Unabhängig davon baute J. Wolfbauer in der Leobener Sektion der FGJ eine beachtenswerte personelle und instrumentelle Kapazität für praxisbezogene Forschung am Sektor EDV, Systemanalyse, Daten-Speicherung und -Erfassung, Geomathematik u.a. auf.

## GEGENWÄRTIGE SITUATION

Auf Grund der bisherigen, oben kurz skizzierten und wenig effizienten Organisationsformen, andererseits zur besseren Einbindung der Kapazität der FGJ-Sektion Leoben an fachrelevante Universitätsinstitute, wurde 1987 eine Umstrukturierung vorgenommen:

Das bisherige Rohstofforschungsinstitut wurde mit Zustimmung des zuständigen Ressorts 1988 in das

Forschungsinstitut für Geo-Datenerfassung und -Systemanalyse

umgewandelt.

Als Leiter wurde H. Holzer bestätigt, zum stellvertretenden Leiter J. Wolfbauer ernannt. Das Institut gliedert sich derzeit in drei Arbeitsgruppen:

> ➢ **Arbeitsgruppe Fernerkundung (Leiter H. Holzer):**

Angesichts der rasanten Entwicklung auf diesem Gebiet und der Unmöglichkeit, diesen Wissenszweig mit den begrenzten Mitteln des Institutes für Geowissenschaften entsprechend zu betreuen, soll in Zusammenarbeit mit der FGJ-Sektion Leoben und ihren EDV-Einrichtungen diese Arbeitsrichtung auf- und ausgebaut werden. Die entsprechende apparative Erstausstattung soll aus Drittmitteln beschafft werden.

> ➢ **Arbeitsgruppe Petrophysik (Leiter H. Mauritsch):**

In den letzten Jahren hat sich die physikalische Beschreibung von Gesteinen sowie deren Zustände immer mehr durchgesetzt. Ob als Interpretationsgrundlage von geophysikalischen Vermessungen oder von geomechanischen Problemen, ist die objektive Erfassung von Gesteinsparametern wie magnetische Suszeptibilität, Dichte, elektrische Leitfähigkeit, Polarisationseffekte, natürliche Strahlung oder Wärmeleitfähigkeit von größter Bedeutung.

Diesem modernen Erfordernis wurde 1988 mit dem Aufbau der Arbeitsgruppe „Petrophysik" Rechnung getragen. Personell ist diese Arbeitsgruppe mit einem Assistenten, einem Techniker und einer halbtägigen Sekretärin ausgestattet, die aus Drittmitteln, also Forschungsprojektmitteln, finanziert werden.

Der Arbeitsgruppe stehen im Augenblick zwei Labors zur Verfügung, wo gegenwärtig die magnetische Suszeptibilität, die Dichte, die elastischen Parameter wie Kompressionswellen- und Scherwellengeschwindigkeit, Poissonzahl, dynamischer Elastizitäts- und Schermodul, natürliche Strahlung, Wärmeleitfähigkeit und elektrischer Widerstand sowie Polarisationseffekt bestimmt werden können. Durch intensive Fehlerbetrachtungen sollen standardisierte Meßplätze geschaffen werden. Parallel dazu wurde ein modernes, leistungsfähiges Mikroskop angeschafft, um das physikalische Meßergebnis sofort in lithologische bzw. Zustandsabhängigkeiten von Gesteinen übersetzen zu können.

Diese Daten sollen neben geographischer, geologischer, geotektonischer und petrographischer Information in ein Datenbanksystem gebracht werden. Diese Informationen sollen Grundlage der Interpretation geophysikalischer Vermessung, der Erstellung digitaler Modelle sowie Entscheidungshilfe für die wirtschaftliche Nutzung von verschiedenen Gesteinen sein. Die Datenbank wird außerdem so organisiert, daß internationale Kommunikation jederzeit möglich wird.

> ➢ **Arbeitsgruppe Geo-Systemanalyse (Leiter J. Wolfbauer):**

Die fachlichen Aufgaben der Arbeitsgruppe Geo-Systemanalyse liegen in der EDV-gestützten Analyse, Modellbildung, Bewertung, Interpretation und Darstellung ortsbezogener geogener Informationen.

Zur Umsetzung des fachwissenschaftlichen Arbeitsprogrammes wird eine enge Zusammenarbeit mit dem Institut für Umwelt-Informatik (bis März 1989 Sektion Rohstofforschung) der Forschungsgesellschaft Joanneum gepflegt. Unter Inanspruchnahme der Ressourcen dieses Instituts konnten im ersten Arbeitsjahr des Bestehens des § 93 Instituts in neuer Form folgende Einzelvorhaben aufgenommen und größtenteils abgeschlossen werden:

➢ Ermittlung des regionalen Potentials oberflächennaher Rohstoffe im Vorfeld der Raumplanung – ausgewählte Regionen im Zentralraum Niederösterreichs – St. Pölten;
➢ Bohrlochdatenbank mit Graphikmodulen auf PC-Basis für Grundwassersimulationen und Volumsabschätzungen – Anwendungsbeispiel südliches Wiener Becken;
➢ Entwurf und erstmaliger Aufbau einer österreichischen Bodendatenbank für insgesamt rund 3.000 km² Referenzgebiete in Oberösterreich (gemeinsam mit der Bundesanstalt für Bodenwirtschaft);
➢ Prospektion auf höherwertige Tone zur Bestimmung des diesbezüglichen Potentials im Bundesland Kärnten.

Diese kurzfristig erreichten Ergebnisse sind nur im Zusammenwirken mit dem Partnerinstitut möglich, welches für die kooperative Rohstofforschung in Leoben seit 1980 entsprechendes Fachpotential aufgebaut hat. Dieses steht für folgende Spezialgebiete wie Fragen der Geochemometrie, der Sedimentgeologie, spezieller geowissenschaftlicher EDV-Programmanwendungen z.B. für multivariate Auswertungen geochemischer Daten, geostatistisch abgesicherte Simulationsmodelle sowie Spezialroutinen in geographischen Informationssystemen zur Verfügung.

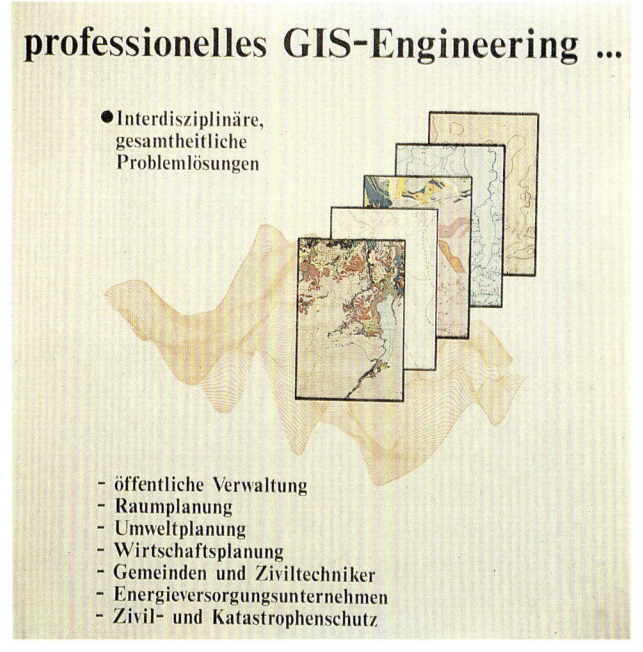

Bild 1: Einsatz geographischer Informationssysteme für Fragestellungen der geogenen Umwelt.

*Verfasser:* H. HOLZER
H. MAURITSCH
J. WOLFBAUER

# Rechenzentrum der Montanuniversität

**Lochkartenära (1964–1977)**

Im Jahre 1964 ließ der damalige Vorstand des Institutes für Verformungskunde, Professor Müller, in seinen Institutsräumen einen Rechner installieren. Dazu ließ er im Parterre des Rittinger-Institutes einen Raum großzügig adaptieren. Der Rechner war die sagenhafte IBM 1130 mit 8 kB Hauptspeicher und 500 kB Plattenkapazität. Sowohl das Betriebssystem als auch sämtliche anderen Programme wurden mit Lochkarten eingelesen. Die Datenausgabe erfolgte schon damals über einen relativ schnellen Zeilendrucker mit einer Geschwindigkeit von ca. 150 Zeilen pro Minute.

Für die Erstellung der Lochkarten standen den Benützern drei Locher zur Verfügung. Eine Datensicherung war nur mit dem Lochkartenstanzer möglich. Hauptbenützer dieser Rechenanlage waren die heutigen Universitätsprofessoren Dr. Aggermann, Dr. Sturm und Dr. Wolfbauer, mit Programmpaketen aus den Gebieten der Verformungskunde, Physik und Betriebswirtschaftslehre.

1970 übernahm der neue Vorstand des Institutes für Verformungskunde, Professor Schwenzfeier, diesen Rechner und erweiterte den Hauptspeicher auf 16 kB und die Plattenkapazität durch Anschaffung eines Plattenturms auf 2 MB. Erstmals wurde ein neues Ausgabegerät, ein Plotter der Marke Zuse, an die Anlage angeschlossen.

Die Benutzung des Rechners erfolgte im closed-shop-Betrieb, d.h. nur jeweils ein Benutzer konnte mit dem Rechner arbeiten.

Die Beliebtheit des Rechnens am Computer, aber auch der Bedarf an dieser Anlage zeigten sich bald darin, daß der Rechner auch in den Nachtstunden und sogar an den Wochenenden immer ausgelastet war.

In diese Periode fiel auch die Umrüstung der bis dahin händisch verarbeiteten Immatrikulation und Inskription der Studenten, ein Werk des heutigen Rechenzentrumsleiters Dipl.Ing. Helmut Maierhofer. Die EDV hatte nun auch in der Hochschulverwaltung Einzug gehalten.

Ab dieser Zeit wurde dem Ministerium bewußt, daß zur Betreuung und Bedienung einer Rechenanlage dieser Größe wesentlich mehr geeignetes Fachpersonal notwendig war. So wurde im Jahre 1975 das Rechenzentrum als eigene Hochschuleinrichtung gegründet, mit Professor Schwenzfeier als Vorstand und Dipl.Ing. Maierhofer als Leiter sowie einem Programmierer und einem Operator.

**Bildschirmära (1977–1984)**

Da man an der Universität erkannt hatte, daß die alte Lochkartenanlage den Ansprüchen der Hochschulinstitute bei weitem nicht mehr gerecht wurde, entschloß man sich zur Ausschreibung eines neuen Rechners mit Hilfe des Bundesministeriums.

Gegen die übergroße Konkurrenz am Computermarkt setzte sich wider Erwarten die kleine österreichische Firma Scanips, Tochter der dänischen Computerfirma Regnecentralen, mit dem Rechner der neuen Generation RC8000 durch. In der ersten Ausbaustufe betrug die Größe des Hauptspeichers 192 kB und die beiden Plattenspeicher umfaßten zusammen 24 MB. Neu in der Technologie waren 8 Bildschirmanschlüsse und 1 Magnetbandstation für die Datensicherung. Revolutionär war auch das Betriebssystem BOSS, mit einwandfreiem Multiprogramming und Timesharing, das den Benutzern erstmals den gleichzeitigen Ablauf mehrer Programme gestattete.

Durch die Installierung dieses Computers und der Bequemlichkeit des Arbeitens an einem Bildschirm wurde das Interesse der Hochschulinstitute geweckt und so die Anzahl der Bildschirmanschlüsse schubweise auf 40 ausgebaut.

Damit verbunden war eine umfangreiche Verlegung von Datenleitungen in sämtliche Universitätsgebäude. Überdies wurde der Hauptspeicher auf 576 kB vergrößert. Die Technologie des Ferritkernspeichers wurde durch die neue MOS-Technik ersetzt.

Für das Rechenzentrumspersonal gab es nun besonders viel Arbeit. Sämtliche Verwaltungsprogramme mußten auf bildschirmgerechte oneline-Verarbeitung umgeschrieben bzw. total neu programmiert werden.

Zu dieser Zeit begann das Rechenzentrum aus seinen Nähten zu platzen, zumal der neue Computerraum am Gang des Rittinger-Institutes viel zu klein war. Mangels eines Terminalraums mußte ein zweiter Gangteil provisorisch mit Studententerminals ausgestattet werden.

Die bestehenden Datenspeicher waren bald zu klein, und so wurden zwei weitere Platten mit je 66 MB angeschafft. Auch die Hauptspeichergröße wurde verdreifacht. Zusätzlich zur bestehenden Wasserklimaanlage wurde ein Fensterklimagerät eingebaut, um den Computerraum auf geeigneter Temperatur zu halten. Eine besondere Mehrbelastung an das Rechenzentrumspersonal entstand mit dem Konkurs der Computerfirma Scanips in Österreich, da ab diesem Zeitpunkt die relativ aufwendigen Wartungsarbeiten selbst durchgeführt werden mußten. Ersatzteile konnten nur mühsam aus Dänemark beschafft werden. Trotzdem gelang es dem Rechenzentrum, die Anlage durchgehend für die Benützer betriebsbereit zu halten.

Der operatorlose Betrieb in den Nachtstunden und während des Wochenendes bedingte, um die Brandgefahr möglichst klein zu halten, den Ankauf einer Siemens-Brandmeldeanlage, die direkt an die Feuerwehr der Stadt Leoben angeschlossen war.

## Netzwerkära (1984–1989)

Das Raumproblem am Rechenzentrum war so gravierend geworden, daß sich die Gebäudeverwaltung, nach wiederholtem Drängen durch den damaligen Vorstand, Herrn Professor Schwenzfeier, endlich entschloß, für das Rechenzentrum im Tiefparterre des Altgebäudes neue Institutsräume zu adaptieren. Sämtliche Räume wurden mit einem antistatischen Boden ausgestattet. Der großzügig angelegte Computerraum erhielt einen 40cm tiefen Unterboden, welcher für die Verkabelung der Rechneranschlüsse bzw. der Kühlung dient, denn das ebenfalls neue Klimagerät versorgt die Rechnercabinets nun von unten mit kühler Luft. Mit dem Computerraum besteht das neue Institut nun aus 7 Räumen, inklusive einem Seminarraum. Eine in der Nähe liegende ehemalige Waschküche wurde zu einem Graphikraum umgestaltet.

Der Übungsbetrieb der Studenten konnte nun endlich auch in eigenen Räumen durchgeführt werden. Der Vorraum des Elektrotechnikhörsaals wurde mit 6 Bildschirmarbeitsplätzen ausgestattet, im Tiefparterre neben der Portierloge konnte ein Studententerminalraum mit 8 Arbeitsplätzen ausgestattet werden.

Diese Umarbeiten stehen bereits unter den Auspizien des neuen Rechenzentrumsvorstandes, Professor Imrich, von der Abteilung Angewandte Mathematik des Institutes für Mathematik und Angewandte Geometrie.

Im Frühjahr 1984 wurde eine Arbeitsgemeinschaft mit der Forschungsgesellschaft Joanneum in Graz (FGJ) gegründet, die die Grundlage für den Ankauf einer neuen Rechnergeneration wurde. Ein Rechner der Type VAX11/750 der amerikanischen Firma Digital Equiment Corporation wurde mit Hilfe der FGJ im Leasingverfahren im Computerraum des neuen Rechenzentrums installiert, inklusive der Plattenbereiche, 1 Magnetbandstation und 40 Terminalanschlüssen, 1 Schnelldrucker und 1 Anschluß für Ferndiagnose.

In relativ kurzer Zeit gelang es dem Rechenzentrum, sämtliche Inskriptions- und Verwaltungsprogramme der Universitätsdirektion auf das neue Betriebssystem VMS umzustellen bzw. durch neue Programme zu ersetzen.

Mit Bildschirmmasken und einer neuen benutzerfreundlichen Menü-Technik war es der Universitätsdirektion nun möglich, von mehreren Bildschirmen aus gleichzeitig Inskriptionsdaten einzugeben, zu verändern und auszudrucken.

Die Installation der neuen Computeranlage war gleichzeitig die Geburtsstunde des lokalen Universitätsnetzwerkes. Dank der Initiative des neuen Vorstandes wurde ein dickes Koaxialkabel auf Ethernetbasis vom Computerraum quer durch die Keller der Universität bis in die Parkstraße zum Institut für Geomechanik verlegt. An diesen 10 Megabit pro Sekunde schnellen Datenstrang wurden bis heute sukzessive noch 9 zusätzliche Rechner der Firma Digital angeschlossen (2 MicroVAX II und 7 VAX-Workstations). Mit der Installation von SUN-Workstations (2 SUN 3/50, 1 SUN 3/60, 1 SUN 4/110) an das Netz kam zum Übertragungsprotokoll DECnet als zweites TCP/IP hinzu. Damit hielt auch das neue Betriebssystem UNIX an der Universität Einzug.

Im Zuge der Installation eines Seismiksoftwarepaketes des Institutes für Geophysik konnten aus Mitteln dieses Institutes 2 schnelle Bandstationen mit 6250 bpi und 1 Arrayprocessor von Floating Point Systems für die Benutzer bereitgestellt werden.

Von zwei geschaffenen Verteilerstationen (Telefonanlage und Röntgenraum) durchzieht nun ein Netzwerk aus dünnen Koaxialkabeln, genannt Thinwire-Ethernet, die einzelnen Hochschulgebäude.

Bild 1: Computerraum.

Dieses Netzwerk bildet die Grundlage des Anschlusses schneller Workstations an das Rechenzentrum.

Mit der Eröffnung des Technologietransferzentrums in der Peter-Tunner-Straße, circa 400 m vom Altbau der Universität entfernt, trat das Rechenzentrum in eine neue technische Phase der Datenübertragung ein – dieses Gebäude wurde mit einem Glasfaserkabel an das Rechenzentrum angeschlossen.

Insgesamt verwaltet das Rechenzentrum im Oktober 1989 an Hauptspeicher 92 MB, an Plattenspeicher 7 GB, 188 Terminalanschlüsse und 5 Magnetbandstationen. Auf den RZ-eigenen Schnelldruckern werden im Schnitt pro Monat ca. 20.000 Seiten ausgedruckt.

**PERSONAL**

O.Univ.Prof. Dr. Wilfried IMRICH, Vorstand
Dipl.Ing. Helmut MAIERHOFER, Leiter des Rechenzentrums
Dipl.Ing. Reinhard MATUSCHKA-EISENSTEIN, Organisator
Heike-Petra SKUPA, Sekretariat
Ing. Dezsö T. KADOS, Systemanalytiker
Eveline EISL, Programmierer
Angelika JÄGER, Programmierer
Ulrike HOWORKA, Operator

*Verfasser: R. MATUSCHKA-EISENSTEIN*

# Außeninstitut der Montanuniversität

Das Außeninstitut der Montanuniversität Leoben wurde am 13. Oktober 1986 als besondere Universitätseinrichtung nach § 83 UOG errichtet. Die Montanuniversität berät durch ihr Außeninstitut interessierte Firmen und Einzelpersonen über ihr gesamtes Wissensspektrum mit folgenden Schwerpunkten:

- Prospektion, Gewinnung und Aufbereitung von Rohstoffen,
- Entwicklung, Gewinnung und Optimierung von Werkstoffen aus Metallen, Keramik, Glas und Kunststoffen,
- Verfahrenstechnik und deren Optimierung durch moderne Sensoren, Aktoren, Meß-, Steuer-, Regel- und Automatisationskonzepte mit der Anwendung von EDV, Mikroelektronik und der Lasertechnik.
- Darüberhinaus wird jeder Rat aus den Grundlagenfächern Mathematik, Physik, Chemie, Elektrotechnik und Mechanik erteilt.
- Aus den Betriebswissenschaften werden Kostenrechnung, Kostenplanung, Qualitätsbewertung, Unternehmensplanung u.ä. vermittelt.
- Über die Bibliothek der Montanuniversität und über deren Zugang zu bedeutenden Datenbanken in aller Welt wird jede dokumentierte Information jedem Interessenten zugänglich gemacht. Sie soll u.a. der obersteirischen Region, darüber hinaus auch national und international, einem größeren Benutzerkreis zur Verfügung stehen.

Eine regelmäßige Technologiebeobachtung auf den Fachgebieten der Montanuniversität wird die Industriebetriebe unterstützen.

Das Außeninstitut soll die Brücke schlagen zwischen Forschungsergebnissen und ihrer Anwendung in der Praxis zur Herstellung neuer, marktorientierter Produkte und Verfahren, indem entweder Partner für Entwicklungsarbeiten zusammengeführt werden oder Anbieter und potentielle Anwender bereits existierender Produkte.

Hier werden die Institute der Montanuniversität eingebunden.

In der Arbeitsgemeinschaft Technologie Transfer Zentrum Leoben (TTZ) wird das Außeninstitut das gesamte Leistungsspektrum der Montanuniver-

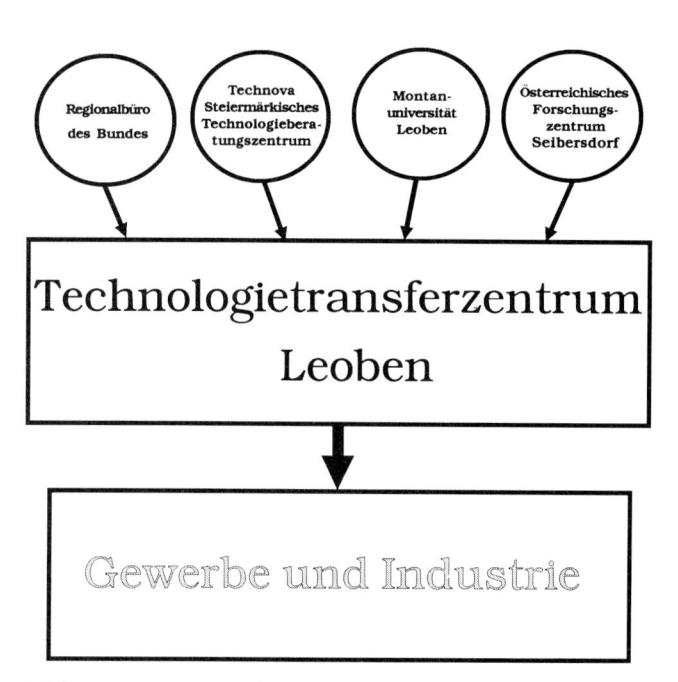

Bild 1: Organigramm der ARGE Technologietransferzentrum.

sität zusammen mit den Möglichkeiten der anderen Partner zum Nutzen des Gewerbes und der Industrie anbieten und dabei helfen, moderne Technologie zu vermitteln.

Vorträge, Seminare und Tagungen, die vom TTZ veranstaltet werden, dienen der fachlichen Weiterbildung.

Das Außeninstitut und das TTZ sind neben anderen Instituten der Montanuniversität im Nordtrakt der neu adaptierten „Laudon-Kaserne" in der Peter-Tunner-Straße 27 untergebracht. Dieses Haus wurde in den Jahren 1889/90 als Kaserne der k.k. Landwehr erbaut, 1918 von der Volkswehr übernommen, 1925 bei der Auflassung der Garnison Leoben geräumt und 1934 wieder vom Heer als „Laudon-Kaserne" bezogen. In der Zeit von 1945 bis 1948 wurde die Kaserne von der britischen Besatzungsmacht in Anspruch genommen und 1949 von der Stadtgemeinde zu einem zivilen Wohnhaus mit 61 Wohnungen umgebaut. Die Umwidmung und Neuausstattung des Nordtraktes erfolgte 1987/88.

Bild 2: „Laudonkaserne" in der Peter Tunner Straße 27; Eröffnung des TTZ am Freitag, 22.4.1988.

FOTO RADERBAUER Leoben.

Das erste Bauholz für den Neubau der Montanistischen Hochschule in der Franz Josef Straße wurde am 22. Dezember 1907 mit einem Pferdefuhrwerk zur Baustelle gebracht.
Museum der Stadt Leoben.

Reproduktion FOTO WILKE Leoben.

# DIE FACHGEBIETE DER MONTANUNIVERSITÄT IN GEGENWART UND ZUKUNFT

# Zusammenarbeit der Montanuniversität Leoben mit der Wirtschaft in Forschung und Lehre

Günter B. FETTWEIS, Herbert HIEBLER und Albert F. OBERHOFER

Die „Steiermärkisch-ständische montanistische Lehranstalt" in Vordernberg, auf welche die heutige Montanuniversität Leoben zurückgeht, wurde vor 150 Jahren gegründet, um den damals rund um den Steirischen Erzberg (Bild 1) aufstrebenden Wirtschaftsgebieten Bergbau und Hüttenwesen Partner in Forschung und Lehre zu sein. Dem entspricht, was Peter Tunner als erster Professor in einem Bericht über die Eröffnungsfeier am 4. November 1840 schrieb: *„Aber eine Lehranstalt praktischer Fächer, wie es Berg- und Hüttenkunde sind, darf nicht als bloße Schule dastehen, so wenig als die Lehrer derselben reine Schulmänner sein dürfen, wenn sie ihren vollen Nutzen und für die Dauer leisten sollen; sondern eine solche Anstalt muß notwendig mit der Praxis in enger Verbindung stehen, sie soll zugleich einen Zentralpunkt belehrenden Verkehres bilden, und sogestaltig zum Mittel werden, durch welches jeder Fachbefreundete das Seinige zur Förderung des allgemeinen Besten beitragen, und umgekehrt wieder belehrende Nachricht von dem andernorts Geschehenen erhalten kann."* Diese damals grundgelegte Partnerschaft von Wissenschaft und Praxis wurde bis heute sowohl von der Universität als auch von den der Universität fachlich nahestehenden Wirtschaftszweigen intensiv wahrgenommen.

Während die Fachgebiete der Zusammenarbeit zunächst der klassische Bergbau und die Hüttenin-

Bild 1: Der Steirische Erzberg.  Foto: VOEST-ALPINE ERZBERG Ges.m.b.H.

dustrie waren, sind es heute weite Gebiete der Rohstoffgewinnung und Werkstoffherstellung bis hin zu Maschinenbau, Elektrotechnik und Elektronik. Die Montanuniversität Leoben wurde in den letzten Jahrzehnten stetig auf den sich wandelnden Bedarf der Industrie und Wirtschaft ausgerichtet und damit zu einer Forschungs- und Lehranstalt für Rohstoffgewinnung und Werkstoffherstellung und -verarbeitung, wobei eine breite Palette der Werkstoffe von Metallen über Keramik bis hin zu Kunststoffen bearbeitet wird. In allen Sparten sind die Themen der Partnerschaft technischer aber auch betriebswirtschaftlicher Art; sie reichen bis hin zu Themen der Unternehmens- und Betriebsführung.

Die ZUSAMMENARBEIT der Montanuniversität mit der Wirtschaft erfolgt in FORSCHUNG UND LEHRE, wobei einzelne Institute oder Gruppen von Instituten die Universität vertreten.

In diesem Zusammenhang ist es bedeutend, daß die Universitätsinstitute seit einer Novelle zum Universitätsorganisationsgesetz 1975, die Anfang 1988 in Kraft getreten ist, Teilrechtsfähigkeit besitzen. Ihre Möglichkeiten für die Kooperation mit der Wirtschaft sind dadurch nicht unbeträchtlich verbessert worden.

In der Wirtschaft sind es einzelne Personen, Betriebe oder Unternehmen, sowie die verschiedenen Fachverbände in der Bundeskammer der gewerblichen Wirtschaft, aber auch Behörden – wie insbesondere die Bergbehörden –, die als Partner auftreten. Weiterhin tritt die Wirtschaft gegebenenfalls gemeinsam mit der öffentlichen Hand oder anderen Forschungsinstitutionen im Rahmen von „Fonds" zur Förderung der Forschung auf. Ein bedeutendes Gremium zur Zusammenarbeit sind für Wirtschaft und Montanuniversität die technisch-wissenschaftlichen Vereine, auf die wir gesondert zu sprechen kommen werden.

Die ZUSAMMENARBEIT IN DER LEHRE erfolgt in der Ausbildung der Studenten und in der Weiterbildung. Zur Ausbildung der Studierenden aller Fachrichtungen tragen Fachleute aus der Industrie mit ihren Spezialkenntnissen bei. Solche Lehrveranstaltungen sind teils Pflicht-, teils Wahlpflicht- oder Freivorlesungen sowie Übungen und Seminare. Einige Studienrichtungen stützen sich in hohem Maße auf solche Lehrveranstaltungen entweder, wenn der Ausbau von einschlägigen Universitätsinstituten noch unvollständig ist, oder, wenn er den veränderten Bedürfnissen noch nicht angepaßt werden konnte; ersteres trifft beispielsweise auf die Studienrichtung Kunststofftechnik zu. Für alle Fachrichtungen bieten Lehrveranstaltungen von in der Wirtschaft Tätigen die Möglichkeit einer praxisnahen Ausrichtung der Lehre.

Von den mehr als 100 in den vergangenen drei Jahrzehnten an der Montanuniversität tätig gewesenen bzw. noch tätigen Lehrbeauftragten aus der Wirtschaft haben sich
- ➤ 15 habilitiert,
- ➤ 13 erhielten den Titel eines a.o. Universitätsprofessors, und
- ➤ 14 wurden zu Honorarprofessoren der Montanuniversität ernannt.

Diplomarbeiten sind ein Teil der Zweiten Diplomprüfung und damit der Prüfungen zum Studienabschluß. Viele dieser Arbeiten werden im Bergbau bzw. in der jeweils einschlägigen Industrie erstellt. Das gleiche gilt für die Prüfungsarbeiten (Praktikanten- und Meldearbeiten), die in einigen Studienrichtungen als Ferialarbeiten vorgeschrieben sind.

In den Diplomprüfungskommissionen sind Fachleute aus der Wirtschaft als Prüfungskommissäre tätig, um beim Abschluß des Studiums den Wissensstand der Absolventen zu erfahren, teilweise auch, um mit ihren Prüfungsfragen die Kandidaten zu testen.

Weiterbildungsveranstaltungen werden an der Montanuniversität von einzelnen Instituten durchgeführt, so z.B. vom Institut für Lagerstättenphysik und -technik sowie vom Institut für Wirtschafts- und Betriebswissenschaften; teilweise wirken Professoren und Assistenten der Montanuniversität auch an verschiedenen Weiterbildungsinstitutionen als Lehrende mit, so beispielsweise an der Österreichischen Akademie für Führungskräfte in Graz. Weiterbildungsveranstaltungen bieten den Kursteilnehmern die Möglichkeit, Hochschulwissen kennenzulernen und für ihre praktische Tätigkeit zu nutzen. Die Lehrenden müssen die Lehrveranstaltungen der

Weiterbildung in Inhalt und Darstellung den Bedürfnissen der Praxis anpassen und damit „praxisnah" gestalten. Damit wird auch die Ausbildung der Studenten in einem gewissen Maß praxisnäher ausgerichtet.

Bei vielen Instituten reichen allerdings die personellen und sachlichen Ressourcen nicht aus, um eigenständige Weiterbildungsveranstaltungen anbieten zu können. In diesen Fällen bedienen sich die Institute daher vielfach der Infrastruktur und Kapazität der mit ihnen verbundenen technisch-wissenschaftlichen Vereine. Die diesbezügliche Zusammenarbeit bei der Veranstaltung von Tagungen, Kolloquien, Seminaren und Exkursionen, seien sie regelmäßig oder fallweise, stellt daher auch eine spezifische Eigenart der Montanuniversität dar. Zu den regelmäßigen Tagungen gehören vor allem die mit den jährlichen Hauptversammlungen der verschiedenen Verbände verbundenen Vortragsveranstaltungen, darunter neben dem „Bergbautag" und dem „Eisenhüttentag" auch die „Gießereitagung". Sie werden von jeweils mehreren hundert Teilnehmern besucht. An dieser Stelle möge auch auf die internationalen Großveranstaltungen der in Leoben beheimateten Internationalen Leichtmetalltagungen hingewiesen werden, deren letzte 1975, 1981 und 1987 abgehalten wurden. Eine Zusammenstellung verschiedener Vortragsveranstaltungen an der Montanuniversität Leoben in den Jahren 1979 bis 1989 vermittelt die Tabelle 1.

Die KOOPERATION der Montanuniversität mit Bergbau und Industrie AUF DEM GEBIET DER FORSCHUNG zeigt sich in vielen Forschungsarbeiten und Dissertationen, die von Angehörigen der Montanuniversität und der Wirtschaft gemeinsam erstellt werden. Eine Umfrage für die Jahre 1970 bis 1988 ergab eine Zahl von 1133 Forschungsarbeiten, die in der genannten Zeit in Kooperation mit der Wirtschaft bzw. für diese angefertigt worden sind. Nach einer ähnlichen Umfrage aus dem November 1983 arbeitete zu diesem Zeitpunkt ein Äquivalent von 54 wissenschaftlichen und nichtwissenschaftlichen Mitarbeitern der Universität zur Gänze an kooperativen Forschungs- und Entwicklungsarbeiten mit der Industrie. Das entspricht mehr als einem Viertel des Personalstandes der Universitätsinstitute von 195 Personen (ohne Sekretariate) oder fast 20 % des gesamten Personalstandes der Montanuniversi-

**Tabelle 1:**
**Vortragsveranstaltungen, Seminare, Kolloquien und Tagungen in Leoben, 1979 bis 1989.**

| | **1979** |
|---|---|
| März | Elektrotechnik-Tagung |
| | „Pulvermetallurgie", Fachtagung der ‚Eisenhütte Österreich' |
| | 7. Verformungskundliches Kolloquium |
| | Informationstagung der Montanuniversität |
| April | Gießereitagung |
| Mai | Österreichischer Bergbautag |
| | Österreichischer Eisenhüttentag |
| Juni | Zahlentheorie-Tagung |
| September | Österreichisches Mathematikertreffen |
| | „Anlagentechnik", Fachtagung der ‚Eisenhütte Österreich' |
| Oktober | 2. Arbeitstagung „Rohstofforschung – Rohstoffsicherung, Bund – Bundesländerkooperation" des ‚Bundesministeriums für Handel, Gewerbe und Industrie' |
| | „Betriebswirtschaft", Fachtagung der ‚Eisenhütte Österreich' |

| | |
|---|---|
| November | Herbsttagung des ‚Bergmännischen Verbandes Österreichs' gemeinsam mit dem ‚Verband Leobener Kunststofftechniker': „Kunststoffe im Bergbau und Tunnelbau" |
| | „Symposium über Fragen der Rohstoffpolitik in Österreich" der ‚Sektion Oberste Bergbehörde/Energie' des ‚Bundesministeriums für Handel, Gewerbe und Industrie' |
| | Vortragsveranstaltung des Institutes für Gesteinshüttenkunde |

## 1980

| | |
|---|---|
| Jänner | Erdölseminar „Blowoutverhütung" |
| März | „Der verstreckte Zustand der Polymeren", gemeinsame Tagung der ‚Deutschen Physikalischen Gesellschaft', Fachausschuß „Physik der Hochpolymeren" und der ‚Österr. Physikalischen Gesellschaft', Arbeitskreis „Physik der Hochpolymeren" |
| April | Österreichischer Eisenhüttentag und Internationale Tagung „Energy-conscious Iron- and Steelmaking" |
| Mai | Gießereitagung |
| | Wirtschafts- und Betriebswissenschaften: „EDV und Betriebswirtschaft" |
| | „Konstruieren mit Computern", Fachtagung der ‚Eisenhütte Österreich' |
| | „Quantitative Metallographie", Fachtagung der ‚Eisenhütte Österreich' |
| Oktober | Regionalkonferenz Obersteiermark |
| | Kolloquium „Verformung und Bruch" der ‚Gesellschaft zur Förderung der Metallforschung' und des ‚Erich Schmid Institutes für Festkörperphysik' der ÖAW |
| | Kommission 3 der Internationalen Gesellschaft für Markscheidewesen |
| | Symposium „Energierohstoffe im Alpen-Adria-Raum" |
| November | 6. Tagebau- und Steinbruchkolloquium des ‚Bergmännischen Verbandes Österreichs' |
| | Aufbereitungstechnisches Kolloquium des ‚Bergmännischen Verbandes Österreichs' aus Anlaß des 50-jährigen Bestehens des Institutes für Aufbereitung und Veredlung |
| | „Schwingfestigkeitsforschung", Fachtagung der ‚Eisenhütte Österreich' |
| | Podiumsdiskussion über „Die Zusammenarbeit in der Forschung zwischen Industrie, Hochschulen und anderen Forschungseinrichtungen des öffentlichen Bereichs" |
| | Informationstagung „Perspektiven für Kohle in Österrreich" |

## 1981

| | |
|---|---|
| Mai | Kombinatorik-Kolloquium |
| | Österreichischer Bergbautag |
| | Österreichischer Eisenhüttentag |
| | Seminar über „Spritzgießen" |
| Juni | Erdöltagung |
| | 7. Internationale Leichtmetalltagung |
| September | „Legierungselemente für die Stahlherstellung", Fachtagung der ‚Eisenhütte Österreich' |
| | „Energieeinsparungen bei Wärmöfen in Walzwerken und Schmiedebetrieben", Fachtagung der ‚Eisenhütte Österreich' |
| November | Herbsttagung des ‚Bergmännischen Verbandes Österreichs': „Vortriebstechnik und verwandte Gebiete", „Kohlengewinnung" |

## 1982

| | |
|---|---|
| Mai | Gießereitagung |
| | Österreichischer Eisenhüttentag |

| | |
|---|---|
| Juni | Jubiläumssitzung (50.) des Fachausschusses für Markscheidewesen des ‚Steinkohlenbergbauvereins Essen' |
| September | Tagung der European Group on Fracture: „Structure and Fracture" |
| Oktober | Kunststoff-Forschung, Tagung und Ausstellung |
| | 6. Internationale Metallographietagung |
| | Erdölseminar „Blowoutverhütung" |
| November | Herbsttagung des ‚Bergmännischen Verbandes Österreichs': „Elektrotechnik im Bergbau unter Tage", „Rohstoffforschung – Rohstoffsicherung in Österreich" |
| | 6. Leobener Kunststoffkolloquium „Spritzgießen und Spritzprägen" |
| Dezember | Seminar „Auslegung von Gurtförderern mit Horizontalkurven" |
| | „Maßnahmen zur Verbesserung des Nutzgrades von Walzstraßen", Fachtagung der ‚Eisenhütte Österreich' |

## 1983

| | |
|---|---|
| Februar | Seminar „Auslegung von Gurtförderern mit Horizontalkurven" |
| April | Alpengravimetrie-Kolloquium |
| | Symposium „20 Jahre Institut für Wirtschafts- und Betriebswissenschaften" |
| | Gießereitagung |
| | Erdölseminar „Blowoutverhütung" |
| Mai | Österreichischer Bergbautag |
| | Österreichischer Eisenhüttentag |
| August | Kommission 3 der ‚Internationalen Gesellschaft für Markscheidewesen' |
| Oktober | Herbsttagung der ‚Österreichischen Physikalischen Gesellschaft' |
| | Erdöltagung |
| November | Aufbereitungstechnisches Kolloquium des ‚Bergmännischen Verbandes Österreichs' |
| | Seminar über „Spritzgießen von Thermoplasten" |
| Dezember | „Spurenelemente in Stählen, Bestimmungsmöglichkeiten, Beeinflussung und Auswirkungen", Fachtagung der ‚Eisenhütte Österreich' |

## 1984

| | |
|---|---|
| März | „Zerstörungsfreie Werkstoffprüfung", Fachtagung der ‚Eisenhütte Österreich' |
| | Erdölkolloquium |
| April | Gießereitagung |
| Mai | Österreichischer Bergbautag |
| | Österreichischer Eisenhüttentag |
| Juni | Kunststofftechnisches Symposium zu Ehren von Prof. Dr. W. Knappe |
| September | Jahrestagung der ‚Österreichischen Physikalischen Gesellschaft' |
| Oktober | Geologie-Tagung |
| | Technova |
| | „Pulvermetallurgie", Fachtagung der ‚Eisenhütte Österreich' |
| November | Markscheiderisches Kolloquium des ‚Bergmännischen Verbandes Österreichs' |
| | Kolloquium „80 Jahre Institut für Markscheide- und Bergschadenkunde" |
| | Symposium „Die Montanuniversität als Partner der Industrie" |
| Dezember | Jubiläumskolloquium des Institutes für Bergbaukunde über „Ziele und Wege des Bergbaustudiums" gemeinsam mit dem ‚Bergmännischen Verband Österreichs', der ‚Sektion VI, Oberste Bergbehörde – Roh- und Grundstoffe', des ‚Bundesministeriums für Handel, Gewerbe und Industrie' sowie dem ‚Fachverband der Bergwerke und Eisen erzeugenden Industrie' |
| | Vortragsreihe „Physikalische Chemie im Montanwesen" |

### 1985

| | |
|---|---|
| Jänner | Erdölseminar „Erdölfördertechnik" |
| Februar | 12. Verformungskundliches Kolloquium „100 Jahre Nahtlosrohr" |
| Mai | Österreichischer Eisenhüttentag |
| | Fachtagung „Qualitätssicherung und Meßtechnik in der Kunststoffverarbeitung", Frühjahrstagung des ‚Verbandes Leobener Kunststofftechniker' |
| Juli | Erdölseminar „Blowoutverhütung" |
| Oktober | Sitzung des Schulausschusses des ‚Vereins Deutscher Eisenhüttenleute' |
| | 1. Gesteinshüttenkolloquium |
| November | 7. Leobener Kunststoffkolloquium „Marktorientierte Unternehmensführung und effiziente Produktentwicklung – das Erfolgspotential der Kunststoffindustrie" |
| | Herbsttagung des ‚Bergmännischen Verbandes Österreichs' gemeinsam mit der ‚Eisenhütte Österreich': „Instandhaltung – permanente Herausforderung für das Management" |
| | „Wasserstoff in Stahl und in Schweißnähten", Fachtagung der ‚Eisenhütte Österreich' |

### 1986

| | |
|---|---|
| Jänner | Arbeitsrechtliches Seminar des ‚Bergmännischen Verbandes Österreichs' gemeinsam mit dem ‚Fachverband der Bergwerke und Eisen erzeugenden Industrie' |
| April | Gießereitagung |
| Mai | Österreichischer Eisenhüttentag |
| | Seminar „Neue Technologien im Werkzeug- und Formenbau" |
| | Österreichischer Bergbautag |
| Juni | Jahrestagung des ‚Verbandes Leobener Kunststofftechniker': „10 Jahre VLK" |
| September | GAMM Seminar „Diskretisierende Methoden bei thermomechanischen Deformationen" |
| Oktober | 7. Internationale Metallographie-Tagung |
| | Erdöltagung |
| | Tagung der ‚Gesellschaft Deutscher Metallhütten- und Bergleute, Bezirksgruppe Süd'; Thema: „Eisen" |
| | 2. Gesteinshüttenkolloquium |
| November | Herbsttagung des ‚Bergmännischen Verbandes Österreichs': „Probleme des Bergwassers für den Untertage-Hohlraumbau" |
| | 7. Kolloquium zu Fragen des Tagebau- und Steinbruchbetriebes des ‚Bergmännischen Verbandes Österreichs' |

### 1987

| | |
|---|---|
| April | Gießereitagung |
| Mai | „Kleinbergbau", Vortragsveranstaltung des ‚Bergmännischen Verbandes Österreichs' |
| Juni | Jahrestagung des ‚Verbandes Leobener Kunststofftechniker': „Rechnergestützte Kunststoffverarbeitung und -konstruktion" |
| | Österreichischer Eisenhüttentag |
| | 8. Internationale Leichtmetalltagung |
| August | Kommission 5 der ‚Internationalen Gesellschaft für Markscheidewesen' |

| | |
|---|---|
| September | Leobener Bergmannstag 1987: „Der Bergbau im Strukturwandel der Anforderungen von Wirtschaft, Umwelt und Technik – Tendenzen von Forschung, Entwicklung und Betrieb", Veranstaltung der ‚Montanuniversität Leoben', der ‚Obersten Bergbehörde', des ‚Fachverbandes der Bergwerke und Eisen erzeugenden Industrie', des ‚Fachverbandes der Erdölindustrie', des ‚Fachverbandes der Stein- und keramischen Industrie' sowie des ‚Bergmännischen Verbandes Österreichs' |
| Oktober | 3. Gesteinshüttenkolloquium |
| November | Symposium über Lagerstättenphysik |
| | 8. Leobener Kunststoffkolloquium „Chemische Aspekte der Kunststofftechnik" |
| | Präsentation der Ergebnisse der Studie „Umweltbelastung durch kleine Einzelfeuerungen für feste Brennstoffe", mit dem ‚Landesenergieverein Steiermark' |

## 1988

| | |
|---|---|
| Jänner | Eisenhüttenkolloquium |
| März | Seminar „Die Bedeutung des Bergbaues für Südamerika" der Institute für Bergbaukunde und für Geowissenschaften sowie des ‚Österreichischen Lateinamerika Institutes' |
| April | Eröffnungsveranstaltung des Technologietransferzentrums |
| Mai | Podiumsdiskussion „EG als Chance für die Obersteiermark" |
| | Österreichischer Eisenhüttentag |
| | Technologie Transfer Zentrum (TTZ) – „Moderne Verfahren der Oberflächentechnik" |
| | Jahrestagung des ‚Verbandes Leobener Kunststofftechniker': „Entwicklungstendenzen bei Kunststoff-Rohstoffen und Formteilherstellung" |
| | Fachausschuß für metallhüttenmännische Aus- und Weiterbildung der ‚Gesellschaft Deutscher Metallhütten- und Bergleute' |
| Juni | Tagung der ‚Eisenhütte Österreich' |
| Oktober | „25 Jahre Institut für Wirtschafts- und Betriebswissenschaften" |
| | 4. Gesteinshüttenkolloquium |
| November | 8. Kolloquium zu Fragen des Tagbau- und Steinbruchbetriebes des ‚Bergmännischen Verbandes Österreichs' |
| | Technologie Transfer Zentrum (TTZ) – „Das Luftreinhaltegesetz für Kesselanlagen – LRG-K" |

## 1989

| | |
|---|---|
| Februar | „Minerallagerstätten" – 79. Jahrestagung der ‚Geologischen Vereinigung e.V.' |
| März | Fachausschuß Sondermetalle der ‚Gesellschaft Deutscher Metallhütten- und Bergleute' |
| April | Österreichischer Bergbautag |
| | Seminar des Technologie Transfer Zentrums (TTZ): „Umweltschutz in der Industriegesellschaft" |
| Mai | Österreichischer Eisenhüttentag |
| | Tagung „Gefüge und Bruch" |
| | Kommission 4 der ‚Internationalen Gesellschaft für Markscheidewesen' |
| Juni | 9. Leobener Kunststoffkolloquium anläßlich der Emeritierung von Prof. Koppelmann über „Forschungs- und Entwicklungstendenzen zur Qualitätsverbesserung von Formmassen und Finalprodukten aus Kunststoffen" |
| September | Seminar „Kunststoffverarbeitung" |
| Oktober | Herbsttagung der ‚Österreichischen Gesellschaft für Erdölwissenschaften' |
| | 5. Gesteinshüttenkolloquium |

| November | Tagung der ‚Gesellschaft Deutscher Metallhütten- und Bergleute' |
| --- | --- |
| | Herbsttagung des ‚Bergmännischen Verbandes Österreichs': „Meß- und Automatisierungstechnik im Bergbau" |
| | Seminar des Außeninstitutes „Kooperation von Wissenschaft und Wirtschaft unter dem Aspekt der Teilrechtsfähigkeit universitärer Einrichtungen" |
| | Seminar „Zu volkswirtschaftlichen Einflüssen des Bergbaus in Südamerika" der Institute für Bergbaukunde und für Geowissenschaften sowie des ‚Österreichischen Lateinamerika Institutes' |
| | Seminar „CIM/CAI-Integration in der Fabrik", Institut für Elektrotechnik und Fa. Siemens |

tät von 290 Personen. Dabei ist die Mitwirkung von Universitätsangehörigen in den zahlreichen Fachausschüssen der technisch-wissenschaftlichen Vereine nicht mit einbezogen. In diesen Ausschüssen werden Fachfragen gemeinsam von Vertretern von Wissenschaft und Praxis bearbeitet.

Als Beispiele für größere kooperative Forschungsarbeiten, die im vergangenen Jahrzehnt abgeschlossen wurden, mögen die seinerzeitigen Forschungsschwerpunkte der Österreichischen Rektorenkonferenz „Eisenwerkstoffe – Zähigkeit und Wechselfestigkeit von Werkzeugstählen und deren Beeinflußung durch Herstellungsbedingungen" sowie „Forschungen zur Erschließung und Nutzung von Lagerstätten in Österreich" genannt sein, an denen jeweils eine größere Zahl von Wissenschaftlern der Montanuniversität beteiligt war. Noch länger zurückliegend aber grundlegend war die Mitarbeit der seinerzeitigen Hauptkommission für Geowissenschaften, Rohstoffgewinnung und Geotechnik des Professorenkollegiums bei den Vorbereitungen des Bundesministeriums für Handel, Gewerbe und Industrie und des Nationalrates für das Berggesetz 1975.

Bild 2: 4. Internationale Leichtmetalltagung, Juni 1961. Aluminiumzelt mit einer Höhe von 12.5 m für die Ausstellung auf den Gründen des ehemaligen Studentenheimes bzw. der heutigen neuen Institutsgebäude. FOTO PFOHL, Leoben.

In der Tabelle 2 sind Prüfungsarbeiten (Meldearbeiten), Diplomarbeiten und Dissertationen nach einer jüngsten Umfrage angeführt, die in den Jahren 1970–1989 in Unternehmen der Wirtschaft oder in Kooperation mit solchen Unternehmen ausgeführt wurden. Die Tabelle enthält weiterhin die Anzahl der Lehrbeauftragen aus der Wirtschaft an den einzelnen Instituten. Neben den in der Tabelle genannten Instituten sind als besondere Universitätseinrichtungen ein nur der Forschung gewidmetes Institut und das Außeninstitut zu nennen.

Das Forschungsinstitut für Geo-Datenerfassung und -Systemanalyse entstand 1988 als eine Umwandlung des 1979 nach § 93 UOG gegründeten Rohstoffforschungsinstituts. In den drei Arbeitsgruppen Fernerkundung, Petrophysik sowie Geo-Systemanalyse und Bereich Organisation werden mit Drittmitteln Forschungsarbeiten durchgeführt. Für die Arbeitsgruppen Fernerkundung und Geosystemanalyse besteht eine gemeinsame Nutzung von Ressourcen mit dem Institut für Umwelt-Informatik der Forschungsgesellschaft Joanneum in Graz. Das Sachprogramm Geo-Informatik wird hier in den Spezialgebieten der Geo-Chemometrie, der Sediment- und Hydrogeologie und des Einsatzes geographischer Informationssysteme bearbeitet. Die Forschungsaufgaben werden zu drei Viertel von öffentlichen Institutionen und zu einem Viertel von der Grundstoffindustrie beauftragt und gefördert. Die Forschungser-

Tabelle 2: Prüfungsarbeiten (nur in einigen Studienrichtungen vorgesehen) und Diplomarbeiten für den Zeitraum von 1970 bis 1988. Dissertationen an der Montanuniversität in Verbindung mit der Industrie oder Wirtschaft für den Zeitraum von 1970 bis 1989. Stand der Lehrbeauftragten aus der Industrie im Studienjahr 1989/90.

| INSTITUT (ABTEILUNG, ORDINARIAT) | PRÜFUNGS-ARBEITEN | DIPLOM-ARBEITEN | DISSERTATIONEN mit der Industrie | | gesamt | LEHRBE-AUF-TRAGTE |
|---|---|---|---|---|---|---|
| Allgemeiner Maschinenbau | - | 6 | 1 | von | 2 | 3 |
| Aufbereitung und Veredelung | 20 | 5 | 1 | von | 5 | 1 |
| Bergbaukunde | 417 | 52 | 6 | von | 14 | 17 |
| Bergbaukunde (Tagebautechnik) | - | 32 | 1 | von | 1 | - |
| Chemie (Allgemeine u. Analytische Chemie) | - | 2 | 3 | von | 9 | - |
| Chemie (Physikalische Chemie und Theoretische Hüttenkunde) | - | 1 | 2 | von | 10 | 1 |
| Chemische u. Physikalische Technologie der Kunststoffe (Werkstoffkunde und -prüfung der Kunststoffe) | 29 | 44 | 2 | von | 2 | 8 |
| Chem. u. Phys. Technologie der Kunststoffe (Chemie der Kunststoffe) | 14 | 17 | 5 | von | 7 | - |
| Eisenhüttenkunde | - | 36 | 21 | von | 33 | 7 |
| Elektrotechnik | - | 3 | 2 | von | 2 | 1 |
| Fördertechnik u. Konstruktionslehre | - | 29 | 4 | von | 4 | 2 |
| Geomechanik, Tunnelbau u. Konstruktiver Tiefbau | - | 49 | 5 | von | 10 | - |
| Geowissenschaften (Geologie und Lagerstättenlehre) | 180 | 57 | 8 | von | 14 | - |
| Geowissenschaften (Geologie und Lagerstättenkunde) | - | 3 | - | | | - |
| Geowissenschaften (Mineralogie und Petrologie) | - | 5 | 4 | von | 14 | - |
| Geowissenschaften (Prospektion und Lagerstättenerschließung) | - | 17 | 0 | von | 5 | 2 |
| Geophysik | 15 | 60 | 6 | von | 8 | 2 |
| Geophysik (Angewandte Geophysik und Paläomagnetik) | 4 | 7 | 0 | von | 6 | - |
| Gesteinshüttenkunde und feuerfeste Baustoffe | 32 | 46 | 10 | von | 16 | 4 |
| Gießereikunde | - | 21 | 5 | von | 9 | 1 |
| Kunststoffverarbeitung | 26 | 50 | 5 | von | 6 | 5 |
| Lagerstättenphysik und -technik | - | 46 | 6 | von | 9 | 3 |
| Mathematik und Angewandte Geometrie (Angewandte Geometrie) | - | - | - | | | - |
| Mathematik u. Angewandte Geometrie (Mathematik u. Mathem. Statistik) | - | - | 0 | von | 1 | - |

| INSTITUT (ABTEILUNG, ORDINARIAT) | PRÜFUNGS-ARBEITEN | DIPLOM-ARBEITEN | DISSERTATIONEN mit der Industrie | | DISSERTATIONEN gesamt | LEHRBE-AUF-TRAGTE |
|---|---|---|---|---|---|---|
| Mathematik u. Angewandte Geometrie (Angewandte Mathematik) | - | 2 | - | | | 1 |
| Markscheide- und Bergschadenkunde | 18 | 13 | 2 | von | 5 | 3 |
| Mechanik | 1 | 5 | 0 | von | 5 | 1 |
| Metallkunde und Werkstoffprüfung | - | 75 | 25 | von | 38 | 6 |
| Metallkunde und Werkstoffprüfung (Werkstoffprüfung) | - | 21 | 5 | von | 6 | - |
| Metallphysik | - | - | 0 | von | 14 | 1 |
| Physik | - | 8 | 1 | von | 7 | 6 |
| Physik (Angewandte Physik) | - | 6 | 2 | von | 3 | - |
| Technologie und Hüttenkunde der Nichteisenmetalle | - | 6 | 3 | von | 8 | 2 |
| Tiefbohrtechnik und Erdölgewinnung | 584 | 122 | 0 | von | 8 | 7 |
| Verformungskunde und Hüttenmaschinen | - | 12 | 16 | von | 24 | 2 |
| Wärmetechnik, Industrieofenbau und Energiewirtschaft | - | 25 | 18 | von | 18 | 1 |
| Wirtschafts- und Betriebswissenschaften | - | 86 | 39 | von | 42 | 11 |
| SUMME | 1340 | 969 | 208 | von | 365 | 98 |

gebnisse bilden zu bestimmten Teilen Grundlagen für Fragen der Umweltökonomie und finden damit mittelbar Eingang in die Lehre an der Montanuniversität. 2 Dissertationen und 26 Forschungsarbeiten wurden seit 1981 an diesem Institut erstellt.

1986 wurde das Außeninstitut der Montanuniversität als besondere Universitätseinrichtung nach § 83 UOG errichtet und in die Arbeitsgemeinschaft „Technologietransferzentrum" (TTZ) eingebracht. Die übrigen Partner des TTZ sind das Regionalbüro des Bundes für die Obersteiermark, das Österreichische Forschungszentrum Seibersdorf und das Steiermärkische Technologieberatungszentrum Technova. In dieser Arbeitsgemeinschaft wird, finanziert durch Bundes- und Landesregierung, das gesamte Leistungsspektrum der Montanuniversität zusammen mit den Möglichkeiten der anderen Partner zum Nutzen des Gewerbes und der Industrie angeboten, um zu helfen, moderne Technologien zu vermitteln.

Es soll eine Brücke geschlagen werden zwischen den Forschungsergebnissen und ihrer Anwendung in der Praxis zur Herstellung neuer marktorientierter Produkte und zur Entwicklung von neuen Verfahren. Dabei sollen Partner für Entwicklungsarbeiten zusammengeführt werden, wobei die Institute der Montanuniversität als Partner eingebunden werden. Interessierte Firmen und Einzelpersonen sollen hierbei insbesondere auf den Gebieten der Entwicklung, Gewinnung und Optimierung von Werkstoffen, der Verfahrenstechnik und deren Optimierung sowie der Automationskonzepte beraten werden. Außerdem erfolgen Wissenschaftsvermittlungen in den Grundlagenfächern und auf Gebieten der Prospektion, Gewinnung und Aufbereitung von Rohstoffen sowie der Betriebswissenschaften. Auch über die Bibliothek der Montanuniversität und deren Zugang zu bedeutenden Datenbanken sollen den Interessenten Informationen zugänglich gemacht werden.

Die Zusammenarbeit der Montanuniversität mit technisch-wissenschaftlichen Vereinen hat eine lange Tradition. Hierbei sind der 1850 unter der Präsidentschaft von Erzherzog Johann ins Leben gerufene „Geognostisch-montanistische Verein für Steiermark" ebenso zu nennen wie die zu Pfingsten 1864 in Leoben auf Initiative Peter Tunners abgehaltene „Erste Versammlung innerösterreichischer Berg- und Hüttenleute und ihrer Fachverwandten" und die sich daran anschließenden Vereinsgründungen. Auch die 1922 gegründete „Gesellschaft von Freunden der Leobener Hochschule" war bis zum Zweiten Weltkrieg ein Forum der Zusammenarbeit auf dem Gebiet des Berg- und Hüttenwesens. Sie führte u.a. regelmäßig Vortrags- und spezielle Weiterbildungsveranstaltungen mit Referenten aus der Hochschule und der Wirtschaft durch und widmete einen Teil ihrer Mittel für Forschungsarbeiten an der Hochschule. Heute wirken insbesondere: der Bergmännische Verband Österreichs, die Eisenhütte Österreich, die Österreichische Gesellschaft für Erdölwissenschaften, die Österreichische Gesellschaft für Gesteinshüttenwesen, der Verband Leobener Kunststofftechniker, der Verein der Leobener Werkstoffwissenschafter und der Verein österreichischer Gießereifachleute. Diese technisch-wissenschaftlichen Vereine haben teilweise auch ihren administrativen Sitz an der Montanuniversität; Mitglieder sind Einzelpersonen aus der Wirtschaft und der Montanuniversität sowie Unternehmen. Nicht zuletzt ist im vorstehenden Zusammenhang auch der Montanhistorische Verein für Österreich anzuführen. Nachstehend soll beispielhaft auf die beiden ältesten technisch-wissenschaftlichen Vereine, auf den Bergmännischen Verband Österreichs und die Eisenhütte Österreich, etwas näher eingegangen werden.

DER BERGMÄNNISCHE VERBAND ÖSTERREICHS geht auf den 1950 gegründeten „Verband der Bergingenieure Leoben" zurück, der 1952 den Namen „Verband der Bergingenieure Österreichs" erhielt. Die Hauptversammlung 1963 beschloß eine neue Satzung, welche die technisch-wissenschaftliche Zielsetzung nach dem Muster der Eisenhütte Österreich in den Vordergrund stellte und dem Verein den Namen „Bergmännischer Verband Österreichs" gab. Nach dieser Satzung hat der Verband „den Zweck, das österreichische Bergwesen und die mit ihm verbundenen Wirtschaftszweige auf wissenschaftlichem, technischem und wirtschaftlichem Gebiet in gemeinnütziger Weise zu fördern". Dies soll unter anderem durch die Veranstaltung von Fachtagungen, die Tätigkeit von Fachausschüssen, die Herausgabe eines eigenen Schrifttums, die Förderung von Lehre und Forschung und den Gedankenaustausch von Fachleuten des In- und Auslandes geschehen.

Seit der Zusammenkunft des Präponentenkomitees für die Gründung des Verbandes im Jahre 1949 waren Angehörige der Hochschule maßgeblich an den Aktivitäten des Vereines beteiligt, zusammen mit Personen aus den Bergbauunternehmen und aus der Bergbehörde. Nach einer bewährten Übung stellen daher auch die genannten drei Personengruppen in einem aufeinander folgenden Wechsel den Präsidenten des Verbandes, dessen Funktionsdauer sich auf 2 Jahre beläuft. Der relativ große Vorstand des Verbandes umfaßt de facto alle einschlägigen Vorstandsmitglieder der Rohstoffe produzierenden Unternehmen, die Leiter der Bergbehörden und die zum Fach zählenden Universitätsprofessoren. Den Vorsitz im Exekutivorgan, dem Vorstandsausschuß, hat der Ordinarius für Bergbaukunde inne. Der Vorstandsausschuß ist gleichzeitig das Österreichische Nationalkomitee für die Weltbergbaukongresse, wobei er unter dem unmittelbaren Vorsitz des Präsidenten steht. Von den rund 850 Mitgliedern des Verbandes entfallen 50 auf Unternehmen des Bergbaus und der Zulieferindustrie, 800 sind Einzelpersonen, darunter 60 Studenten der höheren Semester.

Ein großer Teil der vom Verband gepflogenen Zusammenarbeit zwischen Wissenschaft und Praxis spielt sich in den Fachausschüssen ab, denen je etwa 15 bis 20 Personen angehören. Derzeit bestehen Fachausschüsse für Lagerstättenforschung, für Tagebau- und Steinbruchtechnik, für Vortriebstechnik, für Kohlengewinnung, für Aufbereitung, für Markscheidewesen und Bergschäden, sowie – gemeinsam mit der Eisenhütte Österreich – für Betriebswirtschaft. Teilweise haben die Gremien noch Unteraus-

Bild 3: Teilnehmer des Bergmannstages 1987 auf dem Leobener Hauptplatz. FOTO RADERBAUER Leoben.

schüsse eingerichtet, sodaß insgesamt weit über 100 Personen an den Arbeiten der Ausschüsse beteiligt sind. Der seinerzeit gegründete Fachausschuß für Bergbaugeschichte ist zum Ausgangspunkt für die Entstehung des Montanhistorischen Vereins für Österreich geworden und konnte daher sistiert werden.

Einen weiteren wesentlichen Pfeiler der Zusammenarbeit bilden die Tagungen. Als erste in einer großen Reihe seit 1945 ist die 1950 in Leoben abgehaltene „Vortragstagung über Gebirgsdruckfragen im Berg- und Tunnelbau" zu nennen, die gleichzeitig die erste international ausgerichtete Gebirgsdrucktagung nach dem Kriege in Europa war. Im Jahre 1952 folgte eine Tagung über „Grubensicherheit und Grubenausbau". Auch das Kolloquium „Spritzbeton als Streckenausbau" des Jahres 1960, das mit an der Wiege der Neuen Österreichischen Tunnelbauweise (NÖT) stand, ist hier anzuführen.

Seit der Umwandlung des Verbandes im Jahre 1963 finden jährlich die Österreichischen Bergbautage im Wechsel zwischen Leoben und einer anderen Stadt des Bundesgebietes statt sowie zumindest eine Herbstveranstaltung in Leoben. Die 10 bis 15 Vorträge der Bergbautage bieten bewußt ein breites fachliches Spektrum an, die Herbstveranstaltungen sind dagegen jeweils einem Sonderthema gewidmet. Zusätzlich wurden seit 1965 bisher acht „Kolloquien über Fragen des Tagebau- und Steinbruchbetriebes" veranstaltet, sowie 1972 das „Internationale Rittinger Symposium". (Franz Ritter von Rittinger, Absolvent der Bergakademie Schemnitz, war Verfasser eines grundlegenden Lehrbuches der Aufbereitungskunde sowie Erfinder wesentlicher aufbereitungstechnischer Einrichtungen, darunter der Waschtrommel und des Setzkastens, sowie insbesondere der Wärmepumpe und damit einer der international bedeutendsten österreichischen Montanisten. In seinen Funktionen als Sektionsrat und dann als Ministerialrat im Ministerium für Landeskultur und Bergwesen vertrat er auch lange Zeit den Staat als Aufsichtsbehörde der seinerzeitigen Bergakademie Leoben. Er verstarb im Jahre 1872.)

Von den Tagungen, bei denen Universität und Bergmännischer Verband zusammen arbeiteten, ist nicht zuletzt auf die großen, international und umfassend ausgerichteten „Leobener Bergmannstage" der Jahre 1962 und 1987 zu verweisen (Bild 3). Sie schlossen an die mit je 25 Jahren Abstand vorangegangenen Bergmannstage 1912 in Wien und 1937 (Bild 4) in Leoben an und sind die nach der Teilnehmerzahl bisher größten technisch-wissenschaftlichen Veranstaltungen am Ort der Montanuniversität. Die 100 Vorträge des Leobener Bergmannstages 1987 standen unter dem Leitwort „Der Bergbau im Strukturwandel der Anforderungen von Wirtschaft, Umwelt und Technik – Tendenzen von Forschung, Entwicklung und Betrieb". Das Thema wurde in 11 Themengruppen behandelt, deren Ausrichtung und Leitung bei den fachzuständigen Professoren der Montanuniversität lag. Die Vorträge konnten – ebenso wie seinerzeit diejenigen der Bergmannstage 1937 und 1962 – gemeinsam mit einem Tagungsbericht in einem eigenen Tagungsband unter dem Thema „Bergbau im Wandel" (Graz und Essen 1988) publiziert werden.

Der Verband hat bisher fünfzehnmal die 1957 von ihm gestiftete Miller von Hauenfels-Medaille für besondere Verdienste um das Bergwesen verliehen. Auf Initiative des Verbandes hin kam es 1965 aus Anlaß des 125-jährigen Bestehens der Montanistischen Hochschule zur Stiftung eines goldenen Ehrenringes, genannt Rektor-Platzer-Ring, für Absolventen, die ihr Diplom mit Auszeichnung erworben haben. Träger dieser Stiftung sind der Bergmännische Verband Österreichs und die Eisenhütte Österreich als Stiftungsurheber sowie die Österreichische Gesellschaft für Erdölwissenschaften und der Verband Leobener Kunststofftechniker. Die Übergabe an die Ausgezeichneten erfolgt durch den Rektor im Rahmen der Graduierungsfeier. Auf den Bergmännischen Verband entfielen bisher 76 Verleihungen.

Auch zur 150 Jahrfeier der Montanuniversität ist der Verband in ähnlicher Weise aktiv geworden. Er stiftet gemeinsam mit der Eisenhütte Österreich eine Wandbüste von Peter Tunner als Professor für Berg- und Hüttenkunde für einen Platz neben dem Eingang zum Auditorium Maximum; die Stiftung einer Büste von Erzherzog Johann für die andere Seite des Eingangs übernimmt die Gesellschaft von Freunden der Montanuniversität.

Die dargelegte Zusammenarbeit hat nicht zuletzt auch eine finanzielle Seite. Der Verband fördert in besonderen Fällen Projekte der Lehre und Forschung von Universitätsinstituten nach Maßgabe seiner Möglichkeiten auch durch Zuschüsse, insbesondere aus einer zu diesem Zweck eingerichteten Wissenschaftshilfe.

Die älteste der bestehenden technisch-wissenschaftlichen Vereinigungen an der Montanuniversität ist die EISENHÜTTE ÖSTERREICH. Sie wurde 1925 gegründet, um ein Forum für den Erfahrungsaustausch auf dem Gebiet des Hüttenwesens zu schaffen, und zur Vertiefung der Beziehungen zwischen Praxis, Unterricht und Forschung.

Bild 4: Briefbeschwerer als Andenken an den Bergmannstag 1937 in Leoben. FOTO WILKE Leoben.

An diesem Geschehen hatte der damalige Professor und Vorstand der Lehrkanzel für Eisenhüttenkunde an der Montanistischen Hochschule in Leoben, Dr.-Ing. Othmar von Keil-Eichenthurn, maßgeblichen Anteil. Zum ersten Vorsitzenden wurde Dipl.Ing. Dr.mont. h.c. Anton Apold, Generaldirektor der Österreichischen Alpine-Montan Gesellschaft, gewählt, als Stellvertreter und geschäftsführendes Vorstandsmitglied Keil-Eichenthurn. Diese ungeschriebene Regel, daß der Vorsitz durch die Industrie und die Geschäftsführung mit dem jeweiligen Professor für Eisenhüttenkunde zu besetzen ist, wurde im weiteren beibehalten und hat sich für die Zusammenarbeit Hochschule/Industrie bestens bewährt.

Der Verein wirkte durch Fachvorträge an der Hochschule mit Referenten aus der Industrie, durch regelmäßige Tagungen, oft gemeinsam mit der Gesellschaft von Freunden der Leobener Hochschule veranstaltet, durch Exkursionen und durch Gemeinschaftsarbeiten von Hochschulangehörigen und Ingenieuren aus der Industrie.

Von 1938 bis 1945 war, bedingt durch den Anschluß Österreichs an das Deutsche Reich, die „Eisenhütte Österreich" in den Verein Deutscher Eisenhüttenleute eingegliedert und als Zweigverein des VDEh unter der Bezeichnung „Eisenhütte Südost" geführt. 1950 ersteht die „Eisenhütte Österreich" in einer nochmaligen Gründungsversammlung wieder. Gleichzeitig wurden auch Fach- und Unterausschüsse konstituiert.

Der Zweck der „Eisenhütte Österreich" ist vor allem die Förderung von Maßnahmen zur Verbesserung der wissenschaftlichen, wirtschaftlichen und technischen Voraussetzungen für die Erzeugung, Verarbeitung und Verwendung von metallischen Werkstoffen sowie von feuerfesten Bau- und Werkstoffen. Weiters die Förderung der Zusammenarbeit der damit befaßten Industrie und Wissenschaft sowie die Vertretung und Wahrnehmung der Interessen der Mitgliedsfirmen und der persönlichen Mitglieder in den Bereichen Berufsausbildung, Weiterbildung und in Standesfragen.

Die „Eisenhütte Österreich" hat rund 1140 persönliche Mitglieder und 19 Firmenmitglieder.

Der Verein wirkt durch regelmäßige Vortragstagungen und Zusammenkünfte, in denen fachliche Erfahrungen ausgetauscht, neue Gedanken und Entwicklungen in den einschlägigen Gebieten erörtert und persönliche Beziehungen gepflegt werden. In Fachausschüssen bzw. Arbeitsgruppen wird wissenschaftliche Gemeinschaftsarbeit durchgeführt. Die Vortragstagungen und Zusammenkünfte sowie die Beratungen der Fachausschüsse finden mehrmals im Jahr, vorzugsweise in Leoben, statt. Jährlich wird der Eisenhüttentag durchgeführt mit Fachvorträgen und Exkursionen.

In allen Gremien, vom Vorstand bis zu den Fachausschüssen und deren Arbeitsgruppen, sind Angehörige der Montanuniversität vertreten. Die für Forschung und Lehre wichtigste Zusammenarbeit mit der Praxis und den dort tätigen Ingenieuren erfolgt in den 10 Fachausschüssen und 15 Unterausschüssen. In diesen arbeiten rund 300 Mitglieder der „Eisenhütte Österreich" an aktuellen technisch-wissenschaftlichen Aufgabenstellungen, darunter viele Professoren, Dozenten und Assistenten. Den Zielsetzungen des Vereines entsprechende Forschungsprojekte der Institute können durch die Wissenschaftshilfe unterstützt werden. In der Regel soll damit eine Dissertation verbunden sein, um den wissenschaftlichen Nachwuchs zu fördern. Seit Einrichtung der Wissenschaftshilfe im Jahre 1960 sind 50 Arbeiten durchgeführt und mit wenigen Ausnahmen auch mit einer Dissertation abgeschlossen worden.

Die „Eisenhütte Österreich" fördert auch durch eine Reihe von Preisen und Auszeichnungen hervorragende Leistungen auf dem Gebiet des Hüttenwesens und der Werkstoffwissenschaften. Neben dem schon erwähnten Rektor-Platzer-Ring für Absolventen, die ihr Diplom mit Auszeichnung erworben haben, sind zu nennen:

Der Hans-Malzacher-Preis für hervorragende Leistungen junger österreichischer Eisenhütteningenieure auf dem Gebiet der Wissenschaft und Praxis. Dieser Preis wurde seit 1972 dreizehnmal verliehen.

Der Franz-Leitner-Preis für hervorragende Leistungen österreichischer Diplomingenieure auf dem Gebiet des Schweißens von Eisenwerkstoffen. Träger dieser Stiftung sind die „Eisenhütte Österreich",

Bild 5: Vignette auf dem Umschlag der ersten Jahrgänge (1842 bis 1878) des von Peter Tunner begründeten „Jahrbuch für den inneösterreichischen Berg- und Hüttenmann", der heutigen Berg- und Hüttenmännischen Monatshefte.

die Geschäftsführung der Böhler Ges.m.b.H. und die Familie Leitner. Dieser Preis wurde seit 1978 dreimal verliehen.

Der Roland-Mitsche-Preis für besondere Leistungen und Verdienste auf dem Gebiet der Metallographie. Dieser Preis wurde seit 1984 dreimal verliehen. Stifter dieses Preises sind der Fachverband der Metallindustrie der Bundeskammer der Gewerblichen Wirtschaft (Wien), der technisch-wissenschaftliche Verein „Eisenhütte Österreich" und die Deutsche Gesellschaft für Metallkunde e.V.

Die Peter-Tunner-Medaille ist die höchste Auszeichnung des Vereines. Diese goldene Ehrenmünze wird an solche Männer verliehen, die im Geiste Peter Tunners durch Verbindung von Theorie und Praxis das Eisenhüttenwesen besonders gefördert haben. Seit 1955, dem 30jährigen Bestehen des Vereins, wurde die Peter-Tunner-Medaille an 12 verdiente Persönlichkeiten verliehen.

Einen sehr wesentlichen Bestandteil des Zusammenwirkens der Montanuniversität mit der Wirtschaft, insbesondere auf den klassischen Fachgebieten der Universität, stellen die „BHM – BERG- UND HÜTTENMÄNNISCHE MONATSHEFTE" dar. Sie erscheinen im Jahre 1990 im 135. Jahrgang und sind die einzige montanistische Fachzeitschrift Österreichs mit weit mehr als 2000 Beziehern in aller Welt (Bild 5). Sie bilden nicht nur das technisch-wissenschaftliche Organ der Montanuniversität, sondern auch des Bergmännischen Verbandes Österreichs, der Eisenhütte Österreich und des Fachverbandes der Bergwerke und Eisen erzeugenden Industrie. Entsprechend stellen sie auch das repräsentative Forum für die Publikation von Leistungen aus Forschung und Betrieb in Österreich dar. Als Herausgeber und für die Schriftleitung zeichnen Angehörige der Montanuniversität.

Zusammenstellungen darüber, auf welchen Gebieten von FORSCHUNG UND LEHRE die Zusammenarbeit der Montanuniversität mit der Wirtschaft weiter vertieft werden kann – sozusagen einschlägige Kataloge –, finden sich in drei, zum Teil umfangreichen Publikationen aus den Jahren 1983 bis 1985.

Zum ersten ist das „MEMORANDUM DER MONTANUNIVERSITÄT 1983 IM HINBLICK AUF INDUSTRIELLE STRUKTURPROBLEME VOR ALLEM IN DER OBERSTEIERMARK" zu nennen. Es versucht eine Antwort auf die Frage zu geben: Welche Beiträge kann die Montanuniversität Leoben durch Forschung und Lehre dazu leisten, industriell bedingte regionale Strukturprobleme abzubauen? Es stellt die dazu erhobenen Möglichkeiten und Voraussetzungen zur Diskussion. Das Memorandum besteht aus den vier Teilen: I. Kurzfassung, II. Allgemeiner Teil, III. Spezieller Teil, IV. Beilagen. Der Spezielle Teil gliedert sich in die Kapitel A) Rohstoffe und Energie, B) Werkstoffe, C) Fertigung und Fertigprodukte, D) Verfahrenstechnik und Recycling, E) Unternehmens- und Betriebsführung, F) Aus- und Weiterbildung, Informationstransfer.

Zum zweiten ist ein Katalog „KOOPERATION DER MONTANUNIVERSITÄT LEOBEN MIT INDUSTRIE UND WIRTSCHAFT, INSTITUTSBERICHTE, STAND OKTOBER 1984" anzuführen. Er stellt die Forschungsschwerpunkte und die Kooperationsbereiche der einzelnen Institute der Universität vor.

Die dritte Publikation ist die Dokumentation des Symposiums „DIE MONTANUNIVERSITÄT ALS PARTNER DER INDUSTRIE", das auf der Grundlage des Memorandums am 13. November 1984 mit mehr als 400 Teilnehmern aus Industrie, Wirtschaft, Behörden und Politik an der Universität stattfand. Je ein Heft enthält die Beiträge der Podiumssprecher sowie die Diskussion und die Arbeitsergebnisse der nachstehenden 8 Arbeitskreise: „Feste mineralische Rohstoffe", „Kohlenwasserstoffe", „Energie", „Anorganische Werkstoffe", „Kunststofftechnik", „Fertigung und Fertigprodukte", „Verarbeitung mineralischer Rohstoffe" und „Recycling". Ein neuntes Heft gibt die Plenarbeiträge anläßlich der Eröffnung des Symposiums und einen zusammenfassenden Ergebnisbericht wieder.

Ungeachtet der zweifellos vorhandenen Möglichkeiten einer weiteren Intensivierung ist die ZUSAMMENARBEIT DER MONTANUNIVERSITÄT MIT DER MIT IHR VERBUNDENEN WIRTSCHAFT als gut zu bezeichnen. Sie ist jedenfalls in einer Weise gegeben, die sich anderswo kaum findet. Das Ferment dieser Kooperation ist das besondere Zusammengehörigkeitsgefühl, das die Universität mit ihren Absolventen und „Fachverwandten" verbindet und das ein Kennzeichen des Montanwesens im allgemeinen ist. Es bezieht auch diejenigen Personen ein, die zwar keine Ausbildung in Leoben erfahren haben, aber in anderer Weise in Kontakt mit der zahlenmäßig kleinsten technisch ausgerichteten Universität Österreichs getreten sind. Ein Zeichen dieser Verbundenheit ist auch die Ehrentafel vor der Aula, welche die Hochschule vor Jahrzehnten ihren im Arbeitsleben verunglückten Absolventen gewidmet hat, „ihren Söhnen, die im Berufe gefallen sind", wie es in der Festschrift der Montanistischen Hochschule, die im Jahre 1949 aus Anlaß der 100. Wiederkehr der Übersiedlung von Vordernberg nach Leoben herausgegeben worden ist, heißt. Der „Leobener Geist", der auch aus diesem Zeichen einer über das Studium hinausreichenden Verbindung zwischen der Universität und ihren Absolventen spricht, ist lebendig geblieben. Er möge auch weiterhin zu einer ersprießlichen Zusammenarbeit der Universität mit der Wirtschaft in Forschung und Lehre beitragen.

# Montanuniversität Leoben – durch Lehre, Forschung und Dienstleistung ein Partner der Wirtschaft

Hubert BILDSTEIN

150 Jahre Montanuniversität Leoben sind ein guter Anlaß, um über den Umfang und die Qualität der partnerschaftlichen Beziehungen zwischen den Instituten und Fachrichtungen des Hüttenwesens und der Werkstoffwissenschaften und einem österreichischen Unternehmen der Werkstoff- und Werkzeugindustrie nachzudenken. Dies gilt besonders in einer Zeit, in der in keiner offiziellen Aussage zur Forschungsstrategie, zur Wissenschafts- und Technologiepolitik Hinweise auf die Notwendigkeit einer Intensivierung und optimalen Gestaltung des Technologie- und Wissenschaftstransfers von der Universität in die Wirtschaft als Schlüsselelement für einen erfolgreichen Strukturwandel in der österreichischen Wirtschaft fehlen. So sehr eine Kritik an der österreichischen Forschungssituation auch in dieser Beziehung berechtigt sein mag, so erscheint es für eine grundsätzliche Änderung der Haltung wünschenswert, sich der vielen Beispiele bewußt zu werden, in denen Wissenschaft und Wirtschaft in einer Symbiose leben, in der Organismen gleich für beide Teile günstigere Lebens- und Wachstumsbedingungen herrschen.

Die vornehmste Aufgabe einer Universität ist und bleibt es, junge Menschen auszubilden, ihnen die Freude und Begeisterung an den naturwissenschaftlichen Grundlagen für das Funktionieren der Technik nahe zu bringen. Dabei steht kein hochgezüchtetes Spezialistentum im Vordergrund, sondern die Erziehung zu systemorientiertem Denken, zu einer ganzheitlichen Betrachtung, um damit der erweiterten Verantwortung des Ingenieurs und Technikers gerecht zu werden. Die durch Verifikation und Falsifikation bestätigte Richtigkeit des wissenschaftlichen Ansatzes zur Lösung einer technischen Herausforderung, die Berücksichtigung der Auswirkung auf Natur und Umwelt und das Wissen um die Notwendigkeit der Umsetzung wissenschaftlicher Erkenntnisse in wirtschaftliche Erfolge sind wesentliche Kriterien für einen erfolgreichen Einsatz in Industrieunternehmen. Menschen mit organisierter Intelligenz, zu Kreativität befähigt, von ethischen Werten und hohem Verantwortungsbewußtsein geprägt, tragen als integrierende Faktoren durch ihre eigene Begeisterung zur Motivation ihrer Mitarbeiter bei und sichern damit die langfristige Wirkung strukturverbessernder Anstrengungen und Investitionen in Forschung und Entwicklung, verfahrenstechnische Fähigkeiten und Produktionsanlagen unserer Unternehmen.

Es ist erfreulich, daß trotz des verständlichen Interesses, Themen für Diplomarbeiten und Dissertationen vor allem auf den Schwerpunkten der Institutsforschungsgebiete zu vergeben, die Durchführung des praktischen Teiles dieser wissenschaftlichen Arbeiten im industriellen Forschungsbereich mit mehr unternehmensspezifischen Themen nach wie vor einen hohen Stellenwert besitzt. Zahlreiche Beispiele geben ein gutes Zeugnis für die damit verbundene Intensivierung des Wissenschafts- und Technologietransfers in beide Richtungen ab, sie ermöglichen es dem Wissenschafter, sich frühzeitig einen Einblick in die Arbeits- und Rahmenbedingungen seines zukünftigen Wirkens im industriellen Umfeld zu verschaffen, sie gestatten es aber auch dem Unternehmen, den potentiellen Mitarbeiter auf seine Eignung für bestimmte Aufgaben zu bewerten.

Ein deutliches Bild über die Qualifikation und die Wertschätzung, die Absolventen der Montanuniversität heute besitzen, erhält man spätestens dann, wenn man als Unternehmen darangeht, seinen Bedarf an Nachwuchskräften für Aufgaben im Forschungs- und Produktionsbereich aber auch in der Betriebswirtschaft und in Vertriebsbereichen eines Unternehmens zu decken. Spätestens dann stellt man fest, daß man sein Interesse gar nicht früh genug anmelden kann, um nicht gegenüber anderen leistungsfähigen und attraktiven in- und ausländischen Unternehmen als Mitbewerber um die an Zahl zu geringen Absolventen das Nachsehen zu haben.

Eine effiziente Lehrtätigkeit ist aber ohne eine auf Spitzenleistungen ausgerichtete, breit gefächerte Forschung auf Grundlagenthemen und auf dem anwendungsorientierten Vorfeldgebiet nicht möglich, wenn sie nicht früher oder später auf das Niveau einer rein allgemeinbildenden Schule absinken soll. Hier finden sich industrielle Forschung und Entwicklung und Universitätsinstitute unmittelbar in einem gemeinsamen Anliegen verbunden. Dabei ist es müßig, darüber zu argumentieren, ob die Grundlagenforschung als Ursprung technischer Entwicklung und in der Folge wirtschaftlicher Realisierung anzusehen ist, oder ob sich grundlegende Fragestellungen aus bereits erfolgten technischen Lösungen aber in einem nicht ausreichend abgesicherten Parameterraum von Verfahrensbedingungen und Produktionseigenschaften ergeben.

Werkstoffe und die zu ihrer Herstellung und Verarbeitung zu Bauteilen und Werkzeugen, ihrer Veredlung und Kombination erforderlichen Verfahren und technologischen Fähigkeiten nehmen in Österreichs Wirtschaft einen besonders breiten Raum ein. Sie reichen von den Massen- und Edelstählen über Aluminium, Glas, Keramik, Kunststoffe, Verbundwerkstoffe bis zu den Hartmetallen und den refraktären Sonderwerkstoffen. Für diese besondere Situation, die sich auch in der Vielfalt auf Werkstofffragen und Materialwissenschaften ausgerichteter Universitätsinstitute und außeruniversitärer Forschungseinrichtungen widerspiegelt, waren zunächst Rohstoffvorkommen im Lande bestimmend. Die heutige strategische Erfolgsposition der Werkstoffe stammt aber aus der universellen Bedeutung von neuen leistungsfähigeren und in ihrem Verhalten vorhersagbaren Produkten für praktisch alle Technologiegebiete. Daß die Alpen – „reich an armen Lagerstätten" – aber auch heute noch eine hervorragende Ausgangsbasis für wirtschaftliche Erfolge und Entwicklungsleistungen darstellen, zeigte das Beispiel Wolfram. Der Schellit-Bergbau Mittersill, erst in den 70er Jahren erschlossen, und die Wolfram-Hütte Bergla nehmen heute unter den Wolframproduzenten der westlichen Welt den zweiten Rang ein und versorgen nicht nur Österreichs Wolfram- und Hartmetallproduzenten mit einem Ausgangsmaterial höchster Reinheit, sondern tragen durch einen hohen Exportanteil zur Verbesserung der österreichischen Zahlungsbilanz bei.

Aber auch auf einem Spezialgebiet der Werkstofftechnologie zählt Österreich zur Weltspitze: der Pulvermetallurgie. Die grundlegenden Entwicklungen, die zur heutigen Einsatzbreite dieses innovationsreichen Herstellverfahrens für Hochleistungswerkstoffe und -bauteile führten, stammen aus Österreich. Nach den Anfängen um 1900 in Prag erfolgten die systematische Weiterentwicklung und ergänzende Grundlagenforschung später in Graz, Reutte, Leoben und Wien. Von der Herstellung der Pulver angefangen, über die Fertigung von Halbzeug aus einer Reihe von Werkstoffen bis zur Massenfertigung komplexer Bauteile für höchste Beanspruchungen sind heute alle Disziplinen der pulvermetallurgischen Industrie in Österreich vertreten, ebenso wie entsprechende Forschungs- und Entwicklungs-Aktivitäten an der Montanuniversität Leoben. Es setzt daher auch nicht in Erstaunen, wenn in den der Pulvermetallurgie gewidmeten Programmen der internationalen Forschungsinitiative EG-COST Österreichs Wissenschafter eine führende Rolle einnehmen. Pulvermetallurgische Aluminium-Bauteile und pulvermetallurgischer Schnellstahl verdanken ihren heutigen technischen Standard in Österreich entscheidenden Entwicklungsschüben aus der Forschungstätigkeit in Leoben.

Die ganze mögliche und zum Teil bereits genutzte Breite an Synergien von materialwissenschaftlicher Forschung und werkstofferzeugender Industrie geht aus einem Vergleich der von den jeweiligen Forschungs- und Entwicklungs-Teams erwarteten und durch einschlägige Sachkenntnisse abgesicherten Zuständigkeiten hervor. So erwartet der technisch anspruchsvolle Markt von einem Werkstoffunternehmen nicht nur ein weitgespanntes Lieferprogramm unterschiedlichster Werkstoffe in einer Reihe von Formen, Zusammensetzungen und Integrationstiefe, abgesichert durch einen umfassenden Katalog mechanischer, physikalischer, chemischer usw. Eigenschaften, sondern setzt auch ein umfassendes Verständnis für die spezifischen Anforderungen der jeweiligen Einsatzgebiete voraus. Nur dann kann eine langfristig tragfähige Kunden – Lieferanten – Beziehung aufgebaut werden, die durch den vierten Eckpunkt des Kompetenztetraeders, die Summe der technologischen Fähigkeiten, in Grund- und additiven Verfahren ihre ebenfalls die Innovationsleistung eines Unternehmens stark beanspruchende Sicherung erfährt.

In analoger Weise läßt sich das Kompetenzgebiet moderner Werkstoffentwicklung und Materialwissenschaften ebenfalls durch einen Tetraeder mit den Eckpunkten: Design (Struktur, Zusammensetzung), Eigenschaften, Synthese (Herstellung, Verarbeitung) und Einsatzverhalten versinnbildlichen. Damit erfahren die Themen für erfolgversprechende Kooperationen eine beeindruckende Bereicherung. Von größtem Interesse und schon mehrfach durch positive Beispiele unterlegt sind dabei vor allem ergänzende Technologien der Oberflächentechnik wie CVD- und PVD-Verfahren aber auch die Laserhärtungs- und -umschmelztechnik.

Die erfreulichen Fortschritte bei der Internationalisierung der österreichischen Wissenschaft und Forschung durch die Absicht, sich unter Simulation eines EG-Beitrittes mit vollen Beiträgen an der nächsten Phase der EG-Forschungsprogramme zu beteiligen, wird die Kooperations- und Dienstleistungsfähigkeit universitärer Forschungsinstitute im besonderen Maße beanspruchen. Eine aktive Beteiligung österreichischer Stellen an diesen Programmen und Projekten setzt neben der Beitragsleistung auch den Nachweis einer qualitativ und quantitativ ausreichenden nationalen Kompetenz auf dem betreffenden Gebiet voraus. In vielen Fällen wird es dazu des Aufbaus und der aktiven Mitarbeit in Verbundprojekten bedürfen, eine Organisationsform, die auch zur Behandlung nationaler Schwerpunktsthemen vorgesehen ist, und die der Struktur der österreichischen Wirtschaft mit ihren vielen Klein- und Mittelbetrieben Rechnung trägt. Der Montanuniversität Leoben und ihren in der industriellen Welt erfahrenen leistungstragenden Wissenschaftern sollte diese Herausforderung, die auch beträchtliche Drittmittel einbringen sollte, maßgerecht sein.

Unser aufrichtiges Glück Auf wird sie auch auf diesem Wege begleiten.

# Entwicklungstendenzen der Bergbauindustrie bis zum Jahre 2000

Rudolf WÜSTRICH

Die visionären Thesen des Club of Rome haben sich als nicht stichhältig erwiesen; das Problem der Versorgung der Menschheit mit Roh- und Grundstoffen stellt aber im Hinblick auf die Weiterentwicklung der Weltwirtschaft, die Erhaltung des Wohlstandes der westlichen Industriestaaten und nicht zuletzt die politische Stabilität auf unserem Erdball eine Herausforderung aller mit Wirtschafts- und Planungsaufgaben Befaßten dar.

**ALLGEMEINE BETRACHTUNGEN**

Bevölkerungswachstum, Lebensstandard und Rohstoffverbrauch stehen in einem unlösbaren Zusammenhang, wenngleich ein mathematisch erfaßbarer und graphisch darstellbarer Konnex nicht möglich erscheint. Diese Feststellung trifft auch für die Gewinnung mineralischer Rohstoffe, im engeren Sinn demnach auch für die Bergbauindustrie, zu.

Es erscheint daher vorerst erforderlich, das Problem des Bevölkerungswachstums kurz anzureißen.

Nach der Prognose der Vereinten Nationen (Tabelle 1) wird im Jahre 2000 die Weltbevölkerung auf über 6 Mrd. Menschen angewachsen sein, die nicht nur mit Gütern der Agrarindustrie, sondern auch mit technischen Produkten, resultierend aus mineralischen Rohstoffen, versorgt sein will.

Dieser gewaltige Bevölkerungszuwachs wird unter Berücksichtigung der Prognosen innewohnenden Fehlergrenzen mit Sicherheit Realität werden, muß man doch nach Untersuchungen der Weltbank davon ausgehen, daß einer beschleunigten

**Tabelle 1:**
**Entwicklung der Weltbevölkerung in Millionen Menschen.**
**Quelle: Vereinte Nationen.**

|  | 1950 | 1980 | 2000 | 2025 |
|---|---|---|---|---|
| **Welt insgesamt** | 2486 | 4432 | 6119 | 8195 |
| **Europa** | 392 | 484 | 512 | 522 |
| **Amerika** | 328 | 612 | 865 | 1208 |
| Nordamerika | 166 | 248 | 299 | 343 |
| Lateinamerika | 162 | 364 | 566 | 865 |
| **Afrika** | 217 | 470 | 853 | 1542 |
| **Asien** | 1355 | 2579 | 3550 | 4531 |
| Ostasien | 669 | 1175 | 1475 | 1712 |
| Südasien | 686 | 1404 | 2075 | 2819 |
| **Ozeanien** | 13 | 23 | 30 | 36 |
| **UdSSR** | 180 | 265 | 310 | 355 |

Abnahme der Fruchtbarkeit – hervorgerufen durch staatliche Einflußnahmen und Anstieg des Lebensstandards – ein Rückgang der Sterblichkeit gegenübersteht. Die Tatsache, daß lebende Systeme nicht unbegrenzt exponentiell wachsen können, daß also eine nicht lebensfähige Überpopulation zwangsweise zu einer Stabilisierung führen muß, erscheint für die den Überlegungen vorgegebene Betrachtungszeitspanne bis zum Jahre 2000 nicht von Bedeutung. Man kann folglich davon ausgehen, daß allein das Anwachsen der Bevölkerung bis zum Jahr 2000 eine Steigerung der Erzeugung mineralischer Rohstoffe um etwa 20% bedingen wird.

Aller Voraussicht nach wird der Prozeß der Bevölkerungsexplosion durch den gleichzeitigen Anstieg des Lebensstandards eine Verstärkung erfahren, weshalb es auch erforderlich erscheint, die voraussichtliche Entwicklung auf diesem Gebiet einer kritischen Betrachtung zu unterziehen.

Grundsätzlich kann man nach wie vor davon ausgehen, daß Länder mit geringem Pro-Kopf-Einkommen auch einen geringen Pro-Kopf-Verbrauch an mineralischen Rohstoffen aufweisen werden. Ferner zeigen Statistiken des US-Bureau of Census und der Metallgesellschaft in Frankfurt mit aller Deutlichkeit, daß sich in den Jahrzehnten der indu-

## ERDÖL: ANNAHMEN ZUR BEDARFSENTWICKLUNG
### (Welt ohne UdSSR, Osteuropa und China)

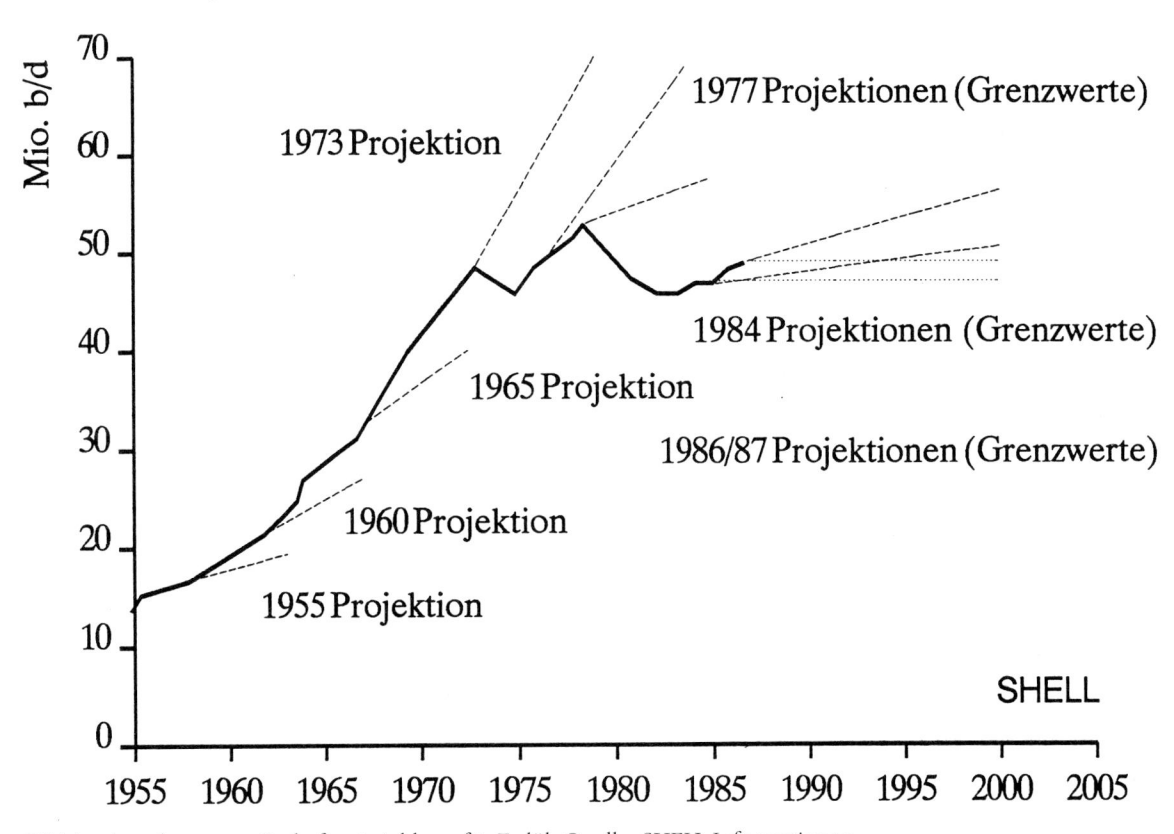

Bild 1: Annahmen zur Bedarfsentwicklung für Erdöl. Quelle: SHELL-Informationen.

## ROHSTAHL: WELTPRODUKTION 1950 – 1985 und wichtige Prognosen bis 2000

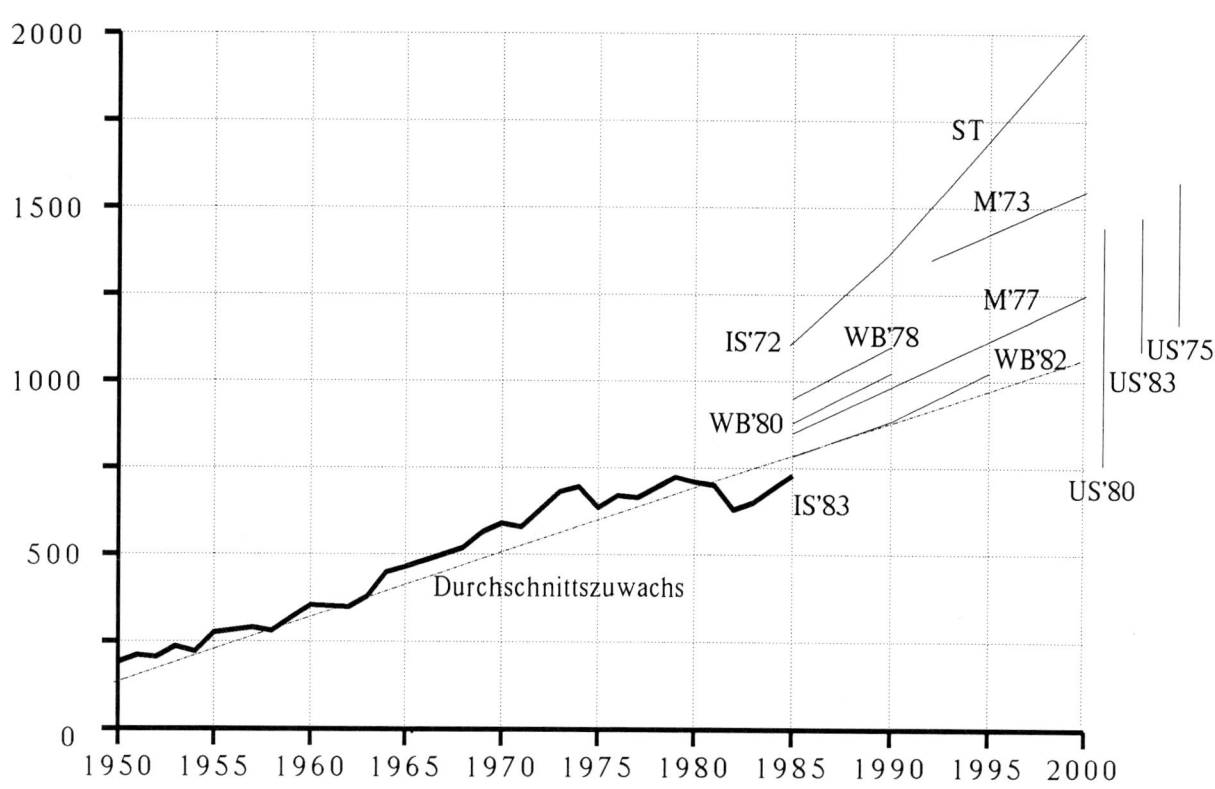

Bild 2 : Annahmen zur Bedarfsentwicklung für Rohstahl.

striellen Revolution das Rohstoffwachstum lediglich in Industrienationen und wenigen Schwellenländern, wie etwa in Ländern des asiatischen Kontinents, vollzog; hingegen ließ Lateinamerika Stagnationserscheinungen erkennen, während Afrika – mit Ausnahme der Republik von Südafrika – nur als Hoffnungsgebiet mit geringen Aussichten auf Änderung des Zustandes zu werten ist. Diese Erkenntnis führte zu einer gründlichen Revision der Prognosen der 60er und 70er Jahre hinsichtlich der erwarteten Annäherung der Entwicklungsländer an das Verbrauchsniveau der Industriestaaten.

Irrig erscheint auch die Annahme, die Entwicklungsländer müßten jene rohstoffintensiven Phasen durchlaufen, welche den Industrieländern in ihrer Entwicklungsgeschichte vorgegeben waren. Vielmehr ist auf Grund der Realitäten der Sozialökonomie und Rohstoffpolitik ein Überspringen von Entwicklungsphasen zu erwarten; jedenfalls wissen wir, daß historische Abläufe – auch auf wirtschaftlichem Gebiet – nicht zwingend wiederholbar sind. Ein Beispiel möge diese Feststellung veranschaulichen: Es ist kaum zu erwarten, daß die Entwicklungsländer künftig in gleichem Ausmaß die Phasen des Kanalbaus und der Eisenbahneuphorie durchmachen werden, die im vorigen Jahrhundert den industriellen Aufschwung begleitet haben. Das einzige Argument, das für ein, wenn auch eingeschränktes Aufholen des Verbrauchspotentials in den Entwicklungsländern sprechen würde, wäre wohl darin zu sehen, daß vor allem in diesen Bereichen ein Anwachsen der städtischen Ballungsräume – Mexico City wird nach Vorhersagen der Weltbank um die Jahrtausendwende 31 Millionen Menschen beherbergen – erfolgen wird. Dieses bevölkerungs- und sozialpolitisch düstere Szenarium könnte, wenn man wenigstens auf dem Gebiet des Rohstoffverbrauches Optimismus walten läßt, zu einem Anstieg des Verbrauchs an mineralischen Rohstoffen führen, der den allgemeinen Trend übersteigt. Demgegenüber stehen gewisse Sättigungstendenzen in den Industrieländern, die eher auf ein gemäßigtes Wachstum schließen lassen. Auf den Verbrauch an mineralischen Rohstoffen bezogen, könnte man daher davon ausgehen, daß die Anstiegstendenzen, wie sie seit dem Jahre 1950 statistisch erfaßt worden sind, für die wesentlichen Bergbauprodukte gleichbleiben werden. Diese zugegebenermaßen vereinfachte Aussage, die naturgemäß auf tiefgreifende weltpolitische Änderungen nicht Bezug nehmen kann, wird durch Prognosen nachstehend angeführter Institutionen erhärtet, die auszugsweise für Erdöl, Rohstahl, Aluminium und Zink in den Bildern 1 bis 4 graphisch dargestellt sind.

- US = United States Bureau of Mines
- M = Malenbaum, W.: World demand for raw materials in 1985 and 2000
- WB = Weltbank
- IS = International Iron and Steel Institute
- ST = Stanford Research Institute
- BGR/DIW = Bundesanstalt für Geowissenschaften und Rohstoffe/ Deutsches Institut für Wirtschaftsforschung

Wenngleich diesen Prognosen das arabische Sprichwort innewohnt, wonach jeder, der sich mit der Vorhersage der Zukunft befaßt, auch dann lügt, wenn er die Wahrheit spricht, so wird doch klar, daß im nächsten Jahrzehnt Produktionssprünge nicht erwartet werden dürfen; im großen gesehen erscheint eine lineare Extrapolation des Produktionszuwachses daher gar nicht so unangebracht.

Spricht man vom Rohstoffverbrauch, so kommt man nicht umhin, auch die Rohstoffreserven einer Betrachtung zu unterziehen.

Grundsätzlich sollte man hiebei eine optimistische Betrachtungsweise wählen und davon ausgehen, daß in den nächsten Jahrzehnten sämtliche wichtigen mineralischen Rohstoffe weltweit in genügendem Ausmaß zur Verfügung stehen werden. Zur Erläuterung dieser Aussage soll daher stellvertretend für die Palette der mineralischen Rohstoffe nur eine Begründung für den als Leitmineral anzusehenden Energierohstoff Erdöl und für das „historische" Metall Kupfer versucht werden.

Die sicheren mit heutiger Technik wirtschaftlich gewinnbaren Ölreserven der Welt wurden Anfang des Jahres 1989 auf rund 123 Mrd. Tonnen geschätzt. Sie sind damit um weitere 2,3% gegenüber dem Vorjahr auf einen neuen Rekordstand angewachsen. Auf Basis der Jahresförderung 1988 von insgesamt etwa 2,9 Mrd. Tonnen errechnet sich hiedurch eine Lebensdauer der Erdöllagerstätten von knapp 43 Jahren. Darüber hinaus sind diesen sicheren Reserven noch unkonventionelle Vorkommen wie Ölsande und Ölschiefer hinzuzuzählen, deren Gesamtmenge mit etwa 510 Mrd. Tonnen angenommen wird. In diese Überlegungen ist auch einzubeziehen, daß der mittlere Entölungsgrad weltweit bei 30 % liegt und durch verbesserte Fördertechniken bis zum Jahr 2000 eine Steigerung auf 40 % durchaus als realistisch angesehen werden kann.

Hinsichtlich Kupfer wird das bestehende Ressourcenangebot durch die Tatsache unterstrichen, daß heute weltweit auf jeden produzierenden Kupferbergbau ein weiteres exploriertes, ad hoc wirtschaftlich nutzbares Vorkommen fällt.

Der Bedeutung der Rohstoffreserven gleichzusetzen ist die zu erwartende Preisentwicklung für mineralische Rohstoffe insoferne, als einerseits die zu erzielenden Preise nachhaltige Einflüsse auf die Rohstoffsuche und den Lagerstättenaufschluß ausüben und andererseits für eine nicht geringe Anzahl mineralischer Rohstoffe die Substitutionsmöglichkeiten nicht außer acht gelassen werden dürfen.

## ALUMINIUM: WELTHÜTTENPRODUKTION 1950 – 1985
### und wichtige Prognosen bis 2000

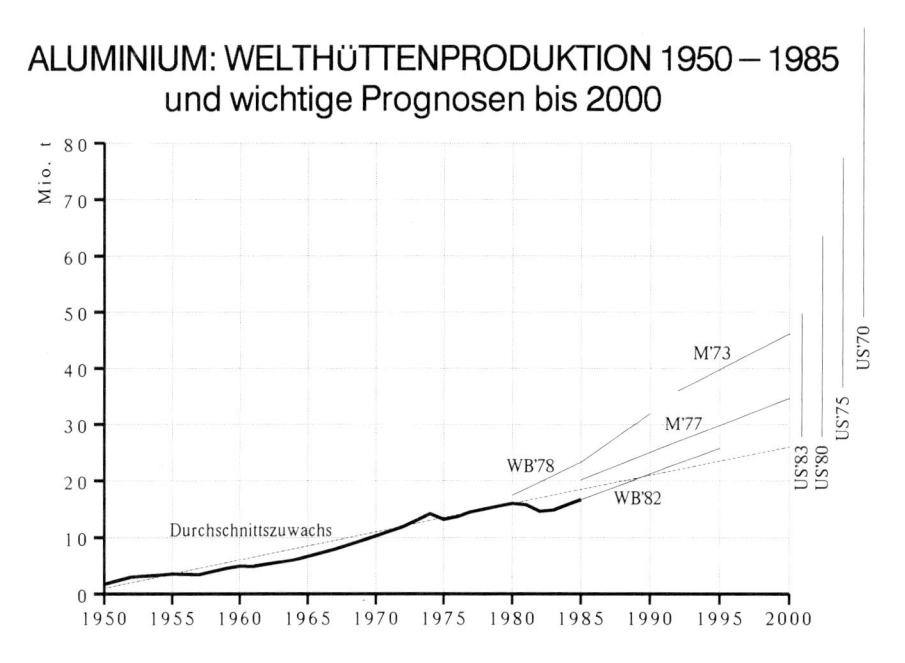

Bild 3: Annahmen zur Bedarfsentwicklung für Aluminium.

## ZINK: WELTBERGWERKSFÖRDERUNG 1950 – 1985
### und wichtige Prognosen bis 2000

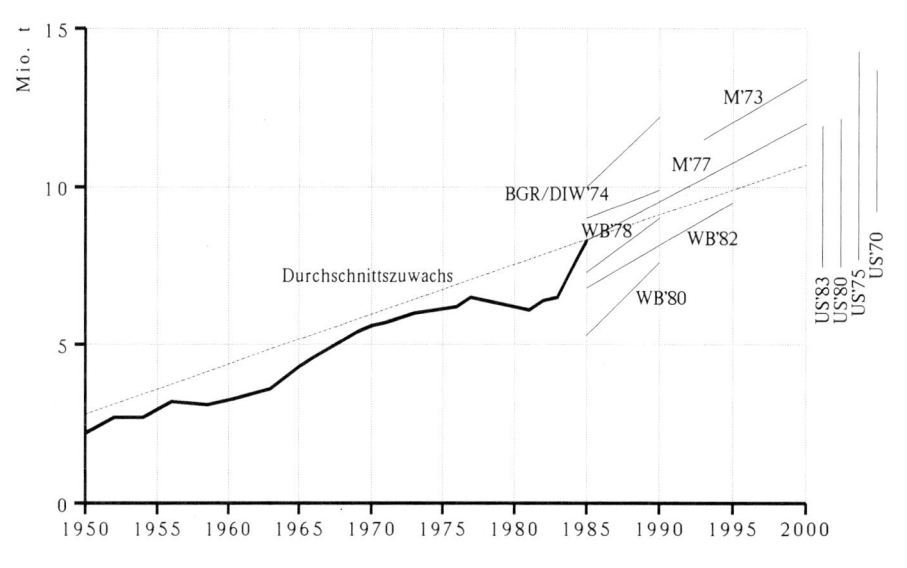

Bild 4: Annahmen zur Bedarfsentwicklung für Zink.

## PREISENTWICKLUNG DES ERDÖLS

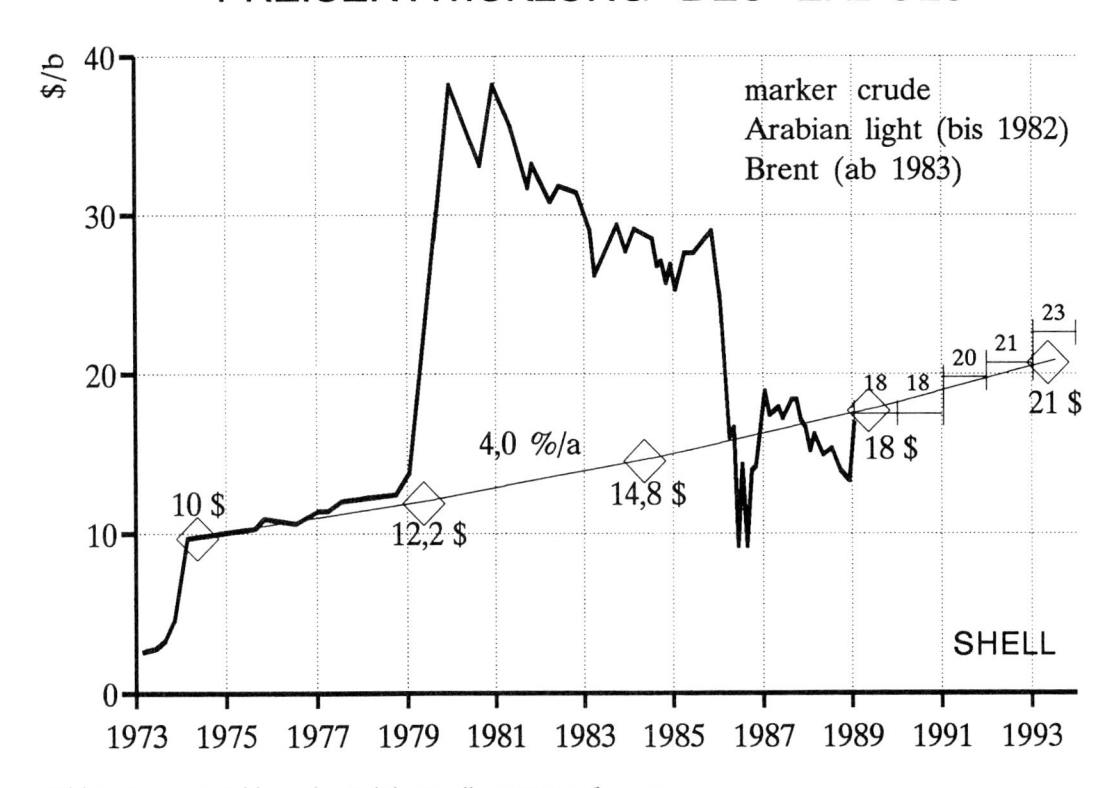

marker crude
Arabian light (bis 1982)
Brent (ab 1983)

SHELL

Bild 5: Preisentwicklung des Erdöls. Quelle: SHELL-Informationen.

Grundsätzlich sollte auch auf diesem Gebiet – von nicht vorhersehbaren politischen und technologiebedingten Gründen abgesehen – davon ausgegangen werden, daß für das nächste Jahrzehnt eine eher ruhige Entwicklung mit aufwärtsgerichteter Tendenz erwartet werden kann. Diese Aufwärtsentwicklung wird wohl in erster Linie deshalb eintreten, da die Tatsache einer Nichtreproduzierbarkeit von Lagerstätten und der mit der Gewinnung verbundene Abschöpfungseffekt zwangsweise dazu führen müssen, auch bergbautechnisch schwierig und damit kostenintensiv zu gewinnende Lagerstätten in Verhieb zu nehmen.

Auch für diesen Betrachtungsbereich möge die Preisentwicklung für Erdöl stellvertretend für andere Bergbauprodukte, zumindest für die Energierohstoffe, einen sichtbaren Prognoseausblick geben.

Wenn man der Vorhersage der Shell-Gruppe Glauben schenken will, vieles spricht dafür, es zu tun, dann ist, wie Bild 5 zeigt, jährlich ein vierprozentiges Anwachsen des Erdölpreises bis Ende 1993 durchaus realistisch. Weiter reichende Preisvorhersagen entbehren ernster Realitätsbezogenheit, sodaß der Verfasser von einer Vorschau bis zum Jahr 2000 Abstand nehmen möchte.

Als weiterer Vorhersageparameter ist die weltpolitische Entwicklung zu nennen. Diese wird zum Zeitpunkt der Abfassung des Beitrages von der – noch – fortschreitenden gesellschaftspolitischen Öffnung des Ostens in ganz besonderer Weise bestimmt. Der Verfasser kommt nicht umhin, dieser Entwicklung auch im Hinblick auf die Rohstoffversorgung der westlichen Welt große Bedeutung beizumessen. Es ist gegenwärtig nicht absehbar, welchen Lauf der Prozeß der Öffnung, den wir unter den Begriffen „Perestrojka" und „Glasnost" kennen, nehmen wird. Sollten Rückschläge, möglicherweise aber auch Kehrtwendungen auftreten – manches läßt dies befürchten – so werden Länder wie Österreich in erheblichem Ausmaß betroffen sein. Auf diesen Umstand wird in der Österreich gewidmeten Vorhersage eingegangen. Dieser möglichen Gefahr sollte jedenfalls durch eine breite Streuung hinsichtlich der Aufbringung der für unsere Wirtschaft notwendigen Rohstoffversorgungsquellen entgegengewirkt werden.

Schließlich dürfen die Auswirkungen eines weltweit mehr und mehr zum Tragen kommenden Umweltschutzdenkens nicht außer Betracht bleiben. Ohne verkennen zu wollen, daß dieser Prozeß vor allem die hochentwickelten Industrienationen erfaßt, die Entwicklungs- und Staatshandelsländer jedoch bis zum Jahr 2000 auf diesem Gebiet kaum Schwerpunkte setzen werden, sollten die Bemühungen zur Erhaltung der Umwelt zumindest in eingeschränktem Umfang die Preisentwicklung für mineralische Rohstoffe beeinflussen.

Zusammenfassend kann nach Abwägung aller Fakten die begründete Aussage getroffen werden, daß bis zum Jahr 2000 auch der bis dahin angewachsenen Weltbevölkerung mineralische Rohstoffe in genügender Menge zu durchaus vertretbaren Preisen zur Verfügung stehen werden.

## DIE ENTWICKLUNG DER BERGBAUINDUSTRIE IN ÖSTERREICH

Den folgenden Überlegungen sind zwei Leitlinien zugrundezulegen:

a) Österreich ist nach wie vor reich an armen Lagerstätten. Diese Jahrhunderte hindurch bekannte und i.w. unveränderte Tatsache wird im Hinblick auf die Versorgungssicherheit der heimischen Wirtschaft mit mineralischen Rohstoffen unsere Überlegungen zu leiten und unser Handeln zu bestimmen haben; dies trifft vor allem auf die Lagerstättensuche, die Gewinnung und die Materialverfügbarkeit durch Importe zu.

b) Österreich ist ein industriell hoch entwickeltes Staatsgebilde, das als Bedingung für die Aufrechterhaltung gesunder wirtschaftlicher Strukturen und somit des breiten Wohlstandes einer langfristig sichergestellten Verfügbarkeit an mineralischen Rohstoffen zu möglichst niedrigen Kosten bedarf.

Ausgehend von diesen Leitlinien ergibt sich die Fragestellung, welche mineralischen Rohstoffe im Inland kostengünstig gewonnen werden können, welche Prospektions- und Explorationsarbeiten volkswirtschaftlich vertretbar erscheinen und welche Förderungspolitik Platz zu greifen haben wird.

Grundsätzlich ist davon auszugehen, daß Österreich lediglich in der Lage ist, rund ein Drittel seines Bedarfes an bergbaulichen mineralischen Rohstoffen aus eigenen Quellen zu decken. An dieser globalen Feststellung vermag auch die Tatsache nichts zu ändern, daß bei einigen Bergbausparten, wie Magnesit, Wolfram oder Talk, ein Großteil der Produktion exportiert werden kann. Dieser Eigenversorgungsanteil ist für europäische Verhältnisse als relativ günstig anzusehen, liegt doch beispielsweise die Importabhängigkeit der Bundesrepublik Deutschland bei nahe 90 %. Trotzdem darf nicht übersehen werden, daß die erforderlichen Importe an Roh- und Grundstoffen im mineralischen und biogenen Bereich – einschließlich der Energie – die Zahlungsbilanz Österreichs ganz erheblich belasten. Der Wert dieser Importe belief sich im Jahr 1988 auf 111,9 Mrd. S; ihm stand ein Exportwert der Roh- und Grundstoffe von nur 86,4 Mrd. S gegenüber.

Österreich ist daher verhalten, seine Lagerstätten zu nutzen sowie neue inländische Ressourcen zu suchen und aufzuschließen. Eingedenk der Tatsache, daß auf dem Metallsektor eine übermäßige Konkurrenz aus Ländern anderer Kontinente besteht, fand seit 1988 eine Schwerpunktverlagerung zu Industriemineralen, Steinen und Erden statt. Mit beachtlicher Unterstützung aus Mitteln des Lagerstättengesetzes wurde eine fünfjährige Prospektions- und Explorationskampagne gestartet, in deren Rahmen bundesweit die Vorkommen von Dolomit, Quarz, Quarzit, Quarzsand und Tonen beprobt und analysiert werden. Diesen Bestrebungen waren langjährige systematische Untersuchungen vorangegangen, die mit dem Erscheinen des „Geochemischen Atlas der Republik Österreich" und der aeromagnetischen Karten des Bundesgebietes im Maßstab 1:50.000 ihren Abschluß fanden. Weiters gelang es, beachtliche Mittel aus der Bergbauförderung für die Aufrechterhaltung des Hoffnungsbaus in bestehenden Bergbauen und die weitere Erschließung von bekannten Lagerstättenbereichen zur Verfügung zu stellen. Bei allen diesen Bemühungen steht Österreich in einem Wettlauf mit der Zeit. Gelingt es nicht, in den nächsten Jahren Ressourcen aufzufinden und Klarheit über die Abbauwürdigkeit von Lagerstätten zu erhalten, wird es nicht ausbleiben, daß zufolge der fortschreitenden Verbauung und Zersiedelung des Bundesgebietes eine Vielzahl von Vorkommen nicht mehr genutzt werden kann.

Dem für den Bergbau zuständigen Bundesministerium für wirtschaftliche Angelegenheiten kommt hiebei die Aufgabe zu, den rechtlichen Unterbau (Berggesetz, Bergbauförderungsgesetz) auf die vorgegebenen Zielrichtungen abzustimmen und die budgetmäßige Absicherung festzuschreiben. Diese verwaltungsrechtlichen und verwaltungsökonomischen Vorgaben konnten 1988 in die Tat umgesetzt werden: Die Geltungsdauer des Bergbauförderungsgesetzes 1979, das Ende 1988 ausgelaufen wäre, wurde um weitere fünf Jahre bis 1993 verlängert und einer möglichst effektiven und gerechten Förderung angepaßt. Das rechtliche Instrumentarium gestattet es nunmehr, allen Bergbaubetrieben, die bergfreie mineralische Rohstoffe gewinnen, Beihilfen zur Sicherung des Bestandes und zur Deckung von Stillegungskosten zu gewähren. Gleichzeitig konnte auch eine Anhebung der Förderungsmittel von 105 Millionen S im Jahr 1988 auf 205 Millionen S im Jahr 1989 realisiert werden; es muß das Ziel weiterer Verhandlungen sein, in den nächsten Jahren Zuschüsse in dieser Höhe in den Bundesfinanzgesetzen zu verankern.

Dem gleichen Zweck diente die Herabsetzung des Förderzinses für Kohlenwasserstoffe (für Erdöl von 15 auf 6 %, für Erdgas von 12,5 auf 8 % und für Neuaufschlüsse von Kohlenwasserstoffen auf lediglich 2 %). Es wurde hiedurch ein echter Anreiz geschaffen, kostenaufwendige Tiefbohrungen in vermehrtem Umfang abzuteufen und somit die Effektivität des Kohlenwasserstoffaufschlusses wieder anzuheben.

Die getroffenen rechtlichen und technischen Aktivitäten lassen erwarten, daß der für den österreichischen Bergbau prognostizierte „geordnete Rückzug" bis zum Jahr 2000 nicht eintreten wird und nach einer Konsolidierungsphase dynamische Elemente wieder deutlich zum Tragen kommen werden.

Trotz aller Anstrengungen zur Erhöhung der Eigenversorgungsquote wird die österreichische Wirtschaft auch in Zukunft ohne beachtliche Importe an mineralischen Rohstoffen nicht bestehen können. Die Versorgungspolitik Österreichs muß daher in einzelwirtschaftlichen, multilateralen und bilateralen Ebenen auf eine langzeitig abgesicherte, trotzdem kostengünstige Versorgung mit mineralischen Rohstoffen abgestellt sein. Eine Dritteldeckung des zu erwartenden Bedarfs durch Inlandaufbringung, langfristige Verträge mit politisch stabilen Ländern und kurzfristige Akquisitionen auf Spotmärkten wäre anzustreben, wobei eine möglichst große Diversifikation vorteilhaft erschiene.

Zusammenfassend darf festgestellt werden, daß die österreichische Bergbau- und Rohstoffpolitik eine durchaus gesicherte Versorgung der österreichischen Industrie mit mineralischen Rohstoffen bis zum Jahr 2000 und somit eine ungestörte Entwicklung der Wirtschaft erwarten läßt.

# Erdöl und Erdgas – ein wesentlicher Energieträger auch im 21. Jahrhundert

Kurt K. BUSHATI und Hermann SPÖRKER

Die Kohlenwasserstoffindustrie ist seit vielen Jahren der Hauptlieferant des Welt-Primärenergiebedarfes und hat mehr als dessen Hälfte in Form von Erdöl und Erdgas zur Verfügung gestellt (Bild 1). Im Jahre 1988 betrug der Anteil von Erdöl 38% und Erdgas über 20% an dem weltweiten Gesamtbedarf von etwa 8.1 Milliarden TOE (Tonnen Öläquivalent); es sei nur der Vollständigkeit halber erwähnt, daß der Anteil der Kernenergie etwa 5 % betrug.

Es gibt heute kaum mehr Länder, in denen keine Kohlenwasserstoffe gefunden wurden, selbst in Skandinavien, das überwiegend auf Urgestein liegt, wurden im südlichen Schweden kleine Ölvorkommen erschlossen – die gigantischen Erdöl- und Erdgasfelder im norwegischen Teil der Nordsee sind bekannt. Wenn wir jedoch in der Geschichte zurückblicken, dann lag der Beginn der Erdölindustrie in Gebieten wie dem nordamerikanischen Pennsylva-

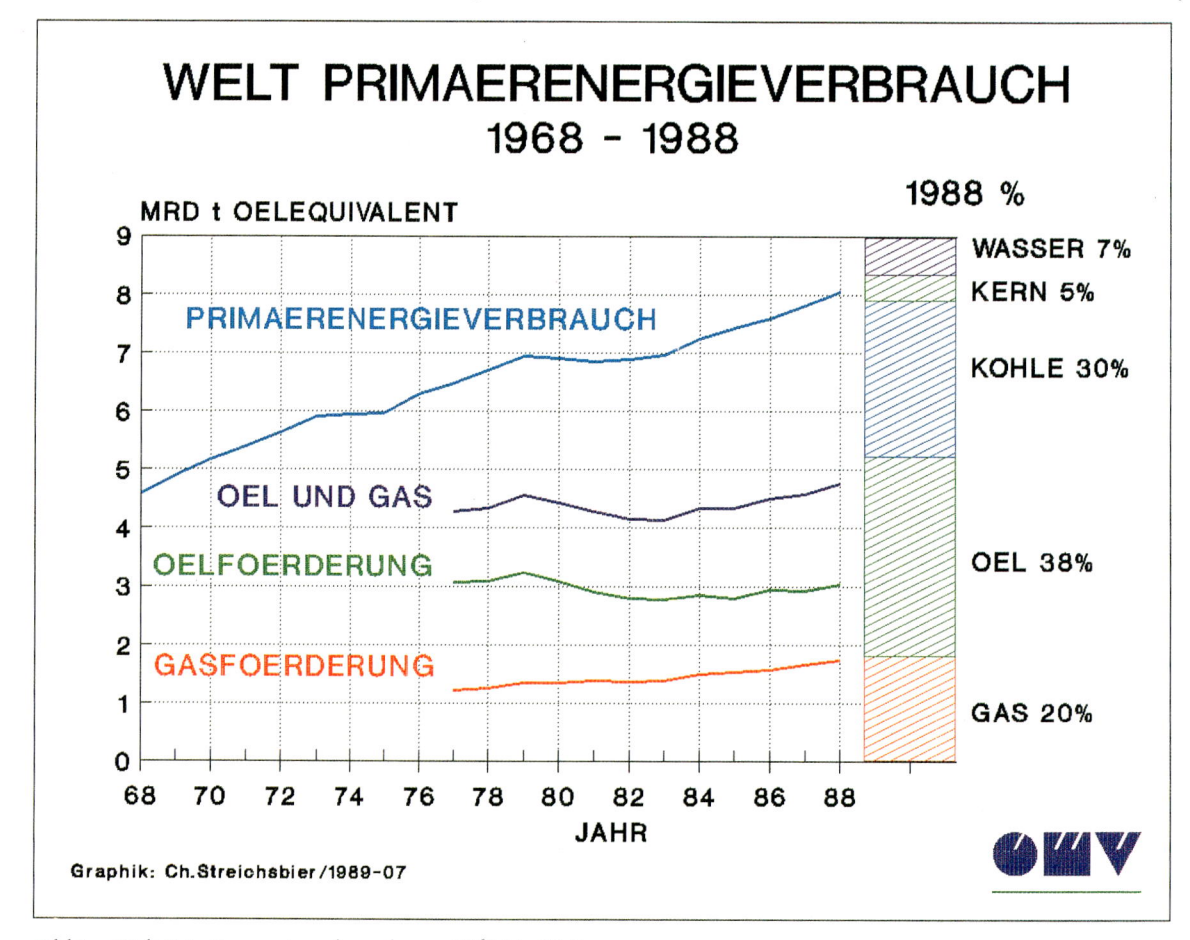

Bild 1: Welt-Primärenergieverbrauch von 1968 bis 1988.

**ROHOELPRODUKTION 1894 – 1912**

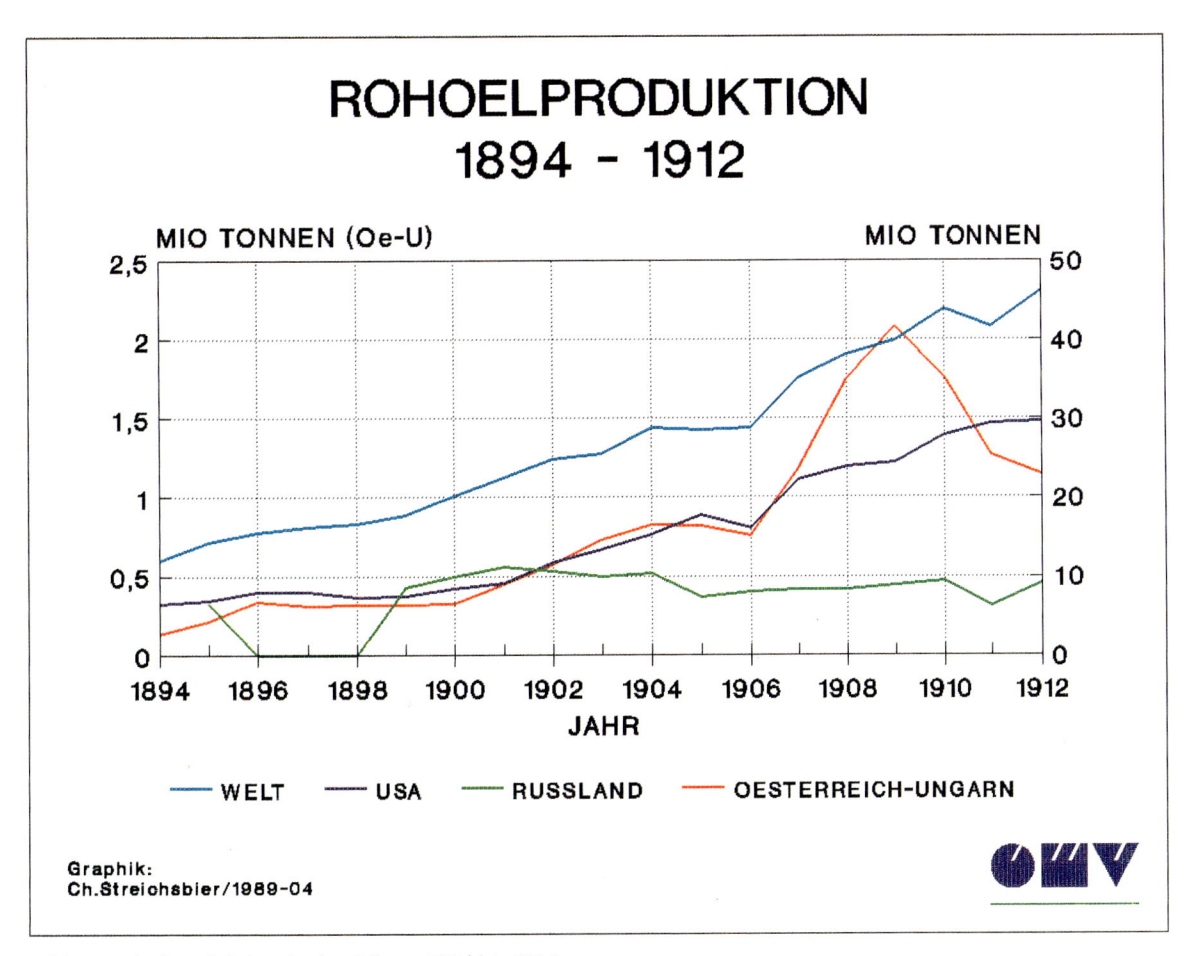

Bild 2: Rohölproduktion in den Jahren 1894 bis 1912.

nien, dem Raum um Baku an der Kaspischen See und dem Galizien der österreichisch/ungarischen Monarchie. Mit einer Erdölförderung von 2,063.000 t war im Jahre 1909 die Monarchie der drittgrößte Produzent der Welt, nach den Vereinigten Staaten und Rußland (Bild 2).

Im Jahre 1913 wurde über Anregung von Hugo de Boeckh – nach obertägigen Indikationen – eine Tiefbohrung im Raum Egbell (heute Gbely, CSFR) etwa 80 km nordnordöstlich von Wien angesetzt, die am 10. Jänner 1914 in einer Tiefe von 164 m das erste wirtschaftliche Erdölvorkommen des Wiener Bekkens erschloß. Die Tagesförderung betrug 15 Tonnen.

War ursprünglich das seit etwa fünf Jahrtausenden bekannte Erdöl im wesentlichen nur als Mörtel, Bootsabdichtung, Schmiermittel, Arznei und für kriegerische Zwecke als Flammenwerfer in Verwendung, änderte sich das, als Ignacy Lukasiewicz, ein Apotheker in Lemberg, aus Rohöl Leuchtpetroleum destillierte und – was noch viel wichtiger war – eine Lampe dazu erfand. Im Jahre 1853 erstrahlte als erstes öffentliches Gebäude das Krankenhaus von Lemberg im Lichte von Petroleumlampen, wenige Jahre später der Bahnhof der Kaiser-Ferdinand-Nordbahn in Wien.

Die Möglichkeit, Erdöl zu Beleuchtungszwecken zu nutzen, hätte wahrscheinlich nicht dazu gereicht, den Siegeszug um die Welt zu ermöglichen, den das Erdöl im 20. Jahrhundert antrat. Aber 1883 konstruierte Otto den ersten Benzinmotor und kaum eine Dekade später Diesel den Hochdruck-Direkteinspritzer; wenige Jahre danach erkannten die Lords der britischen Admiralität die enorme Bedeutung dieses Brennstoffs für die Befeuerung der Dampfkessel ihrer Kriegsschiffe; zu Beginn des 20. Jahrhunderts begann die Umrüstung von Kohle- auf Ölfeuerung.

Diese technologischen Entwicklungen brachten eine enorme Steigerung des Erdölbedarfs und damit eine entsprechende Belebung der Erdölexploration. Daß sich diese Suche nach dem nun so wertvollen Rohstoff zuerst in den Verbraucherländern intensivierte, war die logische Konsequenz; bald aber begannen Großkonzerne – „Multis", wie wir sie heute nennen – in damaligen Kolonialgebieten und anderen „weniger entwickelten" Ländern die Suche nach Erdöl. Die Multis waren es, die in den Jahren vor dem Zweiten Weltkrieg die Erdölversorgung weltweit anboten und auch garantierten. Nationale Erdölgesellschaften gab es nur in wenigen Fällen – wie z.B. in Mexiko, wo die Erdölindustrie schon im Jahre 1938 verstaatlicht wurde.

In Österreich entwickelte sich die Erdölindustrie – nach den Rückschlägen durch den Zusammenbruch der Monarchie – sehr zögernd. Wohl hatte die Socony Vacuum im Jahre 1925/26 Dr. Karl Friedl mit einer erdölgeologischen Studie über das nördliche Wiener Becken beauftragt, zog sich aber dann aus der europäischen Erdölexploration zurück. Prof. DDr. Karl Friedl durfte jedoch seine Erkenntnisse weiter verwenden, und 1934 war die „Gösting II" der erste wirtschaftliche Fund mit 40 Tagestonnen Rohöl.

Die folgende politische Entwicklung in Österreich brachte eine enorme Zunahme in den Erdölaktivitäten. Bereits im Jahre 1943 überschritt die Jahres-

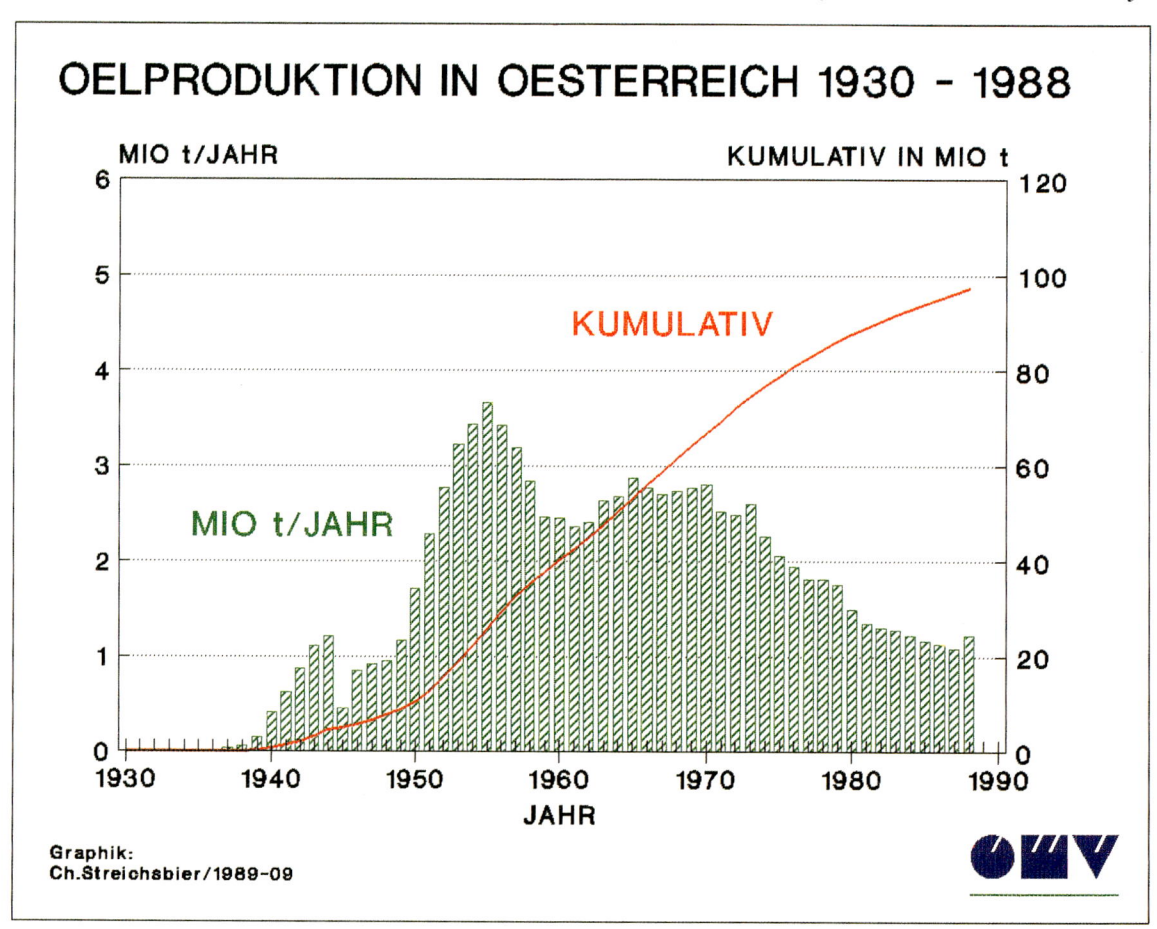

Bild 3:   Ölproduktion in Österreich in den Jahren 1930 bis 1988.

produktion die Millionen-Tonnen-Grenze. Ein kurzer Rückgang trat bei Ende des Zweiten Weltkrieges ein, jedoch nahm bald die Sowjetische Militärverwaltung durch die SMV (Sowjetische Mineralölverwaltung) die Aktivitäten auf und konnte 1949 das größte Erdölfeld Mitteleuropas – Matzen/Auersthal – entdecken (Bild3).

Als nach dem Staatsvertrag im Jahre 1955 Österreich die im Wiener Becken erschlossenen Erdölfelder übernahm, betrug die Jahresförderung fast 3.7 Millionen Tonnen – weit mehr als der damalige heimische Bedarf ausmachte.

Zu Beginn der Erdölsuche in der internationalen Szene waren es im wesentlichen „Abenteurer", die ihr Glück in diesem neuen Eldorado suchten – manche vielleicht mit großer innerer Überzeugung, daß in einem bestimmten Gebiet Öl zu finden sein müßte, wie zum Beispiel Patillo Higgins, der „Vater von Spindletop", jene kleine Aufwölbung in der Ebene von Nordost-Texas nahe Beaumont, wo es dann dem Altösterreicher Anthony Francis Lucas (früher Luchich) gelang, die enormen bohrtechnischen Probleme zu meistern und den berühmten „Lucas Gusher" zu erbohren. 15.000 Tonnen Erdöl schossen täglich in den Himmel von Texas! Es war der 10. Jänner 1901– ab diesem Tag übernahmen die USA für genau 75 Jahre die Spitzenposition der Welterdölförderstatistik.

Lucas, der in Graz studiert hatte, war wahrscheinlich weltweit der erste ausgebildete Fachingenieur der neuen Erdölindustrie. Es blieb nach wie vor dabei, daß man für das Finden von Erdöl Gespür und viel Glück haben mußte. Jene, die es zu erbohren und zu fördern hatten, lernten das Handwerk von der Pike auf. Doch gab es schon um die Jahrhundertwende Leute mit akademischer Ausbildung, die sich dem Phänomen Erdöl widmeten – in erster Linie Geologen –, und es war der berühmte Professor der Bergakademie Leoben Hans Höfer v. Heimhalt, der schon in den siebziger Jahren des vorigen Jahrhunderts auf die Bedeutung der Antiklinalen für die Erdölakkumulation hinwies. In dem Standardwerk der Erdölgeschichte, „Trek of the Oil Finders", schreibt Edgar Wesley Owen:

„*Die bedeutende Rolle der österreichisch/ungarischen Geologen während der zweiten Hälfte des 19. Jahrhunderts und den frühen Jahren des 20. Jahrhunderts werden aufgrund der späteren historischen Ereignisse wenig gewürdigt. Die Monarchie zerbrach und die Erdölgebiete fielen an Polen und Rumänien. Da aber die wissenschaftlichen Arbeiten meist in Deutsch veröffentlicht wurden, erfuhren sie in den englischsprachigen Gebieten nur geringe Beachtung.*"

Wenn auch Ingenieure zu dieser Zeit spärlich in den Erdölfeldern zu finden waren, so gab es doch den einen und anderen, der sich für die Tiefbohrtechnik interessierte, um diese zu verbessern – einer davon war Albert Fauck, der zusammen mit Isidor Trauzl vor etwa hundert Jahren die „Commanditgesellschaft für Tiefbohrtechnik Trauzl & Co vormals Fauck & Co, Wien" zur Entwicklung und Erzeugung von Tiefbohranlagen gründete. Insbesondere das von Fauck erfundene Rapid- und Expreßbohrsystem war von so großem Erfolg bei der Erschließung der galizischen Ölfelder, daß die Royal Dutch Shell eine solche Bohranlage im Jahre 1895 in Indonesien (Pangkalan Brandan) zum Einsatz brachte.

Betrug der Verbrauch an Erdöl weltweit um die Jahrhundertwende etwa 20 Millionen Tonnen, so hatte er sich bis 1920 verfünffacht, und zu Beginn des Zweiten Weltkrieges wurden schon 300 Millionen Tonnen benötigt. Es ist verständlich, daß bei einer so rasanten Entwicklung Fragen der Technologie und Ökonomie auftreten und der Bedarf an qualifiziertem Personal bemerkbar wird. Haben in der USA schon in den späten 20er und frühen 30er Jahren Universitäten begonnen, Erdölingenieure auszubilden, so finden an der Montanistischen Hochschule erste Vorlesungen über Tiefbohrtechnik erst in den frühen 40er Jahren statt.

Es ist interessant zu vermerken, daß F. Lucas, als er 1904 nach Beaumont zurückkommt und über die möglichen Ursachen des drastischen Förderrückganges befragt wird – das Feld Spindletop förderte im Oktober 1902 fast 2 Millionen Faß und zwei Jahre später nur mehr 150.000 Faß; ein Abfall auf weniger als 10 % – folgendes sagt:

*„Es wurden zuviele Bohrungen niedergebracht, und die Kuh wurde zu stark gemolken, noch dazu mit wenig Verständnis!"*

Es war wahrscheinlich die erste wirtschaftlich-lagerstättenkundliche Beurteilung eines Ölfeldes. Trotzdem sehen wir in den USA noch bis in die späten 20er Jahre eine solche Bohrdichte bei der Erschließung von Ölfeldern, daß man manchmal von Bohrturm zu Bohrturm gehen konnte, ohne auf den Erdboden herabsteigen zu müssen.

In Europa hat erst in den frühen 40er Jahren A. Mayer-Gürr sein Buch über „Grundfragen der Erdölförderung" publiziert, 1952 schreibt W. Rühl über „Entölung von Erdöllagerstätten durch Sekundärverfahren", und schließlich kommt im Jahre 1955 St. Logigans Werk „Zur Frage des Bohrlochabstandes" heraus. Man darf damit feststellen, daß die Erdölgewinnungsindustrie voll im Begriff war, die Umstellung auf eine „fundierte Wissenschaft" durchzuführen; dies bedeutete einen enormen Bedarf an Ingenieuren, um diese Aufgaben zu erfüllen. Es soll jedoch hier nicht vergessen werden, daß bedingt durch den Zweiten Weltkrieg in Europa ein enormer Nachholbedarf bestand, und durch die Öffnung nach dem Westen aus den USA ein fast unerschöpflicher Nachschub an bereits entwickelter neuer Technik angeboten wurde. Am besten wird diese Entwicklung in der Graphik (Bild 4) dargestellt, wo die Zunahme der maximalen Bohrteufen in den USA und Österreich – stellvertretend für die außeramerikanischen Länder – gezeigt wird.

Die akademischen Ausbildungsstätten reagierten auf diese Situation entsprechend – leider waren die finanziellen Möglichkeiten nicht immer den Notwendigkeiten entsprechend gegeben. An der Montanistischen Hochschule Leoben begann G. Prikel 1947 mit Vorlesungen für Tiefbohrtechnik, 1949 wurde er Ordinarius der neuen Lehrkanzel für Tiefbohrtechnik und Erdölgewinnung. Seither hat diese Lehrkanzel der Industrie hunderte qualifizierte Erdölingenieure zur Verfügung gestellt, von denen nicht wenige im Ausland erfolgreich ihren Mann stehen.

Erdgas war viele Jahre lang ein gefährliches – ungeliebtes – Nebenprodukt der Erdölförderung, das man außer zum Befeuern der Dampfkessel in den Ölfeldern für nichts verwenden konnte – und das deshalb abgefackelt wurde. Zum ersten Mal wurde im Jahr 1938 von dem neu gebohrten Gasfeld Bentheim eine Gasleitung zu einem chemischen Werk gebaut, um diese Energie- und Rohstoffquelle zu nutzen. Später wurde Erdgas auch als Treibstoff für Kraftfahrzeuge verwendet. Es waren aber die großen Erdgasfunde in den 50er und 60er Jahren und der durch die ÖMV im Jahre 1967 initiierte Erdgasimport aus der UdSSR, die zum Aufbau des europäischen Erdgasversorgungssystems führten, das dann auch die Untergrundspeichertechnologie notwendig machte, und wieder wurde eine neue Fachgruppe von Ingenieuren von der Industrie benötigt (Bild 5).

Im Zusammenhang mit der Erdgasexploration kam es in den frühen 50er Jahren zu einer neuen

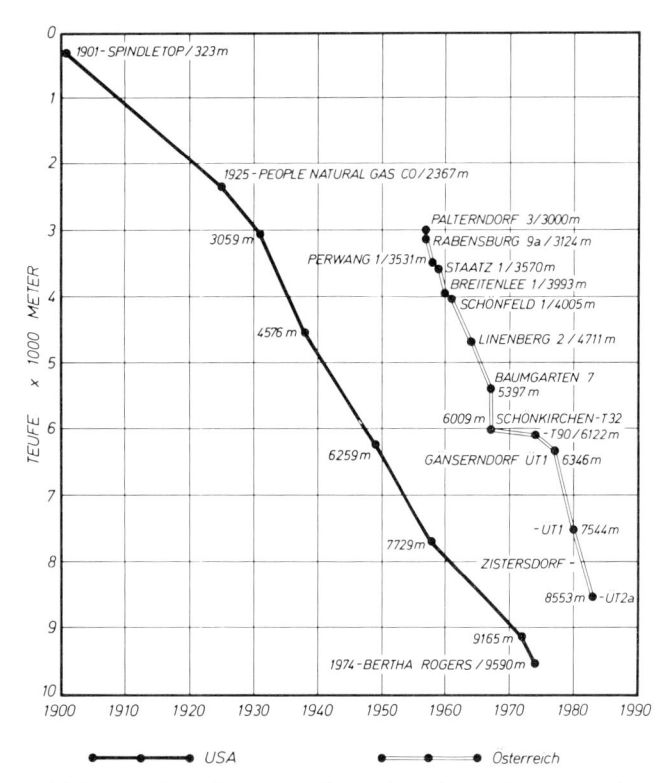

Bild 4: Zunahme der maximalen Bohrteufen in den USA und in Österreich.

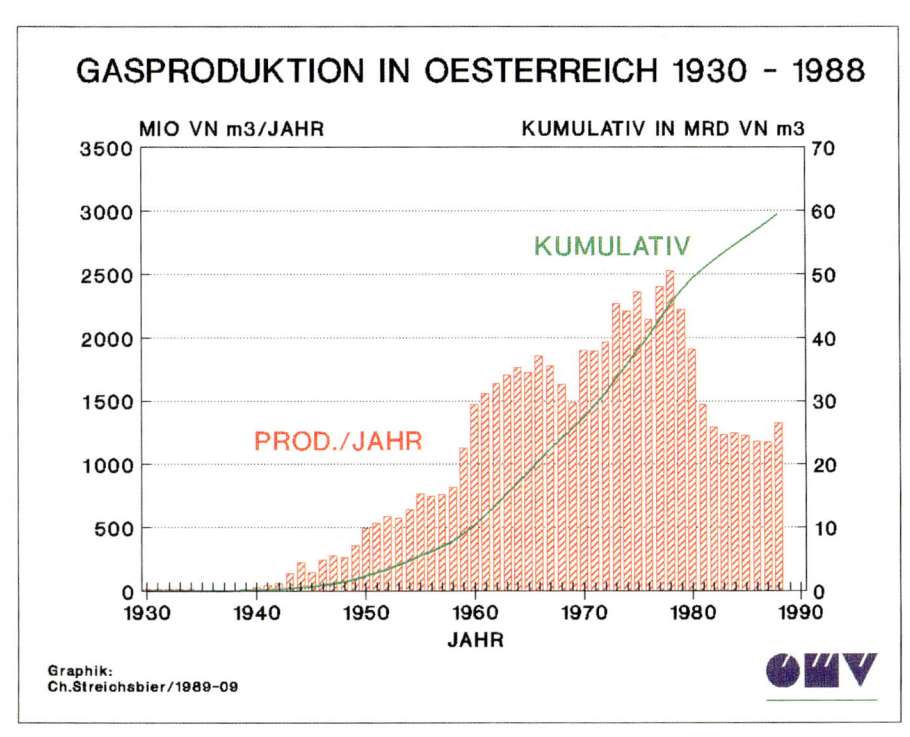

Bild 5: Erdgasproduktion in Österreich von 1930 bis 1988.

„Überraschung": Im Dezember 1951 kam es bei einer Aufschlußbohrung im Raum Lacq aus einer Teufe von 3.530 m zu einem Gasausbruch, und zum ersten Mal in Europa hatte dieses Gas einen gefährlichen Anteil an Schwefelwasserstoff. Schwefelwasserstoff ist nicht nur – bereits in extrem niedrigen Konzentrationen – lebensgefährlich, er ist auch äußerst aggressiv gegenüber Stahl. Wieder stellten sich neue Probleme, deren Lösung Ingenieure erforderte. In der Zwischenzeit – es wurde saures Gas auch in der Bundesrepublik Deutschland und Österreich erschlossen – sind diese Probleme auch gelöst. Der Stahl wurde modifiziert, und der produzierte Schwefelwasserstoff wird – chemisch umgewandelt – als Schwefel vermarktet.

Die Entwicklung bleibt jedoch nicht stehen. Zuerst in den Gewässern vor den USA und dann auch in der Nordsee stellte man sich die Frage „Gibt es unter dem Meer auch Öl oder Gas?" und es begann die Offshore-Tätigkeit. Zuerst zögernd in küstennahen Bereichen; schon zu Beginn der 50er Jahre hat die DEA auf der Vogelinsel vor Helmsand in der

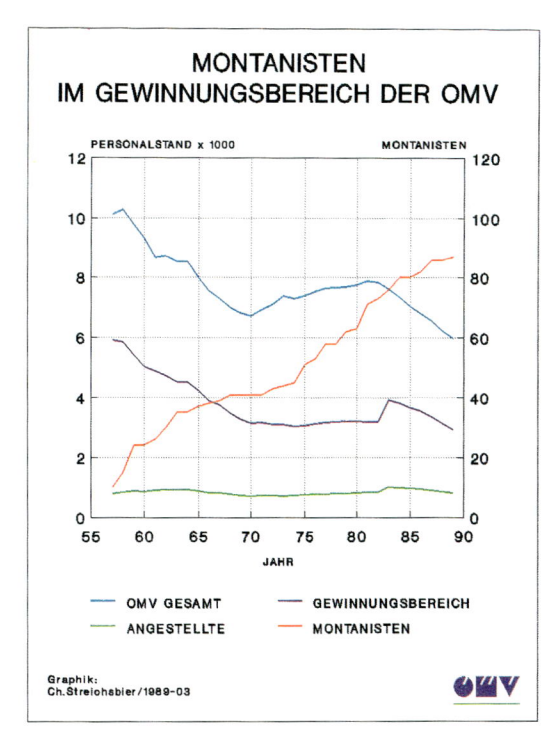

Bild 6: Personalentwicklung im Gewinnungsbereich der ÖMV Aktiengesellschaft.

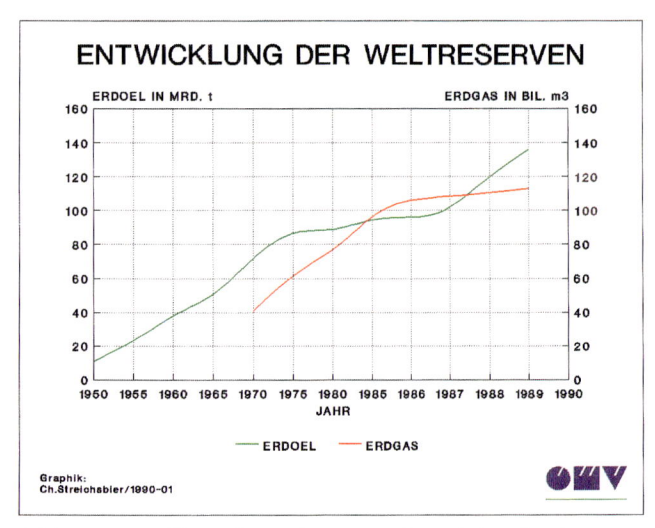

Bild 7: Entwicklung der Weltreserven für Erdöl und Erdgas von 1950 bis 1989.

Nordsee eine Aufschlußbohrung niedergebracht, die bei Flut voll im Wasser stand. Die ersten wichtigen Meeresbohrungen kamen 1964 durch den Einsatz der Hubinsel „Mr. Louie" im deutschen Teil der Nordsee, außerhalb der Dreimeilenzone. Wieder hatte ein neues Kapitel der europäischen Erdölindustrie begonnen – und wieder wurden Ingenieure benötigt. Nicht nur für die Bohrungen, sondern später auch für die in Meeresgebieten viel schwierigeren Fragen der Förderung, der Aufbereitung und des Transportes zum Festland.

So sehen wir heute ein weites Betätigungsfeld in der Erdöl/Erdgas-Gewinnungsindustrie, die eine Vielfalt an Ingenieuren benötigt. Wie stark sich der Anteil von Ingenieuren in der Erdölindustrie erhöht hat, soll das Beispiel der Personalentwicklung im Gewinnungsbereich der ÖMV Aktiengesellschaft zeigen (Bild 6). Berücksichtigt man dabei, daß der Gesamtpersonalstand im Betrachtungszeitraum erheblich – etwa um 50 % – gesunken ist, ergibt sich die starke, überproportionale Zunahme an Erdölingenieuren.

Aber wie soll es weitergehen? Hat diese Industrie überhaupt noch Zukunft? Die Entwicklung der Vorratszahlen für Erdöl und Erdgas (Bild 7) zeigt, daß noch nie so hohe Reserven zur Verfügung standen wie heute. Ende 1988 hatten wir ein Produktions/Reserven-Verhältnis bei Erdöl von 41.3 und bei Erd-

gas sogar von 58.0. Die Graphik zeigt die kontinuierliche Aufwärtsentwicklung der bekannten Kohlenwasserstoffreserven. Wenn man die Ressourcenabschätzungen (Bild 8) dazunimmt, kann man wahrlich von einer gesicherten Versorgung in der Zukunft sprechen.

Es ist allerdings dabei zu berücksichtigen, daß die meisten Industrieländer schon sehr früh mit dem Abbau ihrer Erdöl- und Erdgaslager begonnen haben und heute nur mehr über – relativ – geringe Reserven verfügen. Gewaltige Lager befinden sich jedoch in jenen Gegenden, die bisher aus politischen, geographischen bzw. klimatischen Gegebenheiten nicht attraktiv waren. So teilen sich die derzeit sicheren Erdöl- und Erdgasreserven der Welt prozentuell geographisch wie folgt auf:

|  | GAS | ÖL |
|---|---|---|
| **Mittlerer Osten** | 28.6 % | 66.0 % |
| **Länder mit Planwirtschaft** | 43.5 % | 9.1 % |
| **Westeuropa** | 6.2 % | 4.1 % |
| **Lateinamerika** | 9.2 % | 18.3 % |
| **Rest** | 12.5 % | 2.5 % |

Man darf aber nicht vergessen, daß noch weite Gebiete der Erdoberfläche nicht untersucht sind und dort sicher noch gewaltige Mengen von Erdöl und Erdgas der Entdeckung harren.

Jedoch die Probleme, die dabei zu lösen sind, werden immer größer:

- Die Bohrungen werden immer tiefer und Schichten mit hohen Drücken und Temperaturen werden erbohrt.

- Tiefe Gaslagerstätten stehen unter hohem Druck, und das Gas hat oft gefährliche Anteile an Schwefelwasserstoff und Kohlensäure.

- Die Bemühungen, bekannte Lagerstätten besser auszubeuten, haben zur Anwendung von komplizierten Förderverfahren geführt. Trotzdem verbleiben derzeit noch zwei Drittel des Erdöls und die

## ABSCHAETZUNG DER WELTERDOEL RESSOURCEN

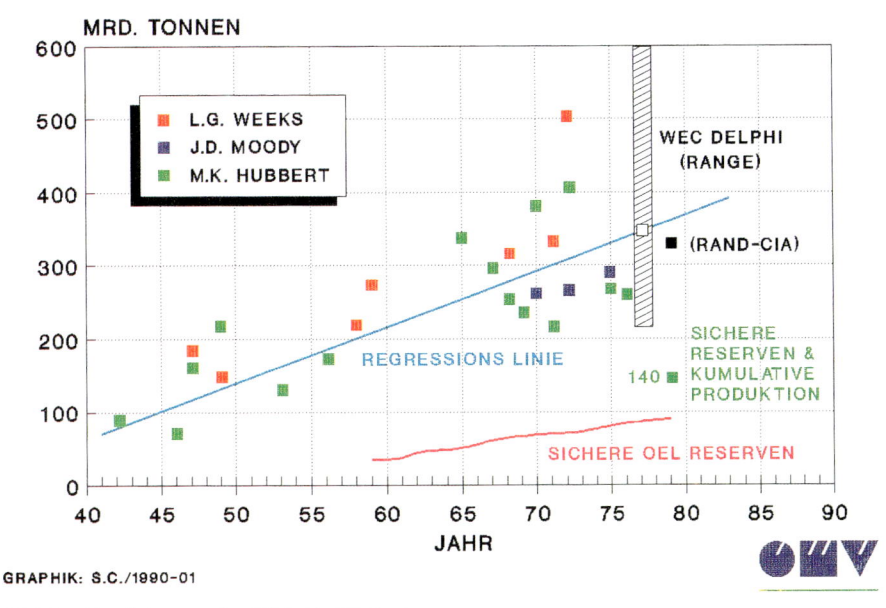

Bild 8: Abschätzung der Welt-Erdöl-Ressourcen.

Hälfte des Erdgases in den Lagerstätten als technisch/wirtschaftlich nicht förderbar.

- Um diese Lagerstätten besser zu verstehen und damit wirtschaftlicher nutzen zu können, werden aufwendige Simulationen mit komplizierten Computerprogrammen durchgeführt.

- Zur Suche nach neuen Lagerstätten werden auf den Weltmeeren schwimmende Bohrgiganten eingesetzt, und Wassertiefen von mehreren hundert Metern werden genauso bezwungen, wie die Eiswüsten der Arktis.

- Zur Versorgung der Welt mit Erdgas wurden und werden gewaltige Pipelinesysteme quer durch die Kontinente gebaut – gigantische Untergrundspeicher sorgen für den saisonalen Ausgleich.

In vielen Bereichen war die Erdgas- und Erdölindustrie richtungsweisend und bahnbrechend, wie zum Beispiel bei der großindustriellen Nutzung der Geothermie.

Um diese Aufgaben zu erfüllen, hat die Erdgas- und Erdölindustrie in der Vergangenheit in steigendem Maße qualifizierte Mitarbeiter benötigt. In nicht unerheblichem Ausmaß waren es Diplomingenieure mit montanistischer Ausbildung. Absolventen der Montanuniversität haben sich dabei nicht nur im Inland, sondern auch weltweit im Ausland bewährt. Aus diesen Überlegungen verfolgt die Industrie aufmerksam die Entwicklung der Studienrichtung Erdölwesen an der Montanuniversität und unterstützt die entsprechenden Lehrkanzeln tatkräftig, um die Qualität der Absolventen, die sie in Zukunft noch stärker benötigen wird als in der Vergangenheit, im europäischen Spitzenniveau zu garantieren.

Abschließend kann festgestellt werden, daß die Erdgas- und Erdölindustrie für ihren Fortbestand in der Zukunft gut ausgebildete, einsatzfreudige und vielleicht auch ein wenig abenteuerlustige Ingenieure aus Leoben benötigen wird.

# Überlegungen zur Zukunft der Österreichischen Stahlindustrie

Alfred RANDAK

Wenn man sich mit der Zukunft der europäischen und besonders der österreichischen Stahlindustrie auseinandersetzen will, dann ist es sehr hilfreich, die Ereignisse der letzten 15 Jahre noch einmal Revue passieren zu lassen.

Die Stahlunternehmen der westlichen Welt, besonders in den USA, in Europa und Japan, hatten von 1975 bis 1987 eine schwere Krise durchzustehen, die zu einschneidenden Veränderungen in dieser Industriebranche führte. Ein überzogener und von unrealistischem Optimismus geprägter Kapazitätsausbau traf auf einen weltweiten Nachfragerückgang. Drastische Preiseinbrüche waren die unmittelbare Folge. Sie führten zu katastrophalen Verlusten in nahezu allen Stahlunternehmen der westlichen Welt. Radikale Einsparungsprogramme, Personalabbau und Einstellungssperre, Betriebs- und Werksstillegungen, Quotenregelungen und staatliche Subventionen prägten den Krisenalltag. Diese Maßnahmen in Verbindung mit einer teilweise unglücklichen Öffentlichkeitsarbeit der Unternehmen hatten ein ausgesprochen negatives Image der Stahlindustrie zur Folge. Hinzu kam, daß die Krise der Stahlindustrie in der Öffentlichkeit mit einer Krise des Werkstoffs Stahl gleichgesetzt wurde. In Deutschland wurden Parallelen zur Situation im Steinkohlenbergbau gezogen, und das Wort von dem zu Ende gehenden Stahlzeitalter machte die Runde.

Dabei muß man sich in Erinnerung rufen, daß weder der Beginn der Stahlkrise im Jahre 1975 noch das Wiederanspringen der Stahlkonjunktur 1987/88 von Experten vorhergesagt worden waren. Vorsicht bei Prognosen ist daher geboten.

Die 12 Krisenjahre hatten aber auch positive Konsequenzen. Sie bereiteten den Boden dafür auf, verkrustete Strukturen aufzubrechen und überholte Regelungen zu verändern. Organisatorische Straffungen, Rationalisierungen und Redimensionierungen, Kostenbewußtsein, ergebnisorientierte Arbeit, energie- und umweltbewußtes Denken sind einige

| Jahr | Welt | Westliche Welt |
|------|------|----------------|
| 1950 | 192  | 153            |
| 1960 | 346  | 241            |
| 1970 | 595  | 419            |
| 1979 | 747  | 497            |
| 1980 | 716  | 464            |
| 1981 | 708  | 460            |
| 1982 | 646  | 399            |
| 1983 | 664  | 407            |
| 1984 | 711  | 446            |
| 1985 | 719  | 451            |
| 1986 | 713  | 433            |
| 1987 | 736  | 449            |
| 1988 | 778  | 488            |

**WELT – ROHSTAHL – PRODUKTION 1950 – 1988**

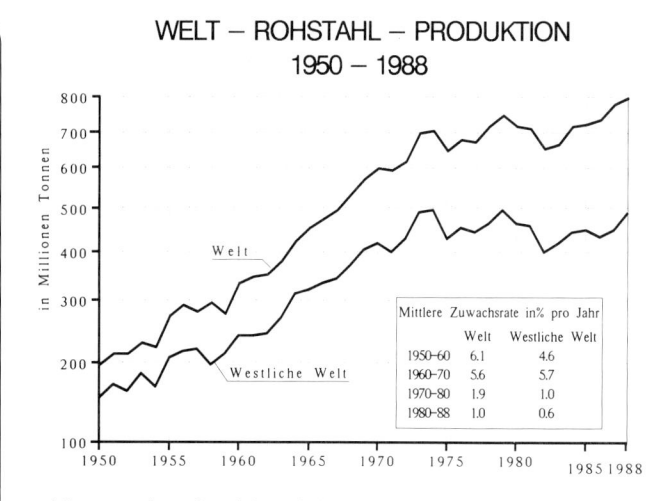

| Mittlere Zuwachsrate in % pro Jahr | | |
|---|---|---|
| | Welt | Westliche Welt |
| 1950–60 | 6.1 | 4.6 |
| 1960–70 | 5.6 | 5.7 |
| 1970–80 | 1.9 | 1.0 |
| 1980–88 | 1.0 | 0.6 |

Bild 1: Welt-Rohstahlproduktion von 1950 bis 1988.
International Iron and Steel Institute Brüssel.

## STAHL – PRODUKTION
### Geographische Verteilung, 1979

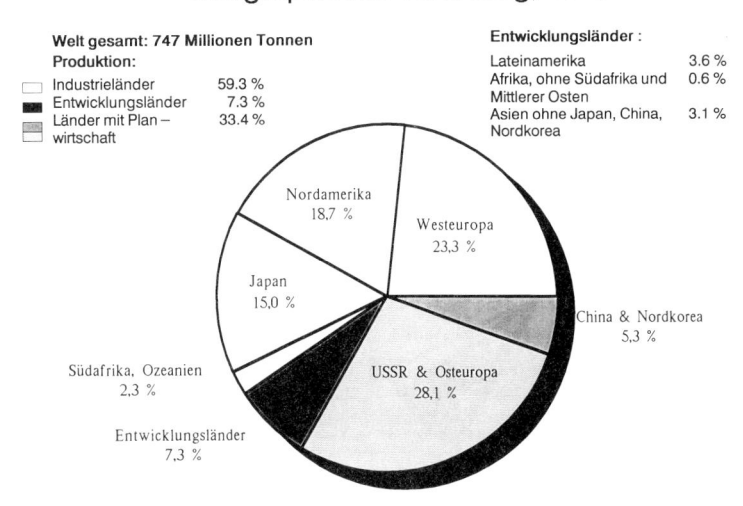

**Welt gesamt: 747 Millionen Tonnen**
Produktion:
- Industrieländer       59.3 %
- Entwicklungsländer    7.3 %
- Länder mit Planwirtschaft   33.4 %

Entwicklungsländer:
- Lateinamerika         3.6 %
- Afrika, ohne Südafrika und Mittlerer Osten   0.6 %
- Asien ohne Japan, China, Nordkorea   3.1 %

- Nordamerika 18,7 %
- Westeuropa 23,3 %
- Japan 15,0 %
- China & Nordkorea 5,3 %
- Südafrika, Ozeanien 2,3 %
- USSR & Osteuropa 28,1 %
- Entwicklungsländer 7,3 %

## STAHL – VERBRAUCH
### Geographische Verteilung, 1979

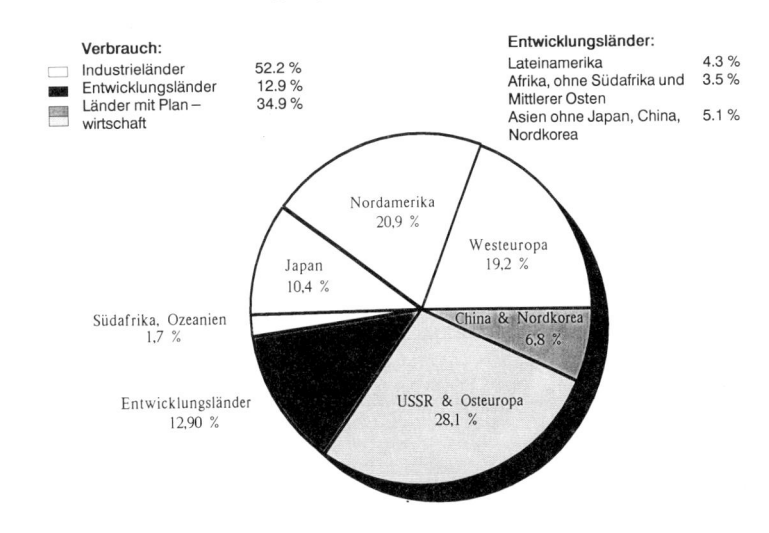

Verbrauch:
- Industrieländer       52.2 %
- Entwicklungsländer    12.9 %
- Länder mit Planwirtschaft   34.9 %

Entwicklungsländer:
- Lateinamerika         4.3 %
- Afrika, ohne Südafrika und Mittlerer Osten   3.5 %
- Asien ohne Japan, China, Nordkorea   5.1 %

- Nordamerika 20,9 %
- Westeuropa 19,2 %
- Japan 10,4 %
- China & Nordkorea 6,8 %
- Südafrika, Ozeanien 1,7 %
- USSR & Osteuropa 28,1 %
- Entwicklungsländer 12,90 %

Bild 2: Geographische Verteilung der Stahlproduktion im Jahr 1979 und im Jahr 1988.
International Iron and Steel Institute Brüssel.

Begriffe, die beispielhaft für diese Veränderungen genannt werden sollen.

Inzwischen hat die Stahlindustrie der westlichen Welt, nicht zuletzt auch die österreichische Stahlindustrie, wieder Tritt gefaßt, allerdings nicht unwesentlich unterstützt durch eine freundliche Konjunktur. Ohne jeden Zweifel sind die meisten Unternehmen als Folge der vorab genannten Maßnahmen effizienter und schlagkräftiger geworden.

Während die westeuropäische Stahlindustrie stets bemüht war, die Produktionseinrichtungen, dem jeweiligen Stand der Technik folgend, durch Investitionen weiterzuentwickeln, hat die US-amerikanische Industrie über Jahre hinweg zu wenig für den

## STAHL – PRODUKTION
### Geographische Verteilung, 1988

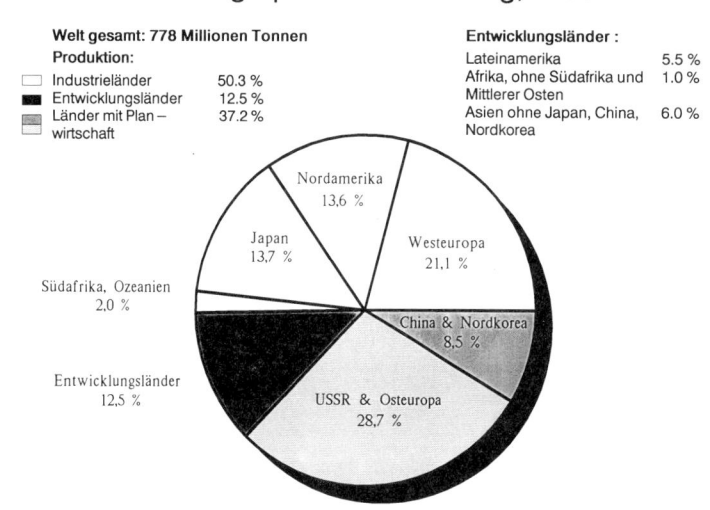

**Welt gesamt: 778 Millionen Tonnen**

Produktion:
- Industrieländer — 50.3 %
- Entwicklungsländer — 12.5 %
- Länder mit Planwirtschaft — 37.2 %

Entwicklungsländer:
- Lateinamerika — 5.5 %
- Afrika, ohne Südafrika und Mittlerer Osten — 1.0 %
- Asien ohne Japan, China, Nordkorea — 6.0 %

Anteile (Tortendiagramm):
- Nordamerika 13,6 %
- Japan 13,7 %
- Westeuropa 21,1 %
- Südafrika, Ozeanien 2,0 %
- Entwicklungsländer 12,5 %
- China & Nordkorea 8,5 %
- USSR & Osteuropa 28,7 %

## STAHL – VERBRAUCH
### Geographische Verteilung, 1988

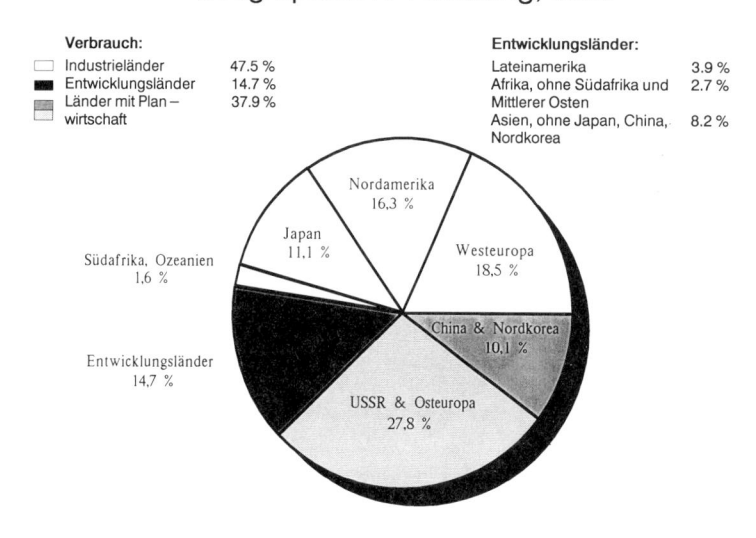

Verbrauch:
- Industrieländer — 47.5 %
- Entwicklungsländer — 14.7 %
- Länder mit Planwirtschaft — 37.9 %

Entwicklungsländer:
- Lateinamerika — 3.9 %
- Afrika, ohne Südafrika und Mittlerer Osten — 2.7 %
- Asien, ohne Japan, China, Nordkorea — 8.2 %

Anteile (Tortendiagramm):
- Nordamerika 16,3 %
- Japan 11,1 %
- Westeuropa 18,5 %
- Südafrika, Ozeanien 1,6 %
- Entwicklungsländer 14,7 %
- China & Nordkorea 10,1 %
- USSR & Osteuropa 27,8 %

Bild 3: Geographische Verteilung des Stahlverbrauches im Jahr 1979 und im Jahr 1988.

International Iron and Steel Institute Brüssel

technischen Fortschritt getan. Diese unglückliche Politik hat sich nicht nur in der Modernität der Produktionsanlagen niedergeschlagen, sondern sie führte auch zu einem „know-how-Rückstand" gegenüber Japan und Europa. Es kann daher nicht überraschen, daß in den USA in den letzten Jahren verschiedene Gemeinschaftsunternehmen entstanden sind, an denen japanische und auch koreanische Unternehmen beteiligt sind. Als jüngstes Beispiel ist der Einstieg der Kawasaki Steel Corp. bei Armco Inc. zu nennen, als dessen Folge die Werke Ashland und Middletown künftig als Joint-venture-Unternehmen beider Firmen geführt werden sollen. Es ist durchaus denkbar, daß die US-Stahlindustrie in Zukunft mehr-

**Tabelle 1:**
**Die größten Stahl-Unternehmer der Welt.**
**Rohstahlerzeugung in Millionen Tonnen.**
**(International Iron and Steel Institute Brüssel).**

| 1988 | | 1987 | | |
|---|---|---|---|---|
| 1. | 28.3 | 1. | 26.0 | Nippon Steel |
| 2. | 17.6 | 2. | 16.7 | USINOR-SACILOR |
| 3. | 14.7 | 3. | 13.6 | British Steel |
| 4. | 14.1 | 10. | 10.4 | USX |
| 5. | 13.1 | 5. | 11.3 | Pohang |
| 6. | 12.0 | 6. | 11.3 | NKK Vorporation |
| 7. | 11.8 | 4. | 12.5 | ILVA SpA |
| 8. | 11.8 | 7. | 10.7 | Thyssen |
| 9. | 11.7 | 8. | 10.5 | Bethlehem |
| 10. | 11.0 | 12. | 10.1 | Sumitomo |
| 11. | 10.9 | 11. | 10.1 | Kawasaki |
| 12. | 9.5 | 9. | 10.4 | LTV |
| 13. | 8.4 | 13. | 7.3 | SAIL |
| 14. | 6.5 | 15. | 5.9 | Kobe Steel |
| 15. | 6.3 | 14. | 6.5 | ISCOR |
| 16. | 6.0 | 16. | 5.8 | BHP |
| 17. | 5.6 | 18. | 5.0 | Inland Steel |
| 18. | 5.3 | 19. | 4.8 | Hoogovens |
| 19. | 5.2 | 17. | 5.4 | Armco |
| 20. | 4.9 | 27. | 3.7 | China Steel |
| 21. | 4.9 | 20. | 4.7 | National |
| 22. | 4.5 | 22. | 4.3 | Cockeril-Sambre |
| 23. | 4.4 | 23. | 4.2 | Voest Alpine |
| 24. | 4.3 | 32. | 3.4 | Peine-Salzgitter |
| 25. | 4.3 | 26. | 3.8 | Krupp Stahl |
| 26. | 4.3 | 30. | 3.6 | Mannesmann |
| 27. | 4.2 | 40. | 2.9 | USIMINAS |
| 28. | 4.1 | 25. | 3.9 | Hoesch |
| 29. | 4.1 | 21. | 4.5 | Stelco |
| 30. | 3.9 | 24. | 4.1 | CSN |
| 31. | 3.7 | 29. | 3.7 | Dofasco |
| 32. | 3.7 | 36. | 3.3 | ARBED |
| 33. | 3.6 | 33. | 3.4 | Klöckner |
| 34. | 3.5 | 41. | 2.9 | SIDMAR |
| 35. | 3.4 | 37. | 3.2 | Tokyo Steel |
| 36. | 3.3 | 28. | 3.7 | ENSIDESA |
| 37. | 3.2 | 34. | 3.4 | Nisshin Steel |
| 38. | 3.2 | 31. | 3.5 | CST-Siderurgica de Tubarao |
| 39. | 3.2 | 35. | 3.3 | CVG-Siderurgica del Orinoco |
| 40. | 3.2 | 39. | 2.9 | Weirton |
| 41. | 3.0 | 38. | 3.0 | AHMSA |
| 42. | 3.0 | 42. | 2.8 | Svenski Stal |
| 43. | 2.9 | 47. | 2.3 | COSIPA |
| 44. | 2.8 | 45. | 2.3 | Saarstahl Völklingen |
| 45. | 2.8 | 43. | 2.4 | Rouge-Steel |
| 46. | 2.3 | 50. | 2.0 | Rautaruukki |
| 47. | 2.3 | 46. | 2.3 | Tata |
| 48. | 2.3 | 44. | 2.3 | Algoma |
| 49. | 2.2 | 48. | 2.2 | Co-Steel Inc. |
| 50. | 2.2 | 49. | 2.2 | Nakayama |
| 51. | 2.2 | 51. | 2.0 | United Engineering Steels |
| 52. | 2.1 | 52. | 1.8 | ACOMINAS |

heitlich durch japanische Unternehmen dominiert werden wird. So ist die Stahlindustrie der USA ein warnendes Beispiel für das Schicksal einer Branche, die über Jahre hinweg zu wenig für die technische Weiterentwicklung getan hat.

Wenn man sich der aktuellen Situation zuwendet, dann zeigt Bild 1, daß 1988 mit 778 Mio. t eine neue Höchstleistung in der Rohstahlproduktion der Welt erreicht wurde. Davon entfallen auf die westliche Welt 488 Mio. t, während 1979 bereits 497 Mio. t erzeugt worden sind.

Daraus ergibt sich eine regionale Verschiebung, die besonders deutlich in Bild 2 erkennbar wird. Der Anteil der Industrieländer an der Weltrohstahlproduktion ist von 59,3 % im Jahre 1979 auf 50,3 % im Jahre 1988 zurückgegangen (Im Jahre 1974 lag der Anteil der Industrieländer noch bei 66 %!!). Demgegenüber ist der Anteil der Entwicklungsländer, Chinas und Südkoreas von 12,6 % auf 21 % gestiegen. Dieser Trend dürfte sich in den nächsten Jahren fortsetzen. Bild 3 zeigt die gleiche Gegenüberstellung nach Regionen für den Weltstahlverbrauch. Auch hier ist von 1979 bis 1988 der gleiche Trend festzustellen, allerdings weniger stark ausgeprägt als bei der Produktion. Ein Blick auf die Liste der größten Stahlunternehmen der Welt zeigt, daß die Krise auch in der Reihung der Unternehmen ihre Spuren hinterlassen hat (Tabelle 1). Unter den 10 größten Stahlerzeugern befinden sich neben Thyssen 3 weitere europäische Unternehmen, deren Größe teilweise eine Folge der Verstaatlichung und Zusammenfassung der nationalen Einheiten darstellt (BSC ist inzwischen nach Wiedererreichen der Gewinnschwelle reprivatisiert worden). Bemerkenswert ist auch die zunehmend starke Position von Posco. Die Voest-Alpine Stahl befindet sich zusammen mit den deutschen Unternehmen Peine-Salzgitter, Krupp Stahl, Mannesmann und Hoesch im Mittelfeld. Wenngleich Größe allein kein Maßstab sein kann, darf doch nicht übersehen werden, daß bei vergleichbarem Erzeugungsprogramm und gleichem auf den Umsatz bezogenem Aufwand, z.B. für Forschung und Entwicklung, die verfügbaren Mittel proportional mit dem Umsatz steigen.

Ein Blick auf die Zahl der in den wichtigsten westlichen Ländern in der Stahlindustrie Beschäftigten läßt deutlich werden, welch gewaltiger Personalabbau in einzelnen Ländern stattgefunden hat. Die mit Abstand größte Reduzierung ist in Großbritannien erfolgt. Die Belegschaft wurde von 1974 bis 1987 fast auf ein Viertel zurückgeführt. Der Abbau war bereits 1987 abgeschlossen, was sicher auch dazu beigetragen hat, daß BSC im letzten Geschäftsjahr gute Ergebnisse erwirtschaften konnte (Tabelle 2).

Da die Reduzierung der Belegschaft im allgemeinen nur mit einer unterproportionalen Rückführung der Produktion verbunden war, konnten teilweise sehr beachtliche Produktivitätssteigerungen erzielt werden. Ohne Zweifel gibt es heute in Europa mehrere Stahlunternehmen, die in vielen Produktbereichen weltweit keinen Vergleich in bezug auf Kosten und Produktivität zu scheuen brauchen.

Die Restrukturierung in der österreichischen Stahlindustrie ist auf gutem Wege. Beachtliche Erfolge wurden bisher erreicht, doch bleibt noch Einiges zu tun. Es ist sehr zu hoffen, daß die Planungen konsequent verwirklicht werden, um in allen bedeutenden Produktbereichen mit den führenden Unternehmen Europas gleichziehen zu können.

Als Folge des Personalabbaues und flankierender Maßnahmen ist in den meisten Unternehmen zu wenig für den qualifizierten Nachwuchs, besonders im Bereich der Technik, getan worden. In vielen technischen Bereichen fehlen Fachkräfte. Erstklassige Ingenieure in ausreichender Zahl sind eine unabdingbare Voraussetzung, wenn die gesteckten Ziele der internationalen Wettbewerbsfähigkeit erreicht und erhalten werden sollen. Damit sind auch die Universitäten, besonders die Montanuniversität Leoben, angesprochen. Industrie, dem Stahl nahestehende Verbände und soweit möglich auch Universitäten müssen mehr tun, um das angeschlagene Image der Stahlindustrie zu verbessern. Es reicht nicht aus, wenn die in der Stahlindustrie und den verbundenen Unternehmen Tätigen wissen, daß in dieser Industrie in weiten Bereichen modernste Technik betrieben und modernste Managementmethoden eingesetzt werden. Das Bild des Durchschnittsbürgers von der Stahlindustrie ist nach wie vor ein Zerrbild, das von überholten und falschen Vorstellungen geprägt wird. Hier muß nachhaltig und breit gestreut gezielte Aufklärungsarbeit geleistet werden. Dabei wird besonders darauf hinzuweisen sein, daß der Werkstoff Stahl im Gegensatz zur „Volksmeinung" über ausgezeichnete Zukunftsaussichten verfügt. Nur wenn diese Aufklärung erfolgt, werden erstklassige Maturanten bei ihrer Berufsplanung die Stahlindustrie und als Vorbereitung hierfür einschlägige Studienrichtungen berücksichtigen. Es wurde bereits darauf hingewiesen, daß die europäischen Stahlunternehmen im allgemeinen bemüht waren, die Modernität ihrer Produktionsanlagen zu erhalten. Hingegen wurde für die Weiterentwicklung der Werkstoff- und Anwendungstechnik und der Produktionsverfahren viel zu wenig getan. Zwar

**Tabelle 2:**
**Beschäftigte in der Stahlindustrie, 1974 und 1985 bis 1988; in Tausenden Beschäftigten, jeweils am Jahresende.**
(International Iron and Steel Institute Brüssel).

|  | 1974 | 1985 | 1986 | 1987 | 1988 |
|---|---|---|---|---|---|
| Belgien | 64 | 35 | 31 | 29 | 28 |
| Dänemark | 2 | 2 | 2 | 2 | 2 |
| Frankreich | 158 | 76 | 68 | 58 | 53 |
| BRD | 232 | 151 | 143 | 133 | 131 |
| Italien | 96 | 67 | 66 | 63 | 59 |
| Luxemburg | 23 | 13 | 12 | 11 | 11 |
| Niederlande | 25 | 19 | 19 | 19 | 18 |
| Portugal | 4 | 6 | 6 | 6 | 5 |
| Spanien | 89 | 54 | 51 | 45 | 40 |
| UK | 194 | 61 | 57 | 55 | 55 |
| Zwischensumme | 887 | 483 | 455 | 421 | 402 |
| Österreich | 44 | 34 | 32 | 29 | 26 |
| Finnland | 10 | 10 | 10 | 10 | 10 |
| Schweden | 51 | 31 | 29 | 28 | 27 |
| Jugoslawien | 42 | 56 | 59 | 56 | 56 |
| Kanada | 77 | 69 | 67 | 67 | 66 |
| USA | 521 | 238 | 220 | 203 | 212 |
| Brasilien | 118 | 145 | 156 | 155 | 155 |
| Australien | 42 | 30 | 30 | 29 | 29 |
| Japan | 459 | 349 | 340 | 314 | 306 |
| Indien | 197 | 290 | 290 | 287 | 290 |
| Südafrika | 100 | 109 | 110 | 110 | 109 |
| Gesamtsumme | 2550 | 1845 | 1800 | 1710 | 1690 |

## PRO – KOPF – STAHLVERBRAUCH
## 1983 – 1988

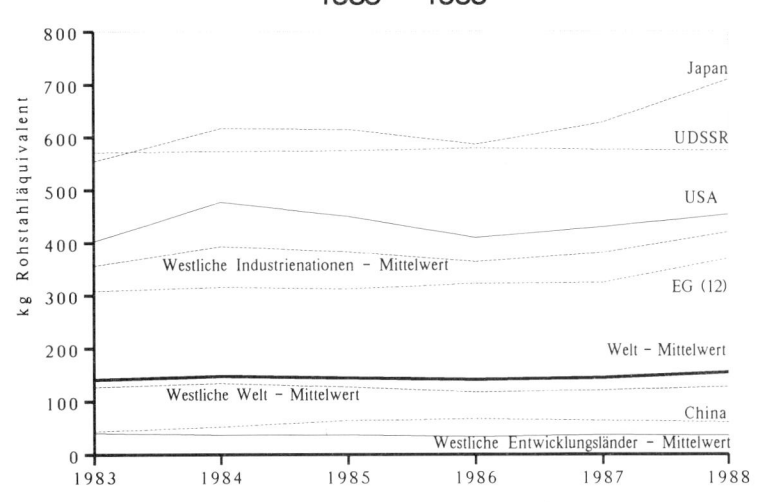

Bild 4: Pro-Kopf-Stahlverbrauch in den Jahren 1983 bis 1988.

International Iron and Steel Institute Brüssel.

ist der Stahlverbrauch in den letzten Jahren als Folge der freundlichen Konjunktur in Europa, USA und besonders in Japan gestiegen (Bild 4). Es gibt jedoch kaum Zweifel daran, daß der Stahlverbrauch in den Industrieländern mittel- und langfristig zurückgehen wird. (Die wichtigsten Gründe hierfür sind: höherwertige Stähle, effizientere Nutzung und Anwendung der Stähle, Substitution durch Wettbewerbswerkstoffe). Hierzu gibt es sehr stark voneinander abweichende Prognosen. Z.B. besagt eine Studie der Universität Michigan aus dem Jahr 1988, daß der Stahleinsatz im Automobilbau in der Zeit von 1985 bis 2000 um etwa 30 % zurückgehen wird (Bild 5). In der europäischen Autoindustrie gibt es hierzu verschiedene Szenarien. (Die europäischen Pkws sind aus mehreren Gründen mit den US-Pkws nicht unmittelbar vergleichbar). Aber auch in Europa wird ein Rückgang des Stahleinsatzes im Pkw-Bau zwischen 15% und 30% für wahrscheinlich angesehen.

Da die Autoindustrie zu den wichtigsten Stahlverbrauchern zählt, kommt diesen Aussagen erhebliche Bedeutung zu.

Trotz dieses erwarteten Rückgangs im Stahlverbrauch gehen Experten in aller Welt davon aus, daß Stahl für die überschaubare Zukunft der wichtigste oder zumindest einer der wichtigsten technischen Werkstoffe bleiben wird. Es gibt jedoch keine Reservate. Jeder einzelne aus Stahl gefertigte Teil wird sich immer wieder im Wettbewerb mit anderen Werkstoffen bewähren müssen (Preis, Verarbeitungsbedingungen, Eigenschaften der Fertigteile etc.). Es sollte unbedingt beachtet werden, daß die Hersteller von Kunststoffen, von Aluminium, von Keramik etc. zum Teil erheblich größere Aufwendungen als die Stahlindustrie betreiben, um den Verbrauchern vorteilhafte Lösungen anbieten zu können.

In der bereits erwähnten Studie der Universität Michigan wird die Erwartung ausgesprochen, daß die Pkws in den nächsten Jahren einen Kunststoff-Boden erhalten werden (Bild 6). Dieses Beispiel wirft die Frage auf, ob seitens der Stahlindustrie genug getan wird, um die Attraktivität von Stahl für die Verbraucher zu erhalten bzw. zu verbessern. Es muß daran erinnert werden, daß ein deutlicher Rückgang des Stahlverbrauchs konsequenterweise zu einer weiteren Reduzierung der Erzeugungskapazitäten führen muß, da andernfalls wieder mit drastischen Preiseinbrüchen zu rechnen wäre. Der Stahlindustrie sollte daher im eigenen Interesse daran gelegen sein, durch zukunftsorientierte und breit angelegte Forschungsprojekte das Potential des Werkstoffs Stahl auszuschöpfen. Hierbei sollte in

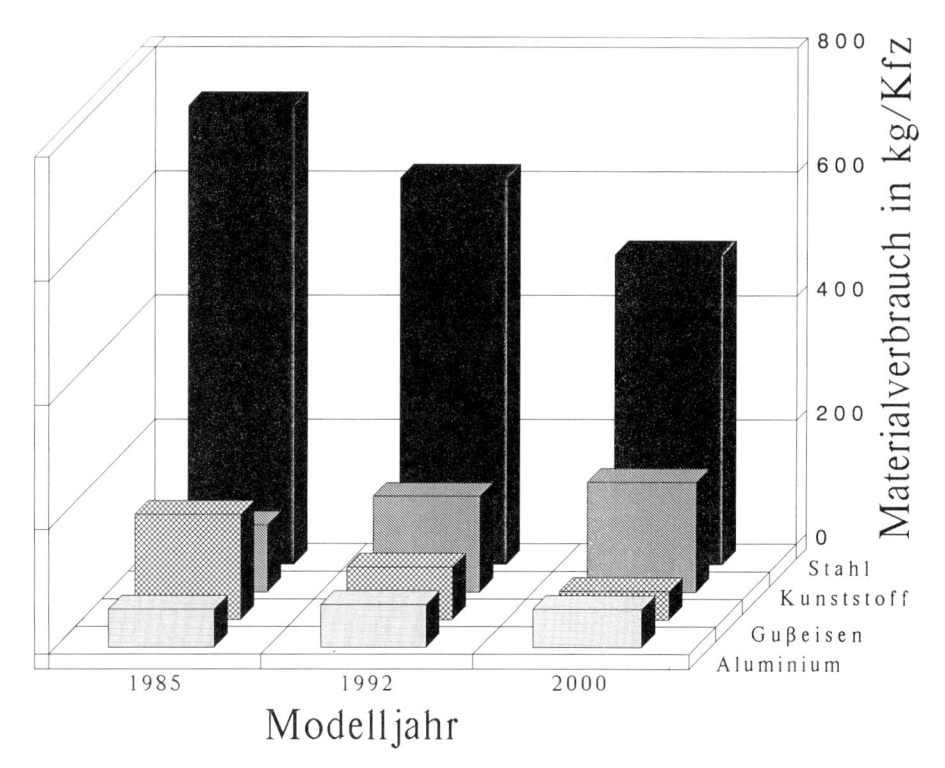

Bild 5: Prognose für den Werkstoffeinsatz im Automobilbau.  Universität Michigan 1988.

enger Zusammenarbeit mit den Universitäten und den Verbrauchern Anwendungsbereich für Anwendungsbereich kritisch untersucht werden, um neue, den Stahlverbrauch fördernde Impulse geben zu können. Bei einer kritischen Wertung kann man nämlich durchaus zu dem Ergebnis kommen, daß der Stahl seine Chancen nicht konsequent genutzt hat.

Sicherlich sind die europäischen Stahlverbraucher daran interessiert, in erster Linie mit europäischen Stahlunternehmen zusammenzuarbeiten. Sie wollen aber verständlicherweise die Gewißheit haben, daß ihre Stahlpartner konsequent an der Weiterentwicklung der Stahlerzeugnisse und der Herstellverfahren arbeiten. Eine eingehende Behandlung dieser Zusammenhänge würde den Rahmen dieses Berichtes sprengen.

Es soll aber betont werden, daß in wichtigen Bereichen der Stahlherstellung technologische Sprünge denkbar sind, deren Verwirklichung das Bild der Industrien deutlich verändern würde. Erwähnt seien die „Schmelzreduktion" und das „endabmessungsnahe Gießen". Ohne Zweifel sind derartige Projekte vielfach so aufwendig und risikobehaftet, daß sie die Möglichkeiten einzelner Unternehmen übersteigen. Aus diesem Grund werden z.B. auf dem Gebiet der Schmelzreduktion in Japan und in den USA große Forschungsprojekte mit staatlichen Mitteln gefördert. In Europa ist es hierzu bisher nicht oder aber nur

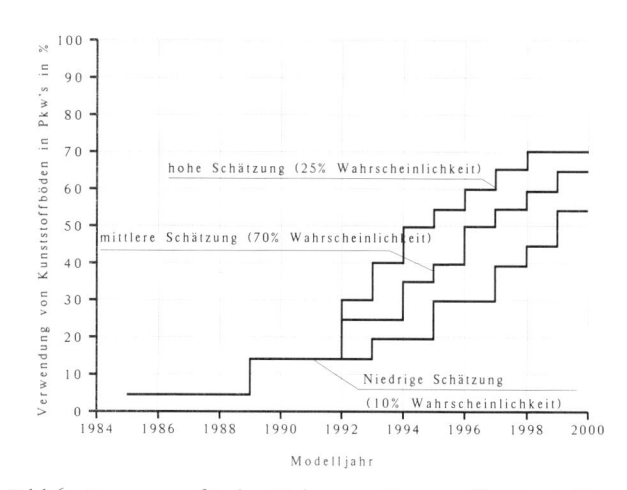

Bild 6: Prognosen für den Einbau von Kunststoffböden in Pkws.  Universität Michigan 1988.

in Ansätzen gekommen. Die österreichische Industrie gemeinsam mit den beteiligten Universitäten könnte sich große Verdienste erwerben, wenn es ihr gelänge, gemeinsam mit der europäischen Gemeinschaft und mit interessierten weiteren europäischen Ländern große zukunftsorientierte Forschungsprojekte zur Verbesserung und Absicherung der Zukunftsaussichten von Stahl zu initiieren. Derartige Vorhaben müßten sich zum Vorteil aller Beteiligten auswirken. Dabei könnten neben verfahrenstechnischen Projekten auch marktorientierte Grundsatzprogramme einbezogen werden, da auch in der Anwendungstechnik einzelne Unternehmen teilweise überfordert sind. Hinzu kommt, daß die Eröffnung von Marktchancen in bisher ungenützten Bereichen letztlich allen Beteiligten zugute kommt. Denkbar wäre meines Erachtens eine politische Initiative Österreichs auf diesem Gebiet, z.B. zusammen mit Schweden. Es gibt genügend Ansatzpunkte, da die Öffentlichkeit z.B. in Umweltfragen ein kritisches Bewußtsein entwickelt hat und daher vielen Themen, z.B. dem Recycling-Verhalten von Stahl im Gegensatz zu Kunststoff, großes Interesse entgegenbringt. Es scheint dringend geboten, diese für den Stahl günstige Stimmung der Bevölkerung stärker zu nutzen. Begleitet durch geeignete publizistische Aktivitäten würde dies auch gegenüber der Öffentlichkeit deutlich machen, daß der Stahl an seine Zukunft glaubt.

Die österreichische Stahlindustrie hat im internationalen Wettbewerb im technischen Bereich auf vielen Gebieten durchaus etwas vorzuzeigen. Es wird auch immer genügend Raum für vertrauliche, firmenspezifische Entwicklungen geben und geben müssen. Darüber hinaus gibt es aber im Stahlbereich große, außerordentlich interessante, zukunftsorientierte Aufgaben, die erfahrungsgemäß ohne groß angelegte Kooperation nicht in Angriff genommen werden. Wenn man über die Zukunft der Stahlindustrie nachdenkt, dann muß man klar aussprechen, daß die Stahlindustrie letztlich selbst ihre Chancen vergibt, wenn sie nicht Regelungen findet, die eine Inangriffnahme der erwähnten Großprojekte ermöglicht. Abschließend lassen sich folgende wesentlichen Überlegungen zusammenfassen:

Nach der festen Überzeugung des Verfassers hat die europäische Stahlindustrie, und in ihr eingebettet die österreichische Stahlindustrie, sehr gute Zukunftsaussichten. Dabei ist zu unterstellen, daß die österreichische Industrie auch in Zukunft Zugang zu den Märkten der EG haben wird. Ferner ist davon auszugehen, daß die in Österreich laufenden Restrukturierungs- und Rationalisierungsprogramme konsequent fortgeführt und abgeschlossen werden.

Der Werkstoff Stahl (Prof. Breitschwerdt, Daimler Benz, 1985: *„Stahl ist ein so interessanter Werkstoff, daß wir ihn erfinden müßten, wenn es ihn noch nicht geben würde".*) hat ausgezeichnete Zukunftsaussichten, er wird aber seine Attraktivität im harten Wettbewerb mit anderen Werkstoffen immer wieder unter Beweis stellen müssen. Zur Absicherung der Attraktivität von Stahl ist es dringend geboten, in groß angelegten zukunftsorientierten Forschungsvorhaben die Herstellungsverfahren weiterzuentwickeln und das Potential des Werkstoffs, besonders in der Anwendungstechnik, auszuschöpfen.

Da diese Projekte für die Zukunft des Stahls von existentieller Bedeutung sein können und da sie andererseits die Möglichkeiten einzelner Unternehmen bei weitem übersteigen, wird eine groß angelegte Zusammenarbeit auf europäischer Ebene empfohlen.

Industrie, Verbände und Universitäten sollten gemeinsam daran arbeiten, der Öffentlichkeit ein realistisches Bild von der Stahlindustrie und ihren Zukunftsaussichten zu vermitteln. Eine nachhaltige Verbesserung des „Stahlimage" (Werkstoff und Industrie) ist erforderlich, um qualifizierte Maturanten in ausreichender Zahl für ein „stahlnahes" Studium interessieren zu können.

Die europäischen Stahlunternehmen sollten sich verstärkt auf eine Belieferung der anspruchsvollen europäischen Abnehmer konzentrieren. Gemeinsame Entwicklungsprogramme zwischen Erzeuger und Verbraucher sind der beste Schutz gegen Billigimporte. Der Export von Stahlprodukten nach Übersee dürfte, von Spezialitäten abgesehen, in Zukunft immer schwieriger werden und erscheint auch nicht sinnvoll.

# Die Feuerfestindustrie – eine zukunftsorientierte Basisindustrie

Hellmut LONGIN

**EINLEITUNG**

Viele Prozesse der Industrie laufen bei hohen Temperaturen ab, welche den Einsatz von sogenannten feuerfesten Baustoffen als „Umhüllung" des Prozeßraumes erfordern. Die metallurgische Industrie wie die Erzeugung von Stahl, Ferrolegierungen, Nichteisenmetallen, aber natürlich auch Zement und Glas wären ohne feuerfeste Baustoffe nicht denkbar.

BEGRIFFSBESTIMMUNG
„FEUERFESTE BAUSTOFFE"

Die Erweichungstemperatur der feuerfesten Baustoffe muß höher liegen als die Gebrauchstemperatur bzw. Prozeßtemperatur; es werden nur solche Baustoffe als „feuerfest" bezeichnet, deren Erweichungspunkt bei mindestens 1520 °C liegt. Als „hochfeuerfest" gelten Materialien, deren Erweichungspunkt über 1780 °C liegt.

Neben der Beständigkeit gegen hohe Temperaturen werden von den feuerfesten Baustoffen Raumbeständigkeit, Formtreue auch unter Belastung, mechanische Festigkeit bei schnellem Temperaturwechsel und chemische Widerstandsfähigkeit gegen Ofenstaub, flüssige Schlacken und das Beschickungsgut verlangt. Meist ist auch noch entscheidend, daß bei den Betriebstemperaturen eine hohe Beständigkeit gegen den Sauerstoff der Luft gewährleistet sein muß. Diese Bedingungen werden in erster Linie von den Oxiden der Metalle der 2. bis 4. und der 6. Gruppe des Periodischen Systems erfüllt. Bei hohen Temperaturen haben diese Oxide teils sauren, teils basischen Charakter und neigen zur Bildung niedrigschmelzender Verbindungen, wenn sie mit Schlakken von entgegengesetztem Charakter in Berührung kommen.

Bei Verzicht auf die Forderung nach Beständigkeit gegen Luftsauerstoff kann die Liste der feuerfesten Grundstoffe noch durch Kohlenstoff sowie durch eine Anzahl von Nitriden, Boriden und Karbiden, vor allem Siliziumkarbid, erweitert werden.

In der Verfahrenstechnik machte sich die Feuerfestindustrie zunächst die uralte Erkenntnis der Keramik zunutze, daß plastischer Ton, der mineralogisch aus wasserhaltigen Aluminiumsilikaten besteht, beim Brennen zwar stark schwindet, aber zugleich dicht, fest und hart wird. Diese Erkenntnis ermöglichte es, feuerfeste Werkstoffe im plastischen Zustand zu formen und diese Form durch Brennen zu fixieren. Die ersten feuerfesten Baustoffe wurden daher aus Tonen hergestellt und enthielten als sogenannte Magerungsmittel hohe Prozentsätze unplastischer Stoffe wie Sand, um die Schwindung beim Brand in tolerierbaren Grenzen zu halten. Erst in relativ jüngerer Zeit (vor ungefähr 150 Jahren) wurde als Magerungsmittel ein vorher dicht gebrannter Ton, die sogenannte Schamotte, verwendet. So hergestellte Schamottesteine bildeten dann lange Zeit die Standardqualität der Feuerfestindustrie.

Die stetig zunehmenden Anforderungen an das feuerfeste Material führten dann dazu, daß diese „Standardqualität" nicht mehr ausreiche; über Silika und Bauxit ging der Weg zu Sinterdolomit und Sintermagnesia.

GESCHICHTLICHES

Die Entwicklung der feuerfesten Baustoffe ging sicher mit der Erzeugung von Eisen und Glas, wenn auch am Anfang unbewußt, einher. Der eigentliche Ursprungsort von Glas ist unbekannt, aber schon im 4. Jahrtausend v. Chr. wurde in Ägypten Glas verwendet. In der Bibliothek des Königs Assurbanipal (7. vorchristl. Jahrhundert) wurde das älteste Glasrezept gefunden, das aus 60 Teilen Sand, 180 Teilen Asche aus Meerespflanzen, 5 Teilen Salpeter und 3 Teilen Kreide bestand. Es sind also alle wesentlichen Rohstoffe vertreten, nur in sehr unvollkommenem Mengenverhältnis, wie das bis ins Mittelalter hinein der Fall war. Der übergroße Gehalt an Flußmitteln und zu geringe Anteile an Kieselsäure und Alkalien, sicher bedingt durch unzulängliche Schmelzeinrichtungen und deren Temperaturleistung, also unzureichende Feuerfeststoffe, ergaben wohl nur ein sehr weiches Glas. Erst in der Neuzeit gingen die Bemühungen über bessere Schmelzöfen und Feuerfestmaterialien sowie bessere Rohstoffmischungen zu einem möglichst reinen und farblosen Glas.

Eine ähnliche Entwicklung läßt sich zwischen feuerfesten Baustoffen und der Eisenerzeugung feststellen. Die ältesten Eisenfunde stammen aus dem 4. Jahrtausend v. Chr., und zwar aus Ägypten, jedoch erst etwa im 13. Jahrhundert v. Chr. finden sich Eisengeräte in größerer Zahl.

Die geologischen Verhältnisse in Österreich und ihre intensive Erforschung haben dazu geführt, daß diese alpinen Bereiche zum Ursprungsland für Magnesit und Magnesitprodukte wurden. Die Anfänge der österreichischen Magnesitindustrie können bis zu Erzherzog Johann zurückverfolgt werden. Die Überlieferung berichtet, daß zu Lebzeiten von Erzherzog Johann (gest. 1859) Magnesiumkarbonat ($MgCO_3$) aus Kraubath als Bruchstein gewonnen und in Vordernberger Hochöfen als Karbonat zur Auskleidung verwendet wurde. Diese erste Verwendung von Magnesit muß zwischen 1852 und 1859 erfolgt sein, da 1852 Magnesiumkarbonat als feuerfester Baustoff noch nicht bekannt war, wie aus einem Sitzungsbericht der k.k.Geologischen Reichsanstalt zu Wien entnommen werden kann. Seit diesen Anfängen vor ca. 130 Jahren hat die Feuerfest-Industrie, insbesondere jedoch die Magnesitsparte, eine gewaltige Entwicklung genommen.

## DIE ÖSTERREICHISCHE FEUERFESTINDUSTRIE – EINE ZUKUNFTSORIENTIERTE BASISINDUSTRIE

Produkte der österreichischen Feuerfestindustrie im Werte von derzeit etwa 6 Milliarden Schilling werden pro Jahr in etwa 100 Länder der Erde exportiert, und über 4000 Menschen finden in dieser Industriesparte in Österreich Arbeit. Damit ist die österreichische Feuerfestindustrie nicht nur ein beachtlicher österreichischer Wirtschaftsfaktor, sondern nimmt auch, im Weltmaßstab gesehen, eine führende Rolle ein.

Für den Erfolg eines Feuerfestherstellers auf den hart umkämpften nationalen und internationalen Märkten ist unabdingbare Voraussetzung, durch eine hochqualifizierte, effiziente Forschung und Entwicklung die feuerfesten Baustoffe rechtzeitig den ständig steigenden Anforderungen der Verbraucher anzupassen. Nur so ist es möglich, trotz des raschen Strukturwandels und zahlreicher neuer Herstellungsverfahren in den diversen Industrie-sparten die hohen Kundenansprüche zu befriedigen. Die beiden großen österreichischen Unternehmensgruppen geben etwas über 4% ihres jeweiligen Feuerfestumsatzes dafür aus. Um die Effizienz von Forschung und Entwicklung zu gewährleisten, ist es notwendig, daß Wissenschafter verschiedener Studienrichtungen die einzelnen Probleme zielstrebig bearbeiten. Dabei ist es unerläßlich, daß Studienabgänger verschiedener Studienrichtungen, wie Gesteinshüttenwesen, Physik, Chemie und Mineralogie, eng zusammenarbeiten. Aber auch entsprechend ausgebildete Eisenhüttenleute und Absolventen mit speziellen Kenntnissen auf dem Sektor der Metallurgie der Nichteisenmetalle müssen ihre Kenntnisse über die Wirkungsweise der Stahl- und Metallherstellung auf die Bewährung von feuerfesten Stoffen einbringen, um zu verbesserten feuerfesten Materialien in der im allgemeinen kurzen zur Verfügung stehenden Zeit zu kommen. Die Tätigkeit gerade im Forschungs- und Entwicklungsbereich ist vor allem deshalb so interessant, weil sie so vielfältig ist, und weil es zu einer Zusammenarbeit mit den Forschern der Abnehmer feuerfester Materialien kommt, die über die ganze Welt verteilt sind.

Aus dem Aufgezeigten geht hervor, daß die Entwicklungstätigkeit nicht im Labor endet, sondern daß sie über die Anwendungstechnik bis zum entsprechenden Hüttenwerk in einem der fünf Kontinente reicht. Voraussetzung für den zielgerichteten Einsatz der wissenschaftlichen Mitarbeiter der Forschungs- und Entwicklungsabteilungen der Feuerfestindustrie ist es, daß den Studenten in der Ausbildung an den Universitäten – speziell der Montanuniversität – alle grundsätzlichen Kenntnisse über den Stand der Technik auf dem Gebiet der feuerfesten Materialien vermittelt werden, auf der dann eine Spezialisierung aufbauen kann (Bilder 1 und 2). Auch muß Nachwuchs in ausreichendem Ausmaß zur Verfügung stehen, da die Spezialisierung auf immer mehr sonderkeramische, einzelne Feuerfestprodukte den vermehrten Einsatz von Human- und Finanzkapital erforderlich macht.

Wie schon früher erwähnt, sind folgende Industriesparten die Hauptabnehmer von Feuerfestprodukten, nach kleiner werdendem Absatz gereiht: die Stahlindustrie, die Zementindustrie, die Nichteisenmetallindustrie, die Glasindustrie und die keramische Industrie. Die Stahlindustrie ist der mit Abstand wichtigste Abnehmer feuerfester Baustoffe. Jede technische Entwicklung in der Stahlindustrie ist daher für die Feuerfestindustrie von ganz besonderer Bedeutung. Zu keiner anderen Gruppe ist die Beziehung der Feuerfestindustrie so stark wie zu dieser, und das, obwohl durch Verbesserung der Feuerfest-

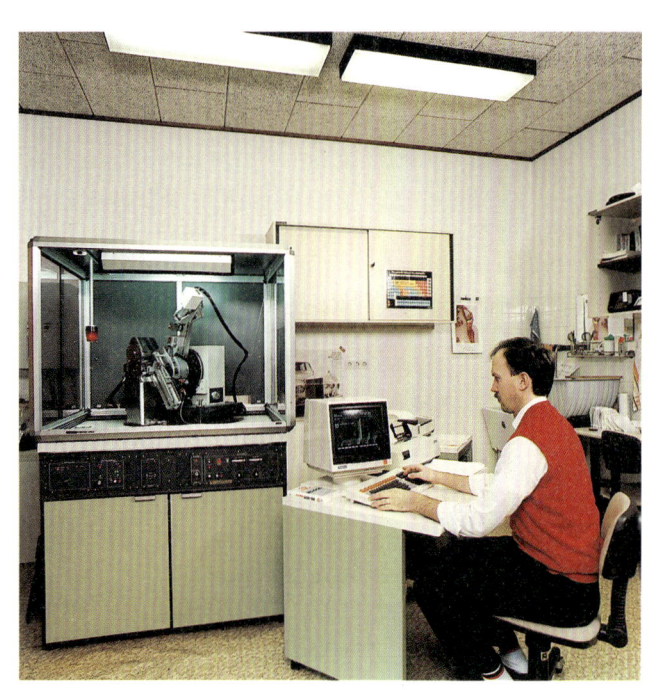

Bild 1: Untersuchungen am Röntgendiffraktometer.

Bild 2: Arbeiten am Mikroskop.

materialien und Änderung der Herstelltechnik des Stahles eine laufende Abnahme des spezifischen Verbrauches von Feuerfestprodukten stattfindet. Es muß jedoch auch festgehalten werden, daß viele technische Entwicklungen in der Stahlindustrie nicht möglich gewesen wären, wenn die Feuerfestindustrie nicht die entsprechenden Produkte zur Verfügung gestellt hätte. Mit der Entwicklung von Feuerfestprodukten ging auch die Entwicklung entsprechender Konstruktionen der auszukleidenden Aggregate einher, die z.B. bei Koks- und Hochöfen Haltbarkeiten von 30–40 bzw. 15–20 Jahren ermöglicht. Ähnliche Entwicklungen sind auch in der Glasindustrie zu beobachten, wo Haltbarkeiten jenseits der Zehnjahresgrenze angestrebt werden. Die diversen Konstruktionsvarianten müssen nach Diskussion mit dem Kunden rasch erstellt werden können, was nur mit Hilfe von CAD-Methoden möglich ist (Bild 3).

Wirtschaftliche Zustellkonzepte können auf zwei grundsätzlich unterschiedliche Arten verwirklicht werden. Die eine ist die Zustellung mit höchstwertigen Qualitäten, für die auch ein hoher Preis bezahlt wird. Der zweite Weg, der speziell in der Sekundärstahlerzeugung, aber auch in der Zementindustrie gewählt wird, ist die Anwendung eines Niedrigpreis/Niedrigqualitätskonzeptes. Für beide Konzepte müssen entsprechende Vorschläge zur Verfügung stehen, um speziell gegen viele auf begrenzten Märkten tätige, lokale Konkurrenten bestehen zu können, zu denen die Feuerfestindustrie im Wettbewerb steht und gegen die wir uns mit einer Exportquote von 95% behaupten müssen. Diese Polarisierung hat die österreichische Feuerfestindustrie aufzugreifen, um den Wünschen der Kunden in aller Welt nach verbesserter Anlagennutzung und möglichst niedrigen Herstellkosten gerecht zu werden. Die Überlegungen müssen dabei schon beim Rohstoff beginnen, der einerseits aus der Gruppe höchstreiner synthetischer Materialien, aber auch aus preisgünstigen natürlichen Vorkommen, zu denen die alpinen Spatmagnesitlagerstätten zu zählen sind, gewonnen wird. Sowohl in der Feuerfestindustrie als auch bei Abnehmern feuerfesten Materials sind umweltrelevante Fragen mehr und mehr zu berücksichtigen. Die Welt ist unser Markt und kann weiterhin nur effizient bearbeitet werden, wenn die Standardisierung fortschreitet, und wir müssen daran mitarbeiten.

Die Trends dieser Entwicklungstätigkeit sollen an einigen Beispielen erläutert werden, weil sie typisch für die Arbeitsweise sind, wie sie schon jetzt und noch verstärkt in Zukunft von einem Feuerfestunternehmen verlangt wird.

SPÜLELEMENTE

Das Spülen mit Inertgasen hat zuerst in den Pfannen und dann im Konverter durch den Boden Eingang in die Stahlherstellungstechnik gefunden. Nach den Forderungen der Kunden hinsichtlich des Spülverhaltens, der Regelbarkeit und der Verschleißresistenz konnten Spülelemente mit gerichteter Porosität entwickelt werden. Bei diesen Spülelementen wird das Gastransportsystem vom feuerfesten Steinkörper entkoppelt und über ein Zuleitungsrohr, einen Windkasten und einzelne Stahlröhrchen mit Innendurchmessern von 0,3 bis 2 mm ohne Kontakt mit dem Stein und Druckausübung auf den keramischen Teil des Spülelements in die Schmelze transportiert. Diese Elemente sind mittlerweile so erfolgreich, daß sie einen hohen Marktanteil erobern konnten. Es ist mit ihnen möglich, eine volle Pfannen- oder Konverterreise zu spülen. Haltbarkeiten von mehrerern tausend Chargen im Konverter werden mit ihnen erreicht.

Dieses erfolgreiche metallurgische und Feuerfestkonzept wurde in der Zwischenzeit auch bei Elektroöfen angewandt, wo durch Einbau von Spülelementen im Boden wesentliche metallurgische Vorteile wie Verringerung des Energieverbrauches, Reduktion der Tap-to-Tap Zeiten, rascher Temperatur- und Analysenausgleich, verbesserte Auflösung von Pellets und Ferrolegierungen, Verbesserung der Entphosphorung und Entschwefelung sowie die Möglichkeit eines schlackenfreien Abstichs realisiert werden konnten.

Ein weiteres, neues Gebiet, dessen Bearbeitung gerade begonnen wurde, ist das Spülen in Umlauf-

Bild 3: Computerunterstütztes Zeichnen.

entgasungsanlagen. Hier werden Spülsteine mit gerichteter Porosität im Seitenwandbereich über den Einlaufrüssel eingebaut. Die metallurgischen Vorteile für den Kunden sind dabei enorme Kosteneinsparungen im Gasbereich gegenüber sauerstoffbetriebenen Anlagen.

Auch die Nichteisen-Metallindustrie verwendet nach zögerndem Beginn in der Zwischenzeit Spülelemente, z.B. zum Einbringen von Ammoniakgas bei der Kupferherstellung. Dafür eignen sich Spülelemente mit gerichteter Porosität bestens. An dieser Stelle ist es jedoch wichtig zu betonen, daß das feuerfeste Grundmaterial für alle eben erwähnten Gebiete verschieden ist, auf die metallurgischen und Schlackenverhältnisse in den entsprechenden Öfen abgestimmt sein muß und von kohlenstoffgebundenen Magnesiakohlenstoffsteinen bis zu höchstgebrannten Magnesiachromsteinen reicht.

Die Entwicklung solcher Produkte (Bilder 4 und 5) zeigt eine Grundtendenz der Entwicklung feuerfester Produkte auf: weg von Mengenprodukten hin zu Spezialerzeugnissen, die nicht im Tonnenmaßstab, sondern per Stück verkauft werden, und wo das Feuerfestprodukt ein integraler Bestandteil des jeweiligen Verfahrens ist.

## ISAMELT ANLAGE

Ein anderes Beispiel dafür, wie nur durch enge Zusammenarbeit zwischen Metallhütten und Feuerfestwerken ein neuer Schmelzprozeß für die Herstellung von Blei und Kupfer entwickelt werden konnte, ist das Isamelt-Verfahren. In Mount Isa in Australien wurde dieser neue Schmelzprozeß für die Verhüttung von sulfidischen Kupfer- und Bleikonzentraten in Zusammenarbeit mit der staatlichen Commonwealth Scientific and Industrial Research Organization (CSIRO) entwickelt und zur industriellen Reife gebracht. Bei diesem Verfahren wird Kupfer- oder Bleikonzentrat mit Kohle und Flußmitteln von oben her in einen zylindrischen Reaktor chargiert und mittels einer Lanzenbefeuerung, welche die Verwendung vieler verschiedener Brennstoffe erlaubt, zur Reaktion gebracht und in den flüssigen Zustand übergeführt. In diesem Prozeß kommt es zu großer chemischer und thermischer Beanspruchung des Feuerfestmauerwerks durch Schlacke und Matte. Die bisher in der Kupfer- und Bleiindustrie eingesetzten Magnesiachromsteine konnten den Beanspruchungen nicht in ausreichendem Ausmaß widerstehen, weshalb hochwertige neuartige Magnesiachromsteine entwickelt wurden. Dabei erwiesen sich solche aus einer Kombination von Schmelzmagnesia und speziell ausgewählten Chromerzen als Ausgangsmaterialien als besonders widerstandsfähig. Entsprechend den metallurgischen Bedingungen wurde der Gehalt an Schmelzmagnesia geeignet abgestuft und weiters durch gemeinsames Schmelzen von Chromerz und Magnesiumoxid ein spezielles Magnesia-

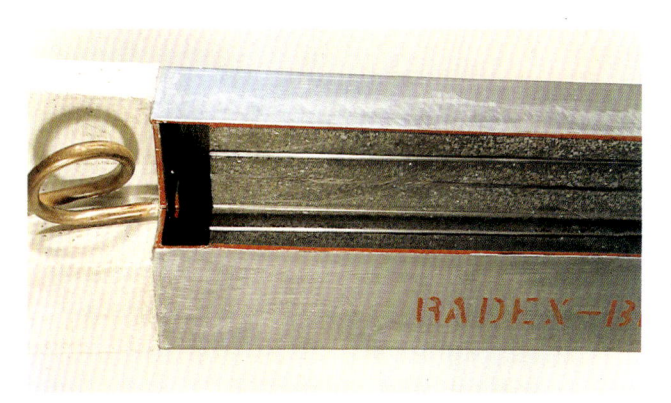

Bild 4: Spülelement mit gerichteter Porosität.

Bild 5: Spülelement mit gerichteter Porosität.

Chromspinell-Material erhalten, das den Beanspruchungen gewachsen war.

Die Feuerfestindustrie war von Anfang an bei dieser Entwicklung eingebunden. Die Inbetriebnahme der Isamelt-Anlage in Mount Isa erfolgte im April 1987. In der Produktionsphase bis April 1989 zeigte sich, daß die verwendeten Steinsorten, für die nach der Entwicklung besonderer inklusive synthetischer Rohstoffe auch noch die Herstellungsbedingungen – im speziellen die Brenntemperaturen beim Steinbrand – zu verbessern waren, für die Prozeßbedingungen bestmöglich entsprechen.

Es ist dies ein ausgeprägtes Beispiel dafür, daß nur die intensive Diskussion mit dem Kunden über die Verfahrensbedingungen zu einem optimalen Qualitätsvorschlag führen kann.

GIESSKERAMIK

Die Stahlerzeugung hat sich in den letzten zehn Jahren von Grund auf geändert. Es dominieren der Konverter und der Elektroofen für die Primärstahlerzeugung. Darüber hinaus hat sich die Weiterbehandlung des Stahls aber in die Pfanne verlegt. Die höheren Anforderungen an den Stahl haben weiters die Notwendigkeit eines schlackenfreien Abstichs ergeben. Gießregeleinrichtungen am Konverter und am Elektroofen wurden notwendig. Das Stranggießen hat den Blockguß abgelöst.

Diese hochentwickelte Gießtechnik erfordert feuerfeste Werkstoffe, die den höheren Beanspruchungen gerecht werden. Eine völlig neue Generation von feuerfesten Werkstoffen mußte für die einzelnen Bereiche entwickelt werden. Aus der Vielfalt dieser Stoffe soll ein Werkstoff besonders erwähnt werden, nämlich die Zirkonoxidkeramik.

Für Schieberverschlüsse von Elektroöfen und Stranggußverteilern sowie für Freilaufdüsen sind Werkstoffe notwendig, die hohen thermischen Belastungen widerstehen. Weiters müssen diese Bauteile in einer Präzision hergestellt werden, die sonst nur in der Metallverarbeitung bekannt ist. Übliche grobkeramische Werkstoffe eignen sich dafür nicht. Zirkonoxid ist ein anorganischer Werkstoff, der den gestellten Anforderungen entspricht. Für die Herstellung dieser speziellen Bauteile war es notwendig, eine neue Technik zu entwickeln. Man geht von Baddeleyit $ZrO_2$ für die Herstellung aus. Entweder werden daraus unter Zugabe von Stabilisatoren Granulate hergestellt, oder es wird das Zirkonoxid/Stabilisator-Gemisch in Elektrowiderstandsöfen bei hohen Temperaturen eingeschmolzen. Beide Produkte werden für die Herstellung von Gießkeramikteilen verwendet.

Die Entwicklung wurde in relativ kurzer Zeit vorangetrieben und zur Produktionsreife gebracht. Einbauten in der Praxis haben ergeben, daß die Werkstoffe den an sie gestellten Erwartungen entsprechen. Derzeit ist eine Anlage für die großtechnische Herstellung in Planung. Diese Anlage wird es ermöglichen, auch noch andere Anwendungsbereiche von Zirkonoxid abzudecken.

Ein großer Vorteil der Arbeit mit diesem feinkeramischen Werkstoff war der, daß sich die Ergebnisse befruchtend auf die übrige Entwicklung von feuerfesten Werkstoffen ausgewirkt haben. Es zeigt sich nämlich, daß in vielen Anwendungsgebieten ein Trend zu Präzisionsteilen vorhanden ist, der mit dem bisherigen grobkeramischen Konzept nicht realisiert werden kann. Die Erkenntnisse über feinkeramische feuerfeste Produkte helfen jedoch, auch diesen Bereich in eine neue Dimension zu führen.

UMWELTASPEKTE IN DER ZEMENT- UND GLASINDUSTRIE

Es ist üblich, Zementdrehöfen mit Magnesiachromsteinen zuzustellen, die etwa 15% Chromerz enthalten. Solche Steine bewähren sich in den Übergangszonen, aber auch in der Brennzone von Öfen ausgezeichnet, da sie ein gutes Zementansatzverhalten, eine entsprechende Temperaturwechselbeständigkeit und Gefügeelastizität besitzen. Durch den Umstand, daß sie mit einem hochbasischem Zementklinker zusammenkommen und der Brand des Klinkers unter oxidierenden Bedingungen erfolgt, bildet sich aus dem 3-wertigen Chrom im angelieferten Stein 6-wertiges Chrom in nicht unerheblichem

Ausmaß, sodaß zum Teil die Cr(+6)-Gehalte im Klinker den erlaubten Grenzwert überschreiten und die Ausbausteine als Sondermüll behandelt werden müssen. Ähnlich ist es in Teilen von Regeneratorgitterungen der Glasindustrie. Magnesiachromsteine bewähren sich in mittleren Lagen von Regeneratoren ausgezeichnet. Doch auch hier wird das Cr(+3) zu Cr(+6) aufoxidiert, was sofort an der Gelbfärbung der Ausbausteine erkannt werden kann. Es war nun die Aufgabe der Feuerfestindustrie, für umweltfreundliche Ersatzsorten zu sorgen.

Bei Steinen für die Zementindustrie lag es nahe, die seit den Dreißigerjahren in Kalkschachtöfen in Einsatz befindlichen Magnesiasteine, denen bei der Steinherstellung etwas Tonerde zugegeben wird, was die Temperaturwechselbeständigkeit erhöht, den Anforderungen in Hochleistungszementdrehöfen anzupassen.

Von Japan wurden als Lösungsansatz sogenannte Spinellsteine vorgeschlagen. Hier werden Magnesiakörnungen mit einem synthetischen Spinellklinker vermischt, zu Steinen gepreßt und gebrannt. Um die gewünschte Temperaturwechselbeständigkeit zu erhalten, ist es allerdings in diesem Fall notwendig, relativ große Mengen an Spinellklinker zuzusetzen, was zu $Al_2O_3$-Gehalten von bis zu 15% im Stein führt. So hohe Spinellgehalte in einem Stein können jedoch kein ideales Auskleidungsmaterial für Zementdrehöfen sein, reagieren sie doch mit den Calciumoxid enthaltenden Phasen des Zementklinkers. Viel zielführender war es daher, zu versuchen, mit möglichst wenig Tonerde zu Steinen mit entsprechenden Prüfdaten zu kommen. Dies wurde dadurch erreicht, daß mit grobkörniger Tonerde und gezielten Ungleichgewichten im Stein gearbeitet wurde. Auf diese Art und Weise war es möglich, die Renaissance einer alten österreichischen Erfindung in einem traditionellen Absatzmarkt einzuleiten und dabei nicht nur die Haltbarkeiten, im Vergleich zu Magnesiachromsteinen zu verbessern, sondern auch noch einen aktiven Beitrag zum Umweltschutz zu leisten.

Das eingangs aufgezeigte Problem in den Regeneratoren von Glaswannen wurde in zwei Etappen gelöst. Für den Bereich über 1000 Grad wurden Magnesiasteine entwickelt, die eine sehr geringe Tendenz des Periklaswachstums zeigen. Solche Steine behalten auch noch in den üblicherweise acht Jahren ihres Einsatzes die Gefügeelastizität und Temperaturwechselbeständigkeit bei. Für den Bereich unter 1000 Grad wurden Spinellsteine auf Basis geschmolzenen Magnesiumaluminates entwickelt, die neben den notwendigen physikalischen Prüfdaten auch noch resistenter gegen verschiedene chemische Angriffe sind, als die zuvor eingebauten Magnesiachromsteine.

Wesentliche Neuerungen wurden auf der konstruktiven Seite in der Glasindustrie eingeführt. Man erkannte, daß die mit Normalsteinen zugestellten Glattschachtgitterungen keine optimale Wärmeregeneration erbringen. Die sogenannten „Topfsteingitterungen" wurden eingeführt. Bei Topfsteinen handelt es sich um dünnwandige, achteckige Hohlsteine mit maximal 40 mm Wandstärke. Optimale Wandstärken liegen dabei unter Berücksichtigung von Modellberechnungen hinsichtlich Wärmeaustausch sowie Standfestigkeit während der achtjährigen Betriebszeit um die 30 mm. Herstelltechniken aus der Feinkeramik wurden übernommen, um bei diesen dünnwandigen Steinen eine optimale gleichmäßige Textur zu erreichen. Mit der Entwicklung solcher Steine wurde auch eine wirksame Waffe gegen schmelzgegossene Konkurrenzprodukte gefunden, die in Wandstärken unter 30 mm derzeit nicht herstellbar sind.

## ZUSAMMENFASSUNG

Diese aus der Praxis ausgewählten Beispiele sollten zeigen, wie interessant und vielfältig, ja aufregend die Forschungs- und Entwicklungstätigkeit in der Feuerfestindustrie ist. Das dürfte sich in den kommenden Jahrzehnten kaum nennenswert ändern, denn der menschliche Geist wird stets neue, veränderte und verbesserte Herstellverfahren für Stahl, Nichteisenmetalle, Glas, Zement usw. erfinden, für die die Feuerfestindustrie bezüglich der Zustellungsmaterialien ganz einfach die entsprechende Antwort schaffen muß. Aus heutiger Sicht gesehen wird die Industrie bei Hochtemperaturprozessen auch im nächsten Jahrhundert nicht auf spezielle, auf den Bedarf konzipierte Feuerfestprodukte verzichten können, und nur eine zukunftsorientierte Industrie wird den Anforderungen nachkommen können.

Zukunftsorientierung heißt dabei, daß die Feuerfestindustrie sich immer mehr von Mengenprodukten weg zu Spezprodukten hin entwickelt. Dabei werden in weiten Bereichen der geformten Feuerfestprodukte Methoden anzuwenden sein, die heute nur in der Fein- oder Ingenieurkeramik üblich sind. Auch dem Einsatz spezieller synthetischer Rohstoffe in Kombination mit gängigen, bekannten wird große Bedeutung zukommen. Die Zusammensetzung von Preßmassen wird in Zukunft auf die Verarbeitung mit Automaten abgestimmt sein müssen. Dem exakten Aufbau von Pflege- und Reparaturmassen hinsichtlich ihrer Verarbeitbarkeit mit Robotern wird besondere Beachtung zu schenken sein.

Es besteht kein Zweifel, daß ambitionierte Mitarbeiter bei guter Bezahlung in der Feuerfestindustrie stets ein reiches Betätigungsfeld finden werden.

Der Wunsch der österreichischen Feuerfestindustrie an die Montanuniversität ist, für eine fundierte Grundlagenausbildung zu sorgen und in enger Zusammenarbeit mit der Industrie eine große Anzahl junger Leute für ein Studium der Montanwissenschaften zu interessieren.

# Maschinenbau und Verfahrenstechnik – ein Ausblick

Klaus WOLTRON

Der österreichische Maschinen- und Anlagenbau ist aus dem Schwermaschinenbau (Bergbaumaschinen, Dampfmaschinen, Eisenbahntechnik, Waffentechnik, Hüttenwerkstechnik) hervorgegangen. Die industrielle Revolution hat ab Mitte des vorigen Jahrhunderts im Raum der Donaumonarchie bedeutende Maschinenfabriken entstehen lassen, die auch heute noch – in meist sehr gewandelter Form, z.T. aber verblüffend originär – das Bild der Industrielandschaft Österreichs prägen. Der Aufbruch der Entwicklungsländer, die elektronische, prozeßtechnische und ökologische Revolution haben allerdings die Rahmenbedingungen in einer Weise verändert, die das traditionelle Gefüge endgültig und unwiderruflich erschüttern und dafür verantwortlich sind, daß buchstäblich kein Stein auf dem anderen bleibt. Wie aber werden sich die Bausteine neu ordnen?

## SCHWERMASCHINENBAU

Der Bedarf an schweren Maschinen (Hebezeuge, Stahlwasserbau, Turbinen, Schwerfahrzeuge) wird weitgehend durch Produktion in den Einsatzländern gedeckt werden. Dies bedeutet, daß ein Abwandern sowohl der Konstruktion als auch der Fertigung in diese Länder eintreten wird und die traditionellen Industriestaaten große Marktanteilsverluste erleiden. Der Beitrag der Industriestaaten wird sich mehr und mehr auf Gesamtsystemplanung, Project Management und die Entwicklung und Produktpflege von „noble components", also von elektronisch/mechanischen Schlüsselkomponenten derartiger Ausrüstungen, reduzieren.

## SPEZIALMASCHINENBAU

Spezialmaschinenbau ist eine Domäne kleinerer und mittlerer organisatorischer Einheiten. Kunststoffverarbeitung, spezielle Werkzeugmaschinen, Handhabungsgeräte, medizintechnische Spezialausrüstungen etc. sind hochkomplexe elektromechanische Systeme, mit zunehmendem Anteil an optischen, meßtechnischen und Automationskomponenten. Sie gleichen immer mehr Organismen. Und wie Organismen ändern sie ihre innere Ausrichtung auch sehr schnell mit der Änderung der Aufgaben – oder sie sterben aus. Daher können nur Firmen und Organisationen im Spezialmaschinenbau überleben, die das Zusammenspiel zwischen Bedarf auf dem Markt, Entwicklung, Innovation in verschiedensten, auch entfernten Wissensgebieten und die Integration dieser Innovationen in das eigene System optimal beherrschen. Solche Einheiten sind in der Regel relativ klein (rd. 200 Personen), können aber mit großem Erfolg in weltumspannende Großkonzerne eingebunden werden, wenn ihre innere Struktur nicht verletzt wird. Eine ganze Reihe von Firmen dieser Provenienz ist aus Österreich hervorgewachsen und hat sich international hervorragend bewährt. Die Chancen Österreichs im Spezialmaschinenbau sind auf Grund der mittelbetrieblichen Struktur der Wirtschaft und der hohen Flexibilität der Fachkräfte weltweit sehr gut.

## AUTOMATION UND ROBOTIK

Auf allen Gebieten der Bearbeitung, des Material Handling, der Maschinenbedienung und der genauen Bewegung von Teilen ist der Einsatz von vollautomatischen Maschinen – Robotern – im Vormarsch. Diese Entwicklung wird sich weiter rasant fortsetzen, und zwar nicht nur in der Großindustrie (Automobilbau, Schwermaschinenfertigung etc.), sondern vor allem im mittleren Bereich (Kleinteilemassenfertigung, Spezialmaschinenfertigung, Schweißen, Kleben, Beschichten etc.). Obwohl die Schlagworte von Computer Integrated Manufacturing und Computer Integrated Engineering meist noch Schlagwort bleiben, sind beträchtliche Teile von Fabriken wirklich schon integriert und über Computernetzwerke gesteuert. Der „nackte" Roboter (Knickarm, Portal, Spezialroboter) wird mehr und mehr zu einer Teilkomponente in übergeordneten Systemarchitekturen. So essentiell es für Produzenten von Robotern bleiben wird, ihre Maschinen auf den letzten Stand der Technik (mechanisch und elektronisch) zu halten, so wichtig wird es mehr und mehr werden, die Geräte „integrationsfähig" zu gestalten. Der Gesamtsystemplanung, der Fähigkeit eines Herstellers, einem Anwender lange vor Bestellung und Realisierung eines Systems Beratung und Integrationsplanung für seine speziellen Probleme anzubieten, wird eine größere Bedeutung für den Erfolg zukommen als dem ausgefeilten Roboter selbst.

## VERKEHRSTECHNIK

Es soll hier nicht die Rede vom Automobilbau sein, der in Österreich nur eine eingeschränkte Bedeutung hat. Im Gegensatz dazu haben wir eine bedeutende Tradition als Schienenfahrzeughersteller, Produzent von Ausrüstungen für den Schienentransport und Spezialmaschinen für die Oberbaubearbeitung. Die Verkehrstechnik der Zukunft – und zum Teil auch schon jene der Gegenwart – ist wieder vom Prinzip der Integration gekennzeichnet. Systeme für den Kombinierten Verkehr (Containersysteme, Niederflurwaggons, Wechselaufbauten für Lastwagen und Waggons, Warenumschlagsysteme auf Bahnhöfen, Roadrailer etc.) werden steigende Bedeutung erlangen. Diese Einrichtungen setzen hochwertige Ingenieurkenntnisse voraus und sind prädestiniert für eine kreative Bearbeitung und Weiterentwicklung durch Ingenieure und Techniker in hochentwickelten Industriestaaten. Die Lokomotive der Zukunft ist GTO-gesteuert, hat einen hochkomplexen Drehstromantrieb und ist für den Einsatz in Netzen verschiedener Frequenz geeignet. Der Wert der Elektronik ist bereits höher als jener der mechanischen und schwerelektrischen Einrichtungen zusammengenommen. Verkehrstechnik ist ein ausgesprochenes Wachstumsgebiet. Es werden allerdings nur jene Firmen bestehen, die die hohe Innovationsgeschwindigkeit (trotz des sehr bedeutenden Alters der Branche) mithalten können und die sich in internationale Firmenfamilien einfügen können. National völlig unabhängige Fahrzeughersteller werden angesichts der Öffnung der Weltmärkte, der enormen Entwicklungskosten und schon bestehender internationaler Konzerne sicher die Ausnahmen sein.

## PROZESS-, ENERGIE- UND ANLAGENTECHNIK

Die Anlagentechnik der Zukunft (Lebensmittel, Chemie, Metallurgie, Papier und Zellstoff, Energiegewinnung, etc.) ist durch den stark zunehmenden Druck auf Umweltfreundlichkeit und Ressourcenschonung (Ökologisierung) geprägt. Minimierung an Energie- und Rohstoffaufwand und der Mengen an nicht weiterverwertbaren Reststoffen – und diese in erdkrustenähnlicher Form – sowie verfahrensinternes Produktrecycling bestimmen die Verfahrensauswahl und Entwicklung. Dem Einsatz von hochentwickelten Prozeßsteuerungen kommt größte Bedeutung zu. Die Notwendigkeiten des Umweltschutzes werden den stärksten Innovationsmotor in der Anlagetechnik der Zukunft darstellen – und sie tun es heute schon. Auf dem Sektor des Energieanlagenbaues wird die Nutzung aller Möglichkeiten der Kraft-Wärme-Kopplung (Mehrfachprozesse aus Gas- und Dampfturbinen mit anschließender Prozeßdampfnutzung und Warmwassergewinnung) in der Industrie weiter an Bedeutung gewinnen. Die industrielle und kommunale Wasseraufbereitung, Abscheidetechniken für Stäube, Schadgase und Geruchsimmissionen, Systeme zur Feststoffverwertung sowie die thermische Nutzung von Abfallstoffen werden Innovationsfelder der Zukunft sein, obwohl viele der Techniken bereits alt und erprobt sind. Der Zwang zum „streamlining" wird diese Verfahren in einigen Jahren zu ihren Ahnen im selben Verhältnis erscheinen lassen wie ein Formel-I-Rennauto in Relation zum Markus-Wagen. Miniaturisierung, Verwendung neuer Werkstoffe, das Eindringen der aufgesetzten Umwelttechnik in die primären Verfahren (Rückintegration) bestimmen die Entwicklungstrends.

**DIE MECHANISCH-ELEKTRONISCHE INTEGRATION**

Wie bereits erwähnt, liegt die Zukunft des Spezialmaschinenbaues und der Verfahrens- und Prozeßtechnik in der Integration der mechanisch-verfahrenstechnischen Aufgabe mit der inneren Logik der Abläufe, dem „gefrorenen Know How", der Prozeßsteuerung. Diese Integration ist über der Zeitachse ein iterativer Prozeß. Die Notwendigkeiten der Anpassung der mechanischen Systeme an die Unabdingbarkeiten der elektronischen Steuerung (und umgekehrt) setzen voraus, daß die Planung der Systeme integraler, interdisziplinärer wird. Da das Wissen all der verschiedenen Disziplinen nicht in einem Kopf oder in einer kleinen Gruppe konzentrierbar ist, müssen Fachleute unterschiedlicher Disziplinen harmonisch zusammenarbeiten. Der Spezialmaschinen- und Anlagenbau der Zukunft ist nicht so sehr ein technisches als ein kommunikatives, gruppendynamisches Problem. Nur diejenigen Firmen werden erfolgreich reüssieren, denen es gelingt, innerhalb und außerhalb der Firmengrenzen gezielt, elastisch, fehlertolerant, harmonisch und geduldig interdisziplinär zusammenzuarbeiten. Das wiederum läßt sich nur mit motivierten, begeisterungsfähigen, gut ausgebildeten und zur Kooperation erzogenen Mitarbeitern bewerkstelligen. Und dort liegt auch eine ganz zentrale Aufgabe für die Hohen Schulen.

**PLANUNG UND CONSULTING**

Gesamtsystemerstellung setzt voraus, daß man vor Konstruktion und Anbot von Maschinen- und Anlagensystemen einen potentiellen Kunden von der Wirtschaftlichkeit und Funktionalität seiner zukünftigen Anlage überzeugt. In vielen Fällen weiß man bei Inangriffnahme eines Projektes gar nicht genau, was man zur optimalen Lösung des Produktionsproblemes braucht, welche Möglichkeiten hiefür existieren. Es ist daher oft nötig, vor Erstellung von konkreten Projekten Machbarkeits- bzw. Feasibilitystudien zu erstellen, um verschiedene Verfahrensvarianten ganzheitlich theoretisch durchzutesten und die Sinnfälligkeit eines Systems nachzuweisen. Da die hiefür erforderlichen Fachkenntnisse immer spezieller und interdisziplinärer werden, kommt der Fähigkeit einer Firma zur Planung und zur Bereitstellung von Beratungsleistung steigende Bedeutung zu. Nur allzu oft kommt es vor, daß „aus der Hüfte" modernisiert wird, ohne das gesamte bestehende System vorher gründlich zu durchdenken. Dies hat dann zur Folge, daß teure Einrichtungen mangelhaft genutzt werden und der Modernisierungs- und Automatisierungsgedanke wegen offensichtlicher Mißerfolge unverdient in Mißkredit gerät.

**DIE HERAUSFORDERUNG AN DIE HOHEN SCHULEN**

Der hochwertige Maschinen- und Anlagenbau hat in unserem Lande, auch im Zeitalter der Globalisierung vieler Firmen, eine sehr gute Chance, weltweit zu reüssieren. Wenn wir es verstehen, verschiedene Wissensgebiete zusammenzufassen, wenn unsere Ingenieure und Kaufleute kooperativ zusammenarbeiten, wenn wir international denken und uns auch international bewegen und unsere Studenten rechtzeitig zu teamfähigen und geduldigen Zusammenarbeitern erziehen, werden wir sehr erfolgreich sein. Es ist heute sehr viel die Rede von Erwachsenenbildung, internationaler Managementschulung und firmeninterner Ausbildung. Darüber wird sehr oft vergessen, daß der Mitarbeiter der Zukunft heute schon Volksschulkind, Mittelschüler und Student ist. Was wird die Industriegesellschaft der Zukunft von ihm fordern? Ich glaube, daß vieles von den Anforderungen schon in meinem vorangehend dargestellten Szenario enthalten ist. Auf einen kurzen Nenner gebracht – wir brauchen netzwerkfähige, in einem oder zwei Fächern hochspezialisierte, mit einem gesunden Sinn für das Ganze ausgestattete, zur Zusammenarbeit erzogene und die Zusammenarbeit gewohnte, mündige Mitarbeiter. Die Hierarchien der Zukunft werden flach sein, erteilte Autorität wird wenig wert sein, natürliche Befähigung wird wichtiger sein als früher. Kein Harvard und Fontainebleau kann Ausbildungsmängel auf dem gruppendynamischen Gebiet ersetzen, und der beste Elektroniker oder Statikexperte ist ein Ärgernis, wenn er sich nicht als Baustein in ein übergeordnetes Ganzes einfügen kann oder will. Den Hohen Schulen kommt daher eine neue Ausbildungsqualität zu, die in Ansätzen sicher vorhanden ist, aber bewußt und zielstrebig ausgebaut werden muß:

## DIE LEHRE VON DER KUNST DER ZUSAMMENARBEIT

Es muß an dieser Stelle, in der Festschrift einer der ehrwürdigsten Hohen Schulen des Landes, klar ausgesprochen werden, daß das Selbstverständnis dieser Schulen sich wandeln muß, sollten sie nicht am Bedarf der Gesellschaft vorbei arbeiten und damit an gesellschaftlichem Stellenwert verlieren. Die Gesellschaft der Zukunft, und auch die Industrie der Zukunft, wird dezentral angelegt sein, mit weltumspannender Vernetzung. Dies klingt zwar wie eine contradictio in adjecto, es ist aber trotzdem so. Die erfolgreichen Maschinen- und Anlagenbauer der Zukunft werden Firmenfamilien von selbständigen operativen Einheiten sein, die in locker arbeitsteiliger Form, weltweit verstreut, agieren werden. Eine strenge Spezialisierung einzelner Firmen solcher Familien wird es nicht geben – dazu sind die Produkte zu integral, deren Entwicklung zu stark abhängig vom gegenseitigen Zuruf der einzelnen Fachleute.

Wohl aber wird es innerhalb solcher Familien Technologieschwerpunkte geben, Fertigungs- und Entwicklungszentren für gewisse Subsysteme und Komponenten. Manager und Techniker derartiger Konglomerate können nur erfolgreich reüssieren, wenn sie sich daran gewöhnen, in einem multidimensionalen Beziehungsnetzwerk zu leben, in welchem überkommene Oben-Unten-Hierarchien sich teilweise auflösen. Organisationen sind, wie Organismen, Abbilder ihrer Aufgaben, ihrer Umwelt. Und je komplexer, vielschichtiger und beziehungsreicher diese Umwelt wird, desto komplexer muß auch das Instrumentarium der Organisationsstrukturen werden. Jene Organismen, die das nicht rechtzeitig schaffen, werden von der Entwicklung überrollt.

Da nun das Arbeiten in derartigen Strukturen gelernt werden muß und diese Aufgabe nicht nur eine industrielle, sondern eine der gesamten Gesellschaft ist, ist gerade die Schule und die Hohe Schule dazu aufgerufen, uns bei der Vorbereitung dieser unausweichlichen Antwort auf eine geschichtliche Entwicklung zu helfen, sich zum Vorreiter dieser schon initiierten Entwicklung zu machen. Wenn man weiter bedenkt, daß die politischen und ökologischen Auswirkungen des Handelns von Technikern letztendlich viel größer sind als jene der Politiker selbst, kommt der ganzheitlichen Ausbildung freier Persönlichkeiten an den Technischen Universitäten eine ganz überragende Bedeutung zu. Wenn dieses modifizierte Verständnis der Hohen Schulen weiter um sich greift, dann wird auch ihre gesellschaftliche Bedeutung steigen, dann werden Studenten sich über zukünftige Verantwortung für die Welt besser bewußt werden, und der manchmal spürbare und beklagte „Mangel an Sinn" wird ersetzt werden durch das Gefühl, auch als Techniker – und gerade als Techniker – an wichtigster Stelle an der Zukunft des Menschen mitzugestalten.

# Die Zukunft der österreichischen Kunststoff-Wirtschaft

Eduard FIGWER

**EINLEITUNG**

Die österreichische Kunststoff-Wirtschaft hat sich in den vergangenen Jahrzehnten zu einem wesentlichen Faktor der Volkswirtschaft entwickelt, dessen Bedeutung in der Öffentlichkeit oft unterschätzt wird. Da es sich dabei um einen echten Wachstumsbereich handelt, ist eine Beleuchtung der zukünftigen Trends der Kunststoff-Wirtschaft auch vom Standpunkt der Montanuniversität lohnenswert, trägt doch die Studienrichtung Kunststofftechnik als Österreichs einzige Ausbildungsstätte für den akademischen Nachwuchs eine wesentliche Mitverantwortung für eine positive Entwicklung.

**DERZEITIGE SITUATION**

Die wirtschaftliche Bedeutung der Kunststoff-Produkte wird durch den extrem hohen Verbrauch pro Kopf der österreichischen Bevölkerung von 97 kg im Jahr 1988 dokumentiert, womit Österreich weltweit an 4. Stelle liegt. Allerdings übertrifft die führende BRD diesen Wert um mehr als 20%.

Bedingt durch den Kapitalbedarf für die Errichtung von Produktionsstätten für Kunststoff-Rohstoffe sind die Möglichkeiten für deren Herstellung in Österreich beschränkt. Es ist im wesentlichen die ÖMV-Tochter Petrochemie Danubia (PCD), welche auf der Basis der eigenen petrochemischen Rohstoffe Polypropylen und Polyäthylen erzeugt und mit dem Erwerb der deutschen Marathon-Raffinerie und der im Anschluß geplanten Errichtung von Produktionskapazitäten für Polyolefine in die Reihe der ganz großen europäischen Rohstofferzeuger aufrücken wird. Daneben wird im Inland eine Reihe anderer Kunststoffe, allerdings nicht bedarfsdeckend, hergestellt. Die Gesamtmenge der 1988 in Österreich produzierten Kunststoff-Rohstoffe belief sich im Jahr 1988 auf 860.000 t mit einem Verkaufswert von über 11 Mrd. S. Bei den wichtigen „technischen Kunststoffen" wird Österreich auch in Hinkunft auf Importe angewiesen sein.

Bei der Erzeugung von Kunststoff-Produkten ist die Situation durchaus anders gelagert. Es gibt nur ganz wenige Kunststoff-Verarbeitungsverfahren, die einen besonders hohen Investitionsaufwand erfordern. Es können praktisch alle Produkte, die wir benötigen, auch im Inland erzeugt werden. Es existieren in Österreich über 1000 Kunststoff-Verarbeitungsbetriebe, von denen ca. 25% der Industrie und der Rest dem Gewerbe angehören. Insgesamt werden in dieser Branche 20.000 Personen beschäftigt, und der Produktionswert der von der Industrie und dem Großgewerbe erzeugten Waren erreichte 1988 den imponierenden Wert von 21 Mrd. S. Die Produktionszahlen der Kleinbetriebe mit unter 20 Beschäftigten sind leider statistisch nicht gesondert erfaßt. Darüber hinaus werden aber noch Kunststoff-Produkte in Unternehmen erzeugt, die anderen Branchen zuzurechnen sind (Elektroindustrie, Maschinenbau usw.) mit einem geschätzten Produktionswert von 9 Mrd. S.

Wenn man im allgemeinen von der Kunststoff-Wirtschaft spricht, denkt man vor allem an die Rohstoffe und die daraus hergestellten Produkte. In Österreich hat die dritte Sparte, nämlich der Bau von Maschinen für die Kunststoff-Verarbeitung, einen ganz besonderen Stellenwert. Es gibt bei uns einige einschlägige Unternehmen, die Weltgeltung besitzen, und deren Erzeugnisse (Spritzgußmaschinen, Extruder, Blasautomaten usw.) in die entferntesten Länder der Erde exportiert werden. Gerade hier zeigt sich die Stärke eines kleinen Landes, wenn es vor allem auf Ideen und die Qualifikation der Mitarbeiter ankommt, um sich gegen internationalen Wettbewerb durchsetzen zu können.

## ZUKUNFTSAUSSICHTEN

MENGENENTWICKLUNG

Die Prognosen für die Entwicklung des Einsatzes von Kunststoffen aus den 50er und 60er Jahren waren geprägt von einer beispiellosen Welle des Ersatzes herkömmlicher Werkstoffe durch die neuen mit Hilfe organischer Synthesen aus Grundstoffen der Petrochemie hergestellten Kunststoffe. Bei der Ermittlung der Wachstumskurven war also die Substitution die bestimmende Größe. In diese Periode (1950–1970) fällt auch die Entwicklung und Markteinführung der als „Standard-Thermoplaste" bezeichneten Kunststoffe, die auch heute noch – je nach Region – 70 bis 80% des Bedarfes ausmachen.

Die künftige mengenmäßige Entwicklung wird von den folgenden Faktoren bestimmt:

- Bei Fertigprodukten, die bereits jetzt schon einen erheblichen Anteil an Kunststoffen enthalten, entwickelt sich die eingesetzte Menge gleichlaufend mit den Konjunkturschwankungen (siehe Bild 1) und etwaigen Veränderungen der Verbrauchsgewohnheiten der Bevölkerung.

- Bei Ersatz von anderen Werkstoffen oder Eindringen in gänzlich neue Gebiete ist die Verbrauchszunahme nur wenig konjunkturabhängig, sondern vor allem durch das Preis/Leistungsverhältnis bestimmt.

- Eine Resubstitution von überdimensionierten Teilen aus Standard-Kunststoffen durch höherwertige technische Kunststoffe bewirkt eine Mengenreduktion, allerdings bei einer höheren Qualität der Produkte.

- Gesetzliche Verbote bestimmter Kunststoff-Anwendungen (z.B. PVC in der Verpackung) oder Konsumenthaltung durch Einfluß „grüner Gruppen" können Mengenverschiebungen verursachen.

In den Prognosen sind unbedingt die relevanten Konjunkturparameter (z.B. Entwicklung des BNP)

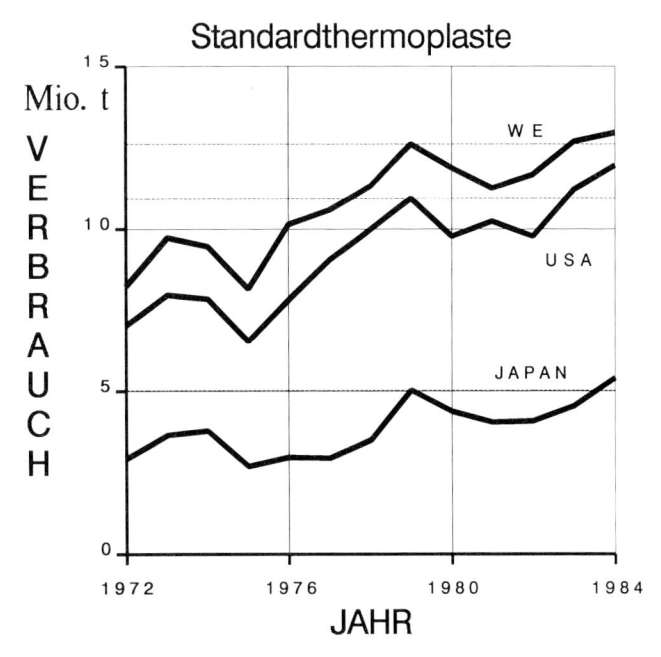

Bild 1: Verbrauch von Standard-Thermoplasten in verschiedenen Regionen (nach K. Weirauch).

sowie demografische Veränderungen (z.B. Lebensalterverteilung der Bevölkerung) zu berücksichtigen.

In einer Studie aus dem Jahr 1985 (K. Weirauch) wird die Steigerung im Kunststoffverbrauch in Westeuropa für die nächsten Jahre mit 500.000 t/Jahr angenommen. Das bedeutet einen absoluten Mengenzuwachs für 1985 bis 2000 in ähnlicher Größe wie für die Periode von 1970 bis 1985. Von gleichen Überlegungen wird auch in einer Studie der Society of the Plastics Industry aus dem Jahr 1987 für die Verbrauchszunahme in den USA ausgegangen (1970–1985: Zuwachs von 8,6 auf 21,8 Mio. t, 1985–2000: Zuwachs von 21,8 auf 34,5 Mio. t). Diese Gesamtzunahme in dem projizierten Zeitraum unterstellt zwei Rezessionsperioden in den USA. Die Wachstumsraten in den einzelnen Jahren können daher von den Durchschnittswerten erheblich abweichen. So wurde z.B. in der oben erwähnten Studie 1985 der Zuwachs an Standard-Thermoplasten 1984–1987 in Westeuropa mit 1,5 Mio. t veranschlagt, während tatsächlich die Mengenzunahme konjunkturbedingt 3,75 Mio. t betragen hat.

**Tabelle 1:**
**Verbrauchsentwicklung von Standardkunststoffen in Westeuropa in den Jahren 1982 bis 1992.**

|  | Verbrauch in 1000 t | | | | Veränderung in % | | | |
|---|---|---|---|---|---|---|---|---|
|  | 1987 | 1988 | 1989 | 1992 | 82–87 p.a. | 88/87 | 89/88 | 89–92 p.a. |
| HDPE | 2.402 | 2.690 | 2.900 | 3.315 | 11 | 12 | 8 | 4.5 |
| PP | 2.723 | 3.130 | 3.475 | 4.335 | 13 | 15 | 11 | 7.5 |
| PVC | 4.666 | 5.000 | 5.150 | 5.300 | 5.5 | 7 | 3 | 1 |
| LDPE/LLDPE | 4.962 | 5.275 | 5.435 | 5.890 | 6 | 6.5 | 3 | 2.5 |
| PS (N + S) | 1.518 | 1.655 | 1.710 | 1.810 | 6 | 9 | 3.5 | 2 |
| EPS | 0.486 | 0.517 | 0.535 | 0.560 | 2 | 6.5 | 3.5 | 1.5 |
| Gesamt | 16.757 | 18.267 | 19.205 | 21.725 | 7.5 | 9 | 5 | 3.5 |

In einer Schätzung von Hoechst Ende 1988 (siehe Tabelle 1) wird eine Verbrauchszunahme für Standard-Thermoplaste in den nächsten 5 Jahren in Westeuropa von 890.000 t/Jahr angenommen. Man sieht daraus, wie sehr die gerade herrschende Konjunkturlage eine Prognose tendenziell beeinflußt. Zur Abschätzung des Weltverbrauches bis zur Jahrhundertwende ist der größte Unsicherheitsfaktor der Anteil potentieller Großverbraucher wie China, Indien, Süd-Ost-Asien oder Südamerika. Sehr global kann für das Jahr 2000 ein Weltverbrauch an Kunststoffen von rund 100 Mio. t angenommen werden (USA 35, Westeuropa 30, Japan 15 und der Rest der Welt 20 Mio. t).

Eine extreme Verteuerung der Rohölpreise und damit der petrochemischen Ausgangsrohstoffe verbunden mit prohibitiven Kostensteigerungen für den Einsatz von Kunsttoffen bei wichtigen Anwendungen wird für das nächste Jahrzehnt nicht angenommen. Ebenso wird es zu keiner längerfristigen Verknappung von Kunststoffen bedingt durch fehlende Produktionskapazitäten kommen.

## STANDARDKUNSTSTOFFE / STANDARDANWENDUNGEN

Zu Beginn des Kunststoff-Zeitalters mußten zunächst jene chemischen Verbindungen gefunden werden, aus denen man polymere Werkstoffe herstellen kann. Danach wurden die großtechnischen Herstellungsverfahren entwickelt. Oft war es notwendig, eine billigere Rohstoffbasis zu finden, um die Wirtschaftlichkeit dieser neuen Kunststoffe zu gewährleisten, wie z.B. bei der Erzeugung von PVC der Einsatz des billigeren Ethylens anstelle von Azethylen. In der Folge mußten die Eigenschaften der neuen Werkstoffe genau untersucht werden, und schließlich galt es, die Einsatzgebiete zu finden, für welche die neuen Werkstoffe Vorteile gegenüber den bisher verwendeteten Materialien versprachen. Die Vielzahl der Verwendungsmöglichkeiten wiederum bestimmt die insgesamt absetzbare Menge und in der Folge den möglichen Rationalisierungsgrad der Produktion. Verständlich, daß diese Vorgangsweise sehr aufwendig und zeitraubend war und für neue Kunststoffe auch heute noch ist. Von der Entdeckung bis zu einer nennenswerten Marktdurchdringung vergehen 5–15 Jahre, und Kunststoffe mit einem Preis von mehr als 100,- S/kg haben auch heute keine Chance, in größeren Mengen zum Einsatz zu gelangen.

Heute, da man bereits über eine Vielfalt verschiedener Kunststoff-Typen verfügt und fast vier Jahrzehnte Erfahrung in deren Anwendung hat, gehen die Impulse für den Einsatz von Kunststoffen viel seltener von den Produzenten dieser Kunststoffe als vielmehr vom Markt aus. Der Verbraucher erstellt den Anforderungskatalog, und der Rohstoff-Hersteller sowie der Kunststoff-Verarbeiter versuchen, gemeinsam mit dem Kunden eine optimale Lösung zu finden.

In den Ländern der westlichen Welt mit der starken Verflechtung der Industrie, mit dem ungehinderten Informationsfluß und Wissensaustausch, mit den Erfahrungen aus internationalen Kontakten und Vereinheitlichung der Normen ergeben sich weitgehend parallele Entwicklungstendenzen. Dies betrifft gleichermaßen Bereiche wie die Kommunikationstechnik, aber auch den Einsatz von Kunststoffen. Trotz des immer wieder laut werdenden Rufes: *„Zurück zu Natur-stoffen, weg von Kunst-stoffen"* ist die Verwendung dieser Werkstoffe in vielen Standard-Anwendungen aufgrund der optimalen Kosten/Nutzen-Relation derart fest verankert, daß eine Resubstitution nur durch eine dramatische Veränderung der derzeitigen Lebensgewohnheiten der Bevölkerung bewirkt werden könnte. Diese allgemeinen Voraussetzungen sind gleichermaßen auch für die Situation in Österreich gültig.

Nach wie vor sind die Bereiche Verpackung und Bauwesen jene, die den höchsten Anteil an Kunststoffen verbrauchen. Diese Bereiche werden auch im kommenden Jahrzehnt den Löwenanteil zu dem Mehrbedarf beisteuern. Welche Bedeutung die demografische Entwicklung dabei hat, sei am Beispiel der Verpackung illustriert. Es wird in den westlichen Ländern künftig mehr Haushalte mit weniger, aber mehr berufstätigen Personen geben. Bedingt durch die zunehmende Berufstätigkeit der Frau wird die verfügbare Zeit für Einkaufen und Führen des Haushaltes eingeschränkt. Daher müssen die Einkäufe möglichst schnell und rationell, vor allem also in Einkaufszentren mit Selbstbedienung erledigt werden. Besonders Lebensmittel müssen in diesem Falle durch höchstwertige Verpackung (z.B. sterilisierbare Verbundfolien) vor einem Qualitätsverlust während der Lagerung geschützt werden. Bei dieser Entwicklung steigt also sowohl der Bedarf aber auch das Anforderungsprofil an die Verpackung.

Eine ähnliche Konsequenz ergibt sich aus der vermehrten Verwendung von Fertigmenüs, deren servierfertige Verpackung gleichermaßen für den Einsatz in Mikrowellen- aber auch in Heißluftherden geeignet sein muß. Wirtschaftliche Lösungen für dieses Problem zu finden, stellen an den Produzenten der Verpackung hohe Anforderungen. Von der Verpackung wird aber nicht nur eine Schutzfunktion für das verpackte Gut verlangt, die Verpackung muß darüber hinaus einen möglichst geringen Raumbedarf für den Transport garantieren, sie muß so gestaltet sein, daß der Verpackungsvorgang selbst maschinell erfolgen kann, und die Verpackungseinheiten müssen mit Handhabungsgeräten manipulierbar sein.

Ähnliche Beispiele für Entwicklungen, die durch marktbedingte Trends verursacht werden, lassen sich aus allen anderen Bereichen zitieren. Stellvertretend sei hier nur auf den vermehrten Einsatz von Kunststoffen im Automobilbau verwiesen, wo die Energiekrise 1973 und die steigenden Benzinkosten eine Verringerung des Fahrzeuggewichtes durch Kunststoffe in ungeahnter Weise vorangetrieben haben.

## NEUE TENDENZEN

Hier sei bewußt nicht nur von neuen Kunststoff-Typen die Rede, sondern von den Trends, die sowohl die Rohstoff-Entwicklung und die Verarbeitung, vor allem aber die Einstellung gegenüber dem Einsatz von Kunststoffen, betreffen. In die Konstruktionsbüros und die Entwicklungslabors der großen Verbrauchergruppen sind nunmehr Techniker eingezogen, die bereits mit dem Werkstoff „Kunststoff" groß geworden sind. Während früher Komponenten und Bauteile von Geräten zuerst in herkömmlichen Werkstoffen konzipiert und auch ausgeführt wurden und erst nachträglich ein Austausch gegen Kunststoff stattfand, der natürlich keine optimale Lösung darstellen konnte, hat sich die Einstellung gewandelt. Für den jungen Konstrukteur gibt es keine psychologischen Barrieren mehr, und bei Beginn neuer Entwicklungen werden Kunststoffe selbstverständlich als gleichberechtigt in die Überlegungen miteinbezogen. Nicht nur, daß der Techniker „in Kunststoff denkt" ist er auch in der Lage, sehr präzise die Anforderungen an den Rohstoff zu formulieren und seine Ideen zur Gestaltung verarbeitungsgerechter Formen einzubringen.

Durch die jahrelangen positiven Erfahrungen mit Kunststoffen auch bei anspruchsvollen Anwendungen ist auch das Vertrauen gewachsen, Kunststoffe für neue diffizile Aufgaben heranzuziehen. In den letzten Jahren ist viel von den spektakulären Erfolgen der Hochleistungs-Kunststoffe berichtet worden. Es mag dadurch der Eindruck entstehen, daß gerade von diesen Kunststoffen die bestimmenden Wachstumsimpulse ausgehen. So sehr für eine Verbreitung des Kunststoff-Einsatzes die Anzahl neuer Anwendungen wichtig ist, darf nicht übersehen werden, daß diese „technischen Kunststoffe" bisher am Gesamtverbrauch einen Anteil von maximal 10% erreicht haben. Das größte Hindernis für eine weitere Verbreitung sind die hohen Preise, aber auch der große Zeitbedarf für die Entwicklung chemisch neuartiger Typen. Um besonderen Anforderungen gerecht zu werden, wird daher materialseitig in verstärktem Maße der Weg der Modifizierung bekannter Standard-Kunststoffe beschritten. Dies betrifft einerseits das Mischen verschiedener Kunststoffe (Blends), andererseits das Verstärken durch Zusätze (Füllstoffe, Fasern).

Die rasante Entwicklung von Kunststoff-Blends ist im wesentlichen durch zwei Gründe bedingt. Erstens können durch Kombination verschiedener Polymere Eigenschaftsprofile erreicht werden, die weder von den Einzelkomponenten noch ähnlich kostengünstig mit anderen Kunststoffen erzielt werden. Zweitens ist die Entwicklungszeit für Blends bis zur Marktreife verhältnismäßig kurz und die Verfügbarkeit in technischen Mengen dadurch gegeben, weil die Einzelkomponenten vorhanden und die Verarbeitungstechnologien bekannt sind. Trotzdem müssen Blends als eigenständige Werkstoffe verstanden werden, da es meistens vor dem Mischvorgang notwendig ist, Modifizierungen vorzunehmen und geeignete Haftvermittler zu finden, um die Mischbarkeit der an sich unverträglichen Einzelkomponenten zu gewährleisten. Der vermehrte Kunststoff-Verbrauch im Automobilbau wäre ohne die technische Leistungsfähigkeit preisgünstiger Thermoplast-Blends nicht denkbar gewesen. Aber auch andere Märkte wie Geräte-Gehäuse, Video-Kassetten oder Sportgeräte sind Wachstumsbereiche für diese Werkstoffklasse. Für die Forschung wiederum bieten die Probleme der Mehrphasigkeit ein reiches Arbeitsfeld für die Zukunft.

Der Einsatz von Fasern als Verstärkungsmaterial für Kunststoffe nimmt bei den bekannten faserverstärkten Gießharzen durch Verwendung neuer verbesserter Fasern zu, aber auch bei Thermoplasten gewinnt die Verstärkung mit Fasern oder Matten zunehmend an Bedeutung. Für großflächige tragende Konstruktionsteile ist die geringe Steifigkeit der meisten Thermoplaste von Nachteil, und gerade diese Eigenschaft läßt sich durch Modifizierung mit Fasern deutlich verbessern. Ganz neue Aspekte eröffnen sich durch die Klasse der selbstverstärkenden Polymere, der sogenannten „Liquid crystal polymers (LCP)", die leichte Verarbeitbarkeit mit hervorragenden Eigenschaften verbinden. Schwierigkeit bietet allerdings die extreme Anisotropie der Festigkeit, was eine besonders sorgfältige Formgestaltung der Teile und eine exakte Vorausberechnung der Verarbeitungsparameter erfordert.

Eine äußerst dynamische Entwicklung erlebt derzeit der gesamte Bereich der Verarbeitung, angefangen von der werkstoffgerechten Konstruktion der Bauteile, der Auslegung und Herstellung der Formen sowie der eigentlichen Verarbeitung. Charakteristisch für die Bereiche ist das rasante Vordringen von EDV-Unterstützung. Mitbestimmend für diesen Trend sind einerseits die Notwendigkeit, alle Arbeitsabläufe zu beschleunigen und andererseits die Forderung einer weitgehenden Optimierung. Die altbewährte Methode von „trial and error" ist für tonnenschwere Spritzguß-Werkzeuge und eine „Null-Fehler-Produktion" nicht mehr aufrecht zu erhalten. Aufgrund von Werkstoff-Kennziffern aus den Datenbanken der Rohstoffhersteller und den Festigkeitsanforderungen an den Bauteil wird am Computer die optimale Gestaltung errechnet. Es wird dann mit Hilfe der rheologischen Kennwerte und eines erprobten Software-Programmes das Fließverhalten in der Form simuliert, die Werkzeug-Konstruktionswerte werden direkt der EDV-gesteuerten Fräsmaschine eingegeben, und es wird erwartet, daß bereits die ersten Probespritzungen aus dem so hergestellten Werkzeug ein einwandfreies Produkt ergeben.

Die Fertigung der Kunststoffteile vollzieht sich natürlich auf Maschinen, die von EDV-Programmen gesteuert werden, und alle Hilfsoperationen werden von Handhabungsgeräten durchgeführt. Ja selbst die Qualitätskontrolle geschieht „on-line" mit Sensoren und Video-Kameras, deren Bilder mit EDV-gespeicherten Standards verglichen werden. Die weitgehende Automatisierung, durch welche in Zukunft in zunehmendem Maße die Abläufe bei der Kunststoff-Verarbeitung bestimmt werden, ist weniger von der möglichen Einsparung an Bedienungspersonal bestimmt. Diese Art der EDV-gesteuerten und -kontrollierten Fertigung ist einfach sicherer und liefert Produkte mit weniger Fehlern, als dies beim menschlichen Einsatz möglich wäre. Wichtige Abnehmer, wie die Automobil- oder Elektronik-Industrie, haben keine Eingangskontrolle mehr, der Zulieferant muß die volle Verantwortung für eine „Null-Fehler-Produktion" übernehmen. Wenn man bedenkt, daß darüber hinaus vielfach eine „just in time" – also eine stundengenaue – Lieferung gefordert wird, kann man ermessen, welchen veränderten Anforderungen sich die gesamte Kunststoff-Wirtschaft wird stellen müssen.

**AUSBLICK**

Die oben geschilderten Abläufe sind von der Gruppe der Verarbeiter allein nicht mehr lösbar. Eine viel weitergehende Planung wird notwendig sein, mit einer sehr engen Abstimmung der Bedürfnisse aller Beteiligten: des Endabnehmers, des Teileherstellers, des Rohstofflieferanten, des Werkzeugbauers und des Maschinenproduzenten. Die Harmonisierung dieser Zusammenarbeit dürfte die wichtigste Herausforderung der vor uns liegenden Jahre sein. Grundsätzliches Umdenken in vielen Bereichen wird notwendig sein, Lernprozesse müssen mehr Verständnis für die Anliegen der Partner schaffen. Trotz EDV und Automatisierung kann nur der Mensch diese Aufgabe bewältigen. Und hier ergibt sich auch die vornehmste Aufgabe für die Montanuniversität: Die jungen Techniker für diese Anforderungen des kommenden Jahrzehnts bestmöglich vorzubereiten. Die oben geschilderte Teamarbeit wird dann besonders gefördert, wenn durch eine breite Wissensbasis dem angehenden Kunststoff-Techniker schon während des Studiums Verständnis für die Probleme der anderen in die Entscheidungsprozesse involvierten Partner vermittelt wird.

Abschließend noch eine Anmerkung zu dem Problemkreis „Ökologie", dem die Kunststoff-Wirtschaft künftig viel mehr Bedeutung wird beimessen müssen. Kunststoffe sind in der jüngsten Zeit vermehrt das Ziel von Angriffen seitens der Umweltschützer geworden. Manche – wenige – der Vorwürfe mögen berechtigt sein und müssen raschest gelöst werden. Die meisten Argumente entbehren jedoch jeder rationalen Grundlage und sind daher auch sachlich nicht zu entkräften. „Professionelle" Umweltschützer brauchen ein griffiges, jedem geläufiges Problem oder Produkt als Feindbild, um in der Öffentlichkeit ihre Tätigkeit zu rechtfertigen. Bei dem heute so populären „Zurück zur Natur" ist es leicht „Kunst"-stoffe als widernatürlich und daher als überflüssig darzustellen. Die aus der BRD zu uns herangetragene Bewegung hatte dort nicht ursprünglich die Kunststoffe im Visier, sondern die deutsche Großchemie. In Österreich sind leider mangels einer Großchemie die Kunststoffe, und hier insbesondere das PVC als chlorhaltiges Polymer, Zielscheibe der Angriffe. In Anbetracht der Bedeutung des Umweltschutzes ist es sowohl für den verantwortungsbewußten Politiker aber auch für den einfachen Bürger schwierig, die oft komplizierten Zusammenhänge zu durchschauen und haltlose Vorwürfe von berechtigten Forderungen zu unterscheiden. Gerade jetzt wäre daher eine aktive Imagepflege des Begriffes „Kunststoff" wichtig, wozu die Montanuniversität als anerkannte Autorität einen seriösen Beitrag leisten kann.

# Werkstoffe heute und morgen

Franz JEGLITSCH und Hubert BILDSTEIN

**NEUE WERKSTOFFE – EINE SCHLÜSSELTECHNOLOGIE**

Der technische und soziale Fortschritt der Menschheit, kulturelle Leistungen und politische Veränderungen sind untrennbar mit der Entwicklung und Verfügbarkeit von Werkstoffen und den aus ihnen herstellbaren Werkzeugen und Produkten verbunden. Ganze Epochen erhielten den Namen der Leitwerkstoffe der jeweiligen geschichtlichen Periode. Die an sich langen Lebenszyklen der Basiswerkstoffe kamen den natürlichen Bedürfnissen nach Dauerhaftigkeit, Stabilität und Sicherheit der mit ihrem Einsatz entstandenen Bauten und Maschinen entgegen. Allerdings verleiten in jüngster Zeit eine die Reife- und anschließende Degenerationsphase kennzeichnende Massenproduktion und die damit verbundenen besonders hohen Umsätze zu einer Überschätzung der Tragfähigkeit und der Innovationsfähigkeit der Werkstoffindustrien, ein Fehler, der mit zu den sich seit 15 Jahren abzeichnenden und bis heute nicht bewältigten Strukturproblemen vieler europäischer Unternehmen geführt hat.

Im gleichen Zeitraum vollzog sich dagegen in Japan als Reaktion auf den ersten Ölpreisschock und die damit bewußt gewordene extreme Abhängigkeit der japanischen Wirtschaft von externen Ressourcen ein tiefgreifender Strukturwandel. Beruhte die Leistungsfähigkeit der japanischen Wirtschaft bis dahin auf einer Adaptierung und Optimierung übernommener Technologien und ihrer effizienten Vermarktung, so kamen jetzt eigenständige Entwicklungs- und Technologieprogramme für energiesparende Verfahren, für additive Energien und für eine auf abundanten Rohstoffen basierende Werkstofftechnologie dazu. Japan wurde damit z.B. zum Hauptland moderner Hochleistungskeramik, aber auch einer Miniaturisierung von Bauteilen und Geräten der Mikroelektronik, der Kommunikations- und Audiovideotechnik.

Die immer stärker hervortretenden Strukturprobleme in Europa und ein sich gegenüber Japan abzeichnender Innovationsrückstand veranlaßten 1980 das Batelle Institut, Frankfurt, dazu, in einer grundlegenden Studie Schlüsseltechnologien als Träger einer neuen wirtschaftlichen Aufwärtsentwicklung zu identifizieren. Neue Werkstoffe nehmen darin entweder direkt oder auch indirekt über die durch sie erschließbaren neuen Anwendungsgebiete und Märkte eine vorrangige Stellung ein.

**KRITERIEN EINER SCHLÜSSELTECHNOLOGIE**

- langfristiger Bedarf, breite Anwendung
- Grundlage und Ausgangspunkt für technologische Weiterentwicklung und Anwendung
- starke soziale Auswirkung
- Verbesserung, Beeinflussung des Kosten/Nutzen-Verhältnisses
- Hoher Forschungs- und Entwicklungsaufwand
- lange Entwicklungsdauer

In diesem Zusammenhang stellt sich die Frage, was ein „neuer" Werkstoff ist. Die Praxis zeigt, daß in der Werkstoffentwicklung kleine Schritte die Regel und große Sprünge, die zu einer neuen Werkstoffart führen, eher die Ausnahme darstellen. Eine eindeutige Definition, was ein neuer Werkstoff ist, herrscht zwar nicht vor, aber doch eine gewisser Konsens darüber, daß die Entwicklungsdauer eines neuen Werkstoffes im Vergleich zu technischen Produkten eher lang ist (Beispiel: Ti-Werkstoffe, Al-Li-Legierungen), daß die stoffliche oder chemische Zusammensetzung nicht immer eine zentrale Rolle spielt (Beispiel: Superplastische Legierungen) und daß durch neue Verfahrenstechniken, die zu veränderten Eigenschaften führen, neue Anwendungen möglich werden (Beispiel: Metallische Gläser, CVD-, PVD-Techniken). Letzteres bedeutet, daß auch die klassischen Werkstoffe wieder neue Werkstoffe werden können und daß in der heutigen Werkstoffentwicklung Herstellungs- und Verfahrenstechniken von zunehmender Bedeutung sind. Damit treffen aber die kennzeichnenden Kriterien für Schlüsseltechnologien für das Gebiet der neuen Werkstoffe im vollen Umfang zu.

Wenn auch werkstoffbezogene Themen seit Anfang der 70er Jahre Gegenstand geförderter nationaler und – wie das Beispiel EG-COST zeigt – internationaler Forschungvorhaben waren, wurden in Europa, wohl als Reaktion auf die vom japanischen MITI erfolgreich koordinierte Schwerpunktsentwicklung japanischer Industrieunternehmen und staatlicher Forschungsinstitute, erst in den letzten zehn Jahren neue Werkstoffe zu zentralen Schwerpunktprogrammen der Forschung erhoben. Derzeit existieren in nahezu allen Industrieländern Schwerpunkte der Werkstofforschung. Aus Überzeugung, daß es dabei um die Leistungsfähigkeit ihrer jeweiligen Industrien geht, wurden diese Werkstofforschungsprogramme finanziell gut ausgestattet. Österreich hat erst verhältnismäßig spät, nach langjähriger Vorbereitungszeit, 1989 einen Forschungs- und Technologieschwerpunkt „Neue Werkstoffe" verabschiedet.

## POTENTIALE DER WERKSTOFFENTWICKLUNG

Der technische Fortschritt hat in vielen Anwendungsbereichen dazu geführt, daß die Leistungsgrenzen der bisher verwendeten Werkstoffe erreicht wurden. Hinter dem Wunsch nach Verschiebung der Leistungsgrenzen stehen im allgemeinen wirtschaftliche Gründe, z.B. Erhöhung der Belastung bei gleichen Werkstoffkosten, Erhöhung der Betriebstemperatur zur Verbesserung des Wirkungsgrades, Erhöhung der Verschleißfestigkeit bzw. des Korrosionswiderstandes zur Verringerung von Investitionskosten, Senkung der Nachbearbeitungs- und Montagekosten. Primär nicht ökonomische Gründe, Werkstoffe mit besonderen Eigenschaften zu entwickeln, liegen beispielsweise in der Rüstungsindustrie oder in der Weltraumfahrt vor.

Die heute erreichten höchsten Zugfestigkeitswerte bei Stahl, Aluminium und Titan liegen etwa bei 50 % der theoretischen Gitterfestigkeit. Das vorliegende Potential ist zwar noch beachtlich, aber vergleichsweise klein zu den üblichen Kunststoffen, wo im allgemeinen nicht einmal 5 % des Festigkeitspotentials ausgenützt sind.

Durch die Verbesserungen der Warmfestigkeit bei metallischen Werkstoffen, in erster Linie bei Nickel-Basis-Superlegierungen, war es in den letzten Jahrzehnten möglich, die Betriebstemperatur von Düsenaggregaten durchschnittlich um 7 °C pro Jahr zu steigern. Das ist deswegen von großer Bedeutung, da mit jeder Temperaturerhöhung um etwa 65 °C die Schubkraft einer Turbine um rund 20% gesteigert werden kann. Trotz der Ausnutzung aller werkstoffkundlichen Möglichkeiten (gerichtete Erstarrung, Einkristalle, komplizierte Kühlsysteme, Keramikbeschichtungen etc.) ist man bei Einsatztemperaturen von etwa 1100 °C heute an der Grenze der Möglichkeiten der dafür eingesetzten Nickel- und Kobalt-Basissuperlegierungen angelangt. Der Durchbruch zu höheren Betriebstemperaturen über 1100 °C in oxidierender Atmosphäre in Energieerzeugungsanlagen und Gasturbinen erscheint vorerst nur über keramische Werkstoffe möglich. Dabei sind beträchtliche Werkstoffprobleme zu lösen.

Während bei metallischen und organischen Werkstoffen durch die Einstellung einer geeigneten Mikrostruktur im allgemeinen eine ausreichende Bruchzähigkeit erreicht werden kann, ist dies eine Schwachstelle in der Konstruktionskeramik. Man schätzt, daß durch Maßnahmen zur „Duktilisierung" der Keramik (Bildung neuer Oberflächen, plastische Verformung zweiter Phasen, elastische Vorspannungen etc.) Bruchzähigkeiten von höchstfesten Aluminiumlegierungen erreichbar wären. Bei einer gleichzeitigen Verringerung der Streuung der Eigenschaftswerte und einer Serienfertigung unter wirtschaftlichen Gesichtspunkten wäre damit für die Konstruktionskeramik ein Durchbruch im Motorenbau gegeben.

Für die bearbeitende Industrie stehen Schnellarbeitsstähle, Sinterhartmetalle, beschichtete Hartmetalle und oxidische Schneidkeramiken zur Verfügung. In den letzten 20 Jahren konnte durch die Einführung der beschichteten Hartmetalle und durch die Oxidkeramik die Schnittgeschwindigkeit etwa verfünffacht werden. Ein gleich großes Potential erwartet man sich von neuen keramischen Schneidstoffen, wie z.B. auf der Basis $Si_3N_4$ + TiC. Eine Nutzung dieser hohen Schnittgeschwindigkeiten hängt aber nicht nur von der Werkstoffseite allein ab, sondern auch davon, ob es gelingt, Bearbeitungsmaschinen mit ausreichender Laufruhe zu erzeugen.

Auch wenn die Werkstoffentwicklung in den letzten Jahrzehnten beachtliche Erfolge aufzuweisen gehabt hat, ist das Potential in den vorhandenen Werkstoffgruppen bei weitem noch nicht ausgeschöpft. Allerdings ist es mitunter schwierig, dieses Potential zeitlich richtig abzuschätzen.

## GENERELLE ENTWICKLUNGSZIELE

Folgende generelle Entwicklungsziele lassen sich angeben:
- Erhöhung der spezifischen Belastbarkeit
- Erhöhung der Temperaturgrenze – mit unterschiedlichen Bereichen für verschiedene Materialklassen –, bis zu der ein Werkstoff kurzzeitig oder in Dauerbelastung eingesetzt werden kann.
- Gewichtseinsparung
- Höhere Verschleißfestigkeit und Korrosionsbeständigkeit
- Verbesserung der Bruchzähigkeit und der Dauerfestigkeit
- Nutzung besonderer werkstoffspezifischer Eigenschaften für optische, elektrische, elektronische, magnetische Funktionen (amorphe Metalle, Magnetwerkstoffe auf Fe-B-Nd-Basis, Hochtemperatur-Supraleiter, spezielle Werkstoffe der Elektronik usw.)

Die Werkstoffentwicklung wird sich aller Voraussicht nach in nächster Zukunft in zwei Richtungen vollziehen:

### DER EVOLUTIONÄRE WEG

Beispiele der Werkstoffentwicklung aus den letzten Jahren, wie z.B. Formgedächtnislegierungen, superplastische Werkstoffe oder amorphe Metalle, lassen erkennen, daß diese Werkstoffe in bestimmten Sektoren der Technik in zunehmendem Maße mit hoher Wertschöpfung eingesetzt werden, aber vorerst nur geringe Quantitäten ausmachen. Die vielen Millionen Tonnen von Konstruktionsmaterialien, die die Technik in den nächsten Jahren auch weiterhin benötigen wird, können nur von den traditionellen Werkstoffgruppen geliefert werden. Bei den Metallen werden daher in absehbarer Zukunft Stähle und Al-Legierungen vorerst die wichtigsten metallischen Konstruktionswerkstoffe bleiben, die auch im Vergleich zu anderen Werkstoffen das niedrigste Preis/Zugfestigkeitsverhältnis aufweisen.

Eine Aufgabe der Werkstoffentwicklung wird es daher sein, die derzeit gebräuchlichen Werkstoffgruppen zu optimieren, Werkstoffe oder Werkstücke mit gleicher Güte billiger zu machen oder bei etwa gleichem Preis Werkstoffe mit noch besseren Eigenschaften zu erzeugen. Ein ausgezeichnetes Beispiel stellt in diesem Zusammenhang die Entwicklung der hochfesten, mikrolegierten und schweißbaren Baustähle dar. Eine Verringerung der Streubreite im Eigenschaftsprofil der Konstruktionskeramik würde etwa zu einem großen Fortschritt in der Anwendung führen, weil damit die Versagenswahrscheinlichkeit erniedrigt und die Einsatzsicherheit erhöht werden könnte.

### DER KREATIVE WEG

Durch den Einsatz neuer Herstellungstechnologien, wie z.B. der Rascherstarrung, der Oberflächenveredelung etwa mit Hilfe von Laser- oder Elektronenstrahlen, der Pulvermetallurgie usw., wird es möglich sein, durch die Überwindung der Grenzen der konventionellen Schmelzmetallurgie und durch die Einstellung extremer Ungleichgewichtszustände Werkstoffe mit außergewöhnlichen Eigenschaften und Eigenschaftsprofilen herzustellen.

Die Kombination von Werkstoffgruppen über die verschiedenen Verbundtechniken bis hin zur gerichteten Erstarrung werden es erlauben, durch die Ausnützung der Anisotropie die Eigenschaften den anisotropen Belastungen besser anzupassen als bisher. Anisotrope Werkstoffe bieten die Möglichkeit, die mechanischen Eigenschaften in Betrag und Richtung maßzuschneidern, also örtlich von einer Stelle zur andern zu variieren und so den Werkstoff an die Anforderungen zu optimieren.

In näherer Zukunft wird die Entwicklung von funktionalen Werkstoffen einsetzen: der Werkstoff wird mit Funktionen versehen werden, um sich wie ein Regelkreis verhalten zu können. Formgedächtnislegierungen, die ein Gestalterinnerungsvermögen besitzen, Brillengläser, die selbständig nachdunkeln, oder Bauteile mit eingebauten Sensoren, wie z.B. Kunststoffteile mit Lichtleitern zur eigenen Frühdefekterkennung, sind erste Beispiele.

In ferner Zukunft ist eine Fusion von verschiedenen Technologien zu erwarten, wie z.B. der Biologie mit der Werkstoffmechanik. Als Beispiel dazu wären biologische Membranen als Filter zu nennen, deren Porenverteilung in Gleichmäßigkeit und Feinheit in einem Größenordnungsbereich liegt, wie er durch technische Prozesse allein nicht nachvollziehbar ist.

Beide Wege in der Werkstoffentwicklung, sowohl der evolutionäre als auch der kreative Weg, werden durch neue Herstellungstechnologien (wie z.B. superplastische Umformung, heißisostatisches Pressen, Laserbearbeitung, etc.) und durch die Tatsache, daß zunehmend nicht mehr nur der Werkstoff, sondern das aus einem bestimmten Werkstoff optimierte Bauteil oder Werkstück in den Vordergrund rückt, stark beeinflußt werden.

## INTEGRIERTE WERKSTOFFBETRACHTUNG

Die zukünftige Entwicklung und der zukünftige Einsatz von Werkstoffen wird eine verstärkte integrierte Betrachtung erfordern. Die Trennung der einzelnen Werkstoffgebiete (metallische Werkstoffe mit Eisen- und Nichteisenmetallen und weiteren Untergruppen, wie den Leichtmetallen, den hochschmelzenden Metallen, keramische Werkstoffe mit den Teilgebieten Konstruktionskeramik, Glas und Bindemittel sowie organische Werkstoffe, wie Kunststoffe, Silikone, Gummi) hat ihren Ursprung in der Tradition der werkstofferzeugenden Industrie. Bei den Verarbeitern und Anwendern von Werkstoffen liegt eine andere Interessenslage vor, da sich für sie die Frage nach demjenigen Werkstoff stellt, der bestimmten Anforderungen in der Anwendung und in der Fertigung am besten entspricht: Stahl, Aluminiumlegierungen oder faserverstärkter Kunststoff für den Automobilbau; Keramik oder Kunststoff für Isolatoren; Kupfer oder Glasfasern für die Nachrichtentechnik; Nickelbasissuperlegierungen, hochschmelzende Metalle oder Keramik für Gasturbinenschaufeln; Schnellarbeitsstähle, Hartmetalle oder Schneidkeramik für Bearbeitungsverfahren. Die Verbundwerkstoffe zeigen bereits die Notwendigkeit einer integrierten Werkstoffbetrachtung auf.

## AUSBLICK

Die Entwicklung neuer Werkstoffe, der Prüf- und Testaufwand, die Qualitätssicherung und die Einführung am Markt sind heute mit außerordentlich hohen Kosten und einem entsprechenden Zeitaufwand verbunden. Zu fordern sind daher in der Werkstoffentwicklung die verstärkte Nutzung der Potentiale der Universitäten, nationale und internationale Kooperationen, sowie eine enge Zusammenarbeit zwischen dem Werkstoffhersteller und dem Anwender.

Österreich besitzt im Bereich der konventionellen Strukturwerkstoffe durch Tradition eine gewisse Stellung, sogar mit punktuellen Hochleistungen. Aber auf so manchen modernen Werkstoffgebieten gibt es derzeit wenig Ansätze. Es fehlt eine breite Fachkompetenz etwa auf dem Gebiet der keramischen Werkstoffe, der amorphen Metalle, der Supraleiter oder etwa in der Entwicklung und Herstellung von Verstärkungsfasern. Desweiteren existiert ein gewisses

Manko in der Anwendungsorientiertheit der Werkstofforschung und -entwicklung in Österreich.

Aus den genannten Tatsachen, aber auch aus dem Umstand, daß für die Werkstoffentwicklung und für neue Werkstoffe ein großer Markt zu suchen ist, resultiert die Notwendigkeit der Beteiligung Österreichs an internationalen Großtechnologieprogrammen. Wie es sich in anderen Staaten gezeigt hat, führt eine solche Beteiligung zu geänderten Denkweisen und zu positiven Konsequenzen in Forschung und Entwicklung, in Industrie und Wirtschaft.

Die Kosten für eine versäumte Werkstoffentwicklung sind für ein Industrieland dramatisch. Bei einer Entwicklungsdauer von 6 Jahren für ein werkstoff- und technologiebezogenes Produkt kann beispielsweise ein Unternehmen, das nach zwei Jahren in den Markt einsteigt, unter sonst gleichen Voraussetzungen nur mehr 55% dessen realisieren, was gegenüber einer sofortigen Marktpräsenz möglich wäre. Wenn man weiters bedenkt, daß praktisch alle Industrienationen seit einigen Jahren gewaltige Anstrengungen in der Werkstofforschung unternehmen, an denen sich Österreich trotz der Verabschiedung des Forschungs- und Technologieschwerpunktes „Neue Werkstoffe" nicht messen kann, dann ist mit einer zunehmend breiter werdenden Technologielücke in Österreich zu rechnen. Österreich als rohstoffarmes Land hat somit alle Anstrengungen zu setzen, damit diese sich abzeichnende Technologielücke nicht zum Tragen kommt. Dazu gehören unter anderem auch die Förderung der universitären Werkstofforschung und der konsequente Ausbau der Studienrichtung Werkstoffwissenschaften an der Montanuniversität.

# Überlegungen zur Entwicklung der Montanuniversität

Franz JEGLITSCH

Zukunft läßt sich nicht prognostizieren, sondern nur erahnen. Der Entwurf von Szenarien, der Versuch einer Antwort auf die Frage „Was wäre wenn", ist als Bestätigung dieser Aussage anzusehen. Die Unsicherheit von Prognosen gilt aber nicht nur für die Wirtschaftsentwicklung und für politische Systeme; auch die Entwicklung in der Forschung und von Fachgebieten ist meist nur grob abschätzbar. Beispiele dafür sind etwa die wirtschaftliche Nutzung der Fusionstechnik, die erst vor kurzem erfolgte Entdeckung der Hochtemperatursupraleitung oder die Tatsache, daß vor 10 Jahren der Personal-Computer im täglichen Leben und im Büro so gut wie unbekannt war. In diese Überlegungen ist auch der Ausspruch des Nobelpreisträgers Mössbauer einzuordnen, der gemeint hat, daß in der Forschung auch der Zufall eine Chance haben muß.

Auch wenn die Fachgebiete der Montanuniversität in sich eine gewisse Geschlossenheit aufweisen, ist ihre Vielgestaltigkeit doch sehr groß. Reicht zwar das Wissen aus, Trends im eigenen Fachgebiet im Sinne der eingangs geäußerten Gedanken überlegen zu können, so schwinden Detailwissen und Kompetenz, je weiter sich ein Fachgebiet vom eigenen entfernt. Eine Prognose im Sinne einer verbindlichen Aussage, wie sich die Zukunft der Montanuniversität gestalten wird, ist daher nicht zu geben.

Unbeschadet dieser Tatsache und des Umstandes, daß Universitäten langfristige geistige Investitionen eines Landes darstellen und daher zurecht ein entsprechendes Beharrungsvermögen haben, darf sich eine Universität nicht der Verantwortlichkeit entziehen, darüber nachzudenken, wie sie sich entwickeln sollte. Daher wurden prominente Kollegen aus Industrie und Wirtschaft eingeladen, für die Festschrift einen Beitrag zu verfassen, wie sie die Situation in bestimmten Fachgebieten der Montanuniversität einschätzen. Dieses Bemühen kommt auch in der Gestaltung der 150-Jahr-Feier zum Ausdruck, wo in einem Symposium am 23. Oktober 1990 die Professoren der Montanuniversität mit in- und ausländischen Fachkollegen und Experten die mögliche Entwicklung übergreifender Fachgebiete erörtern werden. Ohne den Ergebnissen vorzugreifen, sollen im folgenden allgemeine Überlegungen in Form von 10 Gesichtspunkten zusammengestellt werden, die bei der Weiterentwicklung der Montanuniversität zu berücksichtigen sein werden.

1. Forschung und Lehre sind auch in Zukunft auf einem solchen Niveau zu betreiben und sicherzustellen, daß die internationale Konkurrenzfähigkeit erhalten bleibt. Diese triviale Feststellung – Forschung ist immer international und hat sich nach internationalen Maßstäben zu richten – gewinnt jedoch durch den vorbereiteten Eintritt Österreichs in die EG an Aktualität. Es ist zu erwarten, daß sich durch die mit dem Eintritt verbundene Gleichwertigkeit von Studienabschlüssen im EG-Raum grenzüberschreitende Studentenströme in Bewegung setzen werden. Die Besten werden dem Rufe guter Ausbildungsstätten folgen und beginnen, „international" zu studieren. Damit wird dem Ausbildungsruf einer Universität erhöhte Bedeutung zukommen. Die Montanuniversität hat sich um diese Besten zu bemühen.

2. Seit ihrer Gründung hat die Montanuniversität ein eindeutig definiertes industrielles Umfeld, das sie von den technischen Universitäten unterscheidet. Absolventen des Berg- und Hüttenwesens fanden und finden eine ausbildungsadäquate Beschäftigung im Bergbau und im Hüttenwesen. Der Studienrichtung „Technische Physik" an der technischen Universität fehlt etwa ein so klares industrielles Pendant.

Es ist allerdings festzuhalten, daß durch die Entwicklung der Wissens- und Ausbildungsgebiete der Montanuniversität nicht mehr in allen Fällen dieser deutliche industrielle Bezug existiert. Als Beispiel könnte etwa die Studienrichtung Werkstoffwissenschaften genannt werden. Auch bei der Realisierung der beschlossenen Studienrichtung „Industrieller Umweltschutz, Entsorgungstechnik und Recycling" sowie bei den Überlegungen zur Einrichtung eines Studienversuches „Techno-Mathematik" ist dies offensichtlich.

3. Die an der Montanuniversität beheimateten Studienrichtungen und Fachgebiete stellen in der österreichischen Universitätslandschaft Schwerpunkte dar. Alle an der Montanuniversität etablierten Studienrichtungen kann man in Österreich nur an ihr studieren. Berücksichtigt man im Hinblick auf die Kostenexplosion und die Zersiedelung der österreichischen Forschungslandschaft die Bemühungen des Bundesministeriums für Wissenschaft und Forschung, verstärkt zu Schwerpunktbildungen in den technischen Wissenschaften zu gelangen, dann ist als Konsequenz eine Verstärkung und ein weiterer Ausbau der an der Montanuniversität beheimateten Fachgebiete zu erwarten. Es bedeutet gleichzeitig, daß die an der Montanuniversität etablierten Ausbildungswege von anderen Universitäten nicht zu duplizieren sind; vice versa haben diese Umstände aber auch die Montanuniversität bei ihren Überlegungen eines weiteren Ausbaues zu führen.

4. Die Diskussion um Schwerpunktbildungen in naturwissenschaftlichen Fächern wird verursacht durch die Grenzen der Finanzierbarkeit in Forschung und Lehre, wenn diese an den Universitäten mit entsprechend hohem und international vergleichbarem Niveau betrieben werden sollen. Dabei ist auch der Entwicklung der Studentenzahlen an der Montanuniversität eine entsprechende Aufmerksamkeit beizumessen. Studienrichtungen mit wenig Studenten werden sich insbesondere dann behaupten können, wenn Industrie und Wirtschaft auf ihre Absolventen nicht verzichten kann, wenn das Ausbildungsprofil „einmalig" ist und nicht durch ähnliche Studienrichtungen anderer Universitäten ersetzt werden kann. Die Montanuniversität hat eine Reihe von berechtigten und notwendigen Wünschen und Forderungen an weiteren Instituten und Ordinariaten. Es ist aus der Vergangenheit zu erkennen, daß das Bundesministerium für Wissenschaft und Forschung auch in absehbarer Zeit kaum alle erfüllen wird. Die Dringlichkeit von neuen Instituten und Ordinariaten wird vor allem dann begründbar sein, wenn diese dem weiteren Ausbau von Stärkebereichen der Montanuniversität dienen, im Schnittpunkt der Interessenslagen von zwei oder mehreren Studienrichtungen und Fachgebieten angesiedelt und zur Wahrung der internationalen Konkurrenzfähigkeit notwendig sind.

5. Ende der 60er und Anfang der 70er Jahre wurden viele Fachgebiete aufgefächert; neue Disziplinen entstanden (Montanmaschinenwesen, Gesteinshüttenwesen, Kunststofftechnik und Werkstoffwissenschaften). Trotz dieser Auffächerung sind die an der Montanuniversität beheimateten Fachgebiete ineinander verzahnt geblieben. Dies galt auch für die Ausbildungswege. Nach einer Konsolidierungsphase in den letzten 15 Jahren hat sich die Montanuniversität wieder verstärkt der Frage zu stellen, wo ihre Stärken liegen und welche der Fachgebiete im Hinblick auf ihre zukünftige Bedeutung auszubauen sein werden. Durch das definierte industrielle Umfeld hat der Ausbau der Stärkeprofile weitgehend parallel zur sich abzeichnenden technischen Entwicklung und den Schwerpunktsverlagerungen in der Industrie zu erfolgen. Die Montanuniversität wird aber auch darüber zu befinden haben, wo sie vorhandene, aber verstreute Fachkompetenzen konzentriert und synergetisch zum Aufbau interdisziplinärer Bereiche nutzen kann. Als gutes Beispiel ist in diesem Zusammenhang die Errichtung der Studienrichtung „Industrieller Umweltschutz, Entsorgungstechnik und Recycling" zu nennen.

6. In den Kernfächern der Montanuniversität ist in den letzten Jahrzehnten eine deutliche Verschiebung der Schwerpunkte vieler Teilfachgebiete eingetreten. Im Bergbau nimmt der Tagebau mit dem Entsorgungsbergbau und den bergbaulichen Be-

triebsmitteln eine zunehmende Bedeutung ein; in der Studienrichtung Gesteinshüttenwesen konzentrieren sich – wie auch in der Studienrichtung Werkstoffwissenschaften – die Bemühungen auf das Gebiet der keramischen Werkstoffe; das Montanmaschinenwesen entwickelte sich zu einem Schwermaschinenbau, und im Hüttenwesen ist eine Verlagerung in Richtung metallurgische Verfahrenstechnik und Werkstofftechnik eingetreten. Diese Tatsache findet ihr Spiegelbild in der Entwicklung der österreichischen Industrie, in der Verlagerung technischer Sparten und in den durch die Technik verursachten Probleme in der Umwelt. Dies drückt sich aus in einer Abnahme der Bedeutung der Roh- und Grundstoffindustrie zugunsten der Fertigungstiefe und Finalindustrie, in einer zunehmenden Mechanisierung, Automatisierung, Rationalisierung und im Bestreben, technische Kreisläufe zu schließen, um die Belastung der Umwelt zu reduzieren. Diese Tendenzen werden in Zukunft nicht nur anhalten, sondern sich noch verstärken. Sie werden die Schwerpunktslagen der Fachgebiete der Montanuniversität weiter verändern und die Bedeutung mancher Fachgebiete neu bestimmen.

7. Die Tatsache, daß alle an der Montanuniversität vertretenen Ordinariate entsprechend dem universitären Selbstverständnis einen uneingeschränkten Vertretungsanspruch ihres Fachgebietes in Forschung und Lehre zugeordnet haben, kann dazu führen, daß in manchen Fachbereichen, die nicht zu den Kernfächern der Montanuniversität gehören, Schwerpunkte entstehen. Solche „zufälligen" Schwerpunktbildungen sind nach Möglichkeit zu nutzen, auch wenn sie aus der Entwicklung der Montanuniversität nicht absehbar waren. Allerdings ist gewissenhaft zu prüfen, daß keine Singularitäten entstehen, das geschlossene Profil der Montanuniversität erhalten bleibt und mögliche, dabei entstehende Ausbildungswege das gegebene montanistische Umfeld einbeziehen, um sich dadurch von anderen Universitäten ausreichend zu differenzieren.

8. Die Montanuniversität ist in Österreich die kleinste Universität, die noch dazu nicht in einer Landeshauptstadt liegt. Sie befindet sich weiters in einem Bundesland, das mit Ausnahme von Wien die höchste Dichte an universitären Ausbildungsstätten aufweist. In weniger als einer Fahrstunde entfernt existiert in der Landeshauptstadt Graz eine vorbildliche, international anerkannte technische Universität. Ausbaupläne der Montanuniversität haben sich daher auch an diesen Tatsachen zu orientieren.

9. Die heute von der Öffentlichkeit und der Bundesregierung geforderte Öffnung der Universitäten hat die Montanuniversität in der Vergangenheit vorbildhaft vorgelebt. Trotz hoher Affinität zum industriellen Umfeld mit entsprechender Praxisbezogenheit war die Offenheit der Montanuniversität nie Anpassung oder Anbiederung. Unsere Alma mater hat auch in Zukunft – wie alle anderen technischen Universitäten – ihren Absolventen keine Berufsausbildung, sondern eine Berufsvorbildung zu vermitteln. Ausbildungsprofil und Praxisanforderung sind nicht nach dem Stoppel-Lochsystem zu gestalten. Die eigentliche Formung der Absolventen in der Praxis hat durch die Praxis zu erfolgen. Das definierte industrielle Umfeld hat es aber der Montanuniversität in der Vergangenheit erleichtert, nicht „am Markt vorbei zu produzieren". Dies zeigen alle Umfragen, werden sie mit jenen anderer Universitäten verglichen. Bei der Einführung weiterer Ausbildungswege, die nicht diese klare Bezogenheit zum industriellen Umfeld aufweisen, wird daher in der Gestaltung des Ausbildungsprofils besondere Aufmerksamkeit und Gewissenhaftigkeit vonnöten sein.

10. Spezialwissen verrostet schneller als Grundlagenwissen. Die zunehmende Verwissenschaftlichung aller technischen Bereiche und damit auch der montanistischen Wissenschaften wird in Zukunft die Bedeutung der Grundlagenfächer noch erhöhen. Im Hinblick auf eine ökonomische Ausbildung ist allerdings zu fordern, daß das Grundlagenwissen in seiner Relevanz zu den Fachgebieten darzustellen ist.

Die Ausgangsposition für das nächste Jahrzehnt ist eine gute. Auch die derzeitigen Bestrebungen, die Universitäten stärker zu „internationalisieren", kommen der Montanuniversität zugute, die immer international ausgerichtet war. Sie sollte dies in Zukunft konsequent und verstärkt nützen. Bei einer Integration in den EG-Raum bedeutet die freie Wahl des Berufsortes zwar für unsere Absolventen zusätzliche Berufschancen, aber auch eine verstärkte Konkurrenz in der Ausbildung. In der Forschung bedeutet dies die Notwendigkeit, sich verstärkt und forciert an EG-Forschungsprogrammen zu beteiligen. Auch dazu ist es notwendig, daß die Montanuniversität ihre Stärken konsequent ausbaut – etwa durch die Einrichtung von Sonderforschungsbereichen – weil sie sich in den nächsten Jahren einer zunehmenden Konkurrenz auf dem EG-Forschungsmarkt stellen wird müssen. Die Montanuniversität hat noch immer ihre Stärken unter Beweis gestellt, wenn sie gefordert wurde; daher sei eine einzige Prognose berechtigt: so wird sie auch die Zukunft meistern.

# „STUDENT SEIN" IN LEOBEN

# „…Student in Leoben"
## Skizzen aus dem Leobener Studentenleben

Lieselotte JONTES

Der Entschluß der steirischen Stände, eine berg- und hüttenmännische Lehranstalt unweit der Zentren der Erzgewinnung und Verhüttung und abseits vom Getriebe einer Hauptstadt einzurichten, brachte 1840 studentisches Treiben auch in den Montanmarkt Vordernberg. Hier konnten zwar – nach Ansicht der Studienhofkommission – die jungen Leute durch Unterhaltungen und Zerstreuungen nicht von ihren Studien abgelenkt werden, der praktische Anschauungsunterricht in den Radwerken und am nahen Erzberg war aber gegeben.[1]

Bild 1: Bergeleve; Mitte des 19. Jahrhunderts. Universitätsbibliothek Leoben.

Aus den ersten Jahren der Lehranstalt in Vordernberg sind nicht viele Nachrichten auf uns gekommen, doch scheint sich schon hier ein recht geselliges Treiben entwickelt zu haben, auch wenn der genau eingeteilte Lehrplan der ersten Jahre nicht viel Platz für private Aktivitäten und Unterhaltungen ließ. Peter Tunner, der Gründer und für viele Jahre die bestimmende Persönlichkeit, schrieb einen Stundenplan vor, in dem auch die Geselligkeit reglementiert war: am Vormittag gab es zwei bis drei Stunden Vorlesungen, am Nachmittag stand die praktische Arbeit auf dem Programm. Jeden Tag wurden die „Eleven" genannten Studenten außerdem zu examinatorischen Wiederholungen versammelt, bei denen noch offene Fragen geklärt und das Wissen vertieft werden sollte. Am Samstag besuchte man dann in kleinen Exkursionen die nahe gelegenen Hüttenwerke und Bergbaue, am Samstag Nachmittag war „Rapport", ein Bericht über die Aktivitäten der vergangenen Tage. Hiebei mußten Zeichnungen vorgelegt werden, schriftliche Arbeiten wurden begutachtet, stichprobenartige Prüfungen abgehalten. Den Ausklang bildete eine offizielle Kneipe, an der auch der gestrenge Direktor und noch einzige Professor teilnahm.

Das Leben der Bergeleven in Vordernberg war ein karges. Studenten, die nicht in Vordernberg beheimatet waren, wohnten im „Elevenhaus". Ihre Zimmereinrichtung bestand aus „1 Tisch, 1 Casten, 1 Bettstatt, 2 Sesseln, dan 1 Matraze, 1 Strohsack, 2 Copfpölster, 1 Decke, 1 Cotze"[2] (Bild 2). Das Wohnen und Studieren war kostenlos. Bei einer möglichst großen Einschränkung der Bedürfnisse der Studierenden konnte man nach Tunners Meinung mit 20 fl (Gulden) monatlich auskommen (1 Liter Gösser Märzenbier kostete damals etwa 16 Kreuzer, 1 fl hatte 60 Kreuzer).

Im ersten Jahr studierten an der Vordernberger Lehranstalt 9 ordentliche und 3 außerordentliche Hörer. Diese geringe Studentenzahl brachte ein recht intimes „Familienleben" mit sich. Die Zöglinge wa-

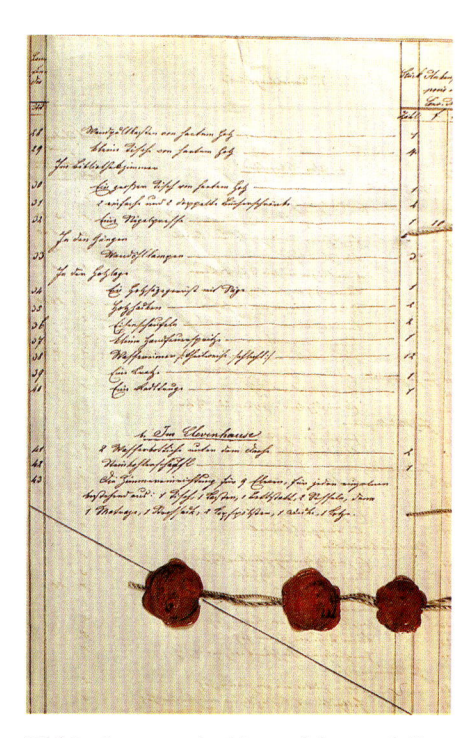

Bild 2: Inventar der Montanlehranstalt Vordernberg aus dem Jahre 1849. b. Im Elevenhause: Die Zimmereinrichtung für 9 Eleven. Universitätsarchiv.

ren oft Gäste in Tunners Familie, auch im gastfreundlichen Haus Erzherzog Johanns waren sie gerne gesehen. Doch auch in das nahe Leoben wandten sich die Studenten. Bei vielen Bällen und geselligen Veranstaltungen traf man die Bergschüler von Vordernberg.

Als im Revolutionsjahr 1848 allerorten Nationalgarden errichtet wurden, trat die gesamte Hörerschaft in die Vordernberger Nationalgarde ein. Einige sollen dabei sogar bis nach Deutschland gezogen, unterwegs aber festgenommen worden sein.[3]

Peter Tunner stellte an seine Zöglinge hohe Anforderungen. Sie mußten nicht nur in der Theorie Bescheid wissen, auch in der Praxis mußten sie sich bewähren. Sie sollten sich an die schwere Arbeit gewöhnen, um *„ihren Körper überhaupt zu gebrauchen und die tief wurzelnde Arbeitsscheu zu untergraben"* [4]. In der eigens zu diesem Zweck adaptierten Lehrfrischhütte wurden die Eleven in praktischer Arbeit am Hammer unterwiesen. Peter Tunner war auch hier Vorbild: er legte überall selbst Hand an. Gemeinsam mit einem Schuldiener richtete er das Feuer zu und machte die erste Luppe selbst. Die nächsten „Dacheln" (Luppen) wurden dann von den Studenten gefertigt, während der Schuldiener das Ausschmieden unter dem Hammer besorgte.[5]

Das Studentenleben war auch noch durch Disziplinarvorschriften geregelt. So konnte es vorkommen, daß ein Student wegen „schlechter Aufführung und Verwendung" nicht zur Exkursion zugelassen wurde und in der Folge die Lehranstalt verlassen mußte. Auch in den Zeugnissen kam dies zum Ausdruck. Hier gab es die Rubrik „Sittliches Betragen", ebenso eine Note für den Fleiß, wo Tunner dann im Matrikelbuch noch anmerkte „nichts geleistet", oder aber „ausgezeichneter Fleiß" attestierte (Bild 3).

Als die Lehranstalt vom Staat übernommen wurde und dann im Herbst 1849 nach Leoben übersiedelte, bildeten die Studenten bald einen wichtigen Faktor

Bild 3: Matrikelbuch der Montanlehranstalt aus dem Jahre 1847. Universitätsarchiv.

im Gesellschaftsleben der Stadt. War auch jetzt der Stundenplan gleich umfangreich wie in den Vordernberger Jahren, so bildete sich nun doch eine Art akademisches Leben heraus.

Die gefürchteten Samstag-Rapporte blieben bestehen, doch der Samstagabend und der Sonntag brachten nun viel mehr Unterhaltung durch die weiter gestreuten Möglichkeiten. Es bildeten sich bald verschiedene Vereinigungen, die sich zu geselligen Zusammenkünften in Gasthäusern und Kaffeehäusern trafen. Und alle Studenten waren im „Schacht" vereinigt, einer von Schemnitzer Studenten nach Leoben verpflanzten Einrichtung. Hier trafen sich die Studenten am Samstagabend, dem sogenannten „Schachttag", es wurde viel gesungen und wohl auch getrunken (Bild 4).

Die Beschreibung eines solchen Schachtabends liefert uns Rudolf Flechner, ein 1858/59 in Leoben inskribierter Bergeleve in Gedichtform:[6]

„Am Schacht"
1858
„Da sitzen sie nach altem Brauch
Im Bergmannskleide Alle
Bei Gerstensaft und Tabaksrauch
In niedrer dumpfer Halle. –
Ein Lärm erhebt sich laut und wild
Bis daß der Präses Ruh befiehlt.

Bild 4: Bergstudenten im Kneiplokal. Gedenkbuch des Pribramer Bergschülers Robert Erwarth aus den Jahren 1861/62. Bildunterschrift: Erinnerung an den St. Gregori Sonnabend im Monat November Anno 1860. Universitätsbibliothek Leoben, Sign.: 1043.

FOTO WILKE Leoben.

Ein Lied aus fünfzig Kehlen
Mehr Kriegsgeschrei als Chorgesang,
Das Ohr noch mehr zu quälen
Hoch unterstützt vom Gläserklang
Wird jetzt herabgesungen
Und Heiterkeit erzwungen. –

Hier rühren sich die Alten
und lassen gen die Jüngern dann
Ihr großes Machtwort walten. –
Verachtend blickt der Veteran
Herab auf arme Fuchsen,
Die kaum sich wag'n zu mucksen. –

Wenn hin und hergescholten,
Veteran und Fuchsen sich gezankt,
Die nicht gehorchen wollten,
Wird wiederum nach Ruh' verlangt.
Ein Lied aus alter Zeit erdacht
Wird jetzt den Gästen zugebracht.

Nachdem im Chor noch dies und das
Bald gut, bald schlecht gesungen,
Und auch vertilgt so manches Glas,
Und mancher schon durchdrungen
Vom Geist des „Schachtes" und vom Bier
Wird's stiller in der Halle hier. –

Noch wenige am „Stoff" sich freu'n,
Es schweigt Gesang und Zanken. –
Und draußen dann im Mondenschein
Sieht man nach Haus sie wanken. –
Glück auf für heut! Zu End' der Schacht!
Am Samstag wieder! Gute Nacht!"

Mancher Studentenulk knüpfte sich an die feucht-fröhlichen Schachtabende an. Beliebt waren Auseinandersetzungen mit der städtischen Polizei. So marschierten einmal 30 bis 40 Eleven hinter einem Laternenträger durch die Stadt und schrien laut „Heu und Stroh, Heu und Stroh". Von einem Polizisten zur Ruhe ermahnt, gaben sie zur Antwort, daß er als Stadtpolizist die kaiserlich-königlichen Bergakademiker nicht belangen könne, da er nicht kaiserlich sei.[7]

Es entstanden in der Folge Korporationen und Studentenverbindungen. Die sangesfreudigeren Studenten traten dem „bergakademischen Gesangsverein" bei. Sie alle pflegten die bergmännische und studentische Tradition, die von Schemnitz nach Leoben überkommen war. Bunte Mützen und Bänder prägten das Stadtbild, zu den Stiftungsfesten wurden die Leobener Bürger eingeladen, und in den Nächten hörte man oft die bergstudentischen Lieder durch die Stadt klingen. Mit Neugier, etwas Spott und viel Stolz gab sich Leoben als Studentenstadt. So ist es auch zu verstehen, daß in den „Leobner zwanglosen Blättern" vom 26. Mai 1866 eine Persiflage auf die Korporationen erschien:

„Bundeslied der Zwirnania.

Unter diesem Titel hat sich hierorts ein Verein arbeitsamer Fräulein gebildet, welcher sich nach dem Muster der Studenten-Corps zu constituiren gedenkt. Demgemäß hat derselbe Schwesterlichkeit und weiblichen Heldenmut auf seine Fahnen geschrieben, und Nadel und Schere für seine Waffen erklärt. Da es aber denselben an weihvollen Corps-Liedern gänzlich mangelt, so war unser zwangloser Poet bemüht, durch Obiges diesen Abgang zu ersetzen.

Schwestern laßt die Nadel ruhen
Und gebraucht dafür den Mund;
Singt begeistert: „Hoch Zwirnania,
Hoch gewiegter Mädchen Bund!"

Laßt uns steh'n auf eignen Füßen,
Handeln auf die eigne Hand,
Bis wir diese legen müssen
einst in das verhaßte Band.

Nimmer soll den Schmuck der Waffen
Tragen nur der Mann allein;
Unsre Waffe sei die Nadel,
Und das Züngelein obendrein ... (u.s.w.)

Hoch, Zwirnania, stolze Veste,
Jungfräulicher starker Hort,
Blühen sollst du und gedeihen
Unbezwungen fort und fort."

Die Verwandtschaft zu den Liedern der Korporationen ist nicht zu überhören.

Die Studenten taten sich auch bei Liebhaber-Theater- und Opernaufführungen hervor, Ausflüge im Kreise von Leobener Familien gehörten zum sonntäglichen Brauch (Bild 5).

Peter Tunner stand dem studentischen Korporationswesen ablehnend gegenüber. In einigen Eingaben an das Ministerium wies er darauf hin, daß die Studenten dadurch vom Studium abgehalten würden. Und so wurden mit dem Studienjahr 1865 die „sogenannten Burschenschaften oder sonstigen, dem Zwecke des Besuches der Bergakademie abträglichen Verbindungen" behördlich aufgelöst. Das Ministerium begründete dies folgendermaßen:

*„... weil nicht gestattet werden darf, daß die angehenden Berg- und Hüttenleute Zeit und Geld zu anderen ihrem Berufe fern liegenden Zwecken verwenden; dann weil das bergmännische Ehrenkleid allein und ganz dazu geeignet ist, alle Eleven mit einem festen weit über die Studienzeit hin ausreichenden Bande zu umschlingen."* [8]

Wie sah nun der Studienalltag in Leoben um die Mitte des 19. Jh. aus:

Das Studium dauerte nach dem Vorkurs zwei Jahre und war geteilt in einen Berg- und einen Hüttenkurs, der jeweils 10 Monate dauerte. Es gab täglich von 8 bis 10 Uhr Vorlesungen, der Nachmittag

Bild 5: Studenten bei einem Ausflug auf den Erzberg um 1870. Lithographie von J. Kollarz aus der Paterno-Serie. Original im Museum der Stadt Leoben, Inv.-Nr.: 4324.

FOTO WILKE Leoben.

war Übungen unter gemeinsamer Anleitung der Professoren und Assistenten und sogenannten „Examinatorien" gewidmet. An den Nachmittagen des Montag und Donnerstag fanden kleinere Exkursionen in Betriebe der näheren Umgebung statt, über die die Eleven schriftlich Bericht erstatten mußten.

Bild 6: Fachkurs 1888.
Universitätsbibliothek. FOTO WEIGHART Leoben.

Am Samstagnachmittag wurden die wöchentlichen Examinatorien vorgenommen, die bei allen Studenten gleichermaßen gefürchtet waren.[9] Dies spiegelte sich in manchem stoßseufzerartigen Gedicht in den Gedenk- und Valetbüchern der Studenten wieder, so Josef Rachoys Gedicht „Der Rapport"[10], oder in einer Gebetspersiflage:

„Peter unser, der du bist im Rapport,
Geheiligt werde dein Namenstag
Zu uns komme deine Köchin
Dein Wille geschehe wie im Himmel
Also auch am jüngsten Gericht.
Ein freien Tag gib uns heute.
Und vergib uns unsere Biberstollen.
Wie auch wir vergeben unseren Assistenten
Führe uns nicht auf Verwendung,
Sondern erlöse uns von dem Übel.
Servus!"[11]

Diese „Verwendung", die praktischen Übungen, fanden im Sommerhalbjahr statt. Sie entsprachen der heutigen Pflichtpraxis, standen aber unter Anleitung und Aufsicht des Lehrpersonals (Bilder 6 und 7).

Den Abschluß des zweiten Halbjahres bildete eine vier- bis sechswöchige Hauptexkursion. Diese Exkursionen waren die Höhepunkte des Studienjahres. Sie dienten neben der Erweiterung der fachlichen Kenntnisse wohl auch der Geselligkeit und förderten den engeren Zusammenhalt von Professoren und Studenten. Abgesehen davon kann man wohl auch von Leistungen in touristischer Hinsicht sprechen, da es ja noch wenig Eisenbahnstrecken gab und vom Ochsenwagen bis zu „Schusters Rappen" alle Fortbewegungsmittel genützt werden mußten. Dementsprechend fiel auch der Abschied von Leoben aus: nach einem Frühschoppen, meist mit einer Musikkapelle, zog man dann mit klingendem Spiel – begleitet von Kollegen und Freunden – zum Bahnhof, wo Abschied genommen wurde.[12]

Die auf diesen Reisen gesammelten Erfahrungen wurden in Exkursionsberichten niedergelegt, die mit eine Grundlage der Beurteilung lieferten. Mit viel Akribie und oft beachtlichem zeichnerischen Können schrieben und illustrierten die Eleven ihre

Bild 7: Fachkurs 1890.
Universitätsbibliothek. FOTO C. WEIGHART Leoben.

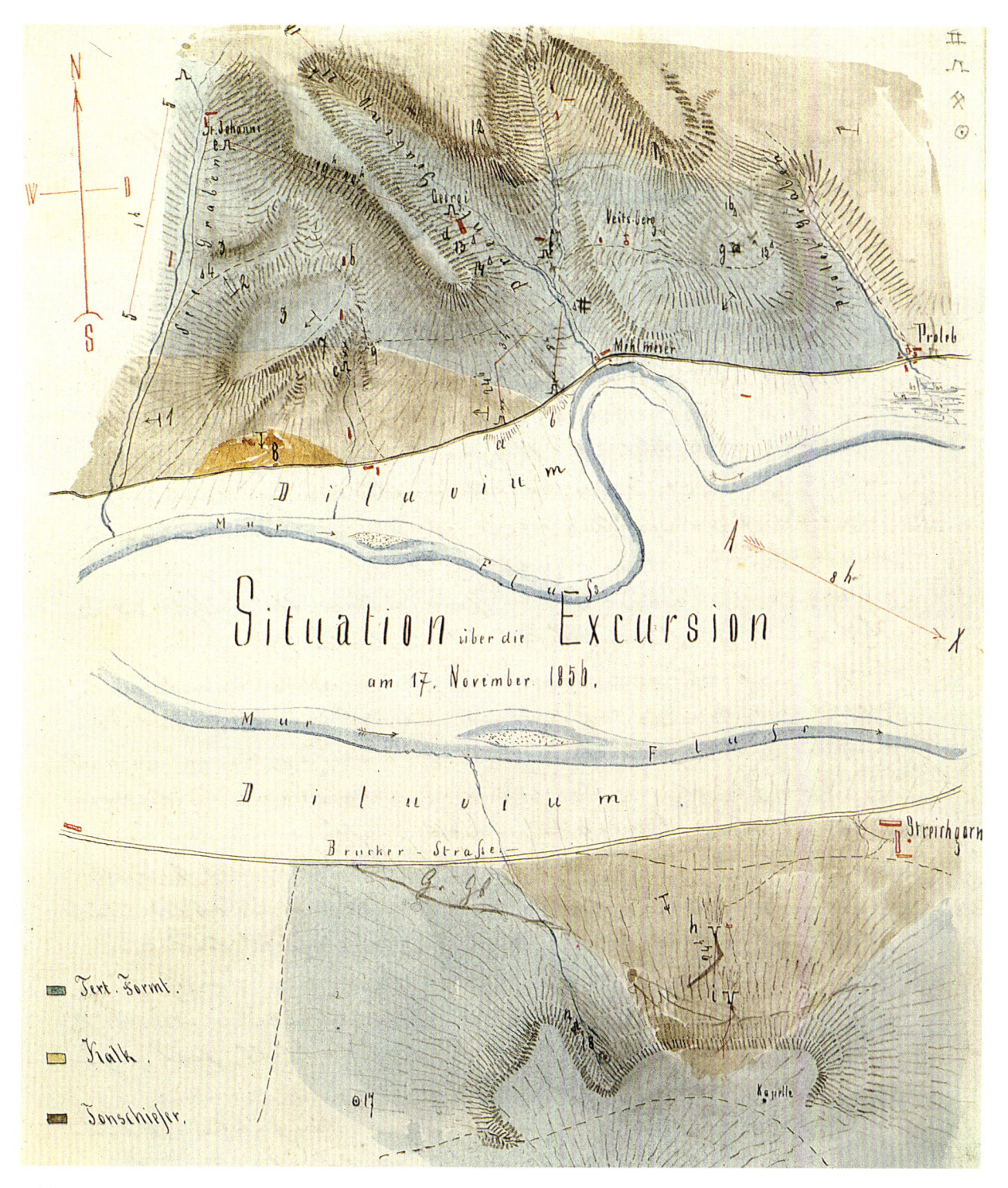

Bild 8: Geologischer Plan der Umgebung von Leoben, gezeichnet anläßlich der Exkursion am 17. November 1856. Seite 6 aus den „Notizen über die Bergmännischen Exkursionen an der k.k. Montanlehranstalt zu Leoben im Jahre 1856/57. Von Anton Jugoviz". Universitätsbibliothek, Sign.: 751/1856/57.

Berichte, die heute wichtige Quellen zur Montangeschichte bilden (Bild 8).

Bei diesen Reisen wurden die Berg- und Hüttenwerke in ganz Europa besucht. So führte z.B. die hüttenmännische Studienreise des Jahres 1886 über Graz nach Neuberg, Schwechat, Teplitz, Dresden, Pirna, Ilsek, Hannover, Dortmund, Hörde, Lüttich, Seraing, Esperance, Selerin, Vieille-Montagne, Ougrée, Corphalie und wieder zurück nach Leoben. Diese großen Reisen brachten erhebliche Kosten für die Teilnehmer mit sich. Um bedürftige Hörer zu unterstützen, gab es Zuschüsse von Seiten des Steiermärkischen Landtages. Auch hatte sich 1872 ein „Unterstützungsverein würdiger und bedürftiger Hörer" konstituiert, dessen Ehrenmitglied Kaiser Franz Joseph war.

Das Verbot der Burschenschaften wurde bald wieder rückgängig gemacht. Es entstanden viele der heute noch bestehenden Studentenverbindungen. Als übernationale Vereinigung gab es die „Allgemeine Lesehalle", die aber bald durch die Gründung der „Bergakademischen Polnischen Lesehalle" 1878 ein Ende fand. Dieser neue Verein verstand sich als Förderer des „geselligen und hauptsächlich des wissenschaftlichen Lebens" von etwa 30 polnischen Bergakademikern.[13] Diese Einrichtung war beispielgebend, sodaß 1881 auch ein „Deutscher Leseverein der k.k. Bergakademie" gegründet wurde. Dieser deutsche Verein hatte im Jahre 1887 87 Mitglieder, etwa ein Drittel der Hörer. Die Vereinsbibliothek enthielt 804 Werke in 110 Bänden, wovon ungefähr die Hälfte belletristischen Inhalts war. Von 81 laufenden Zeitschriften waren 27 wissenschaftliche. Der Leseverein sorgte für ein reges gesellschaftliches Leben, ein Schachclub wurde gegründet, ebenso ein Fechtclub.

Mit der Zuspitzung der Nationalitätenfrage, die an den österreichischen Hochschulen mit dem nationalen Bekenntnis bei der Inskription ihren Anfang nahm, kam es auch zu einer Polarisierung der Hörerschaft. Unter den Leobner Studenten waren alle Völker der Kronländer vertreten, die Montanbezirke der Monarchie spiegeln sich in den Herkunftsländern der Hörer wieder: Böhmen, Mähren, Galizien; daneben kamen noch viele Russen vor allem aus Katharinenburg in Sibirien (heute Swerdlowsk), einem Eisenhüttenwerk, das der Steirer Benedikt Franz Johann Hermann zu Beginn des 19. Jh. zu seiner größten Blüte geführt hatte.

Sichtbaren Ausdruck der Nationalitätenkonflikte bildete die Spaltung bei der Feier des Ledersprunges. Dieser alte Brauch der Aufnahme aller neu eingetreten Hörer in den Bergmannsstand mit dem Sprung über das Leder spaltete sich in einen deutschen und einen slawischen Ledersprung. Die Sorge um diese Entwicklung fand regen Widerhall in der Lokalpresse. So schrieb die Leobner Rundschau am 28. November 1886:

*„Akademisches. Ohne Sang und Klang ist die jüngste Generation von Bergwerksbeflissenen in die Säle unserer Alma mater und damit zugleich in den Kreis ihrer zukünftigen Wirkungssphäre eingetreten. Der Ledersprung, bis jetzt ununterbrochen geübt als Inaugurationsfeier an der Akademie und als Symbol der Aufnahme in die Gilde der späteren Berufsgenossen, als Symbol des Eintrittes in jenen Stand, dem das Tragen von Kittel und Leder als ehrenvolles Abzeichen gilt, ist dies Jahr unterblieben. Warum? Nicht wie vor Jahren an der Schemnitzer Akademie, weil vom Ministerium untersagt, sondern in Folge der an der Akademie herrschenden Verhältnisse, die dadurch zu Genüge illustrirt werden. – Doch wollen die Neueintretenden des Rechtes, ein Leder zu tragen, nicht verlustig gehen, und so werden in jenen akademischen Kreisen, um die sich eine größere Anzahl von Neulingen gruppirt hat, „Ledersprünge en famille" inscenirt, wie es im deutschen Lesevereine und in der polnischen Lesehalle für den Barbaratag projectirt ist. Aus dem gleichen Anlasse hatten auch die noch hier befindlichen Mitglieder des ehemals bestehenden Corps „Schacht" den Gedenktag ihres Stiftungsfestes gewählt, um ihren befreundeten jungen Collegen zu einem honorigen Fuchsenthume zu verhelfen. Die Springenden mußten allerdings darauf verzichten, daß ihnen das Leder von Herrn Hofrath von Tunner und Herrn Prof. Rochelt gehalten wurde; nichts destoweniger – es mangelte auch nicht an auswärtigen Festgästen – nahm dieser interne Ledersprung einen durchaus würdigen, zugleich in alt-akademischer Weise gemüthlichen Verlauf."*

Bild 9: Ledersprungauszug nach Göß 1911.
Foto: Burschenschaft Cruxia Leoben.

Die Feier des Ledersprungs blieb für längere Zeit geteilt. Von den deutschen Studenten wurde im Herbst 1890 ein Bierauszug nach Göß im Gedenken an den Auszug der Bergakademiker aus Schemnitz initiiert. Dieser „Ledersprungauszug" fand teilweise auch kostümiert statt und war mit großem Hallo und Studentenulk verbunden. Diese Sitte hielt sich bis nach dem Ersten Weltkrieg [14)] (Bild 9).

Die Sprachen- und Nationalitätenstreitigkeiten blieben bestehen. Getrennt feierten die deutschen und die slawischen Studenten. Die Polen hatten das

Bild 11: Emil Januschke, geb. 1873 in Gündersdorf (Schlesien), ordentlicher Hörer seit 1895/96, 1899 bei einem Pistolenduell getötet. Ölbild von Ritter von Timoni. Burschenschaft Cruxia. FOTO WILKE Leoben.

Bild 10: Geselliges Studentenleben in Leoben um 1910.

„Polenkränzchen", die Deutschen das „Katharinenkränzchen". Man betonte seine Nationalität, die Leobener Gast- und Kaffeehäuser waren jeweils bestimmten Gruppierungen vorbehalten. So war z.B. das Cafe Nordstern an der Ecke der oberen Mittergasse und des Hauptplatzes Couleurcafé der Burschenschaften „Leder" und „Schacht", „Cruxia" hatte als Couleurcafé das Kaffeehaus „Greiner" in der unteren Mittergasse. Diese „Revierverteilung" war auslösendes Moment für ein Ereignis, das in ganz Österreich Aufsehen erregte, ein tödliches Pistolenduell zwischen dem Cruxen Emil Januschke (Bild 11) und

Bild 12: Abmarsch des Leobener Studentenbataillons am 6. Mai 1919.

dem Ungarn Stefan Matisz. Januschke fühlte sich durch die Anwesenheit des Ungarn und seiner Freunde im Couleurcafé beleidigt. Die Forderung wurde mit Armeerevolvern auf der Gösser Schießstätte ausgetragen und endete für Januschke tödlich.[15] Das Begräbnis Januschkes einigte die Hörer aller Nationalitäten. Im Trauerzug fanden sich neben dem Professorenkollegium und allen deutschen Studenten Vertreter der „Polnischen Lesehalle", der ruthenischen Landsmannschaft „Czernohora" und der rumänischen Studentenschaft. Dieses Ereignis hatte eine Ernüchterung und Normalisierung zur Folge. Gottfried Reitböck, Leobener Student seit 1896/97, sagt in seinen Erinnerungen über die Zeit nach dem Duell: *„Ich habe noch niemals vorher in den Studierstuben so eifrig lernen und in der Hochschule so fleißig zeichnen sehen als zu jener Zeit. Als ob uns alle ein Schlag unsere verdrehten Köpfe zurecht gesetzt hätte!"* [16]

Obwohl es immer wieder zu Händeln mit der Polizei kam – „Wachebeleidigungen" von Studenten nehmen viel Platz in den Sitzungsprotokollen des Professorenkollegiums ein – brach nun eine ruhigere Zeit an, unterbrochen nur durch den gemeinsamen Streik aller Studenten für Ausbau oder Neubau der Bergakademie.

Der Erste Weltkrieg sah viele Hörer an der Front, ein Teil des Hochschulgebäudes war zum Lazarett umfunktioniert, Hochschüler, Bergschüler und Gymnasiasten bildeten als Sicherheitsdienst zur Unterstützung der Behörden die „Akademische Legion".

Das Ende des Ersten Weltkrieges veränderte auch das Bild der Leobener Studentenschaft. Die aus dem Krieg heimgekehrten Studenten waren schon älter, wirtschaftliche Notlage zwang sie oft, sich in umgeänderte Uniformstücke zu kleiden; ein Anschlag am Schwarzen Brett der Hochschule besagte z.B., daß man nicht in Lederhosen zur Prüfung erscheinen dürfe.

Als sich im Jahre 1919 die Kärntner Bevölkerung gegen die Gebietsansprüche der Jugoslawen in Südkärnten erhob, erging ein Hilferuf der Kärntner Landesregierung an alle österreichischen Hochschulen. In einem gemeinsamen Beschluß des Leobener Professorenkollegiums und der Studenten wurde die „Leobener akademische Legion" gebildet, die am 6. Mai 1919 nach Kärnten abreiste (Bild 12). Eine Woche dauerte der Einsatz, eine jubelnde Bevölkerung begrüßte die Heimkehrenden (Bild 13)[17]. Die akademische Legion wurde abermals zur Sicherung der Kärntner Volksabstimmung im Jahre 1920 eingesetzt, die Anwesenheit der Studenten sollte der Kärntner Bevölkerung ein Gefühl der Sicherheit in der Zeit der Abstimmung geben.

Trotz aller politischen Wirren und Hindernisse ging das akademische Leben weiter. Neben den Anforderungen, die das Studium an der nunmehrigen Montanistischen Hochschule an sie stellte, fanden die Studenten noch immer Zeit zu geselligen

Bild 13: Heimkehr des Leobener Studentenbataillons am 15. Mai 1919 am Leobener Hauptbahnhof.

Bild 14: Philistrierung. Abschied von Leoben am Bergmannsbrunnen (Barbarabrunnen) am Hauptplatz.
Foto: KÖStV Glückauf.

Veranstaltungen. Die schon seit dem vorigen Jahrhundert dokumentierte und gepflegte Musikfreudigkeit fand ihren Ausdruck in „Konzertakademien", in denen z.B. ein Studentenorchester in der Aula konzertierte.[18] Einige Studenten versuchten sich mit Erfolg beim Theater, wo sie z.B. im Sommersemester 1923 in dem Studentenstück „Alt-Heidelberg" mitwirkten.[19]

Und immer wieder gab es Studentenulk und lustige Veranstaltungen. Trotz der wirtschaftlichen Notlage der Zwischenkriegszeit wurden studentische Feste gefeiert. So mußte z.B. der Ledersprung des Jahres 1921 wegen der großen Anzahl der Teilnehmer in der „Sängerhalle", einem Holzbau in der Au, abgehalten werden.[20] 1933 fand dann der letzte Ledersprung vor dem Krieg statt, 1946 ist er zum ersten Mal wieder gefeiert worden.

Und die alten studentischen Traditionen wurden wieder aufgenommen. So auch der Höhepunkt und Abschluß des studentischen Lebens in Leoben, die Philistrierung, die heute wie damals den Abschluß eines entscheidenden Abschnittes im Leben eines jungen Menschen bildet.

Ursprünglich um Mitternacht, jetzt nach einer Kneipe oder einem Kommers, versammeln sich die Mitglieder einer Korporation vor dem Gittertor der Hochschule, das mit den Symbolen der Hochschule und der Korporation geschmückt ist. Auf den Schultern seiner Leibfuchsen oder auf einem Bierwagen wird der Philistrand zum Tor gebracht. Nachdem er Auskunft über die Zahl seiner Semester gegeben hat, wird er dann dieser Zahl entsprechend gegen das Tor der Hochschule gestoßen. Dann begibt sich der ganze Zug mit Fackeln zum Bergmannsbrunnen am Hauptplatz, wo der neugebackene „Alte Herr" die Bergmannsstatue küßt, die den Studenten als hl. Barbara gilt (Bild 14).[21] Alle singen danach das „Leobner Lied"[22], dessen Worte am Ende dieser Ausführungen stehen sollen:

„Wenn ich die Strecken und Baue durchquer',
Das Haupt gebeugt von den Firsten,
Die Brust von schwülem Brodem schwer,
Der Gaumen vertrocknend vor Dürsten,
Da ist mir's als wären es tausend Jahr,
Daß ich in den Bergen da droben,
Daß ich Student in Leoben war,
Im alten, trauten Leoben.

Kein Faß gab's, das wir nicht leer gekriegt,
Keinen Fels, den wir nicht erstiegen,
Kein arges Wort blieb ungerügt,
Kein freies blieb verschwiegen;
Und immer war unsere Faust bereit,
Den scharfen Schläger zu proben;
Das war die schöne, goldene Zeit
Im alten, trauten Leoben.

Und Mädel gab es so süß und hold
Und Freunde so lustig und bieder
Mit Gurgeln von Stahl, mit Herzen von Gold
Und Kehlen voll jubelnder Lieder.
Nun sitzen auch sie auf einsamem Schacht
In alle Winde zerstoben
und denken voll Sehnsucht der sonnigen Pracht
Im alten, trauten Leoben".

## ANMERKUNGEN

[1] Lieselotte Jontes: Zur Entwicklung des montanistischen Unterrichtes in der Steiermark zur Zeit Erzherzog Johanns (1811–1849). In: Ausstellungskatalog

[2] „Die berg- und hüttenmännische Ausbildung zur Zeit Erzherzog Johanns" Leoben 1982. S. 8.

[2] Inventar der steierm. ständischen Montan-Lehranstalt zu Vordernberg, 1849 VII 6, Vordernberg Univ.-Archiv.

[3] Alfred Otto v. Terzi: Ein Beitrag zur Geschichte des Leobener Studententums. In: Grazer Tagblatt, 21. Jg., Nr. 192, 13. Juli 1911, S. 2.

[4] Lieselotte Jontes, wie Anm. 1, S. 21.

[5] Erweiterungen und Vervollständigungen der Mittel für die Lehranstalt. In: Ein Jahrbuch für den österr. Berg- u. Hüttenmann, 3–6 (1847), S. 3 f.

[6] Rudolf Flechner: Ein bewegtes Alltagsleben. Mandling 1877, S. 52. Handschrift in Privatbesitz.
Vgl. auch: Lieselotte Jontes: Leobener Studentenleben um die Mitte des 19. Jahrhunderts. In: Blätter für Heimatkunde, 60 (1986), S. 116–122.

[7] J. M. Mallinger: Aus Jugendtagen der Leobner Bergakademie. In: Obersteirische Volkszeitung vom 13.9.1962, S. 11.

[8] 1864 V 25, Wien. Schreiben des Finanzministeriums an Peter R.v. Tunner. Abschrift im Univ.-Archiv.

[9] W. A. Brandstätter / L. Jontes: Skizzen zur Entwicklung des Instituts für Bergbaukunde von 1849 bis 1959. In: Berg- und Hüttenmännische Monatshefte, 130 (1985), S. 99.

[10] Rudolf Flechner, wie Anm. 6.

[11] Erinnerungen an Leoben. Sammlung üblicher akademischer Lieder und Rundsaenge. J. Rachoy. Leoben 1857 (Handschr.) fol. 41.

[12] Leobner Rundschau, 2. Jg., Nr. 24 vom 13. Juni 1886, S. 199; Nr. 25 vom 20. Juni 1886, S. 207.

[13] Günther Jontes: Zur Geschichte der polnischen Studentenschaft in Leoben. In: Zeitschrift des Historischen Vereines für Steiermark, 73 (1982), S. 134.

[14] 100 Jahre Corps Erz zu Leoben. Leoben 1981, S. 36 ff.

[15] Nachruf in: Obersteirische Volkszeitung Nr. 34 vom 29. April 1899, S. 11.

[16] Gottfried Reitböck: Jahrhundertwende. Leobner Erinnerungen aus dem Jahrzehnt um 1900. In: Geschichte der Leobner akademischen Burschenschaft Cruxia. Leoben 1980, S. 33 f.

[17] Handbuch und Chronik der Leobener akademischen Burschenschaft Leder 1886–1986. Zsgest. v. Heimo Leopold. Leoben 1986, S. 47 ff.

[18] Günther Jontes, wie Anm. 13. S. 133 f.

[19] Gottfried Reitböck, wie Anm. 16. S. 65.

[20] Günther Jontes, wie Anm. 13. S. 141

[21] Ernst Forstner: Studentisches Brauchtum an der Montanistischen Hochschule. In: Die Montanistische Hochschule Leoben 1894–1949. Wien 1949, S. 174.

[22] Leoben. Studentenlied von Karl Jirsch, Musik von Karl Gold. Dieser war Alter Herr der Burschenschaft Leder, bei deren 25. Stiftungsfest 1911 das Lied zum ersten Mal gesungen wurde.

# Vereinigungen und Verbände an der Montanuniversität

Adalbert NEUBURG

Die Vereinigungen an der Montanuniversität sind in vier Gruppen zu gliedern. Zur e r s t e n Gruppe gehören die Verbindungen und Vereinigungen von Studenten, von den zehn Korporationen bis zu den Vereinen der ausländischen Studenten. Viele Studierende der Montanuniversität kamen und kommen aus dem Iran, aus der Türkei, dem arabischen Raum und aus Griechenland. Diese Studenten sind meist weder auf ein Studium noch auf ein Leben „in der Fremde" vorbereitet. Die Gründung nationaler Vereine ist daher eine natürliche Reaktion auf diese Situation. Gegenseitige Hilfe, nationale Identität und Zusammengehörigkeit haben diese Studenten vereint. Oft wirkten die politischen Verhältnisse im Heimatland auch hier nach; so bestand z.B. in früheren Jahren eine Spaltung innerhalb der iranischen und der griechischen Studentengruppe.

KORPORATIONEN:

**Corps Schacht,**

**Corps Montania,**

**Corps Erz,**

**Akademische Burschenschaft Cruxia,**

**Akademische Burschenschaft Leder,**

**Verein Deutscher Studenten zu Leoben,**

**KÖStV Glückauf,**

**KÖStV Kristall,**

**Sudetendeutsche akademische Landsmannschaft Zornstein,**

**Akademischer Turnverein Leoben.**

ÜBRIGE VEREINIGUNGEN:

**Evangelische Hochschulgemeinde,**

**Katholische Hochschulgemeinde,**

**Aktionsgemeinschaft,**

**Liste Leobner Studenten,**

**Verband Sozialistischer Student/inn/en Sektion Leoben.**

VEREINE AUSLÄNDISCHER STUDENTEN:

**Verein iranischer Studenten Leoben,**

**Verein türkischer Studenten Leoben,**

**Verein Hellenischer Studenten und Akademiker Leoben „HELLAS",**

**Verein arabischer Studenten „VAS".**

Die z w e i t e Gruppe von Vereinigungen, wie etwa die Pfadfindergruppe, verbindet die Zugehörigkeit zur Universität mit ihrer Tradition außerhalb der Universität. Solche Vereine können nur dort entstehen, wo starke und ausgeprägte Gebräuche aufeinandertreffen.

## Miliz Offiziers Gruppe Universität Leoben „MOGUL"

Diese Vereinigung wurde im Wintersemester 1984/85 gegründet und hat sich folgende Aufgaben gestellt:

1. Fortbildung der Milizoffiziere und Offiziersanwärter der Universität in militärischen Themen.
2. Pflege der Kameradschaft.
3. Unterstützung und Beratung der Milizoffiziere und Offiziersanwärter in militärischen und universitären bzw. Studienangelegenheiten.
4. Förderung und Verbreitung der Anliegen der umfassenden Landesverteidigung (ULV), insbesondere der militärischen Landesverteidigung an der Montanuniversität.

Bild 2: Wappen der Pfadfindergilde.

Bild 1: MOGUL-Abzeichen.

## Pfadfindergilde an der Montanuniversität

Diese Vereinigung wurde im Mai 1987 mit folgender Zielsetzung gegründet:
1. Die Unterstützung der an der Montanuniversität Leoben studierenden Pfadfinderinnen und Pfadfinder;
2. die Unterstützung der Pfadfindergruppen in Leoben, die den Pfadfinderinnen und Pfadfindern Österreichs (PPÖ) angehören;
3. die Einbindung der in Leoben ansässigen Pfadfinderinnen und Pfadfinder, die den PPÖ bzw. ihren Vorgängerverbänden angehört haben;
4. soziales Engagement im Raum Leoben.

Neben diesen besonderen Anliegen fühlen sich die Mitglieder der Pfadfindergilde auch als Erwachsene der Pfadfinderidee verpflichtet, d.h. die Pfadfinderei soll nicht mit dem Alter von 18 oder 19 Jahren abgeschlossen sein. Die Idee sollen auch die Erwachsenen weiterentwickeln und verwirklichen, nach dem Gilden-Leitwort: „Ich erfülle".

## Montanhistorischer Verein für Österreich.

Die d r i t t e Art von Vereinen sind Sportvereinigungen, die auch vom Institut für Bildungsförderung und Sport betreut werden.

## Akademische Fliegergruppe „AKAFLIEG"

In dieser Gruppe wird Segelfliegen, Hängegleiten und Gleitschirmfliegen betrieben.

Die Akademische Fliegergruppe AKAFLIEG, die im Jahr 1952 gegründet wurde, hat den großen Traum vom Fliegen zur Wirklichkeit gemacht. An Fluggeräten steht ein Wettbewerbsflugzeug, eine DG-100 (Bild 3), ein Übungsflugzeug Ko8, ein Doppelsitzer

Bild 3: Leistungsflugzeug DG-100 der AKAFLIEG Leoben: „Barbara". Foto: Dr. Claus-Dieter Zink.

K7 und vier Flugdrachen sowie zwei Gleitschirme zur Verfügung. Neben dem aktiven Flugbetrieb führt die AKAFLIEG Schulungskurse, Fluglager, Vorträge und andere Veranstaltungen, wie z. B. Schnupperkurse, durch.

### Akademischer Wassersportclub „AWSC"

Der Club bietet Alpinsurfen, Paddeln, Segeln, Surfen und Tauchen an.

### Sportkegelklub der Montanuniversität.

Die v i e r t e Art von Vereinen verbindet das Studium mit dem zukünftigen Beruf. Diese Vereine vertreten die Interessen einer bestimmten Studienrichtung und pflegen Kontakte mit der einschlägigen Industrie. Allen voran sind die eng mit der Montanuniversität verbundenen technisch-wissenschaftlichen Vereine zu nennen:

### Eisenhütte Österreich,

### Bergmännischer Verband Österreichs,

### Verein für praktische Gießereiforschung.

Auch die einzelnen Studienrichtungen haben fachlich ausgerichtete Vereine gegründet, die sich folgende Aufgaben gestellt haben:

1. Förderung und Unterstützung der Studenten,
2. Veranstaltung von Tagungen und Vorträgen,
3. Pflege des Kontaktes zur Universität und zu den Absolventen.

### Verein der Berg- und Erdölstudenten,

### Verein der Erdölstudenten,

### Gesellschaft der Gesteinshüttenleute,

**Verband der Leobener Kunststofftechniker,**

**Verein der Leobner Werkstoffwissenschafter.**

Die Vereinigung, die mit der Montanuniversität aufs engste verbunden ist und die die Montanuniversität in allen Belangen unterstützt, sei zum Schluß mit Dank genannt, auch stellvertretend für alle Vereinigungen, die etwa in dieser Zusammenstellung übersehen wurden, die

**Gesellschaft von Freunden der Montanuniversität Leoben.**

Studenten im Jahr 1906 in Promitzers Gasthof zur Krone, auf der Glacisseite.     Foto: Corps Erz Leoben.

# Student werden in Leoben

Karikatur von Heimo JÄGER, Wintersemester 1967/68

DAS 1. ELABORAT

AM HAUPTPLATZ

DIE 1. PRÜFUNG

LEDERSPRUNG

STUDENT SEIN IN LEOBEN

Studenten um die Jahrhundertwende im Cafe Styria am Leobner Hauptplatz. Das Cafe Styria war für Generationen von Studenten ein zweites zu Hause.

Foto: Burschenschaft Cruxia.

# Corps Schacht

Die Verbindung Schacht wurde, als älteste studentische Verbindung in Leoben, am 9. Mai 1861 zur Pflege der Geselligkeit und Aufrechterhaltung bergmännischer Sitten und Bräuche durch deutsche Hörer der Bergakademie Schemnitz in Niederungarn, die wegen der zunehmenden Magyarisierung nach Leoben übersiedelt waren, gegründet. Es wurden Burschen- (rot-weiß-gold) und Fuchsenbänder (rot-weiß-rot) getragen, als Wahlspruch wurde „Amico pectus, hosti frontem" gewählt und bis heute beibehalten. Im Februar 1862 sonderten sich sechs Schachter ab und gründeten mit Züricher und Freiberger Corpsstudenten das Corps Tauriscia. Zwischen Schacht und Tauriscia herrschte gutes Einvernehmen. Beim Schacht setzte sich der Corpsgedanke durch, und so folgte im Mai 1862 die Corpserklärung. Von Mai bis Juli 1862 bestand der erste Leobener SC (Senioren Convent) mit Schacht und Tauriscia. Mit der Begründung, daß sich ein ordentliches Corpsleben mit der gegebenen Studienorganisation an der Bergakademie nicht vereinen ließe, erfolgte im Juli desselben Jahres die Rückbildung zur Verbindung. Sieben überstimmte Anhänger des Corpsprinzipes traten aus und gründeten am selben Tag das Corps Montania.

Eine Reihe alter Dokumente und Andenken sind uns durch den Weitblick einiger Corpsbrüder erhalten geblieben: Bänder, ein handgeschriebener Bierkomment (1863), Statuten und Paukkomment der Verbindung Schacht, sowie die Kneipzeitung, die ununterbrochene Reihe der Conventsprotokolle und Unterlagen über Gründung und Auflösung des Corps Tauriscia.

Unser Historiker, Corpsbruder und Ehrenmitglied Prof. Dr. Richard Walzel, hat in unserer Corpszeitung Briefe aus den Jahren 1862 und 1863 von Viktor Stöger, einem Schachter, der dann Gründungsbursch bei Tauriscia wurde, veröffentlichen können. Die Briefe waren an seine Mutter gerichtet und enthalten viel Interessantes über die Verhältnisse in Leoben und im besonderen an unserer Bergakademie. Einige dieser Brieftitel: „Der Stundenplan an der Bergakademie", „Wahl und Tätigkeit des

Bild 1: Alois Peithner von Lichtenfels, Senior des Schacht im Sommersemester 1861.

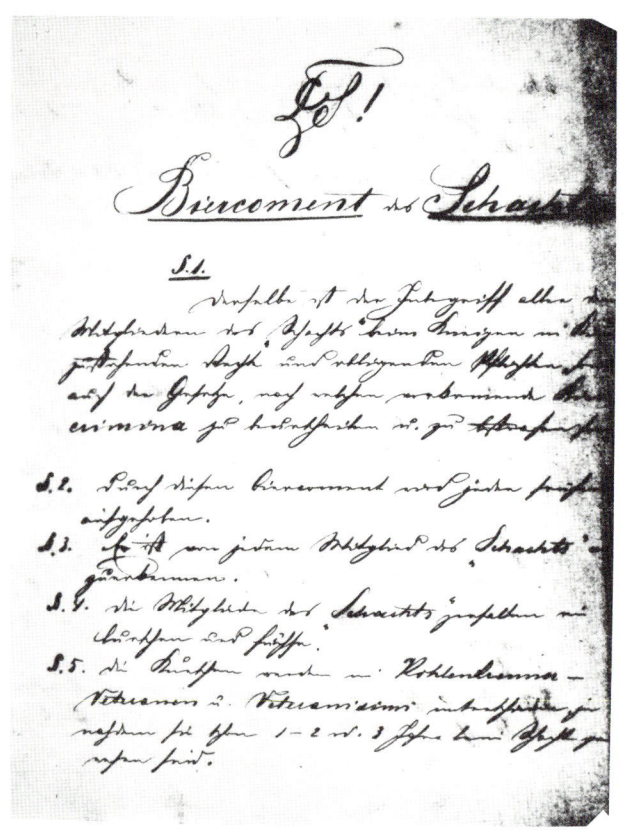

Bild 2: Handgeschriebener Biercomment des Schacht 1863.

studentischen Senats" (sicherlich eine Art Vorläufer der heutigen Hochschülerschaft), „Gasthauskost – teuer und schmal–", „Sehr knapp bemessene Ferien für Bergakademiker", „Barbarafeier in Leoben", „Der Musentempel und die kunstverständige Studentenschaft".

Im März 1865 erfolgte neuerlich die Konservativerklärung des Schacht. Den politischen Spannungen zwischen Österreich und Deutschland 1866 mußten auch die bestehenden Corps Rechnung tragen und durch die auf ein Minimum gesunkene Hörerzahl – 1866 Montania und Tauriscia, 1867 Schacht – suspendieren. Maßgeblich dazu beigetragen hat auch die durch die Regierung erfolgte Auflösung der in Leoben bestehenden Vorkurse mit der Verlegung an eine der bestehenden Technischen Hochschulen (Graz, Prag, Wien). Wie sich später herausstellte, war das als erster Schritt für eine geplante Verlegung der Bergakademie nach Wien gedacht. Mit der Wiedereinführung der Vorkurse in Leoben 1870 war neuerlich die Basis für ein Verbindungsleben gegeben. So kam es vorerst zur Gründung der „Tischgesellschaft Schacht". Am 16. Oktober 1871 wurde ein Ansuchen um Genehmigung als „Club Schacht" gestellt und mit Statthaltereierlaß vom 21. März 1872 bewilligt. Mit viel Humor wurde damals eine handgeschriebene Schachtzeitung – auch Schachtgockel genannt – herausgebracht. Alle möglichen und unmöglichen Begebenheiten sind darin in Reimen und Federzeichnungen verulkt.

Am 16. Mai 1873 wurde der Club als Verbindung erklärt. Als Abzeichen dienten Band (Fuchsenband schwarz-grün, Burschenband schwarz-grün-gold) und Schachtermütze mit dem bisherigen Zirkel.

Am 9. Mai 1874 erfolgte neuerlich die Erklärung zur konservativen Verbindung Schacht mit gleichen Farben, Zirkel und Wahlspruch, sowie schwarzer Mütze. Am 16. Oktober 1874 fand die endgültige Corpserklärung mit dem Gründungsdatum der Konservativerklärung vom 9. Mai 1874 statt. Es wurden die Statuten des Grazer Corps Joannea übernommen, das bei der Umbildung große Unterstützung geleistet hatte. Der Zirkel wurde auf die heutige Form geändert.

Die ersten Jahre des Schacht zeigen also eine wechselvolle Geschichte im Suchen der endgültigen Form. Im wesentlichen haben in diesen Jahren zwei

Bild 3: Schachterutensilien aus dem Jahr 1865.

Gedanken miteinander gerungen. Der Gedanke der bloßen Schemnitzer Traditions- und Brauchtumspflege auf der einen und das straffe Erziehungsideal eines Corps mit Toleranz, Pflichtbewußtsein und Freundschaft auf Lebenszeit auf der anderen Seite.

Am 8. Dezember 1876 wurde ein Kompromißverhältnis mit Joannea geschlossen, das neben dem innigen und freundschaftlichen Verkehr auch gemeinsame Bemühungen um die Einigung der österreichischen Corps, sowie größte gegenseitige Unterstützung beinhaltet.

Unser Corpsbruder Anton Vogelhuber, der in den frühen 70er Jahren von Schemnitz nach Leoben übersiedelt war, hat die Philistrierung, wie sie heute noch bei uns geübt wird, nach Schemnitzer Brauch erstmals bei seinem Studienabschluß praktiziert. Bis zu diesem Zeitpunkt fand nur eine Abschiedskneipe statt, und dem Philistranten wurde ein Komitat zur Bahn gegeben.

Das Corps beteiligte sich alljährlich an dem, nach Schemnitzer Art gefeierten, Ledersprung, an

Bild 5: Die Chargen des Schacht im Sommersemester 1876: Anton Vogelhuber xx, Dionis Peithner von Lichtenfels x, Robert Lamprecht xxx.

Bild 4: Die handgeschriebene Schacht-Zeitung – der Schachtgockel, 1873.

welchem alle Hörer ohne Unterschied der Nation teilnahmen. Eine dem Corps eigentümliche Feier war die Fuchsentaufe.

Bis zum Wintersemester 1881, wo der Deutsch-Akademische Leseverein gegründet wurde, bestanden an der Bergakademie nur die beiden Corps Montania und Schacht als Verbindungen sowie der Akademische Gesangsverein, die polnische Lesehalle und der tschechische Verein Prokop.

Am 15. April 1882 wurde mit einem freiwillig ausgetretenen Schachtercorpsburschen und zwei Verkehrsgästen des Schacht die Burschenschaft Germania gegründet. Nationale Streitigkeiten zwischen Germania und den Corps führten sogar zur Spaltung der Leobener Gesellschaft.

Aufgrund der kaiserlichen Entschließung vom 27. Juli 1886, wonach ein geändertes Statut der Bergakademie die Aufnahme von Hörern davon abhängig machte, daß diese nicht einem Corps oder einer

Burschenschaft angehören dürfen, wurde von der steiermärkischen Statthalterei anfangs Oktober die Auflösung sämtlicher Leobener Corps und Burschenschaften verfügt. Das Corps Schacht beschloß sofort den Weiterbestand im geheimen. Ansuchen und Rekurse zur Genehmigung unter dem Deckmantel als Verbindung Tauriscia wurden abgewiesen. Ein neuerliches Ansuchen als „Turn- und Fechtclub Austria" mit den Farben schwarz-weiß-gold – Name und Farben wurden gewählt, weil man so auf eine leichtere Bewilligung hoffte – wurde am 28. Juli 1888 genehmigt und am 19. Jänner 1889 das Tragen schwarzer Mützen bewilligt.

Anläßlich der von 10. bis 12. Oktober 1890 begangenen 50-Jahrfeier der Bergakademie veranstalteten die Alten Herren von Montania und Schacht einen sehr gut besuchten Kommers alter Corpsstudenten, der vom Professorenkollegium als Demonstration gegen die Auflösung der Corps betrachtet und daher nicht besucht wurde. Ende 1891 erhielt der Turn- und Fechtclub Austria wieder den Namen Schacht und die alten Farben schwarz-grün-gold. Von den aufgelösten Verbindungen war Schacht die einzige, die sich lange ununterbrochen halten konnte. Durch die Erhebung der Bergakademie in den Rang einer Technischen Hochschule entfiel das Studienverbot für Corpsstudenten und Burschenschafter. Das Corps Schacht wurde unter Hilfe von Joannea und Montania – anfangs 1894 selbst rekonstituiert – wieder aufgemacht. Wegen des schwachen Bestandes des Schacht entschlossen sich der von Joannea abgestellte Felix Busson und der anfangs

Bild 6: Schachterutensilien aus dem Jahr 1900.

1896 von Joannea nach Leoben gekommene Corpsbursch Max Stadler von Wolfersgrün, nach Abschluß ihrer juridischen Studien, in Leoben zu studieren. Der Bestand an Aktiven erhöhte sich, und Felix Busson, der Verfasser des im deutschsprachigen Gebiet hochanerkannten Ehrenkodex „Ritterlicher Ehrenschutz", wurde anläßlich seines Studienabschlusses 1899 zum Ehrensenior gewählt.

Ab dem Wintersemester 1903 wurde nach jahrelangem Bemühen ein gemeinsamer Ledersprung (bis 1913) und ein gemeinsamer Hochschulball (bis 1910) sämtlicher deutscher Körperschaften abgehalten. Präsidium und Funktionen wechselten alljährlich nach einer, nach dem Alter der Korporationen bestimmten, Reihenfolge. So wie es auch heute wieder der Fall ist.

Am Weltkrieg haben das ganze aktive Corps und 21 Alte Herren teilgenommen. Nach Beendigung des Krieges wurde die Tätigkeit des aktiven Corps am 4. Februar 1919 mit neun Aktiven wieder aufgenommen. Ein großer Zulauf von heimgekehrten Kriegsteilnehmern brachte einen Bestand von 32 aktiven und 3 inaktiven Corpsbrüdern, was die Abstellung von acht Aktiven zur Rekonstitution des Corps Montania ermöglichte. In einer Versammlung in der Aula der Hochschule am 3. Mai 1919 wurde einstimmig beschlossen, dem Ruf der Kärntner Landesregierung zu folgen und an den Abwehrkämpfen teilzunehmen. Vom 6. bis 16. Mai wurde der Aktivbetrieb unterbrochen, weil sich die gesamte Aktivitas ausnahmslos daran beteiligte. Die Leobener Studenten mit dem Burschenband über der Uniformbluse bildeten mit etwa 250 Mann ein Bataillon, das unter der Führung unseres Corpsbruders Walter Baumgartner, Hauptmann der Pioniere der alten Armee, auf dem Leobener Hauptplatz feierlich verabschiedet wurde. Das Professorenkollegium schloß während dieser Zeit des Einsatzes den kaum angelaufenen Studienbetrieb – ein derartiger Beschluß war wohl nur in Leoben möglich. Unsere Corpsbrüder kamen heil von dem Unternehmen zurück, nur Corpsbruder von Czedik-Eysenberg wurde leicht verwundet. Der volle Erfolg in Kärnten läßt die in der Steiermark versäumte Gelegenheit umso schmerzlicher empfinden. Anfang Juli wurden zwei Corpsburschen zur Bildung von Selbstschutztruppen nach Oberschlesien beurlaubt.

Nachdem die Corps Suevia Prag, Joannea und Vandalia Graz beim Kösener Kongreß am 4. Juli 1919 in den Kösener-Senioren-Convents-Verband, den gemeinsamen Dachverband der deutschen Corps, aufgenommen worden waren, erfolgte unsere Aufnahme zusammen mit den Brünner, Prager und Wiener Corps am 20. September desselben Jahres. So wurde nunmehr das erreicht, was eigentlich schon seit dem Jahre 1865 von den österreichischen Corps angestrebt worden war.

Während Joannea und Schacht sich vorerst keinem Kreise im KSCV anschlossen, wurde dann die Aufnahme in das Süddeutsche Kartell mit Athesia Innsbruck, Bavaria Erlangen, Frankonia Würzburg und Makaria München am Kartelltag in Erlangen 1923 vollzogen. Im Oktober 1920 wurden wiederum Leobener Studenten, darunter acht Schachter, auf Ansuchen der Kärntner Landesregierung zur Bildung von Ordnungstruppen als Schutz für die deutsche Bevölkerung während der Kärntner Volksabstimmung entsandt. Im selben Jahr wurden von Montania und Schacht „Die Räuber" von Schiller im Stadttheater Leoben aufgeführt und durch diese Veranstaltungen namhafte Beträge völkischen und humanitären Zwecken zugeführt.

1927 kaufte der Altherrenverband unser heutiges Corpshaus in der Max-Tendler-Straße 15.

Als 1934, trotz Kenntnis der verheerenden Folgen für die Hochschule aus den Jahren 1866 bis 1870, die ersten vier Semester von Leoben nach Graz verlegt wurden – zum Glück, wie sich später herausstellen sollte, nur für drei Jahre – ergaben sich große Probleme für die Leobener Korporationen.

Für Schacht und Joannea wurde daraus wohl die innigst mögliche Verbindung. Unsere Füchse fanden herzliche Aufnahme bei Joannea, und unsere Corpsburschen erhielten als Schachter Sitz und Stimme im Convent der Joannea. Nach Abschluß des ersten Studienabschnittes kehrten sie wieder nach Leoben zurück. In dieser Zeit ergab sich ein sehr trauriges Studentenleben in Leoben. Der Burschenbund, dem alle Leobener Verbindungen angehörten, wurde aufgelöst. Es war auch für den Schacht ein tiefes

Wellental. Im Wintersemester 1937 blühte das Corpsleben wieder auf, da die vier Vorstudiensemester von Graz nach Leoben zurückverlegt wurden. Mit sieben Füchsen konnten wir eine ungetrübte, aber nur kurze Zeit frohen Studentenlebens genießen. Das große politische Geschehen hatte in das Studentenleben noch nicht eingegriffen.

Mitte März 1938 erfolgte dann die Gründung des NSDStB (Nationalsozialistischer Deutscher Studentenbund) mit gleichzeitiger Auflösung der noch bestehenden Korporationen. In einer eigenen Feier vor der Hochschule wurden die alten Verbindungen in den NSDStB übergeführt. Schacht bildete vorerst mit Erz und einigen Nichtkorporierten die Kameradschaft „Günther Fischerauer"; der Name konnte später wieder auf Schacht geändert werden. Das studentische Leben ging in bescheidenem Umfang weiter. Wöchentlich wurde ein Kameradschaftsabend auf dem Corpshaus als Mittelding zwischen Convent und Kneipe abgehalten.

Wohl als letzte Säbelkiste im damaligen Großdeutschland wurde eine Contrahage eines Schachters gegen einen Lederer am 3. Juli 1938 auf dem Ledererfechtboden ausgetragen. Mit dem frohen studentischen Treiben war es so gut wie vorbei, obwohl die studentischen Bräuche, wie die Philistrierung, hochgehalten wurden. Die Kameradschaft Schacht wurde von unseren in Leoben wohnenden Alten Herren und den letzten Aktiven des aufgelösten Corps so gut wie möglich betreut. Durch einige während der Kriegszeit herausgebrachte Mitteilungsblätter blieb der Zusammenhalt im Altherrenverband doch so weit erhalten, daß 1949 die erste große Zusammenkunft der Schachter im Werkshotel Donawitz erfolgen konnte, wo die Rekonstitution beschlossen wurde. Die Corpsbrüder Felix Busson und Karner schufen die juridischen Grundlagen, um wieder in den Besitz unseres seinerzeit beschlagnahmten Corpshauses zu kommen. Was unter schwierigen Bedingungen gerettet wurde, diente als Basis für einen neuen Beginn.

Zunächst als „Club Austria" am 16.12.1949 durch die Sicherheitsdirektion für Steiermark genehmigt, erfolgte 1950 die Umbenennung in „Club Schacht".

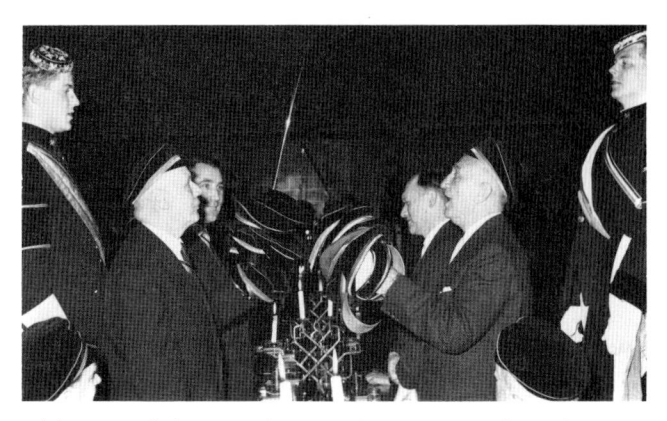

Bild 7: Feierlicher Landesvater beim 100. Stiftungsfest des Schacht, 1961: Walzl, Lenhard-Backhaus, Plöckinger, Narbeshuber.

Am 20.12.1951 wurde nach dem Vereinsgesetz das Corps Schacht wieder gegründet und genehmigt. Der regelmäßige Fechtbetrieb wurde am 21.1.1952 aufgenommen, und die ersten zwei Mensuren nach dem Krieg wurden am 28.6.1952 gegen zwei Joanneaer in Graz gefochten.

Am 1.2.1952 wurden drei Corpsbrüder zur Rekonstituierung des Corps Montania abgestellt.

1949 wurde das Leobener Hochschulstudio am Stadttheater von Corpsbruder Karl-Heinz Tinti II gegründet und in seinem Bestehen bis 1954 erfolgreich geleitet. Es wurden Stücke der Weltliteratur aufgeführt, und Schachter waren in vielen Jahren auch als Statisten tätig.

Das große Interesse an der Musik muß hier ebenso erwähnt werden. Spielten doch einige Corpsbrüder in guten Bands und einige, inspiriert durch Corpsbruder Prof. Dr. Roland Mitsche, machten mit viel Begeisterung Hausmusik. Mitsche war auch der Vater des „Künstlerischen Wettbewerbes" an der damaligen Montanistischen Hochschule.

Im Mai 1961 feierten wir mit zahlreicher Beteiligung in großem Rahmen unser 100. Stiftungsfest.

Nach den üblichen Vorstufen wurde am 30.11.1968 mit Borussia Berlin ein Kartellverhältnis und am 24.6.1976 mit Hubertia Freiburg ein Vorstellungsverhältnis abgeschlossen.

Die sportlichen Aktivitäten erstreckten sich nach dem Zweiten Weltkrieg neben Skifahren, Bergsteigen und Schießen vor allem mit besonderer Begei-

Bild 8: 125. Stiftungsfest des Schacht 1986. Frühschoppen am Leobner Hauptplatz.

sterung auf Tennis. Und hier war es wieder unser Corpsbruder Prof. Mitsche, der als Initiator des jährlichen Tennisturnieres, das nunmehr als Mitsche-Gedächtnisturnier gespielt wird, zu nennen ist. Den wohl größten sportlichen Erfolg erreichte unser Corpsbruder Andreas Kronthaler, der bei den Olympischen Spielen 1984 in Los Angeles die Silbermedaille im Luftgewehrschießen erringen konnte und der 1985 Weltmeister im Armbrustschießen wurde. Daraus ist zu ersehen, daß sich Studium mit Aktivsein und persönlichen Hobbies sehr wohl vereinen läßt.

Als letzte große Veranstaltung fand im Mai 1986 unser 125. Stiftungsfest, wieder im großen Rahmen und mit zahlreicher Beteiligung, statt.

Wir sehen mit großem Optimismus in die Zukunft und erwarten uns eine weitere große Nachfrage nach Montanisten, welche die Sitten und Bräuche an unserer Alma mater weiterhin pflegen und den Leobener Geist in alle Welt tragen werden.

Die Reproduktion der Bilder erfolgte durch FOTO WILKE Leoben.

# Corps Montania

Grundstein für die Entstehung des Corps Montania war die seit 1861 bestehende Verbindung Schacht. Die Minorität der Corpsanhänger, acht an der Zahl, trat am 13.7.1862 aus und gründete das Corps Montania. Die Farben waren Schwarz-Grün-Weiß auf Silber, die des Fuchsenbandes Schwarz-Grün-Schwarz auf Silber, und es wurde ein grüner Hut (Couleur) getragen. Der Wahlspruch lautete: „Constantia vincet montes". Der Waffenspruch lautete: „Sit gladius vindex noster".

Der Name selbst wurde dem ältesten Freiburger Corps Montania entliehen. Der im Zirkel enthaltene Spruch wurde mit „Vivant fratres coniuncti Montaniae" übersetzt.

Die Gründung erfolgte unter der Anleitung des Freiberger Borussen Hardt und des Züricher Rhenanen Winter, die sich schon bei der Gründung des seit 22.2.1862 bestehenden Corps Tauriscia große Verdienste erworben hatten. Sie erwiesen sich dem jungen Corps als wertvolle Berater.

Am 22.10.1862 wurde der Seniorenconvent (SC) mit Tauriscia und Montania eröffnet. Das offizielle Protokollbuch beginnt mit seinen Eintragungen am 20.11.1862. Der Vorsitz wechselte jedes Monat, und bei Stimmengleichheit hatte der Vorsitzende des präsidierenden Corps 2 Stimmen. Der SC gab sich sein eigenes Statut und einen eigenen Paukcomment. Die „Allgemeinen Freiburger Bestimmungen" wurden

Bild 1: Semesterfoto Wintersemester 1863/64.

ihnen dabei zu Grunde gelegt. Die beiden Senioren übernahmen diese Bestimmungen und besiegelten sie mit Handschlag und Unterschrift.

Hervorzuheben ist, daß Pistolenduelle verpönt waren. Mensuren fanden als sogenannte Kreismensuren, ohne festen Stand, wie es heute üblich ist, statt. Es wurden jedoch vorwiegend Glacepartien auf Säbel gefochten, wie dies für Corps an Technischen Hochschulen üblich war.

Am 20.5.1864 hob das Finanzministerium die Corps an der Bergakademie auf. Nicht zuletzt lag die Ursache der Zwangsaufhebung der Corps in der ablehnenden Haltung von Professor von Tunner. Die Corps Montania und Tauriscia beschlossen gemeinsam im SC, die Farben nicht mehr öffentlich zu tragen. Das Corpsleben wurde jedoch im „Untergrund" weiter fortgeführt. Die SC-Sitzungen fanden nunmehr alle 14 Tage statt. Die letzten Eintragungen im SC-Protokoll erfolgten am 22.3.1866.

Im Mai des Jahres 1866 waren die Spannungen zwischen Österreich und Preussen bereits so groß, daß ein Krieg unvermeidlich schien.

Diese Spannungen fanden auch ihren Niederschlag auf das Verbindungsleben in Leoben, da die Corps sowohl aus Österreichern als auch aus Reichsdeutschen bestanden. So erfolgte Ende Mai die Suspension der Tauriscia und im Juli desselben Jahres die der Montania. Das blühende Corpswesen war zusammengebrochen. Die Wurzeln des Corpsgedankens aber blieben erhalten und aus ihnen sollte einige Jahre später die Erneuerung folgen.

Am 6.11.1872 erfolgte die Rekonstitution des Corps Montania als „Verein Montania" durch die tatkräftige Unterstützung des Corps Norica zu Graz. Im Jahre 1874, nachdem der Direktor der Bergakademie Hofrat Peter Ritter von Tunner in den Ruhestand getreten war und die Akademie ein neues Statut erhielt, konnte sich der „Verein Montania" wieder offiziell als Corps präsentieren. Im Mai desselben Jahres wurden die Verbindungsfarben auf Schwarz-Weiß-Grün geändert, die auch heute noch ihre Gültigkeit besitzen.

Mit kaiserlicher Entschließung vom 27.7.1886 wurde das Statut der Bergakademie dahingehend abgeändert, daß die Aufnahme von Hörern davon abhängig ist, daß diese nicht einer Burschenschaft oder einem Corps angehören, und daß der spätere Beitritt zu einer solchen Verbindung eine Entlassung von der Bergakademie nach sich zog. Mit Rücksicht darauf wurden seitens der Steiermärkischen Stadt-

Bild 2:   Aktivenfoto; 21. 10. 1906 in Göss.

FOTO KRALL Leoben.

Bild 3: 35-jähriges Stiftungsfest im Jahr 1907. Spritzfahrt nach Bruck an der Mur.
Reproduktion FOTO WILKE Leoben.

halterei, gemäß § 24 des Vereinsgesetzes am 9.10.1886 sämtliche Leobener Corps und Burschenschaften aufgelöst.

Interpellationen bei den zuständigen Stellen blieben erfolglos. Montania faßte sofort den Beschluß, im geheimen weiterzubestehen. Der tiefere Grund dieser Maßnahme dürfte wohl der Umstand gewesen sein, daß die Leobener Studentenschaft anläßlich eines Kaiserbesuches an der Bergakademie ein offensichtlich ablehnendes Benehmen an den Tag gelegt hatte. Da jedoch in der Folgezeit die verschiedenen Versuche um Wiedergenehmigung erfolglos blieben, suspendierte das Corps am 9.10.1886.

Am 24.2.1888 rekonstituierte sich das Corps Montania. Sofort wurde der SC mit dem damals ebenfalls bestehenden Corps Schacht wieder aufgenommen. Doch bereits im Juli des gleichen Jahres mußte Montania wieder suspendieren.

In den Tagen vom 10. bis 12. 10. 1890 beging die Bergakademie in festlicher Weise die Feier ihres 50-jährigen Bestehens. Die alten Herren der beiden Leobener Corps beschlossen, diese Feier zur Abhaltung eines großen Commerses nach alter studentischer Sitte zu nutzen. Der Commers war außerordentlich gut besucht und brachte einen vollen Erfolg. Nur das Professorenkollegium blieb dieser Feier fern, da es diese Veranstaltung als Demonstration gegen die Auflösung der Corps betrachtete.

Am 29.1.1894 tat sich in Leoben wieder ein „Club Montania" mit den alten Montanenfarben Schwarz-Weiß-Grün auf, die Führung des Clubs lag in den Händen der Alten Herren.

Im Frühjahr 1895 wurde die k.k. Bergakademie Leoben den Technischen Hochschulen gleichgestellt, und damit auch das alte Statut, das die Aufnahme von Corpsstudenten und Burschenschaftern verbot, beseitigt.

Der Name „Club Montania" wurde mit behördlicher Genehmigung in Corps Montania umgewandelt. Ebenfalls wurde das Tragen von Farben und Mütze erlaubt. Im Oktober des Jahres 1896 mußte das Corps Montania aus internen Schwierigkeiten suspendieren. Im September des Jahres 1906 gelang

680

es Montania die Zustimmung des Corps Frankonia Brünn dahingehend zu erhalten, 4 Corpsburschen behufs der Wiedereröffnung der Montania zu entsenden. Leider war es in der Folge unmöglich, neue Füchse dem Corps zuzuführen. Die freiheitliche Bevölkerungsschichte, im Gegensatz zu der katholischen oder sozialistischen, huldigte immer mehr dem Programm Schönerers, womit eine ständig zunehmende Radikalisierung verbunden war. Da die Burschenschaften demselben Ideenkreis angehörten, zogen sie daraus Nutzen, und alle radikalen Elemente drängten zur nationalen deutschen Burschenschaft. Indem man einen Großteil des burschenschaftlichen Gedankengutes übernahm, glaubte man der Burschenschaft den Wind aus den Segeln nehmen zu können, aber das war ein großer Irrtum. Durch das Abgehen vom corpsstudentischen Toleranzprinzip setzte man sich nicht nur mit dem Adel und den Offizierskreisen in Gegensatz, sondern auch mit jenen österreichischen Elementen, welche nicht deutscher oder arischer Abstammung waren. Unter diesen Umständen ist es nicht verwunderlich, wenn die Corps an Nachwuchsmangel litten.

Bei der Neuwahl des Vorsitzes in den Ausschuß der deutschen Hörerschaften sollte Montania denselben erhalten, doch lehnten die Burschenschaften die Kandidatur Montanias ab, weil Montania zu viel mit „Fremdnationalen" verkehrte und daher für das Amt des Vorsitzenden ungeeignet sei.

Montania war auf Leobener Boden nunmehr ganz auf sich gestellt. Da sie unerschütterlich an der überlieferten Corpsidee festhielt, war sie von den anderen Korporationen isoliert und wurde beinahe bekämpft, was aus der besonders hohen Anzahl der Säbelpartien hervorgeht. In der Folge blieb der Nachwuchs aus, und da sich zudem interne Schwierigkeiten hinzugesellten, suspendierte Montania am 16.12.1912.

Im Jahre 1919 traten die Alten Herren Montanias an das Corps Schacht heran mit der Bitte um Unterstützung zur Rekonstitution Montanias. Corps Schacht stellte sechs Burschen und zwei Füchse für diesen Zweck ab. Am 8. November dieses Jahres konstituierte sich der 6. Leobener SC. Unser Corps

Bild 4: Eisstockturnier 1953.

beschritt ebenfalls den Weg der anderen österreichischen Corps und trat am 21.10.1919 dem HKSCV (Hoher Kösener Senioren Convents Verband) bei und schloß sich den schwarzen Kreisen an.

Das Leben im Corps kann bis zu seiner letzten Suspension im Jahre 1934 als ein sehr schönes bezeichnet werden. Getragen von dem Gedanken der corpsstudentischen Erziehung und im Ernst der Kriegsgeneration war der Zusammenhalt im Corps besonders eng und gut.

Am 22.6.1934 traf das Corps wohl der schwerste Schlag in seiner Geschichte. Das Corps Montania wurde „wegen Zugehörigkeit der Korporation zum Ideenkreis des Nationalsozialismus" (!) mit Bescheid des Sicherheitsdirektors aufgelöst. Eine Berufung blieb erfolglos. Trotz allem hielten die Corpsbrüder ohne Rücksicht auf die politische Gesinnung eisern zusammen, getreu dem Wahlspruch „Einer für Alle, Alle für Einen".

Trotz aller Wirren, die durch den Zweiten Weltkrieg hervorgerufen wurden, konnte das Corps Montania mit Hilfe des Corps Schacht am 11.1.1952 wieder rekonstituieren.

Seit dieser Zeit ist das Corps Montania ein fester Bestandteil des Leobener Couleurlebens. Im Corps Montania leben bis zum heutigen Tage das corpsstudentische Toleranzprinzip sowie der alte Corpsgedanke als auch die alten bergmännischen Traditionen fort.

# Corps Erz

Am 16. Oktober 1881 wurde, infolge der politischen Lage im Nationalitätenstaat Österreich-Ungarn, als Gegenpol zu den bereits bestehenden slawischen Verbindungen Leobens der „Deutsch-Akademische Leseverein" gegründet. Aus diesem entstand 1902 der farbentragende „Verein Deutscher Studenten Erz".

Aus dieser Zeit stammt auch unser äußeres Abzeichen, die blaue Mütze. Das schwarz-blau-goldene Band kam nach der 1925 erfolgten Umwandlung in das „freie" Corps Erz hinzu.

Seit dem 24. Juni 1933 gehören wir dem „Kösener Senioren-Convents-Verband" an, der heute mehr als hundert Corps in Österreich und Deutschland als Dachverband vereint.

1938 wurde „Erz" aufgelöst und 1949 wieder aufgemacht.

Bild 1: Deutsch-Akademischer Leseverein. Fuchsia und Fuchsmajor, Wintersemester 1901/02.

Reproduktion FOTO WILKE Leoben.

Bild 2: Fuchsentaufe am 10. 12. 1913.

Für uns Corpsstudenten gelten die Grundsätze:
➢ der Toleranz
➢ der Verbundenheit auf Lebenszeit
➢ der Mensur
➢ der Bewahrung und Pflege traditioneller Werte.

Die Toleranz ist der Leitgedanke unseres Bundes; sie beinhaltet die Achtung einer Anschauung, die sich nicht mit der eigenen deckt, bedeutet aber nicht die widerspruchslose Hinnahme von Gedanken oder Handlungen, die die persönliche Freiheit, die Menschenwürde oder die freie Entfaltung des Einzelnen gefährden.

Unsere Gemeinschaft übt keinerlei Zwang auf die politische, religiöse und weltanschauliche Einstellung ihrer Mitglieder aus. Corpsstudentisches Zusammenleben setzt demokratische Gesinnung voraus. Unsere Willensbildung erfolgt im offenen und freien Meinungsaustausch, die Stimme des jüngsten „Corps-Bruders" zählt gleich wie die eines „Alten Herren". Die Grundlage hierfür bildet eine Verfassung – Comment –, die wir uns selbst gegeben haben und der sich der Einzelne freiwillig unterwirft.

Verbundenheit auf Lebenszeit bedeutet für uns die Treue zu einem Freundeskreis über die Studienjahre hinaus, das Eintreten füreinander zu jeder Zeit, das Bemühen nach den Grundsätzen unserer Gemeinschaft zu leben. So finden verschiedene Generationen zueinander – vereint durch die gemeinsamen Ideale; ein Ausdruck dieser Verbundenheit ist die Anrede „Corpsbruder" und das ohne Ansehen des Alters geltende „Du-Wort".

Das Fechten von Mensuren ist ein unumstößlicher Bestandteil unserer Corpserziehung, mit dem Ziel der Persönlichkeitsbildung. Einem gleichwertigen Gegner mit der Mensurenwaffe – dem Korbschläger – gegenüberzutreten, sich nach festgelegten Regeln mit diesem zu messen, erfordert ritterliche Haltung, Unerschrockenheit und die Fähigkeit zur Selbstüberwindung. Das Wesentliche einer Mensur ist nicht „der Sieg", wie dies bei einem Duell der Fall war, wohl aber die Bewährung des Einzelnen in einer besonderen Situation, vor den Augen der urteilenden Corpsbrüder.

Das Bewahren überlieferter Werte kann sich nicht in der selbstverständlichen Pflege des studentischen sowie des berg- und hüttenmännischen Brauchtums erschöpfen. Ehrenhaftigkeit, Treue, Charakterfestigkeit und Pflichtbewußtsein sind zeitlose Tugenden, ohne die es keine freie Gesellschaftsordnung gibt.

In dieser sollen die staatstragenden Körperschaften ihren Aufgaben so nachkommen, daß dem einzelnen Staatsbürger genügend Möglichkeiten verbleiben, je nach Wille und Leistung seine persönlichen Ziele verwirklichen zu können.

109 Jahre sind die Geschicke des Corps Erz nunmehr schon untrennbar mit denen der Montan-

Bild 3: Verabschiedung des Studentenbataillons 1919 durch Seine Magnifizenz Aubell. Reproduktion FOTO WILKE Leoben.

Bild 4: Erzerhaus, Leoben, Glacis 15.

universität verbunden. Zum großen Jubiläum möchten wir alle, die hier unsere geistige Heimat gefunden haben, ganz herzlich Glück wünschen.

Fünfzehn wechselvolle Jahrzehnte liegen seit der Gründung unserer „Alma mater Leobiensis" hinter uns. Alle „Erzer" wurden geprägt durch den Lauf der Geschichte und nicht zuletzt durch ihr Studium in der alten Bergstadt Leoben.

Einige unserer Corpsbrüder aber hatten auch die einmalige Gelegenheit, persönlich an der Gestaltung dieser Hochschule mitzuarbeiten; es sei hier nur an Magnifizenz Aubell erinnert, der das „Leobener Studentenbataillon" in den Kärntner Abwehrkampf schickte und so mithalf, die Grenzen unseres südlichsten Bundeslandes so zu erhalten, wie sie heute noch Bestand haben.

Aus den Reihen der Erzer ging auch eine große Zahl von Hochschullehrern hervor, die immer bestrebt waren, ihrer „Alma mater Leobiensis" in allen Belangen gerecht zu werden.

Im Jubeljahr 1990 präsentieren sich Universität und das „Corps Erz" in alter Frische.

Unser Corps verfügt über eine große Zahl an „aktiven" Mitgliedern (Studierende) und besitzt im größten Leobener Park, dem Glacis- oder Stadtpark, ein Corpshaus mit ca. 20 Studentenzimmern, Aufenthalts-, Club- und Freizeiträumlichkeiten.

Das reichhaltige Lehr- und Freizeitangebot der Montanuniversität versuchen wir durch sinnvolle Veranstaltungen zu ergänzen; neben geselligen Kneipen vermitteln Corpsabende mit Vorträgen Wissenswertes und bieten die Möglichkeit, rhetori-

Bild 5 : Aktivenfoto. Studienjahr 1989/90.

FOTO FREISINGER Leoben.

sche Fähigkeiten zu verbessern und die logische Denkensweise zu üben. Dadurch trachten wir, das Denken für- und miteinander nach demokratischen Spielregeln zu entwickeln und so die Studienzeit für uns selbst bestens zu nützen.

Das
- ➢ Miteinander in toleranter Geisteshaltung,
- ➢ das Einstehen füreinander und
- ➢ die sinnvolle Kritik aneinander

sind die Säulen, die das Corps Erz mehr als hundert Jahre wechselvoller Vergangenheit bewältigen ließen.

Die Zeitlosigkeit der corpsstudentischen Ideale ermöglicht es uns, auch weiterhin junge Menschen anzusprechen und zu begeistern.

In diesem Sinne wünschen wir unserer „Alma mater Leobiensis" ein „vivat, crescat, floreat in aeternam"!

# Akademische Burschenschaft Cruxia

Durch die Magyarisierung der Schemnitzer Bergakademie zogen 1868 viele der Hörer nach Leoben. Ab 1871 bildeten sich hier die verschiedensten, polnischen, rumänischen, ungarischen und asiatischen Studentenverbindungen.

Als Gegengewicht zu der internationalen Lesehalle und zu den oft provokativ auftretenden nichtdeutschen Vereinigungen wurde im Oktober 1881 der Deutsche Leseverein gegründet, in welchen alle deutschen studentischen Verbände, mit Ausnahme der Corps, eintraten. Als Hauptziel des deutschen Lesevereins wurde in seinen Satzungen die Pflege der deutschen Dichtkunst und der deutschen Kultur festgelegt.

Innerhalb des Vereins fanden sich bald Anhänger von Schönerers Ideen; meist Sudetendeutsche und Deutsche aus den Südprovinzen Österreichs. Sie trafen sich ab 1882/83 häufig im Gasthof „Zum Weißen Kreuz" und wurden deshalb bald Kreuzgesellschaft genannt. Der genaue Tag der Gründung einer gleichnamigen Tischgesellschaft ist nicht mehr feststellbar. Man nimmt an, daß im Mai 1884 der Beschluß dazu gefaßt wurde. Deshalb sieht man dieses Datum als das Gründungsdatum der heutigen Burschenschaft Cruxia an.

Alle Mitglieder der Kreuzgesellschaft waren verpflichtet, dem Deutschen Leseverein anzugehören und wurden oftmals in den Vorstand des Deutschen Lesevereins gewählt. Dennoch führte die Kreuzgesellschaft vom Beginn ihres Bestehens an ein eigenes studentisches Leben. Ihre Mitglieder teilten sich in Burschen und Füxe. Zur Führung der Gesellschaft wurden im regelmäßig abgehaltenen Thing ein Kneipwart als Vorsitzender, ein Fuxmajor und ein Schriftwart, welcher auch die Kassa führte, gewählt. Als Band wurde vorerst nur das schwarz-rot-goldene des Deutschen Lesevereins getragen. Gefochten wurde in der Fechtriege des Deutschen Lesevereins, deren Besuch mindestens zweimal die Woche verpflichtend war.

Im Sommersemester 1887 wurde auch eine eigene Satzung angenommen, in welcher unter anderem Bestimmungen über die Burschenprüfung enthalten und der würdige Stand eines Alten Herren festgelegt waren. Von der Kreuzgesellschaft wurde im Jahre 1889 zweimal um die behördliche Anerkennung als Klub angesucht, was aber beidmalig abgewiesen wurde. Im November wurde nochmals angesucht, diesmal als Deutsch akademischer Verein Cruxia. Diesem Ansuchen wurde im Jänner 1890 stattgegeben.

Am 16. Februar fand die konstituierende Sitzung statt. Als Farben Cruxias wurden Rot-Weiß-Gold auf schwarzem Grund gewählt. Der Zirkel und der Wahlspruch: „Hie gut deutsch alleweg" wurden

Bild 1: Semesterfoto der Kreuzgesellschaft.

ebenfalls angenommen. Die Farben, der Zirkel und der Wahlspruch sind seit damals unverändert geblieben und stellen die unverkennbaren äußeren Zeichen der Cruxia dar.

Bei der damals in Österreich herrschenden politischen Hochspannung ist es verständlich, daß nur eine radikale unverfälschte deutschnationale Politik verfochten wurde. So wurde sogar das von Dr. Otto Steinwender propagierte liberale deutschnationale Programm abgelehnt und nur die radikalste deutschnationale Politik Georg Ritter von Schönerers als die einzig maßgebende betrachtet. In bezug auf die Politik waren für Cruxia die Zielsetzungen und Grundsätze der in dieser Zeit aufstrebenden wehrhaften Vereine am anziehendsten. Lebhaft beteiligte sie sich daher an den Bestrebungen für einen engeren Zusammenschluß aller wehrhaften Studentenvereine in Österreich.

Als Verwirklichung dieser Anstrengungen wurde bei der großen Tagung der österreichischen wehrhaften Verbände, welche zu Pfingsten 1890 vom 24. bis 26. Mai in Waidhofen an der Ybbs stattfand, die Gründung eines Gesamtverbandes der wehrhaften Vereine beschlossen, der nach dem Ort der Tagung Waidhofener Verband hieß.

Als wichtigste Grundsätze des neuen Verbandes wurden damals nachstehende Punkte festgelegt:

➢ 1. Für die Größe, Reinheit und Einheit des deutschen Volkes zu kämpfen.
➢ 2. Für die Ehre des Vereins sowie für die persönliche Ehre jederzeit mit der Waffe in der Hand einzustehen, wobei in Erkenntnis des Ernstes des Einsatzes und der Aufgabe des Zweikampfes der beleidigten Ehre Genugtuung zu verschaffen sei. Als Waffe wurde der Säbel gewählt und die Schlägermensur verworfen.
➢ 3. Durch größtmögliche Einfachheit in äußeren studentischen Formen auch Minderbemittelten die Teilnahme zu ermöglichen.

Mit diesen Grundsätzen wollte sich der Verband bewußt auf denselben Boden stellen, auf dem die erste Deutsche Burschenschaft stand, denn der alldeutsche Hochgedanke war die Grundlage, auf der die Burschenschaft aufgebaut war.

Da der Waidhofener Verband stets unverhohlen seine alldeutsche Gesinnung betonte und sich damit in Gegensatz zu der österreichischen Staatsführung stellte, hatte er von dieser mit strengen behördlichen Verfolgungen zu rechnen. So wurde die Genehmigung seiner Satzungen lange Zeit hinausgeschoben. Erst am 16. Dezember 1896 wurden sie endlich genehmigt.

In der Zwischenzeit wurde im Oktober 1892 der Name Cruxias in Deutsch akademische Verbindung Cruxia abgeändert, und im Jahre 1893 entschloß man sich, dunkelrote Kappen mit schwarzem Durchbruch aufzusetzen.

Unter dem Eindruck der sich in dieser Zeit drohend anzeigenden politischen Kämpfe um die Erhaltung der Vorherrschaft der Deutschen unter den im Reichsrat vertretenen Ländern Österreichs wurde von den national eingestellten deutschen Studenten versucht, sich zu einer gemeinsamen Abwehr zusammenzuschließen.

Bild 2: Signet der Burschenschaft Cruxia.

Am ersten Deutschen Studententag vom 8. bis 9. Jänner 1897 in Wien wurde ein Reformprogramm für die deutschen Hochschulen in Österreich aufgestellt und der Regierung und den akademischen Behörden überreicht. Darin wurde die Wahrung des deutschen Wesens der Hochschulen gefordert. Dem Begehren jedoch war eine Erfüllung nicht beschieden. Die groß angelegte Bewegung ging in den folgenden tagespolitischen Ereignissen unter.

Das Studienjahr 1898/99 brachte für Cruxia weitere Veränderungen. Im Deutschen Leseverein hatten sich Bestrebungen geltend gemacht, sich von dem starken Engagement Cruxias frei zu machen und den Deutschen Leseverein in eine richtige studentische Korporation umzuwandeln. Die Ursache dürfte darin zu suchen sein, daß die radikale Einstellung Cruxias in allen Belangen, sowohl politischen als auch studentischen, von vielen Mitgliedern des Deutschen Lesevereins, die keine so stramme Couleurerziehung erhielten, nicht geteilt wurde. So kam es bei der Hauptversammlung des Deutschen Lesevereins am 17. Jänner 1899 zu stürmischen Auseinandersetzungen, welche Cruxia bewogen, mit diesem Tag aus dem Verein auszutreten.

Auch im Waidhofener Verband zeigten sich Verfallserscheinungen. Die für die Gründung des Verbandes maßgeblichen Ziele wurden zugunsten rein studentischer Belange stark vernachlässigt. Hieraus ergaben sich laufend Stänkereien und Auseinandersetzungen, auch zwischen den Mitgliedern. Am außerordentlichen Verbandstag, am 19. März 1899 in Wien, erklärte Cruxia daraufhin den Austritt aus dem Verband.

Etwa in diese Zeit fallen auch Bestrebungen, insbesondere unter den jüngeren Cruxen, ihrer Mensurfreudigkeit, ihrem Drang nach waffenfreudiger Betätigung freien Lauf zu lassen. Als geeignetes Mittel dazu sah man das Fechten mit dem leichten Schläger an. Bisher focht man ja nur mit dem schweren Säbel in Zusammenhang mit Ehrenangelegenheiten. Es dauerte aber doch noch einige Zeit, bis sich Cruxia am 11. März 1911 konservativ erklärte, das heißt, sich zum Prinzip des Schlägerfechtens bekannte.

Bei den wehrhaften Vereinen, mit welchen Cruxia so lange im Verband war, war das Schlägerfechten nach wie vor verpönt. Der Schritt Cruxias hatte zur Folge, daß die wehrhaften Vereine der Reihe nach beleidigende Schreiben an Cruxia sandten. Anfangs wurden diese mit Säbelkontrahagen beantwortet. Als die Beleidigungen und Angriffe dennoch überhandnahmen, beschloß man, sofort auf Pistole zu fordern. Nach drei Duellen hatte Cruxia Ruhe und konnte sich mehr dem Schlägerfechten widmen.

Schließlich erfolgte, als letzter Schritt in der Entwicklung, die Erklärung zur Burschenschaft. Am Konvent vom 5. Mai 1913 wurde beschlossen, den Titel „Leobener Burschenschaft Cruxia" anzunehmen. Bei der Pfingsttagung der Burschenschaft der Ostmark in Leitmeritz erfolgte die einstimmige Aufnahme als 43. Mitglied in den Verband.

Während des Krieges 1914–1918 gab es keinen Aktivbetrieb. Er wurde am 1. Februar 1919 wieder aufgenommen. In dieses Jahr fielen auch die Ereignisse des Kärntner Abwehrkampfes. Einundzwanzig Cruxen zogen mit der Leobner akademischen Legion für die Freiheit Kärntens am 6. Mai ins Feld (Bild 4).

Am Burschentag zu Eisenach vom 4.–8. August 1919 erfolgte die Aufnahme in den Dachverband, in die Deutsche Burschenschaft, zusammen mit der gesamten Burschenschaft der Ostmark. Diesem Dachverband gehört Cruxia bis zum heutigen Tag an.

Bild 3: Bergmännischer Auszug am 4.4.1913. Riege der Verbummelten am Leobner Hauptplatz.

Die Sorgen der Nachkriegsjahre galten in erster Linie den täglichen Bedürfnissen, besonders der Nahrung. Trotzdem wird von unbeschwerter Jugendfröhlichkeit berichtet. Aus dem Jahr 1920 gibt es auch bereits Aufzeichnungen über Schlägerpartien.

Am 12. Juni 1938 begann für Cruxia die zweite Ruheperiode. Mit diesem Tag legte die Burschenschaft ihre Farben nieder, um zusammen mit dem VDSt zu Leoben als Kameradschaft Kärnten in den NSDStB übergeführt zu werden.

Erst am 31. Dezember 1949 zeigte sich wieder eigenes Leben in Form eines Rundschreibens. Die nun folgende Auferstehung aus den Trümmern des Krieges ging rasch vor sich. Im November 1950 wurde der Aktivbetrieb unter dem Namen Kreuzgesellschaft bewilligt. Am 11. Dezember 1952 erfolgte die Umbenennung in „Burschenschaft Cruxia", und am 20. Juni 1953 fochten Cruxen ihre ersten Nachkriegspartien. 1956 konnte schließlich ein eigenes Couleurhaus bezogen werden. Das Aktivleben lief bis dahin meist in gemieteten Räumlichkeiten ab.

Bild 4: Mitglieder der B! Cruxia, die am Kärntner Abwehrkampf 1919 teilgenommen haben.

Bild 5: Julfest 1920. General Pappenheimer, der soll leben!

Im Studienjahr 1981/82 erreichte die stetig betriebene Arbeit im Dachverband einen Höhepunkt, und Cruxia führte den Vorsitz über mehr als 120 Einzelburschenschaften, das heißt über deren Aktiven- und Altherrenverbände.

Am 16. Februar 1990 sind es genau 100 Jahre, die sich die Burschenschaft Cruxia zu ihrem Wahlspruch bekennt: „Hie gut deutsch alleweg".

Bild 6: Ledersprungauszug am 30.11.1924. Die Füxe Walter Wolczik, Alexander Kuschinsky, Herbert Schweitzer, Walter Friedmann, Josef Loidl, Bernhard Vogl und Kurt Mirsch ziehen den Leiterwagen mit ihrem Fuxmajor.

# Akademische Burschenschaft Leder

Gründungsdatum: 4.12.1886
Farben: schwarz-grün-weiß, grünes Couleur
Wahlspruch: Deutsch, furchtlos und treu
Verbandszugehörigkeit:
Deutsche Burschenschaft (DB)
ARGE Deutsche Burschenschaft in Österreich (DBÖ)

Am 4.12.1886, im 46. Jahre des Bestehens der k.k. Bergakademie in Leoben, gründeten fünf junge Studenten der Akademie die „Tischgesellschaft Leder" innerhalb des wenige Jahre zuvor ins Leben gerufenen „Deutsch akademischen Lesevereins". Es ahnte damals wohl keiner dieser fünf angehenden Bergakademiker, daß mit dieser Gründung der Grundstein für die Entwicklung einer Studentenverbindung gelegt wurde, die heute noch, mehr als hundert Jahre danach und an der Schwelle zum 21. Jahrhundert, ihren festen Platz im akademischen Leben unserer Hohen Schule haben sollte. Dazwischen sollte allerdings eine lange und wechselvolle, von tiefen Zäsuren durch Weltkriege, politische Wirren und Verbotszeiten gekennzeichnete geschichtliche Entwicklung erfolgen. Tabelle 1 gibt Aufschluß über die wichtigsten Stationen dieser Entwicklung; in Bild 2 ist die jeweilige Auswirkung auf den Aktivstand des Bundes dargestellt.

Obwohl sich die Burschenschaft als solche niemals zum Instrument irgendeiner politischen Partei machen ließ, war sie doch von Beginn ihres Bestehens an eine politisch aktive Verbindung. Ihr Engagement reichte oft weit über das „normale" und „traditionelle" Betätigungsfeld anderer Studenten-

Bild 1: Aktivenconvent 1898/99.

**Tabelle 1: Geschichtliche Entwicklung der B! Leder**

| | |
|---|---|
| 1886: | 4.12.: Gründung der „Tischgesellschaft Leder" im 1881 gegründeten „Deutschen Leseverein". |
| 1889: | 28.10.: Umwandlung in den „Bergmännischen Club Leder", schwarz-grünes Band. |
| 1891: | 12.5.: Beschluß, Burschenschaft zu werden; war jedoch vorerst aufgrund der geltenden Gesetzeslage nicht durchführbar; Annahme der Farben schwarz-grün-weiß. |
| | 25.11.: Umwandlung zur „Deutsch-Akademischen Verbindung Leder", Wahlspruch „Deutsch, furchtlos und treu". |
| 1893: | 4.12.: behördliche Bewilligung zum Tragen grüner Mützen. |
| 1895: | 28.4.: Erklärung zur „Burschenschaft Leder". |
| 1896: | 2.3.: behördliche Bewilligung der Burschenschaft. |
| 1914: | 27.7.: Mobilmachung, Ausbruch des 1.Weltkrieges, 24 Lederer rücken ein. |
| 1914–1919: | Ruhen des Couleurbetriebes. |
| 1919: | 6.5.: Auszug des Leobener Studentenbataillons zum Abwehrkampf nach Kärnten. |
| | 9.5.: Ernst Großmann, Mitglied der B! Leder und Schweizer Staatsbürger fällt als einziger Angehöriger des Studentenbataillons bei Windischgrätz. |
| 1934: | Behördliche Auflösung der Burschenschaft, Verlegung des 1.Studienabschnittes von Leoben nach Graz (bis 1.9.1937). |
| 1938: | Wiederaufnahme des Couleurbetriebes als Burschenschaft „Libertas", kurzfristig auch wieder als „Leder". |
| | Juni: Feierliche Farbniederlegung nach der Gleichschaltung aller Studentenverbindungen im NS-Studentenbund. Zusammenschluß der Altherrenverbände der Burschenschaft „Leder" und „Germania" zur Kameradschaft. |
| 1941: | 24.1.: Namensverleihung „Kameradschaft Ernst Großmann". |
| 1945: | 8.5.: Auflösung der Kameradschaft. |
| 1945–1949: | kein Aktivbetrieb. |
| 1949: | Wiedereröffnungsbeschluß, Gründung der „Vereinigung Leobener Berg- und Hüttenleute". |
| | November: Gründung der „Verbindung Leobensia", weiße Mützen, Farben schwarz-weiß-blau. |
| 1950: | Wiedereinführung der Farben schwarz-grün-weiß. |
| 1952: | Wieder-Umwandlung in „Burschenschaft Leder" mit den alten Farben und den grünen Mützen. |
| 1960–1961: | Bau des Ledererhauses (neben dem Murwegheim). |

verbindungen hinaus. Die Wurzeln des politischen Denkens und Handelns der Lederer lagen stets im Bekenntnis zu den urburschenschaftlichen Idealen von 1815, die sich wohl am besten mit dem Wahlspruch

„Ehre, Freiheit, Vaterland"

ausdrücken lassen. Die Ehre des einzelnen und die Ehre des Volkes zu erhalten, die Freiheit des Geistes und des Wortes zu erlangen und die Liebe zu unserem deutschen Volk und Vaterland, welches wir stets losgelöst von politischen Grenzen betrachtet haben, zu fördern, waren schon immer oberste Maxime unseres Bundes. Daraus resultiert eine politische Arbeit, die sich in keinem parteipolitischen Programm festlegen läßt, sondern sich vielmehr überall dort manifestiert, wo Ehre und Freiheit, Volk und Vaterland in ihrer Existenz bedroht sind.

So stammte auch die Mehrzahl der „Urlederer" gerade aus jenen Grenz- und Randgebieten der langsam, aber sicher auseinanderbrechenden Donau-

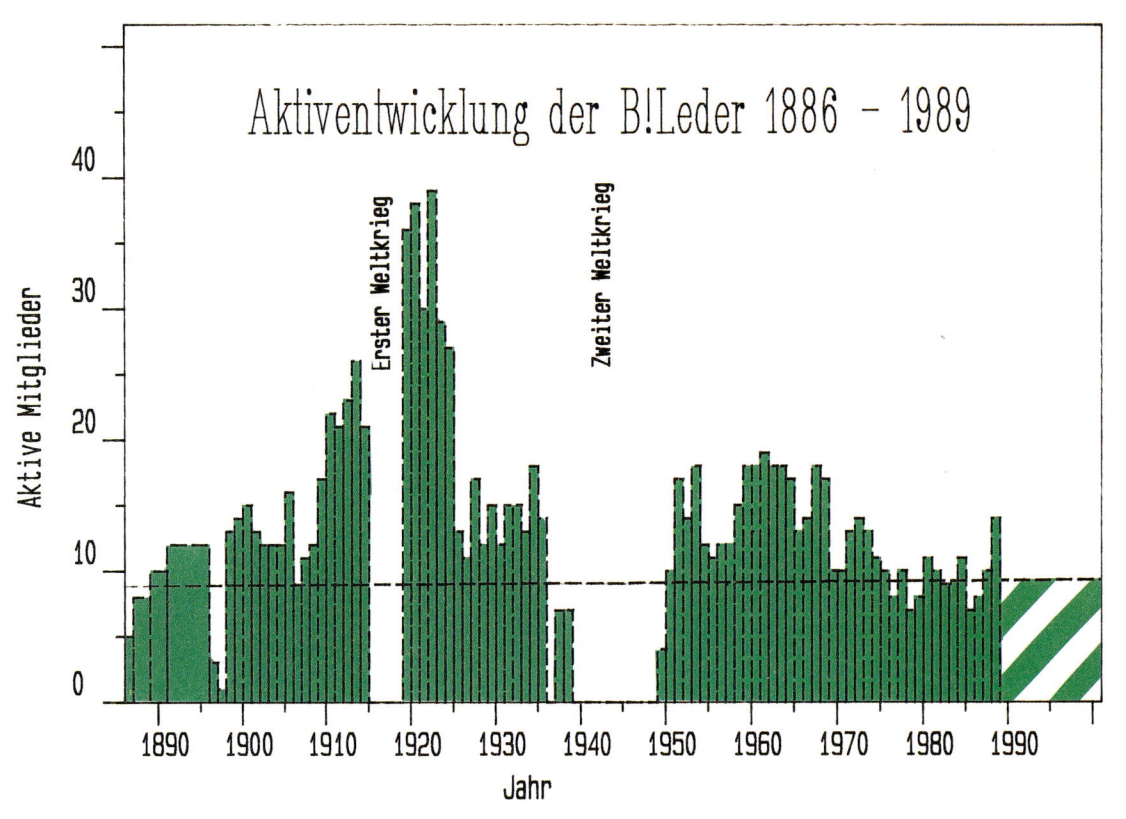

Bild 2: Aktivenentwicklung der Burschenschaft Leder von 1886 bis 1989.

monarchie, in denen die deutsche Bevölkerung einem ständigen Existenzkampf gegen das unaufhaltsam vordringende Slawentum ausgesetzt war. Der Lauf der Geschichte ließ sich jedoch trotz ihres beharrlichen Eintretens für ihre Heimat nicht mehr aufhalten: spätestens mit Ende des Zweiten Weltkrieges waren alle aus Schlesien, Böhmen und Mähren, Siebenbürgen, dem Banat und der Untersteiermark stammenden Lederer und ihre Familien heimatlos geworden – sofern es ihnen überhaupt gelungen war, auch nur ihr nacktes Leben in die westliche Freiheit hinüber zu retten. Die „Befreier" hatten ganze Arbeit geleistet: jahrhunderte alte deutsche Tradition und Kultur wurde in Schutt und Asche gelegt. Eine unmenschliche Todesgrenze, die unsere Welt heute in eine östliche und eine westliche Hemisphäre teilt, wurde quer durch das deutsche Herz Europas gelegt. Deutschland ist bis heute ein von vier Besatzungsmächten verwaltetes Land – ohne Friedensvertrag und ohne Recht auf Selbstbestimmung – geblieben.

Diesen Umstand immer wieder aufs neue aufzuzeigen und gegen dieses Unrecht im Rahmen unse-

Bild 3: Ehrentafel für die gefallenen Lederer des Ersten Weltkrieges.

Bild 4: Ehrentafel für die gefallenen Lederer des Zweiten Weltkrieges.

rer Möglichkeiten anzukämpfen, ist gegenwärtig eine der vorrangigen Aufgaben der Burschenschaft. In diesem Sinne ist auch unser Eintreten für die Rechte der noch verbliebenen Deutschen in Rumänien und Polen zu verstehen, ebenso wie unsere Unterstützung für die Autonomiebestrebungen in Südtirol oder der Einsatz in unserem Südkärntner Grenzland-Patendorf Rinkenberg. Die jüngere Entwicklung in Osteuropa hat uns Recht gegeben. Sie hat gezeigt, daß der Freiheitswille der Völker auch durch jahrzehntelange Unterdrückung nicht ausgelöscht werden konnte.

In den Farben der B! Leder ist sowohl das Schwarz-Grün der Bergmannsfarben, als auch das Grün-Weiß der Steiermark als der engeren Heimat unserer Alma mater enthalten. Dies – wie auch der Name unseres Bundes, welcher vom bergmännischen „Arschleder" abgeleitet ist – deutet auf die enge Verbundenheit zu unserer Universität und unserem Stand hin. Wir waren stets bemüht, an der gedeihlichen Entwicklung der Montanuniversität und der montanistischen Wissenschaften mitzuwirken – sei es im hochschulpolitischen Engagement in Leoben oder sei es im beruflichen Wirken unserer Alten Herren „vor Ort" in der Montanindustrie der ganzen

Bild 5: Die Aktivitas der B! Leder im Jahr 1989.

Welt. Eine ganze Reihe von bedeutenden Männern stammt aus unseren Reihen.

Im Bereich der Hochschulpolitik war es stets unser Bestreben als Studentenvertreter, in den verschiedensten Gremien an der bestmöglichen Ausbildung der Studenten zu verantwortungsbewußten und international konkurrenzfähigen Ingenieuren mitzuwirken.

Darüber hinaus war es uns immer ein selbstverständliches Anliegen, studentische und montanistische Traditionen aufrecht zu erhalten.

Die B! Leder zählte sich nie zu jenen Studentenverbindungen, die sich mit bierseligen Diskussionen in düsteren Stammtischrunden begnügte. Sie suchte vielmehr stets die Öffentlichkeit, wenn anstehende Probleme zu bewältigen waren. Dies hat ihr im Verlauf ihres Bestehens nicht selten Verbot, Unterdrückung und Verfolgung eingebracht. Trotzdem konnte sich die burschenschaftliche Idee bis heute – durch mehr als hundert Jahre – auch in Leoben behaupten. Obwohl sie oftmals totgesagt wurde, ist die B! Leder heute zum festen Bestandteil des akademischen Lebens an unserer Alma mater geworden. Ihre Aktiven und Alten Herren werden auch in Zukunft an der Gestaltung unseres studentischen, wirtschaftlichen und politischen Umfeldes aktiv mitarbeiten – zum Wohle unserer Universität, unserer Gesellschaft und unseres Volkes!

# Verein Deutscher Studenten zu Leoben

Der VDSt zu Leoben wurde am 28. März 1919 gegründet. Wie es dazu kam, soll in den nächsten Zeilen dargelegt werden. Dazu muß man allerdings etwas weiter ausholen. Zunächst muß man die Beweggründe verstehen, die dazu geführt haben, daß sich die ersten VDSt-Bünde im „Deutschen Reich" unter Kanzler Otto von Bismarck gebildet hatten.

Ein Grund dafür war die Reaktion auf die innenpolitischen Verhältnisse im Deutschen Kaiserreich um 1880. Die Vereine Deutscher Studenten wollten ein „deutsches Nationalbewußtsein" fördern und sich auch mit politischen Fragen beschäftigen, was bis dato in Studentenkreisen eher verpönt war. Ein weiterer Grund war der „Antisemitismusstreit", der eine Bewegung gegen den vermeintlichen Einfluß der Juden im öffentlichen Leben hervorrief. Dieser Antisemitismus verlor jedoch bald an Bedeutung, und es bildeten sich aus den Interessensgruppen Gruppierungen mit einer festen Organisationsform. Diese Gruppierungen wollten keine neuen Korporationen neben den bereits etablierten sein. Sie wollten „nicht Verein in der Studentenschaft, sondern deutsche Studentenschaft selbst" sein. Daraus erklärt sich auch der Name „Verein Deutscher Studenten". In diesen Vereinen fanden sich Korporierte und Nichtkorporierte, was den Anlaß gab, Band und Mütze abzulehnen und die Farben des Reiches, schwarz-weiß-rot, als alleinige Farben jedes VDSt zu wählen.

Desweiteren gewannen die nationalen Strömungen der nichtdeutschen Volksgruppen am Rande des Deutschen Reiches, wie auch der Donaumonarchie, an Stärke und Einfluß, sodaß die nichtdeutschen Volksgruppen versuchten, nicht nur Gleichberechtigung mit der ansässigen deutschen Volksgruppe zu erreichen, sondern diese zu beherrschen. Dies bedingte eine Art Notwehr, was zur Bildung eines „Vereins für das Deutschtum im Ausland" zur Folge hatte. Dazu kam auch der Gedanke einer „Grenzlandarbeit", die zeigen sollte, daß man die Auslandsdeutschen nicht vergißt, besonders die in Böhmen, nachdem Badeni (geb. am 14.10.1846, gest. 9.7.1909; österreichischer Ministerpräsident von 1895 bis 1897) 1897 eine Sprachenverordnung, die die österreichischen Beamten zwingen sollte, eine zweite Sprache zu erlernen, vorwiegend Tschechisch, herausgab. Diese Verordnung führte zum Sturz Badenis. Aufgrund dieser Verordnung entstanden auch in der Donaumonarchie eine Vielzahl von Vereinen mit denselben Zielsetzungen, wie sie die Vereine im Deutschen Reich hatten. Die Vereine in Österreich aber bekämpften sich untereinander. Das Jahr 1913 war dann der Beginn der Zusammenarbeit zwischen reichsdeutschen und österreichischen Vereinen Deutscher Studenten. Diese Zusammenarbeit dauerte aber nicht lange, denn der Erste Weltkrieg brachte das Verbindungsleben zum Erliegen.

Zur Geschichte des VDSt zu Leoben muß noch die Zeit vor dem Zweiten Weltkrieg betrachtet werden. So studierten im Jahre 1911 etwa 450 Studenten an der „Montanistischen Hochschule", von denen ungefähr die Hälfte Nichtdeutsche waren. Das Hochschulleben wurde von den Korporationen beherrscht, und die Nichtkorporierten wurden mehr oder weniger verachtet. Um dieser Strömung entgegen zu wirken, schlossen sich die Nichtkorporierten, die sogenannten „Finken", zunächst zu Stammtischrunden und kurz darauf zur „Deutschen Finkenschaft" zusammen. Am Ort gab es einen wehrhaften Verein VDSt Erz, der sich aber um 1890 entschloß, Farben zu tragen. Dies führte zur Spaltung und ein Teil vereinigte sich mit der neuentstandenen „Deutschen Freistudentenschaft" (DFSt). Die Gründungssitzung wurde für den 20. März 1919 einberufen, und die offizielle Gründung erfolgte am 28. März 1919. Ziel dieser Vereinigung war es, einen Gegenpol zu den etablierten, farbentragenden Korporationen zu bilden und somit eine Vertretung der Nichtkorporierten zu sein. Die DFSt war noch keine Korporation. Die Forderung nach Schaffung eines Ehrenrates und einer Vertretung an der Hochschule wurden erfüllt. Man veranstaltete Vorträge zu kulturellen, volkstümlichen und zeitnahen Themen. Doch zentrales Thema der DFSt war die Beschäftigung mit dem Begriffskomplex „Volk und Heimat". Um aber mit den übrigen Korporationen zusammenarbeiten zu können und Ansehen zu erreichen, mußten die Mitglieder Satisfaktion mit der Waffe geben.

1921/22 erfolgten erste Gespräche mit dem VDSt Graz, was einen großen Zwist innerhalb der DFSt zur Folge hatte. Denn die DFSt hatte sich in zwei Lager gespalten: Das eine Lager wollte den status quo, also eine relativ lose Vereinigung, beibehalten, das andere Lager versuchte, die DFSt in einen VDSt umzuwandeln, was schließlich auch gelang. Die offizielle Namensänderung von „Deutsche Freistudentenschaft" in „Verein Deutscher Studenten Leoben" erfolgte am 1. April 1922. Der Mitgliederstand betrug zu diesem Zeitpunkt 55 Aktive und Inaktive und 50 Alte Herren. Diese Umbenennung brachte unter anderem mit sich, daß zu mehreren Vereinen Deutscher Studenten sehr gute Kontakte hergestellt wurden. Die Aufnahme in den „Verband der Vereine Deutscher Studenten-Kyffhäuserverband" (VVDSt-KV) erfolgte 1922 zunächst auf ein Jahr und 1923 auf der 38. Verbandstagung endgültig. Diese Ereignisse hatten aber auch große Veränderung im VDSt zur Folge. Das Fechten wurde fixer Bestandteil des Bundeslebens. Außerdem war die Teilnahme am Hochschulsport verpflichtend. Ferner wurden Wichs, Zirkel und Verbandsfarben, auf die bisher kein Wert gelegt worden war, eingeführt.

Da sich der VDSt bei den alten Korporationen einen Namen machen mußte, war es unumgänglich, daß eine Reihe von Ehrenhändeln ausgefochten werden mußten. Doch das hinderte den VDSt nicht an seinem Aufschwung. So errang der VDSt zwei Sitze in der Hochschulkammer. 1925 hatte der VDSt Sitz und Stimme im Burschenbund der „wehrhaften

Bild 1: Fackelzug anläßlich der 10. Oktober-Feier 1984 in Bleiburg.
Foto: Bernhard Breitenauer.

Korporationen Leobens". Zum 10. Stiftungsfest im Jahr 1929 war der VDSt die stärkste Leobener Korporation.

Das Jahr 1934 brachte ein jähes Ende. Die Korporationen wurden verboten. Daß hierbei der VDSt aufgrund seiner Aktivitäten für deutsche Volksgruppen in den Randgebieten des Reiches eine der ersten war, ist begreiflich. Doch das Ende schien nur nach außen hin, im Untergrund aber lebte man weiter. Nach dem Krieg erstand die Burschenherrlichkeit wieder. 1952 wurde der „Akademische Verein Philadelphia" gegründet. Die Bestrebung, einen Leobener VDSt wieder aus der Taufe zu heben, ging abermals vom VDSt Graz aus. 1953 wurde das erste Nachkriegsstiftungsfest gefeiert und der „Verein Deutscher Studenten Philadelphia zu Leoben" in den VVDSt wieder aufgenommen. In diesem Jahr wurde mit den beiden Burschenschaften Cruxia und Leder der eDC, der „erweiterte Delegierten-Convent", gegründet. Obwohl man es als nichtfarbentragende Korporation schwer hatte, sich gegenüber farbentragenden Bünden durchzusetzen, zeigte sich doch, daß der VDSt sehr bald wieder seinen Platz im Reigen der Leobener Korporationen eingenommen hatte.

Bild 2: Univ. Dozent Dr. Höbelt bei der Dreikönigstagung 1985. Foto: Bernhard Breitenauer.

Die Hauptaufgabe des eDC ist die Grenzlandarbeit, hauptsächlich im gemischtsprachigen Kärntner Gebiet. Sie wurde in den nachfolgenden Jahren weiter ausgebaut.

1956 kam es zur Gründung der „Arbeitsgemeinschaft der österreichischen VDSt-Bünde". Sie ist ein Organ, das die intensive Zusammenarbeit der österreichischen VDSt-Bünde ermöglichen soll. Diese Arbeitsgemeinschaft wurde 1962 in die „ARGE Trautenfels" umbenannt.

1960 wurde ein weiterer Zusammenschluß von Korporationen gegründet, die „Leobener Vertretungsbesprechung", kurz LVB. In der LVB übernimmt der VDSt turnusgemäß den Vorsitz.

Im Studienjahr 1961/62 übernimmt der VDSt zu Leoben das erstemal den Vorort des VVDSt. Der Vorort ist die Vertretung der aktiven Bünde im Vorstand, dem obersten Gremium des VVDSt. Weitere Vorortübernahmen erfolgten in den Studienjahren 1978/79 und 1985/86.

Wir haben nun einiges über die Geschichte des VDSt zu Leoben erfahren. Eine Korporation kann sich allerdings nicht nur mit ihrer Geschichte befassen. Die Korporation muß auch nach außen wirken. Um dies bewerkstelligen zu können, hat der VDSt zu Leoben niedergeschriebene Ziele, nach denen es gilt zu handeln. Sinngemäß lauten sie etwa so: Der VDSt hat seinen Mitgliedern politische Kenntnisse zu vermitteln, die persönliche Einsatzbereitschaft zu fördern und kritisches Bewußtsein zu wecken. Weiters sollen die Mitglieder des VDSt eintreten für eine demokratische Grundordnung, für Recht und Freiheit in allen Bereichen des Lebens und für die wirtschaftliche und politische Einigung Europas. Gemäß den historisch gewachsenen Bestrebungen des VVDSt befaßt sich der VDSt zu Leoben mit den Anliegen und Problemen des deutschen Volks- und Kulturkreises.

Darüberhinaus beschäftigt sich der VDSt auch mit den Problemen des Alltags. Zu diesem Zweck werden Diskussionsabende veranstaltet, zuweilen auch in Zusammenarbeit mit der LVB und der „Liste Leobener Studentenschaft" (LLSt).

Der VDSt lebt aber nicht nur von „schwerer Kost", wie Diskussionen, Vorträgen, etc. sondern auch von geselligen Zusammenkünften (Kneipen, Kränzchen,.....). Daneben wird auf das Studieren auch nicht vergessen, denn der VDSt hat es sich mitunter zum Grundsatz gemacht, daß das Studium vor die Korporation zu stellen ist, d.h. es gibt keinen „BerufsVDSter".

Auch die Hochschulpolitik hat ihren festen Platz im VDSt. Einige Mitlieder engagieren sich als Studienrichtungsvertreter, als Hauptausschußmandatare und als Mitglieder in diversen Kollegien und Kommissionen.

Der VDSt befaßt sich also mit vielen Belangen, die für jeden angehenden Leobener Akademiker von Bedeutung sein können und sollten.

# Katholische Österreichische Studentenverbindung Glückauf

Nach dem Ende des Ersten Weltkrieges fanden sich in Leoben ehemalige Kriegsteilnehmer und jüngere Hörer in einem katholischen Zirkel, aus dem am 26. Oktober 1922 die Verbindung Glückauf hervorging. Sie gab sich violette Samtmützen und die Farben schwarz-silber-rot (lilakarmin). Diese Farben haben für die Verbindung folgende Bedeutung: Das Schwarz bedeutet Pflichterfüllung, zur Zeit der Gründung war es vor allem die Arbeit in der schwarzen Nacht der Kohlengruben. Das Silber ist das Licht des Glaubens an Gott und das Rot bedeutet die Liebe zum Vaterland und zum Bundesbruder.

War das erste Semester durch den inneren Aufbau ausgefüllt, fällt in das Sommersemester 1923 das erste öffentliche Auftreten in Farben. Als dann auch

Bild 1: Verbindungsfahne mit den Farben schwarz-silber-rot (lilakarmin).

noch im Gasthof Lamm am Hauptplatz 2 ein Raum als Verbindungsheim angemietet werden konnte, war der Weg in die Zukunft gesichert, der allerdings auch steinig war, weil die Verbindung fast zehn Jahre lang um ihre Gleichberechtigung an der Hochschule kämpfen mußte.

Intern war das Ziel, in den Cartellverband der farbentragenden katholisch-deutschen Studentenverbindungen (CV) aufgenommen zu werden. Dieser CV wurde am 6. Dezember 1856 mit dem Zweck gegründet, jene farbentragenden Hochschulverbindungen deutsch-sprechender Mitglieder zusammenzufassen, die in ihren Statuten ausdrücklich die Grundsätze der Katholizität, Wissenschaftlichkeit und Lebensfreundschaft hatten. Der CV erstreckte sich bis 1933 auf das ganze deutsche Sprachgebiet. Glückauf wurde im Sommer 1925 als 107. Verbindung in diesen Verband aufgenommen.

Ein besonderer Höhepunkt in der Geschichte der Verbindung war das 10. Stiftungsfest im Jahre 1932, bei dem das erste Mal der Rektor die Verbindung und ihre zahlreichen Gäste in der Aula empfing. Das Fest wurde mit einem großen Kommers feierlich begangen. Die folgenden Semester ließen eine positive Auswirkung des Jubelfestes vermissen. Der starke Rückgang der Hörerzahl, der keinen Nachwuchs mehr brachte, und der Verlust des Verbindungsheimes waren harte Schläge.

Der größte Teil der aktiven Verbindungsmitglieder gehörte damals einem vaterländischen Wehrverband an und nahm beim Juliputsch 1934 an den Abwehrkämpfen teil. Kurz darauf wurde mit Bundesgesetz vom 7.8.1934 bestimmt, daß die Montanistische Hochschule Leoben mit der Technischen Hochschule Graz vereinigt werde, was bedeutete, daß es in Leoben keinen Ersten Studienabschnitt mehr gab.

Diese Situation veranlaßte die zuständigen Konvente, die Verbindung Glückauf mit Herbst 1934 nach Graz zu verlegen, wo sie vorerst durch Mitglieder der übrigen drei Grazer CV-Verbindungen verstärkt wurde und wo sie sehr bald Fuß fassen konnte und eigenen Nachwuchs erhielt. Als mit September 1937 die Wiedereröffnung der Montanistischen Hochschule in Leoben erfolgte, kam es zu keiner Rückverlegung der Verbindung, sondern zu einer Neugründung unter dem Namen „Bergstadt", der allerdings nur ein kurzes Leben beschieden war.

Nach der Machtergreifung des Nationalsozialismus in Deutschland im Jahre 1933 wurde dort der CV zuerst gleichgeschaltet und schließlich aufgelöst. Diese Gleichschaltung veranlaßte die damals 27 österreichischen Verbindungen, sich zu einem eigenen unabhängigen Cartellverband, dem ÖCV, zusammenzuschließen, der auch heute noch neben dem wiedererstandenen deutschen CV besteht. Allerdings wurde die Verbindung Glückauf wie die übrigen ÖCV-Verbindungen im Jahre 1938 aufgelöst.

Die NSDAP konnte zwar die äußere Form zerschlagen, nicht aber den Geist töten. So war es selbstverständlich, daß nach dem Ende des Zweiten Weltkrieges die CV-Verbindungen wiedererstanden. So wurde am 17. November 1946 die Wiedergründung der Verbindung Glückauf in Leoben beschlossen und sogleich in die Wege geleitet. Natürlich gab es wieder Anfangsschwierigkeiten, wie Beschaffung eines Heimes, der notwendigen Einrichtung und der Mützen und Bänder; aber sie wurden bald überwunden, und die Verbindung nahm einen mächtigen Aufschwung, sodaß im Herbst 1947 das 25. Stiftungsfest in würdiger Weise gefeiert werden konnte.

Es ist das große Verdienst der Verbindung Glückauf die couleurstudentische Tradition wieder aufgenommen zu haben. Im Jahre 1949, als die Montanistische Hochschule ihr 100-jähriges Bestehen feierte, haben auch andere Korporationen, wenngleich einige unter geändertem Namen, ihren Betrieb wieder aufgenommen gehabt. Mit den übrigen Leobener Korperationen ergaben sich viele gute Kontakte; so fand im Jahre 1951 der erste gemeinsame Ledersprung statt.

Da zu Glückauf immer mehr junge Leute stießen, tauchte bald der Gedanke auf, eine Tochterverbindung zu gründen, wofür in erster Linie die Lösung der Heimfrage Voraussetzung war. Diese war gegeben, als im Jahre 1955 der Bau des Barbara-Heimes in der Peter Tunner Straße in Aussicht genommen wurde, in welchem auch Räume für die Verbindungen vorgesehen waren. Es wurde auf dem Cumulativ-Convent vom 5. Juni 1954 die Gründung der Tochterverbindung „Kristall" beschlossen, und es wurden sechs Burschen mit der Aufgabe betraut, den Aufbau durchzuführen. Dieser gelang in kürzester Zeit, sodaß ein Jahr später die Publikation der Verbindung Kristall nach einem Festzug durch die Stadt in der Aula unserer Alma mater feierlich durchge-

Bild 2: Wappenbild (Holzschnitt); Einladung zum 30. Stiftungsfest.

führt werden konnte. Damit und mit dem Bezug der neuen Verbindungsheime begann ein neuer Abschnitt im Leben des ÖCV in Leoben.

Bild 3: Leobener CV-Standarte von „Glückauf" und „Kristall".

Ein wichtiges Ereignis im Leben der Verbindung Glückauf war dann das 40. Stiftungsfest im Jahre 1962. Nach einem Festkommers im überfüllten großen Kammersaal fanden am nächsten Tag beim Stiftungsgottesdienst die Weihe der neuen Verbindungsfahne, ein Festzug zur Universität und ein Festakt in der Aula statt.

Diesem Jubelfest folgten viele Semester erfolgreicher Arbeit mit einem reichen Bildungsprogramm. Aber auch die Geselligkeit und eine reiche sportliche Tätigkeit wurden stets hochgehalten. Für den Kontakt mit den in weiten Teilen Westeuropas und Nordamerikas berufstätigen Alten Herren sorgen in den Wintersemestern die Barbara-Kommerse und in den Sommersemestern die Stiftungsfeste. Jubelfeste, wie z.B. das 50. Stiftungsfest, wurden natürlich in besonderer Weise begangen.

Ein Ereignis im Verbindungsleben von besonderer Bedeutung wurde eingeleitet, als im Jänner 1984 auf dem Studententag des ÖCV die Verbindung Glückauf mit überwältigender Mehrheit zum Vorort (vorsitzende Verbindung) des ÖCV für das Studienjahr 1984/85 gewählt wurde. Es wurden neun Bundesbrüder als Vorortschargen abgestellt, die die Aufgabe hatten, die Vorortsgeschäfte zu erledigen. Sie taten dies mit bestem Erfolg und mehrten in hervorragender Weise das Ansehen der Verbindung im Gesamtverband. Besondere Schwerpunkte ihrer Arbeit waren Universitätspolitik, Ökologie und

Bild 4: Fußballmannschaft.

Ökonomie, die Dokumentation des Widerstandes des ÖCV gegen das NS-Regime, die Zusammenarbeit mit anderen katholischen Verbänden und Verbandsinnenpolitik. Höhepunkt des Vorortsjahres war schließlich die Cartellversammlung, die vom 14. bis 19. Mai 1985 in Leoben stattfand und die Vertreter aller 45 Verbindungen des ÖCV sowie Abordnungen des deutschen CV nach Leoben brachte.

Das interne Verbindungsleben war seit Jahren durch die Raumnot der immer stärker gewordenen Leobener CV-Verbindungen beeinträchtigt. Eine Lösung gab es nur in der Weise, daß eine der beiden Verbindungen auszog und die andere sämtliche Verbindungsräume im Barbaraheim übernahm. Ein geeignetes Objekt für die ausziehende Verbindung war bald gefunden, viel schwieriger war das Pro-

Bild 5: Couleurhochzeit 1986, Pfarrkirche Pöllauberg.

blem zu lösen, wer es finanziert. Dies war ausschließlich das Studentische Sozialwerk, ein Verein, der von der Altherrenschaft Glückaufs getragen wird. Das erste Obergeschoß dient der Verbindung als Heim, im zweiten Stock befinden sich Studentenzimmer. Unter intensiver Mitarbeit der Verbindungsmitglieder konnte in kurzer Zeit der Um- und Ausbau bewältigt werden, sodaß das Haus im Rahmen des 64. Stiftungsfestes im Juni 1986 eröffnet und eingeweiht werden konnte. Seither spielt sich das reiche Verbindungsleben im Hause Leoben, Kärntnerstraße 249, ab, wo gesellige studentische Veranstaltungen aber auch Vorträge und Diskussionsrunden stattfinden.

# Katholische Österreichische Studentenverbindung Kristall

Als nach dem Ende des Zweiten Weltkrieges der Studienbetrieb an der Hochschule wieder in Gang kam, nahm mit der Zahl der inskribierten Hörer auch die Anzahl der farbentragenden Studenten wieder stark zu. In Anbetracht der respektablen Größe der K.Ö.St.V.Glückauf entschlossen sich 1954 einige sehr aktive Burschen, eine zweite katholische Studentenverbindung auf Leobener Hochschulboden zu gründen. Dieser Entschluß wurde rasch in die Tat umgesetzt, und am 5. Juni 1954 wurde die K.Ö.St.V.Kristall offiziell von folgenden sechs Burschen gegründet:

Otto Paidasch
Othmar Kirchhoff
Karl-Heinz Mais
Oskar Weigl
Franz Bommer
Josef Peganz.

In Anlehnung an die berg- und hüttenmännische Tradition der Region und speziell der Leobener Hochschule wurden die Farben schwarz, silber und blau gewählt, wobei schwarz die Kohle, silber den Kristall und blau den Stahl symbolisiert.

Als erstes Verbindungsheim diente der große Saal des Redemptoristenklosters in der Gösser Straße 15, aber bereits im Sommersemester 1955 begann, gemeinsam mit der K.Ö.St.V. Glückauf, der Bau eines neuen Verbindungsheimes im Zuge der Errichtung des Barbarasaales in der Peter-Tunner-Straße. In dieses sehr ereignisreiche Semester fielen auch die Anerkennung der Verbindung als zweite CV-Korporation auf Leobener Hochschulboden durch Rektor O.Univ.Prof. Dr. Schwarz-Bergkampf sowie die Aufnahme der Verbindung in den ÖCV, den Gesamtverband der katholischen österreichischen Studentenverbindungen.

Im Wintersemester 1955/56 wurden die Räumlichkeiten im Barbaraheim fertiggestellt, und am 6. Dezember 1955 wurde dieses durch Diözesanbischof Dr. Josef Schoiswohl eingeweiht. In diese Zeit, die durch viele gesellige Veranstaltungen und Tanzveranstaltungen gekennzeichnet war, fiel auch mit Karl-Heinz Mais am 17. Dezember 1955 die erste Graduierung eines „Kristallers" an der Alma mater Leobiensis.

Am 16.Mai 1956 wurde gemeinsam mit Glückauf der Leobener Cartellverband LCV als selbständiger Ortsverband gegründet und seine Statuten festgelegt. Es folgten nun einige Semester, die vom Ausbau und der Festigung der Korporation geprägt waren. Als im Studienjahr 1958/59 ein gemeinsamer Hochschullederschprung unter dem Vorsitz der K.Ö.St.V. Kristall von anderen Leobener Korporationen verhindert wurde, entschlossen sich Kristall und Glück-

Bild 1: Die Abzeichen der Verbindung.

auf, einen eigenen LCV-internen Ledersprung durchzuführen. Dieser erste „Barbarakommers" fand am 2. Dezember 1958 statt. Auch als 1960 nach zweijähriger Unterbrechung wieder ein gemeinsamer Hochschulledersprung stattfand, entschloß man sich zur Beibehaltung dieses zusätzlichen Ledersprunges, der sich bis heute großer Beliebtheit erfreut. Im Zuge des besser werdenden „Klimas" zwischen den Leobener Korporationen nahm auch die Teilnahme Kristall`s in Farben an der feierlichen Grundsteinlegung des neuen Hochschulgebäudes am 25.10.1962 und an der ersten Matrikelscheinverleihung am 26.10.1962 einen ruhigen Verlauf.

Die folgenden Jahre brachten neben erfolgreicher Arbeit sowohl eine große Zahl sportlicher und geselliger Veranstaltungen, als auch rege kulturelle Tätigkeit. Nachdem es bereits CV-intern das TBC-Trio und die Band „Pyjamas" gegeben hatte, ist hier der erste öffentliche Auftritt der „Myners", das war die Tanzkapelle der Katholischen Hochschuljugend, am 2. Mai 1964 beim Maikränzchen der K.Ö.St.V. Kristall erwähnenswert. Auch hier wirkten musikbe-

Bild 3: Der Vorstand der Verbindung bei einem Philistrierungsumzug durch Leoben.

geisterte „Kristaller" aktiv mit. Eine Bildungsveranstaltung besonderer Art war das im Wintersemester 1967/68 durchgeführte LCV-Vorortsseminar, bei dem sich die Verbindung österreichweit in Presse und Rundfunk präsentieren konnte. In diesem sehr arbeitsintensiven, aber auch erfolgreichen Semester wurde der Verbindung nun erstmals die Ehre des Vorsitzes beim Hochschulledersprung zuteil.

1968 fand ein Ereignis von weitreichender Bedeutung für das Verbindungsleben statt. Ein Student evangelischer Konfession stellte ein Aufnahmeansuchen an die Verbindung, das die K.Ö.St.V.Kristall im Geiste der Ökumene annahm. Dies löste eine Diskussion im Verband aus, die noch im Sommersemester 1968 zu einem Antrag auf Aufnahme von evangelischen Studenten an den österreichischen Cartellverband führte. Dieser Antrag erreichte jedoch auf

Bild 2: Das Präsidium einer gemeinsamen Veranstaltung der K.Ö.St.V. Kristall und K.Ö.St.V. Glückauf.

der Cartellversammlung vom 22. bis 26. Mai 1968 aufgrund von nur 2 Gegenstimmen die zur Aufnahme nötige Einstimmigkeit nicht. Trotzdem wurde im Sommersemester 1969 der erste evangelische Student Vollmitglied der K.Ö.St.V. Kristall. Die nachfolgenden Auseinandersetzungen gipfelten schließlich im Wintersemester 1970/71 in der Androhung eines Ausschlußverfahrens, das jedoch wieder eingestellt wurde, nachdem ein „Verein der Freunde Kristalls" gegründet wurde, dessen Mitglieder den Angehörigen der Verbindung praktisch gleichgestellt sind, und in den bis heute immer wieder Studenten eingetreten sind. Die in der Verbindung gelungene, im Verband jedoch noch immer nicht mögliche Vollintegration christlicher, aber nicht katholischer Studenten, ist auch heute eines der heißesten Diskussionsthemen in Verbindung und Verband.

In der Folge gab es auch einige weniger ernste, aber erwähnenswerte Ereignisse wie die Entstehung des ersten und einzigen Super-8-Spielfilms der „Kristall-Productions". Der spannende Agentenkrimi mit dem vielversprechenden Titel „Unser Mann in Göß" entstand im Sommersemester 1974 im Dunstkreis der Gösser Brauerei. Ein bemerkenswerter internationaler Auftritt der Verbindung fand im Wintersemester 1977/78 im Rahmen einer Couleurhochzeit in London statt. Im Sommersemester 1979 stürzten sich einige Mitglieder der Verbindung in die Hochschulpolitik. Die engagierte Mitarbeit bei der Gründung des Studentenforums wirkte sich im Gewinn von 2 Mandaten bei der Hochschülerschaftswahl aus, und einen der beiden Mandatare stellte die K.Ö.St.V. Kristall. In jüngster Vergangenheit sind neben vielfältigem Engagement in Sport, Kultur, Gesellschaft, Bildung und Hochschulpolitik auch zwei sportlich-gesellige Veranstaltungen zu erwähnen, die sich (wie viele andere Veranstaltungen) eines regen Interesses erfreuen. Dies sind seit dem Wintersemester 1979/80 die LCV-Schimeisterschaften, und seit dem Sommersemester 1984 die Kristall-Rätselrallye, die bei der abendlichen Siegerehrung mit Kränzchen ein volles Haus und beste Stimmung garantieren. Zum Abschluß sollte noch kurz auf die grundlegenden Bestandteile unserer Verbindung eingegangen werden. Die Grundprinzipien einer katholischen österreichischen Studentenverbindung sind folgende vier Leitsätze:

- ➢ Scientia/Wissenschaft
- ➢ Patria/Vaterland
- ➢ Religio/Glaube
- ➢ Amicitia/Freundschaft.

Dabei bedeutet Scientia die Anforderung eines ordentlichen Studiums an einer österreichischen Hochschule oder Universität, wobei die K.Ö.St.V. Kristall im Normalfall nur ordentliche Hörer der Montanuniversität Leoben als Mitglieder aufnimmt. Das Bekenntnis zur Patria ist gleichbedeutend mit

Bild 4:  Der Fuxmajor der Verbindung beim Universitätsledersprung.

Bild 5: Das K.Ö.St.V. Kristall-Eishockeyteam nach hartem Kampf (vor allem gegen die Tücken einer glatten Eisfläche).

dem Bekenntnis zur deutschen Muttersprache und der vollen Anerkennung der Republik Österreich. Eine weitere unabdingbare Forderung ist die Zugehörigkeit zum christlichen, speziell katholischen, Glauben. Das Band, das die Mitglieder der Verbindung zusammenhält, ist das vierte Prinzip, die Lebensfreundschaft. Aus der ständigen Zusammenarbeit und Beschäftigung mit den anderen, verbunden mit der Respektierung jeder einzelnen Persönlichkeit, sollte eine über die Dauer der Studienzeit hinausreichende freundschaftliche, oder wie schon der Name sagt, brüderliche Beziehung zwischen den Bundesbrüdern entstehen. Obwohl die Mitglieder der Korporation, die bis zum heutigen Tag ihr Studium beendet haben, in verschiedenste Staaten der Erde verschlagen wurden, und obwohl sie in den unterschiedlichsten Bereichen wie Industrie, Forschung, Lehre, aber auch Politik und Verwaltung tätig sind, so ist doch ein guter Kontakt zwischen den Absolventen einerseits und Studenten andererseits vorhanden, der dieses Prinzip der Lebensfreundschaft nachdrücklich dokumentiert.

# Sudetendeutsche akademische Landsmannschaft Zornstein

Farben: weiß-schwarz-rot (Burschenband)
schwarz-rot-schwarz (Sudetenband)
Wahlspruch: Treue, Volk und Heimat
Dachverband: Bund deutscher Studenten (BdSt)

Die sudetendeutsche akademische Landsmannschaft Zornstein blickt auf eine bewegte und wechselhafte Vergangenheit zurück, die untrennbar mit der Geschichte Österreichs verbunden ist.

Seit der Gründung ist mit dem Sudetenland nicht nur die alte Heimat verloren gegangen, sondern auch die Ziele und Aufgaben der Verbindung mußten im Lauf der Zeit eine grundlegende Wandlung erfahren.

Die Wurzeln der Landsmannschaft „Zornstein" sind vielfältig und liegen gleichermaßen in Wien und in Znaim, der einstmals bedeutendsten Stadt Südmährens. In den Jahren des Aufbruchs der Korporationen in Österreich, allen voran nach dem Ausgleich mit Ungarn und der staatsrechtlichen Umbildung des Habsburgerreiches in die Österreichisch-Ungarische Doppelmonarchie, wurde 1869 in Wien der Deutsch-Böhmische Studentenverein mit landsmannschaftlichem Charakter gegründet. Dieser Verein manifestierte sich nur wenig später als studentische Verbindung „Rabenstein" zu Wien, gilt jedoch als Ausgangspunkt unserer Korporation. Nach 1875 wurde die „Rabenstein" alsbald zur Heimat vieler Studenten aus Südmähren. Der gemeinsame Studienort und die gemeinsame Herkunft vertieften den Kontakt zwischen den Mitgliedern und trugen den farbenstudentischen Geist in den Ferien auch nach Znaim.

Die Jahre vor der Jahrhundertwende waren von der zunehmenden Industrialisierung, der Ausweitung sozialer Gegensätze und der Verschärfung nationaler Spannungen zwischen den Völkern Österreichs geprägt.

Wie in allen deutsch besiedelten Gebieten Böhmens und Mährens stand auch in Znaim das öffentliche Leben zusehends unter dem Einfluß deutsch-tschechischer Auseinandersetzungen. Das Scheitern der Ausgleichsverhandlungen zwischen Deutschen und Tschechen in Wien („Böhmischer Ausgleich") und der Streit um die Einführung einer Sprachenverordnung waren Ausdruck des herrschenden Nationalitätenkampfes.

Bild 1: Zirkel.

Die angespannte Lage sowie die Zusammenfassung und Stärkung der politischen und kulturellen Kräfte der Deutschen bilden auch den Hintergrund, vor dem die Gründung einer studentischen Verbindung auf Znaimer Boden zu sehen ist:

Am 4. Mai 1900 konstituierte sich unter Führung von „Rabensteiner" Farbenstudenten die Ferialverbindung deutscher Hochschüler „Zornstein".

Der Name leitet sich von der mächtigen Grenzburg „Zornstein" ab, die sich nur unweit westlich von Znaim an den Ufern der Thaya erhebt. Die Burg war einst eine umstrittene Befestigungsanlage der przemyslidischen Besitzungen in Mähren gegen die babenbergische Ostmark. Als wichtige Weg- und Flußsperre wurde sie mehrmals zum Schauplatz von

Bild 2: Burg Zornstein.

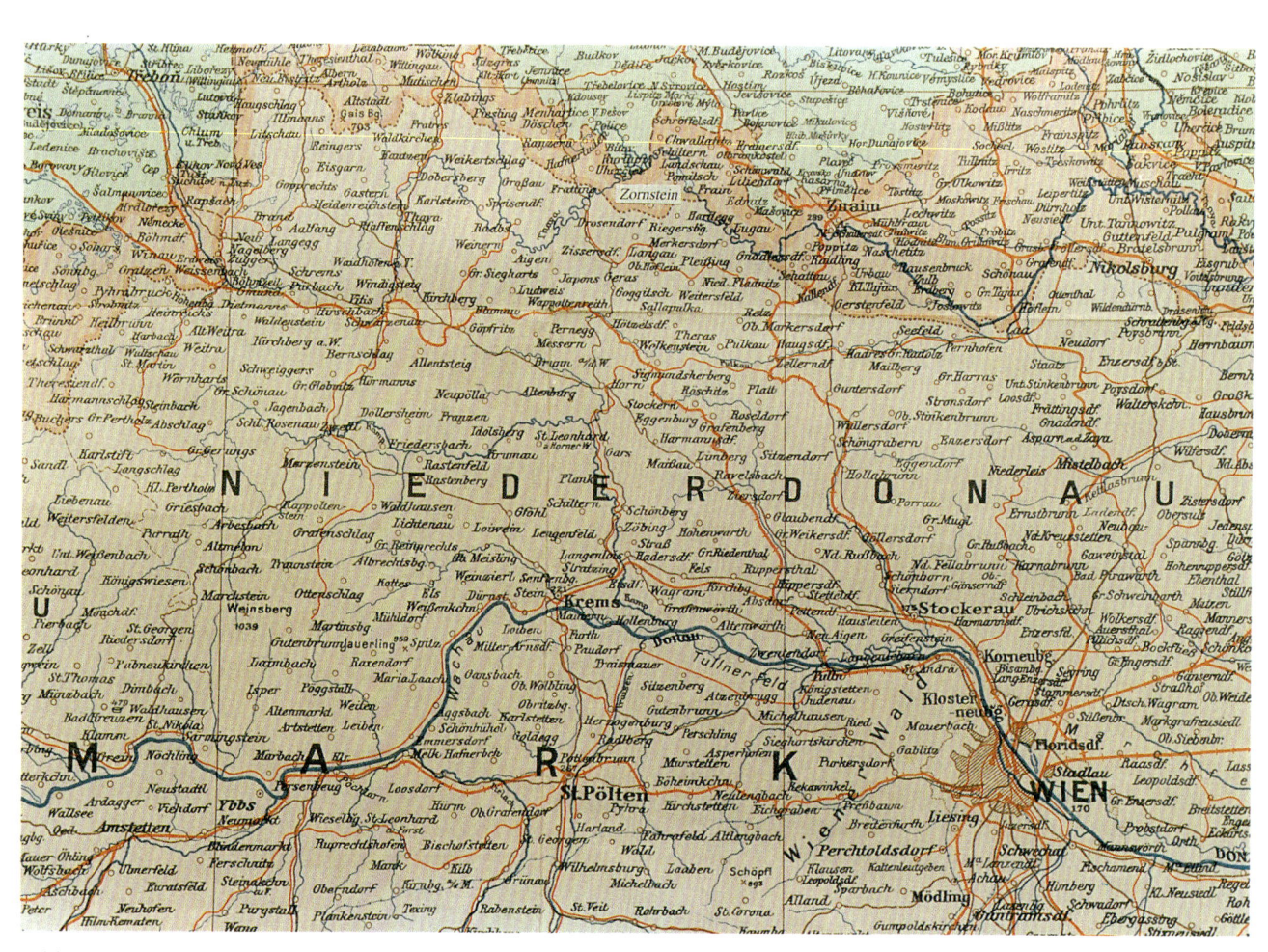

Bild 3: Landkarte mit „Zornstein" in der Mitte oben.

Bild 4: Branderung.

Machtkämpfen und Zerstörungen. Seit 1612 verödet die Festung über dem Thayatal, ihre Ruine thront noch heute als stummer Zeuge der Vergangenheit über dem mittlerweile aufgestauten Fluß.

Die neugegründete Verbindung beruhte auf den landsmannschaftlichen Prinzipien und sollte alle gleichgesinnten Jungakademiker, unabhängig von ihrem Studienort, zu einem engeren Verband mit lokalem Wirkungskreis zusammenschließen. Innerhalb weniger Jahre wurde die Korporation zum Sammelpunkt vieler Studenten Südmährens. So fanden sich in ihr vor allem Farbenstudenten der Universitäten Wien, Prag und Brünn, aber auch der Montanistischen Hochschule Leoben. Neben der Pflege studentischen Brauchtums und der Abhaltung geselliger Veranstaltungen waren die Aufgaben und Ziele durchwegs politischer Natur:

Aufklärungsarbeit und öffentliche Vorträge dienten ebenso der Erhaltung und Stärkung des Deutschtums wie die Unterstützung des Südmährerbundes, der Turnerbewegung oder die Übernahme der Führung der Znaimer Ortsgruppe des Verbandes Deutschvölkischer Akademiker. Einer gesonderten Erwähnung sind der Bau einer Bürgerschule zugunsten des deutschen Schulvereines und die Errichtung eines Studienfonds zur Förderung des akademischen Nachwuchses würdig.

Der Erste Weltkrieg und der Zerfall des Kaiserreiches zogen einschneidende Veränderungen nach sich: Der Blutzoll an den Fronten hatte die Reihen der „Zornsteiner" gelichtet und regionale Vorhaben hintangestellt.

Mit der Proklamation der Tschechoslowakischen Republik am 28.10.1918 wurde auch Mähren dem neuen Staat eingegliedert. Zwar optierte Südmähren gemäß dem verkündeten Selbstbestimmungsrecht der Völker für einen Anschluß an Österreich, aber der Friedensvertrag von St. Germain setzte dem letzten Widerstand ein Ende. Wenngleich die Farben der „Zornstein" aus den Straßen Znaims verschwanden, setzte die Verbindung ihre Arbeit unter erschwerten Verhältnissen fort. Die Aufgaben und Ziele blieben unverändert, die Möglichkeiten und Handlungsfreiheiten waren jedoch infolge der Überwachung durch tschechische Kommissare stark eingeengt. Zudem beschränkte die neue Staatsgrenze zwischen Wien und Znaim das Studium der „Zornsteiner" fortan auf die Hochschulen Prag und Brünn. In den zwanziger Jahren zählte die Korporation an die 90 Mitglieder, darunter eine starke, ortsansässige Altherrnschaft.

Die Bedeutung der Landsmannschaft kommt auch im Gedenkbuch der Stadt Znaim mehrmals zum Ausdruck.

So räumt beispielsweise ein Auszug aus dem Jahr 1926 der Ferialverbindung „Zornstein" nach wie vor einen achtenswerten Platz im völkischen Leben der engeren Heimat ein.

1936 fiel die Verbindung einer behördlichen Beanstandung zum Opfer. Sie wurde aufgelöst, konnte sich aber sofort neu konstituieren.

Das Jahr 1938 brachte den Anschluß der sudetendeutschen Gebiete an das Deutsche Reich. Die Landsmannschaft „Zornstein" ging im deutschen Studentenbund auf und sollte für viele Jahre ihre Eigenständigkeit als akademische Korporation verlieren.

Die Schrecken des Weltkrieges und der Vertreibung setzten alsbald allen Hoffnungen auf eine Fortführung studentischer Tradition ein Ende. Mit Znaim, dem langjährigen Sitz der Verbindung, ging nicht nur die angestammte Heimat, sondern auch das gesamte Eigentum des Bundes verloren. Diese Welle tragischer Ereignisse zerstreute die „Zornsteiner" in alle Winde. Viele waren und blieben verschollen, viele Schicksale sind bis heute ungeklärt.

Das Wiedererstehen verdankt die Landsmannschaft „Zornstein" dem unbeugsamen Willen ihres Alten Herrn Dr. Arnold Lantzberg. Die Not der Nachkriegsjahre hatte ihn von Südmähren nach Graz und Leoben verschlagen. Unter großen Schwierigkeiten gelang es Dr. Lantzberg im besetzten und von Flüchtlingen überfluteten Österreich ehemalige „Zornsteiner" wiederzufinden und für den Gedanken einer Neugründung der Verbindung zu gewinnen. Eine wertvolle Unterstützung fand der Aufbau einer neuen „Zornstein" in der Mitarbeit und Förderung durch ebenfalls vertriebene Sudetendeutsche, die ursprünglich weder der Verbindung angehörten, noch in Südmähren beheimatet waren.

Im Herbst 1954 wurde die Verbindung als „Sudetendeutsche akademische Landsmannschaft Zornstein" in Graz neugegründet und bei der Behörde als farbentragende Korporation eingetragen.

Die Arbeit war zunächst ganz auf die Erhaltung und den Ausbau der Lebensfähigkeit des wiedererstandenen Bundes ausgerichtet. Neben der Sammlung interessierter Sudetendeutscher galten die Bemühungen vor allem der Förderung und Bindung des akademischen Nachwuchses. Angesichts des Verlustes der Heimat kann das Überleben einer studentischen Verbindung nur im Vertrauen auf die Jugend liegen. Alles geistige Erbe ist nur von kurzer Dauer, wenn die Träger desselben sterben, wenn es ihnen nicht gelingt, ihr Wissen und ihre Erfahrung an Jüngere weiterzugeben.

Während sich schon 1955 in Wien ein weiterer Altherrn-Verband konstituierte, sah sich in Graz die junge Aktivitas in einen harten Existenz- und Konkurrenzkampf mit den alteingesessenen Korporationen verstrickt. Es waren die fehlenden Möglichkeiten und letztendlich die Sorgen um eine gesicherte Zukunft, welche die Alten Herrn bewogen, die Aktivitas von Graz in die alte Bergstadt Leoben zu verlegen.

Leoben war als Hort studentischer Korporationen und Traditionen bekannt und sollte zur neuen Heimat unserer Landsmannschaft werden.

Nach einem viel beachteten und beeindruckenden Eröffnungskommers im Donawitzer Werkshotel sicherte die Anerkennung durch das Professorenkollegium der Montanistischen Hochschule am 28.10.1959 den endgültigen Platz in den Reihen des Leobener Farbenstudententums.

Seit damals steht das Grün im Vorstoß des weißschwarz-roten Burschenbandes für das Grün der Steiermark; es symbolisiert den Dank der Verbindung für die Aufnahme, den Dank an die neue Heimat Leoben und Steiermark.

Mehr als 30 Jahre sind seitdem ins Land gezogen und die sudetendeutsche akademische Landsmannschaft „Zornstein" hat so manches Studentenleben bereichert und bildet die Leobener Heimat vieler Absolventen unserer Alma mater.

Unsere Mitglieder stammen heute aus allen österreichischen Bundesländern, einige von ihnen aus dem nördlichen Niederösterreich, nur unweit jener Gegend, in der einst die Wiege der Verbindung stand.

Die Landsmannschaft „Zornstein" hat sich in all den Jahren zum festen Bestandteil der Montanuniversität entwickelt und trägt zur Pflege und Vermittlung studentischen und bergmännischen Brauchtums bei.

Der frühere politische Charakter der Aktivitäten des Bundes hat einer weitreichenden Ausbildung der Mitglieder Platz gemacht, die durch bevorzugte Behandlung geschichtlicher und kultureller Ereignisse eine wertvolle Ergänzung zu den technischen Studien darstellen soll.

Eine besondere Bedeutung kommt dabei dem Wissen um das alte Österreich, im speziellen um die Sudetenländer, zu. In diesem Zusammenhang stellt der gute Kontakt zwischen unseren jungen Aktiven und den schon älteren Mitgliedern der Sudetendeutschen Landsmannschaft in Leoben, der ortsansässigen Gruppe heimatvertriebener Sudetendeutscher, eine eindrucksvolle Brücke zwischen zwei Generationen dar und trägt zu einem besseren Verständnis eines Teils unserer Geschichte bei. Dies ist nicht zuletzt deshalb von großer Wichtigkeit, da mit der heutigen Jugend wohl die letzte Generation lebt, der

Bild 5: Aktivenfoto. Sommersemester 1989.                                                    FOTO FREISINGER Leoben.

es vergönnt ist, mit Menschen zu sprechen, deren Heimat einst das Sudetenland war.

Das Bild einer akademischen Korporation wird von ihren Aktiven, den jungen Studenten am Hochschulort, geformt und damit von dem geprägt, was die Verbindung der Jugend zu bieten und zu vermitteln imstande ist.

Neben all den gesellschaftlichen Elementen, die mit ein Bestandteil des couleurstudentischen Lebens sind, stellt sich vor allem die organisatorische und ausführende Mitgestaltung der Korporation als Herausforderung für junge Studierende dar.

Die Sudetendeutsche akademische Landsmannschaft „Zornstein" hat in ihrer wechselhaften Geschichte stets Herausforderungen angenommen und konnte sich trotz zeitweise widrigster Umstände behaupten. Die Zukunft wird weisen, welchen Wert die Verbindung für kommende Generationen von Studenten besitzen wird. Sollte es der Landsmannschaft „Zornstein" gelingen, angehende Akademiker unserer Alma mater Leobiensis weiterhin für sich zu gewinnen und das Leben vieler Studierender zu bereichern, dann hat unsere Korporation sowohl ihr Überleben gesichert, als auch ihr Ziel erreicht.

# Akademischer Turnverein Leoben

Schon zwischen den beiden Weltkriegen wurde von einigen in Leoben und Umgebung ansässigen Alten Herren des ATV Graz, des Akademischen Jahnbundes Graz und des Wiener ATVs versucht, auch an der damals vierten und kleinsten österreichischen Hochschulstadt einen ATV zu gründen. Die herrschenden Umstände – vor allem aber die sehr geringe Hörerzahl an der Montanistischen Hochschule – ließen diese Absicht als zu großes Wagnis erscheinen.

Gegen Ende der Fünfzigerjahre, als erstmals mehr als 900 Hörer an der Hochschule inskribiert waren und durch die Errichtung neuer Studienrichtungen weiterer Zustrom zu erwarten war, ging unabhängig von den vergangenen Bestrebungen die Initiative, einen ATV in Leoben ins Leben zu rufen, von zwei damaligen Studenten aus. Diese fanden in relativ kurzer Zeit 14 weitere Hörer, die dieses Vorhaben mitverwirklichen wollten.

Der Kontakt zu den Leobner Alten Herren war bald hergestellt, durch deren Mithilfe bald ein Kneipraum und eine Möglichkeit zum Turnen gefunden wurden. Im Frühjahr 1960 konnten schließlich die rechtlichen und finanziellen Belange geklärt werden, und so wurde vom 27. bis 29. Mai 1960 das Gründungsfest des Akademischen Turnvereines Leoben begangen.

Am Vormittag des 28. Mai zogen die Aktiven und Alten Herren der neu gegründeten Korporation unter Vorantritt der Bergkapelle Seegraben durch die Stadt zur Hochschule und wurden in Vertretung des Rektors von Herrn O.Prof. Dipl.Ing. Dr.techn. E. Schwarz-Bergkampf empfangen. Beim Gründungskommers am Abend waren alle damals in Leoben ansässigen Verbindungen nationaler Gesinnung vertreten.

In den ersten Semestern mußte der Aktivitas von den Alten Herren freilich besonders unter die Arme gegriffen werden, doch dauerte es nicht lange, bis der ATV Leoben seine Arbeit wie andere vergleichbare Korporationen aufnehmen und weiterführen konnte.

Die erste Kneipe war im Hause Hauptplatz 5 ein einziger Raum, der trotz mancher Mängel in punkto Ausdehnung seinen Zweck vier Jahre lang erfüllte. Einige Monate mußte man darauf ohne eigenes Zuhause auskommen, bis im ersten Stock des Hauses Straußgasse 18 zwei Räume bezogen werden konnten. Auch dieses Zuhause konnte man nicht lange halten. Schon nach einem Jahr stand der ATV Leoben wieder auf der Straße. Diesmal konnte jedoch rascher Abhilfe geschaffen werden. Direkt gegenüber dem Portal der Universität im Hofgebäude des Hauses Franz-Josef-Straße 19 gelang es, neue Räume zu mieten, wo der ATV Leoben nunmehr wohl seine Heimstatt gefunden hat. Ein Mangel war jedoch noch vorhanden, man hatte zuwenig Platz. Nachdem die Finanzierung gesichert war, erfolgte 1981 der Spatenstich zur Erweiterung der Räumlichkeiten. Nach mehr als einem Jahr Bauzeit, in der

Bild 1: Aufmarsch im Mai 1960. Foto: P.Hörner.

Bild 2: Fahne des ATV Leoben mit Zirkel und Wahlspruch: „Mens sana in corpore sano". FOTO FREISINGER Leoben.

sowohl Aktive als auch Alte Herren ein beträchtliches Maß ihrer Zeit für den Bund opferten, war der ATV nun auch in der Lage, größere Veranstaltungen, wie zum Beispiel den Festkommers im Rahmen des 25. Stiftungsfestes, am eigenen Haus zu feiern. Damit war aber auch eine der größten Sorgen einer so jungen Korporation wie dem ATV Leoben bewältigt; man hatte sich ein eigenes und für das Verbindungsleben geeignetes Heim geschaffen.

Der ATV Leoben ist eine nichtschlagende und nichtfarbentragende Korporation. Mitglieder der österreichischen ATVe tragen jedoch im Unterschied zu den ATVen in der BRD das Turnerband in den Vereinsfarben, in Leoben weiß-grün-schwarz.

Wie in anderen Verbindungen gilt auch im ATV das Prinzip des Lebensbundes, das heißt, man fühlt sich einander über die Dauer des Studiums hinaus auf Lebenszeit freundschaftlich verbunden.

Ebenso hat man sich im ATV das Ziel gesetzt, seine Mitglieder in demokratischem Sinn zu erziehen und deren Persönlichkeitsbildung zu fördern.

Was den ATV von allen anderen Korporationen unterscheidet, läßt sich schon aus dem Vereinsnamen, besser jedoch aus dem Verbindungs-Wahlspruch „mens sana in corpore sano", erkennen. Als Ausgleich zur Bildung und Förderung des Geistes an der Universität bemüht man sich durch regelmäßiges gemeinsames Training die Einheit von Körper und Geist zu wahren. Dies erfolgt jedoch nicht nur durch Turnen im engeren Sinn, sondern auch durch Leichtathletik, Gymnastik, Konditionstraining, Ballspiele etc., also Leibesübungen auf breiter Basis im Jahn'schen Sinne.

Der Schwerpunkt liegt dabei auf Vielseitigkeit, die jeder aktive ATVer beim alljährlichen Pokalwettkampf, bestehend aus Schwimmen, Schilauf, Geräteturnen und Leichtathletik unter Beweis stellen kann. In vielen vom Institut für Bildungsförderung und Sport ausgeschriebenen Bewerben gelang es ATVern oder einer ATVer-Mannschaft, Spitzenplätze zu erreichen. Einige Male gelang es den Spartencup, der aus vielen solchen Einzelbewerben bestand, zu gewinnen.

Die Mannschaft der Montanuniversität Leoben, die Österreichischer Uni-Hoc Meister wurde, bestand zum größten Teil aus ATVern.

Schon bald nach Gründung des ATV Leoben konnten auch bei Meisterschaften des Akademischen

Bild 3: ATV-Haus im Hof des Hauses Leoben, Franz Josef Straße 19.

Bild 4:   Marsch zum Empfang des Rektors, 1985.    FOTO RADERBAUER Leoben.

Turnbundes (ATB) nicht nur vordere Plätze, sondern auch Meistertitel in leichtathletischen Bewerben, im Schwimmen und im Schifahren errungen werden.

Auf Leobner Boden widmet sich der ATV zusammen mit den anderen Korporationen der Pflege und Aufrechterhaltung bergmännischen Brauchtums wie Ledersprung und Philistrierung und bemüht sich durch diverse Veranstaltungen – Vorträge, Jazzkonzerte, Tanzabende zu verschiedenen Anlässen,

Bild 5:   Meisterschaften des Akademischen Turnbundes am 3./4. Juni 1960 in Berlin. ATB-Meister in 100 m Brust und 100 m Schmettern: Günter Futter des ATV Leoben.
Foto: P. Hörner.

Bild 6:   Der Sprecher Johann Zand begrüßt die Teilnehmer zu den 25. Stiftungswettkämpfen.

Bild 7: 21. ATB-Fest, 12.–16. Mai 1989. Im Bild links vorne die Vertreter des ATV Leoben.

Cocktailparties – auch Abwechslung zum Studium zu bieten.

So wie die anderen national orientierten Verbindungen gehört der ATV der LVB (Leobner Vertreter Besprechung) an, in deren Rahmen gemeinsame Anliegen besprochen, Veranstaltungen wie der LVB-Ball organisiert, kurz Kontakte gepflegt werden.

Die österreichischen ATVe(n) bilden die Arbeitsgemeinschaft „ATB in Österreich". Im ATB selbst, der sämtliche ATVe(n) im deutschen Sprachraum umfaßt, ist der ATV Leoben nur mit beratender Stimme vertreten, ist aber voll und ganz in dessen Aktivitäten miteingebunden. Als Turnverein gehört der ATV Leoben auch dem Österreichischen Turnbund (ÖTB) an.

Der ATV Leoben hat in der doch relativ kurzen Zeit seines Bestandes versucht, am Geschehen an und im Umfeld der Montanuniversität Leoben mitzuarbeiten und hofft auch in Zukunft, seinen Aufgaben nachkommen zu können.

# Verband Sozialistischer Student/inn/en Österreichs, Sektion Leoben

In der Phase der politischen Konsolidierung Österreichs nach dem Zweiten Weltkrieg wurde 1948/49 der Verband sozialistischer Studenten, der VSStÖ Sektion Leoben, gegründet.

Vom Namen her eine Sektion des bundesweit auf Hochschulboden vertretenen VSStÖ entwickelte die Leobener Gruppe schon sehr bald eigenständige Aktivitäten, die auf die besonderen Gegebenheiten an der Montanistischen Hochschule abgestimmt waren. Dabei galt von Anfang an das Hauptaugenmerk der Unterstützung und Vertretung der sozial schwächeren, überwiegend aus dem Arbeitermilieu stammenden Studierenden. So war es für den Verband auch immer ein großes Anliegen, für eine menschenwürdige Infrastruktur einzutreten, die das Studium zumindest erleichtern und in vielen Fällen überhaupt erst möglich machen sollte.

So zum Beispiel am Beginn der fünfziger Jahre, als ein Großteil der Mitglieder des VSStÖ in dem alten Studentenheim Jahnstraße wohnte. Dieses ehemals im Bereich der heutigen Mensa gelegene Heim war zum Teil Ruine und der bewohnbare Teil praktisch unbeheizbar. Ein Studieren war daher besonders in den Wintermonaten beinahe unmöglich. Durch großes Engagement und intensive Interventionen der damaligen Vorsitzenden bzw. Vorstandsmitglieder Ing. Alois Hager, Werner Grieshofer, Erich Hansel, Ernst Siegmund, Ernst Wilding, Josef Lanthaler und anderen konnte zunächst erreicht werden, daß im neu erbauten Gebäude der Arbeiterkammer am Buchmüllerplatz 2 ein Aufenthaltsraum mit Studiermöglichkeiten für etwa fünfzehn Personen zur Verfügung gestellt wurde.

Bald darauf gelang es aber auch, die nicht unbeträchtlichen Mittel für die Anschaffung von vier Zeichenmaschinen aufzutreiben. Diese Zeichenmaschinen wurden in Räumen der Arbeiterkammer aufgestellt und haben die Studiermöglichkeiten, insbesondere das sehr zeitaufwendige Programmzeichnen, beträchtlich erleichtert. Da die Bibliothek der Montanistischen Hochschule zur damaligen Zeit bei weitem nicht so umfassend wie heute ausgestattet war, machte man sich in der Folge auch daran, eine eigene Fachbibliothek einzurichten. Diese umfaßte 1960 immerhin schon rund 100 Bände und ergänzte das Angebot der Hochschulbibliothek mit für die Studierenden unentbehrlichen Standardwerken wie Hütte, Dubbel, Menge-Zimmermann, Baule, Westphal, Müller-Kruppa u.a.m. Auch heute noch wird die Fachbibliothek auf aktuellem Stand gehalten und steht den Studentinnen und Studenten mit mehr als 300 Bänden zur Verfügung. Um auch wirklich allen Studierenden die Möglichkeit zu geben, bei akademischen Feiern im traditionellen Bergkittel zu erscheinen, wurde ein Bergkittelverleih gegründet. Dieser erfreut sich auch heute noch großer Nachfrage und Beliebtheit.

Als gegen Ende der fünfziger Jahre, im Zuge steigender Hörerzahlen, das Wohnproblem unter Leobens Studierenden immer gravierender wurde, versuchte man durch intensive Kontakte zur Stadtgemeinde, neue Wohnmöglichkeiten zu schaffen. Nach langwierigen Verhandlungen gelang es einem aus Absolventen und Studierenden bestehenden Proponentenkomitee, die Stadtväter von Leoben von der Wichtigkeit neuen studentischen Wohnraumes sowohl für die zukünftige Entwicklung der Hochschule als auch der Stadt Leoben zu überzeugen.

Unter Bürgermeister Gottfried Heindler baute die Stadtgemeinde Leoben das Studentenheim in der Roseggerstraße mit damals 100 Wohnplätzen und übergab es 1961 seiner Bestimmung.

Das für damalige Verhältnisse großzügige Raumangebot des „Roseggerheimes", wie es im studenti-

Bild 1: Mensenstreik 1985.

schen Sprachgebrauch bald genannt wurde, bot neben idealen Studiermöglichkeiten auch Platz für Freizeiteinrichtungen wie einen Tischtennissaal und ein Fernsehzimmer. Die Zeichenmaschinen wurden in der Folge aus den Studierräumen in der Arbeiterkammer in das Studentenheim transferiert und standen damit einer noch größeren Anzahl von Studierenden zur Verfügung. Aufgrund des hohen Auslastungsgrades wurden bald danach mit großzügiger Unterstützung durch die Stadtgemeinde fünf weitere Zeichenmaschinen angeschafft.

Im Jahre 1961 wurde ein „Unterstützungsverein der Studenten an der Montanistischen Hochschule Leoben" (heute „...Montanuniversität Leoben") ins Leben gerufen, der sich vorwiegend aus Leobener Absolventen, darunter vielen ehemaligen Mitgliedern des VSStÖ, zusammensetzte. Dieser Verein bot unter seinen Präsidenten Franz Walch, Anton Benya und derzeit Rudolf Streicher immer wieder große ideelle und materielle Hilfestellungen; sei es bei der Veranstaltung von Vorträgen, Seminaren u.a., aber auch durch die Ausschüttung von Stipendien an sozial bedürftige Studentinnen und Studenten. Als Beispiel zu erwähnen ist aber auch die Bereitstellung von Geldmittel für die Reaktivierung des Hochschulorchesters durch den damaligen Vorsitzenden des VSStÖ Rudolf Streicher.

1964 konnten in einem Nebengebäude des alten Rathauses in der Kärntnerstraße Räume für Gesellschaftsabende adaptiert werden, wo unter dem Namen „VSStÖ-Club" ein wöchentliches, für alle Hörer der Universität offenes Forum stattfand. In diesem Rahmen konnten zahlreiche Diskussionsabende, Diavorträge, Kränzchen und andere Veranstaltungen abgehalten werden, bis 1985 der Clubbetrieb wegen Baufälligkeit des Gebäudes eingestellt werden mußte.

1979 wurde es unter tatkräftiger Mithilfe des Unterstützungsvereins möglich, direkt gegenüber dem Hauptgebäude der Montanuniversität ein Sekretariat mit Begegnungsraum anzumieten. Dadurch konnte die Repräsentanz des VSStÖ an der Montanuniversität noch gesteigert werden.

Der Verband setzte aber auch weiterhin seine Bemühungen um eine Verbesserung der studentischen Wohnmöglichkeiten fort. Als letzter großer Erfolg ist die Anmietung eines Hauses in der Robert-Koch-Gasse im Jahr 1987 anzuführen. Dieses Haus bietet mittlerweile acht Studentinnen und Studenten Wohnraum und beherbergt auch das Sekretariat und Gesellschaftsräume des Verbandes.

Das soziale Engagement äußerte sich aber auch in Aktionen wie dem Mensenstreik 1985, in dessen Rahmen die Qualität der angebotenen Speisen kritisiert und gerechtere Preise gefordert wurden.

Neben all diesen Bemühungen um das materielle Umfeld der Studierenden an der Montanuniversität, nahm aber auch seit jeher die hochschulpolitische Arbeit sehr breiten Raum im Gesamtfeld der Aktivitäten des VSStÖ ein. Beim großen Aufbruch der Studentenbewegung in der zweiten Hälfte der sechziger Jahre war es vor allem die fortschrittliche Kraft des VSStÖ, die die Forderungen der Studierenden geprägt und formuliert hat. So wurde vor allem die Demokratisierung der Universitäten gefordert, aber auch durch konstruktive Vorschläge daran mitgearbeitet, daß mit dem Beschluß des Universitätsorganisationsgesetzes (UOG) 1975 den Studentinnen und Studenten das Mitspracherecht und die Mitbestimmung in Universitätsbelangen zugestanden wurden. Auch die Öffnung der Universitäten und der Abbau sozialer Schranken (Studienbeihilfengesetz, Prüfungsgebühren) in den frühen siebziger Jahren erfüllten langgehegte Forderungen des Verbandes.

In die Diskussion über die Weiterentwicklung der Studieninhalte wurden von Seiten des VSStÖ immer wieder Vorschläge eingebracht. So zum Beispiel anläßlich eines Symposiums im Jahre 1968, wo in Anwesenheit des damaligen Rektors der Montanuniversität, Prof. Dr.-Ing. Günter B. Fettweis, und namhafter Persönlichkeiten aus der Politik der damalige Mandatar der Österreichischen Hochschülerschaft Rudolf Streicher die Vorstellungen des VSStÖ über eine kleine Studienreform darlegte. Diese gab wertvolle Anregungen für die Neugestaltung der Studienordnungen an der Montanuniversität. Auch später war es immer möglich, in den Studienkommissionen aber auch in der Studienreformkommission Vorschläge zur Verbesserung der Lehrinhalte und Studienpläne einzubringen.

Die in den Statuten des VSStÖ festgeschriebene Unterstützung von sozial schwächer gestellten Studierenden erlebte eine neue Fazette, als einerseits wegen der Attraktivität der angebotenen Studienrichtungen, hauptsächlich aber aufgrund der politischen Lage im Nahen Osten und in der Golfregion, ein Zustrom ausländischer Studierender an die Montanuniversität in einem vorher kaum gekannten Ausmaß einsetzte. Diese Studierenden, die nicht nur mit finanziellen und sprachlichen Problemen zu kämpfen hatten, sondern auch mit überkommenen Vorurteilen konfrontiert wurden, fanden und finden im VSStÖ Unterstützung. Im Verband arbeiten auch die ausländischen Kolleginnen und Kollegen aktiv mit.

Selbstverständlich versuchte der VSStÖ seit jeher, seine Anliegen durch Mitarbeiter in den Gremien der Österreichischen Hochschülerschaft einzubringen. Dabei stellte der VSStÖ bisher einmal – anfangs der sechziger Jahre – mit Johann Feichtinger den Vorsitzenden des Hauptausschusses.

Eine weitere wichtige Aufgabe des VSStÖ bestand seit den Anfängen in der Behandlung von gesellschafts- und wirtschaftspolitischen Themen. Dies geschieht heute vorwiegend in wöchentlichen Diskussionsrunden. Das Zurückziehen vieler Studierender aus dem politischen Geschehen machte es aber auch notwendig, aktuelle Themen in öffentlichen Vorträgen und Diskussionsveranstaltungen zu behandeln, um das allgemeine Interesse zu fördern und wieder zu wecken. Mehrfach konnten namhafte Referenten, wie etwa ÖGB-Präsident Anton Benya, Wissenschaftsminister Dr. Heinz Fischer, Sozialminister Alfred Dallinger oder auch Prof. Dr. Novotny von der Universität Linz, für öffentliche Veranstaltungen gewonnen werden. Nach unserem Dafürhalten ist das ein gangbarer Weg, politische Inhalte zu vermitteln, – denn nur politisch gebildete Menschen können Garanten für die Aufrechterhaltung und das Funktionieren der Demokratie sein.

# Katholische Hochschulgemeinde Leoben

Eine Katholische Hochschulgemeinde (KHG) besteht in Leoben erst seit dem Jahr 1953. Sie kann also – verglichen mit der Montanuniversität und den Studentenverbindungen, mit denen die Tradition der Leobner Hochschule seit Jahrzehnten assoziiert wird – auf keine lange Geschichte zurückblicken. Auch das Konzept der KGH ist nicht einfach einzuordnen. Sie versteht sich nicht als eine „Studentenverbindung". Daß die Leobner Hochschulgemeinde um einiges später von der Kirche errichtet wurde als die Hochschulgemeinden in den anderen österreichischen Hochschulstädten, Wien, Graz und Innsbruck, hatte mit der Schwierigkeit der Unterscheidung von kirchlicher Gemeinde und Studentenverbindung zu tun. Die Leitgedanken, die andernorts nach dem Krieg zu Katholischen Hochschulgemeinden geführt haben, haben auch Leobener Studenten motiviert, erste Schritte zur Errichtung einer Katholischen Hochschulgemeinde an der Montanistischen Hochschule zu setzen.

Das Anliegen der Hochschulseelsorge ist freilich keine Erfindung der letzten Jahrzehnte. Universitäten waren seit jeher nicht nur Berufsausbildungsstätten, sondern sollten Orte gesamtmenschlicher Bildung, „Bildung durch Wissenschaft", sein. Die meisten alten Universitäten waren kirchliche Gründungen oder von der Stiftung her eng mit einem kirchlichen Auftrag verbunden. Kollegien, Studienhäuser, Seelsorgsgespräche, Studentenverbindungen und Kongregationen waren Instrumente der Hochschulseelsorge lange vor der Errichtung eigener Hochschulgemeinden. Ein Blick in die Geschichte der österreichischen Universitäten und Hochschulen zeigt allerdings, daß es für Katholiken in der zweiten Hälfte des 19. Jahrhunderts bis zum Ende des Zweiten Weltkrieges relativ schwer war, sich innerhalb der Hohen Schulen Gehör zu verschaffen. „Universität" und „katholisch" wurden groteskerweise zu polaren Begriffen erklärt. Zwar waren auch in diesen Zeiten die meisten Studenten an den österreichischen Hochschulen katholisch, aber es gab große Spannungen. Leoben war z.B. einer der Vororte der „Los-von-Rom-Bewegung". Wahrscheinlich spielte außer den Problemen, die aus einer betont nationalen Haltung mit dem Katholizismus entstehen mußten, das dezidierte Verbot des Duells durch das katholische Kirchenrecht eine verstärkende Rolle für eine Entfremdung zwischen Studierenden und der katholischen Kirche. Die wenigen Studenten, die sich gegen den allgemeinen Trend als Katholiken bekannten, fanden ihre geistliche Heimat in einer der Leobener Pfarren oder bei den Patres des seit der Mitte des 19. Jahrhunderts in Leoben ansässigen Redemptoristenordens, bzw. seit den Zwanzigerjahren dieses Jahrhunderts in einer katholischen Studentenverbindung „Glückauf".

Eine neue Dimension hat sich erst nach dem Zweiten Weltkrieg erschlossen. In der Zeit des natio-

Bild 1: Signet der Katholischen Hochschulgemeinde Leoben.

nalsozialistischen Regimes sind die Vereine und Verbindungen verboten worden. Das gottesdienstliche Leben der Gläubigen wurde zwar behindert, aber nicht ganz unterbunden. In diesen Jahren konnte eine neue Kirchenerfahrung, die dem Sinn der Kirche entsprechender ist, gemacht werden: Kirche ist nicht primär eine juristische Institution, die hierzulande lange mit dem Staat („Thron und Altar") identifiziert werden konnte, sondern eine Gemeinschaft der Gläubigen, die sich um den Altar und aus den Sakramenten bildet. Von diesen fundamentalen Einsichten her wurde nach dem Krieg das ganze kirchliche und seelsorgliche Leben neu ausgerichtet. „Gemeinde" war eine der Formeln der pastoralen Erneuerung. In einer Studientagung anläßlich des österreichischen Katholikentages 1952 wurde in Mariazell ein „Manifest" erarbeitet, das unter dem Titel „Eine freie Kirche in einer freien Gesellschaft" den weiteren Weg der Kirche in Österreich bestimmen sollte. *„Keine Rückkehr zum Staatskirchentum vergangener Jahrhunderte, das die Religion zu einer Art ideologischen Überbaus der staatsbürgerlichen Gesinnung degradierte"* – lautete einer der Schlüsselsätze. Positiv bietet die katholische Kirche darin die Zusammenarbeit mit allen an, die gewillt sind, mit der Kirche für die Freiheit und Würde des Menschen, jedes Menschen, einzutreten. Die Kirche bemühte sich in der Folge um den Abbau eines Lagerdenkens und um eine Seelsorge, die aus einem katholischen Getto herausführt und offen ist für den Dialog mit vielen, auch mit solchen, die – aus welchen Gründen immer – der Kirche entfremdet sind.

In diesem Klima des Aufbruches fanden sich 1953 Leobener Studenten, vor allem Oberösterreicher, Salzburger und Steirer, die schon als Gymnasiasten mit Gruppen der Katholischen Jugend in Kontakt gestanden waren, beim damaligen Kaplan von St. Xaver, Prof. Josef Steiner. Sie verpflichteten sich kurzgefaßt auf folgende Grundsätze: *„Im Religiösen kein Minimalismus, Streben nach christlicher Mündigkeit, Leistung in Studium und Beruf, Tüchtigkeit als Legitimation, Kampf gegen Korruption auch im kleinen, Durchformung des Milieus im christlichen Geist als Student auf der Hochschule, in Familie, Beruf und öffentlichem Leben".* Mit diesem „Inneren Statut" deklarierten sie sich als Gruppe der Katholischen Hochschuljugend Österreichs. Was das in dieser Zeit bedeutete, kann nur der ermessen, der um Postenschacher, Korruption im großen und im kleinen und die Gefährdung der religiösen Erneuerungen in den ersten Jahren nach dem Krieg weiß.

Als 1954 ein neuer Diözesanbischof für die Steiermark, Dr. Josef Schoiswohl, ernannt war, schien auch die Zeit gekommen, als kirchliche Gemeinde mit einem eigenen Hochschulseelsorger an die Öffentlichkeit zu treten. 1955 wurde ein Professor der Redemptoristenhochschule in Mautern, P. Dr. Liebhart, als Hochschulseelsorger bestellt. 1957 ging diese Funktion an den Kirchenrektor von St. Jakob, Prof. DDr. Karl Gemes, über. Die alte Leobner Pfarrkirche, seit einiger Zeit schon Zentrum der Mittelschülerseelsorge von Leoben, wurde nun für mehrere Jahre geistlicher Mittelpunkt der jungen Hochschulgemeinde. Wiederholt sind Versuche angestellt worden, auf dem Grund von St. Jakob ein eigenes Studentenheim zu errichten. Interventionen gegen dieses Projekt und die dadurch verursachten Finanzierungsprobleme ließen dieses Vorhaben, für das schon detaillierte Pläne ausgearbeitet waren, scheitern. Seit 1955 trafen sich die Angehörigen der KHG im Redemptoristenkolleg in der Gösserstraße, nachdem es nicht möglich war, näher an der Universität Räume zu erhalten. Vorträge fanden zumeist in Zusammenarbeit mit dem „Außeninstitut", der Vorgängereinrichtung des Institutes für Bildungsförderung und Sport, auf Hochschulboden statt, z.B. als Glanzpunkt eine Vorlesung des französischen Philosophen Gabriel Marcel.

1966, in einer Zeit starken Hörerrückganges, wurde wieder ein Redemptorist, P. Dr. Alois Kraxner, zum Hochschulseelsorger ernannt. Als erster hauptamtlich dieser Aufgabe zur Verfügung stehender Priester legte er den Grundstein für eine wirklich die ganze Studentenschaft und die akademischen Lehrer ansprechende Hochschulpastoral. Eine Untersuchung „Was glauben die Leobener Studenten?" sollte dazu gesichertes statistisches Material liefern. Diese gemeinsam mit der Evangelischen Studentengemeinde und dem Kulturreferat der ÖHS veranstaltete und von P. Kraxner vorbereitete Befragung erreichte eine erstaunlich hohe Beteiligungsquote (46,7% der ausgesandten Fragebögen). Das noch nicht kommentierte Ergebnis wurde in der Zeitschrift der Österreichischen Hochschülerschaft Leoben veröffentlicht und fand großes Aufsehen. Durch die Wahl P. Kraxners zum Provinzial seines Ordens konnte leider eine genaue Auswertung und Analyse nicht mehr in Angriff genommen werden. Sein Nachfolger als Hochschulseelsorger, Dr. Heinrich Schnuderl, der 1970, ein Jahr nach dem Abgang Kraxners nach Wien, ernannt worden war, kommentierte das Ergebnis in einer weiteren Ausgabe der ÖH-Zeitung. Die Anfang der Siebzigerjahre wieder stärker ansteigenden Hörerzahlen und eine gewisse Zäsur, die das „Jahr 1968" in den geistigen Einstellungen auch der Leobener Studenten mit sich brachte, forderten aber neue Initiativen in der Leobener Hochschulseelsorge.

Zunächst ging es darum, der Hochschulgemeinde in Hochschulnähe geeignete Räume zu suchen und zu adaptieren. 1971 wurden im letzten Haus der Franz-Josef-Straße, gegenüber dem Neubau der Hochschule, zwei Wohnungen von der Diözese Graz-Seckau angemietet und nach Plänen von Architekt Dr. Ludwig Kittinger umgebaut. So entstand das Gemeindezentrum „Franz-Josef-Straße 25". Im Parterre wurden die öffentlichen Gemeinderäume, Bibliothek, Clubraum, Cafeteria, Leseraum eingerichtet, im ersten Stock zwei Wohnplätze für Studenten und die Wohnung des Hochschulseelsorgers. Die Räume, in der Nähe des Bahnhofs gelegen, wurden von Studenten, die täglich von auswärts angereist kommen, bald entdeckt. Auch den ausländischen Studenten sollte das Gemeindezentrum mangels eines Afro-asiatischen Institutes als Treffpunkt dienen. Das Bildungsprogramm wurde nun ausgeweitet: neben Veranstaltungen, die auch weiterhin in der Universität angeboten wurden, fanden nun auch Vorträge, Diskussionen und Arbeitskreise im Gemeindezentrum statt. Daß die KHG nicht nur als „Katholisches Vortragswerk" auf der Montanuniversität auftrat, sondern Studenten zu einem dauernden Engagement in der Gemeinde und für die Kirche motivieren wollte und konnte, hat allerdings auch zu Verstimmungen bei anderen Organisationen geführt. Die neuen Räume bieten seitdem überdies die Möglichkeit, Ausstellungen zu veranstalten. Manche Künstler, die jetzt einen guten Namen haben, haben zuerst in der Leobener KHG ausgestellt (Leon Spiegl, Helmut Bruch u.a.). Eine gute Zusammenarbeit ergab sich in dieser Zeit mit dem Initiator der in den Siebzigerjahren am Hauptplatz errichteten „Murgalerie", Arch. Dipl.Ing. Sepp Hinger und dem früh verstorbenen Künstler Karl Neubacher, der der KHG ein viel beachtetes und international prämiiertes Poster zur Verfügung gestellt hat. Die Programme, Prospekte und Einladungen, die die Leobener KHG ausgesandt hat, haben auch graphisch eine eigene Note getragen. Seit dem Wintersemester 1973 bringt die KHG-Leoben eine eigene Zeitschrift heraus, „STICHWORT 25", die zu Zeiten einer noch leichter überschaubaren Studentenschaft allen Professoren und Hörern der Hochschule monatlich gratis zugesandt werden konnte.

Bei einer Visitation durch Diözesanbischof Johann Weber im Herbst 1975 wurde das Anliegen der Errichtung einer eigenen Kapelle im Gemeindezentrum vorgetragen. Durch die Möglichkeit, eine weitere Wohnung im Haus Franz-Josef-Straße 25 anzumieten und zu Studentenquartieren umzubauen, konnte 1976 im ersten Stock eine Kapelle errichtet werden. Studenten leisteten Gratisarbeitseinsätze, Arch. Kittinger lieferte die Pläne. Am 17. November 1976 weihte Bischof Weber unter Assistenz des damaligen Grazer Hochschulseelsorgers, Msgr. Dr. Egon Kapellari, und des Leobener Hochschulseelsorgers diesen Gottesdienstraum ein. Die Errichtung der fünf Wohnplätze für Studenten wurde zum Einstieg in eine für Leoben zielführende Form, neue Studentenwohnplätze zu erhalten. In der Folge hat die KHG auch andere Wohnungen angemietet, umgebaut und eingerichtet, bzw. auch im Redemptoristenkolleg mehrere Räume für Studenten gewidmet.

Nach diesen notwendigen baulichen und organisatorischen Aktivitäten ging es in den Achtzigerjahren vor allem um eine geistige Bautätigkeit: die Vertiefung und ein theologisches und spirituelles Wachstum. Die Hochschulseelsorger Dr. Peter Schleicher, Dr. Peter Brauchart und Mag. Michael Riemer (seit 1988) tragen dafür die Verantwortung. Das 1981

Bild 2: Weihe der Kapelle durch Bischof Weber am 17.11.1976.

ausgerufene Kriegsrecht in Polen hat die Leobner KHG zu einer seitdem intensivierten Partnerschaft mit den katholischen Studenten an der Krakauer Berg- und Hüttenmännischen Akademie motiviert. Leobener fahren immer wieder nach Polen, polnische Kollegen sind gern gesehene Gäste in Leoben. Einige Hilfsgüter konnten von Leoben für Krakau organisiert werden.

Um eine ausgewogene „Geschichte der Leobner KHG" schreiben zu können, ist der Zeitraum und die Distanz zur Gründung der KHG noch zu kurz. Wofür die Gemeinde sich einsetzt seit ihren Anfängen und unter verschiedenen Rahmenbedingungen, läßt sich aber durchaus referieren: die KHG will an der Montanuniversität eine Erscheinungsweise und Konkretisierung von Kirche sein. Hier ist einem verbreiteten Irrtum zu begegnen. Hochschulgemeinde ist nicht mit einer psychologischen Beratungsstelle vergleichbar, bzw. ein von der Kirche finanziertes Institut für Bildungsförderung oder ein mit dem Wohlwollen des Bischofs errichteter Warteraum, obwohl sie ein offenes Haus führt, zu Vorträgen, Ausstellungen, Konzerten und auch zur persönlichen Aussprache einlädt. „Gemeinde" bedeutet die ständige Herausforderung, durch den gemeinsamen Glauben und die Feier der Liturgie zur „communio" zu werden.

Durch die Hochschulgemeinde sollen an der Montanuniversität mit den Professoren, Assistenten und Studenten und für die Grundvollzüge der Kirche und jeder kirchlichen Gemeinde gesetzt werden: Glaubensverkündigung, Liturgie und Diakonie. Von der Zusammensetzung dieser Gemeinde her ergeben sich besondere Akzente: die intellektuelle Auseinandersetzung mit dem Denken der Zeit aus dem Glauben heraus. Selbstverständlich gehört zur Aufgabe der KHG, Studenten und anderen Hochschulangehörigen zu helfen, durch alle möglichen Krisen und Wandlungen hindurch, ihren Glauben zu finden und zu festigen. Die Kultur der Universität war immer auch eine Kultur des Rationalen. Christen an der Universität sind an den Grundsatz „fides quaerens intellectum" verwiesen, also daß der Glaube das Verstehen sucht. Das Denken und das Glauben dürfen – obwohl diese beiden Begriffe ein Spannungsfeld benennen – nicht voneinander getrennt werden. Diese Aufgabe der Hochschulgemeinde kann dadurch geleistet werden, daß zur rechten Zeit die richtigen Fragen gestellt werden, die dazu führen können, daß sich jemand selbst zur Frage wird. Das kann aber auch heißen, daß Studenten und Akademiker, die sich zur Hochschulgemeinde zusammenschließen, sich besonders darum bemühen, gegen den Trend, auch in der Religion alles aus Gefühl oder Stimmung zu erklären oder zu tun, eine Balance zwischen Rationalität und Emotion zu suchen, und daß sie in ihren verschiedenen Lebensbereichen gegen die Gefahren unbefragten Tradierens und fraglosen Handelns das Gewissen grundsätzlicher Reflexion ins Spiel bringen. Auch innerhalb der Universität.

Seit 1975 heißt auch die Montanistische Hochschule „Universität". Die Hochschulgemeinde hat sich immer wieder bemüht, an der Montanuniversität die Idee der Universität als „dialogisches geistiges Unternehmen" (Jan Milic Lochman) wach zu halten. Ohne den „Leobner Geist" zu sehr zu strapazieren, kann gesagt werden, daß die Größe der Montanuniversität das Gespräch zwischen den verschiedenen Kurien und Ebenen der Universitätsangehörigen leichter zu führen ermöglicht. Immer wieder müßte aber auch in Leoben angefragt werden, ob auch von der Montanuniversität zu sagen ist, was eine Untersuchung über die Studenten in der Bundesrepublik Deutschland konstatiert: *„Die entscheidende Gefährdung der ... Universität liegt im Verlust einer ihrer großen Funktionen, der Funktion nämlich, der jungen Generation – oder jedenfalls einem Teil der jungen Generation – Orientierung zu bieten"*. Die Hochschulgemeinde hält es für ihre Pflicht, Grenzfragen, die für jede Wissenschaft bestehen und sehr oft die eigentlichen Grundfragen sind, zu stellen; Wissensbildung und Ausbildung durch Gewissensbildung zu unterfangen. Dazu gehörten etwa das Bedenken der Verantwortung des Technikers und Wissenschaftlers oder des leicht hingesagten Axioms, daß die Wirtschaft für den Menschen da sei.

Nach einem Wort Papst Johannes Paul II. ist eine der Grundaufgaben der Hochschulseelsorge, „den wichtigen Dienst der Annahme" zu leisten. *„Die Kirche muß mit ihren Strukturen konkret auf die Frage antworten, die sich aus der großen Zahl von Personen ergibt, die außer der Möglichkeit der Unterkunft, Verpflegung auch all jene menschlichen Werte braucht, die Sympathie, Verständnis, Dialog und reibungslose Eingliederung in den neuen sozialen Rahmen heißen"*. Die Leobner KHG kommt dieser Aufgabe zunächst durch das Angebot und die Führung eines offenen Hauses, des Gemeindezentrums, nach. In- und Ausländer, Studenten, die in der KHG engagiert sind, und Kollegen, die nur die Möglichkeit nützen, gegenüber der Universität, unweit des Bahnhofs, in vorlesungsfreien Stunden Freunde zu treffen, Zeitungen zu lesen, studieren zu können, sind im Haus Franz-Josef-Straße 25 willkommen. Einen kleinen Beitrag zur Milderung der Wohnungsnot der Studenten können die Heimplätze der Hochschulgemeinde leisten. Die Hochschulgemeinde lädt die Studenten aber auch ein, nicht nur Konsumenten zu sein, sondern auch selbst ihren Beitrag zu einem sozialen Dienst zu leisten. Die „technische Caritas", eine Initiative von Studenten und Assistenten, übernimmt Gratisreparaturen und hilft alten und bedürftigen Leobnern.

Die Leobner Hochschulgemeinde hat sich immer als „katholisch" deklariert. Die auch örtliche Nachbarschaft zur evangelischen Kirche in Leoben hat ihr aber auch die Ökumene in Leoben besonders nahegebracht. Die KHG ist zunächst Teil der größeren Gemeinschaft der katholischen Kirche – in Leoben, in der Diözese Graz-Seckau, in Österreich und als

Bild 3: Dichterlesung und Gespräch mit Hans Weigel im Gemeindezentrum der KHG.

Weltkirche. Die Hochschulgemeinde versteht sich als eine „Durchgangsgemeinde", die den Studenten auch den Weg in ein späteres Leben mit der Kirche in den Pfarren weisen muß. Katholisch und ökumenisch heißt für die Leobner KHG außerdem, durch Praxis und Wort zu beweisen, daß die Kirche keine Nationalkirche sein darf. Seit der Errichtung des Gemeindezentrums will die KHG auch ausländischen Studenten, zumal solchen aus der sogenannten Dritten Welt, „Heimat auf Zeit" bieten und Agenden des Afro-asiatischen Institutes erfüllen.

Offenheit des Gemeindezentrums, eingeladene Gemeinde von Christen, Provokation zum Christentum kann die KHG aber nur sein, wenn es in ihr – neben dem Hochschulseelsorger – auch einen Kreis von deklarierten Gemeindemitgliedern gibt, die „vom Tisch der Gemeinde nicht nur essen, sondern ihn immer wieder auch decken helfen" (Karl Strobl), die also Kirche an der Universität zu ihrem Anliegen und Programm machen. Diese Gruppe in der KHG ist seit den Anfängen die Katholische Hochschuljugend, deren Mitglieder sich verpflichten, in der Hochschulgemeinde das notwendige Maß an Organisation und Kontinuität zu gewährleisten und für die Ziele der Katholischen Hochschulgemeinde zu arbeiten.

Nach einem Wort des tschechischen Theologen und Pädagogen Jan Amos Comenius sind Universitäten „officinae humanitatis", „Werkstätten der Menschlichkeit". Die Leobner KHG wirkt gerne dabei mit, diese Dimension auch der Montanuniversität in Erinnerung zu bringen, und sie tut es dadurch, daß sie Studenten, Assistenten und akademischen Lehrern den verkündet, der „wußte, was im Mensch ist" (Joh. 2,25).

# AUS DEM LEBEN AN DER MONTANUNIVERSITÄT

# Lebendige Tradition
## Traditionspflege an der Montanuniversität

Arno Wilhelm REITZ

„Museal" ist Tradition, die nur der Schaulust, naivem Staunen oder spöttischem Unverständnis begegnet; sie bleibt unverbindlich und wirkungslos.

Tradition, die angenommen wird, vermittelt Verständnis für Vergangenes und Achtung vor früheren Generationen und damit Sinn für die eigene Geschichte.

Tradition, die aufgegriffen, eingeordnet und für die eigene Aussage weiterentwickelt wird, ist im hohen Maße fruchtbar für Standortbestimmung, Selbstverständnis und Standfestigkeit.

Für die Montanuniversität bedeuten aus der Tradition gewachsener und bewußt weitergestalteter akademischer Stil und akademisches Brauchtum lebendigen und immer wieder erlebten Ausdruck einer von allen Universitätsangehörigen getragenen, verpflichtenden und selbst von Besuchern und Gästen immer wieder staunend empfundenen Gemeinsamkeit, die wir selbst den „Leobner Geist" nennen.

Auf eine Kurzformel gebracht:

In Leoben galt die Hochschule, die Universität, die ALMA MATER LEOBIENSIS, seit je als die große Gemeinschaft. Ihr verpflichtet, sind Aufgaben im sachgerechten Zusammenwirken zu erfüllen, Probleme mit gemeinsamem Willen zu lösen – in gegenseitigem Vertrauen und voller Offenheit einander würdigender Partner; sind selbst Gegensätze und Widersprüche im kollegialen Geiste gemeinsam zu bewältigen.

An diese Gesinnung wird nicht nur bei Grundsatzentscheidungen und Beschlüssen großer Tragweite erinnert; sie bestimmt auch den Stil des akade-

Bild 1: Peter Tunner Medaille geschnitten von Kammermedailleur Anton Scharff zur „Peter Tunner Feier" am 7./8.11.1874 nach Übertritt des Geehrten in den Ruhestand. Sammlung der Universitätsbibliothek.  FOTO WILKE Leoben.

Bild 2: Erzherzog Johann. Ölbild in der Aula der Montanuniversität.   FOTO WILKE Leoben.

mischen Alltags, sollte ihn jedenfalls bestimmen. Ihre höchste Bewährung hat sie in den Siebzigerjahren erbracht, den Jahren der stürmischen Hochschulreform-Diskussion – die mancherorts ausuferte – und des Ringens um eine sinnvolle Institutsstruktur unserer nunmehrigen Universität: als es gelang, sämtliche Stellungnahmen, Anträge und Beschlüsse einstimmig mit allen Stimmen der Professoren, Assistenten und der Hochschülerschaft zu verabschieden.

## WURZELN UND SYMBOLE

Die Entstehungs- und Frühgeschichte der Montanuniversität als Steiermärkisch-Ständische Montanlehranstalt ist durch eine Reihe von Besonderheiten geprägt, die den Sinn für Zusammengehörigkeit und Traditionsbezogenheit nachhaltig förderten; insbesondere

➢ Gründung der Montanlehranstalt in Vordernberg, dem geschichtsträchtigen Zentrum der Erzgewinnung und Eisenverhüttung;
➢ die große Kontinuität vom Anfang an und die starke Prägung durch das Wirken Peter Tunners, acht Jahre als Träger des gesamten Unterrichtes, 26 Jahre als Professor und 34 Jahre als Direktor;
➢ die nicht formale, aber faktische Schirmherrschaft durch Erzherzog Johann, der 1814 die erste Anregung gab, 1833 Peter Tunner auswählte und den Eleven der jungen Montanlehranstalt, vor allem während der Vordernberger Jahre, sein gastliches Haus in Vordernberg offenhielt;
➢ der Eintritt in den seit dem Mittelalter freien Berufsstand der Berg- und Hüttenleute mit ihrem ausgeprägten Standesgefühl und ihrer reichen Tradition („*Der Bergmannsstand sei hoch geehret....*").

Der BERGKITTEL ist stärkster, sichtbarer Ausdruck der Berufszusammengehörigkeit aller Montanisten und ihres besonderen Berufsgefühles; er wird mit nur geringfügigen Abweichungen in ganz Österreich als Festtracht und bei offiziellen Anlässen vom Generaldirektor bis zum Hauer getragen; mit größeren Abweichungen – bis zum Uniformrock entfremdet – auch andernorts. An seine Herkunft von der Arbeitskleidung erinnern der neungezackte Schulterkragen – einst Schutz gegen Witterung und herabrieselndes Gestein – sowie der weite Rückenteil, der Bewegungsfreiheit gibt und erst in Gürtelhöhe mittels Bänderzug gerafft ist. Dem festlichen Charakter entspricht der Samtbesatz am Stehkragen, unter den Oberarmschilden, an den Ärmelaufschlägen und unter den seitlichen Knopfleisten. Schlägel-und-Eisen, goldgestickt, zieren Stehkragen und Oberärmelschilde. Vergoldete Knöpfe mit ausgeprägtem Schlägel-und-Eisen als Verschlußknöpfe sowie als Knopfleisten an den Ärmelaufschlägen und in schräger Stellung beiderseits vor der Brust vervollständigen die festliche Aufmachung. Der Bergkittel wird von den Professoren als traditionsgemäße Amtstracht, von

Professoren, Assistenten und Studenten als Festtracht getragen. In einigen Studienrichtungen sitzen einander Prüfer und Kandidaten bei der kommissionellen Zweiten Diplomprüfung im Bergkittel gegenüber. Ebenso erscheinen die Kandidaten zu Graduierung und Promotion meist im Bergkittel.

Der BIBERSTOLLEN, nach einem Kupferabbau im Bereich von Schemnitz benannt, wird als Festtracht nur von Studenten – etwa bei Bällen oder zur Hochzeit – und von den Chargierten der Leobener Korporationen anstelle des sonst üblichen Flauses getragen. Er wurde mit vielem anderen bergmännischen Brauchtum aus Schemnitz (damals Niederungarn, heute Slowakei) mitgebracht, als Studenten und Professoren deutscher Zunge unter dem zuneh-

Bild 4: Studentenhochzeit im Jahre 1932. Foto: Corps Montania.

menden Nationalitätendruck nach 1848 die Bergakademie daselbst verlassen mußten. Der Biberstollen ist ein straff sitzender schwarzer Rock mit samtbesetztem Stehkragen und Schlägel-und-Eisen in Gold beiderseits, mit Schulterspangen in Gold, mit goldenen Verschlußknöpfen mit Schlägel-und-Eisen-Prägung, mit breitem, goldgepaspeltem Samtbesatz an beiden Oberarmen und Samtbesatz am Ärmelaufschlag.

Der TALAR, der von Rektor und Prorektor und vom Pedell bei feierlichen akademischen Anlässen getragen wird, ist, wie üblich, ein weiter, langer, schwarzer Mantel mit weiten Ärmeln, hat dazu aber wesentliche Elemente des Bergkittels übernommen: schwarzer Samt auf Stehkragen und Ärmelbesatz, neungezackter Schulterkragen und Schlägel-und-Eisen in Gold gestickt am Stehkragen und auf den Ärmelschilden; dazu als Kopfbedeckung eine Art niederer schwarzer Schachthut mit Schlägel-und-Eisen in Gold auf der linken Seite.

SCHLÄGEL und EISEN, das Werkzeug der Bergleute von der Eisenzeit bis ins Zeitalter der Bergbaumaschinen, wurden im Mittelalter zum Symbol des Bergwesens schlechthin. Schlägel und Eisen krönen, mit den Stielen überkreuz-gelegt, den Stolleneingang; sie grüßen von den Firsten der Fördertürme und Bergbaubetriebsgebäude; sie zieren Firmenschilder, Direktionszimmer und Geschäftspapier; sie

Bild 3: Studenten im Bergkittel (links) und Biberstollen (rechts). FOTO FREISINGER Leoben.

Bild 5: Schlägel-und-Eisen über dem Hauptportal der Montanuniversität.

erscheinen vielfach als Wappenmotiv, als Schmuckelement und funkeln von Bergkittel und Rektorstalar. Schlägel und Eisen grüßen aus dem Scheitelfeld des schmiedeisernen Hauptportales des Universitätsgebäudes, Franz Josef Straße 18, über dem Bergmannsgruß GLÜCKAUF. Betritt man durch das Tor die Vorhalle, so gemahnt zwischen den beiderseits aufwärts strebenden Treppenbögen der Abgang ins Sockelgeschoß an einen Stolleneingang.

Die BERGMANNSFARBEN SCHWARZ-GRÜN wehen gemeinsam mit den Landesfarben WEISS-GRÜN und den Staatsfarben ROT-WEISS-ROT bei akademischen Feiern, wissenschaftlichen Tagungen und Festveranstaltungen von den drei beieinanderstehenden Fahnenmasten vor der verwitterten Aluminiumfront des Auditorium Maximum, bei besonders festlichen Anlässen auch vom Dach des Hauptgebäudes.

Die REKTORSKETTE trägt einen großen achtekkigen Anhänger (ca. 8 cm in der Diagonale) mit dem Bildnis des Kaisers Franz Josef I im Flachrelief. Die Umschrift lautet: FRANC.JOS.IMP.AUST.REX.HUNG.; der Medailleur gibt sich mit TEOD.STUNDL zu erkennen. Die Inschrift auf der Rückseite lautet:

Bild 6: Vestibül im Hauptgebäude der Montanuniversität, Leoben, Franz Josef Straße 18.   FOTO RADERBAUER Leoben.

Bild 7: Fahnen vor dem Auditorium maximum. FOTO WILKE Leoben.

GEWIDMET IM JAHRE 1915 VON EHEMALIGEN HÖRERN DER LEOBENER HOCHSCHULE UND MONTANISTISCHEN VEREINIGUNGEN ÖSTERREICHS.

Die zehn quadratischen Hauptglieder der Kette (4,5 x 4,5 cm mit abgeschrägten Ecken) stellen in abwechselnder Folge im Flachrelief ein bergmännisches Motiv (Bergknappe im Kittel aufs rechte Knie niedergelassen mit zweihändigem Bergeisen und Grubengeleucht vor einer Szenerie mit Förderturm) und ein hüttenmännisches Motiv (Hüttenwerker im großen Schurz auf das linke Knie niedergelassen mit zweihändigem Vorschlaghammer vor Amboß und Hochofenszenerie) dar.

Die PROREKTORSKETTE wurde dank der Initiative des Professorenkollegiums in der ersten Hälfte der Sechzigerjahre beschafft. Sie besteht aus 22 Gliedern, die den Zwischengliedern der Rektorskette nachgebildet sind, und trägt als Anhänger einen großen, oval geschliffenen Malachit in einer schweren vergoldeten Fassung aus Silber, die der Leobener Goldschmied N. Schmid geschaffen hat. Rektorskette und Prorektorskette werden in Leoben nach wie vor nur zu Talar, Bergkittel und Frack getragen.

Der goldene REKTOR-PLATZER-RING zeigt in der Platte diagonal die Bergmannsfarben Schwarz-Grün durch Zusammenfügen von Onyx und Chrysopras. Er wird an Absolventen verliehen, die die Zweite Diplomprüfung mit Auszeichnung bestanden haben, und wurde aus Anlaß des 125-jährigen Bestandes der Montanistischen Hochschule im Jahre 1965 vom ‚Bergmännischen Verband Österreichs'

Bild 8: Rektorskette. FOTO WILKE Leoben.

Bild 9: Prorektorskette.   FOTO WILKE Leoben.

und von der ‚Eisenhütte Österreich' gestiftet und ist von der ‚Österreichischen Gesellschaft für Erdölwissenschaft' und vom ‚Verband Leobener Kunststofftechniker' mitgetragen.

Das HOCHSCHULSIEGEL wurde schließlich – spät nach manchen jüngeren, österreichischen Hohen Schulen – über Vorschlag des Rektors durch einhelligen Beschluß des Professorenkollegiums 1971 geschaffen: Als Rundsiegel mit der Umschrift ALMA MATER LEOBIENSIS und Lorbeerzier umfaßt es einen viergeteilten zweihöckrigen Schild, der im Felde links oben mit Schlägel und Eisen den Montanbereich, mit dem aufgeschlagenen Buch die Wissenschaftlichkeit umschreibt, im Feld rechts oben den Leobener Strauß und links unten den Steirischen Panther führt und schließlich rechts unten mit dem stilisierten Blick auf die Abbaustufen des Erzberges und die Konturen des Kaiserschild Bezug zu historischem Ursprung und Landschaft nimmt. Die kunstgerechte Ausgestaltung des Siegelentwurfes erfolgte durch die Grazer Graphikerin Friederike Grengg. In

Bild 11: Gedenkmünze der Montanistischen Hochschule (vergrößert). Sammlung der Universitätsbibliothek.
FOTO WILKE Leoben.

dankenswerter Initiative und unter Zustimmung der Montanuniversität veranlaßte – und finanzierte – die Volksbank Leoben schließlich im Jahre 1977 in einer bundesdeutschen Münzanstalt die Ausprägung einer GEDENKMÜNZE, die auf einer Seite das Universitätssiegel und auf der anderen Seite eine Ansicht des Universitäts-Hauptgebäudes zeigt.

Bild 10: Rektor Platzer Ring.   FOTO WILKE Leoben.

## AKADEMISCHE FEIERN – DIE INAUGURATION

Traditionsbewußtsein und Brauchtumspflege an der Montanuniversität finden ihren stärksten, auch in aller Öffentlichkeit sichtbaren Ausdruck in den verschiedenen, mit dem Hochschulgeschehen zusammenhängenden Feiern. Als höchste gilt an allen Universitäten die INAUGURATION, die feierliche Amtsübergabe an den jeweils neuen Rektor. In Leoben findet die feierliche Inauguration des neuen Rektors am Tage des Akademischen Ledersprunges statt.

Die Inaugurationsfeier beginnt mit dem Einzug der Chargierten der Leobener Korporationen durch den Mittelgang des randvoll besetzten Auditorium Maximum; sie nehmen auf dem Podium vor der Stirnfront des Saales Aufstellung. Nun erklingt die HOCHSCHUL-FANFARE, sozusagen ein Geschenk der Bergkapelle Seegraben bzw. ihres Kapellmeisters an die Montanistische Hochschule; Werner Pucher hatte im Mai 1959 für die Hochschul-Fanfare geeignete Passagen aus der Bläser-Festmusik von Hans Weber ausgewählt und für ein Bläser-Quintett

Bild 13: Chargiertengruß.   FOTO FREISINGER Leoben.

eingerichtet. Unter diesen Klängen – während die Chargierten ihre Schläger präsentieren – ziehen nun die Professoren ein – alle im Bergkittel – und unter Vorantritt des Pedell in Talar und Barett mit dem Universitäts-Zepter, und ausgezeichnet durch die Teilnahme meist nicht weniger Rektoren der österreichischen und manchmal auswärtiger Hoher Schulen im Ornat; als letzte der noch amtierende und der künftige Rektor. Rektoren und Professoren nehmen am Podium Platz.

Dem Auditorium bietet sich ein prächtiges, ein „Leobener" Bild, das jedes Montanistenherz höher schlagen läßt: beiderseits des Rednerpultes, an dem in gebürstetem Aluminium Schlägel und Eisen erglänzen, Rektor und Prärektor im bergmännischen Talar, anschließend die befreundeten Rektoren in ihren pelz- oder samtgeschmückten Talaren mit Rektorsketten und Baretten, anschließend und in den Reihen dahinter die Leobener Professoren im Bergkittel, dahinter die Chargierten, alle im gleichen Biberstollen mit Schärpen, Baretten und Cerevicen in ihren Couleurfarben. Dies alles rechts noch einmal flankiert vom Universitätschor oder Musikern meist ebenfalls im Bergkittel. Und über all dem an der Stirnfront in Fahnenbahnen von der Decke herab links die Bundesfarben Rot-Weiss-Rot, rechts die Landesfarben Weiss-Grün und in der Mitte die Bergmannsfarben Schwarz-Grün.

Der Rektor tritt nun an das Rednerpult und begrüßt die Universitätsangehörigen und in ihrer aller Namen Ehrengäste und Gäste. Die Feierlichkeit stei-

Bild 12: Einzug der Chargierten.   FOTO FREISINGER Leoben.

Bild 14: Leobner Hochschulfanfare. Aus der Festmusik für Blasorchester von Hans Weber, ausgewählt und eingerichtet von Werner Pucher.

gert daraufhin eine Darbietung des Universitätschores oder in größerer oder kleinerer Besetzung des Universitätsorchesters. Hierauf ergreift der abtretende Rektor das Wort zum Bericht über die Studienjahre und das Universitätsgeschehen während seiner Amtsführung, wobei Nöte und Sorgen nicht selten in besorgniserregender Weise sichtbar werden. Schließlich berichtet der Rektor über die Wahl seines Nachfolgers, wendet sich diesem, der sich inzwischen erhoben hat, zu, nimmt die Rektorskette ab und legt sie ihm auf die Schulter.

Der inaugurierte Rektor tritt nun ans Pult und dankt seinem Amtsvorgänger für seine Verdienste und die der Universität erbrachte Leistung und legt ihm nun seinerseits die Prorektorskette auf die Schulter. Der Applaus des Auditoriums grüßt die beiden Männer im bergmännisch-akademischen Talar. Anschließend übermitteln die Sprecher des Assistentenverbandes, der Österreichischen Hochschülerschaft und der Verwaltungsbeamten Glückwünsche, Anliegen und oft genug auch Sorgen ihres Bereiches.

Die Überleitung und Einstimmung zum zweiten Teil der Feier erbringen wieder die Kehlen des Universitätschores oder die Streicher des Universitätsorchesters.

Bild 15: Bläser-Septett bei der Inauguration am 29.11.1974.
FOTO FREISINGER Leoben.

Der inaugurierte Rektor ergreift nun das Wort zu seiner Inaugurationsrede, die nach altem Brauch seinem Fachgebiet gilt, Ein- oder Überblicke, Hinweise auf aktuelle Brennpunkte, aber auch auf die Leistungen des eigenen Institutes oder auf sachliche Zukunftsperspektiven bietet. Nicht selten in der jün-

Bild 17: Universitätsorchester. FOTO WILKE Leoben.

und vierte Strophe des GAUDEAMUS IGITUR. Unter den Klängen der Hochschulfanfare verlassen Professoren und Chargierte den Saal.

### AKADEMISCHE UND STUDENTISCHE FEIERN – DER FESTLICHE GANG DURCHS STUDIUM

Unbeschadet aller hoher Anforderungen, vor die sich die Studenten aller Studienrichtungen an der Montanuniversität gestellt sehen, besteht doch die Aussage des eben gewählten Untertitels zu Recht; das erweist allein schon die voranzustellende Übersicht über die Festlichkeiten und Feiern im Laufe eines Studienjahres.

Bild 16: Kopf des Universitäts-Zepter. FOTO WILKE Leoben.

geren Zeit wurden die mehr als dringenden Hochschulprobleme zum Thema gewählt, das dann meist um die Schwerpunkte „Fehlorganisation durch die Hochschulreform 1975", katastrophale Überbürokratisierung und umgekehrt ebensolche Unterdotierung kreist.

Stehend singen zum Abschluß Professoren und Auditorium – in Leoben aus voller Kehle – die erste

Bild 18: Hochschulchor im Auditorium Maximum.
FOTO FREISINGER Leoben.

Bild 19: Feierliche Immatrikulation am 2.12. 1977 in der Aula der Montanuniversität.

\* Zu Beginn des Studienjahres, tatsächlich aber erst an jenem Freitag, der dem BARBARA-TAG am 4. Dezember am nächsten liegt, finden statt:
- am frühen Vormittag die feierliche IMMATRIKULATION der erstmals inskribierten Studenten;
- gegebenenfalls die INAUGURATION des neu angetretenen Rektors;
- und am Abend der AKADEMISCHE LEDERSPRUNG.

\* Dreimal im Jahr finden an der Montanuniversität AKADEMISCHE FEIERN statt, in deren Rahmen die Graduierungen und Promotionen und auch weitere Ehrungen vorgenommen werden. Am Abend desselben und folgender Tage besiegeln feierliche PHILISTRIERUNGEN den endgültigen Abschied vom Student-Sein.

\* Der UNIVERSITÄTSBALL gegen Ende Januar gehört alljährlich zu den glanzvollsten Ereignissen des Gesellschaftslebens in Leoben.

\* Von studentischer Seite bedarf auch das Ende des Studienjahres eines feierlichen Abschlusses: Beim BIERAUSZUG beweisen Studenten aller Altersgruppen, von den Verbummelten bis zu den Erstjährigen, dem Rektor ihre Reverenz und erbitten die Entlassung in die Ferien, insbesondere aber die AUSZÜGLER.

\* Das je besondere Nahverhältnis gebietet aber auch, den alljährlich stattfindenden BERGBAUTAG und ebenso den EISENHÜTTENTAG mit den stets kulturell bedeutungsvollen Festvorträgen in den Festsitzungen, desgleichen aber auch die Stiftungsfeste der der Universität sosehr verbundenen zehn Leobener Korporationen zu nennen.

IMMATRIKULATION

Bei der feierlichen Immatrikulation in der Aula der Universität richten der Rektor, anschließend der Vorsitzende des Hauptausschusses der Österreichischen Hochschülerschaft an der Montanuniversität Worte der Begrüßung und Einführung an die Erstsemestrigen, die sodann dem Rektor den Handschlag leisten und aus seiner Hand jene Urkunde erhalten, die ihnen die Aufnahme in den Verband der Montanuniversität bestätigt (Matrikelschein).

LEDERSPRUNG

Handelt es sich bei der Immatrikulation um einen Rechtsakt, so beim Ledersprung um den traditionsgemäßen Aufnahmeritus in den Bergmannsstand, später auch verwandter Berufsstände. Der

Bild 20: Ledersprung in der Oberlandhalle Leoben. Einzug der Chargierten. Foto: Peter Exenberger.

Ledersprung als Aufnahmeritus ist heute über die gesamte berg- und hüttenmännische Berufswelt in Österreich verbreitet; der schwarze Bergkittel dürfte es schon vor dem Exodus aus Schemnitz gewesen sein. Es ist das bleibende akademische und allgemein kulturhistorische Verdienst der aufblühenden Leobener Korporationen, dieses reiche Brauchtum aufgegriffen und mit dem studentischen Brauchtum zu einer sinnvollen, organischen Einheit verschmolzen zu haben und bis auf den heutigen Tag als überzeugenden Ausdruck ihres Selbstverständnisses zu pflegen. Aber auch Direktoren, Rektoren und Professoren würdigten dieses Brauchtum als Ausdruck der Gemeinsamkeit und förderten es in jeder Hinsicht. Der Brauch des Ledersprunges nahm dabei von Anfang an eine zentrale Stellung ein.

Aufgetauchte Meinungsunterschiede über die Durchführung führten 1960 nach intensiven Beratungen zwischen Professoren, Korporationen und Österreichischer Hochschülerschaft zum „Ledersprungabkommen", das seither mehrfach den sich ändernden Bedingungen einvernehmlich angepaßt wurde: der Akademische Ledersprung ist eine Veranstaltung der Montanuniversität Leoben und ihrer Korporationen, die von einer durch den Rektor betrauten, das studentische Brauchtum pflegenden Korporation in Form des „LEDERSPRUNGKOMMERSES" durchgeführt wird. Die Betrauung erfolgt in der Reihenfolge der Gründungsjahre. Selbst angesichts gewisser technischer Unzulänglichkeiten hat sich die Oberlandhalle mit ihrer amphitheatralischen Anordnung und der daraus folgenden Konzentration auf das eigentliche Ledersprung-Geschehen und mit ihrer Kapazität von weit über 800 Plätzen als geeigneter Rahmen für die Durchführung des Akademischen Ledersprunges erwiesen.

Bergleute in Tracht und Arschleder stehen als Ehrenposten am Eingang. Die Oberlandhalle ist randvoll besetzt, nur Podium und Fuxentafeln sind noch leer. Sieben Bläser der Bergkapelle Seegraben begleiten den Einzug der Chargierten, die die dritte Tafel am Podium und das Präsidium besetzen. Unter den Klängen der Hochschulfanfare, die nur bei Inauguration und Akademischem Ledersprung erklingt, ziehen Rektoren und Professoren mit ihren Ehrengästen ein und nehmen an der ersten und zweiten Tafel am Podium Platz, dessen Hintergrund mit der österreichischen, der steirischen, der bergmännischen Fahne und derjenigen der vorsitzenden Korporation sowie einer mächtigen Darstellung des Hochschulsiegels geschmückt ist. Umrahmt von offiziellen Liedern, die das gewaltige Auditorium vollen Halses mitsingt, bittet das Präsidium nach der Begrüßung den Rektor, den Ledersprung-Kommers zu eröffnen. Die Fuxen (die Erstsemestrigen) ziehen unter Vorantritt ihres jeweiligen Fuxmajors, die Nicht-Korporierten hinter dem Vorsitzenden der Österreichischen Hochschülerschaft mit dem FUXENRITT *„Was kommt da von der Höh ...."* einem Wechselgesang der Korona und der Einziehenden in den Saal und besetzen die Fuxentafeln. Die Gesprächspausen werden in der riesigen, farbenfrohen Korona zu freundlichem Zuruf und Zutrunk reichlich genützt: untereinander, vor allem zu den Fuxen hin, aber auch zu den Professoren. Es folgen die meist launig-spritzige Fuxenrede, gehalten von einem Fuxen der in Jahresfrist vorsitzenden Korporation; die Burschen- oder Festrede, besorgt von der eben Vorsitzenden, und die Rektorsrede. Noch haben sich alle Redner an das Motto gehalten: „Kein freies Wort blieb verschwiegen". Studenten- und Bergmannslieder erschallen in gewohnter Weise nach den Programmpunkten.

Zur Durchführung des Ledersprunges ist zwischen den Fuxentafeln und dem Podium eine genü-

Bild 21: Ledersprung der Montanuniversität 1982.

gend breite Gasse freigelassen, in deren Mitte – vor dem Platz des Rektors – ein Bierfaß steht, flankiert von zwei Lorbeerbäumchen. Von der Korona aus gesehen erfolgt der Anmarsch der Springer von links; die Chargierten verlassen das Podium – nur das Präsidium bleibt an seinem Platz – und bilden vom Faß nach rechts eine Chargengasse. Der Rektor und der älteste anwesende Bergingenieur treten an den Kopf der Chargengasse neben das Faß, um gemeinsam das LEDER für die Springer über die Gasse zu halten. Nun nahen die Springer von links unter Vorantritt des Fuxmajors der präsidierenden Korporation. Er besteigt das Faß, trinkt der Korona zu, springt mit einem Gruß an seine Korporation über das Leder, schreitet unter den gekreuzten Schlägern durch die Chargengasse, macht wieder Front zum Leder und

Bild 23: Beim Ledersprung der Montanuniversität in der Oberlandhalle.

kommandiert die ersten Sprünge. Springer für Springer besteigt das Faß, bekommt ein Glas gereicht und hat die Fragen des Fuxmajors zu beantworten, die da lauten:

Dein Name?
Deine Heimat?
Dein Stand (Studienrichtung)?
Dein Wahlspruch?
Hierauf der Fuxmajor:
„So leer Dein Glas und spring in Deinen Stand und halt ihn hoch in Ehren!"

Der Springer leert sein Glas, springt mit einem Heilruf über das Leder und geht unter den gekreuzten Schlägern durch die Chargengasse ab. Jede Antwort der Springer wird von der Korona mit lautem, oft sehr lautem Beifall belohnt. Es springen zuerst die neu berufenen Professoren und die neu ernannten Assistenten, dann die Fuxen der präsidierenden Korporation. In der Reihenfolge ihres Gründungsjahres springen dann die Fuxen und Gäste der Korporationen unter dem Kommando ihres jeweils eigenen Fuxmajors, schließlich die Nicht-Korporierten unter Leitung des Vorsitzenden der Hochschülerschaft. Bei derzeit etwa 120 Springern eine beachtliche Anforderung an den meist hochbetagten lederhaltenden Bergingenieur.

Bild 22: Die Oberlandhalle vor dem Ansturm zum Ledersprung.
Foto: Peter Exenberger.

Der Akademische Ledersprung geht mit der „ALTEN BURSCHENHERRLICHKEIT" rauschend zu Ende; beim Auszug von Rektor und Professoren erklingt für ein Jahr zum letzten Mal die Hochschulfanfare. Festliche Stimmung und frohe Geselligkeit gehen in dieser Nacht unter reger Teilnahme von Rektoren und Professoren vielerorts in Leoben noch stundenlang weiter.

AKADEMISCHE FEIER

Eine schlicht Akademische Feier genannte Festveranstaltung findet dreimal im Laufe eines Studienjahres, nämlich vor den Weihnachtsferien, vor den Osterferien und vor dem Abschluß der Lehrveranstaltungen Ende Juni, statt. Maßgebend für die Wahl dieser Zeitpunkte sind die kurz zuvor abgehaltenen Zweiten Diplomprüfungen und Rigorosen zum Weihnachts-, Oster- und Sommertermin. In der Akademischen Feier finden dann Graduierungen und Promotionen statt, aber auch die Vorstellung neuer

Bild 24: Sprung des Fuchsmajors über das Arschleder.

Bild 25: Dein Name? Deine Heimat? Dein Stand? Dein Wahlspruch?

So leer Dein Glas ...

Fotos: Peter Exenberger.

...und spring in Deinen Stand und halt in hoch in Ehren!

akademischer Lehrer und Ehrungen aller Art, die seit der letzten Akademischen Feier vom Universitätskollegium beschlossen worden waren. Das war nicht immer so: Seinerzeit wurden feierlich nur die damals sehr seltenen Promotionen – drei bis vier pro Jahr im Schnitt von 1904 bis 1960 gegenüber siebzehn zwischen 1960 und heute – die noch selteneren Ehrenpromotionen und Ernennungen von Ehrenbürgern und Senatoren durchgeführt. Feierliche Graduierungen fanden erstmals im Studienjahr 1962/63 statt. Das Konzept der heutigen Akademischen Feier wurde Mitte der Sechzigerjahre mit der Zielsetzung entwickelt, dieser Feier einen möglichst reichen Gehalt zu geben, den Bogen von den Jungingenieuren bis zu den Senioren in Wissenschaft und Beruf zu spannen und eine möglichst breite Öffentlichkeit anzusprechen.

Dank der großen Zahl der Betroffenen, ihrer Angehörigen und Freunde und des breiten öffentlichen Interesses ist das Auditorium Maximum meist dicht besetzt. Die Feier findet im gleichen Stil und Rahmen unter Mitwirkung der Chargierten statt wie die Inauguration und bedarf diesbezüglich keiner näheren Beschreibung – nur die Hochschulfanfare fehlt. Nach der Begrüßung bietet der Rektor in seiner Rede meist der akademischen und breiteren Öffentlichkeit Einblick in die je aktuellen Zielsetzungen, Probleme und Sorgen der Universität.

Bild 27: Graduanden bei der Akademischen Feier, 1980.

Zur Graduierung wendet sich der Rektor an die Absolventen, meist mit Hinweisen auf Studium und Beruf und mit den Glückwünschen der Universität, und verliest das Graduierungsgelöbnis:

*„Sie sollen versprechen, daß Sie sich des verliehenen akademischen Grades im privaten und im beruflichen Leben stets würdig erweisen, Ihrer Universität in Treue verbunden bleiben, der Wissenschaft dienen und deren Ziele fördern werden."*

Die Absolventen werden vom Vorsitzenden ihrer Diplomprüfungskommission aufgerufen, leisten ihm das Gelöbnis mit Handschlag und empfangen aus seiner Hand das Ingenieurdiplom. Das Auditorium begrüßt jeden Jungingenieur mit seinem Beifall. Daraufhin schreitet der Rektor zur Verleihung der Rektor-Platzer-Ringe samt Urkunde, die – wie schon berichtet – für ausgezeichnete Leistungen bei der Diplomprüfung verliehen werden; schließlich erteilt er einem der Jungingenieure das Wort zu Ansprache und Dank.

Nunmehr wendet sich der Rektor den Promovenden mit Worten der Würdigung und des Glückwunsches zu und fordert die Promotoren – fast stets die Betreuer der jeweiligen Dissertation, einst „Doktorväter" genannt – auf, die Laudatio für ihren Kandidaten zu halten, in der die wissenschaftliche Problemstellung für die Dissertation – die Forschungs-

Bild 26: Akademische Feier im Dezember 1988.

Foto: Peter Exenberger.

leistung des Kandidaten und sein Lebensweg gedrängt dargestellt werden – und sodann ihres Amtes zu walten.

Nach der letzten Laudatio treten die Promotoren vor dem Podium je ihrem Kandidaten gegenüber, und einer für alle spricht die Promotionsformel:

*"Sie haben durch Ihre wissenschaftliche Arbeit und bei der strengen Prüfung jene Fähigkeiten und Kenntnisse nachgewiesen, die zur Erlangung des akademischen Grades eines Doktors der Montanistischen Wissenschaften gefordert werden. Bevor Ihnen jedoch dieser Grad verliehen werden kann, müssen Sie das Versprechen ablegen, daß Sie sich immer in einer solchen Art verhalten werden, wie es der erstrebten Würde entspricht. Sie sollen demnach versprechen, daß Sie das Ansehen der Montanuniversität Leoben, die Ihnen den akademischen Grad eines Doktors der Montanistischen Wissenschaften verleiht,*

Bild 29: Verleihung des Rektor-Platzer-Ringes.

Bild 28: Handschlag und Überreichung des Diploms. Akademische Feier Dezember 1988. Foto: Peter Exenberger.

*stets hoch halten und immer bestrebt sein werden, die Montanistischen Wissenschaften nach ihren besten Kräften zu fördern, um damit zur Lösung der Probleme der menschlichen Gesellschaft und deren gedeihlicher Weiterentwicklung beizutragen."*
Jeder Kandidat in die Hand seines Promotors:
„*Ich verspreche es feierlich.*"
Der Sprecher der Promotoren:
*"Nun sind alle vom Gesetz vorgeschriebenen Bedingungen erfüllt. Als ordnungsgemäß bestellte Promotoren verleihen wir Ihnen – die Namen der Promovenden werden aufgeführt – Kraft unseres Amtes den akademischen Grad und den Titel eines Doktors der Montanistischen Wissenschaften samt allen damit verbundenen Rechten, verkündigen dies hiemit öffentlich und übergeben Ihnen zu dessen Bekräftigung diese mit dem Siegel der Montanuniversität Leoben versehenen Urkunden."*
Namens der Promovenden einer:
„*Für den verliehenen Grad und die uns zuteil gewordene Auszeichnung sagen wir unseren besten Dank.*"

Rauschender Beifall des Auditoriums. Sonach erhält einer der promovierten Doktoren das Wort zu Ansprache und Danksagung.

Bild 30: Laudatio. Akademische Feier Dezember 1988.

Bild 31: Promotion. Akademische Feier Dezember 1987.

Nach einem musikalischen Zwischenspiel erfolgen nun je nach Situation weitere Ehrungen. Die Laudationen für die Ernennung von Ehrenbürgern und Ehrensenatoren spricht der Rektor meist selbst, für Ehrenpromotionen der fachlich zuständige Ordinarius. Ehrungen und Ehrenpromotionen selbst nimmt der Rektor persönlich vor. Die Geehrten erhalten stets das Wort, um sich an das Auditorium und die Montanuniversität zu wenden.

Bild 32: Unterzeichnung im Promotionsbuch. Promotion bei der Akademischen Feier am 10.4.1987.

In den nicht wenigen Laudationen wird meist die ganze Wirkungsbreite der Montanuniversität sichtbar, das hohe Engagement der Kandidaten, die Aktualität und theoretische wie praktische Bedeutung der behandelten Themen, die Orientierung der Methodik an internationalen Maßstäben – und die hohen Leistungen und Verdienste der Geehrten. Oft genug aber durchbrechen die Laudationen – und auch die Dankreden – den strengen Rahmen sachlicher Berichterstattung, und menschliche Wärme, persönliche Herzlichkeit und die Dankbarkeit für fruchtbare Begegnungen werden sichtbar; pointierte Formulie-

Bild 33: Promotion sub auspiciis präsidentis im Jahre 1985.

rungen und mancher Scherz tragen Fröhlichkeit ins ganze Auditorium, das sich schließlich den Professoren folgend von den Sitzen erhebt, um zum Abschluß der Akademischen Feier gemeinsam und aus voller Kehle das GAUDEAMUS IGITUR zu singen.

PHILISTRIERUNG

Die Graduierung zum Diplomingenieur bedeutet den Übertritt vom Studententum in den Berufsstand, für korporierte Studenten zudem in den Alt-Herren-Stand, das Philisterium. Letzteres wird in Leoben in einem besonderen, von Korporation zu

Bild 34: Festzug zur Philistrierung, Juni 1980.

Foto: Burschenschaft Leder.

Korporation wenig modifizierten Ritus, den oft genug auch nicht Korporierte für sich in Anspruch nehmen, vollzogen, der Philistrierung. In tiefer Dämmerung oder schon Dunkelheit wird ein Festzug formiert, voran die Chargierten, danach – von Fuxen oder Freunden gezogen – auf kleinem Leiterwagen der Philistrand, mit genug Bier ausgestattet, und dahinter der Fackelzug der Bundesbrüder, Freunde und Alten Herren. So zieht man singend durch die Stadt zur Universität und nimmt Aufstellung auf der Rampe. Am verschlossenen Hauptportal ist der Philistrierungs-Schild angebracht, ein schwerer Holzschild geziert mit montanistischen und Leobner Emblemen. Die Korona hat Front zum Portal, der Philistrand geleitet von zwei Fuxen tritt vor das Tor, der Korona zugewandt.

Der Sprecher:

„Wir schreiten nun zur Philistrierung."

Die Fuxen heben den Philistranden auf die Schultern, den Rücken zum Schild.

„Dein Fuxmajor wird Dich nun fragen, wie er einst Dich beim Ledersprung gefragt hat."

Der Fuxmajor:

„Dein Name? Deine Heimat? Dein Stand? Dein Wahlspruch? Auf Ehre und Gewissen frage ich Dich nun, wieviele Semester hast Du studieret?"

Der Philistrand nennt die Zahl seiner Studiensemester.

„Diese heiligen Hallen so oft nun sollen erschallen!"

Der Fuxmajor tritt vor, greift dem Philistranden vor der Brust in den Bergkittel und stößt ihn unter Unterstützung durch die beiden Fuxen ebensooft gegen den Schild, die Korona zählt laut mit. Der Anprall des Holzschildes am schmiedeeisernen Haupttor hallt durch alle Korridore der Universität. Der Philistrierte leert das Glas, das man ihm gereicht hat, läßt es zerschellen und springt mit einem Gruß an seinen Bund von den Schultern. Die Korona singt ihr Bundeslied und das GAUDEAMUS IGITUR.

Der Festzug setzt sich in gleicher Ordnung mit Fackeln und Liedern zum BERGMANNSBRUNNEN am Hauptplatz in Bewegung, um den herum Aufstellung bezogen wird. Der Philistrierte schwingt sich auf den Brunnenrand, jongliert zum Standbild hin, be-

Bild 35: Philistrierung. „Semesterreigen" am Hauptportal der Montanuniversität, Juni 1984.

Foto: KÖStV Glückauf.

mit großem Engagement und meist mustergültig – einschließlich der unerläßlichen kleinen Pannen – wahrgenommen. Geheime studentische Talente sorgen für manche liebenswürdige Überraschung. Der festliche Einzug von Rektor, Professoren und Ehrengästen mit Damen wird nur noch festlicher durch die Teilnahme von meist nicht wenigen Rektoren anderer österreichischer Universitäten samt ihren Gattinnen. Immer wieder findet sich ein Student, der eine saubere Polonaise zu entwerfen und auch präzise einzustudieren vermag. Die Herren tanzen die Polonaise im Biberstollen, der wie auch der Bergkit-

Bild 36: Philistrierung, Juni 1980. Am Barbarabrunnen.
Foto: Burschenschaft Leder.

grüßt und umschlingt die „Barbara", hält mit dem Bierglas in der Hand seine Rede, gemischt aus Erinnerung und Fröhlichkeit, und leert sein Glas. Die Korona singt sein Lieblingslied. Der Jung-Philister springt vom Brunnen, und der Festzug begibt sich zur Fortsetzung der Kneipe.

## UNIVERSITÄTSBALL

Zum Universitätsball laden Rektor und Österreichische Hochschülerschaft gemeinsam ein; die Durchführung liegt in den Händen der letzteren. Sie wird

Bild 37: Damenspende beim 1.Ball der deutschen montanistischen Hochschüler am 28. Jänner 1905.
Privatbesitz. FOTO WILKE Leoben.

Bild 38: Hochschulball 1979 in den Kammersälen.

Professoren und Studenten der Montanistischen Hochschule hatten im Herbst 1933 den im ersten Weltkrieg gefallenen Studenten, Absolventen und Angehörigen der Hochschule im Vestibül des Hauptgebäudes vor dem Sitzungssaal im ersten Stock ein Ehrenmal errichtet. Hauptstück ist ein monumentales Gemälde des steirischen Malers Karl Mader.

Anläßlich der Feier des 100-jährigen Bestandes der Montanlehranstalt in Leoben im Jahre 1949 wurde im 2. Stock des selben Vestibüls vor der Aula eine Marmortafel errichtet, in die die Namen jener Absolventen eingemeißelt sind, die soweit bekannt – seit dem Jahre 1887 — unter vollem persönlichen Einsatz

tel im Ballsaal vielfach von Studenten getragen wird, der Bergkittel da und dort auch von Altakademikern. Mit launiger Ansprache eröffnet der Rektor den Ball. Der Vorsitzende der Hochschülerschaft bittet die Magnifica zum Eröffnungswalzer. Bald mischt die Fröhlichkeit des Tanzes Professoren und Studentinnen, Damen und Studenten durcheinander. Die Mitternachtseinlagen sind von größter Mannigfaltigkeit; vom Auftreten gekrönter Meistertanzpaare über Tanzspiele bis zu den vielbeklatschten Triumphen bisher verborgener studentischer Talente. In den frühen Morgenstunden mündet die rauschende Ballnacht in den Semesterwalzer, in dem das älteste Semester auf dem Parkett ermittelt und stürmisch gefeiert wird. Das ‚Leobner Lied' vereint die Unentwegten in letzter großer Runde, und die ‚Alte Burschenherrlichkeit' …

## TOTENEHRUNG

Lebendige Tradition bedeutet im Zusammenhang zu leben und auch immer wieder seiner Toten in Dankbarkeit und Ehrfurcht zu gedenken, besonders derer, die in Pflichterfüllung ihr Leben gelassen hatten.

Bild 39: Ehrenmahl im Hauptgebäude der Montanuniversität „DEN IM WELTKRIEG GEFALLENEN KAMERADEN" mit Ehrenwache. Foto: Verein Deutscher Studenten zu Leoben.

745

in vorbildlicher Berufserfüllung ihr Leben gelassen haben. Darunter findet man eine schlichte Bronzetafel, mit der der Gefallenen des Zweiten Weltkrieges gedacht wird.

Die Totenehrung vor dem Ehrenmal im Hauptgebäude der Montanuniversität nimmt stets einen besonderen Platz im Rahmen der alljährlichen Stiftungsfeste aller 10 Leobener Korporationen ein.

Im Rahmen der Stiftungsfeste, meist am Samstag Vormittag, wenn kein Betrieb die Feierlichkeit stört, haben Chargierte links und rechts des Ehrenmales Aufstellung genommen, die Korona nähert sich ernst und schweigend und hört die Gedenkrede, auf die die Kranzniederlegung und das „Silentium Triste" folgen. Das Lied vom „Guten Kameraden" und allenfalls dasjenige des eigenen Bundes beschließen die Totenehrung.

Zu Beginn der Inaugurationsfeier gedenkt der abtretende Rektor an der Spitze seines Berichtes der während seiner Funktionsperiode verstorbenen Hochschulangehörigen.

BIERAUSZUG

Es naht das Ende des Akademischen Jahres und damit das Ende der eigentlichen Studienzeit so mancher Studenten. Auch das muß gefeiert werden: Im Bierauszug, nahe der letzten Akademischen Feier gegen Ende Juni. In ihm wirkt mancherlei Tradition: Einst hat es zweierlei Auszüge gegeben, einen nach dem Ledersprung und den vor den Sommerferien. Einmal trat der Auszug an die Stelle des durch Nationalitätenstreitigkeiten verhinderten Ledersprunges. Und immer ist er noch Erinnerung an den Auszug der deutschen Studenten aus Schemnitz nach 1848. Heute gibt es nur „den" Bierauszug und alle Erinnerung schwingt in ihm mit.

Bild 40: Auszügler beim Bergmannsbrunnen (Barbarabrunnen) am Hauptplatz, 4.6.1913.   Foto: Corps Erz.

Bild 41: Bierauszug. Vor dem Hauptportal der Montanuniversität.

Foto: Corps Montania.

Der Bierauszug formiert sich irgendwo in der Stadt, an der Spitze die Chargierten der der Vertreterbesprechung der Leobener Korporationen Vorsitzenden, dann der Wagen der Auszügler, ein Planwagen der Gösser-Brauerei mit Rössern bespannt und Bänken, auf denen die Auszügler getränk-versorgt sitzen. Ihnen folgen mit vorangetragener Tafel die Zweitsemestrigen, Viertsemestrigen usw. und schließlich „die Verbummelten", die ihre Semesterzahl besser nicht nennen. Auszügler waren einstens diejenigen Studenten, die mit dem Absolutorium jene Urkunde erhalten hatten, die ihnen den Besuch aller verpflichtend vorgeschriebenen Lehrveranstaltungen bestätigt und die daher von der Hohen Schule als Stätte der Lehre Abschied nahmen. Das neue Studiengesetz sieht diese Beurkundung nicht mehr vor, und so sind Auszügler diejenigen Studenten, die annehmen dürfen, in Jahresfrist nicht mehr an der Montanuniversität zu sein.

Der Bierauszug formiert sich am hellen Nachmittag und zieht singend zur Montanuniversität, wo man auf der Rampe Aufstellung nimmt. Der Rektor, schon vorher darum gebeten, erscheint in Beglei-

Bild 42: Auszug 1929. Am Leobner Hauptplatz.

Foto: Burschenschaft Cruxia.

747

tung einiger Professoren, nimmt die Meldung des Vorsitzenden – insbesondere der Auszügler – und die Bitte entgegen, die Studenten in die Ferien zu entlassen. Der Rektor antwortet mit einer Ansprache in herzlichen und launigen Worten, die Studenten antworten mit dem „Vivat Academia". Der Festzug formiert sich neuerdings und zieht singend in die Stadt, einstens zur öffentlichen Kneipe am Hauptplatz, heute zu einer als „Bierdorf" erklärten Gaststätte, wo die Fröhlichkeit noch lange dauert, bis spät in die Nacht oder früh in die ersten Stunden des nächsten Tages.

Bergmanns- und Studentenlieder und ihr Anteil am festlich-fröhlichen Geschehen haben oft genug Erwähnung in diesem Bericht gefunden; jeder kennt sie in Leoben und singt gerne mit, wenn sie erklingen. Doch sind Liedergut und seine Pflege nicht mehr unser Thema, aber dennoch wesentlicher Teil lebendiger Tradition. Deshalb möge am Ende das „LEOBNER LIED" stehen, gedichtet von dem Leobener Studenten Karl Jirsch, vertont von dem Alten Herren der Burschenschaft Leder Karl Gold und erstmals gesungen 1911:

Bild 43: „Leobner Lied", Worte von Karl Jirsch, Weise von Karl Gold, B! Leder, 1911.

# Über den Ledersprung als Ausdruck montanistischer Traditionen

Günter B. FETTWEIS [1]

In Meyers enzyklopädischem Lexikon 1978 heißt es: „Tradition (lat.), die Übernahme und Weitergabe von Sitte, Brauch, Konvention, Lebenserfahrung und Institutionen. Tradition ist das, was die Generationen verbindet, zwischen Vergangenheit und Zukunft Kontinuität stiftet." Der große Brockhaus 1957 definiert Traditionen als „eine der entscheidenden Eigentümlichkeiten, die den Menschen zum Menschen machen. Er lebt von den Erfahrungen, Fähigkeiten, Kenntnissen, Einsichten seiner Vorfahren....".

Die mir übertragene Aufgabe ist es, über den Ledersprung als bergmännisches Brauchtum zu berichten. Dazu werde ich meine Ausführungen in zwei Abschnitte gliedern. Im ersten und längeren Abschnitt soll auf die Hintergründe und die Entstehung des Ledersprunges eingegangen werden. Da ich mich hierbei auf Sachverhalte der Vergangenheit stützen kann, ist dies auch sozusagen der „objektive" Teil meiner Rede. Im zweiten Teil möchte ich dann die Frage der Sinnhaftigkeit dieses Brauches in unserer Zeit aufwerfen. Sie ist weitgehend eine Wertfrage und daher auch nur subjektiv zu beantworten.

Einleitend sei aber auch noch folgendes gesagt: Eben habe ich – dem Wortlaut des Auftrags folgend – von einem bergmännischen Brauch gesprochen. Besser ist die Bezeichnung als montanistisches Brauchtum. Der Ledersprung ist nach meiner festen Überzeugung eine Tradition aller Montanisten, sozusagen eine „montanistische Familientradition". Zur Zeit seiner Entstehung waren das Bergwesen und das Hüttenwesen noch vereint. Auf diese gemeinsame Wurzel lassen sich auch die meisten der übrigen montanistischen Studien zurückführen, wie das Markscheidewesen, das Erdölwesen, das Gesteinshüttenwesen, die Werkstoffwissenschaften sowie das „studium irregulare" der Angewandten Geowissenschaften. Historisch gilt das auch für die Montangeologie, den Montanmaschinenbau und die Kunststofftechnik. Diese sind – gleichgültig, wie man ihre Herkunft ansonsten auch definieren mag – jedenfalls in die „montanistische Familie eingeheiratet". Die einschlägige Einbeziehung von Berufsgruppen, die mit dem Berg- und Hüttenwesen verwandt sind, ist im übrigen alt. Schon in einer Schrift über das Bergmannsleder aus dem Jahre 1774, auf die ich zurückkommen werde, sind in diesem Zusammenhang ausdrücklich Blaufarbenwerksarbeiter, Vitriolsieder und Schwefelbrenner sowie Bergmanufakturisten, also sogar Kaufleute, genannt.

Meine Ausführungen zu den Hintergründen und zu der Entwicklung des Ledersprunges will ich mit einem Zitat beginnen, das in unsere Überlegungen einzuführen vermag. Im Jahre 1858 fand in Wien die „Erste Allgemeine Versammlung von Berg- und Hüttenmännern" statt. Der Vorsitzende des Vorbereitenden Komitees, Graf Georg Andrassy, begann seine Begrüßungsrede wie folgt [2]:

*„Wenige Berufsstände haben das Gefühl engerer Zusammengehörigkeit und besonderer Fachgenossenschaft so treu bewahrt, als es die Berg- und Hüttenmänner getan haben; sie liebten und lieben es, sich „Bergwerksverwandte" zu nennen, und was auch gewerblich und nachbarlich durch Besitzstreit und Concurrenz an Einzelstörungen vorkommen*

Bild 1: Freit Eüch, Es ist Ain Perckhwerch Erstannden. Alleleuia. Schwazer Bergbuch, 1556. Universitätsbibliothek. Sign. Nr.: 2.737.

*mochte, waren sie doch immer gewohnt, sich nach Außen als einen unter sich zusammengehörigen Körper zu erkennen, ohne Unterschied des Landes und der geographischen Grenzen."*

Diese Worte zeigen, daß bereits vor 130 Jahren das bewußte Bewahren eines engen und internationalen Zusammengehörigkeitsgefühls ein Kennzeichen der Montanisten war. Nach meiner Lebenserfahrung hat sich seither daran nichts geändert. Überall, wo sich Montanisten treffen, und natürlich erst recht dort, wo Leobener zusammen kommen, entsteht sofort ein Empfinden der Zusammengehörigkeit, auch wenn man die betreffenden Personen nie vorher kennengelernt hat. Dies gilt nicht nur in Europa, sondern auch in aller Welt.

Fraglos ist diese montanistische Eigenart, die sich in der gleichen Form bei anderen Berufen kaum findet, im Laufe einer geschichtlichen Entwicklung entstanden und dann von Generation zu Generation tradiert worden. Was waren und was sind die Beweggründe dafür? Nach meiner Meinung kommen dafür vor allem vier Sachverhalte in Betracht: Diese sind zum ersten die große Gefährdung des im Berg arbeitenden Menschen früherer Zeit, zum zweiten das Geheimnisvolle der untertägigen Welt, das entsprechend auch auf die dort tätigen Menschen abfärbt und sie von anderen unterscheidet, zum dritten die Bedeutung der Produktion von Stoffen aus der Natur für das allgemeine Wohl und zum vierten schließlich die Tatsache, daß die Montanisten eine relativ kleine Berufsgruppe bilden. Im weiteren will ich zunächst auf diese vier Sachverhalte eingehen.

Um die vorstehend an erster Stelle genannten besonderen Gefahren des früheren Bergbaus so weit wie möglich zu beherrschen, mußte man sich unbedingt aufeinander verlassen können. Die Natur erzwang sozusagen unter den betroffenen Menschen ein vertrauensvolles Zusammenwirken, das über das sonst übliche Maß hinausging und das daher auch zu einem Gefühl enger Zusammengehörigkeit führte. Zum Beleg sei ein Zitat aus dem Jahre 1789 angeführt, das also noch einmal 80 Jahre älter ist als die Ausführungen des Grafen Andrassy. Es findet sich in einer „Nachricht und Beschreibung des schlesischen Knappschaftsinstitutes" in den schlesischen Provinzialblättern:

*„Schon in den ältesten Zeiten wurde der Bergbau von geschlossenen Gesellschaften betrieben, die sich durch eine eigenthümliche Kunstsprache und Kleidung von den übrigen Menschen auszeichneten. Die mancherley Gefahren, welche dieses Gewerbe begleiten, waren ohnstreitig der erste Grund, welche eine nähere Verbindung unter den Bergleuten nothwendig machte. Denn wem sind alle die Zufälle unbekannt, welche in diesem Stande mehr Witwen und Waisen schaffen, als in irgendeinem anderen, wenn man den Soldatenstand ausnimmt."*[3]

Allerdings ist in diesem Zusammenhang darauf zu verweisen, daß der Bergbau im Laufe der Geschichte in sozialer Hinsicht in zwei sehr verschiedenen Arten betrieben worden ist. In der römischen Antike war der Bergbau im allgemeinen Sklavenarbeit. „Damnare in metallum", d.h. die Verurteilung zur Bergwerksarbeit kam vielfach der Todesstrafe gleich. Die Überlieferung dieser Vorgänge wirkt sich noch heute in einigen romanisch bestimmten Ländern negativ auf das Ansehen des Bergbaus aus. Auf einer ganz anderen Grundlage beruhte demgegenüber die – im internationalen Vergleich gesehen – große Blüte, welche der Metallerzbergbau nach der Völkerwanderung über viele Jahrhunderte hinweg in Mitteleuropa erlebte. Hierauf beziehen sich die „ältesten Zeiten" des vorstehenden Zitats. Die Menschen wurden nicht zu der gefährlichen Arbeit in Bergwerken gezwungen, sondern dafür mit Privilegien belohnt, die sie von der Masse der übrigen Bevölkerung unterschieden. Dementsprechend entwickelte sich der Bergbau in Mitteleuropa auch zu einer besonders angesehenen Tätigkeit.

Zu den angeführten Privilegien gehörten mit örtlichen Unterschieden vor allem die Befreiung von Steuern und Zöllen sowie die vom Militärdienst, gleichwohl aber das Recht zum Tragen von Waffen – für das letztere wurde auch der Berghäckel zum Zeichen –, ferner die Zuteilung von Weide-, Jagd- und Fischereirechten, eine eigene Gerichtsbarkeit, besondere soziale Sicherungen durch Knappschaften und Bruderladen sowie das Recht zum freien Zu- und Abzug, was ja früher nicht selbstverständlich war. Nicht zuletzt ist auch die Bezeichnung der Bergleute als Knappen, d.h. mit einem Ausdruck des Ritterwesens, in diesem Zusammenhang zu nennen. Dem Stand der Privilegien entsprach daher auch das Ausmaß des Berufsstolzes der Bergleute und das damit verbundene Zusammengehörigkeitsgefühl.

Die Gefahren des Bergbaus, die zu all dem geführt haben, können heute weitaus besser beherrscht werden als in der Vergangenheit, da wir die diesbezüglichen Zusammenhänge besser kennen. Die Unfallhäufigkeit ist nicht mehr größer als in vielen anderen Bereichen und sicher kleiner als im Verkehrswesen. Unverändert geblieben ist aber die unmittelbare Konfrontation des Bergmanns mit den Kräften der Natur. Zu deren Beherrschung ist es daher auch unverändert notwendig, unbedingt solidarisch zu sein und sich entsprechend aufeinander verlassen zu können.

Als zweiten Grund für die den Montanisten eigenen Merkmale hatte ich den Flair des Geheimnisvollen der Tätigkeiten unter Tage genannt. Auch diese Besonderheit wirkt sich bis zu unserer Zeit auf den ganzen Stand aus, obwohl sie heute nur noch Teile des Montanistikums betrifft und fraglos auch dort in der Vergangenheit weitaus stärker war als in der Gegenwart. Zu dem Geheimnisvollen der bergbaulichen Tätigkeit unter Tage gibt es eine wunderschöne Stelle in der Bibel und zwar das 28. Kapitel des Buches Hiob. Allerdings muß man die Stelle in der Übersetzung Martin Luthers lesen, um ihren ganzen Sinn und ihre volle Schönheit zu erfahren. Luther konnte als Bergmannssohn sowohl die dargelegten bergbaulichen Geschehnisse voll verstehen als auch die sachlich richtigen Ausdrücke für ihre Wiedergabe in der deutschen Sprache verwenden. Alle anderen mir bekannt gewordenen Übersetzungen sind dagegen nahezu unverständlich, was im übrigen eine zusätzliche Bestätigung dafür ist, wie wenig sich Dritte in die Welt des untertägigen Bergbaus einzudenken vermögen und wie geheimnisvoll diese Welt für sie daher ist.

An der angeführten Stelle heißt es u.a. zum Bergbau, zu den Bergleuten und zu ihren Produkten:

*„Man bricht einen Schacht fern von da, wo man wohnt; vergessen, ohne Halt für den Fuß, hängen und schweben sie, fern von den Menschen.*

*Man zerwühlt wie Feuer unten die Erde, auf der doch oben das Brot wächst.*

*Man findet Saphir in ihrem Gestein, und es birgt Goldstaub.*

*Den Steig dahin hat kein Geier erkannt und kein Falkenauge gesehen.*

*Das stolze Wild hat ihn nicht betreten, und kein Löwe ist darauf gegangen.*

*Auch legt man die Hand an die Felsen und gräbt die Berge von Grund aus um.*

*Man bricht Stollen durch die Felsen, und alles was kostbar ist, sieht das Auge. Man wehrt dem Tröpfeln des Wassers und bringt, was verborgen ist, ans Licht.*

*Wo will man aber die Weisheit finden? Wo ist die Stätte der Einsicht?*

............

*Man kann nicht Gold für sie geben noch Silber darwägen, sie zu bezahlen.*

*Ihr gleicht nicht Gold von Ophir oder kostbarer Onyx und Saphir.*

*Gold und edles Glas kann man ihr nicht gleichachten noch sie eintauschen um güldnes Kleinod.*

............

*Gott weiß den Weg zu ihr, er allein kennt ihre Stätte.*

............

*Und sprach zum Menschen: „Siehe, die Furcht des Herrn, das ist Weisheit, und meiden das Böse, das ist Einsicht."*[4]

Der primäre Sinn der zitierten Bibelstelle ist es fraglos nicht, auf das Geheimnisvolle des Bergbaus hinzuweisen. Aber dieser Hinweis ist auch nicht nur ein Nebenprodukt. Es werden der Bergbau und die Bergbauprodukte als eine herausragende Leistung von Menschen bzw. als die höchsten irdischen Güter vorgestellt, um vor diesem Hintergrund dann umso

Bild 2: „Leobener Bergcurs 1879/80".  Universitätsbibliothek Leoben.

mehr den religiösen Gesichtspunkt, d.h. den Wert der Weisheit im Sinn Gottes, aufzeigen zu können.

Damit sind wir aber auch schon bei dem dritten der von mir genannten Gründe für die Sonderstellung des Montanistikums angelangt, nämlich bei der grundlegenden Bedeutung, die der Produktion von Stoffen aus der Erdkruste für das irdische Leben zukommt. Diese Bedeutung gilt unverändert seit der Zeit, in der das Buch Hiob verfaßt wurde; sie galt natürlich auch im Mittelalter, als sich unsere bis heute geübten montanistischen Traditionen herauszubilden begannen. Sie betrifft nicht nur das wirtschaftliche, sondern im weiten Maße auch das politische und wissenschaftliche Geschehen. So waren z.B. die großen Einkünfte, die aus dem reichen Tiroler Silberbergbau gezogen werden konnten, maßgeblich dafür, daß der spanische Habsburger Karl V. von den deutschen Kurfürsten zum römisch-deutschen Kaiser gewählt werden konnte. Die während seiner Regierungszeit 1556 erschienenen „Zwölf Bücher vom Berg- und Hüttenwesen" des Georg Agricola sind ein weiteres Zeichen dieser Bedeutung des Bergbaus in der damaligen Zeit; sie stehen nicht nur am Anfang der Montanwissenschaften, sondern darüber hinaus auch der modernen Ingenieur- und Geowissenschaften im allgemeinen. Auf der gleichen Linie liegt es, daß die in der zweiten Hälfte des 18. Jahrhunderts an mehreren Stellen in Europa gegründeten Bergakademien die ersten Technischen Hochschulen der Welt bildeten – wenn man von den Militärschulen absieht – und daß die 1786 in Österreich-Ungarn entstandene, wegen der Französischen Revolution leider nur sehr kurzlebige „Societät der Bergbaukunde" die erste internationale wissenschaftliche Gesellschaft der Welt war. All dies spiegelt die besondere Stellung der montanistischen Urproduktion wider. Unsere Vorfahren im Fache wußten dies und waren stolz darauf.

Als vierten Grund für die Eigentümlichkeiten der Montanisten hatte ich schließlich den Sachverhalt genannt, daß es sich bei den Vertretern dieses Berufsstandes seit jeher um eine relativ kleine Gruppe handelt. Kleingruppen entwickeln aber überall aus gruppendynamischen Gründen eine spezifische Solidarität. Das galt auch zur Zeit der Traditionsbildung im Mittelalter, in dem sich das Berg- und Hüttenwesen in einer weitaus größeren und vorwiegend agrarisch und handwerklich geprägten Gesellschaft abspielte, und es gilt natürlich auch heute.

Bild 3: Spalier vor dem Hauptgebäude aus Anlaß der Verleihung des Titels und der Würde eines Doktors der montanistischen Wissenschaften ehrenhalber an Herrn Bergingenieur Herbert Clark Hoover, Präsident der Vereinigten Staaten von Amerika, am 2. März 1933, wahrgenommen durch den amerikanischen Botschafter in Wien.

Die damit dargelegten Gründe für das Entstehen einer besonderen Solidarität unter den Montanisten sind gleichzeitig diejenigen für die Herausbildung eines spezifischen Standesbewußtseins und eines damit verbundenen Berufsstolzes.[5]

Auch die Verknüpfung von beruflichen Eigenarten mit einem spezifischen Berufsstolz ist ein allgemeiner Wesenszug der Menschen, wie nicht nur die tägliche Erfahrung, sondern auch die Psychologie lehrt. Einen schönen Ausdruck findet der angesprochene Berufsstolz in dem Gedicht des Dichters der Romantik Friedrich von Hardenberg, genannt Novalis, der selbst in den Jahren 1797 bis 1799 Berg- und Hüttenwesen an der Bergakademie Freiberg in Sachsen studiert hat:

*„Der ist der Herr der Erde,*
*der ihre Tiefen mißt*
*und jeglicher Beschwerde*
*in ihrem Schoß vergißt,*
*der ihrer Felsen Glieder*
*geheimen Bau versteht*
*und unverdrossen nieder*
*zu ihrer Werkstatt geht."*

Für unsere weiteren Überlegungen ist es maßgeblich, daß im menschlichen Leben zumeist Form und Inhalt eng zusammenhängen. Das herausragende Standesbewußtsein der Montanisten, ihre Solidarität und ihr Berufsstolz haben daher im Laufe der Entwicklung auch zu entsprechenden äußeren Zeichen sowie zu Äußerungen ihrer Selbstdarstellung geführt, in denen sie sich bis heute manifestieren. Auf das Zitat zu den bergbaulichen Gefahren sei rückverwiesen. Im einzelnen drücken sich diese Formen im Wahrzeichen von Schlägel und Eisen ebenso aus wie in dem Gruß „Glückauf" und im bergmännischen Liedgut. Welcher andere zivile Beruf verfügt über ein solches zum Teil Jahrhunderte altes umfangreiches Liedgut wie die Montanisten?

Nicht zuletzt gehört zu der aufgezeigten Entwicklung auch die Entstehung einer besonderen Kleidung. Dies betraf zunächst das Arbeitsgewand. Aus diesem haben sich sodann – vor allem seit der Barockzeit – Festtagstrachten der verschiedenen Art, darunter unser Bergkittel, bis hin zu Paradeuniformen mit prachtvollen Ausschmückungen gebildet. Das Bergleder, das wir vom Ledersprung kennen, tritt sowohl als Bestandteil der Arbeitskleidung wie der Festtagskleidung auf.

Als Bestandteil der Arbeitstracht erscheint das Bergleder erstmals auf bergmännischen Darstellungen, die um die Wende vom 15. zum 16. Jahrhundert entstanden sind.[6] Wenig später findet sich das Bergleder dann bei den meisten Bildern, die Bergleute bei ihrer Arbeit zeigen. Das gilt sowohl für das im Jahre 1556 erschienene Werk des Georg Agricola als auch für das zur gleichen Zeit publizierte Schwazer Bergbuch. Das Bergleder diente vor allem als Schutz gegen Feuchtigkeit und Kälte bei sitzender Arbeit und zum Herunterrutschen in geneigten Grubenbauen. Für diese Zwecke war es bis in unsere Tage gebräuchlich. Persönlich habe ich es vor bald 40 Jahren noch ganz selbstverständlich als Steiger und junger Ingenieur auf Steinkohlenbergwerken der steilen Lagerung im Ruhrrevier verwendet, d.h. in gleicher Weise wie den Grubenhelm als Arbeitsschutzmittel benutzt. Erst die umfassende Mechanisierung der bergmännischen Arbeiten in den jüngeren Jahrzehnten hat das Bergleder als Bestandteil der Arbeitskleidung weitgehend zum Verschwinden gebracht.

Da kein anderer Berufsstand ein ähnliches Kleidungsstück trug, hat sich das Bergleder auch bereits recht früh zu einem Ehrensymbol der Berg- und Hüttenleute entwickelt und zu einem entsprechenden Bestandteil ihrer Festtagstracht. In dem bereits angeführten 1774 von C.W.S. Schmid in Freiberg in Sachsen publizierten „Aufsatz von dem Rechte des Bergleders" heißt es in diesem Zusammenhang:[7]

*„Der Bau in den Bergen nach Fossilien macht in der bürgerlichen Gesellschaft ein eigenes Gewerbe und Stand aus.*

*Alle, die hier mit dem Kopf oder Körper arbeiten, unterscheiden sich von anderen Standesgenossen durch Wissenschaft, Sprache und Tracht.*

*Zu der Bergtracht gehören auch das Bergleder, über dessen Rechte dieser kleine Aufsatz entstanden ist.*

*Nach der allgemeinen Mundart nennet man das Bergleder Arschleder, und verstehet darunter ein schwarz zugeschnittenes Fell ohne Haare.*

*Von dem Gebrauche des Bergleders bey der Arbeit, und zum bergmännischen Anstand leiten wir eine Abtheilung in das Anfahrleder, in das Alltagsleder und in das Paradeleder ab.*

*Wer nur in Geschäften des Bergbaues einen Beruf bey sich fühlet, hat die Erlaubnis, mit der Bergkleidung auch das Bergleder zu tragen.*

*Fast überall aber hat es die Bequemlichkeit zur Gewohnheit gemacht, daß der Bergmann sich mit dem Bergleder unter dem Rücken gürtet und der Hüttenmann sein Leder vor dem Leib trägt."* (S.Churfürstl. Sächs. Befehl vom 11. Juni 1768 über die Bergparadekleidung).

*„Diejenigen, welche der Glanz ihrer Würde zu den ersten Classen des Bergstaates erhebt, tragen unter ihrem Paradeleder ein Bund seidenes Futter und an dessen äußerem Rand, eine goldene Spitze."*

Das Tragen des Bergleders war demnach allen Personen gestattet, die für den Bergbau „mit Kopf oder Körper arbeiten". In diesem Zusammenhang ist es allerdings stellenweise auch üblich geworden, die Bergleute „vom Leder" und „von der Feder" zu unterscheiden. – Danach zählen Professoren wohl nur zu denen „von der Feder".

Das Bergleder war also ein Ehrenzeichen. Wer daher in früheren Jahrhunderten eine unehrenhafte Handlung beging, dem wurde es weggenommen, „das Arschleder wurde ihm abgebunden". Er wurde aus der Knappschaft ausgestoßen und mit „fliegendem Kittel" davongejagt. Jemandem das Bergleder abbinden hieß also, ihn seiner Ehre verlustig zu erklären.

Man kennt das Bergleder aber auch als Symbol der gemeinsamen Sache von unzufriedenen und revoltierenden Bergleuten. Die Schladminger Bergleute, die im 16. Jahrhundert den Landeshauptmann von Steiermark besiegt hatten, zogen gegen Graz unter dem Zeichen des Bergleders.

Bemerkenswert ist es, daß sich in der zitierten Schrift von Schmid kein Hinweis auf den Ledersprung findet. In der Tat hat sich der Ledersprung als ein montanistischer Aufnahmeritus nicht in dem ansonsten bergbaukulturell sehr regen sächsischen Bergbau entwickelt, sondern in dem über lange Zeiten ebenso bedeutsamen und aktiven Erzbergbaurevier im Bereich von Schemnitz und seinen Nachbarstädten in der österreichisch-ungarischen Monarchie.

Leider wird Schemnitz nicht selten mit Chemnitz, dem heutigen Karl-Marx-Stadt, in Sachsen verwechselt. Unser Schemnitz liegt in der Mittelslowakei und heißt jetzt Banska Stiavnica; die ungarische Bezeichnung lautet Selmec Banya. In dieses Bergbaugebiet

Bild 4: Ledersprungauszug in Leoben im Jahre 1902.

hatten schon im Mittelalter ungarische Könige deutsche Bergleute geholt, die dann außer Schemnitz auch die benachbarten Bergstädte Kremnitz und Neusohl entwickelt haben. Maria Theresia gründete in Schemnitz in den Jahren 1763 bis 1770 durch die zeitlich aufeinander folgende Einrichtung von drei akademischen Professuren eine Bergakademie, die erste der Welt neben derjenigen von Freiberg in Sachsen, die mit ihrer ersten Professur 1765 entstand. Den Namen „Bergakademie" erhielt Schemnitz jedoch erst 1770, Freiberg schon 5 Jahre früher; daher gibt es in diesem Zusammenhang einen freundschaftlichen Prioritätsstreit. Die Bergakademie in Schemnitz bestand bis 1919 und wurde sodann von den Ungarn zuerst nach Ödenburg/Sopron und nach dem letzten Krieg nach Miskolc in Ostungarn verlegt.

Nach Kirnbauer war der Ledersprung im Schemnitzer Bergbaugebiet „mit größter Wahrscheinlichkeit schon im 16. Jahrhundert beim Eintritt von Bergleuten in die Bergmannszunft oder Bergbruderschaft gebräuchlich". Mit dem Sprung war die Verleihung des Bergleders verknüpft, das daher auch sofort umgebunden wurde. Besondere Formen der Aufnahme in einen Stand, Initiationsriten u.ä., sind bekanntlich weltweit verbreitet und entsprechen offensichtlich einem menschlichen Bedürfnis, und zwar umso mehr, je bedeutsamer der betreffende Stand ist. Daher werden die Formen und Feierlich-

Bild 5: Ledersprungauszug in Leoben am 30.11.1924.                                              Foto: Corps Erz.

keiten beim Eintritt in den Ehestand ja sogar als Hochzeit bezeichnet.

Wahrscheinlich nicht lange nach Gründung ihrer Hochschule haben dann die Schemnitzer Bergakademiker den in der Bergbaupraxis ihrer Umgebung gebräuchlichen Ledersprung als Aufnahmeritus übernommen und diese Handlung damit auch zu einem studentischen Brauchtum gemacht. Es gibt ein schönes Bild vom Ledersprung Schemnitzer Studenten aus der Biedermeierzeit, wobei die Herren übrigens vom Stand aus über das Leder springen (Bild 6) und nicht, wie wir das heute tun, von einem Faß aus. Nach diesem Bild war der studentische Ledersprung schon damals auch eine sehr fröhliche Angelegenheit.

Von Schemnitz aus hat sich der Ledersprung als bergmännischer und bergakademischer Aufnahmeritus im Bereich der gesamten österreichisch-ungarischen Monarchie verbreitet. Bis zum heutigen Tage wird er noch an einer ganzen Reihe von Hochschulen in den Nachfolgestaaten geübt, darunter außer bei uns und in Miskolc auch in Krakau und Ljubljana. In diesem Zusammenhang mag es von Interesse sein, daß wir in Mitteleuropa und zum Teil darüber hinaus sozusagen zwei „bergakademische Kulturkreise" unterscheiden können, denjenigen von Schemnitz, in dem der Ledersprung sich ausgebreitet hat, also jedenfalls den Bereich der alten Monarchie, und denjenigen der Bergakademie Freiberg in Sachsen und der von ihr beeinflußten Gebiete, die den Ledersprung bis heute nicht kennen. Alle Versuche ihn dort, d.h. vor allem in der Bundesrepublik Deutschland, in Berlin und in der DDR einzuführen, darunter mehrere nach dem letzten Kriege, sind bisher gescheitert.

Die Einführung des Ledersprunges an unserer Hochschule geht auf die Studenten und den sie begleitenden Prof. Albert Miller zurück, die im Gefolge der Revolutionswirren des Jahres 1848 die Bergakademie Schemnitz verlassen hatten, um in Vordernberg weiter zu studieren, wo unsere Hochschule bis 1849 lag.

Ihr Zuzug und die dadurch verursachten beengten räumlichen Verhältnisse in Vordernberg waren im übrigen der Anstoß dafür, die Hochschule von Vordernberg nach Leoben zu verlegen und sie von den steiermärkischen Ständen an die Zentralregierung zu übertragen.

Mangels entsprechender Unterlagen vermag ich Ihnen leider keinen Überblick über die Ausformungen des Ledersprungs an unserer Hochschule in den verschiedenen Zeitabschnitten seit der Mitte des vorigen Jahrhunderts zu geben. Jedenfalls ist unser Brauch im Laufe der Jahrzehnte eine enge Verbin-

Bild 7: Ledersprung am 4. Dezember 1946. Negativ in der Universitätsbibliothek.

Bild 6: Ledersprung in Schemnitz. Original im Besitz von Prof. Dr. Gerhard HEILFURTH, Marburg/Lahn.

dung mit Traditionen und Comment der studentischen Korporationen eingegangen, die seit der Mitte des vorigen Jahrhunderts in Leoben entstanden sind. Er präsentiert sich heute in den dabei entwickelten Formen. Keineswegs trifft es zu, daß ein gemeinsamer Ledersprung der gesamten Hochschule erstmals nach dem letzten Kriege stattgefunden hat, wie dies gelegentlich zu hören ist. Als Zeugen dafür, daß diese Sitte älter ist, kann ich meinen Vorgänger, Professor Josef Fuglewicz, anführen, der 1972 im Alter von 96 Jahren verstorben ist und den ich noch gut gekannt habe. Er hat mir mehrfach vom Ledersprung erzählt, wie er zu seiner Studienzeit, d.h. vor über 90 Jahren, von der ganzen damaligen Bergakademie Leoben gemeinsam mit dem Leobener Bergbau Seegraben gefeiert worden ist. Die freundschaftliche Verbin-

Bild 8: Ledersprung bei der KÖStV Glückauf.

tion beziehen. Zweifellos ist es nicht nur das Recht, sondern auch die Pflicht junger Menschen, immer wieder alte Formen in Frage zu stellen und sich Gedanken darüber zu machen, ob diese nicht durch bessere Vorgangsweisen abzulösen sind.

Nach meiner Überzeugung hat der Ledersprung weiterhin seine Berechtigung. Dies gilt auch für die überlieferten Formen dieses Brauchs, die nur in Details verändert oder weiterentwickelt werden sollten. Wie ich eingangs schon sagte, ist diese Meinung selbstverständlich subjektiv, da sie ohne Wertentscheidungen nicht getroffen werden kann. Zur Begründung meiner Auffassung will ich zunächst meine Ansicht zu Brauchtum überhaupt sagen und dann die zu dem Wert der Traditionen, die mit dem Ledersprung ausgedrückt werden sollen.

Unter Brauch versteht man gemeinhin ein bei gewissen Anlässen geübtes durch Tradition überkommenes Verhalten. Brauchtumsträger sind Men-

dung, die zwischen den Angehörigen unserer Hochschule und denen des 1964 infolge Auskohlung stillgelegten Bergbaus Seegraben bestand, habe ich im übrigen selbst durch Teilnahme an Barbarafeiern und anderen Veranstaltungen dieses Betriebes erlebt.

Faßt man den damit zum Abschluß kommenden ersten Teil meiner Ausführungen zusammen, so läßt sich jedenfalls folgendes feststellen: Der Ledersprung, wie wir ihn heute in Leoben kennen, hat sich im Laufe der geschichtlichen Entwicklung als äußerer Ausdruck für die Kennzeichen und Wesenszüge der montanistischen Berufe entwickelt. Demgemäß ist dieser Brauch auch unverändert mit Aussagen verbunden und sicher nicht sinnentleert.

Ungeachtet dieses Befundes möchte ich, wie angekündigt, noch kurz zu der Frage der Sinnhaftigkeit des Ledersprungs als montanistisches Brauchtum in unserer Zeit und an unserer Universität Posi-

Bild 9: Ledersprung der Montanuniversität im Jahre 1981; Dissertant im Berliner Bergkittel.   Foto: Heinz Weeber.

758

schengruppen, darunter Berufsgruppen. Allein die weite Verbreitung von Bräuchen in allen Kulturen und zu allen Zeiten läßt darauf schließen, daß ihre Ausübung einem fundamentalen Bedürfnis der Menschen entspricht. Auch bei diesem Kommers und dem vorhergehenden Gottesdienst haben wir schon eine ganze Reihe von Bräuchen erlebt, wie z.B. die Weihe der Adventkränze in der Kirche und den Einzug der Chargierten in diesen Saal. Verhaltensformen dieser Art strukturieren nicht nur Feiern und machen sie damit zu einem Erlebnis, sondern sie vermögen auch zur Selbstfindung, zum Identitätsgewinn, zur persönlichen Ortung sowie zur Gestaltung und Akzentuierung des Lebens jedes einzelnen beizutragen. Ohne gute Bräuche würde nach meiner festen Überzeugung das Leben ärmer werden. Dies gilt erst recht in unserer Zeit, in der die Menschen ohnehin unter Einebnungs- und Vermassungstendenzen leiden. Ich glaube also, daß sowohl als Beitrag zur Lebensbewältigung als auch zur Lebensfreude gute Bräuche nicht nur ratsam, sondern sogar erforderlich sind. Wenn man sie ausübt, folgt man einer uralten Weisheit.

Meine positive Stellungnahme zum Brauchtum ist allerdings daran gebunden, daß es sich um gute Bräuche handeln muß, d.h. um solche, die weder sinnlos noch in ihren Gehalten abzulehnen sind, sondern die etwas Sinnhaftes und Wertvolles auszudrücken vermögen.

Die Traditionen, die der Ledersprung vermittelt, sind nach meiner Überzeugung auch in Gegenwart und Zukunft äußerst positiv zu bewerten. Das betrifft vor allem das Herausstreichen der beruflichen und sozialen Solidarität. Lange bevor das Wort „teamwork" in die deutsche Sprache Eingang fand, hat schon der Spruch gegolten „Der Bergbau ist nicht eines Mannes Sache." Im sozialen Zusammenleben unserer berg- und hüttenmännischen Vorfahren in ihren bergrechtlichen Gewerkschaften, in ihren Bruderladen und Knappschaften war vieles schon eine Selbstverständlichkeit, was heute noch für andere Bereiche gefordert wird. Als Beispiel sei auf die Versorgungseinrichtungen verwiesen, welche die Tiroler Bergleute im Mittelalter für ihre Witwen und Waisen geschaffen haben und die vorbildlich für die

Bild 10: Ledersprung der Montanuniversität im November 1988.
Foto: Robert Exenberger.

Sozialgesetzgebung in späteren Zeiten geworden sind. Der Vorbildcharakter der montanistischen Solidarität kommt im übrigen auch darin zum Ausdruck, daß die im vorigen Jahrhundert entstandene Arbeiterbewegung ihren Namen Gewerkschaft von der bergrechtlichen Gewerkschaft übernommen hat. Diese bergrechtliche Gewerkschaft ist eine im Mittelalter für die Zwecke des Bergbaus geschaffene und bis vor kurzem existierende Gesellschaftsform, bei der die Anteilseigner nicht nur zur Einnahme der Erträge ihres Unternehmens berechtigt, sondern auch zu Zubußen im Falle von Verlusten verpflichtet waren. Zu Beginn der Entwicklung gehörten zu diesen Anteilseignern vor allem die jeweiligen Bergleute selbst.

Auch die Tatsache, daß wir alle den gleichen Bergkittel tragen, der Rektor der Universität ebenso wie der jüngste Fuchs, der Generaldirektor wie der Berglehrling, ist ein Zeichen der montanistischen Solidarität. Sie ist damit auch der Ausdruck für eine im Montanistikum seit langem tradierte Grundeinstellung zum Wert und zu der Würde jedes einzelnen, die wir mit heutigen Worten als demokratisch bezeichnen können und auf die wir mit Recht stolz sein dürfen.

Richtig verstanden drückt somit der Ledersprung einen großen Reichtum an Werten unseres Standes aus. Bei der weiteren Überlieferung dieser Traditionen brauchen wir uns daher auch wahrlich nicht zurück zu halten. Sie ist vielmehr nach meiner Überzeugung sogar unsere Aufgabe und damit auch die Ihre als Korporation unserer Universität. In diesem Zusammenhang sei vermerkt, daß das Leben an einer Universität ja nicht nur Bildungsaufgaben im kognitiven Bereich, d.h. bei der Vermittlung von Wissen und Fähigkeiten, zu erfüllen hat, sondern auch solche im affektiven Bereich, d.h. bei der Weitergabe von Verhaltensweisen und von Werten berufsbezogener Art. Nach meiner durch Erfahrung gewonnenen Überzeugung geschieht dies auch in Zukunft am besten mit Hilfe von äußeren Formen, die sich im Laufe einer langen und sozusagen evolutionären Entwicklung als Ausdruck bestimmter Inhalte herausgebildet haben.

Aus meinen Darlegungen ergibt sich somit, daß wir gute Gründe dafür besitzen, auch weiterhin den Ledersprung zu feiern und uns an seiner schönen alten Form zu erfreuen sowie an den Liedern, die in seinem Verlauf gesungen werden. Wir dürfen dabei mit Recht stolz auf unsere montanistische Zusammengehörigkeit und Gemeinschaft sein. Das trifft entsprechend auch auf Ihren heutigen Barbarakommers zu, der mit dem Ledersprung Ihrer Korporation verbunden ist.

Da meine Ausführungen als Festrede angekündigt worden sind, will ich es nicht unterlassen, abschließend noch einen diesbezüglichen Brauch heranzuziehen und Goethe zu zitieren. Dieser hat mannigfache montanistische Bezüge, durch geowissenschaftliche und bergbautechnische Interessen, als Freund bedeutender Montanisten seiner Zeit, als Anreger montanwissenschaftlicher Gesellschaften sowie als für den Bergbau zuständiger Minister des Herzogtums Sachsen-Weimar. In dieser Eigenschaft hat er sich u.a. sehr detailliert in technischer und wirtschaftlicher Hinsicht um die Wiedereröffnung des Kupferschieferbergbaus Ilmenau bemüht.

Es nimmt daher nicht wunder, daß sich bei Goethe auch ein schönes bergbaubezogenes Zitat findet, das in den Kanon der montanistischen Wertvorstellungen eingegangen ist. Der Dichter hat in das Gästebuch der Knappschaft von Tarnowitz und der dortigen Bergschule geschrieben:

„*Wer hilft Euch, Schätze zu finden und sie glücklich zu bringen ans Licht? Nur Verstand und Redlichkeit helfen. Es führen die beiden Schlüssel zu jeglichem Schatz, welchen die Erde verwahrt.*"

## ANMERKUNGEN

[1] Geringfügig überarbeitete Fassung einer Rede, die der Verfasser beim Barbarakommers der Katholischen Österreichischen Studentenverbindung Glückauf am 26. November 1988 in Leoben gehalten hat; die Bilder wurden von der Redaktion, Prof. Dr. F. Sturm, beigegeben.

[2] In: „Bericht über die erste allgemeine Versammlung von Berg- und Hüttenmännern zu Wien (10.–15. Mai 1858). Redigirt und herausgegeben vom Comité der Versammlung", Wien 1859.

[3] In: Bergmännisches Journal 2, Freiberg 1789, Seite 897.

[4] In: Altes Testament, Buch Hiob, Kapitel 28, Vers 4–12, 15–17, 23 und 28. Deutsche Übersetzung nach Martin Luther. Internationaler Gideonbund 1967.

[5] Nach seinem Vortrag hat der Verfasser die im vorliegenden Zusammenhang interessante „vom k.k. Ministerialrathe Herrn Carl Weis gehaltene Festrede. Der Einfluss des Bergbaues auf Characterbildung des Bergmannes" kennen gelernt. Sie findet sich in: „Bericht über die zweite allgemeine Versammlung von Berg- und Hüttenmännern zu Wien (21. bis 28. September 1861). Redigirt und herausgegeben vom Comité der Versammlung", Wien 1862. Darin heißt es u.a. „Fürwahr, es gibt keinen Stand, in welchem kameradschaftlicher Sinn und aufopfernde Nächstenliebe lebendiger wäre als in jenem des Bergmannes! Die Unglücksfälle der letzten Jahre haben dies im glänzendsten Lichte gezeigt."

[6] Der Verfasser bezieht sich hierbei ebenso wie bei einigen folgenden Darlegungen zum Bergleder vor allem auf: Franz Kirnbauer: Der Ledersprung, Leobener Grüne Hefte, herausgegeben von Franz Kirnbauer, Montanverlag, Heft 59, 1962.

[7] Nachgedruckt bei Franz Kirnbauer gemäß Anmerkung 6).

# Peter Ritter von Tunner 1809–1897
# Ein eisenhüttenmännisches Lebensbild

Hans Jörg KÖSTLER

## HERKUNFT UND AUSBILDUNG

Bergbau und Hochofen in Salla am Ostabhang der Stubalpe sowie das Hammerwerk im benachbarten Obergraden bei Köflach im späteren weststeirischen Kohlenrevier waren seit 1809 Eigentum von Peter Tunner d. Ä., dem sein Stiefvater Sebastian Kliegel die genannten Anlagen übergeben hatte; es steht daher außer Zweifel, daß der am 10. Mai desselben Jahres in Deutschfeistritz (nördlich von Graz) geborene Peter Tunner d. J. als Sohn des nunmehrigen Eigentümers Erschmelzung und Verarbeitung von Eisen schon als Kind kennengelernt hat. Die Werke in Salla und in Obergraden gingen auf Joseph und Matthäus (III) Tunner zurück, deren Vater Matthäus (II) – der Großvater von Peter Tunner d. Ä. – im Jahre 1763 nach Deutschfeistritz geheiratet hatte; durch diese Ehe wurde er auch Miteigentümer eines Hammerwerkes der alteingesessenen Gewerkenfamilie Großauer. Matthäus (II), ein gelernter Nagelschmied, stammte aus Neuhaus bei Trautenfels im steirischen Ennstal, wo sein Vater Matthäus (I) ebenfalls als Nagelschmied tätig gewesen war.

Die schlechte Wirtschaftslage im österreichischen Kaiserstaat bei Übernahme des Kliegel'schen bzw. früher Tunner'schen Montanbesitzes durch Peter Tunner d. Ä. (Bild 1) und technische Probleme mit dem Hochofen in Salla führten 1823 zu Konkurs und Verlust des bereits angeschlagenen Betriebes. Trotzdem genoß der gescheiterte Gewerke in Fachkreisen den besten Ruf, so daß ihm das Fürst Schwarzenbergische Oberverwesamt Murau noch 1823 die Leitung von Bergbau und Hochofen in Turrach anvertraute. Die Familie Tunner übersiedelte daher in das vom fürstlichen Eisenwerk geprägte Turrach, und schon im nächsten Jahre begann unter Verweser Tunner d. Ä. der (längst fällige) Hochofenneubau (Bild 2), den Peter Tunner d. J. als nun fünfzehnjähriger Knabe – nach Schulbesuch in Piber (bei Köflach) und in Graz – von Anfang an mitverfolgen konnte. Der junge Tunner hielt sich aber nicht nur in Turrach auf, sondern arbeitete auch in anderen Schwarzenbergi-

Bild 1: Peter Tunner d. Ä., um 1840. Ölgemälde von Josef Ernst Tunner im Besitz von Kommerzialrat Herbert Tunner in Köflach.

Bild 2: Hochofen in Turrach um 1830; erbaut 1824–26 von Peter Tunner d. Ä. und 1838 von Peter Tunner d. J. mit einem Winderhitzer ausgestattet. Reproduktion eines verschollenen Aquarells
Foto in den Schwarzenbergischen Archiven in Murau.

schen Frischhütten, um ein möglichst umfassendes Wissen vor allem in der Stahlerzeugung zu erwerben. Schon 1827 vermochte der kaum achtzehnjährige Tunner beim Eisenwerk der Gebrüder von Rosthorn in Frantschach (Kärnten) eine neue Frischmethode einzuführen. Als Dank für diese erfolgreiche Tätigkeit ermöglichten ihm die Gebrüder von Rosthorn das Studium am Wiener Polytechnischen Institut (1828–1830), das Tunner mit besten Zensuren absolvierte.

Nach zweijähriger Praxis in Salzburger und Tiroler Eisenwerken sowie in Neuberg a.d. Mürz (Steiermark) übernahm Tunner die Leitung des Schwarzenbergischen Hammerwerkes in Katsch (bei Murau). Seine auch dort vorbildliche Arbeit blieb nicht verborgen, denn mehrere Praktikanten – darunter auch ein Absolvent der Bergakademie Schemnitz – erweiterten bei Tunner ihre Kenntnisse, und schließlich wurde sogar Erzherzog Johann auf den jungen Verweser der Katscher Frischhütte aufmerksam. Zu Beginn der dreißiger Jahre bemühte sich nämlich Erzherzog Johann um die Besetzung einer Professur für Berg- und Hüttenkunde an der in Vordernberg zu schaffenden Montanlehranstalt, worüber P. W. Roth im Beitrag „150 Jahre Montanuniversität Leoben" ausführlich berichtet. Tunner erhielt sein Ernennungsdekret am 15. Mai 1835 und konnte dank der Großzügigkeit von Johann Adolf II Fürsten zu Schwarzenberg schon Ende Juni 1835 aus dessen Diensten scheiden, um sich ausschließlich den Vorbereitungen auf sein Lehramt zu widmen.

Zunächst galt es für Tunner, Stand und Entwicklung der Hüttentechnik – vor allem des Eisenwesens – in allen europäischen Industrieländern kennenzulernen, nachdem der junge Professor sofort nach seiner Berufung alle bedeutenden Eisenwerke in Kärnten und in der Steiermark besucht hatte. Tunner unternahm seine erste Studienreise von Oktober 1835 bis Dezember 1837; sie führte ihn nach Mähren, Preußisch-Schlesien (z.B. Königshütte und Gleiwitz), Böhmen (Pribram), Sachsen (Bergakademie Freiberg), Preußen, Schweden (Bergschule in Falun),

Bild 3: Peter Tunner d. J., um 1840. Ölgemälde von Josef Ernst Tunner im Besitz von Kommerzialrat Herbert Tunner in Köflach.

England (Sheffield, Birmingham, Cornwall und Swansea), Belgien, Frankreich und Württemberg. Bei der zweiten Reise (April – Juli 1838) besichtigte er Berg- und Hüttenwerke in Ungarn (Slowakei), wovon Schemnitz, Neusohl, Herrengrund und Schmölnitz genannt seien; die dritte Studienreise (August – Oktober 1838) umfaßte Oberitalien (Mailand und Brescia), Tirol (Jenbach, Pillersee und Kössen), Südostbayern (Bergen und Achthal), Salzburg (Flachau und Werfen) und einige steirische Eisenwerke (Liezen und Rottenmann). Der nun neunundzwanzigjährige Tunner (Bild 3) hatte sich durch diese Reisen eine Gesamtschau des europäischen Montanwesens erworben, wie sie auch heute nur die wenigsten Fachleute vorweisen können.

Auftragsgemäß und wohl ebenso aus eigenem Antrieb brachte Tunner von seinen Studienreisen eine Vielzahl von Notizen, Zeichnungen und Produkten mit. Als gleich wertvolle Frucht gelten sechs Druckschriften, die Tunner in den Jahren 1838/40 veröffentlichte und mit denen er die heimische Eisenindustrie auf wichtige Fortschritte hinwies:

➢ Über Anwendung der erhitzten Gebläseluft im Eisenhüttenwesen. Wien 1838;
➢ Über den gegenwärtigen Stand des Puddelfrischprozesses und dessen Verhalten zur innerösterreichischen Herdfrischerei. Wien 1838;
➢ Über Rails- (Eisenbahnschienen) Fabrikation. Wien 1838;
➢ Beiträge zur Untersuchung der möglichen und zweckmäßigen Verbesserungen und Abänderungen der innerösterreichischen Herdfrischerei. Graz 1839;
➢ Die Walzwerke als Stellvertreter der Hämmer. Graz 1839;
➢ Über Zustellung und Windführung beim Gebrauche erhitzter Gebläseluft, vorzugsweise für jene Eisenhochöfen, welche zur Verfrischung bestimmtes Roheisen produciren. Graz 1840.

Diese Publikationen erschienen zu einer Zeit, als beim Steirischen Erzberg einige Hochöfen bereits modernisiert waren und Puddelverfahren sowie Schienenwalzen langsam Platz griffen, d.h. in einer Phase langsamen Aufschwunges, der Tunners Anregungen und Vergleiche mit ausländischen Vorgängen aber durchaus noch bedurfte. Als erfahrener Fachmann warnt er jedoch vor überhasteten Maßnahmen; so tritt er als Befürworter des Puddelverfahrens auf, doch sollte der Puddelstahl dem Frischherdstahl qualitativ mindestens gleichwertig sein, um den Ruf steirischer Hütten nicht zu gefährden. Tunner war sich im klaren, daß Walzwerke die Hämmer in vielen Bereichen ablösen werden – aber er sieht derzeit noch eine Gefahr in mangelhafter Verschweißung des gewalzten Puddel- oder Frischherdstahles.

Bedingungslos forderte Tunner jedoch die 1831/32 entwickelte Winderhitzung durch Gicht- bzw.

Rauchgas für alle metallurgischen Öfen und geht in der Steiermark sogar mit gutem Beispiel voran: *"Die Einführung des erhitzten Windes bei den Eisenhochöfen war einer meiner ersten Eingriffe in die Praxis unserer innerösterreichischen Eisenindustrie, indem ich mich im Jahre 1838 an der Einführung derselben zu Turrach beteiligte".* Ebenfalls auf Betreiben Tunners stattete die Vordernberger Radmeister-Communität ihren Hochofen 1841 mit einem Winderhitzer aus.

## DIE VORDERNBERGER ZEIT

An der im November 1840 eröffneten Montanlehranstalt in Vordernberg unterrichtete Tunner sowohl das Bergbaufach als auch das Hüttenfach. Trotz bergmännischer Publikationen in seinen Vordernberger Jahrbüchern und beispielhafter Exkursionen im jeweiligen Bergkurs widmete sich Tunner zusehends mehr der Eisenhüttenkunde, wie dies in den umfangreichen Berichten über Schienenwalzung (1842) und Vergasung von Braunkohle für Puddelöfen (1842) sowie schließlich im „Wohlunterrichteten Hammermeister" zum Ausdruck kommt.

Diese „Gemeinfaßliche Darstellung der Stabeisen- und Stahlbereitung in Frischherden", die 1846 als erste (Graz) und 1858 in wesentlich erweiterter zweiter Auflage (Freiberg/Sachsen) erschien, wollte keine theoretische Abhandlung, sondern eher eine Anleitung für den Frischer am Herd sein und in erster Linie der „Beförderung und Unterstützung von Industrie und Gewerbe" dienen.

Aus eigener Erfahrung kannte Tunner den Wert von Studienreisen und Exkursionen; es war daher selbstverständlich, eine jährliche „Hauptexkursion" in das Studienprogramm der Montanlehranstalt aufzunehmen. Die wochenlangen Lehrfahrten – die erste fand 1841 statt – stellten an Professor und Studenten enorme physische und geistige Ansprüche, denn anhand von Mitschriften und Diskussionen mußten alle Teilnehmer detaillierte Berichte abliefern, die Tunner bzw. später auch seine Mitarbeiter genau kontrollierten und teilweise veröffentlichten. Da sich fast alle Exkursionsberichte nicht auf das Beschreiben von Anlagen und Verfahren beschränken, sondern auch kritische Passagen enthalten, brachten diese Stellungnahmen dem jeweiligen Werkseigentümer mitunter nennenswerte Vorteile.

## DIE ERSTEN JAHRE IN LEOBEN

ZEMENTSTAHL – PUDDELSTAHL – ROHEISEN

Rege Publikationstätigkeit und vor allem mehrere Initiativen bei Übernahme neuer metallurgischer Verfahren durch steirische Eisenwerke kennzeichnen die anderthalb Jahrzehnte nach Verlegung der Lehranstalt von Vordernberg nach Leoben (1849). Am Beginn dieses von Tunner getragenen Technologietransfers steht die Einführung der Zementstahlproduktion in der Hütte Eibiswald (Steiermark), die sodann anderen Stahlwerken als Vorbild diente. Namentlich schwedischer Zementstahl drängte seit den vierziger Jahren auf den österreichischen Markt, weil die heimischen Frischhütten weder qualitativ noch preislich mithalten konnten. Der durch Aufkohlen weichen Stahles gewonnene Zementstahl bildete das optimale Ausgangsprodukt für Tiegelgußstahl und Gärbstahl, die insbesondere zu hochbeanspruchten Werkzeugen verarbeitet wurden. Als Beispiel für diesen Fertigungsweg seien die Zementstahlerzeugung in Donawitz und die anschließende Umschmelzung zu Tiegelstahl in der Gußstahlhütte Kapfenberg genannt.

Ähnliche Erfolge waren Tunner in Neuberg bei Herstellung hochgekohlten Puddelstahls beschieden, den man zu sog. Tyres (verschleißfesten Eisenbahnradreifen) und zu Schienenköpfen auswalzte. Damit hatten sich der Fabrikation von Verbundschienen (bisher weicher Puddelstahl als Fuß und Steg sowie – teurer – hochgekohlter Frischherdstahl als Kopf) neue, sofort genutzte Möglichkeiten erschlossen, deren Bedeutung in einer Zeit ausgedehnter Eisenbahnbauten nicht hoch genug einzuschätzen war. Ebenfalls in den fünfziger Jahren widmete sich Tunner Brennstoff- und Energiefragen. So empfahl er 1852 Versuche zur Verwendung von roher und verkokter Braunkohle in Hochöfen,

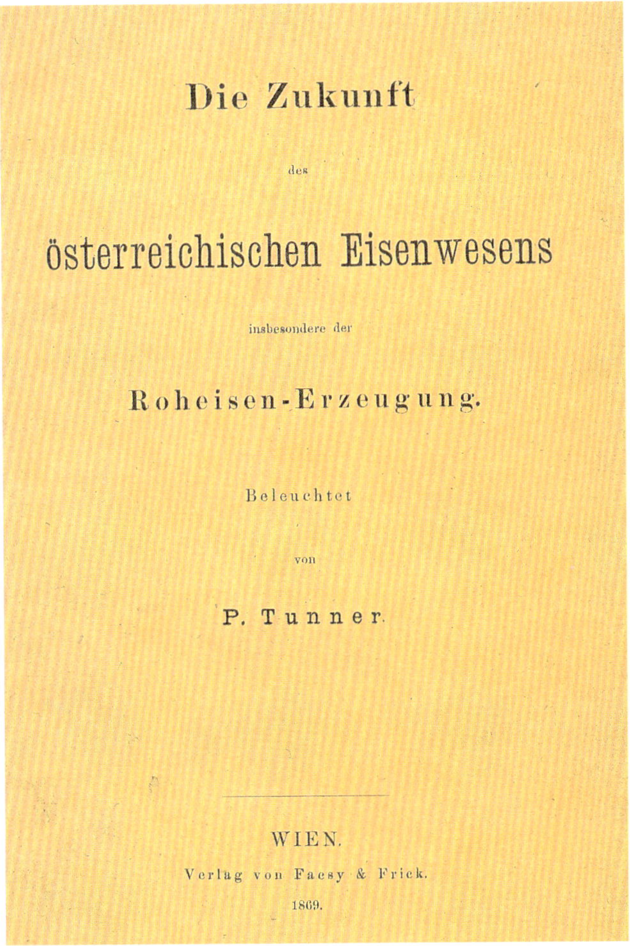
Die Zukunft

des

österreichischen Eisenwesens

insbesondere der

Roheisen-Erzeugung.

Beleuchtet

von

P. Tunner.

WIEN.

Verlag von Faesy & Frick.

1869.

Bild 4: Titelblatt der Veröffentlichung von Peter Tunner über die Zukunft des österreichischen Eisenwesens, Wien 1869.

weil die Versorgung alpenländischer Roheisenproduzenten mit guter und kostengünstiger Holzkohle immer größere Schwierigkeiten bereitete.

Natürlich wertete Tunner die Braunkohle im Hochofen nur als Notlösung bis zum Bau von Eisenbahnen, die Koks bzw. verkokbare Kohle zu steirischen und kärntnerischen Hochöfen bringen sollten. Dieser Tunner'sche Plan kam 1869/74 in Prävali, Zeltweg und Schwechat sowie zwei Jahrzehnte später in Donawitz zur Ausführung, womit sich auch in Österreich das Koksroheisen durchsetzte, wie dies Tunner bereits seit langem unter gewissen Voraussetzungen verlangt und z.B. in seiner herausfordernden Schrift „Die Zukunft des österreichischen Eisenwesens" (1869) dokumentiert hatte (Bild 4).

DAS BESSEMERVERFAHREN

Der Herausgeber der „Österreichischen Zeitschrift für Berg- und Hüttenwesen", Otto Freiherr v. Hingenau, erwarb sich durch Veröffentlichung aller ihm zugänglichen Nachrichten über eine von Henry Bessemer am 13. August 1856 vorgestellte Frischmethode größte Verdienste um die Kenntnis des – später so bezeichneten – Bessemerverfahrens in Österreich. Schon am 6. Oktober 1856 berichtete O. Hingenau erstmals über Bessemers Erfindung, und wenige Wochen später brachte er einen Beitrag mit dem programmatischen Titel „Bessemer's Fabrikation von Stabeisen und Stahl aus flüssigem Roheisen ohne Anwendung von Brennmaterial". Im Berg- und Hüttenmännischen Jahrbuch für 1857 äußerte erstmals Tunner seine grundsätzliche Ansicht über das neue Windfrischverfahren, denn „*... das meiste Interesse unter allen Reformen und Verbesserungen der Jetztzeit bietet unstreitig Bessemers Fabrikation von Stabeisen und Stahl. ... Mag immerhin die praktische Durchführung von der Hand scheitern, ... so ist hiermit doch eine völlig neue Tatsache konstatiert, die nämlich, daß der Kohlengehalt im Eisen selbst als Brennmaterial dienen kann. Diese Sache ist so neu, daß der Fachmann im ersten Augenblicke stutzen und sich fragen muß, ist es wirklich möglich? Nach sorgfältiger Prüfung aller darauf Bezug nehmenden Erscheinungen in den bisherigen Hüttenprozessen muß mindestens die Möglichkeit zugestanden werden; daher die aus England gemeldeten Tatsachen um so weniger bezweifelt werden dürfen. Es kann nicht befremden, wenn Bessemers Prozeß in der Praxis noch auf allerlei Schwierigkeiten stößt, denn nach 1–2 Versuchsjahren kann ein Gegenstand der Art wohl nicht zur völligen Reife gebracht werden. Daß hierdurch aber früher oder später eine große Reform in der Praxis des Eisenfrischwesens herbeigeführt wird, bezweifle ich nicht*".

Obwohl Tunner die beiden Roheisenbegleitelemente Silizium und Mangan als Wärmeträger nicht erwähnt, schätzte er das Windfrischen als neuen

Weg der Stahlmetallurgie richtig ein, und dementsprechend gestaltete sich sein Engagement für das „Bessemern" schon zu einer Zeit, als L. Gruner, ein französischer Fachkollege, schrieb: *„Man kann daher a priori behaupten, daß durch den Bessemer'schen Prozeß aus gewöhnlichem Roheisen niemals gute Produkte erzeugt werden können".*

Offenbar verlagerte sich der Schwerpunkt in Forschung und Anwendung des Windfrischens bald nach Schweden, wo 1858 die erste Charge Windfrischstahl in einem feststehenden Konverter erblasen wurde. Tunner verfolgte die Entwicklung in Schweden – wie seine diesbezüglichen, damals äußerst aktuellen Publikationen belegen – genau und objektiv, so daß er im August 1859 einen bedeutsamen Schluß zu ziehen vermochte:

*„Der Gegenstand (d.h. das Bessemerverfahren) ist meines Erachtens für Österreichs Eisenwesen von so großer Wichtigkeit, daß ich durch die vorliegende Veröffentlichung (über Fortschritte in Schweden) eine Pflicht für das Vaterland zu erfüllen glaube, und dieserwegen sehnlichst wünsche, daß unsere Hochofenbesitzer es nunmehr gleichfalls als die Pflicht ansehen, denselben endlich in Angriff zu nehmen".*

Die Bemühungen Tunners, in Österreich das „Flußstahl-Zeitalter" einzuleiten, fielen dank seiner profunden Stellungnahmen auf fruchtbaren Boden. In den Jahren 1861/63 begann man nämlich bei den Eisenwerken in Turrach (Bild 5), Neuberg, Heft (Kärnten) und Graz mit dem Bau von Bessemerstahlwerken, wobei allerdings (auch bei Tunner) Unklarheit herrschte, ob dem feststehenden „Schwedischen" oder dem kippbaren „Englischen" Konverter der Vorzug zu geben sei. (Seit 1869 gab es in Österreich nur noch kippbare Frischgefäße, d.h. Konverter im heutigen Sinne).

Es ist nicht möglich, hier auf alle Leistungen Tunners und des verantwortlichen Personals bei Inbetriebnahme oben genannter Stahlwerke einzugehen; expressis verbis sei hervorgehoben, daß sich der allseits geschätzte Eisenhüttenmann Tunner nicht auf unverbindliche Ratschläge par distance eingelassen hat, sondern bei den ersten Bessemerchargen in Turrach (Oktober und November 1863), Heft (Juni 1864) und Neuberg (Februar 1865) anwesend war, nachdem man ihm die Leitung des jeweiligen Versuchsbetriebes und der ersten Chargen anvertraut hatte. Ohne Können und Erfolg der Stahlwerksmannschaften im mindesten zu schmälern, gilt es dabei als unbestrittene Tatsache, daß die meisten österreichischen Bessemerhütten ohne Tunner nicht innerhalb kürzester Zeit zu reibungsloser Produktion gelangt wären.

Bedauerlicherweise stand den Erfolgen im Bessemerverfahren ein deprimierender Eingriff in die Studienordnung der Leobener Bergakademie gegenüber: die Aufhebung des seit 1852 bestehenden Vorbereitungskurses im Jahre 1866. Tunner überließ daraufhin mit Beginn des Studienjahres 1866/67 die Vorlesungen über Eisenhüttenkunde seinem Nachfolger Franz Kupelwieser und wirkte nun ohne Lehrverpflichtung bis 1874 als Bergakademie-Direktor. Diese Maßnahme bedeutete für Tunner aber keineswegs eine Abkehr vom Eisenwesen, dem er nach wie vor engstens verbunden blieb.

## SIEMENS-MARTIN- UND THOMASVERFAHREN

Im „Denkbuch des österreichischen Berg- und Hüttenwesens" anläßlich der Wiener Weltausstellung 1873 brachte der Tunner'sche Beitrag „Das Eisen-, Berg- und Hüttenwesen der Alpenländer" einen aufschlußreichen Überblick über diesen Wirtschaftszweig. Nach Erörterung des Frischherdstahles, dessen Bedeutung gegenüber Tiegel- und Bessemerstahl bereits stark gesunken war, und des Puddelstahles geht Tunner auf den Siemens-Martin-Stahl ein; in Österreich gab es zu Beginn der siebziger Jahre drei „Martinhütten", nämlich in Wien-Floridsdorf, Neuberg und Graz, wovon erstere nicht mehr produzierte und die beiden anderen mit je einem Ofen schmolzen. Im Gegensatz zum Bessemerverfahren beurteilte Tunner den Siemens-Martin-Prozeß lange sehr zurückhaltend und trat in dessen Anfangszeit mit nur einer einzigen diesbezüglichen Publikation hervor. Erst im „Denkbuch" nimmt er zum neuen Herdofenverfahren Stellung: *„Übrigens ist das Produkt des Martinprozesses weder durch*

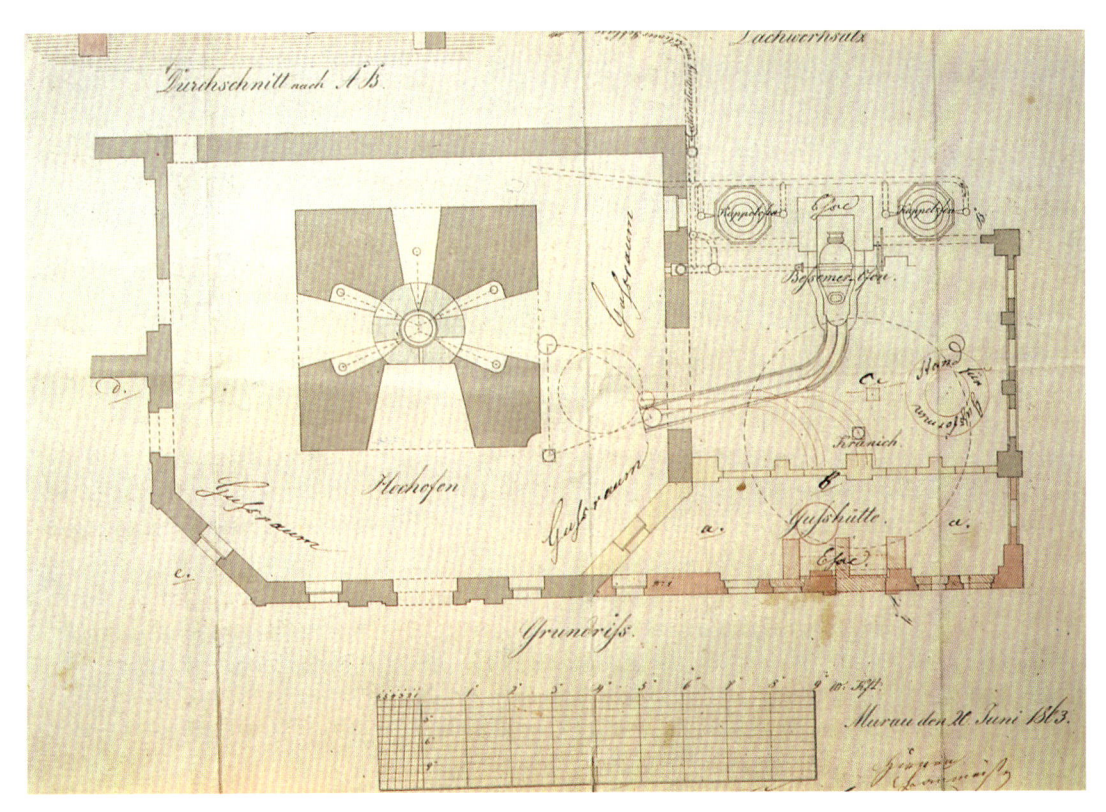

Bild 5: Bessemerstahlwerk in Turrach (Grundriß); rechts oben: Konverter zwischen zwei Kupolöfen. Ausschnitt aus dem mit 20. Juni 1863 datierten Plan Nr. 270/p2 in den Schwarzenbergischen Archiven in Murau.

*Gleichartigkeit noch durch Verläßlichkeit ... oder durch Billigkeit der Manipulationskosten irgendwie im Vorteil gegenüber dem Bessemerprozeß*"; er räumt aber abschließend auch dem Siemens-Martin-Verfahren einen Aufschwung ein, sobald man dem bislang großen Verschleiß des feuerfesten Materials begegnen kann. Im Jahre 1880 jedenfalls beurteilte Tunner das „Martinieren" als Prozeß „von größter Wichtigkeit für die Entwicklung der Eisenproduktion", wobei er die Möglichkeit hoher Schrottsätze und die Analysentreffsicherheit unterstrich.

Die Frage nach Entphosphorung des Roheisens beschäftigte natürlich auch Tunner, der schon 1871 die bemerkenswerte Ansicht vertrat, daß *„die Abscheidung des Phosphors in Gegenwart einer sehr basischen, sehr eisenreichen Schlacke, welche zur Aufnahme und zum Festhalten der Phosphorsäure am meisten geeignet ist, am ausgiebigsten erfolgt"*.

Acht Jahre danach – 1879 – stellte Sidney Gilchrist Thomas sein Entphosphorungsverfahren zur Stahlerzeugung im „basischen Bessemerkonverter" vor. Damit hatten phosphorreiche, bisher kaum brauchbare Eisenerze schlagartig an Bedeutung gewonnen, und es stand mit Recht eine höchst nachteilige Auswirkung auf das alpenländische Eisenwesen zu befürchten, dessen Spitzenstellung nicht zuletzt in phosphor- und schwefelarmen Erzen begründet lag. Tunner wußte schon Ende 1879 durch seine Bekanntschaft mit „einem der tüchtigsten Eisenwerks-Directoren Deutschlands" – wahrscheinlich mit seinem ehemaligen Schüler Josef Massenez in Hörde bei Dortmund – über das Thomasverfahren in seiner betriebsmäßigen Durchführung und über die Stahlqualität Bescheid. Er zog daraus den Schluß, daß trotz eminenter Wichtigkeit des Thomasverfahrens „*... durch den neuen Process der Entphosphorung* *der Wert reiner Eisenerze für die Erzeugung des eigentlichen Qualitätseisens nicht verwischt werde"*.

Obwohl das „Thomasieren" im Einklang mit Tunners Ansicht tatsächlich keine unmittelbare Bedrohung der heimischen Eisenindustrie darstellte, beschloß der Berg- und hüttenmännische Verein für Steiermark und Kärnten, der als Vorgänger der Eisenhütte Österreich gelten kann, unter seinem Obmann Tunner im Jänner 1880 die Entsendung einer Kommission zwecks Beurteilung „des derzeitigen Standes der Entphosphorung des Eisens im Bessemer-Converter". Die sechsköpfige, von Tunner geleitete Kommission besuchte die Bessemer- bzw. Thomasstahlwerke in Meiderich, Ruhrort, Hörde, Dortmund, Kladno (Böhmen), Witkowitz (Mähren) und Trzynietz (Österreichisch-Schlesien), so daß man sich ein umfassendes Bild des soeben angelaufenen Thomasverfahrens machen konnte. Wie bereits Tunner im Vorjahre kam auch die Kommission zu dem Ergebnis, daß alle alpenländischen Eisenwerke mehr denn je auf „Qualitätsstahl" bedacht sein müssen, und empfahl, den Siemens-Martin-Stahl als Gegengewicht zum Thomasverfahren zu forcieren. Diese Schlußfolgerung spiegelt sich im bald darauf begonnenen Ausbau des Siemens-Martin-Stahlwerkes in Donawitz unter der 1881 gegründeten Österreichisch-Alpinen Montangesellschaft wider, in deren Verwaltungsrat Tunner von 1881 bis 1892 wirkte.

## DIE FORMGEBUNGSVERFAHREN

Tunner-Biographien erwecken mitunter den Eindruck, der große Leobener Eisenhüttenmann hätte sich nur der Erzeugung von Roheisen und Stahl gewidmet. Das Tunner'sche Schriftenverzeichnis enthält aber viele Titel, die eine zeitweise intensive Beschäftigung auch mit Formgebungsfragen zeigen. Neben der bereits zitierten Arbeit über Walzwerke (1839) und dem viel beachteten, auch ins Englische übersetzten Buch „Über die Walzenkalibrierung für die Eisenfabrikation" (Leipzig 1867 und New York 1869) seien folgende Publikationen aus dem Walzwerks- und Verformungsbereich genannt:

1854: Neue Verbesserungen beim Walzen der großen Bleche und der Drähte.

1859: Über Erzeugung und Verwendung des körnigen Stabeisens, insbesondere die Darstellung von Rails mit harten Köpfen.

1860: Einfache Überheb-Vorrichtungen bei Walzgerüsten.

1863: Walzvorrichtungen zur Erzeugung von keilförmigem oder zugespitztem Eisen. Notizen über den patentierten Haswell'schen Preßhammer.

1872: Über die neueren Vorrichtungen zum Vor- und Rückwärtswalzen.

1877: Über die Schienenfabrikation aus Bessemerstahl in den Vereinigten Staaten von Nordamerika.

1878: Über einige Neuerungen in der Einrichtung der Walzwerke.

1879: Eine amerikanische Verbesserung in der Drahtwalzerei.

1885: Verwendung des Flußeisens für Kessel- und Schiffsbleche.

1890: Zum Mannesmann'schen Röhrenwalz-Verfahren.

## DIE PHYSIKALISCHE CHEMIE

Auch ein zweites Fachgebiet, dem Tunner größtes Interesse entgegenbrachte, steht noch immer im Schatten der Veröffentlichungen vor allem über Stahlerzeugung, nämlich der chemische und physikalisch-chemische Bereich der Eisenmetallurgie. Am Beginn steht hier der 1838 publizierte Beitrag über die chemische Zusammensetzung von Frischschlakken, und vier Jahre später folgte eine profunde Darstellung der „Eisenprobe" auf Schmelzverhalten und Eisengehalt von Erzen nach Professor Sefström, den Tunner während seiner ersten Studienreise im schwedischen Falun kennengelernt hatte.

Nach längerer Unterbrechung legte Tunner 1860 eine nahezu bahnbrechende Untersuchung der Vorgänge im Hochofen vor, wobei er nicht indirekte Schlüsse aufgrund von Gichtgasanalysen zog, sondern anhand von Erz- und Gasproben sowie von

Temperaturmessungen aus dem bzw. im Ofeninneren; die Versuche brachten teils völlig neue Erkenntnisse über Lage und Ausdehnung der Reduktionszone und über Ofenprofile. In eine ähnliche Richtung wies die kommentierte Übersetzung einer Arbeit über die „Entwicklung und Verwendung der Wärme in Eisenhochöfen von verschiedenen Dimensionen" (1870), die der englische Hüttenmann und Eisenwerksbesitzer J. Lowthian Bell – ein Freund Tunners – in London publiziert hatte.

In den siebziger Jahren äußerte sich Tunner – wie oben angedeutet – mehrmals über die Phosphorabscheidung aus Roheisen. Dabei betonte er in Übereinstimmung mit den späteren, weltweit beachteten chemisch-physikalischen Berechnungen seines ehemaligen Schülers Josef Gängl v. Ehrenwerth immer die Notwendigkeit basischer Schlacken – der letztlich entscheidende Schritt zum basisch zugestellten Konverter blieb ihm jedoch versagt.

## REISEN UND TÄTIGKEIT IN WISSENSCHAFTLICHEN GREMIEN

Die Konkurrenz schwedischen Stahles auf allen Märkten veranlaßte Tunner 1857, die größeren Eisenwerke Schwedens zu besichtigen und ihre Rohstoffe, Einrichtungen, Verfahren usw. kritisch zu beleuchten. Unerwarteterweise kam Tunner zu keiner vorzüglichen Beurteilung der schwedischen Eisenindustrie, aber sein ausgezeichnet illustrierter Bericht führte zu einigen Änderungen in österreichischen Hütten, z.B. baute man in Heft gichtgasbeheizte Erzröstöfen, die als Schwedische Röstöfen bekannt wurden (Bild 6). Weiters besuchte und beurteilte Tunner mehrere Eisenwerke in Rußland – 1870 im Auftrag der russischen Regierung – und in den Vereinigten Staaten von Nordamerika – 1876 im Auftrag des k.k. Ackerbauministeriums als oberster Montanbehörde –, doch kann auf die heute noch interessanten Reiseberichte hier nur hingewiesen werden.

Das gleiche gilt für Tunners Berichte über das Berg- und Hüttenwesen bei den Welt-Industrie-Ausstellungen in London 1851 und 1862 (Plan eines kippbaren Bessemerkonverters!) sowie in Paris 1855 und 1867. Bei fast allen internationalen Ausstellungen wirkte Tunner in der jeweiligen Jury zur Beurteilung der montanistischen Exponate mit.

Bei Tunners USA-Reise, die 1876 anläßlich der „Centennial-Ausstellung" in Philadelphia – 1776 Unabhängigkeitserklärung! – erfolgte, kam es auch zur Zusammenarbeit der sieben, damals führenden Eisenhüttenleute, darunter Hermann Wedding (Deutschland), Richard Akerman (Schweden) und Tunner. Dieses von der Ausstellungsleitung nominierte Gremium legte u.a. Einteilung und Bezeichnung der Eisenwerkstoffe unter Berücksichtigung des Flußstahles (Bessemer- und Siemens-Martin-Stahl) neu fest.

Hatte sich Tunner noch bei seiner Vordernberger Antrittsrede über die Notwendigkeit einer Ausbildung „montanistischer Unterbeamter" skeptisch geäußert, so unterstützte er Mitte der sechziger Jahre die Gründung einer Häuerschule – der späteren Berg- und Hüttenschule – in Leoben mit größtem Nachdruck. 1876 übernahm Tunner sogar die Obmannstelle im Direktorium dieser bereits angesehenen Schule, der er ab 1870 als Obmann ihres Kuratoriums angehörte. Es war nicht zuletzt Tunners Autorität zuzuschreiben, daß namhafte Firmen und Gewerken sowohl zur Erhaltung der Schule beigetragen als auch gut dotierte Stipendien gewährt haben.

Wie die Protokolle des Berg- und hüttenmännischen Vereines für Steiermark bzw. für Steiermark und Kärnten belegen, versäumte Tunner als Obmann dieser Institution nur wenige Sitzungen und hielt außerdem viele Vorträge, die sich meist mit Fortschritten im Eisenwesen beschäftigten. Als Ehrenobmann des Vereines sprach Tunner 1882 beim Herbstmeeting des Iron and Steel Institute in Wien über „Die Lage der Eisenindustrie in Steiermark und Kärnten". Dabei setzte er sich mit der soeben gegründeten Österreichisch-Alpinen Montangesellschaft auseinander, in der er eine unumgängliche Notwendigkeit für die wirtschaftliche Gesundung des heimischen Eisenwesens sah. Als Repräsentant des Gastgeberlandes scheute sich Tunner auch vor den englischen Hüttenleuten nicht, im Interesse kontinentaleuropäischer Stahlproduzenten Schutzzölle zu fordern.

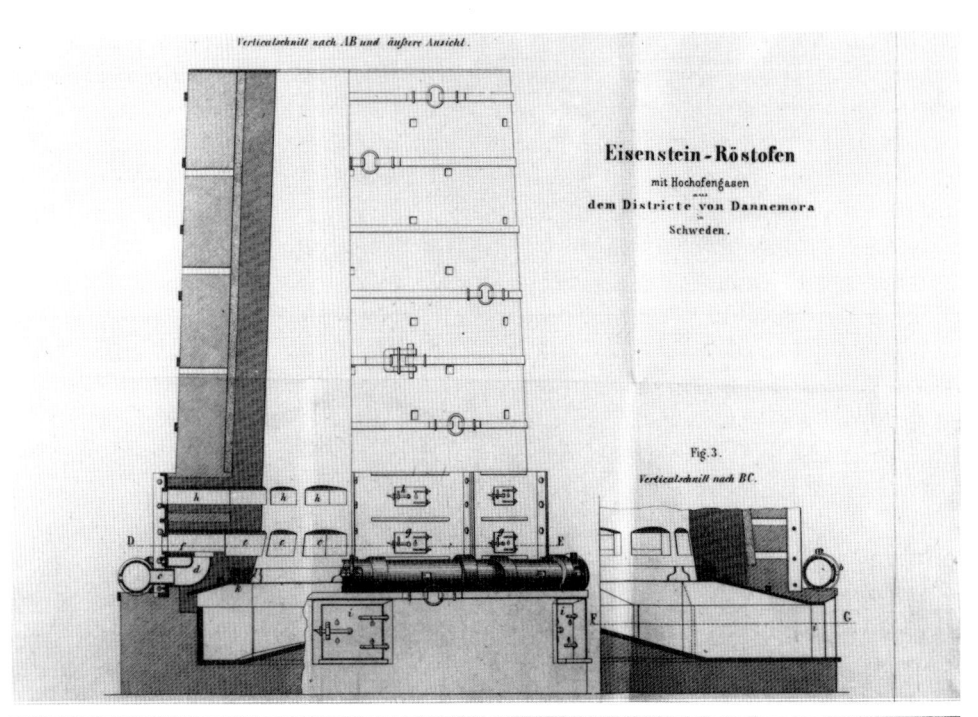

Bild 6: Technologietransfer durch Peter Tunner — ein Beispiel aus der Erzrösttechnik.
Oberers Bild: Eisenerz-Röstofen in Dannemora (Schweden); Plan im Buch „Das Eisenhüttenwesen in Schweden" von Peter Tunner, Freiberg 1858.
Unteres Bild: Zwei „Schwedische" Erzröstöfen (rechts hinten) im Eisenwerk Heft in Kärnten, erbaut 1861/62.
                                                                    Foto um 1890 im Besitz von H.J. Köstler.

# EHRUNGEN UND LETZTE LEBENSJAHRE

Peter Tunner – seit 1864 Ritter von Tunner – war Ehrenmitglied zahlreicher wissenschaftlicher Gesellschaften, u.a. des Vereines Deutscher Eisenhüttenleute (Düsseldorf), des Iron and Steel Institute (London), des American Institute of Mining Engineers (New York) und der Königlich-schwedischen Akademie der Wissenschaften (Stockholm). Das Iron and Steel Institute verlieh ihm als dem wohl namhaftesten Vorkämpfer für das Bessemerverfahren die Goldene Bessemer-Medaille.

Hüttenberg, Vordernberg, Bleiberg und andere, mit dem Montanwesen eng verbundene Orte verliehen Tunner die Ehrenbürgerschaft. Der seinerzeit überaus aktive Berg- und hüttenmännische Verein für Steiermark und Kärnten dankte Tunner mit der Ernennung zum Ehrenobmann – eine Ehrung, die Tunner sehr schätzte, wie viele diesbezügliche Äußerungen bei Vereinssitzungen annehmen lassen.

Tunners Lebensabend war von Schicksalsschlägen – Tod seiner Frau Maria, geb. Zahlbruckner (1881) und seiner Tochter Paula (1892) – und von schweren Krankheiten gekennzeichnet. Andererseits erlebte er im Jahre 1890 den Höhepunkt seiner vom Eisenwesen geprägten Laufbahn, nämlich die Feier zum fünfzigjährigen Bestand der Leobener Bergakademie. In diese Zeit fallen auch Tunners letzte Publikationen, die Phosphorverbindungen im Eisen, Kohlentrocknung, das bereits erwähnte Röhrenwalzen und schließlich Schwefelabscheidung aus flüssigem Roheisen (1891) behandelten.

Peter Ritter von Tunner starb am 8. Juni 1897 in Leoben nach längerer Krankheit, die ihn aber nicht gehindert hatte, bis zuletzt mit dem Eisenhüttenwesen in reger Verbindung zu bleiben. Diesen beispielhaften Grundsatz hatte Tunners ehemaliger Schüler und späterer Generaldirektor der Hüttenberger Eisenwerks-Gesellschaft, Carl August R. v. Frey, schon 1874 bei der legendären Tunner-Feier in Leoben angesprochen:

*„Was Tunner selbst erlernt, erfahren, erforscht und entdeckt hat, was er in österreichischen wie in fremden Werken zu sehen Gelegenheit hatte, wurde durch seine publizistische Tätigkeit, wie durch seine Mitteilsamkeit sofort Gemeingut, und niemals hat er etwas von dem Erdachten, Erforschten, Gesehenen, Entdeckten und Erfundenen zum Gegenstand spekulativer Geheimtuerei gemacht".*

# ANMERKUNGEN

Franz CZEDIK-EYSENBERG: Die ersten Exkursionen Peter Tunners mit seinen Eleven. In: Berg- und Hüttenmännische Monatshefte 104 (1959), S. 234–242.

Josef GÄNGL von EHRENWERTH: Peter Ritter von Tunner und seine Schule. In: Beitrag zur Geschichte der Technik und Industrie 6 (1914/15), S. 95–108.

Hans Jörg KÖSTLER: Einführung und Beginn der Stahlerzeugung nach dem Bessemerverfahren in Österreich. In: Berg- und Hüttenmännische Monatshefte 122 (1977), S. 194–206.

Hans Jörg KÖSTLER: Die Hochofenwerke in der Steiermark von der Mitte des 19. Jahrhunderts bis zur Wiederaufnahme der Roheisenerzeugung nach dem Zweiten Weltkrieg. In: Radex-Rundschau 1982, S. 789–852.

Hans Jörg KÖSTLER: Das Schwarzenbergische Hammerwerk in Niederwölz und seine Beziehungen zur Montan-Lehranstalt in Vordernberg. In: Schwarzenbergischer Almanach XXXVII (1985), S. 427–456.

Hans Jörg KÖSTLER: Der Kärntner Metallurge Josef Gängl von Ehrenwerth 1843–1921. In: Carinthia I 178/98 (1988), S. 411–419.

Hans Jörg KÖSTLER und Wolfgang WIELAND: Peter Tunner der Ältere 1786–1844. Leobener Grüne Hefte, Sonderband Reihe „Steirische Eisenstraße" Nr. 2. Leoben 1985.

Hans Jörg KÖSTLER und Wolfgang WIELAND: Zum Beginn der Bessemerstahlerzeugung in Österreich im Schwarzenbergischen Eisenwerk Turrach vor 125 Jahren. In: Berg- u. Hüttenmännische Monatshefte 133 (1988), S. 480–484.

Hans Jörg KÖSTLER und Wolfgang WIELAND: Die Fürsten zu Schwarzenberg im Eisenwesen beim Steirischen Erzberg. In: Zeitschrift des Historischen Vereines für Steiermark 81 (1990).

Franz KUPELWIESER: Geschichte der k.k. Berg-Akademie in Leoben. In: Denkschrift zur fünfzigjährigen Jubelfeier der k.k. Berg-Akademie in Leoben 1840–1890. Leoben 1890, S. 1–173.

Paul KUPELWIESER: Aus den Erinnerungen eines alten Österreichers. Wien 1918.

Helmut LACKNER: Peter Tunner 1809–1897. Ein Leben für das innerösterreichische Eisenwesen. In: Der Leobener

Strauß 8 (1980), S.245–296 (Mit ausführlichem Verzeichnis der Publikationen von P. Tunner).

Paul W. ROTH: 150 Jahre Montanuniversität Leoben. Aus ihrer Geschichte. In dieser Festschrift.

Rudolf SCHAUR: Streiflichter auf die Entwicklungsgeschichte der Hochöfen in Steiermark. In: Stahl und Eisen 49 (1929), S. 489–498.

Wilhelm SCHUSTER: Die Erzbergbaue und Hütten der Österreichisch-Alpinen Montangesellschaft. In: ÖAMG 1881–1931. Wien 1931, 2.Teil, S. 71–533.

30 Jahre THOMASVERFAHREN in Deutschland. In: Stahl und Eisen 29 (1909), S. 1465–1490.

TUNNER-Feier, abgehalten am 7. und 8. November 1874 in Leoben. Wien 1874.

Peter Ritter von TUNNER † 8. Juni 1897 (Nachruf). In: Berg- u. Hüttenmännisches Jahrbuch 45 (1897), S. I–XXVI.

Richard WALZEL: Erzherzog Johann und das steirische Eisenhüttenwesen. In: Berg- und Hüttenmännische Monatshefte 104 (1959), S. 100–115.

# Die erste Bleibe der Leobener Montanlehranstalt
## Zur Baugeschichte der „Alten Akademie"

Günther JONTES

Als im Jahre 1849 die Montanlehranstalt von Vordernberg nach Leoben verlegt wurde, stand die alte Stadt noch ziemlich vollständig in ihrem mittelalterlichen Grundriß und Siedlungskonzept da. Zwar waren die meisten Stadttore und ganze Züge der mittelalterlichen Mauern bereits dem Modernisierungsdrange des Vormärz zum Opfer gefallen. Öffentliches Leben, Verwaltung, Handwerk, Gewerbe und Unterricht waren jedoch fast zur Gänze noch auf den Teil Leobens beschränkt, der heute als Alt-Stadt bezeichnet wird und die Fläche einnimmt, die nach der Siedlungsverlegung kurz nach 1262 durch die vier Wehrecken, die Stadtmauern und den Stadtgraben im Schutze der Murschleife definiert war.

Die nunmehr vom Staat übernommene Montanlehranstalt als Vorgängerin und Mutter der heutigen Montanuniversität Leoben bezog mit Professoren und Studenten, Forschung und Lehre ein Gebäude, das nicht für diesen Zweck erbaut worden war, jedoch seit einer Umgestaltung 1843 zu den stattlichsten gehörte und sicherlich als einziges überhaupt für die Aufnahme einer Lehranstalt geeignet war.

Die Vor-Geschichte dieses gegen Ende des 19. Jahrhunderts wegen der übrigen später erbauten Hochschulgebäude als Alte Akademie bezeichneten Hauses, heute Timmersdorfergasse 14, verdient es, näher dargelegt zu werden.

Die Neuanlage Leobens in der zweiten Hälfte des 13. Jahrhunderts bedeutete eine planmäßige und geregelte Auslegung des Siedlungsgrundrisses. Die ebene Fläche auf der durch den Lauf der Mur vorgegebenen Halbinsel erlaubte dies. Es entstand eine annähernd quadratische Stadt, um deren langgestreckten, rechteckigen Hauptplatz sich vier große Häuserblöcke als „Viertel" gruppierten. Die schmalen Parzellen, die mit ihren Gärten bis an die Stadtmauern reichten, bildeten die „Häuser im Ring". Ein Blick auf die soziale Gliederung der Eisenhandelsstadt, in deren wirtschaftlicher Struktur Handel und Kleingewerbe nicht fehlten, zeigt, daß die Hofstätten der Viertel den bedeutenderen und reicheren Bürgern vorbehalten waren, den vorrangigen Familien, die im Eisenhandel engagiert waren und – gerne als die „schwarzen Grafen" bezeichnet – ihre Häuser auch in bester Lage auf dem Hauptplatz hatten.

Die Hofstätten „im Ring", die sich schon von der Dimension her den Platzhäusern unterordnen, finden sich, so weit die Quellen zurückreichen, häufig im Besitz von Kleinhandwerkern. Alt-Leoben umfaßte 1561 zur Zeit der Anlage des ersten Grundbuches 136 Häuser, deren Besitzer als Bürger Entscheidungsträger in der Selbstverwaltung der Stadt waren. 1541 hatten die Leobener das Recht der freien Bürgermeisterwahl bekommen.

Seit der frühen Neuzeit läßt sich des öfteren feststellen, daß wegen der Schmalbrüstigkeit der alten Bauparzellen Zusammenlegungen vorgenommen und Neubauten deshalb größer und stattlicher aufgeführt werden konnten. Das prominenteste Beispiel ist dafür wohl das Leobener Rathaus auf dem Hauptplatz, das aus drei mittelalterlichen Hofstätten besteht[1]. Dies läßt sich auch beim Hause Timmersdorfergasse 14, der nachmaligen Akademie, feststellen. 1572 gab es hier noch zwei Hofstätten, die einem Maurer, einem Gschmeidler (Eisenwarenhändler), später einem Beutler gehörten. Noch vor 1605 muß eine Zusammenlegung erfolgt sein.

Im Grundbuch von 1561 und noch 1572 sitzt auf dem einen Haus mit zwei Rauchfängen der Gschmeidler Clement Haß. Der Grundzins beträgt damals 12

Pfennige, die Haus-Ansag-Steuer 11 Pfund 4 Schilling.

Im Nachbarhaus wird 1561 der Maurer Paul Dewaguth als Besitzer genannt. Der zwei Jahre später erwähnte Paul Walch ist zweifellos derselbe, denn „Walch" gibt eine Herkunft aus „Welschland" wieder, was auch aus dem Namen Dewaguth erhellt. Auf diesem Haus sitzt 1572 der Handwerksmeister Mert Stubmer, der als Beutler genannt wird. Diese Gewerbetreibenden stellten Beutel, Taschen und Handschuhe her. Damals hatte dieses Haus einen Rauchfang. Die Angabe über die Zahl der Schornsteine ist deshalb erhalten, weil in einer „Rauchgeld" benannten Abgabe die Rauchfänge gesondert besteuert waren. 1605 ist Stubmer noch als Besitzer genannt. Er zahlt in diesem Jahr drei Gulden Haussteuer. Nun ist an dieser Stelle nur ein Haus verzeichnet. Die Geringfügigkeit der Haussteuer läßt aber darauf schließen, daß ein Neubau über zwei Hofstätten nocht nicht erfolgt war, sondern die eine Parzelle vielleicht noch öde lag[2].

Der nächste dem Namen nach bekannte Besitzer ist noch vor 1616 ein Ruep Schüttenkopf. 1608 weist ihn das Ratsprotokoll der Stadt Leoben [3] als Stadtbaumeister aus, was die Professionsgebundenheit des Hauses nach dem Maurermeister Dewaguth andeutet. Der Stadtbaumeister war damals eine öffentliche Funktion und für das öffentliche Bauwesen und die Erhaltung der Stadtbefestigung verantwortlich. Schüttenkopf kommt noch im Ratsprotokoll von 1615 vor, wo er auch noch als Überzinseinnehmer genannt wird, der für das Inkasso der Zinse für die von der Stadt verpachteten Realitäten zuständig war[4]. Im selben Jahr ist er gestorben, da am 4. Mai 1615 sein Haus von einer städtischen Kommission geschätzt wird. Der Wert wird mit 1.000 Gulden, eine beträchtliche Summe, die auch den Garten und die Einrichtung beinhaltet, angegeben[5].

Der nächste Besitzer zählt zur damaligen schmalen Schicht der Intellektuellen. Der Schulmeister Henningus Casselius kauft das Haus im Sommer 1615, legt den Bürgereid ab und bezahlt für das Bürgerrecht 2 Gulden 48 Kreuzer[6]. Casselius, dessen latinisierte Namen auf norddeutsche Herkunft schließen lassen, trat 1611 als Schulmeister an die Stelle des Sixt Frisch, der wegen Mißhandlung seiner Gattin entlassen worden war. Mit einem Jahresgehalt von 24 Gulden steht er 1612 erstmals in der Zechamtsraitung der St. Johanniskapellkirche[7]. Damit wohnt er direkt neben diesem damals außer der Dominikanerkirche einzigen Gotteshaus der Altstadt und versieht neben der Schule auch noch den Organistendienst. In den folgenden Jahren hat die Stadt mit Casselius wiederholt Schwierigkeiten. 1613 wird ihm eine Rüge erteilt „wegen seines Unfleiß, daß er der Schuell schlecht beywohne, die Jugent nichts lerne und khainen Cantorem auf die Kinder halte".

Trotzdem gelingt es dem Schulmeister immer wieder, auf dem Gnadenwege sich verschiedene Verbesserungen im Dienst und bei Holzdeputaten zu sichern. Als am 23. März 1614 sein Sohn Henningus getauft wird, ist Bürgermeister Hillebrandt als Pate genannt[8].

Casselius bekommt auch in all den Jahren eine jährliche Summe von 24 Gulden dafür, daß er vier Sänger in der Johanniskirche für die musikalischen Gottesdienste unterhält.

Sein problematischer Charakter schlägt wieder durch, als er 1616 sogar im Rathaus eingesperrt wird. Er wird vor den Rat gebracht und ihm der Schuldienst gekündigt, da er seine Frau tätlich bedroht hatte. An seine Stelle tritt der aus Bayern gebürtige Georg Kleindienst.

Casselius bleibt aber Hausbesitzer. Es scheint ihm gelungen zu sein, sich wirtschaftlich emporzuarbeiten.

Die nächste Phase der Geschicke des Hauses Timmersdorfergasse 14 ist bereits Bestandteil einer der interessantesten Facetten der Leobener Geistesgeschichte. 1613 hatte sich über Initiative Erzherzog Ferdinands II. der Jesuitenorden in Leoben niedergelassen. Der Landesfürst hatte die Stadtburg an der nordwestlichen Ecke der mittelalterlichen Wehranlage als seine Leobener Niederlassung der Gesellschaft Jesu geschenkt. Nach und nach war es den Jesuiten gelungen, die alte Burg (heute Museum) für ihre Zwecke als Kolleg zu adaptieren und auch die Johanniskapellkirche, eine mittelalterliche Stiftung der Timmersdorfer, samt ihren Benefizien nach langen Streitigkeiten mit der Stadt an sich zu bringen. Im

Zuge der Ausweitung der Unterrichtstätigkeit des Ordens entsteht auch Schritt für Schritt ein Gymnasium als Lateinschule. 1624–1626 war die Burg zu dem gewaltigen Vierkanter ausgebaut worden, der bis zu dem 1964 erfolgten Abbruch von drei Flügeln die nordwestliche Ecke der Stadt eindrucksvoll beherrschte.

Der Schritt zum Vollgymnasium geschah 1640 mit der Schaffung der höchsten, der Rhetorikklasse. Nun war es auch im großen neuen Haus eng geworden.

Schon zuvor – um 1637 – war der Rektor des Jesuitenkollegs Stephanus Eder an den Magistrat herangetreten und hatte um käufliche Überlassung des *„Käseelischen Haußes sambt den zwain kleinen Gärtl gegen den Fleischhacker hinunter"* ersucht. Die Jesuiten wollten hier ein Seminar für arme Studenten einrichten. Dies wurde durchgeführt, und der Orden baute hier nun ein stattliches Haus, das 1641 vollendet war, wie eine damals angebrachte vergoldete Inschrift berichtete. Diese lautete „Seminarium sancti Josephi Societatis Jesu inchoatum 1641"[9].

Dieses Seminargebäude, das dem Hl. Josef geweiht war, stand bis ins 19. Jahrhundert und ist auf einer Zeichnung von Johann Max Tendler (Bild 1) in seiner Seitenansicht erkennbar. In dieser Funktion als Seminar diente das Haus, das am Josefstor lag, durch welches man auf die freie Fläche vor der nördlichen Stadtmauer gelangen konnte, bis zur Aufhebung des Jesuitenordens 1773.

1776 wurde das nunmehr dem Staat anheimgefallene Gebäude zur Kaserne gemacht, die in Erinnerung an den einstigen Status allgemein den Namen „Seminari-Kaserne" trug.

Über den Bauzustand in dieser Zeit ist sehr wenig bekannt. Eine Erweiterung des Gebäudes aus Platzgründen bis an die Stadtmauer war den Jesuiten 1668 nicht gestattet worden. Wohl aber hatte man erlaubt, durch die Stadtmauer zwei Fenster mit der Auflage zu brechen, diese mit *„starkhen harten und dükhen Fensterstainen und Gättern"* zu befestigen, diese bei Feindesgefahr wieder zu vermauern, und am Wehrgang nichts zu verändern[10].

Bis ins 18. Jahrhundert gab es in den Städten und Märkten noch keine durchgehend vorgeschriebene

Bild 1: J.M. Tendler (1811–1870): St.Xaver-Kirche Leoben. Rechts das „Seminari-Gebäude". Bleistiftzeichnung um 1840. Museum der Stadt Leoben. FOTO WILKE Leoben.

Hausbenennung. Dem absolutistischen Zentralstaat genügte eine vage Angabe längst nicht mehr, und so wurde zur besseren Organisation vor allem der militärischen Rekrutierung 1770 von Kaiserin Maria Theresia das System der Conskriptionsnummern eingeführt[11]. Von nun an trug unser Haus die Nummer 127 in der Folge von 136 Nummern der eigentlichen Stadt. Dies sollte bis ins ausgehende 19. Jahrhundert Bestand haben. Dann wurden auch offizielle Straßennamen vergeben und der vorher gebräuchliche Name Spitzgasse, später Dominikanergasse, durch Timmersdorfergasse (nach dem landesfürstlichen Ministerialengeschlecht) abgelöst.

Die Verwendung als Kaserne scheint im ausgehenden 18. Jahrhundert keine durchgehende gewesen zu sein. 1787 bezeichnet der josefinische Kataster das Haus als der „Stadt Leoben eigenthümliches Seminarium". Im Sinne des Gemeinschaftsbesitzes, der vom „Bürgerlichen Wirtschaftsausschuß" verwaltet wurde, wird das Haus als öffentliches Gut angesehen. Das Bürgerprotokoll[12] bezeichnet es als „der bürgerlichen Gewerkschaft gehörig". Das Haus stand damals als Schulgebäude und als Freiquartier städtischer Beamter in Verwendung. Aus den Leobener Pfarrmatrikeln kann auf damalige Bewohner geschlossen werden. 1789 stirbt hier der städtische

Bild 2: Baumeisterentwurf des Maurermeisters Johann Weixler: Aufriß des neugeplanten Seminari-Gebäudes, 1843. Tuschfeder.
Museum der Stadt Leoben. FOTO WILKE Leoben.

Zimmermeister Blasius Stadler. Im Folgejahr wird sein Nachfolger Johann Hefer erwähnt. Verzeichnet ist ferner 1794 Franz Holl, „Thorsperrer beim Mautthor". 1797 stirbt der Maurermeister Joseph Reschitzegger. Durch zwei Jahrzehnte ist auch der städtische Brunnenmeister Franz Ebner von 1799 bis 1819 in diesem Gebäude wohnhaft.

Obwohl 1810 das Haus wieder als „Militärgebäude" bezeichnet wird[13], kommen weiterhin Wohnparteien vor, denn von 1808 bis 1812 haust hier u.a. der städtische Waldmeister Anton Helm.

Auch ein Handwerker ist verzeichnet. 1798 stirbt hier der Handschuhmacher Anton Steiner und 1802 seine Witwe Emerentia.

Im übrigen ist stets das bürgerliche Wirtschaftsamt als Besitzer in den Häuserverzeichnissen, Steueroperaten und Kataster erwähnt.

Im Jahre 1843 entschließt sich der bürgerliche Wirtschaftsausschuß, das Gebäude durch Aufstockung zu vergrößern. Es stellte sich aber heraus, daß keine entsprechenden Fundamente vorhanden waren und eine Vergrößerung in diesem Sinne also nicht zu bewältigen sei. Deshalb konnte nur in einem Neubau ein Bauwerk errichtet werden, das nicht mehr auf vorgegebene Bedingnisse Rücksicht zu nehmen hatte. So enstand nun das stattliche klassizistische Meisterwerk, dessen Entwurf und Durchführung dem Leobener Maurermeister Johann Weixler zu verdanken ist (Bild 2). Im Museum der Stadt Leoben haben sich mehrere Baupläne über „Umstaltung des wirthschaftsämtlichen Seminar-Gebäudes" erhalten, ebenso Bauakten[14], die Einblick in die Umstände des Projektes geben (Bild 3).

Der Neubau scheint auch vom Erhaltungszustand des Vorgängers her notwendig gewesen zu sein, der als „dem Verfalle nahe" geschildert wird. Man hat die Absicht, „ganz feuersicher" zu bauen und das Gebäude *„theils zu Getreide-Magazinen und anderen Behältnissen zur Aufbewahrung verschiedener Gegenstände, theils aber zu Wohnungen für die eigenen Leute und auch für andere honette Partheyen umstalten zu lassen."*

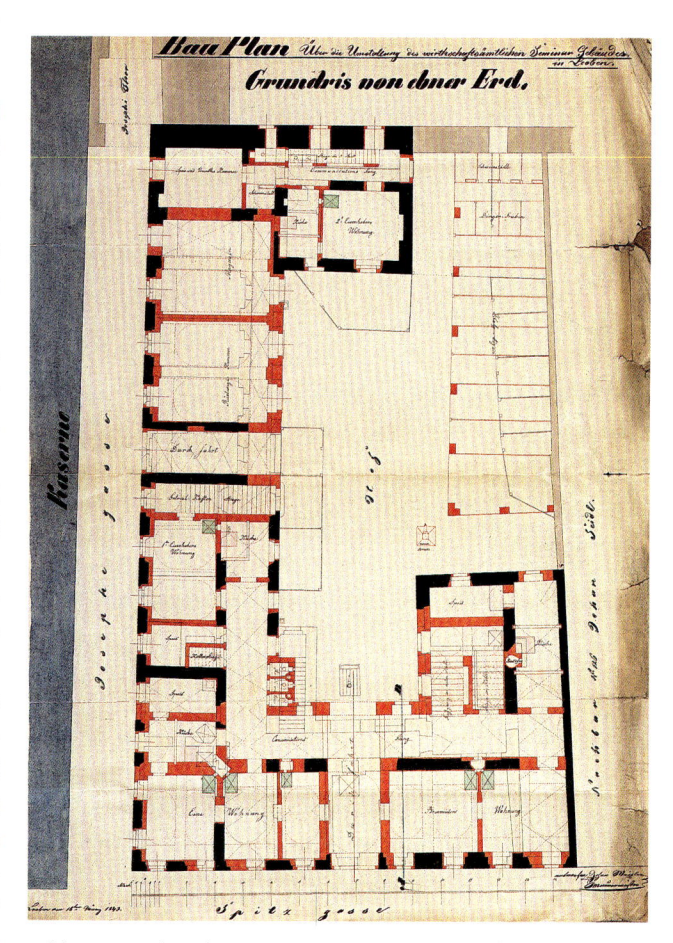

Bild 3: Bauplan des Seminari-Gebäudes, Ecke Spitzgasse und Josephigasse. „Grundris von ebner Erd".
Museum der Stadt Leoben. FOTO WILKE Leoben.

Maurermeister Weixler legt die Baupläne am 1. April 1843 vor. Der Ausschuß meinte, daß dieses Vorhaben umso mehr durchzuführen sei, *"als hiedurch für die ganze Stadtgemeinde bey dem ohnedieß herrschenden Mangel an Quartieren nur etwas Nützliches geschieht und auch die vielbegangene Kirchgasse an Verschönerung und Lebhaftigkeit gewinnen wird, indem in diesem Gebäude mit Inbegriff des zweyten Stockes bereits 26 solid gebaute Zimmer nebst den hiezu gehörigen Küchen und Speisgewölben, dann Holzlagen und Keller nicht nur zur Unterbringung von gemeinen Leuten, sondern auch zur Aufnahme honetter Partheyen hergestellt werden."*

Diese administrativen Quellen ergänzen aufs vorteilhafteste die Eintragungen in die Tagebücher des Nadlergesellen Josef Georg Karrer[15]. Dieser hatte alle Veränderungen und Ereignisse in Leoben mit wachen Augen beobachtet und in minutiöser Weise seinem Tagebuch anvertraut. In dieser unschätzbaren Quelle zur Lokalgeschichte und Kultur des 19. Jahrhunderts in Leoben heißt es zum neuen Bau [16]: *"Das Seminari-Gebäude wurde im Jahr 1843, Hausnummer 127 in der Stadt, vom Grund aus niedergerissen und ganz neu mit 2 Stock hoch wieder aufgebaut, wozu am 6. März Hand angelegt wurde."*

Etwas später gibt er einen genauen Bericht über den Baubeginn, der sich im 20. Jahrhundert bei Umbauarbeiten, durch einen Fund bestätigen und ergänzen ließ.

Im Tagebuch heißt es [17]: *"Dem alten Seminari, ein stockhohes Gebäude, Hausnummer 127 in der Stadt, wollte die Bürgerschaft Leoben einen zweiten*

Bild 4: Unbekannter Leobener Zeichner: Gebäude der k.k. Montanlehranstalt, um 1850. Aquarellierte Federzeichnung. Museum der Stadt Leoben.

FOTO WILKE Leoben.

*Stock darauf bauen. Da es aber an der Grundfeste gefehlt hat, da keine vorhanden war, so wurde es von Grund ganz abgerissen und ein ganz neues zwei Stock hohes Haus, zu sagen das schönste der Stadt, erbaut, wozu am letzten Mai im Jahre 1843 der Hauptgrundstein ist gelegt worden. Von seiten des löblichen Stadtmagistrates und des löblichen bürgerlichen Wirtschafts-Amt-Ausschusses der Stadt Leoben wurde ein kupfernes Kastel mit Schriften, Abdruck von Banknoten, Geld vom Pfennig bis auf den Taler, welches jetzt im Umlauf ist, hineingelegt, dann verlötet und von dem gegenwärtigen Vorstande der Stadt in ein dazu gerichtetes Gesenk hineingemauert als Andenken für die Nachkommen der Leobener Bürger, auf Kinder und Kindeskinder aufbewahrt. Dann wurde ein großes Felsstück daraufgelegt und fortgemauert. Dieses Kistel liegt unter der Haustürmauer am Pfeiler rechts im Eingang in der Grundmauer verborgen und kann und wird, wenn Gott die Welt so lange noch stehen und kein Unglück über die Stadt kommen läßt, z.B. Zerstörung, Überschwemmung, Erdbeben, 100 und auch bis 1000 Jahre stehen".*

Dieses erwähnte Kästchen wurde im Herbst 1971 bei Umbauarbeiten an der von Karrer geschilderten Stelle gefunden und dem Museum übergeben. Das

Bild 5: Foto der Bergakademie um 1880. Museum der Stadt Leoben.

FOTO WILKE Leoben.

Bild 6: Ensemble Kirchplatz-Timmersdorfergasse mit Pfarrhof, Bergakademie und Gasthaus zum Kreuz, dem bekanntesten Studentenlokal dieser Zeit. Foto um 1890. Museum der Stadt Leoben.   FOTO WILKE Leoben.

beigelegte Schriftstück bringt nicht nur schätzenswerte Details über die Vorgeschichte des Hauses, sondern ist auch ein Denkmal für die geistige und wirtschaftliche Aufbruchstimmung des Spätbiedermeiers.

Das kalligraphierte Blatt berichtet[18]: *"Zum Andenken für unsere Nachkommenden. Bei dem Umbau der der Bürgerschaft Leobens als Radgewerken in Vordernberg eigenthümlich gehörigen – in der Stadt Leoben in der Spitzgasse sub: consc: No: 127 gelegenem, im Jahre 1777 nach Aufhebung der P.P. Jesuiten um einen Kaufschilling von 2225 fr angekauft und im Jahre 1786 in das bürgerliche Eigenthum übergegangen steuerfreien Seminari-Haus / : vorhin Seminarium studiosorum : / mit welchen zugleich auch das Recht verbunden war, 3 Thesalonische und ein Josephinischen Stipendienplatz mittels Vorschlag ad Gubernium zu ersetzen, welches Recht sodann aber an den löblichen Ortsmagistrat abgetretten worden ist, wurde der Grundstein im Nichtauffindungsfalle des Alten im Jahre Christi 1843 am 31 ten May in Beisein des Herrn Franz Eduard Hollara Vorsteher, Herr Franz Pachler Magistratsrath und Bauinspizient, Herr Franz Zechner Faktor, Herr Franz Schöberl, Cassier und Bauinspizient, Herr Johann Weixler Maurermeister und Bauführer unter Gottes Segen gelegt.*

*Möge demnach der allgültige Gott dieses Haus und die gesamte Bürgerschaft der Stadt stets vor Feuersgefahr, Erdbeben, Krankheiten und Pest bewahren, denen Radwerken der Bürgerschaft immerhin einen guten Verschleiß und reichen Bergsegen schenken, damit Kinder und Enkel ihrer Vorfahren gedenken, und dem Schöpfer alles Gute für seine Wohlthaten gehörig danken mögen."*

Johann Weixlers Pläne und die spätere Ausführung erweisen das Bauwerk als ein schön gegliedertes, wohlproportioniertes dreigeschossiges Haus mit neun Fensterachsen. Ein charaktervolles Hausteinportal, das 1971 beim Einbau des Stadtwerkegeschäftes leider zur Gänze zerstört wurde, bildet den Kern der Fassade zur Timmersdorfergasse. Eine durchgehende Putzgliederung in Rustika erinnert an die starke Bindung der klassizistischen Architektur an ästhetische Prinzipien der Renaissance.

Die mit 18. März 1843 datierten Baumeisterpläne für das erste und zweite Geschoß geben uns genauen Aufschluß über die damalige Verwendung. Im Erdgeschoß sind zur Timmersdorfergasse hin zwei Wohnungen geplant, von denen eine für den städtischen Brunnenmeister gedacht ist. Die der Tunner-Straße zugewendete Seite mit 14 Fensterachsen und einer Durchfahrt in den Hof enthält die städtische „Rüstungskammer", mehrere Magazinräume und Wohnungen (siehe Bild 3). Im 1. Stock fällt der gewölbte „gedeckte Kasten" auf, der als städtischer Getreidespeicher angelegt wurde, als Schüttboden, der der Vorratshaltung für die Bürgerschaft vorbehalten war. Zur Zeit der Erbauung dieses stattlichsten der Häuser bürgerlichen Gemeinschaftsbesitzes dachte noch niemand daran, daß es noch im selben Jahrzehnt die Montanlehranstalt aufnehmen sollte. Als es jedoch soweit war, erkannten die Veranwortlichen der Stadt sofort die große Bedeutung dieser Verlegung für Wirtschaft und künftige Strukturen Leobens, sodaß man sofort das bestgeeignete Gebäude für diese Zwecke zur Verfügung stellte.

Josef Georg Karrer beschreibt das denkwürdige Ereignis [19]: *"Im Jahre 1849 kam die Bergschule von Vordernberg als neukreierte k.k. montanistische Lehranstalt für Landescultur und Bergwesen nach Leoben, wozu ihnen von der löblichen Bürgerschaft das schöne neue Seminari-Gebäude unentgeltlich angewiesen und übergeben wurde. Wobei als Direktor Herr Peter von Tunner, als Professoren Herr Miller und Sprung Albert von Seiner Majestät als die ersten nach Leoben gekommen sind. Am 1. November fangt die Schule dazu an. Auf das Haus wurde der kaiserliche Adler angebracht und unten ist mit goldenen Buchstaben zu lesen:*

    K:K: MONTAN-LEHRANSTALT."

## ANMERKUNGEN

[1] vgl. dazu: Günther Jontes: Das Rathaus der Stadt Leoben 1485–1973. In: Stadt Leoben 5 (1974), H.10, S. 31–34 und H. 12, S. 26–28.

[2] Maja Loehr: Leoben Werden und Wesen einer Stadt. Baden bei Wien 1934, S. 153.

[3] Steiermärkisches Landesarchiv, Spezialarchiv Leoben, Schuber 41, Heft 280, fol. 34.

[4] Ebenda, Sch. 43, H. 285, fol. 79.

[5] Ebenda, fol. 94.

[6] Ebenda, fol. 171.

[7] Ebenda, Sch. 171, H. 917.

[8] Pfarrarchiv St. Xaver zu Leoben, Taufbuch St. Jakob I, pag. 87.

[9] Österreichische Nationalbibliothek Wien, Handschriftenreihe, HS Nr. 12.219 Litterae annuae der Jesuiten 1642, pag. 75.

[10] StLA, Spezialarchiv Leoben, Sch. 57, H. 336, fol. 116, 124.

[11] vgl. dazu: Günther Jontes: Leobener Straßennamen erzählen. Leoben 1989, S. 1 f.

[12] Hist. Archiv im Museum der Stadt Leoben, Bürgerprotokoll, pag. 24.

[13] Hist. Archiv im Museum der Stadt Leoben, Klassensteuerverzeichnis 1809/10.

[14] Hist. Archiv im Museum der Stadt Leoben, C 6 A Bauten, Haus Nr. 127.

[15] Museum der Stadt Leoben, Tagebücher des Josef Georg Karrer 1841–1870, erworben 1989 aus Unzmarkter Privatbesitz, unpubliziert.

[16] Pag. 7. Die folgenden Zitate wurden annähernd normalisiert, da die eigenwillige Orthographie Karrers das Lesen und Verstehen zum Teil erschwert.

[17] Ebenda, pag. 9 f.

[18] vgl. G. Jontes: Ein Schatzfund aus Biedermeiertagen. In: Stadt Leoben 2 (1971), H. 11, S. 24–25.

[19] Josef Georg Karrer, Tagebuch 1849, pag. 192 f.

# Die Feierlichkeiten zur Schlußsteinlegung 1910

Lieselotte JONTES

Das Jahr 1990 bringt nicht nur das Gedenken an die vor 150 Jahren erfolgte Eröffnung der st.st. Lehranstalt in Vordernberg, zu gedenken ist in diesem Jahr auch der Übersiedlung der Montanistischen Hochschule Leoben in den Neubau am Josefee vor nunmehr 80 Jahren.

Alle Nachrichten über die feierliche Eröffnung des Neubaues sprechen von einer „Schlußsteinlegung" zu diesem Anlaß. Und so entsprang es wohl der Neugierde, diesen Schlußstein zu suchen.

Im Foyer des heutigen „alten" Gebäudes befindet sich ein Gedenkstein mit der Inschrift „Erbaut 1908–1910" (Bild 1). Es lag die Vermutung nahe, daß dies der Schlußstein sein könnte, der eine Gedächtnisurkunde beinhalten sollte.

Bild 1: Schlußstein im Foyer des Hauptgebäudes, Leoben, Franz Josef Straße 18. Foto: F. Sturm.

Am 10. April 1990 wurde nun dieser Marmorblock aus der Mauer gebrochen. In ihm befand sich ein Blechzylinder, in den eine Glaskapsel mit der Gedächtnisurkunde, den Unterschriften der Ehrengäste und einer Festschrift zur Eröffnung des Neubaues eingeschlossen war (Bilder 2 und 3).

Dies möchte ich nun zum Anlaß nehmen, diesen für die Hochschule aber auch für die Stadt und den Bezirk bedeutenden Tag zu beleuchten.

Die Montanistische Hochschule hatte auch in jenen Tagen unter Raumnot zu leiden. Auf vier städtische Gebäude waren die Institute verteilt, die Verhältnisse für die Studierenden waren so schlecht, daß sie sich 1902 sogar zu einem Streik entschlossen. Die Regierung zeigte sich nach vielen Verhandlungen bereit, einen Neubau zu errichten, die Stadt Leoben stellte den Baugrund „im vornehmsten Stadtteile

Bild 2: Geöffneter Schlußstein mit dem Blechzylinder, in dem sich die Glaskapsel mit den Urkunden befand. Foto: F. Sturm.

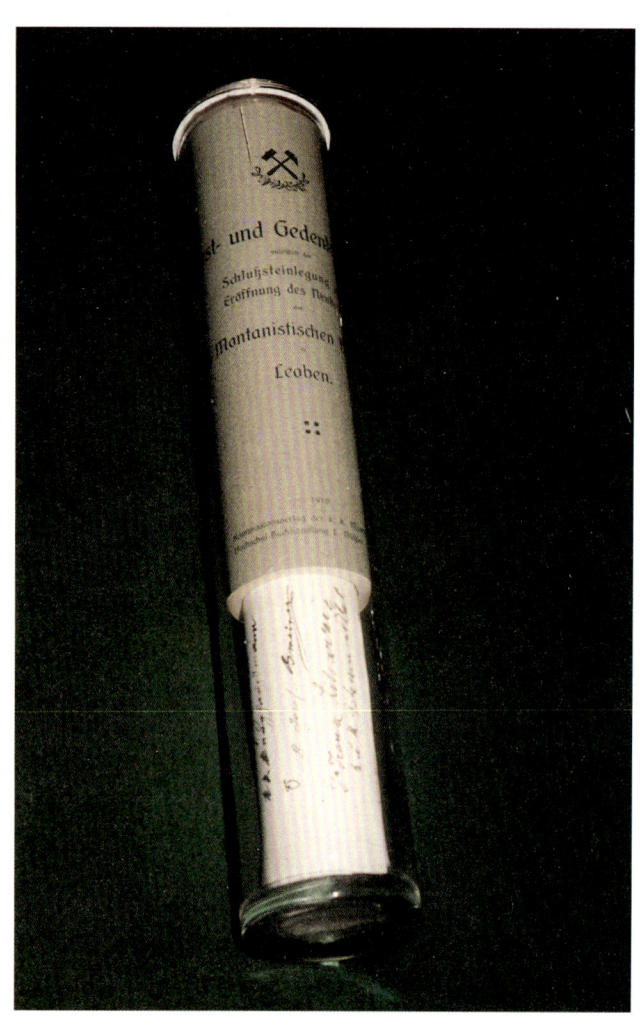

Bild 3: Glaskapsel mit der Gedächtnisurkunde, den Unterschriften der Ehrengäste, der Festschrift zur Eröffnung und einer Errinnerungskarte.   Foto: F. Sturm.

Leobens" zur Verfügung, und so entstand in den Jahren 1908–1910 dieses Hochschulgebäude im Stil aller Hochschulbauten der Monarchie. Die feierliche Eröffnung erfolgte am 22. Oktober 1910.

Der 21. Oktober, der Vorabend des großen Festes, sah die Bergstadt Leoben im Fahnenschmuck. Vom Annaberg leuchtete ein Freudenfeuer, Böllerschüsse erdröhnten. Die Studenten fanden sich mit Fackeln beim alten Gebäude der Hochschule ein, um von diesem Abschied zu nehmen. Der Fackelzug führte nach einem Gedenken an Peter Ritter von Tunner zum neuen Gebäude, wo mit einer Rede und dem Lied „Burschen heraus!" diese neue Stätte studentischen Lebens und Wirkens gleichsam in Besitz genommen wurde. Das Stadttheater feierte den Anlaß mit einer Festaufführung. Man spielte das Stück „Alt-Heidelberg", in dem alle männlichen Rollen mit Studenten der Hochschule besetzt waren.

Der eigentliche Festakt der Eröffnung und Schlußsteinlegung erfolgte am 22. Oktober: der Minister für öffentliche Arbeiten, August Ritt, selbst Techniker, legte den Schlußstein mit den folgenden Worten: *„Den letzten Stein zu diesem Bau lege ich mit folgendem Bergmannsspruch:*

*Glück auf, Ihr Bergleut', ich halt es mit Euch Und wünsch' Euch allen Bergsegen zugleich, Gott lasse das Bergwerk in Blüte fort gehen, Gott lasse das Bergwerk in Segen bestehen".*

Statthalter Graf Clary und Aldringen ergriff dann den Hammer und führte drei Hammerschläge mit dem Wunsche aus, daß dieses neue Haus eine Pflegestätte wissenschaftlicher Bildung und ein Hort patriotischer Gesinnung sein und bleiben möge. Damit war der Schlußstein gelegt, das Gebäude vollendet.

Es nahmen neben dem Minister, dem k.k. Statthalter, dem Landeshautpmann, dem Bezirkshauptmann, den Sektionschefs der beteiligten Ministerien Persönlichkeiten aus Wissenschaft und Wirtschaft teil. Sie alle sind auf der Urkunde (Bild 4) unterzeichnet: August Ritt, Minister für öffentliche Arbeiten, Manfred Graf Clary und Aldringen, k.k. Statthalter, Edmund Graf Attems, Landeshauptmann der Steiermark, der letzte in der Monarchie, die Sektionschefs Emil Homann (er wurde 1918 Ehrendoktor der Montanistischen Hochschule) und Ernst Seidler, der Bezirkshauptmann Rudolf Graf Schönfeld, der Vorsitzender des Baukomitees war; die übrigen Vertreter des Baukomitees, Wilhelm Edler von Rezori, Leiter des Projektes im Ministerium, der Rektor Engelbert Kobald, der Bürgermeister von Leoben, Dr. Josef Grübler, die Gemeinderäte Dr. Hermann Obermeier und Ing. Ernst Rollett und die Baumeister Viktor Seiner und Stadtbaumeister Titus Thunhardt; das Professorenkollegium mit Prorektor Wolfgang

# Gedächtnis-Urkunde.

○ ○

UNTER der glorreichen Regierung Seiner kaiserlichen und königlichen Apostolischen Majestät des Kaisers FRANZ JOSEF I., während Seiner Exzellenz August Ritt Minister für öffentliche Arbeiten war, wurde dieser Hochschul-Neubau errichtet.

Zu dieser Zeit waren Seiner Exzellenz Dr. Manfred Graf Clary und Aldringen Statthalter, Seiner Exzellenz Edmund Graf Attems Landeshauptmann, Rudolf Graf Schönfeld Bezirkshauptmann in Leoben, Dr. Josef Grübler Bürgermeister der Stadt Leoben und Seiner Magnifizenz Dr. Engelbert Kobald Rektor der k. k. Montanistischen Hochschule.

Die durch den Fortschritt der technischen Wissenschaften bedingte Entwicklung der Montanistischen Hochschule machten es zur zwingenden Notwendigkeit, unserer Hochschule, welche bislang in vier städtischen Gebäuden untergebracht war, ein neues, würdiges Heim zu schaffen.

Zu diesem Zwecke wurde dieser Bau mit einem, von der hohen k. k. Regierung genehmigten Kostenaufwande von 1,367.264 Kronen aufgeführt.

Die Stadtgemeinde Leoben, welche außer der unentgeltlichen Überlassung des Bauplatzes von 7503 m² 420.000 K zu den Baukosten beitrug, übernahm auch die vorschußweise Bestreitung der gesamten Bauauslagen. Der Bau wurde im März des Jahres 1908 begonnen, im Winter desselben Jahres zum größten Teile unter Dach gebracht und im Jahre 1910 vollendet. Alle näheren Angaben sind in der beiliegenden Festschrift enthalten.

Als letzte Arbeit der Herstellung des Gebäudes wurde diese Urkunde am 22. Oktober 1910 in den Schlußstein versenkt.

Das Baukomitee bestand aus nachbenannten Persönlichkeiten:

Rudolf Graf Schönfeld, Vorsitzender; Wilhelm Edler von Rezori, k. k. Ministerialrat im Ministerium f. ö. A., als technischer Beirat; Viktor Seiner, k. k. Oberingenieur, als technisch-artistischer Bauleiter; Dr. Engelbert Kobald, Rektor der k. k. Montanistischen Hochschule; Dr. Hermann Obermayer und Ingenieur Ernst Rollett als Vertreter der Gemeinde.

Mögen die gebrachten Opfer ihren Lohn in einer mächtigen Entwicklung der Hochschule finden.

Bild 4: Gedächtnisurkunde.

Bild 5: Errinnerungskarte an die feierliche Schlußsteinlegung.
Reproduktion FOTO WILKE Leoben.

Wendelin, Karl A. Redlich, Hans Hoefer, Viktor Waltl, Anton Bauer, Otto Seyller, Franz Schraml, Rudolf Jeller und Franz Peter, erst seit 16. Oktober Professor in Leoben.

Als Vertreter auswärtiger Hochschulen sind unterzeichnet Dr. Richard Beck, Rektor der k.sächsischen Bergakademie Freiberg und Dr. Artur Haider, Dekan der Technischen Hochschule Graz; Vertreter der Leobener Korporationen sind auf der Urkunde ebenfalls unterschrieben wie Vertreter der Leobener Behörden, der Gewerken des Bezirkes und hoher Bergbeamter aus allen Teilen der Monarchie.

Nach dieser Schlußsteinlegung fand die eigentliche Eröffnungsfeier in der Aula statt. Um die Verdienste der Stadt Leoben beim Zustandekommen des Baues zu betonen, überreichte Minister Ritt an drei Mitglieder der Gemeindevertretung hohe Auszeichnungen: Bürgermeister Grübler wurde mit dem Orden der Eisernen Krone III. Kl. ausgezeichnet, die Gemeinderäte Obermeier und Rollett erhielten das Ritterkreuz des Franz Josef-Ordens. Ein feierliches Bankett vereinigte alle Festesteilnehmer, und viele Trinksprüche hoben die Wichtigkeit einer montanistischen Hochschule überhaupt und den Standort Leoben im besonderen hervor.

Zum Abschluß sei der Trinkspruch von Bürgermeister Grübler zitiert, der wohl in treffendster Weise die Gefühle der Professoren und Stadtväter wiedergibt:

*„... Mit dem Schlußstein, der auf die Gedächtnis-Urkunde sich heute senkte, ist auch mir ein schwerer Stein der Sorge vom Herzen gefallen, und ich danke dem lieben Herrgott, daß er mich diesen Tag erleben ließ, da meiner Vaterstadt eine neue Gewißheit ihrer ferneren Entwicklung erstand und aus dem Namen Leoben neuerdings ein Nennwort prägt, weit hinaus über unsere Gemarken bekannt, überall dort, wo Hammer und Fäustel erklingen und der Industrie nimmer rastendes Leben blüht ..."*

## ANMERKUNGEN

Fest- und Gedenkschrift anläßlich der Schlußsteinlegung und Eröffnung des Neubaues der k.k. Montanistischen Hochschule in Leoben. Hrsg.: Äg. Nitsche, Leoben 1910.
Obersteirische Volkszeitung, Nr. 83, 19. Okt. 1910, Nr. 84, 22. Okt. 1910.
Wiener Zeitung, Nr. 243, 23.10.1910.

# Ehrungen und Preise

Friedwin STURM

In dem für alle Universitäten geltenden Universitäts-Organisationsgesetz 1975 (UOG), XIV. Abschnitt, sind „Akademische Ehrungen" vorgesehen, die vom obersten Kollegialorgan – in Leoben vom Universitätskollegium – verliehen werden können. Diese Ehrungen werden im feierlichen Rahmen einer Akademischen Feier verliehen. Viele der Geehrten nehmen dann auch regelmäßig als Ehrengäste an den Akademischen Feiern teil (Bild 1).

Universität eingetragen. In Tabelle 1 sind die Ehrendoktoren in chronologischer Reihenfolge angeführt.

Bild 1: Ehrengäste bei der Akademischen Feier am 14.12.1984. FOTO FREISINGER Leoben.

Bild 2: Ehrenpromotion von Prof. Dr. Günter Petzow bei der Akademischen Feier am 17.3.1989. FOTO FREISINGER Leoben.

## EHRENDOKTORATE

An Personen, die auf Grund ihrer wissenschaftlichen Leistung in Fachkreisen hohes Ansehen genießen oder sich um die durch die Universität vertretenen wissenschaftlichen oder anderen kulturellen Aufgaben hervorragende Verdienste erworben haben, kann ein Doktorat ehrenhalber verliehen werden. Die Ehrendoktoren erhalten ein Diplom (Bild 2), und ihre Namen werden in das Ehrenbuch der

**Tabelle 1:
Ehrendoktoren der Montanuniversität.**

Hauer Ritter v., Julius, Prof., Dr.techn.e.h., k.k. Hofrat
Lorber Franz, em.Prof., Dr.techn.e.h., k.k. Oberbergrat
Webern v., Karl
Canaval Richard, Dr., k.k. Hofrat
Beck Richard, Prof., Dr.
Wüst Friedrich, Prof., Dr.-Ing., Geh. Regierungsrat
Höfer v., Hans, em.Prof., k.k. Hofrat
Gängl v., Ehrenwerth Josef, em.Prof., k.k. Hofrat
Homann Ritter v. Herimberg Emil, Geh.Rat
Apold Anton
Czermak Alois
Drolz Hugo, Bergrat
Günther Georg, Dr.techn. e.h.

Löcker Hermann
Pengg Hans, Gewerke
Preiner Johann, Bergrat
Vogel Otto, Ing.
Bischoff Richard, Ing.
Pazzani Alexander, Ing.
Zahlbruckner August, Ing.
Bauer Anton, Prof., Ing., Hofrat
Vögler Albert, Dr.
Petersen Otto, Dr.
Weithofer Anton, Dr.
Donath Eduard, Prof., Ing., Dr.techn.e.h., Hofrat
Gutmann v., Max, Dr.-Ing.e.h., Gewerke, Bergrat
Dolezal Eduard, Prof., Dr.-Ing.e.h., Dr.techn.e.h., Hofrat
Haussmann Karl, Prof., Dr.-Ing.
Jeller Rudolf, Prof., Ing., Hofrat
Hoover Herbert Clark, Graduated Mining Eng.
Erdmann Konrad, Dipl.Ing.
Backhaus Ferdinand, Ing.
Böhler Otto, Ing., Dr.-Ing., Dr.techn.e.h., Bergrat h.c.
Schoeller Ritter v., Philip
Höfer Edler v. Heimhalt Hans, Dipl.Ing.
Desch Cecil H., Dr.
Mintrop Ludger, Prof., Dr.-Ing.
Zeerleder Alfred v., Prof., Dr.
Heinisch Gustav, Dipl.Ing., Bergrat h.c.
Lauda Hans, Dr.
Oberegger Josef, Dipl.Ing., Bergrat e.h.
Durrer Robert, Dr.-Ing.
Skaupy Franz, Prof., Dr.
Friedl Karl, Dr.phil.
Rapatz Franz, Dr.-Ing.
Schmid Erich, Prof., Dr.phil.
Schuster Wilhelm, Dipl.Ing.
Bentz Alfred, Prof., Dr., Dr.e.h.
Fritzsche Carl Hellmut, em. Prof., Dr., Dr.-Ing.
Raguin Eugene, Prof., Ing.
Heuer Russell Pearce, Dr.phil.
Crussard Charles, Prof.
Tarczy-Hornoch Antal, Prof., Dipl.Ing., Dr.mont., Dr.-Ing.e.h.
Müller Leopold, Prof., Baurat h.c., Dipl.Ing., Dr.techn.
Oelsen Willy, Dr.-Ing.
Nowotny Hans, Prof., Dr.phil.
Prikel Gottfried, em. Prof., Dipl.Ing.

Malzacher Hans, Dipl.Ing., Dr.mont., Dr.techn.
Wagner Alfons, Dr.mont., Dr.-Ing.
Heiligenstädt Werner, Dr.-Ing.habil.
D'Ans Jeans, Dr.-Ing.
Preuschen Ernst, Dipl.Ing., Dr.mont.
Gold Otto, Dkfm., Dr.Ing.
Rellensmann Otto, Dr.phil.habil.
Bergmann Karl, Dr.techn., Dipl.Ing.
Kihlstedt Per Gudmar, Prof., Bergingenjör
Schauberger Othmar, Dipl.Ing., wirkl. Hofrat, Honorardozent für Bergbaukunde
Kieffer Richard, Prof., Dipl.Ing., Dr.techn.
Rabcewicz Ladislaus, Dipl.Ing., Dr.techn.
Mark Hermann F., Dr.phil., Dr.h.c.mult.
Yamani, Scheich Ahmed Zaki, Dr.
Beck Paul, Prof., Dr.
Jacobi Oskar, Dr.-Ing.
Krejci-Graf Karl, Prof., Dr.phil.
Sendzimir Tadeusz, Dipl.Ing., Dr.h.c.
Beck Hans, Dipl.Ing.
Weiss Peter, Dipl.Ing., Obering.
Jankovic Slobodan, Prof., Dr.
Spörker Hermann, Kommerzialrat, Dipl.Ing.
Plöckinger Erwin, tit.Ao.Prof., Dipl.Ing., Dipl.Ing., Dr.mont.
Lippmann Horst, Prof., Dr.
Kratky Otto, em.Prof., Dipl.Ing., Dr., Dr.h.c.mult.
Rischmüller Heinrich, Prof., Dipl.Ing.
Sirtl Erhard, Prof., Dr.rer.nat.
Petzow Günter, Prof., Dr., Dr.h.c., Dr.-Ing.e.h.
Emons Hans-Heinz, Prof., Dr.sc.nat., Drs.h.c.
Susanszky Janos, Prof., Dr.

**EHRENSENATOREN**

Der Titel eines Ehrensenators kann an hervorragende Persönlichkeiten des öffentlichen Lebens, die sich in einem besonderen Maße um die Universität und um die Förderung ihrer wissenschaftlichen und kulturellen Aufgaben verdient gemacht haben, verliehen werden. Die Ehrensenatoren (Bild 3), die in Tabelle 2 aufgelistet sind, erhalten neben dem Diplom auch eine goldene Medaille mit dem Siegel der Montanuniversität (Bild 4).

Bild 3: Ehrensenator Landeshauptmann Dr. Krainer, Akademische Feier am 29.6.1984. FOTO FREISINGER Leoben.

Bild 4: Ehrensenator-Medaille. FOTO WILKE Leoben.

**Tabelle 2:**
**Ehrensenatoren der Montanuniversität.**

Krainer Josef, Ökonomierat, Landeshauptmann von Steiermark
Meznik Adalbert, Dr.iur., Sektionschef

Pengg-Auheim Hans, Bergrat h.c., Dipl.Ing.
Blanc Werner, Senator h.c., Wirkl. Hofrat, Dr.iur.
Bauer Ludwig, Kommerzialrat, Generaldirektor
Burckhardt Helmut, Dr.-Ing., Bergassessor
Gehart Raimund, Dipl.Ing.
Wick Wolfgang, Dkfm., DDr., Generaldirektor
Koren Hanns, Landtagspräsident, Prof., Dr.phil.
Niederl Friedrich, Dr., Obmann der Raiffeisen-Zentralkasse Steiermark
Koller Herbert, Prof., Dr.iur., Generaldirektor, Komm.Rat.
Leitner Karl, Bergrat h.c., Dipl.Ing., Generaldirektor
Schmitz Ernst, Reg.Rat., Prof., Dipl.Chem.
Schützelhofer Martin, Komm.Rat., Generaldirektor
Tropper Alfons, Landesamtspräsident, Senator h.c., Hofrat, Dr.
Zacherl Michael Karl, em.Prof., Dr.phil., DDr.h.c., Präsident des Österreichischen Auslandsstudentendienstes
Krainer Josef, Dr., Landeshauptmann von Steiermark
Sterk Georg, Dipl.Ing., Dr.iur., Leiter der Sektion VI - Oberste Bergbehörde

## EHRENBÜRGER

Personen, die sich um die Ausgestaltung oder Ausstattung der Universität besondere Verdienste erworben haben, kann der Titel eines Ehrenbürgers verliehen werden (Bild 5). Für die Ehrenbürger ist eine silberne Medaille vorgesehen (Bild 6). Die Liste der Ehrenbürger der Montanuniversität ist in Tabelle 3 wiedergegeben.

**Tabelle 3:**
**Ehrenbürger der Montanuniversität.**

Berndt Edmund, Bergrat, Dr.iur., Dipl.Ing.
Freudenthaler Josef, Schulrat
Gerzabek Viktor, Bergrat h.c., Dipl.Ing.
Heindler Gottfried, Bürgermeister der Stadt Leoben

Kadletz Wilhelm, Dr.iur., Oberregierungsrat
Landrichter Walter, Bergrat h.c., Dipl.Ing.
Lange Otto, Verleger
Letnig Friedrich, Dr.iur., Wirkl. Hofrat
Narbeshuber Franz, Bergrat h.c., Dipl.Ing.
Neweklowsky Carl, Komm.Rat., Generaldirektor
Poech Karl, Dipl.Ing., Hüttendirektor
Reichert Otto, Komm.Rat.
Trojan Franz, Bergrat h.c., Dipl.Ing.
Brandstetter Hans, Bergrat h.c., Dipl.Ing.
Frehser Josef, Bergrat h.c., Dr.-Ing.
Hellweger Alfred, Wirkl.Amtsrat, Regierungsrat
Kabelac Josef, Dipl.Ing.
Kohlmayr Anton, Dr.
Schlacher Hans, Bergrat h.c., Dipl.Ing., Werksdirektor
Weinberger Rolf, Bergrat h.c., Gewerke, Dipl.Ing.
Weitzer Helmut P., Bergrat h.c., Dipl.Ing., Dr.mont.
Haensel Georg, Baurat h.c., Dipl.Ing.
Lenhard-Backhaus Hugo, Dipl.Ing.
Pannocha Hermann, Wirkl. Hofrat, Dipl.Ing.
Posch Leopold, Direktor, Oberschulrat, Bürgermeister der Stadt Leoben
Weber Ludwig, Dipl.Ing.
Schwabl Ludwig, Dr., Direktor, Präsident des Hauptverbandes des österr. Buchhandels, Präsident des Sonnblickvereines
Denk Wilhelm, Dr., Geschäftsführer des Fachverbandes der Bergwerke und Eisen erzeugenden Industrie
Linsmaier Max, Dr., Geschäftsführer des Fachverbandes der Metallindustrie Österreichs, Bundeskammer der gewerblichen Wirtschaft
Pfaller Albert, Dr., Wirkl. Hofrat, Bezirkshauptmann
Schwarz Georg, Direktor
Herrman Adalbert, Komm.Rat, Dr., Direktor
Laizner Hans, Dipl.Ing., Dr.mont., Bereichsdirektor
Rink Jürgen, tit.Ao.Prof., Dr.rer.pol., Dipl.Volkswirt, Mitglied der Geschäftsführung und Direktor des Vereins Deutscher Eisenhüttenleute
Wasle Clemens, Reg.Rat., Rechnungsdirektor
Figwer Eduard, Dipl.Ing., Geschäftsführer der Salen Kunststoffwerke Ges.m.b.H.
Prinz Hermann, Ing., Mag., Geschäftsführer des Fachverbandes der Bergwerke und Eisen erzeugenden Industrie

Bild 5: Ehrenbürger Hofrat Dr. Pfaller. Akademische Feier am 17.3.1978. FOTO RADERBAUER Leoben

Bild 6: Ehrenbürger-Medaille. FOTO WILKE Leoben.

# ERZHERZOG JOHANN MEDAILLE

Die Steiermärkisch-Ständische Montan-Lehranstalt wurde 1840 auf Initiative von Erzherzog Johann gegründet. Aus Anlaß des 150-jährigen Bestehens hat das Universitätskollegium eine sichtbare Auszeichnung nach § 101 UOG, die „Erzherzog-Johann-Medaille der Montanuniversität Leoben" gestiftet. Das Ehrenzeichen wird in Gold, Silber und Bronze zur Ehrung von Personen verliehen, die sich besondere Verdienste um die der Universität anvertrauten Gebiete der Wissenschaften oder um die Universität selbst erworben haben. Das Ehrenzeichen am Band und auf einer Anstecknadel zeigt auf der Vorderseite das Bildnis des Erzherzog Johann und auf der Rückseite die Inschrift: „Für besondere Verdienste um das Montanwesen".

Eine ganze Reihe von weiteren Preisen werden fallweise bei den Akademischen Feiern verliehen.

### ROLAND MITSCHE PREIS

Der Roland Mitsche Preis wird im Gedenken an Prof. Mitsche, der sich um die Pflege der außerfachlichen kulturellen Belange und den Sport verdient gemacht hat, für Leistungen auf künstlerischem oder sportlichem Gebiet von der Gesellschaft von Freunden der Montanuniversität Leoben alle zwei Jahre vergeben (Bild 7). Der Preis wird durch eine Jury ausgewählt, die aus dem Vorstandsausschuß der Gesellschaft von Freunden der Montanuniversität Leoben und dem Direktor des Institutes für Bildungsförderung und Sport besteht.

Die Preisträger sind in Tabelle 4 angeführt.

Bild 7: Preisträger des Roland Mitsche Preises, Dipl.Ing. Bruno Westermeier, bei der Akademischen Feier am 10.4.1987.
FOTO FREISINGER Leoben.

ben mit bestem Erfolg absolviert haben und österreichische Staatsbürger sind, eine Studienreise im Zuge ihrer wissenschaftlichen Ausbildung für die Forschungstätigkeit durch finanzielle Unterstützung zu ermöglichen bzw. zu fördern. Der Fonds wird von einem Kuratorium verwaltet. Die bisherigen Stipendiaten sind in Tabelle 5 angeführt.

**Tabelle 4:**
**Preisträger des Roland Mitsche Preises.**

| | |
|---|---|
| 10.4.1981 | Dipl.Ing. Anton Schabl |
| 25.3.1983 | Ferdinand Reiter |
| 29.3.1985 | Dipl.Ing. Andreas Kronthaler |
| 10.4.1987 | Dipl.Ing. Bruno Westermeier |
| 17.3.1989 | Stephan Puxkandl |

**Tabelle 5:**
**Stipendiaten des Professor Dr. techn. Rudolf Posselt'schen Reisefonds.**

| | |
|---|---|
| 02.07.1982 | Dipl.Ing. Rosalinde Kleemaier |
| 01.07.1983 | Dipl.Ing. Ludwig Reiter |
| 13.04.1984 | Dipl.Ing. Ludwig Ems |
| 29.03.1985 | Dipl.Ing. Wolfgang Brandstätter |
| 21.03.1986 | Dipl.Ing. Raimund Ratzi |
| 10.04.1987 | Dipl.Ing. Helmut Clemens |
| 25.03.1988 | Dipl.Ing. Gerhard Hackl |
| 17.03.1989 | Dipl.Ing. Franz Groisböck |

### POSSELT'SCHER REISEFONDS

Zweck des „Professor Dr.techn. Rudolf Posselt'schen Reisefonds" ist es, Diplomingenieuren, die ihr ordentliches Studium an der Montanuniversität Leo-

### SALEN-STIPENDIUM

Die Geschäftsführung der Österreichischen Salen-Kunststoffwerke Ges.m.b.H. hat in Anerkennung der Verdienste der Montanuniversität um die Ausbildung von Diplomingenieuren für Kunststofftechnik ein Stipendium für Studenten der Kunststofftechnik gestiftet, das auf Vorschlag der Studienkommission für Kunststofftechnik alljährlich an den besten Absolventen des Ersten Studienabschnittes dieser Studienrichtung vergeben wird. Die bisherigen Empfänger dieses Stipendiums sind in Tabelle 6 aufgelistet.

**Tabelle 6:
Empfänger des Salen-Stipendiums.**

| | |
|---|---|
| 14.12.1984 | Christian Kukla |
| 13.12.1985 | Andreas Hess |
| 19.12.1986 | Franz Hörtner |
| 18.12.1987 | Stephan Tanda |
| 16.12.1988 | Alfred Stern |

## RADEX-STIPENDIUM

Dieses Stipendium wurde von der Radex Heraklith Industrie Beteiligungs AG Wien unter Bergrat h.c. Dipl.Ing. Hellmut Longin gestiftet und wird an Studierende der Studienrichtung Gesteinshüttenwesen und Werkstoffwissenschaften, sowie die Studienzweige Eisenhüttenwesen und Betriebs- und Energiewirtschaft der Studienrichtung Hüttenwesen vergeben. Die Zuerkennung des Stipendiums erfolgt durch ein Kuratorium. Zweck des Stipendiums ist die Anerkennung eines besonderen Studienerfolges und besonderer Leistungen. Das Stipendium wird ab dem Studienjahr 1990/91, erstmals anläßlich des 150-jährigen Jubiläums der Montanuniversität, verliehen werden.

## WOLFGANG WICK EHRENPREIS

Der Zweck dieser Stiftung ist die Würdigung hervorragender Forschungsarbeiten und Leistungen auf dem Gebiet der Gesteinshüttenkunde und feuerfesten Baustoffe für Studenten und Absolventen der Studienrichtung Gesteinshüttenwesen, die ihr ordentliches Studium an der Montanuniversität absolvieren bzw. absolviert haben. Die Zuerkennung des Preises erfolgt durch ein Kuratorium. Der Preis wird unter dem Namen „Wolfgang Wick Ehrenpreis für Gesteinshüttenkunde und feuerfeste Baustoffe" erstmals im Studienjahr 1989/90 verliehen werden.

## REKTOR-PLATZER-RING

Der Technisch-wissenschaftliche Verein „Eisenhütte Österreich" und der Technisch-wissenschaftliche Verein „Bergmännischer Verband Österreichs" haben aus Anlaß des 125-jährigen Jubiläums der Montanistischen Hochschule Leoben im Jahr 1965 einen Erinnerungsring für Diplomingenieure, die ihr Diplom mit Auszeichnung erworben haben, gestiftet. Der Ring trägt in Ansehung der Verdienste, die sich der Rektor der Studienjahre 1945 bis 1953 für den Bestand der Hochschule erworben hat, den Namen „Rektor-Platzer-Ring". Als Träger der Stiftung haben sich die „Österreichische Gesellschaft für Erdölwissenschaften" und der „Verband Leobener Kunststofftechniker" angeschlossen. Die Übergabe an die Ausgezeichneten erfolgt durch den Rektor im Rahmen der Akademischen Feier.

Ursprünglich war die Vergabe des Rektor-Platzer-Ringes mit der gesetzlich festgelegten „Auszeichnung" verknüpft. In letzter Zeit wurden die gesetzlichen Bedingungen für eine Auszeichnung so abgeschwächt, daß etwa auch dann ein Absolvent eine Auszeichnung bekommen kann, wenn er in einem Diplomprüfungsgegenstand ein „genügend" hat. Da dies sicher nicht auszeichnungswürdig ist, wurden die Vergaberichtlinien von den gesetzlichen Voraussetzungen abgekoppelt. Die Vergabe des Rektor-Platzer-Ringes erfolgt nunmehr an Diplomingenieure, die ihr Diplom mit ausgezeichneten Leistungen erworben haben.

In der Tabelle 7 sind die Preisträger mit den Terminen der Akademischen Feiern, bei denen die Rektor-Platzer-Ringe verliehen wurden, zusammengestellt.

**Tabelle 7:**
**Träger des Rektor-Platzer-Ringes.**

|  |  |
|---|---|
| 17.12.1965 | Gehring Karl Heinz |
| | Egger Günther |
| 01.04.1966 | Wieser Hermann |
| | Bach Jürgen |
| | Staska Erich |
| 01.07.1966 | Schmidt Hermann |
| | Meister Siegfried |
| | Gattinger Hermann |
| | Huber Walter |
| 17.12.1966 | Marschall Roland |
| | Lochner Herbert |
| 17.03.1967 | Abel Friedrich |
| 23.06.1967 | Rabensteiner Günther |
| | Schönbauer Gerhard |
| | Walach Georg |
| 15.12.1967 | Noska Tilmann |
| 05.04.1968 | Tuncöz Aktan |
| | Krieger Wilfried |
| 28.06.1968 | Kammerhofer Klaus |
| 27.06.1969 | Rizzi Paul |
| 19.12.1969 | Pfeil Gernot |
| | Traxler Hans |
| | Gfrerer Manfred |
| 20.03.1970 | Ernst Peter |
| | Leutgöb Alois |
| 26.06.1970 | Lanzer Wolf |
| | Strohmeier Bernd |
| | Twrdy Walther |
| | Wasserbauer Wolfgang |
| 18.12.1970 | Bauer Franz |
| 02.04.1971 | Vanovsek Wolfgang |
| 25.06.1971 | Krisch Karl-Heinz |
| 17.12.1971 | Kulnig Heinz |
| 24.03.1972 | Hieblinger Josef |
| | Kropfitsch Hans-Stefan |
| | Ruthammer Gerhard |
| 30.06.1972 | Geier Otto |
| | Katzenbeisser Gerhard |
| | Zeller Siegfried |
| 15.12.1972 | Brennsteiner Ernst |
| | Gerhardter Bernhard |
| 29.06.1973 | Shadid Imad |
| 14.12.1973 | Langanger Helmut |
| | Springer Johann |
| 05.04.1974 | Kremser Wolfhart |
| 13.12.1974 | Zalokar Viktor |
| 28.06.1974 | Braun Hermann |
| | Matzer Franz |
| 27.06.1975 | Lerchbaum Karl |
| 09.04.1976 | Heidinger Hartmut |
| 25.06.1976 | Geutebrück Ernst |
| | Horkel Alexander |
| | Siegl Walter |
| | Altendorfer Florian |
| 17.12.1976 | Gach Heinz |
| | Zenker Edmund |
| | Buggelsheim Arnulf |
| | Ruhs Walter |
| | Uggowitzer Peter |
| 01.04.1977 | Pfeffer Wolfgang |
| | Ströbl Ernst |
| | Egger Wolfgang |
| | Giedenbacher Gerhard |
| | Thun Ernst |
| | Kneissl Albert |
| 01.07.1977 | Wiesbauer Karl |
| | Bauer Reinhard |
| | Dunky Manfred |
| 16.12.1977 | Weber Christian |
| | Stockinger Josef |
| 17.03.1978 | Reichetseder Peter |
| | Buchebner Gerald |
| | Weinberger Reinhard |
| | Krawanja Andreas |
| | Gould Lawrence |
| | Wallner Peter |
| 30.06.1978 | Niedermayer Friedrich |
| | Pigal Reinhold |
| | Schöffmann Franz |
| 15.12.1978 | Höllerbauer Alfred |
| | Krumböck Erwin |
| | Lang Reinhold |
| 29.06.1979 | Bergthaler Helmut |
| | Krampf Oskar |
| | Navratil Rudolf |
| | Streisselberger Alois |
| | Kronthaler Andreas |
| 14.12.1979 | Eder Johann |
| | Schulhofer Anton |
| | Steiner Paul |

| | | | |
|---|---|---|---|
| 27.06.1980 | Blaschke Erich | | Rose Karl |
| | Buchmayr Bruno | 14.12.1984 | Gaisbauer Ernst |
| | Ebner Reinhold | | Kuhn Gustav |
| | Poganitsch Reinhold | | Poll Dietmar |
| 19.12.1980 | Graf Konrad | | Pusnik Herbert |
| | Harmuth Harald | 29.03.1985 | Schlossnikl Christian |
| | Hüppe Hans Otto | | Suppan Helmut |
| | Kratzer Diethart | 28.06.1985 | Hochörtler Johann |
| | Kolednik Othmar | | Sachsenhofer Reinhard |
| | Mayerhofer Johann | 13.12.1985 | Grabner Karl |
| | Rotter Franz | | Leitner Günter |
| | Stix Heimo | | Oberrisser Helmut |
| | Werner Ewald | 21.03.1986 | Geyerhofer Herbert |
| 10.04.1981 | Magdowski Ruth | | Schumi Peter |
| 26.06.1981 | Grafl Wolfgang | 27.06.1986 | Maderthaner Klaus |
| | König Walter | | Neuhold Johann |
| 18.12.1981 | Ems Ludwig | | Pleschberger Thomas |
| | Hofstätter Herbert | | Prodinger Christian |
| | Kramer Erich | | Wintersteller Walter |
| | Schwaiger Meinhard | 19.12.1986 | Denk Franz |
| 02.04.1982 | Amberg Josef | | Hackl Gerhard |
| | Kleemaier Rosalinde | | Hackler Gerhard |
| | Prevedel Bernhard | | Piber Günter |
| | Sigl Lorenz | | Pleticha Harald |
| 02.07.1982 | Beirer Gerold | | Rathner Roland |
| | Müller Klaus | | Sartor Dietmar |
| | Neiss Nikolaus | | Urak Robert |
| | Rainer Christian | | Wüstrich Harald |
| 17.12.1982 | Friedl Johann | 10.04.1987 | Eibl Christian |
| | Kloger Wolfgang | | Rauscher Gundelinde |
| | Reiter Ludwig | 18.12.1987 | Allitsch Edmar |
| | Schamböck Horst-Peter | | Fromme Peter |
| | Steiner Gottfried | | Groisböck Franz |
| | Vogt Andreas | | Haas Gerhard |
| 25.03.1983 | Hiden Helmut | | Hojas Martin |
| | Moser Peter | | Lenz Wolfgang |
| | Pernkopf Heinrich | | Nöbauer Reinhard |
| | Reisinger Peter | | Panzenböck Helmut |
| 01.07.1983 | Clemens Helmut | | Stadlbauer Walter |
| | Bauer Robert | 25.03.1988 | Ambrosch Siegfried |
| | Bachmayer Josse | | Breitenbaumer Christian |
| | Brandstätter Wolfgang | | Hintner Heinz |
| 13.04.1984 | Friesenbichler Walter | | Lang Martin |
| | Löcker Klaus-Dieter | | Leuprecht Günther |
| | Ratzi Raimund | 01.07.1988 | Bernhard Martin |
| 29.06.1984 | Köck Wolfgang | | Fischeneder Franz |
| | Friesenbichler Franz | | Fischer Viktor |

|            |                          |
|------------|--------------------------|
|            | Friedrichs Burkhard      |
|            | Grossfurthner Paul       |
|            | Kranabitl Johann         |
|            | Panzenböck Michael       |
|            | Pengg Johann             |
| 16.12.1988 | Friesacher Helmut        |
|            | Glöckler Wolfgang Gerhard|
|            | Unfried Roland           |
| 17.03.1989 | Gerhartz Benedikt        |
|            | Markl Erich              |
|            | Pichler Andreas          |
|            | Wedenig Harald           |

|            |                     |
|------------|---------------------|
|            | Wicho Bernhard      |
| 30.06.1989 | Brandstätter Elmar  |
|            | Erkan Tarik         |
|            | Gugu Siegfried      |
|            | Kreutzer Bernd      |
|            | Lechner Stephan     |
|            | Tanda Stephan       |

*Ich danke Frau Ingrid Karpf und Frau Johanna Bacher von der Universitätsdirektion für die Hilfe bei der Zusammenstellung der Daten.*

# Abenteuer Wildwasser an der Montanuniversität

Karl L. MAURER

Kaum jemand würde die Mur bei Leoben als Wildwasser ansehen, geschweige denn, beim Anblick der meist schmutzig braunen Fluten Lust verspüren, mit dem Wasser dieses typischen Industrieflusses in Berührung zu kommen. Die Mur war jedoch bis einige Jahre nach dem Zweiten Weltkrieg ein sauberer, grüner Fluß, in welchem man sogar baden konnte. So wird es verständlich, daß sie einst die Wiege einer sehr regen wassersportlichen Tätigkeit von Angehörigen der Montanistischen Hochschule war. Schon in den 30er Jahren wurde die Mur mit einfachen, zusammenlegbaren Booten befahren, die vorerst aus einem Holzgerippe und einer darübergezogenen, imprägnierten Leinwandhaut bestanden.

In dieser Zeit hat auch H. Strohmeier, damals Student in Leoben, ähnlich einem Schifahrer erste Gehversuche mit zwei schmalen, bootsähnlich vergrößerten Schuhen, die er sich an die Füße schnallte, unternommen. Ein langes Paddel diente zur Fortbewegung. Diese „Konstruktion", heute noch im Strohmeier'schen Familienbetrieb erzeugt, wird unter dem Namen „Skijak" (= Kombination Schi/Kajak) in die ganze Welt verkauft.

A. Leupoldt, damals am Institut für Bergbaukunde, war wohl der erste, der 1932 mit Freunden die seinerzeit unheimlich wild anmutende, steirische Salza mit einem Faltboot hinunterfuhr. Das war sicher eine beachtenswerte Leistung, wenn man noch dazu die in dieser Zeit gebräuchliche Ausrüstung und die erst in der Entwicklung begriffene Wildwasser-Fahrtechnik berücksichtigt.

Das damalige Institut für Leibesübungen an der Montanistischen Hochschule hatte sogar eigene Faltboote angeschafft, sodaß bis Kriegsbeginn Studenten und die anderen Hochschulangehörigen diesen immer populärer werdenden Freizeitsport ausüben konnten. Bis dahin war wohl eher das Wasserwandern auf nicht allzu reißenden Flüssen, wozu auch die Mur ab Murau zählt, im Vordergrund gestanden. Erst durch die Entwicklung der Boote vom immer besser durchdachten Faltboot bis zu den modernen Polyester-, Epoxi- und den jetzt überwiegend verwendeten, hochmolekularen Polyäthylen-

Bild 1: Wildwasserspaß in der Enns im Gesäuse nahe der Kummerbrücke.

booten sowie durch den nicht zu unterschätzenden Vorteil, Kälteschutzbekleidungen zur Verfügung zu haben, ist nach dem Krieg ein großer Aufschwung beim Wildwasserpaddeln zu verzeichnen gewesen. Flüsse, an deren Befahrung man früher nicht im Traum denken konnte, wurden „befahrbar". Sportliche Bewerbe, wie Kanuslalom und Regatta trugen zur Verbreitung bei, und Leoben konnte durch Leupoldts Engagement sowohl bei Herren- als auch bei Damenbewerben viele Siege, ja sogar österreichische Staatsmeistertitel, erringen.

Durch die Errichtung des IBuS an der Montanuniversität ist vor allem in den letzten Jahren eine neuerliche, organisierte Belebung des Wildwasserpaddelns zu verzeichnen gewesen. Boote wurden angeschafft, und durch die Initiative von Prof. Dr. U. Grollitsch, dem Leiter des IBuS, der selbst auch zu den Wildwasserfahrern zählt, werden Eskimotierkurse im Leobner Hallenbad durchgeführt. Dabei erlernt der Wildwasserneuling die Grundbegriffe und die „ersten Gehversuche" auf dem Wasser. Auch der akademische Wassersportklub trägt durch seine Aktivitäten sehr wesentlich zur Verbreitung und Förderung des Wildwasserfahrens bei.

Wenn auch die Wildwasser-Wettkampfdisziplinen nicht mehr ausgeübt werden, da eine Kaderbildung an Universitäten durch die hohe Leistungsdichte aufgrund zu häufig wechselnder Wettkämpfer kaum mehr möglich ist, geben Wildwasserkurse und -fahrten auf den zur Zeit durch die Verbauung mit Kraftwerksanlagen verschont gebliebenen österreichischen und europäischen Wildflüssen und -bächen dem Montanisten Gelegenheit, in einer – es fragt sich, wie lange noch – weitgehend unzerstörten und wenig von der Zivilisation veränderten Landschaft ein faszinierendes Abenteuer zu erleben.

# Montanenspitze

Das akademische Corps Montania hat seit dem 23. Oktober 1980 einen „eigenen" Berg. An diesem Tag erstiegen die Corpsstudenten und „Montanisten" Bärnthaler, Kuhn und Taferner erstmals einen exponierten Felsgipfel im nördlichen Hochschwabgebiet.

Die Erstbesteigung wurde von dem erfahrenen Bergsteiger und staatlich geprüften Bergführer Hans Bärnthaler organisiert und geleitet. Der gebürtige Steirer gilt nicht nur in seiner Heimat als hervorragender Extrembergsteiger, er ist auch in internationalen Kreisen als sicherer Expeditionsleiter und erfahrener Alpinist bekannt. Seine größten Erfolge erzielte er im Kaukasus, am Cordilliera Blanca in Peru, am Matterhorn und der Eigernordwand. Seine Erstbesteigungen im Alleingang auf den Urdukas Peak (6020 m) im Karakorum-Pakistan sowie dem Cerro Torro in Patagonien (Argentinien) zeugen vom Können des Bergbaustudenten aus Leoben. Im Zuge seiner Trainingstouren entdeckte er den bis dahin unbestiegenen und unbekannten eleganten Felsgipfel.

Der Plan zur Besteigung war schnell gefaßt, und so starteten die drei Montanen um 2.00 Uhr früh in Leoben. Nach zwei Stunden Autofahrt über Eisenerz, Hieflau und Wildalpen kamen sie nach Weichselboden, einem abgeschiedenen Dorf im Salzatal, dem Ausgangspunkt des Unternehmens. Noch in der Nacht ging es in ein Tal („die Höll") hinein, in den sogenannten „Unteren Ring". Hier begann bereits bei 900 m Seehöhe die Kletterei. Nach drei Stunden war eine Höhe von 1500 m erreicht, wo der eigentliche Gipfelaufbau beginnt. Hier wurde angeseilt und die letzten 200 m, einer steilen Kante folgend, aufgestiegen. Die Kletterei bewegte sich um den vierten Schwierigkeitsgrad (von insgesamt sieben). Um die Mittagszeit war der Gipfel bestiegen. Der Höhenmesser zeigte 1720 m. Es wurde ein Steinmann errichtet und ein Gipfelbuch hinterlegt, in dem der Name des Berges und die Erstbesteigungsdaten vermerkt wurden. Nach dem Absingen des „Montanenliedes" begann das Abseilen und Abklettern.

Bild 1: Erstbesteigung der „Montanenspitze" im Hochschwabgebiet.

Die Gipfelbesteigung wurde inzwischen in der Fachliteratur veröffentlicht, und die „Montanenspitze" scheint bereits im Hochschwab-Führer (Ausgabe 86) auf. Für das Jahr 1990 ist die Errichtung eines Gipfelkreuzes geplant.

Ein weiterer Beweis, daß die Verbindungsstudenten aus Leoben nicht nur den Klischees entsprechen.

Tragödie bei der österreichischen „K2" Expedition im Karakorum-Gebiet in Pakistan: Hans Bärnthaler stürzte bei einer an sich harmlosen Fototour in den Tod. Der 35 Jahre alte Steirer wollte Aufnahmen von der Ostwand des zweithöchsten Berges der Welt machen und wurde dabei von einem Schneebrett in 6000 Meter Höhe mitgerissen.

*(mitgeteilt vom Corps Montania)*

# Zur Erinnerung an Josef Fuglewicz
## Aufzeichnung einer Schilderung aus seinem Leben

Am 22. Oktober 1972 verstarb Josef Fuglewicz, mit 96 Jahren Senior der Leobner Montanisten. Von 1893 bis 1898 war er Student des Bergwesens und des Hüttenwesens, von 1928 bis 1946 ordentlicher Professor für Bergbaukunde unserer Hochschule. Kurz vor seinem 95. Geburtstag hatte er auf Bitte von Prof. Fettweis einiges aus seinem Leben auf Band erzählt. Diese Aufzeichnung wurde erstmals im Wintersemester 1972/73 in der Zeitschrift „Glück auf" der Österreichischen Hochschülerschaft, Seite 4 bis 7, abgedruckt und ist im folgenden wiedergegeben.

„Am 22. April 1876 in Tschernowitz, der Hauptstadt der Bukowina, geboren, kam ich schon mit neun Jahren an das deutsche k.u.k. Staatsgymnasium in Tschernowitz und legte im Juli 1893 meine Reifeprüfung ab. Beeindruckt durch die ausgedehnten schönen Buchenwaldungen in unsrer Bukowina hatte ich die Absicht, mich dem Forstfach zu widmen. Der Zufall wollte es anders.

Bei dieser Gelegenheit sei es mir vergönnt, einiges über das schöne Buchenland, welches von den Russen an Österreich übergeben worden war, auszusagen. Es gelang der österreichisch-ungarischen Monarchie innerhalb kurzer Zeit, aus der Bukowina eine blühende Kolonie zu machen. Von allen Teilen des alten Österreichs zogen die Siedler in die Bukowina herein, so daß schließlich sechs Millionen Menschen aus sechs Nationalitäten friedlich zusammenlebten, im Nordteil Ruthener und im Südteil Rumänen, dazwischen geschlossene deutsche Siedlungen, armenische Siedlungen, weißrussische Siedlungen, Zigeuner und sehr viele polnische Juden aus Galizien. Es bestand eine römisch-katholische, eine griechisch-katholische, eine armenisch-katholische, eine griechisch-orthodoxe, eine evangelische Kirche beider Konfessionen und selbstverständlich eine jüdische Kirche. Trotz des bunten Völkergemisches herrschte im Lande Friede und Ruhe. An der Spitze stand ein Landeshauptmann, der aus dem Westen kam, ein reicher Adeliger, der das Amt als Ehrenamt betrachtete und nicht als Dienst. Die Bukowina wurde durch eine Transversalbahn von Lemberg über Tschernowitz nach Jassi an der rumänischen Grenze aufgeschlossen. Wer mit dieser Landesbahn die Grenze von Galizien aus passierte, glaubte in einem

Bild 1: Prof. Dipl.Ing. Josef Fuglewicz als Rektor der Montanistischen Hochschule Leoben im Studienjahr 1933/34.

anderen Land zu sein, in ein Märchenland zu kommen.

Der Zufall wollte, daß nach Abschluß meiner Reifeprüfung am Gymnasium meine Eltern mit mir zu einer Kaltwasserkur nach Frohnleiten reisten, und ich dort die Gelegenheit wahrgenommen habe, die Stadt der Jugend, Leoben, persönlich kennenzulernen. Ich wanderte auf dem Diebsweg über die Hochalm nach Leoben und kam gerade zurecht, als die Leobener Bergknappen mit ihrer Musikkapelle am Hauptplatz aufmarschierten. Beiderseits des Hauptplatzes promenierte eine Menge junger Studenten mit ihren Mädels am Arm. Das und die Umgebung von Leoben faszinierten mich derart, daß ich, wie ich nach Frohnleiten zurückkam, den Eltern erklärte: ‚Ich gehe nicht an die Hochschule für Bodenkultur Forstfach studieren, sondern ich werde in Leoben Bergbau studieren'. Als ich im September 1893 inskribierte, war Leoben eine kaiserlich-königliche Bergakademie mit zwei Fachschulen und ein staatlicher Betrieb. Die Professoren waren Staatsangestellte und hatten je nach der Dienstzeit ihren Rang, wie das bei Staatsbetrieben üblich ist, als Bergkommissär, Oberbergkommissär, Bergrat, Oberbergrat und Hofrat. Sie kamen von Staatsbetrieben und wurden an die Bergakademie nach Leoben überstellt. So war der Vorsitzende des Bergwesens der Oberbergrat Prof. Rochelt, der mit seinem Adjunkten Pfeiffer aus dem staatlichen Kohlenbergbau Häring in Tirol nach Leoben überstellt worden war.

An der damaligen Bergakademie waren zwei Jahre dem Vorkurse vorbehalten und ein Jahr dem Bergwesen bzw. dem Hüttenwesen. An den Vorlesungen und Übungen des Vorkurses waren sechs Professoren beteiligt und sechs Dozenten. Der Vorsitzende für das Bergwesen war Oberbergrat Professor Rochelt, der Vorsitzende für das Hüttenwesen Oberbergrat Prof. Kupelwieser. Aus den Vorkursen mußten die Frequenzbestätigungen beigebracht und der Erfolg durch Prüfungen nachgewiesen werden. Die Erfolge wurden in Fortgangszeugnissen festgehalten und dienten als Nachweis für die Zulassung zu den 1897 eingeführten Staatsprüfungen.

Professor Kobald hatte Höhere Mathematik und Physik. Er lehrte uns integrieren und differenzieren; wir wußten aber nicht, wann und wozu wir die Höhere Mathematik seinerzeit im Beruf anzuwenden hatten. Darüber bekam ich erst Klarheit, als ich in russischer Gefangenschaft, in Sibirien, von den Schweden ein englisches Buch in die Hand bekam und dasselbe wirklich durchstudierte; da fielen mir erst die Schuppen von den Augen. Professor Klingatsch hatte Darstellende Geometrie sowie Praktische Geometrie und Übungen aus dem Situationszeichnen.

Ein von uns verehrter Professor war der Professor Bauer, der die Technische Mechanik und Allgemeine Maschinenbaukunde hatte. Prof. Bauer war ein Professor, der uns die Technische Mechanik in sehr klarer Weise beizubringen versuchte. Er haßte das Hersagen von Formeln, die Hauptsache war das Warum und Wieso. Er benutzte jede praktische Gelegenheit, uns die Technische Mechanik vor Augen zu führen und verstehen zu lehren. Wir hatten und sahen in Professor Bauer unseren eigentlichen Freund, den wir alle hoch verehrten. National eingestellt, war er der Führer des Hochschulstreiks in Leoben, der in ganz Österreich praktisch lückenlos durchgeführt worden ist, gegen die Sprachverordnung des seinerzeitigen Ministers Badeni. Der Streik, der über drei Monate dauerte, führte schließlich dazu, daß die Sprachverordnung zurückgezogen wurde.

Professor Bauer machte auch alle Exkursionen mit und war immer unter uns, wenn wir bei Exkursionen mit unseren Gastgebern beisammen saßen. Einmal, bei einer Exkursion in der Nähe von Leoben, war er plötzlich verschwunden. In Sorge um ihn brachen wir sofort auf und machten uns auf den Rückweg nach Leoben. Unterwegs begegneten wir einem Dutzend Kumpels, die wir besorgt fragten: ‚Habt ihr nicht unseren lieben Professor Bauer gesehen?' Da sagte ein Kumpel: ‚Ja, ja, der liegt 100 Schritte weiter unten im Straßengraben und schnarcht'. So kamen wir zu ihm, halfen ihm auf und brachten ihn dann gesund und munter nach Leoben.

Ein Professor, den wir ebenfalls sehr verehrten, war Prof. Ritter von Hauer, der die konstruktiven Übungen aus Bergmaschinenbaukunde sowie aus der Hüttenmaschinenbaukunde hatte. Wir bewun-

Bild 2: Begrüßung von Prof. Fuglewicz beim Fackelzug anläßlich seines 95. Geburtstages.

derten ihn sehr, wie er freihand an die Tafel die Maschinenkonstruktionen zeichnete, ohne Zuhilfenahme von Lineal und Zirkel. Prof. Hauer war sowohl bei den Hüttenleuten als auch bei den Bergleuten hoch verehrt.

Ein weiterer bekannter Professor, auch über die Grenzen von Österreich, war Professor Höfer von Heimhalt. Er hatte Geognosie, Paläontologie und Geologie. Seinerzeit machte er als Geologe die Nordpolexpedition nach Spitzbergen mit dem Grafen Wilcek mit und war, wie gesagt, über die Grenzen Österreichs wegen seiner erdölgeologischen Gutachten bekannt. Er war sich auch dessen voll bewußt, denn bei vielen Gelegenheiten sagte er: ‚Ich und die anderen berühmten Geologen sind der Meinung, daß...usw.' Bei geologischen Exkursionen verstand er es, uns neben dem Landschaftsbild auch die geologischen Gegebenheiten so beizubringen, daß wir auch später bei jedem Ausflug nicht nur das Landschaftsbild sahen, sondern uns auch die geologischen Verhältnisse vorstellten. Er war bekannt als Weiberfreund und nützte jede Gelegenheit, wenn er einer schönen Frau begegnete, sie mit dem Ärmel anzurempeln. Daraufhin sah er sie an und bat um Entschuldigung für seine Ungeschicklichkeit. Daraus ergab sich meist ein Zwiegespräch, das ziemlich lang dauerte. Wie die Fama berichtet, war es den Damen von damals nicht sehr unangenehm, von Höfer gerempelt zu werden.

Ein weiteres Original war Professor Schöffel, der mit seinem Kopf eine eigentümliche Haltung einnahm und bei uns jedenfalls sehr beliebt war. Er las Chemie und Probierkunde und für die Hüttenleute die Metallurgische Chemie. Prof. Schöffel hatte einen Laboranten, einen gewissen Malcak, der immer, wenn er mit uns sprach, sagte: ‚Ich und der Herr Professor', als wenn das ein und dasselbe wäre. Ihm oblag das Herrichten der chemischen Übungen und Experimente. Professor Höfer und Professor Schöffel waren im selben Gebäude untergebracht; Professor Höfer mit seinen Sammlungen mineralischer Art im ersten Stock, Professor Schöffel im Parterre. Da kam es dann oft zu Reibereien, wenn unten mit Schwefelwasserstoff manipuliert worden war, der sich hinaufzog und durch die offenen Fenster in die Lehrkanzel für Geologie. Da stürzte dann Professor Höfer zum Fenster und schrie hinunter: ‚Ihr Verfluchten, fangt ihr schon wieder mit eurem Schwefelwasserstoff an' und schloß das Fenster. Außer den genannten Vorlesungen und Übungen waren im Vorkurs auch Bergrecht, Buchhaltung, Enzyklopädie der Baukunde, Entwerfen von Bauobjekten und Erste-Hilfe-Leistung bei Unfällen zu hören.

Ich unterbrach die Vorlesungen nach den ersten zwei Jahren, um meinen Militärdienst abzuleisten und trat als Einjährig-Freiwilliger in das Hausregiment, das frühere Regiment Nr. 41, ein. Ich hatte die Möglichkeit, die Kaisermanöver mitzumachen, legte im September 1896 meine Offiziersprüfung mit ausgezeichnetem Erfolg ab und wurde im Dezember 1896 außer der Rangfolge zum Reserveleutnant ernannt und zum 3. bosnischen Infanterieregiment nach Budapest abgestellt.

Nach der Absolvierung meiner militärischen Dienstpflicht trat ich wieder in den Bergkurs ein. Nachdem hier kein schwunghafter Handel mit Vorlesungen getrieben worden ist, waren wir gezwungen, sämtliche Vorlesungen laufend zu besuchen, in Schlagworten nachzuschreiben und nach dem Gedächtnis zu Hause zu ergänzen. Der Vorteil war, daß wir mit dem Stoff und den Professoren in ständiger Fühlung blieben und dann die Prüfungen viel leichter bestehen konnten. Die Vorlesungen aus Bergbaukunde hatte der k.u.k. Oberbergrat Professor Rochelt. In seiner Lehrkanzel hatte er nicht nur die Bergbaukunde, sondern auch Teile des Bergmaschinenwesens sowie die Aufbereitung und die Markscheidekunde.

Nach dem einen Jahr Bergwesen mußte ich noch das Hüttenwesen ablegen, weil ich die Absicht hatte, in den Staatsdienst einzutreten und alle Absolventen, die in den Staatsdienst oder bei den Steinkohlengruben im Ostrau-Karwiner Revier eintreten wollten, beide Kurse belegen mußten. So konnte ich dann am 27. Februar 1898 meine Staatsprüfung für Bergwesen mit vorzüglichem Erfolg abschließen und am 27. September 1898 die Staatsprüfung für Hüttenwesen. Man sieht daraus, daß es möglich gewesen war, bei fleißigem Vorlesungsbesuch und regelmäßiger Ableistung der Prüfungen trotz der einjährigen Unterbrechung zum Militärdienst in fünf Jahren fertigzuwerden.

Wenn ich noch einiges Wenige aus den ersten Praxisjahren hinzufügen möchte, so war es, daß ich sofort nach Absolvierung der Staatsprüfung für Hüttenwesen in den Steinkohlenbergbau Rossitz bei Zbeschau in Mähren eintrat. Dort war es mein Bestreben, die Leistung und den Ablauf einer Häuerschicht kennenzulernen. Ich fuhr daher um 6 Uhr mit den Kumpeln ein und um 3 Uhr mit den Kumpeln aus. Dadurch bekam ich einen guten Eindruck über den Ablauf einer Häuerschicht und die Einzelleistung der Häuer. Als ich dann am 1. Jänner 1899 beim ärarischen Silberbergbau Przibram eintrat und genauso um 6 Uhr früh ein und um 3 Uhr ausfuhr, dauerte es keine 14 Tage, da kamen die Eleven und die Bergadjunkten der Nachbarschächte zu mir und erklärten mir folgendes: ‚Das wird bei uns nicht eingeführt; eingefahren wird zum Rapport um 8 Uhr früh und ausgefahren um 10 Uhr, nachmittag wird zum Rapport um 3 Uhr angetreten'. Ich mußte daher mein früheres Einfahren einstellen und das Verlangen der Kollegen befolgen.

Beim ärarischen Bergbau, wo ich als Eleve eintrat, war es üblich, drei Monate beim Bergbau, drei Monate in der Markscheiderei, drei Monate in der Aufbereitung und drei Monate in der Silberhütte zu praktizieren, wo man auch praktisch arbeiten mußte. Mein Chef in der Markscheiderei, ein biederer Tiroler, ließ mich, als ich bei der Silberhütte praktizierte, rufen und sagte mir: ‚Ich beobachte Sie schon die längste Zeit. Sie sind zu schade für den Staatsdienst. Schauen Sie, im Staatsdienst können Sie nach langer Zeit das Gold am Kragen und am Lampass erreichen und im Privatdienst haben Sie's in der Brieftasche. Schauen Sie, da sucht der Westböhmische Bergbau-Aktienverein einen Bergassistenten. Reichen Sie ein und berufen Sie sich auf mich.'

Ich ließ mir das nicht zweimal sagen, reichte ein, berief mich auf den Befürworter und wurde am 1. Jänner als Assistent eingestellt. Ich kam gerade zu dem großen Generalstreik, der in ganz Österreich lückenlos durchgeführt wurde, zur Erreichung der 9-Stunden-Schicht. Ich hatte dabei Gelegenheit, praktisch kennenzulernen, wie eine Grube nach viermonatlichem Stillstand aussieht, wie alle Grubenbaue zusammengewachsen waren und wie sie bei der Wiederaufnahme des Bergbaues neu aufgeführt werden mußten. Die Bergleute erreichten aber dabei ihre 9-Stunden-Schicht, und der Bergbau lief weiter, wie er bisher gelaufen war. Allerdings nahmen sich die Bergleute zusammen und durch die Mehrleistung hatten sie die 9-Stunden-Schicht auch tatsächlich eingebracht.

Es gäbe noch viel über meine praktischen Erfahrungen beim Bergbau zu berichten. Beim Westböhmischen Bergbau-Aktienverein hatte ich insofern Glück, als ich nach zwei Jahren Betriebsleiter wurde auf der Austria-Anlage, zwei Jahre darauf Betriebsleiter auf der größten Steinkohlengrube im Pilsner Revier.

Leider machte der Erste Weltkrieg meiner Praxis ein Ende. Mit dem ersten Mobilisierungstag rückte ich sofort ein, kam zu einem Landsturm-Infanterieregiment in die Festung Przemysl, war Fortkommandant an deren Westfront, machte die erste und zweite Belagerung Przemysls mit, lernte dabei die Russen als noble Gegner kennen, die uns zu Weihnachten und zu Ostern Torten und Wein herüberschickten, kurz es war noch ein eleganter Krieg von Mann zu Mann ohne die Mordwaffen, wie sie heute verwendet werden. Bei der Übergabe der Festung Przemysl kam ich in russische Gefangenschaft, machte ganz Sibirien durch, vom Ural bis Wladiwostok, und kehrte dann auf dem Seeweg in die Heimat zurück.

1928 wurde ich an die Montanistische Hochschule, an den Lehrstuhl für Bergbaukunde, berufen."

# Montanisten dichten

Zur 125-Jahr-Feier der Montanistischen Hochschule Leoben wurden vom Bildungswerk der Hochschule einige Gedichte, die bei den ersten vier Künstlerischen Wettbewerben eingereicht wurden, in einem Bändchen mit dem Titel „Montanisten dichten" veröffentlicht. Die fünf folgenden Gedichte entstammen dieser Veröffentlichung.

### 100 % VAKUUM
(Ein LEER-Gedicht)

In dem Gedicht
Da steht nicht mehr
Als eben nur:
Ich bin GANZ LEER.

(Roland Mitsche)

### PRÜFUNG

Heute heißt's zur Prüfung geh'n –
Pulsschlag an die 110 –
Verdauung fürchterlich beschleunigt,
Prüfungsangst wird hier bescheinigt.
Um den Professor nicht zu quälen,
darf an Wissen es nicht fehlen.
Und so aus Menschenfreundlichkeit
studiert man dann, bis man soweit,
daß, – nach menschlichem Ermessen,
nach Abstrich dessen was vergessen
nach Zuschlag dessen was vermerkt
auf kleinen Zetteln –, so gestärkt
gleichwie das neue weiße Hemd,
das Haar gescheitelt und gekämmt,
und am Hals ein schöner Knoten
(Krawatten machen manchmal Noten)
ein schwarzer Anzug – ideal
für Freude – und für Trauerfall.

(Herwig Schönherr)

## DIE LYRIKSCHMIERER
### oder
### „HIER IRRT FREUD"

Diese blassen Lyrikschmierer
sind die ärgsten Weibsverführer.
Statt daß sie die Weiber packen,
Drücken, daß die Knochen knacken
Sprechen sie von: Frauenseele,
So, als ob es dorten fehle.
Falsch:
Freud sagt: Alles Weiberjammern
Kommt gar nicht von Frauenseelen,
Sondern weil in Weiberkammern
Oft die rechten Männer fehlen.
Irrtum:
Irgendwie muß Freud hier irren,
Weil um diese Lyrikschreiber
Oft die schönsten Weiber schwirren,
Offerierend Seel' u n d  Leiber.

(Roland Mitsche)


## DIE ZIGARETTE

Ob man nun gemeinen Knaster
oder Zigaretten pafft,
Rauchen, sagt man, sei ein Laster,
Zeichen niedrer Leidenschaft.

Dieses Wort, das aus dem Busen
schnöder Pharisäer quillt,
sei hier durch das Schwert der Musen
ein für allemal gekillt.

Denn, – wie kann man allen Ernstes sagen:
Nikotingenuß befleckt! –
wo er doch in Herz und Magen
ethische Impulse weckt!?

Wenn ich nämlich froh und heiter,
nach des Tages Last und Müh,
nach den Sorgen usw.
an der Zigarette zieh,

Wenn der Rauch in warmer Welle
wohlig mir das Zäpfchen streicht,
wenn er dann mit Windesschnelle
abwärts durch die Röhre geigt,

Wenn in seinen blauen Schwaden
sich der dicke Bronchienast
und die Lungenbläschen baden,
wenn er dann nach kurzer Rast

Grad in umgekehrter Weise
von den Bälgen rausgedrängt,
in Gestalt zerquetschter Kreise
schwerelos im Äther hängt

Und, wenn so mein tiefstes Wesen,
Herz, Gemüt, mein ganzes Sein
sich erneuern und genesen
fasse ich dies Stengelein,

Blicke es in heißer Liebe
aus umflorten Augen an,
und von meinem stärksten Triebe
hingerissen, rauch ich dann.

Sei mein Vorbild, kleiner Stengel,
der Du still und unbekannt
ohne Lärm und ohne Rummel
für den nächsten Dich verbrannt.

(Andreas Trentini)


AUSWEG

Ein Mensch, der sich gern ärgern wollte,
Und nicht recht wußte, wie er sollte,
Der sperrt' sich in sein Kämmerlein
Und biß sich in den Po hinein.

(Arno Wilhelm Reitz)

# Akadämliches

## Der erfolgreiche Tagungsteilnehmer

Das was dem Bauern ist das Kegeln,
das Fußballspiel den Großstadtflegeln,
das Festbankett dem starken Esser,
das ist die Tagung dem Professor.

Hier kann man die Kollegen zügeln
und sich dabei zugleich bespiegeln.
Denn von der wohlgelungnen Leitung
liest er dann in der Hochschulzeitung,
wobei es unbemerkt geblieben,
daß er die Sache selbst geschrieben.

Denn Ruhm ist nicht die Frucht der Ahnung
des Genius – sondern die der Planung.

Aus: „AKADÄMLICHES" in Wort und Bild. Von W. E. Petrascheck und R. Mitsche. Europäischer Verlag Wien, 1962.

# Offizielle Gehordnung bei Staatsakten

*Kaiser*
*König*
*Edelmann*
*Bürger*
*Bauer*
*Bettelmann*
*Schuster*
*Schneider*
*Leineweber*
*Kaufmann*

*Rektor*
*Totengräber.*

Aus: „AKADÄMLICHES" in Wort und Bild. Von W. E. Petrascheck und R. Mitsche. Europäischer Verlag Wien, 1962.

# Die Redezeitmaschine

Palmström leitet neuerdings Kongresse
und er klagte Herrn von Korf sein Leid,
daß die Redner nie der Vortragszeit
widmen das gebot'ne Interesse.

Korf erwies sich als ein Mann der Tat,
er ersann die Redezeitmaschine.
Die besteht aus einem Schaufelrad,
jede Schaufel dienend als Tribüne,
und das Rad mit einer Uhr verbunden,
dreht sich weiter alle halben Stunden.

Aus: „AKADÄMLICHES" in Wort und Bild. Von W. E. Petrascheck und R. Mitsche. Europäischer Verlag Wien, 1962.

# Der Bergmann verliert seinen Kopf

Nach einem Ledersprung in den 50er Jahren zogen Studenten mit ihren geladenen Gästen auch von auswärtigen Hochschulen zum Hauptplatz, um auf dem Bergmannsbrunnen zu singen. Leider war der Bergmann für den Winter schon eingerüstet. Die schon etwas lustigen Burschen wollten den Bergmann, wie die Leobner Absolventen bei der Philistrierung, auch küssen. Es mußte daher die Verschalung abgehoben werden. Das Augenmaß fehlte schon etwas, man hob zu wenig, die Verschalung kippte – der Kopf war ab. Alles flüchtete nunmehr selbst kopflos. Die Polizei fand keine Täter, aber auch den Kopf nicht. Nach etlichen Tagen kam er auf wundersame Weise wieder zum Vorschein. Man restaurierte das Standbild und die jungen Diplomingenieure können ihren Bergmann „als Barbara" wieder küssen.

(mitgeteilt von em.Univ.Prof. Dipl.Ing. Dr.techn. Erich Schwarz-Bergkampf)

Bild 2: Studenten am Bergmannsbrunnen etwa um 1910.
Universitätsbibliothek.

Bild 1: Leobner Hauptplatz mit Bergmannsbrunnen. Holzstich aus dem Jahr 1885.

Bild 3: „Barbara-Brunnen" im Februar 1986. Foto: Peter Exenberger.

# Studentenbriefe aus den Jahren 1862–1864

Im 17. und 18. Jahrgang der C! Zeitung des Schacht hat Prof. Walzel die Briefe des beim Corps Tauriscia aktiven Studenten Victor Stöger an seine Eltern in Wien auszugsweise veröffentlicht. Sie geben ein anschauliches Bild über das Leben an der Bergakademie und in Leoben.

Brief vom 14. Oktober 1862:
**DER STUNDENPLAN AN DER BERGAKADEMIE**

„Die Akademie ist heuer sehr zahlreich besucht, bis jetzt 124. In meinem Jahr sind 26, darunter 13 Neue.

Bild 1: Corps Tauriscia Leoben 1862–1866. In der oberen Reihe der zweite von links ist Victor Stöger. Archiv des Corps Schacht.
FOTO WILKE Leoben.

Die Stundeneintheilung lautet:
Vormittag:
1/4 9 bis 1/2 11 Uhr: Bergbaukunde, Kunstwesen bei Prof. Miller.
1/2 11 Uhr bis 11 Uhr: nichts (Kaffeehaus).
11 Uhr bis 12 Uhr: Bergrecht, allgemeine Rechtsbegriffe, Wechselrecht (Ob.-Bergkommissär Kirnbauer).

Nachmittag:
Zeichnen – Pausen
Montag nachmittags jede Woche von 1/2 2 bis 6 Uhr, auch noch später: Exkursion.
Dienstag und Freitag abends 5 bis 7 Uhr: Repetition bei Miller.
Samstag, Vormittag: Bericht
Nachmittag: Rapport."

## GASTHAUSKOST – TEUER UND SCHMAL

Leoben, 18. November 1862:

„...... Das Essen beim Mohren ist manchmal niederträchtig, manchmal gar nicht schlecht, – übrigens wird der Mohr bei uns bald seine Rolle ausgespielt haben, – wegen grober Ausschreitungen den Akademikern gegenüber wurde er vom 1. Dezember an auf ein Jahr in Verschieß gesteckt. – Ich weiß noch nicht, wo ich hingehen werde, wahrscheinlich zum Adler oder Lamm; es ist ein Jammer, ohnedies sind wenige ordentliche Gasthäuser hier, und jetzt muß auch das noch passieren. Ich bin neugierig, wo dann die Bälle und Unterhaltungen abgehalten werden, wenn kein Akademiker hingehen darf."

Leoben, 25. November 1862:

„...... Die Mohrengeschichte ist Dir zuwider, mir aber gewiß noch mehr, weil ich darunter zunächst leide. Mit dem Wein-Kindler ist es jedoch nichts, dort ist es am theuersten im ganzen Nest hier; auch mit B. heißt es nichts, dort ist es sehr schlecht, die Beamten wollen auch weggehen, wie ich höre, auch speist gar kein Akademiker dort. Die Frau hat fast alle Tage jetzt einen Rausch und kocht einen gräulichen Pantsch zusammen: ich werde also zum Adler gehen müssen, es ist dort auch nicht so teuer, im Gegenteil billiger als beim Mohren, weil es dort noch Speisen zu 24 kr. giebt, während beim Mohren alles 26 bis 30 Kreuzer und darüber kostet, ich also täglich zwei und mehr Kreuzer daraufzahlen muß ......"

Leoben, 8. und 9. Dezember 1862:

„...... Ich bin jetzt, wie Du weißt, beim Adler abonniert. Gott sei Dank jedoch bloß bis Weihnachten, – denn dort halte ich es nicht aus, ich werde mich zu Tode ärgern bei der Wirtschaft und Kost: auch sind die Portionen fabelhaft klein ........ ich sage Dir nur, ich freue mich schon wieder auf eine ordentliche Kost zu Hause. Jedenfalls gehe ich zu Neujahr zum Kronprinzen, dort ist es reinlich und gut, der Hausherr hat jetzt das Wirthsgeschäft übernommen, will jedoch keine Abonnenten nehmen, außer mir (ganz besondere Gnade). Der Kindler, wo es eigentlich am besten ist, nimmt leider auch gar keinen Abonnenten an. Es ist ein rechtes Elend....."

Leoben, 15. und 16. Dezember 1862:

## WEIHNACHTSFERIEN?

„...... Ich denke schon in einemfort auf Weihnachten und bin selig bei diesen Ideen.... Einstweilen jedoch kann ich noch gar nichts sagen; wann die Ferien beginnen und wie lange sie dauern erfahre ich erst am nächsten Samstag im Rapport, jedenfalls wird sie unser Alter auf das Minimum reduzieren, wofür ich ihm alles Gute wünsche ...... Der Ottokar hat gut nach Hause fahren, nur eine so kurze Strecke und dann so lange Ferien – ja die Technik in Wien ist nicht die k.k. Bergakademie, wo der Peter als unumschränkter Gewalthaber haust und seine Ukase mit der Knute unterstützt. Es ist wirklich erbärmlich, wie er die Leute schindet, aber wenn er noch lange so macht, stehe ich für nichts, der getretene Wurm krümmt sich, und über kurz oder lang giebt es einmal einen Mords-Krawall, eine Verschwörung, eine Appellation ans Ministerium um Gleichstellung mit anderen Hochschulen, denn wir hatten faktisch an der Realschule, mit Ausnahme des Inquisitors W. verdammten Angedenkens, mehr Freiheiten als hier an der k.k. Bergakademie: es ist eine Stimme darüber, am meisten aber randalierten die neuhergekom-

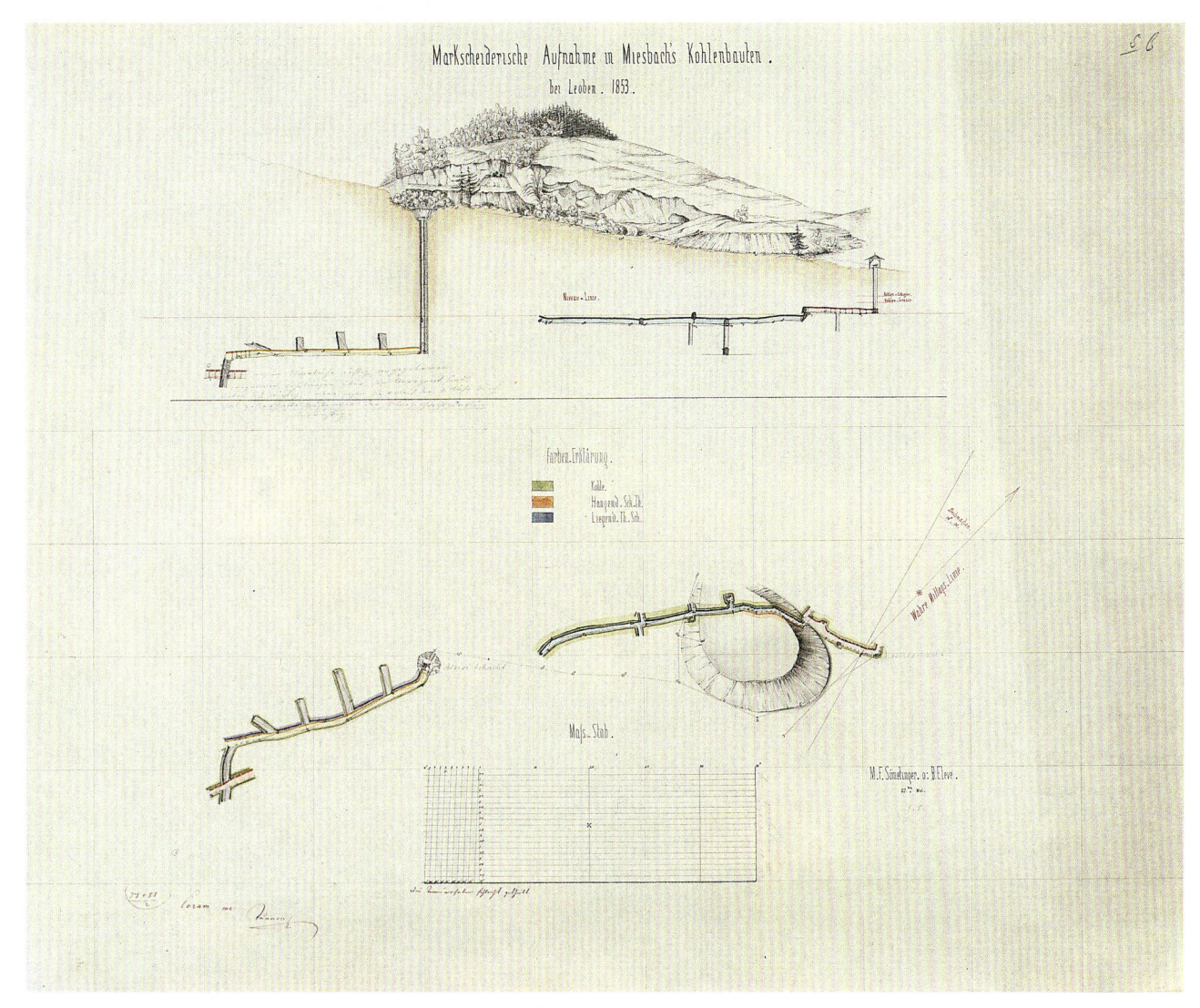

Bild 2: Markscheiderische Aufnahme in Miesbach's Kohlenbauten bei Leoben, 1853.
Institut für Markscheidekunde.                                                                                   Reproduktion: FOTO WILKE Leoben.

menen Ausländer, denen so etwas in ihrem Leben noch nicht vorgekommen ist, die von ihren Universitäten und sonstigen Hochschulen die ausgedehnteste Lehr- und Lernfreiheit und Zwanglosigkeit gewöhnt sind. – Und man lernt trotz allen Zwanges doch nicht mehr, eher weniger, weil man eben empört ist. Man kommt eben nicht hieher, um sich wie ein Schulbube vor dem Studieren zu flüchten und nichts zu machen; es sind, wenigstens in den Fachjahren, lauter ältere Leute, die wissen, warum sie da sind, und die lernen, damit sie etwas wissen, und nicht um ein Zeugnis mit so und soviel Punkt-Klassifikationen und Zehntel-Klassen, und Absenzen und Sittenwerten zu erhalten; so etwas ist lächerlich, zopfig, einer Hochschule unwürdig, gehört kaum in den Vorkurs, viel weniger in die Fachjahre.........."

## MARKSCHEIDERISCHE ÜBUNG IN SEEGRABEN

Leoben, am 5. Mai 1863:

„....Sonntag, vormittags waren wir wieder in der Grube beschäftigt, weil wir gerade jetzt bei einem

Theil derselben sind, wo den ganzen Tag gefördert wird mit Ausnahme Sonntag und der Nächte, sodaß wir also diese zur Hilfe nehmen müssen, um vermessen zu können, ohne von den aus- und einrollenden Hunden niedergestoßen und zerquetscht zu werden..."

(Die folgende Nacht verbrachte Stöger als Nachtwache bei einem schwer erkrankten Corpsbruder.)

"....Sehr schläfrig kam ich gestern morgens nach Hause, hatte aber nicht lange Zeit, dem Schlafe nachzugeben, weil wir rechnen mußten, den ganzen Tag. Abends um 6 Uhr wurde wieder angefahren, obwohl ich für die nächste Nacht stimmte; ich wurde aber überstimmt und mußte mitgehen, da ich vorige Woche einmal bei einem gräßlichen Regenwetter und Kälte schwänzte und jeder nur einmal während der ganzen Zeit schwänzen darf, damit wir mit der Arbeit rasch zu Ende kommen. Wer ein zweites Mal schwänzt, muß wie wir ausgemacht haben, einen halben Eimer Bier zahlen für die übrigen, die dann

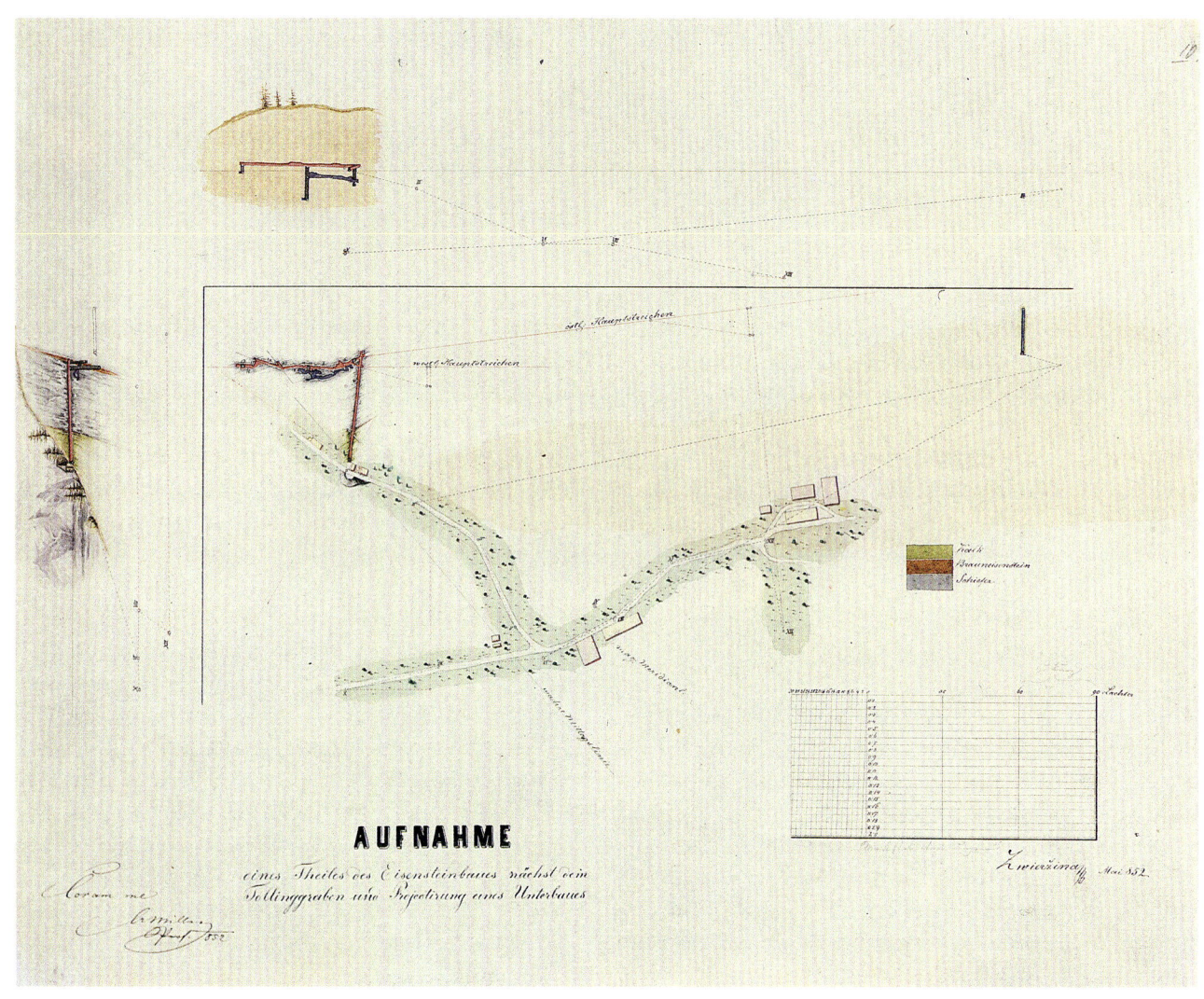

Bild 3: „Aufnahme eines Theiles des Eisensteinbaues nächst dem Tollinggraben und Projectirung eines Unterbaues", Mai 1852.
Institut für Markscheidekunde. Reproduktion: FOTO WILKE Leoben.

für ihn arbeiten müssen – na und das ist mir doch zu viel; es existieren dann ohnedies noch allerlei Strafen für Ungeschicklichkeit, Zuspätkommen, Verzögerung – lauter verschiedene Bierquanta, die dann zuletzt in commune vertrunken werden ......"

Leoben, am 19. Mai 1863:
„... Wir hatten eine sehr große markscheiderische Aufgabe, sodaß wir seither und noch immer vollauf zu thun und zu rechnen haben; nichtsdestoweniger sind wir noch lange nicht fertig, ja gestern wurde sogar ein bedeutender Fehler entdeckt, sodaß wir die Ehre hatten, heute nachts wieder in die Grube hinauszuspazieren und bis 3 Uhr morgens herumzumessen, infolgedessen ich gegenwärtig ziemlich hin bin. Jetzt muß wieder fleißig gerechnet und gezeichnet werden, der Peter ist ohnedies schon fuchtig, weil schon gestern als am 18. die Häuerarbeit hätte beginnen sollen. Da wir aber noch nicht fertig sind, so muß damit gewartet werden, bis wir fertig werden, was längstens diese Woche geschehen muß, dann geht erst die Häuerarbeit an. Infolgedessen, wenn sich der Peter kapriziert, daß wir 3 Wochen voll häuern müssen, kann die Reise (große bergmännische Exkursion nach Mähren und Böhmen) verschoben, möglicherweise sogar abgeändert werden, sodaß wir statt der schönen Tour da in den steirischen Löchern herumschliefen müssen, was Gott verhüten wolle ......"

17. März 1864:
### ERNENNUNG VON PETER TUNNER ZUM MINISTERIALRAT

„Von hier ist eine große Neuigkeit zu berichten. Peter ist nämlich Ministerialrath geworden. Im letzten Samstags-Rapport examinierte er nicht, wie gewöhnlich ins Detail eingehend, sondern ließ sich nur so oberflächlich angeben, was in der Woche vorgefallen ist und theilte uns dann mit, daß er vom hohen Finanzministerium den Auftrag habe, uns allen etwas mitzutheilen. Er verlaß nun seine Ernennung (taxfrei Titel und Charakter) zum Ministerialrath und knüpfte daran eine längere Rede, worin er wirklich sogar einige herzliche Töne anschlug. Das ganze Kollegium erhob sich dabei und nahm die Rede stehend entgegen. Er versicherte uns, daß er jetzt seinen größeren Wirkungskreis nur zum Nutzen der Akademie und der einzelnen Akademiker anwenden werde und seine erste Sorge sein wird, dem geehrten Professor v. Miller die ihm längst gebührende Anerkennung zu verschaffen. Schließlich lud er uns ein für den Abend ein paar Flaschen Champagner mit ihm auf sein Wohl zu leeren.

Infolge dessen (der Ernennung zum Ministerialrath, nicht wegen der Einladung) wurde abends ein großartiger Fackelzug unter Beteiligung sämtlicher Akademiker veranstaltet. Aus jedem Jahr wurde einer gewählt zu einer Beglückwünschungsdeputation. Diese vier fuhren zu je zweien in plainparade in den zwei Gallapostkaleschen mit vier Pferden und geputzten Postillionen an der Akademie vor, links und rechts von Fackelträgern geleitet, voran die Musikkapelle und die Akademiefahne, hinten nach der akademische Gesangsverein mit dem Banner. – Es wurden einige Lieder vorgetragen, währenddessen die Deputation hinaufging gratulieren. Peter sah zum Fenster herab und hörte sich die Lieder an, die Deputation empfing er sehr freundlich, Sprecher war der Freiberger aus dem Hüttenkurs. Dann zogen wir nach dreimaligem Glück auf! ab aufs Josefi, formierten dort einen großen Kreis, sangen das Gaudeamus igitur und dann flogen die Fackeln wie Raketen in die dunkle Nacht hinaus auf einige Haufen zusammen, der dann mit mäßig lodernder Flamme uns zum Abzug leuchtete.

Wir marschierten dann zum Mohren, wo schon zur allgemeinen Festkneipe hergerichtet war. Bald erschien auch Peter, die Professoren und Berghauptmannschaft, Philister nicht, wir waren entre nous eine große Familie, Peter nannte uns auch seine Kinder, die Hüttenkürsler speziell seine lieben ältesten Söhne. Anfangs wurde Bier getrunken und auf eigene Faust gezehrt, der akademische Gesangsverein trug Lieder vor. Bald wurden jedoch die Champagnerflaschen angefahren und nun regnete es Toaste in schwerer Menge. Vorher jedoch rieb noch die ganze Akademie samt den Professoren einen Salamander auf Peters Wohl. Toaste gab es wie gesagt unzählige. Wir stießen sehr oft mit Peter an.

Auch Peter hielt zwei Reden, in einer bedankte er sich für die Ehre, die wir ihm angethan mit dem Fackelzug. – In der zweiten verkündete er, daß er, da er sieht, daß wir ihn doch gerne haben, er uns auch einen Beweis seiner Liebe geben will und obwohl er nicht dazu verhalten ist, doch auch künftighin ferner noch Eisenhüttenkunde vortragen werde – was mit großem Jubel, besonders von Seite der drei übrigen nachwachsenden Jahre begrüßt wurde. Uns, den ältesten Söhnen, sagte er seine warme Verwendung bei unseren Anstellungen zu und versicherte, daß es ihm selber Freude mache, freundlich zu sein, daß er nicht gerne den Wauwau spiele, nur, daß es manchmal zu unserem Besten nöthig sei, und versicherte, daß er uns alle gleich gern habe, keinem aufsässig sei, was besonders den etwas gedeffteten Vorkürslern die Köpfe aufrichtete und sie getrost den in der nächsten Woche (gestern) beginnenden Prüfungen entgegensehen ließ. – Um zwölf Uhr ging Peter fort und schüttelte noch allen die Hände, Höllenspektakel, Vivat, Glückauf!!! – Es war wirklich recht gemütlich und ich habe mich recht darüber gefreut."

# Anekdoten von Hofrat Prof. Dr. Anton Bauer

Anton Bauer war von 1889 bis 1926 Professor für Allgemeine Maschinenbaukunde und Technische Mechanik. Von ihm sind eine ganze Reihe von Anekdoten überliefert.

Nach Mitteilung von Prof. Gamsjäger erzählte sein Vater Max Gamsjäger, der von 1913 bis 1921 Hörer in Leoben war, als Zeitzeuge folgende Anekdote:

Hofrat Bauer war ein strenger und gefürchteter Prüfer. Eines Tages kam ein mäßig vorbereiteter Hörer zur Prüfung. Nach längerer, ziemlich mühsamer Befragung riß Bauer die Geduld, und er sagte zu dem Kandidaten mit seiner an der ganzen Hochschule bekannten und oft imitierten Fistelstimme: „Wissen's was, stellen Sie sich selbst eine Frage!". Die Antwort kam wie aus der Pistole geschossen zurückgefistelt: „Herr Kandidat, sind Sie mit der Note „genügend" zufrieden?", und dann in natürlichem Tonfall: „Jawohl, Herr Professor". Der Kandidat bekam sein „genügend".

Die Prüfungsangst ist auch in dem Artikel von Prof. Walzel: „Anton Bauer – Hofrat bester Friedensqualität. In: Einst und Jetzt. Jahrbuch des Vereins für corpsstudentische Geschichtsforschung, Band 15/1970" in allen Schilderungen zu spüren. Walzel schreibt dazu: „Bauer erkannte in der ersten Minute, ob ein Kandidat mit auswendig gelernten, aber nur halb verstandenen Formeln arbeitete; ein solcher wurde schnell aufs Glatteis geführt und wurde unweigerlich „gebogen", wie im Leobner Studentenjargon das Durchfallen bei der Prüfung hieß."

Auch die folgenden Beschreibungen stammen aus dem Artikel von Prof. Walzel.

Als ein Prüfungskandidat, um die Einteilung der Schrauben gefragt, verlegen zu stottern begann: „Es gibt große Schrauben, es gibt kleine Schrauben ...", unterbrach ihn Bauer: „Gelten's, und Schräuberl gibt's auch – ich danke sehr: Nicht genügend!".

Es wurde auch nach der Melodie des Bergmannsliedes „Wir sind Bergleute, und nicht von heute ..." eine Bauer-Strophe gedichtet:

Doch in Leoben,
Dem Nest da droben,
Da liegt der Bauer
Schon auf der Lauer.
„Sie haben kein' Ahnung
Von der Verzahnung!"
So tut er rügen
Und uns gleich biegen.

Prof. Kobald war ein richtiger Antipode zu Bauer, strengst altösterreichisch-konservativ und sehr auf Einhaltung der Formen bedacht. Bei Hofrat Kobald war es unbedingt geraten, zur Prüfung – außer in Uniform, die am höchsten gewertet wurde – im Bergkittel zu erscheinen, sonst hätte man sich der Gefahr ausgesetzt zu hören: „Herr Kandidat, warum tragen Sie nicht das Ehrenkleid des Bergmannes, wenn Sie bei mir zur Prüfung antreten?". Von Bauer hätte man unter Umständen zu hören bekommen: „Hätten's lieber was gelernt, statt daß Sie das ganz schöne Gewandl anziehen!".

Auch die Vorlesungen und Übungen würzte Prof. Bauer mit einprägsamen Vergleichen. Um auf die gefährliche Kerbwirkung an einem Bauteil aufmerksam zu machen, sagte er: „Sie setzen sich ja sicher auch nicht gern mit dem Allerwertesten auf eine Rasiermesserschneide!" Oder, als ein Student beim Zeichnen eines Dampfkessels das Sicherheitsventil vergessen hatte: „Mir kommt vor, Sie gehörten eigentlich in den Gemeinderat von Proleb; der hat, wie ich gehört habe, neulich beschlossen, die Feuerwehr zu ersparen und abzuschaffen, weil es in Proleb schon zehn Jahre lang nicht mehr gebrannt hat und daher überhaupt nie brennen wird."

Nach den Schilderungen von Prof. Walzel gehörte es zu Bauers Zeiten zu den schönsten sportlichen Unternehmungen, nach einer Kneipe im gestreckten Hürdenlauf sämtliche Gaslaternen in der Franz-Josef-Straße auszulöschen und sich von der nachlaufenden Polizei nicht einholen zu lassen. So kam es auch gelegentlich vor, daß die Studentenschaft auf die Festnahme eines Kommilitonen mit dem Ruf: „Burschen heraus!" in allen Gassen der Stadt reagierte und in wenigen Minuten der Hauptplatz vor der Polizeiwachstube im Rathaus von Trägern bunter Mützen wimmelte, die mehr oder weniger lautstark die Freilassung des Übeltäters verlangten. Und da gehörte es fast zur Regel, daß nach kurzer Zeit auch der alte Hofrat Bauer in der Menge auftauchte, mit Schalk in den Augen und voll heimlicher Freude über das lustige Ereignis, aber zugleich als Mahner vor einem unüberlegten Gewaltstreich und als von beiden Parteien anerkannter Vermittler, der nötigenfalls den Herrn Bürgermeister selbst ansprach und schließlich eine beiderseits ehrenvolle Lösung des Konfliktes zustandebrachte.

Im Jahr 1926, zu Bauers 70. Geburtstag, wurde beim Bauer-Festkommers nach der Melodie von „Prinz Eugenius, der edle Ritter" ein neugedichteter Hymnus auf Bauer gesungen, dessen letzte Strophe lautete:

„Du bist eine Knetmaschine,
Lieblich wie die Guillotine,
Doch wer Dich durchlaufen hat
Und dabei ist g'sund geblieben
Wird Dich jetzt und ewig lieben,
Weil er gelernt fürs Leben hat!"

# Zeichnungen und Karikaturen von Prof. Roland Mitsche

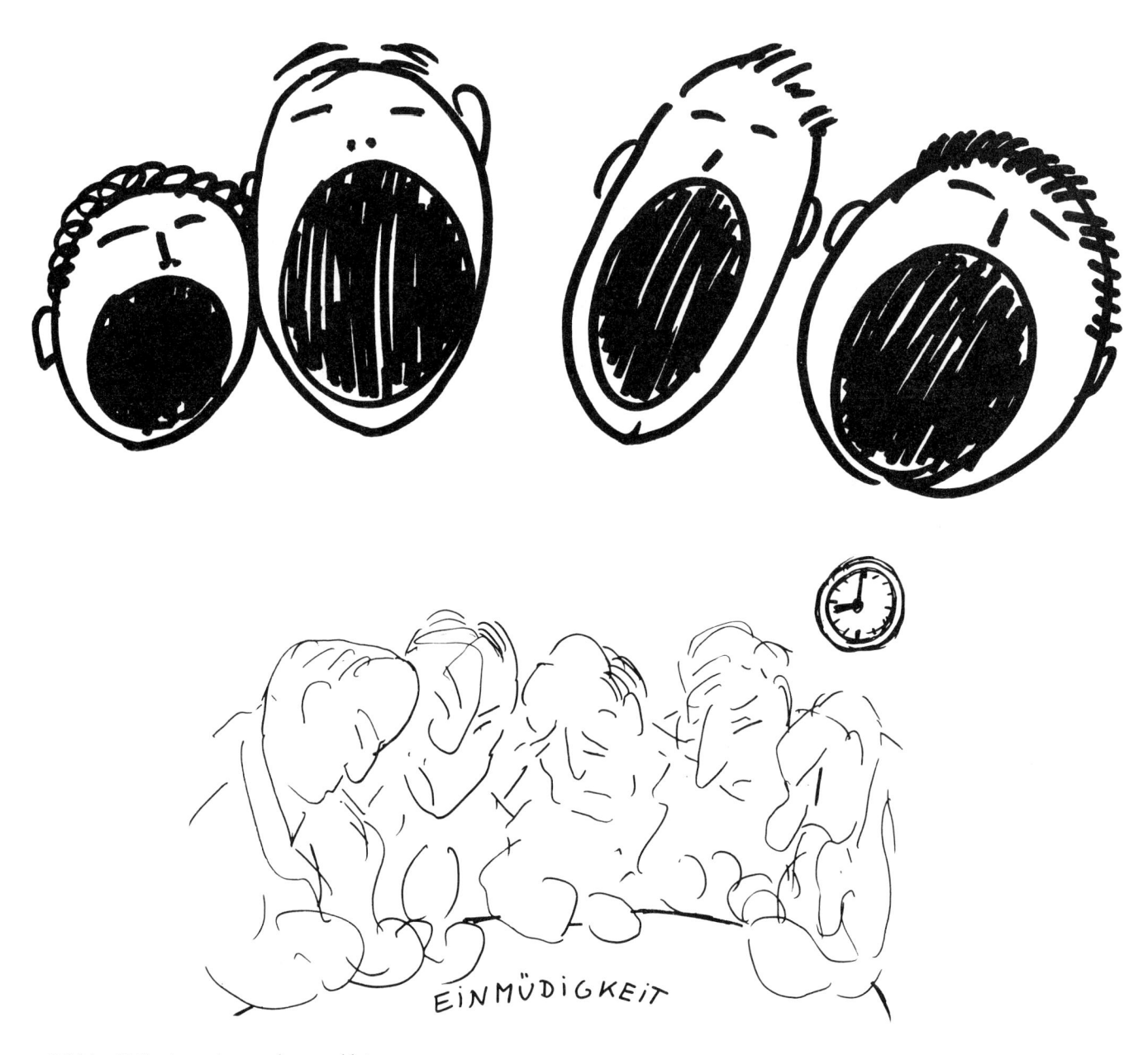

Bild 1: Kollegiumssitzung, laut und leise.

Bild 2: Wahlvorlesung, Skizze vom 22.1.1964.

Bild 3: Promotion (oberes Bild: FOTO PFOHL Leoben) und Skizze von Prof. Mitsche „Der Doktorand aus der Sicht des Promotors".

Bild 4: Nach einem verlorenen Tennis-Match werden von Prof. Mitsche die Gegner (zwei Assistenten) als leicht zynische und überhebliche Frösche charakterisiert.

Bild 6: Der Oberassistent, 14.3.1973.

Bild 5: „Genügend reicht schon", 27.10.1965.

Bild 7: „Studium generale" auch an der Montanuniversität. Skizze vom 19.5.1971.

Bild 8: „Montanistische Forschung bisher", 27.1.1970.

Bild 9: Aufsetzung des Doktorhutes, 17.10.1962.

Bild 10: Das alljährliche Buffet im Schloß Eggenberg für die steirischen Professoren.

Bild 11: Die Auswirkungen des Studienförderungsgesetzes 1963.

# Autorenverzeichnis

BILDSTEIN Hubert, Dipl.Ing. Dr., Vorstandsmitglied der Metallwerke Plansee Ges.m.b.H., Prof. Dengel-Straße 9, 6600 Reutte
BUSHATI Kurt K., Dipl.Ing., Mitglied des Vorstandes der ÖMV AG, Otto-Wagner-Platz 5, 1090 Wien
CZUBIK Eduard, O.Univ.Prof. DDipl.Ing. Dr.mont., Institut für Markscheide- und Bergschadenkunde, Montanuniversität Leoben
FERSTL Alfred, Dr.iur., Präsident des Oberlandesgerichtes Graz i.R., Sauraugasse 1, 8700 Leoben
FETTWEIS Günter B., O.Univ.Prof. Dipl.Ing. Dr.-Ing. Dr.-Ing.E.h. Dr.h.c., Assessor des Bergfaches, Institut für Bergbaukunde, Montanuniversität Leoben
FIGWER Eduard, Prof. Dipl.Ing., Zivilingenieur für Technische Chemie, Gebirgsgasse 27, 1238 Wien
FISCHER Franz Dieter, O.Univ.Prof. Dipl.Ing. Dr.techn., Institut für Mechanik, Montanuniversität Leoben
GAHLEITNER Alfred, O.Univ.Prof. Dipl.Ing. Dr.techn., Vorsitzender der Baukommission vom 5.1.1979 bis 15.6.1989, Institut für Elektrotechnik, Montanuniversität Leoben
GAMSJÄGER Heinz, O.Univ.Prof. Dipl.Ing. Dr.mont., Institut für Chemie – Physikalische Chemie, Montanuniversität Leoben
GOD Christian, O.Univ.Prof. Dipl.Ing. Dr.mont., Institut für Wärmetechnik, Industrieofenbau und Energiewirtschaft, Montanuniversität Leoben
GRIMMER Klaus-Jürgen, O.Univ.Prof. Dipl.Ing. Dr.-Ing., Prorektor der Montanuniversität, Institut für Fördertechnik und Konstruktionslehre, Montanuniversität Leoben
GROLLITSCH Udo, Prof. Mag.phil. Dr.phil., Direktor des Institutes für Bildungsförderung und Sport, Montanuniversität Leoben
HIEBLER Herbert, Dipl.Ing. Dr.mont., Institut für Eisenhüttenkunde, Montanuniversität Leoben
HOLZER Herwig, O.Univ.Prof. Dr.phil., Institut für Geowissenschaften, Montanuniversität Leoben
HRUSCHKA Felix, Dipl.Ing., Institut für Bergbaukunde, Montanuniversität Leoben
JÄGER Heimo, Dipl.Ing. Dr.mont., Kreckerstraße 7, 8600 Bruck an der Mur
JEGLITSCH Franz, O.Univ.Prof. Dipl.Ing. Dr.mont., Rektor der Montanuniversität, Institut für Metallkunde und Werkstoffprüfung, Montanuniversität Leoben
JONTES Günther, Univ.Doz. Dr.phil., Direktor des Museums der Stadt Leoben, 8700 Leoben
JONTES Lieselotte, Dr.phil., Oberrat, Universitätsbibliothek, Montanuniversität Leoben
KALTEIS Bernhard, Dipl.Ing. Dr.mont., Institut für Aufbereitung und Veredlung, Montanuniversität Leoben
KÖSTLER Hans-Jörg, Dipl.Ing. Dr.-Ing., Grazerstraße 27, 8753 Fohnsdorf
KROPIUNIG Josef, Dr.iur., Präsident des Oberlandesgerichtes Graz, Moserhofstraße 1, 8700 Leoben
LECHNER Erich, Ao.Univ.Prof. Dipl.Ing. Dr.mont., Institut für Bergbaukunde, Montanuniversität Leoben
LEDERER Klaus, Ao.Univ.Prof. Dr.phil., Institut für Chemie der Kunststoffe, Montanuniversität Leoben
LENHARD-BACKHAUS Hugo, Dipl.Ing., Daffingerstraße 6/I/2, 1030 Wien
LONGIN Hellmut, Dipl.Ing., Bergrat h.c., Generaldirektor und Vorsitzender des Vorstandes der Radex Heraklith Industriebeteiligungs AG Wien, Opernring 1, 1010 Wien
LORBACH Manfred, em.Univ.Prof. Dipl.Ing. Dr.-Ing., Mareckkai 50, 8700 Leoben

LUBE Manfred, Dr., Oberrat, Bibliotheksdirektor, Universitätsbibliothek, Montanuniversität Leoben
MATUSCHKA-EISENSTEIN Reinhard, Dipl.Ing., Rechenzentrum der Montanuniversität
MAURER Karl L., Ao.Univ.Prof. Dipl.Ing. Dr.mont., Institut für Metallkunde und Werkstoffprüfung, Montanuniversität Leoben
MAURITSCH Hermann, Ao.Univ.Prof. Dipl.Ing. Dr.mont., Institut für Geophysik, Montanuniversität Leoben
NEUBURG Adalbert, Dr.iur. Dr.rer.pol., Oberrat, Universitätsdirektor, Montanuniversität Leoben
NEUGEBAUER Eva, Dr., Lehrbeauftragte für Technik-Englisch, Aiderstraße 20, 8714 Kraubath an der Mur
OBERHOFER Albert F., O.Univ.Prof. Dipl.Ing. Dr.-Ing., Institut für Wirtschafts- und Betriebswissenschaften, Montanuniversität Leoben
PASCHEN Peter, O.Univ.Prof. Dipl.Ing. Dr.mont., Institut für Technologie und Hüttenkunde der Nichteisenmetalle, Montanuniversität Leoben
PLÖCKINGER Erwin, tit.a.o.Univ.Prof. DDipl.Ing. Dr.mont. Dr.mont.h.c., Sternwartestraße 63, 1180 Wien
RANDAK Alfred, Dipl.Ing. Dr., Vorstandsdirektor, Charlottenstraße 53, D-463 Bochum 1
REITZ Arno Wilhelm, em.Univ.Prof. Dr.phil., Anzengrubergasse 12, 8700 Leoben
ROTH Paul W., Ao.Univ.Prof. Dr.phil., Institut für Geschichte, Universität Graz, Heinrichstraße 26/III, 8010 Graz
SCHMIDT Walter, em.Univ.Prof. Dr.phil., Lustkandlgasse 44/5–8, 1090 Wien
SCHNITZER Franz J., O.Univ.Prof. Dr.phil., Institut für Mathematik und Angewandte Geometrie, Montanuniversität Leoben
SCHNUDERL Heinrich, Msgr. Dr., Katholische Hochschulgemeinde, Leechgasse 24, 8010 Graz
SCHREINER Walter, Ass.Prof. Dipl.Ing. Dr.mont., Institut für Mechanik, Montanuniversität Leoben
SPÖRKER Hermann, Dipl.Ing. Dr.mont.h.c. Bergrat h.c., Scharfeneckweg 13, 2500 Baden
STUMPFL Eugen F., O.Univ.Prof. Dr.rer.nat., Institut für Geowissenschaften, Montanuniversität Leoben
STURM Friedwin, Ao.Univ.Prof. Dipl.Ing. Dr.techn., Institut für Physik, Montanuniversität Leoben
WOLFBAUER Jürgen, Ao.Univ.Prof. Dipl.Ing. Dr.mont., Forschungsinstitut für Geo-Datenerfassung und -Systemanalyse, Montanuniversität Leoben
WOLTRON Klaus, Dipl.Ing. Dr.mont., Generaldirektor und Vorsitzender des Vorstandes der Asea Brown Boveri AG Wien, Pernerstorfergasse 94, 1100 Wien
WÜSTRICH Rudolf, Mag.iur. DDipl.Ing. Dr.mont., Ministerialrat, Sektionsleiter, Sektion VII, Oberste Bergbehörde – Roh- und Grundstoffe im Bundesministerium für wirtschaftliche Angelegenheiten, Landstraßer Hauptstraße, 1031 Wien
ZEDNICEK Walter, O.Univ.Prof. Dr.phil., Institut für Gesteinshüttenkunde und feuerfeste Baustoffe, Montanuniversität Leoben


Montanuniversität Leoben, Franz Josef Straße 18,  A-8700 Leoben

# K·K·MONTANISTISCHE·HOCHSCHULE· IN·LEOBEN·SCHNITT·E-F·